Le Routard
Pérou, Bolivie

Directeur de collection et auteur
Philippe GLOAGUEN

Cofondateurs
Philippe GLOAGUEN
et Michel DUVAL

Rédacteurs en chef adjoints
Amanda KERAVEL
et Benoît LUCCHINI

Directrice de la coordination
Florence CHARMETANT

Directrice administrative
Bénédicte GLOAGUEN

Directeur du développement
Gavin's CLEMENTE-RUÏZ

Direction éditoriale
Catherine JULHE

Rédaction
Isabelle AL SUBAIHI
Mathilde de BOISGROLLIER
Thierry BROUARD
Marie BURIN des ROZIERS
Véronique de CHARDON
Fiona DEBRABANDER
Anne-Caroline DUMAS
Géraldine LEMAUF-BEAUVOIS
Olivier PAGE
Alain PALLIER
Anne POINSOT
André PONCELET

Conseiller à la rédaction
Pierre JOSSE

Administration
Carole BORDES
Éléonore FRIESS

2015/2016

hachette

Remarque importante aux hôteliers et restaurateurs

Les enquêteurs du *Routard* travaillent dans le plus strict anonymat. Aucune réduction, aucun avantage quelconque, aucune rétribution n'est jamais demandé en contrepartie. Face aux aigrefins, la loi autorise les hôteliers et restaurateurs à porter plainte.

Avis aux lecteurs

Le Routard, ce n'est pas comme le bon vin, il vieillit mal. On ne veut pas pousser à la consommation, mais évitez de partir avec une édition ancienne. Les modifications sont souvent importantes.
Les réductions accordées à nos lecteurs ne sont jamais demandées par nos rédacteurs afin de préserver leur indépendance. Les hôteliers et restaurateurs sont sollicités par une société de mailing, totalement indépendante de la rédaction, qui reste donc libre de ses choix. De même pour les autocollants et plaques émaillées.

Avec routard.com, choisissez, organisez, réservez et partagez vos voyages !

✓ Rejoignez la plus grande communauté francophone de voyageurs : plus de **2 millions** de visiteurs !
✓ Échangez avec les routarnautes : forums, photos, avis d'hôtels.
✓ Retrouvez aussi toutes les informations actualisées pour choisir et préparer vos voyages : plus de 200 fiches pays, une centaine de dossiers pratiques et un magazine en ligne pour découvrir tous les secrets de votre destination.
✓ Enfin, comparez les offres pour organiser et réserver votre voyage au meilleur prix.

Pictogrammes du *Routard*

Établissements

- Hôtel, auberge, chambres d'hôtes
- Camping
- Restaurant
- Boulangerie, sandwicherie
- Glacier
- Café, salon de thé
- Café, bar
- Bar musical
- Club, boîte de nuit
- Salle de spectacle
- Office de tourisme
- Poste
- Boutique, magasin, marché
- Accès internet
- Hôpital, urgences

Sites

- Plage
- Site de plongée
- Piste cyclable, parcours à vélo

Transports

- Aéroport
- Gare ferroviaire
- Gare routière, arrêt de bus
- Station de métro
- Station de tramway
- Parking
- Taxi
- Taxi collectif
- Bateau
- Bateau fluvial

Attraits et équipements

- Présente un intérêt touristique
- Recommandé pour les enfants
- Adapté aux personnes handicapées
- Ordinateur à disposition
- Connexion wifi
- Inscrit au Patrimoine mondial de l'Unesco

Le *Routard* est imprimé sur un papier issu de forêts gérées.

Tout au long de ce guide, découvrez toutes les photos de la destination sur • *routard.com* • Attention au coût de connexion à l'étranger, assurez-vous d'être en wifi !

I.S.B.N. 978-2-01-002771-0

TABLE DES MATIÈRES

LE PÉROU

LE SUD

L'altiplano et la vallée sacrée

Le sud : d'Arequipa au lac Titicaca

La côte entre Arequipa et Lima

LE NORD

La cordillera Blanca (cordillère Blanche)

La côte nord

L'AMAZONIE (LA SELVA)

Au nord

Au sud

BOLIVIE UTILE

BOLIVIE : HOMMES, CULTURE, ENVIRONNEMENT

LA BOLIVIE

ALTIPLANO, ANDES

LES VALLÉES

L'ORIENTE

L'AMAZONIE

IMPORTANT : DERNIÈRE MINUTE

Sauf rare exception, le *Routard* bénéficie d'une parution annuelle à date fixe. Entre deux dates, des événements fortuits (formalités, taux de change, catastrophes naturelles, conditions d'accès aux sites, fermetures inopinées, etc.) peuvent intervenir et modifier vos projets de voyage. Pour éviter les déconvenues, nous vous recommandons de consulter la rubrique « Guide » par pays de notre site • ***routard.com*** • et plus particulièrement les dernières ***Actus voyageurs.***

NOS NOUVEAUTÉS

CANARIES (paru)

Un air de perpétuel printemps, du sable blond et des criques anthracite, quatre parcs nationaux somptueux... Voici à peine les hors-d'œuvre qu'offrent les sept îles des Canaries. Du soleil (même en hiver) et, bien plus encore, une riche palette de couleurs, d'odeurs et de paysages, née de l'activité volcanique. La nature se pare ici de tous les visages : aridité sauvage et dunes solaires de Fuerteventura, forêts humides alimentées par les alizés sur La Palma et La Gomera, majestueux sommet du Teide à Ténérife, côtes déchiquetées et profonds ravins à Gran Canaria, délires de couleurs sur El Hierro... La main de l'homme a parsemé le tout de multiples sentiers, de villes coloniales et d'églises baroques. Sans compter les étonnantes fantaisies architecturales de César Manrique à Lanzarote. Loin des clichés et si proche de nous, un univers à part entière, à la croisée de l'Europe et de l'Afrique, où le farniente se savoure entre randonnées et plongées.

MADÈRE (mai 2015)

Madère réunit, au milieu de l'océan, un climat à la douceur légendaire et une flore exubérante – bougainvillées, mimosas, amaryllis, oiseaux de paradis (symboles de l'île), flamboyants, jacarandas – qui lui vaut son surnom bien mérité d'« île aux fleurs ». Et aussi des montagnes volcaniques déchirées par l'érosion et de vertigineux à-pics. Le paradis des randonneurs, le long de l'ingénieux système d'irrigation des *levadas,* ces canaux récupérant les eaux de pluie. L'île de Madère est une citadelle entaillée de toutes parts, avec ses parcelles de vigne indomptables accrochées aux pentes et travaillées à la main. À Funchal, capitale anglophile, on se rue dans les églises et les musées, entre deux arrivées de paquebots venus goûter aux tropiques et aux barriques. Au-delà des vagues s'ancre le reste de l'archipel : la petite Porto Santo, réputée pour sa longue plage de sable clair. L'avènement du tourisme, puis l'entrée du Portugal dans l'Union européenne ont toutefois modifié bien des choses et, surtout, inversé la tendance à l'émigration. On vient désormais de toute l'Europe à la recherche d'une vie aussi douce que l'air.

LES QUESTIONS QU'ON SE POSE LE PLUS SOUVENT

Quelles sont les formalités à remplir ?
Pas besoin de visa pour un séjour de moins de 3 mois en Bolivie et de 6 mois au Pérou, il suffit de présenter un passeport valable à la date du retour.

Quels sont les vaccins indispensables ?
Aucun n'est exigé, mais si vous vous rendez en Amazonie, faites-vous vacciner contre la fièvre jaune et suivez un traitement antipaludique.

Quel est le décalage horaire ?
6 ou 7h en moins par rapport à la France selon la saison pour le Pérou, et 5 ou 6h pour la Bolivie.

Quelle est la meilleure saison pour s'y rendre ?
Sur la côte du Pérou, les mois les plus ensoleillés sont décembre, janvier et février. Partout ailleurs, il faut privilégier l'hiver austral, qui correspond à la saison sèche en Amazonie et à la période la plus ensoleillée (mais froide) sur l'Altiplano : de mai-juin à septembre-octobre (jusqu'à août seulement pour un trek dans la cordillère Blanche). Autour d'Arequipa et dans le canyon de Colca, les mois de janvier à mars sont préférables pour voir les paysages sous un aspect plus verdoyant.

La vie est-elle chère ?
La Bolivie est le pays le meilleur marché d'Amérique du Sud ; le Pérou est un peu plus cher, mais reste très abordable pour les Européens.

Comment éviter le mal d'altitude, le *soroche* ?
Pas de recette miracle, surtout si vous atterrissez à La Paz ! Les premiers jours, marchez doucement, buvez beaucoup (mais pas d'alcool ni de café) et mangez léger. Prévoyez plusieurs jours d'acclimatation avant de partir en randonnée et au moins une semaine pour l'ascension des sommets...

Quel est le meilleur moyen pour se déplacer ?
Les bus longues distances desservent la plupart des destinations ; certains sont très confortables, d'autres un peu déglingués... L'avion peut dépanner sur certains longs trajets pénibles, notamment en Bolivie. Pour les petits déplacements, on emprunte minibus et autres *colectivos*.

Peut-on y aller avec des enfants ?
Peut-être pas jusqu'au sommet de l'Alpamayo... mais sur les traces de Tintin ou des Cités d'or, oui, bien sûr. Ils adoreront rencontrer les alpagas, les vigognes et les condors – et on ne parle même pas des singes et des caïmans en Amazonie !

Le Pérou et la Bolivie sont-ils des pays sûrs ?
« Sûrs », non. Arnaques et vols sont rapportés régulièrement, surtout au Pérou : mieux vaut rester sur ses gardes. Cela dit, les endroits les plus touristiques bénéficient d'une présence policière de plus en plus vigilante.

Le Machu Picchu, combien ça coûte ?
De plus en plus cher ! Si l'on additionne le prix du trajet en train, seul moyen d'y aller rapidement, du bus pour monter au site et le ticket d'entrée, difficile de s'en sortir à moins de 250-300 $ la journée...

Et le chemin de l'Inca ?
Le plus célèbre des treks péruviens est victime de son succès. On doit forcément passer par une agence agréée. C'est cher et extrêmement fréquenté, mais la magie du lieu est une belle récompense.

Remerciements

Nous tenons à remercier tout particulièrement Loup-Maëlle Besançon, Thierry Bessou, Gérard Bouchu, François Chauvin, Grégory Dalex, Stéphanie Déro, Fabrice Doumergue, Cédric Fischer, Carole Fouque, Michelle Georget, David Giason, Claude Hervé-Bazin, Emmanuel Juste, Dimitri Lefèvre, Fabrice de Lestang, Romain Meynier, Éric Milet, Pierre Mitrano, Jean-Sébastien Petitdemange, Thomas Rivallain et Dominique Roland pour leur collaboration régulière.

Emmanuelle Bauquis
Mathilde Blanchard
Jean-Jacques Bordier-Chêne
Michèle Boucher
Mathilde Bouron
Sophie Cachard
Jeanne Cochin
Agnès Debiage
Jérôme Denoix
Joséphine Desfougères
Tovi et Ahmet Diler
Clélie Dudon
Sophie Duval
Alain Fisch
Cécile Gastaldo
Bérénice Glanger
Adrien et Clément Gloaguen
Bernard Hilaire
Sébastien Jauffret
Blanche-Flore Laize
Virginie Leibel
Jacques Lemoine
Julien Léopold
Jacques Muller
Caroline Ollion
Martine Partrat
Odile Paugam et Didier Jehanno
Julia Pouyet
Émile Pujol
Maud Régent
Anaïs Rougale
Prakit Saiporn
Jean-Luc et Antigone Schilling
Alicia Tawil
Caroline Vallano
Juliana Verdier

Direction : Nathalie Bloch-Pujo
Contrôle de gestion : Jérôme Boulingre et Alexis Bonnefond
Secrétariat : Catherine Maîtrepierre
Direction éditoriale : Catherine Julhe
Édition : Matthieu Devaux, Géraldine Péron, Olga Krokhina, Gia-Quy Tran, Julie Dupré, Pauline Fiot, Camille Loiseau, Béatrice Macé de Lépinay, Emmanuelle Michon, Martine Schmitt et Marion Sergent
Préparation-lecture : Muriel Lucas
Cartographie : Frédéric Clémençon et Aurélie Huot
Fabrication : Nathalie Lautout et Audrey Detournay
Relations presse France : COM'PROD, Fred Papet. ☎ 01-70-69-04-69. • *info@comprod.fr* •
Direction marketing : Adrien de Bizemont, Lydie Firmin et Laure Illand
Contacts partenariats : André Magniez (EMD). • *andremagniez@gmail.com* •
Édition des partenariats : Élise Ernest
Informatique éditoriale : Lionel Barth
Couverture : Clément Gloaguen et Seenk
Maquette intérieure : le-bureau-des-affaires-graphiques.com, Thibault Reumaux et npeg.fr
Relations presse : Martine Levens (Belgique) et Maureen Browne (Suisse)
Régie publicitaire : Florence Brunel-Jars. • *fbrunel@hachette-livre.fr* •

ITINÉRAIRES CONSEILLÉS

Nous vous suggérons trois itinéraires d'environ un mois, le premier incluant les deux pays. On ne vous cache pas qu'ils sont chargés et, par conséquent, difficiles à tenir... L'idéal, pour chacun d'entre eux, serait de faire sauter l'une ou l'autre étape, ou de prévoir quelques jours supplémentaires.

1er itinéraire : sud du Pérou, Bolivie et cordillère Blanche

– *1er jour :* Lima.
– *2e jour :* Lima, visite du centre.
– *3e jour :* Pisco et islas Ballestas.
– *4e jour :* Ica, Huacachina.
– *5e jour :* Nazca, puis bus de nuit pour Arequipa.
– *6e jour :* Arequipa.
– *7e jour :* Arequipa-Cuzco (de jour, pour les paysages).
– *8e jour :* Cuzco.
– *9e jour :* Cuzco et Sacsayhuamán.
– *10e jour :* la Vallée sacrée.
– *11e jour :* Machu Picchu.
– *12e jour :* train ou bus pour Puno, via Andahuaylillas et Raqchi.
– *13e jour :* Puno et ses environs.
– *14e jour :* lac Titicaca et île de Taquile ou Amantani.
– *15e jour :* Copacabana par la route.
– *16e jour :* La Paz par la route (à travers l'Altiplano).
– *17e jour :* La Paz.
– *18e jour :* La Paz, excursion à Tiwanaku.
– *19e jour :* route vers Uyuni (accessible aussi en train depuis Oruro, quatre fois par semaine).
– *20e jour :* Salar d'Uyuni (extension de 4 jours pour le spectaculaire Sud-Lípez).
– *21e jour :* Potosí par la route.
– *22e jour :* Potosí.
– *23e jour :* retour à La Paz.
– *24e jour :* La Paz-Lima en avion, puis bus de nuit ou avion pour Huaraz (cordillère Blanche).
– *25e jour :* Huaraz.
– *26e, 27e, 28e, 29e jours :* trek de Santa Cruz.
– *30e jour :* retour à Lima.

2e itinéraire : le sud et le nord du Pérou

– *1er jour :* Lima.
– *2e jour :* Lima, visite du centre.
– *3e jour :* Pisco et islas Ballestas.
– *4e jour :* Ica, Huacachina.
– *5e jour :* Nazca (survol des lignes), puis bus de nuit pour Arequipa.

– *6e jour :* Arequipa.
– *7e jour :* Arequipa-Cuzco (de jour, pour les paysages).
– *8e jour :* Cuzco.
– *9e jour :* Cuzco et Sacsayhuamán.
– *10e jour :* la Vallée sacrée.
– *11e et 12e jours :* Machu Picchu par le chemin de l'Inca.
– *13e jour :* Cuzco-Lima en avion, puis bus de nuit ou avion pour Huaraz (cordillère Blanche).
– *14e jour :* Huaraz.
– *15e, 16e, 17e et 18e jours :* trek de Santa Cruz.
– *19e jour :* Huaraz-Trujillo par Yaután ou le cañon del Pato.
– *20e jour :* Trujillo, Chan Chan et les *huacas del Sol y de la Luna*.
– *21e jour :* Trujillo-Chiclayo.
– *22e jour :* visite des musées de Lambayeque et de Ferreñafe.
– *23e jour :* Chiclayo-Lima.
– *24e jour :* Lima-Iquitos en avion.
– *25e jour :* Iquitos.
– *26e, 27e, 28e et 29e jours :* excursion dans la forêt amazonienne.
– *30e jour :* retour à Lima (en avion).
– *Variante en Amazonie :* pour plus d'aventure, on peut aussi rejoindre Iquitos d'abord par la route jusqu'à Pucallpa (18h) puis en bateau par le fleuve (4-5 jours). Compter alors une semaine supplémentaire, 10 jours si l'on fait étape à Tingo María.

3e itinéraire : la Bolivie

– *1er jour :* La Paz.
– *2e jour :* excursion à Tiwanaku et route vers Copacabana, au bord du lac Titicaca.
– *3e jour :* lac Titicaca.
– *4e jour :* retour à La Paz (extension possible à Sorata ou Coroico).
– *5e, 6e et 7e jours :* vol vers Uyuni et excursion dans le Salar ou Sud-Lípez. Extension possible vers le Chili (désert d'Atacama) ou Tupiza et Tarija (2 jours).
– *8e jour :* route vers Potosí.
– *9e jour :* Potosí.
– *10e, 11e et 12e jours :* route pour Sucre. Sucre et ses environs (Tarabuco, villages Jalq'a, etc.).
– *13e jour :* Sucre.
– *14e jour :* Sucre et ses environs (Tarabuco, villages Jalq'a, etc.).
– *15e jour :* route vers Cochabamba et le parc national Torotoro.
– *16e jour :* Cochabamba ou le parc national Torotoro.
– *17e jour :* route vers Santa Cruz.
– *18e jour :* parc national Amboró.
– *19e, 20e et 21e jours :* Santa Cruz et les missions jésuites.
– *22e jour :* retour à Santa Cruz et vol vers Trinidad ou plutôt Rurrenabaque.
– *23e, 24e et 25e jours :* navigation ou trek en Amazonie.
– *26e jour :* retour à Trinidad ou Rurrenabaque et vol retour via Santa Cruz ou La Paz.

Si vous êtes plutôt...

... passionné de sites archéologiques

Au Pérou, autour de Trujillo, ***Chan Chan, Huacas del Sol y de la Luna*** et ***El Brujo,*** ou proches de Casma, ***Chavín de Huátar*** et ***Sechín.*** Également les chullpas du site de ***Sillustani,*** près de Puno, les fameuses lignes de ***Nazca,*** la forteresse inca de ***Ollantaytambo*** et les ruines de ***Pisac,*** dans la vallée sacrée des Incas, et bien

sûr – est-il nécessaire de le préciser ? – l'incontournable site du ***Machu Picchu.*** Plus difficiles d'accès, les ***ruines de Kuelap*** méritent le détour.
En Bolivie, le site de ***Tiwanaku,*** et non loin, le ***lac Titicaca,*** berceau de la civilisation inca, en particulier l'***Isla del Sol*** que l'on traverse en suivant le chemin inca. Autour de Cochabamba, le ***site d'Inkallajta,*** les plus importantes ruines incas du pays.

... culture, musées

Au Pérou, le ***museo Larco de Lima,*** le ***museo Tumbas Reales de Sipán*** et tous les musées des sites archéologiques. La momie de Juanita, la princesse inca au ***museo Santuarios Andinos d'Arequipa.*** Le musée de la ***casa Concha à Cuzco,*** en plus du ***museo de Arte religioso*** et du ***monastère de Santo Domingo,*** construit sur des fondations incas. Ou encore l'***église baroque d'Andahuaylillas,*** en pleine cordillère.
En Bolivie, ne ratez pas le ***museo nacional de Etnografía y Folklore de La Paz,*** la ***casa nacional de Moneda*** et le ***convento-museo Santa Teresa à Potosí,*** les ***museos universitarios – Charcas à Sucre.***

... amateur de villes historiques de charme

Au Pérou, ***Cuzco*** la magique et ses maisons aux toits de tuiles qui escaladent les collines depuis la somptueuse cathédrale. La « ville blanche » d'***Arequipa*** au riche patrimoine religieux, ***Trujillo*** et ses splendides palais coloniaux, ***Cajamarca*** et sa fameuse plaza de Armas.
En Bolivie, la ville coloniale de ***Sucre,*** le village de ***Tarata,*** dans le Valle Alto, ***Tarabuco,*** pour son marché traditionnel du dimanche, et les ***missions jésuites de Chiquitos,*** l'occasion de découvrir un ensemble architectural unique d'églises en bois et en pierre.

... trekkeur, sportif

Au Pérou, le ***chemin de l'Inca*** bien sûr ! Une rando de 4 jours plutôt exigeante pour accéder au grandiose Machu Picchu, ou encore le trek jusqu'au site de ***Choquequirao,*** beaucoup moins fréquenté. Mais aussi un autre incontournable, la cordillère Blanche, avec le tour de l'***Alpamayo,*** la cordillère de ***Huayhuash,*** le ***Santa Cruz...*** Ou encore le ***cañon del Colca,*** ses sites d'observation des condors et les villages de ses entrailles, ou une balade à ***Cumbe Mayo,*** proche de Cajamarca.
En Bolivie, un trek à travers la ***cordillère Royale*** sur les vieux sentiers incas ou, pour les mieux entraînés, l'ascension du ***Huayna Potosí,*** à plus de 6 000 m d'altitude. Nombreuses possibilités de randonnée également autour de ***Sorata,*** dans le ***parc Sajama*** qui entoure le plus haut volcan du pays, dans le ***parc national Torotoro*** ou celui d'***Amboró,*** qui abritent une faune et une flore très riches. Sans oublier les sentiers menant aux ***villages Jalq'a*** isolés, aux alentours de Sucre, et les possibilités d'excursion au départ de ***Tupiza.***

... aventurier

Au Pérou, la descente en VTT du ***cañon del Pato,*** et en Bolivie, celle de la ***« route de la Mort »,*** au départ de Coroico. En Bolivie toujours, la traversée du ***Salar d'Uyuni et le Sud-Lípez,*** qui restent des territoires isolés que l'on explore uniquement avec un guide qualifié. Et bien sûr, un séjour en Amazonie, notamment en s'immergeant dans le ***parc national de Madidi*** bolivien ou, au Pérou, en explorant les ***environs de Tingo María,*** puis en descendant l'Ucayali, puis le fleuve Amazone en bateau régulier, ***de Pucallpa à Iquitos,*** avant d'enchaîner par une expédition de quelques jours en forêt.

COMMENT ALLER AU PÉROU ET EN BOLIVIE ?

LES LIGNES RÉGULIÈRES

▲ AIR FRANCE

Rens et résas au ☎ 36-54 (0,34 €/mn – tlj 6h30-22h), sur • airfrance.fr •, dans les agences Air France et dans ttes les agences de voyages.

➢ Air France assure 5 vols directs/sem (tlj sf lun et mer) entre Paris (Roissy-CDG) et Lima.

Air France propose toute l'année une gamme de tarifs accessibles à tous. Pour les moins de 25 ans, Air France offre des tarifs spécifiques, ainsi qu'une carte de fidélité *(Flying Blue Jeune)* gratuite et valable sur l'ensemble des compagnies membres de *Skyteam*. Cette carte permet de cumuler des *miles*.

Sur Internet, possibilité de consulter les meilleurs tarifs du moment directement sur la page « Meilleures offres et promotions ».

▲ AIR EUROPA

– Paris : 58a, rue du Dessous-des-Berges, 750013. ☎ 01-42-65-08-00. • air-europa.com • Ⓜ Saint-Philippe-du-Roule. Lun-ven 9h-18h.

➢ Assure min 1 vol/j. entre Paris et Lima, Santa Cruz et La Paz, via Madrid.

▲ IBÉRIA

Rens et résas au ☎ 0825-800-965 (0,15 €/mn). • iberia.fr •

➢ En moyenne, 2 vol/j. pour Lima via Madrid au départ de Paris (Orly-Ouest).

▲ KLM

Rens et résas au ☎ 0892-702-608 (0,34 €/mn). • klm.fr • Lun-ven 8h30-19h, sam 10h-17h.

➢ KLM dessert quotidiennement Lima au départ de Paris, Lyon, Nice, Strasbourg et Toulouse via l'aéroport d'Amsterdam-Schiphol.

▲ LAN

Rens : ☎ 0821-23-15-54 (0,15 €/mn ; lun-ven 9h30-17h30). • lan.com •

➢ Assure 1 vol/j. entre Paris (Orly-Ouest) et Lima via Madrid (partage de codes avec *Iberia* sur la partie européenne).

La compagnie nationale chilienne est représentée en France par Tam Airlines. Propose un *pass* qui permet de voyager sur tout leur réseau, soit plus de 115 destinations en Amérique du Sud.

LES ORGANISMES DE VOYAGES

– Ne pas croire que les vols à tarif réduit sont tous au même prix pour une même destination à une même époque : loin de là. On a déjà vu, dans un même avion partagé par deux organismes, des passagers qui avaient payé 40 % plus cher que les autres. De plus, une agence bon marché ne l'est pas forcément toute l'année (elle peut n'être compétitive qu'à certaines dates bien précises). Donc, contactez tous les organismes et jugez vous-même.

– Les organismes cités sont classés par ordre alphabétique, pour éviter les jalousies et les grincements de dents.

EN FRANCE

▲ ALLIBERT

– Paris : 37, bd Beaumarchais, 75003. ☎ 01-44-59-35-35. • allibert-trekking.com • Ⓜ Chemin-Vert ou Bastille.

Lun-ven 9h-19h, sam 10h-18h.
– Agences également à Chamonix, Chapareillan, Nice et Toulouse.

Née en 1975 d'une passion commune entre trois guides de montagne, Allibert propose aujourd'hui 1 100 voyages aux quatre coins du monde tout en restant une entreprise familiale. Découvrir de nouveaux itinéraires en respectant la nature et les cultures des régions traversées reste leur priorité. Pour chaque pays, différents niveaux de difficulté. Allibert est le premier tour-opérateur certifié tourisme responsable par ATR.

▲ ALTIPLANO

– Annecy-le-Vieux : 18, rue du Pré-d'Avril, 74900. ☎ 04-50-44-37-83 ou 04-50-32-83-89. • altiplano.org • Lun-ven 9h-13h 14h-19h.

Partez à la rencontre des couleurs, des traditions andines et des paysages à couper le souffle, grâce à Marie, spécialiste Pérou et Bolivie chez Altiplano, agence de voyages sur mesure en Amérique latine. Choisissez une destination ou combinez les deux, au gré de vos envies. Altiplano propose des circuits en liberté ou plus complets avec guides francophones et une personnalisation avec départs garantis aux dates de votre choix. N'hésitez pas à contacter Marie pour un devis sur mesure gratuit.

▲ ANAPIA VOYAGES

– Simiane Collongue : 7, Clos du Château, 13109. Rens : ☎ 04-42-54-21-52. 📱 06-88-62-62-66. • anapiavoyages.fr •

L'équipe d'Anapia Voyages, basée en Provence, s'appuie sur l'expérience de ses créateurs pour proposer des séjours et circuits, notamment en Amérique latine. Le plus d'Anapia : proposer, en plus des visites de sites incontournables, une qualité d'accueil pour les hébergements (charme, petites structures) et surtout une vraie rencontre avec les populations grâce à des repas, des activités et des nuits chez l'habitant. Le mélange est dosé selon le cahier des charges de chaque client, du sur mesure au cousu main.

▲ BACK ROADS

– Paris : 14, pl. Denfert-Rochereau, 75014. ☎ 01-43-22-65-65. • backroads.fr • Ⓜ et RER B : Denfert-Rochereau. Lun-ven 9h30-19h, sam 10h-18h.

Depuis 1975, Jacques Klein et son équipe sillonnent les routes américaines, ce qui fait d'eux de grands connaisseurs de cette région du monde. Ils ne vendent leurs produits qu'en direct pour mieux vous faire partager leurs expériences et vous conseiller sur les circuits les plus adaptés à vos centres d'intérêt. Spécialistes des autotours, qu'ils programment eux-mêmes, ils ont également le grand avantage de disposer de contingents de chambres dans les parcs nationaux ou à proximité immédiate. Dans leur brochure, ils offrent également un grand choix d'activités, allant du séjour en ranch aux expéditions à VTT, en passant par le trekking ou le rafting.
De plus, Black Roads représente deux centraux de réservation américains lui permettant d'offrir des tarifs très compétitifs pour la réservation ; *Amerotel* avec des hôtels sur tout le territoire, des *Hilton* aux *YMCA*, et *Car Discount*, un courtier en location de voitures.

▲ CERCLE DES VACANCES – VACANCES AMÉRIQUE LATINE

– Paris : 4, rue Gomboust (angle 31, av. de l'Opéra), 75001. ☎ 01-40-15-15-01. Lun-ven 10h-19h, sam 10h-18h. Ⓜ Pyramides ou Opéra. • vacancesameriquelatine.com •

Préparer un voyage seul n'est pas facile. Vacances Amérique Latine, une équipe de passionnés au service de tous ceux qui souhaitent préparer leur voyage ou simplement obtenir des conseils, propose d'aider à découvrir le Pérou et la Bolivie en circuit individuel privé, en groupe ou en trek. Également des billets d'avion à des prix très intéressants. Ses spécialistes ont une connaissance pointue de leur destination et y sont allés à de nombreuses reprises.

▲ COMPTOIR DES PAYS ANDINS

– Paris : 2, rue Saint-Victor, 75005. ☎ 01-53-10-70-90. • comptoir.fr • Ⓜ Cardinal-Lemoine. Lun-ven 9h30-18h30, sam 10h-18h30.
– Lyon : 10, quai Tilsitt, 69002.

AIRFRANCE
FRANCE IS IN THE AIR
SKYTEAM
AU DÉPART DE PARIS
LIMA
JUSQU'À
4 VOLS
PAR SEMAINE
BOGOTA
JUSQU'À
6 VOLS
PAR SEMAINE
AIRFRANCE KLM
AIRFRANCE.FR
France is in the air : La France est dans l'air.
Renseignez-vous sur airfrance.fr, au 36 54 (0,34 € TTC/min à partir d'un poste fixe) ou dans votre agence de voyages.

☎ 04-72-44-13-40. Ⓜ Bellecour. Lun-sam 9h30-18h30.
– Marseille : 12, rue Breteuil, 13001. ☎ 04-84-25-21-80. Ⓜ Estrangin. Lun-sam 9h30-18h30.
– Toulouse : 43, rue Peyrolières, 31000. ☎ 05-62-30-15-00. Ⓜ Esquirol. Lun-sam 9h30-18h30.

Tout au long de la mythique cordillère des Andes, de nombreux voyages itinérants vous feront aller de la Terre de Feu à l'Équateur, de la Patagonie aux chemins incas du Pérou. Quelles que soient vos envies, une équipe de spécialistes des Pays Andins sera à votre écoute pour créer votre voyage sur mesure.

21 Comptoirs, plus de 60 destinations, des idées de voyages à l'infini. Comptoir des Voyages s'impose depuis 20 ans comme une référence incontournable pour les voyages sur mesure, accessibles à tous les budgets. Membre de l'association ATR (Agir pour un Tourisme responsable), Comptoir des Voyages a obtenu la certification Tourisme responsable AFAQ AFNOR.

▲ COMPTOIRS DU MONDE (LES)

– Paris : 84, rue Amelot, 75011. ☎ 01-44-54-84-54. • comptoirsdumonde.fr • Ⓜ Saint-Sébastien-Froissart. Lun-ven 9h30-19h, sam 11h-18h. Vous pouvez aussi réserver par tél et régler par CB, sans vous déplacer.

C'est dans ses nouveaux locaux, entourés de bambous qui rappellent l'Asie, que l'équipe des Comptoirs du Monde traitera personnellement tous vos désirs d'évasion : circuits et prestations à la carte pour tous les budgets sur les Amériques, l'Asie, le Proche-Orient, les Antilles, Madagascar, l'île Maurice et l'Italie.

▲ EQUINOXIALES

Rens : ☎ 01-77-48-81-00. • equinoxiales.fr •

25 ans d'expérience et une passion inépuisable sont les clés de l'expertise d'Equinoxiales pour les voyages sur mesure au long cours à prix *low-cost,* assortis des meilleurs conseils. Un simple appel, un simple mail et les conseillers Equinoxiales sont à l'écoute pour créer avec les candidats au départ le périple qui leur convient au meilleur prix.

▲ EVANEOS.COM

Rens : ☎ 01-84-17-73-35. Lun-ven 8h-12h et 13h30-17h30. • evaneos.com •

Evaneos.com permet d'entrer directement en contact avec des agences de voyages locales, au Pérou, en Bolivie et partout dans le monde. Vous échangez en direct sur Internet avec un agent local, véritable spécialiste de son pays qui construira avec vous un voyage unique. Evaneos.com apporte une proximité, une expertise et une liberté nouvelle dans l'organisation du voyage. Vous avez un accès direct à une agence locale au Pérou ou en Bolivie sélectionnée par Evaneos.com et la possibilité de faire établir un devis. Les bénéfices sont immédiats : un prix sans intermédiaires, une prestation sur mesure de qualité. Personnel, respectueux et serein : ces valeurs de voyage sont au cœur de l'activité d'Evaneos.com depuis 2009.

▲ FRANCE AMÉRIQUE LATINE

– Paris : 37, bd Saint-Jacques, 75014. ☎ 01-45-88-20-00. • franceameriquelatine.fr • Ⓜ Saint-Jacques. Lun-jeu 9h30-13h, 14h-18h ; ven 10h-13h, 14h-16h.

Présent depuis 1986 sur les terrains de la culture, de la solidarité et de la défense des Droits de l'homme, FAL propose de découvrir les richesses naturelles et surtout humaines du continent latino-américain à travers des circuits uniques et authentiques. Toute l'Amérique latine et la Caraïbe sont programmées afin de montrer la réalité de leurs peuples, sous diverses formes de voyages : séjours organisés ou à la carte, treks, mais aussi chantiers internationaux dans de nombreux pays, avec plusieurs associations et organisations de jeunesse, notamment des voyages solidaires. Sur place, les voyageurs pourront remettre eux-mêmes les médicaments et le matériel scolaire qu'ils auront réunis avant leur départ.

▲ HUWANS – CLUB AVENTURE

Rens : ☎ 04-96-15-10-20. • huwans-clubaventure.fr •
– Paris : 18, rue Séguier, 75006.

☎ 01-44-32-09-30. Ⓜ Saint-Michel ou Odéon. Lun-sam 10h-19h.
– Lyon : 38, quai Arloing, 69009. ☎ 04-96-15-10-52. Ⓜ Bellecour ou Ampère. Mar-ven 9h30-13h, 14h-18h30 ; sam 10h-13h, 14h-18h.
– Marseille : bureau des guides Huwans en Provence, RN 8 – La Petite Bastide – Village Oxylane, 13320 Bouc-Bel-Air. ☎ 04-88-66-48-93. Lun-sam 9h-19h.
Spécialiste du voyage d'aventure, ce tour-opérateur privilégie la randonnée en petits groupes, en famille ou entre amis pour parcourir le monde hors des sentiers battus. Leur site propose 1 000 voyages, dans 90 pays différents, à pied, en pirogue ou à dos de chameau. Ces voyages sont encadrés par des guides locaux et professionnels.

▲ IMAGES DU MONDE
– Paris : 14, rue de Siam, 75116. ☎ 01-44-24-87-88. • images-du-monde.com •
À deux pas de la tour Eiffel, l'équipe de spécialistes d'Images du Monde vous recevra sur rendez-vous dans son espace Voyage : arabica du Pérou servi dans le salon puis projection sur grand écran des sites incontournables du Pérou et de la Bolivie ainsi que des différentes possibilités d'hébergement. Votre conseiller « construira » votre voyage au Pérou et en Bolivie selon vos envies et saura articuler les formidables potentialités de ces 2 pays en mêlant pour vous villes coloniales, écolodges inédits, sites archéologiques, marchés colorés, navigation et nuit sur le lac Titicaca, rencontres andines... Extension possible en Équateur, aux Galápagos et au Chili.

▲ JEUNESSE ET RECONSTRUCTION
– Paris : 10, rue de Trévise, 75009. ☎ 01-47-70-15-88. • volontariat.org • Ⓜ Cadet ou Grands-Boulevards. Lun-ven 10h-13h, 14h-18h.
Jeunesse et Reconstruction propose des activités dont le but est l'échange culturel dans le cadre d'un engagement volontaire. Chaque année, des centaines de jeunes bénévoles âgés de 17 à 30 ans participent à des chantiers internationaux en France ou à l'étranger (Europe, Asie, Afrique et Amérique), et s'engagent dans un programme de volontariat à long terme (6 mois ou 1 an). Dans le cadre des chantiers internationaux, les volontaires se retrouvent autour d'un projet d'intérêt collectif (1 à 4 semaines) et participent à la restauration du patrimoine bâti, à la protection de l'environnement, à l'organisation logistique d'un festival ou à l'animation et l'aide à la vie quotidienne auprès d'enfants ou de personnes handicapées.

▲ NOMADE AVENTURE
☎ 0825-70-17-02 (0,15 €/mn). • nomade-aventure.com •
– Paris : 40, rue de la Montagne-Sainte-Geneviève, 75005. ☎ 01-43-54-76-12. Ⓜ Maubert-Mutualité. Lun-sam 9h30-18h30.
– Lyon : 10, quai Tilsitt, 69002. ☎ 04-72-44-13-59. Ⓜ Bellecour. Lun-sam 9h30-18h30.
– Marseille : 12, rue Breteuil, 13001. ☎ 04-91-33-22-13. Ⓜ Estrangin. Lun-sam 9h30-18h30.
– Toulouse : 43, rue Peyrolières, 31000. ☎ 05-62-30-10-80. Ⓜ Esquirol. Lun-sam 9h30-18h30.
Nomade Aventure propose des circuits inédits partout dans le monde à réaliser en famille, entre amis, avec ou sans guide. Également la possibilité d'organiser, hors de groupes constitués, un séjour libre en toute autonomie et sur mesure. Spécialiste de l'aventure avec plus de 600 itinéraires (de niveau tranquille, dynamique, sportif ou sportif +) faits d'échanges et de rencontres avec les habitants, Nomade Aventure donne la priorité aux expériences authentiques à pied, à VTT, à cheval, à dos de chameau, en bateau ou en 4x4.

▲ NOSTALATINA
– Paris : 19, rue Damesme, 75013. ☎ 01-43-13-29-29. • ann.fr • Ⓜ Tolbiac. Sur rdv. Lun-ven 10h-13h, 15h-18h ; sam sur rdv slt.
Parce qu'il n'est pas toujours aisé de partir seul, NostaLatina propose des voyages sur mesure en Amérique latine, notamment au Pérou et en Bolivie, du séjour classique jusqu'aux contrées les plus reculées, en individuel ou en groupe déjà constitué. Plusieurs formules au choix, dont deux qui sont devenues des formules

Des voyages
et des émotions
Découvrez
Osez
Rencontrez
Apprivoisez
NOUVELLES FRONTIERES
« Depuis plus de deux générations,
nous parcourons le monde avec vous.
Libre à vous d'écrire la suite... »
Retrouvez-nous en agence de voyages, au 0 825 000 825 (0,15 €/min),
sur nouvelles-frontieres.fr ou sur FACEBOOK
TUI France – IM093120002 - RCS Nanterre 331 089 474. Crédit photo : Masterfile

de référence depuis quelques années pour les voyageurs indépendants : les *Estampes* avec billets d'avion, logement, transferts entre les étapes en mixant avec astuce avion, bus, train ou encore location de voitures ; les *Aquarelles* avec en plus un guide et un chauffeur privé à chaque étape. Vous trouverez sur le site internet des idées d'itinéraires que vous pourrez ensuite personnaliser et adapter selon vos envies avec Ylinh, la chaleureuse directrice qui connaît parfaitement le terrain et son équipe de jeunes passionnés qui vous donneront des conseils avisés pour découvrir le continent sud-américain dans ses moindres recoins.

▲ NOUVELLES FRONTIÈRES

– Rens et résas au ☎ 0825-000-747 (0,15 €/mn). • nouvelles-frontieres.fr • En agence de voyages, agences Nouvelles Frontières et Marmara, par tél et sur Internet.

Depuis plus de 45 ans, Nouvelles Frontières fait découvrir le monde au plus grand nombre au travers de séjours aussi merveilleux qu'insoupçonnés, à la découverte de nouveaux paysages, de nouveaux visages et de rencontres riches en émotions. Selon votre budget ou vos désirs, plus de 100 destinations à choisir parmi 240 circuits ou bien en séjours et voyages à la carte à personnaliser selon vos envies. Rendez-vous sur le Web ou en agence où les conseillers Nouvelles Frontières seront à votre écoute pour mettre un voyage d'exception à votre portée et composer votre voyage selon vos souhaits.

▲ ROUTE DES VOYAGES (LA)

• route-voyages.com • Agences ouv lun-jeu 9h-19h, ven 9h-18h, sam sur rdv.

– Paris : 10, rue Choron, 75009. ☎ 01-55-31-98-80.

– Annecy : 4 bis, av. d'Aléry, 74000. ☎ 04-50-45-60-20.

– Bordeaux : 19, rue du Frères-Bonie, 33000. ☎ 05-56-90-11-20.

– Lyon : 59, rue Franklin, 69002. ☎ 04-78-42-53-58.

– Toulouse : 9, rue Saint-Antoine-du-T, 31000. ☎ 05-62-27-00-68.

20 ans d'expérience de voyages sur mesure sur les cinq continents ! Cette équipe de voyageurs passionnés a développé un vrai savoir-faire du voyage personnalisé : écoute, conseils, voyages de repérage réguliers et des correspondants sur place soigneusement sélectionnés avec qui ils travaillent en direct. Son engagement à promouvoir un tourisme responsable se traduit par des possibilités de séjours solidaires à insérer dans les itinéraires de découverte individuelle. Elle a aussi créé un programme de compensation territoriale qui permet de financer des projets de développement locaux.

▲ TAWA

– Mulhouse : 28, rue du Sauvage, 68100. ☎ 03-89-36-02-00. • tawa.fr • Lun-ven 9h-12h, 14h-18h ; sam sur rdv.

L'agence Tawa, créée par un Français en Bolivie voici une trentaine d'années, a son propre bureau en France : vous y trouverez un maximum d'informations et toute l'aide nécessaire à la préparation d'un voyage en Amérique du Sud. Groupes ou individuels, voyages organisés ou vols secs, voyages culturels ou sportifs, le vrai « sur mesure » est possible. Depuis son bureau de La Paz, l'agence a prospecté le continent sud-américain et possède une expérience originale et variée. Les combinés nord Chili-Bolivie-Pérou ou Patagonie chilienne et argentine sont leur spécialité. Tawa dispose aussi d'un campement au cœur de l'Amazonie bolivienne, à Santa Rosa del Tuichi (parque nacional Madidi).

▲ TERRES D'AVENTURE

Rens : ☎ 0825-70-08-25 (0,15 €/mn). • terdav.com •

– Paris : 30, rue Saint-Augustin, 75002. Ⓜ Opéra ou Quatre-Septembre. Lun-sam 9h30-19h.

– Agences également à Bordeaux, Chamonix, Grenoble, Lille, Lyon, Marseille, Nantes, Rennes, Rouen, Strasbourg et Toulouse.

Depuis 1976, Terres d'Aventure, spécialiste du voyage à pied, propose aux voyageurs passionnés de marche et de rencontres des randonnées hors des sentiers battus à la découverte des grands espaces de notre planète. Voyages à pied, à cheval, en bateau ; sur tous les continents, des aventures en petits groupes ou en individuel encadrées par des professionnels

expérimentés. Les hébergements dépendent des sites explorés : camps d'altitude, bivouacs, refuges ou petits hôtels. Les voyages sont conçus par niveaux de difficulté : de la simple balade en plaine à l'expédition sportive en passant par la course en haute montagne.
En province, certaines de leurs agences sont de véritables *Cités des Voyageurs* dédiées au voyage : librairies spécialisées, boutiques d'accessoires de voyage, expositions-ventes d'artisanat et cocktails-conférences. Consulter le programme des manifestations sur leur site internet.

▲ TERRES LOINTAINES

– Issy-les-Moulineaux : 2, rue Maurice-Hartmann, 92130. Sur rdv slt ou par tel. Rens et résas : ☎ 01-84-19-44-45. Lun-ven 8h30-19h30, sam 9h-18h.
• terres-lointaines.com •
Véritable créateur de voyages sur mesure, Terres Lointaines est un spécialiste reconnu du long-courrier sur plus de 30 destinations en Amérique, en Afrique et en Asie et qui assure des prix compétitifs et un discours de transparence. Grâce à une sélection rigoureuse de partenaires sur place et à un large choix d'hébergements de petite capacité et de charme, Terres Lointaines propose des voyages de qualité et hors des sentiers battus. Les circuits itinérants sont déclinables à l'infini pour coller parfaitement à toutes les envies et tous les budgets. En plus d'un contact privilégié avec un expert du pays, le site terres-lointaines.com, illustré par de nombreuses photos, des cartes interactives et informations pratiques, commencera à vous faire voyager.

▲ VOYAGES-SNCF.COM

– Infos et résas depuis la France : • voyages-sncf.com • et sur tablette et mobile avec l'appli V. Hôtels (tte l'offre hôtels).
– Réserver un vol, un hôtel, une voiture : ☎ 0899-500-500 (1,35 € l'appel, puis 0,34 €/mn).
– Une question sur votre commande, rubrique « Contact » sur le site ou ☎ 09-70-60-99-60 (n° non surtaxé).
Voyages-sncf.com, distributeur de voyages en ligne de la SNCF, vous propose ses meilleurs prix d'avion, d'hôtel, de séjours et de location de voitures dans le monde entier. Accédez aussi à ses services exclusifs : billets à domicile, offres de dernière minute, promotions...

▲ VOYAGEURS EN AMÉRIQUE DU SUD

• voyageursdumonde.fr •
– Paris : La Cité des Voyageurs, 55, rue Sainte-Anne, 75002. ☎ 01-42-86-16-00. Ⓜ Opéra ou Pyramides. Lun-sam 9h30-19h. Avec une librairie spécialisée sur les voyages.
– Également des agences à Bordeaux, Grenoble, Lille, Lyon, Marseille, Montpellier, Nantes, Nice, Rennes, Rouen, Strasbourg et Toulouse. Également à Bruxelles et Genève.
Parce que chaque voyageur est différent, que chacun a ses rêves et ses idées pour les réaliser, Voyageurs du Monde conçoit, depuis plus de 30 ans, des projets sur mesure. Les séjours proposés sur 120 destinations sont élaborés par leurs 180 conseillers voyageurs. Spécialistes par pays et même par région, ils vous aideront à personnaliser les voyages présentés à travers une trentaine de brochures d'un nouveau type et sur le site internet, où vous pourrez également découvrir les hébergements exclusifs et consulter votre espace personnalisé.
Au cours de votre séjour, vous bénéficiez des services personnalisés Voyageurs du Monde, dont la possibilité de modifier à tout moment votre voyage, l'assistance d'un concierge local, la mise en place de rencontres et de visites privées et l'accès à votre carnet de voyage via une application iPhone et Androïd.
Voyageurs du Monde est membre de l'association ATR (Agir pour un tourisme responsable) et a obtenu sa certification Tourisme responsable AFAQ AFNOR.

Comment aller à Roissy et à Orly ?

Bon à savoir :
– le ***pass Navigo*** est valable pour Roissy-Rail (RER B, zones 1-5) et Orly-Rail (RER C, zones 1-4). Les

Voyageurs
DU MONDE
LE VOYAGE
COMME VOUS L'IMAGINEZ
Conseillers spécialisés par régions, attentions personnalisées, service local de conciergerie unique, et partenariat exclusif permettant de gagner des miles à chaque voyage : découvrez une autre façon de voyager
VOYAGEURSDUMONDE.FR
SPÉCIALISTE DU VOYAGE INDIVIDUEL PERSONNALISÉ
© Mathis Clemens

week-ends et j. fériés, le *pass Navigo* est dézoné, ce qui permet à ceux qui n'ont que les zones 1 à 3 d'aller tout de même jusqu'aux aéroports sans frais supplémentaires ;
- le ***billet Orly-Rail*** permet d'accéder sans supplément aux réseaux métro et RER.

Conservez dans votre bagage cabine vos médicaments, vos divers chargeurs et appareils ainsi que vos objets de valeur (clés et bijoux). Et, on ne sait jamais, ajoutez-y de quoi vous changer si vos bagages n'arrivaient pas à bon port avec vous.

À Roissy-Charles-de-Gaulle 1, 2 et 3

Attention : si vous partez de Roissy, pensez à vérifier de quelle aérogare votre avion décolle, car la durée du trajet peut considérablement varier en fonction de cette donnée.

En transports collectifs

Les cars Air France : ☎ *0892-350-820 (0,34 €/mn).* • *lescarsairfrance.com* • *Paiement par CB possible à bord.*
Le site internet diffuse les informations essentielles sur le réseau (lignes, horaires, tarifs...) permettant de connaître en temps réel le trafic afin de mieux planifier son départ. Il permet d'acheter à un tarif spécial et d'imprimer les billets électroniques pour accéder aux bus.
➢ *Paris-Roissy :* départ pl. de l'Étoile (1, av. Carnot), avec un arrêt pl. de la Porte-Maillot (bd Gouvion-Saint-Cyr). Départs ttes les 30 mn, 5h45-23h. Durée du trajet : env 1h. Tarifs : 17 € l'aller simple, 29 € l'A/R ; réduc enfants 2-11 ans.
Autres départs depuis la gare Montparnasse (arrêt rue du Commandant-Mouchotte, face à l'hôtel *Pullman*), ttes les 30 mn, 6h-22h, avec un arrêt gare de Lyon (20 bis, bd Diderot). Tarifs : 17 € l'aller simple, 28,50 € l'A/R ; réduc enfants 2-11 ans.
➢ *Roissy-Paris :* les cars *Air France* desservent la pl. de la Porte-Maillot, avec un arrêt bd Gouvion-Saint-Cyr, et se rendent ensuite au terminus de l'av. Carnot. Départs ttes les 30 mn, 5h45-23h, des terminaux 2A et 2C (porte C2), 2E et 2F (niveau « Arrivées », porte E8 ou F9), 2B et 2D (porte B1), et du terminal 1 (porte 32, niveau « Arrivées »).
À destination de la gare de Lyon et de la gare Montparnasse, départs ttes les 30 mn, 6h-22h, des mêmes terminaux. Durée du trajet : env 1h15.

Roissybus : ☎ *32-46 (0,34 €/mn).* • *ratp.fr* • Départs de la pl. de l'Opéra (angle rues Scribe et Auber) ttes les 15 mn (20 mn à partir de 20h, 30 mn à partir de 22h), 5h15-0h30. Durée du trajet : 1h. De Roissy, départs 6h-0h30 des terminaux 1, 2A, 2B, 2C, 2D et 2F, et à la sortie du hall d'arrivée du terminal 3. Tarif : 10,50 €.

Bus RATP n° 351 : de la pl. de la Nation, 5h35-20h20. Solution la moins chère mais la plus lente. Compter 3 tickets ou 5,70 € et 1h40 de trajet. Ou ***bus n° 350,*** de la gare de l'Est (1h15 de trajet). Arrivée Roissypôle-gare RER.

RER ligne B + navette : ☎ *32-46 (0,34 €/mn).* Départs ttes les 15 mn, 4h53-0h20 depuis la gare du Nord et à partir de 5h26 depuis Châtelet. À Roissy-Charles-de-Gaulle, descendre à la station (il y en a 2) qui dessert le bon terminal. De là, prendre la navette adéquate. Compter 50 mn de la gare du Nord à l'aéroport (navette comprise), mais mieux vaut prendre de la marge. Tarif : 10,90 €. *Pass Navigo* valable sans frais supplémentaires pour les aéroports.

- Si vous venez du Nord, de l'Ouest ou du Sud de la France en train, vous pouvez rejoindre les aéroports de Roissy sans passer par Paris, la gare SNCF Paris-Charles-de-Gaulle étant reliée aux réseaux TGV.

En taxi

Pensez aussi aux nouveaux services de transport qui se développent dans la capitale, et qui pourraient être adaptés à vos besoins :
- ***WeCab :*** ☎ *01-41-27-66-77.* • *wecab.com* • *Remise de 10 %*

PÉROU DÉCOUVERTE
L'agence ALPA-K, la sécurité d'acheter votre voyage sans intermédiaire avec une équipe francophone sur place.
Le Pérou et votre rêve devient réalité...
ALPA-K
CONTACT : WWW.ALPA-K.ORG / INFO@ALPA-K.ORG
TREKKING DANS LES ANDES

Votre spécialiste du Pérou et de la Bolivie
Écoute & Conseils
Personnalisation
Circuit individuel
AGENCE DE VOYAGES SUR-MESURE
perou@altiplano-voyage.com - 04 50 44 37 83
www.altiplano-voyage.com
Altiplano

pour nos lecteurs avec le code « routard2015 » au paiement. Une formule de taxi partagé (avoir un peu de souplesse horaire donc, max 2 arrêts), fonctionnant entre les aéroports parisiens et Paris, ainsi qu'une quarantaine de villes en Île-de-France, tarifs forfaitaires (paiement à l'avance en ligne).

En voiture

Chaque terminal a son propre parking. Compter 36 € par tranche de 24h. Également des parkings longue durée (PR et PX), plus éloignés des terminaux, qui proposent des tarifs plus avantageux (forfait 24h 26 €, forfait 7 j. 158 €). Possibilité de réserver sa place de parking via le site ● *aeroportsdeparis.fr* ● Stationnement au parking Vacances (longue durée) dans le P3 Résa (terminaux 1 et 3) situé à 2 mn du terminal 3 à pied, ou dans le PAB (terminal 2). Formules de stationnement 1-30 j. (115-230 €) pour le P3 Résa. Résa w-e 4 j. au PAB : 49 €. Réservation sur Internet uniquement. Les P1, PAB et PEF accueillent les deux-roues : 15 € pour 24h.

Comment se déplacer entre Roissy-Charles-de-Gaulle 1, 2 et 3 ?

Les rames du CDG-VAL font le lien entre les 3 terminaux en 8 mn. Fonctionne tlj, 24h/24. Gratuit. Accessible aux personnes à mobilité réduite. Départs ttes les 4 mn, et ttes les 20 mn minuit-4h. Desserte gratuite vers certains hôtels, parkings, gares RER et gares TGV. *Infos au ☎ 39-50.*

À Orly-Sud et Orly-Ouest

En transports collectifs

Les cars Air France : *☎ 0892-350-820 (0,34 €/mn).* ● *lescarsairfrance.com* ● *Tarifs : 12,50 € l'aller simple, 21 € l'A/R ; réduc 2-11 ans. Paiement par CB possible dans le bus.*

➢ *Paris-Orly :* départs de l'Étoile, 1, av. Carnot, ttes les 30 mn, 5h-22h40. Arrêts au terminal des Invalides, rue Esnault-Pelterie (Ⓜ Invalides), gare Montparnasse (rue du Commandant-Mouchotte, face à l'hôtel *Pullman ;* Ⓜ Montparnasse-Bienvenüe, sortie « Gare SNCF ») et porte d'Orléans (arrêt facultatif uniquement dans le sens Orly-Paris). Compter env 1h.

➢ *Orly-Paris :* départs ttes les 20 mn, 6h30-23h40, d'Orly-Sud, porte L, et d'Orly-Ouest, porte D, niveau « Arrivées ».

RER C + navette : *☎ 01-60-11-46-20.* ● *transdev-idf.com* ● Prendre le RER C jusqu'à Pont-de-Rungis (un RER ttes les 15-30 mn). Compter 25 mn depuis la gare d'Austerlitz. Ensuite, navette pdt 15-20 mn pour Orly-Sud et Orly-Ouest. Compter 6,60 €. Très recommandé les jours où l'on piétine sur l'autoroute du Sud (w-e et jours de grands départs) : on ne sera jamais en retard. Pour le retour, départs de la navette ttes les 15 mn depuis la porte G à Orly-Ouest (5h40-23h14) et la porte F à Orly-Sud (4h45-0h55).

Orlybus : ● *ratp.fr* ● Compter 20-30 mn pour rejoindre Orly (Ouest ou Sud) et 7,50 € l'aller simple.

➢ *Paris-Orly :* départs ttes les 15-20 mn de la pl. Denfert-Rochereau. Orlybus fonctionne tlj 5h35-23h, jusqu'à minuit ven, sam et veilles de fêtes.

➢ *Orly-Paris :* départ d'Orly-Sud, porte H, quai 4, ou d'Orly-Ouest, porte J, niveau « Arrivées ». Fonctionne tlj 6h-23h20, jusqu'à 0h20 ven, sam et veilles de fêtes.

Orlyval : *☎ 32-46 (0,34 €/mn).* ● *ratp.fr* ● Compter 11,65 € l'aller simple entre Orly et Paris. La jonction se fait à Antony (ligne B du RER) sans aucune attente. Permet d'aller d'Orly à Châtelet et vice versa en 40 mn env, sans se soucier de la densité de la circulation automobile.

➢ *Paris-Orly :* départs pour Orly-Sud et Ouest ttes les 6-8 mn, 6h-23h.

➢ *Orly-Paris :* départs d'Orly-Sud, porte K, zone livraison des bagages, ou d'Orly-Ouest, porte A, niveau 1.

En taxi

Pensez aussi aux nouveaux services de transport de personnes qui se développent dans la capitale et pourraient être adaptés à vos besoins (voir plus haut les solutions en taxi proposées pour se rendre à Roissy).

En voiture

– ***Parkings aéroports :*** à proximité d'Orly-Ouest, parkings P0 et P2. À proximité d'Orly-Sud, P1, P2 et P3 (à 50 m du terminal, accessible par tapis roulant). Compter 28,50 € pour 24h de stationnement. Les parkings P0 et P2 (Orly-Ouest) ainsi que P6 (Orly-Sud), à proximité immédiate des terminaux, proposent des forfaits intéressants, dont le « Week-end ». Forfaits disponibles aussi pour les P4 et P5 (éloignés) : 24-27 € pour 24h. Il existe des forfaits « Vacances » intéressants à partir de 6 j. et jusqu'à 45 j. (100-300 €) aux P2 et P6.
Les P4, P7 (en extérieur) et P5 (couvert) sont des parkings longue durée, plus excentrés, reliés en 10 mn par navettes gratuites aux terminaux. *Rens : ☎ 01-49-75-56-50.* Comme à Roissy, possibilité de réserver en ligne sa place de parking (P0 et P7) sur *• aeroportsdeparis.fr •* Les frais de résa (en sus du parking) sont de 8 € pour 1 j., de 12 € pour 2-3 j. et de 20 € pour 4-10 j. de stationnement pour le P0. Les parkings P0-P2 à Orly-Ouest et P1-P3 à Orly-Sud accueillent les deux-roues : 6,20 € pour 24h.
– À proximité, ***Econopark*** : possibilité de laisser sa voiture à Chilly-Mazarin *(13, rue Denis-Papin, ZA La Vigne-aux-Loups, 91380 ; à env 10 mn d'Orly ; proche A6 et A10).* De 1 à 28 j., compter 30-166 €. Trajet A/R vers Orly en minibus (sans supplément). Option parking couvert possible. Réservation et paiement en ligne *• econopark.fr •* ou *☎ 01-60-14-85-62.*

Liaisons entre Orly et Roissy-Charles-de-Gaulle

Les cars Air France : *☎ 0892-350-820 (0,34 €/mn). • lescarsairfrance.com •* Départs de Roissy-Charles-de-Gaulle depuis les terminaux 1 (porte 32), 2A et 2C (porte C2), 2B et 2D (porte B1), 2E et 2F (porte E8 ou E9) vers Orly 5h55-22h30. Départs d'Orly-Sud (porte D) et d'Orly-Ouest (porte L) vers Roissy-Charles-de-Gaulle 6h30 (7h le w-e)-22h30. Ttes les 30-45 mn (dans les 2 sens). Durée du trajet : env 1h30. Tarif : 21 €, 35,50 € A/R ; réduc.

RER B + Orlyval : *☎ 32-46 (0,34 €/mn).* Depuis Roissy, navette puis RER B jusqu'à Antony et enfin Orlyval entre Antony et Orly, 6h-22h15. Tarif : 19,50 €.

EN BELGIQUE

▲ AIRSTOP

Pour ttes les adresses Airstop, un seul numéro de tél : ☎ 070-233-188. • airstop.be • Lun-ven 9h-18h30, sam 10h-17h.
– Bruxelles : bd E.-Jacquemain, 76, 1000.
– Anvers : Jezusstraat, 16, 2000.
– Bruges : Dweersstraat, 2, 8000.
– Gand : Maria Hendrikaplein, 65, 9000.
– Louvain : Mgr. Ladeuzeplein, 33, 3000.
Airstop offre une large gamme de prestations, du vol sec au séjour tout compris à travers le monde.

▲ CONNECTIONS

Rens et résas : ☎ 070-233-313. • connections.be • Lun-ven 9h-19h, sam 10h-17h.
Fort d'une expérience de plus de 20 ans dans le domaine du voyage, Connections dispose d'un réseau de 30 *travel shops*, dont un à Brussels Airport. Propose des vols dans le monde entier à des tarifs avantageux et des voyages destinés à tous ceux qui désirent découvrir la planète de façon autonome et de vivre des expériences uniques. Connections propose une gamme complète de produits : vols, hébergements, location de voitures, autotours, vacances sportives, excursions, assurance « protection »...

▲ CONTINENTS INSOLITES

– Bruxelles : rue César-Franck, 44 A, 1050. ☎ 02-218-24-84. • continents-insolites.com • Lun-ven 10h-18h, sam 10h-13h.
Continents Insolites, organisateur de voyages lointains sans intermédiaire, propose une gamme étendue de formules de voyages détaillées dans leur guide annuel gratuit sur demande.
– *Voyages découverte sur mesure :* à partir de 2 personnes. Un grand choix

d'hébergements soigneusement sélectionnés : du petit hôtel simple à l'établissement luxueux et de charme.
– *Circuits découverte en minigroupes :* de la grande expédition au circuit accessible à tous. Des circuits à dates fixes dans plus de 60 pays, en petits groupes francophones de 7 à 12 personnes. Avant chaque départ, une réunion est organisée. Voyages encadrés par des guides francophones, spécialistes des régions visitées.

▲ **FAIRWAY TRAVEL**
– Bruxelles : rue Abbé-Heymans, 2, 1200. ☎ 02-762-78-78. • fairwaytravel.be • Lun-ven 10h-18h.
Spécialiste de l'Amérique latine du Mexique au Chili en passant par les fjords de Patagonie et la cordillère des Andes. Au programme : des circuits en individuel avec location de voitures, un service à la carte, des croisières en Amazonie, en Antarctique, aux Galápagos et en Terre de Feu, des randonnées sur le chemin de l'Inca et les plus beaux trains d'Amérique latine.

▲ **HUWANS – CLUB AVENTURE**
– Bruxelles : Nomades Voyages, 27 pl. Saint-Job, 1180. ☎ 02-375-20-20. • huwans-clubaventure.fr •
Voir le texte dans la partie « En France ».

▲ **LATINOAMERICANA DE TURISMO**
– Bruxelles : av. Brugmann, 250, 1180. ☎ 02-211-33-50. • latinoamericana.be • Lun-ven 9h30-18h30 ; sam slt sur rdv.
Son expérience sur l'Amérique latine permet à cet organisateur de voyages de proposer des formules personnalisées sur mesure au Pérou et en Bolivie, mais aussi au Chili, Mexique, Guatemala, en Équateur, Argentine... Départs garantis quelle que soit la date prévue, en tenant compte des paramètres climatiques du pays. Tarifs compétitifs sur vols réguliers.

▲ **NOUVELLES FRONTIÈRES**
• nouvelles-frontieres.be •
– Nombreuses agences dans le pays, dont Bruxelles, Charleroi, Liège, Mons, Namur, Waterloo, Wavre et au Luxembourg.
Voir le texte dans la partie « En France ».

▲ **PAMPA EXPLOR**
– Bruxelles : av. Brugmann, 250, 1180. ☎ 02-340-09-09. • pampa.be • Lun-ven 9h-19h, sam 10h-17h. Également sur rdv, dans leurs locaux ou à votre domicile.
Spécialiste des voyages à la carte, Pampa Explor propose plus de 70 % de la « Planète bleue », selon les goûts, attentes, centres d'intérêt et budgets de chacun. Du Costa Rica à l'Indonésie, de l'Afrique australe à l'Afrique du Nord, de l'Amérique du Sud aux plus belles croisières, Pampa Explor privilégie les découvertes authentiques et originales. Pour ceux qui apprécient la jungle et les Pataugas ou ceux qui préfèrent les voyages de luxe, en individuel ou en petits groupes, mais toujours sur mesure.

▲ **SUDAMERICA TOURS**
– Brochures disponibles dans les agences de voyages en Belgique et au Luxembourg, ou au ☎ 02-772-15-34 (Bruxelles). • sudamericatours.be •
Tour-opérateur belge spécialisé sur l'Amérique latine, Sudamerica Tours propose une brochure comprenant les « Circuits et séjours individuels » et les « Circuits en groupes accompagnés avec départs garantis de Bruxelles ». Réalise également des circuits à la carte avec location de voitures, des séjours plage, des safaris, des croisières en Amazonie, aux îles Galápagos, sur le lac Titicaca... Logement en haciendas et hôtels de charme.

▲ **TERRES D'AVENTURE**
– Bruxelles : chaussée de Charleroi, 23, 1060. ☎ 02-543-95-60. • terdav.com • Lun-sam 10h-19h.
Voir le texte dans la partie « En France ».

▲ **VOYAGEURS DU MONDE**
– Bruxelles : chaussée de Charleroi, 23, 1060. ☎ 02-543-95-50. • voyageursdumonde.com •
Voir le texte « Voyageurs en Amérique du Sud » dans la partie « En France ».

EN SUISSE

▲ **HUWANS – CLUB AVENTURE**
– Genève : rue Prévost-Martin, 51, 1211. ☎ 022-320-50-80.

WWW.ANN.FR
Véritable voyage sur mesure
Les meilleures astuces pour aller en Amérique Latine, dans les meilleures conditions.
depuis 1994
Sur rendez-vous :
NostaLatina - NostalAsie,
19, rue Damesme, Paris 13è
Métro : Tolbiac
Tél. : 01.43.13.29.29
courriel : info@ann.fr
NostaLatina
Blog: nostalatina.com - Devenez fans de notre page Facebook NostaLatina

TERRES LOINTAINES
LE SPÉCIALISTE PÉROU ET BOLIVIE
DU VOYAGE SUR MESURE
EN HÉBERGEMENT DE CHARME
Partagez notre expertise
Profitez de nos prix compétitifs
Echangeons nos astuces voyage
Commencez à voyager sur
www.terres-lointaines.com
Contactez-nous 01 46 44 10 48
IMO92100075

• huwans-clubaventure.fr •
Voir le texte dans la partie « En France ».

▲ JERRYCAN
– Genève : rue Sautter, 11, 1205. ☎ 022-346-92-82. • jerrycan-travel.ch • Lun-ven 9h-18h.
Tour-opérateur de la Suisse francophone spécialisé sur l'Afrique, l'Asie et l'Amérique latine. Trois belles brochures proposent des circuits individuels et sur mesure. L'équipe connaît bien son sujet et peut construire un voyage à la carte.

▲ NOUVEAUX MONDES
– Mies : route Suisse, 7, 1295. ☎ 022-950-96-60. • nouveauxmondes.com •
Spécialiste de l'Amérique du Sud depuis plus de 15 ans, Nouveaux Mondes propose des circuits originaux, voyages sur mesure et voyages à thème dans toute l'Amérique du Sud. Nouveaux Mondes mise sur le logement de charme et sur des excursions hors des circuits touristiques traditionnels.

▲ STA TRAVEL
☎ 058-450-49-49. • statravel.ch •
– Fribourg : rue de Lausanne, 24, 1701. ☎ 058-450-49-80.
– Genève : rue de Rive, 10, 1204. ☎ 058-450-48-00.
– Genève : rue Vignier, 3, 1205. ☎ 058-450-48-30.
– Lausanne : bd de Grancy, 20, 1006. ☎ 058-450-48-50.
– Lausanne : à l'université, bâtiment BFSH2, Anthropole, 1015. ☎ 058-450-49-20.
Agences spécialisées dans les voyages pour jeunes et étudiants. 150 bureaux STA et plus de 700 agents du même groupe répartis dans le monde entier sont là pour donner un coup de main *(Travel Help)*. STA propose des tarifs avantageux : vols secs *(Blue Ticket)*, hôtels, écoles de langue, *work & travel*, circuits d'aventure, voitures de location, etc. Délivre la carte internationale d'étudiant et la carte Jeune.

▲ TERRES D'AVENTURE
– Genève : Neos Voyages, rue des Bains, 50, 1205. ☎ 022-320-66-35. • geneve@neos.ch •
– Lausanne : Neos Voyages, rue Simplon, 11, 1006. ☎ 021-612-66-00. • lausanne@neos.ch •
Voir le texte dans la partie « En France ».

▲ TUI – NOUVELLES FRONTIÈRES
– Genève : rue Chantepoulet, 25, 1201. ☎ 022-716-15-70.
– Lausanne : bd de Grancy, 19, 1006. ☎ 021-616-88-91.
Voir le texte dans la partie « En France ».

▲ VOYAGEURS DU MONDE
– Genève : rue de la Rôtisserie, 19, 1204. ☎ 022-518-04-94. • voyageursdumonde.fr • Lun-ven 10h-19h, sam 9h30-18h30.
Voir le texte « Voyageurs en Amérique du Sud » dans la partie « En France ».

AU CANADA

▲ CLUB AVENTURE VOYAGES
– Montréal : 759, av. Mont-Royal, H2J 1W8. • clubaventure.qc.ca •
Club Aventure développe une façon de voyager qui lui est propre : petits groupes, contact avec les populations visitées, utilisation des ressources humaines locales, visite des grands monuments, mais aussi et surtout ouverture de routes parallèles. Ces circuits ont reçu la griffe du temps et de l'expérience ; ils sont devenus les « circuits griffés » du Club Aventure.

▲ EXOTIK TOURS
– Rens sur • exotiktours.com • ou auprès de votre agence de voyages.
Exotik Tours offre une importante programmation en été comme en hiver sur la Méditerranée et l'Europe. Ses circuits estivaux se partagent notamment entre la France, l'Autriche, la Grèce, la Turquie, l'Italie, la Croatie, le Maroc, la Tunisie, la République tchèque, la Russie, la Thaïlande, le Vietnam, la Chine... L'hiver, des séjours sont proposés dans le Bassin méditerranéen et en Asie (Thaïlande et Bali). Durant cette saison, on peut également opter pour des combinés plage + circuit. Dans la rubrique « Grands Voyages », le voyagiste suggère des périples en petits groupes ou en individuel. Au choix : l'Amérique du Sud, le Pacifique sud,

NOUVEAUTÉ

LA LOIRE À VÉLO (paru)

Eh oui, 800 km de voies aménagées pour les vélos de la région Centre à la côte Atlantique ; l'occasion de pédaler le long des berges d'un fleuve encore sauvage, au rythme de la petite reine. Découvrez, le nez au vent, les richesses des régions Centre et Pays de la Loire : lavoirs anciens, îles éphémères, villages troglodytiques, châteaux Renaissance, mais aussi réserves naturelles abritant toute une faune et une flore spécifiquement ligériennes. Le fleuve royal ne ménage pas ses effets pour vous séduire d'étapes en étapes. Un trajet qui serpente aussi à travers des vignobles réputés et permet ainsi de goûter aux richesses d'un terroir béni des dieux.
Un guide pratique : à chaque étape sa carte en couleurs et les sites à visiter. Accompagné d'un carnet d'adresses pour se loger, se restaurer, louer des vélos et bichonner sa monture à deux-roues.

l'Afrique (Afrique du Sud, Kenya, Tanzanie), l'Inde et le Népal. Le voyagiste a par ailleurs créé une nouvelle division : Carte Postale Tours (circuits en autocar au Canada et aux États-Unis).

▲ EXPÉDITIONS MONDE

– Ottawa : ☎ 800-567-2216.
– Montréal : ☎ 1866-606-1721 ou (514) 844-6364.
• expeditionsmonde.com • pour voir les brochures en ligne.

Expéditions Monde est à l'avant-garde du voyage d'aventure, de découverte, de trekking, de vélo et d'alpinisme sur tous les continents. Les voyages en petits groupes facilitent les déplacements dans les régions les plus reculées et favorisent l'interaction avec les peuples locaux pour vivre une expérience authentique. Expéditions Monde offre aussi la possibilité de voyager en Europe à pied ou à vélo en liberté.

▲ EXPLORATEUR VOYAGES

– Infos : ☎ (514) 847-1177. • explorateur.qc.ca •

Cette agence de voyages montréalaise propose une intéressante production maison, axée sur les voyages d'aventure en petits groupes (5 à 12 personnes) ou en individuel. Ses itinéraires originaux, en Amérique latine, en Asie, en Afrique et au Moyen-Orient, se veulent toujours respectueux des peuples et des écosystèmes. Au programme : treks, camping et découvertes authentiques, guidés par un accompagnateur de l'agence. Intéressant pour se familiariser avec les différents circuits : les soirées « Explorateur » (gratuites), avec présentation audiovisuelle.

▲ KARAVANIERS

– Montréal : 4035, rue Saint-Ambroise, local 220N, H4C 2E1. ☎ (514) 281-0799. • karavaniers.com • detournature.com • Lun-ven 9h-18h, sam 10h-16h.

L'agence québécoise Karavaniers a pour but de rendre accessible des expéditions aux quatre coins de la planète. Toujours soucieuse de respecter les populations locales et l'environnement, Karavaniers favorise la découverte d'une quarantaine de destinations, à pied et en kayak de mer, en petits groupes accompagnés d'un guide francophone et d'un guide local, avec hébergement en auberge ou sous la tente. Pour sa part, Détour Nature propose, sur de nombreuses destinations au Québec et en Amérique du Nord, des excursions d'une journée ainsi que des voyages à pied, à vélo, en kayak, mais aussi à raquettes et ski de fond. Le transport est fourni au départ de Montréal.

▲ TOURS CHANTECLERC

• tourschanteclerc.com •

Tours Chanteclerc est un tour-opérateur qui publie différentes brochures de voyages : Europe, Amérique du Nord, Amérique du Sud, Asie et Pacifique sud, Afrique et Bassin méditerranéen, en circuits ou en séjours. Il s'adresse aux voyageurs indépendants qui réservent un billet d'avion, un hébergement (dans toute l'Europe), des excursions ou une location de voitures. Également spécialiste de Paris, le tour-opérateur offre une vaste sélection d'hôtels et d'appartements dans la Ville lumière.

▲ VACANCES AIR CANADA

• vacancesaircanada.com •

Vacances Air Canada propose des forfaits loisirs (golf, croisières, voyages d'aventure, ski et excursions diverses) flexibles vers les destinations les plus populaires des Antilles, de l'Amérique centrale et du Sud, de l'Asie, de l'Europe et des États-Unis. Vaste sélection de forfaits incluant vol aller-retour et hébergement. Également des forfaits vol + hôtel et vol + voiture.

▲ VOYAGES CAMPUS / TRAVEL CUTS

• voyagescampus.com •

Voyages Campus / Travel Cuts est un réseau national d'agences de voyages spécialisées pour les étudiants et les voyageurs qui disposent de petits budgets. Le réseau existe depuis 40 ans et compte plus de 50 agences, dont 6 au Québec. Voyages Campus propose des produits exclusifs comme l'assurance « Bon voyage », le programme de vacances-travail (SWAP), la carte internationale d'étudiant (ISIC) et plus. Ils peuvent aider à planifier un séjour autant à l'étranger qu'au Canada.

UNITAID

UNITAID a été créé pour lutter contre le VIH/sida, le paludisme et la tuberculose, les trois principales maladies meurtrières dans les pays en développement. UNITAID intervient dans 94 pays en facilitant l'accès aux médicaments et aux diagnostics, et en en baissant les prix, dans les pays en développement. Le financement d'UNITAID provient principalement d'une contribution de solidarité sur les billets d'avion mise en place par six pays membres dont la France. Les financements d'UNITAID ont permis à près d'un million de personnes atteintes du VIH/sida de bénéficier d'un traitement et de délivrer plus de 19 millions de traitements contre le paludisme. Moins de 5 % des fonds sont utilisés pour le fonctionnement du programme, 95 % sont utilisés directement pour les médicaments et les tests. Pour en savoir plus : ● *unitaid.eu* ●

GÉNÉRALITÉS PÉROU, BOLIVIE

AVANT LE DÉPART

Carte internationale d'étudiant (carte ISIC)

Elle prouve le statut d'étudiant dans le monde entier et permet de bénéficier de tous les avantages, services et réductions dans les domaines du transport, de l'hébergement, de la culture, des loisirs, du shopping... C'est la clé de la mobilité étudiante !
La carte ISIC permet aussi d'accéder à des avantages exclusifs sur le voyage (billets d'avion spécial étudiants, hôtels et auberges de jeunesse, assurances, cartes SIM internationales, location de voiture, navette aéroport...).

Pour l'obtenir en France

– ***Rendez-vous dans la boutique ISIC*** *(2, rue de Cicé, 75006 Paris ; ☎ 01-40-49-01-01)* muni de votre certificat de scolarité, d'une photo d'identité et de 13 € (12 € + 1 € de frais de traitement).
Ou commandez-la en ligne. • *isic.fr* •

En Belgique

Elle coûte 12 € (+ 1 € de frais d'envoi) et s'obtient sur présentation de la carte d'identité, et de la carte d'étudiant auprès de l'agence ***Connections*** : *rens au ☎ 070-23-33-13 ou en ligne* • *isic.be* •

En Suisse

Dans toutes les agences ***S.T.A. Travel*** *(☎ 058-450-40-00 ou 49-49),* sur présentation de la carte d'étudiant, d'une photo et de 20 Fs. Commande de la carte en ligne : • *isic.ch* • *statravel.ch* •

Au Canada

La carte coûte 20 $Ca (+1,50 $Ca de frais d'envoi). Disponible dans les agences ***Travel Cuts/Voyages Campus,*** mais aussi dans les bureaux d'associations étudiantes. Pour plus d'infos : • *voyagescampus.com* •

Carte d'adhésion internationale aux auberges de jeunesse (carte FUAJ)

Cette carte vous ouvre les portes des 4 000 auberges de jeunesse du réseau HI-Hostelling International en France et dans le monde. Vous pouvez ainsi parcourir 90 pays à des prix avantageux et bénéficier de tarifs préférentiels avec les partenaires des auberges de jeunesse HI. Enfin, vous intégrez une communauté mondiale de voyageurs partageant les mêmes valeurs : plaisir de la rencontre, respect des différences et échange dans un esprit convivial. Il n'y a pas de limite d'âge pour séjourner en auberge de jeunesse. Il faut simplement être adhérent.

Pour l'obtenir en France

– ***En ligne*** • *hifrance.org* •
– ***Dans toutes les auberges de***

jeunesse. Liste sur ● *hifrance.org* ●
– ***Par correspondance*** auprès de l'antenne nationale *(27, rue Pajol, 75018 Paris ; ☎ 01-44-89-87-27)*, en envoyant une photocopie d'une pièce d'identité et un chèque à l'ordre de la FUAJ du montant correspondant à l'adhésion + 2 € pour les frais d'envoi.

Les tarifs de l'adhésion 2015

– *Carte internationale individuelle FUAJ - de 26 ans :* 7 €. Pour les mineurs, une autorisation parentale et la carte d'identité du parent tuteur sont nécessaires pour l'inscription.
– *Carte internationale individuelle FUAJ + de 26 ans :* 11 €.
– *Carte internationale FUAJ Famille :* 20 €. Pour les familles ayant un ou plusieurs enfants de - de 16 ans. Les enfants de + de 16 ans devront acquérir une carte individuelle FUAJ.

En Belgique

Réservée aux personnes résidant en Belgique. La carte d'adhésion est obligatoire. Son prix varie selon l'âge : entre 3 et 15 ans, 4 € ; entre 16 et 25 ans, 10 € ; après 25 ans, 16 €.

Renseignements et inscriptions

■ ***À Bruxelles :*** **LAJ,** *rue de la Sablonnière, 28, 1000. ☎ 02-219-56-76.* ● *lesaubergesdejeunesse.be* ●

En Suisse (SJH)

Réservée aux personnes résidant en Suisse. Le prix de la carte dépend de l'âge : 22 Fs pour les - de 18 ans, 33 Fs pour les adultes et 44 Fs pour une famille avec des enfants de - de 18 ans.

Renseignements et inscriptions

■ ***Schweizer Jugendherbergen (SJH) :*** *service des membres, Schaffhauserstr. 14, 8006 Zurich. ☎ 044-360-14-14.* ● *youthhostel.ch* ●

Au Canada

Elle coûte 35 $Ca pour une durée de 16 à 28 mois et 175 $Ca pour une carte valable à vie (tarif hors taxes). Gratuit pour les enfants de - de 18 ans.
■ ***Auberges de Jeunesse du Saint-Laurent / St Laurent Youth Hostels :*** *3514, av. Lacombe, Montréal (Québec) H3T 1M1. ☎ 514-731-10-15. N° gratuit (au Canada) : ☎ 1-800-663-5777.*
■ ***Canadian Hostelling Association :*** *301-20 James St, Ottawa (Ontario) K2P 0T6. ☎ 613-237-78-84.* ● *info@hihostels.ca* ● *hihostels.ca* ●

Pour réserver votre séjour en auberge de jeunesse HI

– ***En France :*** ● *hifrance.org* ● Accès aux offres spéciales et dernières minutes.
– ***En France et dans le monde :*** ● *hihostels.com* ● Si vous prévoyez un séjour itinérant, vous pouvez réserver plusieurs auberges en une seule fois !

Assurances voyage

■ ***Routard Assurance :*** *c/o AVI International, 40-44, rue Washington, 75008 Paris. ☎ 01-44-63-51-00.* ● *avi-international.com* ● Ⓜ *George-V.* Depuis 1995, *Routard Assurance,* en collaboration avec *AVI International,* spécialiste de l'assurance voyage, propose aux routards un tarif à la semaine qui inclut une assurance bagages de 2 000 € et appareils photo de 300 €. Pour les séjours longs (2 mois à 1 an), il existe le *Plan Marco Polo.* Depuis peu, également un nouveau contrat pour les seniors, en courts et longs séjours. *Routard Assurance* est aussi disponible en version « light » (durée adaptée aux week-ends et courts séjours en Europe). Vous trouverez un bulletin de souscription dans les dernières pages de chaque guide.
■ ***AVA :*** *25, rue de Maubeuge, 75009 Paris. ☎ 01-53-20-44-20.* ● *ava.fr* ● Ⓜ *Cadet.* Un autre courtier fiable pour ceux qui souhaitent s'assurer en

cas de décès-invalidité-accident lors d'un voyage à l'étranger, mais surtout pour bénéficier d'une assistance rapatriement, perte de bagages et annulation. Attention, franchises pour leurs contrats d'assurance voyage.

■ ***Pixel Assur :*** *18, rue des Plantes, 78600 Maisons-Laffitte. ☎ 01-39-62-28-63. • pixel-assur.com • RER A : Maisons-Laffitte.* Assurance de matériel photo et vidéo tous risques dans le monde entier. Devis basé sur le prix d'achat de votre matériel. Avantage : garantie à l'année.

ARGENT, BANQUES, CHANGE

Cartes de paiement

Quelle que soit la carte que vous possédez, chaque banque gère elle-même le processus d'opposition et le numéro de téléphone correspondant. Avant de partir, notez bien le numéro d'opposition propre à votre banque ainsi que le numéro à 16 chiffres de votre carte. Bien entendu, conservez ces informations en lieu sûr, et séparément de votre carte. À savoir, l'assistance médicale se limite aux 90 premiers jours du voyage et l'assistance véhicule aux cartes haut de gamme (renseignez-vous auprès de votre banque).

– ***Carte Visa :*** *assistance médicale incluse ; numéro d'urgence (Europ Assistance) : ☎ (00-33) 1-41-85-85-85. • visa-europe.fr • Pour faire opposition, contactez le numéro communiqué par votre banque.*

– ***Carte MasterCard :*** *assistance médicale incluse ; numéro d'urgence : ☎ (00-33) 1-45-16-65-65. • mastercardfrance.com • En cas de perte ou de vol, composez le numéro communiqué par votre banque pour faire opposition.*

– ***Carte American Express :*** *téléphonez en cas de pépin au ☎ (00-33) 1-47-77-72-00 (numéro accessible tlj, 24h/24). • americanexpress.fr •*

– ***Pour toutes les cartes émises par La Banque postale :*** *composez le ☎ (00-33) 5-55-42-51-96.*

– ***Petite mesure de précaution :*** si vous retirez de l'argent dans un distributeur, utilisez de préférence les distributeurs attenants à une agence bancaire. En cas de problème avec votre carte (carte avalée, erreurs de numéro...), vous aurez un interlocuteur dans l'agence, pendant les heures ouvrables du moins.

– ***Précautions à prendre avant le départ :*** vérifiez auprès de votre banque le montant maximum hebdomadaire autorisé pour vos retraits aux distributeurs et demandez de le majorer si cela vous paraît trop juste. Pensez aussi à relever votre plafond de carte de crédit pendant votre voyage. Utile surtout en cas de caution pour les locations de voiture ou les garanties dans certains hôtels chic.

En outre, les paiements par carte pour les déplacements (bus) ou les notes d'hôtel ne sont pas toujours possibles. Ayez toujours une petite réserve en dollars ou en euros, à changer si vous vous retrouvez dans l'impossibilité de retirer de l'argent. Enfin, pensez aussi à **vérifier la date d'expiration de votre carte bancaire** !

Besoin urgent d'argent liquide

En cas de besoin urgent (perte ou vol de billets, chèques de voyage, carte de paiement), vous pouvez être dépanné en quelques minutes grâce au système ***Western Union Money Transfer.*** Pour cela, demandez à quelqu'un de vous déposer de l'argent en euros dans l'un des bureaux *Western Union* ; les correspondants en France de *Western Union* sont *La Banque Postale (fermée sam ap-m, n'oubliez pas ! ☎ 0825-009-898, 0,15 €/mn)* et *Travelex,* en collaboration avec la *Société financière de paiements (SFDP ; ☎ 0825-825-842, 0,15 €/mn).* L'argent vous est transféré en moins de 15 mn. La commission, assez élevée, est payée par l'expéditeur. Possibilité d'effectuer un transfert en ligne 24h/24 par carte de paiement (*Visa* ou *MasterCard* émise en France). *• westernunion.com •*

ART TEXTILE

Vous avez sans doute déjà vu les tissus rayés et bariolés d'*aguayo,* communs au Pérou et à la Bolivie. Ils servent aux *cholas* (femmes en costume traditionnel) pour transporter leurs bébés ou la marchandise à écouler sur les marchés. Ce que vous ne savez peut-être pas, c'est que ces deux pays, en particulier la Bolivie, ont depuis des millénaires développé une forme d'expression qui allie art et vie quotidienne. Les vêtements des Quechuas et Aymaras des Andes recèlent un langage artistique qui exprime souvent la façon dont le monde est représenté par chaque communauté et, par extension, par chaque habitant des centaines de vallées et villages perdus dans la montagne.

Cet art textile a fait son apparition, il y a 3 000 ans, sur les territoires de la Bolivie et du Pérou actuels avec l'émergence des grandes civilisations des Andes. De véritables chefs-d'œuvre précolombiens sont exposés dans les musées boliviens, et à Lima, au musée de l'Or et au musée national d'Anthropologie.

Quand les conquistadores sont arrivés, ils ont été éblouis par la qualité et la richesse des vêtements incas. La Conquête a ensuite entraîné un métissage des techniques et des matières premières : la laine des ovins, importés par les Espagnols, se mêlant à celle des alpagas. Les hommes adoptèrent peu à peu les pratiques vestimentaires des colons comme les pantalons et les chapeaux (voir à Tarabuco en Bolivie) – d'autant que, suite aux révoltes des Aymaras et Quechuas en 1780, les autorités espagnoles interdirent le port des habits et signes culturels indigènes. Ce fut l'origine des vêtements de la *chola* de La Paz (et son fameux chapeau melon), devenue un repère emblématique des femmes du monde andin, et, par extension, de celles d'une grande partie de l'Amérique latine. Heureusement, les Espagnols n'ont pu imposer leur loi à tout le haut Pérou (l'actuelle Bolivie) et la fabrication traditionnelle des précieux tissus a pu se perpétuer – facilitée par le relatif isolement du pays au XXe s.

Les tissages ont gardé une fonction sociale. Ils sont conçus pour la fête (le mariage) ou pour porter le deuil (comme les ponchos et habits noirs de Tarabuco). Les techniques de fabrication ont très peu changé : la laine est cardée et filée manuellement et les métiers à tisser, d'une simplicité biblique, n'ont guère été modifiés au cours du temps. Avec de telles méthodes artisanales, les paysannes quechuas mettent souvent des mois pour terminer leurs tissages. Les plus beaux restent les *jalq'a,* plus connus sous le nom de *potolos.* Des combinaisons en rouge et noir de créatures surréalistes. Sans conteste, les plus beaux textiles d'Amérique latine. André Breton a dû faire un stage ici !

L'art textile bolivien a failli disparaître à cause du pillage intensif de certains « ethnologues » américains et canadiens peu scrupuleux. Aujourd'hui, plusieurs projets permettent d'établir un équilibre entre art et commerce. Ces petits bijoux sont en vente chez leurs producteurs, bien sûr, dans les marchés, ainsi qu'à la galerie de l'ONG *Asur,* à Sucre.

Pour être complets, citons aussi l'élégance des tissus de Macha (près de Potosí) et la géométrie parfaite de ceux de Tarabuco.

COCA

Voici quelques éléments essentiels pour tenter de mieux comprendre la « géopolitique » de la feuille sacrée de Tiwanaku et des Incas, consommée aujourd'hui par plus de 80 % des Andins (sous forme d'infusion – *mate* – ou mastication)...

La coca avant les Espagnols

Appelée *mama inala* en langue quechua, la coca est utilisée à des fins nutritionnelles et religieuses depuis 4 500 ans, bien avant la domination de l'Empire inca. Elle est cueillie sur un arbuste mesurant de 1,5 à 4 m de haut, poussant à l'état

sauvage dans la cordillère à des altitudes comprises entre 300 et 2 000 m. Seules les feuilles contiennent des alcaloïdes, 14 en tout, dont la cocaïne.
Dans le nord du Pérou (culture *moche*), on trouve déjà des références à la coca dans la sculpture, alors qu'en Bolivie, les Tiwanakotas établissent les réseaux qui relient les Andes et l'Oriente, entre autres pour le transport de la plante sacrée. Après la disparition de Tiwanaku, l'interrègne des seigneuries aymaras fait de la coca un enjeu économique, à l'origine de plusieurs conflits. Dans l'Empire inca, sa consommation est, en principe, réservée aux élites. Le mythe fondateur de l'Empire soutient que, parmi les premiers rôles des souverains, il y eut celui d'apprendre à leurs sujets l'utilisation de la feuille de coca. Utilisée par les guérisseurs (aujourd'hui encore), *mama coca* permet d'entrer en contact avec les forces surnaturelles. Des chroniqueurs espagnols signalent que la coca a aussi vocation à maintenir la cohésion sociopolitique de l'immense Empire. Les Incas l'utilisent également comme anesthésique, notamment pour procéder aux trépanations. Les feuilles de coca peuvent aussi servir de réserve alimentaire de derniers recours en cas de disette ou de conflit grave ; moins en tant qu'aliment véritable que comme coupe-faim, d'une utilité malheureusement encore éprouvée aujourd'hui. En l'absence de monnaie, la coca sert aussi d'étalon financier de référence pour échanger biens et services.

La coca après la colonisation

Atahualpa exécuté, les conquistadores se demandent à quoi peut bien servir la petite feuille verte. Le clergé tranche en décrétant que la coca est la « feuille du diable ». Mais, en 1545, le vice-roi Toledo comprend qu'elle peut devenir une source de revenus non négligeable. D'une part, ses vertus énergétiques permettent aux Indiens de supporter les dizaines d'heures de travail forcé – dans les mines notamment – que leur imposent les colons. D'autre part, la plante est largement cultivée et donc bon marché ; aussi frappe-t-il la récolte d'un impôt. Les Indiens se retrouvent ainsi contraints à payer le colonisateur – et donc à l'enrichir – en achetant la coca qui leur permet de supporter le labeur que ce même colonisateur leur impose... En 1573, à Potosí, on consomme ainsi pour 450 kg d'or de coca par mois !
Vers le milieu du XVIIe s, la coca est pleinement insérée dans le circuit économique. La région de Cuzco devient le premier centre producteur devant les Yungas de la *Real Audiencia* de Charcas. Tous les ans, La Paz, Cuzco et La Plata (Sucre) reçoivent 65 000 pesos (1 peso = 1 once d'argent !) en guise de redevance pour la coca. Espagnols, métis et certains Indiens (appelés « Cocanis ») s'enrichissent grâce à la feuille. Après la guerre d'Indépendance, la coca se développe aussi dans les régions tropicales de La Paz et Cochabamba, et devient la monnaie de base d'une Bolivie économiquement déprimée.
Après la découverte de la cocaïne et de ses effets anesthésiques en Occident dans les années 1860, les laboratoires pharmaceutiques allemands et hollandais encouragent la culture de la coca en important de grosses quantités depuis les pays andins. Le boom de la coca débute ; il durera même après que la substance soit inscrite sur la liste des drogues aux États-Unis en 1880. Au début du XXe s, les Hollandais parviennent à adapter le cocaïer au climat de l'île de Java, qui devient pendant quelques années le premier producteur mondial. Les Japonais, eux, l'acclimatent à Taiwan. C'est donc plutôt la production asiatique qui alimente le boom de la consommation de la cocaïne entre 1910 et 1940. Graduellement, pourtant, les conférences internationales font appliquer des mesures de restriction, puis d'interdiction de la consommation de coca.

La coca au sein d'enjeux politiques et financiers

En 1950, une étude nord-américaine affirme que la mastication de la coca entraîne un retard mental... Mâcher de la coca diminuerait aussi la capacité à travailler.

En 1961, l'ONU reprend cette thèse à son compte. Des études scientifiques prouveront quelques années plus tard que la coca est au contraire une aide à la vie en altitude (elle stimule l'activité respiratoire, empêche l'agrégation des globules...) et qu'elle augmente la résistance à l'effort. En 1978, une étude américaine révèle que 92 % des hommes et 89 % des femmes consomment de la coca dans les zones rurales de Bolivie : une preuve de son implantation traditionnelle.

En 1985, en Bolivie, la *Comibol,* l'entreprise minière d'État, licencie brutalement 30 000 mineurs, qui se réfugient dans le Chapare, la partie amazonienne du département de Cochabamba. Abandonnés à leur sort, la plupart de ces chômeurs, appelés pudiquement *relocalizados,* n'ont d'autre recours pour survivre que la culture de la coca. La production de feuilles en Bolivie fait alors un saut quantitatif, même si le Pérou est à cette époque le premier producteur mondial.

À la fin des années 1990, des commandos antidrogue sont envoyés par les États-Unis. Ils réussissent à couper le pont aérien qui, jusque-là, avait permis aux trafiquants de transporter la pâte de coca, produite dans ces deux pays, vers la Colombie, où elle était raffinée en cocaïne avant d'être exportée vers les États-Unis.

Pour enrayer la montée en puissance de la culture de la coca en Bolivie, les États-Unis et les gouvernements boliviens successifs lancent le *Desarrollo alternativo,* un développement alternatif très (trop) optimiste, fondé sur la culture de produits destinés à l'exportation (ananas, café, bananes). L'échec est cuisant : en 5 ans, le programme engloutit 270 millions de dollars, dont 10 %, au mieux, sont investis dans des projets sérieux – alors que la coca et le trafic de drogue représentent au bas mot 650 millions de dollars par an pour l'économie bolivienne ! Pas étonnant, du coup, qu'en août 1994 les *cocaleros* et leurs familles parcourent 600 km à pied jusqu'à La Paz pour réclamer au gouvernement des solutions en accord avec la réalité du marché et l'arrêt des opérations médiatiques destinées à faire bonne figure auprès des États-Unis. Le gouvernement décrète le « laisser-faire et laisser-aller ».

Dans les années 2000, la production reprend de plus belle, favorisée par le plus beau coup des *cocaleros* : porter en 2005 l'un des leurs, Evo Morales, à la présidence de la République bolivienne. La position du président est claire : déclarant que « la feuille de coca n'est pas de la cocaïne », il défend fermement sa culture dans le cadre de la mastication traditionnelle. L'article 384 de la Constitution bolivienne affirme ainsi que la feuille de coca doit être « protégée en tant que coutume ancestrale, comme manifestation du patrimoine culturel national et facteur de cohésion sociale. »

À force d'activisme, et s'engageant parallèlement à améliorer les efforts de la Bolivie dans la lutte contre le trafic de cocaïne, Evo Morales a finalement arraché aux Nations unies, début 2013, la légalisation de la culture, du commerce et de la possession de feuilles de coca sur le territoire national. Un succès politique retentissant ! La feuille reste néanmoins interdite à l'export et dans tous les autres pays du monde. Mais désormais, au Pérou aussi, les *cocaleros* se lancent en politique, encouragés par le président Ollanta Humala.

Aujourd'hui, les statistiques américaines et celles des Nations unies se contredisent assez largement. On suppose néanmoins que le Pérou est le premier producteur mondial de feuilles de coca, juste devant la Colombie – où la culture a largement perdu du terrain en une décennie. La Bolivie se placerait en troisième position, avec une surface cultivée environ deux fois inférieure,

COCAÏNE BUSINESS

Si l'on en croit les chimistes, il ne faut pas moins de 328 kg de feuilles de coca pour obtenir 1 kg de pâte, base de la cocaïne – qui, elle-même, donne 250 g de cristal (poudre). Son coût de production est estimé à environ 10 000 $ le kilo, pour un prix de revente au détail de 70 000 à 100 000 $.

dont un tiers de cultures légales – largement regroupées dans les Yungas et le Chapare. Un paysan cultivant la coca gagne en moyenne deux fois mieux sa vie que s'il plantait maïs, bananes, café ou cacao. Mais ne nous y trompons pas, le business de la coca fonctionne comme celui des autres matières premières : ce ne sont pas les pays d'Amérique du Sud qui en tirent les plus gros profits, mais les trafiquants qui transforment la plante en cocaïne.

Si les États-Unis restent les premiers consommateurs mondiaux de cocaïne en quantité, la drogue s'étend de plus en plus aux autres pays sud-américains, Brésil en tête – le trafic ne cesse de croître autour du río Mamoré. Au Pérou et en Bolivie, seule la feuille est tolérée. On l'utilise pour lutter contre le mal de l'altitude et la fatigue (dans les mines bien sûr, mais aussi au volant ou en trek), en prenant une cinquantaine de feuilles que l'on place une par une dans la bouche, toutes du même côté (cette pratique s'appelle l'*acullico*). On ne les mâche pas mais on les laisse macérer doucement, pour en extraire le jus petit à petit. Les locaux utilisent un produit appelé *llijta* (un agent alcalin ou catalyseur) pour accélérer le tout. Vous la trouverez aussi sous forme d'infusion (le *mate de coca*), dans les bonbons, le chocolat, en sirop, en liqueurs, ou même... dans certains dentifrices locaux !

La coca a longtemps été utilisée dans d'autres produits, comme feu le vin Mariani, made in France, très à la mode jusqu'à son interdiction en 1910 – et qui, pour la petite histoire, inspira un certain pharmacien d'Atlanta, John Pemberton, le père du *Coca-Cola*... À ce propos, malgré ses démentis, il semble bien que la firme américaine utilise encore des extraits de feuilles de coca péruviennes (débarrassées de leurs alcaloïdes) pour parfumer son breuvage (le *New York Times* s'en est fait l'écho).

Pour concurrencer le fameux soda américain, la Bolivie a lancé en 2010 le *Coca Colla.* Boisson de couleur noire, étiquette rouge... le parallèle est évident, même si l'entreprise affirme avoir choisi son nom en référence aux *collas,* les consommateurs traditionnels de feuilles de coca andins ! L'initiative est soutenue par le gouvernement Morales, qui souhaite promouvoir la commercialisation de la coca. Signalons aussi le *Coka Quina,* établi de plus longue date et mieux implanté, qui utilise la feuille de coca et la quina, issue de l'arbre à quinine (qui figure sur le blason national péruvien).

Important : les produits locaux à base de coca ne sont pas exportables car, d'après la convention de Vienne qui réglemente le trafic de drogues, la feuille de coca reste considérée comme illicite hors de Bolivie. Petite anecdote à ce propos : lors de l'Expo universelle de Séville, la Bolivie s'est fait confisquer 200 kg de feuilles qu'elle voulait mettre dans son stand pour montrer l'innocuité du produit !

Pour en savoir encore plus, ne manquez pas d'aller visiter le petit musée de la Coca, à La Paz, ou celui des Plantes médicinales à Cuzco, au Pérou.

Nous insistons sur le risque encouru en rapportant dans ses bagages des feuilles de coca, même en quantité réduite pour l'infuser en *mate.* En dehors des pays andins, les douanes l'assimilent purement et simplement à la cocaïne... avec, donc, les conséquences que cela comporte.

CONSEILS DE VOYAGE (EN VRAC)

– ***Quelques règles élémentaires :*** inutile de rappeler que le respect et le désir sincère de rencontre sont les maîtres mots du voyageur. Pensez-y lorsque vous prenez des personnes en photo (demandez toujours) et évitez de mitrailler les enfants !

– Le ***marchandage*** est courant, même dans les boutiques où les prix sont indiqués. Cependant, ayez toujours en tête, surtout quand vous avez affaire à de vrais artisans, que le produit que vous achetez est leur gagne-pain. Le marchandage en

Amérique latine ne revêt pas les mêmes codes culturels qu'en Afrique ou en Asie. Si un artisan marchande, c'est parce qu'il dépend du bien qu'il a produit pour survivre. Soyez donc fair-play dans la négociation.
- Achetez de préférence vos ***cartes géographiques*** en Europe ou via Internet. De plus en plus de serveurs offrent des cartes qualité IGN par le Web. En Bolivie, on peut s'adresser à l'IGM *(Institut Geográfico Militar)* pour les cartes détaillées.
- Emporter une torche ou une ***lampe électrique,*** de préférence frontale (c'est tout bête mais, en trek notamment, cela permet de garder les mains libres). Ne vous étonnez pas, les piles et batteries se déchargent avec l'altitude ; mieux vaut donc utiliser des piles alcalines.
- Les ***boules Quies*** sont bien utiles, les villes étant souvent bruyantes, et les autobus aussi !
- Avoir sa réserve de ***papier hygiénique,*** les toilettes en sont souvent démunies (et certains petits hôtels aussi). On trouve toujours un petit vendeur dans la rue.
- Dans un autre registre, pour protéger les ***espèces en danger,*** ne pas acheter de *charango* (instrument de musique bolivien) fait avec une carapace de tatou (d'ailleurs c'est illégal), de bébé crocodile empaillé, de bijoux comportant des crocs de caïmans, des becs de toucan... et même si « t'es beau Coco » vous fait rire, ne rapportez pas de perroquet ! De même, attention aux objets dits « anciens », ce sont généralement des copies ou dans le cas contraire, des ***vestiges*** pillés sur les sites ***archéologiques.*** Vous vous exposez alors à de graves sanctions pour avoir tenté d'exporter des objets du trésor national.
- Les voyageurs en quête de ***« tourisme social »*** seront heureux d'apprendre qu'un nombre croissant de communes, notamment dans l'est de la Bolivie et en Amazonie (parc de Madidi), encouragent les habitants à se regrouper en coopératives touristiques : celles-ci se mettent alors, au grand agacement des agences privées, à gérer hôtels, restaurants, excursions... On trouve parallèlement de plus en plus d'agences œuvrant en faveur d'un ***tourisme équitable et durable,*** certaines sous forme privée, d'autres sous forme d'associations à but non lucratif. On vous les indique dans chaque région où il y en a.

COURANT ÉLECTRIQUE

Le courant est de 220 V et la plupart des prises sont des fiches rondes classiques, mais il arrive que, dans certains hôtels, il n'y ait que des fiches plates. N'hésitez pas à demander à la réception de vous prêter un adaptateur, si vous n'en avez pas ; dans les hôtels « Prix moyens » et « Chic », ils le feront sans problème.

GÉOGRAPHIE

La dérive des continents explique tout. C'est la rencontre de la plaque océanique de Nazca avec celle de l'Amérique du Sud, sous laquelle elle plonge, qui a provoqué et continue d'alimenter la subduction des Andes. Le phénomène alimente les volcans apparus le long de cette immense ligne de fracture, baptisée du nom de ceinture de feu du Pacifique, et provoque régulièrement des séismes... Ceux-ci sont assez fréquents au Pérou, mais rarement dévastateurs. Cela dit, en cas de secousse forte, prenez vos précautions : éloignez-vous des bâtiments qui risqueraient de s'effondrer, tenez-vous dans un encadrement de porte, les refuges sont signalés par une pancarte verte au Pérou, ou... recommandez-vous au *señor de los Temblores* !

Les Andes

Le Pérou et la Bolivie sont traversés par la cordillère des Andes, la plus longue chaîne de montagnes au monde (près de 7 000 km). Large de 200 à 700 km, elle forme par endroits plusieurs chaînes parallèles, séparées par de vastes

dépressions ou des plateaux d'altitude (Altiplano). On y rencontre des agglomérations importantes, qui côtoient parfois les nuages, comme La Paz, étagée entre 3 500 m et 4 050 m (gare au mal d'altitude lorsqu'on y arrive directement par avion), et la célèbre ville minière de Potosí (4 070 m). Au Pérou, le lac Titicaca s'étend à 3 810 m et la cité de Cerro de Pasco s'amarre même à 4 380 m d'altitude !
Si le fameux Aconcagua, sommet des Amériques, se trouve en Argentine, Pérou et Bolivie ne manquent pas de hauts sommets : Huascarán (6 768 m), Yerupaja (6 635 m), Nevado Sajama (6 542 m), Illimani (6 438 m), Ancohuma (6 427 m), Huandoy (6 395 m), Illampú (6 368 m), Siula Grande (6 344 m), etc. Une grosse quarantaine de cimes dépassent 6 000 m dans les deux pays.

La côte péruvienne

Ce n'est pas la Costa Brava ! Le courant froid de Humboldt, né près de l'Antarctique, remonte le long des côtes péruviennes, décourageant toute baignade, sauf dans le département de Tumbes, à la frontière équatorienne. La température de l'eau (environ 15 °C) est à l'origine du caractère désertique de la côte : au contact de l'eau froide, les masses d'air se refroidissent et se stabilisent, empêchant les nuages de se former. Mais s'il n'y pleut presque jamais, une bonne partie de la côte péruvienne (Lima en particulier) est plongée de mai à octobre dans la *garúa,* un brouillard au crachin humide et persistant. Durant l'été austral, en revanche, il peut faire très chaud.
Certaines années, vers décembre-janvier, le phénomène El Niño (ainsi nommé en raison de la proximité de Noël, El Niño étant le surnom du petit Jésus) est favorisé par l'affaiblissement des alizés qui repoussent en temps normal les eaux chaudes vers le nord-ouest. Celles-ci déferlent alors vers les côtes équatoriennes et péruviennes, entraînant une modification drastique du climat : pluies abondantes sur le continent et réduction, voire disparition de la ressource marine qui se déplace vers les eaux plus froides.

Le monde de la selva (forêt amazonienne)

Reportez-vous aussi au chapitre « Pérou : hommes, culture, environnement. Géographie » pour un aperçu de la biodiversité propre à la selva. Les amateurs d'excursions et trekkings ne manqueront pas, parallèlement, de lire plus loin notre chapitre « Santé » ainsi que « Trekking – Randonnées ».

La flore

La richesse biotique de la forêt tropicale amazonienne est sans commune mesure avec celle des milieux tempérés. En Europe, on compte 30 espèces de plantes aux 100 ha ; dans la selva, 400 en moyenne ! Pas d'essence dominante ici, mais une saine dissémination, qui les rend moins vulnérables. La forêt est une véritable pharmacie pour les habitants de la selva, qui profitent des nombreuses propriétés curatives des plantes.
Particulièrement impressionnants pour ceux qui visitent la région pour la première fois, les plus grands arbres atteignent 40 m, 50 m, parfois davantage, à l'instar du ***noyer d'Amazonie,*** dont les feuilles peuvent mesurer 60 cm de long, du ***bibosí*** bolivien, dont le tronc prend parfois l'allure d'une cathédrale gothique, du ***samaúma*** dont le tronc stocke d'impressionnantes quantités d'eau pour les périodes de sécheresse, et du ***kapok,*** dont la fibre est utilisée pour équilibrer les flèches de sarbacane. Le ***latex (hévéa)*** est rarement exploité de nos jours. Mais pourquoi cette taille de géant ? Pour parvenir à percer la canopée et trouver la lumière du soleil, garantie de photosynthèse.
Chacun de ces géants de la forêt constitue un écosystème à lui seul. D'une hauteur à l'autre du tronc, une myriade d'espèces de plantes ***épiphytes*** (qui poussent

sur d'autres plantes) et d'animaux (insectes surtout) y ont fait leur nid, se spécialisant au point de ne jamais avoir de contact avec le sol. Les ***orchidées*** et les ***broméliacées*** sont généralement haut perchées. Ces dernières (2 500 espèces !), qui poussent sur les grosses branches ou les fourches, retiennent jusqu'à plusieurs litres l'eau de pluie dans leurs larges feuilles, donnant vie à leurs propres écosystèmes ! Les ***lianes*** sont aussi omniprésentes. Pas assez souples pour jouer les Tarzan, elles peuvent à la rigueur servir à franchir 1 ou 2 m de marécages... N'empoignez toutefois pas la *uña de gato* (« griffe de chat »), piquetée de méchantes épines ! Cette dernière, coupée, fournit plusieurs litres d'eau potable en quelques secondes. Les espèces *Strychnos* et *Chodrodendron* donnent le curare, obtenu par réduction. Son contact avec une plaie paralyse, mais son ingestion n'est pas dangereuse : on peut donc manger les animaux capturés au curare.

Parmi les petits arbres, deux espèces donnent le cœur de ***palmier*** (n'en abusez pas, ils sont en voie de disparition), dont le *toquilla,* qui sert à tout y compris au tressage des panamas. Il existe également plusieurs sortes de ***bananiers*** sans fruits mais aux belles inflorescences rouges.

Dans les champs, que l'on cultive 2 ans tout au plus tant la terre s'épuise vite, on produit ***cacao*** et ***café*** au-dessus de 1 000 m, toutes sortes de ***fruits,*** le ***yucca,*** l'***achiote*** (un colorant rouge qui sert de cosmétique), des ***papayes*** et l'***arbre à pain,*** originaire du Pacifique, dont le fruit grillé rappelle un peu le goût d'une pomme de terre.

La faune

On trouve autant d'espèces animales en Amazonie que sur le reste du globe, et toutes ne sont pas encore recensées. Tous ceux qui vont en Amazonie rêvent de le voir : roi des prédateurs, le ***jaguar*** est bien là, mais d'une telle discrétion qu'il se laisse rarement observer. Dans les campements touristiques du parc national de Madidi (Bolivie), par exemple, les guides admettent en voir, au mieux, une ou deux fois par an. Ce que l'on sait moins, c'est que la forêt est aussi habitée par le ***puma*** et l'***ocelot*** – un chat sauvage un peu plus petit qu'un lynx.

Pour apercevoir des animaux dans la selva, il faut être patient et silencieux. Les ***singes*** sont ceux qui se laissent voir le plus facilement, déambulant par troupes entières dans les cimes des arbres, en quête de fruits. Parmi les plus communs figurent les capucins, les singes-araignées, les singes hurleurs (que l'on entend nettement plus qu'on ne les voit !), les ouistitis, le singe-écureuil (saïmiri). Certains sont nettement plus rares, comme les titis ou le singe-lion (tamarin doré). Arboricoles eux aussi, les ***paresseux,*** bien cachés dans les feuilles, sont si immobiles qu'ils se couvrent de lichen en saison humide ! Déambulant dans les sous-bois, les ***tapirs*** (de la taille d'un grand veau), les ***pécaris*** (cochons sauvages), les cervidés et les ***fourmiliers*** se sauvent au moindre bruit.

Sur les bords des cours d'eau et des lacs des zones marécageuses, il est plus facile d'observer le ***capybara*** (cabiai), le plus gros rongeur du monde, sorte de hamster de la taille d'un mouton, qui broute l'herbe des pâturages. Ce dernier est souvent victime des ***anacondas*** et des ***caïmans*** qui hantent en nombre les rivières et les marigots. Parmi les excursions classiques, les safaris nocturnes permettent d'observer leurs yeux briller dans la nuit... Les ***poissons de rivière*** sont en général énormes et excellents, comme le *pacu* et le *surubí*. Impossible de ne pas parler des ***piranhas,*** ces petits poissons aux dents bien acérées capables de détecter une goutte de sang à 10 m de distance... On les pêche avec des viscères de poulet ou des morceaux de viande ! Ils font partie d'une famille qui compte pourtant plus de frugivores que de carnivores. Délicieux grillés, ils doivent être vidés par des connaisseurs.

Partout on entend les oiseaux – le cri du ***toucan,*** briseur de graines, indispensable à la germination, est très reconnaissable –, mais on les voit surtout sur les berges des lacs et des rivières. Parmi les quelque 1 300 espèces répertoriées en Amazonie (le tiers de la faune ailée mondiale), les nombreuses espèces de ***perroquets***

sont parmi les plus spectaculaires. Dans certains coins, on peut observer assez facilement des dizaines de aras nicheurs dans les falaises d'argile creusées sur les berges. On voit aussi des ***hoazins,*** étranges animaux reliques à la tête bleue, dont les ailes sont munies d'une griffe préhensile ! Certains naturalistes aimeraient y voir le chaînon manquant entre dinosaures et oiseaux. Spectaculaires encore : le coq de roche orange, l'aigle harpie, les ibis, spatules roses, jabirus...
Les ***papillons*** se regroupent souvent en grand nombre autour des flaques salées (faites pipi sur le sol, ça les attire !). Les processions de ***fourmis*** cultivatrices sectionnent les feuilles en tronçons de 2 cm de côté et en tapissent la fourmilière pour y faire croître le champignon dont elles se nourrissent. Mais il en existe bien d'autres espèces, certaines très grosses, d'autres particulièrement agressives et venimeuses...

HISTOIRE

Avant Christophe Colomb

La longue marche

Certains pensent que les Amérindiens sont venus d'Indonésie, en traversant le Pacifique. D'autres invoquent l'Égypte des pharaons, à cause des pyramides... ce qui est totalement fantaisiste. En fait, les premiers Sud-Américains sont les descendants de peuples préhistoriques venus d'Asie. D'après Paul Rivet, fondateur du musée de l'Homme à Paris, les indigènes ont le même gène homogène O que les Mongols. Ces derniers franchirent les glaces du détroit de Béring – situé dans le Grand Nord – vers 40000 av. J.-C. Après avoir occupé le nord du continent américain, une partie de ces populations a vraisemblablement progressé vers le sud à travers l'isthme de Panamá vers 26000 av. J.-C., date qui correspond à l'âge des plus vieux outils de pierre retrouvés au Pérou.
Les premières traces de sédentarisation (agriculture et élevage) apparaissent puis se généralisent vers 5000 av. J.-C. avec les cultures du manioc, du haricot, du maïs et de la pomme de terre. Différentes formes de structures sociales et d'habitat se mettent en place selon que des groupes se constituent dans les montagnes, les plaines ou au bord de la mer. Le long de la côte, par exemple, les populations se regroupent en petites communautés de pêcheurs et construisent leurs habitations en adobe, sorte de brique séchée faite de terre crue et de paille. La céramique et le tissage apparaissent vers 3000 av. J.-C.
De 2500 à 1800 av J.-C., les premiers temples sont érigés et des nouvelles formes de civilisation s'organisent sur ce continent isolé du reste du monde.

Petits repères chronologiques avant de commencer...

– ***3000-2000 av. J.-C. :*** premières civilisations autour du lac Titicaca. Civilisation *wankarani* au nord de La Paz.
– ***2000-1000 av. J.-C. :*** début de la civilisation *chavín* dans la cordillère Blanche. Début de la civilisation *tiwanaku* sur le rivage du lac Titicaca.
– ***1000-100 av. J.-C. :*** expansion de *Chavín* et de *Tiwanaku.* Civilisation paracas sur la côte péruvienne, début de la civilisation vicus au nord du Pérou.
– ***0-1000 :*** fusion de *Tiwanaku* avec la culture *wari,* originaire d'Ayacucho au Pérou. *Tiwanaku* constitue le premier grand empire de la région. Cette civilisation construit la base du réseau de routes qui connecte les Andes avec l'Amazonie, connues aujourd'hui sous le nom de « chemins de l'Inca ». À partir du Ve s émergent les civilisations de *Lima, Nazca, Moche* et *Cajamarca.* Expansion de la civilisation *moxos* en Amazonie. Grands travaux hydrauliques dans la plaine du Beni.
– ***1100 :*** au nord, début des civilisations *chimú* et *chincha.*
– ***1200-1300 :*** déclin des *Tiwanaku* et *Moxos.* Période de guerres de clans.
– ***1300 :*** extension de l'Empire inca.

Premières civilisations et premiers « mystères »

Deux grands empires se développent à partir de l'an 1500 av. J.-C. Tout d'abord la ***civilisation de Chavín*** – le site archéologique où ont été retrouvés les vestiges les plus importants s'appelle Chavín de Huántar, à environ 3h de bus de Huaraz – qui déploie son influence sur une région grande comme la moitié du Pérou actuel ! Ensuite ***Tiwanaku*** qui, à partir des rivages du lac Titicaca de la Bolivie actuelle, arrive à occuper une surface comprenant l'ouest de la Bolivie, le nord du Chili et le sud du Pérou actuels. Ces empires s'étendent jusqu'à la lisière de la forêt amazonienne.

On a exhumé à Chavín de Huántar et à Tiwanaku, entre autres, des temples pyramidaux et des monuments funéraires ornés de bas-reliefs, ainsi que des poteries. Dans le Pérou actuel, la période chavín est suivie par la ***civilisation de Paracas,*** localisée au centre et au sud du Pérou sur les bords du Pacifique (300 av. J.-C. à 300 apr. J.-C.). La préservation exceptionnelle du site de Paracas (grâce au climat quasi désertique) permet de suivre l'évolution des habitants de cette région depuis 8000 av. J.-C. jusqu'à l'occupation inca, montrant ainsi les influences de chacune des cultures qui s'y sont succédé.

La civilisation de Moche

Elle fleurit du IVe au VIIIe s de notre ère à partir de la vallée de Moche, sur la côte nord du Pérou ; elle a été qualifiée par certains archéologues pudibonds de... décadente, sinon carrément de pornographique (!), car les Moches ont représenté de manière détaillée leur vie sexuelle, que ce soit sous la forme de figurines en céramique ou de vases anthropomorphes. Tous les aspects de leur vie quotidienne étaient aussi largement représentés. Ils développèrent un artisanat très raffiné, tout en se lançant dans un vaste programme de construction (routes, temples, fortifications) et d'irrigation (certains ouvrages hydrauliques sont restés en fonction...).

La civilisation de Moxos

Du VIe au XIIe s se développe en Amazonie une civilisation encore peu connue, celle des Moxos. Ce sont eux qui ont aménagé les plaines et les forêts de ce qui est aujourd'hui le département du Beni, à l'est de la Bolivie, et une partie du Brésil, soit une surface grande comme la France ! Les découvertes de l'archéologue américain Kenneth Lee ont mis au jour rien de moins que 20 000 îles artificielles dans cette zone inondable ainsi que des systèmes d'irrigation, des canaux de navigation et une bonne centaine de lacs artificiels reliés entre eux. Au XIIIe s, la civilisation *Moxos* subit un siècle continu d'intempéries qui dérèglent complètement son système d'aménagement hydraulique. Parallèlement, ces mêmes pluies améliorent la productivité agricole des vallées où va naître l'Empire inca.

La civilisation de Nazca (Nasca)

À la même époque, mais sur la côte sud du Pérou, s'épanouit une autre civilisation, dite Nazca. Dans l'un des endroits les plus désertiques du globe (région d'Ica), avec une symétrie incroyable et probablement grâce à des calculs mathématiques poussés, ils ont réalisé d'énigmatiques dessins dans le désert, qui ne peuvent être appréciés que du ciel. La mathématicienne allemande Maria Reiche découvrit que certains points indiquaient l'endroit où le soleil se couche lors du solstice d'été, d'autres désignant les solstices d'été et d'hiver des siècles passés. La dernière théorie, vérifiée par des études archéologiques, démontre que les sillons de Nazca, qui restent toujours droits même en traversant les collines, auraient été tracés grâce à de longs cordages qu'on tendait pour les teindre.

Les premiers empires : Tiwanaku

Une autre civilisation qui a beaucoup fait travailler l'imagination des archéologues est celle de *Tiwanaku,* réputée pour ses statues gigantesques faites d'une seule

pièce, de la taille de celles de l'île de Pâques et aussi raffinées que les stèles mayas. Localisée dans la région du lac Titicaca, cette civilisation connaît son apogée du VIIIe au XIIe s, période où elle « fusionne » avec l'Empire *wari* qui s'étend sur tout le centre du Pérou, et influence tous les peuples andins jusqu'aux régions côtières.
La culture *tiwanaku-wari* est considérée comme le premier véritable empire, par l'amalgame entre les caractères guerriers, administratifs et religieux ; de plus, c'est à ce moment que l'on voit apparaître les balbutiements d'une urbanisation planifiée dans les cités des Andes. Les Tiwanakotas sont les premiers au monde à cultiver de façon extensive la pomme de terre sur les rivages du lac Titicaca. Afin de satisfaire les besoins d'une capitale de plus de 200 000 âmes, cette civilisation fait bâtir les premiers chemins pavés entre la cordillère des Andes et les vallées des Yungas. En échangeant pommes de terre, quinoa, viande de lama contre feuilles de coca, légumes et fruits tropicaux, les Tiwanakotas sont capables de faire vivre une ville prospère (Tiwanaku) : on sait aujourd'hui que ses murs étaient recouverts d'or...

L'Empire chimú

Vers le XIe s, les régions côtières du Nord voient éclore un autre empire, celui des Chimús (ou Chimor). Ces peuples remettent en état les réseaux d'irrigation laissés par les Moches, les perfectionnent et leur adjoignent des aqueducs. On pense que la superficie des terres cultivées le long du littoral était plus importante à cette époque qu'aujourd'hui. Leur capitale, Chan Chan, est la ville en briques crues la plus étendue de l'Amérique précolombienne ! Située près de la ville de Trujillo, elle croît surtout autour du XIIIe s. Elle abrite alors 80 000 habitants derrière ses murs de 13 m de haut et de 8 km de long. Vers le XIVe s, l'expansion de cette puissante culture donne naissance à un empire qui s'étend sur la côte centrale (région de Lima) au sud, à Tumbes au nord (frontière avec l'Équateur). Sur près de 1 200 km^2, les Chimús et leurs alliés transforment les terres désertiques du littoral en un véritable jardin. Mais en se dirigeant vers l'est, l'impérialisme chimú se heurte à un autre impérialisme, celui des Incas. Ces derniers, mieux structurés, avec un pouvoir central très fort, une langue unique et des réseaux de communication sans précédent dans l'histoire de l'humanité, assimilent sans difficulté les peuples de la côte. Haïssant les Incas, les Chimús, avec les Cañaris plus au nord, fourniront les premières troupes ralliées à Pizarro lors de la conquête espagnole et seront en fait les principaux artisans de ses victoires.

Les Incas, le peuple empereur

Un lac, une légende

Certains historiens considèrent que le ***lac Titicaca,*** perché à 3 810 m d'altitude entre le Pérou et la Bolivie, est le berceau des civilisations andines, à cause du site de Tiwanaku, tout proche. Les Indiens pensent que le dieu Viracocha a surgi de ces eaux pour créer la Lune *(qilla),* le Soleil *(inti)* et les étoiles *(wara).* Les Incas racontaient que leurs ancêtres avaient émergé des grottes connues sous le nom de *tambo-tocco* (« la maison des fenêtres »). À la tête de cette tribu se trouvaient quatre frères, d'origine divine, descendants du dieu Soleil et dont le chef était l'aîné, ***Manco Cápac,*** grand prêtre du dieu Soleil. Son emblème, un fétiche en forme d'oiseau, servait d'oracle. Sous la direction de « l'oiseau-oracle », ils dirigèrent la tribu vers le nord à la recherche d'un empire. Manco détenait un bâton en or qui devait s'enfoncer dans la terre pour indiquer, selon une prophétie, le lieu où l'empire devait être fondé. C'est ainsi que fut désigné le site de Cuzco, future capitale de l'Empire inca.

Origines et développement : mystères et réalités

Il existe une certaine confusion sur le mot « inca » : désignait-il au départ une tribu, puis, plus tard, par extension, la classe dirigeante de tout un appareil d'État ? *Inca*

signifie « chef » ou « souverain » en langue quechua, ce qui tendrait à prouver l'inverse : on devrait dire l'empire « de » l'*Inca*... Même le fait que les Incas soient originaires des rives du lac Titicaca n'est pas établi, à cause d'une trop grande disparité linguistique avec les occupants actuels du lac. Certaines théories les font venir au contraire des hautes plaines de l'Amazone, à partir desquelles ils seraient remontés vers les Andes. On constate en tout cas que les deux théories se rejoignent là où la tribu s'implante, non loin des sources du río Urubamba sur les rives duquel elle fonde, vers 1200, Cuzco (« le nombril du monde » en quechua).
Le successeur présumé de Manco Cápac, Sinchi Roca, est le premier à se faire appeler *Sapa Inca* (« l'unique, le seul chef » en quechua). Avant de pouvoir parler d'empire, il s'écoule bien deux siècles pendant lesquels les nouveaux maîtres de la vallée de Cuzco se structurent, puis commencent à soumettre leurs voisins immédiats, parfois au prix de durs combats. Selon les mythes rapportés par les Espagnols, 14 dynasties incas se seraient succédé à Cuzco. Atahualpa appartiendrait à la 13e. Mais il s'agit là de la légende. Ce qui est sûr, c'est que le premier Inca historique (le 9e dans la mythologie) est ***Pachacútec Inca Yupán*** (1438-1471). Son nom signifie « renversement de l'ordre du monde ». Il rebâtit la ville de Cuzco et jette les bases d'une véritable politique expansionniste, appuyée par une administration très puissante, qui sera reprise par ses deux successeurs : son fils ***Túpac Yupanqui,*** puis Huayna Cápac.
Au moment du premier débarquement des Espagnols, en 1527, l'Empire inca couvre toute la bande allant du Pacifique à la cordillère depuis le sud de la Colombie jusqu'au milieu du Chili (versant est des Andes inclus, donc avec de grands morceaux de Bolivie et d'Argentine) ! À cette époque règne ***Huayna Cápac,*** 11e de la dynastie, qui vient de conquérir la région de Quito et de mater dans le sang une rébellion à Otavalo, situé dans l'actuel Équateur.

Grands traits de la civilisation inca

La domination inca dure moins d'un siècle, de 1438 à 1532. Leur grand apport se situe dans l'agriculture et l'architecture : c'est bien à eux que l'on doit les ouvrages colossaux réalisés à partir de pierres gigantesques et si bien ajustés qu'on ne peut glisser la lame d'un couteau entre deux blocs ! La ***forteresse de Sacsayhuamán*** (sur une colline tout près de Cuzco), avec son triple rempart de 540 m de long sur 19 m de haut, constituée de mégalithes dont certains atteignent les 100 t pour une hauteur de 7 m, mérite bien l'appellation de « construction de type cyclopéen »... Elle fut édifiée sous le règne de Túpac Inca Yupanqui (1471-1493). Bien d'autres constructions extraordinaires datent de cette même période, dont les plus célèbres se trouvent sur les crêtes dominant la vallée de l'Urubamba : ***Machu Picchu, Ollantaytambo, Písac...***
Les Incas occupent les positions clés de la hiérarchie. L'Inca suprême *(Sapa Inca),* les prêtres, les chefs guerriers et ceux qui gèrent le pays sont tous issus de la tribu dirigeante. Les peuples soumis doivent allégeance et tribut à Cuzco. Les Incas reprennent l'organisation sociale et géographique des peuples soumis, ***l'ayllú,*** vieille de plus de 15 siècles.
L'*ayllú* ? Un ensemble de communautés autonomes fonctionnant de manière collective, dont chacune apporte son tribut à l'empire. Par le ***système de la mita,*** l'État fait une juste répartition de toutes les productions, quelles qu'elles soient. Par exemple, un excédent de maïs en provenance de vallées fertiles est distribué gratuitement aux bergers des hauts plateaux. La viande et la laine des troupeaux sont réparties dans les vallées. La fourniture de nourriture est assurée par l'État en quantité égale à chacun, quelle que soit son activité ; en échange de quoi, le peuple reste soumis à ses maîtres. La population est étroitement contrôlée et les Incas recourent, si nécessaire, aux déplacements massifs pour briser d'éventuelles rébellions et assurer l'intégration du territoire.
La population est recensée grâce à un système de calcul à base de cordes nouées appelé ***quipu,*** qui sert aussi à comptabiliser les stocks ou à dater les événements.

Toute migration est interdite, ou plutôt placée sous le strict contrôle de l'État, suivant les nécessités. Un individu né dans une localité, et destiné à tel ou tel métier, ne peut ni déménager, ni changer de fonction, ni se marier hors de sa communauté, à moins que ce ne soit pour « raison d'État ».
Pour qu'une telle administration soit efficace sur toute l'étendue de l'empire, il faut que les ***moyens de communication*** soient à la hauteur. Non contents d'imposer une ***langue unique*** (le quechua), les Incas agrandissent – jusqu'à 11 000 km ! – le réseau routier déjà mis en place par les Chimús. Ils y ajoutent un système de relais-auberges *(tambos)* où les messages passent de la main à la main (rappelons que les Indiens ne connaissent ni l'usage de la roue ni les animaux de monte). Les messagers ou *chasquis* se relayent toutes les demi-lieues. Le réseau repose sur un ensemble de ponts suspendus, faits de fibres d'agave, et de simples cordages (auxquels sont accrochés des nacelles ou des paniers, actionnés de la rive par des câbles). Ils permettent aussi de surveiller la région et d'enrichir les caisses de l'État, car à chaque passage un droit est prélevé. C'est d'ailleurs cette maîtrise du milieu montagnard qui amène les Incas à s'imposer aux tribus de la plaine et de la côte en exerçant également sur elles un chantage à l'irrigation !
Autre point caractérisant la civilisation inca : les ***sacrifices rituels,*** beaucoup moins fréquents que l'on croit, sont pratiqués sur des enfants (de noble extraction) quand un grave danger menace une région – l'éruption d'un volcan par exemple.

La conquête espagnole et ses conséquences

La découverte du Pérou

Un chef indien de la côte atlantique lui ayant parlé d'une autre mer et d'un peuple dont la richesse est immense, Vasco Nuñez de Balboa se met en tête de trouver cet eldorado. Il ne fait que découvrir l'océan Pacifique, le 29 septembre 1513, après un voyage de près d'un mois. Victime d'un complot, il est décapité sans avoir pu réaliser son rêve. Parmi ses hommes se trouve un certain ***Francisco Pizarro...***
Fils de prostituée et abandonné, ancien porcher illettré d'Estrémadure puis soldat dans les armées d'Italie, il s'engage à 40 ans comme matelot. Il suit tous ses patrons dans l'aventure d'outre-Atlantique : Diego Colomb, Pedrarias Davila, Fernando Cortès, puis Balboa. Faire fortune étant son maître mot, il envisage de tirer un bénéfice personnel de la découverte de Balboa. En 1522, il apprend l'existence, bien plus au sud, d'un immense empire regorgeant de richesses.
Appuyé par Hernán Cortés, de passage à la cour, Francisco Pizarro obtient de la reine, en 1528, le privilège de mener la conquête des territoires du Sud, appelés par anticipation Nouvelle-Castille. Pizarro recrute ses trois frères : Hernando, Gonzalo et Juan, ainsi que son demi-frère Martín de Alcantara. Ses compagnons d'aventure ne sont pas oubliés : Luque est nommé évêque de Tumbes et protecteur universel des Indiens. Almagro reçoit le commandement de la forteresse de Tumbes. C'est à cette équipe que l'on doit la conquête de l'Empire inca.
En 1530, Francisco Pizarro débarque sur la côte nord du Pérou, déclenchant une épidémie de variole chez les indigènes, à laquelle succombe l'Inca Huayna Cápac et son fils désigné comme successeur, le général Ninan Cuyochi. Ses deux autres fils, ***Atahualpa*** et ***Huáscar,*** s'engagent alors dans une lutte fratricide pour le trône. Atahualpa se fait proclamer Inca à Quito. Huáscar, le fils légitime, prend la succession de son père. Il devient Inca à Cuzco. Pizarro veut négocier avec Huáscar. Mais Atahualpa fait emprisonner ce dernier à Cuzco. Le conquistador cherche alors à rencontrer son demi-frère. Il s'empare de la ville de Tumbes en 1532.

La trahison de Cajamarca

Pizarro et ses troupes s'installent à Cajamarca, au sud de Tumbes. Ils rencontrent Atahualpa qui jette à terre une bible qui lui est tendue, épisode qui sert de prétexte à sa capture et à l'attaque espagnole. L'Inca propose à Pizarro une rançon colossale pour sa liberté : l'équivalent en or et en argent du volume de la pièce où il est retenu. Charles Quint reçoit ainsi la plus grande part du plus important trésor jamais remis à un souverain. Mais bien que cette rançon ait été rapidement et intégralement versée, Atahualpa est condamné et exécuté le 29 août 1533. Il a droit à de grandioses funérailles, dignes d'un roi. Il a cependant eu le temps de faire assassiner son frère Huáscar, toujours emprisonné à Cuzco. Avec la ***mort d'Atahualpa,*** l'empire perd son centre décisionnel. L'Inca était tout : « 10 millions d'esclaves tendent leurs poignets aux fers espagnols. » L'arrivée de renforts permet à Pizarro de mettre l'Empire inca à genoux.

Prise de Cuzco

Peu après la tragédie de Cajamarca, les Espagnols se trouvent aux portes de Cuzco. Ils avaient emprunté la route de l'Inca qui, pour certains Espagnols, faisait penser aux voies romaines qu'ils avaient pu admirer lors des campagnes d'Italie. Tout le long du trajet, les populations asservies par les Incas, Chimús et Cañaris en tête, se soulèvent et rejoignent les troupes du conquistador. Ils ont une revanche à prendre. Le ***15 novembre 1533,*** ils sont devant les portes de Cuzco, la capitale religieuse, économique et politique de l'empire, à 3 320 m d'altitude. Manco Cápac II, un autre fils de Huayna Cápac, les attend et les reçoit avec tous les honneurs. C'est justement le jour d'une fête religieuse. Puis le grand pillage espagnol commence, digne de celui de Constantinople par les chrétiens d'Occident en 1204. La rançon d'Atahualpa ne leur a pas suffi : 400 temples sont entièrement dévastés. Leurs ruines serviront de base aux nouveaux bâtiments coloniaux.

L'Empire contre-attaque !

Mis à la tête de l'Empire par Pizarro, ***Manco Cápac*** est néanmoins suffisamment lucide pour comprendre que les Espagnols ne sont pas uniquement là pour prêcher la bonne parole.

Face à Pizarro et ses voleurs de pierres précieuses, les Incas réagissent. Quito devient le centre de résistance, avec Rumiñahui à sa tête. Belalcazar, compagnon de Pizarro, s'en charge : avec ses 200 fantassins et ses 90 cavaliers, aidé par l'éruption du volcan Cotopaxi, il bat l'armée indienne forte de 12 000 hommes. C'est la débandade et la fin de la résistance.

Pizarro fonde Trujillo (nom de sa ville natale), puis choisit la vallée du Rímac pour fonder sa capitale : la Ciudad de los Reyes, en référence à ce 6 janvier, jour de l'Épiphanie. Elle prendra plus tard le nom de Lima. Il obtient du roi le titre de marquis. Quelle revanche sur son passé de miséreux !

Pendant que Pizarro se trouve à Lima, Manco se rebelle, s'enfuit de Cuzco et organise une armée de 200 000 hommes pour reprendre la ville défendue par les trois frères du néo-marquis. La ***bataille de Cuzco*** dure un an, de 1536 à 1537. Les troupes envoyées de Lima, par Pizarro, sont toutes décimées par les Incas et leurs alliés. Mais ceux-ci ne peuvent prendre la ville et, événement inattendu, ils sont pris à revers par ***Almagro,*** le conquérant du Chili qui, du Sud où il se trouve, a appris la nouvelle. Celui-ci attend tranquillement l'affaiblissement des deux troupes en présence pour pouvoir – après avoir mis en déroute le fils de Huayna Cápac – imposer ses conditions aux frères du marquis. Il devient ainsi maître de Cuzco, se fait proclamer gouverneur, puis marche sur Lima.

Almagristes contre pizarristes

La lutte fratricide se termine par la mise à mort par garrot d'Almagro, à Cuzco. Celle-ci est ordonnée par les frères du marquis, qui vengent ainsi leur humiliation. Nous sommes en 1538. Francisco Pizarro continue de gérer seul le pays, en véritable souverain. Il est assassiné quelques années plus tard, en 1541, par le fils d'Almagro, Diego.

Le royaume inca de Vilcabamba

Manco Cápac II, réfugié dans les escarpements boisés de Vilcabamba, dans la citadelle de Vitcos, poste militaire à l'entrée de l'Amazonie, organise un nouvel État. D'anciens almagristes y trouvent refuge. Par leur intermédiaire, Manco Cápac II essaie d'obtenir la reconnaissance de son État. Il est poignardé en 1545 par l'un des almagristes réfugiés. Ses trois fils prennent tour à tour sa relève, mais Vitcos tombe finalement aux mains des Espagnols.
La guerre contre les Indiens ne s'achève qu'en 1572 avec la ***capture de Túpac Amaru,*** troisième fils de Manco Cápac II, à Urubamba. Il est étranglé, comme son oncle Atahualpa 40 ans auparavant. C'est la ***fin de l'Empire inca.***

La colonisation : une vraie mise à sac !

Le ***roi d'Espagne Charles Quint*** envoie un nouveau gouverneur, ***Vaca de Castro,*** afin de mater les rebelles. Il fait supplicier puis étrangler Diego Almagro le Jeune. La paix revenue, il donne un semblant d'organisation à l'exploitation de la nouvelle colonie, en évitant que ses richesses ne soient détournées de leur destination : les coffres de la Couronne. Il est établi que 181 tonnes d'or et 17 000 tonnes d'argent furent acheminées en Espagne de 1503 à 1660, la grande majorité provenant du seul ancien Empire inca.
Il faudrait y ajouter les quantités qui tombèrent aux mains des ***pirates et corsaires*** de diverses nationalités (notamment l'Anglais sir Francis Drake qui écume les côtes péruviennes autour de 1579).

> **UN ESCLAVAGE DÉGUISÉ**
>
> *L'encomienda était un système appliqué par les Espagnols lors de la conquête du Nouveau Monde, à des fins économiques et d'évangélisation. Sur un territoire, on regroupait des centaines d'indigènes obligés à travailler sans rétribution dans des mines ou des champs, sous les ordres d'un colon. Celui-ci était récompensé de ses services en disposant librement des terres des indigènes, pourtant toujours propriété de la Couronne.*

La conquête spirituelle : momies contre tombes...

En principe, la *Conquista* était subordonnée à l'évangélisation des Indiens. Dans la pratique, l'enseignement du christianisme passe au second plan : les *encomenderos* ne pensent qu'à s'enrichir, et les missionnaires sont un peu pris de court par l'ampleur de la tâche, vu la masse de païens à convertir. Les distances sont immenses, le climat et l'altitude forment autant d'obstacles. Les difficultés sont bien plus grandes qu'en Nouvelle-Espagne (Mexique). Les franciscains et les dominicains instituent un corps de ***doctrineros*** chargés d'enseigner la religion chrétienne. Une chaire de théologie est créée à Lima. La plupart des *doctrineros* apprennent le quechua.
Si, en Nouvelle-Espagne, la principale cible des missionnaires est la lutte contre les sacrifices humains, en Nouvelle-Castille l'abandon des vieilles croyances est plus compliqué, car il s'agit surtout d'interdire le culte voué aux morts. De fait, l'ancien royaume inca est l'autre pays des momies ! Chez les Incas et leurs prédécesseurs (dont les Paracas), la momie participait à côté des vivants à la vie sociale de la famille, du village ou du palais. Les morts étaient momifiés et enterrés avec leurs biens dans des cavités ou monuments appelés *huacas.* On disposait autour du défunt tous les objets de la vie courante : bijoux, vêtements, métiers à tisser pour les femmes, nourriture et l'indispensable sac de feuilles de coca. Dans le temple du Soleil de Cuzco, les momies des anciens Incas étaient alignées et assises en face de l'astre sacré, parées de leurs plus beaux bijoux.
Les missionnaires passent le plus clair de leur temps à tenter d'imposer la tombe comme sépulture. Impossible à accepter pour les Indiens qui pensent que les forces vitales des humains ne disparaissent pas avec la mort. Arguant du caractère

idolâtrique des *huacas*, l'Inquisition n'hésite pas à les détruire ou à les piller, faisant affront à tous les peuples locaux. Le christianisme ne parvient finalement à s'implanter qu'en « épousant » les cultures ancestrales. Si les foules viennent nombreuses aux fêtes chrétiennes, c'est qu'elles recouvrent souvent des fêtes païennes. La Fête-Dieu par exemple se déroule le jour de la fête annuelle du Soleil.

L'organisation sociale de la Conquête

Une vice-royauté est mise en place, dont l'administration s'inspire de celle de la Nouvelle-Espagne (Mexique), incitant un nombre croissant d'Espagnols à émigrer, parfois par familles entières. Ils constituent très vite une classe sociale supérieure qui met le pays en coupe réglée. Comme l'agriculture précolombienne a été dévastée par les conquistadores et que les nouveaux maîtres ne veulent entendre parler que des cultures intéressant la métropole, il en résulte un ***terrible appauvrissement des Indiens*** qui sont impitoyablement surexploités, décimés par les maladies et les mauvais traitements, quand ils ne sont pas purement et simplement exterminés s'ils se révoltent ou ne se soumettent pas à l'évangélisation forcée.

LA « NONNE LIEUTENANT »

Née en 1592, Catalina de Erauso, connue comme La Monja Alférez *(« La Nonne Lieutenant ») s'échappa du couvent à 15 ans et, déguisée en soldat, s'embarqua sur un galion espagnol, direction l'Amérique. Se faisant passer pour un homme, elle fut promue lieutenant et tua en duel un officier avant de fuir dans l'actuelle Bolivie. Violente, sanguinaire, elle fut arrêtée plusieurs fois et à chaque fois relâchée lorsqu'elle confessa sa véritable identité. Elle rentra finalement en Espagne, où le roi lui accorda une pension pour services rendus (!). Quant au pape, il l'autorisa à continuer de porter des vêtements d'homme, à condition qu'elle « préserve sa virginité »...*

La marche vers l'indépendance

Après la fin de la dernière grande rébellion inca, écrasée en 1572, la vice-royauté du Pérou connaît presque deux siècles pendant lesquels la domination espagnole subit de rares révoltes. Mais, au début du XVIIIe s, les différentes couches sociales se mettent à bouger. Les métis, dont le nombre augmente rapidement, subissent l'hostilité des communautés indiennes, et le système colonial ne leur laisse aucune chance de promotion. Les nouveaux immigrants se heurtent à des difficultés croissantes pour se faire une place au soleil... Quant aux créoles (Espagnols nés aux colonies), ils commencent à mal supporter l'autorité de fonctionnaires venus d'Espagne, ainsi que le monopole commercial exercé par ce pays. Les premières révoltes viennent des Indiens, mais elles sont impulsées par les métis et ce qui reste de la noblesse inca. Toutes sont férocement réprimées par le massacre des insurgés et l'interdiction de tout ce qui peut rappeler l'appartenance à une quelconque « indianité ». Malgré tout, ***deux révoltes*** (celle de Juan Santos Atahualpa en ***1742,*** qui libère la région amazonienne du centre du Pérou pendant quelques décennies, et celle de Túpac Amaru II dans la région de Cuzco en ***1780***) ébranlent fortement le système colonial. Ce sont les créoles qui profitent de la situation. Poussés par les idées révolutionnaires venues d'Europe qui secouent alors toute l'Amérique du Sud, et aidés par l'influence grandissante de la franc-maçonnerie et les armées des *libertadores* des autres pays – San Martín au sud et Bolívar au nord –, ils parviennent finalement à mettre le vice-roi en fuite et à s'emparer de Lima. Le général San Martín proclame l'***indépendance du Pérou le 28 juillet 1821.***

Simón Bolívar : le visionnaire des Andes

Vous vous en doutez un peu, la Bolivie a été nommée d'après son libérateur, Simón Bolívar. Mais qui est donc ce personnage dont vous trouverez plus d'un monument dans les villes d'Amérique latine (ainsi qu'une statue, une avenue et une station de métro à Paris) ?

Né le 24 juillet 1783 au Venezuela, issu d'une des familles créoles les plus riches de la région, Bolívar poursuit ses études en Espagne de 16 à 19 ans, puis voyage et séjourne en Italie et en France. Prématurément orphelin, il se nourrit des idéaux révolutionnaires et admire Napoléon.

De retour au Venezuela en 1807, il se rallie en 1810 à la junte qui a déclenché l'insurrection contre l'Espagne et se met sous les ordres de ***Francisco de Miranda*** qu'il a rencontré à Londres, où celui-ci vivait en exil. Véritable héros de légende, Miranda s'est illustré en France sous la jeune République et le Directoire. Il a participé à de nombreuses victoires, dont celle de la bataille de Valmy mais, jalousé par les membres influents du Directoire, a été chassé de France. Contribuant à la capitulation de Miranda, qu'il ambitionne de remplacer, Bolívar continue la lutte. Réfugié en Colombie, il trace son programme dans le ***manifeste de Carthagène.*** Il rassemble une armée et prend Caracas en 1813. Il se fait proclamer *Libertador* en 1814 mais doit à nouveau s'enfuir à la Jamaïque, puis à Haïti, suite au retour des royalistes après la chute de Napoléon en Europe. Ce n'est qu'en ***1817,*** après un nouveau débarquement, qu'il réussit, avec l'appui des Anglais et des élites locales, à libérer tour à tour le Venezuela et la Grande-Colombie (Colombie, Panamá et Équateur actuels). C'est avec son général et ami ***Sucre,*** également originaire du Venezuela, qu'il écrase l'armée espagnole en 1822 et entre dans Quito en grande pompe. Puis il rencontre l'Argentin ***José de San Martín*** à Guayaquil pour mettre en œuvre la libération du Pérou, entamée par ce dernier. Suite à cette entrevue, San Martín se retire, laissant le champ libre à Bolívar et à Sucre. La ***bataille d'Ayacucho,*** gagnée par Sucre, met fin le ***9 décembre 1824*** à la domination espagnole. La Bolivie est ensuite libérée, Bolívar puis Sucre en deviennent présidents (ce dernier a donné son nom à la capitale du pays et à l'ancienne monnaie de l'Équateur). Il aura fallu 15 ans et une guerre civile particulièrement atroce pour renvoyer les armées espagnoles chez elles et désarmer les royalistes.

Après la victoire à Ayacucho, l'indépendance du Haut-Pérou est proclamée. Le Pérou est divisé entre le ***Haut-Pérou,*** qui prend le nom de Bolivie par fidélité à Bolívar, et le ***Bas-Pérou,*** qui garde le nom de Pérou. Avec la ***création de la Bolivie en 1825,*** Bolivar veut créer un espace où tester les réformes qu'il prévoit pour ce nouvel État. La Constitution qu'il lègue aux Boliviens allie à la fois le droit romain et les idéaux de la Révolution française. Elle prévoit une réforme fiscale en faveur des Quechuas et Aymaras, et une réforme agraire ; mais inspirée de la Révolution française, elle maintient cependant la propriété privée. C'est une catastrophe pour les indigènes, car elle supprime définitivement les propriétés collectives, ou *ayllús*, qui avaient survécu jusque-là. C'est l'origine des grandes propriétés, ou ***latifundias,*** qui ont donné naissance aux haciendas. Cette base juridique est rapidement combattue, et Bolívar se retrouve en minorité au ***congrès de Panamá*** (le premier congrès panaméricain) ; il s'exile au Venezuela. Après son départ, la Constitution est remplacée par une version favorisant la nouvelle classe dominante des créoles. Rongé par la tuberculose, épuisé par les luttes intestines des différents aspirants dictateurs, meurtri par l'assassinat de son ami Sucre en 1830, Bolívar meurt la même année. Il conclut son testament par la phrase célèbre : « Vouloir la révolution, c'est labourer la mer... L'Amérique est ingouvernable pour nous... Nous ne serons jamais heureux. »

Le successeur de Sucre se nomme ***Andrès de Santa Cruz*** et conçoit de grands desseins pour son pays. Il veut en faire la nation dominante de la région. Il envahit le Pérou en 1837 et l'annexe purement et simplement dans une confédération péruano-bolivienne, dont il se déclare le protecteur. Les Argentins et les Chiliens s'y opposent, mais sont défaits militairement. Retournement de situation deux ans plus tard, ce sont les Péruviens qui occupent la Bolivie. S'ensuit une ***période d'instabilité chronique*** ou les *golpes* se succèdent jusqu'à la ***guerre du Pacifique*** (1879-1884) opposant le Chili au Pérou, allié à la Bolivie, avec comme enjeu

territorial la région d'Antofagasta, riche en salpêtre. Le Pérou perd Arica, Tacna et Tarapacá, la Bolivie perd son accès à la mer. Plus tard, Tacna est réintégré au Pérou par plébiscite.
Après l'éviction définitive des Espagnols, les ***libertadores*** se disputent âprement le pouvoir. Les grands propriétaires terriens, les industriels et les gros négociants veulent avoir leur mot à dire sur les options à prendre, sans avoir de réels projets politiques. Comme les Espagnols ont quasiment vidé le pays de ses ressources et que les guerres ont ruiné son économie, il est facile aux Anglais, puis aux Américains du Nord, de profiter à leur tour de la situation et d'imposer leurs volontés, notamment dans le domaine des matières premières (caoutchouc, engrais, mines, pétrole). Il en résulte une vraie mainmise de leurs alliés objectifs, l'Église et les militaires, sur la vie publique et politique.
L'histoire du Pérou et de la Bolivie est une telle succession de ***renversements d'alliances politiques et économiques*** qu'il serait fastidieux de vouloir les énumérer ici... C'est une longue liste de généraux-présidents succédant aux dictateurs – et vice versa – avec des programmes tantôt de droite, tantôt de gauche, suivant que le pouvoir veut se concilier l'appui de la classe aisée ou celui des classes laborieuses. Dans les républiques fraîchement formées, les idées démocratiques n'ont pas dépassé un cercle d'intellectuels éclairés. L'armée a donc pu durablement occuper le vide créé par l'absence d'institutions, avec l'aide, souvent, du géant américain, plus préoccupé par ses intérêts économiques et idéologiques (en temps de guerre froide). Quant aux classes dominantes du Pérou et de la Bolivie, peu enclines au partage des richesses, elles ont tout fait pour tenir à l'écart du pouvoir le peuple, et surtout les Indiens. Cependant, les choses bougent, et si ces deux pays souffrent encore aujourd'hui de tensions sociales, économiques et diplomatiques, ils semblent se construire et avancer doucement.
Pour les événements qui ont marqué la suite de l'histoire contemporaine des deux pays, se reporter plus loin aux chapitres « Hommes, culture, environnement » consacrés à chacun d'entre eux.

LAMAS ET COMPAGNIE

Avec le condor, le lama est l'animal emblématique de la cordillère des Andes. Vous croiserez facilement ce mammifère attachant de la race des camélidés lors de vos pérégrinations, surtout si vous partez en trek dans l'Altiplano. Herbivore, il consomme quotidiennement 2 à 3 kg d'herbe ou de feuilles. Mais attention, il ne faut pas confondre les torchons et les serviettes, car il existe différentes sortes de lamas.
– ***Le lama :*** le plus connu, c'est celui que l'on voit dans *Le Temple du Soleil* et qui crache sur le capitaine Haddock (« Quand lama fâché, lui toujours faire ainsi. ») Assez court sur pattes (1,10 à 1,25 m), il arbore une robe légèrement bouclée, blanche, tachée de gris ou de noir. Sa laine est assez rêche. Les Incas utilisaient également son cuir, et la chair des femelles était appréciée. Il servait aussi d'animal de bât (jusqu'à ce que la mule, qui peut porter nettement plus, fasse son apparition).
– ***L'alpaga :*** plus petit que le lama, il est vêtu d'une robe de couleur sable, grise ou blanche, et semble plus soyeux, avec sa toison épaisse qui lui donne parfois des airs de grosse peluche. Mais ne vous avisez pas de le serrer dans vos bras : comme le lama, il crache pour se défendre ! Sa laine est utilisée pour confectionner de beaux pulls et des écharpes très douces (surtout lorsqu'il s'agit d'une variété à poils longs). Sa chair, qui était à l'origine surtout consommée par les paysans, a conquis depuis quelques années ses lettres de noblesse sur les menus touristiques à prix... touristiques. L'alpaga est l'animal emblème de la Bolivie, il figure même sur le blason national. Et lorsqu'il se marie au lama, il fait des petits *pacollamas*...

– ***La vigogne :*** celle-ci figure sur les armoiries du Pérou. C'est un animal sauvage, contrairement au lama et à l'alpaga, tous deux domestiqués. Il est donc plus difficile d'apercevoir cette élégante et bondissante créature, à la robe d'une extrême douceur, de couleur beige ou chamoisée. Sa laine est rare, donc très chère... Une petite écharpe en vigogne se vend au (doux) prix de 200 € !

FIBRES PRÉCIEUSES

La vigogne possède la fibre animale la plus fine au monde... juste après le ver à soie ! C'est aussi la plus chère, sachant qu'un animal fournit maximum 300 g de fibre tous les 2 ans, contre 3 à 4 kg par an pour l'alpaga.

– ***Le guanaco :*** c'est une sorte de lama non domestiqué, uniformément brun et roussâtre (sauf le ventre blanc). On le rencontre principalement en Argentine, dans les zones arides, avec quelques poches dans le sud du Pérou et de la Bolivie.

LANGUE

Petit lexique de base du *trotamundo/mochilero* (routard, en espagnol !)

La connaissance de l'espagnol est vraiment un avantage pour communiquer avec les Péruviens et les Boliviens – qui parlent peu l'anglais. Si vous n'avez aucune notion d'espagnol, apprenez quelques mots essentiels et faites un mélange « frangnol », vous verrez, c'est parfois très compréhensible. Les routards purs et durs qui ont appris un peu de quechua aux Langues O' seront évidemment récompensés !

Pour vous aider à communiquer, n'oubliez pas notre ***Guide de conversation du routard*** en espagnol.

Politesse

Salut	*Hola*
Bonjour	*Buenos días* (le matin), *Buenas tardes* (à partir de 12h)
Bonsoir	*Buenas noches*
Au revoir	*Chao* (entre copains), *Hasta luego, Adios*
Merci	*Gracias*
S'il vous plaît	*Por favor*
Excusez-moi (quand on veut passer à côté de quelqu'un)	*Permiso*
Excusez-moi (si vous avez marché sur les pieds d'untel)	*Disculpe*

Expressions courantes

D'où venez-vous ?	*¿ De dónde viene ?*
Je suis français(e)	*Soy francés/francesa*
Je suis belge, suisse	*Soy belgo(a), suizo(a)*
Je ne comprends pas	*No entiendo*
Comment t'appelles-tu ?	*¿ Cómo te llamas ?*
Comment dit-on ?	*¿ Cómo se dice ?*
Attention !	*¡ Cuidado !*
Connaissez-vous ?	*¿ Conoce ?*
Avec/sans	*Con/sin*
Plus/moins	*Más/menos*

Vie pratique

Centre	*Centro*

Bureau de poste	*Correos*
Lettre, enveloppe	*Carta, sobre*
Timbre	*Estampilla, sello*
Office de tourisme	*Oficina de turismo*
Pâté de maisons (le *block* américain)	*Cuadra*
Un plan	*Un mapa*
Banque	*Banco*
Bureau de change	*Casa de cambio*
Police	*Policía*
Téléphoner	*Llamar por teléfono, hacer una llamada*
Entrée/sortie	*Entrada/salida*
Toilettes	*Baños*
Téléphoner en PCV	*Llamar con cobro revertido, Llamada por cobrar*

Transports

Gare routière	*Terminal de buses*
Gare des trains	*Estación de ferrocarriles*
Billet, ticket	*Pasaje*
À quelle heure y a-t-il un bus pour... ?	*¿ A que hora hay un bus para... ?*
Aller-retour	*Ida y vuelta*
Voiture	*Auto* (*camioneta* pour un 4x4)
Vol (d'avion)	*Vuelo*

Argent

Argent	*Dinero*
Billet, monnaie	*Billete, moneda*
Payer	*Pagar*
Prix	*Precio*
Combien ça coûte ?	*¿ Cuánto vale ?*
Cher/bon marché	*Caro/barato*
Une réduction	*Un descuento*
Argent liquide	*Efectivo*
Prenez-vous la carte *Visa* ?	*¿ Acepta la tarjeta* Visa ?

À l'hôtel

Chambre	*Habitación, cuarto*
Puis-je voir une chambre ?	*¿ Se puede ver una habitación ?*
Simple, deux lits	*Simple, doble*
Lit double	*Matrimonial*
Eau froide, eau chaude	*Agua fría, agua caliente*
Drap, couverture	*Sábana, manta*
Savon	*Jabón*
Frigo ou minibar	*Frigobar*

Au restaurant

Y a-t-il un plat du jour ?	*¿ Hay un menu del día ?*
Le petit déjeuner	*El desayuno*
Le déjeuner	*El almuerzo*
Le dîner	*La cena*
Eau minérale plate, gazeuse	*Agua mineral sin gas, con gas*
Entrée, plat principal, dessert	*Entrada, segundo, postre*
Le pain, le beurre	*El pan, la mantequilla*
L'addition, s'il vous plaît !	*¡ Me trae la cuenta, por favor !*
Le pourboire	*La propina*

Jours de la semaine

Lundi	*Lunes*
Mardi	*Martes*
Mercredi	*Miércoles*
Jeudi	*Jueves*
Vendredi	*Viernes*
Samedi	*Sábado*
Dimanche	*Domingo*

Nombres

1	*uno* ou *una*	20	*veinte*
2	*dos*	30	*treinta*
3	*tres*	40	*cuarenta*
4	*cuatro*	50	*cincuenta*
5	*cinco*	60	*sesenta*
6	*seis*	70	*setenta*
7	*siete*	80	*ochenta*
8	*ocho*	90	*noventa*
9	*nueve*	100	*cien* ou *ciento*
10	*diez*	500	*quinientos*

Petit détail : attention aux *ofertas.* Ce ne sont pas des amuse-gueules gratuits que l'on vous offre au resto... L'*oferta,* en espagnol, c'est juste une proposition ou une promotion.

En Bolivie, l'espagnol n'est plus la seule langue officielle (d'ailleurs, il n'est parlé que par les deux tiers des Boliviens). Depuis 1995, l'***aymara,*** le ***quechua*** et le ***guaraní*** sont enseignés en première langue. La Constitution bolivienne reconnaît la réalité multilingue de la Bolivie, et la réforme éducative, réactivée par Evo Morales depuis 2005, prétend former une nouvelle génération de Boliviens parlant leur propre langue. En 2012, une nouvelle loi a été adoptée, qui reconnaît désormais comme officielles 33 autres langues (bonjour la paperasse !). Au Pérou, le quechua a le statut de langue officielle depuis 1975.

L'AYMARA, UNE LANGUE DE RÉFÉRENCE !

Saviez-vous que l'aymara a été à la base du premier logiciel de traduction simultanée au monde ? Eh oui ! Cela en raison de sa structure grammaticale « mathématique » qui n'admet aucune exception ! C'est une langue « carrée » comme les monuments de Tiahuanaco, dont les Aymaras furent sans doute les ingénieurs et architectes.

PHOTO

Avis aux amateurs, le Pérou et la Bolivie figurent parmi les pays les plus photogéniques au monde ! Sur place, beaucoup de cybercafés péruviens sont équipés de lecteur de cartes mémoire, et si ce n'est pas le cas, vous pourrez toujours transférer vos photos avec votre câble USB. La gravure d'un CD avec vos images est assez bon marché. En Bolivie, le réseau est moins développé, excepté dans les grandes villes. On trouve aussi, en cas de besoin, des cartes mémoire sur place.

À noter : les habitants n'apprécient pas toujours qu'on les prenne en photo (le minimum est de demander), et il faut parfois rétribuer le cliché... ou s'abstenir. Cependant, vous serez parfois surpris de constater à quel point certains se prêtent au jeu !

PLANS ET CARTES EN COULEURS

DISTANCES PAR LA ROUTE

Cuenca
ÉQUATEUR
Puerto Pizzaro
Tumbes
Zorritos
Punta Sal
Máncora
Huaquillas
Loja
Macará
Aypate
Sullana
Piura
Catacaos
Sechura
L'AMAZONIE
p. 353
Marañón
Reserva Nacional
Pacaya-Samiria
LE NORD
p. 288
Moyobamba
Yurimaguas
Ucayali
Chachapoyas
Sauce
Kuelap
Tarapoto
Alt. : 350 m
Ferreñafe
Túcume
Kuntur
Wasi
Huallaga
Contamana
Lambayeque
Chiclayo
Sipán
Zaña
Pimentel
Baños del Inca
Cajamarca
Alt. : 2 750 m
Chilete
Pacasmayo
Chan Chan
Laguna de
Yarinacocha
Pucallpa
Huanchaco
Trujillo
Cañon
del Pato
Parque
Nacional
Huascarán
Aguaytía
Caraz
Yungay
Tingo María
Alt. : 650 m
Chimbote
Tantamayo
Monterrey
Casma
Huaraz
Alt. : 3 090 m
Chavín de
Huántar
Huánuco
Alt. : 1 900 m
1N
Churín
Cerro de Pasco
Pativilca
Huacho
la Oroya
LIMA
ET ENVIRONS
p. 114
Callao
LIMA
Huancayo
Alt. : 3 271 m
Pachacamac
Huancavelica
Alt. : 3 675 m
Cerro Azul
Tambo
Colorado
Chincha Alta
Pisco
Paracas
Ica
Huacachina
OCÉAN
PACIFIQUE
1S
Nazca
0
100
200 km
sites inscrits au Patrimoine mondial de l'Unesco

NORD
Iquitos
Amazonas
Nauta
BRÉSIL
Cruzeiro do Sul
Rio Branco
Apurimac
Cobija
San Juan
de Aposento
Puerto
Maldonado
Machu Picchu
Alt. : 2 360 m
Aguas Calientes
Choquequirao
Ollantaytambo
Urubamba
Huanta
Vallée sacrée des Incas
Ayacucho
Alt. : 2 761 m
Písac
Alt. : 2 800 m
Abancay
Cuzco
Alt. : 3 400 m
Andahuaylillas
Andahuaylas
Chinchero
Cotabambas
BOLIVIE
TRINIDAD
Sicuani
Rurrenabaque
Chalhuanca
LE SUD
p. 151
Ayaviri
Puquio
Cotahuasi
Lampa
Juliaca
Isla de Amantani
Isla de Taquile
Chivay
Cañon del río Colca
Sillustani
Sorata
Lago Titicaca
Alt. : 3 808 m
Alt. : 3 830 m
Puno
Copacabana
Chala
Chucuito
Coroico
Yura
Juli
Nevado Misti
La Paz
Arequipa
Alt. : 2 353 m
Tiwanacu
Cochabamba
Mollendo
Moquegua
Tacna
Oruro
Sajama
Alt. : 6 540 m
Arica
CHILI

LE PÉROU

LIMA – PLAN D'ENSEMBLE

■ Adresses utiles

- i I-Perú
- 4 Ambassade de France
- 5 Alliance française
- 6 Cruz del Sur
- 7 Tepsa et Ormeño
- 11 Oltursa
- 12 Ambassade de Belgique et Suiza Lab
- 13 Ambassade de Bolivie
- 14 Ambassade du Brésil
- 15 Ambassade du Chili
- 16 Ambassade de Colombie
- 17 Ambassade d'Équateur
- 18 Ambassade de Suisse
- 19 Taca Perú
- 21 Avianca
- 22 United Airlines
- 23 Iberia
- 24 Air France et KLM
- 30 Supermarché Metro

Où dormir ?

- 63 Condor's House
- 73 La Casa del Mochilero et The Lighthouse Bed & Breakfast
- 77 Casa de Baraybar
- 85 Chambres d'hôtes chez Anita et Papito
- 86 Chambres d'hôtes chez Elizabeth
- 89 Youth Hostel Malka

Où manger ?

- 117 La Mar
- 124 El Señorio de Sulco
- 133 Costa Azul
- 135 Segundo Muelle
- 136 Balthazar

LIMA – CENTRE (PLAN I)

Adresses utiles

- Oficina de Información turística
- Info-Perú
- 1 Casas de cambio
- 10 Policía de turismo
- 28 InkaFarma
- 29 Lavandería
- 31 Supermarché Plaza Vea
- 34 Caracól

Où dormir ?

- 50 Hospedaje Lima
- 51 Hostal El Caminante
- 52 Hostal Bonbini
- 54 Hostal Wiracocha
- 55 Inka Path
- 56 Hostal España
- 58 Hostal-residencial Roma
- 59 Pensión Familia Rodríguez
- 60 Gran Hotel Bolívar
- 62 Kamana

Où manger ?

- 100 El Paraíso de la Salud
- 101 Aires Peruanos
- 103 Cordano
- 104 Cesar
- 105 Heydi
- 106 L'Eau Vive
- 107 Wa Lok
- 108 T'anta
- 111 Domus
- 132 El Mirador de Chabuca
- 150 Bar Queirolo

Où boire un verre ? Où sortir ?

- 101 Aires Peruanos
- 150 Bar Queirolo
- 151 Estadio Futbol Club
- 152 Yacana et Bar Mirador
- 153 Brisas del Titicaca

Achats

- 181 Artesania Santo Domingo

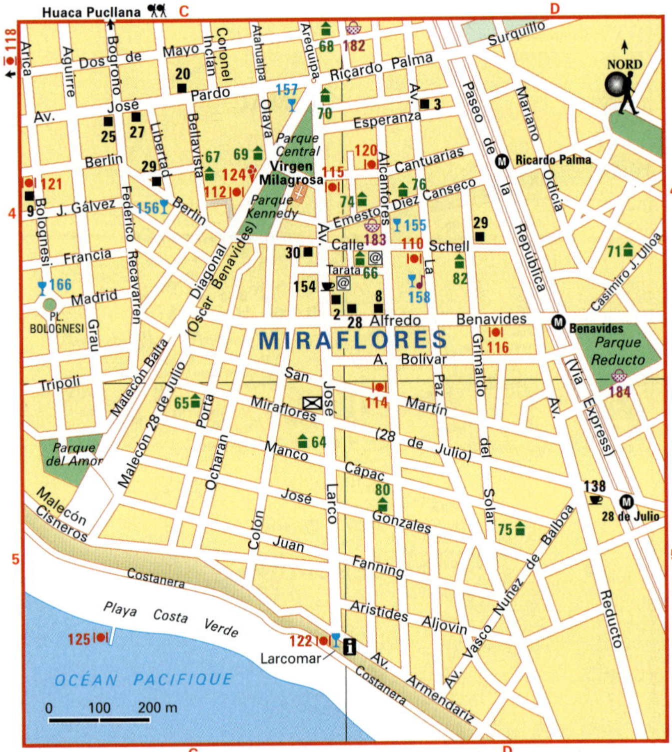

LIMA – MIRAFLORES (PLAN II)

Adresses utiles

- **2** Bureau de change Inversiones W. Nuñez
- **3** Bureau de change Lac Dolar
- **8** Supermercado Vivanda
- **9** Ambassade du Canada
- **20** American Airlines
- **25** LAN
- **27** Peruvian Airlines et Star Perú
- **28** InkaFarma
- **29** Lavanderías
- **30** Supermercado Metro

Où dormir ?

- **64** Eurobackpackers Hostel
- **65** Dragonfly Hostel
- **66** Che Lagarto Hostels
- **67** The House Project
- **68** Red Psycho Llama
- **69** Flying Dog
- **70** Pariwana Hostels
- **71** Hostelling International Lima
- **74** Apart-hotel Maria Luisa
- **75** Casa Wayra B & B
- **76** Hostal El Patio
- **80** Hotel Señorial
- **82** Hostal Buena Vista

Où manger ?

- **110** Tropicana
- **112** Tarboush
- **114** Punto Azul
- **115** Bircher Benner
- **116** Pardo's Chicken
- **118** Xin Xing
- **120** Astrid y Gastón
- **121** Edo Sushi Bar
- **122** Mangos
- **125** La Rosa Nautica

Où prendre un café ? Où manger une pâtisserie ? Où s'offrir une glace ?

- **124** Pinkberry
- **138** Pastelería San Antonio
- **154** News Café

Où boire un verre ? Où sortir ?

- **122** Mangos
- **155** Café La Máquina
- **156** Bars de la calle Berlin
- **157** Café Haiti
- **158** Jazz Zone
- **166** Huaringas Bar

Achats / Marchés

- **182** Mercado Indio's
- **183** Agua y Tierra
- **184** Mercado ecológico

LIMA – BARRANCO (PLAN III)

Où dormir ?

- **81** Hostal Kaminu
- **90** Barranco's Backpackers Inn
- **92** B & B d'Osma

Où manger ?

- **119** El Tío Mario
- **128** Cafe cultural Expreso Virgen de Guadalupe
- **129** La 73
- **130** Antica Trattoria
- **131** Canta Rana
- **160** Rustica

Où boire un verre ? Où sortir ?

- **128** Cafe cultural Expreso Virgen de Guadalupe
- **159** Café cultural Posada del Angel III
- **160** Rustica
- **161** El Keko
- **162** La Estación de Barranco
- **163** La Noche
- **164** La Posada del Mirador
- **165** Ayahuasca Bar

Achats

- **180** Dédalo

Murs incas
SACSAYHUAMÁN
A
B
53
SAN CRISTÓBAL
San Cristóbal
SACSAYHUAMÁN (par route), PÍSAC
51
1
2
3
Choquechaca
Atoqsayk'uchi
Siete
Pumacurco
Ladrillos
Isichacalle
Arco
Quiscapata
Iris
Waynapata
Purgatorio
Resbalosa
Amargura
Qoricalle
Tecseqocha
Saphi
Suecia
Procuradores
Tigre
Plateros
Tambo de Montero
Santa Teresa
PLAZOLETA DE SILVAC
Cuartones
Siete
Santa Ana
Meloc
Alta
Teatro
Granada
Avones
Tordo
Nueva Baja
Nueva
Ceniza
San Vitoque
Vicente
Chaparro
Union
Desamparados
Clara
Santa
Tupac Amaru
Qasqaparo
Mercado San Pedro
Concebidayoc
Calle Nueva
Cruz Verde
Tecte
Pera
Trinitarias
Belen
Matará
Ayacucho
Quera
Almagro
San Bernardo
San Andrés
Avenida
Loreto
Sta Catalina
Santa Catalina
Triunfo
Catedral
Almirante
Ataud
Museo Inka
Museo de Arte precolombino
PLAZOLETA DE LAS NAZARENAS
Portal de Panes
Portal de Carnes
PLAZA DE ARMAS
Portal Confitería
Portal Belen
Medio
Espaderos
PLAZA DEI REGOCIJO
S. Juan de Dios
Choco Museo
Garcilaso
Heladeros
Mantas
Museo histórico regional
la Merced
Compañía de Jesús
Museo de Arte popular
Museo de plantas sagradas
Santa Teresa
San Francisco
PLAZA SAN FRANCISCO
Marqués
Mesón de la Estrella
Poroy, ABANCAY, CHINCHERO, URUBAMBA

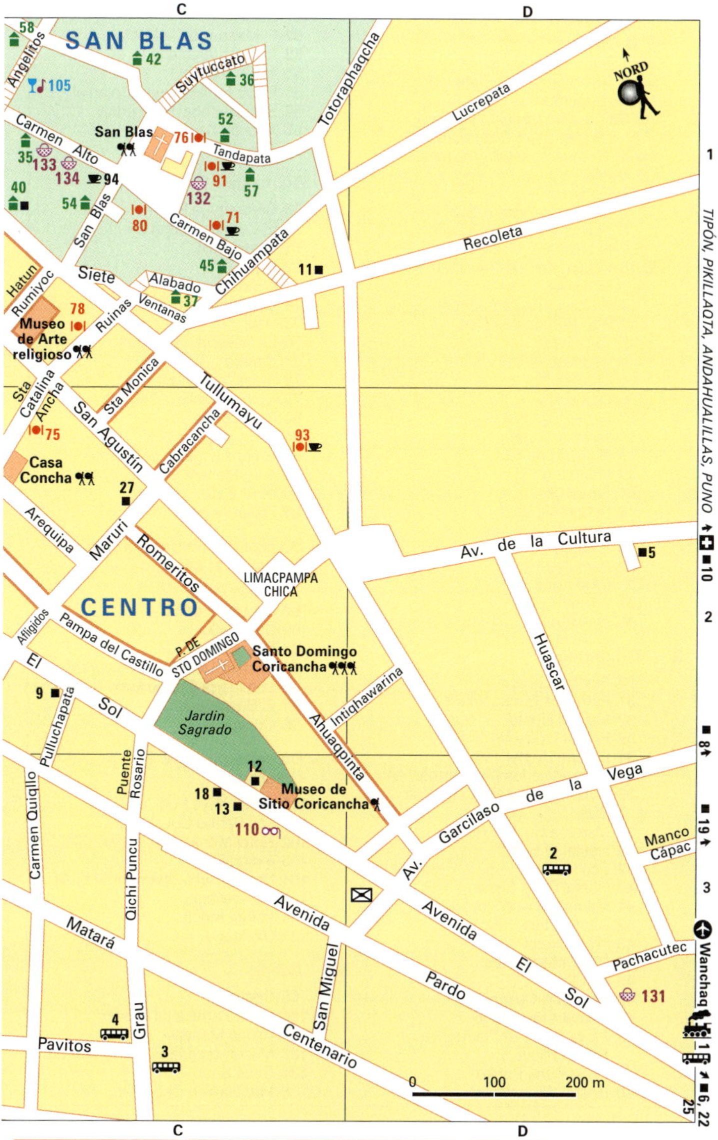

SAN BLAS
CENTRO
San Blas
Museo de Arte religioso
Casa Concha
Santo Domingo Coricancha
Museo de Sitio Coricancha
Jardin Sagrado
LIMACPAMPA CHICA
P. DE STO DOMINGO
Angelitos
Suytuccato
Totoraphaqcha
Lucrepata
Carmen Alto
Tandapata
San Blas
Carmen Bajo
Chihuampata
Recoleta
Hatun Rumiyoc
Siete Ventanas
Alabado
Ruinas
Sta Catalina Ancha
Sta Monica
Tullumayu
San Agustín
Cabracancha
Arequipa
Maruri
Romeritos
Av. de la Cultura
Huascar
Afligidos
Pampa del Castillo
El Sol
Pulluchapata
Intiqhawarina
Ahuaqpinta
Puente Rosario
Carmen Quiqllo
Qichi Puncu
Av. Garcilaso de la Vega
Manco Cápac
Avenida El Sol
Avenida Pardo
Matará
San Miguel
Pachacutec
Centenario
Grau
Pavitos
Wanchaq
TIPÓN, PIKILLAQTA, ANDAHUAILILLAS, PUNO
NORD
0 100 200 m

CUZCO

Adresses utiles

- Dircetur
- 1 Terminal terrestre
- 2 Colectivos pour Pisac et Urubamba
- 3 Colectivos pour Chinchero, Urubamba et Ollantaytambo
- 4 Minibus pour Ollantaytambo
- 5 INC
- 6 Consetur
- 7 Banco de Crédito-BCP
- 8 Policía turística POLTUR
- 9 Interbank
- 10 Clínica San José et Alliance française
- 11 Amigos Spanish School
- 12 Star Perú et Lan Perú
- 13 Taca Perú
- 14 Peruvian Airlines
- 15 Perurail
- 16 Inca Rail
- 17 Supermercado Orion
- 18 Máximo Nivel
- 19 Chaskiventura
- 20 Mi Farma
- 21 Antipode
- 22 United Mice
- 23 Manú Adventures
- 24 Amauta
- 25 Perú Etico
- 26 InkaFarma
- 27 Western Union
- 40 Aventuras y Culturas Andinas

Où dormir ?

- 30 Piccola Locanda
- 31 Pariwana Backpackers
- 32 Mallqui Hostal
- 33 Hostal La Bo'M
- 34 Kurumi Hostel
- 35 Hospedaje familiar Carmen Alto
- 36 Hospedaje Artesano de San Blas
- 37 Mamma Cusco Hostel
- 38 Hostal El Puma
- 39 Eco Packers
- 40 Hostal Casa Elena
- 41 Mamá Simona Hostal
- 42 Casona Les Pléiades
- 43 Niños Hotel
- 44 Hotel Marqueses
- 45 Eureka
- 46 Kokopelli Cusco
- 47 Hostal Arqueologo
- 48 Pirwa B & B et Tierra Viva Cusco Plaza
- 49 Hotel Rumi Punku
- 50 Hostal Wara Wara
- 51 Cusi Wasi
- 52 El Mirador de la Ñusta
- 53 Pensión Alemana
- 54 Amaru Hostal I
- 55 Pirwa Backpackers Colonial
- 56 San Cristóbal Hospedaje
- 57 Andean South
- 58 Tika Wasi

Où manger ?

- 33 Creperia La Bo'M
- 70 El Café de Mamá Oli
- 71 Green Point
- 72 Urpi
- 73 El Cuate
- 74 Inkazuela
- 75 Sara
- 76 La Caverne del Oriente
- 77 Kintaro
- 78 Aldea Yanapay
- 79 Quinta Eulalia
- 80 Pachapapa
- 81 Limo
- 82 Greens Organic et Incanto
- 83 A Mi Manera et Cicciolina
- 84 MAP Café
- 85 Fallen Angel

Où prendre un petit déjeuner ? Où boire un café ?

- 71 Green Point
- 82 Greens Organic
- 90 Café Ayllu
- 91 Café Loco
- 92 Kushka...fe Café - restaurant
- 93 Panadería Qosqo Maki
- 94 El Buen Pastor
- 95 Cocla

Où boire un verre ? Où sortir ?

- 100 Cross Keys Pub
- 101 Los Perros Couch Bar
- 102 Hotel Monasterio
- 103 Indigo Bar
- 104 Norton Rat's Tavern et El Muki
- 105 7 Angelitos
- 106 Mama Africa
- 107 Ukukus

Achats

- 95 Cocla
- 131 Centro artesanal Cusco
- 132 Hilario Mendivil
- 133 Museo-galería Ediberto Merida
- 134 Coca Shop
- 135 Patricia Yep Chocolat

CUZCO – REPORTS DU PLAN

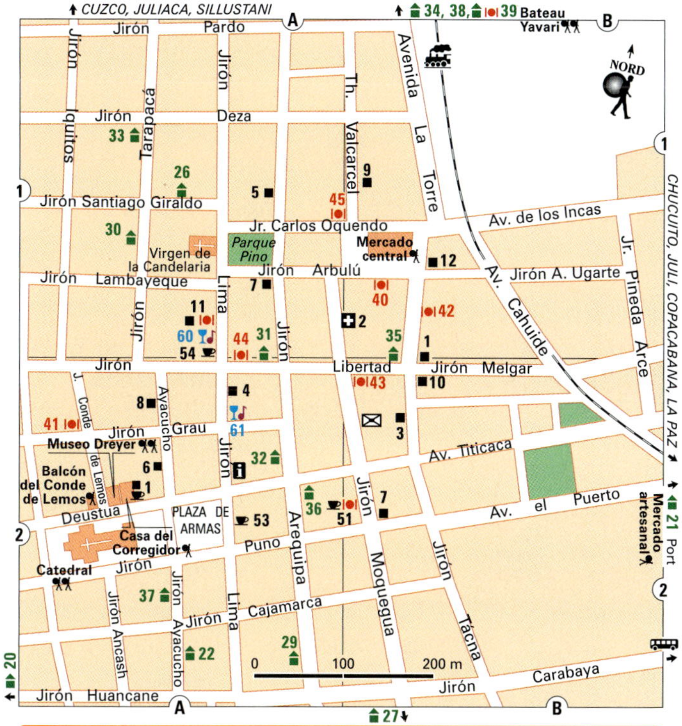

PUNO

■ Adresses utiles

1 Lan Perú et All Ways Travel
2 Medicentro Tourist's Health Clinic
3 Inka Expres
4 Interbank
5 Consulat de Bolivie
6 Migración
7 Rp Pharma
8 Titicaca Leon Tours Travel
9 Cusi Expeditions
10 Avianca – Taca
11 Lavanderia Lago Sagrado
12 Supermercado Negolatina

Où dormir ?

20 Duque Inn
21 Hostal El Manzano
22 Tayka Hostel
26 Residencial Cricarlet
27 Kusillo's Posada
29 San-Antonio Suites
30 Posada Don Giorgio
31 Hotel Pukara
32 Hostal Joya del Titikaka
33 Residencial Wary Nayra
34 Eco Inn Hotel
35 Hotel Casona Colón Inn
36 Hotel Hacienda
37 Royal Inn Hotel
38 Yavari B & B
39 Casa Andina

Où manger ?

11 Incabar
39 Casa Andina
40 Chifa Shangaï
41 Suri
42 Sabores Puneños
43 Restaurant Internacional
44 La Choza de Oscar
45 El Rancho

Où prendre un petit déjeuner ? Où boire un café ?

1 Casa del Corregidor
51 Rico's Pan
53 Mojsa
54 Tulipan's

Où boire un verre ? Où sortir ?

60 Positive
61 Kamizaraky Pub

PORTO VELHO
PORTO VELHO
Assis Brasil
Cobija
Guayaramerín
Guajará Mirim
Riberalta
PANDO
El Choro
Puerto Maldonado
LA PAZ
Exaltación
San Ramón
BENI
PÉROU
CUZCO
AMAZONIE
p. 605
P. N. Madidi
Reyes
Santa Rosa
Rurrenabaque
Alt. : 251 m
Reserva biosférica del Beni
Trinidad
San Borja
San Ignacio de Moxos
Puerto Almacén
Cordillère
Yungas
Puerto Acosta
Guanay
Alt. : 2 700 m
Lago Titicaca
Sorata
Caranavi
Puno
Alt. : 3 810 m
Huayna Potosí
6 088
Alt. : 1 750 m
Coroico
P. N. Isiboro Sécure
Isla del Sol
Copacabana
Juli
Chulumani
Tiwanaku
LA PAZ
Alt. : 3 650 m
COCHABAMBA
Desaguadero
Guaqui
Illimani
6 439
Real
AREQUIPA
Villa Tunari
Alt. : 300 m
Alt. : 2 500 m
Cochabamba
Patacamaya
R. Desaguadero
P. N. Carrasco
P. N. Amboró
Totora
Oruro
Alt. : 3 700 m
P. N. Sajama
Sajama
6 540
Tacna
Torotoro
P. N. Torotoro
Lago Uru-Uru
Llallagua
Fort de Samaipata
Vallegrande
CHUQUISACA
Arica
ORURO
ALTIPLANO, ANDES
p. 441
Lago Poopó
Sucre
Alt. : 2 750 m
Potolo
Maragua
Chaunaca
Tarabuco
Salar de Coipasa
Potosí
Alt. : 4 090 m
Betanzos
Jirira
Tahua
POTOSÍ
Tomave
LES VALLÉES
p. 528
CHILI
OCÉAN PACIFIQUE
Salar d'Uyuni
Colchani
Uyuni
Alt. : 3 656 m
Pulacayo
Camarguo
S. Juan
Salar de Chiguana
SUD-LÍPEZ
Tarija
Alt. : 1 870 m
Tupiza
Alt. : 2 950 m
Cordillère de Sama
TAR
Villazón
la Quiaca
Laguna Colorada
Cord. de Lípez
SALTA
SALTA

Routes revêtues
Routes non revêtues
Sites inscrits au Patrimoine mondial de l'Unesco
NORD
B R É S I L
Piso Firme
P. N. Noel Kempff Mercado
Ambue Ari
Alt. : 497 m
Concepción
San Javier
S. Ignacio de Velasco
San Ramon
Missions jésuites
S. Miguel
San Rafael
San Matías
CUIABA
PANTANAL NORD
Buena Vista
Los Trocos
S A N T A C R U Z
Montero
Santa Cruz de la Sierra
Alt. : 416 m
Alt. : 284 m
San José de Chiquitos
Roboré
Santiago de Chiquitos
ORIENTE p. 570
PANTANAL SUD
Puerto Suárez
Puerto Quijarro
Corumbá
Charagua
Camiri
Boyuibe
Villamontes
P A R A G U A Y
J A
Yacuiba
Pocitos
0
100
200 km

LA BOLIVIE

TIWANAKU, COPACABANA
El Alto
NORD
Av. Perú
Av. Montes
Av. Manco Kapac
Chuquisaca
Uruguay
Calama
Av. Armentia
Eguino
Zuezo
Virrey Toledo
Manuripi
República
Apumalla
J. M. Asín
Kollasuyo
PLAZA CATARI
Av. Baptista
Calatayud
PL. GARITA DE LIMA
PLAZA KENNEDY
América
Manco Cápac
PLAZA A. DE MENDOZA
Tumusla
Isaac Tamayo
Murillo
PLAZA DE LOS HÉROES
San Francisco
Mercado Buenos Aires
Buenos Aires
Max Paredes
Santa Cruz
Linares
Sagárnaga
Av. La Gasca
Cementerio General
Juan Granier
Choroique
Entre Ríos
Eduardo Avaroa
Av.
Avenida
Rodríguez
Flores
Almirante
Nicolás Acosta
Landaeta
Jaime Jaimes
Inquisivi
Inca
Av. Ismael Montes
Alto de Alianza
Jaén
Pichincha
Catacora
0 100 200 m
Sanjinés
Sucre
Junín
Museo Tambo Quirquincho
F. Valle
Museo de Etnografía y Folklore
Santo Domingo
Ingavi
Indaburo
Bolívar
Figueroa
Graneros
Illampú
PLAZA DE LOS HÉROES
Centro Cultural Museo San Francisco
Genaro
Potosí
Yanacocha
Museo nacional de Arte
PLAZA MURILLO
Socabaya
Comercio
Colón
Palacio Legislativo
Palacio de Gobierno
Loayza
Iglesia
Catedral
Ayacucho
Mercado
Obispo Cárdenas
Bueno
Av. Mariscal Santa Cruz
Cochabamba
Viluyo
Tarija
Calderón
Oruro
México
Camacho
Juan de la Riva

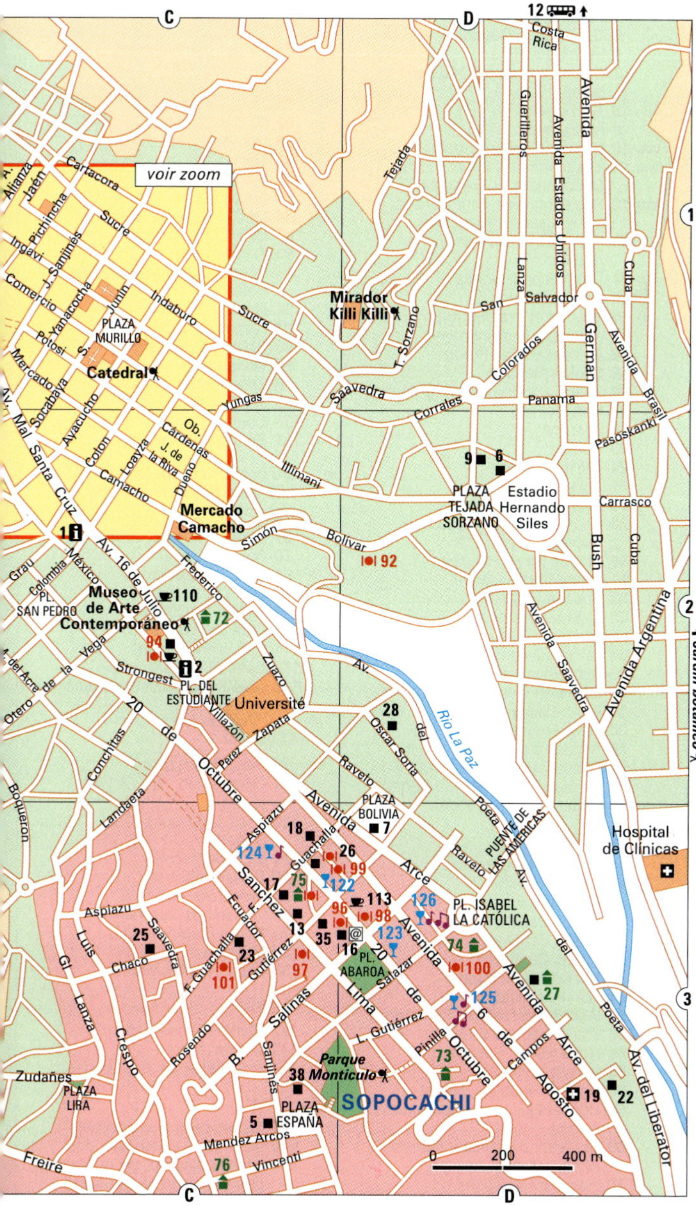
voir zoom
Mirador Killi Killi
Catedral
PLAZA MURILLO
Mercado Camacho
Museo de Arte Contemporáneo
PL. SAN PEDRO
PL. DEL ESTUDIANTE
Université
PLAZA TEJADA SORZANO
Estadio Hernando Siles
Jardín botánico
Rio La Paz
PLAZA BOLIVIA
PUENTE DE LAS AMERICAS
Hospital de Clínicas
PL. ISABEL LA CATÓLICA
PL. ABAROA
Parque Monticulo
SOPOCACHI
PLAZA ESPAÑA
PLAZA LIRA
Avenida Arce
Avenida 6 de Agosto
20 de Octubre
Av. 16 de Julio
Av. del Libertador
Avenida Argentina
Avenida Saavedra
Avenida Brasil
Avenida Estados Unidos
Bolivar
Simón
Illimani
Saavedra
Sucre
Yungas
Landaeta
Boqueron
Freire
Zudañes
Sanchez
Ecuador
Salinas
Lima
Rosendo
Crespo
Chaco
Aspiazu
Ravelo
Oscar Soria
Zapata
Villazón
Zuazo
Frederico
Strongest
Vega
Conchitas
Otero
Mendez Arcos
Vincenti
Costa Rica
Guerilleros
German Bush
Cuba
Carrasco
Panama
Corrales
Colorados
San Salvador
Pasoskanki
Lanza
Tejada
T. Sorzano
0 200 400 m
C
D
1
2
3

LA PAZ

Adresses utiles

- 1 Turismo *(zoom)*
- 2 Turismo
- 5 Consulat du Canada
- 6 Policía turística
- 7 Consulat et ambassade du Brésil
- 8 TAM *(zoom)*
- 9 Amaszonas
- 10 Gare routière principale
- 11 Bus et minibus pour Copacabana et Tiwanaku
- 12 Bus et minibus pour Coroico, les Yungas et l'Amazonie
- 13 FCA – Empresa Ferroviaria Andina
- 14 Minibus pour Sorata
- @ 15 Ichuri *(zoom)*
- @ 16 Internet et Fremen Tours
- 17 Ambassade d'Argentine
- 18 Ambassade du Pérou
- 19 Clínica Alemana
- 20 Pharmacie (Farmandrug) *(zoom)*
- 21 BoA *(zoom)*
- 22 Aerocon
- 23 Budget
- 24 Turisbus *(zoom)*
- 25 Thaki Bolivia
- 26 Alliance française
- 29 Andes Expedition Guarachi *(zoom)*
- 30 Xtreme Down Hill *(zoom)*
- 31 Travel Tracks *(zoom)*
- 32 Andean Base Camp *(zoom)*
- 33 Instituto Geográfico Militar *(zoom)*
- 34 Tatoo Adventure Gear *(zoom)*
- 35 Supermarché Hipermaxi
- 36 Evolution Ride Spirit *(zoom)*
- 37 Barro Biking *(zoom)*
- 38 Terra Andina Bolivia
- 58 Andean Base Camp *(zoom)*
- 64 Travel Tracks Linares *(zoom)*
- 81 Andean Epics Ride Co *(zoom)*
- 94 Pharmacie (Farmacorp)

Où dormir ?

- 24 Hotel Rosario *(zoom)*
- 27 Stannum
- 51 Residencial Uruguay
- 52 Hostal Bellavista Inn
- 53 Hostal Señorial *(zoom)*
- 54 Hostal Cactus *(zoom)*
- 59 Bacoo Hostel *(zoom)*
- 61 Loki Hostel *(zoom)*
- 62 Wild Rover Backpackers *(zoom)*
- 63 The Adventure Brew Hostel
- 64 Hotel Nuevo Sol *(zoom)*
- 65 Arthy's *(zoom)*
- 66 Hostal República *(zoom)*
- 68 Hospedaje Cruz de los Andes *(zoom)*
- 69 Sol Andino et Hostal Estrella Andina *(zoom)*
- 70 Hostal Naira *(zoom)*
- 71 La Casona *(zoom)*
- 72 Hotel Boutique El Consulado
- 73 Rendezvous
- 74 Hermanos Manchego
- 75 La Loge
- 76 À la Maison

Où manger ?

- 24 Tambo Colonial *(zoom)*
- 26 La Guinguette
- 70 Banais *(zoom)*
- 75 La Comédie
- 82 Mí Casa *(zoom)*
- 83 Paceña La Salteña *(zoom)*
- 84 Tierra Sana *(zoom)*
- 85 Marttini's Pizza *(zoom)*
- 87 Sabor Cubano *(zoom)*
- 88 La Cueva *(zoom)*
- 89 Sol y Luna *(zoom)*
- 90 Pan de Oro *(zoom)*
- 91 Angelo Colonial et The Colonial Pot *(zoom)*
- 93 Namas Te
- 94 Alexander Coffee
- 96 Paceña La Salteña
- 97 Vinapho
- 98 Swissfondue
- 99 Pronto Dalicatessen
- 100 Churrasqueria El Arriero
- 101 Brasargent Rodizio

Où prendre un petit déjeuner ? Où boire un café ou un chocolat ?

- 67 Café del Mundo *(zoom)*
- 70 Banais *(zoom)*
- 81 Café Illampú *(zoom)*
- 84 Tierra Sana *(zoom)*
- 94 Alexander Coffee
- 110 Café La Terrazza
- 111 Café Berlin *(zoom)*
- 112 Caffé Pierrot's *(zoom)*
- 113 Café La Terrazza Sopocachi

Où boire un verre ? Où sortir ?

- 60 Peña Huari *(zoom)*
- 89 Oliver's Pub, Grub & Club *(zoom)*
- 120 Bocaisapo Coca Arte y Cultura *(zoom)*
- 121 La Luna *(zoom)*
- 122 Diesel Nacional
- 123 Shamrock Irish Pub
- 124 Thelonious Jazz Bar
- 125 Mamá Diablo
- 126 Mongo's
- 130 Marka Tambo *(zoom)*

Achats

- 132 Clarken Orosco *(zoom)*
- 133 Walata *(zoom)*
- 135 Inca Pallay *(zoom)*

À voir

- 91 Museo de la Coca *(zoom)*
- 140 Museos Costumbrista, del Litoral boliviano, de los Metales preciosos y casa de Murillo *(zoom)*
- 141 Museo de Instrumentos musicales *(zoom)*
- 142 Centro de artes Mamani *(zoom)*

RELIGIONS ET CROYANCES

Paganisme VS catholicisme

Les Indiens ne se sont jamais vraiment faits au christianisme. Comment croire à cette religion enseignée par des Espagnols qui les volaient et accumulaient les richesses tout en prêchant la charité ? Le christianisme est, par essence, contraire aux religions précolombiennes. Il appelle l'hégémonie de l'homme sur les éléments naturels. Seul Dieu lui est supérieur. En revanche, les Indiens adorent le Soleil, la Lune, la Terre... Dans cette région où parfois se déchaînent sécheresses, tremblements de terre, éruptions et inondations, ils étaient les garants d'un espoir de retour à la normale. Mais que faisait ce Dieu supposément tout-puissant des Espagnols pour amadouer la nature ?

Ces raisons, profondément ancrées, font que les religions anciennes et ce que l'on appelle la magie ont gardé un impact considérable, en particulier chez les populations les plus soumises aux éléments naturels (les paysans, par exemple). Il faut voir le marché aux sorcières de La Paz pour s'en rendre compte.

Certains missionnaires espagnols, plus éclairés ou simplement plus pragmatiques, ont parfois adapté le dogme, pour favoriser l'adoption du christianisme par les populations locales. Un Christ solaire, une Vierge lunaire... et alors ? Peu à peu, paganisme originel et catholicisme se sont ainsi mêlés, donnant jour à une pléiade de syncrétismes que s'amusent aujourd'hui à décoder les ethnologues. Nulle contradiction donc, dans le fait d'aller prier à l'église pour la guérison de son enfant, avant de foncer consulter le *curandero*... Potions, herbes et rituels semi-magiques soignent parfois aussi efficacement. Toute croyance, quelle que soit son origine, a le même pouvoir : celui de rassurer, d'apaiser les craintes et, au bout du compte, de continuer à vivre.

Depuis l'époque inca, l'élite des *curanderos* se trouve au village de Charazani, en Bolivie. Ses *kallawayas* sont des médecins itinérants fort réputés. Leur pharmacopée a été étudiée par des médecins du monde entier et nombre de remèdes efficaces ont été tirés de cette science vieille de plusieurs siècles.

À l'ombre des *apus* et de la Pachamama

Les croyances animistes influencent encore largement la vie quotidienne. Ainsi, lorsqu'ils franchissent un col, les Aymaras déposent-ils une pierre blanche sur un cairn déjà constitué. Ils manifestent là leur respect envers les *achachilas*, ces ancêtres réincarnés en divinités protectrices. Les *achachilas* les plus puissants sont représentés par les sommets les plus imposants. Les *achachilas* moyens habitent les collines. Mais chaque lieu, en vérité, possède son propre esprit protecteur. On l'honore par des rites, des danses, de petits sacrifices, des offrandes régulières. Le jour des Morts, on va jusqu'à servir des repas aux défunts. L'*apu* inca est l'équivalent de l'*achachila* aymara.

Pour s'attirer la bienveillance des esprits, un fœtus de lama est systématiquement intégré aux fondations d'une construction. On protège parallèlement les maisons d'une croix sur le toit et d'une tuile faîtière spéciale, représentant souvent un taureau et une vache en terre cuite, côte à côte. Les architectes modernes n'oublient pas ces rites, même dans les villes de l'Altiplano.

MAIS QUE FŒTUS ?!

Pour les Indiens, le fœtus de lama est sacré. On l'enterre comme porte-bonheur dans toutes les fondations, jusque sous les ponts, même quand on a un diplôme d'ingénieur des Ponts et chaussées en poche. La morale de l'histoire : maîtriser le terrestre mais toujours honorer le céleste !

Ceux qui rêvent de richesse l'attirent sur un lutin bossu, l'*Ekekó,* le demi-dieu aymara de l'Abondance, qui a son jour de fête le 25 janvier lors de la célébration des *Alasitas* à La Paz. Ainsi, toutes sortes de représentations miniatures de ce que l'on convoite – enfants, nourriture, véhicules, argent – sont bénies par l'évêque de La Paz... On accroche ce mémorandum aux dieux païens dans la maison après l'avoir fait bénir par le curé et par le sorcier (ce syncrétisme se rencontre sur les chemins de croix, par exemple à Copacabana en Bolivie, et sur les marchés, comme le *mercado de las brujas* – « marché des sorcières » – à La Paz).

La croyance aux lutins du genre du *duende* (d'origine hispanique) reste encore très vivace dans la population andine. Mention spéciale pour le *Diable* en Bolivie, qui est à la fois le dieu de la Mine et le mineur. Pendant le carnaval d'Oruro, des groupes de 300 ou 400 danseurs habillés en Lucifer envahissent les rues de la ville pendant 3 jours. Les mineurs, qui étaient considérés comme des créatures du sous-monde par les Espagnols, rendent leur dévotion à leur tour à une divinité supérieure : El Tío, dieu de la Mine, à qui l'on dépose des offrandes pour que le minerai soit de bonne qualité. Au-dessus trône la *Pachamama,* la Terre-Mère, représentée par la Vierge du Socavón. Il s'agit du même hommage rendu par les Mexicains à *Tonantzin,* la déesse-mère, transfigurée dans la Vierge de Guadalupe. La *Pachamama* représente la fécondité et la source des biens matériels. Comme les *apus* et autres *achachilas,* elle veille aux besoins de ses « enfants » qui la comblent d'offrandes (la *mesa*) – objets rares ou chers et gourmandises, brûlés en plein champ.

La musique et la danse

Elles conservent leurs caractéristiques anciennes. La mélodie qu'on chante en forçant sa voix à l'octave supérieure, c'est le *huayno,* qui utilise la gamme précolombienne, même si aux tambours (*cajas* et *tinyas*) et percussions, sifflets et ocarinas, flûtes de Pan *(antaras)* et flûtes droites *(kenas),* on a ajouté des instruments à cordes, guitare et violon. Si la mélodie peut sembler triste, les paroles, elles, ne le sont pas : il s'agit de poèmes romantiques ou insinuations sexuelles populaires en quechua. Le folklore n'a pas encore été détrôné par la musique américaine ; allez le découvrir dans une *peña,* ces restaurants folkloriques où les couples des classes moyenne et supérieure vont danser la valse créole et la *marinera* ; faites-vous des amis en envoyant vous aussi un petit message entre les morceaux.

Les Indiens, eux, n'ont pas besoin de fréquenter les *peñas.* Ils célèbrent toutes sortes de fêtes, sans craindre de s'endetter pour les financer. Pendant plusieurs jours, l'alcool arrose les danses rituelles (on y mime l'accouplement, la chasse), rythmées par des orchestres amateurs. Les pétards, assourdissants, explosent à n'en plus finir, dans des nuages de poudre et de confettis. Peu importe, les sens sont engourdis par la *chicha...*

LA FOULE PÉRUVIENNE

Le célèbre titre d'Édith Piaf La Foule *est en fait une reprise d'une valse péruvienne... entendue en Argentine ! La chanson* « Que nadie sepa mi sufrir » *devint alors le succès que l'on connaît. Depuis, cet air oublié des années 1930 connaît un regain d'intérêt au Pérou et une seconde version a été enregistrée, sous le titre* « Amor de mis amores ».

Une mention spéciale pour la célèbre *diablada* d'Oruro, qui évoque la lutte entre le bien et le mal. D'origine moins ancienne, on y entend aussi beaucoup de tangos argentins et les tintamarres de cuivres, de la musique mexicaine au romantisme morbide.

Il existe également une importante tradition de musique afro-andine, dont Susana Baca est la plus célèbre représentante. En Bolivie, la *saya,* rythmée par les tambours, née vers Coroico dans les Yungas, est à l'origine de la lambada.

Dans un tout autre registre, ne soyez pas surpris d'entendre, dans les lieux touristiques, les Beatles et Simon & Garfunkel revisités façon flûtes de Pan... Lire aussi le chapitre « Musique » dans « Bolivie : hommes, culture, environnement ».

SANTÉ

Il nous semble utile de rappeler que pour des pays tels que le Pérou ou la Bolivie (et les voisins), il est indispensable de contracter avant le départ une bonne assurance voyage – à fortiori si l'on se lance dans un trek – qui garantisse, en cas de gros pépin, une prise en charge des soins par les hôpitaux. On a trop entendu de récits de voyageurs, victimes d'accidents graves (chutes, *soroche,* agressions, maladies brutales), auxquels les services de santé locaux refusaient l'hospitalisation pour la simple raison qu'à défaut d'une preuve d'assurance la couverture des frais ne leur était pas garantie. Avec une assurance, les soins sont gratuits (analyses comprises), et dans les bons hôpitaux, un médecin prendra contact avec celui de l'assurance pour décider s'il y a lieu d'effectuer un rapatriement ou non. Les assurances voyage ne coûtent pas aussi cher qu'on le croit ; négliger cette précaution peut avoir des conséquences très néfastes. Et n'oubliez pas de conserver toutes les factures et les résultats d'analyses.

L'hygiène

Comme bien souvent, hélas, pauvreté rime avec manque d'hygiène. Les précautions universelles doivent être respectées : pas de boissons non contrôlées (sauf bouillies : thé, café) et pas de glaçons non plus (sauf dans les restos ou cafés chic) ; éviter les crudités dans les petits restos pas chers, le lait et ses dérivés non industriels, les viandes peu cuites ou servies non fumantes, etc. Pour l'eau, bouteille (scellée) obligatoire et en cas de doute, désinfection par *Micropur® DCCNA* ou mieux, avec la paille *Life Straw®*.
– ***Autre précaution :*** en Bolivie, un certain nombre de maladies sont transmises par la viande porcine (ténia, trichinose, etc.). Évitez ce qui est *fricassées, sandwichs de chola* et *chicharrones,* ainsi que les *chuletas* à base de porc si la viande ne vous paraît pas suffisamment cuite. Porc se dit *chancho, cerdo* ou encore *cuchi.*

En cas de diarrhée

S'il coexiste une fièvre ou s'il y a émission de glaires, de pus ou de sang : consulter en urgence un médecin.
Pour le reste, il ne s'agira que d'une simple turista, ce qui est heureusement le cas le plus fréquent. Le traitement aujourd'hui admis par tous les spécialistes est alors : deux comprimés d'*Azithromycine®* une seule fois, en une prise, puis un comprimé de *Acétofan (Tiorfan®),* une gélule d'emblée puis un comprimé à chacun des repas, sans dépasser une semaine.

Le mal des montagnes *(soroche)*

Le mal d'altitude (ou mal aigu des montagnes, alias MAM) est dangereux ! Il faut bien en être convaincu. Il est dû à une carence en oxygène (plus pauvre en altitude) et tout le monde peut être concerné ; il n'y a absolument aucune corrélation avec la forme physique ou le style de vie. Il peut apparaître à n'importe quelle altitude au-dessus de 2 500 m et à n'importe quel moment.
Quelques effets : maux de tête, souffle court, nausées, saignement de nez, perte d'appétit, insomnie, fatigue anormale. Attention, ces signes sont parfois liés à d'autres facteurs : mauvaise alimentation, hébergement inconfortable, longs

trajets... Dans la plupart des cas, ***ces troubles disparaissent*** au bout de quelques jours ***si l'on observe scrupuleusement quelques règles de base.*** Pour absorber plus d'oxygène, le corps doit aussi produire plus de globules rouges : donc, règle d'or, éviter tout effort inutile, mesurer ses gestes, marcher lentement, respirer doucement à pleins poumons, ne pas courir. Les fumeurs devront idéalement réduire leur consommation. De même, il n'est pas conseillé de prendre des somnifères ni de boire de l'alcool. À l'inverse, consommer beaucoup d'eau, de thé ou de soupes. Au Pérou et en Bolivie, la feuille de coca reste un remède courant – ou comment retrouver les plaisirs ancestraux de la chique. Vous pouvez la mastiquer ou, si vous n'appréciez pas son goût amer, la boire en infusion, le *mate de coca.*
Si les symptômes s'aggravent : maux de tête de plus en plus violents, vomissements, perte d'équilibre, respiration de plus en plus difficile et bruyante (râles), perte totale d'appétit, rétention d'urine, fatigue extrême, lèvres bleutées, altération de l'humeur, sentiment de dépression, etc., une seule solution, redescendre immédiatement en altitude, de 500 m au moins, à une allure calme. Les conséquences les plus sérieuses sont l'œdème pulmonaire (les poumons se remplissent d'eau) et l'œdème cérébral, qui peuvent être fatals en quelques heures. Important : la bonbonne à oxygène peut être d'un secours provisoire, mais cela ne guérit pas le mal. Le seul véritable traitement du MAM bénin est la réoxygénation, donc la descente.
En fait, la meilleure façon de vous acclimater à l'altitude est de suivre un itinéraire plaine-vallées-Altiplano. Idéalement, pas plus de 500 m d'ascension par jour au-delà de 2 000 m. Les premiers jours, il convient de laisser l'organisme s'adapter aux conditions d'altitude : moins vous ferez d'efforts physiques, mieux vous vous porterez. Il est fortement conseillé d'attendre au moins 5 jours avant d'entreprendre un circuit vers les sommets, voire 7 à 10 jours pour les plus de 5 000 m (et à fortiori les 6 000 m).
En résumé : le mal des montagnes peut être très dangereux et ses symptômes ne sont pas à négliger, mais concrètement, il touche un pourcentage relativement faible de voyageurs, ou du moins se traduit, dans la majorité des cas, par le souffle court et de simples maux de tête les premiers jours d'acclimatation. Amis lecteurs, soyez avisés et conscients des risques du *soroche,* mais pas angoissés pour autant !
Enfin, en plus de l'altitude, l'air sec et frais expose aux problèmes ORL : angines, sinusites et otites sont fréquentes ; cependant, dans les grandes villes, il n'est pas difficile de trouver un médecin. Les pharmacies sont également très nombreuses et ouvertes tard le soir (parfois 24h/24). Toutefois, en cas de surinfection, adressez-vous à un médecin conseillé par l'ambassade ou rendez-vous dans un bon hôpital.

Le paludisme

Il est effectivement présent au Pérou et en Bolivie, mais il n'y a pas de risque de transmission au-dessus de 1 800 m, ni dans les grandes villes.
Au Pérou, il faut clairement distinguer trois zones : la façade maritime (pas de paludisme significatif), la zone andine (pas de paludisme du tout) et la partie amazonienne (paludisme et autres maladies tropicales graves). Si vous descendez en Amazonie, la prévention devient donc impérative :
– en tout temps, et plus encore après le coucher du soleil, portez des vêtements recouvrant le maximum de surface corporelle. Sur les parties découvertes, utilisez des répulsifs antimoustiques efficaces type *Insect Écran.* Pour la forêt amazonienne, imprégnation des vêtements conseillée *(Insect Écran Trempage)* ;
– vous pouvez acheter dans les pays traversés des serpentins antimoustiques relativement efficaces (notamment ceux de la marque *Baygon*). N'oubliez pas de vous munir d'une petite boîte en fer pour les protéger pendant votre périple. Attention : il ne faut jamais mettre de serpentins dans une pièce fermée, et encore moins dans la chambre où vous allez passer la nuit ;

– dormir sous moustiquaire : la plupart des hôtels situés dans les zones à risque, même bon marché, en sont pourvus ; mais bien souvent, vu leur état, mieux vaut se munir d'un stock d'épingles à nourrice ou de pinces à linge pour reboucher les trous. La meilleure solution reste donc les moustiquaires (environ 300 g) préimprégnées d'insecticide. Elles peuvent être achetées en pharmacie (moustiquaire *Cinq sur Cinq* par exemple, modèle pour adultes ou nourrissons, *Tracker* ou *Spider,* plus grande) ou par correspondance, de même que la plupart des matériels et produits utiles au voyageur, auprès de *Catalogue Santé Voyages.* Prévoyez aussi de quoi les suspendre (punaises, ficelle...).

■ ***Sante-Voyages.com :*** *rens au* ☎ *01-45-86-41-91 (lun-ven 14h-19h).* Les produits et matériels utiles aux voyageurs, assez difficiles à trouver, peuvent être achetés par correspondance sur le site ● *sante-voyages.com* ● Infos complètes toutes destinations, boutique web, paiement sécurisé, expéditions Colissimo Expert ou Chronopost. ☎ *01-45-86-41-91 (lun-ven 14h-19h).*

– ***Médicaments antipaludiques préventifs :*** pour le versant amazonien seulement. Consulter impérativement un médecin avant le départ. Aujourd'hui, on recommande en première intention la *Malarone®* (un comprimé par jour, à commencer la veille de l'arrivée en zone à risque, tout le séjour et jusqu'à 7 jours après la sortie de la zone). Seul inconvénient : son prix, mais on trouve désormais 6 génériques. À défaut, le *Lariam®* (qui fait mauvais ménage avec l'altitude et aux nombreux effets secondaires) ou la *Doxycycline®* (peu compatible avec le soleil).

Les autres maladies tropicales

La ***dengue*** sévit régulièrement, et de plus en plus. Transmise par des moustiques diurnes (donc absente à plus de 1 800 m d'altitude), elle est aussi présente dans les grandes villes – contrairement au paludisme.
En Amazonie profonde, des maladies telles que la ***leishmaniose*** ou la ***fièvre jaune*** sont transmises par les innombrables bestioles qui pullulent. Toute expédition sérieuse doit prendre en compte l'existence de ces maladies, dont le traitement, quand il existe, est très coûteux et imparfait.

Vaccinations

– Il est conseillé d'être à jour de ses ***vaccins universels*** (diphtérie, tétanos, polio, coqueluche, hépatite B).
– Les vaccins traditionnels contre la ***fièvre jaune,*** la ***typhoïde*** et l'***hépatite A*** sont également recommandés. Le vaccin contre la fièvre jaune est indispensable si vous allez dans la selva amazonienne et doit être fait plus de 10 jours avant l'arrivée, dans un centre agréé. Par ailleurs, pour les routards se rendant dans d'autres pays d'Amérique latine à partir du Pérou ou de la Bolivie, le *certificat international de vaccination antiamarile (fièvre jaune)* est exigible aux frontières, et vigoureusement exigé en cas d'épidémie. Le vaccin contre la typhoïde est aussi nécessaire pour les séjours prolongés, tout comme celui contre l'hépatite A. Pour info, il existe un vaccin combiné typhoïde-hépatite A *(Tyavax®).* Le vaccin contre la rage est aussi recommandé pour les séjours longs (expatriés en particulier) et/ ou ruraux (par exemple si vous êtes volontaire dans un centre de réadaptation d'animaux sauvages).

Centres de vaccinations

Pour les centres de vaccinations partout en France, dans les DOM-TOM, en Belgique et en Suisse, consulter le site internet ● *astrium.com/centres-de-vaccinations-internationales.html* ●

TREKKING – RANDONNÉES

En préambule : il y a pléthore d'agences ou pseudo agences qui vous proposent d'organiser le trek de vos rêves. Il convient d'être très vigilant. Se focaliser sur le seul élément financier et accepter les offres des nombreuses agences qui promettent des treks à (trop) bas prix peut s'avérer un très mauvais calcul. Vous le paierez en terme d'organisation, d'efficience, de nourriture, de confort. Les propositions en dessous de 50 $ par jour et par personne (sans compter le droit d'entrée dans les parcs naturels) doivent susciter votre méfiance ! Au Pérou, les agences agréées figurent sur le site de *I-Perú.*
Avant toute chose, il convient de faire préciser par écrit les prestations, ce qui est inclus et ce qui ne l'est pas, sans oublier le prix des transferts vers les lieux de départ et de retour. Renseignez-vous aussi sur les éventuels pourboires pour les porteurs ou muletiers. Combien y aura-t-il de participants ? Pour réaliser des économies, de nombreuses agences ont tendance à faire du regroupement avec d'autres sans vous en avertir.
Soyez honnête envers le prestataire en ce qui concerne votre forme et vos aptitudes physiques, ainsi que votre degré d'acclimatation à l'altitude. Montrez-lui tout l'équipement personnel dont vous disposez pour entreprendre l'expédition (chaussures, duvet, poncho et lampes). Vérifiez avec lui le matériel fourni, sac de couchage suffisamment chaud si vous n'avez pas le vôtre, tentes (piquets de tente, tapis de sol et de quoi les monter, l'état des fermetures Éclair), réchauds, sacs étanches, liste de la nourriture emportée. Tout cela est généralement inclus, mais le meilleur matériel peut faire l'objet d'un supplément. N'hésitez pas à vous procurer de la nourriture en complément si vous pensez que les denrées prévues sont insuffisantes. Enfin, demandez si le guide parlera espagnol, anglais ou français. Dans la pratique, les langues étrangères promises se matérialisent rarement...

Dans les Andes

Les Andes se visitent surtout à la saison sèche, pendant l'hiver austral, c'est-à-dire de mai-juin à octobre. Si les journées sont généralement chaudes et ensoleillées, les nuits sont froides, voire très froides quand vous dormez à plus de 4 000 m (jusqu'à - 30 °C, voire moins !).
Côté matériel, prenez un sac de couchage vraiment chaud et de quoi vous couvrir. Mieux vaut éviter les vêtements très épais, encombrants dans un sac à dos et désagréables pour marcher, et superposer les couches. Quand le soleil se couche ou se cache, un bonnet et une écharpe sont les bienvenus (tout comme des gants). En revanche, quand le soleil est là, il tape, et c'est violent : préférez les vêtements longs et légers, et munissez-vous d'une casquette, de bonnes lunettes de soleil, d'une crème solaire à indice élevé et d'un baume à lèvres vraiment efficace. Néanmoins, ce n'est pas parce que c'est la saison sèche qu'il ne pleut jamais ! Un poncho peut donc s'avérer utile pour vous protéger, vous et votre sac à dos (et les affaires dedans). Pensez aussi à bien protéger les extrémités (mains, pieds), le risque de gel des doigts ou des orteils est réel en haute altitude ! La nuit tombant tôt, la lampe frontale (ou à défaut une lampe de poche) est aussi indispensable si vous ne voulez pas vous coucher dès 18h !
Vous pourrez généralement acheter ou louer le nécessaire dans les villes situées à proximité des sites de trekking – avec de grandes différences de qualité d'un magasin à l'autre. Les boutiques les mieux fournies sont toutefois à Lima ou La Paz. Si vous faites appel aux services d'un guide, celui-ci vous aidera à préparer l'excursion et à vous équiper ; si vous passez par une agence, celle-ci s'occupe normalement de la logistique.
On trouve des cartouches de gaz dans les villes, les plus courantes sont celles à vis (ou valve) ; les cartouches à percer pour les réchauds *Camping-Gaz* sont plus

rares. L'eau chauffe plus lentement en altitude et surtout ne bout pas : il est donc indispensable de purifier l'eau que vous utiliserez (avec des pastilles de *Micropur®*, par exemple ; prendre de quoi purifier au moins 4 l d'eau par jour et par personne), même pour cuisiner des pâtes ou préparer une soupe. En parlant ébullition et cuisson, le riz ne cuit pas en altitude ; pour les pâtes, allongez la durée prescrite sur le paquet (et préférez les pâtes ou spaghettis les plus fins, qui cuisent plus vite...). Pour nettoyer votre popote, une petite éponge est bienvenue (en revanche, ne lavez pas directement dans l'eau des rivières et ne jetez pas l'eau sale dedans !). Vous trouverez sans trop de difficulté des aliments type pâtes, soupes en sachet et lait en poudre dans les épiceries des petites villes.
Enfin, n'oubliez pas la trousse à pharmacie, un sifflet (pour signaler une situation dangereuse, votre présence en cas de pépin), un briquet ou une bonne provision d'allumettes (celles-ci s'éteignent très vite en altitude) et du papier-toilette.
Question poids, prendre l'indispensable et uniquement l'indispensable : chaque kilo supplémentaire compte en altitude. Même acclimaté, au-dessus de 4 500-5 000 m, ça devient carrément ardu. N'oubliez pas, en faisant vos courses, qu'il n'y a pas de poubelles là-haut et que vous devrez tout redescendre, y compris ce que vous n'aurez pas consommé.
Si vous n'êtes pas habitué à randonner en totale autonomie avec tout ce qu'il faut sur votre dos pour plusieurs jours, vous pourrez généralement louer les services d'un *arriero* (muletier) et de ses mules pour porter vos affaires. Et souvenez-vous que ces mules sont destinées au bât uniquement : certains randonneurs fatigués demandent à être portés par l'animal, ce qui peut se finir tragiquement au fond d'un précipice (des cas fréquents surviennent, en particulier au cañon del Colca).
Si vous n'êtes pas à l'aise en montagne ou pour lire une carte, une boussole, et n'avez aucune envie de vous préoccuper de la logistique du périple, les bonnes agences sur place peuvent organiser votre trek, avec guide, cuisinier et muletier. En revanche, pour cela, il faut prévoir un vrai budget (voir plus haut). Enfin, certaines zones sont plus ou moins sûres, donc, avant de partir, renseignez-vous bien auprès des professionnels (offices de tourisme, agences sérieuses).
Pour préparer votre trek avant le départ, consultez aussi le site • *besthike.com/southamerica/central_andes.html* • Outre une sélection des plus belles randos dans les Andes, vous y trouverez des conseils pratiques et des liens.

Dans la selva

Ici, on ne parle plus vraiment de randonnée, mais plutôt de courtes balades répétées, sur plusieurs jours, en général à partir d'un campement dans le cadre d'excursions organisées par une agence.
Quelques conseils avant de partir :
– contrairement à ce que l'on pourrait croire, il ne fait pas toujours chaud en forêt, vous aurez besoin de votre duvet pour la nuit, surtout au-dessus de 500 m ;
– la forêt étant l'un des plus riches écosystèmes au monde, vous serez surpris par la quantité et la diversité des bestioles qui vous y empoisonnent la vie ! Par conséquent, ne jamais s'appuyer, s'asseoir ni mettre la main sans regarder : des insectes redoutables se dissimulent facilement dans un creux, telle la fourmi guerrière (2 cm de long et une demi-journée de fièvre intense en cas de piqûre). Le pire, ce sont les moucherons invisibles, actifs toute la journée. Quand leurs morsures vous auront transformé en framboise, la dernière chose à faire – évidemment – c'est de se gratter. Demandez plutôt conseil à votre guide, qui vous recommandera peut-être des remèdes locaux pour soulager les démangeaisons. Inspectez-vous le corps régulièrement : les tiques sont nombreuses aussi.

Comment y aller ?

Il est illusoire de croire que l'on peut se rendre seul en forêt : non seulement il est très difficile de partir avec tout le matériel et la nourriture nécessaires au séjour,

mais se pose aussi le problème du moyen de transport, souvent réduit à la pirogue, de l'orientation (aucune indication ni même de repère dans la forêt) et, bien sûr, des multiples dangers inhérents à ce milieu que vous ne connaissez pas. Les Indiens eux-mêmes évitent de s'enfoncer dans la selva, qu'ils jugent inhospitalière, et vivent au bord des fleuves. Le seul moyen d'y faire un tour est donc de s'en remettre à une agence, qui prendra en charge toute la logistique.
Au Pérou, on peut se rendre dans la selva au départ de Pucallpa, Iquitos, Cuzco et Puerto Maldonado, bien pourvus en agences et en guides. La région de Chachapoyas, au nord du Pérou, Tingo María et La Merced, dans la *selva centrale,* sont aussi des destinations fascinantes et beaucoup moins touristiques. Vous y découvrirez une végétation différente, qui correspond à la *selva alta,* de montagne.
En Bolivie, essayez le *parque nacional Madidi* en partant de Rurrenabaque ou, bien moins touristique et tout aussi spectaculaire, la zone nord-ouest du *parque nacional Amborò,* à partir de Buena Vista (aux environs de Santa Cruz). On peut aussi se balader en bateau à partir de Trinidad ou, de manière plus limitée, dans le *parque Carrasco* (région de Cochabamba).

Le matériel

Emporter peu de bagages, par exemple un petit sac à dos, protégé par une bâche en plastique (s'achète sur place) fermée aux extrémités, avec vos vêtements de rechange, et des chaussures légères pour le campement. Pour protéger vos précieux mollets des attaques de serpents sans avoir les yeux rivés sur le sol, faites comme les locaux : portez des bottes de caoutchouc qui montent assez haut ! D'ailleurs, certaines agences les imposent systématiquement. Si elles sont trop grandes, il vous suffira de les bourrer de sacs en plastique et vous aurez l'impression d'être en pantoufles ! À part ça, crème solaire, gourde, antimoustiques puissant (même si ce type de produit les impressionne assez peu, il est vrai !), appareil photo (avec une réserve de batteries chargées), jumelles, et surtout, une lampe frontale. Tant pis pour la chaleur infernale, couvrez-vous ! Portez toujours pantalon et chemise légère à manches longues, chapeau et lunettes de soleil et un maillot sous vos vêtements. Emportez également un poncho de pluie ou fabriquez-vous-en un avec 1,50 m de plastique fendu pour la tête, noué d'une ceinture. Essayez le chapeau en feuilles de la selva. Vous comprendrez son utilité sous l'averse. De toutes les choses qui tuent dans la selva, le ridicule est la moins dangereuse ! Donc, bien demander aux agences ce que vous devez emporter.

Au retour

La selva amazonienne est surnommée avec justesse « l'enfer vert ». En cas de souci de santé au retour, nous vous recommandons d'aller dans un centre de parasitologie pour effectuer des analyses, en précisant au médecin les régions que vous avez fréquentées.

PÉROU
LES COUPS DE CŒUR DU ROUTARD

- Admirer les plus belles céramiques et bijoux en or des civilisations pré-incas au **musée Larco de Lima,** et profiter du séjour dans la capitale pour découvrir la **« nouvelle cuisine » péruvienne**... p. 146
- Visiter **Ayacucho,** cité traditionnelle aux 33 églises, célèbre pour ses festivités pendant la Semaine sainte .... p. 155
- Depuis la **plaza de Armas de Cuzco,** assister au coucher du soleil qui embrase les façades des maisons et des églises....................................... p. 180
- Assister à l'**Inti Raymi (fête inca du Soleil)** le 21 juin, à Sacsayhuamán, près de Cuzco.................................... p. 189
- Visiter l'**église d'Andahuaylillas.** La beauté de ses ornementations lui a valu le surnom de « chapelle Sixtine des Andes » .... p. 190
- Admirer les bassins de **Las Salineras,** mosaïque de terrasses de sel tapissant la montagne à **Maras**...................... p. 196
- Faire étape à **Ollantaytambo,** pour visiter les ruines de sa forteresse et découvrir la seule agglomération du Pérou à avoir conservé intact son plan d'urbanisme inca... p. 197
- Découvrir au petit matin les **ruines du Machu Picchu.** Incontestablement, l'un des sites à classer parmi les grandes merveilles du monde !................. p. 210
- **À Puno,** assister à la magie du lever du soleil sur les eaux bleues du **Titicaca,** avant de caboter sur ce plus haut lac navigable au monde .... p. 255
- Parcourir le superbe dédale de ruelles et de cloîtres du **monastère de Santa Catalina, à Arequipa** .... p. 238
- Suivre du regard le vol des condors dans le **canyon de Colca.** Puis se lancer dans une grande randonnée jusqu'aux villages reculés, accessibles à pied ou à dos de mule .... p. 246
- Pour une aventure au long cours, **descendre l'Ucayali puis l'Amazone en bateau régulier** de Pucallpa à Iquitos .... p. 364
- Visiter les cascades, grottes et lagunes émergeant de la forêt amazonienne dans **les environs de Tingo María**....... p. 360
- Crapahuter dans la magnifique **cordillera Blanca,** dominée par le Huascarán, point culminant du Pérou .... p. 289
- Visiter le **musée Tumbas Reales de Sipán, à Lambayeque,** pour admirer l'extraordinaire trésor du *Señor de Sipán,* vieux de 1 750 ans .... p. 342
- Déambuler dans le centre colonial de **Trujillo** puis partir explorer le **site archéologique de Chan Chan,** gigantesque cité de l'Empire chimú .... p. 319, 321
- Faire une pause sur la plaza de Armas de **Cajamarca,** où le fils du Soleil, Atahualpa, fut capturé et assassiné par Pizarro, entraînant la chute de l'Empire inca... p. 333

PÉROU UTILE

▸ Pour la carte du Pérou, se reporter au cahier couleur.

ABC DU PÉROU

▸ *Capitale :* Lima (environ 8,4 millions d'habitants).
▸ *Superficie :* 1 285 216 km².
▸ *Population :* 29,9 millions d'habitants (estimation 2013).
▸ *Densité :* 23 hab./km² (en France, 113 hab./km²).
▸ *Croissance démographique :* 1,3 % par an (contre 0,55 % en France).
▸ *Espérance de vie :* 72 ans.
▸ *Langues :* espagnol et quechua (officielles), aymara et 12 autres langues amazoniennes.
▸ *Monnaie :* nuevo sol (NS). 1 NS = environ 0,30 €.
▸ *Régime :* République constitutionnelle.
▸ *Chef de l'État :* Ollanta Humala Tasso (nationaliste de gauche), depuis juillet 2011.
▸ *Revenu annuel par habitant :* 10 240 $.
▸ *Point le plus élevé :* le Huascarán, à 6 768 m d'altitude.
▸ *Indice de développement humain :* 0,741. 77e sur 187 pays.

AVANT LE DÉPART

Adresses utiles

En France

■ ***Ambassade du Pérou :*** *50, av. Kléber, 75016 Paris. ☎ 01-53-70-42-00. • amb-perou.fr • Ⓜ Kléber. Lun-ven 9h-18h.*

■ **Consulat du Pérou :** *25, rue de l'Arcade, 75008 Paris. ☎ 01-42-65-25-10. • conperparis@wanadoo.fr • Ⓜ Madeleine. Lun-ven 9h-15h.* Pour toutes les formalités.

■ ***Bureau commercial du Pérou :*** *28, rue de l'Amiral-Hamelin, 75116 Paris. ☎ 01-49-52-60-95. Ⓜ Boissière.* Ce bureau de représentation à Paris est ouvert au grand public. Petites réunions informatives le dernier jeudi du mois, pour présenter le pays et préparer votre voyage *(sur résa : • ocex paris@mincetur.gob.pe •).*

En Belgique

■ ***Ambassade du Pérou :*** *av. de Tervueren, 179, 1150 Bruxelles. ☎ 02-733-33-19. • embaperu.be •*

■ **Consulat du Pérou :** *rue des Praetere, 2-4, 1000 Bruxelles. ☎ 02-641-87-60. • consulate.peru@conperbru selas.be • Lun-ven 9h-17h.*

– Pas d'office de tourisme mais, pour tout renseignement, écrire à l'ambassade ou au consulat à Bruxelles. On vous enverra la documentation.

En Suisse

■ ***Ambassade du Pérou :*** *Chancellerie, Thunstrasse, 36, 3005 Berne. ☎ 031-351-85-55. • embajadaperu.*

ch • Lun-ven 9h-12h, 14h-17h.

■ ***Consulats du Pérou :***

– À Berne : Thunstrasse, 36, 3005. ☎ 031-351-85-67. • embajadaperu.ch •

– À Genève : rue des Pierres-du-Niton, 17, 1207. ☎ 022-707-49-17. • conperginebra.ch •

– À Zurich : Löwenstrasse 69, case postale 6581, 8001. ☎ 044-211-82-11 ou 12. • conperzurich.ch •

Au Canada

■ ***Consulats du Pérou :***

– À Montréal : 550, Sherbrooke Ouest, office 970, Québec, H3A 1B9. ☎ (514) 844-5123 ou 4998. • consuladoperumontreal.com • Lun-ven 9h-15h et le 4e sam du mois 9h-13h.

– À Toronto : 10, Saint Mary St, suite 301, Ontario, M4Y 1P9. ☎ (416) 963-9696. • conperutoronto.com • Lun-ven 9h-15h et le 4e sam du mois 9h-12h.

– À Vancouver : 505, Burrard St, suite 260, British Columbia, V7X 1M3. ☎ (604) 662-8880. • consuladoperu.ca/vancouver • Lun-ven 9h-15h et le 2e sam du mois 9h-15h.

Formalités

– Un visa n'est pas nécessaire pour les ressortissants de l'Union européenne, seul un passeport en cours de validité est exigé.

– On vous accorde généralement un séjour de 2 mois à votre arrivée, mais vous pouvez demander jusqu'à 3, voire 6 mois (insistez gentiment). Il est désormais impossible de prolonger une fois sur place ; il faut soit passer dans un pays voisin et revenir, soit se résoudre à payer une amende. C'est finalement le plus simple, même pour les douaniers... Quand vous sortirez du pays, vous devrez payer 1 $ par jour supplémentaire passé sur le territoire péruvien.

– En entrant au Pérou, vous recevez une ***carte d'« immigration »*** qu'il faut rendre à la sortie. Si vous la perdez, vous en êtes quitte pour passer à la *Migración* et la faire refaire, avec une amende d'une quinzaine de *soles* à la clé. Faites des photocopies de ce papier et de tous vos documents, au cas où.

– À certaines frontières (notamment celles, « pédestres », de Tumbes et de Desaguadero), on réclame parfois un ***billet de sortie du territoire.*** En fait, la loi l'exige. Heureusement, on peut montrer n'importe quel billet de transport (avion, bus, train), pourvu que ce soit la preuve que l'on prévoit de quitter le Pérou. Si vous n'avez aucun billet de ce type, nous vous conseillons d'acheter un billet de bus Puno-La Paz (l'un des moins chers), non daté si possible. Un représentant d'une compagnie de bus n'est jamais loin. S'il est daté, vous pourrez peut-être l'échanger, et si vous ne pouvez pas l'utiliser, vous pourrez sans doute le revendre. Aucun problème, en tout cas, à Puno même.

– Pour une voiture, se munir d'un ***permis de conduire international.*** Dans la pratique, il est rarement demandé, mais on ne sait jamais...

– ***Carte internationale d'étudiant (carte ISIC) :*** elle est reconnue dans la plupart des musées et sites archéologiques du pays. Les réductions sont parfois très avantageuses, notamment pour l'entrée au Machu Picchu (moitié prix avec la carte, ce qui la rentabilise déjà). Si vous n'en avez pas, présentez votre carte d'identité, tout en annonçant d'un air assuré : « *estudiante* ». Parfois ça marche. Sauf bien sûr si vous êtes plus âgé que Mathusalem ! Voir aussi la rubrique « Avant le départ » dans les « Généralités Pérou, Bolivie ».

– ***Assurances voyages :*** voir dans les « Généralités Pérou, Bolivie » la rubrique « Avant le départ » où figure notre liste d'assurances voyages.

– Pensez à scanner passeport, visa, cartes de paiement, billets d'avion et vouchers d'hôtel. Ensuite, adressez-les-vous par mail, en pièces jointes. En cas de perte ou vol, rien de plus facile pour les récupérer dans un cybercafé. Les démarches administratives en seront bien plus rapides. Et tâchez de ne pas transférer tous ces documents sur une clé USB, car si quelqu'un de mal intentionné tombait dessus, il aurait toutes les infos à disposition...

ARGENT, BANQUES, CHANGE

La monnaie nationale est le ***nuevo sol*** (abrégé NS dans ce guide). Elle est disponible en billets de 10, 20, 50, 100 et 200 NS, en pièces de 10 et 20 centimes (dorées), de 50 centimes et 1 NS (argentées), et de 2 et 5 NS (bicolores). Le dollar américain est souvent une unité de référence dans les lieux les plus touristiques, pour les prestations d'agence et dans les hôtels chic. Cela dit, rien ne vous empêche normalement de payer en monnaie nationale.

Fin 2014, 1 NS valait environ 0,30 € et 0,35 $. On obtient en moyenne 3,70 NS pour 1 € et 2,80 NS pour 1 $.

– L'***euro*** en espèces peut désormais être changé presque partout, en particulier dans les *casas de cambio* (généralement ouvertes du lundi au samedi – parfois aussi le dimanche – de 8h ou 9h à 18h ou 19h) et dans certains magasins. Pas de commission, à l'exception de quelques bureaux dans les aéroports, mais des taux plus ou moins bons selon les lieux. Possibilité également de changer les euros auprès des changeurs de rue, reconnaissables à leur gilet et à la calculette dans leur main. Ils doivent impérativement arborer une carte professionnelle. Ils travaillent en groupes facilement repérables, et la police est le plus souvent présente à leurs côtés, donc aucun problème de sécurité, du moins en journée.

– Le ***dollar américain*** se change de la même manière dans les bureaux de change et auprès des changeurs de rue, mais aussi dans les banques, comme le *Banco de la Nación* ou le *Banco de Credito.* Contrairement aux bureaux de change, celles-ci sont présentes jusque dans les petites villes, d'où l'intérêt pour les voyageurs au long cours hors des sentiers battus de se munir de dollars (mais il faudra alors changer deux fois).

– Les ***distributeurs de billets*** acceptant les cartes *Visa* et *MasterCard* sont désormais présents presque partout, y compris dans les petites villes. L'opération s'effectue au taux de change officiel, mais comporte des frais bancaires. Ceux-ci dépendent de votre banque, mais, globalement, vous avez grandement intérêt à limiter les retraits (et donc à prendre des sommes importantes en une fois). Le problème : les distributeurs refusent fréquemment les retraits supérieurs à 500 ou 1 000 NS à la fois. Dans ce cas, il suffit de renouveler l'opération (en démultipliant les charges fixes sur chaque retrait pratiquées par votre banque !). On trouve également des distributeurs dans les pharmacies et les supermarchés, mais une commission de 12 NS par retrait est débitée, préférez donc ceux des grandes banques.

Les détenteurs d'une carte *American Express* pourront retirer de l'argent sans frais additionnels aux distributeurs des banques *BCP* ; c'est aussi possible dans ceux de *Globalnet,* très nombreux dans les zones touristiques, mais avec une commission de 12 NS également.

Attention : à la différence de nos distributeurs en Europe, les billets sortent AVANT la carte bancaire. Ne l'oubliez donc pas dans la machine après avoir empoché les billets.

– Il est possible de régler sa note avec sa ***carte de paiement*** dans un certain nombre d'hôtels et de restos (mais pas partout), ainsi que dans un nombre croissant de boutiques. L'opération se fait au taux de change officiel et les frais bancaires sont moindres qu'au distributeur.

– Au retour, pas de problème pour changer en euros les *soles* qui vous restent à l'aéroport de Lima, mais à un taux évidemment défavorable !

– D'une manière générale, veillez à ce que vos billets et pièces soient en bon état, et vérifiez toujours si le compte y est, car après il est trop tard pour réclamer. Vous verrez aussi les Péruviens vérifier les billets à la lumière, il y a pas mal de faux en circulation.

Voir aussi la rubrique « Avant le départ » dans les « Généralités » communes aux deux pays.

ARTISANAT, ACHATS

Difficile de faire une liste exhaustive de tout ce que l'on peut rapporter du Pérou. Mais même sans acheter, se balader dans les marchés constitue l'un des plaisirs du voyage. Sur certains d'entre eux, il est possible de troquer. Les capes de pluie, les K-way, les gourdes ainsi que tout le matériel de montagne européen sont appréciés.

– ***E'keko :*** derrière ce mot se cache le symbole quechua le plus original. Il s'agit d'un personnage en terre cuite représentant un homme rondouillard à moustaches, portant sur le dos tout ce qui peut assurer sa prospérité et sa survie : voiture, télévision, petit cœur, argent, sacs de nourriture, instrument de musique, jarres, tissus... en fonction de l'inspiration de l'artisan qui l'a conçu. Il convient de ne jamais le casser ou le revendre, et pour que le charme opère, de lui glisser quelques gouttes de *pisco* ou une bouffée de fumée de cigarette entre les lèvres...

E'KEKO KITSCH

*On trouve aujourd'hui ces figurines traditionnelles en version « à thème » comme l'*e'keko *amoureux, pour s'attirer les bonnes grâces d'une belle, l'*e'keko *des récoltes, et même l'*e'keko *« routard » (oui, oui, oui, il porte un bus, un avion, un sac à dos...). Un souvenir rigolo.*

– ***Lainages et tissages :*** ponchos, pulls, gants, *chullos* (bonnets). Vous en trouverez de bonne qualité à Lima, à Cuzco et à Puno (souvent moins cher). On vous affirmera souvent qu'il s'agit de laine d'alpaga ; c'est parfois vrai, parfois faux, parfois un demi-mensonge (50 %-50 %). Sinon, la tradition des textiles aux motifs minutieux remonte à l'époque inca. N'hésitez pas à demander dans les villages de montagne s'il y a des *tejedores* (tisseurs). Ils vous accueilleront dans leur maison, vous montreront leur métier à tisser et, si quelque chose vous plaît, vous pourrez l'acheter directement à un prix juste pour le fabricant, mais avantageux pour vous. Pour les très beaux ***tissus,*** si vous passez par la Bolivie, gardez plutôt vos économies jusqu'à Sucre.

– ***Retablos :*** ces figurines contenues dans une boîte en bois aux volets peints constituent l'une des expressions les plus intéressantes de l'art populaire. Ces retables ont pour origine les triptyques byzantins qui étaient transportés sur le champ de bataille comme talismans protecteurs. Les Espagnols s'en servirent pour orner leurs églises, puis les envoyèrent au Pérou pour être reproduits par les habitants d'Ayacucho. C'est dans cette ville, du coup, que vous trouverez le plus grand choix, notamment dans le quartier *Belén.* Les personnages sont modelés dans une pâte issue d'un mélange de pomme de terre, de farine et de plâtre. Ces triptyques, utilisés comme autels ambulants contre les bandits et les malédictions lors des voyages, furent réduits en dimension pour être plus facilement transportables. Les Indiens reprirent l'idée, mais en y incorporant leurs propres divinités : le condor et le puma afin d'éloigner les maladies, la misère et la sécheresse. Les scènes y sont toujours très festives et colorées (même celles où apparaissent quelques squelettes... façon boute-en-train).

– ***Iglesitas de barro :*** ce sont de petites églises miniatures en argile. Si on les trouve un peu partout dans le pays, à Quinua (un village à environ 30 km au nord d'Ayacucho), un groupe d'artisans œuvre pour perpétuer cette tradition qui tend à se perdre.

– ***Calebasses (mates burilados) :*** pyrogravées et peintes, à Huancayo, Huancavelica, Ayacucho, Cuzco, ou gravées à l'eau-forte à Etén, Monsefú.

– ***Chapeaux de paille tressée :*** à Trujillo, Chiclayo et Piura, dans le Nord.

– ***Miroirs et cadres en bois doré :*** de style colonial, à Cuzco et Lima.

- ***Objets en filigrane d'or*** (Piura) ***ou d'argent*** (Huancayo, Lima) ***:*** coffrets, étuis à cigarettes, etc. L'argent reste une bonne affaire, mais vérifier qu'il porte toujours le poinçon 9,25. À Ayacucho, on le trouve en filigrane avec des fils minuscules qui paraissent brodés. Le plus beau travail étant un paon à la queue dressée. L'or est mieux travaillé en Bolivie (18 carats est la norme).
- ***Jeux d'échecs :*** en pierre ou en bois, plus ou moins beaux selon le travail sur les pièces. Ils opposent invariablement les conquistadores aux Incas.
- ***Masques de carnaval*** (et figurines masquées représentant des acteurs de la *diablada*) ***:*** souvent en nickel, à Puno (mais les plus beaux se trouvent en réalité à La Paz, en Bolivie).
- ***Objets sculptés en pierre :*** à Ayacucho (albâtre) et à Arequipa (pierre volcanique blanche, le *sillar,* au grain très fin).
- ***Cierges sculptés*** (de couleur à motifs géométriques, floraux) ***:*** à Ayacucho, Junín, Lima dans le callejón de Huaylas, etc.
- ***Artisanat de la selva amazonienne :*** arcs et flèches, carquois pour dards de sarbacane, plumasserie (bref, tout l'équipement indispensable à la vie urbaine !), sans oublier la poterie, les tissus et les paniers shipibos, dans la région de Pucallpa.
- ***Céramique :*** à Ayacucho (vases zoomorphes à motifs sur fond d'ocre, mais en réalité produits à Quinua, chandeliers, ocarinas en terre cuite), à Cajamarca (copies de vases précolombiens, poterie commune), à Pucará (taureaux, monochromes en noir avec des dessins incisés, ou couleur d'argile et motifs en ocre rouge), à Pucallpa (récipients confectionnés par les Indiens shipibos, au décor géométrique peint très finement), aux villages de Chulucanas et Catacaos près de Piura, ainsi qu'à Cuzco, etc.

Un système parmi d'autres pour savoir si une poterie est ancienne : frotter le dessous de la poterie avec une pièce de monnaie. Si la céramique reste intacte, c'est du vieux. D'ailleurs, la combine est utilisée par les douaniers.

- ***Bijoux :*** au village de Catacaos près de Piura, et surtout à Lima, au marché Inca de l'avenida Petit-Thouars et dans la rue La Paz (Miraflores). Les plus beaux sont en argent, avec des pierres semi-précieuses comme le lapis-lazuli, la serpentine de couleur verte ou la turquoise péruvienne.
- ***Antiquités coloniales :*** dans la rue La Paz à Miraflores (Lima) vous trouverez quantité d'antiquaires proposant, entre autres, de l'argenterie et des peintures de l'école de Cuzco (les copies sont fréquentes mais d'excellente qualité).
- ***Antiquités préhispaniques :*** à Trujillo, à Cuzco et à Lima, des profanateurs de tombes proposent parfois aux touristes des bijoux, des céramiques, des tissages, des momies provenant de fouilles illégales. Il est strictement interdit de sortir ces objets du Pérou ; si vous êtes pris à l'aéroport avec des pièces appartenant au patrimoine de la nation, vous risquez de passer un très mauvais moment – voire quelque temps en prison.
- ***Pisco :*** il serait dommage de ne pas rapporter l'eau-de-vie qui permet de préparer le délicieux cocktail national (le *pisco sour* ; voir la rubrique « Boissons » dans « Pérou : hommes, culture, environnement »). Attention toutefois à la nouvelle réglementation aérienne : si vous prenez un vol de retour qui n'est pas direct et que vous transitez dans un aéroport nord-américain ou européen, tous les liquides emportés en bagage de cabine seront recalés au contrôle de sécurité. Ils doivent désormais voyager en soute. Par conséquent : n'attendez pas le *duty free* de l'aéroport pour acheter vos bouteilles !

BUDGET

En gros, le Pérou est un peu plus cher que la Bolivie, mais reste pour nous très abordable. En voyageant à deux (c'est-à-dire en partageant une chambre double), on peut s'en sortir avec environ 100 NS par jour et par personne (transport en bus compris), à condition de profiter du menu de midi dans les restos et de se limiter,

pour le logement, à la catégorie « Bon marché » ou « Prix modérés ». Cela dit, le *sol* étant largement indexé sur le cours du dollar, le coût réel de votre séjour dépendra aussi du taux de change dollar-euro au moment de votre arrivée.
Voici, pour vous aider à préparer votre budget, les différentes catégories de prix pour les principaux postes de dépense.

Hébergement

Les prix sont donnés pour deux personnes en chambre double. Si vous voyagez seul, vous paierez généralement un peu moins que ce qui est indiqué. Un lit en dortoir coûte de 15 à 40 NS.
À noter : pour la catégorie « Plus chic », nous indiquons aussi les prix en dollars américains, car c'est souvent dans cette monnaie qu'ils sont affichés dans les hôtels (et également dans certaines AJ).
- ***Bon marché :*** moins de 50 NS (environ 15 €).
- ***Prix modérés :*** de 50 à 90 NS (environ 15 à 27 €).
- ***Prix moyens :*** de 90 à 130 NS (environ 27 à 39 €).
- ***Chic :*** de 130 à 200 NS (environ 39-60 €).
- ***Plus chic :*** plus de 200 NS ou 80 $ (plus de 60 €).

Restaurants

Ici, les prix correspondent à un *plat de résistance à la carte,* souvent assez copieux pour pouvoir se passer d'autre chose. Notez toutefois que beaucoup de restos proposent un menu économique le midi, comprenant souvent une entrée ou une soupe, un plat, un dessert et une boisson. Les plus basiques ne coûtent que quelques *soles* (5 ou 6 NS), mais on commence à en trouver de très corrects autour de 10 NS. Certains restos, mais c'est plus rare, proposent aussi un menu le soir (appelé *cena*).
- ***Bon marché :*** moins de 15 NS (environ 4,50 €).
- ***Prix moyens :*** de 15 à 25 NS (environ 4,50 à 7,50 €).
- ***Chic :*** de 25 à 40 NS (environ 7,50 à 12 €).
- ***Plus chic :*** plus de 40 NS (plus de 12 €).

Attention aux restaurants qui facturent le service ou une taxe bidon. C'est le cas de la plupart à Aguas Calientes (au pied du Machu Picchu), et la pratique commence à atteindre Cuzco. Cela reste parfaitement illégal. Ces restos faisant du rabattage (la concurrence est rude !), négociez dès le pas de la porte en demandant confirmation avant de passer commande que « la taxe est évidemment incluse dans les prix de la carte affichée »...

Transports

À moins de louer une voiture, vous vous déplacerez surtout en bus. Ceux-ci sont assez bon marché, sauf si l'on choisit les classes royales et autres *servicio imperial* ou *VIP* de certaines compagnies ! Le train du Machu Picchu, quant à lui, n'est pas donné... Enfin, le taxi à Lima peut être un poste de dépense à ne pas négliger alors que dans les autres villes il faut compter de 3 à 5 NS pour une course intra-muros.

CLIMAT

Quand c'est l'été en Europe, c'est « l'hiver » au Pérou. Mais les saisons sont différentes sur la côte, dans la sierra et dans la forêt amazonienne. Par ailleurs, la proximité de la ligne équatoriale est déterminante pour les températures, le climat est plus doux dans la sierra du nord du Pérou que dans celle du sud. C'est le premier élément à prendre en compte au moment d'acheter son billet d'avion et de choisir son itinéraire.
- ***Sur la côte,*** les mois les plus chauds vont de décembre à février (25-30 °C). Les mois les plus froids de juin à août (15-20 °C). La *garúa,* une brume humide et

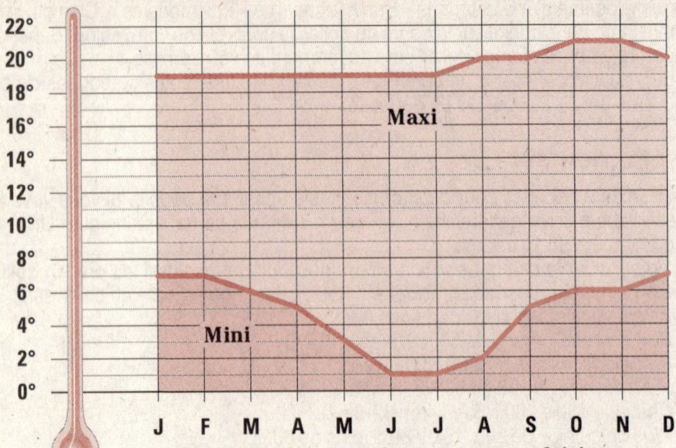

Moyenne des températures atmosphériques

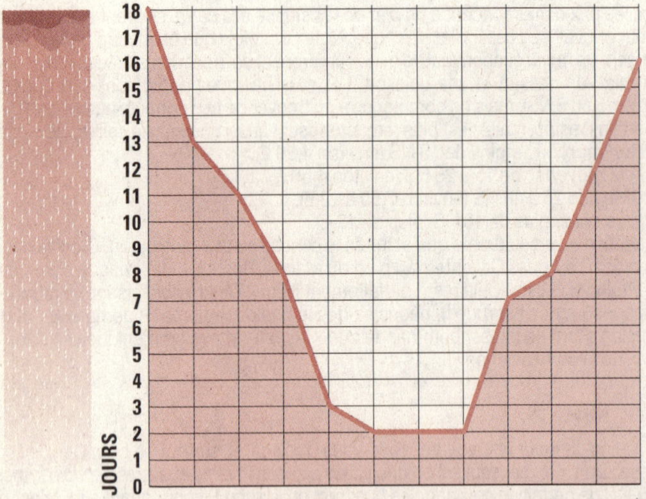

Nombre de jours de pluie

PÉROU (Cuzco)

persistante, comme un petit crachin, recouvre une partie de la région côtière (surtout Lima) de mai à mi-septembre. On voit alors rarement le soleil et l'ambiance est tristounette... En outre, la mer n'est pas accueillante au Pérou à cause du courant froid de Humboldt qui remonte le long des côtes. Cela n'empêche pas les Péruviens du littoral d'adorer la plage et d'y aller le plus souvent possible, de décembre à février. La température de l'eau n'est pas un obstacle pour les surfeurs dont on peut admirer les prouesses toute l'année sur les plages de Lima ou du nord du pays. Pour une

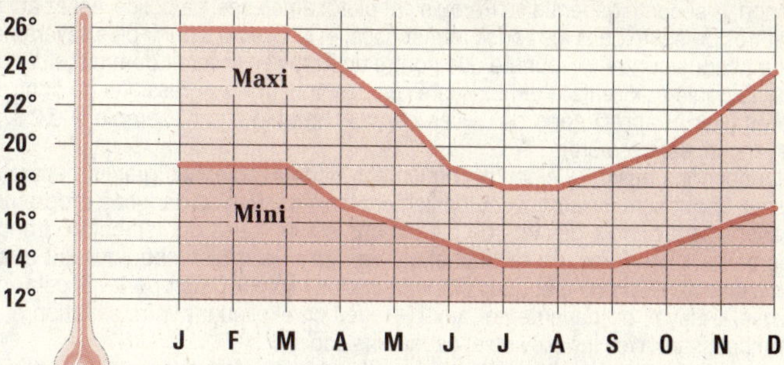

Moyenne des températures atmosphériques

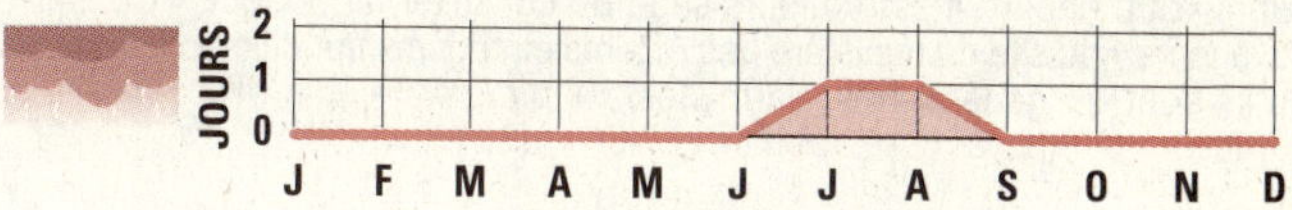

Nombre de jours de pluie

PÉROU (Lima)

température de l'eau plus clémente (et ce toute l'année), il faut aller près de Tumbes, à la frontière de l'Équateur, où la côte est épargnée par le courant de Humboldt.

– ***Dans les Andes,*** de décembre à avril, c'est la saison des pluies. Le jour, la température oscille entre 20 et 25 °C environ. Les nuits sont plus fraîches. Si possible, évitez de visiter les Andes à cette saison, d'abord et avant tout parce qu'on voit mal les montagnes, ensuite à cause des nombreux problèmes de communication. Mai est un bon mois pour le voyage dans les hautes terres. Les *andenes,* ces terrasses agricoles construites à flanc de montagne, offrent alors la vision d'un superbe patchwork verdoyant, mais il pleut déjà beaucoup moins. Les récoltes n'ont pas encore eu lieu, et la végétation n'est pas brûlée par le soleil. De juin à octobre, c'est la saison sèche dans les montagnes. Les journées sont en principe chaudes et ensoleillées et les nuits fraîches, voire froides. Prenez donc un bon pull ou une polaire et un anorak. Un cas particulier : il arrive que Puno et la région du lac Titicaca connaissent des vagues de grand froid en juillet et août. Rassurez-vous, sur les marchés, vous trouverez de quoi vous équiper : gros blousons, pulls, gants, écharpes, bonnets, collants, ponchos et chaussettes en laine d'alpaga.

– ***En Amazonie,*** de décembre à avril, c'est la saison des pluies et, quand il pleut dans la selva, ce sont les grandes eaux, il n'y a plus qu'à attendre. En même temps, c'est un peu comme en Bretagne, il fait beau plusieurs fois par jour... De juin à août, c'est la saison sèche et il fait très chaud et lourd, au moins 30 °C. Peu importe l'époque, le poncho vous sera toujours utile, ne serait-ce que pour vos excursions en forêt.

DANGERS ET ENQUIQUINEMENTS

Quelques régions restent sensibles en raison du trafic de drogue. Il s'agit de la vallée de l'Ene et de l'Apurímac et des hauts plateaux qui l'enserrent, en particulier les régions d'Ayacucho et de Junín, ainsi que de la vallée du Huallaga au nord du pays, et de la zone amazonienne à la frontière avec la Colombie (sur le fleuve Putumayo notamment). Dans toutes ces régions, d'anciens éléments du Sentier lumineux ont fait alliance avec les narcotrafiquants.

Sinon, la sécurité générale au Pérou s'est plutôt améliorée. La police, assez active, est très présente dans les zones touristiques, et la loi tend à punir plus sévèrement une attaque contre un touriste que contre un Péruvien (il serait dommage de faire fuir la poule aux œufs d'or !)... Reste que les vols et les agressions ne sont pas rares (voir ci-après) dans des villes comme Arequipa, par exemple (Cuzco, en revanche, est très sûre).
Mentionnons aussi un élément totalement incontrôlable : les grèves générales, assez fréquentes mais souvent localement limitées. Pas de danger à proprement parler – sauf parfois des jets de pierres sur les véhicules qui tentent de franchir les barrages en force. En revanche, ça peut se révéler bien enquiquinant quand on a un avion à prendre et que l'on ne peut plus rejoindre l'aéroport... Si cela vous arrive, essayez de parlementer aux barrages en expliquant votre situation et en compatissant avec les grévistes, ça marche souvent !
Ajoutez, enfin, pour compléter le tableau, les risques sismiques : eh oui, le Pérou tremble souvent sur ses fondements...
Avant votre départ, il est toujours sage de consulter la rubrique « Conseil aux voyageurs » du site du ministère des Affaires étrangères français (tout en sachant qu'ils sont en général très alarmistes) : • *diplomatie.gouv.fr/fr/conseils-aux-voyageurs_909/pays_12191/perou_12345/index.html* •

Vols et agressions

Quelques conseils

– Pas de richesse ostensible, pas de grosses montres, colliers et bracelets rutilants. Toujours être discret quand on sort de l'argent et quand on en retire dans une banque.
– Ne pas mettre tout son argent au même endroit. Le répartir en divers lieux et caches. À vous de trouver des astuces discrètes.
– Ne jamais laisser ses affaires seules dans un restaurant (sac accroché au dossier d'une chaise, dans un endroit où il y a du passage), un train, un bus (au terminal et lors des arrêts), et même, semble-t-il, dans l'avion ; des vols nous ont été signalés lors de déplacements sur des lignes intérieures.
– Le coup de la crème à raser, du dentifrice ou de tout autre produit gluant ou malodorant (style moutarde) : la technique du voleur consiste à jeter sur le sac à dos, le sac à main ou l'épaule de la victime de la crème à raser ou de la moutarde pour l'amener à se débarrasser du sac pour le nettoyer et mieux le saisir au vol lorsqu'il aura été déposé. Si cela vous arrive, restez calme, malgré votre dos ou votre sac barbouillé, et ne réagissez pas comme les voleurs le prévoient. Leur tactique consiste en effet à provoquer chez la victime choisie le moment d'inattention fatal.
– Globalement, évitez de vous promener à pied la nuit dans les grandes villes. Les zones proches des plazas de Armas posent peu de problèmes.
– Si vous êtes attaqué, ne résistez pas, car les agresseurs n'hésitent pas à se servir de leur arme.
– N'acceptez jamais ni nourriture ni boissons proposées par des inconnus. Parfois elles sont bourrées de somnifères puissants qui vous assomment pour de longues heures, le temps de vous faire dépouiller et de vous retrouver nu sur le bas-côté ! Cela arrive aussi parfois dans les boîtes pour étrangers.
– La police locale cherche parfois à faire baisser les statistiques de vol dans sa ville et essaie d'intimider les touristes (surtout les femmes) qui se présentent pour porter plainte. Si possible, évitez de vous rendre seul(e) à la police.
– Il arrive (rarement, rassurez-vous) que des agressions aient lieu dans les taxis, soit par des individus qui sautent à bord, soit avec la complicité du chauffeur, qui se gare dans une ruelle sombre, où attendent plusieurs complices. Ces attaques ne visent pas que les touristes, les Péruviens y ont droit aussi. Pour ne prendre aucun risque, on peut appeler une compagnie fiable, plutôt que de héler un taxi

dans la rue (voir nos avertissements sur la sécurité à Arequipa). Cela dit, la plupart des visiteurs prennent des taxis dans la rue sans avoir le moindre problème...

DÉCALAGE HORAIRE

L'heure péruvienne est, selon la saison, de 6 ou 7h de moins par rapport à la nôtre. Lorsqu'il est 12h en France, il est 5h au Pérou d'avril à octobre et 6h le reste de l'année.

DROGUES

Les infractions à la loi sur les stupéfiants, y compris la détention de quantités minimes de drogue quelle qu'elle soit, sont sanctionnées par de lourdes peines de prison, et les conditions de détention sont extrêmement dures au Pérou. En 2013, 700 Européens étaient incarcérés au Pérou, 90 % d'entre eux pour trafic de drogue.
En quittant le pays, n'oubliez pas que l'importation de feuilles de ***coca*** et même de simples sachets d'infusion est interdite et est assimilée à l'importation de cocaïne. Procés, tribunal, casier judiciaire !
Dans ses conseils aux voyageurs, l'ambassade de France au Pérou met en garde contre la consommation d'***ayahuasca,*** une plante utilisée en Amazonie et inscrite au registre des stupéfiants en France. L'ayahuasca – terme quechua signifiant « liane de l'âme », ou « liane des morts » – est une boisson utilisée depuis des millénaires par des chamans d'Amazonie pour communiquer avec le monde des esprits. Le produit a des effets hallucinogènes et purgatifs (nausées et vomissements) puissants. Sa consommation, autrefois confinée au domaine confidentiel des pratiques propres à ces tribus, peut avoir, pour les étrangers, des conséquences médicales graves, susceptibles d'entraîner la mort. Des agences touristiques ainsi que des centres d'écotourisme très peu fiables proposent à prix d'or des initiations au chamanisme. Toutefois, la maîtrise du processus d'initiation au chamanisme n'est nullement contrôlée et ne peut être garantie comme inoffensive. Moralité, ne touchez pas à l'*ayahuasca,* vous risquez d'y laisser des plumes et beaucoup de sous !

FÊTES ET JOURS FÉRIÉS

Quand c'est possible, faites coïncider votre itinéraire avec les jours de fête dans les villes et les villages que vous souhaitez visiter, vous serez largement récompensé. Le calendrier des fêtes est particulièrement étoffé. En effet, l'Église a superposé les fêtes catholiques au calendrier des fêtes préhispaniques pour éradiquer les croyances ancestrales de la population. Il en résulte un étonnant mélange de rites chrétiens et païens.
– *Du 1er à mi-janvier :* fête des Rois de Piura.
– *Du 2 au 9 février :* semaine de la Vierge de la Candelaría à Puno.
– *14 février :* le « Jour de l'amour » (appelé aussi « Jour de l'amitié ») est décrété jour férié depuis 2012 !
– *Les dimanches de février :* fêtes à Jauja et à Iquitos.
– *Février ou mars (fête mobile) :* carnaval d'Ayacucho.
– *Du 8 au 15 mars :* fêtes des Vendanges à Ica.
– *En mars ou avril :* Semaine sainte à Ayacucho, Arequipa, Tacna, Tarma et Lima. Vraiment fabuleux à Ayacucho.
– *Du 23 au 30 avril :* fête d'Ayacucho.

– *Fin mai ou début juin (1 semaine avant la Fête-Dieu) :* festival de Qoyllur Rit'i dans la vallée de Sinakara, près de Cuzco. Musique, danses et ascension vers les glaciers du Colqupunku.
– *24 juin :* fête du Soleil (l'*Inti Raymi*) de Cuzco et d'Ayacucho. Tous les hôtels de la région sont complets. C'est aussi la fête de *San Juan* dans toute la cordillère des Andes, avec de grands feux allumés sur les cimes.
– *28 juin :* fête de la Saint-Pierre célébrée dans l'Altiplano péruvien et surtout sur la côte, saint Pierre étant le patron des pêcheurs.
– *Fin juin ou début juillet :* fête de l'Andinisme à Huaraz. Réservez avant de vous déplacer. Tout le callejón de Huaylas affiche complet !
– *Du 28 au 30 juillet :* fête nationale. Attention, tout est fermé (sauf les sites touristiques). On vous déconseille de vous déplacer vers Huaraz ou Ayacucho, voire vers Cuzco, sans réservation : vous risquez de dormir dans la campagne avec les lamas !
– *Du 4 au 8 août :* à Motupe (80 km de Chiclayo), pèlerinage de la Cruz del Chalpón en commémoration de la découverte miraculeuse d'une croix en 1868.
– *Mi-août :* fête de Huánuco. Surtout le 14 : les *negritos*.
– *15 août :* fête de Cerro Azul.
– *Du 15 au 22 août :* fête d'Arequipa.
– *Du 26 au 29 août :* fête de Tacna.
– *30 août :* fête de Santa Rosa de Lima. Tout est fermé. Également fête de Santa Ana à Ayacucho (du 28 au 30).
– *2e et 3e semaines d'août :* fête de Santiago dans la région de Huancayo (Pucará, Concepción...). Danses traditionnelles.
– *Début septembre (dates légèrement variables) :* fête de la Vierge de Cocharcas à Sapallanga. Elle dure plusieurs jours. Danses traditionnelles en costumes, animations dans les rues.
– *Du 23 au 30 septembre :* fête du Printemps à Trujillo.
– *En octobre :* commémoration du Seigneur des miracles à Lima. Procession religieuse.
– *5 novembre :* fête de Puno.
– *25 décembre :* Noël. Tout est fermé.

HÉBERGEMENT

Il peut s'avérer difficile de préparer son voyage via Internet. Les fournisseurs d'accès locaux mettent régulièrement la clé sous la porte, obligeant les hôteliers et agences de voyages à changer de site web et d'adresse e-mail ! Ne nous en voulez donc pas trop si certaines adresses ne fonctionnent pas.

Auberges de jeunesse, hôtels bon marché

Le Pérou compte une douzaine d'adresses appartenant au réseau *Hostelling International.* Vous trouverez parallèlement un grand nombre d'auberges sans affiliation, certaines très accueillantes, et des petits hôtels à peine plus chers que ces dernières. Beaucoup de ces auberges possèdent des petits dortoirs, mais si vous êtes deux, leurs chambres privées ne reviennent en général pas (beaucoup) plus cher. Le niveau de confort, le charme et l'atmosphère qui y règne varient évidemment d'un endroit à l'autre.

Hôtels

Il y en a partout et de tous les genres. Les petits budgets pourront toujours se loger à bon marché à condition de ne pas être trop exigeants sur le confort, le charme et la tenue des chambres. Le mieux, dans ce cas, est de glisser dans sa valise son propre sac à viande, pour parer à tout problème de literies douteuses. Tant que

vous y êtes, emportez aussi une lampe frontale si vous aimez lire au lit, car l'éclairage n'est pas le fort de ce type d'établissements où le néon domine ! Dans cette catégorie de prix, la salle de bains est parfois commune et l'eau chaude pas toujours disponible, même si au moment de prendre votre chambre on vous a juré qu'il y en avait *todo el tiempo*... Certains hôtels sont équipés de douches « électriques » : l'eau est chauffée par deux fils reliés à une sorte de pommeau au-dessus de la tête. Les installations étant souvent défectueuses, faites gaffe à ne pas jouer au petit bricolo les pieds dans l'humide ! Heureusement, dans les zones touristiques, le chauffage au gaz, synonyme d'eau vraiment chaude, gagne du terrain.
De nombreux hôtels n'ont pas de fenêtre donnant sur l'extérieur mais seulement sur un patio ou un couloir, souvent sombre. Si l'on gagne en calme en échappant aux bruits de la rue, il n'en reste pas moins d'avoir la sensation de dormir dans un « placard » ! Demander à voir la chambre avant de s'engager et chercher la plus proche d'un puits de lumière.
C'est généralement dans la gamme des prix modérés et moyens que l'on trouve les meilleurs rapports qualité-prix-charme, avec des établissements parfois nichés dans des maisons coloniales avec un agréable patio (nos préférés). Certains hôtels de standing sont de grosses structures de catégorie internationale destinées avant tout aux groupes, souvent impersonnelles.
À noter que certains hôtels de catégorie chic déduisent la taxe de 18 % du tarif annoncé pour les ressortissants étrangers dont la durée du séjour n'excède pas 3 mois (montrer sa carte d'immigration). Cela ne concerne que quelques établissements, qui ont signé un accord avec les services fiscaux, mais ne pas hésiter à le demander, l'économie peut être importante.
Quand vous demanderez une chambre double ou pour deux personnes, on vous répondra toujours « doble » ou « matrimonial ? » : la première, souvent un peu plus chère, a deux lits séparés et la seconde un seul grand lit. Dans tous les cas, ne vous attendez pas à des *king size* : les lits matrimoniaux péruviens ne sont généralement ni très grands ni très larges, mais dans les zones où la nuit hivernale est très froide, ça devient un avantage.
Seuls certains établissements parmi les plus chic disposent de l'air conditionné (plus fréquent sur la côte, où il fait plus chaud). Le chauffage central n'existe pas, alors même que les nuits peuvent être glaciales dans ce pays. Mais on peut toujours, en principe, demander des couvertures supplémentaires, voire un radiateur électrique *(calefacción)* d'appoint, dans les hôtels chic. Les couettes en duvet sont très rares. Les plus frileux ont carrément intérêt à prendre leur propre sac de couchage.
Le petit déj est rarement inclus dans les hôtels des catégories « Bon marché » et « Prix modérés », sauf dans les zones très touristiques. Quoi qu'il en soit, ne vous attendez pas à un festin, il est généralement frugal. Le *continental* est constitué d'une boisson chaude, d'un jus de fruits (souvent frais), de quelques tranches d'un pain pas très nourrissant et souvent sec, accompagné d'une portion très chiche de beurre et de confiture. L'*americano* comprend en plus une omelette ou des œufs brouillés (si vous n'aimez pas le jambon, précisez d'emblée « sin jamón », car celui-ci est ajouté presque systématiquement). Avis aux buveurs de thé : cette boisson n'étant pas le point fort du Pérou (celui que l'on trouve ressemble plus souvent à des tisanes ou des infusions en sachet), il peut être judicieux d'apporter votre propre réserve !
Enfin, ayez présent à l'esprit que pendant la Semaine sainte, les fêtes nationales et les fêtes de fin d'année, il est indispensable de réserver.

LIVRES DE ROUTE

– ***La Vision des vaincus*** (1971), de Nathan Wachtel (Gallimard, « Folio Histoire »). Les Indiens face à la conquête espagnole 1530-1570. La rencontre de deux mondes vécue par les Incas. Un livre culte !

- ***Commentaires royaux sur le Pérou des Incas*** (trois volumes), de Garcilaso de la Vega, alias « l'Hérodote des Incas » (La Découverte, « La Découverte Poche/ Littérature et voyages »). Glossaire sur la vie des Incas, leur histoire jusqu'au milieu du XVIe s et leur environnement. Écrit il y a quatre siècles par le fils d'un capitaine de Pizarro et de la nièce de Huayna Cápac, c'est l'ouvrage incontournable pour les mordus de la civilisation inca.
- ***Les Veines ouvertes d'Amérique latine*** (1971), d'Eduardo Galeano (Pocket, « Terre humaine Poche »). L'écrivain uruguayen nous livre son analyse de l'intégration forcée du Nouveau Monde à l'économie mondiale. Le chapitre sur Potosí reste la meilleure explication sur le sujet. Malheureusement, le livre commence à vieillir.
- ***Les Incas*** (1962), d'Alfred Métraux (Seuil, « Points Histoire » n° 66). L'histoire événementielle n'occupe que peu de place dans cet ouvrage concis et passionnant ; l'auteur s'intéresse en effet davantage à la civilisation des Incas : leur religion, leur système socioéconomique, leurs villes, le personnage de l'Inca.
- ***Les Incas*** (1988), de Carmen Bernand (Découvertes Gallimard). Un format pratique à emporter dans son sac pour revivre la vie quotidienne et le destin tourmenté de ce peuple fascinant.
- ***Très brève relation de la destruction des Indes*** (1539), de Bartolomé de Las Casas (Fayard, « Mille et une nuits »). Un des premiers textes à dénoncer ouvertement les exactions de la colonisation espagnole en Amérique du Sud. Il relate les observations de l'auteur au cours de ses nombreux séjours au Mexique et au Guatemala.
- ***La Ville et les Chiens*** (1963), de Mario Vargas Llosa (Gallimard, « Folio » n° 1271). Le premier roman de Vargas Llosa, premier prix Nobel de littérature péruvien, couronné en 2010. Le plus dur, le plus fort, et pour certains le meilleur avec *Conversation à « La Cathédrale »* (1969). Dans une école militaire de Lima, quatre garçons forment un cercle secret, « les Chiens ». En miroir du combat pour le pouvoir, ils luttent contre la discipline de fer qui leur est imposée, mais pour en instaurer une autre, encore plus inhumaine ! Un livre dur et fascinant, l'un des meilleurs de la littérature sud-américaine.
- ***Lituma dans les Andes*** (1992), de Mario Vargas Llosa (Gallimard, « Folio » n° 3020). Bienvenue dans un Pérou pétri de peurs et de superstitions. L'intrigue se noue autour de plusieurs disparitions dans un village minier paumé dans les Andes et de l'enquête qui s'en suit. L'ombre du Sentier lumineux plane... Mais c'est dans la cosmogonie quechua que l'on plonge.
- ***La Tante Julia et le Scribouillard*** (1977), de Mario Vargas Llosa (Gallimard, « Folio » n° 1649). L'auteur mêle au récit principal (les amours contrariées d'un jeune nigaud à qui sa famille souhaite un destin national !) les synopsis des feuilletons radiophoniques qu'invente le génial scribouillard. L'idée est belle, la vision de l'Amérique latine citadine des années 1950 amusante et l'histoire d'amour poignante, mais, ce qui éblouit avant tout, c'est la richesse d'une imagination en totale liberté.
- ***Le Tombeau de l'éclair*** (1979), de Manuel Scorza (Belfond). Écrivain et homme politique péruvien, Manuel Scorza a vécu déchiré entre son pays – où il militait – et la France – où il écrivait. Ce cinquième et dernier volume de *La Guerre silencieuse* a pour cadre la sierra centrale du Pérou où les paysans luttent depuis toujours contre la colonisation économique des grands propriétaires terriens, soutenus par le pouvoir central de Lima.
- ***Le Lama bleu*** (1984), de Jacques Lanzmann (LGF, « Le Livre de Poche » n° 5931). Cristóbal-David (le lama bleu) est né dans la cordillère des Andes, à Huacarama. Fils d'une Indienne quechua et d'un juif noir dont la tribu a été identifiée comme l'une des 10 tribus perdues d'Israël, le jeune homme est adopté puis envoyé en France. De retour au Pérou, Cristóbal part sur les traces de son père. Le destin du jeune homme rencontre alors celui de Huacarama. Ceux qui connaissent un peu la région de Cuzco revivront leur voyage au Pérou à travers ce livre.

– ***Avril rouge*** (2006), de Santiago Roncagliolo (Seuil). Ce polar très sombre se déroule dans la ville d'Ayacucho, où un homme a été retrouvé sauvagement assassiné. Félix Chacaltana Saldívar, substitut du procureur, est alors appelé pour mener l'enquête dans cette ville qui a été le berceau du mouvement du Sentier lumineux... Un thriller haletant sur les traumatismes de la lutte contre le terrorisme au Pérou.
– ***Cuzco, le nombril du monde*** (2010), de Carmen Bernand et Jacques Raymond (éd. de La Flandonnière). Un beau livre sur la ville mythique du Pérou. Le texte retrace l'histoire foisonnante de cette ancienne cité inca, illustré de superbes photos de la ville et ses habitants, le marché et les grandes fêtes traditionnelles.
– ***Les Sept boules de cristal*** (1948) et ***Le Temple du Soleil*** (1949), d'Hergé (Casterman). On sait aujourd'hui qu'Hergé ne s'est jamais rendu en Amérique du Sud et qu'il s'est contenté d'amasser sa documentation au moyen de films et de reportages. De même, à moins de passer pour un rêveur impénitent, on ne peut croire à l'existence de la mystérieuse cité des Incas sur laquelle régnerait encore le dernier fils du Soleil. Et pourtant ! Quel rêve splendide...
– ***Un sorcier dans la forêt du Pérou*** (1971), de Frank Bruce Lamb (éd. du Rocher). Ce livre raconte l'histoire extraordinaire de Manuel Córdova-Rios, qui, alors qu'il n'avait que 15 ans, fut enlevé au début du XXe s dans la région du río Purus par les Indiens amahuaca de la tribu des Huni Kuis.
– ***L'Univers enchanté des Indiens shipibos,*** de Luis Urteaga Cabrera (Gallimard, « L'Aube des peuples »). L'auteur, conteur, romancier et homme de théâtre péruvien, a vécu 9 ans sur les rives du fleuve Ucayali, chez les Indiens shipibos. Il nous offre dans cet ouvrage une version littéraire de leurs mythes et légendes. Un livre plein d'humour, d'imagination et de poésie.

POSTE

Le service des postes péruvien s'appelle *Serpost*. Attention, l'envoi de lettres ou de cartes postales depuis le Pérou est cher : environ 6 NS la carte postale, 9,50 NS si on la glisse dans une enveloppe ! À ce prix-là, vous serez peut-être tenté de revoir (à la baisse) le nombre de vos destinataires... Postez de préférence votre courrier dans les postes centrales. Comptez au moins 10 jours pour que la carte arrive en Europe, depuis Lima. Au cas où vous voudriez vous faire adresser du courrier : nom du correspondant/poste restante/ville/Pérou. À noter qu'il n'existe pas de code postal pour identifier les villes.

POURBOIRE

Se dit *propina* en espagnol et fait partie de la vie de tous les jours au Pérou. Dans les cafés, bars et restaurants populaires, le service est généralement inclus. On peut néanmoins laisser une petite pièce. Dans les restaurants plus chic, le client ajoute le pourboire sur la note, ou même sur le ticket de carte de paiement. 10 % du montant de l'addition représentent une bonne moyenne. Sur les sites touristiques, les guides sont parfois payés au pourboire ou, au contraire, n'ont pas l'autorisation d'en recevoir ! Se renseigner donc avant la visite. Les chauffeurs de taxi n'en attendent pas. Quant à l'habitude de donner une piécette lorsque l'on prend une photo dans la rue, à vous de juger...

SITES INTERNET

• ***routard.com*** • Rejoignez la plus grande communauté francophone de voyageurs ! Échangez avec les routarnautes : forums, photos, avis d'hôtels. Retrouvez aussi toutes les informations actualisées pour choisir et préparer vos voyages : plus de 200 fiches pays, une centaine de dossiers pratiques et un magazine en ligne pour découvrir tous les secrets de votre destination. Enfin, comparez les offres pour organiser et réserver votre voyage au meilleur prix.

• **peru.travel/fr** • En français. Site officiel de *I-Perú,* l'office de tourisme national. Très complet.

• **voyage-tourisme-au-perou.com** • En français. Guide très complet du Pérou rédigé par un Français d'Arequipa, propriétaire d'une agence de voyages. Liens vers des vidéos.

• **cultura.gob.pe** • En espagnol. Le site du ministère de la Culture. Une foule d'infos sur les sites archéologiques, les musées et l'actualité culturelle dans tout le Pérou.

• **travelupdate.com.pe** • En espagnol. Dernières infos touristiques du Pérou.

• **yanuq.com** • En espagnol et en anglais. Après avoir consulté ce site ultra-détaillé, vous serez incollable sur la cuisine péruvienne ! Nombreuses rubriques bien présentées et même une section guide avec plein de bonnes adresses.

• **nazca-lines.net** • En français. Site consacré aux lignes de Nazca avec plein de références et d'illustrations. Analyse mathématique et théories plus ou moins farfelues.

• **destination360.com** • En anglais. Visite virtuelle des grands sites touristiques du monde entier, avec, pour le Pérou, le Machu Picchu à 360°.

TÉLÉPHONE – TÉLÉCOMMUNICATIONS

Indicatifs des villes

Téléphone

Il est très facile de téléphoner au Pérou, il y a des publiphones un peu partout, fonctionnant avec des pièces ou des cartes à puce (en vente dans les kiosques). Pour passer un coup de fil longue distance (au Pérou ou à l'étranger) dans un environnement un peu plus calme, préférez les *locutorios,* ces télécentres équipés de cabines (et souvent d'ordinateurs pour surfer), qu'on trouve un peu partout. Leurs tarifs pour l'international sont en général très intéressants. Sinon, il y a les cartes *Hola Perú.* Pour 10 NS, vous pourrez téléphoner pendant 1h30 à 3h ! Il suffit de composer le 1588, puis le code de la carte et le numéro désiré. Il existe des cartes de 3 à 40 NS.

- ***Pérou → France :*** 00 + 33 + numéro du correspondant à neuf chiffres (sans le 0 initial).
- ***France → Pérou :*** 00 + 51 + indicatif de la ville (sans le 0) + numéro du correspondant. Si c'est un portable, le numéro commencera forcément par 9.
- ***Pérou → Pérou :*** indicatif de la région + numéro si l'on appelle dans une autre région. Sinon, ne pas composer l'indicatif.

Téléphone portable

Le téléphone portable en voyage

On peut utiliser son propre téléphone portable au Pérou avec l'option « Monde ».

- ***À savoir :*** un téléphone tri-bande ou quadri bande est nécessaire pour les USA et le Canada. C'est également le cas dans plusieurs pays d'Amérique latine, mais aussi au Japon, où seuls les mobiles 3G/4G fonctionnent. Pour être sûr que votre appareil est compatible avec votre destination, se renseigner auprès de votre opérateur.
- ***Activer l'option « international » :*** pour les abonnés récents, elle est en général activée par défaut. En revanche, si vous avez souscrit à un contrat depuis plus

de 3 ans, pensez à contacter votre opérateur pour souscrire à l'option (gratuite). Attention toutefois à le faire au moins 48 h avant le départ.

– ***Le « roaming » :*** c'est un système d'accords internationaux entre opérateurs. Concrètement, cela signifie que lorsque vous arrivez dans un pays, au bout de quelques minutes, le nouveau réseau s'affiche automatiquement sur l'écran de votre téléphone. Vous recevez rapidement un sms de votre opérateur qui propose un ***pack voyageurs*** plus ou moins avantageux, incluant un forfait limité de consommations téléphoniques et de connexion Internet. À vous de voir...

– ***Tarifs :*** ils sont propres à chaque opérateur et varient en fonction des pays (le globe est découpé en plusieurs zones tarifaires). N'oubliez pas qu'à l'international, vous êtes facturé aussi bien pour les appels sortants que les appels entrants. Ne papotez donc pas des heures en imaginant que c'est votre interlocuteur qui payera !

– ***Internet mobile :*** utiliser la wifi à l'étranger et non les réseaux 3G ou 4G. Sinon on peut faire exploser les compteurs, avec au retour de voyage des factures de plusieurs centaines d'euros ! Le plus sage consiste à ***désactiver la connexion*** « données à l'étranger » (dans « Réseau cellulaire »). Il faut également penser à ***supprimer la mise à jour automatique de votre messagerie*** qui consomme elle aussi des octets sans vous avertir (option « Push mail »). Opter pour le mode manuel.

Bons plans pour utiliser son téléphone à l'étranger

– ***Acheter une carte SIM/puce sur place :*** c'est une option très avantageuse pour certaines destinations. Il suffit d'acheter à l'arrivée une carte SIM locale prépayée chez l'un des nombreux opérateurs *(Entel, Viva, Tigo...),* représentés dans les boutiques de téléphonie mobile des principales villes du pays et souvent à l'aéroport. On vous attribue alors un numéro de téléphone local et un petit crédit de communication. Avant de signer le contrat et de payer, essayez donc, si possible, de vérifier si votre téléphone – préalablement débloqué – est compatible.

– ***Louer un portable local,*** par exemple avec *Perú Rent-a-Cell,* à l'aéroport de Lima.

– ***Se brancher sur les réseaux wifi*** est le meilleur moyen de se connecter au Web gratuitement ou à moindre coût. De plus en plus d'hôtels, restos et bars disposent d'un réseau, payant ou non. – Une fois connecté grâce au wifi, à vous les joies de la ***téléphonie par Internet*** ! Le logiciel ***Skype,*** le plus répandu, vous permet d'appeler vos correspondants gratuitement s'ils sont eux aussi connectés, ou à coût très réduit si vous voulez les joindre sur leur téléphone. Autre application qui connaît un succès grandissant, ***Viber*** permet d'appeler et d'envoyer des SMS, des photos et des vidéos aux quatre coins de la planète, sans frais. Il suffit de télécharger – gratuitement – l'appli sur son smartphone, celle-ci se synchronise avec votre liste de contacts et détecte automatiquement ceux qui ont *Viber*. Même principe, mais sans la possibilité de passer un coup de fil, ***Whatsapp Messenger*** est une messagerie pour smartphone qui permet de recevoir ou envoyer des messages photos, notes vocales et vidéos. La 1re année d'utilisation est gratuite, ensuite elle coûte 0,99 US$/an.

Urgence : en cas de perte ou de vol de votre téléphone portable

Suspendre aussitôt sa ligne permet d'éviter de douloureuses surprises au retour du voyage ! Voici les numéros des quatre opérateurs français, accessibles depuis la France et l'étranger :

– ***SFR :*** *depuis la France, ☎ 1023 ; depuis l'étranger, 📱 + 33-6-1000-1900.*

– ***Bouygues Télécom :*** *depuis la France comme depuis l'étranger, ☎ 0-800-29-1000 ; depuis l'étranger, ☎ + 33-1-46-10-86-86.*

– ***Orange :*** *depuis la France comme depuis l'étranger, 📱 + 33-6-07-62-64-64.*

– ***Free :*** *depuis la France, ☎ 3244 ; depuis l'étranger, ☎ + 33-1-78-56-95-60.*

Vous pouvez aussi demander la suspension de votre ligne depuis le site internet de votre opérateur.

Internet

On trouve des cybercafés partout, même dans les endroits les plus reculés (compter environ 1 ou 2 NS/h et jusqu'à 5 NS dans certains endroits touristiques). Quant au réseau wifi, il s'est, lui aussi, considérablement et rapidement développé. La plupart des hôtels, auberges et même des restos en sont désormais équipés avec un accès gratuit pour leurs clients.

TRANSPORTS

Avion

Dans ce grand pays, au relief si tourmenté, le recours aux vols intérieurs est chose courante et même, parfois, judicieuse. Cinq compagnies principales assurent les liaisons intérieures : *LAN, Star Perú, Avianca, Taca, LC Perú* et *Peruvian Airlines* – de la plus chère à la moins chère, en général. *Peruvian Airlines* est une sorte de compagnie *low-cost.* Des réductions existent parfois sur place pour les étudiants munis d'une carte internationale et pour les seniors. Se renseigner auprès des compagnies ou dans les agences de voyages. Voir aussi le chapitre « Comment aller au Pérou et en Bolivie ? Les lignes régulières ».

Train

Le réseau ferroviaire péruvien est extrêmement limité et très cher, puisque sa vocation est devenue uniquement touristique. Seulement trois lignes :

– ***Lima-Huancayo :*** l'exploitation de cette ligne, la deuxième plus haute du monde après celle du Tibet, a repris mais les trains sont loin de circuler tous les jours (de un à trois départs par mois). Pour plus d'infos : • *ferrocarril central.com.pe* • Le voyage vaut la peine, car le train franchit le col du Ticlio à 4 818 m dans un paysage vertigineux (mais attention au mal d'altitude si vous n'êtes pas encore acclimaté).

MONTAGNES RUSSES PÉRUVIENNES

Le voyage au départ de la gare de Desamparados à Lima est toute une expédition. Le train parcourt le centre et continue ensuite en montant sur 200 km, jusqu'à presque 5 000 m d'altitude, pour redescendre vers les villes de la cordillère Centrale, Huancayo et Huancavelica. Il est considéré comme la 2e ligne de chemin de fer la plus haute de la planète.

– ***Cuzco-Puno*** *(Andean Explorer)* **et *Cuzco-Ollantaytambo-Machu Picchu :*** ces deux lignes sont gérées par *Perurail,* une filiale de l'entreprise britannique *Orient-Express.* Si les trains (il y en a de plusieurs types, de confort différent) se sont modernisés, on note aussi une montée en flèche des tarifs, devenus franchement élevés (environ 68-80 $ l'aller selon la classe). Pour plus d'infos, voir les chapitres sur ces villes dans le guide et • *perurail.com* •

– Depuis 2010, deux autres compagnies privées, proposant encore d'autres trains (pas moins chers que ceux de *Perurail*), ont commencé à exploiter le tronçon ***Ollantaytambo-Machu Picchu*** : *Inca Rail* et *Andean Railways.* Voir leurs sites respectifs : • *incarail.com.pe* • et • *machupicchutrain.com* • On vous rassure, une concurrence qui n'aura pas fait particulièrement baisser les tarifs.

Bus

▲ **BUSBUD.COM**
• *busbud.com* •

Busbud est un service en ligne et sur mobile qui permet de rechercher, comparer et réserver des billets de bus à travers le monde. Pour obtenir une réduction exclusive sur votre trajet, rendez-vous sur ● *busbud.com* ● ou sur l'application mobile Busbud et tapez le code promo « ROUTARD2015 » lors de votre commande (code à usage unique).

C'est le principal moyen de transport au Pérou. Les bus vont partout. Pour rejoindre les villages ou les villes en dehors des grands axes, vous devrez souvent changer de monture et prendre des compagnies locales ou régionales bon marché mais au confort limité (en tout cas, pour toute personne dépassant 1,70 m !) et au niveau sonore élevé (boules Quies conseillées si vous ne supportez pas de rouler pendant plusieurs heures avec la musique à fond). Ces compagnies locales s'arrêtent un peu partout au bord de la route (il suffit de leur faire signe), les horaires sont donc assez peu fiables. Si le trajet est long, le bus s'arrête en général pour une pause pipi et/ou repas.
Pour les liaisons entre les villes les plus importantes (ou les plus touristiques), il existe des compagnies nationales qui, elles, proposent différents niveaux de confort. Cela va des bus *economico* aux *VIP, imperial,* etc. Les moins chers sont des bus ordinaires sans AC ni toilettes, qui s'arrêtent presque partout. Les plus luxueux marquent moins d'arrêts et vont jusqu'à proposer des repas à bord, parfois même des massages ! Dans cette catégorie, on trouve des bus à deux étages avec des sièges plus ou moins inclinables, appelés *cama* et semi-*cama.* Pour un long voyage, nous vous recommandons vraiment les *cama.* Les sièges sont certes plus chers, mais ils s'inclinent totalement et sont presque aussi confortables qu'un lit. Le semi-*cama,* comme son nom l'indique, ne s'incline qu'à demi et est un peu moins cher. Il n'est pas rare qu'un même bus propose les deux types de sièges (les *cama* à un étage, les semi-*cama* à l'autre). Une même compagnie propose généralement différents niveaux de confort.
Précisons enfin que les accidents de car ne sont pas rares au Pérou. Ces derniers sont dus au manque d'entretien des véhicules, à la fatigue des chauffeurs (conjuguée à la conduite imprudente de certains) et à l'état de certaines routes, médiocre lorsqu'on sort des grand axes (jusqu'à devenir des pistes en de nombreux endroits). Quelques compagnies sortent du lot et sont réputées pour leur fiabilité et leur niveau de confort, à commencer par *Cruz del Sur,* la plus chère, mais aussi la meilleure, qui emploie deux chauffeurs par bus et utilise des GPS pour pouvoir localiser les bus en permanence – évitant ainsi toute éventuelle complicité avec des bandits de grand chemin... Citons aussi *Civa, Móvil Tours, Oltursa, Ormeño* et *Cial* qui proposent des prix moyens et un bon service, même si leurs retards sont plus fréquents. Cependant, on n'est jamais à l'abri d'une mauvaise surprise. Même les compagnies réputées ressortent parfois un vieux bus déglingué...
Pour plus d'infos sur les horaires des compagnies et leurs tarifs, vous pouvez consulter leur site internet, en général bien fichu. On peut souvent réserver en ligne, mais pour un prix parfois plus cher qu'au guichet... Les coordonnées des principales compagnies sont mentionnées dans la rubrique « Quitter Lima ».
Par ailleurs, sachez que toutes les compagnies ont l'obligation de filmer les passagers avant le départ (toutes ne le font pas !) et ont l'interdiction de prendre des passagers en route. Cela pour diminuer les risques d'attaques de bus, souvent réalisées avec un complice embarqué au départ.

Colectivos

Il s'agit de taxis collectifs, qui circulent entre certaines villes. Un peu plus chers que les bus locaux (ou urbains) mais plus rapides (et beaucoup moins onéreux que les taxis individuels). Ils partent en principe quand ils sont pleins (cinq passagers en général). Leurs petits cousins, les *combis* (des minibus d'une vingtaine de places) sont pratiques aussi, mais les chauffeurs ont souvent tendance à se prendre pour Schumacher ou Sébastien Loeb !

Distances entre les villes (en km)	Aréquipa	Ayacucho	Cajamarca	Cuzco	Chiclayo	Huánuco	Huaraz	Ica	LIMA	Piura	Pucallpa	Puerto Maldonado	Puno	Trujillo
Aréquipa		1 135	1 865	518	1 779	1 419	1 426	706	1 009	2 047	1 794	948	323	1 570
Ayacucho	1 135		1 439	582	1 353	678	1 002	429	583	1 621	1 053	1 111	971	1 144
Cajamarca	1 865	1 439		1 958	260	1 266	631	1 159	856	528	1 641	2 487	2 188	295
Cuzco	518	582	1 958		1 872	1 260	1 521	799	1 102	2 140	1 635	529	389	1 663
Chiclayo	1 779	1 353	260	1 872		1 180	545	1 073	770	268	1 555	2 401	2 102	209
Huánuco	1 419	678	1 266	1 260	1 180		354	713	410	1 448	375	1 789	1 649	971
Huaraz	1 426	1 002	631	1 521	545	354		722	419	813	729	2 050	1 751	336
Ica	706	429	1 159	799	1 073	713	722		303	1 341	1 088	1 328	1 024	864
LIMA	1 009	583	856	1 102	770	410	419	303		1 083	785	1 631	1 332	561
Piura	2 047	1 621	528	2 140	268	1 448	813	1 341	1 083		1 823	2 661	2 370	477
Pucallpa	1 794	1053	1 641	1 635	1 555	375	729	1 088	785	1 823		2 164	2 024	1 346
Puerto Maldonado	948	1 111	2 487	529	2 401	1 789	2 050	1 328	1 631	2 661	2 164		819	2 192
Puno	323	971	2 188	389	2 102	1 649	1 751	1 024	1 332	2 370	2 024	819		1 893
Trujillo	1 570	1 144	295	1 663	209	971	336	864	561	477	1 346	2 192	1 893	
Tumbes	2 329	1 903	810	2 422	550	1 730	1 095	1 623	1 320	282	2 105	2 951	2 652	759

Taxis et bus urbains

Innombrables et peu chers, les taxis sont le moyen de transport le plus pratique pour se déplacer en ville. Ils n'ont pas de compteur. Toujours discuter le prix avant de monter dans la voiture. Pour être certain de ne pas vous faire arnaquer, demandez à n'importe quel habitant du coin combien coûte votre course selon lui. Puis demandez au chauffeur de taxi. Vous verrez ainsi si la somme réclamée « tient la route ». En général, une course en ville coûte de 3 à 5 NS (beaucoup plus cher à Lima, où les distances sont énormes). Évitez les faux taxis (ceux qui n'ont pas de lanternon marqué « Taxi » sur le toit), dans certaines villes comme Arequipa voyez nos avertissements sur la sécurité (cas de « détournements » de taxis) et méfiez-vous de la conduite imprudente de la plupart des chauffeurs. Dans plusieurs villes, notamment en Amazonie, les taxis sont remplacés (ou secondés) par les motos-taxis, des sortes de rickshaws à trois roues motorisés, avec banquette à l'arrière.

Pour se repérer en ville, sachez que les rues sont divisées en *cuadras*, l'équivalent des blocs aux États-Unis. Une *cuadra* équivaut à une portion de rue coupée à chaque extrémité par une rue perpendiculaire. La première portion, la *cuadra 1*, regroupe les numéros allant de 100 à 199, la *cuadra* 2 de 200 à 299 et ainsi de suite. Un hôtel dont l'adresse est calle Putumayo 546, se trouve donc dans la *cuadra* 5 de la rue Putumayo. C'est ce qu'il faudra indiquer au chauffeur de taxi.

Dans les grandes villes, on peut aussi emprunter les bus urbains, souvent pittoresques. Leur destination et les principaux arrêts sont inscrits sur le côté du bus, et la personne chargée de collecter l'argent les crie à la volée. Compter environ 1-1,50 NS le trajet.

Transport fluvial

En Amazonie, le moyen de transport principal est le bateau. Eh oui, il n'y a pas de route, ou presque, dans la forêt ! La *carretera central* (goudronnée), seule route reliant la selva au reste du pays, finit en cul-de-sac à Pucallpa. De gros rafiots de tôle assurent des liaisons régulières entre Pucallpa et Iquitos, Yurimaguas et Iquitos, et Iquitos et les frontières colombienne et brésilienne. On voyage en accrochant son hamac dans l'entrepont, ou en cabine (plus cher bien sûr). Le temps de trajet, sur plusieurs jours, varie selon le bateau et le niveau des eaux. Pour les courtes distances, foultitude de petits bateaux collectifs, rapides ou plus lents, en particulier les *peque peques*, barques de pêcheur propulsées par un petit moteur. On peut aussi prendre un bateau privé comme on prendrait ailleurs le taxi.

Location de voitures

La Panaméricaine, qui longe la côte du nord au sud du pays, est en bon état, de même que les routes Pisco-Ayacucho et Nazca-Cuzco, Arequipa-Puno (désormais entièrement goudronnées), et la route Cuzco-Puno. La route vers Puerto Maldonado a été refaite, mettant la forêt amazonienne à 15h de Cuzco. Mais, en gros, le réseau routier reste médiocre, avec des passages infernaux dans la sierra.

Et vu le non-respect des règles de conduite comme nous les envisageons en Europe, la location de voitures s'adresse plutôt aux conducteurs qui ont une expérience du trafic dans les pays en voie de développement, en particulier dans les grandes villes... Cela dit, ça n'a rien d'impossible. Les grands axes sont bons, en général bien asphaltés. Cependant, renseignez-vous toujours avant d'attaquer un trajet important, les distances ne s'exprimant pas en kilomètres mais en temps. Le mieux est de s'informer auprès des compagnies de transport locales. Et gardez à l'esprit que la traversée des Andes est toujours très longue (cols à plus de 3 000 m d'altitude, travaux, nombreux camions poussifs roulant à moins de 20 km/h, etc.). Un 4x4 peut s'avérer utile, voire primordial, pour explorer certaines zones reculées comme le canyon de Cotahuasi, par exemple. Dans les villes, les panneaux de signalisation sont rares, en revanche les grandes directions sont relativement bien signalisées sur la route : il est préférable d'avoir avec soi un plan détaillé (pas facile à trouver non plus) et d'avoir quelques rudiments d'espagnol pour demander son chemin... À noter qu'il est (théoriquement) nécessaire de produire un permis international, même si la police et certains loueurs ne semblent pas vraiment au courant.

■ ***Auto Escape :*** *☎ 0892-46-46-10 (0,34 €/mn). • autoescape.com • Vous trouverez également les services d'*Auto Escape *sur • routard.com • *Auto Escape *offre 5 % de remise sur la location de voiture aux lecteurs du* Routard *pour toute réservation par Internet avec le code de réduction « GDR15 ». Résa à l'avance conseillée.* L'agence *Auto Escape* réserve auprès des loueurs de véhicules de gros volumes d'affaires, ce qui garantit des tarifs très compétitifs.

■ ***BSP Auto :*** *☎ 01-43-46-20-74 (tlj 9h-21h30). • bsp-auto.com •* Les prix proposés sont attractifs et comprennent les assurances. *BSP Auto* vous propose exclusivement les grandes compagnies de location sur place, vous assurant un très bon niveau de services. Les plus : vous ne payez votre location que 5 jours avant le départ + réduction spéciale aux lecteurs de ce guide avec le code « routard ».

■ ***Quelques loueurs de voitures : Avis,*** *☎ 0820-050-505 ou 0821-230-760 (0,12 €/mn), • avis.fr • ;* ***Europcar,*** *☎ 0825-358-358 (0,15 €/mn) ;* ***Hertz,*** *☎ 0825-030-040 (0,15 €/mn), • hertz.fr •*

PÉROU HOMMES, CULTURE, ENVIRONNEMENT

La quête du mythique Eldorado a attiré au Pérou une noria de conquistadores assoiffés de richesses et de pouvoir, à l'image d'Aguirre, lieutenant de Pizarro et héros du film éponyme de Werner Herzog. Près de cinq siècles plus tard, les légendes de trésors incas courent encore les *calles,* mais ce n'est plus l'or qui fascine aujourd'hui les aventuriers : c'est la pierre, dressée en montagnes altières, creusée en vallées sacrées, débitée en murs aux pavés parfaitement joints, témoins du savoir-faire des Incas.

C'est aussi l'incalculable richesse humaine, physique et culturelle du Pérou que vous viendrez explorer. Bien évidemment, il y a le Machu Picchu et Cuzco, l'ancienne capitale de l'Empire inca. Mais en y regardant de plus près, vous découvrirez les vestiges d'autres civilisations qui peuplèrent la région avant l'empire du Soleil : les Nazcas, les Chavín, les Chimús ou les Moches (prononcez « Motché » !), dont la momie de l'un des chefs, le « seigneur de Sipán », a été mise au jour il n'y a pas si longtemps, avec tout son trésor funéraire. Sans oublier les fêtes et cérémonies en pagaille, mêlant en un syncrétisme constamment revisité croyances catholiques et rites précolombiens.

Entre la côte sableuse et désertique, baignée par le froid courant de Humboldt, les magnifiques sommets de la cordillera Blanca avec toutes ses possibilités de randonnées, les steppes arides de l'Altiplano peuplées de lamas et vigognes et l'« enfer vert » de la forêt amazonienne, il serait bien étonnant que vous ne trouviez pas, ici, de quoi satisfaire votre soif d'exotisme. Autant d'univers qui ont donné naissance à autant de modes de vie : âpreté des Andes, langueur de la selva, frénésie de la côte et de la capitale. Alors, en route pour l'aventure !

BOISSONS

– La plupart des touristes s'abstiennent de boire l'***eau*** du robinet, et on vous conseille de faire pareil. Achetez plutôt de l'eau en bouteille, on en trouve partout, mais vérifiez bien que la capsule n'a pas été dévissée. Quelques hôtels haut de gamme fournissent de l'eau (minérale ou traitée) dans les chambres.

– L'***Inca Kola,*** le soda national jaune fluo au goût de *bubble-gum,* est plus consommé au Pérou que le Coca-Cola, un vrai record dont les Péruviens ne sont pas peu fiers. Indispensable pour accompagner le *pollo a la brasa* dominical. Il est extrait à l'origine d'une plante que l'on peut boire encore aujourd'hui en infusion : l'*hierba Luisa,* sorte de verveine, pas mauvaise du tout. Pour la petite histoire (de la mondialisation), sachez que Coca a fini par racheter 50 % de la société *Inca Kola.* En échange, celle-ci met désormais en bouteille le *Coca* péruvien...

– Plus naturel : la ***chicha morada,*** un rafraîchissement *(refresco)* préparé à base d'eau de cuisson de maïs violet, que l'on a fait bouillir avec de la peau d'ananas et de la cannelle. On sert chaud ou on laisse refroidir, sans omettre d'ajouter du sucre. La *chicha morada* accompagne souvent les menus bon marché des restos économiques, mais elle peut être remplacée par toute une gamme d'autres *refrescos* obtenus à partir de fruits (notamment l'*aguaje* amazonien, le *camu-camu,* la *maracuyá,* etc.).

– ***Le pisco :*** cette eau-de-vie à base de raisin, dont le Chili et le Pérou se disputent la paternité, approche les 40°. En goût, le *pisco* se rapproche de la grappa italienne. Il peut se boire pur (on aime bien la marque *Tres Generaciones*) mais sert surtout à préparer le cocktail national : le *pisco sour.* De nombreux autres cocktails sont composés à base de *pisco,* incorporant divers fruits comme l'*algarrobina* (caroube).

– Sur la dizaine de ***bières*** locales, les plus répandues (brunes ou blondes) sont la *Cusqueña,* la *Cristal,* la *Pilsen* et, dans une moindre mesure, l'*Arequipeña,* toutes fabriquées par la même entreprise : *Backus,* un véritable empire dans un pays où l'alcool le plus consommé est la bière. En 2005, cependant, est arrivé du Brésil un concurrent sérieux, *Brahma* : du jour au lendemain, le prix de la bière a baissé de 30 % ! Citons enfin la très locale *Trujillo* et une petite nouvelle, lancée en 2011, la *Tres Cruces.*

– La boisson la plus populaire, dans les montagnes, est la **chicha de jora,** sorte de bière de maïs faiblement alcoolisée. Les débits de *chicha,* les *chicherías,* se signalent parfois à l'attention du passant par un drapeau, ou une boule en plastique, rouge, au bout d'une longue perche.

– Dans la selva, nos lecteurs aventureux demanderont aux Indiens du ***masato,*** une boisson à base de manioc mâché auquel on ajoute un peu d'eau et de sucre puis qu'on laisse fermenter pendant 2 jours avant de le servir très frais.

– Le Pérou produit également quelques ***vins*** (les fonds de cave d'*Ocucaje,* de *Tacama* et de *Tabernero* sont les meilleures étiquettes, mais soyons honnêtes, les vins chiliens et argentins sont bien meilleurs).

– Quand il fait froid, demandez un ***emoliente,*** boisson chaude à base de plantes et de jus de citron. Il est préparé devant vous par des vendeurs ambulants qui installent leur petite voiture tôt le matin dans les villes de l'Altiplano. Précisez *sin goma.* Les Péruviens ajoutent en effet à ce breuvage une espèce de gomme qui lui donne une texture épaisse pas très agréable.

– Au marché de Huaraz, vous pourrez goûter de nombreuses autres boissons revigorantes souvent préparées à base de ***maca,*** un tubercule légèrement sucré qui pousse à plus de 4 000 m d'altitude et qui a des propriétés nutritionnelles exceptionnelles. La *maca* est notamment recommandée contre l'ostéoporose. C'est aussi un tonifiant sexuel vendu en cachets, une fortune sur Internet.

– Enfin, pour terminer, citons le fameux ***mate de coca*** : quelques feuilles de coca dans une tasse

PISCO SOUR, UN COCKTAIL QUI BAT LA MESURE

Voici la recette de ce cocktail fameux : 3 mesures de pisco, 1 mesure de jus de citron vert (pour donner l'acidité), 1 mesure de sirop de sucre de canne, 1 blanc d'œuf, 6 cubes de glace. Agiter le tout dans un shaker jusqu'à l'obtention d'un mélange homogène. Les 2-3 gouttes d'angostura amer sont purement décoratives. Salud !

JUS DE BATRACIEN OU VIAGRA ?

Au Pérou, notamment dans la région de Huaraz, vous verrez sur les stands des marchés des aquariums avec des grenouilles. La manœuvre est rapide, mais attention les yeux ! On saisit une grenouille par une patte, on la tape un bon coup sur la table pour l'assommer et zou ! dans le mixeur avec d'autres ingrédients non identifiés. Mélangé à une vingtaine d'ingrédients, on obtient alors une merveilleuse boisson aux vertus prétendumment curatives, pour traiter les maladies respiratoires mais aussi les dysfonctionnements d'ordre sexuel... Allez, tchin !

d'eau bouillante, un peu de sucre et vous obtenez une infusion délicieuse qui vous aidera à atténuer les affres du *soroche* (mal d'altitude).

CINÉMA

L'industrie cinématographique n'est pas très développée au Pérou. Ce secteur souffre évidemment d'un manque important de moyens (comme dans la majorité des pays d'Amérique du Sud), mais aussi et surtout de la piraterie. En effet, concurrencées par les DVD pirates vendus quelques *soles* à tous les coins de rue, les salles de cinéma disparaissent une par une en province tandis que les espaces multisalles de Lima projettent surtout des films américains à grand spectacle. Par chance, quelques salles d'art et essai et centres culturels font de la résistance.
Les professionnels se sont récemment réunis et ont lancé la loi PROCINE, qui comporte quatre objectifs : ouvrir plus de cinémas en ville, faire des projections gratuites, lutter contre la piraterie et soutenir (financièrement) la production nationale.
En 2009, au festival de Berlin, l'Ours d'or fut pour la première fois attribué à un film péruvien, le très beau *Fausta* de Claudia Llosa (nièce de l'écrivain Mario Vargas Llosa), dont le précédent film *Madeinusa* (2006) s'était déjà fait remarquer lors de nombreux festivals internationaux.
Quelques autres films que l'on peut aussi voir avant de partir au Pérou : *Pantaleón et les visiteuses,* bonne adaptation du roman de Vargas Llosa, et *Ojos que no ven,* de Francisco Lombardi, *Yawar Fiesta,* de Lucho Figueroa, *El bien esquivo,* de Augusto Tamayo, *Paloma de papel,* de Fabrizio Aguilar, *Días de Santiago,* de Josué Mendez, *Camino a la escuela,* de Humberto Saco, *Máncora,* de Ricardo de Montreuil, et *Contracorriente,* de Javier Fuentes-León.

CUISINE

Réputée pour être l'une des plus riches d'Amérique du Sud, la cuisine péruvienne est effectivement variée et savoureuse, même si l'on ne retrouve pas cette diversité dans tous les restos du pays. Il faut dire que les sociétés pré-incas et incas attachaient déjà une grande valeur à la nourriture, dont l'origine était considérée comme divine. À sa mort, le dieu Pachacamac aurait donné naissance au maïs (par ses dents), au manioc et aux patates douces (par son pénis et ses testicules). D'ailleurs, les aliments et la boisson ont toujours servi d'offrandes à la *Pachamama,* la Terre-Mère. Mention spéciale au quinoa, aujourd'hui à la mode en Europe, qui nourrit depuis plus de 5 000 ans les paysans des Andes. Il faut dire qu'il n'a que des qualités : bien adapté à la sécheresse, au gel et au soleil des montagnes, il résiste naturellement aux insectes ravageurs, nécessite peu d'eau et offre un important rendement en grains. Sans oublier, bien sûr, ses qualités nutritionnelles, sa graine étant riche en protéines, en oméga-3 et en fer. Dernier avantage, et pas des moindres, les paysans sont propriétaires de leurs semences, et ne dépendent donc pas des multinationales agrosemencières.
Sans surprise, c'est à Lima et dans les villes les plus touristiques, comme Cuzco, que l'on mange le mieux, ou plutôt que l'on trouve le plus grand choix et les meilleurs restaurants. Lima est même considérée, depuis quelque temps, comme une destination gastronomique majeure du continent, c'est dire ! Ailleurs dans le pays l'offre culinaire est souvent bien plus limitée, beaucoup de restos ne proposant que le sempiternel poulet rôti ou des grillades avec riz et frites.
Il y a cinq traditions culinaires au Pérou, qui correspondent plus ou moins aux divisions géographiques du pays :

– ***La cuisine créole (criolla),*** d'origine espagnole, s'est développée sur la côte, et privilégie donc le poisson et les *mariscos* (la mer du Pérou est une des plus riches du globe du fait de ses basses températures et de la concentration du plancton). Nombreux plats à base de poulet *(pollo)* également, de bœuf *(res)* et de canard *(pato),* presque toujours accompagnés de riz. Cette cuisine s'est largement diffusée dans le reste du pays.

– ***La cuisine andine*** offre une grande variété de soupes, certaines délicieuses, les plus courantes étant les bouillons *(caldo)* et les potages *(crema).* Côté poisson, bonnes truites d'élevage. La viande de *cuy* (cochon d'Inde), de bœuf, de *venado* (biche), de porc et les steaks d'alpaga réjouiront les carnivores. Et puis, il y a la pomme de terre, dont le pays compterait quelque 4 000 variétés ! Le fameux tubercule, originaire de la région nord du Titicaca, était déjà connu 8 000 ans avant notre ère. La civilisation tiwanaku fut la première au monde à le cultiver de manière extensive sur les berges du lac. N'oublions pas non plus les maïs, bien sûr, de différents types, mais qui ne ressemblent jamais à celui consommé en Europe. Les plus emblématiques sont le maïs violet *(morado)* et le *choclo,* un maïs géant presque blanc, tendre et croquant. À se mettre sous la dent également, du potiron, des céréales comme le quinoa, ou encore des légumineuses comme les lentilles, les haricots et les fèves... Les herbes aromatiques sont aussi très nombreuses.

AU ROYAUME DES FÉCULENTS

Outre la fameuse pomme de terre, le haricot noir (frejol) *est aussi originaire des Andes. Les plus anciennes cultures de haricots ont été découvertes dans la Cordillère centrale du Pérou. C'est Catherine de Médicis qui l'aurait introduit en France en 1533, alors un met de choix qu'elle aurait fait servir à l'occasion de son mariage avec Henri II.*

– ***La cuisine de la forêt amazonienne*** est moins connue mais parfois surprenante, grâce à une grande variété de poissons de rivière souvent cuits enveloppés dans une feuille de *bijao,* une plante locale. En forêt, on mange aussi du foie de tortue, du sanglier, et bien sûr du poulet, généralement accompagné de *yuca* (manioc) et de bananes plantain frites ou pilées. À éviter en revanche, deux espèces menacées : le caïman et le *païche,* un poisson géant en voie d'extinction mais que l'on retrouve sur presque toutes les menus des restos de la selva...

– ***La tradition culinaire afro-péruvienne*** fait, elle, appel aux ingrédients que les *hacendados* (grands propriétaires terriens) réservaient à leurs esclaves : le cœur de bœuf et les abats en général, grillés au barbecue ou mijotés des heures dans une sauce aux cacahuètes. Il en a résulté l'une des spécialités du pays : les *anticuchos,* ou brochettes de cœur de bœuf.

– Quant à la ***cuisine chinoise*** ou ***chifa,*** elle est arrivée au Pérou à la fin du XIXe s, en même temps que les travailleurs chinois venus récolter le guano sur les côtes péruviennes pour le compte d'entreprises britanniques. S'étant quelque peu « péruvianisée », elle est un peu différente de celle que l'on connaît en Europe.

Petite sélection de plats typiques

Les entrées et petits plats

– ***Anticuchos :*** accompagnées généralement de pommes de terre grillées ou de *choclo,* ce sont des brochettes de petits morceaux de cœur de bœuf qui ont macéré dans du vinaigre et que l'on badigeonne de piment à sa guise. Il y a aussi des *anticuchos* de poulet et de poisson. On en trouve souvent en pleine rue, cuits sur des braseros.

– ***Papa a la huancaína :*** pommes vapeur recouvertes d'une sauce jaune à base de fromage frais, d'œuf et de piment jaune.

– ***Papa al ocopa :*** pommes vapeur recouvertes d'une sauce à base de cacahuètes.

– ***Papa rellena :*** pommes de terre farcies à la viande et aux oignons, cuites en beignets.
– ***Tamales :*** sortes de galettes à base de farine de maïs mélangée avec de la viande de porc ou de poulet, des oignons, des olives, le tout cuit à la vapeur, enveloppé dans une feuille de maïs.

Les plats de résistance (segundos)

– ***Adobo :*** ragoût de porc mariné dans la *chicha.*
– ***Ají de gallina :*** blanc de poulet déchiqueté dans une sauce à base de pain, de lait, de piment, d'ail et d'oignons. Très bon quand il est bien préparé.
– ***Arroz chaufa :*** sorte de riz cantonais, servi dans les *chifas.*
– ***Arroz con pollo :*** du poulet avec du riz donc, mais du riz cuisiné avec différentes herbes. Très populaire. Sur la côte, on préfère le *arroz con pato* (canard).
– ***Carapulcra :*** pommes de terre séchées, cacahuètes, viande de porc ou poulet.
– ***Ceviche :*** un peu le plat emblématique du pays, à goûter absolument ! Il s'agit de poisson ou fruits de mer crus coupés en petits morceaux et marinés dans du jus de citron vert *(leche de tigre),* avec des piments. Celui de *conchas negras* (grosses palourdes noires) est particulièrement délicieux. Il est servi avec des oignons crus – doux au goût –, du maïs et des patates douces. Presque toujours excellent, il est aussi reconnu pour ses vertus aphrodisiaques... La fraîcheur du poisson étant primordiale, les meilleures *cevicherías* ouvrent seulement le midi et ferment après le service, lorsque les poissons du jour sont épuisés.
– ***Chicharrón :*** porc mariné et bouilli puis frit dans sa propre graisse, servi avec des oignons et du *camote* (patate douce).
– ***Chupe :*** soupe de poisson (ou de fruits de mer) préparée avec du lait, du maïs, des fèves, des petits pois, des pommes de terre et rendue onctueuse par l'addition de fromage frais et d'un œuf. Le *chupe de camarones* de la région d'Arequipa est préparé à partir de grosses et belles écrevisses.
– ***Cuy :*** prononcer « *couille* » ! Cochon d'Inde (*Guinea pig* sur les menus en anglais), plat de luxe, très populaire le dimanche, différemment préparé selon les régions : *picante* (servi dans une sauce avec des pommes de terre et du riz), *al horno* (farci et cuit au four, c'est une spécialité de Cuzco), grillé (comme à Arequipa) ou encore confit, le meilleur selon nous. Reste que c'est assez gras et qu'il n'y a pas grand-chose à manger...
– ***Escabeche :*** d'origine hispano-arabe, c'est une recette de marinade de poisson (sans tête ni arêtes) dans une sauce vinaigrée aux aromates. Le plat se mange froid.
– ***Juane :*** spécialité de l'Amazonie. Grosse boule de riz fourrée (traditionnellement d'œuf dur et de poulet), puis cuite à l'eau bouillante, enveloppée dans une feuille de *bijao*. Peut être bourratif comme savoureux, tout dépend du cuisinier...
– ***Lechón :*** le cochon de lait, grillé, généralement servi avec des pommes de terre et du maïs.
– ***Lomo a lo pobre :*** un steak de bœuf, servi avec des œufs au plat, des frites et des oignons. Pour ceux qui craindraient de mourir de faim.
– ***Lomo saltado :*** émincé de bœuf sauté à la poêle, arrosé d'un filet de vinaigre, avec des oignons et des tomates, accompagné de frites et de riz.
– ***Lomo de alpaca :*** petites tranches d'une viande fondante accompagnées d'un risotto de quinoa et d'une sauce aux myrtilles, un régal !
– ***Milanesa de pollo :*** escalope de poulet panée, avec souvent plus de panure que d'escalope...
– ***Patarashca :*** spécialité amazonienne. Poisson de rivière farci puis cuit à la braise, enveloppé dans une feuille de *bijao.*
– ***Pollo a la brasa :*** très populaire, incontournable même, le poulet rôti à la broche, et servi avec un tas de frites.
– ***Rocoto relleno :*** poivron (proche du piment) farci de viande et de légumes. Une spécialité d'Arequipa.

– ***Seco de res*** (bœuf) ***ou de gallina*** (poulet) **:** viande mijotée dans une sauce à base de coriandre fraîche, accompagnée de pommes de terre et de riz. Dans le Nord, les spécialités sont le ***seco de cordero*** (mouton) et celui de ***cabrito*** (chevreau).
– ***Tacacho con cecina :*** spécialité amazonienne. Banane plantain pilée dans du beurre, accompagnée de viande séchée de porc.
– ***Tallarin saltado :*** spaghettis revenus à la poêle avec des petits légumes et de la viande en morceaux (poulet ou bœuf).

Les desserts

– ***Arroz con leche :*** du riz au lait. Fréquemment proposé dans les menus du midi des petits restos, tout comme les ***gélatines*** diverses aux couleurs inquiétantes...
– ***Churro :*** dessert qui fait fureur à Lima. Long beignet fourré de confiture de lait *(manjar blanco)* ou de chocolat saupoudré de sucre. Attention toutefois à l'endroit où vous l'achetez, la qualité de l'huile de friture est déterminante.
– ***Mazamorra :*** crème dessert à base de maïs violet et d'ananas.
– ***Suspiro limeño :*** crème dessert à base de blancs d'œufs battus en neige, de lait concentré et d'une touche d'alcool.
– ***Tejas :*** fruits glacés enrobés de caramel et de chocolat à la noix, au citron, à la figue, etc. Délicieux. À acheter à Ica, Nazca ou Pisco.
– ***Postre de tres leches :*** un gâteau presque diététique, à base de lait entier, lait concentré sucré et lait concentré non sucré. D'où le nom, pardi !
– Partout sur les marchés, toutes sortes de ***fruits exotiques*** plus ou moins connus : papaye, fruit de la passion, *chirimoya* (anone), pastèque, *pepino* (à l'extérieur rouge et jaune), ananas, banane, *maracuyá,* etc. Il y a souvent des stands pour boire un jus de fruits frais juste à côté.

Repas

Les rythmes de vie dans les villes du Pérou sont à peu près les mêmes qu'en France. La sieste n'existe pas, il ne fait pas si chaud, sauf peut-être dans les parties amazoniennes et sur la côte au nord du pays. Donc, les gens prennent un petit déjeuner vers 7h, déjeunent entre 12h et 13h, et dînent au retour du travail dès 18h, à la tombée de la nuit. Les restaurants, eux, servent en général en continu de 11h à 22-23h (21h dans les petites villes). Certains ne sont ouverts que le midi, d'autres que le soir, notamment ceux spécialisés dans les *parrilladas* (viandes au barbecue). En revanche, dans les campagnes, les paysans se lèvent très tôt, généralement avant 5h. Ils déjeunent copieusement, partent aux champs et rentrent à la tombée de la nuit, vers 17h30-18h. Vous pouvez partager leurs repas sur les marchés.
Pour le ***petit déj,*** les petits hôtels, quand ils en servent un, se contentent d'un *desayuno continental* assez chiche, composé de pain, beurre, confiture, éventuellement des fruits, et bien sûr du thé ou du café. Celui-ci est souvent servi en version concentrée, très noir, qu'on allonge ensuite d'eau chaude à son goût. Le *desayuno americano,* apanage des hôtels plus chic, proposera en plus des fruits variés, des yaourts, du fromage, du jambon et des œufs brouillés accompagnés de lard, de petites saucisses et de frites.
L'***almuerzo,*** à l'heure de midi, est le repas principal des Péruviens. Dans les restos populaires, un *menú del día* est généralement proposé entre 5 et 10 NS et se compose toujours d'une soupe ou d'une entrée, d'un plat principal généralement copieux et d'un petit dessert, style gélatine. Profitez-en, vous ne trouverez pas de meilleur rapport qualité-prix ! Pour déjeuner pas cher, on peut s'attabler aux gargotes des marchés couverts.
La ***cena*** du soir sera plus légère, généralement une bonne soupe bien nourrissante, mais, bien entendu, tous les restaurants proposent une carte au choix

infini. Bien souvent, tout est alors préparé au dernier moment, le service dans les restos peut donc être lent : *un momento* équivaut parfois à « un certain temps ». Toujours bien vérifier l'addition et veiller aux suppléments imprévus dans certains restos chic.
Pour info, sachez qu'il est **interdit de fumer dans les bars et restaurants** depuis 2010, comme dans tous les lieux publics fermés. Interdiction pas toujours respectée cela dit...

DROITS DE L'HOMME

Plus de trois ans après son investiture, l'ex-militaire devenu président Ollanta Humala n'a pas totalement convaincu en matière de respect des droits de l'Homme. Les manifestations sont toujours aussi durement réprimées, même si l'on compte moins de morts. Et cette « criminalisation de la protestation sociale » touche toujours en premier lieu les populations indigènes. Largement discriminées, ces dernières se voient contester leurs terres, le plus souvent par des entreprises transnationales ou des grands propriétaires terriens. Si Humala a tout de même promulgué très tôt la « loi du droit à la consultation préalable », qui devait permettre aux communautés indigènes de faire entendre leur voix sur des projets concernant leurs territoires, celle-ci a du mal à être appliquée (lire aussi plus loin « Environnement »). Une nouvelle loi très controversée, adoptée en juillet 2014, devrait en outre faciliter les démarches des entreprises minières. Les conflits avec des bandes d'orpailleurs illégaux, de mieux en mieux organisés, armés et très violents, dégénèrent également souvent au cœur de l'Amazonie. Afin de favoriser le dialogue, des manuels de quechua – deuxième langue officielle du pays, mais peu pratiquée par les autorités – ont été distribués aux forces de police de trois villes du pays où la langue est couramment pratiquée (Cuzco, Apurímac, et Ayacucho). Humala a également tenté de prendre ses distances avec la politique d'éradication par la force de la coca, et a récemment annoncé la suspension indéfinie de ces pratiques.
Une loi sur les féminicides (assassinats de femmes), particulièrement sévère, a par ailleurs été adoptée qui devrait permettre de lutter plus efficacement contre ce fléau qui touche de nombreux pays d'Amérique latine. Cependant, si le Sénat a abrogé un décret garantissant l'impunité pour les crimes commis par les militaires avant 2003, et notamment sous l'ère Fujimori, l'impunité demeure la règle. Peu d'investigations ont été mené à leur terme et de nombreux dossiers ont été clos sans qu'une enquête sérieuse n'ait été menée. Plus de 2 000 femmes indigènes et paysannes, qui auraient victimes de stérilisations forcées ont ainsi vu leur dossier clos. À noter néanmoins, l'ouverture récente d'un « musée de la Mémoire » à Lima (Miraflores), avec la participation de la Commission Vérité et Réconciliation (CVR).
Pour en savoir plus, n'hésitez pas à contacter :

■ ***Fédération internationale des Droits de l'homme :*** *17, passage de la Main-d'Or, 75011 Paris. ☎ 01-43-55-25-18. • fidh.org • Ⓜ Ledru-Rollin.*

■ ***Amnesty International :*** *76, bd de la Villette, 75940 Paris Cedex 19. ☎ 01-53-38-65-65. • amnesty.fr • Ⓜ Belleville ou Colonel-Fabien.*

N'oublions pas qu'en France aussi les organisations de défense des Droits de l'homme continuent de se battre contre les discriminations, le racisme et en faveur de l'intégration des plus démunis.

ÉCONOMIE

Premier producteur au monde d'argent, deuxième pour le zinc et le cuivre, troisième pour l'étain et sixième pour l'or, le Pérou vit avant tout de la richesse de son sous-sol. À elle seule, l'extraction minière représente 60 % des exportations du pays, pour un montant record de 28 milliards de dollars en 2011. C'est d'abord le retour à la paix civile, à la fin des années 1990, qui a permis la montée en puissance du secteur minier, puisque la guérilla du Sentier lumineux opérait surtout dans les Andes, territoires les plus riches en minerais. Désormais, les investissements étrangers dans les mines ne cessent de croître : le gouvernement table sur 53 milliards de dollars pour la période 2013-2017, rien que ça ! C'est que les enjeux sont énormes : à peine 10 % du sous-sol du pays serait aujourd'hui exploité. Premiers investisseurs, les Américains, depuis peu talonnés par les Chinois.

C'est donc le boom minier qui tire l'économie du Pérou, associé aux autres secteurs porteurs du pays : le tourisme, l'agriculture (premier exportateur mondial de café bio, deuxième pour le cacao bio), et surtout la pêche et les activités halieutiques en général, la mer du Pérou étant l'une des plus riches du monde en plancton et en poissons (10 % de la pêche mondiale sont réalisés ici). De quoi afficher 12 ans de croissance ininterrompue (6,3 % en 2012, 6,9 % en 2011) et une inflation maîtrisée (autour de 3 %), de quoi faire émerger aussi une classe moyenne importante, et réduire fortement la pauvreté, passée de 54 % à 28 % de la population sur la même période.

Pourtant, l'élection en 2011 du nationaliste de gauche Ollanta Humala avait fait craindre le pire aux marchés financiers, la bourse de Lima enregistrant même sa plus forte chute depuis sa création à l'annonce du résultat. Mais celle-ci a vite repris des couleurs. Certes, le président a réussi à négocier la mise en place d'un impôt minier, qui pourrait rapporter 1 milliard de dollars par an à l'État. Mais il a surtout rapidement rassuré les milieux économiques, en maintenant les mêmes hommes aux postes clés (ministère de l'Économie et banque centrale) et en poursuivant la même politique libérale que son prédécesseur, mâtinée de quelques réformes sociales (augmentation du salaire minimum notamment, qui plafonne désormais à 750 NS par mois, soit environ 225 €). Ce sont plutôt ses anciens alliés qui crient leur déception, la cofondatrice de son parti ayant même claqué la porte en dénonçant « un gouvernement [...] qui défend les intérêts des groupes de pouvoir économiques », alors qu'il avait été élu sur la « promesse de profonds changements ». Surtout, l'explosion de l'activité minière met sous pression des zones traditionnellement tournées vers l'agriculture, dont les habitants s'opposent vivement à l'ouverture de nouvelles exploitations, craignant une détérioration de l'environnement naturel. On compterait 243 conflits sociaux ouverts ou larvés dans le pays, dont le plus marquant est celui entourant le projet minier géant baptisé Conga (lire ci-après « Environnement »). De plus, il reste encore beaucoup de chemin à parcourir pour réduire l'extrême pauvreté dans le pays. 12 % de la population (soit près de 3,6 millions de personnes) survit avec moins de 2 $ par jour, 1,3 million de Péruviens sont analphabètes, 8 millions de personnes sont au chômage. Et le pouvoir économique reste concentré sur Lima et la côte, au détriment des Andes, d'où provient pourtant le minerai, et de l'Amazonie.

ENVIRONNEMENT

Une biodiversité unique

Le Pérou est considéré comme le cinquième pays le plus riche en espèces animales et végétales. Il détient le record mondial du nombre de papillons (3 000 espèces), d'oiseaux (1 816 espèces), d'orchidées (4 000 espèces), de mammifères (460 espèces) et de plantes utilisées par la population (4 500). C'est bien sûr dans les forêts tropicales amazoniennes que l'on trouve la plus grande biodiversité. Dans un seul hectare de forêt de la réserve de Yanamono, des scientifiques ont compté 300 espèces différentes d'arbres. Sur un seul arbre de Tambopata, dans le département de Madre de Dios, ils ont trouvé 5 000 espèces d'insectes dont plus de 80 % étaient inconnues jusque-là ! Un dernier chiffre, peut-être le plus intéressant : 6 288 espèces animales et végétales vivent exclusivement au Pérou. Cette « méga-biodiversité » est due à l'incroyable variété de climats et d'écosystèmes : mers froides ou plus chaudes, désert, puna, forêts d'altitude, forêts de brume, forêts tropicales... le Pérou possède 84 zones de vie sur les 117 que compte notre planète !

Malheureusement, les autorités et la majorité des Péruviens n'ont pas encore pris conscience de l'importance de protéger cet environnement unique. Il est pourtant urgent d'agir, car les problèmes sont nombreux : pollution des lacs et des rivières par les compagnies minières et pétrolières, fonte des glaciers, baisse des réserves d'eau, exploitation désordonnée de la selva, ruptures fréquentes de gazoducs, décharges gigantesques à la périphérie des grandes villes, épuisement des sols du fait de cultures inadaptées dans certaines régions...

La forêt sous pression

Les premiers problèmes datent de la fin du XIXe s, lorsque le caoutchouc amazonien a commencé à connaître une utilisation industrielle – suite à l'invention de la vulcanisation par *Goodyear* en 1839. C'est alors le début d'une déforestation à grande échelle et de la déculturation des indigènes recrutés de force dans les immenses plantations d'hévéas. Vers 1912, cette économie s'effondre, les Anglais ayant massivement planté des hévéas en Malaisie. Le Pérou et le Brésil perdent leur monopole, tout bénéfice pour la forêt qui profite d'un moment de répit, jusque dans les années 1960.

À cette époque, le Pérou connaît une progression démographique galopante (trois fois supérieure à celle de la France) et tous les gouvernements successifs pensent pouvoir conquérir des terres cultivables et des pâturages sur la selva. Ils choisissent de nouvelles zones de peuplement, tracent de nouvelles routes, mais les Indiens de l'Altiplano, habitués à une culture non sédentaire, sans engrais et sans jachère, appauvrissent rapidement les sols et multiplient les déforestations, du fait de leurs transhumances successives. C'est un échec total, sauf pour la culture de la coca.

La prise de conscience internationale sur l'importance de la biodiversité amazonienne pousse le gouvernement, aidé par les ONG, à repenser complètement les méthodes d'exploitation de la forêt. Des « réserves d'extraction » destinées à l'exploitation des ressources locales (bois, caoutchouc, noix du Brésil) sont définies *territoires sous contrôle étatique.* En parallèle, de nombreux parcs et réserves sont créés. Les aires protégées couvrent aujourd'hui 17 % du territoire péruvien, les pouvoirs publics comptant sur l'écotourisme pour amortir l'investissement. Malheureusement, l'Institut national des ressources naturelles n'a pas de budget pour payer des gardes forestiers. Un exemple, la réserve Yanachaga Chemillen dans la selva centrale : 122 000 ha et seulement sept *guardabosques* ! La création de zones protégées n'a d'ailleurs pas endigué la déforestation : le Pérou perd environ 150 000 ha de forêt par an, y compris dans certains parcs où l'exploitation se poursuit illégalement. Pire, depuis la crise de 2008, la déforestation s'accélère avec l'explosion de l'orpaillage illégal. L'or étant redevenu une valeur refuge, les exploitations se multiplient dans la région de Madre de Dios ; leur surface a augmenté de 400 % depuis le début du XXIe s. Conséquence, la déforestation est 40 % supérieure aux prévisions. Sans parler des conditions de travail des mineurs, parfois proches de l'esclavage.

L'impact du réchauffement climatique

Le Pérou est parallèlement confronté à une diminution sérieuse de ses ressources en eau. Responsables : la surconsommation et le réchauffement climatique. La cordillère Blanche voit ses glaciers régresser à une vitesse inquiétante. Depuis 30 ans, ils ont perdu 20 m d'épaisseur, soit 22 % de leur superficie (équivalent à 10 ans d'approvisionnement en eau de Lima). Un processus de fonte irréversible selon les scientifiques. En 2009, l'Institut national des ressources naturelles (Inrena) à Lima a ainsi annoncé la disparition du glacier de Quilca (dans la région de Puno), le deuxième à se volatiliser dans le pays depuis 2005. Il y a plus de 3 000 glaciers au Pérou, les conséquences de leur fonte s'accumulent d'une façon alarmante : inondations dans un premier temps et, à terme, moins d'eau dans les fleuves pour tout le bassin amazonien, pénurie pour l'agriculture et l'approvisionnement des villes. Les conséquences du changement climatique ont été chiffrées à une perte de 35 milliards de dollars par an à partir de 2025. Pour compenser cette réduction des ressources en eau potable, la construction de deux usines de dessalement de l'eau de mer est à l'étude. En attendant, un chercheur péruvien a entrepris de faire repeindre en blanc 70 ha de rochers entourant le glacier de Chalon Sombrero, histoire de repousser les rayons solaires... Une peinture 100 % naturelle, au cas où vous vous poseriez la question !

L'eau plutôt que l'or ?

Mais aujourd'hui, c'est d'abord la question minière qui agite le Pérou, notamment autour du méga projet Conga. Mené par l'Américain Newmont, Conga représenterait le plus gros investissement jamais réalisé dans le secteur au Pérou : 4,8 milliards de dollars pour l'exploitation d'une mine d'or et de cuivre dans les montagnes aux alentours de Cajamarca. Au passage, cinq lacs-réservoirs situés à plus de 4 000 m d'altitude devraient disparaître, pour laisser place à une immense mine à ciel ouvert et à un espace destiné au traitement des déchets. Craignant pour ses ressources en eau, pas franchement rassurée par la promesse de Newmont de remplacer les lacs par des bassins artificiels, la population des environs, relayée par le gouvernement régional, s'est fortement opposée au projet, multipliant les manifestations en 2011 et 2012. Et les paysans de Cajamarca pensaient bénéficier d'un allié de poids, le nouveau président Ollanta Humala, lui qui scandait durant sa campagne « l'eau plutôt que l'or ». Las, une fois arrivé au pouvoir, le président a préféré mettre ses pas dans ceux de son prédécesseur, et laisser le projet se poursuivre... jusqu'au clash : la mort de cinq manifestants en août 2012. Le projet a alors été suspendu... mais pas annulé. Ainsi les paysans restent sur leurs gardes, et se relaient dans les montagnes pour s'assurer que le balai des engins de mines ne reprend pas. On les appelle les « gardiens des lacs ».

GÉOGRAPHIE

Le Pérou a une superficie de 1 285 216 km^2, soit environ deux fois et demie la France et 7,2 % du continent sud-américain. On divise généralement le pays en trois zones géographiques : la côte à l'ouest, la sierra au centre et la forêt tropicale ou *selva* à l'est (voir aussi les « Généralités » communes aux deux pays).

– ***La région côtière*** s'étire sur environ 3 080 km. Elle représente à peine 11 % du territoire péruvien, mais rassemble plus de la moitié de la population nationale (la moitié la plus riche). Large de 200 km au nord et de seulement 40 km au sud, c'est une bande désertique et rocailleuse coincée entre l'océan Pacifique et le piémont de la cordillère des Andes. Elle est coupée par endroits par des rivières descendant des Andes, dont les vallées dessinent de véritables oasis. Les températures y sont élevées, notamment à l'extrême nord du pays (où l'on trouve d'ailleurs des stations balnéaires), échappant au courant de Humboldt. À l'approche de l'hiver (vers avril-mai), le ciel se couvre d'un brouillard humide, la *garúa,* mais il ne pleut presque jamais.

– ***La sierra,*** c'est la fameuse cordillère des Andes avec son *Altiplano,* et dont les montagnes les plus élevées (beaucoup de volcans) culminent à plus de 6 000 m.

Son relief accidenté et ses températures basses en font un milieu relativement inhospitalier. La sierra occupe un tiers du territoire pour environ... un tiers de la population.
- ***La selva,*** ou forêt amazonienne, connaît des températures élevées, en général supérieures à 23 °C, et des pluies fréquentes. C'est la région la plus vaste (plus de la moitié du territoire) et, comme on peut s'y attendre, la moins peuplée (environ 10 %), les forêts tropicales n'ayant jamais constitué un milieu très hospitalier.

HISTOIRE CONTEMPORAINE

Nous ne traitons ici que l'histoire récente du Pérou. Pour les événements antérieurs, se reporter au chapitre « Histoire » dans les « Généralités Pérou, Bolivie ».

Le retour à la démocratie

À partir des années 1930, l'histoire du Pérou se confond avec les variations du cours des matières premières. À chaque chute, une nouvelle crise sociale, souvent synonyme de coup d'État militaire. Dans les années 1960, le général Velasco, homme de gauche, prend le pouvoir par la force et impose une réforme agraire radicale qui échoue faute de mesures d'accompagnement adéquates – de petits paysans se retrouvèrent à la tête de propriétés sans matériel pour les exploiter. En 1980, le Pérou accède à un système plus démocratique, mais l'armée y conserve de nombreux privilèges, les propriétaires demeurent trop riches et les pauvres trop misérables et exploités. Une terrible guérilla, le Sentier lumineux *(Sendero Luminoso)*, d'origine maoïste, impopulaire dans les villes, va maintenir à partir des années 1980 et jusqu'en 1995 une tension quotidienne. Aux attentats et massacres perpétrés par les guérilleros répond une répression souvent sanglante et aveugle (lire également, plus loin, le chapitre « Le Sentier lumineux »).

La déception García

L'élection en 1980 du président Belaunde marque le retour à la démocratie. Mais 5 ans plus tard, Belaunde laisse le Pérou dans une situation économique catastrophique.
En 1985, Alan García, un jeune social-démocrate, est élu président. Le peuple, d'abord séduit par ses promesses et ses discours démagogiques, reprend espoir. Des espoirs vite douchés. Népotisme et corruption redoublent d'intensité. Des erreurs grossières commises sur le plan économique se soldent par une inflation de plus de 3 000 % en un an, à tel point que les timbres-poste devenaient difficiles à trouver car il fallait en modifier le prix toutes les semaines !
En parallèle, le Sentier lumineux gagne du terrain dans les montagnes et commence à s'approcher des grandes villes. Le gouvernement d'Alan García ruine ce qu'il lui reste de popularité lors de la répression sanglante de la mutinerie de la prison du Fronton. Plus de 300 (200 officiellement) membres supposés du Sentier lumineux sont alors massacrés par les forces de l'ordre. Le pouvoir avoue ainsi son incapacité à combattre la guérilla de manière légale. Pire, il utilise les mêmes méthodes qu'elle.

Le *fujimorato*

En 1990, Alberto Fujimori est élu président avec 51 % des voix, contre le célèbre écrivain Mario Vargas Llosa. Cet ingénieur d'origine japonaise surnommé *El Chino*, sans programme précis et encore inconnu quelques mois auparavant, a réussi à capter la grande majorité des voix populaires des Indiens, ainsi que celles d'une partie de la gauche.

Malgré ses promesses, Fujimori lance un plan d'austérité ultralibéral approuvé par le FMI. Il prend de nombreuses mesures économiques extrêmement impopulaires, laissant ses supporters totalement désorientés. Mais, 2 ans plus tard, au prix de durs sacrifices, l'inflation est maîtrisée et la dette extérieure diminuée ; le Pérou commence à retrouver la confiance des investisseurs. Le gouvernement s'est parallèlement engagé dans une guerre totale contre le Sentier lumineux. En 1992, Guzmán, son leader, est arrêté. Fort de ces victoires, Fujimori est réélu au premier tour en avril 1995, avec 64 % des suffrages.

En 2000, Fujimori se représente une troisième fois, en réinterprétant (avec l'appui de médias qu'il a achetés) la Constitution qui ne prévoit pourtant qu'un seul renouvellement. Certains disent que, pour retrouver dans l'histoire du Pérou une campagne et une élection présidentielle plus troubles que celles-ci, il faut remonter à 1950, lorsque le dictateur Manuel Odría fit emprisonner son unique opposant ! Cette fois, le rival, Toledo, se désiste de lui-même (?), laissant Fujimori seul candidat au second tour... Protestations nationales et internationales s'ensuivent, condamnant ces élections anticonstitutionnelles. Parallèlement Vladimiro Montesinos, le bras droit, conseiller et homme de l'ombre de Fujimori, est impliqué dans des scandales de corruption, trafic d'armes et narcotrafic. Cette fois, c'en est trop. Les Péruviens descendent dans la rue, les grèves se multiplient. Fujimori démissionne (par fax !) du Japon où il s'est réfugié en novembre 2000 !

De Toledo à Alan García II

Une nouvelle élection est organisée en avril 2001. Et c'est Alejandro Toledo, centre gauche, du parti *Perú Posible,* qui est porté au pouvoir. Sa politique fait rapidement l'objet de critiques de toutes parts. On lui reproche en particulier ses projets de privatisation (électricité notamment), à l'origine d'une mini-insurrection à Arequipa en juin 2002 ! Toledo termine son mandat avec une popularité très basse malgré un taux de croissance de 6,7 % et une inflation maîtrisée à 1,50 % en 2005. La bonne santé affichée par les indicateurs macroéconomiques est en fait surtout due à la hausse du prix des minerais, et les Péruviens les plus pauvres ne bénéficient pas des effets de la croissance : 48 % de la population vit encore sous le seuil de pauvreté.

Le 4 juin 2006, après une campagne présidentielle mouvementée, Alan García retrouve le pouvoir, en emportant la victoire face au candidat nationaliste et ex-commandant de l'armée Ollanta Humala. La victoire de García rassure les investisseurs étrangers et la droite péruvienne, affolés par le programme socialiste d'Humala, qui affiche à l'époque sa proximité avec le président vénézuélien Hugo Chávez. García adopte une politique économique ouvertement libérale, œuvre en faveur d'un accord de libre-échange avec les États-Unis en 2007 et incite les compagnies minières et forestières étrangères à investir en Amazonie, en facilitant les conditions d'exploitation. L'économie du pays décolle, mais la colère populaire enfle, bientôt relayée par une affaire de corruption impliquant des membres de l'APRA (le parti du président) et l'administration chargée des concessions pétrolières. En juin 2009, des émeutes opposent forces de l'ordre et populations indiennes à Baga, en Amazonie (bilan officiel : 34 morts). García est contraint d'abroger les décrets permettant l'exploitation de pétrole dans la selva.

La chute d'*El Chino*

En exécution d'un mandat d'arrêt international émis contre lui pour meurtre, kidnapping et crime contre l'humanité, Alberto Fujimori est arrêté à Santiago du Chili le 7 novembre 2005. Son procès-fleuve débute fin 2007. En janvier 2010, au terme du plus long des quatre procès relatifs à sa décennie de présidence, il est condamné à 25 ans d'emprisonnement pour corruption et pour avoir autorisé la mise en place d'un escadron de la mort connu sous le nom de « *colina* », visant à supprimer les membres du Sentier lumineux et ayant tué de 1991 à 1992 plus de 50 personnes n'ayant aucun lien avec l'organisation terroriste (dont des étudiants). S'y ajoutent 7 ans et demi pour détournement de fonds et 6 ans pour avoir corrompu des journalistes et organisé des mises sur écoute illégales.

Mais le chapitre Fujimori n'est pas refermé pour autant. Les enquêtes sur ses années de pouvoir se poursuivent. On l'accuse – entre autres – de détournement de fonds publics pour financer des journaux à sa gloire et d'avoir instauré un programme de stérilisation forcée dont auraient été victimes 300 000 femmes indiennes pauvres. En 2013, un mandat d'arrêt international est par ailleurs lancé contre 90 hauts responsables de son régime – dont ses deux sœurs –, accusés d'enrichissement illégal. Pourtant, l'ancien président compte toujours de nombreux partisans, qui voient en lui l'homme qui a abattu le Sentier lumineux et relancé l'économie. Sur les podiums, sa fille Keiko a pris le relais du père, jusqu'à se hisser au second tour de la présidentielle de 2011.

Humala, le retour de la gauche au pouvoir

En juin 2011, Ollanta Humala, le candidat nationaliste de gauche qui avait perdu les élections de 2006, remporte la présidentielle. Cette victoire, qui consacre le retour de la gauche au pouvoir après 36 ans dans l'opposition, Humala la doit à un large soutien des classes plutôt défavorisées et des populations andines. Grand thème de sa campagne : la lutte sans relâche contre la corruption, le terrorisme et le narcotrafic. Mais aussi une orientation économique nettement moins néolibérale que celle de son prédécesseur Alan García. Humala promet la mise en place d'un système gratuit d'éducation et de soins de santé, la revalorisation des salaires, la « préférence nationale » dans les emplois, la retraite à 65 ans... Dès les premiers mois de son mandat, il négocie la mise en place d'un impôt minier, relève le niveau du salaire minimum, lance un projet consistant à accorder une aide financière aux personnes âgées les plus en difficulté. Il promulgue aussi une loi assurant aux communautés indigènes qu'elles seront consultées avant tout grand projet de travaux ou d'exploitation des ressources naturelles sur leur territoire.

Pourtant, rapidement, alors que les milieux économiques se rassurent, certains des partisans du président déchantent. On accuse l'ancien militaire d'autoritarisme, sa politique, concernant les mines notamment, est jugée trop libérale (lire également, plus haut, les rubriques « Économie » et « Environnement »). Quelques congressistes de son parti (dont sa cofondatrice) claquent la porte, 500 000 fonctionnaires entrent en grève contre une réforme de l'administration. Il n'empêche, le président reste populaire. Mais les défis à relever sont nombreux, au premier rang desquels la lutte contre la pauvreté et la corruption.

Chronologie

- ***1438-1533 :*** période d'hégémonie de l'Empire inca.
- ***1471-1493 :*** règne de Túpac Inca Yupanqui, qui étend l'empire jusqu'à l'Équateur actuel et le nord du Chili.
- ***1493-1525 :*** Huayna Cápac, le fils de Túpac Inca, succède à son père et étend l'empire jusqu'en Colombie.
- ***1526 :*** le conquistador Pizarro découvre Guayaquil (Équateur) et Tumbes (nord du Pérou).
- ***1528 :*** Pizarro obtient de la reine d'Espagne le privilège de la conquête des territoires du Sud.
- ***1530-1532 :*** guerre de succession entre les deux fils de Huayna Cápac, Huáscar et Atahualpa. Atahualpa défait les troupes de son frère.
- ***29 août 1533 :*** Atahualpa est exécuté à Cajamarca par Pizarro et ses troupes.
- ***1535 :*** Pizarro fonde la Ciudad de los Reyes, la capitale de son royaume, qui deviendra Lima.

– ***1536 :*** Manco Cápac II se soulève contre les Espagnols et assiège la ville de Cuzco.
– ***1541 :*** assassinat de Pizarro.
– ***1572 :*** exécution à Cuzco de Túpac Amaru, troisième fils de Manco Cápac II. Fin de l'Empire inca.
– ***1780 :*** grande révolte menée par Túpac Amaru II.
– ***1810 :*** création de juntes dans toute l'Amérique latine et début de l'insurrection contre l'Espagne.
– ***28 juillet 1821 :*** le général San Martín proclame l'indépendance du Pérou.
– ***1826 :*** congrès de Panamá. Signature d'un traité d'union, ligue et confédération perpétuelle entre le Pérou, les Provinces unies de l'Amérique centrale et la Grande-Colombie.
– ***1829 :*** guerre entre le Pérou et la Grande-Colombie.
– ***1854 :*** abolition de l'esclavage au Pérou.

« I'LL BE BACK »

En 1780, une grande révolte contre la couronne d'Espagne enflamma le Pérou. À sa tête, un propriétaire terrien métis, José Gabriel Condorcanqui Noguera, qui se faisait appeler Túpac Amaru II. Il leva une armée – on parle de 50 000 soldats, indiens, métis et blancs confondus –, sema la terreur dans les hauts plateaux, puis marcha sur Cuzco, où il fut finalement défait par les troupes espagnoles. Capturé, Túpac Amaru II est écartelé sur la plaza de Armas de Cuzco en 1781. Au moment de son exécution, il s'écria : « Je reviendrai, et je serai des millions. »

– ***1864-1866 :*** guerre contre l'Espagne, qui tente de s'emparer des îles Chinchas, riches en guano.
– ***1879-1883 :*** guerre du Pacifique. Le Chili déclare la guerre au Pérou et à la Bolivie, pour s'approprier les régions riches en nitrate à la frontière des trois pays. Par le traité d'Ancon, le Pérou perd la province de Tarapacá.
– ***1911 :*** « découverte » du Machu Picchu par l'archéologue américain Hiram Bingham, financé par l'université de Yale.
– ***1932-1933 :*** guerre entre le Pérou et la Colombie pour un litige frontalier.
– ***1933 :*** la Constitution réserve le droit de vote aux citoyens alphabétisés, écartant de fait la majorité des Indiens.
– ***1941-1942 :*** guerre entre le Pérou et l'Équateur qui se disputent des territoires frontaliers. Le conflit ne sera résolu qu'en 1998, après plusieurs autres épisodes armés (notamment la guerre du Cenepa, en 1995).
– ***1947 :*** le Norvégien Thor Heyerdhal et cinq compagnons quittent le Pérou pour la Polynésie à bord du radeau *Kon-Tiki* (du nom du dieu du Soleil chez les Incas) construit sur le modèle des embarcations traditionnelles du lac Titicaca. Ils arrivent sur l'archipel de Tuamotu après 100 jours et 8 000 km de navigation. La réussite de cette expédition permet, pour certains, de valider une théorie selon laquelle les populations des îles du Pacifique seraient originaires d'Amérique du Sud.
– ***1948-1980 :*** les régimes militaires s'enchaînent au gré des coups d'État.
– ***1968 :*** un coup d'État militaire porte le général Velasco au pouvoir. Nationalisation de la compagnie pétrolière IPC et réforme agraire.
– ***1969 :*** création du Pacte andin rassemblant le Pérou, la Bolivie, la Colombie, l'Équateur et le Venezuela, afin de favoriser une union économique et sociale entre ces pays.
– ***Années 1970 :*** boom de la production des feuilles de coca.
– ***1970 :*** un séisme d'une intensité de 7,75 sur l'échelle de Richter touche le nord du pays et provoque la mort de 66 000 personnes et la destruction de milliers d'habitations.
– ***1980 :*** début des actions violentes du Sentier lumineux.
– ***1982 :*** création du groupe armé MRTA (Mouvement révolutionnaire Túpac Amaru), d'obédience guévariste.

– ***1985 :*** Alan García est élu président de la République et succède à Fernando Belaunde Terry. C'est la première fois, en 40 ans, qu'un président démocratiquement élu remplace un autre président démocratiquement élu.
– ***1990 :*** élection d'Alberto Fujimori.
– ***1988-1994 :*** 1 million de Péruviens fuient le régime de terreur instauré par le Sentier lumineux et émigrent à l'étranger.
– ***1992 :*** arrestation d'Abimaël Guzmán, le chef du Sentier lumineux.
– ***Avril 1995 :*** Fujimori est réélu président de la République au premier tour.
– ***17 décembre 1996 :*** 452 personnes sont prises en otage lors d'une réception à l'ambassade du Japon par le MRTA, qui exige la libération de 458 de ses guérilleros.
– ***22-23 avril 1997 :*** assaut de l'armée contre l'ambassade du Japon pour libérer les otages.
– ***Juillet 1997 :*** manifestation de dizaines de milliers de personnes dénonçant le caractère dictatorial et violent du régime de Fujimori.
– ***Mai 2000 :*** malgré la Constitution qui le lui interdit, Fujimori se présente pour un troisième mandat et est élu dans des circonstances plus que douteuses.
– ***Novembre 2000 :*** à la suite du tollé provoqué par la mascarade des élections et différents scandales de corruption, trafic d'armes et narcotrafic impliquant son bras droit, Montesinos, Fujimori s'enfuit au Japon, d'où il démissionne (par fax !).
– ***Juin 2001 :*** Alejandro Toledo est élu président de la République.
– ***Juin 2006 :*** 16 ans après son premier mandat, Alan García est de nouveau élu président de la République.
– ***Août 2007 :*** un tremblement de terre de magnitude 8 ravage la ville de Pisco et ses environs, causant au passage la mort de plus de 500 personnes et la destruction de plus de 70 000 maisons.
– ***Avril 2009 :*** après un procès-fleuve, Alberto Fujimori est condamné à 25 ans de réclusion pour violation des Droits de l'homme.
– ***Juin-juillet 2009 :*** les soulèvements des populations indigènes, qui se rebellent contre les deux décrets émis par le président pour faciliter l'exploitation des ressources de l'Amazonie par les compagnies étrangères, atteignent leur apogée avec les émeutes de Bagua, qui font 34 victimes. Les deux décrets sont abrogés.
– ***Novembre 2009 :*** le gouvernement péruvien fait pour la première fois des excuses publiques aux Afro-Péruviens pour des siècles d'abus et de discrimination. Cette population représente aujourd'hui 10 % de la population péruvienne.
– ***Mars 2010 :*** le Congrès vote une loi interdisant théoriquement de fumer dans les lieux publics fermés. On a dit « théoriquement ».
– ***Septembre 2010 :*** prix Nobel de littérature pour Mario Vargas Llosa.
– ***Octobre 2010 :*** le Pérou accorde un accès facilité au Pacifique à son voisin bolivien.
– ***Juin 2011 :*** Ollanta Humala, nationaliste de gauche, est élu à la tête du pays face à Keïko Fujimori, la fille de l'ancien président aujourd'hui en prison.
– ***Décembre 2011 :*** démission du Premier ministre. Le Pérou interdit les OGM pour une durée de 10 ans.
– ***Février 2012 :*** grande « Marche nationale pour l'eau », en soutien aux communautés indigènes contre le projet minier de Conga, au nord de Cajamarca.
– ***Mai 2012 :*** instauration de l'état d'urgence pour empêcher les manifestations contre les mines d'or et d'argent.
– ***Juillet 2012 :*** démission du gouvernement et remaniement ministériel d'Humala.
– ***Août 2012 :*** mort de 5 manifestants opposés au projet minier Conga. Le projet est suspendu.
– ***Juin 2013 :*** le président Humala refuse de gracier Alberto Fujimori.
– ***Août 2013 :*** l'armée annonce avoir abattu 2 des 3 chefs de ce qu'il reste du Sentier lumineux.

MÉDIAS

Votre TV en français : TV5MONDE partout avec vous

TV5MONDE est reçue partout dans le monde par câble, satellite et sur IPTV. Dépaysement assuré aux pays de la francophonie avec du cinéma, du divertissement, du sport, des informations internationales et du documentaire.
En voyage ou au retour, restez connecté ! Le site internet • *tv5monde.com* • et son application iPhone, sa déclinaison mobile *(• m.tv5monde.com •)*, offrent de nombreux services pratiques pour préparer son séjour, le vivre intensément et le prolonger à travers des blogs et des visites multimédia.
Demandez à votre hôtel le canal de diffusion de TV5MONDE et n'hésitez pas à faire part de vos remarques sur le site • *tv5monde.com/contact* •

Euronews

Restez connectés à l'actualité internationale à tout moment de la journée via Euronews TV, les applications mobiles Euronews disponibles sur IOS, Androïd, Windows Phone, Blackberry et • *euronews.com* • 450 journalistes, de 30 nationalités différentes, parcourent le monde pour vous informer en temps réel, 24h/24 et en 13 langues ! Euronews, la chaîne d'information la plus regardée en Europe, est accessible dans les hôtels, à bord des plus grandes compagnies aériennes, dans les gares et aéroports internationaux.

Presse

Difficile, en lisant un journal péruvien, de connaître les nouvelles du monde. Dans les kiosques, les tabloïds sont largement majoritaires avec, en première page, une pin-up de service ou la dernière photo de la vedette du foot local... La presse péruvienne s'intéresse surtout aux infos de proximité, au croustillant, au sport en général et aux divertissements. Quelques journaux sérieux : *El Comercio* (centre droit), *La República* (centre gauche), *Correo* et *Expreso* (droite).
La presse internationale est essentiellement américaine et espagnole. Il est possible, cependant, d'acheter des journaux français aux vendeurs ambulants qui font le tour du parque Kennedy dans le quartier Miraflores de Lima le matin. On en a aussi vu à l'aéroport de Lima... vieux de 2 ou 3 semaines ! Mieux vaut se rabattre sur la presse en ligne via Internet.

Télévision

La télévision câblée est présente partout, surtout dans les hôtels de catégorie supérieure. On peut y regarder les sept chaînes nationales, certaines nord-américaines et latino-américaines, diffusant de nombreuses séries mexicaines à l'eau de rose du style amour, richesse, beauté *y algo más...* Sachez, pour votre gouverne, que les journalistes-producteurs péruviens achètent leur temps d'antenne auprès des chaînes locales et font ce que bon leur semble de leur créneau horaire... Ce qui donne de belles empoignades en période préélectorale, lorsqu'un programme favorable à un parti invite un homme politique du parti adverse. Lynchage garanti et pluralité discutable.

Radio

On peut capter RFI sur onde courte, de même que la BBC.

Liberté de la presse

Au Pérou, les journalistes continuent de subir des représailles, parfois sévères, lorsqu'ils couvrent des conflits sociaux ou environnementaux, dénoncent des affaires de corruption ou révèlent les infiltrations du narcotrafic dans les rouages de certaines institutions étatiques. De nombreuses agressions directes contre des journalistes sont commises au grand jour par des policiers, fonctionnaires, responsables syndicaux, voire des élus. Par ailleurs, les poursuites judiciaires et requêtes abusives de journalistes continuent d'entraver la liberté d'informer.

En 2014, deux journalistes ont été assassinés, acte en lien possible avec leur activité professionnelle dans le pays. L'assassinat du jeune journaliste Fernando Raymondi Uribe le 10 novembre 2014 a bouleversé le pays. La police a immédiatement écarté la piste professionnelle alors qu'il menait une enquête sur des tueurs à gages à Canete. À cette occasion, l'Association nationale des journalistes du Pérou (ANP) a dénoncé la résistance des autorités à reconnaître les dangers auxquels font face les journalistes dans le pays.

Les abus de procédure pour diffamation restent monnaie courante. L'acharnement procédurier est particulièrement manifeste lorsqu'une publication met en cause un homme politique, dénonce des cas de corruption ou de conflits d'intérêts, ou s'interroge sur les collusions qui peuvent exister entre représentants des forces de l'ordre et crime organisé. Certains sujets restent extrêmement sensibles.

L'impunité des responsables politiques et administratifs impliqués dans des exactions graves demeure un problème majeur. La nomination de Daniel Belizario Urresti Elera au poste de ministre de l'Intérieur en juin 2014, malgré son renvoi devant un tribunal dans l'affaire de l'assassinat du journaliste Hugo Bustíos Saavedra, tué le 24 novembre 1988, a fait polémique. Un signal plus qu'inquiétant pour la liberté de la presse...

Ce texte a été réalisé en collaboration avec ***Reporters sans frontières.*** Pour plus d'informations sur les atteintes aux libertés de la presse, n'hésitez pas à les contacter :

■ ***Reporters sans frontières :*** *47, rue Vivienne, 75002 Paris.* | ☎ *01-44-83-84-84.* ● *rsf.org* ● Ⓜ *Grands-Boulevards ou Bourse.*

PERSONNAGES

– ***Túpac Yupanqui*** (environ 1431-1493) **:** fils de l'empereur inca Pachacútec, c'est un grand général qui œuvre à l'extension des frontières de l'Empire. Au nord, il soumet les *Cañaris* pour imposer son pouvoir sur la presque totalité de l'Équateur actuel ; le royaume des *Chimús* tombe entre ses mains et, avec lui, toute la côte jusqu'à Lima ; au sud, malgré la résistance des guerriers araucans, il pousse les frontières de l'Empire jusqu'au río Maule, au cœur de l'actuel territoire chilien. En 1471, Túpac Yupanqui revient à Cuzco et monte sur le trône. Devenu l'un des empereurs incas les plus puissants, il dote ses États d'une solide administration, d'un réseau routier très développé, reliant les différentes provinces et permettant une rapide transmission des instructions du pouvoir central. Un véritable socialisme d'État règle dans le moindre détail toute l'activité de ses sujets, jusqu'à leur vie privée. Mais l'étendue de l'Empire, la géographie et la diversité des cultures fragilisent son autorité. L'aristocratie inca fomente plusieurs complots contre l'empereur, et Túpac Yupanqui meurt assassiné en 1493.

– ***Fitzcarraldo*** (1862-1897) **:** parmi les nombreux aventuriers qui ont arpenté le Pérou au début du XXe s, le plus connu est sans doute ce « fou de la forêt », *Fitzcarraldo,* de son vrai nom Carlos Fermín Fitzcarrald. Immortalisé par le film de Werner Herzog en 1982, ce baron du caoutchouc d'origine péruvienne achète une portion de l'Amazonie située dans une région réputée inaccessible pour y cultiver l'hévéa. Après avoir récupéré un vieux rafiot et recruté un équipage hétéroclite, il part ensuite à la recherche d'une nouvelle route à travers l'Amazonie pour écouler plus vite sa marchandise. Grâce aux Indiens qu'il tient sous son emprise – on dit qu'il avait réussi à se faire passer pour le fils du Soleil –, il découvre le raccourci espéré, un bras de terre reliant deux fleuves en pleine forêt. Il fait alors transporter son bateau au-delà des collines puis franchit les rapides mortels du Pongo de Manseriche, sur le cours supérieur du fleuve Marañón. Il accoste finalement dans un port fluvial bolivien où son arrivée fait sensation. Fitzcarraldo meurt noyé dans un naufrage quelques années plus tard, et devient une légende. Son bateau, abandonné au milieu de la forêt, est le seul témoin du délire de ce mélomane, fan de Caruso. La réalité a d'ailleurs rejoint la fiction, car le tournage du film avec Klaus Kinski et Claudia Cardinale fut une aventure presque à la mesure de son sujet. L'extravagance du cinéaste suscita de nombreux problèmes avec les Indiens d'Amazonie, qui n'hésitèrent pas à affronter Herzog et son équipe.

– ***Mario Vargas Llosa*** (Arequipa, 1936) **:** Vargas Llosa, l'un des cadors de la littérature latino-américaine, est incontestablement l'écrivain péruvien le plus célèbre en Europe. Il a reçu en 2010 le prix Nobel de littérature pour l'ensemble de son œuvre – qui est un véritable monument, miroir d'une Amérique latine déchirée, explosive et paradoxale... De *La Ville et les chiens* en passant par *La Maison verte* jusqu'à *La Tante Julia et le Scribouillard,* le chef-d'œuvre d'humour *Pantaleón et les Visiteuses* ou encore la terrifiante *Fête au bouc,* l'écrivain s'interroge toujours sur les illusions et les espoirs d'un continent meurtri sous la botte des dictateurs. Intellectuel de terrain, Vargas Llosa se frotte à toutes les idéologies, du guévarisme de sa jeunesse au libéralisme. Il n'hésite pas à se présenter à l'élection présidentielle de 1990, mais, malgré une performance remarquable au premier tour, il perd au second et s'en retourne à sa plume. Si la politique a perdu, la littérature a gagné, puisqu'il signe alors *Lituma dans les Andes* et *Les Cahiers de don Rigoberto,* roman rose qui célèbre les noces du libertinage et de l'érotisme, et, plus récemment, deux œuvres essentielles : *Le Paradis – un peu plus loin* et *Tours et détours de la vilaine fille*. Son dernier roman, *Le Rêve du Celte,* est moins surprenant, mais dans l'attente des prochains, on pourra apprendre beaucoup sur ce génial auteur, inventeur du récit polyphonique, en lisant *Ce que je sais de Vargas Llosa,* écrit par Albert Bensoussan, son traducteur français depuis ses débuts (éd. François Bourin, 2011).

– ***Susana Baca*** (Lima, 1944) **:** à la lisière de trois cultures, la chanteuse mêle habilement dans sa musique guitare espagnole, flûtes andines et percussions africaines. La diva noire du Pérou ne cesse de charmer, d'un disque à l'autre, de sa voix enchanteresse portée par les mélodies métisses et limpides de ses musiciens. Son répertoire est influencé à la fois par la musique traditionnelle *(festejo, lando, golpe au tierra, cumana)* et par le monde contemporain (valse, *marinera, zamacueca*). Ses textes s'inspirent de poètes espagnols ou péruviens et chantent souvent la discrimination et la liberté. Avec la sortie de son disque *Vestida de Vida* en 1991, l'Occident a commencé à découvrir les subtilités de la musique afro-péruvienne. Depuis, les disques et les succès se sont enchaînés. Susana Baca et son mari Ricardo Pereira ont créé, dans leur maison de Lima, l'*Instituto Negrocontinuo* qui vise à défendre et promouvoir l'héritage culturel et musical afro-péruvien.

– ***Tania Libertad*** (Costa Negra, 1952) **:** une des grandes voix de l'Amérique latine. Née au Pérou, dans l'une de ces petites villes de la côte nord peuplées de descendants d'esclaves africains, Tania Libertad de Souza Zuniga choisit la musique dès l'enfance. À 7 ans, la petite Tania devance enfants et adultes à un concours de chant et, à 9 ans, elle enregistre ses premiers disques à Lima ! Si son répertoire est très vaste au début de sa carrière (ballades, rock, valses péruviennes), elle s'oriente ensuite vers des chansons plus engagées. Avec une trentaine d'albums à son actif, la chanteuse a touché à différents styles, devenant pour un temps la reine latino du boléro. Enregistré au Mexique, à Paris et à Dakar, son disque *Costa Negra* est un retour aux sources de l'enfance et aux racines afro-péruviennes, tout comme le fut le précédent, *Africa en America.* Tente-t-elle de récolter les fruits des graines semées par Susana Baca ? Si tel est le cas, elle a le mérite de le faire avec beaucoup de talent.

– ***Yma Sumac*** (Callao, 1922-2008) **:** née Zoila Augusta Emperatriz Chavarri del Castillo, alias Imma Sumack (« jolie fleur » ou « jolie fille » en quechua) au début de sa carrière à Lima dans les années 1940, puis Yma Sumac en 1950 lorsqu'elle signe avec la maison de disques américaine *Capitol Records.* La grande soprano péruvienne, à la voix exceptionnelle, est capable de couvrir quatre octaves et demie ! Naturalisée américaine en 1955, elle connaît la consécration aux États-Unis et de par le monde dans les années 1950 avant de poursuivre une carrière plus discrète à partir de 1965. Chacun de ses concerts reste néanmoins un événement, comme le prouve sa dernière apparition en France, en 1992, sur la scène du Printemps de Bourges. En 1946, la diva a été reconnue officiellement descendante de l'empereur inca Atahualpa par le consul général du Pérou aux États-Unis !

POPULATION

En 1970, la population totale du Pérou totalisait 13,2 millions d'habitants. Elle atteint aujourd'hui près de 30 millions de personnes (dont plus des trois quarts vivent en milieu urbain) ! 29 % des Péruviens ont moins de 14 ans.
La répartition de la population est très inégale puisque la côte, qui représente seulement 11 % du territoire, abrite près de 55 % de la population. À contrario, la selva, qui représente 57 % du pays, n'accueille que 11 % des Péruviens. Si l'exode rural est loin d'être tari, le taux de croissance de la population baisse régulièrement : il est estimé aujourd'hui à environ 1,3 %, à peine au-dessus de la moyenne mondiale.
La majorité de la population est indienne, ou plutôt indigène *(Indigenas)* selon la terminologie locale (le terme *Indio* est insultant). Les Quechuas représentent à eux seuls près de 50 % des Péruviens. Suivent les Aymaras (environ 5 % de la population) et bien sûr les nombreux groupes d'Amazonie. Treize peuples vivent toujours coupés du monde au cœur de la forêt, dans cinq territoires où personne n'a, en théorie, le droit de pénétrer. Reste que le trafic de bois, de cocaïne, les missionnaires des églises évangéliques et les velléités d'exploitation du gaz et du pétrole dans ces réserves mettent ces peuples en danger. Un danger de mort puisque, isolés depuis des générations, ces Indiens n'ont pas développé les mêmes défenses immunitaires que nous.
Parmi les autres groupes composant le pays, citons, dans le désordre, les Blancs (pour la plupart descendants des colons espagnols), les afro-péruviens (descendants d'esclaves), les descendants des immigrés chinois et, bien sûr, les métis ou créoles *(criollos).*

(LE) SENTIER LUMINEUX

Un prophète maoïste

L'initiateur et prophète du Sentier lumineux se nomme Abimaël Guzmán, ancien professeur de philosophie de l'université d'Ayacucho. Il rassemble dans les années 1970 un noyau de fidèles, qui prend le nom de Sentier lumineux en référence à une expression de Guzmán qui voyait dans le parti communiste péruvien un « sentier lumineux » vers le communisme planétaire.
En 1980, le Sentier lumineux se lance dans la lutte armée par un acte fondateur : l'autodafé d'urnes électorales dans un village de la province d'Ayacucho, à 2 jours des élections générales. La discipline de groupe des *senderistas* était rigoureuse. Toutes les nouvelles recrues promettent de traverser la « rivière de sang » imposée par la révolution au Pérou et, le cas échéant, de « mourir pour le président Gonzalo (surnom de Guzmán), le chef de la révolution

mondiale. » Pour certains, le Sentier lumineux était un ordre monastique guerrier tant l'engagement de ses fidèles était absolu. Les partisans *senderistas* interprètent en effet la philosophie maoïste de Guzmán comme une science exacte. Comme les Khmers rouges l'ont fait au Cambodge, ils veulent réformer le Pérou en revenant au degré zéro : « Non seulement nous voulons arrêter le temps, mais également l'inverser, jusqu'à ce que la page soit de nouveau blanche... » La violence extrême et quasi obsessionnelle des *senderistas* avait pour unique but de forcer la réalité à coïncider avec l'idéologie.

Malgré sa stratégie suicidaire, le Sentier lumineux recrute alors de nombreux jeunes Indiens, pour qui il représente une sorte de revanche, quatre siècles après, contre l'envahisseur espagnol et un moyen de sortir de l'écrasement culturel. Sa démarche messianiste rencontre un écho durable, accentué par l'immense misère des Indiens et les promesses de réformes jamais tenues. De nombreux intellectuels de la classe moyenne sont aussi attirés par le « *presidente Gonzalo* ». Le Sentier lumineux devient pourtant l'une des guérillas les plus violentes au monde, qui, tout en prétendant s'appuyer sur les « masses paysannes » des hauts plateaux, n'hésite pas à les massacrer. Pris en sandwich entre des tueurs fous et une armée parano, ce sont les Indiens qui trinquent... comme toujours.

De la guérilla au narcotrafic

Après 15 années de guerre totale contre le régime péruvien, le Sentier lumineux est décapité avec l'arrestation d'Abimaël Guzmán en 1992 et de Feliciano (son second) en 1999. Guzmán est condamné en 2006 à la réclusion à perpétuité, et exhorte alors ses partisans à mettre un terme à l'action armée. Bilan : 70 000 morts et plus de 18 milliards de dollars de dégâts.

PAS DE FUMÉE SANS FEU !

Savez-vous comment Guzmán, chef du Sentier lumineux, s'est fait arrêter ? La police connaissait un secret : il fumait uniquement des Lucky Strike. *Il fut repéré parce que la danseuse qui l'hébergeait lui achetait des cartouches régulièrement. Pas de doute : le tabac est bel et bien dangereux pour la santé !*

Pourtant, quelques irréductibles se réclamant du Sentier lumineux reprennent des activités offensives fin 2002, en montant ici et là des embuscades meurtrières ciblées, visant l'armée ou des représentants de l'État. Les derniers *senderistas* agissent sur la rive gauche du río Ene, au sud du pays. Depuis 2006, ils ont fait alliance avec des trafiquants de drogue, et la région est devenue l'une des trois principales zones productrices de coca au Pérou. En octobre 2008 se produit dans cette zone la pire attaque enregistrée depuis le début du XXIe s : un convoi militaire est pris d'assaut et 19 personnes (12 soldats et 7 civils) sont tuées.

En 2013, nouveau coup dur pour la guérilla : l'armée annonce avoir abattu deux de ses trois chefs militaires, les camarades « Alipio » et « Gabriel ». Mais chassez le Sentier lumineux par la porte, il revient par la fenêtre. En 2009, les avocats d'Abimaël Guzmán ont fondé un nouveau parti politique se réclamant de la « pensée Gonzalo », le Mouvement pour l'amnistie et les droits fondamentaux (Movadef). Sa principale revendication : la libération des prisonniers politiques. Suivez mon regard...

Le Sentier lumineux ne fut pas le seul mouvement à contester le pouvoir : il devait composer avec un autre groupe armé, le MRTA (Mouvement révolutionnaire Túpac Amaru), d'obédience guévariste (en résumé, les héritiers du Che). Son principal fait d'armes : la prise d'otage de 452 personnes à l'ambassade du Japon en 1996. Quatre mois plus tard, lorsque l'armée donne l'assaut, seules 72 personnes sont encore retenues dans l'ambassade. Une sera tuée au cours de l'opération, ainsi que les 14 guérilleros, dans des circonstances troubles.

SITES INSCRITS AU PATRIMOINE MONDIAL DE L'UNESCO

Organisation des Nations Unies pour l'éducation, la science et la culture

En coopération avec le centre du patrimoine mondial de l'UNESCO

Pour figurer sur la liste du Patrimoine mondial, les sites doivent avoir une valeur universelle exceptionnelle et satisfaire à au moins un des 10 critères de sélection. La protection, la gestion, l'authenticité et l'intégrité des biens sont également des considérations importantes.

Le patrimoine est l'héritage du passé dont nous profitons aujourd'hui et que nous transmettons aux générations à venir. Nos patrimoines culturel et naturel sont deux sources irremplaçables de vie et d'inspiration. Ces sites appartiennent à tous les peuples du monde, sans tenir compte du territoire sur lequel ils sont situés. Pour plus d'informations : • *whc.unesco.org* •

Parmi les sites péruviens inscrits au Patrimoine de l'Unesco, sont traités dans ce guide : le sanctuaire historique du Machu Picchu (1983), la ville de Cuzco (1983), le parc national de Huascarán (1985), le site archéologique de Chavín (1985), la zone archéologique de Chan Chan (1986), déclarée « en péril », le centre historique de Lima (1988 et 1991), les lignes et géoglyphes de Nazca (1994) et le centre historique de la ville d'Arequipa (2000). Trois autres sites sont inscrits : le parc national de Manú (1987), le parc national río Abiseo (1990 et 1992) et la ville sacrée de Caral-Supe (2009).

SPORTS ET LOISIRS

Pour les Péruviens, les sports incontournables sont le volley, pratiqué partout, par tout le monde, et bien sûr le foot. Au rayon loisirs, l'un des grands trucs, c'est le casino. Pas une ville digne de ce nom qui n'aligne une profusion de *tragamonedas* (machines à sous) où engloutir ses *soles*...

Football

Les Péruviens adorent le football, même si leur pays ne se distingue pas vraiment au niveau international (la sélection péruvienne n'a pas participé à la Coupe du monde depuis 1982), et entamer la conversation sur le football demeure la façon la plus rapide de faire connaissance autour d'une bière.

Le championnat national de Première division oppose 16 clubs et se déroule de février à décembre, en trois phases. La première est un championnat classique, opposant toutes les équipes en matchs aller et retour. Le vainqueur obtient son billet pour la Copa Libertadores, l'équivalent sud-américain de la Champion's League européenne. Pour la deuxième phase, les équipes sont réparties en deux poules de huit, qui fonctionnent comme deux mini-championnats parallèles. Les deux premiers de chaque poule s'affrontent enfin au cours de *play off* – la troisième et dernière phase – pour désigner le champion national.

Trois équipes dominent le terrain, toutes basées à Lima : *Alianza, Universitario* et *Sporting Cristal*.

Équitation

Il est possible de monter à cheval tant sur la côte que dans la sierra, bien que, dans les montagnes, on vous propose plutôt des mules : sur les sentiers étroits des Andes, elles sont plus résistantes et plus sûres que les chevaux.

La randonnée à cheval se pratique dans la région de Cuzco, dans le canyon du río Colca, où sont élevés les *caballos de paso*, également dans les environs de Huaraz, dans la réserve du cerro Amotape près de Tumbes (depuis le village de Rica Playa), dans la vallée du Montaro à partir de Jauja, à Oxapampa dans la selva centrale, depuis le village de Salala (près de Huancabamba, dans le département de Piura) jusqu'aux lagunas Huaringas... Cette liste n'est pas exhaustive. Adressez-vous plutôt à une agence spécialisée, car des attaques ont été signalées dans les villages. Vous en trouverez dans les villes les plus touristiques, pour des promenades de quelques heures à plusieurs jours.

Tous les ans, l'Association des éleveurs et propriétaires de *caballos de pasos* péruviens organise en avril ou mai un concours national à Pachacámac (Lima).

UN CHEVAL FACILE À MONTER

Le Pérou est le pays des caballos peruanos de paso, *une race d'origine andalouse arrivée en même temps que les conquistadores et que les éleveurs ont améliorée à force de sélections. D'allure élégante, leur pas, très particulier, ressemble à un « trot latéral » et le corps de l'animal ne balance qu'horizontalement alors que le mouvement naturel des chevaux est à la fois vertical et horizontal. Du coup, il est très confortable.*

■ ***Asociación de criadores y propietarios de caballos peruanos de paso :*** *av. Bellavista 546, Miraflores, Lima. ☎ 447-63-31. • ancpcpp.org.pe •*

■ ***Cabalgatas en caballo de paso :*** *📱 975-34-90-04. • cabalgatas.com.pe •* Organise des randonnées dans la vallée du río Lurin (près de Lima).

Pêche sportive

La pêche est en plein essor. Dans les Andes, elle se pratique principalement durant la saison sèche (juin à octobre). Les truites arc-en-ciel (parfois énormes) abondent dans la plupart des rivières et des lacs. Renseignez-vous à Huancayo, Cuzco, Puno et Arequipa. En Amazonie, on trouve différentes espèces de poissons aussi voraces qu'abondantes ; cela va du célèbre piranha, du *tucunare* aux couleurs chatoyantes *(peacook bass)*, du poisson-chien (*chambira* ou *payara*) à la dentition impressionnante, à l'énorme *sungaro* (gros silure) dont le poids peut dépasser les 180 kg. Iquitos, Pucallpa, Puerto Bermudez et Puerto Maldonado sont les principales destinations. En mer, on pêche également le grand marlin à Cabo Blanco, au nord, près de Tumbes. Relâchez-le, l'espèce est menacée !

■ ***Sport Fishing Perú :*** *Alameda La Encantada, lot 21, nº 6, Chorrillos, Lima. ☎ 254-94-77. 📱 998-17-44-22. • sportfishingperu.com •* Agence spécialisée dans le tourisme de pêche.

Trekking – Randonnées

Plusieurs adresses pour se procurer des cartes de trekking-randonnée bien faites :

■ ***Instituto geográfico nacional :*** *av. Aramburú 1190-98, Surquillo, Lima. ☎ 475-30-30. • ign.gob.pe • Lun-ven 8h-17h.*

■ ***South American Explorers :*** *Enrique Palacios 956, Miraflores, Lima. ☎ 444-21-50. • saexplorers.org • Lun-ven 9h30-17h (20h mer), sam 9h30-13h.* Un club d'explorateurs comme au bon vieux temps ! Succursales à Lima, Cuzco, Quito et Buenos Aires. Conférences et ateliers le mercredi à 18h. Un grand choix de cartes et de documentation.

LE PÉROU

LIMA

env 10 millions d'hab. IND. TÉL. : 01

Pour les plans de Lima, se reporter au cahier couleur.

Ville éclatée, tentaculaire, Lima et son énorme banlieue constituent une mégapole où s'entasse le tiers de la population du Pérou. Grande ville chaotique typique d'un pays émergent, la capitale déborde d'une animation frénétique, de vendeurs à la petite semaine, de larges avenues souvent embouteillées où résonnent les concerts de klaxons dans un air chargé de CO_2... En outre, l'« hiver », de juin à fin septembre, elle vit enveloppée dans une bruine extrêmement fine qui vient de la mer et semble salir le ciel : la *garúa*. Lima devient alors une ville maussade, dont Herman Melville (l'auteur de *Moby Dick*) disait que c'était la ville la plus triste de la Terre ! L'été, les choses s'arrangent avec le retour du soleil et de températures plus chaudes. Les *Limeños* retrouvent le sourire et mettent alors le cap sur la côte, pour bronzer plus que pour se baigner.

Il faudra dépasser ces premières impressions pour pouvoir profiter un peu de la capitale péruvienne, de son centre historique poussiéreux aux beaux immeubles garnis de balcons de bois coloniaux, de ses musées éparpillés d'un bout à l'autre de l'agglomération, au premier rang desquels figure le superbe musée Larco.

Profiter aussi d'une scène culinaire en plein essor, d'une vie nocturne et de « villages » périphériques parfois attachants, comme Barranco, repaire des étudiants, artistes et marginaux. Lima est une ville plurielle en somme où, à côté des quartiers populaires en brique nue et du centre-ville encore délabré, s'est développée une importante bourgeoisie, qui vit comme à Rio, à Buenos Aires, voire à Paris.

Reste que, pour un séjour court au Pérou, l'intérêt de la capitale demeure limité. Un jour ou deux suffiront à la majorité des voyageurs, avant de partir découvrir les autres merveilles que compte le pays. Il ne sera pas superflu en revanche d'y

CELUI QUI CONDUIT

De janvier à mars, les nuits chaudes de Lima prennent leurs quartiers d'été et se déplacent à 97 km au sud de la capitale, sur la route panaméricaine, au milieu de nulle part. Les vendredi et samedi, une douzaine de discothèques à la pointe de la branchitude y poussent les watts à fond, sans craindre d'incommoder les voisins, vu qu'il n'y en a pas ! Et puisque celui qui conduit c'est celui qui ne boit pas, le Lima Party Bus *se charge d'amener puis de ramener du km 97 les fêtards* limeños.

revenir la veille du départ. La ponctualité des transports locaux, et notamment des vols internes, est trop incertaine pour tenter d'attraper son vol retour après avoir traversé le même jour la moitié du Pérou...

UN PEU D'HISTOIRE

La ville des rois

Lima est fondée en janvier 1535 par Francisco Pizarro sous le nom de *Ciudad de los Reyes,* en référence aux Rois mages (la date de fondation coïncide avec l'Épiphanie). S'il choisit ce territoire depuis peu aux mains des Incas, c'est que le conquistador ne veut pas suivre l'exemple de Hernán Cortés, conquérant du Mexique, en s'installant dans l'ancienne capitale des vaincus.
Bien que le site, brumeux, puisse sembler assez peu hospitalier, la situation au bord du río Rímac, voie de pénétration vers l'intérieur du pays, est parfaite ! Pizarro s'en accommode fort bien, d'autant qu'une vingtaine de tribus habituées à travailler dur pour les Incas, main-d'œuvre nécessaire à l'immense chantier, habitent la région... Marqués par la rébellion de Manco Cápac II dès 1536, les débuts de la ville ne sont guère sereins, mais le développement est rapide : dès l'année suivante, Charles Quint lui offre ses armes, 4 ans plus tard, Pizarro peut enfin vivre une vie de (vice-)roi dans son somptueux palais. Il a alors 70 ans.
Faite capitale du vice-royaume du Pérou et siège d'une Audience royale en 1543, puis archevêché en 1546, Lima inaugure en 1551, San Marcos, la première université d'Amérique du Sud. L'Inquisition y installe son siège en 1569, puis les jésuites y édifient en 1584 la première imprimerie du continent.
Le XVIIe s est marqué par un développement exponentiel : la population passe d'environ 25 000 habitants, en 1619, à plus de 80 000 en 1687. Le port de Callao, débouché maritime unique du Pérou, voit alors transiter les cargaisons d'argent des mines andines, ainsi que les marchandises européennes et asiatiques échangées à la foire de Portobello, au Panamá. La ville se couvre de maisons bourgeoises et de palais. Des remparts sont édifiés après l'attaque du célèbre corsaire anglais Francis Drake, qui pille et rase Callao en 1679. Les terribles tremblements de terre de 1687 (en octobre et décembre), puis celui de 1746 marquent le début du déclin de Lima et l'émergence d'autres grands ports sud-américains, comme Buenos Aires. La fin du monopole commercial aggrave encore la situation.

De l'indépendance à nos jours

Le général San Martín et ses patriotes argentins et chiliens débarquent aux portes de la cité en septembre 1820 ; quelques mois plus tard, le pays accède à l'indépendance, mais les combats entre forces royalistes (coloniales) et insurgés se poursuivent jusqu'à la fin de 1824. Lima sort affaiblie du conflit et devra attendre les années 1850 pour retrouver son dynamisme. Grands édifices publics et infrastructures (train Lima-Callao par exemple) sont alors construits et les remparts démolis (1872).
La ville est occupée par les Chiliens lors de la guerre dite du Pacifique, de 1879 à 1883. Au début du XXe s, Lima se rénove, trace de grandes avenues, puis reconstruit de grands édifices historiques dans les années 1920-1940. C'est alors qu'un violent séisme jette à bas une bonne partie de la cité... Il faut donc encore reconstruire, en modernisant. L'exode rural peuple désormais Lima à vitesse grand V : la population triple en 20 ans, atteignant 1,9 million d'habitants en 1960, puis 4,8 millions en 1980. En 2015, on estime la population de la ville à près de 10 millions d'habitants.

Du point de vue administratif, Lima comprend 42 districts. L'organisation de la ville est très particulière. Le maire de Lima est à la fois maire du district de Lima – le centre-ville ; mais aussi maire des 41 autres districts. Sur le district central, il a tous les pouvoirs d'un maire, tandis que sur le territoire métropolitain, il gère les grands travaux, la circulation et les transports. Les 41 autres maires sont responsables de la police municipale, du ramassage des ordures et de l'entretien de la voirie.

PUEBLOS JOVENES

Dans les années 1970, confrontées à un exode rural massif, les autorités lancèrent une forme inédite d'urbanisme « autogéré », les pueblos jovenes. Les nouveaux arrivants, relégués sur des zones désertiques, devaient construire eux-mêmes – et sans être payés – leurs nouvelles villes (maisons et infrastructures), à qui on fournissait seulement plans et matériaux. Ainsi naquirent certaines des gigantesques banlieues de la capitale.

Par ailleurs, l'Unesco a classé le centre historique de Lima au Patrimoine mondial en 1991.

Arrivée à l'aéroport

✈ ***Aeropuerto Jorge Chávez*** *(hors plan couleur d'ensemble par le nord-ouest)* **:** *à* **Callao,** *à env 15 km du centre. Infos au ☎ (511) 517-31-00 ou sur • lap.com.pe •*

■ ***Distributeurs de billets :*** on en trouve 2 dans le hall de livraison des bagages et aussi dans le grand hall, après la sortie.

■ ***Bureaux de change :*** *2 dans le hall de livraison des bagages.* On peut aussi y changer les monnaies des pays voisins. Petite commission. Les taux étant bien meilleurs en ville, il est préférable de ne changer que le nécessaire.

ℹ ***I-Perú :*** *plusieurs bureaux dans l'aéroport, dont un à l'arrivée des bagages des vols internationaux et un autre au 1er étage, dans le couloir des bureaux des compagnies aériennes. ☎ 574-80-00. Ouv 24h/24.* C'est l'organisme de promotion du tourisme au Pérou ; outre de bonnes informations, il fournit des petites brochures sur tout le pays (Lima compris), dont certaines en français.

■ ***Location de voitures :*** *les principales agences se trouvent dans le hall des arrivées, juste avt la sortie.*

■ ***Location de téléphones portables :*** *avec* **Perú Rent-a-Cell** *(kiosque dans le hall de livraison des bagages). Compter env 15 $/mois, avec appels entrants gratuits (pour les appels émis, compter moins de 1 $ en local, et env 2 $ en international).*

■ ***Consigne à bagages :*** *dans un recoin, au niveau des arrivées nationales.* Assez chère.

■ ***Perú Rail :*** *bureau dans la zone de départ des vols nationaux.* On peut s'y renseigner et réserver son billet de train pour le Machu Picchu si on ne l'a pas déjà fait. Autant en profiter, vu les difficultés à réserver en ligne depuis l'étranger ! Autre agence à Miraflores, au centre commercial *LarcoMar.*

Pour rejoindre Lima

➢ Le plus simple est de prendre un ***taxi.*** 2 possibilités : acheter la course au comptoir de *Taxi Green* (un peu avt la sortie dans le hall des arrivées), ou sortir de l'aéroport (longer le terminal par la gauche), faire 300 m jusqu'à l'av. Faucett (la grande artère qui borde l'aéroport) et prendre n'importe quel taxi ordinaire (jaune ou blanc, arborant le signe « taxi »). La 1re solution est plus simple et, au moins, vous êtes entre de bonnes mains, mais c'est plus cher : env 50 NS pour le centre de Lima (compter au moins 1h, voire plus, selon le trafic) ou Miraflores (env 40 mn). Si vous optez pour la 2de solution, la course ne devrait pas excéder 40 NS, même si vous devrez négocier pour obtenir ces tarifs. Si vous êtes nombreux, *Taxi Green* propose également des transferts en van (compter alors 60 NS). Pour rejoindre Callao, compter 30 NS avec *Taxi Green,* 25 NS en taxi ordinaire.

➢ Les fauchés peuvent rallier le centre en ***bus urbain.*** C'est de loin la solution la moins chère (env 3 NS), mais le trajet est long et inconfortable... Si cela vous tente malgré tout, sortir de l'aéroport pour rejoindre l'av. Faucett (l'arrêt se trouve à droite) et prendre, pour le centre de Lima, le bus « Roma 1 » indiquant « Abancay ». Pour Miraflores, prendre un *combi* (petit bus, vite rempli !) de la ligne « S », ayant pour destination l'av. Larco.

Adresses utiles

Infos touristiques

■ ***I-Perú*** *(Prom Perú ; plan couleur d'ensemble)* **:** *Jorge Basadre 610, San Isidro.* ☎ *421-16-27 ou 574-80-00 (24h/24).* • *peru.travel/fr* • *Av. parallèle à l'av. Javier Prado Oeste en allant vers le golf. Lun-ven 9h-18h.* C'est l'organisme national de promotion du tourisme au Pérou. Vous y trouverez donc des renseignements et brochures sur tout le pays. Également un kiosque à Miraflores, dans le centre commercial *LarcoMar (plan couleur II, C-D5 ; tlj 11h-14h, 15h-21h),* et 2 bureaux à l'aéroport. Nettement plus simple de se rendre à ces derniers qu'à celui de San Isidro !

■ ***Oficina de Información turística*** *(plan couleur I, B1)* **:** *derrière la pl. Mayor, pasaje Los Escribanos 145.* ☎ *315-15-42.* • *visitalima.pe* • *Tlj 8h-17h30 (9h-17h le w-e).* Tout petit bureau où l'on parle l'anglais. Infos de base sur la ville, assorties de l'une ou l'autre petite brochure.

■ ***Info-Perú*** *(plan couleur I, A2)* **:** *jr. de La Unión (Belén) 1066, bureau 102.* ☎ *425-04-14.* • *infoperu.com.pe* • *À 200 m de la pl. San Martín, dans un ancien palais, au rdc. Tlj sf dim 9h-18h (14h sam).* Il s'agit en réalité d'une agence de voyages tenue par un groupe de femmes qui, parallèlement, donnent des infos touristiques sur la ville. Vente de billets de bus *Cruz del Sur* et *Oltursa,* cartes, plans et livres, résas d'hôtels de toutes catégories, guides parlant le français, boutique d'artisanat, etc.

Change, distributeurs

S'adresser aux ***bureaux de change*** *(casas de cambio)* ou aux ***changeurs de rue,*** postés près des bureaux de change et des banques et reconnaissables à leur gilet marqué d'un « $ » ou d'un « € ». Ces derniers présentent l'avantage de travailler aussi le dimanche. S'assurer toutefois qu'ils arborent un badge officiel ou, à défaut, un écusson brodé sur leur veste. Les taux proposés varient assez peu, mais vous pouvez toujours comparer – voire en négocier de plus avantageux, en faisant jouer la concurrence.

■ ***Bureaux de change*** *(casas de cambio)* **:** *dans le centre de Lima, ils se regroupent sur jr. Ocoña, qui part de la pl. San Martín, entre jr. de La Unión et Camaná (plan couleur I, A2,* ***1****). Généralement ouv lun-ven 9h-19h, sam jusqu'à 17-18h.*

– À Miraflores, citons ***Inversiones W. Nuñez*** *(plan couleur II, C4,* ***2****), av. Larco 673, et* ***Lac Dolar*** *(plan couleur II, D4,* ***3****), av. La Paz 211. Ts 2 fermés sam ap-m et dim.*

■ ***Distributeurs de billets*** *(cajeros automáticos)* acceptant les cartes de paiement internationales un peu partout en ville. Préférez ceux adossés à une banque.

Postes et télécommunications

✉ ***Serpost*** *(plan couleur I, B1)* **:** *dans l'élégant pasaje Piura, à deux pas de la pl. Mayor. Lun-sam 8h15-20h30. D'autres bureaux en ville, notamment av. José Larco, à Miraflores (plan couleur II, C5), entre 28 de Julio et San Martín ; lun-sam 8h30-19h.*

■ ***Téléphone :*** on trouve des téléphones publics à pièces et à cartes (en vente dans les kiosques à journaux) à presque tous les coins de rue. Pour téléphoner à l'étranger, préférer les *locutorios,* qui abritent des cabines téléphoniques, où l'on paie à un comptoir. Il y en a un peu partout, notamment dans le centre, aux abords de la plaza Mayor et de la plaza San Martín, sur Nicolás de Piérola *(plan couleur I, B1 et A2)*, ainsi que calles Tarata et Schell à Miraflores *(plan couleur II, C-D4)*.

@ ***Internet :*** nombreux petits cyber là encore, notamment, à Miraflores, calles Tarata et Schell *(plan couleur II, C-D4)*. Dans le centre, on en trouve notamment dans le passage de la poste et *jr. Junín (plan couleur I, B1). La plupart ouv tlj, du mat jusqu'au soir vers 21h ou 22h. Compter 1,50 NS/h.*

Sécurité

Si Lima n'a rien d'un coupe-gorge, ce n'est pas non plus la ville la plus sûre du monde. Pas de problème si on limite ses balades aux quartiers traités dans ce guide : le centre-ville, Miraflores, San Isidro, Barranco et toute autre zone où réside la classe moyenne-supérieure. Ce n'est pas un scoop, ce sont surtout les quartiers défavorisés (périphériques) qui craignent. Et ceux-ci ne sont pas forcément très éloignés du centre. Le quartier de Rímac par exemple (au nord, vers le cerro San Cristóbal) est franchement déconseillé. Il suffit de passer le pont enjambant le fleuve depuis le centre pour s'en rendre compte. Autre quartier difficile : Callao, à l'exception de la *punta*, surveillée par des policiers à bicyclette et désormais tout à fait sûre. Quant à La Victoria, si l'on s'y rend sans souci pour prendre le bus (nombreux terminaux des grandes compagnies nationales), mieux vaut éviter de s'enfoncer plus avant dans le quartier. Dans tous les cas, soyez vigilant, évitez de traîner tout seul la nuit, de vous promener avec des objets de valeur, surtout s'ils sont visibles, bref, prenez les précautions d'usage ! En cas de problème, aller à la police touristique (officiers parlant l'anglais) :

■ ***Policía de turismo*** *(plan couleur I, A3, **10**) : av. España, cuadra 4. ☎ 423-35-00. Ouv 24h/24.* Pour toute plainte ou problème à signaler. En cas de perte ou de vol du passeport, la police touristique délivre aussi un procès verbal. Se présenter avec ce document à son ambassade pour le faire refaire. Le PV remplace alors le passeport pour acheter les billets de bus et continuer le voyage.

Représentations diplomatiques

■ ***Ambassade de France*** *(plan couleur d'ensemble, **4**) : av. Arequipa 3415, San Isidro. ☎ 215-84-00. • ambafrance-pe.org • Lun-ven 8h30-12h30.* En cas de vol du passeport, se présenter avec le procès-verbal établi par la police touristique. En général, on récupère un nouveau passeport 10 jours à 3 semaines plus tard. Si le retour doit avoir lieu avant, il sera peut-être possible de vous délivrer un passeport d'urgence ou un laissez-passer. Infos détaillées sur les pièces à fournir sur le site internet.

■ ***Belgique*** *(plan couleur d'ensemble, **12**) : av. Angamos Oeste 380, Miraflores. ☎ 241-75-66. En cas d'urgence : 📱 999-96-55-50. • diplomatie.be/lima • Lun-ven 8h30-16h (janv-mars, ven jusqu'à 13h slt).*

■ ***Bolivie*** *(plan couleur d'ensemble, **13**) : Los Castaños 235, San Isidro. ☎ 440-20-95 ou 442-82-31. Rue qui part à l'angle nord-ouest du golf. Lun-ven 9h-13h.*

■ ***Brésil*** *(plan couleur d'ensemble, **14**) : av. José Pardo 850, Miraflores. ☎ 512-08-30. • embajadabrasil.org.pe • Lun-ven 8h15-12h.*

■ ***Canada*** *(plan couleur II, C4, **9**) : Bolognesi 228, Miraflores. ☎ 319-32-00. En cas d'urgence (citoyens canadiens slt) : ☎ (613) 996-8885 (appel à frais virés accepté). • canadainternational.gc.ca/peru-perou • Lun-jeu 8h-17h, ven 8h-12h30.*

■ ***Chili*** *(plan couleur d'ensemble, **15**) : av. Javier Prado Oeste 790, San Isidro. ☎ 710-22-11. • chileabroad.gov.cl/peru • Lun-jeu 9h-17h, ven 9h-14h.*

■ ***Colombie*** *(plan couleur d'ensemble, **16**) : av. Jorge Basadre 1580, San Isidro. ☎ 441-09-54 ou 441-05-30. • peru.embajada.gov.co • Lun-ven 8h-13h, 14h-17h.*

■ ***Équateur*** *(plan couleur d'ensemble, **17**) : Las Palmeras 356, San Isidro. ☎ 212-41-71. • peru.embajada.*

gob.ec • *À 100 m de* I-Perú. *Lun-ven 9h-17h30.*

■ **Suisse** (*plan couleur d'ensemble,* **18**) **:** *av. Salaverry 3240, San Isidro.* ☎ *264-03-05.* • *eda.admin.ch/lima* • *À l'ouest du golf, dans l'av. qui relie le littoral au centre. Lun-ven 9h-12h.*

Compagnies aériennes

■ ***Air France*** (*plan couleur d'ensemble,* **24**) **:** *Alvarez Calderón 185, 5ᵉ étage, San Isidro.* ☎ *415-09-00.* • *airfrance.com* • 5 vols/sem Paris-Lima.

■ ***Air Europa*** (*plan couleur II*) **:** *av. Benavides 611, Miraflores.* ☎ *652-73-73.* • *aireuropa.com* • 5 vols/sem Madrid-Lima.

■ ***Taca Perú*** (*plan couleur d'ensemble,* **19**) **:** *av. José Pardo 811, 3ᵉ étage, Miraflores.* ☎ *511-82-22.* • *taca.com* • *Lun-ven 8h30-19h, sam 9h-14h.* Vols vers les grandes villes sud-américaines : Buenos Aires, São Paulo, Caracas, Quito, Guayaquil, La Paz, Bogotá...

■ ***American Airlines*** (*plan couleur II, C4,* **20**) **:** *av. José Pardo 392, angle Independencia.* ☎ *211-70-00.* • *aa.com.pe* • *Lun-ven 9h-19h, sam 10h-13h30. Également Las Begonias 471, San Isidro (plan couleur d'ensemble). Lun-ven 9h-19h, sam 9h-13h.* 1 vol/j. de/vers Lima depuis Miami, Dallas et Los Angeles.

■ ***Avianca*** (*plan couleur d'ensemble,* **21**) **:** *av. José Pardo 811, Miraflores.* ☎ *0800-119-63.* • *avianca.com* • *Lun-ven 8h30-19h, sam 9h-14h.* Vols quotidiens de/vers Bogotá.

■ ***United Airlines*** (*plan couleur d'ensemble,* **22**) **:** • *united.com* • 1 vol/j. de/vers Houston.

■ ***Iberia*** (*plan couleur d'ensemble,* **23**) **:** *av. Camino Real 390, torre Central, 9ᵉ étage, bureau 902, San Isidro.* ☎ *411-78-00 ou 01.* • *iberia.com* • *Rue qui part à l'angle nord-est du golf. Lun-ven 8h30-13h, 14h15-18h (17h30 ven).* 1 vol/j. de/vers Madrid.

■ ***KLM*** (*plan couleur d'ensemble,* **24**) **:** *Alvarez Calderón 185, bureau 601, San Isidro.* ☎ *213-02-00.* • *klm.com* • 1 vol/j. Paris-Lima via Amsterdam.

■ ***LAN*** (*plan couleur II, C4,* **25**) **:** *av. José Pardo 513, Miraflores.* ☎ *213-82-00.* • *lan.com* • *Lun-ven 8h30-19h, sam 9h-14h. Plusieurs autres agences en ville, notamment dans le centre commercial* Plaza Vea, *au centre (plan couleur I, A3,* **33**). *Tlj 11h-21h.* Vols pour les États-Unis, Madrid et la plupart des pays d'Amérique du Sud et centrale. Nombreux vols intérieurs également (Arequipa, Cajamarca, Chiclayo, Cuzco, Iquitos, Piura, Puerto Maldonado, Pucallpa, Puno, Tacna, Tarapoto, Trujillo et Tumbes).

■ ***Star Perú*** (*plan couleur II, C4,* **27**) **:** *av. José Pardo 485, Miraflores.* ☎ *242-77-20.* • *starperu.com* • *Lun-ven 9h-19h30, sam 9h-17h30.* L'un des principaux transporteurs aériens péruviens après *LAN.* Vols pour Iquitos, Huánuco, Ayacucho, Cuzco, Pucallpa, Tarapoto, Puerto Maldonado.

■ ***Peruvian Airlines*** (*plan couleur II, C4,* **27**) **:** *av. José Pardo 495, Miraflores.* ☎ *715-61-22. Achat par tél, 24h/24, au* ☎ *716-60-00.* • *peruvianairlines.pe* • *Lun-sam 9h-20h (18h sam).* Vols bon marché vers Arequipa, Cuzco, Tacna, Iquitos, Tarapoto, Pucallpa et Piura.

■ ***LC Peru*** **:** *av. Pablo Carriquiry 857, San Isidro.* ☎ *204-13-13.* • *lcperu.pe* • *Lun-ven 8h30-18h30.* Dessert principalement les villes de la Cordillère centrale : Andahuaylas, Ayacucho, Huánuco, mais aussi Huaraz, Cajamarca, Tingo María et Ica.

LIMA

Santé

✚ ***Suiza Lab*** (*plan couleur d'ensemble,* **12**) **:** *Angamos Oeste 300, Miraflores.* ☎ *612-66-66.* • *suizalab.com* • *Lun-ven 7h-21h (18h sam, 13h dim).* Clinique privée, chère mais d'excellente réputation.

■ ***Pharmacies*** **:** *on en trouve partout en ville, la plupart ouv tard le soir, comme celles de la chaîne* ***Inka-Farma.*** *Dans le centre historique : jr. de La Unión 200 (plan couleur I, B1,* **28**) *; tlj jusqu'à 23h. À Miraflores : av. Benavides 425 (plan couleur II, C-D4,* **28**).

– ***Vaccination contre la fièvre jaune*** (obligatoire pour entrer au Brésil et plutôt recommandée à ceux qui se rendent en Amazonie – à faire au minimum 10 jours avant l'arrivée) **:** à l'aéroport, au *Centro de sanidad aeroportuaria,* près des arrivées nationales ; ou au *Suiza Lab* (voir plus haut).

Agences de voyages

■ ***Le Roy Travel** (plan couleur II, C4) : c/ 2 de Mayo 657, Miraflores. ☎ 445-41-00. Depuis la France : ☎ 09-70-46-30-23 (à partir de 16h30). • leroy-travel.com •* Une agence tenue par un couple franco-péruvien très accueillant et très pro. Entre la simple visite de ville, les treks vers des sites reculés, les séjours en forêt et l'ascension des plus hauts sommets du Pérou, difficile de ne pas trouver une formule à son goût ! Le site internet, très bien fait, donne un bon aperçu des différents programmes. Ils proposent aussi des circuits de 2 à 3 semaines – ou tout simplement à la carte – dans tous les coins du pays et même en Bolivie et en Équateur.

■ ***Grantour Perú** (plan couleur II, C4-5) : av. 28 de Julio 271, Miraflores. ☎ 213-09-00. • grantourperu.com.pe • Lun-ven 9h-18h.* Spécialisée dans le voyage historico-culturel, une équipe compétente pour monter votre périple au Pérou : du service de navette au circuit tout organisé en passant par la résa d'hôtels, bus, avion, etc. Couvre le sud et le nord du Pérou, la forêt amazonienne et la Bolivie.

LIMA

Divers

■ ***Alliance française** (plan couleur d'ensemble, **5**) : av. Arequipa 4595. ☎ 610-80-00. • alianzafrancesa.org.pe • Lun-ven 9h-13h, 15h-19h ; sam 8h-13h.* Accès gratuit aux livres et à la médiathèque. Si vous restez un moment à Lima, la programmation éclectique du ciné-club (une fois par mois), les conférences, représentations théâtrales et rencontres avec des écrivains ne manqueront pas de vous intéresser. On peut aussi y prendre des cours de quechua. Il existe 5 autres alliances à Lima, mais qui ne s'adressent qu'aux étudiants en français.

■ ***Laveries** (lavanderías) :* assez nombreuses, en particulier à Miraflores. Dans la plupart, on dépose son linge et on vient le récupérer le soir ou le lendemain. Compter 10-20 NS la machine, selon la quantité de linge. Quelques adresses : Berlin 336, à l'angle de F. de Paula Camino *(plan couleur II, C4, **29** ; lun-sam 8h-20h)* ; à l'angle de Grimaldo del Solar et Schell *(plan couleur II, D4, **29** ; lun-sam 8h-21h, dim 10h-18h)* ; dans le centre, jr. Camaná 377 *(plan couleur I, A1, **29**)*.

■ ***Supermarchés** (supermercados) : plusieurs à Miraflores, notamment le grand **Metro** de la c/ Schell, entre Larco et Los Pinos, ouv 24h/24 (plan couleur II, C4, **30**) ; ou encore le **Vivanda,** Benavides 495 (plan couleur II, D4, **8**), ouv 24h/24 aussi. Dans le centre historique, on trouve le **Plaza Vea** (plan couleur I, A3, **31**), adossé au grand centre commercial du Centro cívico (nombreux fast-foods sur place). Tlj 9h-22h. À San Isidro, un autre **Metro**, immense, à l'angle du Paseo de la Republica et de Canaval y Moreira (plan couleur d'ensemble, **30**).* La plupart des supermarchés proposent le midi un buffet varié facturé au poids.

Transports à Lima

La ville, étendue sur une quarantaine de kilomètres, est sillonnée par 30 000 bus souvent hors d'âge et près de 200 000 taxis, générant une circulation chaotique source d'embouteillages quasi permanents sur certains axes. Et l'on ne vous parle même pas de la pollution... Pour fluidifier ce trafic infernal qui empoisonne la vie des *Limeños*, la municipalité a engagé une réforme des transports urbains. Un réseau de métro aérien et un autre de bus circulant sur des voies réservées (le *Metropolitano*) sont en construction, mais les travaux prennent beaucoup de retard. Quant à l'autre volet de la réforme, la diminution du nombre de bus et leur remplacement par des véhicules plus modernes, il avance aussi à tout petits pas. La municipalité espère voir leur nombre réduit de moitié en... 2021.

– ***Les bus et combis :** fonctionnent tlj 5h-minuit env sur les grands axes ; compter 1-3 NS selon distance.* Les bus classiques et les *combis*, des minibus souvent assez pittoresques, couvrent presque tout le secteur métropolitain en suivant des itinéraires fixes.

On les prend aux arrêts de bus, disséminés un peu partout sur les grandes avenues. Le nom des axes principaux empruntés est inscrit sur le côté du bus, et la personne qui récolte l'argent brandit aux arrêts un petit panneau indiquant les différents points de passage, tout en hurlant les destinations à la volée. N'hésitez pas à lui demander si le bus va bien dans votre direction, car, comme les mêmes noms de rue se retrouvent parfois dans plusieurs quartiers, ça complique un peu les choses... Une bonne connaissance de la ville est donc préférable pour arriver à bon port. Plus simple si l'on reste sur les grands axes et pour les petits trajets dans un même quartier. Pour aller du centre de Lima à Miraflores par exemple, prendre ceux qui indiquent « Todo Arequipa », « Chorrillos » ou encore « Avenida Tacna ».

– ***Le Metropolitano :*** • *metropolitano.com.pe* • *Fonctionne tlj 5h30-22h.* Rapide et bien conçu, c'est le moyen de transport le plus pratique pour le visiteur de passage. Ce n'est pas un métro, comme son nom pourrait le laisser croire, mais un bus moderne et articulé, qui circule sur une voie réservée dans 16 districts de la ville, entre Chorrillos (au sud de Barranco) et Comas (au nord du centre), en desservant au passage Barranco, Miraflores et le centre de Lima. Il ne circule que sur un seul axe, mais est en réalité parcouru par trois lignes distinctes. La plus pratique est la *Ruta C,* dont le parcours, en gros de Barranco au centre-ville, est plus court mais à priori suffisant pour une découverte de Lima. La *Ruta A* ne descend, côté sud, que jusqu'à la *Estación Central* (extrémité sud du centre-ville ; *plan cou-leur I, A3*) et ne dessert donc ni Miraflores ni Barranco. La *Ruta B,* enfin, emprunte toute la ligne mais avec une variante par rapport aux lignes A et C. Les trois lignes se séparent à la *Estación Central.* Pour être complet, ajoutons enfin les lignes *Expreso,* qui zappent certains arrêts (itinéraire affiché dans les stations). Si vous avez un doute, n'hésitez pas à demander aux autres passagers.

Le *Metropolitano* fonctionne avec une carte magnétique (4,50 NS), que l'on peut se procurer aux guichets et aux distributeurs de chaque station (mais avec une pièce de 5 NS minimum aux distributeurs automatiques). Il faut ensuite la charger selon le nombre de trajets souhaités (chaque trajet coûte 2 NS). Pas la peine d'avoir une carte par personne. On peut valider la même carte plusieurs fois pour passer à plusieurs les tourniquets. Bien sûr, comme dans toutes les grandes villes, mieux vaut éviter les heures de pointe... Pour faciliter vos déplacements, nous avons situé les stations sur nos cartes de Lima.

– ***Le métro :*** • *aate.gob.pe/metro-de-lima* • Appelé *Tren urbano* ou *Tren electrico.* Inauguré en 2012, il devrait devenir, à terme, le principal système de transport collectif de Lima : 5 lignes sont prévues, mais une seule est actuellement en activité. Le tracé de cette ligne 1, empruntant la périphérie ouest de la ville, n'est pas vraiment utile pour un visiteur de passage. Elle couvre un total de 22 km depuis le sud de la ville jusqu'à l'avenida Grau, au centre de Lima. Elle traverse les districts de *Villa El Salvador, Villa María del Triomphe, San Juan de Miraflores, Santiago de Surco, Surquillo, San Borja, San Luis, La Victoria* et *Cercado de Lima*. L'achèvement des travaux d'extension vers le district le plus peuplé, San Juan de Lurigancho, est prévu pour fin 2014.

– ***Les taxis :*** omniprésents dans les rues de Lima. Il en passe partout, tout le temps, c'est donc un moyen très pratique de se déplacer en ville. Le souci, c'est le prix. Les taxis ne sont pas chers, mais leur tarif grimpe en fonction de la distance... et à Lima, celles-ci sont souvent importantes. Multiplier les courses représente donc vite un budget conséquent. Pas de compteur, il faut se mettre d'accord sur le prix avant de monter. S'informer au préalable sur les tarifs habituellement pratiqués. Éviter aussi les taxis informels (les véhicules qui n'arborent pas, sur le toit, le lanternon « Taxi ») et préférer appeler un taxi à la volée plutôt qu'en prendre un stationné. En général, ces derniers attendent le touriste, et font payer plus cher. Voici, pour vous aider, les prix moyens des courses les plus fréquentes :

➢ *De l'aéroport jusqu'à Miraflores ou au centre-ville :* environ 45-50 NS (plus cher si vous appelez une compagnie de radio-taxis). Dans l'autre sens, vous pourrez payer moins cher si vous vous faites déposer à l'extérieur de l'aéroport, le chauffeur n'ayant pas à payer le parking. Cependant, certains refusent, car en principe il est interdit de stationner sur l'avenue.

➢ *Du centre-ville à Miraflores :* env 25 NS.

➢ *De Miraflores à Barranco :* 8 NS.

➢ *Une course dans le centre :* 5 NS.

■ ***Radio-taxis :*** ***Taxi Seguro,*** *☎ 415-25-25 ;* ***Taxi Movil,*** *☎ 422-33-22 ;* ***Alo Taxi,*** *☎ 217-77-77 ;* ***Taxi Green,*** *☎ 484-40-01.*

Où dormir ?

Dans le centre (plan couleur I)

On aimerait vous conseiller d'y poser votre sac, car c'est ici qu'il y a le plus à voir, mais l'offre d'hébergement y est bien moins bonne qu'à Miraflores ou Barranco. Beaucoup de petits hôtels, certes meilleur marché qu'à Miraflores, mais poussiéreux et vieillissants, voire délabrés, et peu d'hôtels à proprement parler. Dommage.

LIMA

Bon marché (moins de 50 NS / env 15 €)

🏠 ***Hospedaje Lima*** *(plan couleur I, B1,* **50***) : jr. Carabaya 145. ☎ 428-57-82. Tt près de la pl. Mayor. Pas d'enseigne, c'est au 1er étage. Double env 40 NS.* Maison ancienne repeinte dans des tons colorés, alignant des chambres sans fenêtre, un peu étouffantes mais bien propres et plutôt agréables. Préférer celles du 2e étage, donnant sur un corridor plus lumineux. Sanitaires communs corrects. Cela reste l'un des meilleurs rapports qualité-prix du centre dans cette catégorie, très bien situé.

🏠 ***Hostal Wiracocha*** *(plan couleur I, B1,* **54***) : jr. Junín 284. ☎ 427-11-78. À 30 m de la pl. Mayor. Accueil au 1er étage. Double avec sdb 50 NS.* Une trentaine de chambres assez sommaires et sombres, à l'image des *hostales* du quartier. Rien d'excitant donc, mais l'ensemble propre et plutôt calme. Pas de petit déj, mais quelques bonnes options à proximité.

Prix modérés (50-90 NS / env 15-27 €)

🏠 ***Hostal España*** *(plan couleur I, B1,* **56***) : jr. Azangaro 105. ☎ 428-55-46 ou 427-91-96. • hotelespanaperu.com • Près du couvent San Francisco. Doubles avec ou sans sdb 50-60 NS ; dortoir 20 NS/pers. Petit déj en sus.* 💻 📶 Restauré par Manuel Chavez, un peintre péruvien qui parle le français, ce vieux palais plein de caractère s'est transformé en un *hostal* baroque. Patios, recoins, escaliers en colimaçon, puits de lumière, etc., donnent le ton. Mais c'est sur la terrasse-jardin suspendue que le lieu exprime tout son caractère. On y trouve le plus agréable des 2 dortoirs (celui du rez-de-chaussée est aveugle), des statues, des plantes, des perroquets, tortues et paons déambulant en toute liberté... Là, au-dessus, se perchent quelques chambres avec vue splendide sur l'église et le couvent San Francisco. Les autres, avec ou sans salle de bains et TV, sont intérieures. Tout n'est pas parfait (lieu assez bruyant, l'eau pas toujours chaude), mais l'*España* reste le meilleur rapport cachet-qualité-prix dans le centre historique.

🏠 ***Pensión Familia Rodríguez*** *(plan couleur I, A2,* **59***) : av. Nicolas de Piérola 730 (la Colmena), appart. 201 (1er étage). ☎ 423-64-65. • jotajot@terra.com.pe • À 100 m de la pl. San Martín. Lit en dortoir env 30 NS ; double 70 NS ; petit déj inclus.* 💻 📶 Une pension simple et plaisante pour loger chez l'habitant, au milieu des photos de famille. On y trouve juste une chambre *matrimoniale*, une double, une triple (sur l'intérieur, au calme) et un petit dortoir de 4 lits. Tous les hôtes partagent la salle de bains (très propre) et la table du petit déj avec les proprios, accueillants. Pas de clés sur les portes... mais pas de vols non plus !

Hostal El Caminante *(plan couleur I, A1,* **51***) : jr. Callao 414. ☎ 428-61-86. • hostalelcaminanteperu.com • Doubles avec sdb env 50-70 NS selon nombre de lits ; petit déj en sus.* Installé dans le quartier des imprimeurs, ce petit hôtel familial se distingue par ses salles de bains nickel. Pour le reste, chambres *matrimoniales* ou à 2 lits, assez sombres, parfois même aveugles. TV câblée. Possibilité de petit déj.

Hostal-residencial Roma *(plan couleur I, A1,* **58***) : jr. Ica 326. ☎ 427-75-76 ou 426-05-33. • hostalroma.8m.com • À 3 cuadras de la pl. Mayor. Double avec sdb 60 NS, petit déj inclus.* Posté dans l'une des rares rues piétonnes de Lima, cet hôtel, installé dans une demeure de 1882, fonctionne depuis près d'un demi-siècle. Les chambres, plus toute fraîches mais correctes pour le prix, s'y répartissent le long de couloirs et d'étroits patios colorés en blanc et bleu. Certaines sont un peu mieux que d'autres, ne pas hésiter à en voir plusieurs. Cafétéria et agence de voyages.

Prix moyens (90-130 NS / env 27-39 €)

Inka Path *(plan couleur I, A2,* **55***) : jr. de La Unión 654. ☎ 426-93-02. • inkapath.com • Doubles sans ou avec sdb 100-155 NS, petit déj inclus.* Installé sur une artère piétonne et commerçante du centre-ville, voilà un établissement bien situé et plutôt tranquille. Agréables espaces communs. Chambres plus inégales mais correctes. Si les salles d'eau ont été refaites (grandes douches), les moquettes flirtent avec la limite d'âge. Bonne literie sinon, TV, et tenue impeccable. Comme d'hab', préférer les chambres sur l'arrière, protégées de la rumeur de la rue. Un bon plan dans cette catégorie, rare dans le centre.

Hostal Bonbini *(plan couleur I, A1,* **52***) : jr. Cailloma 209. ☎ 427-64-77. • hostalbonbini.com • Double 140 NS, avec petit déj.* Les hôtels de cette catégorie ne sont pas légion dans le centre. Celui-ci propose des chambres plutôt spacieuses avec des salles de bains propres, la TV (câblée) et un ventilo. Plus bruyant côté rue, comme toujours, mais agréablement lumineux. Bon accueil.

De chic à plus chic (plus de 70 $ / env 52 €)

Kamana *(plan couleur I, A2,* **62***) : jr. Camaná 547. ☎ 426-72-04. • hotelkamana.com • Double env 70 $, petit déj inclus.* Derrière une façade de verre, des chambres de bon confort et assez modernes, avec TV câblée. Restaurant sur place. Reçoit pas mal de groupes. Bien situé, clean, cela reste un établissement standard, sans âme mais au rapport confort-prix correct.

Gran Hotel Bolívar *(plan couleur I, A2,* **60***) : jr. de La Unión 958, sur la pl. San Martín. ☎ 619-71-71. • granhotelbolivar.com.pe • Double env 230 NS ; suites 325-365 NS ; petit déj inclus. Menu touristique 20 NS à midi.* Un établissement historique qui n'a rien perdu de son caractère, mais affiche des prix encore abordables. Dès l'entrée, on fait un saut dans le passé, avec ce hall Belle Époque surmonté d'une jolie verrière style Tiffany. Puis vient cette authentique Ford T exposée près de l'accueil... Construit en 1924, le *Bolívar* est le plus ancien palace de Lima. Des célébrités y ont séjourné, tels Orson Welles, Hemingway, Ava Gardner, Charles de Gaulle ou les Rolling Stones – sans oublier une myriade de grands *toreadores*... Les chambres, meublées à l'ancienne, avec parquet luisant pour certaines, ont été un peu rajeunies depuis cette époque, mais les salles de bains restent un peu vieillottes. Il y a aussi des suites abordables, certaines avec balcon sur la place – bruyante, évidemment, à cause de la circulation. Autre point pas trop positif : le brouhaha le week-end, à cause des mariages péruviens. Conclusion : venez plutôt en semaine ! Resto (pas trop cher) et bar attenant, le *Bolivarcito,* pour un double *pisco sour* réputé.

À Miraflores (plan couleur d'ensemble et plan couleur II)

C'est ici, à 7 km du centre et en retrait des falaises dominant le Pacifique, que logent la plupart des voyageurs transitant à Lima. Non pas parce que le quartier, bourgeois, résidentiel et commercial, est beau, mais parce que la grande majorité des *hostales* pour routards (qui ont poussé comme des champignons ces dernières années !) et des hôtels s'y regroupent. Sans oublier les restos, très nombreux mais pas donnés, et une vie nocturne assez animée.

De bon marché à prix moyens (moins de 130 NS / env 39 €)

Les lits en dortoir des adresses suivantes s'inscrivent surtout dans la catégorie « Bon marché », mais les chambres doubles privées que certains proposent (avec ou sans salle de bains) sont plutôt de l'ordre des « Prix modérés », voire des « Prix moyens ». Eh oui, Miraflores est plus cher que le centre historique...

La Casa del Mochilero *(plan couleur d'ensemble, **73**)* **:** *c/ Chacaltana 130A. ☎ 444-90-89. Dortoir env 15 NS/pers ; chambre privée env 50 NS. Pas de petit déj.* « La maison du routard » ne pouvait être que l'adresse la moins chère de Miraflores ! On s'y entasse à la bonne franquette à l'étage d'un petit immeuble genre HLM, dans une ambiance conviviale d'auberge espagnole presque autogérée. Certains clopent sur les corridors extérieurs pendant que d'autres bullent affalés dans les canapés ou mangent leur frichti attablés au coude à coude autour de la toile cirée de la cuisine. Côté hébergement, 3 dortoirs de 4, 5 et 7 lits, des chambres privées pour 2 à 3 personnes, et seulement 2 salles d'eau, avec eau chaude. Et puis, il y a Pilar, un drôle de bout de femme qui gère le tout plein sourire, comme si elle recevait sa bande de neveux un peu excités !

Condor's House *(plan couleur d'ensemble, **63**)* **:** *Martin Napanga 137. ☎ 446-72-67. • condorshouse.com • Dortoir env 35 NS/pers ; doubles 70-100 NS.* Le gros plus de cette AJ, c'est son atmosphère. La maison, pas très grande, accueille sous son toit surfeurs et voyageurs du monde entier : l'ambiance est relax, joyeuse, voire très joyeuse certains soirs... Chambres et dortoirs de 4 à 8 lits, tous avec salle de bains privée, très propres, et de bons matelas. Belle cuisine commune, agréable salon TV-DVD, petit bar et mini-jardin avec hamac. Organise aussi des soirées barbecue et *lomo saltado*. Très convivial.

Eurobackpackers Hostel *(plan couleur II, C5, **64**)* **:** *Manco Cápac 471. ☎ 654-43-39. • eurobackpackers.com • Lit en dortoir env 35 NS ; double 70 NS ; petit déj inclus.* Cet *hostal* bien tenu, situé dans une rue centrale mais calme, propose surtout des chambres privées, assez spacieuses et agréables, avec TV. Également un dortoir mixte sympa de 8 lits et un autre de 4 pour les filles. Sanitaires communs pour la plupart, malheureusement un peu restreints. Petit salon TV, coin cuisine, salle à manger et hamac dans la petite cour intérieure calme. Accueil sympathique.

Pariwana Hostels *(plan couleur II, C4, **70**)* **:** *av. Larco 189. ☎ 242-43-50. • pariwana-hostel.com • Lit en dortoir (4-10 lits) 32-42 NS ; doubles 110-125 NS ; petit déj inclus.* Une adresse très courue, en plein centre de Miraflores, face au parc Kennedy. Réception à l'étage, toute parquetée et colorée, à laquelle on accède par un escalier en colimaçon, flanquée d'un joli vitrail. Parties communes conviviales et tapissées d'annonces, et chambres et dortoirs agréables (dont un réservé aux filles), avec sanitaires privés pour la plupart. Certains donnent sur le parc, pas vraiment calme, même si le double vitrage est assez efficace. En prime, belle terrasse sur le toit, avec un bar-salle à manger (cuisine à dispo), tables de billard et de ping-pong, salle TV et fauteuils pour lézarder. Laverie, casiers, loc de vélos. Soirées à thème,. En bref, une AJ très complète, idéale pour les routards désireux de faire des rencontres.

Red Psycho Llama *(plan couleur II, C4,* **68***) : Narciso de la Colina 183.* ☎ *242-74-86. • redpsychollama.com • Dortoir 38-43 NS/pers ; double 120 NS ; petit déj inclus.* De jeunes étudiants en architecture ont transformé cette maison en adresse alternative et tranquille, garnie de matériel de récup' comme ces lustres en bouteilles de plastique. On y trouve 3 dortoirs de 5-6 lits (dont un réservé aux filles) avec sanitaires communs nickel. Également un autre dortoir de 4 lits avec sanitaires privés, et une double avec douche et TV. Cuisine à dispo, petit salon avec une estrade pour regarder confortablement des films affalé sur un matelas, et sympathique terrasse sur le toit où siroter une bière. Accueil chaleureux, plein de bons conseils.

Dragonfly Hostel *(plan couleur II, C5,* **65***) : av. 28 de Julio 190.* ☎ *654-32-26. 990-01-06-96. • dragonflyhostels.com • Dortoir env 31-34 NS/pers ; doubles avec sdb commune ou privée env 80-130 NS ; petit déj compris.* Yann est français, Mabel péruvienne, et le jeune couple se décarcasse pour accueillir les voyageurs. Ici, l'ambiance est plutôt balnéaire et conviviale, avec plein de conseils pour savoir où surfer les meilleures vagues ou encore planer en *kite.* Côté hébergement, c'est assez basique, avec 6 dortoirs de 8 à 10 lits et 4 chambres doubles (dont 2 avec sanitaires privés). Grande terrasse agréable sur le toit, cuisine à dispo. Pour le petit déj, café-resto dans la rue à côté. Loue également 4 chambres avec salle de bains privées (mais sur le palier) dans une maison d'hôtes située calle Palma, toujours à Miraflores.

The House Project *(plan couleur II, C4,* **67***) : c/ Bellavista 215.* ☎ *446-29-41. • thehouseproject.pe • Dortoir 40 NS/pers ; double 130 NS ; petit déj inclus.* Dans une rue tranquille à deux pas du parque Kennedy, un petit *hostal* installé dans une maison au caractère ancien. C'est un point de chute des surfeurs traquant la vague du siècle dans le coin, en témoignent les *boards* alignées dans le couloir. Petits dortoirs propres de 5-6 lits avec salle d'eau privée, et chambres doubles bien clean. L'ensemble est tout de même assez sombre, sauf pour les chambres situées à l'étage, au-dessus de l'étroite cour aménagée en espace *chill out* (hamacs). Cuisine semi-extérieure. Location de vélos.

Che Lagarto Hostels *(plan couleur II, D4,* **66***) : pasaje Schell 121.* ☎ *447-05-88. • chelagarto.com • Lit env 10-12 $ selon taille du dortoir (6-20 lits) ; double avec sdb 40 $; petit déj inclus. Promos sur Internet.* Pas mal de passage dans cet *hostal* installé au 4e étage (ascenseur) d'un immeuble du centre de Miraflores, où l'on *speak* plus l'*english* que l'*español.* Les dortoirs et chambres sont agréables et très bien tenus, avec parquet et sanitaires nickel. Dans le plus grand, on dort jusqu'à 20... pas fait pour ceux qui ont le sommeil léger ! Billard et coin canapé-TV à la déco colorée. Bar, cuisine à dispo et terrasse sur le toit.

Flying Dog *(plan couleur II, C4,* **69***) : jr. Martir Olaya 280.* ☎ *447-06-73. • flyingdogperu.com • Sur le parque central de Miraflores. Dortoir 33 NS/pers ; double avec sdb env 100 NS ; petit déj inclus, qui se prend dans un café proche.* Grosse auberge dont la situation, sur le *parque* où vrombissent bus, *combis* et voitures laisse présager le pire, mais plus calme qu'il n'y paraît. On choisit entre les dortoirs (5 à 8 lits) et des chambres simples ou doubles très correctes, quoique un poil datées. Celles côté place (un peu plus grandes et un peu plus chères, avec TV) peuvent être bruyantes. Cuisine équipée, petite salle TV, *book exchange,* et bar donnant sur un grand jardin au fond du bâtiment. On trouve 2 autres adresses de la même enseigne de l'autre côté du parc, à l'ambiance assez *roots.*

The Lighthouse Bed & Breakfast *(plan couleur d'ensemble,* **73***) : c/ Cesario Chacaltana 162 (pas de panneau).* ☎ *446-83-97. • thelighthouseperu.com • Rue qui part de la pl. Morales Barros (un rond-point), au bout de l'av. José Pardo. Doubles 28-33 $, bon petit déj inclus.* Tenu par un couple anglo-péruvien, un *B & B* moderne disposant d'une dizaine de chambres avec TV, dont certaines partagent la salle de bains. La déco est simple mais plaisante, et l'ensemble est très bien tenu. Belle cuisine à disposition, patio avec parasol et chaises confortables.

Dans la catégorie prix moyens, voir aussi les dortoirs de l'***Hostelling International Lima*** ci-après.

Chic (130-200 NS / env 39-60 €)

Hostelling International Lima *(plan couleur II, D4, **71**)* **:** *av. Casimiro Ulloa 328. ☎ 446-54-88. • limahostell.com.pe • Ouv 24h/24. Lit en dortoir 16 $; double env 60 $; un poil plus cher pour les non-membres.* La seule AJ « officielle » de Lima, située dans un quartier tranquille mais un peu excentré. Tarifs un peu élevés mais, passé le beau grand salon avec cheminée, on découvre des dortoirs (4 à 12 lits, non mixtes) et chambres privées (certaines avec lit *king size* et TV) impeccablement tenus et bien décorés. Très agréable jardin avec barbecue et piscine pour les jours de « grosse chaleur ». Salon TV cosy avec bouquins en pagaille. Cuisine. Fait aussi agence de voyages.

Apart-hotel Maria Luisa *(plan couleur II, D4, **74**)* **:** *pasaje Tello 241. ☎ 241-78-88. • marialuisa-hotel.com • Résa très conseillée. Doubles 110-150 NS ; suite 180 NS. Parking.* Cet hôtel installé dans un bâtiment moderne de 8 étages n'a pas beaucoup d'âme, mais il propose des chambres *matrimoniales* impeccables, la plupart spacieuses, avec salle de bains et TV. Rapport confort-prix assez imbattable ! Également des suites *junior* avec salon, micro-ondes et frigo, plus chères évidemment, mais encore très abordables, ainsi que des suites avec jacuzzi.

Hostal El Patio *(plan couleur II, D4, **76**)* **:** *Ernesto Diez Canseco 341. ☎ 444-21-07 ou 715-09-86. • hostalelpatio.net • Double 156 NS ; ou 186 NS avec coin cuisine ; suite 231 NS ; petit déj inclus. Réduc de 6 % en payant cash.* On adore ce très joli hôtel serré au cœur d'une cour-ruelle fleurie, donnant le sentiment de se retrouver dans un minivillage plein de charme. Sa vingtaine de chambres parquetées, plaisantes et confortables, se répartit au gré d'une terrasse et de terrassons semés à l'étage, où prolifèrent géraniums, yuccas, cactus. Fauteuils, petites tables et murs colorés, jolis et joyeux. Ici et là, de belles touches de déco inspirée de l'artisanat péruvien. Les chambres du bas sont un peu sombres, mais certaines s'ouvrent sur de petits patios privés. Accueil adorable du maître des lieux, qui a su transformer la maison de sa grand-mère en cet établissement chaleureux.

Casa Wayra B & B *(plan couleur II, D5, **75**)* **:** *c/ Manco Cápac 838. ☎ 241-46-24. • casawayra.com • Double 65 $, petit déj inclus.* Dans une rue résidentielle tranquille, à deux pas du cœur de Miraflores, cette petite maison particulière abrite une dizaine de chambres, claires et bien nettes, la plupart installées dans de petits modules à l'arrière, autour de la coquette cour-jardin. Salles d'eau modernes, tableaux colorés pour la touche déco, salon commun avec DVDthèque... On se sent bien dans cette *casa* cosy.

Hostal Buena Vista *(plan couleur II, D4, **82**)* **:** *c/ Grimaldo del Solar 202, à l'angle de Schell. ☎ 447-31-78. • hostalbuenavista.com • Double 60 $, petit déj inclus.* Charmant petit hôtel installé dans une ancienne maison coloniale toute blanche. Seulement une vingtaine de chambres, au confort moderne mais au cachet ancien, dotées de jolies salles de bains aux carreaux colorés. Certaines s'ouvrent sur une terrasse. Mignon petit patio sous une treille, et agréable jardin à l'avant. Accueil pro et plein de gentillesse.

Casa de Baraybar *(plan couleur d'ensemble, **77**)* **:** *Toribio Pacheco 216. ☎ 652-22-61 ou 62. • casadebaraybar.com • Assez loin à l'ouest de Miraflores. Double 80 $ avec petit déj. Réduc hors saison.* Bienvenue dans cette maison fringante postée à deux pas de la corniche, à l'écart de l'agitation. Elle abrite une quinzaine de chambres claires et modernes, plutôt bien arrangées et impeccablement tenues, avec moquette, TV et mur en pierre pour la déco. Mention spéciale pour la chambre familiale dans les combles, avec cuisine. Agréable salle de petit déj. Une heureuse découverte !

Très chic (plus de 100 $ / env 80 €)

■ **Hotel Señorial** *(plan couleur II, D5,* **80***) : José Gonzales 567. ☎ 444-57-55 ou 445-73-06. • senorial.com • Double env 115 $, petit déj-buffet inclus. Parking.* 💻 📶 Accueillant et bien situé, ce grand hôtel (75 chambres) de style colonial propose des chambres impeccables et plutôt spacieuses, certaines avec parquet, agrémentées de touches de déco ethnique. Préférer celles donnant sur le vaste jardin central. Également un resto bien agréable sous une pergola et aux murs couverts de graffitis laissés par les clients.

À Barranco *(plan couleur III)*

Au sud de Miraflores, un quartier à taille humaine, un rien bobo, sans doute le plus charmant de Lima, riche en restos et bars branchés. Beaucoup de charme le jour et tranquille la nuit. Idéal pour ceux qui n'apprécient pas les grandes artères et la circulation dense.

De bon marché à prix moyens (moins de 130 NS / env 39 €)

■ **Barranco's Backpackers Inn** *(plan couleur III, F7,* **90***) : malecón Castilla 260. ☎ 247-13-26 ou 247-37-09. Dortoir mixte (4-6 lits ; avec sdb et eau chaude) 11 $/pers ; double avec sdb privée 35 $; petit déj inclus. Transfert possible (payant) depuis l'aéroport.* 📶 Une bonne adresse, conviviale et bien située, avec accès à la plage par un escalier et vue sur l'océan depuis les chambres à l'étage. Parties communes très bien tenues, agréables et colorées (charmante courette flanquée d'un bar). Cuisine à disposition, *lockers,* laverie et salon avec TV câblée et DVD.

■ **Hostal Kaminu** *(plan couleur III, E-F7,* **81***) : bajada de Baños 342. ☎ 252-86-80. • kaminu.com • Dortoir env 28-32 NS/pers ; doubles 70-100 NS.* 💻 📶 Petit, intime, cet *hostal* tout mignon et coloré est situé dans la rue qui passe sous le *puente de Suspiros.* Seulement 2 dortoirs (6 et 10 lits) et 2 chambres privées avec salle de bains, dont une avec mezzanine. Bonne literie. Petite cour-salon et grande terrasse sur le toit, très agréable, avec bar et coin cuisine.

■ **B & B d'Osma** *(plan couleur III, E-F7,* **92***) : av. Pedro de Osma 240. ☎ 251-41-78. • deosma.com • Doubles 40-60 $, petit déj inclus.* 💻 📶 Pas vraiment un *B & B* car les proprios vivent en face, plutôt une ministructure hôtelière dotée de 5 chambres coquettes avec salle de bains nickel. La n° 6, la plus chère, est vraiment agréable, avec frigo et TV écran plat. Petit déj complet servi dans un mignon petit salon orné de bibelots et tissus andins. Cuisine équipée avec thé et café à dispo, appels locaux gratuits. Un endroit charmant.

À San Isidro *(plan couleur d'ensemble)*

À mi-chemin entre le centre et Miraflores, un quartier chic, résidentiel, d'affaires et d'ambassades plutôt tranquille, bien qu'on y trouve pas mal de restos et même quelques bars le soir.

De bon marché à prix moyens (moins de 130 NS / env 39 €)

■ **Youth Hostel Malka** *(plan couleur d'ensemble,* **89***) : Los Lirios 165. ☎ 442-01-62. • youthhostelperu.com • Lits en dortoir (4-8 lits) env 35-47 NS/pers ; doubles avec ou sans sdb 112-128 NS. Transfert possible depuis l'aéroport.* 💻 📶 Une bonne adresse pour nos lecteurs qui cherchent un *hostal* tranquille à l'écart de l'agitation de Miraflores. 5 dortoirs de 3 à 8 lits (dont un réservé aux filles et un aux hommes), les plus chers avec salle de bains privative ; et 5 chambres privées, avec ou sans salle de bains. L'ensemble est convivial, avec salon TV-cheminée et coin Internet donnant sur un joli jardin avec hamacs, baby-foot, ping-pong, et même un petit mur d'escalade ! Cuisine, local de sécurité, bref, tous les attributs classiques d'une AJ privée.

Chambres d'hôtes chez Elizabeth *(plan couleur d'ensemble,* ***86****) : av. del Parque Norte 265. 998-00-75-57. • chezelizabeth.typepad.fr • Résa conseillée. Doubles avec ou sans sdb 110-120 NS ; petit déj 8 NS.* Elizabeth parle très bien le français ; elle et son mari sont adorables et d'une grande aide pour les voyageurs. Ils disposent de 5 chambres très propres pour 1 à 3 personnes (lits superposés dans ce dernier cas), dont 2 avec salle d'eau privée, la plus agréable des 2 donnant sur le petit jardin (l'autre est aveugle). Salon commun avec TV, machine à laver. Le tout dans un quartier très sûr et calme, à 10 mn à pied des principaux terminaux de bus.

À San Borja
(plan couleur d'ensemble)

Quartier aéré et sûr, à 25 mn du centre historique et 5 mn en taxi (ou 30 mn à pied environ) des terminaux de bus *Cruz del Sur, Tepsa* et *Ormeño.* Peut être pratique pour ceux qui arrivent tard ou qui ont un bus à prendre tôt le matin.

Chambres d'hôtes chez Anita et Papito *(plan couleur d'ensemble,* ***85****) : c/ Renoir 183. ☎ 225-03-84. 980-75-07-44. • anita.amie_friends@hotmail.com • À hauteur de la cuadra 30 de l'av. Aviación. Compter 30-40 NS/pers, petit déj compris.* Dans une maison familiale, une petite dizaine de chambres sans fioritures, propres et vraiment pas chères, avec lits individuels. Certaines ont une salle de bains privative ; les moins chères sont perchées sur le toit. Terrasse et petit jardin. Anita, qui parle un peu le français, sait recevoir et prodigue de bons conseils. Un bon rapport qualité-prix.

LIMA

Où manger ?

Il y a fort à parier que c'est à Lima que vous mangerez le mieux au Pérou : ces dernières années ont vu croître le nombre de bons restaurants dans la capitale, tant et si bien que Lima fait désormais figure de capitale gastronomique du continent ; rien que ça ! C'est dans les quartiers de Miraflores, San Isidro et Barranco que l'on trouve les adresses en vogue et les établissements les plus raffinés. Les restos du centre, eux, sont plus anciens et traditionnels, mais aussi bien moins chers. Beaucoup d'entre eux sont fermés le soir. Le midi, en plus des menus bon marché que proposent de nombreux restos du centre, on peut opter pour les buffets variés (chaud et froid) des supermarchés, facturés au poids.

– Attention : certains restos ont tendance à majorer l'addition de diverses taxes locales, tout aussi imaginaires qu'injustifiées. Un service équivalent à 10 %, OK, plus, non !

Dans le centre
(plan couleur I)

Bon marché (moins de 15 NS / env 4,50 €)

Le midi, à l'étage du ***mercado central*** *(plan couleur I, B2),* de petites gargotes plutôt propres servent pour presque rien un petit menu du jour. Juste en dessous, on peut déguster un *ceviche* aux comptoirs des poissonniers. Derrière le marché, le ***quartier chinois*** regorge évidemment de *chifas* (restos chinois) proposant là aussi le midi des menus pour quelques *soles.* De même, à l'ouest de la plaza San Martín, l'***avenida Piérola*** *(plan couleur I, A2)* concentre pas mal de gargotes et de snacks, certains ouverts assez tard.

El Paraíso de la Salud *(plan couleur I, A1,* ***100****) : jr. Camaná 344. ☎ 428-45-91. Tlj 8h-21h. Menus ou plats max 10 NS. Petit déj env 5 NS.* Ce resto végétarien ne paie pas de mine avec son cadre de hangar aux lumières un peu crues, mais le contenu des assiettes compense : produits frais pour de très bons menus, ultracopieux, d'un excellent rapport qualité-prix. Bon accueil.

Prix moyens (15-25 NS / env 4,50-7,50 €)

Certains de ces restos proposent aussi un menu bon marché le midi.

|●| ***Bar Queirolo*** *(plan couleur I, A2,* ***150****) : jr. Quilca 201, angle jr. Camaná. ☎ 425-04-21. Tlj sf dim 9h-minuit (1h ven-sam). Plats 10-25 NS.* Il a du caractère ce vieux troquet décati ouvert en 1920, avec son enfilade de petites salles rétro, son comptoir de marbre, ses tomettes et ses antiques vitrines de bois, garnies de bouteilles de *Queirolo,* un bon petit vin péruvien. Le midi, les employés du quartier viennent s'attabler autour des nappes à carreaux et d'un plat typique, vraiment copieux. Les spécialités du jour sont présentées derrière une vitrine. Le soir, l'animation monte d'un cran autour d'une bière à prix plancher ou d'un verre de *pisco.* Populaire en diable.

|●| ***Domus*** *(plan couleur I, B2,* ***111****) : jr. Miró Quesada 410. ☎ 427-05-25. Lun-ven 12h-16h. Menu env 18 NS.* Une excellente adresse pour le déjeuner. Dans plusieurs petites salles carrelées d'une ancienne *casona,* on sert un très bon menu avec choix entre 3 ou 4 entrées, plats et desserts, jus maison compris. Rien à redire, c'est soigné, copieux, et le service, au demeurant sympathique, est efficace. D'ailleurs, c'est souvent plein !

|●| ***L'Eau Vive*** *(plan couleur I, B2,* ***106****) : jr. Ucayali 370. ☎ 427-56-12. Tlj sf dim 12h30-15h, 19h30-23h. Menu déj 15 NS ; plats à la carte env 25-35 NS.* À 2 *cuadras* de la plaza Mayor, cette oasis de tranquillité est tenue par des sœurs françaises, qui financent ainsi des projets en faveur des déshérités. De nombreux habitués se retrouvent le midi dans les salles hautes de plafond (préférez le patio au fond, orné de colonnes) pour le menu d'un excellent rapport qualité-prix. Le soir, c'est calme, beaucoup plus calme ; n'hésitez pas à frapper à la porte, car le resto peut même sembler fermé. À cette heure, les prix sont plus élevés, mais la cuisine (française exclusivement) est remarquable et, en prime, vous entendrez les sœurs chanter l'Ave Maria... Elles distribuent même les paroles, si vous voulez participer ! Excellent accueil, en français.

|●| ***El Mirador de Chabuca*** *(plan couleur I, B1,* ***132****) : jr. Santa 137. ☎ 426-83-66. Tlj 12h-23h. Plats 20-25 NS.* Face au fleuve, à l'étage d'une belle maison au balcon de bois en encorbellement et vieux parquet. Les petites tables sur la galerie sont prisées pour profiter de la vue sur la colline de San Cristóbal. Plats créoles bien tournés, mais LA spécialité, ici, c'est le *ceviche,* notamment celui de *langostinas,* d'une fraîcheur irréprochable, comme tout droit sorties de l'océan. Mention aussi pour le *trío de causas,* avec crevettes, poulpe et crabe, trois mets en un seul plat.

|●| ***Cesar*** *(plan couleur I, B1,* ***104****) : jr. Ancash 300, angle Lampa. ☎ 428-87-40. Tlj 8h-23h. Plats 15-30 NS.* Un tout petit bistrot à la déco éclectique : filets de pêche, bouteilles, violons, posters divers (d'Einstein aux Corvette américaines...), jarres et pas moins de 4 téléviseurs amarrés au haut plafond, un à chaque angle de la pièce... La carte, quant à elle, propose un choix de petits déj pas chers et de sandwichs, des pâtes, des pizzas, ainsi qu'un large choix de bons plats *criollos.* On peut aussi y siroter un café (plus de 20 sortes !), après la visite du monastère San Francisco voisin. Les fidèles, eux, s'y retrouvent pour un chocolat chaud à la sortie de la messe.

|●| ***Aires Peruanos*** *(plan couleur I, A2,* ***101****) : jr. Rufino Torrico 584-590. ☎ 428-40-14. Tlj 12h-3h ; entrée payante (env 5 NS) à partir de 17h. Le midi, buffet env 15 NS ; plat à la carte le soir env 25 NS.* Le videur à l'entrée donne le ton : resto oui, mais *peña* aussi, et ce dès 17h (sauf le lundi) ! On descend les marches jusqu'à cet antre éclairé aux néons, où résonnent *en vivo* les rythmes péruviens. En journée, les employés de bureau y affluent. Le soir, ce sont plutôt les belles en fourreau lamé et lunettes noires, surveillées par

leurs *machos,* et les familles entières, attablées devant un *lomo saltado* et une forêt de bouteilles de bière. *Aires Peruanos,* c'est un lieu pour s'amuser autant que pour manger, d'autant que les plats typiquement péruviens sont succulents et très copieux. Coup de cœur pour le *ceviche mixto* et le *filete a la chorrillana.*

Chic (25-40 NS / env 7,50-12 €)

Cordano *(plan couleur I, B1, **103**) : jr. Ancash 202 et Carabaya 103. ☎ 427-01-81. Tlj 8h-20h. Plats env 20-35 NS.* Un établissement plus que centenaire qui nourrit les légendes, puisque c'est dans les arrière-salles que se seraient faits et défaits les gouvernements péruviens... Les hommes politiques y venaient en voisins du palais du gouvernement et les serveurs font partie du patrimoine, comme le mobilier. Une belle ambiance baigne la salle du bar à l'entrée, les 2 salles du fond sont plus ternes. En tout cas, le décor rétro n'a pas changé d'un iota, et l'on découpe toujours le rôti au comptoir. Carte longue comme le bras avec, en vedettes, les *frijoles* et le *sancochado.* Bonne cuisine servie copieusement. N'hésitez pas à commander une portion de tarte au citron avec le café. Une adresse à la réputation justifiée.

Heydi *(plan couleur I, B2, **105**) : jr. Puno 371. ☎ 426-36-92. Tlj 11h30-18h. Plats env 30-40 NS.* Une brasserie qui marche du feu de Dieu le midi ! Plusieurs salles bourdonnantes, où habitués et employés du coin se serrent sur des banquettes en bois. Les plats peuvent sembler un peu chérot, mais c'est sans compter sur la taille des portions, qui suffisent amplement pour 2 ! Spécialité de poissons et fruits de mer, servis très frais, comme le très fin *ceviche mixto* ou encore le *pescado al ajo* (poisson à l'ail). Service virevoltant.

Wa Lok *(plan couleur I, B2, **107**) : jr. Paruro 864-878. ☎ 427-27-50. Tlj 9h-23h. Plats 20-60 NS.* C'est un peu le resto phare du quartier chinois, et l'on comprend vite pourquoi quand on y a mangé : pas de menu le midi, mais les plats à la carte, à tous les prix, sont généreux et succulents. Le classique : le canard laqué entier pour toute la famille. Pas mal de choix pour les végétariens aussi. Le week-end, le lieu est pris d'assaut et il faut parfois se démener pour attirer l'attention des serveurs...

T'anta *(plan couleur I, A-B1, **108**) : pasaje Nicolas de Rivera El Viejo 142-148. ☎ 428-31-15. Derrière la pl. Mayor. Tlj 9h-22h (18h dim). Plats env 25-40 NS.* Aux commandes de *T'anta,* il y a le célèbre Gastón Acurio, le proprio du très coté resto *Astrid y Gastón* de Miraflores. Ici, cadre de bistrot contemporain sans faire trop chic, avec terrasse couverte et chauffée bordant une allée piétonne en retrait du bruit. La cuisine y est globalement fine, inventive et légère avec, à la carte, salades, *sánguches* (sandwichs), pâtes ou plats plus cuisinés. Bons desserts aussi. D'autres *T'anta* à Miraflores et San Isidro.

À Miraflores (plan couleur d'ensemble et plan couleur II)

C'est ici que l'on trouve la plus grande concentration de restos... mais aussi de fast-foods et de cafétérias, notamment autour du *parque central,* très animé à la nuit tombée. Il y a même une rue que l'on surnomme *calle de las pizzas,* avec une enfilade de pizzerias (très touristiques et médiocres). C'est en s'éloignant un peu de ce centre de gravité que l'on trouve les bonnes adresses. Attention au portefeuille cependant, le quartier est chic et le prix des restos s'en ressent. En contrepartie, la cuisine se veut plus élaborée que dans les adresses populaires du centre. Selon le schéma classique, beaucoup offrent un menu copieux et abordable le midi (en semaine) ou des plats plus chers à la carte.

Bon marché (moins de 15 NS / env 4,50 €)

Tarboush *(plan couleur II, C4, **112**) : Oscar Benavides 358. ☎ 242-69-94. Tlj 10h-2h (23h dim). Sandwichs env 10 NS ; plats env 16-20 NS.* Minuscule café arabe avec quelques tables en terrasse face au *parque central*. On s'y sustente de salades, sandwichs, assiettes *shawarma*, *kofta* et autres *shish kebab* pour pas cher. Ça change !

De prix moyens à chic (15-40 NS / env 4,50-12 €)

Certains de ces restos proposent un menu bon marché le midi.

|●| ***Punto Azul*** *(plan couleur II, D4-5,* ***114****)* **:** *San Martín 595, angle Alcanfores. ☎ 445-80-78. Tlj sf lun, le midi 11h-16h (17h le w-e) et le soir jeu-sam 19h-minuit. Compter 20-25 NS le midi, à partir de 35 NS le soir.* Avec ses baies vitrées, ses couleurs vives et ses tables en fer forgé, cette *cevichería* a tellement de succès à midi qu'on y fait la queue dehors ! Du coup, évitez de venir entre 13h et 15h ; avant ou après, c'est mieux. Plusieurs sortes d'*arroz* à la carte, ou encore des poissons grillés, souvent accompagnés de sauces multicolores, et du *chupe de camarones*. Spécialité de *ceviches* donc, fameux ! Le soir, l'ambiance se fait plus chic et voit grimper les prix, pour une cuisine de la mer revisitée et soigneusement présentée.

|●| ***Tropicana*** *(plan couleur II, D4,* ***110****)* **:** *Schell 498. ☎ 444-56-26. Lun-sam 8h-23h, dim 10h-20h. Menu env 15 NS ; plats 20-25 NS.* Petite cantine locale décorée de bambous, de fausses plantes et de fruits tropicaux. Le midi, on fait souvent la queue pour avoir une place ! Le soir, c'est plus calme, et les tarifs grimpent en catégorie prix moyens. Cuisine *criolla*, viandes, poulet, fruits de mer et poissons, également de bonnes soupes. Sert également des petits déj costauds, sans oublier de grands jus de fruits frais. Simple et sans chichi, garanti maison.

|●| ***Pardo's Chicken*** *(plan couleur II, D4,* ***116****)* **:** *av. Benavides 730. ☎ 446-47-90. Tlj 12h-minuit. Menu env 20 NS ; plats 25-30 NS.* Bon d'accord, il s'agit d'une chaîne de restos, mais d'une chaîne très recommandable ! Le cadre, d'abord, est assez soigné. La cuisine, ensuite, est goûteuse et très copieuse. Ici, le poulet est roi : il suffit de voir ceux qui grillent à la broche, à l'entrée, pour s'en convaincre. On dévore aussi des viandes grillées et des *anticuchos*, ces brochettes de cœur de bœuf avec un tas énorme de frites croustillantes en accompagnement. Le tout servi efficacement et avec le sourire. Une vingtaine d'autres adresses à Lima, dont une au centre Larcomar, mais aussi au Chili et au Mexique.

|●| ***Costa Azul*** *(plan couleur d'ensemble,* ***133****)* **:** *Berlin 899, angle Alfredo León. ☎ 241-79-34. Tlj sf lun 13h-19h. Plats env 20-30 NS.* Dans un bâtiment simple, genre grande paillote de plage en pleine ville. Carlos, le patron, qui comprend un peu le français, pourra vous chanter *La Marseillaise* accompagné de sa guitare ! Mais le spectacle est d'abord dans l'assiette. Spécialités de la mer selon arrivage, préparées avec application, comme le *ceviche*, considéré par certains comme l'un des meilleurs du pays. Tous les jours, menu à prix avantageux ou plats à la carte. Prix très raisonnables, avec même des demi-portions pour les petites faims. Et si ça vous a plu, n'hésitez pas, comme nous, à laisser un petit commentaire... au feutre sur les murs !

|●| ***Bircher Benner*** *(plan couleur II, C4,* ***115****)* **:** *av. Larco 413, sur le parque central (entrée discrète). ☎ 242-71-49. Tlj sf dim 9h-22h (resto à partir de 12h). Menu env 18 NS ; plats env 25-30 NS.* Voici un avatar huppé du resto végétarien. Jolis plats, plutôt généreux, bien présentés et servis en nœud pap'. Au menu : des pizzas et surtout des plats internationaux ou péruviens classiques, revus et corrigés version *veggie*, comme le *ceviche* de champignons. Cadre propret aux murs couverts de dessins de piments, pastèques et autres fruits... Un petit côté rétro parfois renforcé par la bande-son. Grand choix de jus frais. Petite boutique qui vend les produits maison.

|●| ***Xin Xing*** *(hors plan couleur II par C4,* ***118****)* **:** *av. 2 de Mayo 781. ☎ 447-53-02. Tlj 12h (13h lun et ven)-23h. Compter 15 NS le midi, 20-30 NS le soir.* Une *chifa* au cadre sobre et élégant, fréquentée par la classe moyenne, dans laquelle on se presse le midi pour profiter de la carte

très variée, des assiettes généreuses et d'une cuisine goûteuse. Prix encore raisonnables.

Plus chic (40 NS et plus / env 12 €)

|●| *La Mar* *(plan couleur d'ensemble,* ***117****) : av. La Mar 770. ☎ 421-33-65. À 5 mn en taxi du centre de Miraflores. Tlj 12h-17h (17h30 ven-dim). Plats 40-60 NS.* Encore une création de Gastón Acurio, le *wonderboy* de la nouvelle cuisine péruvienne (voir « Très chic »). *Cevichería* chic, installée sous un toit de bambous façon paillote branchée, et proposant une cuisine élaborée tournée vers l'océan : raviolis noirs fourrés au crabe, *anticuchos* de saumon, ragoût de coquillages, aubergines farcies aux fruits de mer, toutes sortes de poissons et bien sûr en vedette, le *ceviche,* particulièrement réussi. Beaucoup de passage, on se serre autour de petites tables dans un joyeux brouhaha. Service efficace.

|●| *Edo Sushi Bar* *(plan couleur II, C4,* ***121****) : Berlin 601, angle Bolognesi. ☎ 243-24-48 ou 224-24-48. Lun-sam 12h30-15h30, 19h-23h ; dim 13h-16h.* Lima compte une importante communauté japonaise et bon nombre de restos de sushis. *Trendy* à souhait, celui-ci adapte les traditionnels makis et sashimis aux notes locales parfois surprenantes – comme ces drôles de sushis flambés ou nappés de crème de fromage... À déguster à table ou au comptoir, pour le spectacle. Fraîcheur garantie. *Succursale à San Isidro, calle Canaval y Moreira 575.*

|●| *Mangos* *(plan couleur II, C5,* ***122****) : malecón de la Reserva 610. ☎ 242-81-10. Dans le centre Larcomar. Tlj 8h-1h (3h le w-e). Buffet le midi env 45 NS (plus cher dim) ; plats à la carte 25-45 NS.* Son immense terrasse surplombant l'océan du haut des falaises, façon Santa Monica de l'hémisphère sud, vaut à elle seule le déplacement. On se demande un peu quand elle va tomber dans le vide, mais en attendant, on s'y entasse pour profiter des grands buffets maison...

|●| *El Señorio de Sulco* *(plan couleur d'ensemble,* ***124****) : malecón Cisneros 1470. ☎ 441-01-83. Tlj sf dim soir 12h30-minuit. Buffet le midi 90 NS (une boisson alcoolisée comprise) ; plats à la carte 30-75 NS.* Cuisine péruvienne contemporaine, à l'image du cadre. Demander une table avec vue sur la mer. On y vient pour le buffet de midi ou pour manger à la carte le soir. Cher, quelle que soit la formule, mais vraiment très fin. Accueil et service de haute volée.

|●| *La Rosa Nautica* *(plan couleur II, C5,* ***125****) : espigón 4, circuito de playas, en bas des falaises, le long de la voie rapide. ☎ 445-01-49. Pour s'y rendre, prendre un taxi. Tlj 12h-minuit. Résa conseillée. Plats env 50-70 NS.* Immense resto construit sur pilotis au bout d'une jetée, dans le style Brighton 1900. Décor luxueux, raffiné, plein de recoins avec vue plongeante sur les flots, dont on entend le doux ressac. Une adresse prisée et assez touristique, même si la cuisine est chèrement facturée (on paie avant tout le cadre). Service impeccable.

Très chic (150 NS et plus / env 45 €)

|●| *Astrid y Gastón* *(plan couleur II, D4,* ***120****) : Cantuarias 175. ☎ 242-44-22. • astridygaston.com • Tlj sf dim 12h-15h, 19h30-23h. Compter 150 NS le repas complet (sans le vin).* Le meilleur restaurant de Lima, classé aussi parmi les 50 meilleurs restos du monde ! Il faut dire que son proprio n'est autre que le médiatique Gastón Acurio, considéré comme le meilleur chef d'Amérique latine, qui a fait ses classes à Paris. Inauguré un 14 juillet 1994, le lieu fut d'ailleurs d'abord un restaurant français, avant de proposer une cuisine « néo-andine » de très haute volée, exécutée avec les meilleurs produits du marché. Ambiance décontractée dans une salle élégante au plancher brut, accueil et service sans reproche. Une véritable expérience que de venir dîner ici. Mais attention : si vous n'avez pas réservé au moins 2 ou 3 semaines à l'avance, vous serez condamné à vous installer au comptoir, et encore, si vous y trouvez un strapontin !

À Barranco
(plan couleur III)

De nombreux restos et bars ont poussé à Barranco, surtout dans la rue qui passe sous le très romantique *puente de Suspiros* – où les rabatteurs proposent des plats à 15 à 20 NS avec *pisco* offert. À vrai dire, ce n'est pas à cet endroit précis que vous mangerez le mieux, mais le cadre est magique avec ses terrasses, sa musique locale et sa bonne ambiance. Pas mal de bonnes adresses sinon, ailleurs dans le quartier, mais rarement bon marché, clientèle bobo oblige.

Prix moyens (15-25 NS / 4-50-7,50 €)

|●| ***Cafe cultural Expreso Virgen de Guadalupe*** *(plan couleur III, F7, **128**)* : *av. prolong. San Martín 15A. ☎ 252-89-07. Tlj 9h-2h. Buffet le midi env 16-18 NS ; le soir, on paie le couvert.* Un endroit singulier que ce resto intime installé dans un ancien wagon 1re classe de 1870, l'un des premiers à avoir été acheminé au Pérou. On le conseille pour son buffet végétarien du midi, pas mauvais du tout, que l'on consomme au son du piano. Le soir, c'est plutôt pour boire un verre, mais on peut aussi y grignoter un sandwich ou une part de pizza.

|●| ***El Tío Mario*** *(plan couleur III, F6-7, **119**)* : *jr. Zepita 214. ☎ 477-03-01. Tlj sf dim 17h-1h. Plats à partager 20-30 NS.* On se presse le soir en famille ou entre amis dans cet immense grill vitré, dressé sur 3 niveaux au-dessus du pont des Soupirs. La maison a bien grandi depuis l'époque où, dans les années 1980, l'oncle Mario trimballait sa roulotte dans les rues. Désormais, on fait parfois la queue dehors, mais la formule, elle, est restée peu ou prou la même : des brochettes d'*anticuchos* – cœur de bœuf mariné –, des *papas* et du *choclo* (maïs), qu'on commande en assortiment pour toute la table avec, pour faire glisser, de la *chicha morada* en jarre d'1 litre. De quoi se taper un bon gueuleton de viandard, populaire et revigorant, dans une ambiance bon enfant.

De chic à plus chic (25-40 NS et plus / env 7,50-12 €)

|●| ***Canta Rana*** *(plan couleur III, F6, **131**)* : *Genova 101. ☎ 247-72-74. Dim-lun 11h-18h, mar-sam 11h-23h. Plats 30-45 NS.* Un vrai musée du foot couvert de fanions et écharpes de supporters, dans une salle au vieux carrelage et tables en bois, pleine de caractère. Un cadre popu donc, pour des prix qui ne le sont pas franchement, dommage. On profitera tout de même d'une cuisine familiale de bien bon aloi, avec toujours un copieux plat du jour et des spécialités de poisson. Bon accueil.

|●| ***Antica Trattoria*** *(plan couleur III, F6, **130**)* : *av. prolong. San Martín 201, angle Alfonso Ugarte. ☎ 247-34-43. Tlj 12h-minuit. Plats 35-45 NS (+ couvert 5 NS/pers).* Des casseroles, des tonneaux, des jarres et des tables rustiques en bois forment le décor de cette véritable trattoria. Les habitants de Lima s'y régalent et considèrent l'adresse comme la meilleure pizzeria de la ville, rien de moins ! En effet, grand choix d'excellentes pizzas et de pâtes, garantis maison. Atmosphère très agréable. Parfait pour un dîner aux chandelles...

|●| ***La 73*** *(hors plan couleur III par F6, **129**)* : *av. El Sol Oeste 175 (rue perpendiculaire à l'av. Grau). ☎ 247-07-80. Tlj 12h-minuit (22h dim). Plats 35-50 NS.* À 10 mn à pied du *parque municipal*, l'une des bonnes tables de Barranco. Accueil chaleureux et cadre agréable de bistrot d'aujourd'hui, à la fois chic et relax, avec bouteilles de vin sagement alignées sur les murs. Au menu, une très bonne – et inventive – cuisine péruvienne contemporaine, présentée sur une courte carte qui évolue au fil des saisons. Terrasse.

|●| Voir aussi le ***Rustica*** *(plan couleur III, F7, **160**)* décrit plus loin dans « Où boire un verre ? Où sortir ? ».

À San Isidro et San Borja (plan couleur d'ensemble)

Prix moyens (15-25 NS / env 4,50-7,50 €)

|●| **Balthazar** (plan couleur d'ensemble, **136**) : *av. Canaval y Moreira 308. ☎ 441-23-49. Tlj 7h-23h (22h sam, 16h dim). Sandwichs et salades 15-25 NS ; buffet ven et sam 17h-21h 30 NS ; brunch dim 40 NS.* Dans un cadre moderne avec une belle mezzanine, un resto-salon de thé un peu chic et bien agréable. On y vient autant pour manger un sandwich ou l'une de leurs appétissantes quiches que pour déguster une pâtisserie ou une glace dans l'après-midi.

De chic à plus chic (25-40 NS et plus / env 7,50-12 €)

|●| ***Segundo Muelle*** (plan couleur d'ensemble, **135**) : *av. Canaval y Moreira 605, à l'angle de Carriquiry. ☎ 717-99-98. Tlj 12h-17h. Plats 35-50 NS.* Une adresse prisée par les habitants du quartier, qui y affluent le midi. Poissons et produits de la mer préparés de toutes les manières possibles : *ceviches* (excellents), grillades de fruits de mer au risotto de légumes, crème de crabe, *piquante de mariscos*, sushis, *piqueos* – toujours de fruits de mer – chauds ou froids... Le tout est copieux et bien présenté, servi dans une salle à la déco contemporaine.

LIMA

Où prendre un café ? Où manger une pâtisserie ? Où s'offrir une glace ?

☕ ***News Café*** (plan couleur II, C-D4, **154**) : *av. Larco 657, à Miraflores. Tlj 7h-23h.* Minuscule café urbain où feuilleter la presse internationale autour d'une pâtisserie et d'un cappuccino. On y trouve en général *Le Monde* et *Le Figaro* avec seulement 1 à 2 jours de retard.

☕ ***Pastelería San Antonio*** (plan couleur II, D5, **138**) : *av. Vasco Núñez de Balboa 770, à Miraflores. Tlj 7h-22h45.* Du *cafecito* du matin au 5 à 7 entre bourgeoises liméniennes, l'adresse ne désemplit pas. Fondée en 1959, la pâtisserie a essaimé dans toute la ville, avec désormais 4 autres établissements. Les prix des pâtisseries sont plus européens que péruviens, les fromages des sandwichs sont d'importation, mais les *empanadas* restent bien locales et très abordables. Également des œufs pour le petit déj, des salades le midi et des glaces à toute heure du jour.

🍦 ***Pinkberry*** (plan couleur II, C4, **124**) : *av. Oscar Benavides 334, à Miraflores. Tlj 12h-minuit. Glaces env 7-19 NS selon taille et garniture.* En bordure du parque Kennedy, une micro-terrasse précède une salle aseptisée aux couleurs acidulées. *Smoothies* bio et bien onctueux, ou coupes de glace à confectionner à son goût, garnies de multiples assortiments (fruits, bonbons, chocolats, meringue) disposés dans de petits bacs, comme dans une mercerie. L'adresse fait partie d'une chaîne qui compte de nombreux autres points de vente en ville.

Où boire un verre ? Où sortir ?

Dans le centre (plan couleur I)

Plusieurs bars et lieux nocturnes très animés en fin de semaine autour de la plaza San Martín, située à cinq *cuadras* au sud de la plaza Mayor. Le reste du centre est plus calme.

🍷 ♫ ***Estadio Futbol Club*** (plan couleur I, A2, **151**) : *pl. San Martín, entre jr. de La Unión et Carabaya. ☎ 427-96-09. Tlj 12h30-23h (minuit jeu, 3h ven-sam, 18h dim).* Vous l'avez deviné, ce bar calé sous les arcades de la plaza San Martín est dédié au foot-roi : des mannequins de footballeurs plus vrais que nature sont installés aux tables et une photo géante du stade de Wembley accompagne les centaines de fanions, écussons et écharpes des grands clubs. Pour couronner le tout, chaque siège est estampillé au nom d'une star du ballon rond (cherchez Thuram ou Blanc !). Tous les matchs, importants ou non, y sont retransmis sur écrans géants. Les vendredi et samedi, le sous-sol se transforme en discothèque dès 20h. On peut aussi y manger, la cuisine ne se défend d'ailleurs pas trop mal, à condition de faire les bons choix parmi une carte évoquant, bien entendu, avec la planète football.

🍷 ♫ ***Yacana*** *(plan couleur I, A2, **152**) : jr. de La Unión 892. ☎ 427-78-97. Ven-sam slt, à partir de 19h. Entrée : 8-10 NS.* Au 2ᵉ étage d'un bâtiment lépreux, un endroit un peu trash et souvent bondé, abreuvé de punk-rock, new wave, indie et musique des années 1980 et 1990. 5 étages plus haut se trouve le ***Bar Mirador,*** tout aussi fréquenté le week-end (entrée payante là encore). Vue plongeante sur la plaza San Martín... et du rock un poil plus soft.

🍷 ♩ ***Brisas del Titicaca*** *(plan couleur I, A3, **153**) : Walkuski 168-170. ☎ 715-69-60 ou 61. • brisasdeltiticaca.com • De la pl. Bolognesi, descendre un petit bout de l'av. Brazil et 1ʳᵉ rue à gauche ; c'est à 50 m. Spectacle mar-mer 21h-minuit, jeu 22h-1h30, ven-sam 22h-2h. Entrée : env 30-50 NS.* C'est l'association culturelle, à Lima, de ceux qui sont originaires du Titicaca. Ils organisent des spectacles folkloriques (assez kitsch) en soirée, avec en plus un dîner-spectacle les vendredi et samedi après-midi (environ 30 NS par personne).

🍷 Voir aussi le ***Bar Queirolo*** *(plan couleur I, A2, **150**)* et ***Aires Peruanos*** *(plan couleur I, A2, **101**)*, décrits plus haut dans « Où manger ? ».

À Miraflores (plan couleur II)

Avec Barranco, c'est le quartier de Lima qui bouge le plus le soir, notamment autour du *parque central,* noir de monde en fin de semaine.

🍷 ***Café Haiti*** *(plan couleur II, C4, **157**) : Diagonal 160. ☎ 445-05-39. Ouv 7h-3h.* Face au parc, c'est l'un des grands classiques du quartier, ouvert en 1952. Et rien ne semble avoir bougé depuis, ni la déco vintage ni les serveurs en nœud pap' et veston. On peut y manger et boire de tout, à toute heure ! Terrasse au bord de l'avenue.

🍷 ***Café La Máquina*** *(plan couleur II, D4, **155**) : Alcanfores 323. ☎ 243-87-07. Tlj 12h (17h dim)-1h (23h dim), voire plus tard.* Mi-bar contemporain, mi-galerie d'art, la maison surfe entre style épuré et déco insolite, dans un bel esprit intello-branché. À peine quelques tables, et un long comptoir collé contre le mur. De la bonne musique surtout, plein de cocktails, de quoi manger sur le pouce, et des dizaines de *Rubik's Cubes* pour s'arracher les cheveux.

🍷 ***Huaringas Bar*** *(plan couleur II, C4, **166**) : av. Bolognesi 460. ☎ 467-52-10. Tlj sf dim 19h-2h30.* L'un des bars chic les plus courus de la ville. Décor ethnique branché et ambiance *lounge* sur 4 niveaux, clientèle sur son trente-et-un. Excellents cocktails à base de *pisco,* et pour les petites faims, des *piqueos criollos* ou fusion. Le week-end, c'est plein comme un œuf !

🍷 ♩ ***Jazz Zone*** *(plan couleur II, D4, **158**) : av. La Paz 646. ☎ 241-81-39. • jazzzoneperu.com • Tlj sf dim, à partir de 19h30. Entrée : env 15-40 NS selon groupe.* Un bon endroit pour écouter du jazz à Lima. Jam-session le lundi. Les autres jours, place aux formations (2 par soir). Certains de nos lecteurs spécialistes trouvent l'endroit trop classique, mais les simples amateurs apprécieront. Parfois des invités plus musiques du monde également.

🍷 Pour se jeter une mousse, on peut aussi aller du côté de la ***cuadra 3 de la calle Berlin*** *(plan couleur II, C4, **156**).* S'y alignent à touche-touche une demi-douzaine de bars de poche prolongés d'un bout de terrasse, sur lesquelles s'entassent comme dans une micro « rue de la soif » les jeunes touristes mêlés de *Limeños.* Sur place aussi de quoi casser la croûte.

🍷 ♫ On peut également mettre le cap

LIMA

sur le cliquant centre commercial ***Larcomar,*** perché sur les falaises dominant la mer, tout au bout de l'avenida Larco. Noyés au milieu des boutiques de grandes marques et des chaînes de fast-food, on y trouve quelques restos dont la terrasse vaut bien une escale, comme le ***Mangos*** (*plan couleur II, C5,* ***122*** ; voir « Où manger ? À Miraflores »), ainsi que les 2 plus grosses boîtes du quartier, ***Gótica*** et ***Aura,*** ouvertes en fin de semaine (entrée 50 NS). Autre option, le ***Mamá Batata*** *(lun-sam 20h-3h),* qui propose des soirées différentes tous les jours (rock, salsa, électro...). Ou encore, pour une sortie plus pépère, un bowling, un cinéma (films américains en v.o. sous-titrée), et même un théâtre.

LIMA

À Barranco (plan couleur III)

Quartier très animé le soir, bonnes vibrations. Des lieux se créent régulièrement, fréquentés par une clientèle jeune et assez branchée. Pour écouter de la musique *en vivo,* c'est ici qu'il faut venir. Sur le *bulevar* – en fait une rue piétonne –, bars et discothèques au coude à coude.

La Posada del Mirador *(plan couleur III, E6-7,* ***164****) : Ermita 104. ☎ 256-17-96. Prendre le puente de Suspiros puis le chemin à gauche de l'église. Tlj 13h-minuit (3h le w-e).* Pub touristique juché au sommet de la falaise face au Pacifique ; on ne peut plus romantique. Terrasse et salle en bois toute vitrée au 1er étage, comme posée sur l'océan. Bien sûr, on profite mieux de cette situation en journée. Fait aussi resto.

Ayahuasca Bar *(plan couleur III, F6,* ***165****) : prolong. San Martín 130. Tlj sf dim 20h (17h jeu-ven)-3h.* L'endroit le plus original qu'on ait vu à Lima ! Immense manoir classé de 1875, abritant un bar-resto à la déco déjantée évoquant la culture inca, comme ces bermudas de coton qui pendent au-dessus de l'un des 6 comptoirs... La liste de cocktails proposés est l'une des meilleures de la capitale, avec des boissons à base de *pisco* mélangé à des fruits amazoniens ou des feuilles de coca. En fin de semaine, quand le lieu fait le plein, ils ouvrent aussi l'espace en sous-sol, multipliant les salles aux couleurs pétantes. Étonnant !

Café cultural Posada del Angel : ***Posada I,*** *av. Pedro de Osma 164 (☎ 247-03-41) ;* ***Posada II,*** *av. Pedro de Osma 218 (☎ 251-37-78) ;* ***Posada III*** *(plan couleur III, F6,* ***159****), av. prolong. San Martín 157 (☎ 247-55-44). Tlj sf dim 7h-3h.* 3 lieux proches les uns des autres où la déco à l'anglaise rivalise d'originalité. Cabines téléphoniques, tables dépareillées, fauteuils clubs, vases et lustres créent une atmosphère « comme à la maison ». Ces *cafés culturales* proposent de la musique *en vivo* tous les soirs à partir de 21h30 : *trova* et rythmes latino-américains. Atmosphère chaleureuse et clientèle hétéroclite.

Voir aussi le ***Cafe cultural Expreso Virgen de Guadalupe*** *(plan couleur III, F7,* ***128****),* décrit plus haut dans « Où manger ? ».

Rustica *(plan couleur III, F7,* ***160****) : parque municipal 107. ☎ 247-93-85. Tlj jusqu'à 1h (3h jeu-sam). Buffet criollo (12h30-16h) 40 NS.* Resto-bar tout en bois très animé, avec profusion de plantes et d'arbres, dressés à l'intérieur même de la salle ! Le midi, on y sert un intéressant buffet proposant toute la gamme de plats péruviens, notamment la fameuse *chicha morada.* Le week-end, quand l'endroit se mue en discothèque, les serveurs assurent non seulement le service, mais aussi le spectacle !

El Keko *(plan couleur III, F7,* ***161****) : av. Grau 266. ☎ 256-16-10. Jeu-dim 19h-3h.* Un rade de poche, intime, avec son comptoir collant, ses rares tables en bois, et sa petite scène où viennent se produire quelques-uns des groupes underground de Lima (à partir de 21h). Dans son genre, une excellente adresse. On peut aussi y manger.

La Estación de Barranco *(plan couleur III, F7,* ***162****) : av. Pedro de Osma 112. ☎ 247-03-44. • laestaciondebarranco.com • Ven-sam 20h-3h ; parfois aussi d'autres soirs. Entrée : 20-50 NS.* Grande salle de spectacles plutôt plaisante où se tiennent de bons concerts de flamenco, rock, pop, etc. Également des spectacles comiques (stand up...). Vu le droit d'entrée, la clientèle est plutôt chicos, style jeunes gens de bonne famille, mais l'atmosphère reste bon enfant, pas du tout pesante. Possibilité de se restaurer.

🍷 ♩ ***La Noche*** *(plan couleur III, F6,* ***163****) :* *Bolognesi 307.* 📱 *998-33-87-73 ou 247-10-12.* ● *lanoche.com.pe* ● *Tlj sf dim, à partir de 21h-22h.* Le rendez-vous des étudiants de Lima. D'un côté le bar, très agréable, de l'autre un espace musical pour les concerts qui ont lieu dès 23h (accès payant). Une très bonne adresse pour un soir.

Achats

Dédalo *(plan couleur III, E6,* ***180****) :* *av. Sáenz Peña 295,* ***Barranco.*** ☎ *652-54-00.* ● *dedaloarte.blogspot.fr* ● *Lun-sam 10h-20h, dim 11h-19h.* Situé dans une charmante demeure coloniale, avec un adorable petit café dans la cour, ce magasin propose un bel éventail de la création contemporaine péruvienne, qui s'inspire le plus souvent de la tradition. Joliment présentés, dans un dédale de pièces, vous trouverez ici des cadeaux originaux de belle facture (notamment les textiles et les bijoux). Bien sûr, la qualité se paie, mais certains articles restent abordables et il y en a un peu pour tous les budgets.

Artesania Santo Domingo *(plan couleur I, A-B1,* ***181****) :* *plazuela Santo Domingo, sur jr. Conde de Superunda, en face du couvent de Santo Domingo, au* ***centre-ville.*** *Tlj 10h-22h.* Comme son nom l'indique, c'est un centre artisanal. Pas mal de pacotilles cependant, prendre le temps de fouiner – et négocier un peu les prix – avant de faire son choix. Il y en a un autre jirón Callao et Camaná, près de la plaza Mayor.

Mercado Indio's *(plan couleur II, D4,* ***182****) :* *av. Petit-Thouars 5245,* ***Miraflores.*** Beaucoup de tissages, lainages, argenterie, cuir, tableaux... Intérêt limité et prix élevés. D'autres marchés artisanaux, très touristiques, s'alignent sur Petit-Thouars, jusqu'aux n°s 5400 inclus.

Agua y Tierra *(plan couleur II, D4,* ***183****) :* *Diez Canseco 298, à l'angle avec Alcanfores,* ***Miraflores.*** ☎ *444-69-80. Lun-ven 10h-14h, 15h-20h ; sam 10h-18h.* Artisanat de la forêt amazonienne, notamment des tissus et céramiques. Voir également, en expo, un incroyable retable bariolé d'Ayacucho, peuplé de centaines de personnages.

Mercado ecológico *(plan couleur II, D4-5,* ***184****) :* *sam mat sur 15 de Enero, contre le parque Reducto, à* ***Miraflores.*** C'est le marché des bobos liméniens qui mangent bio. Un bon plan pour acheter du quinoa, du miel, du café, du pain, des fruits et légumes (maïs violet, radis géants !), du fromage de chèvre frais, de la farine de *kiwicha* (amarante), de la *maca* (contre l'ostéoporose), du *sangre de grado* (résine rouge d'un arbre amazonien aux vertus cicatrisantes), des bonbons à la coca, des infusions de *yacón* (pour l'oncle diabétique) et bien d'autres produits qui pourront aussi se transformer en cadeaux originaux.

À voir

Côté architecture, seul le centre – et dans une moindre mesure Barranco – présente un réel intérêt. Lima compte par ailleurs de nombreux musées, mais dispatchés aux quatre coins de l'agglomération. Mieux vaut donc faire des choix, pour ne pas perdre de temps dans les transports ni gonfler le budget taxi. On peut télécharger gratuitement sur son mobile divers circuits audioguidés de la ville, via le site ● *audioguias.peru.travel* ● Disponible en espagnol et anglais (extension prévue en français).

Dans le centre *(plan couleur I)*

Les séismes n'ont pratiquement rien laissé des constructions de la période s'écoulant depuis la fondation de Lima, en 1535, jusqu'à 1746, date du dernier

LIMA

grand tremblement de terre. Architecturalement, la ville présente un caractère indéniablement décousu. Il est de bon ton de dénigrer le *centro.* C'est un peu injuste : on devine derrière certaines façades crasseuses des petits bijoux d'architecture coloniale, à commencer par les nombreux balcons en encorbellement. Derrière la saleté et l'aspect délabré bouillonne une vie intense, engendrant, en journée, une activité bourdonnante. Myriades de commerces, trottoirs bondés de petits vendeurs, de cireurs de chaussures, d'employés de bureau en cravate. Tintamarre de la circulation, aussi. De quoi rendre le vieux Lima tout à la fois passionnant et épuisant. Qu'à cela ne tienne, le centre historique a été déclaré Patrimoine de l'humanité par l'Unesco. Demandez aux vautours qui habitent les clochers de la cathédrale ce qu'ils pensent d'une telle distinction !
En bordure nord du centre, de l'autre côté du *río* éponyme s'étend le quartier de *Rímac* qui fut, autrefois, l'un des quartiers huppés de Lima. Deux ou trois choses intéressantes à y voir (mais balade de nuit exclue).

➢ Pour se rendre au centre depuis Miraflores, le plus simple est de prendre le *Metropolitano* (voir « Transports à Lima » en début de chapitre), jusqu'à l'arrêt *Jirón de La Unión* (Ruta C) – le plus proche de la plaza Mayor –, ou *España* (Ruta B), près du parque de la Exposición. À défaut, bus affichant « Todo Arequipa » par exemple. Ou encore le taxi, pour env 20-25 NS.

LIMA

🎥🎥 ***Plaza Mayor*** *(plan couleur I, B1)* **:** entièrement rénovée en 1997, elle se pare d'un ordonnancement d'édifices néocoloniaux remarquable. À l'ouest, la *Municipalidad (cabildo)* date de 1945 et, au nord, le *palacio de Gobierno* a été construit dans les années 1920 (là même où s'élevait la *casa de Pizarro,* ou palais des vice-rois du Pérou). C'est aujourd'hui la résidence du président. Chaque jour, à 12h, derrière un imposant (et inutile) service d'ordre, s'y tient la ***relève de la garde,*** haute en couleur et en musique (belle fanfare). Au centre de la place, enfin, à l'ombre des palmiers royaux, jetez un coup d'œil à la fontaine de bronze, datant de 1650. Une statue équestre de Pizarro, qui se dressait jadis ici, a été transférée près de l'ancienne gare Desamparados, au *parque de la Muralla.*

🎥🎥 ***Catedral*** *(plan couleur I, B1)* **:** *pl. Mayor. Lun-ven 9h-17h, sam 10h-13h. Entrée : 10 NS (visite guidée incluse). Billet combiné avec le palais de l'archevêché : 30 NS.*
Un sanctuaire fut édifié à cet emplacement dès la fondation de Lima, mais l'édifice actuel fut construit après le tremblement de terre de 1746. Les piliers de bois empêchèrent les séismes suivants de trop l'endommager.
À droite en entrant, la chapelle décorée d'une mosaïque illustrant l'arrivée des Espagnols au Pérou abrite le ***cénotaphe de Francisco Pizarro.*** À l'intérieur : une boîte découverte en 1980 dans un mur de la cathédrale, renfermant les restes de la tête du conquistador... décapité à Lima le 25 juin 1541 par son rival Diego de Almagro. Imposantes stalles du chœur, encadrées de deux chaires sculptées.
Au fond de la cathédrale, à gauche, un ***musée d'Art religieux.*** Collections de chasubles brodées d'or, statuaire de bois polychrome, peintures sur verre. À noter aussi, un intéressant tableau dans la grande sacristie : *La Dynastie des Incas* ; superbe mobilier, secrétaires marquetés, placards sculptés, objets cultuels incrustés de nacre, christ en ivoire, peintures de l'école de Cuzco. Dans la salle du chapitre, au fond, sont exposés les portraits des archevêques de Lima. Le long des nefs, quelques chapelles richement décorées derrière leur grille de bois ciselé. Sous l'autel, enfin, se trouve le panthéon (où reposent archevêques, cardinaux et vice-rois) et, sous ce panthéon, un cimetière d'enfants (ceux de la noblesse)... d'où part un passage souterrain (aujourd'hui fermé) qui conduit au palais du gouvernement et aux catacombes du couvent de San Francisco.

🎥🎥 ***Palacio Arzobispal*** *(plan couleur I, B1)* **:** *à gauche de la cathédrale.* ☎ *427-57-90.* • *palacioarzobispaldelima.com* • *Lun-sam 9h-17h. Entrée : 30 NS (inclut l'entrée à la cathédrale), visite guidée (en anglais ou espagnol) comprise ; réduc.*
Superbe façade baroque ornée de balcons en bois sculpté et ajouré. Le palais

de l'archevêché (qui fonctionna comme tel jusqu'en 2009) abrite une trentaine de salles où est exposée une partie importante du patrimoine artistique religieux péruvien. Il fut reconstruit en 1924 (comme le palais du gouvernement) mais ses origines sont aussi anciennes que la ville elle-même. On peut y admirer quelques remarquables pièces, comme, dans la chapelle à l'étage, un retable du XVIIIe s couvert de feuilles d'or, ou encore un reliquaire en argent renfermant des restes du crâne de Toribio de Mogrovejo, un saint du XVIe s (qui transcrivit le catéchisme en quechua et en aymara). Une belle visite, du moins pour ceux que le sujet ne laisse pas de marbre (!).

Casa de la Literatura peruana *(plan couleur I, B1)* **:** *jr. Ancash 207. • casadelaliteratura.gob.pe • Visite guidée tlj sf lun 10h30-19h. GRATUIT.* Établie dans l'ancienne ***gare de Desamparados,*** qui fut créée en 1851 en même temps que la première ligne de chemin de fer en Amérique du Sud, reliant le port de Callao avec la ville de Lima. Y jeter un coup d'œil pour sa magnifique verrière, son patio à colonnades et visiter les expos temporaires consacrées aux écrivains péruviens et latino-américains.

Museo de Sitio Bodega y Quadra *(plan couleur I, B1)* **:** *juste à coté de la gare de Desamparados, jr. Ancash 213. ☎ 428-16-44. Tlj sf lun 9h-17h. Visite guidée en espagnol ttes les heures 10h-16h, sf à 13h. GRATUIT.* Réaménagées pour la visite, ces ruines de la maison Bodega y Quadra – une famille noble espagnole – témoignent modestement de l'évolution des styles architecturaux à Lima, au gré des modes et des tremblements de terre. On circule dans une petite zone archéologique, où ont été remontés pans de murs, arches et soubassements. Au fond, un mur-digue, qui protégeait la maison des débordements du fleuve Rímac. Pour compléter la visite, quelques salles présentent des objets usuels, porcelaines et céramiques retrouvés au cours des fouilles. Quelques objets religieux également, puisque le lieu abrita un temps une église jésuite, dont il ne reste rien.

Basílica y convento de San Francisco de Asís *(plan couleur I, B1)* **:** *pl. San Francisco, angle jr. Ancash et jr. Lampa. ☎ 719-71-88. • museocatacumbas.com • À 2 cuadras au nord-est de la pl. Mayor. Entrée libre dans les églises, tlj 7h-11h, 16h-20h. Musée-monastère et catacombes ouv tlj 9h30-17h30. Entrée : 7 NS ; réduc. Visite guidée obligatoire (env 40 mn) en espagnol ou en anglais incluse.*

Voici l'un des ensembles coloniaux les mieux préservés de Lima. De gauche à droite : la petite *église de la Soledad,* le *monastère,* puis l'*église San Francisco,* à l'harmonieuse façade encadrée de deux clochers à moulures et niches... peuplées de pigeons. Elle date d'après le séisme de 1656, mais a remarquablement résisté à celui de 1746. À l'intérieur, profusion de chapelles latérales aux statues en bois polychromes baroques – à commencer par celle de saint Judas Tadeo, patron des travailleurs et des impossibles (!), recouverte d'argent. On remarque aussi la chapelle de San Diego de Alcalá : ce n'est pas la représentation du Christ agonisant dans son lit entouré de Joseph et de Marie, mais celle du saint mourant chez lui en Espagne (les artisans lui ont donné les traits de Jésus).

La visite du ***monastère*** est obligatoirement guidée. Elle commence par l'étage, que l'on atteint par un grand escalier coiffé d'une coupole de bois de style mudéjar. Superbe bibliothèque, aux galeries desservies par deux jolis escaliers en colimaçon (XVIIe s). Elle renferme plus de 25 000 volumes du XVIe au XXe s. Incursion ensuite dans la tribune du chœur de l'église pour admirer ses stalles sculptées en cèdre et son imposant lutrin rotatif du XVIIe s. On redescend pour découvrir un cloître aux murs couverts d'azulejos sévillans de 1620 et aux plafonds à caissons en bois sculpté, de style mudéjar. On n'y compte pas moins de cinq fontaines, représentant les cinq stigmates de saint François d'Assise. Dans la salle capitulaire (restaurée), une frise conte les voyages de Francisco Solano, missionnaire franciscain mort au Pérou au XVIe s, puis canonisé. Dans la *sala des Andas,* un autel processionnaire de 150 kg en argent... Il faut bien toute la foi des croyants

pour le transporter, à grand renfort de sueur, le 1er dimanche de novembre ! Dans la pinacothèque, tableaux de l'école de Rubens figurant la passion du Christ, et ostensoir de Cuzco en argent et bronze doré, incrusté de pierres précieuses. Dans le réfectoire, intéressante *Cène* du jésuite Diego de la Puente, avec un buffet de produits péruviens parmi lesquels figure un *cuy* (cochon d'Inde) ! On passe ensuite dans la grande sacristie, ornée elle aussi d'une profusion de dorures, de toiles et de bois polychromes représentant les saints martyrs de l'ordre franciscain.
Enfin viennent les ***catacombes*** (en fait plutôt des fosses communes) découvertes en 1943. On estime que les restes de 25 000 personnes y ont été entassés depuis le XVe s jusqu'au XVIIIe s.

☺☺ ***Casa de Aliaga*** *(plan couleur I, B1) : jr. de La Unión 224. ☎ 427-77-36. • casadealiaga.com • Tlj 9h-16h30. Entrée : 30 NS.* La demeure la plus ancienne de la ville (1535) est toujours habitée par la même famille, descendant de l'un des proches lieutenants de Pizarro. Largement reconstruite après le séisme de 1746, elle s'organise autour d'une cour à balcon en bois ornée d'azulejos et ombragée par un vieux ficus. Superbe plafond à caissons de bois tropical dorés à la feuille. Le mobilier, lourd et sombre, est essentiellement baroque et néoclassique (d'influence française).

☺ ***Casa de la Gastronomía*** *(plan couleur I, B1) : jr. Conde de Superunda 170, entre le couvent Santo Domingo et le palacio de Gobierno. Tlj sf lun 9h-17h. Entrée : 3 NS.* Un petit musée sur l'histoire de l'alimentation humaine au Pérou. On y apprend, sans surprise, que l'aliment de base des Incas était le maïs, suivi (de peu) par la pomme de terre. Panneaux illustrés passant en revue les aliments sacrés, les modes de cuisson (sous terre, avec des pierres bouillantes), les denrées d'origine européenne (fèves, blé, lentilles...), ainsi que les différentes spécialités régionales. Sans oublier la première brasserie (1863), le début de l'engouement pour le poulet rôti (dans les années 1950) et les différentes influences étrangères sur la cuisine péruvienne.

LIMA

☺☺ ***Basílica y convento de Santo Domingo*** *(plan couleur I, A-B1) : jr. Camaná 170, angle jr. Conde de Superunda. • conventosantodomingolima.org • Tlj 9h30-17h30 (clocher 11h-16h). Entrée du couvent : 7 NS ; réduc.*
En 1540, à la demande de Charles Quint, le pape Paul III envoie à Lima un fragment de la Vraie Croix du Christ. Pour l'accueillir, Pizarro fait élever une chapelle sur le terrain qu'il vient d'offrir à l'ordre des dominicains, à 100 m de la plaza de Armas. Quelques années plus tard (1551), le monastère, en pleine expansion, accueille la première université d'Amérique latine. Les bâtiments sont terminés à la fin du XVIe s. Manque de chance, le séisme de 1609 oblige à recommencer, puis celui de 1687 et, encore, celui de 1746... Au gré des destructions, l'ensemble se transforme, prenant la physionomie qu'on lui connaît aujourd'hui. Quelque 12 moines y vivent encore, soit 20 fois moins qu'autrefois.
Dès l'entrée, la majesté des lieux s'impose, avec ce splendide plafond en bois de cèdre du Nicaragua, constitué de 3 000 pièces assemblées. Des 12 cloîtres et patios que compta le complexe, il en reste cinq, dont deux sont accessibles. Les murs du cloître principal sont recouverts de superbes azulejos du XVIIe s. Au fond, la salle capitulaire s'orne d'un ensemble de peintures et d'un arbre généalogique de l'ordre dominicain. La grande chaire (XVIIe s), à gauche, était utilisée par les étudiants qui venaient y présenter leur thèse, sous le regard du vice-roi installé au balcon. Seules trois disciplines étaient enseignées : la théologie, la grammaire et la philosophie.
Un escalier descend dans une crypte entièrement recouverte d'azulejos aux motifs indiens. C'est ici que repose santa Rosa de Lima, première sainte d'Amérique, canonisée en 1671, patronne de la ville, du pays et de tout le Nouveau Monde (!). Sa fête, célébrée le 30 août, est l'occasion de grandes processions et réjouissances. Dans la crypte, on peut aussi voir un puits, aujourd'hui condamné : quelque 150 religieux y ont été inhumés au fil du temps.

Lui aussi très vénéré, san Martín de Porres repose dans une chapelle rococo, au fond du second cloître. Fils d'un noble espagnol et d'une esclave noire émancipée, infirmier de profession, il était réputé pour ses guérisons miraculeuses. Le balai qu'il tient est un symbole d'humilité.
Ne manquez pas, enfin, de jeter un coup d'œil à la grande bibliothèque. Parmi ses 25 000 volumes, quelques incunables et des documents en quechua.
L'église, néoclassique, compte une vingtaine d'autels latéraux. Les crânes de sainte Rosa et saint Martín de Porres y sont conservés.

Casa de Osambela *(casa de Oquendo ; plan couleur I, A1)* **:** *jr. Conde de Superunda 298, face angle jr. Caylloma. ☎ 427-79-87. Visite gratuite possible sur rdv (frapper au portail), lun-ven 9h-12h45, 14h-17h.* Bâtie sur l'ancien noviciat dominicain détruit par le séisme de 1746, elle fut achevée vers 1803-1805. Inhabituel dans la mesure où sa façade rococo épouse la longueur de la rue, l'élégant édifice bleu est greffé de cinq balcons en bois et d'une sorte de mirador octogonal. Le premier proprio de la maison, un banquier espagnol, observait, dit-on, l'arrivée des navires dans le port de Callao depuis ce poste de vigie... La *casa de Osambela* abrite aujourd'hui un centre culturel.

Iglesia de San Agustín *(plan couleur I, A2)* **:** *angle jr. Ica et jr. Camaná. ☎ 427-75-48. Lun-sam 8h-19h ; dim 9h-11h, 19h-20h.* Consacrée en 1574, plusieurs fois rebâtie, elle se distingue par son admirable façade churrigueresque de 1712, sculptée comme un retable. L'intérieur a été largement remanié au XXe s.

Iglesia de la Merced *(plan couleur I, A-B2)* **:** *jr. de La Unión. ☎ 427-81-99. Lun-sam 8h-12h, 15h-20h30 ; dim 7h-21h. Entrée libre.* Fondée 1 an avant l'installation de Pizarro à Lima (en 1534), l'église, d'abord en bois, fut rapidement rebâtie en adobe et en brique. Comme San Agustín, elle s'enorgueillit d'une remarquable façade churrigueresque en granit du Panamá (apporté comme lest sur les navires), tranchant sur le rose du corps de l'édifice. Trônant sur l'autel principal, en argent massif, Notre-Dame de la Merced, d'abord sainte patronne de la cité, mais rétrogradée au titre de protectrice des forces armées après l'émergence de santa Rosa de Lima dans la vie religieuse locale... Dans la première chapelle, à droite, la tombe du vénérable padre Urraca fait l'objet d'une dévotion particulière, à en juger par le nombre d'ex-voto. À droite du chœur, une porte permet d'accéder à la sacristie, remplie meubles à vêtements liturgiques baroques ou incrustés de nacre. Vue sur le cloître que l'on ne soupçonne nullement de l'extérieur.

Museo del Banco central de Reserva del Perú *(plan couleur I, B2)* **:** *jr. Ucayali 271, angle jr. Lampa. ☎ 613-20-00. Mar-ven 10h-16h30 (19h mer), w-e 10h-13h. GRATUIT (présenter son passeport).*
Non, ce n'est pas un musée sur le monde de la finance, mais bel et bien d'art et d'archéologie, au travers des collections de la Banque centrale du Pérou. Le rez-de-chaussée est dédié à l'art populaire : textiles, cannes sculptées, céramiques shipibos représentant la faune amazonienne, etc. L'intéressant sous-sol, sur l'archéologie, présente les productions artistiques de toutes les grandes cultures péruviennes, en particulier des poteries, mais aussi des flûtes en os et même une jolie cuillère en bois chancay, au manche en forme de singe. Également, à l'abri des regards, une chambre forte où est conservée une impressionnante collection de bijoux et objets en or, lambayeques et chimús pour la plupart. Le 2e étage se consacre à la peinture péruvienne des XIXe et XXe s. Une toile parmi d'autres : la *Composition aux cinq personnages*, de Carlos Quízpez Asín, qui ne manquera pas de vous rappeler certaines *Demoiselles d'Avignon*...

Palacio de Torre Tagle *(plan couleur I, B2)* **:** *jr. Ucayali 363. Dim slt, 11h-13h. GRATUIT.* Restauré dans les règles de l'art, ce splendide palais baroque de la première moitié du XVIIIe s est aujourd'hui le siège du ministère des Affaires étrangères péruvien. Grand portail tarabiscoté en pierre (en bas) et plâtre (en haut), et magnifiques balcons en bois ouvragé. Ceux qui passent par là un dimanche entre

11h et 13h peuvent pénétrer dans la cour et, pourquoi pas, prendre conscience de la fusion qui s'est opérée ici entre architecture baroque espagnole, éléments maures, andalous, créoles, et même asiatiques.
– La rue piétonne sur laquelle se dresse le palais – le ***jirón Ucayali*** – mérite d'être parcourue le nez en l'air : nombreux édifices de caractère aux balcons en encorbellement, dissimulés sous une couche de crasse.

Iglesia de San Pedro *(plan couleur I, B2) : jr. Azángaro 451, angle jr. Ucayali. Lun-sam 7h-12h30, 17h-20h ; dim 7h-13h, 18h-20h. Accès libre.* Parmi les derniers arrivés au Pérou (en 1568), les jésuites ont édifié en ce lieu trois églises successives, la dernière en 1638. Elle s'appelait alors San Pablo, mais changea de nom après l'expulsion de l'ordre des colonies américaines en 1770. Ornementation intérieure particulièrement riche, notamment les azulejos polychromes et le décor baroque doré à la feuille d'or.

Dans le quartier de Barrios Altos (plan couleur I, B1-2)

Prolongement du *centro* à l'est, au-delà de l'avenida Abancay, c'est un quartier très populaire et animé dans la journée – et un poil plus élevé que la plaza Mayor, d'où son nom.

LIMA

Museo de la Inquisición y del Congreso *(plan couleur I, B2) : jr. Junín 548. ☎ 311-77-77. • congreso.gob.pe/museo/index.html • Tlj 9h-17h. GRATUIT. Visite guidée ttes les 15 mn, en espagnol ou anglais.* Ne vous fiez pas à la façade ultra-néoclassique... Ce bâtiment fut utilisé par l'Inquisition de 1570 à 1820, avant de devenir le siège du Sénat (1829-1939), puis une bibliothèque universitaire. Le rez-de-chaussée a été transformé en musée et relate à travers plusieurs salles l'histoire de l'Inquisition en Europe et son instauration au Pérou avec, notamment, une reconstitution assez dure d'une salle de torture. La salle d'audience du tribunal possède un splendide plafond en bois sculpté baroque de 33 000 pièces, constitué comme un puzzle géant !

Sur tout un bloc, entre Ayacucho et Andahuaylas, Huallaga et jirón Ucayali, s'étend l'immense halle couverte du ***mercado central*** *(plan couleur I, B2)*. Juste derrière, une porte chinoise indique l'entrée du ***barrio chino,*** où se bousculent les *chifas* (restos chinois) et boutiques où tout se vend, en un immense bazar à ciel ouvert.

Sur la ***plaza Italia*** *(plan couleur I, B2)* se trouve le monument Antonio Raimondi, avec sa fontaine en bronze au milieu. Les samedi et dimanche midi s'y déroule un « festival gastronomique » où l'on peut déguster des spécialités péruviennes.

Plaza San Martín et au-delà (plan couleur I, A2-3)

Plaza San Martín *(plan couleur I, A2) : à 5 cuadras au sud de la pl. Mayor, par l'artère piétonne du jr. de La Unión.* Entièrement redessinée dans les années 1910-1920, cette vaste place présente une belle unité avec ses édifices blancs de quatre à cinq étages et arcades au rez-de-chaussée. Au centre, au milieu des jeux d'eau, la statue équestre du général San Martín (1921) sur un socle blanc très massif et peu esthétique. À l'ouest se dresse le vénérable *Gran Hotel Bolívar,* le premier palace de la ville (voir « Où dormir ? Dans le centre »). N'hésitez pas à y entrer pour jeter un coup d'œil à sa rotonde coiffée d'une verrière.

Museo Andrés del Castillo *(plan couleur I, A2) : jr. de La Unión 1030, à l'orée de la pl. San Martín. ☎ 433-28-31. • madc.com.pe • Tlj sf mar 9h-18h. Entrée : 10 NS.* C'est un riche collectionneur privé, géologue de formation, qui a ouvert ce joli musée en mémoire de son fils disparu. Deux collections fort bien présentées, sans rapport entre elles : l'une consacrée aux minéraux, l'autre à la poterie de Chancay. Même ceux qui ne sont pas fous de cailloux ne pourront être qu'impressionnés par cet amoncellement de FeS_2 (de pyrites quoi !), ces étonnants *estibinas* (sulfures d'antimoine) en forme de piquants d'oursins agglomérés et ces scheelites (plus gros cristaux du monde)... sans oublier la salle « fluorescente » ! Les poteries de Chancay valent, elles aussi, le détour. Étonnantes, souvent zoomorphes et d'une naïveté touchante, elles figurent des personnages ou animaux, y compris des pingouins. La culture de Chancay s'est développée de 900 à 1470 sur la côte centrale péruvienne, à une centaine de kilomètres au nord de Lima, avant d'être avalée par l'expansion de l'Empire inca. Enfin, petite section sur les textiles, avec un *manto* chuquibamba (1100-1400) particulièrement bien conservé.

De l'autre côté du paseo de la República, dans un style néoclassique sévère, la silhouette tronquée du ***palacio de Justicia*** *(plan couleur I, A-B3)* rappelle furieusement celui de Bruxelles édifié au XIXe s, la coupole en moins...

Museo del Arte de Lima *(MALI ; plan couleur I, A3)* **:** *av. paseo Colón 125. ☎ 204-00-00. • mali.pe • Tlj sf lun 10h-20h (17h sam). « Donation » suggérée : env 12 NS (6 NS min) ; réduc.* Dessiné par Gustave Eiffel, le MALI constitue l'édifice majeur du *parque de la Exposición,* un grand parc semé d'élégants pavillons érigé en 1872 pour fêter le cinquantenaire de l'indépendance du Pérou. Les salles du rez-de-chaussée, distribuées autour d'un patio à façades ouvragées, sont réservées aux expos temporaires, qui rassemblent des artistes de partout et de différentes époques. À l'étage, expo permanente : textiles, art précolombien, objets en argent, art républicain, mais également quelques peintures et du mobilier de l'époque coloniale, en particulier un piano Boulle (rarissime) et *L'Enterrement d'Atahualpa.*

À l'autre extrémité du parc se dresse l'imposant ***Museo metropolitano*** *(plan couleur I, A3)* **:** *tlj sf lun 10h-17h, à partir de 11h dim. Entrée : 4 NS ; gratuit jusqu'à 18 ans.* Ce musée rattaché au ministère de la Culture retrace l'histoire de Lima à l'aide d'installations vidéo en 2, 3 et 4 D. Conception moderne et assez ludique. Petite cafétéria sur place.

Museo del Arte italiano *(plan couleur I, A3)* **:** *paseo de la República 250. ☎ 423-99-32. Tlj sf lun 10h-17h. Entrée : 5 NS.* En majorité des toiles italiennes de la fin du XIXe s au début du XXe s, plus quelques bronzes et marbres de la même époque. Rien de majeur.

Circuito mágico del Agua *(plan couleur d'ensemble)* **:** *av. Petit-Thouars et jr. Madre de Dios, dans le parque de la Reserva. ☎ 330-30-52. • parquedelareserva.com.pe • Accès libre tlj 6h-13h. Accès payant mer-dim 15h-22h30 avec spectacle aquatique son et lumière à 19h15, 20h15 et 21h30. Tarif : 4 NS ; gratuit jusqu'à 4 ans et plus de 65 ans.* Le parc rassemble 13 fontaines différentes, de la fontaine « arc-en-ciel » au « tunnel des surprises » (véritable voûte d'eau lumineuse), en passant par la « grande fontaine magique » qui, périodiquement, crache un « geyser » d'eau à 80 m de hauteur ! Le soir, spectacle son et lumière (venir plutôt à ce moment-là). Une attraction qui change et qui surprend dans cette ville plutôt vouée aux musées d'archéologie et aux églises coloniales. L'ensemble figure d'ailleurs dans le *Guinness des records* en tant que... plus grand complexe de fontaines au monde !

Dans le quartier du Rímac (plan couleur I, A-B1)

Derrière le *palacio de Gobierno,* le *puente Trujillo* mène à ce quartier qui fut l'un des hauts lieux de résidence de l'aristocratie espagnole. C'est aujourd'hui un quartier pauvre qui a mauvaise réputation, où l'on ne se balade guère autrement qu'en véhicule, même de jour. Dommage, car c'est ici que l'on ressent le mieux les vibrations du vieux Lima.

🏵 **Plaza de Toros** *(plan couleur I, B1)* **:** *Hualgayoc 332.* Situées de l'autre côté du fleuve, ces arènes sont les plus anciennes d'Amérique (1760). Les corridas ont lieu généralement en octobre et novembre. Petit *musée taurin* à côté, plaza de Acho *(☎ 481-14-67 ; lun-ven 9h-16h30 ; entrée : 5 NS),* réunissant des costumes de toreros et de belles gravures de Picasso.

🏵 ***Paseo de Aguas et alameda de los Descalzos*** *(plan couleur I, B1)* **:** à deux pas de la plaza de Toros s'étend le *paseo de Aguas,* la plus célèbre promenade du XVIIIe s. Le lieu a toutefois beaucoup perdu de son lustre et n'est plus guère qu'un terrain de foot pour les jeunes. Un peu plus loin, la *alameda de los Descalzos* est une longue promenade dominée, du haut de ses 400 m, par la colline San Cristóbal, et bordée de demeures coloniales décaties et de palmiers. Une espèce de charme languissant baigne l'ensemble. Tout le long, les statues représentent les signes du zodiaque. Au fond, deux vieilles églises se font face, avant d'arriver au *couvent des Descalzos.* Fondé à la fin du XVIe s, il abrite aujourd'hui un intéressant petit musée de peinture *(tlj sf mar 9h30-13h, 14h-17h30 ; entrée 5 NS).*

UNE ROMANCE SULFUREUSE

Le paseo de Aguas fut édifié par don Manuel de Amat, vice-roi d'Espagne, en hommage à sa jeune maîtresse passée à la postérité sous le surnom de « la Perricholi ». Elle avait à peine 20 ans, lui plus de 60. Leur liaison dura 8 ans, défraya la chronique et se termina en 1776, lorsque le vice-roi repartit pour l'Espagne. Les histoires d'amour finissent mal, en général...

🏵🏵 ***Mirador del cerro San Cristóbal*** *(hors plan couleur I par B1)* **:** perché au sommet de la colline du même nom, au-delà du fleuve Rímac, il offre une vue panoramique très intéressante sur Lima. Pour y aller, des petits bus touristiques (surnommés « *coaster* ») partent tous les jours, à partir de 9h, devant le couvent de Santo Domingo *(plan couleur I, A-B1)* quand ils sont pleins (billet aller-retour 5 NS). Pratique car ils passent par le *paseo de Aguas* et la *alameda de los Descalzos*. Une fois sur le *cerro,* on peut rentrer par le même minibus (ils attendent au moins 15 mn) ou par un autre (en conservant son ticket). Autre possibilité, le taxi (pour environ 30 NS aller-retour), autant dire pas beaucoup plus que le bus si vous êtes plusieurs. En tout état de cause, ne pas y aller à pied, le chemin qui y mène traversant des quartiers dangereux.

À Miraflores (plan couleur d'ensemble et plan couleur II)

Avec l'explosion démographique de Lima, les classes aisées ont « migré » vers l'océan, occupant ce qui n'était que campagne il y a un siècle. Ainsi ont émergé le quartier d'affaires de San Isidro et celui, plus vivant et commercial, de Miraflores. Pas grand-chose à y visiter, mais l'offre en matière d'hôtels et de restos étant bien supérieure à celle du centre historique, c'est ici que beaucoup de touristes posent leur sac.

➢ Pour s'y rendre du centre historique, le plus simple est de prendre le *Metropolitano* (voir « Transports à Lima » en début de chapitre) jusqu'à l'arrêt Ricardo Palma, Benavides ou 28 de Julio (le plus proche de la mer). À défaut, bus de l'avenida Tacna ou Garcilaso de la Vega *(plan couleur I, A1-2)* affichant « Todo Arequipa » ou « Chorrillos ». Ou encore le taxi, pour environ 20-25 NS.

Huaca Pucllana *(hors plan couleur II par C4) : General Borgoño 800, au croisement avec Ayacucho. ☎ 445-86-95. Tlj sf mar 9h-17h. Entrée : 12 NS ; réduc. Visite guidée obligatoire, ttes les 15 mn env, en espagnol ou en anglais.*
Ce centre cérémoniel a été construit de 500 à 700 apr. J.-C. par la civilisation lima, une culture sans doute matriarcale qui semble avoir eu des femmes prêtres à sa tête. Les Limas adoraient la déesse de la Mer, qui leur fournissait de quoi vivre, du poisson.
Au centre du site se dresse une pyramide trapézoïdale constituée d'un invraisemblable empilement de briques grisâtres en adobe, qui étaient à l'époque entièrement peintes en jaune. Le sommet, plat, accueillait les cérémonies d'hommage aux ancêtres. Malins comme des *zorros* (renards), les Limas avaient développé une technique de construction antisismique, en disposant leurs briques de manière verticale et en les espaçant de quelques millimètres – histoire d'absorber les ondes. Très efficace, car rien n'a bougé lors du tremblement de terre de 1746 !
Au pied de la pyramide s'étendait une grande *plaza,* où vous rencontrerez quelques chiens nus (sans poils) péruviens. C'est là qu'avaient lieu les sacrifices humains, de jeunes femmes uniquement, âgées de 12 à 25 ans. À l'arrière, un petit « zoo » présente les animaux familiers des Limas (lamas, *cuy* et canards). Également un jardin où poussent les plantes qu'ils cultivaient (quinoa, patate douce, etc.).
Excellent resto, mais cher, donnant sur les ruines, ouvert même le dimanche.
– Les inconditionnels pourront enchaîner avec la visite de la ***huaca de Hualla-marca,*** à San Isidro *(plan couleur d'ensemble),* même type d'édifice, mais en plus petit *(tlj sf lun 9h-17h ; entrée 5 NS).*

Museo Amano *(plan couleur d'ensemble) : Retiro 160. ☎ 441-29-09. • fundacionmuseoamano.org.pe • Dans une petite rue parallèle à l'av. Santa Cruz. Visites guidées en espagnol lun-ven à 15h et 16h, slt sur rdv. Visite gratuite (env 1h).* Sur deux salles, la visite offre un panorama des différentes civilisations qui ont peuplé le Pérou et leurs influences mutuelles. Importante collection de tissus Chancay, poteries et céramiques de toutes les périodes et toutes les régions. À voir aussi, un *quipu* inca (système de cordelettes à nœuds qui permettait de consigner des données).

La corniche et les plages *(plan couleur d'ensemble et plan couleur II, C5) :* dominant l'océan, la corniche de Miraflores a été aménagée en une large et agréable promenade étirée sur plusieurs kilomètres. Le soir et le week-end, familles bourgeoises et jeunesse dorée viennent y flâner ou y faire du sport, profitant de cet espace, si rare à Lima, où l'on peut enfin oublier les voitures... D'en haut, quelques (très) rares escaliers permettent de descendre jusqu'à la *Costa Verde,* les huit plages de Lima, coincées entre les falaises terreuses et une sorte d'autoroute côtière, la *Costanera.*
Pour y accéder, on peut, au pire, prendre un taxi, mais de fait, seuls les surfeurs apprécient vraiment ces plages de gros galets, les autres *Limeños* mettant plutôt, l'été venu, le cap sur les plages du Sud. On trouve un club à côté du resto *La Rosa Nautica (plan couleur II, C5,* ***125****).* Possibilité de prendre des cours.
Autre activité possible, le vol en parapente, en tandem avec un pilote agréé ; décollage de la corniche, parque Raimondi *(au bout de la c/ Tripoli ; hors plan couleur II par C5).* Pour ceux que ça tente, deux adresses d'écoles sérieuses, parmi d'autres : ***Fly Adventure*** *(c/ Alfredo León 234, à Miraflores ; ☎ 650-81-47 ou 986-57-84-92 ; • flyadventure.net •)* et ***Aeroxtreme*** *(Trípoli 345, bureau 503, à Miraflores ; ☎ 242-51-25 ou 999-48-09-54 ; • aeroxtreme.com •).*

À Barranco (plan couleur III)

Depuis quelque temps, les Liméniens redécouvrent cette ancienne station balnéaire du XIXe s, située dans la partie sud de la ville, après Miraflores. Artistes et intellectuels furent les premiers à en apprécier les vieilles demeures « républicaines » multicolores aux pièces immenses, et le charme décati de ses rues paisibles et arborées. Vinrent ensuite boutiques de fringues branchées, publicitaires et autres professions dans le vent. Un peu bohème, déjà bobo, Barranco se prête à de douces flâneries à l'abri du chaos de la circulation, dans une profusion de couleurs, de graffs, d'arbres et de fleurs. La population locale a obtenu le classement officiel du quartier.

➢ Pour s'y rendre depuis le centre ou Miraflores, le plus simple est de prendre le *Metropolitano* (station *Bulevar*). Sinon, bus indiquant « Chorrillos » ou « Barranco », ou taxi.

ᛉᛉ Le cœur de Barranco est le ***parque municipal*** *(plan couleur III, F7),* bordé d'édifices rétro, notamment une belle église coloniale et une élégante bibliothèque, toute de rose vêtue. À deux pas, un grand jardin exotique et, surtout, ***el puente de Suspiros*** ou pont des Soupirs *(plan couleur III, F6-7),* la promenade la plus romantique de Lima. Oh, rien d'extraordinaire en soi ! C'est un simple pont en bois, surplombant un petit vallon pavé bordé de restos et menant à un balcon face à la mer, entouré de mignonnes villas coloniales défraîchies. Une petite église délabrée, envahie par les cormorans, apporte un plus architectural. Seule sa façade a été rénovée, maintenant l'illusion de son lustre passé.

En remontant dans la partie nord du quartier, entre l'avenue San Martín et l'océan, les rues se font plus cossues, multipliant les plantureuses villas du siècle dernier, comme débarquées d'Europe. Au sud, l'atmosphère un rien marginale cède le pas aux rues privées, symboles de l'embourgeoisement éclair de Barranco. Pour nos amis fêtards, c'est ici que se trouvent les bars les plus sympas du Pérou.

ᛉᛉ ***Museo Pedro de Osma*** *(plan couleur III, E7) : av. Pedro de Osma 423. ☎ 467-00-63. • museopedrodeosma.org • Tlj sf lun 10h-18h. Entrée : 20 NS, avec visite guidée en espagnol ou en anglais (10h, 11h45, 13h30 – sf dim – 14h30 et 16h15).*

C'est une fondation privée installée dans une superbe résidence d'été, construite en 1906 et appartenant à un aristocrate propriétaire de mines qui passa sa vie à collectionner antiquités, peintures et objets d'art. Aujourd'hui, la fondation gère l'une des plus belles collections privées d'art colonial d'Amérique latine, avec des pièces datant du XVIe au XIXe s.

On admire successivement des retables dorés baroques, de remarquables Vierges de l'école de Cuzco (notamment la *Virgen del Rosario de Pomata,* du XVIIIe s, avec ses dorures et couleurs vives typiques), et beaucoup de sculptures en bois de cèdre du Nicaragua. L'œil expert notera de nombreux symboles indigènes cachés dans des figures en apparence purement chrétiennes.

Dans le pavillon du fond se trouve l'ancienne salle à manger. À côté, le bâtiment moderne abrite des pièces d'orfèvrerie, dont certaines vraiment très belles (extrême finesse du travail de filigrane dans la tradition d'Ayacucho). Également des gravures, des vêtements liturgiques et du mobilier, notamment des cabinets de curiosités en marqueterie et des bahuts en cuir. Salle dédiée aux expos temporaires.

À Pueblo Libre *(plan couleur d'ensemble)*

Agréable quartier résidentiel aux maisons basses et colorées, étiré entre le centre et l'aéroport. On y trouve deux musées vraiment dignes d'intérêt.

ᛉᛉᛉ ***Museo Larco*** *(plan couleur d'ensemble) : av. Bolívar 1515. ☎ 461-13-12. • museolarco.org • Bus n° 87 de l'av. Abancay et bus nos 18, 19 ou 29 de l'av. Larco à Miraflores. Bien préciser au chauffeur « Pueblo Libre ». En taxi, compter 20-25 NS de Miraflores ou du centre. Tlj 9h-22h (18h les j. fériés). Entrée : 30 NS ; réduc.*

Fondé en 1926 par le célèbre archéologue péruvien Rafael Larco Hoyle – à qui l'on doit de nombreuses découvertes sur les civilisations précolombiennes –, ce passionnant musée s'est installé dans une demeure coloniale du XVIIIe s entourée de charmants jardins fleuris. S'appuyant sur une muséographie soignée, il offre un excellent panorama du développement des civilisations précolombiennes du Pérou. Si l'entrée est relativement chère, celle-ci est largement compensée par la qualité de la présentation, la clarté des textes (traduits en français), la richesse, la beauté et le superbe état de conservation des pièces exposées. Entre tous les musées de Lima, nous vous conseillons donc de commencer par celui-ci, parfaite introduction aux sites archéologiques que vous visiterez lors de votre périple péruvien.

ENFANTS PAS TRÈS NATURELS

Pour affirmer leur domination sur l'Empire inca, les Espagnols sont allés jusqu'à s'incruster dans leur arbre généalogique. Ainsi, un tableau exposé au museo Larco fait figurer Charles Quint comme 15e héritier du fondateur de l'empire, Manco Cápac, juste après Atahualpa. Et l'arbre continue comme si de rien n'était, jusqu'à Charles VI, promu 25e empereur inca...

Très pédagogique, la première partie de l'exposition présente de manière chronologique une magnifique collection de céramiques, balayant l'histoire précolombienne du Pérou de la période formative (2 000 ans avant notre ère) à l'Empire inca. En particulier, de nombreuses céramiques anthropomorphes et zoomorphes, peintes pour la plupart, et si bien conservées qu'elles semblent tout juste sortir d'un temple. Remarquez notamment ces étonnants vases-portraits de la culture mochica (IV-VIIIe s).

Maintenant familiarisé avec la chronologie précolombienne, on peut passer à la seconde partie du musée, thématique cette fois : salles consacrées aux tissages (dont des linceuls quasi intacts, et pourtant brodés il y a 2 000 ans !), aux sacrifices humains, métaux (or, argent), musique et danse, vêtements et ornements (parures et bijoux en or ou incrustés de pierres semi-précieuses), etc. Magnifique ! On termine par une curiosité : la collection d'art érotique, et ses nombreuses céramiques aux motifs plus que réalistes, les *huacos*. Tout y passe (même les maladies vénériennes), et tout le monde participe, morts et animaux inclus... Enfin, on peut jeter un œil aux réserves du musée, soit près de 45 000 pièces entassées dans des vitrines.

|●| Sur place, le ***Café del Museo,*** avec terrasse face au jardin, propose d'excellentes spécialités péruviennes et des sandwichs (moins chers) dans un cadre chic et très agréable.

➢ Pour rejoindre le *museo nacional de Arqueología, Antropología e Historia,* situé à 15 mn à pied, une ligne bleue a été tracée sur les trottoirs (un peu effacée vers la fin).

★★ *Museo nacional de Arqueología, Antropología e Historia* *(plan couleur d'ensemble)* **:** *pl. Bolívar. ☎ 463-50-70. De l'av. Abancay (dans le centre), microbus n°s 45 ou 75. Tlj sf lun 9h-17h (16h dim et j. fériés). Entrée : 10 NS ; réduc. Possibilité de réserver un guide pour la visite (15 NS), en anglais ou en espagnol. Durée : 50 mn.*

Le plus vieux musée national du pays est installé dans le *palacio de la Magdalena Antigua,* où résidèrent les vice-rois, puis Simón Bolívar (1823-1826). Il est divisé en deux grandes sections : la plus intéressante couvre la période précolombienne, la seconde l'époque coloniale et l'histoire du Pérou jusqu'à nos jours.

Magnifiques collections de céramiques, de tissus précolombiens, de momies, d'orfèvrerie (en sous-sol) et de sculptures rarissimes, comme la stèle Raimondi (400 av. J.-C.). La salle de la culture chavín est aussi très intéressante. On peut y voir une copie de l'obélisque Tello (300 av. J.-C.), qui était utilisé pour les rituels liés au solstice et à l'équinoxe. Également une salle sur la culture amazonienne. Enfin, dans la dernière salle se trouve une gigantesque maquette du Machu Picchu. Dommage que la présentation générale ne permette pas de mieux admirer les pièces.

Si la soif ou une petite faim se fait sentir en sortant du musée, prenez la ruelle à droite, puis à gauche au bout de celle-ci. Vous apercevrez alors l'***Antigua Taberna Queirolo,*** un grand bistrot rétro au comptoir bien lustré, qui sert quelques plats chauds maison ou autres petites choses à grignoter, dont un bon *ceviche* *(jr. San Martín 1084-90 ; ouv 9h30-23h30 – minuit ven-sam, 16h dim).* Cette taverne historique dont les murs sont couverts de bouteilles est aussi réputée pour son *pisco sour* !

Monterrico *(hors plan couleur d'ensemble par le sud-est)*

Museos Oro del Perú y Armas del mundo : *av. Alonso de Molina 1100. ☎ 345-12-92. • museoroperu.com.pe • Tlj 10h30-18h. Entrée très chère : 33 NS ; réduc. Audioguide multilingue (10 NS) conseillé, bien que l'ordre de présentation des pièces soit peu respecté. Photos interdites.*

Ce musée bicéphale se partage entre une importante collection d'armes anciennes et une galerie d'objets précolombiens en or. Il doit son existence à Miguel Mujica Gallo, un passionné fortuné qui n'eut de cesse, pendant 35 ans, d'acheter aux pilleurs de tombes et de fréquenter les salles de vente. Collectionneur d'armes à ses premières heures, il ne s'intéressa à l'or que par accident, en voulant racheter un *tumi* (poignard sacrificiel), qui faisait partie d'une collection d'objets en or de 32 pièces vendue en un seul lot... Gallo est aujourd'hui décédé, et le musée est géré par une fondation privée.

La section des armes et armures ne comprend pas moins de 20 000 pièces (!), dont de nombreux « accessoires » – uniformes, frondes, objets de la vie quotidienne des soldats, etc. Au sous-sol, le musée de l'Or proprement dit comprend cinq salles, dont deux consacrées exclusivement aux objets en or. On peut aussi y voir une ribambelle de bijoux, vêtements et ornements : parures de plumes, colliers, masques funéraires, couteaux et objets en os ciselés, tuniques, outils de tissage incrustés de nacre, armes, poteries de l'époque pré-inca. Ce ne sont pas les belles pièces qui manquent, mais leur quantité et leur présentation vieillotte ne permettent pas de les apprécier pleinement. On atteint la saturation très rapidement, au point de ne pouvoir admirer les quelques pièces vraiment extraordinaires.

DANS LES ENVIRONS DE LIMA

Au sud-est

Ruinas de Pachacamac : *au km 31 de la Panaméricaine. ☎ 430-01-68. • pachacamac.cultura.pe • Accès en bus affichant « Pachacamac-Lurín », à l'angle des av. Montevideo et Andahuaylas (plan couleur I, B2) ; départ ttes les 30 mn. Site ouv tlj sf lun 9h-17h (16h dim). Entrée : 10 NS ; réduc.* Ruines en adobe des cultures wari, ychsma et inca, toujours en cours de restauration. Des archéologues y ont découvert, dans une pyramide, la momie d'un enfant entourée de six momies de chiens. Voir aussi le « couvent », maison destinée à l'éducation des femmes qui allaient devenir prêtresses ou épouses de riches Incas. À visiter si l'on a du temps.

➢ 30 mn de bus vers Chosica suffisent pour sortir de la *garúa* et voir le soleil.

En direction du nord-est

Churín : *à env 210 km au nord-est de Lima. Accès par la Panaméricaine nord, via Pasamayo, Chancay puis, au km 95, prendre la déviation nommée « Río*

Seco » pour arriver à Sayán (51 km) en traversant les zones agricoles de Santa Rosa et de la coopérative sucrière d'Andahuasi. De Sayán, 61 km de route entre 2 montagnes pour arriver à Churín. En bus depuis Lima, 3 à 5 départs/j. avec Estrella Polar *(bureau à Lima : Carlos Zavala 100 ; ☎ 428-89-56) ou* Betetta *(☎ 428-88-32) ; env 6 h de trajet.* Une petite ville de la cordillère des Andes où règne un éternel printemps. À 2 080 m d'altitude, le climat y est très agréable (la température moyenne oscille entre 18 et 22 °C), les paysages sont jolis. Surtout, c'est là que se trouvent des eaux thermales parmi les plus réputées du Pérou pour leurs qualités curatives, à tel point que l'ancien président Fujimori y avait aménagé ses propres bains (à Huancawasi), à l'image d'un temple inca, genre Koricancha de Cuzco (rien que ça !). C'est un des lieux de sortie favoris des Liméniens le week-end. Chaque station thermale possède ses propriétés curatives propres : pour l'arthrose, le cancer, le foie, l'éternelle jeunesse, les jeunes mariés... il y en a pour tous et pour tout. En outre, les environs de Churín comptent aussi quelques sites archéologiques, une quarantaine d'églises coloniales, et attire, d'avril à juin, les amateurs de rafting.

QUITTER LIMA

En bus

Pas de grand terminal de bus à Lima, il faut se rendre à celui de la compagnie avec laquelle vous choisissez de voyager. La plupart se trouvent dans le quartier de La Victoria, au sud du centre-ville. Quartier assez craignos, mieux vaut éviter de s'écarter des terminaux de bus.

Parmi la myriade de compagnies, la meilleure, la plus sûre – et la plus chère ! – est *Cruz del Sur,* dont les bus sont très confortables, avec sièges inclinables comme des lits et repas servis à bord. Autres compagnies recommandables : *Tepsa, Oltursa,* ou encore *Ormeño,* moins ponctuelle mais très populaire et dont la flotte a été en grande partie renouvelée. Certaines compagnies disposent d'un service de réservation par Internet. Attention cependant, c'est parfois plus cher qu'au guichet...

Les fréquences que nous vous donnons sont les fréquences quotidiennes, mais, bien sûr, celles-ci peuvent changer. Mieux vaut toujours consulter le site internet de la compagnie (ou passer un coup de fil) avant, pour vérifier. Quant aux tarifs, nous vous donnons une fourchette (prix variant selon le confort) à titre purement indicatif. Il s'agit seulement d'un ordre de grandeur.

Coordonnées des compagnies

■ **Cruz del Sur** (plan couleur d'ensemble, **6**) **:** *av. Javier Prado Este 1109. ☎ 311-50-50. • cruzdelsur.com.pe •*

■ **Tepsa** (plan couleur d'ensemble, **7**) **:** *av. Javier Prado Este 1091. ☎ 617-90-00. • tepsa.com.pe •*

■ **Ormeño** (plan couleur d'ensemble, **7**) **:** *av. Javier Prado Este 1057. ☎ 472-17-10. • grupo-ormeno.com.pe •*

■ **Oltursa** (plan couleur d'ensemble, **11**) **:** *av. Aramburú 1160, San Isidro. ☎ 708-50-00. • oltursa.com.pe •*

■ **Civa** (plan couleur I, B3) **:** *av. 28 de Julio 569-571 (angle paseo de la República). ☎ 418-11-11. • civa.com.pe •*

■ **Expreso Cial** (plan couleur d'ensemble) **:** *av. República de Panamá 2469-2485, La Victoria. ☎ 207-69-00. • expresocial.com •*

■ ***Inka Express*** *(plan couleur d'ensemble)* **:** *av. Coronel Inclan 131, à l'ouest de Miraflores. ☎ 369-07-71. • inkaexpress.com.pe • Lun-sam 9h-19h.* Bureau liméen de la compagnie de bus qui assure les liaisons entre Cuzco et Puno.

■ **Ittsa** (plan couleur I, B3) **:** *paseo de la República 809, La Victoria. ☎ 423-52-32. • ittsabus.com •* Basé à Trujillo, la compagnie dessert le nord du pays.

■ ***Línea*** (plan couleur I, B3) **:** *paseo de la República 941-959, La Victoria. ☎ 424-08-36. • transporteslinea.com.pe •* Pour rejoindre le nord du pays.

■ ***Móvil Tours*** (plan couleur I, B3) **:**

paseo de la República 749, La Victoria. ☎ *716-80-00.* • *moviltours.com.pe* •

■ **Soyuz-Perú Bus** (*plan couleur d'ensemble*) **:** *av. México 333, La Victoria.* ☎ *205-23-70.* • *soyuz.com.pe* • Dessert la côte, de Lima à Nazca.

■ **Transmar Express** (*plan couleur d'ensemble*) **:** *av. Nicolás Arriola 197, La Victoria.* ☎ *265-01-90.* • *transmar.com.pe* • Pour l'Amazonie.

■ **Turismo Central** (*plan couleur d'ensemble*) **:** *pour Huancayo, départ av. Nicolás Arriola 515, La Victoria.* ☎ *472-75-65. Pour Pucallpa, départ av. Pizzarro 442, La Victoria.* ☎ *330-26-76.* • *turismocentral.com.pe* •

■ **Transporte Wari e Internacional Palomino** (*plan couleur d'ensemble*) **:** *av. Nicolás Arriola 539 et 906.* ☎ *226-40-54 ou 472-95-87.* • *expresowari.com.pe* •

■ **Transportes GM Internacional** (*plan couleur d'ensemble*) **:** *av. 28 de Julio 1275.* ☎ *424-72-71.* • *gminternacional.com.pe* • Bus pour Huánuco et Tingo María.

LIMA

Vers le sud

➢ ***Pisco :*** 3h30 de route. Très nombreux départs, de jour comme de nuit, avec *Soyuz-Perú Bus.* Billet : env 50-70 NS. Attention, les bus s'arrêtent sur la Panaméricaine, à 5 km du centre, d'où il faut prendre un minibus, un *colectivo* (1,50 NS) ou un taxi (5 NS) pour se rendre à Pisco même.

➢ ***Paracas :*** env 3h30 de trajet. 1 bus/j. (mat) avec *Oltursa.* Billet : 60-70 NS.

➢ ***Ica :*** 4h de trajet. Nombreux départs, 24h/24, avec *Soyuz-Perú Bus.* Également 8 bus/j. avec *Cruz del Sur* et 2 bus/j. avec *Oltursa.* Billet : 55-70 NS.

➢ ***Nazca :*** env 7h de route. 5 bus/j. avec *Cruz del Sur,* 4 avec *Oltursa* et 4 avec *Tepsa* (14h-21h45). Avec *Soyuz-Perú Bus* et *Expreso Cial* également. Billet : 80-130 NS.

➢ ***Arequipa :*** env 16h de trajet. 6 bus/j. avec *Cruz del Sur* et *Oltursa.* Avec *Civa* également. Billet : 60-130 NS.

➢ ***Tacna** (frontière chilienne)* **:** env 20h de route. 5 bus/j. avec *Civa,* 1 avec *Expreso Cial,* 2 avec *Cruz del Sur* (dans l'ap-m) et 1 avec *Oltursa.* Billet : 95-145 NS.

Vers le centre et Cuzco

➢ ***Huancayo :*** compter 7h de route. 4 départs/j. avec *Oltursa,* 8 avec *Cruz del Sur,* 2 avec *Turismo Central* (début d'ap-m et soir) et *Transmar* (mat et soir). Billet : 45-75 NS.

➢ ***Ayacucho :*** env 9h de trajet. 3 bus/j. avec *Cruz del Sur* et 2 avec *Wari.* Départs le soir. Billet : 40-100 NS.

➢ ***Cuzco :*** trajet en 20-22h. 7 départs/j. avec *Wari* (9h-20h), 3 avec *Cruz del Sur* (dans l'ap-m) et *Tepsa.* Billet : 80-170 NS.

Vers le nord

➢ ***Huaraz :*** 8h de trajet. Env 4 bus/j. avec *Móvil Tours,* 3 avec *Oltursa* et 1 avec *Cruz del Sur* (le soir). Billet : 45-75 NS.

➢ ***Trujillo :*** env 9h de route. Env 8 bus/j. avec *Línea,* 4 avec *Cruz del Sur,* 3 avec *Oltursa,* 2 avec *Tepsa, Móvil Tours* et *Civa,* 1 avec *Expreso Cial, Ormeño* et *Ittsa.* Départs en soirée. Billets : 60-90 NS.

➢ ***Chiclayo :*** 12h de route. 4 bus/j. avec *Cruz del Sur* et *Civa,* 3 avec *Oltursa* et *Tepsa,* 2 avec *Móvil Tours,* 1 avec *Línea* et *Expreso Cial.* Billet : 60-110 NS.

➢ ***Cajamarca :*** trajet en 15-16h. 1 à 2 bus/j. avec *Cruz del Sur, Civa* et *Tepsa.* Départs en fin d'ap-m. Billet : 60-100 NS.

➢ ***Chachapoyas :*** env 21h de trajet. 1 départ avec *Móvil Tours* et *Civa* (dans l'ap-m). Billet : 80-110 NS.

➢ ***Piura :*** env 15h de trajet. 4 bus/j. avec *Oltursa,* 3 avec *Tepsa* et *Civa,* 2 avec *Cruz del Sur* et *Ittsa,* 1 avec *Expreso Cial* et *Ormeño.* Départs l'ap-m et le soir. Billet : 85-165 NS.

➢ ***Tumbes :*** env 20h de trajet. 3 bus/j. avec *Civa* et *Oltursa,* 1 avec *Cruz del Sur, Expreso Cial, Ormeño* et *Tepsa.* Départs dans l'ap-m. Billet : 100-160 NS.

➢ ***Máncora :*** 16h de trajet. 3 bus/j. avec *Civa,* 1 avec *Oltursa.* Départs l'ap-m. Billet : 100-160 NS.

Vers l'Amazonie

➢ ***Huánuco :*** 8h de trajet. 7 bus/j. avec *GM Internacional* (le mat) et 2 avec *Transmar* (1 le mat, 1 en soirée). Billet : env 40 NS.

➢ ***Tingo María :*** trajet en 12h. 1 départ avec *Transmar,* vers 20h, et

3 avec *GM Internacional* (le mat). On peut également prendre un bus pour Pucallpa et descendre en route. Billet : 75-90 NS.

➢ ***Pucallpa :*** 18h de trajet. 5 départs avec *Transmar* (l'ap-m et le soir), 3 avec *Turismo Central.* Billet : 80-120 NS.

➢ ***Tarapoto :*** env 30h de trajet. 2 bus/j. avec *Móvil Tours*. Billet : 135-165 NS.

Liaisons internationales

Caracól *(plan couleur I, A3,* ***34****) : av. Brasil 487, Lima.* ☎ *431-14-00.* • *perucaracol.com* • *suramericaen bus.com* • *Départs de jr. Jorge Chavez 1644, à Brena.* La compagnie, spécialisée dans les trajets longues distances en Amérique du Sud, propose de rallier toutes les capitales et les plus grandes villes des pays du Mercosur en jonglant avec les horaires de quelque 21 compagnies. Le concept est tentant, mais les distances sont grandes, et le voyage peut paraître interminable... Songez, par exemple, qu'il faut 28h pour rejoindre La Paz, 55h pour Santiago et 80h pour Buenos Aires ! Le billet inclut pour certains trajets une nuit dans une auberge, au milieu du parcours.

Avec ***Ormeño*** *(plan couleur d'ensemble,* ***7****)*, départ tlj pour ***Guayaquil*** (160 NS) et ***Buenos Aires*** (520 NS). Également 4 bus/sem pour ***Mendoza*** (450 NS), 2 bus/sem pour ***Quito*** (210 NS), ***Bogotá*** (400 NS) et ***Santiago*** (290 NS), et 1 bus/sem pour ***Caracas*** (425 NS).

En train

Une seule destination au départ de Lima, et encore, le train ne circule que 2-3 fois par mois... Il s'agit de la ligne touristique ***Lima-Huancayo,*** un parcours étonnant de près de 12h, entrecoupé de 54 ponts, 68 tunnels et 1 154 virages – certains si serrés que le train, équipé d'une locomotive à chaque extrémité, doit faire marche arrière pour les prendre ! C'est aussi la 2e ligne la plus haute du monde (après Lhassa-Pékin) : elle culmine à 4 818 m ! Le départ a lieu de Lima à 7h, souvent un ven ou un sam. Le retour se fait 2-3 j. plus tard, de jour ou de nuit. Compter 120-235 NS le trajet simple ou env 195-350 NS l'A/R selon la classe de voyage (*clásico* ou *turístico*). Départ du quai en contrebas de l'ancienne *gare Desamparados,* jr. Ancash 201 *(plan couleur I, B1).* Les billets peuvent s'acheter en ligne ou à l'agence de la compagnie, av. José Gálvez Barrenechea 566 (5e étage), à San Isidro *(pour plus d'infos :* ☎ *226-63-63, ext. 222 ou 235 ;* • *ferrocarrilcentral.com.pe* •*).*

En avion

– Pour rejoindre l'aéroport, voir nos infos dans la rubrique « Arrivée à l'aéroport ».
– Au départ de Lima pour l'étranger, la taxe d'aéroport est de 31 $. Toutefois, elle est en général incluse dans le prix du billet.
– Il est possible de changer ses *soles* en euros à l'aéroport, mais à un taux évidemment défavorable.

LE SUD

Le sud du Pérou, c'est d'abord l'altiplano, ce territoire de plateaux arides dominés par les sommets andins. Au cœur de ces hautes montagnes, le légendaire Machu Picchu, si longtemps oublié des hommes et désormais haut lieu du tourisme en Amérique du Sud, au point de devoir y instaurer un quota de visiteurs... Mais si la visite du site reste incontournable pour tout voyageur au Pérou, ce n'est que le sommet de l'iceberg (si on peut dire !). Citons d'abord Arequipa, 2e ville du pays qui a vu naître le prix Nobel de littérature

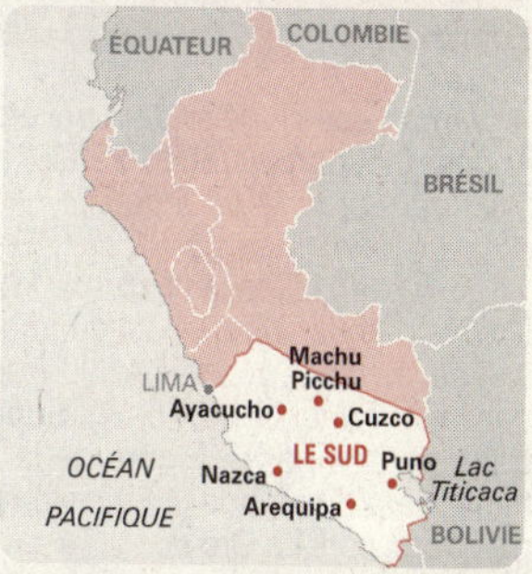

Mario Vargas Llosa. Cette superbe cité coloniale au milieu du désert et des volcans est un bon point de chute pour s'acclimater à l'altitude. C'est aussi l'un des points de départ des treks dans le canyon de Colca (à 6h de route quand même !), 2e canyon le plus profond du monde après son voisin du Cotahuasi. Autre étape incontournable, Cuzco, ville historique dont les murs des palais affirment tous un double héritage : en bas, pierres énormes et parfaitement agencées des anciennes structures incas ; au-dessus, murs de pisé et cours coloniales ornées de balcons et de colonnades, hérités des conquérants espagnols. Le mélange n'est pas seulement harmonieux, il est fantastique ! C'est aussi de Cuzco, mais aussi d'Ollantaytambo, tout au bout de la Vallée Sacrée, que commence le mythique trajet en train vers le Machu Picchu.

Le sud du Pérou, c'est aussi des kilomètres de littoral pelé qui cachent le non moins célèbre site de Nazca, ces étranges figures gigantesques tracées à même le désert, qui se révèlent vus du ciel. Et bien sûr le légendaire lac Titicaca, perché à plus de 3 800 m d'altitude, trait d'union avec la Bolivie et berceau historique de la civilisation inca. Bref, les motifs de voyage ne manquent pas dans cette partie du pays, de quoi satisfaire les trekkeurs mais aussi les amateurs de vieilles pierres, de légendes incas et de grands espaces... d'une beauté à couper le souffle !

L'ALTIPLANO ET LA VALLÉE SACRÉE

HUANCAYO

env 340 000 hab. Alt. : 3 271 m IND. TÉL. : 064

Ville à l'intérêt limité, Huancayo possède très peu de vestiges historiques, mais elle accueille chaque dimanche une feria célèbre qui s'inscrit dans la continuation des marchés indiens qui se tenaient dans la région. C'est aussi le point d'arrivée du train touristique en provenance de Lima, qui circule deux ou trois fois par mois et atteint l'altitude de 4 818 m (c'est la deuxième ligne de chemin de fer la plus haute du monde après celle du Tibet !). La cathédrale date du début du XIXe s et arbore une façade de style néoclassique, mais seule la *capilla La Merced* est classée Monument historique, pour avoir abrité le premier congrès de la Constitution du Pérou, en 1839. L'intérêt de Huancayo découle surtout de son aspect authentique, loin des circuits touristiques.

Arriver – Quitter

En bus

➢ ***Lima :*** env 7h de route à travers les Andes. 6 départs/j. (8h30-23h30) avec *Cruz del Sur (c/ Ayacucho 251, 2 cuadras au-dessus de la pl. de Armas ; ☎ 23-56-50)* et 2 avec *Expreso Molina Unión (jr. Angaraes 334, à 4 cuadras au sud de la place de la mairie, en descendant la c/ Real ; ☎ 22-45-01).* Superbe trajet, le bus passe à côté de la plus haute gare du monde (4 800 m !), à mi-parcours, vers La Oroya.

➢ ***Ayacucho :*** 7h de trajet. 4 départs/j. (8h-21h30) avec *Expreso Molina Unión* (voir plus haut). Route en partie asphaltée.

➢ ***Huancavelica :*** 4h de trajet. Bus ttes les heures avec *Ticllas (av. Ferrocarril 1566-1590, à env 8 cuadras au sud de la pl. de Armas ; ☎ 20-15-55).* Bonne route asphaltée. On peut aussi y aller en *colectivo* ; départs à côté d'*Expreso Molina Unión.*

➢ ***Cuzco :*** trajet via Ayacucho (voir plus loin « Arriver – Quitter » à Ayacucho).

En train

Ligne touristique entre Huancayo et Lima, via La Oroya, mais slt 2-3 trains par mois... Infos détaillées dans la rubrique « Quitter Lima. En train ».

Adresses utiles

■ **Argent, change :** *plusieurs bureaux de change aux abords de la pl. de Armas, dans la c/ Real. Bon taux. Nombreux distributeurs également.*
✉ **Correos :** *sur la place de la mairie (un peu plus bas que la pl. de Armas). Lun-sam 8h-20h.*
@ **Internet :** *nombreux petits cybercafés autour de la pl. de Armas.*

Où dormir ?

De bon marché à prix modérés (moins de 90 NS / env 27 €)

Hotel Villa Rica : *c/ Real 1291. ☎ 21-70-40. Doubles sans ou avec sdb 30-40 NS.* Chambres plutôt nues mais encore acceptables pour le prix. Assez bruyant aussi : on est juste à côté de la station de bus *Molina*.
Hotel Los Balcones : *jr. Puno 282. ☎ 21-10-41. Double env 60 NS.* Dans un immeuble moderne, une centaine de chambres confortables et très bien tenues, avec salle de bains, TV et bonne literie. Vraiment rien à redire pour le prix ! On peut prendre le petit déj (en sus) au resto.
Santa Felicita : *av. Giraldez 145. ☎ 23-52-85. • irmaleguia@hotmail.com • Double avec sdb env 70 NS.* Un 2-étoiles issu des années formica et bakélite, mais rénové et confortable. Situation on ne peut plus centrale. Préférer les chambres à l'arrière, moins bruyantes.
Susan's Hotel : *c/ Real 851, face à la mairie. ☎ 20-22-51. • susanshotel.com • Double 65 NS.* Bel hôtel aux chambres coquettes et nickel, avec grandes salles de bains et TV. Certaines, plus chères, ont même un jacuzzi. Plus bruyant côté rue, comme d'habitude. Resto et bar sur place.

Où manger ? Où boire un verre ?

Café Coqui : *jr. Puno 296. ☎ 23-47-07. Lun-sam 7h-22h30 ; dim 7h-12h, 17h30-22h. Menu 14 NS ; plat à la carte env 20 NS.* Ce resto-salon de thé au cadre moderne attire beaucoup de monde le midi pour son bon menu copieux et économique. À la carte, bon choix de sandwichs, burgers, salades et *pizzetas*. Parfait aussi pour le petit déj ou pour un cappuccino accompagné d'une pâtisserie dans l'après-midi.
Detrás de la Catedral : *jr. Ancash 335. ☎ 21-29-69. Tlj 12h-23h (16h dim). Plats 15-30 NS.* Jolie salle rustique avec tables en bois et tissages traditionnels aux murs. Grand choix de plats typiques, certains plutôt rares dans les restos, comme le *seco de cordero* (agneau mijoté), le *garbanzo con tocino* (pois chiches au lard) ou le *ceviche* de champignons. Soigné et bien servi. Très populaire.
La Cabaña : *av. Giraldez 652, à 800 m de la pl. de Armas en allant vers l'ancienne gare ferroviaire. ☎ 22-33-03. Ouv 17h-minuit. Plat env 25 NS.* Une maison coloniale-musée, avec plusieurs salles remplies d'objets et d'antiquités. Resto-bar très touristique donc, avec, à la carte, de bonnes pizzas au feu de bois, pâtes, grillades, mais aussi des plats plus typiques (*cuy*, truite à l'ail). Concerts folkloriques du jeudi au samedi, le soir (à 21h). On y sert la sangria, spécialité maison, mais le *pisco sour* est aussi fameux. En face, le resto **La Kollpa** (mêmes proprios) propose une bonne cuisine amazonienne (goûtez au *tacacho con cecina*) dans un cadre amusant et agréable.

À faire

– **Feria** *(marché) : c/ Huancavelica, à l'ouest du centre. Slt dim.* Parmi les babioles habituelles, on repère de beaux lainages, animaux en bois et quelques bijoux en argent. Marchander en douceur : la ville n'est pas touristique, donc les prix annoncés ne sont guère gonflés. Aucun racolage, au demeurant : ça rend la visite très agréable.

– Chaque dimanche, ***défilé*** des militaires et des écoliers sur la plaza de Armas, avec trombones et tubas...

– ***Manos creadoras del Perú :*** *jr. Hipólito Unanue 208, urb. Justicia, Paz y Vida. ☎ 24-84-69. Conseillé d'appeler avt de s'y rendre (env 4 NS en taxi).* Une association qui promeut et vend la production des paysans et artisans du coin : tissages, céramiques, broderies, sculptures sur bois, calebasses, etc. Prix raisonnables, très bonne qualité (teintures végétales, alpaga, etc.) et recherche artistique. Les bénéfices sont réinvestis dans des projets de développement pour les commerçants quechuas.

DANS LES ENVIRONS (LOINTAINS) DE HUANCAYO

HUANCAVELICA (IND. TÉL. : 067)

À 4h de route au sud de Huancayo, cette petite ville posée dans une cuvette à 3 675 m d'altitude a vraiment de quoi séduire : une belle architecture coloniale, bien préservée, notamment la très jolie plaza de Armas avec sa cathédrale, une atmosphère typiquement péruvienne et, tout autour, une campagne superbe et authentique, loin, très loin même, du Pérou touristique. Elle fut fondée en 1571 suite à la découverte de gisements de mercure par les Espagnols. L'étape idéale pour ceux qui souhaitent rejoindre la côte et Ica-Pisco-Nazca depuis Huancayo, d'autant que la route montagneuse qui mène jusqu'à la côte (en passant par la *laguna de Choclococha*) est, elle aussi, vraiment magnifique. L'une des plus belles en fait qu'il nous ait été donné de parcourir dans le pays.

Arriver – Quitter

En bus

➢ ***Huancayo :*** bus ttes les heures avec *Ticllas.* Env 4h de route.

➢ ***Pisco et Ica :*** 2 départs/j., en début de soirée de Huancavelica. Compter 11h de trajet.

Adresse et info utiles

ℹ ***Oficina municipal de Información turística :*** *sur la pl. de Armas. 📱 966-61-20-85. Lun-sam 8h-19h.* Renseignements sur la ville et les environs. On y trouve aussi l'agence *Cielo Azul,* qui organise des excursions dans le coin.

■ @ ***Distributeurs*** et ***cybercafés*** dans les rues qui partent de la plaza de Armas.

Où dormir ? Où manger ?

🏠 ***Hotel Ascensión :*** *jr. Manco Cápac 481. ☎ 45-31-03. Doubles 40-60 NS.* Situation idéale, sur la place. Les chambres sont très convenables pour le prix, en particulier celles avec salle de bains. Eau chaude de 7h à 21h seulement.

Gran Hostal La Portada : *jr. Virrey Toledo 252. ☎ 45-10-50. Doubles 50-60 NS.* Une trentaine de chambres autour d'une cour intérieure, sur 3 niveaux. TV câblée, eau chaude 24h/24, matelas fermes et bonne propreté.

Hotel Presidente : *pl. de Armas. ☎ 45-27-60. • huancavelicaes.hotelpresidente.com • Doubles env 70-75 $, petit déj compris.* L'hôtel le plus « chic » de la ville. Tout de même cher pour ce que c'est, mais les chambres sont douillettes, avec salle de bains neuve, et celles qui donnent sur la place, avec leur balcon, sont bien agréables. Resto très correct aussi (mais au cadre minimaliste), tout comme le petit déj. Bon accueil.

À voir à Huancavelica et dans les environs

Outre le joli centre colonial, avec ses églises datant du XVIe au XVIIIe s, Huancavelica possède un beau musée rénové, le ***museo Daniel Hernández*** *(lun-ven 9h-17h),* à un bloc de la plaza de Armas. Expo préhistorique et archéologique avec fossiles et poteries anthropomorphes huaris, chankas et incas. Également des textiles préhispaniques superbement conservés et, à ne pas rater, des momies, dont une d'enfant particulièrement impressionnante.

Mina de Santa Barbara : *à 15 km de Huancavelica. En taxi, compter 30 NS (A/R) depuis le centre.* C'est le complexe minier (extraction de mercure) auquel la ville doit son existence. Il fonctionna du XVIe s jusque dans les années 1980 ! Église du XVIIe s sur le site, abandonnée elle aussi. Avant d'arriver, on passe par un hameau très rustique, avec l'impression d'être au plus profond du Pérou. Une excursion superbe (surtout au petit matin), à faire pour la beauté du chemin qui conduit jusqu'à la mine.

Laguna de Choclococha : *grand lac d'altitude à 2h de Huancavelica, sur la route de Pisco.* Encore un coin magnifique, à l'écart des circuits touristiques. Nombreux troupeaux de lamas et d'alpagas en chemin. On peut y aller par ses propres moyens, en prenant le bus de 5h (!) de Huancavelica (retour de ce dernier vers 12h30, ce qui laisse quelques heures sur place) ou, plus cher, par l'agence *Cielo Azul,* qui propose une excursion d'une durée de 8h avec guide, repas et tour en barque sur le lac.

AYACUCHO

env 150 000 hab. Alt. : 2 761 m IND. TÉL. : 066

Au cœur d'une région restée longtemps isolée, riche en sites archéologiques méconnus et propice aux randonnées. Vous serez séduit par l'aspect encore traditionnel d'Ayacucho, cité attachante aux 33 églises, l'une des plus anciennes villes du pays. Fondée en 1539 et siégeant dans une vallée à 2 760 m d'altitude, elle devait servir de relais entre l'ancienne capitale Cuzco et la nouvelle en cours d'édification, Lima. Alors nommée San Juan de la Victoria, elle ne devint Ayacucho (« terre des morts ») qu'en 1825, après la victoire décisive du général Sucre, ami de Bolívar, sur les royalistes et les Espagnols, pour l'indépendance du pays. La ville est très réputée aussi pour les festivités qui s'y déroulent durant la Semaine sainte, célébrée ici avec une ferveur inégalée au Pérou. Dans un autre registre, c'est également à Ayacucho que fut créé le groupe terroriste du Sentier lumineux.

Arriver – Quitter

En avion

✈ L'aéroport, tout petit, se trouve à 10 mn en taxi du centre (compter 10-15 NS).

➢ ***Lima :*** 2 vols/j. avec *LC Perú* (av. 9 de Diciembre 160 ; ☎ 31-60-12 ; ● lcperu.pe ●) et 1 vol tôt le mat avec *Star Perú* (portal Constitución 17 ; ☎ 31-66-76 ; ● starperu.com ●).

En bus

➢ ***Huancayo :*** 320 km, env 7h de trajet. Plusieurs compagnies, dont *Expreso Molina Unión* (jr. 9 de Diciembre 458 ; plan A1, **1** ; ☎ 31-99-89). La seule à voyager de jour (mieux pour apprécier les paysages !), avec 1 départ le mat et 2-3 autres en soirée.

➢ ***Cuzco :*** env 18h de route (piste et asphalte), par Andahuaylas et Abancay. 1 départ le mat et 2 en soirée avec *Expreso Los Chankas* (pasaje Cáceres 150 ; plan B1, **2** ; ☎ 31-23-91).

➢ ***Lima :*** env 9h de route. Nombreux départs, la plupart en soirée, assurés par une dizaine de compagnies, dont *Cruz del Sur* (jr. Mariscal Cáceres 1264 ; plan A1, **3** ; ☎ 31-28-13 ; ouv jusqu'à 22h) et *Expreso Molina*.

Adresses utiles

ℹ ***I-Perú*** (plan A-B2) **:** *jr. 2 de Mayo 212, en face de l'église de la Merced. ☎ 31-83-05. Lun-sam 9h-18h, dim 9h-13h.* Très compétent et dynamique.

✉ ***Correos*** (plan B1) **:** *jr. Assemblea 293. ☎ 31-22-24. Tlj sf dim 8h-19h.*

@ ***Internet :*** *un peu partout dans le centre, notamment sur la plaza de Armas, à côté de l'hôtel* Via Via *(plan A1).*

■ ***Banques, change*** (plan A1) **:** *guichets sur la pl. de Armas, le long du portal Constitución (tlj 8h-20h).* Taux correct. Également plusieurs distributeurs autour de la plaza de Armas, et dans les rues adjacentes.

■ ***Interbank*** (plan A1, **4**) **:** *jr. 9 de Diciembre 183. Lun-ven 9h-18h20, sam 8h30-13h.* Le seul endroit où changer les *traveller's*, sans commission mais à un taux assez désavantageux.

■ ***Policía turística*** (plan B2, **5**) **:** *jr. Arequipa 100. ☎ 31-58-45. Tlj 8h-20h.* Pour toute plainte.

✚ ***Hospital central :*** *av. Independencia 355. ☎ 31-21-80.* Hôpital public, dans lequel se trouve aussi une clinique privée : *Clínica de la Esperanza* (☎ 31-74-36).

■ ***InkaFarma*** (plan A2, **6**) **:** *jr. 28 de Julio 246. Tlj 7h-22h.* D'autres pharmacies dans le centre, notamment plaza de Armas.

■ ***Lavandería Huamanga*** (plan A1, **7**) **:** *jr. Garcilazo de la Vega de Julio. Lun-sam 8h30-20h30.*

Où dormir ?

À savoir : pendant la Semaine sainte, tous les hébergements d'Ayacucho sont pris d'assaut et loués sur la base de 3 ou 4 nuits minimum. Vous pouvez toutefois, durant cette période, demander à l'office de tourisme de vous aider à dégoter une *casa familiar* (chambre chez l'habitant).

De bon marché à prix modérés (moins de 90 NS / env 27 €)

⌂ ***Hotel Crillonesa*** (plan A2, **10**) **:** *c/ El Nazareno 165. ☎ 31-23-50. Nuitée env 30 NS/pers, petit déj inclus.* Dans un hôtel d'un certain âge, des chambres avec ou sans salle de bains, réparties sur plusieurs niveaux autour d'un patio. Pas très engageant à première vue, l'ensemble est assez vieillot mais bien tenu. Les chambres avec sanitaires communs (propres) sont ultra basiques, mais celles avec salle de bains, en particulier au 3e étage, avec vue sur le marché et l'église, sont d'un honnête rapport qualité-prix. Et l'accueil est sympathique.

⌂ ***Hotel Samary*** (plan A1, **11**) **:** *jr. Callao 329-341. ☎ 31-85-75.*

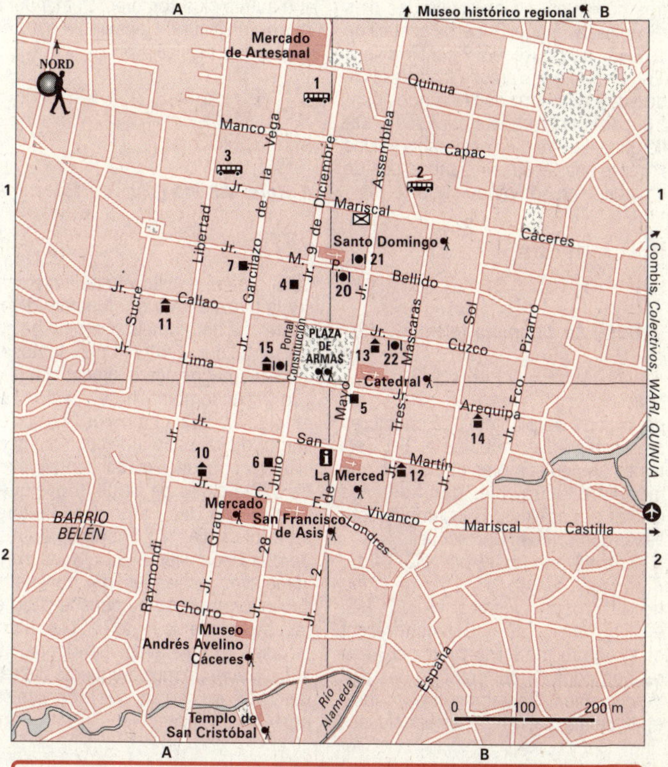

AYACUCHO

■ **Adresses utiles**

- I-Perú
- 1 Expreso Molina Unión
- 2 Expreso Los Chankas
- 3 Cruz del Sur
- 4 Interbank
- 5 Policía turística
- 6 InkaFarma
- 7 Lavandería Huamanga

Où dormir ?

- 10 Hotel Crillonesa
- 11 Hotel Samary
- 12 Hotel Tres Máscaras
- 13 Hotel La Colmena
- 14 Hotel Santa Maria
- 15 Hotel Via Via

Où manger ?

- 15 Restaurant de l'hôtel Via Via
- 20 Pizzeria Italiana
- 21 La Casona
- 22 Antonino

• *hotelsamary@hotmail.com* • *Doubles 50-60 NS. Garage.* Tenu par le sympathique Silvio, qui peut vous donner des infos sur la région. Ensemble vieillot mais des chambres propres équipées, ou non de sanitaires et TV. Eau chaude toute la journée, savon et serviette fournis. Terrasse. Simple et bon marché.

Hotel Tres Máscaras *(plan B2,* ***12****) : jr. Tres Máscaras 194.* ☎ *31-29-21.* • *hoteltresmascaras@yahoo.com* • *Doubles env 60-70 NS.* Grande maison de 1925 avec des couloirs extérieurs et un charmant jardin donnant sur une colline de la ville. Les chambres, avec salle de bains, sont très correctes, en particulier les plus récentes, à l'étage. Superbe accueil de la *dueña* qui possèdent 2 gentils chiens (l'un d'entre eux s'amuse à porter la clé de votre chambre dans sa gueule) et 2 superbes perroquets qui vous gratifieront peut-être d'un petit « *hola* » ! Une adresse simple qui ne manque pas de charme, d'un bon rapport qualité-prix.

Prix moyens (90-130 NS / env 27-39 €)

Hotel La Colmena (plan B1, **13**) : *jr. Cuzco 140. ☎ 31-13-18. • hotelcolmena.com • Doubles 90-120 NS, petit déj inclus.* Mignon, avec un joli patio garni de plantes. Les chambres ont toutes salle de bains et TV. Certaines un peu sombres et/ou avec une moquette défraîchie, d'autres plus claires et carrelées. L'ensemble reste assez confortable. Bon accueil.

Santa María Hotel (plan B2, **14**) : *jr. Arequipa 320. ☎ 31-49-88. • jianhoteles.com.pe • Doubles 110-125 NS, petit déj inclus.* Bâtiment récent et structure moderne pour cet hôtel de bon confort, qui pratique des prix raisonnables. Chambres impeccables et au calme, certaines très spacieuses et d'autres plus sombres. Demander à en voir plusieurs. L'ensemble est très propre et le service pro.

Chic (130-200 NS / env 39-60 €)

Hotel Via Via (plan A1, **15**) : *portal Constitución 04. ☎ 31-28-34. • viaviacafe.com • Compter 130-140 NS pour 2, petit déj inclus.* Notre hôtel préféré à Ayacucho, directement sur la plaza de Armas ! Membre d'une petite chaîne d'hôtels d'origine belge, présente sur 4 continents. Installée dans un magnifique bâtiment colonial, l'adresse combine hôtel, resto, bar et glacier. Les chambres, réparties autour du joli patio intérieur, sont spacieuses, coquettes et tout confort, avec de belles salles de bains et quelques touches de déco ethnique. Préférer toutefois celles au 1er étage ; au rez-de-chaussée elles n'ont qu'une porte vitrée avec persiennes, pas de fenêtre. Tables en terrasse ou dans le patio et très belle salle de resto doublée d'une terrasse en bois avec vue plongeante sur la place. Un must fréquenté du petit déj au dîner. D'autant que le service est agréable et efficace.

LE SUD DU PÉROU

Où manger ?

De bon marché à prix moyens (moins de 15-25 NS / env 4,50-7,50 €)

Restaurant de l'hôtel Via Via (plan A1, **15**) : *cf « Où dormir ? ». ☎ 31-28-34. Tlj de 7h jusqu'au dernier client. Menus 10-18 NS ; plats max 25 NS.* On vous parle déjà de l'hôtel mais le resto n'est pas en reste, c'est même, encore une fois, le plus sympa de la ville ! Dans une grande salle haute de plafond avec belle charpente de bois, cuisine vitrée et long comptoir rétro. Cuisine joliment présentée et vaste choix à la carte, notamment de savoureuses salades aux mélanges insolites, des plats de légumes sautés au wok, des viandes saisies juste ce qu'il faut et bien agrémentées. Formules petit déj tout aussi fraîches et goûteuses, 3 menus au choix le midi d'un très bon rapport qualité-prix, et même de la bière belge pour accompagner le tout et un vrai expresso. On peut d'ailleurs se contenter d'y prendre un verre (carte de vins et cocktails bien fournie) ou s'offrir une bonne glace artisanale, servie en coupe mais aussi en cornet à l'entrée de l'hôtel. Bref, un sans faute !

Pizzeria Italiana (plan B1, **20**) : *jr. Bellido 486. ☎ 31-75-74. Tlj 18h-23h. Compter 15-20 NS.* Petite salle où se rassemblent les familles dans une chaude ambiance. Au menu, uniquement des pizzas, bonnes et bien fines, cuites au feu de bois. Souvent beaucoup de monde et, du coup, on fait table commune !

La Casona (plan B1, **21**) : *c/ Bellido 463. ☎ 31-27-33. Tlj 12h-22h.*

Menu 16 NS ; plats env 10-25 NS. Un resto « touristique » au cadre bien net proposant une longue carte variée avec pas mal de spécialités : *cuy, lechón al horno* (cochon grillé), *quapchi* (entrée à base de fromage) et, le dimanche, *mondogo* (soupe de maïs et de viande).

Antonino *(plan B1,* ***22****) : jr. Cusco 144. ☎ 31-57-38. Tlj 18h-minuit. Plats env 15-25 NS.* Cuisine italienne dans un cadre agréable et reposant. Les pâtes sont bonnes et copieuses et le service souriant. Une option honorable dans cette ville où les restos ne sont pas légion.

À voir. À faire

Plaza de Armas *(plan A-B1)* **:** tout à fait charmante et typique, avec ses bâtiments coloniaux à balcons et toits de tuiles, et les montagnes en toile de fond. La statue au centre est celle du général Sucre, d'ailleurs on appelle aussi la place le... *parque Sucre.*

Catedral Basílica Santa María *(plan B1-2)* **:** *sur la place. Ouv lun-sam 17h-19h, dim 9h-17h. Accès libre.* Elle date du XVIIe s et combine des éléments baroque et renaissance. Elle fut en partie restaurée au XIXe s.

Iglesias coloniales **:** la ville en compte officiellement 33, mais seule une douzaine se visitent, pendant les heures de messe (feuillet avec les horaires disponible à l'office de tourisme). Elles ont été restaurées. Les plus notables sont **San Francisco de Asis** *(plan A2),* **San Cristóbal** *(plan A2),* **Santo Domingo** *(plan A-B1)* et **La Merced** *(plan B2),* entre autres.

Mercado *(plan A2)* **:** *tlj 6h-17h.* Vraiment typique, on y vend de tout : viandes, fruits, légumes, souliers, vannerie, quincaillerie, artisanat...

Museo Andrés Avelino Cáceres *(plan A2)* **:** *jr. 28 de Juno 508. Lun-ven 9h-13h, 15h-17h ; sam 9h-13h. Entrée : 2 NS.* Dans un très beau *mansión* de style sévillan datant du XVIIe s, une salle dédiée à Avelino Cáceres (un ancien président du Pérou) et des collections peintures et objets de l'époque coloniale.

Museo histórico regional Hipólito Unanue *(hors plan par B1)* **:** *av. Independencia 502, dans le centre culturel Simón Bolívar. ☎ 31-20-56. À 15 mn de marche de la pl. de Armas. Tlj sf dim 9h-13h, 15h-17h. Entrée : 2 NS.* Ce modeste musée présente, dans des vitrines bien éclairées, un grand nombre de poteries des différentes civilisations qui peuplaient la région avant l'arrivée des Espagnols. Momie *Chanca.* Petite section préhistorique.

On trouve des ***ateliers d'artisans*** dans certains quartiers de la ville : le *barrio Santa Ana* (à environ 1 km au sud-ouest du centre) pour les petits tapis muraux et l'artisanat en albâtre ; et le *barrio Belén (plan A2)* pour les retables, typiques d'Ayacucho, qui décrivent, à des fins purement décoratives, des scènes religieuses et paysannes.

Manifestations

– Nombreuses fêtes et manifestations toute l'année (religieuses pour la plupart), mais c'est surtout la ***Semaine sainte,*** célébrée ici comme nulle part ailleurs au Pérou, qui attire les foules à Ayacucho. Pendant 10 jours, processions et animations de rue en tout genre. L'office de tourisme publie le programme chaque année.

DANS LES ENVIRONS D'AYACUCHO

Le circuit Wari-Quinua : *pour se rendre à Wari et Quinua, combis et colectivos (5h-17h, env 4 NS) sur jr. Salvador Cavero, à l'est du centre (plan B1). Possibilité* *de faire le circuit avec une agence qui fournit un guide et se charge du transport. L'hôtel* Via Via, *par exemple, propose cette excursion en y incluant un passage à des sources thermales (à 30 mn de Quinua).*

Située à 22 km au nord d'Ayacucho, ***Wari*** est une cité pré-inca ensevelie que les archéologues mettent au jour depuis la fin des années 1960 *(visites tlj sf lun 9h-17h ; tarif 3 NS).* De constructions en pierre non taillée, que l'on découvre au gré de deux parcours différents, elle fut la capitale de l'Empire wari du VIe au XIIe s. Également un petit musée contenant les objets trouvés sur le site (céramique, têtes de mort, momie...).

Une dizaine de kilomètres plus loin, sur la même route, le village bien conservé de ***Quinua,*** avec son église, ses quelques ateliers de céramistes et son *mercadito,* un ensemble de gargotes qui permet de se sustenter pour une poignée de *soles.* À 1 km de la place principale s'étend *« el histórico santuario de America, la Pampa de Quinua »,* où, le 9 décembre 1824, se déroula la bataille d'Ayacucho qui mit fin à trois siècles de colonialisme espagnol.

Vilcashuamán : *à 118 km d'Ayacucho. Pour s'y rendre en bus, départ le mat de l'av. Cuzco, à l'est de la ville, (env 4h de trajet et 15-20 NS). Pour le retour, dernier bus vers 14h, ce qui laisse peu de temps sur place... Possibilité cependant de dormir à Vilcashuamán (le village compte quelques petits hôtels et restos).*

Un ensemble de ruines incas disséminées dans le village (moderne) du même nom. On peut y voir, sur la place principale, le temple du Soleil et de la Lune, édifiés pour l'Inca Pachacútec et... sur lequel les Espagnols ont bâti une église ! Un peu plus loin, le *mirador de l'Inca* (entrée 3 NS), sorte de pyramide avec, au sommet, un *puytuq,* siège à deux places d'où l'Inca présidait aux cérémonies. On peut y monter pour jouir d'une très belle vue sur le palais (dont ne subsistent que des pans de murs), derrière, avec les montagnes en toile de fond. D'autres ruines sont visibles ailleurs dans le village, notamment des aqueducs et une pierre sacrificielle. Un véritable centre administratif, politique et religieux en somme.

– On y célèbre le ***Vilcas Raymi,*** les 28 et 29 juillet, en mémoire de la fameuse bataille qui opposa les Incas aux Chancas. Reconstitution historique très colorée, à travers une série de cérémonies ancestrales et danses folkloriques.

CUZCO

510 000 hab. Alt. : 3 400 m IND. TÉL. : 084

Pour le plan de Cuzco, se reporter au cahier couleur.

À 3 400 m d'altitude, dans une large vallée cernée de montagnes ocre et brunes, « la Rome des Incas » fait partie de ces endroits mythiques où convergent les voyageurs qui parcourent l'Amérique du Sud. Baignée par une fraîcheur quasi permanente et bénéficiant d'un ciel d'un bleu intense durant tout l'hiver (austral), Cuzco – ou Cusco – est une escale incontournable : richesse architecturale et archéologique, artisanat vivant, atmosphère relax, bons petits restos, vie nocturne animée... C'est l'un des rendez-vous favoris des routards et des trekkeurs en route vers le Machu Picchu.

À l'origine, elle doit son nom au rôle pivot qu'elle occupait au sein de l'Empire inca : *Qusqu* signifie, en effet, « nombril » en quechua. Au centre de Cuzco justement, on découvre un joyau de ville coloniale bâtie par les Espagnols sur les vestiges de nobles bâtiments incas. Dans les rues Loreto et Hatun Rumiyoc se dressent encore de hauts pans de murs aux pierres colossales

parfaitement agencées – sans mortier – grâce au savoir-faire des Incas. En fait, la plupart des constructions espagnoles s'appuient, s'adossent ou intègrent les matériaux des édifices précolombiens. On les découvre jusque dans certaines chambres d'hôtel et au cœur des monastères, à l'emplacement même des lieux les plus sacrés pour les Incas.
De nos jours, les plus beaux palais ont souvent été reconvertis en hôtels, ce qui donne l'occasion de découvrir ces trésors cachés, alignés le long de ruelles étroites et de places coquettes aux gros pavés luisants (très glissants !). Certains s'ornent de superbes balcons de bois sculpté et de chimères taillées dans la pierre. Des hauteurs de San Blas et de San Cristóbal, vous bénéficierez d'une vue plongeante sur ces toits de tuiles rousses qui dévalent en cascades, seulement interrompue par les campaniles des églises. L'architecture harmonieuse de Cuzco a facilité grandement son inscription au Patrimoine mondial de l'humanité par l'Unesco. Il est au monde des villes où l'on ne fait que passer. Il y en a d'autres où l'on prolonge le séjour avec plaisir... Cuzco est de celles-ci !

UN PEU D'HISTOIRE

Douze grands Incas se sont succédé à Cuzco et ont marqué la ville de leur empreinte, au fil des siècles, à commencer par le fondateur ***Manco Cápac,*** qui installa la capitale inca dans la vallée de Qosqo, après en avoir chassé les tribus d'origine. Exploitées depuis deux millénaires au moins, ces terres étaient convoitées pour leur fertilité. ***Pachacútec,*** le neuvième souverain, qui se faisait appeler « fils du Soleil », fut un guerrier redoutable qui conquit toute la région du lac Titicaca, jusqu'à l'Amazonie et au Pacifique. Il fut en fait le véritable consolidateur de l'Empire. Au centre se développa Cuzco, sur un plan en damier aux rues étroites et pavées (dont il subsiste quelques traces). La cité était divisée en quatre grands quartiers, d'où partaient quatre routes principales vers les quatre grandes provinces du royaume.
À la mort prématurée de ***Huayna Cápac*** en 1527, une guerre fratricide éclata entre ses fils ***Huáscar*** et ***Atahualpa.*** Le conflit marqua le début du déclin de la cité, puis de l'Empire inca. Profitant de sa désorganisation, ***Francisco Pizarro*** entra à Cuzco au printemps 1534, sans rencontrer de résistance.
La fondation de la ville des rois (Lima) dès 1535 par Pizarro vint concurrencer la capitale historique inca, trop éloignée de la mer pour convenir aux Espagnols. ***Túpac Amaru,*** l'un des deux fils de l'Inca Manco, essaya en vain d'organiser une résistance, mais fut exécuté sur la plaza de Armas de Cuzco en 1572. Tout au long du XVIe s, la ville coloniale s'édifia sur les ruines de la cité inca ravagée. Du point de vue économique, Cuzco constituait tout de même un relais important sur la route des mines de Potosí, lui assurant une certaine prospérité jusqu'au milieu du XIXe s. Puis la ville, concurrencée par Arequipa, entama un long déclin. La découverte du Machu Picchu, en 1911, par l'archéologue américain ***Hiram Bingham,*** changea la donne et généra l'éclosion du tourisme, qui la vit se développer et s'étendre. On peut dire que Cuzco connaît à présent une véritable renaissance.

ARC-EN-CIEL

Partout dans la ville flotte le drapeau multicolore à bandes horizontales qui pourrait faire croire que la ville s'affiche... gay friendly *! Eh bien non, cette bannière est en fait le drapeau hérité des Incas, qui symbolise la lutte contre une oppression (espagnole)... depuis plus d'un demi-siècle !*

Avertissements

– ***Altitude :*** à 3 400 m, les effets de l'altitude (souffle court, migraine, nausées, etc.) peuvent se ressentir. Mais en mesurant ses efforts et en prenant quelques précautions (manger léger, éviter l'alcool et les excitants, boire des infusions de coca...), le corps s'adapte en quelques jours. Lire aussi à ce sujet notre rubrique « Santé » dans les « Généralités Pérou, Bolivie ».

– ***Noms de rues :*** les rues portent un nom espagnol et un nom quechua, tous deux indiqués dans le centre. On a opté pour les noms espagnols sur le plan de la ville, plus faciles à prononcer.

– ***Hébergement :*** l'hiver (juin, juillet, août), les petits hôtels pas chers sont vite complets, mais comme ils prolifèrent chaque année, vous ne devriez pas avoir trop de difficulté à trouver un logement.

– ***Changements fréquents :*** malgré toute l'attention portée à ces informations, les changements sont fréquents, notamment concernant les restaurants et les bars. Tout cela à cause de la valse des loyers, qui augmentent à un rythme souvent insoutenable pour les commerçants.

– ***Sécurité :*** à la différence des autres grandes villes du Pérou, Cuzco est une ville relativement sûre. Mais on signale toutefois l'émergence d'une petite délinquance depuis quelques années, avec parfois le risque de vol pour les touristes, en particulier le soir ou autour du marché San Pedro.

Arriver – Quitter

En avion

✈ ***Aeropuerto Velasco Astete*** *(hors plan couleur par D3) :* ☎ *23-73-64.* On y trouve un petit office de tourisme *I-Perú*. Également des services de résa hôtelière (aux arrivées), des distributeurs et *casas de cambio* aux taux très moyens. Pour la location de voitures, seul *Hertz* a un bureau sur place. Un taxi pour le centre (à 2-3 km) vous coûtera env 30 NS – env 15-20 NS si vous le prenez hors de l'enceinte de l'aéroport.

– ***Précaution :*** pendant la période octobre-avril, pour quitter Cuzco en avion, il est préférable d'avoir une réservation sur le premier vol avant 10h. Le brouillard n'a pas encore envahi les pistes, et les avions peuvent atterrir. Il faut savoir que l'aéroport ne dispose pas d'installations permettant d'atterrir sans visibilité et donc les vols vers Cuzco sont parfois annulés. Ce serait dommage de rater la correspondance à Lima pour rentrer au pays.

Les déplacements en taxi dans la ville ne doivent pas excéder 5 NS.

■ ***Star Perú*** *(plan couleur C3,* ***12****) : av. El Sol 627.* ☎ *26-27-68 ou 25-37-91. • starperu.com • Lun-sam 9h-13h, 15h-18h30 ; dim 9h-12h30.* Assure 3-4 vols/j. pour Lima, la plupart le mat, et 1 vol/j. pour Puerto Maldonado.

■ ***Lan Perú*** *(plan couleur C3,* ***12****) : av. El Sol 627B.* ☎ *25-55-52 ou 55. Résas :* ☎ *0801-112-34. • lan.com • Tlj 9h-19h.* Env 12 vols/j. pour Lima, 2 vols/j. en matinée pour Puerto Maldonado et 1 à 2 vols/j. pour Juliaca (Puno) avec continuation vers Arequipa.

■ ***Taca Perú*** *(plan couleur C3,* ***13****) : av. El Sol 602B.* ☎ *24-99-22 ou 0800-182-22 (n° national). • taca.com • Lun-ven 8h30-13h30, 15h-19h ; sam 9h-13h30, 15h30-18h.* Assure 3-4 vols pour Lima, tlj sf dim.

■ ***Peruvian Airlines*** *(plan couleur B2,* ***14****) : av. del Medio 117.* ☎ *25-48-90. • peruvianairlines.pe • Lun-sam 9h-19h.* Cette compagnie propose les prix les plus intéressants. 3-4 vols/j. vers et de Lima.

■ ***Amaszonas :*** *résas sur • amaszonas.com •* Cette compagnie bolivienne assure des liaisons directes La Paz-Cuzco 3 fois/sem (lun, mer, ven), le mat.

En bus

Environs de Cuzco

Tous les détails sur les points de départ et les fréquences des bus et *colectivos* pour la ***Vallée sacrée*** sont donnés dans le chapitre « La Vallée sacrée des Incas ». Pour les compagnies de bus, le mieux est de consulter leur site internet, les fréquences et les horaires étant sujets à modifications.

Longues distances

Terminal terrestre *(hors plan couleur par D3,* ***1****) : av. Luis Vallejo Santoni, à 3 km au sud-est de la ville en direction de l'aéroport. ☎ 22-44-71. En train depuis/vers le centre, compter 10 NS.* C'est là que se trouvent la plupart des compagnies de bus, sauf pour la Vallée sacrée. Distributeur au rez-de-chaussée, pharmacie et Internet à l'étage. La compagnie *Cruz del Sur* possède son propre terminal, av. Industrial.

➢ ***Lima :*** compter 20-25h de route. Nombreuses liaisons, la plupart via Abancay et Nazca (trajet le plus court). 6-8 bus/j. (8h-20h) avec *Wari-Palomino (☎ 24-72-17 ; • expresowari.com.pe •),* 2 avec *Flores,* sf dim *(☎ 31-59-79 ; • floreshnos.net •),* 2 avec *Civa (☎ 0800-155-55 ; • civa.com.pe •),* 2 avec *Cruz del Sur (☎ 311-50-50 ; • cruzdelsur.com.pe •),* 3 avec *Tepsa (☎ 617-90-00 ; • tepsa.com •),* 1 avec *Expreso Cial (☎ 632-812 ; • expreso cial.com/esp •).* Ils partent tous entre 13h30 et 20h30.

➢ ***Arequipa :*** env 10-12h de trajet, plus long à la saison des pluies. Certaines partent de bon matin pour arriver en fin de journée, d'autres roulent de nuit (départ 18-19h) pour rejoindre Arequipa au petit matin. Liaisons avec *Carhuamayo (☎ 23-71-44),* qui propose 3 bus/j., 1 le mat et 2 le soir ; également avec *Civa* (mat et fin d'ap-m), *Flores* (2 bus/j., dont 1 tôt le mat), *Cromotex* et *Expreso Cial* (le soir).

➢ ***Juliaca, Puno et la Bolivie :*** compter 5-6h de trajet pour Juliaca, 1h de plus pour Puno. La plupart des bus partent le mat, 4h-10h, quelques-uns aussi le soir, mais ils arrivent à Puno en pleine nuit, difficile à 4h du mat de trouver une chambre d'hôtel ! Jusqu'à 3 départs/j. avec *Libertad (☎ 43-29-55),* 2 avec *San Martín (📱 984-61-25-20)* et 1 avec *Cruz del Sur* (à 8h30). *San Martín* est la seule compagnie à assurer 1 départ dans l'ap-m (à 14h30). *Tour Peru* et *Transzela,* cette dernière très fiable avec des bus confortables et ponctuels *(• transzela.com.pe •)* proposent un départ à 8h et à 8h30, bon marché. *Civa* propose aussi 1 bus jeu soir jusqu'à Desaguadero, via Puno. Pas de liaison directe pour Copacabana (Bolivie) ; le bus vous dépose à une intersection, puis trajet en *combi.*

➢ ***Puno :*** les compagnies *Inka Express (c/ Plateros 320 ; ☎ 22-14-79 ; • inkaexpress.com •)* et *Wonder Perú (28 de Julio, R2-1 ; ☎ 25-16-16 ; • wonderperuexpedition.com •)* proposent le trajet depuis Cuzco, agrémenté de visites en cours de route. Église d'Andahuaylillas, site de Raqchi, col de la Raya et musée de Pucará, avec un guide parlant espagnol et anglais, voire français. Certes, le trajet est un peu plus long mais la formule est assez séduisante (visites rapides toutefois). Arrêt déjeuner à Sicuani (inclus dans le billet). En revanche, les billets d'entrée sur les sites ne sont pas inclus. Départ vers 7h, arrivée vers 17h15. Tarif : env 40 $.

➢ ***Ayacucho :*** avec *Expreso Los Chankas (☎ 24-22-49),* bus tlj à 6h30 et 19h10. Compter un bon 20-24h de trajet.

➢ ***Puerto Maldonado :*** on peut y aller en avion en moins de 1h, mais c'est cher. En bus, magnifique route toute neuve, de 440 km, qui passe des glaciers à plus de 400 m jusqu'au cœur de la jungle, mais compter tout de même 12h de trajet. Possible avec *Móvil Tours* (*• portal.moviltours.com.pe •* ; vers 18h et 20h), *Mendivil* (vers 14h30 et 16h) et *Expreso Los Chankas* (à 15h lun, mer, ven et sam). On peut aussi s'adresser aux agences spécialisées dans l'organisation de séjours (de 3 j. à 1 sem) en Amazonie. Elles proposent notamment de belles excursions dans le parc Manú (inscrit au Patrimoine mondial par l'Unesco).

En train

2 lignes ferroviaires desservent Cuzco : l'une au départ de la **gare de Wanchaq** *(hors plan couleur par D3)* pour Puno ; l'autre depuis la **gare de Poroy** *(hors plan couleur par A3),* pour Ollantaytambo et Aguas Calientes (Machu Picchu). Mais quel que soit le trajet, ce mode de transport est devenu au fil des ans un véritable racket pour les touristes... À moins d'être un amoureux des voyages en train, prendre le bus est une option définitivement plus économique !

Coordonnées des compagnies

■ ***Perurail*** *(plan couleur B1-2, **15**) : portal de Carnes 214, pl. de Armas.* ☎ *58-14-14 (call center 24h/24, 7h-20h w-e et j. fériés ; paiement en CB).* • *perurail.com* • *On peut aussi acheter les billets à la gare Wanchaq (ouv lun-ven 7h-17h, w-e et j. fériés 7h-12h) ; dans ce cas, paiement cash (dollars ou soles).*

■ ***Inca Rail*** *(plan couleur B2, **16**) : portal de Panes 105, sur la pl. de Armas. Résas :* ☎ *58-18-60.* • *inca rail.com.pe* • *Tlj 9h-20h. CB acceptées.* Vente du *boleto* pour le Machu Picchu, à condition d'y acheter le billet de train et avec commission de 10 NS.

Pour le Machu Picchu depuis la estación Poroy

– Il est interdit de prendre les trains locaux. Ils sont réservés aux habitants de la région, qui vivent le long de la ligne de chemin de fer et aux expatriés avec titre de séjour. Dommage, ça ne coûte que quelques dollars...

Les trains *Perurail* vont de Cuzco à Aguas Calientes, point de départ du bus qui monte au Machu Picchu. Mais il y a davantage de liaisons depuis Ollantaytambo, à l'extrémité de la Vallée sacrée, ce qui permet d'envisager différentes options combinées avec le bus. On réalise ainsi des économies non négligeables, cette ligne étant non seulement très lente, mais aussi l'une des plus chères au monde au kilomètre... Durée : de 2h à près de 4h pour 115 km env.

En haute saison (juin-septembre), achetez votre billet de préférence 2 semaines à l'avance, pour être sûr d'obtenir une place aux heures et tarifs désirés. Le plus simple est de le faire par Internet. Sinon, directement auprès des compagnies, aux adresses citées ci-dessus, ou encore par l'intermédiaire de l'une des agences de voyages de Cuzco, moyennant une commission. Dans ce cas, assurez-vous auparavant que l'agence est accréditée auprès de *I-Perú...*

Important : le poids des bagages autorisés à bord du train est de 5 kg maximum ! En théorie, le personnel est strict, mais en pratique, on a vu des routards monter à bord avec de gros sacs à dos. C'est toutefois une info à prendre en compte dans l'organisation du voyage...

➢ ***Perurail*** propose 3 classes de voyage :

– *Expedition :* c'est le moins cher, un train sans surprise, favori des routards pour ses prix accessibles. Il a remplacé la classe *backpacker* (contre quelques dollars de plus). Départ de Cuzco-Poroy à 7h42, arrivée à 10h51, retour à 16h43. Env 160 $ l'A/R.

– *Vistadome :* la classe favorite des groupes et des Américains, avec des fenêtres panoramiques, des sièges plus confortables, un casse-croûte, une boisson... 2 départs/j. de Cuzco-Poroy à 6h40 et 8h25, arrivée à 9h52 ou 12h11, retour à 15h20 et 17h27. Env 180 $ l'A/R.

– *Hiram Bingham :* le luxe suprême, façon *Orient-Express.* On vous nourrit (bien), on vous dorlote (sommelier et musiciens à bord !), on vous transporte jusqu'au Machu Picchu (avec guide) et on vous offre même le thé au *Sanctuary Lodge...* 1 seul départ (tlj sf dim) de Cuzco-Poroy à 9h05, arrivée à Aguas Calientes à 12h24. Retour à 17h50. A/R... env 800 $!

Réduc de 50 % pour les enfants de 3-11 ans. Promos également sur le site internet.

***Pour Puno depuis la estación Wanchaq** (20 mn à l'est)*

Seul ***Perurail*** programme cet itinéraire. Voyage à bord de l'*Andean Explorer,* un train du type Pullman années 1920. Départ à 8h dans chaque sens, arrivée à 18h. Circule lun, mer et sam nov-mars ; ven également avr-oct. À partir de 170 $ l'aller simple. Au moins cela comprend un repas de qualité (avec *pisco sour* dès 10h !), des boissons diverses et de la musique live... Le plus simple est d'acheter son billet en ligne, mais on peut aussi le prendre sur place (guichet ouv lun-ven 7h-17h, w-e et j. fériés 7h-12h). *Soles* ou dollars cash slt (distributeur à l'entrée de la gare).

Adresses et infos utiles

Infos touristiques

Dircetur (plan couleur B2) **:** portal Mantas 117A. ☎ 22-20-32. • dircetur cusco.gob.pe • À côté de la Merced, sous les arcades. Lun-sam 8h-20h, dim jusqu'à 13h. Nombreuses informations sur les visites, les horaires des bus et plan de la ville. Vend les *boletos turísticos* (voir ci-après), mais seulement jusqu'à 18h.

■ **Boletos turísticos** (Cosituc, hors plan par D2) **:** c/ Arequipa 2A, derrière le colegio Inca Garcilaso de la Vega. Infos : ☎ 26-14-65. • cosituc.gob.pe • Guichet également à la Municipalidad del Cusco, playa del Regocijo, c/ Espaderos (plan B2). Les *boletos turísticos* sont indispensables pour la visite d'une partie des musées de la ville et pour les sites des environs et de la Vallée sacrée. Le *boleto* classique comprend 16 entrées. Valable 10 jours, il est vendu au prix de 130 NS (70 NS pour les étudiants sur présentation de la carte ISIC). Le problème, c'est que beaucoup de sites ne sont pas autorisés à vendre un billet à l'unité et que, donc, même pour en voir un seul des 16, il faut acheter le *boleto* complet ! D'autant que, soyons francs, parmi les 16 lieux inclus, ceux de Cuzco sont peu intéressants – *Musée historique régional, musée municipal d'Art contemporain* (bof), *musée d'Art populaire* (mouais), *musée archéologique Qoricancha* (mais pas le site en lui-même !), *monument de Pachacútec* (que l'on voit très bien de l'extérieur) et spectacle folklorique du *Qosqo Native Art Center*... **Si vous ne visitez que Cuzco, inutile de l'acheter,** vous ne raterez pas grand-chose. En revanche, si vous visitez les sites des environs ET de la Vallée sacrée, mieux vaut le prendre.

Il existe aussi 3 *boletos* « partiels » à 70 NS (sans tarif étudiant), mais si on les cumule, cela revient finalement plus cher. L'un (valide 2 jours) couvre les musées de Cuzco, les sites de *Tipón* et *Pikillaqta* ; un autre (1 jour) les sites de *Sacsayhuamán, Q'enqo, Pukapukara* et *Tambomachay* ; le 3ᵉ (2 jours) comprend les ruines de *Písac, Moray, Ollantaytambo* et *Chinchero* dans la Vallée sacrée, mais pas les salines. Attention, si vous envisagez de visiter une partie de la Vallée sacrée en allant au Machu Picchu et l'autre au retour, vous risquez de devoir acheter un nouveau billet partiel, puisqu'il n'est valable que 2 jours...

Précisons enfin que, pour visiter les plus beaux édifices religieux de Cuzco (cathédrale, église San Blas, musée d'Art religieux), il faudra vous fendre d'un autre *boleto*, dit du *circuito religioso*, au prix de 40 NS. Celui-ci n'est pas vendu au bureau indiqué plus haut, mais à la cathédrale. Au moins comprend-il des audioguides gratuits dans chaque église (à demander en entrant).

■ **INC** (Instituto Nacional de Cultura ; plan couleur D2, **5**) **:** av. de la Cultura 238B. ☎ 22-38-31. Lun-ven 8h-16h, sam 8h-12h30. Dans ce bureau, on peut acheter à l'avance le billet d'entrée au Machu Picchu. Valable notamment pour ceux qui veulent bénéficier de la réduction étudiante.

■ **Consetur** (hors plan couleur par D3, **6**) **:** av. Infancia 433, près du parc Marianito Ferro. ☎ 25-29-59. Lun-ven 8h-13h, 15h-17h30. Pour acheter le billet de bus entre Aguas Calientes et l'entrée au Machu Picchu (19 $). Valable surtout pour ceux qui arrivent tard le soir à Aguas Calientes et veulent prendre le 1ᵉʳ bus le lendemain matin.

Télécommunications

✉ **Serpost** (plan couleur D3) **:** av. El Sol 800. Lun-sam 7h30-20h, dim 9h-13h15. Fait aussi poste restante.

@ **Points Internet :** nombreux espaces de connexion bon marché partout en ville et wifi gratuit quasiment dans tous les hôtels et dans de nombreux restos ou bars touristiques.

Argent, change

La plupart des banques se trouvent sur l'avenida El Sol *(plan couleur B-C2)*. Toutes disposent de distributeurs. Elles ouvrent pour la plupart en semaine de 9h30 à 18h, certaines aussi le samedi matin. Cela dit, pour le change, mieux vaut s'adresser aux *casas de cambio* et aux changeurs de rue, dont les taux sont toujours légèrement meilleurs. Cela évite aussi les files d'attente...

■ ***Banco de Crédito-BCP*** *(plan couleur B2, **7**)* **:** *av. El Sol 189.* Le seul avec un distributeur *American Express* sans commission.

■ ***Interbank*** *(plan couleur C2, **9**)* **:** *av. El Sol 380. Lun-ven 9h-18h15, sam 9h15-12h30.*

■ ***Western Union*** *(plan couleur C2, **27**)* **:** *à la **Scottiabank,** c/ Maruri 315. ☎ 22-68-00. Lun-ven 9h30-18h, sam jusqu'à 12h30.* Moyen rapide de recevoir de l'argent. Également un service d'envoi par *DHL*.

Santé

■ ***Pharmacies :*** *nombreuses sur l'av. El Sol et fermant tard, parmi lesquelles **InkaFarma** (plan couleur B2, **26**), au n° 210. ☎ 24-29-67. Ouv 24h/24. Également **Mi Farma** (plan couleur B2, **20**), av. El Sol 130. ☎ 24-45-28. Lun-sam 7h-23h, dim 8h-21h.*

■ ***Clínica San José*** *(hors plan couleur par D2, **10**)* **:** *av. de los Incas 1408, Wanchaq. ☎ 25-32-95. 📱 984-70-89-90 (urgences).* Prise en charge complète du patient avec preuve d'assurance médicale (indispensable). En cas d'hospitalisation, soins gratuits, analyses comprises.

Sécurité

■ ***Policía turística POLTUR*** *(hors plan couleur par D2-3, **8**)* **:** *pl. Túpac Amaru, en face du monument. ☎ 22-19-61. À l'est du centre-ville. Ouv 24h/24.* Méfiance : ne venez jamais seul faire une déclaration (surtout si vous êtes une femme), les policiers ayant tendance à vouloir vous intimider afin que vous renonciez à porter plainte pour faire baisser leurs statistiques... Véridique !

Représentations diplomatiques

■ ***Alliance française*** *(hors plan couleur par D2, **10**)* **:** *av. de la Cultura 804, Wanchaq. ☎ 22-37-55. ● alianzafrancesacusco.org.pe ● À 15-20 mn à pied de la pl. de Armas. Lun-ven 8h30-13h, 16h-19h30.* Médiathèque bien fournie. Projection de films français une fois par semaine.

■ ***Consulat de France :*** *av. Micaela Bastidas 101, edif. Diagonal, Wanchaq. ☎ 23-36-10 (slt lun-ven 18h-20h). 📱 984-81-31-06.*

■ ***Consulat honoraire de Belgique :*** *José Gabriel Cosio 307-magisterial. ☎ 26-15-17.*

■ ***Consulat de Suisse :*** *av. Regional 222. ☎ 24-35-33.*

Agences de voyages

Cuzco regorge d'agences de voyages (plus de 1 000 mais seulement une centaine officielles !) et il devient difficile de faire son choix. Elles proposent des *city tours,* la visite des sites des environs immédiats, ceux de la Vallée sacrée et, bien sûr, du Machu Picchu. Pour l'essentiel, on peut se passer de leurs services. En revanche, il vous faudra obligatoirement passer par l'une d'elles pour le fameux trek du chemin de l'Inca (à réserver plusieurs mois à l'avance !) et d'autres randonnées alternatives. Utiles aussi si l'on envisage d'explorer l'Amazonie péruvienne depuis Cuzco.
– ***Avertissement :*** chaque année, des touristes se font arnaquer par des agences peu sérieuses ou même... imaginaires. Les litiges portent fréquemment sur l'exécution partielle des prestations, l'ajout de frais en cours de route (comme sur le train du Machu Picchu) ou l'état du matériel utilisé. Pour éviter cela, être très vigilant dans l'établissement du contrat avec l'agence, faire noter noir sur blanc ce que comprend le tour, les horaires et les prix. Un registre des plaintes concernant les agences y est disponible. Si vous avez un doute, mieux vaut le consulter.
Les agences qui arnaquent les touristes peuvent se voir retirer leur autorisation, et généralement cette démarche suffit à se faire rembourser ce qui n'était pas prévu au départ. On peut obtenir la liste des agences agréées auprès du bureau *Dircetur.*
Voici une petite brochette d'adresses qui nous ont fait bonne impression et

que l'on nous a conseillées. Vous trouverez d'autres adresses au chapitre « À faire », un peu plus loin. Pour les billets vers le Machu Picchu (train, entrée) et sans soupçonner pour autant toutes les agences de tentative d'arnaque, il est préférable de vérifier deux fois plutôt qu'une, pour voir si les dates et les horaires coïncident bien.

■ ***Perú Etico*** *(hors plan couleur par D3,* ***25****) : av. Pachacutec 424 B-4, en face du monument.* ☎ *24-08-82.* • *peruetico.com* • Matteo l'Italien et Emanuele le Péruvien, proprios de l'*hostal Piccola Locanda* (voir « Où dormir ? »), ont monté cette agence de voyages solidaire il y a plus de 10 ans dans le même esprit que celui qui gouverne déjà à leur auberge. Leur but : financer des projets de développement sociaux tournés vers les enfants défavorisés. On voyage soit de manière classique (en minibus ou 4x4), soit en bus locaux, soit à pied (treks), et on découvre au passage les projets financés. Itinéraires de 2 jours à 3 semaines. Organisent aussi des treks urbains (anglais-espagnol), pour découvrir, entre autres, la cuisine de rue ou les mythes et légendes de Cuzco.

■ ***Aventuras y Culturas Andinas*** *(plan couleur B-C1,* ***40****) : même proprio que la Casa Elena.* ☎ *23-39-55.* *984-67-01-44.* Une agence tenue par Yves Chemin (ça ne s'invente pas !), guide officiel de tourisme et guide de moyenne montagne. Excursions et visites guidées des sites culturels et archéologiques de la région, circuits à la carte du simple séjour à Cuzco au programme de 35 jours au Pérou, en Bolivie et Équateur. Nombreuses options : en petit groupe ou individuel, tourisme rural, sportif (rafting, VTT, etc.). Encadrement très pro pour vos treks, notamment à Choquequirao. Pour les amateurs, Yves est aussi passionné de parapente et tient un club. L'occasion de s'offrir un vol en tandem au-dessus des Andes (conditions de sécurité optimales). Infos sur le site : • *parapentecusco.com* • Une remise est accordée aux lecteurs du *Routard* sur présentation de ce guide.

■ ***Chaskiventura*** *(hors plan couleur par D3,* ***19****) : Manco Cápac 517, Wanchaq.* ☎ *23-39-52.* • *chaskiventura.com* • Mario est franco-péruvien et tient cette agence de tourisme solidaire depuis 2006. Circuits et voyages autour de 5 thématiques : ethnologie, aventure, histoire, écologie et tourisme solidaire. Le tout au contact des réalités péruviennes, avec par exemple les pêcheurs du Titicaca, les potiers de Raqchi, les tisserands de Patabamba, etc. On peut aussi participer à des projets communautaires.

■ ***Antipode*** *(plan couleur B1,* ***21****) : Choquechaca 229 (au-dessus des escaliers).* ☎ *24-08-67. Depuis la France : 09-70-44-04-88 (prix d'un appel local depuis la France).* • *antipode-travel.com* • *Lun-sam 9h-12h30, 14h-18h.* Une agence française expérimentée. Propose notamment le trek de *Lares,* au nord de Calca dans la Vallée sacrée, avec arrêt dans des bains thermaux, puis rando jusqu'à Ollantaytambo. Départ ensuite en train vers le Machu Picchu. Durée : 4 jours, portage à dos de lama. Également le *Choquequirao,* le trek de *Salcantay* et toutes sortes de séjours à la carte, avec nuits chez l'habitant par exemple.

■ ***United Mice*** *(hors plan couleur par D3,* ***22****) : av. Pachacuteq 424 A-5.* ☎ *22-11-39.* • *unitedmice.com* • *Lun-sam 9h-13h, 16h-19h.* Spécialistes anglophones du trekking et du chemin de l'Inca. Très cher mais pro et bien organisé avec, par exemple, des chevaux pour les éventuelles évacuations d'urgence. Pour les plus hardis, une route Choquequirao-Machu Picchu en 8 ou 9 jours.

■ ***Manú Adventures*** *(plan couleur B2,* ***23****) : Plateros 356.* ☎ *26-16-40.* • *manuadventures.com* • Ce spécialiste de la forêt amazonienne propose des excursions de 4 à 8 jours dans le respect de la nature et des habitants de la forêt. Au programme : balade suspendue dans la canopée, tour en canoë, observation de la faune. Logement dans des *lodges* en pleine nature. Guides hispanophones ou anglophones.

■ ***Arnaud et Evita*** *(hors plan couleur par A3) : residencial Huancaro, Los Rosales G10.* ☎ *23-22-32.* *984-47-52-02.* • *alagadec@yahoo.com* • Agence tenue par un couple franco-péruvien, proprios d'*El Hogar de Evi y Arni* (voir « Où dormir ? »). Forts de leur expertise et de leurs connaissances sur la région et le sud du Pérou, ils proposent leurs services aux voyageurs. Diverses prestations à la carte, résas de billets d'avion, de train, excursions, etc. Très fiable. Leur agence est éloignée mais ils peuvent venir vous chercher dans le centre de Cuzco.

Cours d'espagnol

De plus en plus de routards séjournent assez longuement et certains en profitent pour apprendre la langue de Cervantes. On trouve donc pas mal d'adresses. En voici 3 qui sortent du lot :

■ **Amauta** *(plan couleur A1,* ***24****)* **:** *Suecia 480.* ☎ *26-23-45.* • *amautaspanish.com* • *Bureau ouv lun-ven 9h-19h, sam 9h-16h.* Une maison sérieuse, installée à seulement 300 m au-dessus de la plaza de Armas. On choisit entre cours privés ou en groupe, à raison de 4h par jour, et entre un hébergement en famille ou dans le centre dépendant de l'école (sur place). Cours de conversation avec des personnes différentes chaque semaine. *Amauta* propose en parallèle des activités et cours d'initiation, à la danse et à la cuisine péruviennes par exemple.

■ **Máximo Nivel** *(plan couleur C3,* ***18****)* **:** *av. El Sol 612.* ☎ *25-72-00 ou 58-18-00.* • *maximonivel.com* • *Bureau ouv lun-ven 7h-20h, w-e 7h-14h.* Une école aux formules plus souples que la précédente : cours à partir de 1 semaine à raison de 2h par jour en groupe de 2 à 6 personnes, 1 à 4h en privé (horaires à votre convenance). Les pressés peuvent même choisir la formule « super intensive » (6h par jour). Propose aussi des formules plus longues durées, une large gamme d'hébergement et une participation à différents projets humanitaires. Profs très compétents.

■ ***Amigos Spanish School*** *(plan couleur C1,* ***11****)* **:** *zaguán del Cielo B 23, au-dessus de Recoleta.* ☎ *24-22-92.* • *spanishcusco.com* • Dans une petite maison d'un quartier populaire, une équipe d'une dizaine de professeurs péruviens dispense des cours de tous niveaux, en petits groupes (max 4 personnes) ou en privé. On peut aussi apprendre le tissage traditionnel, la cuisine, les danses, etc. Les profits de cette école sont utilisés pour aider à la scolarisation des jeunes de la communauté – qui viennent prendre des cours d'anglais sur place.

Divers

■ ***Lavanderías*** **:** on trouve des blanchisseries à tous les coins de rue, notamment calle Choquechaca. *Env 3 NS/kg.* Également dans la plupart des hôtels.

■ ***Supermercado Orion*** *(plan couleur A3,* ***17****)* **:** *c/ Union, en face du mercado San Pedro. Tlj.* Pour le ravitaillement avant un trek, ou pour faire sa popotte si on dispose d'une cuisine. *Une autre adresse dans le centre, c/ Santa Ana Meloc (plan A2).*

■ ***Matériel de trek*** **:** on trouve de quoi louer ou acheter tente, réchaud, ustensiles, lampes frontales, etc. dans la rue Procuradores *(plan B1-2).*

CUZCO

Où dormir ?

Beaucoup d'hôtels occupent des maisons coloniales avec d'agréables patios intérieurs. On rappelle qu'il y a beaucoup de monde ***en haute saison (juin-août)*** et que les bons hébergements sont vite complets. ***Réservation impérative*** à cette période. Il y a aussi quelques problèmes d'eau chaude à Cuzco. Certains hôteliers vous garantissent qu'il y en a toute la journée, mais ce n'est pas toujours vrai. En outre, la plupart des adresses « Bon marché », voire « Prix moyens », ne disposent pas de chauffage dans les chambres ou le facturent en supplément. Sachez, par ailleurs, que la majorité des hôtels à partir de la catégorie « Plus chic » (et même avant) assurent le transfert gratuit depuis l'aéroport.

– ***Rappel*** **:** la TVA nationale (ou IGV) de 18 % n'est généralement pas incluse dans les prix annoncés. Cependant, elle s'applique uniquement aux ressortissants et résidents péruviens. Les touristes en sont exonérés à condition de présenter leur passeport et visa d'entrée au moment du *check-in*.

Bon marché (moins de 50 NS / env 15 €)

▲ ***Hospedaje familiar Carmen Alto*** *(plan couleur C1,* ***35****) : Carmen Alto 197, San Blas.* ☎ *26-14-01.* 📱 *974-77-45-01. • carmencitadelperu@peru.com • Compter 20-25 NS/pers avec sdb commune, 30 NS avec sdb privée.* 💻 📶 Vous voici chez Carmen, une figure du quartier de San Blas, qui accueille les routards du monde entier depuis pas mal d'années ! Carmen, ce sera un peu votre maman l'espace de quelques jours, celle qui poussera les gosses pour que vous accédiez à l'ordi, proposera de vous mitonner un petit plat et vous abreuvera de conseils. Bon, côté hébergement, c'est assez rudimentaire. Les petites chambres sont un peu sombres, les salles de bains pas toujours clean, mais peu importe, tout le monde se retrouve dans le petit patio pavé, entre plantes et *parrilla*. Eau chaude garantie (oui !) et cuisine à dispo. Très prisé des Français, autant le savoir, on pratique peu son espagnol ici !

▲ ***Hospedaje Artesano de San Blas*** *(plan couleur C1,* ***36****) : Suytuccato 790, San Blas.* ☎ *26-39-68. • hospedajeartesano790@hotmail.com • Compter 20-25 NS/pers en dortoir et 30 NS/pers en double.* 📶 Il vous faudra pas mal d'énergie pour grimper jusque-là, mais le jeu en vaut la chandelle : cette petite pension, installée dans une vénérable demeure, abrite des chambres très simples (pour 1 à 5 personnes) mais d'un excellent rapport qualité-prix. Toutes avec salle de bains (bien tenues), un agréable parquet, et pour certaines de vieilles poutres chaulées. L'eau chaude est électrique, donc pas ultra-chaude. Cuisine à dispo. Fauteuils et petites tables pour se relaxer dans le patio central. Accueil tout en douceur.

▲ ***San Cristóbal Hospedaje*** *(plan couleur B1,* ***56****) : Quiscapata 242, San Cristóbal.* ☎ *22-39-22.* 📱 *984-90-26-63. • hostalsancristobalcusco@hotmail.com • Env 20 NS/pers, petit déj inclus.* 💻 📶 Ce quartier haut perché est l'un des plus séduisants de Cuzco. L'adresse, typiquement routarde, possède une étroite terrasse offrant une vue magnifique sur la ville et des chambres très simples, mais bien tenues, avec parquet. L'eau est globalement chaude. Le ménage est assuré... sauf le dimanche. L'accueil, lui, est extrêmement chaleureux ! Cuisine et *deposito* à disposition.

▲ ***Hostal El Puma*** *(plan couleur B1,* ***38****) : Resbalosa 410, San Cristóbal.* ☎ *22-70-44. • rudybej@hotmail.com • Dortoir 20 NS/pers ; doubles avec ou sans sdb env 50-60 NS ; petit déj inclus.* 💻 📶 Dans une ruelle pavée de cet agréable quartier San Cristóbal, qui domine le centre. Les 13 chambres, simples, parfois un peu sombres et étriquées, certaines sans fenêtre et d'autres avec vue sur les toits, se répartissent autour d'une courette avec, dans le fond, une cuisine à disposition des hôtes. Eau chaude garantie, ce qui n'est pas un luxe ! D'autant plus qu'il n'y a pas de chauffage et que l'isolation est à revoir... Mais l'accueil est charmant et l'ensemble d'un honnête rapport qualité-prix.

De prix modérés à prix moyens (50-130 NS / env 15-39 €)

▲|●| ***Hostal La Bo'M*** *(plan couleur B1,* ***33****) : c/ Carmen Alto 283, San Blas.* ☎ *23-56-94. • labohemecusco.com • Compter 30 NS/pers en dortoir ; doubles avec sdb commune ou privée 70-90 NS. Petit déj inclus.* 📶 Une auberge de jeunesse très agréable tenue par la dynamique Sarah, jeune Française reconvertie dans le tourisme. Elle accueille les routards avec son équipe chaleureuse dans une belle et grande maison conviviale. Déco soignée sur le thème des cultures péruviennes (Chavín, Moche, Inca, Wari, Chimú...), jolies couleurs vives et du charme dans les 4 chambres matrimoniales avec salles de bains privées. Également une chambre simple avec sanitaires privés, 2 doubles et 5 dortoirs (4-5 lits max) qui se partagent 3 salles de bains, impeccables.

L'ensemble est agencé autour d'un patio garni de plantes avec hamacs, table et salon de jardin. Soirées conviviales garanties dans le salon avec cheminée, TV-DVD, coin bibliothèque et babyfoot. Un lieu privilégié pour échanger ses bons plans. Sans compter la crêperie à l'étage qui permet de s'offrir un copieux petit déj ou un bon repas à moindre frais (les pensionnaires bénéficient de 10 % de réduction !).

Kurumi Hostel *(plan couleur B1, **34**) : c/ Arco Iris 488. ☎ 25-50-16. • kurumihostel@hotmail.com • Lit en dortoir à partir de 20 NS/pers ; doubles avec sdb privée env 85-100 NS. Petit déj inclus.* Coup de cœur pour cette belle maison ancienne perchée dans le quartier de San Cristobal. Un ensemble de petits bâtiments en vieille pierre avec cour intérieur et, cerise sur le gâteau, un vaste jardin gazonné tout au fond, avec hamacs et superbe vue panoramique. Les dortoirs, nickel, sont situés à l'étage, avec parquet et assez d'espace pour tout le monde. La plupart des chambres privatives ont de grandes fenêtres pour profiter de la vue. Pas de chauffage, mais de bonnes couvertures. Petit déj assez copieux, avec de bons fruits frais. Ajoutez un bar pour des soirées animées, une atmosphère relax et un accueil fort sympathique ; c'est le bon plan du quartier !

Mamá Simona Hostal *(plan couleur A2, **41**) : c/ Ceniza 364. ☎ 26-04-08. • mamasimona.com • Env 25-30 NS/pers en dortoir (4-8 lits) avec sdb commune ou privée ; double avec sdb privée 90 NS. Petit déj inclus.* Bien situé, proche du marché San Pedro mais dans une rue bien au calme. Tous les services d'une grosse AJ, espaces communs avec TV câblée, bouquins et *mate de coca* à dispo, cuisine, laverie, lockers, etc. Patio agréable et coloré, sympa pour buller et faire des rencontres. L'ensemble est confortable (bon duvet sur chaque lit, eau chaude garantie) et très convivial. Un bon rapport qualité-prix.

Kokopelli Cusco *(plan couleur B2, **46**) : calle San Andres 260. ☎ 31-52-24. • hostelkokopelli.com • Env 25-40 NS/pers en dortoir avec sdb commune ou privée ; doubles avec sdb privée 100-130 NS.* Plusieurs patios intérieurs pour cette très grosse AJ qui dispose de dortoirs de 4 à 12 lits (mixtes ou féminin) et de chambres privatives. Beaucoup de monde et d'ambiance en saison. L'ensemble est assez confortable, avec de bons matelas, l'eau chaude (bonne pression), pas mal de charme dans les espaces communs et même de jolies chambres doubles pour les amoureux. Tous les services à dispo (lockers, cuisine, salon-TV, billard...), une petite agence sur place mais aussi un bar-snack – très – animé qui assure des soirées conviviales (live, DJ, etc.) presque tous les soirs... Peut-être pas la meilleure option donc, si vous êtes plus du genre couche-tôt !

Pariwana Backpackers *(plan couleur B3, **31**) : Mesón de la Estrella 136, pas loin de la pl. San Francisco. ☎ 23-37-51. • pariwana.pe • Dortoir 29-38 NS/pers avec douches communes ou privées ; doubles 90-110 NS sans ou avec sdb ; petit déj inclus.* Grande AJ dans une magnifique maison de type andalou avec grande cour intérieure où l'on peut prendre le soleil. Les chambres et dortoirs (mixtes ou pour filles) se répartissent sur 3 niveaux autour d'une galerie de bois. Entretien correct. Cuisine communautaire bien équipée. Bar – très – animé avec terrasse, billard, ping-pong, salle TV et lecture. Consignes, laverie et petite agence proposant diverses activités. Une adresse qui draine beaucoup de jeunes routards, donc pas la plus calme mais très pro...

Eco Packers *(plan couleur A2, **39**) : Santa Teresa 375. ☎ 23-18-00. • ecopackersperu.com • Env 33-52 NS/pers en dortoir (4-18 lits) ; doubles avec ou sans sdb 120-165 NS.* Voilà sans conteste une des plus belles AJ du centre de Cuzco, récemment aménagée dans une demeure coloniale au superbe patio à 2 niveaux d'arcades. Les dortoirs (mixtes ou pour filles seulement) sont immenses, tout est impeccable, des salles de bains alignées en batterie aux lits superposés en bois clair, très confortables (couette en duvet). Table de billard, baby-foot, salon TV, DVD en prêt à l'accueil, cuisine, *deposito,* chauffage en location pas cher... il ne manque rien. Bar et chaises longues pour bronzer. Même si les prix sont plus élevés que la moyenne, le confort est là, et l'ensemble est nickel.

Pirwa B & B *(plan couleur B1, **48**) : Suecia 300. ☎ 23-39-35 ou 24-43-15. • pirwahostelscusco.com • Lit en dortoir 3-4 pers env 30-32 NS ; double avec sdb env 100 NS.* Cet autre membre des AJ *Pirwa* occupe une position stratégique à l'orée de la plaza de Armas. Les chambres sont propres, avec un parquet bien ciré, des salles de bains bien tenues et, dans certaines, de jolis pans de murs aux pierres apparentes. Éviter toutefois celles qui sont aveugles. Long patio couvert plutôt agréable pour se prélasser en compagnie du chat de la maison. Chauffage gratuit, partout. Mini-cuisine, agence de voyages, service de laverie et *deposito*.

El Mirador de la Ñusta *(plan couleur C1, **52**) : Tandapata 682, San Blas. ☎ 24-80-39. • elmiradordelanuesta@hotmail.com • Double avec sdb env 60 NS, petit déj en sus 8 NS.* Juste au-dessus des escaliers de la place San Blas. Ce petit hôtel familial, distribué autour d'une courette envahie par une dense végétation, est bien agréable pour le prix. Chambres de belle taille, lumineuses à l'étage, avec parquet et petites touches de déco locale, toutes avec salle de bains et eau chaude – mais le matin seulement. Bon rapport qualité-prix.

Pirwa Backpackers Colonial *(plan couleur A2, **55**) : pl. San Francisco 360. ☎ 24-46-59. • pirwahostelscusco.com • Dortoir (4-13 lits) 22-30 NS/pers ; doubles env 75-90 NS ; petit déj (léger) compris. Promos sur le site.* Le cadre d'abord, avec du cachet : une vénérable demeure coloniale avec son patio et son grand escalier à la rampe ornée d'un lion en pierre. Les dortoirs ensuite : en lits superposés, sombres et spartiates, mais bien propres. Les chambres : 3 seulement, dont une avec sa salle de bains perso. Un premier plus : l'eau est bien chaude. Un second : le bar animé et la table de ping-pong. Le tout mené par une équipe très accueillante. Le corollaire : un peu de bruit certains soirs, mais globalement ça vient plutôt de la rue.

Mamma Cusco Hostel *(plan couleur C1, **37**) : Alabado 536, une ruelle dans San Blas. ☎ 22-92-44. • mammacuscohostel.com • Compter 35 NS en dortoir et 100 NS la double avec sdb ; également un petit dortoir.* Cette famille adorable est très active. Si Mamma Cusco s'occupe de l'hébergement, Papa Cusco, lui, est guide, et saura vous fournir plein d'infos sur la région. Les chambres sont très simples, certaines vraiment basiques et plutôt bien tenues. Eau chaude par intermittence. Accès à la cuisine. Terrasse mirador avec vue sur la ville. Pas de chauffage, mais on peut vous fournir des bouillotes ! La chaleur de l'accueil et la serviabilité compenseront le côté sommaire de l'hébergement.

Mallqui Hostal *(plan couleur A2, **32**) : Nueva Alta 444. ☎ 23-12-94. • amaruhostal.com/mallqui • Affilié à Hostelling International. Double env 40 $, petit déj copieux inclus mais chauffage en supplément.* Chambres et dortoirs de bon confort, tous avec salle de bains et parquet, répartis autour de 2 patios – l'un couvert à l'entrée, l'autre ouvert et fleuri à l'arrière. L'ensemble est calme, agréable et bien tenu. Évitez les quelques chambres plus sombres et bruyantes du rez-de-chaussée côté patio. Consigne, service de laverie, échange de livres, billard...

El Hogar de Evi y Arni *(hors plan couleur par A3) : Los Rosales G 10, residencial Huancaro. ☎ 23-22-32. 📱 984-47-52-05. • alagadec@yahoo.com • À 25 mn à pied du centre. Double 100 NS, petit déj compris.* Arni, c'est Arnaud, un ingénieur français qui a plaqué son boulot pour une année sabbatique en Amérique du Sud et y a rencontré Evita, journaliste de profession. Un couple très accueillant qui loue 7 chambres de taille variable, réparties sur 3 niveaux dans un immeuble moderne. Le soir, on se retrouve parfois autour d'un verre de vin ou d'un *mate* pour discuter du programme du lendemain. Arnaud est incollable sur le Pérou ; grâce à son dévouement et à ses bons conseils, nul doute que vous profiterez des meilleurs plans pour parcourir son pays d'adoption ! Petit resto familial à deux pas.

De prix moyens à chic (jusqu'à 200 NS / env 60 €)

Hostal Wara Wara *(plan couleur A1,* ***50****) : c/ Don Bosco 190. ☎ 24-15-24. 940-23-80-07. • hostalwarawara.com • Doubles env 40-63 $ selon chambre, petit déj inclus ; également des triples et familiales.* L'unique inconvénient de cette authentique adresse de charme est sa situation, perchée tout en haut du quartier de San Cristobal... Mais quelle vue ! Et quelle adresse ! Tenue par un jeune couple argentino-libanais, très chaleureux, une maison répartie sur plusieurs niveaux, cosy à souhait. Chambres assez modernes et tout confort, avec quelques touches de déco colorée et une vue superbe pour certaines. Eau chaude au gaz, bonne literie, l'ensemble est nickel. Petite terrasse face à la salle de petit déj pour s'en mettre plein les yeux au réveil et même une annexe contemporaine où sont servis cocktails et en-cas le soir. C'est charmant, convivial, vraiment très agréable après une journée à crapahuter à Cuzco ou dans les environs ! Un petit coup de cœur.

Niños Hotel *(plan couleur A2,* ***43****) : Meloc 442. ☎ 23-14-24. • ninoshotel.com • Doubles avec sdb commune ou privée 50-55 $.* Situé dans une belle maison coloniale, cet hôtel est l'initiative de Jolanda, une Hollandaise qui a adopté 12 garçons péruviens – les bénéfices sont reversés à une association pour enfants abandonnés, la *fondation Niños Unidos Peruanos*. Chambres (chacune au nom d'un enfant adopté) très propres, avec ou sans salle de bains, égayées de touches de vert, réparties autour d'un très agréable patio où s'écoule une fontaine. Beaucoup de charme dans l'ensemble. Également un resto et une cafétéria de qualité (soupes, salades, snacks, etc.). La maison gère aussi qu'une belle hacienda avec bungalows près de Huasca (à 15 km en direction de Puno) – idéal pour ceux qui rêveraient d'une balade à cheval.

Piccola Locanda *(plan couleur A-B1,* ***30****) : Resbalosa 520, San Cristóbal. ☎ 25-25-51. • piccolalocanda.com • Résa très conseillée. Doubles avec sdb env 140-170 NS, petit déj inclus.* Perchée dans le sympathique quartier de San Cristóbal, cette maison très conviviale, tenue par un couple italo-péruvien, obéit à certaines règles éthiques : tous les bénéfices réalisés sont réinvestis dans des projets sociaux en faveur des enfants défavorisés. Idem pour l'agence de voyages solidaire *Perú Etico*. En outre, la *Piccola Locanda* se distingue aussi par son originalité : toutes les chambres sont personnalisées. On loge ainsi chez Matteo, chez Alex, chez Luna, dans la bibliothèque, avec, aux murs, des éléments évoquant l'ancien occupant, des photos de lui ou prises par lui, des objets qu'il a fabriqués... Le concept est assez insolite, la déco est colorée, réussie, chaleureuse ; bref, beaucoup de charme pour un prix finalement justifié. À noter que, si vous avez du temps libre, les proprios recherchent des bénévoles pour des projets humanitaires de 3 mois à 2 ans (hébergement et nourriture sont fournis).

Cusi Wasi *(hors plan couleur par A2,* ***51****) : Arcopata 466A. ☎ 25-44-75. • cusiwasi.com • Doubles avec sdb 50-55 $ selon saison, petit déj inclus. CB acceptées.* Dans un quartier calme un poil excentré (à 10-15 mn du centre), une maison coloniale avec un grand patio couvert, rempli de plantes vertes. Chambres assez petites, avec bains, certaines avec mini-balcon, parquets qui craquent et tissages aux murs. Chauffage d'appoint et cuisine à dispo. Surtout, le personnel, anglophone, est adorable.

Hostal Casa Elena *(plan couleur B-C1,* ***40****) : Choquechaca 162, San Blas. ☎ 24-12-02. • casaelenacusco.com • Doubles env 150-165 NS, petit déj-buffet inclus. Chauffage en supplément 20 NS. Petite réduc pour nos lecteurs.* Fort bien tenue par Yves, un Français originaire du Havre, et sa femme péruvienne Elena. Cette maison dispose de chambres simples et propres. Salles avec cheminée pour les soirées d'hiver et bibliothèque bien fournie. Cuisine à dispo. Yves est guide de moyenne montagne et saura vous conseiller les treks les plus intéressants. Il est aussi guide officiel de tourisme, tient l'agence *Aventuras* *y Culturas Andinas* (voir plus haut « Adresses et infos utiles ») et gère aussi un club de parapente !

Casona Les Pléiades *(plan couleur C1, **42**) : Tandapata 116. ☎ 50-64-30. • casona-pleiades.com • Doubles env 175-190 NS, petit déj (un peu chiche) inclus. CB acceptées.* Dans le délicieux quartier de San Blas, une demeure conviviale qui abrite 7 chambres, pas très grandes mais super propres, dont certaines sous les combles. Ensemble assez agréable et coloré. Lits très confortables, couettes douillettes, salle de bains privée (eau chaude), etc. Coin salon et belle terrasse avec vue sur la ville pour prendre le petit déj. Bon accueil.

Andean South *(plan couleur C1, **57**) : Tandapata 635, San Blas. ☎ 24-43-53. • andeansouth.com • Double env 50 $ (55 $ avec balcon), petit déj inclus.* À deux pas de la plaza San Blas et pourtant au calme, ce petit hôtel agrippé à la pente domine la ville. Ses chambres ne sont pas très grandes, mais elles sont confortables et bien tenues, avec le chauffage sur demande. Les n°s 201 (simple) et 202 (double, à 1 lit) ont une vue panoramique sur les toits. Le resto, *Andean Food,* propose un menu d'un bon rapport qualité-prix. Excellent accueil.

Amaru Hostal I *(plan couleur C1, **54**) : cuesta San Blas 541. ☎ 22-59-33. • amaruhotels.com • Double à partir de 60 $, petit déj inclus.* Cet hôtel d'architecture coloniale « républicaine » possède de beaux jardinets fleuris en terrasses offrant une vue superbe sur les toits de la ville. Chambres propres avec pierres apparentes, salles de bains impeccables et TV. 5 sont en mezzanine : 2 fois plus de panorama ! En revanche, évitez celles du rez-de-chaussée dans le 1er patio, en partie sans vue et plus bruyantes. Échange de livres et prêt de guides, consigne à bagages, etc. Bon accueil.

Eureka *(plan couleur C1, **45**) : Chihuampata 591. ☎ 23-35-05. • perueureka.com • Doubles env 65 $ ou 185 NS, petit déj-buffet (et chauffage) inclus.* Cet hôtel moderne à la déco « incanisante » offre un très bon niveau de confort. La plupart des chambres sont spacieuses, avec parquet et de belles salles de bains aux finitions élégantes (quelques-unes sont plus petites, demandez à choisir). Agréable patio couvert pour le petit déj. L'ensemble est chaleureux et l'accueil à l'avenant. En revanche, l'hôtel est situé à l'angle de 2 rues étroites et passantes.

Tika Wasi *(plan couleur B-C1, **58**) : Tandapata 491, San Blas. ☎ 23-16-09. • tikawasi.com • Doubles env 60-75 $ selon confort, petit déj inclus.* Difficile de grimper plus haut ! L'hôtel et son jardin suspendu, véritable oasis de sérénité, se posent en terrasses sur les hauteurs de San Blas, à mille lieues du brouhaha du centre. Hamacs et balancelles invitent à y oublier le temps. Les chambres, avec moquette et quelques touches de déco colorée, offrent un bon niveau de confort (eau chaude 24h/24, chauffage, sèche-cheveux...). Certaines disposent de grandes baies vitrées avec vue panoramique sur la ville.

Pensión Alemana *(hors plan couleur par B-C1, **53**) : Tandapata 260, San Blas. ☎ 22-68-61 ou 44-41. • pension-alemana-cuzco.com • Tt en haut de la rue piétonne Atoqsayk'uchi. Doubles env 185-205 NS, petit déj inclus.* Installée en vigie sur les hauteurs de la ville, cette pension *B & B* regroupe 3 maisons voisines refaites à neuf, où l'on peut se reposer au calme, entre différents coins de jardin. Les chambres sont à la fois confortables et impeccables. Plusieurs possèdent un balcon avec une vue superbe, comme les n°s 201, 209, 301, 302 et 305. Agréable salon en mezzanine et patio-jardin bien agréable. Une adresse où l'on se sent bien.

Très chic (plus de 100 $ / env 75 €)

Hostal Arqueologo *(plan couleur B1, **47**) : Pumacurco 408. ☎ 23-25-69. • hotelarqueologo.com • Doubles env 100-150 $ selon saison et confort, petit déj inclus.* Les chambres de ce bel hôtel, aux lignes épurées, avec beau parquet et mobilier en bois sobre, se répartissent autour d'un très joli jardin. Très beaux patios également. Les *standard,* moins chères, sont toutes au rez-de-chaussée, plus sombres. Certaines sont dotées d'une mezzanine, d'autres (les suites) d'un lit *king size* à baldaquin, d'une machine à *espresso,* etc. Déco chaleureuse et soignée. Cafétéria offrant une vue superbe sur une bonne partie de la ville. Mais le vrai plus de la maison, c'est son resto, la *Divina Comedia,* où l'on mange extrêmement bien – et sur des airs d'opéra *in vivo* ! Accueil très pro et cordial.

Hotel Rumi Punku *(plan couleur B1, **49**) : Choquechaca 339. ☎ 22-11-02. • rumipunku.com • Doubles env 100-130 $, petit déj-buffet inclus.* Son nom signifie « porte de pierre » : celle d'un ancien édifice inca, par laquelle on fait son entrée. Un vrai nid avec une quarantaine de chambres douillettes, réparties autour de 2 patios donnant sur un jardinet fleuri. Elles sont toutes bien équipées (TV câblée écran plat, sèche-cheveux, minibar...), mais les *superior,* plus chères, sont de loin les plus agréables. Plus spacieuses, elles bénéficient de grandes baies vitrées procurant une belle luminosité. Sauna, jacuzzi et salle de sport (payants), élégamment perchés en haut de l'hôtel. Excellent niveau de confort dans l'ensemble et accueil très serviable.

Hotel Marqueses *(plan couleur B2, **44**) : Garcilaso 256. ☎ 26-42-49. • hotelmarqueses.com • Doubles env 90-120 $ selon confort, petit déj inclus.* Cet hôtel colonial restauré se remarque de l'extérieur par son balcon et, à l'intérieur, par ses portes en bois sculptées et ses plafonds ouvragés. Les meilleures chambres entourent le 1er patio, magnifique, où glougloute une fontaine. Les moins chères occupent le fond, autour d'un autre patio, calme mais recouvert par une verrière pas extra. Déco un peu vieille Espagne. Accueil digne d'un grand hôtel. Restaurant et bar.

Tierra Viva Cusco Plaza *(plan couleur B1, **48**) : Suecia 345. ☎ 24-58-58. • tierravivahoteles.com/ • Doubles env 120-140 $ selon saison, petit déj inclus.* Sa situation, aux portes de la plaza de Armas, est excellente. La vue sur les toits, depuis les bâtiments étagés sur la colline, est superbe. Quant au confort, il est difficile à égaler : chambres joliment décorées, lits confortables plein de coussins, élégantes cabines de douche vitrées (certaines avec hydromassage)... Les fanas des *waterbeds* américains en trouveront même dans les suites VIP ! Bar-resto. Accueil et service à la hauteur des lieux. Une adresse chic au confort indéniable.

Où manger ?

Bon marché (moins de 15 NS / env 4,50 €)

Creperia La Bo'M *(plan couleur B1, **33**) : c/ Carmen Alto 283, San Blas. Voir aussi « Où dormir ? ». Tlj 12h30-22h, fermé dim 15h-17h30.* Une jolie salle à l'étage de cette sympathique auberge de jeunesse. Galettes et crêpes ultra-copieuses, préparées avec de bons produits frais locaux. À arroser d'une limonade maison ou d'un bon thé naturel. Ambiance très conviviale pour un rapport qualité-prix imbattable. Et puis ça change un peu de la cuisine andine !

El Café de Mamá Oli *(plan couleur B1, **70**) : plazoleta de las Nazarenas 199. En principe, tlj 8h-20h. Jus de fruits 8-10 NS ; snacks 10-13 NS.* Petite salle sans chichis ouverte sur cette jolie placette. Le nom du bar a été emprunté à la vieille dame propriétaire de l'immeuble, qui descend parfois faire la causette au bar. Un endroit pour manger sur le pouce de bonnes tartes sucrées ou salées, quiches du jour, sandwichs et gâteaux maison. Également d'excellents jus de fruits frais. Ce n'est pas vraiment bon marché, mais frais et goûteux. Pour une pause relax.

Urpi *(plan couleur A2, **72**) : Santa Teresa 387. Tlj 8h-18h. Menu de base 6 NS, « suppléments » 10 NS.* Ici, les habitués viennent profiter du menu très abordable, mais on peut varier les plaisirs en substituant un plat pour un autre de la carte (en supplément, donc). Populaire, simple et copieux. Le repas se déroule à l'ombre du Christ qui veille. Bon accueil.

Prix moyens (15-25 NS / env 4,50-7,50 €)

|●| *Green Point* *(plan couleur C1, **71**) : Carmen Bajo 235. ☎ 43-11-46. Tlj 11h-22h. Compter 20-30 NS.* LE resto végétarien de Cuzco, fréquenté par tous les routards de passage ! Le cadre a pas mal d'atouts : au fond d'un passage, plusieurs petites salles joliment décorées, une mezzanine avec de grandes tablées et une belle terrasse à l'étage. Surtout, le menu du jour est d'un rapport qualité-prix imbattable : buffet de hors-d'œuvre, soupe, quelques plats au choix, dessert et boisson (limonade fraîche) pour 10 NS ! Sinon carte variée de sandwichs, pâtes, salades inventives et plats plus élaborés, aux saveurs métissées. Le tout dans une ambiance de *backpackers* très relax et conviviale. Service à l'image des lieux, accueillant et multilingues. Une valeur sûre pour s'offrir un bon repas ou un petit déj complet.

|●| *El Cuate* *(plan couleur B1, **73**) : Procuradores 386. Tlj 11h-22h. Menu complet 15 NS ; repas à la carte max 30 NS.* Parmi la pléiade de restos touristiques du centre historique, cette petite taverne mexicano-péruvienne sort du lot. Quelques tables seulement façon pub, avec bancs en bois recouverts de tissus colorés. Le bon plan, c'est le menu complet avec *nachos*, entrée (salade ou soupe) et plats (mexicain, péruvien, italien ou végétarien) au choix, boisson incluse ! Une cuisine familiale simple et copieuse, plutôt bien tournée. Service discret, un peu lent peut-être mais agréable. Un très bon rapport qualité-prix.

|●| *La Caverne del Oriente* *(plan couleur C1, **76**) : Tandapata San Blas. Tlj sf lun 9h-21h. Menu du jour 12,50 NS ; repas à la carte env 20 NS.* Niché à l'étage d'une petite maison en bordure de la terrasse qui surplombe la plaza San Blas, ce micro resto aux allures de caverne d'Ali Baba couleur citron offre une magnifique vue sur les toits de la ville. Le chef assemble avec bonheur les recettes d'une cuisine française soignée, parfois métissée d'Orient, avec les produits andins. Entre autres, le taboulé de quinoa ou le couscous à la viande d'alpaga. En clin d'œil au terroir, la soupe à l'oignon et un plateau de fromages digne d'une auberge bourguignonne (rare au Pérou !). Également des quiches et des sandwichs pour manger sans se ruiner. Intéressante carte des vins d'Amérique du Sud. Bonne atmosphère.

|●| *Aldea Yanapay* *(plan couleur C1, **78**) : Ruinas 415 (1er étage). ☎ 25-51-34. Tlj 10h-minuit.* Salle insolite et plutôt cosy avec des dessins d'enfants sur les murs et des lampions colorés pendus au plafond. Tout ça pour expliquer que ce café soutient les enfants en difficulté en vue de les scolariser. La plupart des serveurs sont des bénévoles. Sympa. Carte et 2 menus complets à petit prix, servis midi et soir : veg' ou non veg'. Fait également de super brunchs.

|●| *Kintaro* *(plan couleur B2, **77**) : Plateros 334. ☎ 26-06-38. Tlj sf dim 12h-15h, 18h30-22h.* Tenu par un authentique Japonais, ce restaurant nippon évite l'écueil habituel des menus hors de prix et des plats stéréotypés. On s'installe dans une grande salle très simple, avec un coin tatami et des tables et chaises en bois, puis on pioche parmi les assortiments de sushis et les grands classiques – poulet *teriyaki*, *udons* aux algues, etc. Les prix restent doux, et la cuisine est savoureuse.

De chic à plus chic (25-40 NS et plus / env 7,50-12 €)

|●| *Inkazuela* *(plan couleur B1, **74**) : plazoleta Nazarenas 167. Plats env 30-35 Ns ; repas env 50-60 NS.* Joliment situé sur cette placette charmante : on accède à la grande salle à l'étage par une cour pavée. Murs chaulés, hauts plafonds, poutres anciennes et beau parquet qui craque. L'antique poêle à bois dans un coin crée aussi une atmosphère très cosy le soir. Carte vraiment originale et appétissante, avec une variété d'entrées mêlant produits locaux aux saveurs exotiques (délicieux *ceviche*) et *cazuelas,* la spécialité maison. On garde encore un souvenir ému de la *cazuela* au poulet, lait de coco et curry, celle au bœuf et petits légumes ou encore celle au porc grillé aux lentilles, chou, carottes, épices et vin blanc... Un régal ! En outre, c'est joliment présenté, assez copieux, et servi avec le sourire. Choix de vins restreint mais de qualité, quelques desserts tout aussi fameux. Bref, un coup de cœur.

|●| ***Incanto*** *(plan couleur B2,* ***82****) :* *Santa Catalina Angosta 135.* ☎ *25-47-53. Tlj sf mar 12h-23h.* Grande brasserie moderne avec bar à l'entrée et cuisine vitrée au fond. Le resto propose surtout toute la gamme des pâtes, fabriquées maison, délicieuses : lasagnes, *fettucine,* gnocchis se déclinent ici à toutes les sauces. Le tout joliment présenté et suffisamment copieux. De quoi ravir les amateurs de cuisine italienne. Un bémol : tables très rapprochées, donc pas vraiment d'intimité et brouhaha généralisé lorsqu'il y a du monde... et c'est fréquent ! Service attentif et élégant. Prix élevés mais justifiés.

|●| ***Sara*** *(plan couleur C2,* ***75****) :* *Santa Catalina Ancha 370.* ☎ *22-43-70 Tlj 11h-22h ou 23h. Plats et formules env 25-40 NS.* Cadre assez chic et moderne pour ce bistrot qui propose de petits plats très frais et bien composés à base de légumes de la région, des salades, des pâtes « de saison », de grands jus de fruits, des sandwichs et quelques plats de viande. La cuisine n'est certes pas renversante mais ça change un peu de l'ordinaire, et les formules avec verre de vin offrent un bon rapport qualité-prix.

|●| ***A Mi Manera*** *(plan couleur B1,* ***83****) :* *Triunfo 393, 1er étage.* ☎ *22-22-19. Tlj 10h-22h. Menu déj 35 NS.* Ce resto chic à la déco épurée s'ordonne autour d'une cuisine ouverte, où officient des cuisiniers expérimentés. Cuisine « novo-andine » comme le *ceviche* de perche ou le *lomo* d'alpaga à la sauce coco avec grand choix d'accompagnements (légumes en particulier). Soupes et sandwichs pour les petites faims. Une bonne adresse pour un dîner en tête à tête, notamment sur l'une des courtes banquettes épousant les 2 bow-windows. L'endroit est parfois plein à craquer, parfois totalement désert.

|●| ***Pachapapa*** *(plan couleur C1,* ***80****) :* *pl. San Blas 120.* ☎ *24-13-18. Tlj 11h30-22h. Plats 30-40 NS.* Dans une cour fleurie qui fait face à l'église de San Blas, on s'installe autour du grand four, où dorent les pizzas. Le soir, les bougies illuminent les tables et les chaufferettes atténuent la fraîcheur. Cuisine assez travaillée et plutôt originale avec des spécialités de ragoûts en pots de terre à base de produits andins. On y sert aussi le *cuy* rôti à la broche (70 NS). Bons jus de fruits et service agréable. On a trouvé tout de même les prix assez élevés.

|●| ***Greens Organic*** *(plan couleur B2,* ***82****) :* *Santa Catalina Angosta 135, 1er étage.* ☎ *25-47-53.* Appartenant au même groupe que *Limo,* le *Greens* décline un concept très à la mode : l'*organic,* ou bio en v.f. Joli décor très vert, coin salon coloré et belle salle haute de plafond avec de grandes et belles photos de plantes aux murs. À la carte, un choix de salades, sandwichs, soupes et de succulents jus frais (on peut composer son propre cocktail). Également pas mal d'options pour s'offrir un bon petit déj (yaourt au miel, fruits, etc.). Mais la note ramène vite à la réalité...

Très chic (plus de 50 NS / env 15 €)

|●| ***Limo*** *(plan couleur B1,* ***81****) :* *portal de Carnes 236 (1er étage), pl. de Armas.* ☎ *24-06-68. Tlj 12h-23h.* Parmi les restaurants cotés de Cuzco, *Limo* allie le meilleur de la cuisine novo-andine et le charme d'un dîner sur la plaza de Armas. Encore faut-il dégoter l'une des étroites tables perchées sur le non moins étroit balcon, à condition qu'il ne fasse pas trop frais. À défaut, vous apprécierez la grande salle avec cheminée, couverte d'une étonnante charpente chaulée. Du côté de l'assiette, de vraies recherches jusque dans la présentation. L'alpaga parfaitement cuit se marie bien au blé vert. On regrette juste

que les serveurs poussent un peu à la conso côté boissons.

Cicciolina *(plan couleur B1, **83**) : Triunfo 393. ☎ 23-95-10. Tlj 12h-15h, 18h-22h.* Les expats adorent ce restaurant qui leur rappelle les grandes villes occidentales, avec sa déco à l'italienne, sa manie des tapas et son ambiance *lounge* consommée. La cuisine est au niveau, avec de jolies choses inventives, très fusion, comme cette truite avec patate douce au wasabi ou l'alpaga aux 4 poivres, moelleux à souhait. Les légumes, bio, proviennent de la Vallée sacrée. Reste que la note est sacrément salée, surtout avec les 7 NS facturés par couvert ! On peut s'arrêter juste pour boire un verre de vin. La maison possède en outre sa propre boulangerie, au rez-de-chaussée, où le petit déj est servi dès 8h.

Fallen Angel *(plan couleur B1, **85**) : plazoleta de las Nazarenas 221. ☎ 25-81-84. Plats env 45-55 NS.* Sur l'une des plus belles places de la ville, une adresse branchée pour dîner dans un décor déjanté à souhait ! Voici un « ange tombé du ciel » dont le style postmoderne allie le feu et la glace. Séraphins et cœurs suspendus au plafond, sofas rouges, poufs zèbres, peintures modernes et, le clou, des baignoires-tables abritant chacune un aquarium avec des poissons qui survivent à ce décor baroque. Cuisine andine tendance fusion, globalement réussie – mais pas d'un raffinement à faire chanter les anges... Préférer les plats moins audacieux. Peu de vins au verre, d'ailleurs cher payé. Le service varie du tout au tout : excellent ou très lent, mais toujours sans chichis...

MAP Café *(plan couleur B1, **84**) : plazoleta de las Nazarenas 231, dans la cour du musée d'Art précolombien (MAP). ☎ 24-24-76. Tlj 11h-15h, 18h-22h. Résa conseillée. Menu 3 plats 50 $ le soir, verre de vin inclus.* On n'y fait pas halte pour un simple sandwich, mais pour un dîner en règle, avec serveurs stylés, pour ne pas dire guindés. De la soupe à la patate rouge à la glace au sirop de maïs violet en passant par le confit de *cuy,* la cuisine s'affirme novo-andine avec fierté. C'est fort joliment présenté et très réussi, dans un cadre propice à un repas en amoureux. On vous conseillera un bon vin pour faire glisser le tout. Et, pour digérer, pourquoi ne pas vous offrir une visite du musée (il ne ferme qu'à 22h) ?

Où prendre un petit déjeuner ? Où boire un café ?

Café Ayllu *(plan couleur B2, **90**) : c/ Almagro 133. ☎ 25-50-78. Tlj 6h30-22h30 (13h30 dim). Formule petit déj max 20 NS.* Une cafétéria authentique et chaleureuse, proche de la plaza de Armas. Quelques tables et chaises en bois dans la salle au rez-de-chaussée et une petite salle à l'étage. Idéal pour se faire un vrai brunch, avec un large choix d'omelettes, sandwichs frais ou toastés, yaourts, (au muesli, au miel...), pâtisseries, etc. De bonnes infusions de coca également et des jus de fruits frais. C'est bon et copieux. En prime, le service, en habits, est agréable et efficace. Une petite adresse d'un excellent rapport qualité-prix.

Panadería Qosqo Maki *(plan couleur C2, **93**) : av. Tullumayu 465. ☎ 23-40-35. Tlj sf dim 8h-20h.* Cette excellente boulangerie-pâtisserie est un peu excentrée, mais ses croissants sont à un prix imbattable ! On court y acheter dès la sortie du four pains au chocolat fondants, baguettes craquantes et autres pains aux raisins. On salive devant les tartelettes aux fruits de la passion nappées de chocolat. Bref, un super endroit pour s'offrir un délicieux petit déj à emporter ou sur place (4 petites tables). En prime, Isabelle, qui tient boutique et vit à Cuzco depuis une quarantaine d'années, aide les ados désocialisés et perdus dans les rues. Chapeau bas !

Café Loco *(plan couleur C1, **91**) : c/ Tandapata 1028, San Blas. Tlj 8h-21h.* Micro-café tenu par un couple québéco-péruvien est le lieu idéal pour s'offrir un bon thé, un véritable *espresso* ou un *cappuccino* crémeux à souhait. Formules petit déj, sandwichs et paninis croustillants. Cadres chaleureux et coloré, décoré de masques traditionnels du carnaval. Seulement 4 petites tables dont une stratégiquement placée, derrière la grande fenêtre qui offre une belle vue sur Cuzco. Une bonne petite adresse.

El Buen Pastor *(plan couleur C1, **94**) : cuesta San Blas 575. ☎ 24-05-86. Tlj sf dim 6h30-20h30.* La congrégation du Bon Pasteur dirige cette adresse où travaillent essentiellement des orphelines. Croissants frais (à partir de 11h), pains, brioches, beignets, *empanadas, tartas, alfajores* (biscuits fourrés) et autres *pañuelos de manjar* (« mouchoirs » au *dulce de leche*) à grignoter sur quelques tables ou à emporter. Le boulanger, qui a suivi une formation en France grâce aux sœurs, a terminé dans les 3 premiers au concours du meilleur boulanger du Pérou.

Kushka...fe Café - restaurant *(plan couleur B1, **92**) : Choquechaca, 131. ☎ 25-80-73. Tlj 7h-23h.* À l'angle de cette mignonne place à arcades, un lieu tout en douceur pour faire une pause après une visite de la ville. Décor chaleureux, poutres vernies et plein de coussins ; fond musical très cool, à l'instar des gâteaux et autres douceurs à fondre... Excellent chocolat chaud. Également un menu proposant des plats locaux et internationaux, à prix correct. Une autre adresse à Cuzco *(c/ Espaderos 142, plaza Regocijo)*, et 2 annexes qui font aussi *delicatessen* (vente de miel, chocolat, pisco, etc.).

Cocla *(plan couleur B2, **95**) : mesón de la Estrella 137. ☎ 23-90-72. Lun-ven 9h-13h, 16h-20h ; sam 9h-14h.* Un petit café fréquenté par les locaux et les routards avisés. Décor typique en bois, au charme et à la simplicité réjouissants, avec le chuintement des percolateurs et les vibrations des moulins à grain pour toute musique de fond. On y sert du café qui provient directement d'une coopérative de Quillabamba. On peut aussi acheter du café (bio si l'on veut) pour s'offrir une tasse de nostalgie de retour à la maison.

Voir aussi **Green Point** *(plan couleur C1, **71**)* et **Greens Organic** *(plan couleur B2, **82**)*, décrits plus haut dans « Où manger ? ».

CUZCO

Où boire un verre ? Où sortir ?

Parmi les nombreux bars de la ville, beaucoup de style anglo-saxon. Ne pas manquer de goûter à la bière locale, la *Cusqueña,* dont il existe plusieurs variétés.

Hotel Monasterio *(plan couleur B1, **102**) : Palacio 136, plazoleta de las Nazarenas. Lobby bar 10h-22h30.* Dans le registre chic. À défaut de pouvoir séjourner dans cet ancien monastère reconverti en hôtel de luxe, arrêtez-vous pour y boire un verre et profiter du décor : peintures de l'école de Cuzco et beaux meubles anciens. Vous pouvez même vous glisser dans l'immense cloître et jeter un œil sur la magnifique chapelle tapissée de dorures et de peintures de l'école de Cuzco.

Los Perros Couch Bar *(plan couleur A1, **101**) : Tecseqocha 436. ☎ 24-14-47. Tlj 11h-minuit.* Plusieurs petites salles très colorées à l'ambiance jazzy et brésilienne, prisées des routards qui se prélassent dans d'immenses fauteuils et canapés. *Pisco sour* très réussi et pas mal de choses à grignoter, notamment des spécialités asiatiques qui sortent du lot et de bons burgers ou sandwichs copieux. Prix un peu élevés, mais très bonne ambiance et succès indéniable.

Indigo Bar *(plan couleur A-B1, **103**) : Tecseqocha 415. ☎ 26-02-71. Tlj 11h-minuit.* Un autre bar très fréquenté dans ce quartier nocturne, qui attire en masse la jeunesse festive. Super ambiance et bonne musique éclectique (parfois un DJ ou un petit concert). Même principe que *Los Perros*, on y vient pour prendre une bière ou un cocktail bien dosé, mais aussi pour goûter aux spécialités thaïes et aux plats de pub, frais et copieux. Un lieu hautement fréquentable !

Cross Keys Pub *(plan couleur B2, **100**) : Triunfo 350, 1er étage. ☎ 22-92-27. Tlj 11h-minuit (au moins).* Happy hour *18h30-19h30* *et 21h-21h30.* Comme son nom l'indique, un authentique pub anglais, mâtiné de club privé. C'est l'un des grands rendez-vous des gringos. Beau bar en bois et cuivre, divans avachis devant la cheminée, fléchettes et bières pression british. Les amateurs de whisky et de vin auront du choix, mais le *pisco sour* est ici un must. Snacks et *pub grub* pour garder le cap. *Cheers !*

Norton Rat's Tavern *(plan couleur B2,* ***104****) : Santa Catalina Angosta 116, 1er étage. ☎ 24-62-49. Tlj 7h-2h.* Happy hours *19h-21h.* Le proprio américain y célèbre un culte à la gloire de la marque de motos anglaise, sans oublier d'ajouter un billard, de grands écrans pour les fanas de football américain (le dimanche) et des jeux de fléchettes en batterie. Très classique : les billets de banque autour du bar et les drapeaux au plafond. Un must, la micro-terrasse dominant la place. Côté cuisine, des plats mexicains, burgers, sandwichs et petits déj servis jusqu'à 17h. On préfère se contenter d'y boire un verre.

7 Angelitos *(plan couleur C1,* ***105****) : Siete Angelitos 638, San Blas. À partir de 18h.* Sacré(s) cocktail(s) ! Un peu de son *cubano*, des DJs très funk rétro, du latin rock, du reggae live les mercredi et samedi, des locaux et des gringos, des *locas* et des *gringas* (ce qui n'est pas incompatible) – tous ici ne sont pas des angelots, surtout lorsque la vodka coule à flots.

Mama Africa *(plan couleur B2,* ***106****) : portal de Panes 109 (2e étage), pl. de Armas. ☎ 24-65-44. Tlj 21h-6h.* L'endroit où les routards de toutes nationalités se retrouvent pour danser et draguer... La musique pulse à fond, et les meilleurs DJs de Cuzco et d'ailleurs sont au rendez-vous. Ambiance surchauffée certains soirs en saison.

Ukukus *(plan couleur B2,* ***107****) : Plateros 316. ☎ 25-49-11. Ouv à partir de 18h.* Happy hours *20h-22h30. Entrée gratuite.* Musique live chaque soir ou presque, à partir de 22h ou 22h30, toutes tendances mêlées – funk-rock, latina, folk, musique andine, etc. Beaucoup de Péruviens, ça change.

El Muki *(plan couleur B2,* ***104****) : Santa Catalina 110. Jeu-dim, dès 21h.* Le *muki*, c'est une sorte de farfadet qui vit au fond des mines, un mauvais génie qui titille les mineurs et leur propose de manier le pic à leur place en échange de feuilles de coca, d'alcool ou même d'une compagnie féminine pour briser sa solitude... Rencontrerez-vous un *muki* sous les voûtes crépies des alcôves de la grotte ? Les Péruviens, qui constituent la majeure partie de la clientèle, n'ont pas l'air de le craindre. Un lieu animé tard dans la soirée, surtout le week-end.

CUZCO

Achats

À Cuzco, on trouve des ponchos et de très beaux *mantas* que l'on ne retrouve nulle part ailleurs. Cela dit, vu le nombre de touristes, l'artisanat est loin d'être bon marché, et on trouve aussi pas mal de pacotilles. Ne pas se précipiter sur les boutiques autour de la plaza de Armas, souvent bien chères. Jetez un œil sur celles de la calle Triunfo ou de la calle Santa Clara (près de la gare du Machu Picchu). Pas mal de stands également sur le mercado San Pedro (voir plus bas dans le chapitre « À voir »). Vous pourrez aussi trouver votre bonheur le long de la cuesta San Blas, qui regorge de boutiques d'artisanat.

Centro artesanal Cusco *(plan couleur D3,* ***131****) : ouv 7h-22h.* Pour les plus pressés, grande halle où sont groupées à touche-touche plus de 150 échoppes. Qualité standard de la production en grande série. D'autres marchés, plus petits, mais du même genre, au bas de l'avenida El Sol (entre les nos 700 et 1000).

Hilario Mendivil *(plan couleur C1,* ***132****) : pl. San Blas 634.* À l'aide d'une pâte mystérieuse faite de plâtre, de farine de blé et de pommes de terre sont fabriquées des figurines de saints avec un long cou. Hilario est mort, mais ses fils continuent son œuvre, très réputée dans la région. Les Mendivil possèdent plusieurs boutiques autour de la place et à ses abords.

Museo-galería Ediberto Merida *(plan couleur C1,* ***133****) : Carmen*

Alto 133, San Blas. Tlj 9h-18h. On le surnomme le « Picasso de Cuzco »... C'est très exagéré ! Mais il est vrai que ses personnages d'argile sont assez expressifs.

Coca Shop (*plan couleur C1,* ***134***) **:** *Carmen Alto 115. Tlj sf dim 9h-17h30.* La feuille de coca sert à tout... la preuve. On la vend ici sous forme d'infusions, en feuilles fraîches à mastiquer, en chocolat, en poudre pour aromatiser yaourts ou pâtisseries, etc. On peut même consommer sur place un *te de coca,* un brownie ou une glace au coca ! En plus, vous ferez une bonne action : la boutique est tenue par des handicapés.

Patricia Yep Chocolat (*plan couleur B-C1,* ***135***) **:** *Choquechaca 162. Lun-ven 12h-20h.* À boire, à croquer, à déguster sur place ou à emporter, le chocolat sous toutes ses formes, provenant des plantations de Quillabamba.

Cocla (*plan couleur B2,* ***95***) **:** *mesón de la Estrella 137. Lun-ven 9h-13h, 16h-20h ; sam 9h-14h. Voir aussi « Où prendre un petit déjeuner ? Où boire un café ? ».* Un petit établissement local pour acheter du café moulu ou en grains, qui vient d'une plantation d'Urubamba. Grand choix de différentes qualités (dont du café bio).

À voir

– **Rappel :** les visites de certains musées de Cuzco, des environs et de la Vallée sacrée, ainsi que des principales églises sont conditionnées à l'achat de *boletos turísticos.* Voir nos infos dans la rubrique « Adresses et infos utiles. Infos touristiques ».

Plaza de Armas (*plan couleur B2*) **:** c'est ici que bat le cœur de la ville. La *plaza* s'étend exactement sur l'espace cérémonial inca (*Huaccapayta,* une esplanade de 4 000 m², deux fois plus grande qu'à présent), et qu'entouraient de prestigieux monuments : le temple dédié à Viracocha, le *Yachayhuasi,* « maison du savoir » dispensant son enseignement aux astronomes, aux chroniqueurs et aux comptables. À côté se dressait l'*acclahuasi,* « maison des femmes choisies », vouées au service des dieux et de l'Inca.

C'est ici que furent exécutés Diego de Almagro en 1538 et Gonzalo Pizarro en 1548. On y exposa la tête de Túpac Amaru en 1572 et c'est ici aussi que fut écartelé l'Inca Túpac Amaru II en 1780. Veillée par la cathédrale et par la superbe église jésuite de la Compañía, presque entièrement bordée de galeries à portiques où abondent cafés, boutiques et restaurants, c'est l'une des plus belles places coloniales du Pérou. Toutes les manifestations importantes s'y déroulent, comme ces nombreux « défilés civiques » du dimanche où l'on voit les professeurs des écoles marcher au pas au son d'une harmonie militaire.

En outre, la *plaza de Armas* de Cuzco est une des rares au monde à pouvoir s'enorgueillir de posséder deux églises, deux édifices qui se répondent magnifiquement après s'être fait une concurrence acharnée au XVIe s. Suivez le guide...

Catedral del Cuzco – Catedral-basílica de la Virgen de la Asunción (*plan couleur B1-2*) **:** *pl. de Armas. Tlj 10h-18h ; messe (dans la cathédrale) 6h-9h, à chaque heure. Entrée : 25 NS, ou avec le* boleto circuito religioso *; réduc étudiants. Accès gratuit aux heures de messe (entre 6h30 et 8h30). Entrée par la Sagrada Familia. Audioguide en français gratuit (passeport en caution). Photos interdites.*

Sur son parvis surélevé et avec sa façade à deux tours, c'est sans conteste, avec la cathédrale de Lima, l'ensemble religieux le plus imposant du Pérou. Trois bâtiments différents communiquent à la hauteur du transept. Son édification est née de la volonté des conquistadores de créer, dès l'occupation de la ville, un lieu de culte symbolisant le triomphe de la foi catholique sur la religion des Incas.

– ***Sagrada Familia*** (*à gauche*) **:** c'est l'église la plus récente (1723-1735), bâtie dans un style néoclassique d'inspiration française. Sur les côtés de la nef, les

CUZCO

retables des autels baroques et rococo sont surchargés de miroirs. Une coutume répandue dans toute l'Amérique du Sud, née des croyances incas, qui affirmaient la matérialisation de l'âme par le reflet. En clair : seuls ceux qui avaient la conscience tranquille pouvaient se regarder en face !

– ***Catedral*** *(au centre)* **:** le porche baroque, plaqué sur la façade Renaissance, est plus grandiose que véritablement esthétique. La cathédrale a été édifiée en un siècle à partir de 1560, avec les pierres du site inca de Sacsayhuamán, en lieu et place du temple à Viracocha. Elle renferme plus de 400 toiles, dont certaines de Marco Zapata, l'un des rares artistes connus de l'école de Cuzco. On y décèle quelques représentations de symboles incas au milieu des images pieuses chrétiennes. Parmi elles, au fond, à gauche, une grande *Cène* avec, comme plat principal... un *cuy* (cochon d'Inde) grillé ! Dans le genre syncrétique également, ne manquez pas non plus l'immense tableau de la *Vierge de la Almudena*.

La cathédrale abrite deux images saintes hautement révérées : la *Vierge de la Linda* (la « belle »), première patronne de Cuzco, et un Christ offert par Charles Quint. Surnommé « petit papa », il est pour les Cuzqueños le *Señor de los Temblores* depuis qu'il aurait fait cesser les répliques du séisme de 1650. La sculpture – noircie par la fumée des cierges – est portée en procession le lundi de Pâques, unique occasion annuelle où la messe est dite en quechua.

Parmi les autres trésors de la cathédrale figurent : dans le chœur et sous un baldaquin, le retable de la Sainte-Trinité en argent massif (400 kg) ; caché juste derrière, son premier retable en bois, superbe et tarabiscoté ; une chaire du XVIIIe s à l'incroyable foisonnement décoratif ou encore des stalles baroques de même facture. Deux orgues du XVIIe s, restaurés, les dominent. Dans la sacristie, au milieu des portraits des évêques, de superbes armoires ciselées d'éléments floraux et une sombre *Crucifixion* attribuée (sans certitude) à Van Dyck.

– ***Iglesia del Triunfo*** **:** c'est la première église construite à Cuzco (1536). Sur le maître-autel trône la « croix de la Conquête » apportée par Pizarro. Dans la crypte, on peut voir la dalle tombale de l'historien Garcilaso de la Vega, mort en Espagne en 1616, mais dont le corps a été rapatrié récemment. Il était le fils d'un capitaine espagnol et de la nièce de l'Inca Huayna Cápac.

CUZCO

👣👣 ***Iglesia de la Compañía de Jesús*** *(plan couleur B2)* **:** *pl. de Armas. Tlj 9h-11h30 (10h45 dim), 13h-17h30. Entrée : 10 NS. Photos interdites.*

Bâtie de 1571 à 1650, elle s'appuie, comme la cathédrale, sur les fondations d'un ancien palais inca – ici, celui de Huayna Cápac. Elle fut largement remodelée après le séisme de 1650, gagnant dans la mésaventure sa façade baroque, considérée comme l'une des plus majestueuses du Pérou. L'éclairage de nuit sublime la pureté et la finesse des décorations de sa façade. Les jésuites, très influents jusqu'en 1767, rêvaient, dans leur rivalité orgueilleuse, d'éclipser la cathédrale, ce que perçut très bien l'archevêque... Il demanda, en vain, la destruction de la *Compañía* au pape ! Il obtint juste une modification des plans : ainsi l'église n'a-t-elle qu'une nef, au lieu des trois envisagées à l'origine, mais les deux chapelles latérales peuvent bien faire office de nefs supplémentaires.

On dénombre 73 tableaux du fameux Marcos Zapata, fer de lance de l'école de Cuzco : beaucoup de vies de saints, mais le plus intéressant est devant vous : parfaite illustration du baroque triomphant et ruisselant d'or, le colossal maître-autel, flanqué de colonnes et surchargé de toiles. C'est l'un des plus grands d'Amérique (21 m sur 12). Votre œil exercé dénichera, de-ci, de-là, les grenades et autres symboles de la religion précolombienne. La crypte abrite les sépultures des pères jésuites. Un escalier en bois branlant traverse le premier retable à gauche en entrant et mène jusqu'à l'étage pour une belle vue de l'église et de la plaza de Armas.

Juste à côté, allez visiter le cloître de l'université. Intéressante incursion à l'étage pour apprécier l'atmosphère estudiantine.

👣👣 ***Calle Loreto*** *(plan couleur B-C2)* **:** cette étroite ruelle piétonne est longée de chaque côté par de hauts murs de pierre aux bases incas en parfait état de conservation. Elle part de la plaza de Armas et passe derrière l'église de la Compañía.

Monasterio y museo de Santa Catalina de Sena *(plan couleur B2)* **:** *Santa Catalina Angosta s/n. Lun-sam 8h30-17h30, dim 14h-17h. Entrée : 6 NS. Billet combiné avec le monastère de Santo Domingo (Coricancha) : 15 NS. Photos interdites.*
C'est son mur extérieur qui borde la rue Loreto. Un mur inca, qui soutenait l'Aqllawasi, sorte de monastère précolombien, où les « épouses du Soleil », choisies pour leur grande beauté parmi les jeunes filles de la classe dominante, passaient leur vie entière cloîtrées, condamnées à la virginité, occupant leur temps à tisser et à préparer les boissons rituelles. Elles furent jusqu'à 3 000. Sans doute l'usage premier de l'édifice, connu des Espagnols, favorisa-t-il sa transformation en couvent, à partir de 1605. Il a été rénové en même temps que l'église accolée, après le tremblement de terre de 1650. Une dizaine de dominicaines y vit encore.
L'aile accessible a été transformée en musée d'Art religieux, superbement mis en scène. On y découvre des objets liturgiques, comme ces chasubles patiemment brodées, une étonnante crèche-autel portative qui se refermait comme une malle, et de nombreuses peintures sacrées de l'école de Cuzco (XVIe au XVIIIe s). La sacristie s'orne de fresques mettant en contrepoint les plaisirs terrestres (au centre) et la vie exemplaire des saints (au-dessus)... À l'étage ont été reconstitués les lieux de la vie monacale : notamment le réfectoire et le dortoir des novices, utilisé jusque dans les années 1960. À chacune son box et son coin à ablutions, séparés par des rideaux. Encore d'autres toiles religieuses, des meubles anciens et des coffres peints dans la cellule de Lucia de Padilla, fondatrice du couvent.
L'église est rarement ouverte *(tlj 7h-8h, sf ven 7h-16h)*. Si vous avez la chance de passer au bon moment, vous découvrirez un cycle de toiles illustrant la vie de sainte Catherine de Sienne et un maître-autel aux colonnes salomoniques (torsadées), typique du baroque cuzqueño. À l'entrée se trouve un *torno,* tourniquet qui servait jadis au dépôt des enfants abandonnés.

CUZCO

Casa Concha *(plan couleur C2)* **:** *Santa Catalina Ancha 32. Tlj sf dim 9h-17h. Entrée (hors boleto) : 20 NS ; réduc étudiants. Demandez le texte explicatif (en anglais).* Cette maison coloniale, remarquable pour ses balcons ouvragés, était, dans les premiers temps de la conquête, la résidence d'un aristocrate, *José de Santiago Concha,* qui avait bâti sa maison sur un palais de l'Inca Yupanqui. Un de ses descendants fut le dernier gouverneur espagnol de Cuzco au XIXe s. Plusieurs éléments d'architecture inca sont encore visibles, de même que des fresques de l'époque coloniale. Aujourd'hui, la demeure appartient à l'université de Cuzco et sert d'écrin, depuis 2011, à une sélection de pièces archéologiques trouvées par Hiram Bingham sur le site du Machu Picchu entre 1911 et 1915. Elles ont été restituées au Pérou après une longue bataille juridique par l'université Yale. Seule une petite partie des découvertes est exposée en compagnie de pièces en provenance du musée Inka. Écrans vidéo, maquette géante, documents, mises en scène des activités artisanales, pratique de l'astronomie, techniques agricoles et alimentation, fabrication de la chicha, céramiques, textiles (pipus), couteaux (rôle de l'obsidienne), miroirs, bijoux et ossements s'ajoutent aux photos de l'expédition de Bingham et constituent une bonne introduction à la découverte du site. Nous vous recommandons chaudement cette visite avant de vous rendre au Machu Picchu, où vous ne trouverez aucune explication.

Calle Hatun Rumiyoc *(plan couleur C1)* **:** *dans le prolongement de la c/ Triunfo.* Ruelle inca bordée par un mur de pierres parfaitement taillées et ajustées. Parmi elles, le long du musée d'Art religieux, le fameux monolithe équarri aux 12 angles (sur une seule face). Pas difficile à trouver : des Péruviens en costume inca s'y font prendre en photo !

Museo de Arte religioso (*plan couleur C1*) : *angle de Hatun Rumiyoc et Palacio. Tlj 8h-18h. Entrée : 15 NS, ou avec le* boleto circuito religioso ; *réduc.*
L'un des chefs-d'œuvre d'architecture civile de la ville, synthèse des arts inca et colonial. L'édifice, résidence d'un marquis, puis dévolu à l'archevêché, s'élève sur les structures du palais de l'Inca Roca. Une fois franchi le superbe portail aux colonnes torses surmonté d'armoiries, on pénètre au centre d'un délicieux cloître aux murs tapissés d'azulejos et aux portes délicatement travaillées. Le musée vaut d'ailleurs autant pour son décor intérieur que pour les œuvres exposées.
Les salles, réparties autour du cloître et d'un patio rectangulaire, contiennent l'un des plus beaux ensembles de peintures de l'école de Cuzco. D'inspiration religieuse, l'école des peintres de Cuzco est apparue dès le début de la colonisation, dans le but d'illustrer le message évangélique pour les Indiens fraîchement convertis. Selon certains historiens, seuls cinq artistes européens auraient fait le voyage jusqu'au Pérou. Ils formèrent des peintres créoles, *mestizos* et *indios,* qui développèrent peu à peu leurs propres styles. Ainsi les toiles se couvrirent-elles de motifs à la feuille d'or, de couleurs chaudes, de références aux éléments péruviens, et oublièrent les règles de la perspective. Dans la première salle à droite, en entrant, remarquez ces drôles de représentations de la Vierge, au manteau triangulaire : une évocation des montagnes sacrées pour les Incas. Salle suivante, une certaine liberté de ton se révèle aussi, comme sur cette toile dépeignant un diable aux traits très humains... ceux d'un ennemi de la famille qui commissionna l'œuvre ! Suit une belle collection de christs en ivoire. Les salles donnant sur le petit patio exposent de nombreuses peintures évoquant les grandes processions religieuses, où sont représentés à la fois conquistadores et nobles incas.
De retour vers le cloître, notez le plafond de la chapelle baroque et son maître-autel en cèdre doré à l'or fin. Le premier orgue d'Amérique y est exposé, avec son drôle de soufflet orné de deux lions. Italien, il date du XVIe s. Les dernières salles abritent sculptures sur bois, meubles finement sculptés et peints, ainsi que d'intéressantes toiles, manifestement d'inspiration flamande, qui prennent pour thème les cycles du zodiaque en rapport avec les paraboles de l'Évangile.

Barrio San Blas (*plan couleur C1*) : au nord du centre-ville un lacis de ruelles escarpées agrippées à la colline, bordées de maisons très anciennes, toutes blanches, aux portes, volets et balcons souvent peints en bleu. Au fil de la balade, les escaliers s'enchaînent, grimpant toujours plus haut. C'est ici que les Incas avaient dressé les sanctuaires dédiés à leurs empereurs défunts. La vénérable église San Blas, scellée sur sa place, à mi-hauteur, a pris le relais. Elle s'entoure aujourd'hui du quartier bohème de Cuzco, peuplé d'artistes. C'est là aussi que se trouvent les derniers cafés à la mode, mais on y vient plus pour faire connaissance et écouter les musicos que pour faire la fête. Pas mal de nos adresses préférées s'y trouvent. En contrebas de San Blas, jolie *plazoleta de las Nazarenas,* bordée de nobles palais baroques aux fondations incas. La *casa de las Serpientes* est greffée de deux plantureuses sirènes, mais aussi de nombreux serpents ciselés dans la maçonnerie inca.

Iglesia de San Blas (*plan couleur C1*) : *pl. San Blas. Tlj 8h-18h. Entrée : 10 NS, ou avec le* boleto circuito religioso ; *réduc.*
Cette modeste église, bâtie en 1569, renferme un véritable chef-d'œuvre, pur joyau de la sculpture coloniale : une chaire sculptée dans un seul morceau de bois de cèdre, triomphe du baroque le plus exubérant, qui demanda à son ébéniste péruvien plus de 25 ans de patience. Un festival de figures grotesques, d'anges, colonnettes sculptées de pampres, figures des évangélistes, chimère et foisonnement végétal. Les personnages aux bras tordus, situés en dessous, ne sont autres que les principaux hérétiques, à l'image de Luther... En prime, un superbe retable du XVIe s, lui-même très foisonnant, et le *Seigneur de l'agonie,* un christ noir fabriqué à partir d'un parchemin en peau de lama... Ses bras et jambes sont amovibles pour faciliter le transport !

Les plus sportifs continueront à grimper sur les hauteurs de San Blas, pour se retrouver sur la route qui mène au site de Sacsayhuamán. Belle vue sur la ville depuis le ***Cristo Blanco,*** qui est éclairé la nuit.

Museo de Arte precolombino *(plan couleur B1)* **:** *plazoleta de las Nazarenas 231. • map.museolarco.org • Tlj 8h-22h. Entrée (hors boleto) : 20 NS ; réduc.* Ce musée privé, installé dans un ancien couvent du XVIIe s devenu palais (casa Cabrera), abrite autour de son cloître, et dans une présentation sobre mais soignée, de superbes collections. Ce qui frappe ici, c'est la qualité des objets présentés plutôt que leur quantité. Parures en or et ornements nasaux en argent, bijoux *mochicas* en coquillages, vaisselle, masques cérémoniaux *vicus* tirant la langue, sceptres et idoles *chimús* en bois, splendides bâtons sculptés *mochicas*, céramiques bien sûr... Celles des Mochicas (encore eux), souvent zoomorphes, sont d'une étonnante modernité. Les Chimús, eux, produisaient une très belle céramique noire. Les pièces les plus anciennes remontent à 1250 av. J.-C. Au fil de la visite, on peut lire des phrases et des réflexions sur l'art, l'histoire et l'anthropologie de célébrités comme Claude Lévi-Strauss, Paul Klee et Paul Gauguin.
|●| Après la visite, ceux qui en ont les moyens s'offriront une halte au ***MAP Café,*** installé dans le cloître central (voir plus haut « Où manger ? »).

Museo Inka *(Musée archéologique ; plan couleur B1)* **:** *palacio del Almirante, angle Ataud et Cordova de Tucumán. Lun-ven 8h-18h, sam 9h-16h. Entrée (hors boleto) : 10 NS.* Le musée est situé dans un ancien palais ayant appartenu à l'amiral Aldrete Maldonado de los Rios, dont on aperçoit les blasons à l'entrée. Beau portail de pierre sculptée du début du XVIIe s. Au 1er étage, plusieurs salles d'exposition présentent les civilisations pré-incas de la région de Cuzco, des poteries, des meubles sculptés, des céramiques et objets de métal. Également la plus grande collection existante de *queros* (timbales de bois laqué). L'art funéraire inca y est évoqué avec crânes trépanés et d'impressionnantes momies, dont celle d'un enfant. Maquette du site de Choquequirao. Un ensemble un peu hétéroclite mais régulièrement enrichi de pièces restaurées.

CUZCO

Monasterio de Santo Domingo y templo del Sol Coricancha *(plan couleur C2)* **:** *pl. de Santo Domingo (entre l'av. El Sol et San Agustín). Lun-sam 8h30-17h30, dim 14h-17h. Entrée (hors boleto) : 10 NS ; réduc. Billet combiné avec le monastère de Santa Catalina : 15 NS. Visites guidées payantes.*
Le monastère a été construit sur le plus célèbre lieu de l'Empire inca, le temple du Soleil, ou *Coricancha* (« enclos de l'or »), rénové par Pachacútec vers 1463. Un vrai choc des cultures ! Les archéologues se demandent aujourd'hui qui les Incas vénéraient ici. S'agissait-il d'Inti le solaire ? De P'unchau, le dieu du Jour ? Du créateur Viracocha ? Des momies des empereurs et de leurs épouses ? Du haut de son promontoire s'élevait donc ici le temple du Soleil qui surplombait un magnifique ensemble de jardins en terrasses où s'étageaient les temples dédiés aux divinités.
Pour les Incas, Cuzco avait alors la forme d'un puma, animal sacré de leur cosmologie, avec à sa tête, la forteresse de Saqsayhuamán et à la place de son sexe, le temple de Coricancha.
Il faut imaginer la stupéfaction des Espagnols lorsqu'ils découvrirent cet endroit d'une richesse inouïe. D'un coup, leurs rêves d'Eldorado se matérialisaient. Tout était en or ou recouvert d'or : trônes des empereurs défunts, corniches, autels, murs, plafonds, statues, disque solaire du grand sanctuaire. Bien entendu, tout fut pillé, fondu et partit en lingots pour l'Espagne, ou coula au fond des mers. Une fois désossé (on ose dire vampirisé), le Coricancha fut donné à Juan Pizarro, frère de Francisco, qui en fit don aux dominicains – premier ordre établi au Pérou. Une partie des structures fut conservée pour bâtir le monastère, une autre réutilisée pour édifier l'église. C'est « grâce » au séisme de 1950, qui a détruit une grande partie des bâtiments coloniaux, que l'on a pu redécouvrir cet important vestige considéré comme le plus parfait exemple de l'architecture inca.

Ce que l'on voit ici est un curieux mélange de murs incas (cernant le grand cloître) et de bâtiments de l'époque hispanique. Ce qui surprend le plus, à y regarder de près, c'est que les Incas augmentaient la difficulté en taillant des pierres aux formes et angles insensés, auxquelles devaient nécessairement s'ajuster d'autres pierres aux formes tout aussi compliquées ! Les plus biscornues sont les pierres d'angle et celles encadrant les portes : destinées à solidifier les structures, elles sont souvent taillées avec des angles à 90°, de façon à se prolonger sur chaque pan de mur. Vous noterez parallèlement la fameuse inclinaison inca, s'harmonisant miraculeusement avec la forme trapézoïdale des portes.
Dans la pinacothèque sont exposées de nombreuses toiles de l'école de Cuzco, dont une illustrant la rencontre des Espagnols et des Incas à Cajamarca ; également un grand christ en ivoire et une Vierge de marbre de 1569, enceinte (ce qui est très inhabituel) et espagnole.
L'église Santo Domingo *(lun-ven 6h-19h, dim 14h-19h)*, greffée d'un beffroi baroque, présente un intérieur relativement sobre si l'on excepte les arcades des bas-côtés rehaussées d'or et les nombreuses toiles de l'école de Cuzco.

Museo de sitio Coricancha *(plan couleur C2-3)* **:** *av. El Sol s/n. Lun-sam 9h-18h, dim 8h-13h. Entrée avec le* boleto turístico *de 16 sites.* Ce petit musée vieillot, creusé sous le jardin du monastère, expose le résultat des fouilles réalisées sur le site. On peut y voir quelques objets intéressants comme cet étonnant épi de maïs grandeur nature en bronze et argent, bel exemple de métallurgie inca. Également des crânes déformés ou trépanés. Toutefois le manque de lumière et le fouillis général permettent assez peu d'en profiter.

Museo de Arte popular *(plan couleur B2)* **:** *av. El Sol 103, au sous-sol des* Galerías turísticas. *Tlj sf dim 9h-18h. Entrée avec le* boleto turístico *de 16 sites.* Là encore, la présentation n'est pas idéale : les objets s'empilent dans des vitrines en Plexiglas, dans une salle mal éclairée. Dommage, car on y trouve quelques superbes masques et toutes sortes de crèches, parfois étonnantes – personnages en toile de jute ou en couverts soudés ! Surtout des représentations religieuses.

CUZCO

Iglesia y monasterio de la Merced *(plan couleur B2)* **:** *Mantas, à deux pas de la pl. de Armas. Tlj sf dim 8h-12h30, 14h-17h30. Dernière entrée à 17h. Entrée : 6 NS ; réduc étudiants. Visite guidée en anglais ou en espagnol (payantes).*
Fondé en 1535, ce monastère massif qui recèle un des plus beaux cloîtres du Pérou est dû aux Mercédaires. Cet ordre de Notre-Dame de la Merci (« Merced » en espagnol), fondé au XIIe s à Barcelone, fut l'un des premiers ordres installés au Pérou. Détruit en 1650, reconstruit en 1654, le monastère est décoré de splendides plafonds en bois sculpté et de 25 grandes fresques, œuvres du peintre Ignacio Chacon retraçant la vie de saint Pedro Nolasco – fondateur de l'ordre de la Merced. Dans la sacristie, un petit musée d'Art religieux expose fièrement un ostensoir en or de 22,2 kg, incrusté de plus de 1 500 pierres précieuses et perles ! Pourtant, le véritable trésor de la Merced, à notre avis, est ailleurs : dans cette cellule où le père Francisco Salamanca vécut, cloîtré durant 11 longues années, peignant peu à peu chaque portion de mur. D'un côté, le paradis, rieur, peuplé d'angelots. De l'autre, l'enfer, sur lequel soufflent les flammes et où déambulent diables et squelettes. Dans chaque pièce, une petite fenêtre : le religieux conversait avec les « purs » d'un côté et avec ceux qui espéraient la rédemption de l'autre...

PAPAS FRITAS

Observez de près le cycle de fresques de l'enfer, dans la cellule du père Francisco, au monastère de la Merced : deux mitres révèlent bientôt deux papes qui y grillent de concert ! Une hérésie qui fit condamner la cellule après la mort du religieux... et permit paradoxalement de conserver les peintures intactes.

À l'étage, la pinacothèque (salle n° 39) renferme des pièces rares : *La Sainte Famille* du grand Rubens, peinte en 1549 et acquise en 1629 par le supérieur de l'ordre ; une étonnante pietá andine : le Christ est coiffé d'un bonnet indien et la Vierge est vêtue de la tenue traditionnelle des indiennes Tinta et porte la fleur nationale du Pérou, le *Kantu*. Enfin, un *Christ de la Soledad* de 1539 par Francisco Zurbarán. Vous remarquerez l'évolution rapide de la peinture cuzqueña : des premières Vierges blanches de peau dues à l'Italien Bitti à ces Vierges cuzqueñas petites, trapues, ambrées et rehaussées d'or.
L'église (ouverte de 17h à 19h ou 20h ; entrée gratuite) renferme les tombeaux de Diego de Almagro et de Gonzalo Pizarro. Le samedi, après 17h, vous pourrez y voir défiler les cortèges de mariés.

Museo histórico regional *(plan couleur B2)* **:** *casa Garcilaso, Heladeros, à l'angle avec Garcilaso. Tlj 8h-17h. Entrée avec le* boleto turístico *de 16 sites. Visite guidée gratuite.* Maison natale de l'écrivain *Garcilaso de la Vega,* qui y demeura jusqu'à l'âge de 21 ans avant de partir pour l'Espagne. Il fut un des premiers enfants métis, fils d'un capitaine espagnol et d'une princesse inca, descendante de Huayna Cápac. Ses origines inspirèrent ses *Commentaires royaux des Incas,* dans lesquels il s'intéresse à l'histoire de l'Empire précolombien et glorifie ses ancêtres maternels – un témoignage unique en son genre pour l'époque. Un petit musée a été aménagé dans la maison. Il est consacré pour l'essentiel aux peintres indiens de l'époque coloniale (école de Cuzco) ainsi qu'aux (maigres) vestiges de différentes cultures de la région. À l'étage, dans les appartements « reconstitués » de l'écrivain, vous pouvez admirer un beau lit en cèdre à baldaquin, d'inspiration Louis XV, ainsi qu'une toile représentant le personnage et des meubles sculptés d'époque coloniale. Expos temporaires.

Choco Museo *(plan couleur B2)* **:** *Garcilaso 210, à l'étage.* ☎ *24-47-65.* • *chocomuseo.com* • *Tlj 10h30-18h30. Entrée gratuite. Audioguide en français. Ateliers tlj à 11h, 13h30 et 16h ; prix : 70 NS ; réduc.* Fondé en 2011 par Isabel et Alain, deux jeunes Français, ce petit musée est ouvert à tous ceux qui aiment le chocolat et veulent en savoir plus sur son origine, son histoire et, pourquoi pas, participer aux ateliers. L'occasion rêvée de s'amuser en apprenant tout sur la fabrication du chocolat et en découvrant les étapes successives depuis l'arbre à cacao jusqu'au produit fini. Le musée organise aussi des tours de 2 à 3 jours dans les plantations de cacao et de café, à 5h de route de Cuzco. Et, pour terminer, on y déguste des boissons à base de chocolat et de café.

Museo de Plantas sagradas, mágicas y medicinales *(plan couleur A2)* **:** *Santa Teresa 351.* • *museoplantascusco.org* • *Lun-sam 8h-21h, dim jusqu'à 18h. Entrée : 15 NS ; réduc. Visite guidée en anglais ou en français sur demande.* Petit musée bien fait, qui donne beaucoup d'informations (en espagnol) sur la culture et la consommation de la feuille de coca et des plantes médicinales connues par les Amérindiens depuis des millénaires. Intrigants costumes de chamans. Sont également évoqués les effets du *San Pedro,* cette drogue hallucinogène redoutable tirée d'un cactus et qui peut laisser de graves séquelles à ceux qui en usent, avec une salle spéciale consacrée à l'art produit sous effet de l'expérience Ayahuasca. Cafétéria agréable où l'on sert des infusions et des jus, et boutique attenante où vous pouvez acheter différents produits dérivés de la coca.

UNE DROGUE MULTIMILLÉNAIRE

Les Chavíns, au premier millénaire av. J.-C., utilisaient un cactus hallucinogène, le San Pedro, à des fins religieuses. La drogue contenue dans le cactus mettait les prêtres en état de transe et leur permettait d'améliorer leur vision par dilatation des pupilles, pour pénétrer au fond du temple, dans le noir absolu. L'Église a préféré mettre des bougies.

CUZCO

Iglesia y monasterio de San Francisco *(plan couleur A2)* **:** *pl. San Francisco. Monastère et musée ouv tlj 9h-11h30, 15h-17h ; église tlj 9h-12h, 17h30-20h. Entrée : 5 NS. Visite guidée en espagnol ; pas de photos.* Le cloître Renaissance, aux deux niveaux d'arcades, est le plus ancien de Cuzco. Le lieu est intéressant pour ses plafonds en stuc peint et, surtout, pour un gigantesque tableau (9 m x 12 m) de 1699 qui représente l'arbre généalogique de l'ordre franciscain, avec 683 personnages ! C'est le plus grand d'Amérique latine. Collection de peintures religieuses. Parmi elles, remarquez ce tableau dépeignant paradis, purgatoire et enfer – où les sévices infligés ressemblent beaucoup à ceux de l'Inquisition. Petite incursion (guidée) sur la mezzanine qui surplombe l'église où, au milieu des stalles, trône un lutrin rotatif destiné à la lecture des psaumes.

Iglesia Santa Teresa *(plan couleur A2)* **:** *Siete Cuartones. Entrée libre.* Église du XVIIe s. À l'intérieur, curieux contraste entre l'appareillage de grosses pierres des murs, les fines briques de la voûte et de la coupole du chœur, et les grandes toiles encadrées d'or. Superbe autel en argent repoussé, surmonté d'un retable de cèdre sculpté. Remarquez aussi le fin travail de la chaire. Le couvent ne se visite pas.

Mercado San Pedro *(plan couleur A-B3)* **:** *tlj à partir de 6h30.* La grande halle couverte n'est pas belle, mais le marché mérite vraiment un coup d'œil pour la variété étonnante des produits exposés. Outre les quelques échoppes d'artisanat pour les touristes (plutôt bon marché), on y vend tous les produits et denrées de base : fruits, légumes, épices, fromage, pain, viande, ustensiles, etc. En cherchant bien, on peut même y dégoter des grenouilles, de la viande de chien, des larves, des insectes divers et de la pomme de terre déshydratée. En prime, des alignements impressionnants de stands de jus de fruits – mélangés à de la bière, si jamais ça vous dit, et gargotes (au fond) pour goûter un plat typique préparé sous vos yeux... Attention cependant, fréquentation touristique oblige, on nous a signalé récemment quelques cas d'agressions et de vols... Rester un tant soit peu vigilant.

À faire

En plus des randonnées classiques, la région est le cadre idéal pour toutes sortes d'activités sportives. Vous pouvez descendre le río Urubamba en rafting, faire du kayak, du VTT, de l'escalade, etc. Les agences sont nombreuses à proposer ces activités. On vous en mentionne deux sérieuses, mais n'hésitez pas à vous renseigner sur place auprès de votre *hostal* ou des autres routards. Voir aussi nos adresses dans la rubrique « Adresses et infos utiles. Agences de voyages ».

■ **Mayuc :** *portal Confiturias 211, pl. de Armas. ☎ 24-28-24 et 23-26-66. • mayuc.com •* Super service : rafts pas surchargés, personnel compétent et sympathique, combinaisons isothermes et coupe-vent fournis, bon déjeuner. Ils organisent aussi le chemin de l'Inca et diverses d'excursions dans la selva.

■ **Swissraft :** *Marqués 259. ☎ 26-41-24. • swissraft-peru.com •* Expéditions en rafting de 1 à 4 jours. Également des sorties en kayak.

Fêtes et manifestations

– ***Semaine sainte :*** le lundi de Pâques a lieu la grande procession du *Señor de los Temblores*, le « seigneur des Séismes », protecteur de Cuzco.
– ***Qoyllur Rity :*** *1re sem de juin.* Ce célèbre pèlerinage mène au glacier de Sinacara depuis le village de Tinky. Son but : rapporter à Cuzco des morceaux de glace. Il s'agit d'une cérémonie inca d'hommage aux *apus* (dieux des montagnes).
– ***Corpus Christi :*** *1er jeu après la Pentecôte (juin).* C'est la Fête-Dieu, célébrée ici pendant près de 2 semaines. Une grande procession regroupe 14 paroisses et leurs fidèles, revêtus de leurs plus beaux atours. Beaucoup de couleurs.

– **Inti Raymi :** *24 juin, à Cuzco et Sacsayhuamán. Pour y assister, rens au bureau du Dircetur. Env 250 NS pour une place dans les gradins.* La fête du Soleil se déroule le jour du solstice d'hiver. Les Incas, adorateurs du Soleil, effectuaient alors de grandes incantations pour qu'il revienne plus près de notre planète. Interdite par les Espagnols, qui lui substituèrent la fête de la Saint-Jean, la cérémonie, ressuscitée en 1940, a pris une ampleur étonnante. Il faut impérativement réserver une chambre en ville pour espérer être logé à cette période ! À l'époque inca, la nuit précédente, on éteignait tous les feux dans l'Empire et une foule silencieuse défilait avec l'Inca sur la place centrale, jusqu'à la réapparition du soleil. Le souverain et ses parents, pieds nus, accueillaient l'astre du jour et partageaient rituellement la *chicha.* Tout ce beau monde se dirigeait ensuite au Coricancha pour rendre hommage à Inti, avant de revenir sur l'esplanade pour le grand sacrifice du bétail. Ce sont les chroniques de Garcilaso de la Vega qui ont permis de reconstituer ainsi les événements.
La procession moderne commence à Cuzco à 8h, au Coricancha. Elle se poursuit sur la plaza de Armas où se réunissent toutes les corporations de la ville. Ensuite, direction Sacsayhuamán, en début d'après-midi, pour la cérémonie proprement dite. Celle-ci, très lente, peut décevoir certains spectateurs. Elle est en quechua, bon nombre de gestes symboliques et paraboles restent mystérieux et certains costumes font vraiment déguisements. Malgré cela, l'Inti Raymi attire des milliers d'Indiens des environs. Les costumes des danseurs, le nombre d'acteurs, la ferveur populaire en font une des fêtes les plus importantes du Nouveau Monde. Enfin, si vous êtes fauché, pas la peine de payer un prix exorbitant pour une place sur les gradins pleins à craquer. Contentez-vous des défilés dans Cuzco et installez-vous sur les pentes dominant Sacsayhuamán.
– **Fiesta de Nuestra Señora del Carmen :** *16 juil.* C'est dans le village de Paucartambo qu'elle est la plus belle. Festival de costumes magnifiques.
– **Fête nationale :** *28 juil.* L'occasion d'un défilé civique au pas regroupant toutes les corporations – à commencer par les policiers, les militaires, les écoles, etc.
– **Pachamama Raymi :** *1er août.* Le Nouvel An andin, surtout célébré dans les villages. Les offrandes à la Terre-Mère doivent assurer les bonnes récoltes à venir.
– **Assomption :** *14 et 15 août.* Feux d'artifice et feux de Bengale tirés depuis la plaza de Armas et la plaza de las Nazarenas. Assez exceptionnel !
– **Santuranticuy :** *24 déc.* Foire de Noël organisée sur la plaza de Armas. Le moment d'acheter votre crèche !

DANS LES ENVIRONS PROCHES DE CUZCO

▸ Pour les sites archéologiques cités ci-dessous, se reporter à la carte La vallée sacrée des Incas.

Quatre sites archéologiques incas se trouvent aux portes de Cuzco : *Sacsayhuamán, Q'enqo, Pukapukara* et *Tambomachay.* Ils sont à quelques kilomètres les uns des autres, sur la route de Písac. Aucun n'est incontournable, mais Sacsayhuamán et Tambomachay sont un peu plus intéressants. Ceux qui disposent de temps peuvent envisager de les visiter tous les quatre, en commençant par Tambomachay, le site le plus éloigné – où vous déposera l'un des nombreux *colectivos* desservant Písac (départs toutes les 15 mn ; env 2,50 NS). De là, on redescend à pied vers Cuzco. Pour vous y retrouver, voir plus loin la carte « La Vallée sacrée des Incas ». Les sites sont ouverts tous les jours de 7h à 18h. Entrée avec le *boleto turístico* de 16 sites, ou le *boleto parcial* comprenant les 4 sites (70 NS). Bien cher payé tout de même...

Tambomachay : *à 11 km au nord de Cuzco.* À 3 765 m d'altitude, dans un site bien protégé et paisible, s'élève le *bain de l'Inca.* Une source sacrée, canalisée, y dévale de terrasses successives, au pied d'un large mur fait d'énormes blocs parfaitement agencés – et surmonté de quatre niches trapézoïdales. Ça a l'air compliqué comme ça, sur le papier, mais ce n'est pas très impressionnant... L'Inca venait y accomplir certains rituels religieux.

Pukapukara : *à 400 m au sud de Tambomachay.* Perchée sur un promontoire, la « forteresse rouge », ainsi nommée en raison de la couleur de ses pierres, était probablement un poste de défense avancé entre Cuzco et le bain de l'Inca. Rien de particulier. Seulement une succession de passages, terrasses et tours à parcourir tranquillement.

Q'enqo : *4 km plus bas, toujours par la route qui redescend à Cuzco. Prendre un colectivo pour ce tronçon ; la marche le long de la route est un peu longue et fastidieuse.* Cet important sanctuaire rupestre aurait été aménagé par Huayna Cápac lors de la naissance de son fils Huascar. Dédié au culte du Puma (dieu de la Guerre), il est formé d'un monolithe dont on dit qu'il aurait pris, à l'origine, la forme de l'animal.
Du parking, quelques marches descendent vers une sorte d'amphithéâtre bordé d'un muret troué d'une vingtaine de « sièges ». Nobles et grands prêtres venaient y questionner l'oracle quand ils envisageaient de se lancer dans une guerre. Un passage a été aménagé au centre du monolithe, dans une fissure agrandie. Il s'ouvre sur une grotte aménagée, abritant un autel où l'on sacrifiait les animaux – illuminé jadis par les reflets d'une plaque d'argent. Contre cette pierre sacrificielle, une sorte de trône. L'ensemble est délimité par une autre fissure, formant une sorte de couloir en zigzag (*q'enqo* veut dire « labyrinthe » en quechua). Si Q'enqo n'est pas un site majeur, il reste intéressant par sa conception originale, qui utilise la roche plutôt que de la transformer – ce qui est inhabituel dans la civilisation inca. On pense que Pachacútec a pu être enterré ici.

Sacsayhuamán : *à 1 km de Q'enqo et slt 3 km au-dessus de Cuzco. Le site n'est pas directement sur la route de Písac. Si vous descendez de Q'enqo, tournez à droite au 1er carrefour ; l'entrée est à 400 m.* Le site de Sacsayhuamán est sans conteste le plus impressionnant des quatre. Sa « forteresse » inca, posée sur un promontoire naturel dominant Cuzco, est cernée par trois enceintes cyclopéennes disposées en zigzag au-dessus d'une grande esplanade. Elles sont constituées de blocs de pierre colossaux (certains pèsent plusieurs dizaines de tonnes), tout aussi bien ajustés que dans les grands temples. La présence d'un centre cérémoniel au sommet laisse d'ailleurs penser que le site était peut-être plus un sanctuaire qu'une forteresse ! En effet, comment expliquer des lignes de défense aussi massives... contre frondes, arcs et flèches ? « Aucune construction réalisée par Hercule ou par les Romains ne peut être comparée à celle-ci », écrivait en 1533 le chroniqueur Sancho Pedro de la Hoz. L'allusion à Hercule n'est pas gratuite, car la question vient immanquablement à l'esprit : comment les Incas, qui ne connaissaient pas la roue, ont-ils fait pour déplacer des blocs aussi gigantesques ? Le mystère demeure. Si vous êtes par là le 24 juin, ne manquez pas l'*Inti Raymi,* la fête du Soleil (voir « Fêtes et manifestations »).

UN PEU PLUS LOIN (sur la route de Puno)

Tipón : *à 27 km à l'est de Cuzco, en direction de Puno (bifurcation à gauche). Le colectivo (départs av. de la Cultura 1320, ttes les 10-15 mn) vous dépose sur la route principale, à 4 km du site ; ensuite, c'est à pied (comptez 1h) ou en taxi. Entrée avec le boleto turístico de 16 sites.* Ce site inca n'est pas très visité (impraticable de novembre à mars), ni très impressionnant, mais il est intéressant pour ses 12 terrasses en pierres parfaitement ajustées et ses systèmes de canalisation très complexes. Ils collectaient les eaux de pluie, peut-être à des fins de recherches agronomiques.

Pikillaqta : *à env 5 km à l'est de Tipón, le long de la route de Puno. Entrée : 10 NS, ou avec le boleto turístico de 16 sites.* Pikillaqta est un site pré-inca, vestige d'une grande cité huari (VIe-XIe s). Sa taille est impressionnante, mais les ruines ne le sont pas ; aucun mur en pierres parfaitement agencées ici. On y trouva pas mal d'idoles en turquoise qui sont exposées au musée Inka de Cuzco.

Andahuaylillas : *à env 37 km au sud-est de Cuzco, sur la route de Puno, avt Urcos. Mêmes colectivos pour s'y rendre ; tarif : 5 NS ; 50 mn de trajet.*
Ce charmant village aux ruelles pavées se serre autour d'une *plaza* aux grands arbres où se balancent des mousses espagnoles (comme en Louisiane). Ici et là, sur les façades des maisons en adobe, aux toits de tuiles rousses, s'agrippent de jolis balcons de bois, certains peints en bleu. La sérénité est totale. Les bus touristiques s'arrêtent le temps de visiter l'église, puis repartent. Nous, on vous conseillerait de vous poser ici un petit moment.
Andahuaylillas est particulièrement connue pour son église jésuite du début du XVIIe s, ***San Pedro Apóstol*** *(tlj 7h30-17h30 ; 15 NS),* surnommée la « chapelle Sixtine des Amériques ». C'est dire si elle vaut le coup d'œil ! La façade Renaissance est surmontée par un inhabituel balcon et par un toit en bois protégeant les fresques (de la vie des saints) qui la couvrent. À l'intérieur, l'œil ne sait où se tourner... Ira-t-il s'accrocher d'abord au somptueux plafond polychrome à caissons ? Au majestueux maître-autel baroque doré décoré de miroirs, avec son tabernacle en argent ? Au plafond d'inspiration mudéjar qui le domine (quelle merveille !) ? Aux autels latéraux qui n'ont rien à lui envier ? Aux grandes toiles narrant les vies de saint Pierre et saint Paul, prises dans des cadres dorés finement sculptés et du plus bel effet ? Aux fresques de la nef (vers 1626), dues à Luis de Riaño ? Regardez bien, à droite, celles décrivant le chemin vers le paradis et l'enfer. À vous glacer le sang ! Enfin, retournez-vous. Là-haut, sur la tribune, veillent deux splendides orgues peints du XVIIe s : ce sont les plus anciens fabriqués en Amérique du Sud.
Le petit musée privé des *Ritos andinos,* situé à côté de l'église, n'est pas incontournable. Quelques infos sur les coutumes comme la coca et une grosse boutique pour les groupes...

CUZCO

El Nogal : *pl. de Armas. ☎ 77-11-64. 987-22-27-24. Double sans sdb env 40 NS et une triple 60 NS, petit déj en sus.* C'est le seul hébergement au centre d'Andahuaylillas. Préférez la triple ou la *matrimoniale,* qui donnent agréablement sur la place, et évitez la petite à 2 lits avec porte coulissante. Sanitaires partagés. Propreté correcte et possibilité de se restaurer très correctement.

Huaro : *sur la route d'Urcos, 7 km après Andahuaylillas.* Village intéressant, plutôt délaissé par les voyageurs, mais qui mérite une halte pour son église du XVIIe s *(en principe, tlj 7h30-17h ; entrée 5 NS ; pas de photos).* L'intérieur dévoile des fresques de facture un peu naïve réalisées vers 1820 par Tadeus Escalante. La fresque du *Jugement dernier* prend pour cible le clergé dévoyé qui mijote dans des marmites brûlantes activées par des diablotins rigolards. Le paradis, lui, ressemble étrangement à la forêt amazonienne. On s'étonne tout de même de la date tardive de ces fresques (le XIXe s), époque où les enfers et le paradis n'étaient plus vraiment à la mode ! Maître-autel décoré de tableaux baroques relatant la vie de la Vierge.

Raqchi : *à env 120 km à l'est de Cuzco, 20 km avt Sicuani. Tlj 7h-17h. Entrée : 15 NS. Colectivo depuis Cuzco*

TRAJET FUCA !

Le hameau de San Pedro, à 3 km à l'est de Raqchi, est réputé pour ses eaux aux vertus... laxatives. Les petits vendeurs, le long de l'étroite ruelle qui mène aux thermes, proposent tous des gobelets en plastique (pour s'abreuver à la fontaine) et... du papier-toilette. À l'intérieur, w-c à la turque bien alignés !

15 NS (1h30 env) ; les ruines sont à 300 m de la route. Le site se trouve sur le fameux chemin de l'Inca, véritable courroie de transmission du pouvoir central de l'empire inca avec ses relais placés tous les 30 km de la Colombie à l'Argentine. Raqchi, alors protégé par une muraille de 7 km, abrite les vestiges d'un temple immense dédié à Viracocha. Jadis long de 92 m et large de 25 m, il ne conserve vraiment qu'un pan de mur, mais un sacré pan, haut de 12 m et désormais coiffé de petits toits protecteurs. Ce mur séparait les hommes des femmes au gré de 2 nefs distinctes. À l'arrière s'étendaient près de 120 larges *qolqas* (greniers) de forme ronde. Les quartiers d'habitation des prêtres et « astronomes » ont été en partie restaurés. L'allée centrale est alignée à l'axe du soleil le jour du solstice d'été.

- Sur la placette avant l'entrée se trouve une ravissante petite église (grande fête avec danses le 10 août). Le village est par ailleurs réputé pour ses potiers.

LA VALLÉE SACRÉE DES INCAS

La région était le grenier des Incas, qui y cultivaient le maïs sur d'innombrables terrasses et dont on retrouve les tracés vertigineux. Géographiquement parlant, la Vallée sacrée s'étire de Písac, à l'est, jusqu'à Ollantaytambo, à l'ouest. On y visite plusieurs sites archéologiques dans chacune de ces deux bourgades, ainsi que sur les hauteurs, à Moray et Chinchero. De Cuzco, la route grimpe, puis redescend en longs virages serrés. La vallée se dessine, large et verdoyante, épousant le cours du río Urubamba – ou Vilcanota, comme on l'appelle ici. Il ne faut pas faire l'impasse sur les exceptionnelles *salineras de Maras,* aux milliers de bassins d'évaporation ciselés à flanc de montagne. Le paysage y est tout aussi fascinant qu'esthétique ! Pour profiter pleinement des sites de la Vallée sacrée, prévoir au moins 2 jours.

Au bout de la vallée, Ollantaytambo, petite ville au schéma inca encore intact, est une des gares de départ du train jusqu'à Aguas Calientes (au pied du Machu Picchu).

Arriver – Quitter

Pour Písac

➢ ***En colectivo :*** de Cuzco, plusieurs compagnies effectuent le trajet vers Písac. Elles rejoignent le site en 1h, en passant devant Sacsayhuamán, Q'enqo, Pukapukara et Tambomachay – que l'on peut éventuellement visiter en chemin (si le chauffeur veut bien marquer l'arrêt...). La compagnie la plus proche du centre de Cuzco part du bas de l'av. Tullumayu *(plan couleur de Cuzco D3, **2**).* Départs ttes les 30 mn, 4h45-20h30 env. Très bon marché. Dernier retour vers 19h.

➢ ***En taxi :*** A/R et attente 1h30-2h sur le site. Compter 40 NS. C'est une bonne solution, surtout si l'on est 3 ou 4.

Pour Chinchero, Urubamba et Ollantaytambo

➢ ***En colectivo :*** départs ttes les 15 mn env, 4h30-20h, de l'av. Grau 525 *(plan couleur de Cuzco, C3, **3**)* pour Chinchero et Urubamba, via Poroy (départ du train du Machu Picchu). Compter env 1h40 de route jusqu'à Urubamba (8 NS/pers). Il y a également 4 départs/j. à heure fixe pour Ollantaytambo, dont 3 très tôt le mat (à 4h, 4h40 et 5h), le dernier vers 17h. Le tarif est de 10 NS. Sinon, il faut changer à Urubamba (30 mn).

➢ ***En minibus*** *(plan couleur de Cuzco, C3, **4**)* **:** départs ttes les 30 mn, 5h-20h, pour Urubamba et

Ollantaytambo, à l'angle de Grau et Pavitos. Tarif : env 10 NS.

➢ ***En train :*** Ollantaytambo est à peu près à mi-chemin entre Cuzco et Aguas Calientes. Compter au moins 1h30 dans un sens comme dans l'autre. Voir « Arriver – Quitter » à Cuzco.

Par agence

De nombreuses agences proposent un circuit comprenant Písac, Ollantaytambo et Chinchero, pratiquement toutes au même prix. C'est un peu la course, mais si vous n'avez pas trop de temps... En fait, cela devient surtout intéressant si l'itinéraire comprend les salines de Maras et/ou le site de Moray, qui ne sont pas desservis par les transports en commun. En outre, quelques agences proposent depuis quelque temps un tourisme « alternatif », qui permet notamment de découvrir le mode de vie traditionnel des communautés indiennes.

PÍSAC

IND. TÉL. : 084

Posé au pied de la montagne, à 2 800 m d'altitude, baigné par le río Urubamba, Písac (« perdrix » en quechua) se trouve à 32 km au nord de Cuzco, tout à l'est de la Vallée sacrée. Le village, aux rues en plan quadrillé, est connu pour son marché très coloré, qui se tient quotidiennement sur la plaza Constitución. Pas mal de touristes aux heures chaudes, mais on vient surtout ici pour visiter, 7,5 km plus haut, le site archéologique inca, l'un des plus emblématiques de la région. En outre, le village de Pisac reste suffisamment agréable pour justifier, éventuellement, une escale d'une nuit. D'ailleurs, on croise pas mal de routards au long cours qui aiment y faire étape.

Adresses et info utiles

Office de tourisme : *pl. Constitución 519 (au coin). ☎ 20-30-26. Tlj sf sam 8h-13h, 14h-17h.*

■ ***Distributeurs d'argent :*** *à côté de Ulrike's Café (24h/24) et dans une boutique de la c/ Mariscal Castilla.* Attention, il arrive qu'ils soient en panne ou en rupture de stock.

– Possibilité de laisser vos bagages (contre paiement) dans la plupart des *hospedajes*, même si vous n'y dormez pas.

Où dormir ? Où manger ? Où boire un verre ?

De bon marché à prix moyens

Hospedaje Písac Ayllu : *Puno 315. ☎ 20-30-58. 984-27-88-20. À 50 m à l'ouest de la plaza. Double env 80 NS sans petit déj. Carte Visa acceptée.* Bien situé, en plein centre. Les chambres, simples et propres mais sans chauffage, disposent de leur propre salle de bains (eau chaude). Ambiance familiale et bon accueil. Agréable petite terrasse avec vue sur les montagnes.

Ulrike's Café : *Mariscal Castilla. ☎ 20-31-95. Tlj 7h-21h.* Grande maison mandarine, aux fenêtres turquoise. Plusieurs petites salles réparties autour d'un patio coloré et une terrasse sur le toit pour prendre le soleil. Atmosphère très cosy avec livres, journaux, jeux de société et un four traditionnel à bois. Le lieu est tenu

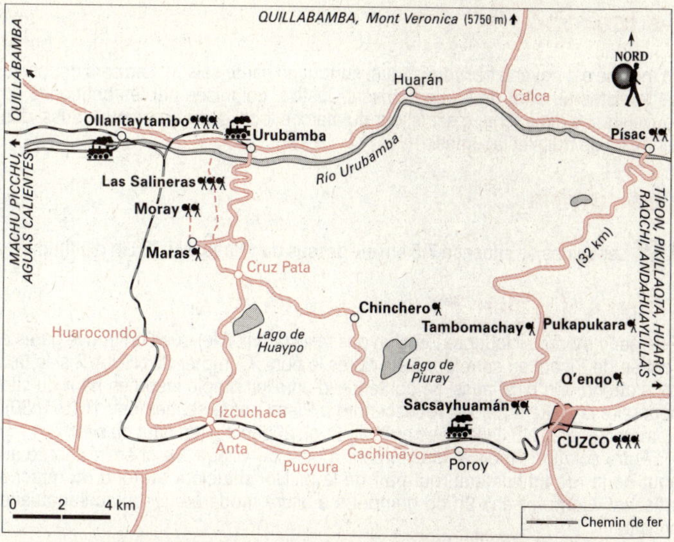

LA VALLÉE SACRÉE DES INCAS

par une Allemande, ce qui explique la présence de yaourts maison (très bons) à la carte, aux côtés des pizzas, sandwichs et autres salades. Excellents petits déj et jus de fruits frais. Gardez de la place pour les desserts (*carrot* ou *cheese cake,* cookie, etc.), qui valent à eux seuls une pause goûter.

Mullu Café : *pl. Constitución 352. ☎ 20-30-73. À l'étage. Plats env 22-45 NS.* Idéalement situé et agrémenté d'une petite terrasse surplombant le marché. Situation stratégique pour observer l'animation en faisant un bon repas ou juste pour un verre. Heureuse surprise, la carte qui aligne un choix de plats raffinés, mêlant les produits andins aux saveurs asiatiques : curry thai au quinoa, raviolis aux épinards, fromage de chèvre et piments, sauce aux lait de coco, cardamone et coriandre, tajine d'agneau aux herbes, petits légumes et champignons sautés au whisky... Bref, on en prend plein les yeux et les papilles ! Et la carte des boissons n'est pas en reste, avec notamment d'excellents cocktails et jus de fruits frais.

Plus chic

Hotel Písac Inn : *pl. Constitución 333. ☎ 20-30-62. • pisacinn.com • Chambres avec sdb env 180-210 NS, petit déj inclus. CB acceptées.* Contrairement à ce que l'on pourrait imaginer, aucune des chambres de cet hôtel en adobe, de bon confort, ne donne sur la place. En revanche, sa cour en longueur, où poussent d'impressionnants cactus et une profusion de plantes, baigne dans une atmosphère reposante bien agréable. Chambres pas très grandes, mais soignées et assez coquettes, avec parquet craquant bien ciré et couleurs vives. Certaines ont un lit *king size* (bons matelas). Eau chaude 24h/24. Salon bien agréable et bon resto, ***Cuchara de Palo,*** au cadre chaleureux. Menu assez élaboré de plats traditionnels, ainsi qu'un choix de snacks, soupes, salades et formules petits déj. À déguster sur la terrasse, face à la place.

Le marché

Le marché est devenu très touristique, surtout en haute saison. Les cars déposent les touristes au bout de la rue Mariscal Castilla, colonisée par les boutiques de souvenirs. Le dimanche, c'est le jour du marché local donc on y trouve aussi des vendeurs de fruits et légumes.

Les ruines

Les ruines se situent à 7,5 km au-dessus du village, à 3 250 m d'altitude.

Comment y aller ?

➢ Pour y monter, il faut prendre l'un des taxis (à prix fixe) que l'on trouve garés à l'entrée de Písac, au carrefour juste après le pont. Compter 50 NS l'A/R si le taxi vous attend. On peut aussi se contenter d'un aller simple jusqu'en haut du site pour faire la visite à pied et redescendre à Písac par le sentier (env 1h15-1h30). Compter 20 à 25 NS l'aller avec arrêt au 1er ou 2e parking (en haut du site).
➢ Autre solution : monter directement à pied du village. Le chemin débute au bout de la rue Intihuatana, qui part de la pl. Constitución, au fond du marché artisanal. Compter env 2h de grimpette à allure modérée, jusqu'au sanctuaire principal.

Infos pratiques

- Le site est ouvert tous les jours de 7h à 18h. Venez tôt pour apprécier les lieux en toute quiétude. Les groupes sont généralement présents de 10h à 12h.
- Entrée avec le *boleto turístico* de 16 sites acheté à Cuzco, valide 10 jours (130 NS), ou le *boleto parcial* donnant accès aux seuls sites de la Vallée sacrée, valide 2 jours (70 NS) et incluant Moray, Ollantaytambo et Chinchero. Entrée libre après 16h.
- Comptez 2-3h pour tout voir et vous balader tranquillement sur l'ensemble du site.

La visite

➢ Notre itinéraire commence par le haut du site, avec le quartier de ***Kantus Rakay,*** le premier rencontré après avoir quitté le parking. D'emblée, un saisissant panorama s'ouvre sur la vallée, couverte de larges terrasses faisant corps avec la montagne. Peu après se détache le quartier haut perché de ***Kallaqasa.*** C'était le plus important. Outre les ruines des maisons, on peut y voir des vestiges de bains liturgiques et, sur la colline en face, des centaines de cavités où l'on enterrait les morts. De là, le sentier, partant sur la gauche, franchit la ***puerta del Serpiente,*** une belle porte inca dont on devine encore le système de fermeture.
➢ Le chemin grimpe, sinue à flanc de falaise et franchit le petit ***tunnel du Puma,*** excavé dans le rocher.
➢ À 30 mn environ de l'entrée, on débouche, au détour du chemin, sur un superbe point de vue, d'où l'on peut admirer de haut le temple du Soleil *(Intiwatana)* et le panorama sur les deux vallées. C'est de là que vous verrez le mieux la rigoureuse et parfaite architecture du dispositif cérémoniel.
➢ L'***Intiwatana*** (« endroit où l'on attache le Soleil ») présente un appareillage de pierres tout à fait admirable. L'architecture inca à son apogée. Au centre du temple du Soleil, circulaire, se trouvait à l'origine un calendrier solaire sculpté dans le rocher. Il a été rendu illisible par les conquistadores (de plus, accès interdit). Le temple de la Lune, à côté, est trapézoïdal et doté de niches. Entre les deux, autel de sacrifice pour les animaux. Au bout de l'Intiwatana, une rigole canalise une source vers un petit bassin carré.

➢ De l'Intiwatana, un chemin partant sur la gauche descend, en 700 m, au quartier d'entrepôts de ***Pisaqa,*** cerné de terrasses.
➢ Autre option : regagner Písac à pied (env 1h15-1h30) par le sentier qui part en bas du *Kallaqasa* (fléché). Il est relativement bien balisé sauf sur la dernière partie, mais il suffit de descendre en longeant la rivière sur la droite pour retrouver très vite le sentier qui descend jusqu'au village. Impossible de se perdre.

URUBAMBA

9 000 hab. IND. TÉL. : 084

Ville carrefour à l'intersection des routes pour Písac et Chinchero, réputée pour ses céramistes. Ceux que le sujet intéresse pourront visiter au passage l'atelier *Ceramicas Seminario,* dans le centre, célèbre pour la qualité de sa production. Rien d'autre à y voir cependant. Étrangement, on y trouve pas mal de lodges luxueux avec spa et vaste terrain cerné de hauts murs façon hacienda, assez incongrus ici... Préférer de loin faire étape à Písac ou mieux, à Ollantaytambo. En revanche, les gastronomes pourront céder à leur penchant préféré, car on trouve ici deux restos qui méritent à eux seuls une étape pour le déjeuner !

Infos utiles

➢ De Písac, compter 2 NS en *colectivo* circulant jusqu'à 20h environ.
– On trouve des ***distributeurs*** le long de la route Cuzco-Ollantaytambo, acceptant les cartes *Visa* et *MasterCard*. Également un distributeur dans la ville même, plaza de Armas.
– À savoir : un ***tourisme alternatif*** se développe dans la région de la vallée sacrée, et en particulier autour d'Urubamba. Plusieurs associations permettent de découvrir les villages de la vallée à travers diverses activités de l'artisanat local (céramique, fabrique de savons, chicha, chocolat, etc.). On peut citer notamment *Red Rural de Turismo Alternativo,* à Urubamba. 📱 *957-12-12.*

Où dormir ? Où manger ?

De bon marché à prix moyens

🏠 ***Hospedaje Los Jardines :*** *jr. Convención 459. ☎ 20-13-31. • hospedajelosjardines.blogspot.fr • Double env 30 $; petit déj 4 $/pers.* Wi-Fi. Chambres soignées et spacieuses, avec salle de bains (eau chaude) et grande baie vitrée donnant sur un jardin fleuri. On y prend le petit déj, dans un environnement agréable. Une petite maison, au fond du jardin, peut accueillir 3 à 5 personnes. Possibilité de faire laver son linge. Proprios charmants et serviables. VTT à dispo. Notre meilleur rapport qualité-prix dans ce coin.

🍽 ***Paca Paca :*** *av. Mariscal Castilla 640, sur la rue principale. ☎ 20-11-81. Tlj sf dim midi et soir. Repas env 25-40 NS. Résa conseillée.* Un lieu hybride qui mêle avec talent boutique d'art et bon resto de produits locaux. Ambiance très conviviale dans la grande salle haute de plafond décorée d'objets, tableaux et œuvres de style contemporain, tous en vente. Quelques jolies touches de couleur vives et un accueil tout sourire, de quoi se mettre à l'aise pour déguster les petits plats maison, d'une grande fraîcheur et bien présenté. Également de bonnes pizzas cuites au four, plats de pâtes, quelques desserts fameux aussi pour accompagner le café ou une limonade. Un vrai coup de cœur.

Chic

I●I ***El Huacatay :*** *jr. Arica 620, dans une petite rue parallèle à l'av. Mariscal (av. principale). ☎ 20-17-90. Tlj sf dim 13h-21h30. Repas env 50 NS/pers. Résa conseillée.* Une véritable table de chef cachée dans une petite rue banale. Derrière un mur jaune, un grand et très joli jardin fleuri, agrémenté d'un coin bar, de tables en plein air (agréables sièges en osier) et d'une petite terrasse couverte. Cuisine ouverte et belle salle à la déco sobre (plafonds en bambou), pour découvrir toutes les saveurs de cette cuisine néo-andine qui fait la part belle aux produits locaux, avec quelques touches asiatiques ou méditerranéennes. Soupe de quinoa au basilic, carpaccio d'alpaga, gnocchis à la sauce aux feuilles de coca... Le tout fort joliment présenté et très copieux. Les desserts sont aussi à tomber (essayez le brownie fait maison). Certes, un peu cher, mais cela vaut la dépense. Et l'accueil est à la hauteur des lieux, charmant.

DANS LES ENVIRONS D'URUBAMBA

Maras : *à 9 km d'Urubamba ; accessible depuis la route vers Cuzco via Chinchero.* Ce petit village pittoresque possède une grande église coloniale au toit de tuiles, majestueusement posée sur le rebord du plateau, face aux Andes. Elle n'est ouverte que le dimanche matin pour la messe, jusqu'à 11h environ.

Aux portes de Maras, deux superbes sites : les salines de Maras et le site archéologique de Moray. Aucun transport en commun ne dessert Maras ni aucun des deux lieux à visiter. Le moins cher consiste à prendre un *colectivo* reliant Urubamba à Chinchero (ou vice versa), et à se faire déposer à la bifurcation pour Maras. Là, il y a souvent des taxis qui attendent. Négocier la course pour Las Salineras ou Moray *(env 30 NS l'A/R pour un site, 50 NS pour les 2),* avec arrêt de 30 mn à chaque fois. Pour le retour en transport à Chinchero, Cuzco ou Urubamba, reprendre un *colectivo* à la bifurcation, mais souvent bondé.

Las Salineras : *à 30 mn env de* ***Maras*** *en taxi. Tarif : 7 NS.* Ne manquez pas ce site étonnant. Au détour d'un virage, voilà des salines en terrasses, en pleine cordillère des Andes ! Le spectacle est vraiment époustouflant : quelque 4 000 bassins de sel cristallisé d'une blancheur étincelante ont été taillés sur le flanc d'une *quebrada* (vallon encaissé) où s'écoule un *río* salé. Les plus anciens datent d'avant même l'époque inca. En semaine, on y voit davantage de familles y travailler. Les marcheurs peuvent rejoindre la Vallée sacrée en suivant le chemin qui longe les salines par la gauche. La descente dure moins de 1h, mais elle n'a rien de folichon. On aboutit à la route Urubamba-Ollantaytambo au niveau de Tarabamba, où l'on retrouve les *colectivos.* Les plus courageux peuvent même faire l'aller-retour à pied aux salines, depuis Tarabamba.

Moray : *à 13 km de la bifurcation et 9 km de Maras par une belle piste traversant un plateau nu. Attention : accès slt avec le* boleto turístico *de 16 entrées (130 NS), ou le* boleto parcial *de 4 sites comprenant aussi Písac, Ollantaytambo et Chinchero (70 NS).* On vient ici admirer l'ingénieux système de terrasses incas en amphithéâtre découvert en 1930, creusées dans trois petits cirques naturels. Les spécialistes estiment qu'il s'agissait de centres de recherches agronomiques ! Leur forme permettait en effet de simuler toute une série de microclimats au gré des 10 anneaux concentriques – la température étant plus chaude en bas au centre et de plus en plus fraîche à mesure que l'on s'éloignait en remontant. Malins, les Incas !

CHINCHERO

IND. TÉL. : 084

À une trentaine de kilomètres de Cuzco et à 3 760 m d'altitude, c'est l'un des villages les plus intéressants de la région. Chinchero ressemble à ces

pueblos que l'on découvre dans les westerns spaghetti à la Sergio Leone. Vers le 10 septembre, fête de la Vierge. À côté de la place du marché, immenses terrasses incas. Aux abords immédiats, vous découvrirez, çà et là, des vestiges de murs traditionnels aux blocs taillés et super bien ajustés. Belle balade autour du lac (à 1 km, en repartant sur Cuzco). Il y a toujours des _colectivos_ qui redescendent sur Cuzco après le marché (compter 5 NS).

À voir

Attention : pour accéder au village, aux ruines et à l'église de Chinchero, il faut être muni du boleto turístico de 16 sites *(valable 10 j. ; 130 NS)* ou du boleto partiel *(2 j. ; 70 NS)* incluant le site de Chinchero. Voir plus haut dans Cuzco « Adresses et infos utiles – Infos touristiques ». Possibilité de l'acheter sur place, à l'entrée du village.

Museo : *sur la place de l'église. Tlj 8h-18h.* Expose dans deux petites salles poteries et objets divers de l'époque inca, ainsi que des instruments agraires datant de la période coloniale.

Ateliers de tissage : plusieurs dans le village en montant vers l'église. Les femmes, en costume traditionnel, attendent les groupes débarqués des cars pour faire la démonstration du processus qui conduit de la laine brute aux pulls bariolés qu'elles espèrent vous vendre à la fin de la démonstration. Instructif malgré tout.

Ruinas : situées devant l'église, un ensemble de terrasses incas. Murs superbes composés d'énormes blocs de pierres arrondies, ajustées à la perfection. Face aux ruines, montagne admirable.

Iglesia : très jolie église coloniale du XVIe s, porte richement décorée et à l'intérieur murs peints fort intéressants. Retable baroque chargé. Dans le chœur, nef peinte de même que le plafond de bois. Dommage que cette église soit rongée par l'humidité. Essayer d'assister à une messe où les femmes arrivent les bras chargés de fleurs.

Marchés

– ***Mercado de artesanías :*** *le dim slt.* Le plus coloré, le plus pittoresque de la région. Le long du mur inca (aux niches trapézoïdales), face à l'église sur la belle place, les villageoises viennent vendre les produits classiques de l'artisanat péruvien. Lamas de service pour la photo ! Vente de produits locaux également : pommes de terre, tomates, gerbes de blé vert... Généralement, les cars arrivent vers 17h30, car ce site est visité à la fin des tours organisés (qui commencent par Písac).
– ***Mercado de abastos :*** *tlj sur une grande prairie située le long de la route nationale, en bas du village.* Jadis, il fonctionnait uniquement sur le système du troc. Dans les seaux des villageoises, la *chicha* bouillonne. Beaucoup d'entre elles ont apporté galettes, *tamales,* gâteaux fabriqués à la maison. Maintenant, toute une partie du marché artisanal s'est déplacée ici.

OLLANTAYTAMBO

IND. TÉL. : 084

Située à 97 km de Cuzco par la route, à l'extrémité ouest de la Vallée sacrée, cette grosse bourgade a été déclarée en 1995 « Capital mundial de la Indianidad » en raison de la présence de l'imposante forteresse inca qui surveillait

le chemin du Machu Picchu. Elle domine le confluent venteux de trois vallées, au-dessus du río Urubamba. Manco Cápac y remporta une ultime victoire sur les Espagnols, avant d'aller fonder sa nouvelle capitale à Vilcabamba. Les touristes font un petit tour rapide dans les ruines et s'en vont. Dommage, car en prolongeant l'escale, on découvre ici d'agréables ruelles incas au tracé rectiligne, bordées de maisons aux toits de tuiles rouges. L'environnement est vraiment superbe, entouré de montagnes. Et puis l'ambiance y est très tranquille, de quoi faire une étape reposante avant ou après la visite du Machu Picchu.

Arriver – Quitter

En bus

➢ ***Cuzco :*** voir plus haut nos informations dans « La Vallée sacrée des Incas. Arriver – Quitter ».

En train

➢ ***Machu Picchu (Aguas Calientes) :*** avec *Perurail* et *Incarail*. Contacts et infos détaillées dans « Cuzco – Arriver - Quitter ». La gare d'Ollantaytambo est située à env 15 mn à pied de la place centrale. Guichet *Perurail* notamment, plus efficace que celui situé sur la plaza de Armas.

➢ Au départ d'Ollantaytambo, ***Perurail*** propose 2 classes de voyage :

– *Expedition :* départs d'Ollantaytambo à 5h07, 6h10, 7h45, 12h58, 19h et 21h. Env 1h30 de trajet. Pour le retour d'Aguas Calientes, départs à 5h35, 8h53, 14h55, 16h22, 18h45 et 21h30. Env 110-120 $ l'A/R.

– *Vistadome :* départs à 7h05, 8h, 8h53, 10h32, 13h27 et 15h37 ; retours à 10h55, 13h37, 15h48 (avec continuation jusqu'à Urubamba), 17h27 et 18h10. Env 140-160 $ A/R.

➢ ***Inca Rail*** dessert slt le tronçon Ollantaytambo-Aguas Calientes, avec 4 départs/j. (3 slt en classe *ejecutivo*), à 6h40, 7h20, 11h15et 16h36. Retours à 8h30, 14h30, 16h12 et 19h. On choisit entre le*Machu Picchu Train* (classe *economy*, pourtant pas toujours la moins chère...) et l'*Inca Train* (en classe *ejecutivo* avec collation comprise, ou en *first class* avec un vrai repas à bord). En classe *economy* ou *executive,* compter 100-110 $ l'A/R selon l'horaire choisi. La *first class* fonctionne slt d'avr à mi-nov et pdt les vac de Noël. Env 330 $ l'A/R ! Dans tous les cas, tarif (très) réduit pour les enfants de moins de 12 ans.

Adresses et infos utiles

■ ***Distributeurs :*** on peut retirer de l'argent avec une carte *Visa* au distributeur de la *BCP* à l'entrée de l'*hotel Sauce.* Un autre distributeur *Globalnet,* à l'orée de la plaza de Armas, qui accepte même l'*American Express.*

■ @ ***Internet, locutorios et change :*** *sur la pl. de Armas.*

Où dormir ?

De bon marché à prix modérés (jusqu'à 90 NS / env 27 €)

⌂ ***Hospedaje El Tambo :*** *Horno, à 100 m de la pl. de Armas. ☎ 77-32-62. 📱 984-48-90-94. • hostaleltambo.com • Dans une jolie ruelle aux murs et canalisations incas. Compter 30 NS/pers, petits déj en sus (10-15 NS).* Adresse historique pour routards depuis 40 ans, c'est le premier *hostal* du village ! Les jolies chambres occupent une vénérable maison en adobe au balcon de bois bleu, autour d'un jardin agréable, assez sauvage.

LE SUD DU PÉROU

Celles de l'étage sont plus lumineuses. Sanitaires communs, bien tenus. Accueil charmant de Paula. Une bonne adresse.

Chaska Wasi : *calle del Medio, en bordure de la place. ☎ 20-40-45. 984-75-35-85. Compter 25 NS/pers en dortoir ou chambre sans sdb, 30 NS/pers avec sdb privée ; petit déj inclus.* Seulement 3 chambres privatives et des dortoirs basiques mais assez propres, avec eau chaude par l'électricité, mais sans garantie. On profite de la terrasse sur le toit, avec vue sur la vallée et les ruines. Boissons chaudes gratuites, salon TV, petite cour avec jeux de fléchettes.

De prix moyens à chic (moins de 130-200 NS / env 39-60 €)

Hostal Samanapaq : *dans une petite rue à l'angle de Cien Ventana, vers l'entrée du village. ☎ 20-40-42. • samanapaq.com • Parking.* Quelle heureuse surprise que cette adresse cachée dans une ruelle au calme, dotée d'un superbe jardin avec pelouse et coin terrasse ombragé. Un environnement très agréable et des chambres tout aussi engageantes, propres, bien tenues, toutes avec salle de bains (eau chaude), parquet et poutres au plafond. Certaines pas bien grandes, d'autres pouvant accueillir 3 personnes. On apprécie aussi le salon avec cheminée, cosy le soir, et le petit déj-buffet frais et copieux. En outre, l'accueil est très chaleureux, à l'image des lieux en somme !

Hostal Las Orquideas : *dans la rue qui descend vers la gare. ☎ 20-40-32. • hotellasorquideas.com.pe • Double 125 NS, petit déj inclus. Réduc en basse saison. Parking.* Petites chambres très correctes avec sanitaires privés et TV, agréablement réparties sur 2 étages, autour d'un joli jardinet fleuri, semé de chaises en bois. Eau chaude 24h/24. Ambiance familiale.

Hostal K'uychipunku : *pl. Araccama 6. ☎ 20-41-75. Tt près de l'entrée des ruines. Double env 120 NS, petit déj inclus.* Les prix sont un peu élevés, mais l'hôtel est agréable avec sa petite cour fleurie plantée de cactus, ouvrant sur une ruelle où passent les canalisations incas. Demandez à choisir, car les chambres sont assez différentes. Certaines sont plutôt grandes et lumineuses, avec de jolies touches de déco locale (textiles), d'autres sont petites, sombres et moins riantes. Salles de bains vieillottes mais propres. L'eau est bien chaude, le lieu accueillant et le jus d'orange frais au petit déj est le bienvenu.

Plus chic (à partir de 85 $)

Hostal Sauce : *Ventidero 248 ; en contrebas de la pl. de Armas, avt le pont sur le chemin de la forteresse. ☎ 20-40-44. • hostalsauce.com.pe • Doubles env 110-120 $, petit déj inclus.* Un des hôtels les plus confortables d'Ollantaytambo. Agréable salon avec cheminée et une multitude de bonnets péruviens accrochés à un mur. On y sert un bon petit déj sous forme de buffet, avec des fruits, du yaourt, du miel et gâteaux maison. À l'étage, des chambres douillettes avec quelques jolies touches de déco, très propres et tout confort (salles de bains nickel). Préférer celles (un peu plus chères) donnant directement sur les ruines, histoire de profiter d'une vue splendide dès le réveil... Pour ne rien gâter, l'accueil est charmant et très disponible. Une très bonne adresse dans cette catégorie.

El Albergue : *dans la gare ; accès par le quai (dites au gardien que vous y résidez pour qu'il vous laisse passer). ☎ 20-40-14. • elalbergue.com • Doubles standard env 85-90 $; supérieurs env 150-170 $. Petit déj américain inclus. Réduc en basse saison et à partir de 2 nuits.* Étonnante adresse aménagée directement au bord du quai de la gare (pratique pour les départs matinaux !). Café, restaurant et chambres réparties dans 2 jolies maisons coloniales entourant un coquet bout de jardin, au fond duquel coule un ru. Chambres spacieuses, bien chauffées et très confortables, dans une déco ultra soignée mais sobre – murs blancs et bois brut. Les supérieures, vastes, avec lit *king size,* jacuzzi, balcon ou accès direct sur le jardin méritent la dépense supplémentaire pour un séjour en amoureux. Salon de lecture, sauna (à l'eucalyptus !), échange de bouquins. Au resto, savoureuse cuisine traditionnelle (soupe, viande, poissons, légumes bien cuisinés), servie au son de la harpe pour le dîner. Sinon on retrouve les classiques snacks, salades, plats de pâtes, etc., frais et assez copieux. Excellent accueil. Bien aussi pour faire une pause café (en vente à emporter), histoire de profiter du charme des lieux.

Où manger ? Où boire un verre ?

Sur la plaza de Armas, plein de petits restos avec des menus touristiques abordables et de bien agréables terrasses au soleil. Dans un registre populaire et bon marché, on peut aussi s'offrir un plat chaud ou un petit déj à l'étage du marché central, juste à l'angle de la *plaza.*

De bon marché à prix moyens (moins de 25 NS / env 7,50 €)

Hearts Cafe : *av. Ventiderio, juste avt la rue qui mène à la gare ☎ 20-40-13 et 43-67-26. Tlj 7h-22h (dernière commande à 21h). Fermé 2 sem en fév.* Ne cherchez pas plus loin, dans le registre économique, vous ne trouverez pas mieux. Bons petits déj variés, belles salades très fraîches et copieuses, plats végétariens (signalés par un cœur sur le menu), gâteaux maison. Également des paniers pique-nique pour les randos. La gérante utilise les bénéfices du resto pour des projets d'aide aux populations des villages de la vallée. On peut d'ailleurs lui laisser livres, crayons, ou même un peu d'argent pour son association.

Puka Rumi : *Cien Ventana s/n ; presque en face de l'*Hostal El Sauce. *☎ 20-41-41. Tlj 9h-21h. Plats env 20-35 NS.* Comme partout ici, la carte aligne un large choix de plats péruviens et internationaux, pâtes, sandwichs, etc. Mais ici la qualité est bien là, à l'instar des soupes (potiron, quinoa, etc.), steaks *a la pobre* ou sauce au poivre, du guacamole et autres burritos, copieux et... épicés. On y sert aussi le petit déj et des pizzas, bref de quoi contenter tout le monde !

Mayupata : *pl. Araccama. ☎ 20-40-09. Dans la rue qui mène aux ruines. Tlj 9h-22h.* Le four à bois placé à l'orée de la longue salle boisée, baignant dans une lumière tamisée, promet de passer une agréable soirée, mais les pizzas un peu minces et sans beaucoup de saveur nous ont laissés sur notre faim. Cuisine très correcte dans l'ensemble. Les plats typiques à base de quinoa ou la viande de lama sont savoureux et bien présentés. Le service en revanche est parfois long...

Voir aussi le café-restaurant d'***El Albergue,*** décrit dans « Où dormir ? ».

LE SUD DU PÉROU

À voir

La forteresse : *ouv tlj 7h-18h. Entrée avec le* boleto turístico *de 16 sites acheté à Cuzco (130 NS), valide 10 j., ou le* boleto parcial *(70 NS) donnant accès aux seuls sites de la Vallée sacrée pdt 2 j. Guides disponibles à l'entrée. Sinon, demandez le plan du site au bureau des gardiens.*

L'avantage de dormir à Ollantaytambo, c'est qu'on a les ruines pour soi tout seul à l'ouverture. Plus tard dans la journée, ça se gâte, le site est parfois envahi de visiteurs... Impression grandiose quand on grimpe l'escalier très raide qui mène vers les splendides terrasses incas. Songez que les conquistadores tentèrent la même chose, mais sous une pluie de flèches et de pierres, et durent battre en retraite, avant de revenir plus tard et plus nombreux.

Superbes et impressionnants appareillages de maçonnerie des *Diez Hornacinas* (à gauche). La curieuse impression d'inachevé provient de ce que le temple était

en pleine construction lors de la conquête espagnole et ne fut, de ce fait, jamais terminé. Au-dessus (vue superbe), vous ne manquerez pas les deux énormes linteaux de 50 t au moins. L'un d'eux est encore amarré à la rampe construite pour permettre de le mettre en place. Juste derrière, une imposante paroi de six blocs en hauteur signale le temple du Soleil. La figure géométrique qu'on y devine symboliserait le cycle de la vie. Au milieu, c'est la Terre. Tout ce qui est au-dessus représente ce qui est connu. Puis le relief s'estompe peu à peu à mesure qu'on va vers le ciel, donc vers l'inconnu (on retrouve ces symboles au site de Tiwanaku). Cela dit, l'érosion n'a pas laissé grand-chose des dessins...
Le circuit complet sinue ensuite à flanc de montagne, jusqu'à un ensemble d'entrepôts *(qolqas)*, puis redescend dans la vallée, où l'on découvre un ingénieux système de rigoles pour la distribution de l'eau. Ce qui pouvait être du temps des Incas un centre de soins par l'eau (petits bassins) fut déterré il y a quelques années à peine. Du côté extérieur du torrent, on peut voir le bain de la Princesse *(baño de la Ñusta)*, de forme trapézoïdale.

UN TRAVAIL DE FOURMIS !

Pour faire traverser le río aux blocs rocheux, venus d'une carrière située sur le versant opposé de la montagne (à 6 km), les Incas comblèrent son lit sur une moitié, transportèrent les blocs au milieu, puis comblèrent l'autre moitié tout en détournant de nouveau le courant sur la première moitié progressivement libérée... D'énormes monolithes, trop gros pour être finalement acheminés jusqu'au bout, ont été abandonnés. Les Indiens les ont baptisés les « pierres fatiguées » !

Pinkuylluna : *accès par un sentier fléché à 2 cuadras dans la c/ Llares, une ruelle que l'on rejoint depuis la place principale. GRATUIT.* De l'autre côté de la vallée, sur la montagne, au-dessus du village, on distingue nettement les ruines de Pinkuylluna, avec d'autres entrepôts. Après avoir grimpé une centaine de mètres, on jouit déjà d'un superbe panorama sur le village et la forteresse, en face. On peut suivre le sentier jusqu'au sommet du *cerro.* Dans ce cas, prévoyez bien 2h aller-retour. Des guides locaux proposent aussi de vous accompagner pour explorer le site ; n'hésitez pas à faire appel à leurs services *(env 20 NS).*

Le village : Ollantaytambo est la seule agglomération du Pérou qui ait conservé intact son plan inca. Les demeures coloniales se sont appuyées sur les soubassements d'origine sans modifier le tracé des ruelles pavées – en particulier dans le secteur situé immédiatement au nord de la plaza de Armas. Sur le côté, on retrouve encore la rigole originelle d'évacuation des eaux. Essayez de vous faire inviter dans une cour, histoire de franchir un portail inca avec linteau. Dans les blocs sur les côtés, on peut trouver les cavités d'où l'on actionnait, avec des cordes ou un bâton, le système d'ouverture et de fermeture des lourdes portes de pierre.

Museo Catcco : *près de la place centrale (c'est fléché). ☎ 20-40-24. Tlj 9h-20h. Entrée : 5 NS.* Toute l'histoire de la ville et des environs : techniques de construction, plan des rues, résultat des fouilles. Section sur l'artisanat local (textiles, céramiques) et les pratiques agricoles. Intéressant pour ceux qui souhaitent entrer dans les détails. Informations sur les randonnées à faire à partir d'Ollantaytambo.

LE CHEMIN DE L'INCA

Cette marche dure de 2 à 4 jours. Ce sera, pour ceux qui la font, l'un des grands souvenirs de leur voyage, malgré l'affluence des trekkeurs. C'est une randonnée extraordinaire mais difficile, exigeant de la motivation.

Quand ça grimpe, ça grimpe dur. Par endroits, le sentier est vertigineux et entrecoupé de centaines de marches dont on pense ne jamais venir à bout. Il faut traverser des zones tropicales, suivre des sections à flanc de montagne, franchir un col à 4 200 m. Tout le long de l'itinéraire (40 km), on rencontre des ruines, des forteresses. Pourquoi le chemin de l'Inca, pourquoi ce nom ? Parce que c'était celui qu'utilisaient les Incas pour rejoindre leurs sites sacrés, sans emprunter les routes des vallées surveillées par les conquistadores.

Ceux qui en veulent davantage marieront le chemin de l'Inca à celui du Salkantay – ou se rabattront sur ce dernier s'ils ne trouvent pas de disponibilité.

Organisation de la randonnée

Il n'est pas possible de faire la randonnée seul. Il est obligatoire de passer par une agence et celle-ci est tenue d'employer des porteurs pour le matériel (mules interdites). La « grande randonnée » dure 4 jours et 3 nuits, à partir du km 82 de la voie ferrée Ollantaytambo-Aguas Calientes (Machu Picchu). La version « courte » dure 2 jours et 1 nuit, à partir du km 104.

– ***Budget :*** il varie assez largement en fonction de l'agence à laquelle on s'adresse. Certaines proposent la randonnée à partir de 250 $, d'autres jusqu'à 500 $. Le mieux est de compter 300-350 $, à ce prix on a la garantie de prestations complètes. Compter aussi environ 30 $ de pourboire par personne pour les porteurs, cuisiniers et guide. Cet argent sera réparti entre eux. Le tarif de base comprend toujours nourriture, tente, porteurs et droit d'entrée. Mais le reste des prestations peut varier assez largement : durée de la rando, taille du groupe (de 2 à 16 personnes maximum), compétence du guide, nombre de porteurs, qualité de la nourriture, etc. Il faut avoir son sac de couchage ou le louer.

– ***Agences :*** dans la section « Agences de voyages » de la rubrique « Adresses et infos utiles » de Cuzco, nous vous signalons deux agences réputées pour leur sérieux : *Antipode* et *United Mice*. Elles ne sont pas parmi les moins chères, sachez-le. Si votre budget est riquiqui, privilégiez néanmoins une agence homologuée par l'office de tourisme – consultez la liste du bureau *Dircetur* de Cuzco. Renseignez-vous aussi auprès des autres routards. En prime, certains *hostales* comme le *Loki Hostel* possèdent des tableaux d'information qui signalent des départs de treks, des promos, etc.

Avertissements et conseils

– ***S'y prendre longtemps à l'avance !*** Le nombre de randonneurs est limité à 500 personnes par jour sur le chemin, mais cela inclut les porteurs (jusqu'à 300 personnes sur les 500)... Plus le temps passe, plus les randonneurs cherchent le confort, plus les porteurs sont nombreux, moins les randonneurs trouvent de place sur le chemin... C.Q.F.D. Il faut donc s'y prendre au moins 2 à 3 mois à l'avance et jusqu'à 6 mois de juin à août. En outre, plus on réserve tôt, plus on campe proche du dernier check-point avant l'accès au site ; les 100 derniers inscrits peuvent se retrouver à 3-4h de marche !

– ***Le chemin est fermé en février.***

– ***L'accès au site du Machu Picchu est restreint à 2 500 personnes par jour.*** Lire plus loin le chapitre sur le site pour les infos pratiques. Le ***système de réservations*** mis en place par les autorités est très rigide : paiement à la résa et impossible de se faire rembourser en cas d'annulation. Cela explique pourquoi la plupart des agences demandent 50 % d'arrhes à la signature. Difficile à gérer en cas d'imprévu. Le pire, c'est qu'une annulation ne permet pas de revendre la place libérée à un autre randonneur...

– ***Évitez,*** le soir, de trop vous éloigner

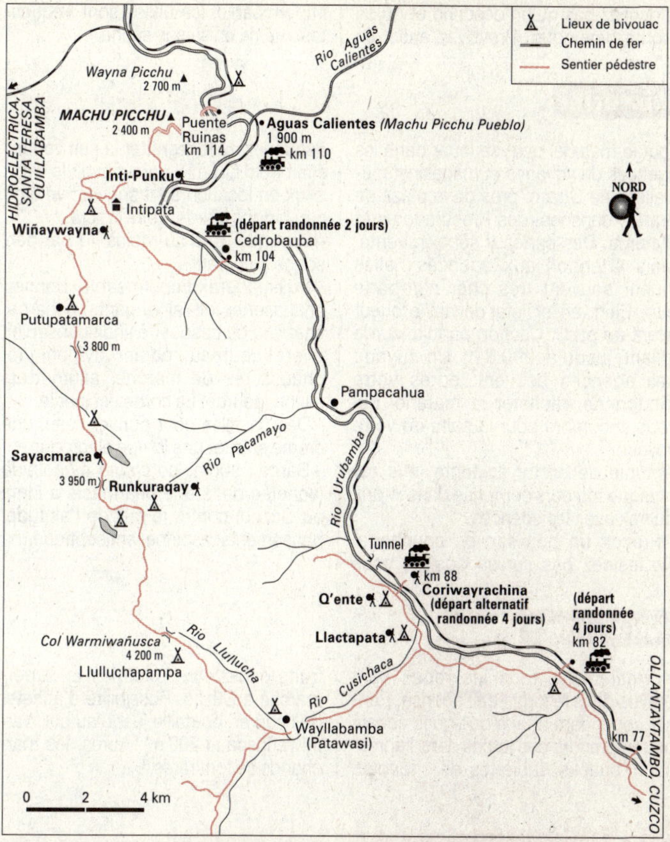

LE CHEMIN DE L'INCA

des campements, notamment près du village de Wayllabamba. Faites attention aussi au vol de chaussures... Ne rien laisser à l'extérieur de la tente.

– ***Laissez vos affaires*** superflues dans un hôtel qui a votre confiance. La plupart des hôtels de Cuzco gardent les bagages gratuitement pour leurs clients.

– ***Règle élémentaire :*** ne laisser AUCUNE ordure sur le chemin. Ramassez TOUT. Quant au papier hygiénique, c'est simple, il faut l'enterrer ou, mieux, le brûler.

Climat

– La ***période pluvieuse*** s'étend de novembre à mars et la ***saison sèche*** d'avril à octobre – période idéale pour la marche. Cela dit, les écarts de température entre le jour (en plein soleil) et la nuit peuvent atteindre 25 à 30 °C. Le climat varie aussi largement d'une vallée à une autre. On le remarque à la végétation.

– En conclusion, ***couvrez-vous bien.***

N'oubliez pas qu'on descend et qu'on monte beaucoup. Prévoyez aussi un imperméable, les pluies sont fréquentes, même en saison sèche.

Matériel

Tout le matériel peut se louer dans les agences de voyages et magasins spécialisés de Cuzco, près de la plaza de Armas, dans les rues Procuradores et Plateros. Des cartes y sont en vente. Mais attention aux agences : elles louent souvent très cher n'importe quoi. Bien vérifier l'état devant le loueur avant de partir. Caution parfois lourde (allant jusqu'à 200 $!). Un tuyau : ces agences peuvent, après votre randonnée, racheter le matériel qui vous encombre pour la suite de votre voyage.

– Inutile de porter sa tente, elle est presque toujours comprise dans le prix du trek avec les agences.

– Prévoir un bon sac de couchage. Ne lésinez pas sur sa qualité, vous risqueriez de le regretter la nuit venue : il fait froid ! Et mieux vaut avoir le sien : ceux en location sont souvent volumineux, donc lourds, voire cracra...

– Une gourde d'au moins 1 l par personne (impératif !).

– Pulls, anorak imperméable, bonnet, chaussettes de laine, gants, écharpe, chapeau ou casquette (indispensable), short, couteau, papier hygiénique, chaussures de marche, allumettes, savon, gourde. La corde est inutile.

– Des pastilles pour purifier l'eau, une crème solaire, une lampe électrique...

– Santé : sucre, *coramina glucosada* (achetée dans une pharmacie à Lima ou Cuzco) contre le mal de l'altitude, pansements, aspirine, antiseptique...

Nourriture

Normalement, tous les repas sont prévus dans le forfait de l'agence. Penser cependant à faire quelques achats pour reprendre des forces dans l'après-midi : snacks, tablettes de chocolat, fruits secs, etc. Épiceries et supermarché à Cuzco. Possibilité d'acheter de l'eau en bouteille jusqu'au col Warmiwañusca (4 200 m). Après, les marchands se font rares.

La randonnée

– ***1er jour :*** environ 12 km pour 4h30 de marche. On rejoint le point de départ (au km 82 ; 2 750 m) par la route, depuis Cuzco ; arrivée en milieu de matinée. À moins que l'on descende du train au km 88, ce qui ne change pas grand-chose au temps de marche à venir. On longe d'abord le río Urubamba, puis le Cusichaca. Fin d'après-midi difficile avec des montées raides jusqu'au campement, à Wayllabamba, avant le premier col (à 3 000 m). On trouve des campements plus agréables un peu plus avant.

– ***2e jour :*** environ 11 km. On monte à travers une végétation tropicale et une forêt dense vers la pampa de Llullucha, puis le col de Warmiwañusca, à 4 200 m, battu par les vents. C'est ici que le sentiment de grimper sur une autoroute un jour de grand départ est le plus frappant, avec beaucoup de monde s'arrêtant en chemin. Au col, vue superbe sur les deux vallées, celle d'où on vient et celle dans laquelle on redescend, par un escalier de pierre interminable et très fatigant. On campe généralement en bas, dans la vallée de Pacamayo (à 3 600 m d'altitude).

– ***3e jour :*** environ 16 km. Prêt pour le deuxième col ? Le chemin remonte par un escalier vers les ruines de Runkuraqay, dominant la vallée. Quelques jolies grottes dans cette montée. Passage d'un second col à 3 950 m et descente sur une section inca pavée (attention, ça glisse !) avec un petit détour par les ruines de Sayacmarca, la « cité inaccessible ». On rejoint ensuite le sentier principal. Le

changement de climat est très perceptible : on arrive dans une zone tropicale humide, où la pluie n'est pas rare. Végétation exubérante en conséquence. On enchaîne avec un troisième col (à 3 700 m), puis par les ruines de Putupatamarca, « cité des nuages » connue pour ses bains incas. La fin est dure pour les genoux : devant vous, un bon millier de marches se déroulent jusqu'aux superbes ruines d'*Intipata* – à moins que vous ne vous installiez à Wiñaywayna. Cultures en terrasses, bains rituels et, en toile de fond, la cordillère Blanche aux sommets enneigés.
– ***4e jour :*** environ 6 km (et 2h15 de marche). Lever très tôt, départ de nuit pour atteindre aux premières lueurs du jour l'*Inti Punku,* le bien nommé site de la « porte du Soleil », en haut d'un col depuis lequel le Machu Picchu semble surgir en contrebas dans son écrin de verdure, délicatement posé sur sa montagne. Impression saisissante ! Compter 40 mn de descente jusqu'au cœur du site, mais passage obligé pour composter le billet d'accès au site à l'entrée et y déposer son sac à la consigne.

AGUAS CALIENTES

IND. TÉL. : 084

C'est ici, à 1 900 m d'altitude, entre de hautes montagnes couvertes par la forêt, au confluent de trois vallées encaissées, du río Urubamba et d'un torrent, qu'aboutit le train légendaire du Machu Picchu. La ville a d'ailleurs été rebaptisée Machu Picchu Pueblo !
Les opinions sont généralement contrastées sur ce gros village qui a bien mal grandi. On peut cependant apprécier ce qui fait l'identité particulière d'Aguas Calientes : sa ligne ferroviaire traversant le bourg en pleine rue. Quand, le soir, les habitants déchargent leurs marchandises des wagons grinçants et que le train s'ébroue dans la ville, l'atmosphère bien particulière de bout du monde, de dernière frontière, est bien palpable.
De toute façon, le village est une étape incontournable – à moins, comme certains groupes pressés, de faire l'aller-retour en train dans la journée depuis Ollantaytambo et de visiter le Machu Picchu au triple galop... Les prix de l'hébergement, et plus encore des restos, sont assez nettement supérieurs à ce qu'il est dans le reste du pays, mais est-ce vraiment étonnant ? Demain, à l'aube, cap sur le Machu Picchu !

Arriver – Quitter

En train

Se reporter à la rubrique « Arriver – Quitter » de Cuzco, avec le détail de toutes les rotations des 3 compagnies.

En bus

➢ ***Cuzco :*** le trajet s'est largement démocratisé. *Colectivos* depuis Cuzco au départ de la plaza de Armas. Un très grand nombre de compagnies proposent le trajet aller-retour, sur 1, 2 ou 3 j. Par exemple, départ à 8h et retour le lendemain à 15h, env 70 NS/pers. Possibilité également d'y aller en taxi, valable à condition de se grouper (jusqu'à 4 pers).

Depuis Cuzco par Santa Teresa et Hidroeléctrica

Le chemin des écoliers, ou comment rejoindre Aguas Calientes et le Machu Picchu sans se ruiner, mais en prenant son temps. Trajet déconseillé pendant la saison des pluies.

➢ De Cuzco, prendre le matin un bus pour Quillabamba et Santa Maria au départ de la station de Santiago. Le trajet est assez long : 4h. Prix : env 30 NS. Routes à pic impressionnantes. Dormir à Santa Teresa, il y a un petit hôtel bon marché. Possibilité de se baigner dans les thermes publics très propres (10 NS), bien mieux que ceux

d'Aguas Calientes – mais à 30 mn de marche du village.
Le lendemain matin, minibus ou taxi vers Hidroeléctrica (5 NS) en 1h30 env. Le *check-point* d'Hidroeléctrica est ouvert de 5h à 16h. Formulaire à remplir à l'entrée. Y mettre au hasard le nom d'une agence de voyages mentionnée dans votre guide.
Alternativement, renseignez-vous auprès de votre transporteur qui propose normalement un minibus direct jusqu'à Hidroeléctrica depuis Cuzco, sans passer par Santa Teresa (env 15 NS). Possibilité de faire étape dans une très chouette adresse (voir « Où dormir ? Où manger dans les environs d'Aguas Calientes ? »). De là, on rejoint Aguas Calientes en train (départ à 16h ; env 12-18 $; achat du billet au terminal terrestre de Santa Teresa ouv 10h-13h slt), ou à pied en longeant la voie ferrée pendant 2h30-3h. Arrivée au puente Ruinas, le pont qui traverse le río Urubamba. On croise ici le chemin qui grimpe au Machu Picchu.
– Pour le retour, même itinéraire en sens inverse (train pour Hidroeléctrica à 13h20), même si la plupart des gens prendront le train pour Ollantaytambo ! D'ailleurs, en ajoutant les nuits d'hôtel à l'aller et au retour, vous ne vous en tirerez pas pour moins cher que le trajet en train au tarif le moins cher depuis Ollantaytambo...
À noter enfin que, si vous avez de la chance, vous tomberez peut-être, à Hidroeléctrica, sur des bus qui repartent à vide vers Cuzco – leurs clients reprenant le train. Possibilité de négocier le passage direct pour env 50-70 NS.
➢ Enfin, autre solution, l'acheminement par agence jusqu'à Aguas Calientes. Les forfaits depuis Cuzco tournent en général autour de 160 $, visite du Machu Picchu comprise.

Adresses et infos utiles

Infos touristiques

I-Perú *(plan A1)* **:** *à droite de l'église, en bas de l'av. Pachacútec.* ☎ *21-11-04. Tlj sf dim ap-m 9h-13h, 14h-18h.* Infos sur les hébergements, les activités, les horaires des transports... En cas de plainte, c'est ici qu'il faut s'adresser.
– Un site internet également à consulter : ● *indiofeliz.com* ● Certes, c'est le site du meilleur resto du coin (voir « Où manger ? »), mais c'est aussi une mine de renseignements pratiques sur Aguas Calientes et l'accès au Machu Picchu, en français, et régulièrement mis à jour.
■ **Bureau INC** *(plan A1-2,* **1***)* **:** *av. Pachacútec, juste à côté du petit bureau de I-Perú.* ☎ *21-11-96. Tlj 5h20-20h45.* C'est le bureau officiel où l'on peut acheter le billet pour accéder au site du Machu Picchu.

Divers

✉ **Serpost** *(plan A1)* **:** *jr. Colla Raimi, à 10 m de la pl. Manco Cápac. Tlj 8h-20h.*
■ **Policía turística** *(plan A1,* **2***)* **:** ☎ *21-11-78. Ouv 24h/24.*
■ **Banques :** on en trouve 2 avec distributeur automatique le long de la voie ferrée, *Banco de la Nación (plan A1,* **3***)* et *Banco de Crédito-BCP (plan A2,* **4***)*, cette dernière acceptant l'*American Express.* Mais attention, prévoir quand même de prendre de l'argent liquide à Cuzco car il arrive qu'ils ne fonctionnent pas.
■ **Change :** on en trouve partout dans les rues du centre.
■ **Farmacía Botica Panamericana** *(plan A1,* **5***)* **:** *pl. Manco Cápac. Tlj 8h-21h.* Fait aussi *locutorio.*

Où dormir ?

Le bourg est traversé par l'avenida Pachacútec, qui part de l'église (plaza Manco Cápac) pour monter à l'est, vers les sources thermales. C'est l'axe principal. La plupart des hébergements se trouvent de part et d'autre. Le deuxième axe est la ligne de chemin de fer elle-même. Les hébergements s'y sont multipliés, agrippés à la berge haute de l'Urubamba. Les prix sont

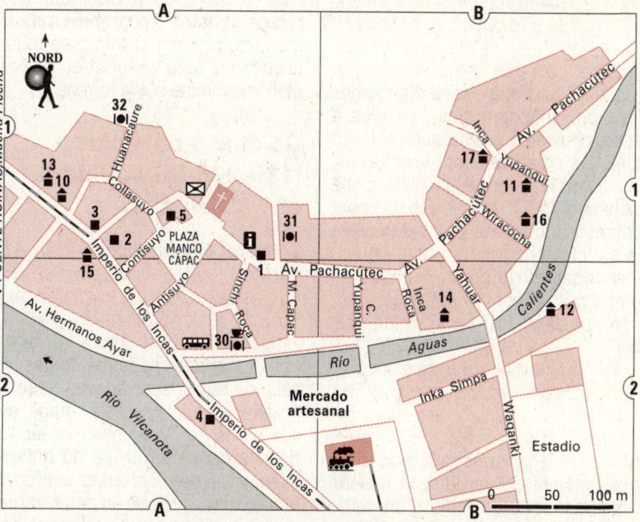

AGUAS GALIENTES

■ **Adresses utiles**	12 Hospedaje Inti-Wasi
I-Perú	13 Hostal Los Caminantes
1 Bureau INC	14 Hostal Intipaqarek
2 Policía turística	15 Hostal Machu Picchu
3 Banco de la Nación	16 Terrazas del Inca B & B
4 Banco de Crédito-BCP	17 Taypikala Machupicchu
5 Farmacía Botica Panamericana	**Où manger ?**
Où dormir ?	30 La Boulangerie de Paris
10 Ecopackers Machupicchu	31 Indio Feliz
11 Pirwa Machu Picchu Hostel	32 The Tree House

relativement élevés et, spécialité locale, le *check-out* se fait dès 9h ou 9h30 – pour permettre à ceux qui arrivent tôt par le train de s'installer.
Important : résa vivement conseillée – voire indispensable en saison !

De bon marché à prix modérés (moins de 90 NS / env 27 €)

Ecopackers Machupicchu *(plan A1,* ***10****)* **:** *av. Imperio de los Incas 136.* ☎ *21-11-21.* • *ecopackersperu.com* • *Dortoir env 43-49 NS/pers, doubles avec sdb privée 120-150 NS ; petit déj inclus.* Petit patio intérieur orné d'une fresque psychédélique et très chouette coin bar sur le toit, où sont servis les petits déj, avec de grandes baies vitrées, des canapés et un billard. Dortoirs de 4-6 lits superposés (dont un exclusivement féminin), relativement petits mais assez confortables, tous avec salle de bains privée (bons matelas et couverture, eau chaude). Quelques chambres doubles privatives, avec TV satellite, claires et plutôt agréables. Éviter toutefois les étages inférieurs, la voie ferrée est juste en face... Très bon accueil de toute l'équipe.

Pirwa Machu Picchu Hostel *(plan B1,* ***11****)* **:** *Tupac Yupanqui 103.* ☎ *24-43-15.* • *pirwahostelperu.*

LE SUD DU PÉROU

com • Dortoir avec sdb commune env 35-40 NS/pers ; doubles, avec sdb privée, à partir de 105 NS, eau chaude 24h/24 et petit déj inclus. Réduc avec la carte HI. La chaîne d'auberges *Pirwa,* présente dans plusieurs villes, a fait ses preuves. L'organisation est bien rodée, les chambres sont spacieuses, lumineuses et bien tenues, et il y a une cuisine à dispo. Il ne manque rien pour contenter le mélange des nationalités qui s'y croisent pour en faire un lieu d'échanges et de bonne humeur. En prime, l'accueil est sympathique.

Hospedaje Inti-Wasi *(plan B2,* **12***) : Las Orquideas 23. ☎ 21-10-36. Remonter la rivière sur sa rive gauche. Attention, pas toujours quelqu'un sur place. Compter 25 NS/pers en dortoir (sans petit déj) ; double 120 NS, petit déj inclus.* Planquée au fond d'un boyau envahi de verdure, la maison s'insinue le long du torrent, un peu à l'écarte des restos touristiques. Passé la porte s'ouvre une agréable cour intérieure couverte, où les routards se reposent des fatigues de la marche. L'ensemble n'est pas désagréable, quoique assez *roots*. Les lits sont répartis en petite chambre type dortoir (4-6 lits) avec bains en commun, ou en chambre double dans les étages, plus récents. Bon accueil. Évitez toutefois les chambres aveugles.

Hostal Los Caminantes *(plan A1,* **13***) : av. Imperio de los Incas 140. ☎ 23-74-97. • los-caminantes@hotmail.com • Le long de la voie ferrée. Lit en dortoir 20 NS ; doubles avec sdb commune ou privée env 50-70 NS. Pas de petit déj, mais possibilité de lunch-box.* L'hôtel, style motel, plutôt engageant de l'extérieur, propose un hébergement de 2 catégories : chambres avec bains côté voie ferrée, bien tenues ; sans bains côté intérieur, et plus anciennes, certaines presque aveugles et la plupart avec 4 ou 5 lits empilés. Inutile de vous préciser notre préférence... Douches nombreuses et bien chaudes, serviettes fournies mais pas de chauffage. Pas le grand luxe mais bon marché et accueil sympathique.

Hostal Intipaqarek *(plan B2,* **14***) : av. Hermanos Ayar. ☎ 21-13-35. 984-42-50-16. Double env 70 NS sans petit déj.* Un bâtiment assez récent abritant 8 chambres pas très grandes, propres et très bien tenues, avec bains (eau chaude) et TV écran plat. Vue directe sur le torrent...

De chic à plus chic (130-200 NS et plus / env 39-60 €)

Hostal Machu Picchu *(plan A1-2,* **15***) : av. Imperio de los Incas 520. • hostalmachupicchu.com • Double env 65 $, petit déj-buffet inclus.* L'entrée donne sur la voie ferrée, mais les chambres, toutes avec salle de bains, sont un peu en retrait. Préférer toutefois celles à l'étage, avec vue sur le río Urubamba – et les toits de tôle ondulée rouillée du bâtiment inférieur... Ensemble assez confortable et bien tenu, quoique un peu sombre et vieillot. Les proprios gèrent aussi l'*Hostal Presidente,* juste à côté, qui propose le même type de chambres et services.

Terrazas del Inca B & B *(plan B1,* **16***) : Wiracocha, le long du torrent. ☎ 77-15-29. • terrazasdelinca.com • Selon saison, doubles env 70-90 $, petit déj américain inclus.* Ne vous fiez pas à son nom, ce n'est pas un *Bed & Breakfast* au sens anglais du terme, mais vous y trouverez tout de même un lit et un petit déj (très correct), servi dès 4h30. L'ensemble est bien situé, face au torrent et à la verdure qui tapisse ses flancs. Parties communes agréables et même quelques chambres avec balcon.

Très chic (plus de 100 $ / env 80 €)

Taypikala Machupicchu *(plan B1,* **17***) : av. Pachutec 808. ☎ 23-49-11 ou 21-10-60 (résas à Cuzco). • gringobills.com • Doubles env 150 $, petit déj-buffet inclus.* On grimpe la rue principale pour accéder à cet hôtel bien situé, un peu à l'écart de l'animation (et de la gare). Les sources sont juste à côté, au bout de la rue adjacente. Grand bâtiment moderne qui abrite des chambres tout confort, assez lumineuses, avec parquet de bois clair et quelques touches de déco traditionnelle. Vue superbe depuis certaines chambres, avec de grandes baies vitrées donnant sur la montagne. Les suites ont même un jaccuzi. Deux bémols : l'insonorisation, pas franchement top, et la connexion wifi, poussive dès qu'on s'éloigne de la réception (mais classique au Pérou !). Bar et resto au rez-de-chaussée. Personnel accueillant et très disponible.

Où dormir ? Où manger dans les environs d'Aguas Calientes ?

Los Jardines de Mandor – restaurant Mama Angélica : *km 114,3, sur la voie ferrée qui mène à Hidroeléctrica ; à 3,8 km d'Aguas. ☎ 63-44-29. 940-18-81-55. • jardinesdemandor.com • Camping 5 NS/pers (possiblité de prêt de tente), dortoir 25 NS ; double 50 NS. Repas env 15 NS.* Un vrai bon plan situé à seulement 30 mn de marche du bas des marches du Puente Ruinas. Cadre très agréable et ambiance relax pour cette adresse qui dispose d'une petite aire de camping, de chambres pour 2 à 5 personnes et d'un charmant petit resto. Bons repas à base de légumes du jardin ou casse-croûte à emporter. Le jardin botanique offre aussi l'occasion de découvrir la faune et la flore locale. Grande variété de plantes exotiques, d'orchidées, plein d'oiseaux (colibris, tangaras, etc.) et une cascade rafraîchissante pour se détendre. Sans oublier l'accueil adorable de Nelly !

Où manger ?

La plupart des touristes ne passent pas plus d'une nuit à Aguas Calientes. La majorité des restaurateurs se fichent donc complètement d'offrir ou non de la qualité à leurs clients. Résultat : menu médiocre en copie conforme partout ou presque, pour un prix standard. Sans compter 15 % de taxes et service jamais indiqués sur les cartes – une exception au Pérou ! Ajoutons quelques soucis avec les normes d'hygiène, et surtout avec la conservation des aliments. Au mieux, cela risque donc d'être médiocre, au pire, c'est l'intoxication alimentaire... Si vous tenez réellement à manger dans un des restos locaux, nous vous conseillons de vous en tenir aux plats cuits végétariens, ou aux pâtes sans viande, c'est ce qu'il y a de plus sûr. Sinon, petite particularité locale : on peut marchander le prix des plats ! Eh oui, la concurrence est rude.
En conséquence, nous n'avons retenu que peu d'adresses dans le lot, dont 2 délicieuses (ouf !).

Prix moyens (moins de 40 NS / env 12 €)

La Boulangerie de Paris (plan A2, **30**) **:** *jr. Sinchi Roca. ☎ 79-77-98. Tlj 5h-21h. Lunch-box env 28-32 NS.* Coup de cœur pour cette boulangerie tenue par Gilles, un Français qui propose notamment de bonnes viennoiseries. Également un choix de sandwichs avec baguette de campagne, pain intégral ou *ciabatta.* Des petits plats frais aussi : quiches (lorraine, aux légumes), lasagnes, soufflé de *rocoto, empanadas...* Bon café expresso. Et pour finir sur une note sucrée, goûter à la tarte aux fraises ou celle au citron meringuée, aux flans et autres tiramisù ou *carrot cake.* Fameux !

Très chic (plus de 60 NS / env 18 €)

Indio Feliz (plan A1, **31**) **:** *Lloque Yupanqui, lote 4M, sur le côté de*

Pachacútec. ☎ 21-10-90. Tlj 11h30-23h. Résa conseillée. Menu très copieux env 65 NS. Installé depuis une vingtaine d'années à Aguas Calientes avec son épouse (péruvienne) Cannie, Patrick règne en maître sur ce drôle de navire à la déco pirate. Le resto se parcourt de haut en bas comme un vrai musée, tant les trouvailles de ce diable d'homme attisent la curiosité. La grande salle à l'entrée donne déjà le ton, dans l'esprit taverne de marins et littéralement couverte de cartes de visite des voyageurs de passage. Et au dernier étage, un très chouette bar-terrasse, à privilégier aux beaux jours. Maître en gestion de groupe électrogène et de camion frigorifique (fraîcheur garantie). Maître en cuisine aussi, bien sûr. Ici, on ne mange que du frais, que du bon. Patrick allie avec grand talent cuisine française et péruvienne, et propose quelques créations originales (selon la saison), comme cette truite à la mangue. Vous calez pour le dessert ? Et pourtant... c'est bien le diable si vous ne vous laissez pas tenter par cette tarte à l'orange savoureuse ou cette mousse au chocolat très réussie. Carte des vins et cocktails à l'avenant. Service à la hauteur des lieux, efficace et agréable. D'année en année, on réitère notre grand bravo et on n'est pas les seuls à plébisciter cette adresse.

The Tree House *(plan A1, **32**) : Huanacaure 180. ☎ 21-11-01. Menus à partir de 99 NS !* C'est ici qu'il faut venir pour un dîner romantique, loin du brouhaha de la grand-rue. Excellente cuisine gastronomique, fusion d'influences multiples : raviolis de quinoa à la sauce *chimichurri,* poulet thaï à la cassave, pâtes maison, truite en croûte de quinoa dans une sauce au sureau... C'est frais, goûteux, parfois surprenant et toujours soigneusement présenté. On adore et on en redemande. Certes, les prix sont élevés, mais la qualité est là et la présentation est superbe. Possibilité de *lunch-box* pour partir en rando (25 NS). Pour les amateurs, la maison dispense aussi des cours de cuisine.

À voir. À faire à Aguas Calientes et dans les environs

➢ ***Sources chaudes*** *(hot springs ; hors plan par B1) : à 700 m du village ; prendre l'av. Pachacútec et monter jusqu'en haut. Tlj 5h-20h. Entrée : 10 NS. Pensez à garder de la monnaie pour le vestiaire.* Quoi de mieux qu'un bain dans une source d'eau chaude après avoir crapahuté sur le Machu Picchu ? C'est d'ailleurs un must, très fréquenté en fin de journée. Ne pas s'inquiéter de la couleur et de l'odeur de l'eau : ce sont des sources sulfureuses. L'eau du grand bassin est la plus chaude (35 °C) et elle s'écoule en permanence (ce qui n'est pas le cas du petit). Location de serviettes et de maillots de bain sur place et en haut de l'avenue Pachacútec.

Museo de sitio Manuel Chávez Ballón *(hors plan par A1-2) : à la station Puente Ruinas, au km 112. Tlj 9h-16h30 (théoriquement). Entrée : 12 NS.* Quelques photos, documents et infos sur le site. Pas grand-chose à voir.

LE MACHU PICCHU

Comme Tikal pour les Mayas du Guatemala, le Machu Picchu appartient à la famille des grandes cités perdues. Voilà sans conteste le site précolombien le plus spectaculaire d'Amérique du Sud ! Un lieu tutoyant le vide et les nuages, qui n'a rien perdu de son mystère. Fut-il une capitale religieuse, résidence d'un empereur, ou juste un lieu de culte consacré au Soleil ? Le dernier refuge des vierges du Soleil *(aclla)* ou l'ultime capitale inca ? La question n'est toujours pas résolue. Les archéologues sont en revanche sûrs qu'il ne s'agissait pas d'une forteresse établie pour prévenir une invasion des tribus amazoniennes.

Il semblerait aussi qu'au moment de leur conquête, les Espagnols connaissaient l'existence de la cité, sans pour autant deviner son importance. Ce qui lui valut un total désintérêt, suivi de trois siècles d'abandon.
Le pays a célébré en 2011 le centenaire de la découverte du site. Mais le succès touristique du Machu Picchu (jusqu'à 800 000 visiteurs par an !) le menaçant directement de dégradations, un quota de visiteurs journaliers a été fixé à 2 500 personnes par jour (résa désormais impérative en été)... alors qu'il n'en faudrait pas plus de 1 000, selon l'Unesco – qui recommande désormais un « suivi renforcé » du Machu Picchu. Il est donc vivement conseillé de réserver son billet à l'avance.
On vous rappelle aussi qu'une visite de la *Casa Concha* à Cuzco constitue un bon préambule à la découverte et à la compréhension de cette légendaire cité inca.

UN PEU D'HISTOIRE

Splendeur...

Le neuvième empereur inca, Pachacuti Yupanqui, dit ***Pachacútec,*** aurait pris le pouvoir en 1438 après sa victoire sur le peuple chanca. Il serait à l'origine de la construction de la cité du Machu Picchu et de ses avant-postes. Le Machu Picchu aurait été une cité inca, éloignée du pouvoir central (Cuzco) comme Versailles était éloigné de Paris. Un souverain ne vit jamais seul, c'est la raison de la présence d'une cour, d'un village, de dizaines de maisons dont les ruines sont aujourd'hui visibles. Environ 1 800 personnes vivaient au Machu Picchu au temps de sa splendeur. En plus du développement et de l'organisation de la cité (garnisons, greniers, cultures, aqueduc), les Incas édifièrent tout un système de terrasses et de canalisations pour contrôler les fortes pluies qui tombent sur la région. Tout s'organisait ici selon la grande trilogie : le soleil, la terre et l'eau.

... et déclin d'une cité inca

Pourquoi abandonnèrent-ils le Machu Picchu ? L'explication la plus logique serait la crainte de voir la cité tomber aux mains des envahisseurs espagnols. Les habitants, ayant appris la chute de Cuzco en 1534 et les méfaits commis par les Espagnols, se seraient décidés à quitter leur ville par crainte d'une attaque. Tentant d'organiser la résistance, Manco Inca aurait alors trouvé refuge dans la région de Vilcabamba ou à Choquequirao (voir plus loin), autres cités incas, 70 km plus à l'ouest, et encore plus inaccessibles. Mais tout cela n'est que suppositions. En outre, loin des routes commerciales, difficile d'accès, ce superbe site avait toutes les raisons d'être délaissé par les Espagnols. Finalement aussi beau qu'inutile pour eux.

À la recherche du temple perdu

L'histoire retient que ***Hiram Bingham,*** un archéologue américain, découvrit le Machu Picchu le 24 juillet 1911. Il semblerait pourtant que le site ait été connu depuis la fin du XVIIIe s par une poignée d'aventuriers, de fermiers, et par deux cartographes, un allemand et un américain, qui les mentionnaient déjà sur des cartes avec exactitude. Bingham cherchait les deux derniers refuges de Manco Inca et de ses deux fils, qui résistèrent aux

VIERGES DU SOLEIL ?

Suite à la découverte de nombreux squelettes féminins sur le site, l'imagination de l'archéologue Hiram Bingham s'enflamma : ne serait-ce pas les vierges du Soleil, une communauté de femmes vivant dans la cité inca ? Patatras, une étude scientifique de ces squelettes (conservés à l'université de Yale, aux États-Unis) prouve que la majorité des personnes inhumées étaient... des hommes !

Espagnols jusqu'en 1572. S'aidant des connaissances d'un fermier et accompagné d'un sergent péruvien, il atteignit le site, en majeure partie enseveli sous la végétation – mais habité par un couple d'Indiens qui y cultivait les terrasses. La clairvoyance de Bingham, sans vouloir minimiser sa « découverte », fut d'en informer son université, Yale, et l'incontournable *National Geographic Society,* pour financer et entamer des recherches scientifiques qui se poursuivent encore de nos jours. De fait, les explications données sur le site par le romantique Bingham se sont souvent révélées farfelues.

Comment y aller ?

Le Machu Picchu est perché, bien caché sur une montagne dominant Aguas Calientes, qui reste un passage obligé pour accéder au site.

En bus d'Aguas Calientes

➢ *Depuis la gare, traverser le marché artisanal, puis le pont sur le torrent ; c'est juste en dessous (plan A2). Vente des billets tlj 5h30-19h30. Possibilité d'acheter ses billets la veille pour le lendemain à partir de 14h. Trajet simple env 10 $, A/R 19 $ (payable en $ ou en NS). CB refusées et pas de réduc étudiants. Consigne payante juste à côté.*

Embarquement ttes les 5-10 mn dans les bus, le long de la rivière, 5h30-15h pour l'aller et 6h30-17h pour le retour (parfois 16h). Trajet en 25 mn. On peut aussi prendre un aller simple et monter à pied pour redescendre en bus, ou inversement (plus malin !). Les billets n'ont pas d'horaire ni de place réservée. On fait la queue et on monte dans le premier bus qui se présente. En haute saison, ça se bouscule pour monter dans les tout premiers, certains font la queue dès 4h30 du mat ! Sinon s'armer de patience, la file est parfois impressionnante, mais cela va relativement vite.

À pied d'Aguas Calientes

Compter 1h30 de marche vers le site depuis Aguas Calientes, 400 m de dénivelée pour un peu plus de 8 km (sentier sous forme d'escalier assez raide, hardi les mollets !). Se munir d'une lampe torche (frontale de préférence). Le puente Ruinas est ouvert à 5h. Compter 30 mn maxi pour le rallier depuis Aguas, donc départ conseillé vers 4h30. La piste suit la même route que les bus, le long du río Urubamba. Contrôle des billets et du passeport au *check-point.* Traverser le pont et prendre le chemin sur la droite puis, 50 m plus loin, à gauche, débute l'ascension proprement dite (fléchage jaune). La montée, plutôt ardue (env 1h), croise dans sa partie basse les lacets de la piste empruntée par les bus, puis devient un chemin en zigzag assez pentu, avec pas moins de 1 756 marches (!). On arrive à l'ouverture du site, avec les premiers bus. Le seul intérêt de cette aventure (en dehors de la fierté d'avoir fait l'effort) est de ne pas payer le billet de bus... et d'être sur le site pour le lever du soleil.

Infos pratiques

– Le Machu Picchu est ouvert tte l'année, tlj de 6h à 17h.

– ***Important : accès limité à 2 500 personnes par jour.*** Ne montez pas jusqu'au site sans le billet, vous n'auriez plus qu'à rebrousser chemin ! Idéalement, il faut acheter son billet bien à l'avance sur Internet, ou dès votre arrivée au Pérou, soit au bureau *INC* ou encore à l'agence *Incarail* de Cuzco, cette dernière ne le délivrant qu'à condition de prendre aussi un trajet en train sur leur compagnie ! Possibilité aussi d'acheter le billet auprès d'une agence à Aguas Calientes ou Cuzco, mais il n'est pas conseillé de s'y prendre au dernier moment... Bien sûr, vous n'êtes pas concerné si vous avez

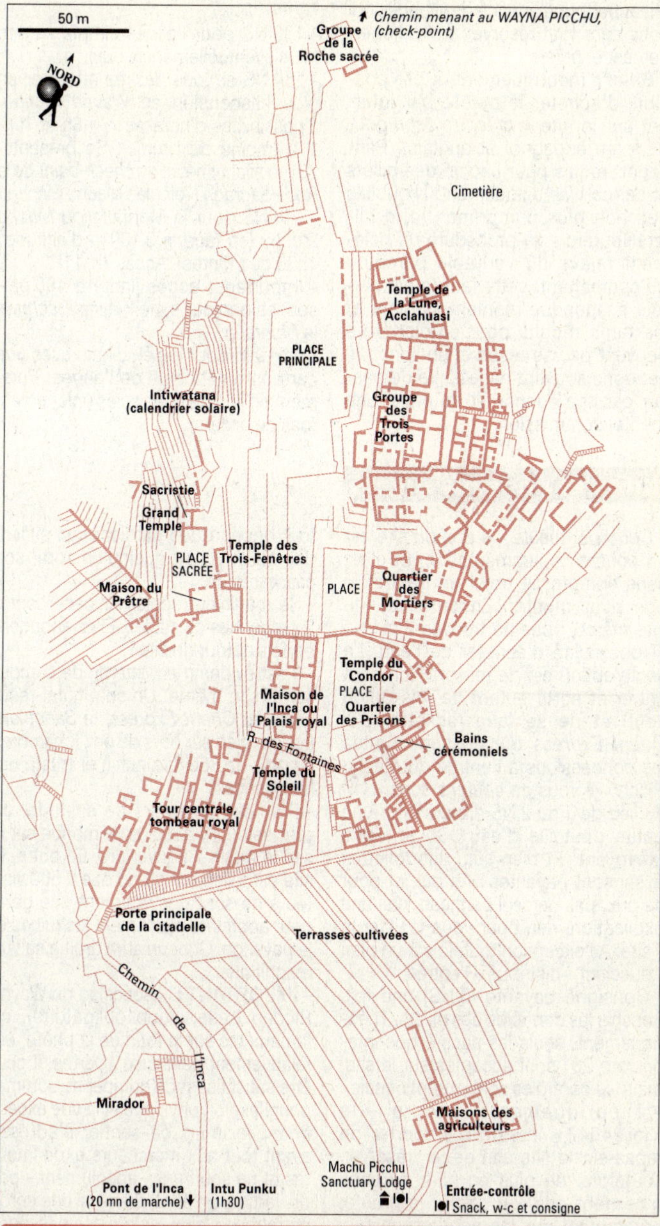

LE MACHU PICCHU

fait appel à une agence de voyages qui vous aura tout réservé : train, hébergement et *boleto.*
- ***Billet :*** théoriquement, il est possible d'acheter le *boleto* par Internet sur le site ● *machupicchu.gob.pe* ● (en espagnol et anglais). Passeport requis pour l'achat des billets et cartes *Visa* uniquement. N'oubliez pas non plus d'imprimer votre billet ! Toutefois, la procédure de paiement relève du véritable parcours du combattant, cette facilité est parfois suspendue momentanément et les tarifs réduits pour étudiants ne peuvent pas se réserver en ligne... Il est donc souvent nécessaire de passer par une agence et de payer une (petite) commission.

Tarifs
- 130 NS pour l'accès simple au site (plus éventuellement le bus).
- 154 NS si vous désirez effectuer en plus l'ascension au *Wayna Picchu.* 2 possibilités d'horaires : 7h-8h et 10h-11h (moins de brume). Se présenter 20 mn avant l'heure au *check-point* de la *Roca Sagrada* (voir plan Machu Picchu).
- 144 NS pour la *Montaña du Machu Picchu* (en face, à 3 100 m d'altitude ; 1h30 de montée). Accès 7h-11h.
- Important : accès limité à 400 personnes par jour surle *Wayna Picchu* et la *Montaña.*

Demi-tarif pour les étudiants avec une carte internationale de l'année. Paiement en liquide et en *soles* uniquement (pas de dollars).

Infos et conseils divers

- *Coup de gueule :* le prix du site est en constante augmentation. Et c'est sans compter le trajet en train et le bus pour monter. En outre, sur le site même, vous ne trouverez ni w-c ni possibilité d'acheter de l'eau. La seule option est de ressortir (on peut entrer et sortir autant de fois qu'on veut) et de se faire racketter par *Orient-Express* qui possède toutes les concessions à l'entrée du Machu Picchu. Il vous en coûtera donc 8 NS au lieu de 1 ou 2 NS ailleurs pour une petite bouteille d'eau ! Soyez donc prévoyant. Et bien sûr... les toilettes aussi sont payantes ! Ah oui, et pour ce prix, pas un seul panneau, pas une explication, rien pour vous faciliter la visite. À l'exception toutefois d'un plan – succinct – distribué à l'entrée.
- Consigne payante (3 NS) une fois franchis les contrôles des billets. Théoriquement, seuls les sacs à dos inférieurs à 20 l sont acceptés sur le site, mais les contrôles sont exceptionnels.
- Théoriquement encore, la « loi 24047 » interdit d'emporter un repas sur le site afin de le préserver. Toutefois, de plus en plus de gens n'hésitent pas à y casser la croûte, notamment sur les sentiers un peu à l'écart. Une certaine tolérance semblerait exister du côté des terrasses au-dessus du mirador, mais tout dépend des gardiens qui sifflent dès qu'ils voient quelqu'un sortir son casse-croûte.
- Se munir de répulsif efficace contre les mouches de sable... Elles abondent parfois autour du site !
- Il est évidemment interdit de camper sur le site même. Un seul hôtel-resto géré par *Orient-Express,* le *Sanctuary Lodge,* bien sûr hors de prix (chambres à partir de 850 $ la nuit !) et trusté par les agences.
- Pour les amateurs de solitude, on précise qu'il y a moins de monde sur le site le matin à l'ouverture. En outre, le site est tellement grand que 2 500 visiteurs ne sont pas vraiment une gêne pour apprécier pleinement les ruines et le paysage. Chacun aura droit à sa vue magnifique.
- **IMPORTANT :** l'ascension du Wayna Picchu (réservation obligatoire), ce fameux pic sur le fond de la photo, est relativement périlleuse ! Certes, il peut être satisfaisant de grimper au sommet pour l'exploit physique et la vue exceptionnelle, mais ce sentier s'adresse avant tout aux marcheurs expérimentés et ne souffrant – absolument – pas du vertige. En effet, même si une corde permet de s'assurer lors des passages difficiles, la descente a tout de même un dénivelé de 60°. Il n'est pas rare de voir des marcheurs finir la rando sur les

fesses... En outre, on peut déjà profiter de paysages fantastiques et d'une vue inhabituelle sur le site en suivant par exemple le sentier de l'*Inti Punku* (ou *Puerta del Sol* ; env 1h-1h30 de grimpette progressive), qui offre une superbe vue d'ensemble.

Visite du site

Absolument aucune explication sur le site, afin de vous pousser à utiliser les services d'un guide. Compter de 50 à 60 $ en service *privado* et de 10 à 20 $ par personne en groupe. Bien peu parlent le français (et c'est plus cher !). Mais rien ne vous empêche d'avoir l'oreille qui traîne pour glaner quelques explications à proximité des groupes. Sachez en outre que beaucoup de théories circulent sur le Machu Picchu et que les guides avancent des hypothèses différentes...

Le Machu Picchu se divise en quartiers séparés en grande partie par l'esplanade centrale. Il y avait ***deux grands secteurs*** : la ville supérieure (mirador, garnison, terrasse) et la ville inférieure (greniers, temples, centres artisanaux...). Les édifices religieux et maisons de notables se caractérisent par un appareillage de pierres parfaitement jointes, alors que, pour les autres maisons (celles des agriculteurs, par exemple), les Incas utilisaient de l'adobe (chaux + terre + paille) entre les pierres plus petites et plus grossièrement taillées. Les murs étaient inclinés vers l'intérieur afin de résister aux tremblements de terre. Ces murs, étonnamment robustes, n'étaient recouverts que de frêles toits de joncs et de roseaux. On a découvert ici 285 maisons en ruines qui auraient abrité une population d'environ 1 200 personnes. On y faisait pousser fruits, plantes médicinales et fleurs. On pense que, à part les agriculteurs, c'étaient essentiellement des responsables administratifs et religieux qui y résidaient.

Le quartier des Agriculteurs : à l'entrée, avant des terrasses cultivées. Notez l'ingénieux système d'irrigation et les rigoles en zigzag. La terre arable a dû être apportée de la vallée.

Le mirador : prendre le grand escalier qui longe le rempart à gauche après les terrasses. Cet endroit domine tout le site et offre une vue sublime. C'est de là que sont pris les plus fameux clichés du Machu Picchu ! Derrière le mirador aboutit le « chemin de l'Inca » historique. Les marcheurs des temps modernes sont aujourd'hui déroutés un peu avant le site pour redescendre vers le point de contrôle des billets, comme tout le monde...
En descendant vers les ruines, on passe la seule et unique porte que comptait la citadelle. Vous noterez l'ingénieux système de fermeture : l'anneau de pierre au-dessus et les deux poignées dans les cavités sur les côtés.

Le tombeau royal : en contrebas de la porte de la citadelle. Caverne en dessous de la tour centrale, qui fut peut-être un tombeau d'un grand Inca. À remarquer, les gradins et les niches taillés dans le rocher. La tour centrale possède une forme de fer à cheval *(torreón)* qu'on retrouve souvent sur les sites incas.

La rue des Fontaines : étonnante ruelle composée d'une série de petits bassins disposés les uns à la suite des autres. Ces fontaines étaient sans doute utilisées pour les ablutions rituelles.

LES MUTANTS DU MACHU

Bon nombre d'alpagas du Machu, importés de l'Altiplano (à 4 000 m et plus), sont morts à cause de... l'herbe trop tendre, ici, à 2 500 m ! Habitués à croquer de durs épineux, les dents des pauvres lamas se sont déchaussées et ils ont attrapé différentes maladies. Seuls quelques-uns ont survécu... mais ils sont devenus omnivores, alors gare aux bananes dans votre sac !

À cet endroit-là, on distingue bien les différents quartiers que sépare la vaste esplanade de gazon où broutent les alpagas du Machu.
Donc, de l'autre côté de l'esplanade s'étendent le quartier industriel, celui des Artisans et les « chambres des Tortures » (que nous décrivons plus loin).
– De ce côté-ci, entre la rue des Fontaines et le temple des Trois-Fenêtres, vous découvrirez la ***maison de l'Inca ou palais royal,*** avec ses patios intérieurs. Reconnaissable à son appareillage de pierre particulièrement soigné et aux restes d'un mortier.

Juste au-dessus de l'escalier nord (délimitant l'esplanade à un bout) s'élève la ***maison du Prêtre,*** début du quartier religieux. Derrière s'étend la place sacrée, bordée par deux autres édifices : le ***temple des Trois-Fenêtres,*** qui est le seul de construction vraiment mégalithique, et le ***Grand Temple*** qui, comme à Písac, présente sept niches au fond.
En continuant par la gauche du Grand Temple, vous découvrez l'un des bâtiments les plus curieux du site : la ***sacristie*** où se préparaient les prêtres, appelée aussi chambre des Ornements (ou encore « bain rituel » par certains guides). Dans les murs, des niches trapézoïdales réverbèrent la voix, quand on parle dedans. Quant à l'énorme banquette de pierre, on présume qu'elle aurait servi au « séchage » des momies, avant de les placer dans leur sépulture. Le mur d'entrée de droite expose une fameuse ***pierre à 22 angles,*** à gauche et à droite une ***pierre à 32 angles,*** mais ici les angles sont sur trois faces alors qu'à Cuzco, les 12 angles sont sur une seule face. Attendez qu'un guide arrive avec son groupe parce que sinon, vous ne la verrez pas.

L'Intiwatana *(« lieu où l'on attache le Soleil »)* **:** dans le prolongement des temples, par une série d'escaliers, on parvient à l'observatoire astronomique, le point le plus élevé de la cité et le plus mystérieux. Tout d'abord, une curiosité fort peu connue des visiteurs : à l'entrée de la plate-forme où se trouve le calendrier solaire (à droite des trois petites marches) s'élève une mince roche assez étrange. Regardez de près en alignant l'œil sur la roche en avant-plan et les montagnes à l'horizon : c'est exactement la même découpe ! À partir du Wayna Picchu, comparez les montagnes une par une, c'est tout simplement prodigieux ! Sculpture de la main de l'homme ou étonnant hasard ?
La « table » centrale au milieu de la petite placette est surmontée d'une pierre angulaire aux formes géométriques précises : on pense que c'était un *calendrier solaire.* Son ombre portée sur les multiples angles de la table permettait, semble-t-il, aux astronomes incas d'effectuer leurs calculs astronomiques. C'est l'un des rares à subsister aussi intact, n'ayant jamais été découvert par les Espagnols.

De l'autre côté de l'esplanade

Retour à l'escalier nord, qui délimite l'esplanade à l'opposé du Wayna Picchu, pour parvenir au quartier des Prisons, au quartier industriel et au groupe dit des Trois-Portes.

Le quartier des Prisons : lieu à deux étages où Bingham découvrit des sépultures. À remarquer, sur le sol, une large pierre plate rappelant la forme d'un condor, la tête tournée vers le soleil levant. Cela pourrait avoir été un endroit de sacrifice : un petit canal pour écouler le sang le laisse supposer. À la hauteur de la tête, ce canal s'enfonce dans le sol afin que le sang nourrisse la Terre, divinité pour les Incas. Les pièces à côté du grand rocher ont été (sans beaucoup de preuves) baptisées « chambres des Tortures ». Bingham fantasma aussi probablement pas mal sur ce secteur, puisque le concept d'emprisonnement était inconnu des Incas.

Le quartier industriel (ou des Mortiers) : plus haut que le groupe des Prisons. La présence de mortiers, qui auraient servi à moudre le maïs d'après Bingham, dans l'une des grandes pièces, laissa penser que ce secteur était consacré à des activités domestiques et artisanales. Noter au passage le grand nombre de niches et de pierres en saillie.

Dans le prolongement du quartier industriel, le ***quartier des Intellectuels et des Comptables.*** Là aussi, pures supputations de Bingham. Ensemble de maisons à l'architecture relativement simple, suivi du groupe des ***Trois-Portes.*** La présence de pièces sans aucune fenêtre fit supposer qu'il pouvait s'agir là de l'endroit où vivaient les femmes (ou les vierges du temple).

Le Wayna Picchu : *résa obligatoire (lire plus haut « Infos pratiques »). 400 pers max peuvent y monter par jour, en 2 départs de 2 fois 200 pers, à 7h, puis à 10h. Se présenter 20 mn avt l'heure.* Check-point *de contrôle des tickets près du groupe de la Roca Sagrada.*
La majesté du site du Machu Picchu doit beaucoup au pain de sucre du Wayna Picchu (« montagne jeune »), planté à l'extrémité nord-ouest des ruines. L'ascension mène à quelques vestiges de terrasses et de portes monumentales, et offre une vue magnifique sur la vallée de l'Urubamba et sur le site du Machu Picchu. La première scène d'*Aguirre ou la Colère de Dieu* de Herzog a été filmée dans le creux qui sépare les ruines du Machu et le Wayna Picchu.
– Au risque de se répéter, cette rando s'adresse aux marcheurs expérimentés. Quelques conseils importants : la grimpette au Wayna présente quelques passages vertigineux, étroits, délicats, abrupts, où l'on doit s'aider de cordes et de câbles pour progresser. D'abord, équipez-vous de bonnes chaussures. Ne vous chargez pas pour garder les mains libres. Après le point de vue, pour ceux qui veulent continuer, il faut s'infiltrer dans un passage, genre grotte. Puis, arrivé au sommet, à 2 700 m (c'est écrit sur une grosse pierre), passer par-dessus les grosses pierres en empruntant les échelles. Enfin, là-haut, on est vraiment récompensé de ses efforts par le panorama. Grandiose !

Inti Punku *(puerta del Sol)* **:** *à 1h30-2h de marche A/R.* Une bonne alernative au Wayna Picchu et à la Montaña, qui reste accessible à tous. Un sentier (bien indiqué) grimpe progressivement à cette « porte du Soleil », et offre déjà de très beaux points de vue sur le site. De là-haut se révèle un superbe point de vue sur les ruines, rendez-vous classique au lever du soleil.

Montaña *(cerro Machu Picchu)* **:** *à l'opposé du Wayna Picchu. Même principe que pour le Wayna Picchu, système de quota quotidien et résa obligatoire (lire plus haut « Infos pratiques »). Pour accéder au départ du sentier, suivre la direction Inti Punku, puis bifurcation sur la droite direction « Montaña ».* Pas moins de 2 160 marches à gravir. En haut de ce sentier quasi expiatoire et pour peu que le soleil tape ce jour-là, on arrive liquide ! Le *cerro* culmine quant à lui à 3 140 m. La grimpette vaut davantage l'effort pour le panorama époustouflant à 360 ° sur les montagnes et la vallée alentour que pour la vue aérienne sur le site, tout petit petit... En outre, la balade jusqu'à la « porte du Soleil » est aussi intéressante à faire.

CHOQUEQUIRAO

Alt. : 3 100 m

Un site archéologique grandiose, situé à un peu plus de 40 km (à vol d'oiseau) au sud-ouest du Machu Picchu et à environ 100 km à l'ouest de Cuzco. Les ruines incas de Choquequirao sont perchées à 3 100 m d'altitude, elles s'étagent à flanc de montagne, presque en surplomb du fleuve Apurímac, qui coule 1 650 m plus bas. Tout autour s'élèvent des sommets dont les plus hauts, enneigés, culminent à plus de 5 500 m. Des forêts denses et vertes couvrent les flancs des vallées. Autre atout de taille, et non des moindres :

Choquequirao est nettement, mais alors nettement moins fréquenté que le Machu Picchu ! Pour cause, le site est seulement accessible à pied, en 4 jours de marche (aller-retour) !

UN PEU D'HISTOIRE

Le nom quechua Choquequirao signifie « berceau de l'or ». Voilà l'une des rares cités à n'avoir jamais été découverte par les Espagnols. Elle aurait servi, à l'instar du Machu Picchu, de refuge et de base de résistance aux derniers chefs incas, pourchassés par les Espagnols, de 1537 à 1572. Puis, comme le Machu Picchu, le site fut abandonné. Quand ? Comment ? Pourquoi ? Les Incas détruisirent les chemins qui conduisaient à cette citadelle pour ne pas en dévoiler l'accès aux conquérants espagnols. Choquequirao entra alors dans l'oubli, et on n'en parla plus pendant plusieurs siècles. En 1834, un explorateur français, le comte Eugène de Sartiges, le redécouvrit et en donna une rapide description dans *La Revue des deux mondes*. En 1847, Léonce Angrand, vice-consul de France à Lima, dessina les premiers plans du site. Il pensait que c'était le lieu de résidence des héritiers du trône inca jusqu'à leur majorité et le refuge des derniers Incas. En 1909, l'Américain Hiram Bingham y effectua des fouilles... avant de continuer son chemin jusqu'au Machu Picchu.
Choquequirao fut ensuite oublié jusqu'à sa redécouverte officielle en 1986, au moment où le Pérou sortait de ses pires années de violence. À cette date, le site était encore enfoui sous une épaisse végétation. Puis, sous l'égide de l'Unesco, il fut progressivement défriché. Aujourd'hui, on estime qu'environ 60 % des ruines seulement ont été dégagées.

Comment y aller ?

Aucun chemin carrossable ne mène à Choquequirao. Pour y aller, un seul moyen aujourd'hui : la marche à pied, avec ou sans mules (on vous le dit tout net : c'est mieux avec !). Compter au moins 4 j. A/R. Il faut en outre partir avec son matériel de camping, car il n'y a aucun hébergement sur le trajet.
On peut choisir de tout organiser soi-même (en prenant – ou pas – un muletier au point de départ et en louant une tente si on n'en a pas), ou s'en remettre à une agence qui prendra en main toute la logistique du trek (guide, matériel, cuisinier, etc.). Cette dernière solution est – certes – plus chère, mais vous voyagerez dans de meilleures conditions (pas de repas à préparer, pas de tente à monter...) et vous aurez un guide, pas inutile pour la visite des ruines.
– C'est au village de ***Cachora,*** à env 3h30 de Cuzco, que commence le trek. Pour s'y rendre, il faut prendre un bus du terminal terrestre de Cuzco vers Abancay (départ à 6h, 8h, 10h et 13h) et descendre à Saywite, au croisement de la route de Cachora, que l'on rejoint pour env 5 NS en taxi (ils attendent généralement le passage des bus).

Infos utiles

Si vous décidez d'organiser le trek par vous-même, voici quelques infos à savoir :
– le sentier entre Cachora et Choquequirao est facile à suivre (peu de risques de se perdre), mais le trek étant assez éprouvant physiquement (nombreuses montées et descentes), on vous conseille vivement de partir avec un ***muletier*** *(arriero)* et sa bête pour porter les charges. On en trouve facilement à Cachora, en se rendant sur la place principale. Compter 30 NS/j. par mule et autant

pour l'*arriero.*

- Vous pouvez aussi contacter la très sympathique Luisa, qui tient une sorte d'auberge ***(La Colmena),*** à 3 km de Cachora, en allant vers Choquequirao : *983-79-73-04.* On peut passer la nuit chez elle : c'est très sommaire mais pas cher, et l'accueil de Luisa compense largement le confort modeste. Elle pourra en outre vous louer le matériel (tente de camping, etc.) et vous fournir mule et muletier pour la suite du trek.
- Côté ***hébergement,*** il n'y a pas d'auberges entre Cachora et Choquequirao (à part *La Colmena*), mais des aires de camping plus ou moins bien équipées (certaines ont des douches - froides - et toilettes, d'autres non). Dans certains campings, on peut acheter des boissons (y compris de la bière), et même, parfois, commander des plats cuisinés.
- Concernant la ***nourriture,*** il y a des épiceries à Cachora avec les produits alimentaires de base, mais mieux vaut faire une partie de ses achats à Cuzco. Sachez aussi que l'on trouve, le long du trek, quelques cahutes où l'on peut s'arrêter pour manger des plats simples, genre omelette avec du riz, et que certains campings peuvent aussi vous préparer un petit quelque chose.
- Pour l'***eau,*** il faut la prendre avec vous (raison pour laquelle une mule est quasi indispensable), ou alors faire chauffer et purifier (avec des pastilles) celle des rivières.
- ***À savoir :*** il est également possible de rejoindre Choquequirao au départ de *Huanipaca* ou de *Villa Los Loros,* deux villages (où l'on peut loger) accrochés à la montagne en face de Choquequirao (bifurcation un peu après celle pour Cachora en venant de Cuzco) et, ainsi, de faire une boucle plutôt que d'aller et revenir par le même chemin. Problème : les mules sont en principe interdites de ce côté, car les chemins sont trop étroits et, du coup, il faut pouvoir porter toutes ses affaires...

La randonnée

Sans être extrêmement difficile, elle nécessite d'être en bonne forme physique car les sentiers montent et descendent, parfois de façon assez abrupte, sur 1 600 m de dénivelée. Voici, grosso modo, le déroulement du trek :

- ***1er jour :*** départ de Cuzco vers Cachora, où il vaut mieux ne pas arriver trop tard dans la matinée, pour avoir le temps de trouver un *arriero* et de faire des courses. Début du trekking, sur terrain plutôt plat d'abord, par une route en terre. Après 1h de marche, on arrive chez Lucia, à l'auberge *La Colmena,* qui peut vous fournir mules et *arriero* (on peut aussi y dormir la veille, voir plus haut). Puis le chemin se poursuit, avant de descendre vers le fleuve Apurímac. À 4h de Cachora se trouve une première aire de camping *(Cocamasana),* assez rustique, sans sanitaires. Marcher encore 1h, jusqu'au camping *Chikiska,* mieux aménagé (vente de boissons), ou encore, pour ceux qui sont partis tôt, jusqu'à *Playa Rosalina,* moins de 1h après Chikiska, au bord de la rivière, où l'on peut aussi camper avec, en prime, de meilleures douches et toilettes.
- ***2e jour :*** la grande ascension vers Choquequirao. On traverse d'abord la rivière par un pont suspendu, puis, hardi petits, 1 500 m de montée vous attendent ! À environ 1h30 du fleuve, on arrive au « village » de Santa Rosa, où l'on peut s'arrêter manger un plat simple chez l'habitant et même camper. Puis la grimpette continue pendant environ 2h30-3h, jusqu'à *Maranpata* avec, là encore, possibilité de camper et de se restaurer chez les locaux, au km 28. Mais mieux vaut marcher encore 2 km, jusqu'au dernier camping, avec douches et toilettes, situé à 30 mn en contrebas des ruines.
- ***3e jour :*** visite du site au petit matin, puis retour vers Cachora, par le même chemin. Nuit au camping de *Playa Rosalina* ou de *Chikiska.*
- ***4e jour :*** suite du chemin jusqu'à Cachora. De là, taxi jusqu'à la route et bus vers Cuzco ou Abancay-Nazca.

Le site

– ***Droit d'accès :*** *env 38 NS, à payer à une guérite env 2 km avt les ruines.*

Le site est impressionnant, accroché sur plusieurs niveaux aux pentes abruptes de la montagne. Il se compose essentiellement de deux parties :
– ***La partie haute :*** appelée *Hanan*. C'est la plus intéressante, avec son *Ushnu*, ou centre cérémoniel, une vaste plateforme herbeuse avec une vue spectaculaire à 360° sur les ruines, les montagnes et les vallées tout autour. Les prêtres y pratiquaient des offrandes. Un peu plus bas, le complexe principal, avec une porte « triomphale » donnant sur un espace qui devait servir de place publique, des *kallanka* (quartiers destinés aux visiteurs), deux habitations bien restaurées, des terrasses verdoyantes et le secteur des ateliers, probablement pour la poterie et la fabrication d'outils. Enfin, au-dessus se trouvent les *qolqas*, ou entrepôts.
– ***La partie basse :*** appelée *Hurin*. Elle comprend le *sector de las llamas*, un ensemble de terrasses sur 56 niveaux, certaines décorées de lamas blancs. Un vertigineux escalier inca y descend, mais on vous déconseille tout de même (pour ceux qui oseraient !) de le prendre... Emprunter plutôt le chemin latéral, qui permet aussi d'accéder à un *mirador* donnant sur l'ensemble des terrasses. On peut également visiter le secteur des *viviendas* (habitations) et, beaucoup plus bas, à 15-20 mn du camping, le secteur agricole, un autre vaste ensemble de terrasses à flanc de montagne donnant sur une chute d'eau.

COTABAMBAS

Le village de Cotabambas, situé à 150 km au sud-ouest de Cuzco, est depuis le XVIIIe s le lieu d'une fête populaire hors du commun, l'*Aywar*, qui a lieu chaque année, le 28 juillet. Difficilement accessible, Cotabambas a été l'un des derniers sites à pouvoir perpétuer cette tradition dont l'origine remonte à la mise à mort de Túpac Amaru II par les Espagnols en 1780. Elle fut imaginée par un cacique pour se venger symboliquement de cet assassinat par les conquistadores. Toutefois, vous aurez bien peu de chances de pouvoir y assister, puisque l'*Aywar* a été plusieurs fois interdite. S'il se pratique encore ici, c'est que le pouvoir administratif est bien éloigné. Ce rite se fait toutefois loin de toute publicité touristique.

L'*AYWAR*

Il s'agit à l'origine d'un combat à mort entre un taureau et un condor. Le taureau symbolise les Espagnols, tandis que le condor, l'oiseau des dieux, représente la culture inca. Le sang versé s'écoule dans la terre pour la fertiliser.
Les hommes du village capturent le rapace, en l'attirant avec une charogne imbibée d'alcool. Dans une arène réservée à cet effet, on coud les pattes de l'oiseau sur le cuir de l'arrière-train du taureau. Depuis plusieurs décennies, le bec du condor est maintenu fermé, afin d'éviter la mort du ruminant. Ce n'était pas le cas à l'époque, le taureau devait être mis à mort par les coups de bec répétés du rapace. Généralement, pendant la cérémonie, le *pisco* et la *chicha* coulent à flots pour tout le monde, y compris pour les animaux. Une lutte sans merci s'engage alors, et le combat dure parfois plusieurs heures. Cela se termine toujours par la victoire du condor sur le taureau, lorsque ce dernier s'écroule de fatigue. Alors, le village se sent, le temps de la fête, libéré de l'envahisseur espagnol. Le condor est choyé, on lui donne encore du *pisco*, et il est promené à travers le village. Le lendemain, il est relâché et repart vers ses cimes.

LE SUD : D'AREQUIPA AU LAC TITICACA

AREQUIPA

880 000 hab. IND. TÉL. : 054

« La lune a oublié d'emporter la ville quand elle s'est séparée de la Terre », disent volontiers les habitants d'Arequipa pour expliquer la blanche pureté de leur cité... Que voilà une grande ville attachante, animée de jour comme de nuit, moderne et historique à la fois, dynamique sur les plans économique et culturel ! Veillée par les cônes altiers de deux volcans, dont l'élégant Misti, aux faux airs de mont Fuji, Arequipa doit son nom à sa situation : elle était, pour ses premiers habitants aymaras, « l'endroit derrière la montagne pointue »... Une proximité qui lui a valu de connaître de nombreux tremblements de terre – le dernier en 2012 –, raison pour laquelle les monuments possèdent des murs aussi épais.

De son passé colonial, Arequipa conserve un superbe centre historique, classé au Patrimoine mondial par l'Unesco depuis l'an 2000. Une remarquable fusion s'y est opérée entre les techniques de construction européennes et le savoir-faire des Amérindiens. Les églises et les monastères y abondent, avec leurs décors baroques dorés d'une grande richesse tirant parfois au fantasque. Ils ont été bâtis en roche volcanique, ce *sillar* clair qui a valu à Arequipa le surnom de « ville blanche ».

Avec une altitude encore modérée (2 335 m), c'est une étape idéale pour s'acclimater progressivement aux désagréments de l'Altiplano. Arequipa est tout ce que Lima n'est pas : agréable à vivre, et baignée par 300 jours de soleil annuels, au lieu d'être noyée la moitié de l'année sous la *garúa.* De dimensions acceptables, là où la capitale est tentaculaire, tout, ou presque, peut ici se visiter à pied. Les habitants se sentent aréquipéniens avant d'être péruviens. Le cosmopolitisme, fruit de nombreuses migrations européennes, a favorisé chez eux l'émergence d'un sentiment particulariste, d'un esprit frondeur doublé d'un foyer intellectuel. Arequipa est ainsi la ville natale du plus grand écrivain péruvien vivant, Mario Vargas Llosa, dont l'œuvre satirique, dénouant les fils du pouvoir, a été couronnée en 2010 par le prix Nobel de littérature.

Arequipa, enfin, peut se targuer d'être au centre d'une région exceptionnellement attractive, avec des volcans en activité, des sources thermales, des canyons parmi les plus profonds de la planète et des montagnes à la beauté époustouflante. En 1995, c'est au sommet d'un des glaciers (l'*Ampato,* 6 280 m) que fut découverte intacte la *momie Juanita,* une jeune princesse inca de 14 ans, offerte en sacrifice au dieu protecteur de la montagne des Incas, il y a plus de 500 ans.

UN PEU D'HISTOIRE

Terre aymara, la région d'Arequipa est occupée depuis moins d'un siècle par les Incas lorsque les Espagnols arrivent. Fondée dès 1540, la ville prospère rapidement grâce à sa situation privilégiée sur la route de transit du minerai provenant des mines de Potosí. Elle devient un important relais commercial et échappe, contrairement à Cuzco, aux soulèvements indiens. Un premier grand séisme l'endeuille en 1687, suivi d'un autre en 1868.

Le déclin des mines entraîne une période de décadence, jusqu'à ce que, au XVIIIe s, des colons britanniques et français installent des manufactures de laine d'alpaga et de textile. Bastion nationaliste, Arequipa, surnommée la « terre des chefs », s'illustre avec ferveur dans les combats pour l'indépendance. Le chemin de fer arrive en 1870. En 1960, la naissance d'un parc industriel et d'importants projets d'irrigation et d'électrification provoquent l'arrivée massive d'Indiens venus de Puno. La ville est aujourd'hui le principal centre économique au sud du pays.

Arriver – Quitter

En avion

✈ ***Aéroport Alfredo Rodríguez Ballón*** *(hors plan par A-B1)* **:** *à 8 km au nord-ouest de la ville.* ☎ *34-48-34.* L'office de tourisme *I-Perú* y a un stand dans le hall de livraison des bagages et un dans le hall principal, *(☎ 44-45-64 ; en principe, tlj 9h-18h).* Sur place, également : 2 guichets pour réserver son hôtel (navette gratuite incluse), une poste, un bureau de change et 2 petites cafétérias (côté départs).

➢ Les tarifs des ***taxis*** sont affichés sur un petit panneau situé à côté du bureau de résa des hôtels, dans le hall de sortie (25 NS). Il est préférable de prendre les taxis officiels dans l'enceinte de l'aéroport (voir plus loin « Sécurité »).

➢ En ***bus*** : pas de solution directe ni sécurisante pour joindre le centre ville.

■ ***Lan Perú*** *(plan B1-2,* ***4****)* **:** *Santa Catalina 118C.* ☎ *0801-112-34 (nº national). ● lan.com ● Tlj sf dim 9h-19h (17h sam).* 9 vols/j. vers Lima et 1 vol/j., le mat, vers Cuzco.

■ ***Peruvian Airlines*** *(plan B2,* ***5****)* **:** *La Merced 202B.* ☎ *20-26-97. ● peruvianairlines.pe ● Lun-ven 8h30-19h, sam 8h30-17h, dim 9h-12h.* Assure 3-4 vols/j. vers Lima, bien répartis sur la journée et 2 vols vers Tacna, l'ap-m.

■ ***Avianca*** *(hors plan par A-B1,* ***6****)* **:** *av. Ejercito, Yanahuara (centre commercial Real Plaza).* ☎ *48-45-69. ● avianca.com ● Tlj 11h-20h (18h w-e).* Propose, le mat, 2 vols/j. vers Lima et 1 vol/j. vers Cuzco.

En bus

🚌 Tous les bus et *colectivos* partent d'une grande ***gare routière moderne*** située au *parque industrial,* à quelques km au sud du centre-ville *(hors plan par A3).* Taxe de 2,50 NS par passager. Il est préférable de prendre les taxis officiels dans l'enceinte de la gare (voir plus loin « Sécurité »). Les prix sont affichés sur un panneau et ils sont fixes : env 8 NS pour le centre-ville. Vous trouverez aussi des bus pour le centre.

On y trouve 2 terminaux, l'un à côté de l'autre. Se renseigner sur place sur les horaires, variables. À noter que les comptoirs de certaines compagnies ferment de 12h30 à 16h. Attention à vos affaires, les vols sont assez fréquents :

– Le *terrapuerto (☎ 34-88-10)* héberge plutôt les compagnies pour les longues distances et les bus les plus luxueux, en particulier pour les liaisons vers Lima et la côte. C'est un terminal moderne. Nombreux stands de nourriture, un distributeur d'argent et même 2 petits offices de tourisme.

– Le *terminal terrestre (☎ 43-07-86)* regroupe plutôt les compagnies pour les distances moyennes et les bus de moyenne catégorie, mais pas seulement (ce serait trop simple !). C'est à priori de là que vous partirez pour le canyon del Colca (pour les détails, voir plus loin le chapitre consacré au canyon).

➢ ***Nazca, Ica et Lima*** **:** compter 1 000 km de désert côtier et 13-17h de trajet. Tous les bus vers Lima passent par Nazca et Ica, mais tous ne s'y arrêtent pas (demandez qu'on vous dépose). Nombreux départs : 7 bus/j. avec *Cruz del Sur (☎ 42-73-75 ; ● cruzdelsur.com.pe ●),* 7 avec *Cromotex (☎ 50-99-10),* 7 avec *Oltursa (☎ 42-31-52 ; ● oltursa.pe ●),* 9 avec *Flores,* etc.

➢ ***Juliaca et Puno*** **:** la route est bonne et bitumée. Compter 4-5h de trajet pour Juliaca et env 5-6h pour Puno. *Julsa* assure près de 1 départ/h.

AREQUIPA

Bon confort et bon prix, mais retards fréquents. Sinon, il y a *Cruz del Sur* (1 bus/j. pour Puno à 8h), le confortable *4M Express* (Santa Catalina 120 ; ☎ 45-22-96 ; • 4m-express.com •), moins cher à l'aller qu'au retour (!), et 4 bus/j. avec *Flores*.

➢ ***Cuzco :*** pour un trajet direct, compter env 10h de route, le plus souvent de nuit. 2 bus/j. avec *Cruz del Sur* (le soir), *Puma* (le soir), *Oltursa* (le mat) et *Cristóbal del Sur*.

➢ ***Tacna :*** env 7h de trajet. 18 bus/j. avec *Flores*. Également avec *Ormeño*.

➢ ***Le Nord (Trujillo, Piura, Tumbes...) :*** pour ttes ces destinations, il faut changer de bus à Lima.

Sécurité

Attention, chapitre sensible ! Sans sombrer dans la paranoïa, soyez prudents à Arequipa. Si le centre historique est épargné, les quartiers périphériques peuvent présenter quelques risques : renseignez-vous avant d'aller à pied dans des coins un peu isolés !

Mais la plupart des incidents vraiment sérieux sont liés à des taxis détournés avec la complicité du chauffeur pour détrousser les occupants. Ces agressions peuvent conduire à des séquestrations (histoire de mettre à sec votre carte bancaire dont vous aurez donné le code secret... sous la menace), voire des cas de viol et violences physiques.

Quelques règles de sécurité à suivre :

– ne pas prendre de taxi à la volée. Utiliser uniquement les compagnies officielles ;

– si un agent de la police touristique est dans les parages, demandez-lui d'appeler le taxi pour vous (« *Se puede llamar un taxi, por favor ?* ») : le policier note généralement le numéro du véhicule. Le chauffeur aura tout intérêt à se montrer réglo !

– même principe, à l'hôtel ou au restaurant, faites appeler un taxi par le personnel qui travaille avec des compagnies « sûres » ;

– à la gare routière ou à l'aéroport, prenez exclusivement les taxis stationnés dans l'enceinte. D'accord, tous les voyageurs aguerris prennent le taxi à l'extérieur (on sait !) pour gagner 2 soles... mais l'économie pourrait vous coûter cher !

2 compagnies fiables : *Taxitel* (☎ 45-20-20 ou 18-18) et *Turismo Arequipa* (☎ 45-88-88 ou 90-90).

■ ***Policía turística*** *(plan B1,* ***2****)* **:** Jerusalén 315. ☎ 20-12-58. Ouv 24h/24.

Adresses et infos utiles

Infos touristiques

ℹ ***I-Perú*** *(plan B2)* **:** sous les arcades de la pl. de Armas, portal de la Municipalidad 110. ☎ 22-32-65. Lun-sam 9h-18h, dim 9h-13h. Accueillants et efficaces, malgré le peu de documentation.

Représentations diplomatiques

■ ***Consulat honoraire de France :*** à l'Alliance française. 📱 974-60-51-41. • consulatarequipa@yahoo.fr • Permanence jeu 15h30-18h. En cas de problème, on fera de son mieux pour vous aider.

■ ***Alliance française*** *(plan B1,* ***1****)* **:** Santa Catalina 208. ☎ 21-55-79 ou 22-07-00. • afarequipa.org.pe • Lun-ven 9h-13h, 16h-19h ; sam 9h-13h. Belle bâtisse coloniale hébergeant les salles de cours, une médiathèque et une crêperie (voir « Où manger ? » *Crepísimo*). Galeries avec expos temporaires. Films en français, en général les mardi et jeudi (gratuit). Fait poste restante.

Santé

✚ ***Clínica Arequipa*** *(hors plan par A-B1,* ***3****)* **:** esq. puente Grau y av. Bolognesi (juste à la sortie du puente Grau, à droite). ☎ 59-90-00 ou 01 (urgences

Adresses utiles

- I-Perú et Turismo municipalidad
- 1 Alliance française
- 2 Policía turística
- 3 Clinica Arequipa
- 4 Lan Perú
- 5 Peruvian Airlines
- 6 Avianca
- 8 Lavandería Cayro
- 9 Pharmacie
- 10 Supermarché
- 11 Carlos Zárate Adventures
- 12 Giardino Tours
- 13 Cevitur

Où dormir ?

- 21 Posada Misti
- 22 Hospedaje El Caminante Class et Inka Roots
- 23 Posada del Virrey et Samana Wasi
- 24 Los Andes B & B
- 25 Paris Hostal Boutique
- 26 Casa de Avila
- 27 Hostal Premier
- 28 Hotel Santa Rosa
- 30 Los Tambos
- 31 Posada del Kuraka
- 32 Hostal Santa Catalina
- 33 Posada del Cacique
- 34 Uspalay
- 35 Chez Julie
- 37 Casa de Tin-tín
- 38 Posada Nueva España
- 39 La Casa de Margott
- 40 Hostal Bolívar
- 42 Los Balcones de Moral y Santa Catalina
- 46 La Casa de Melgar
- 48 Hostal La Casa de Mi Abuela
- 54 La Maison d'Élise
- 55 La Posada del Puente

Où manger ?

- 1 Crepísimo
- 61 La Canasta
- 62 Antojitos de Arequipa et La Empanadita
- 63 Chifa Mandarin
- 64 La Cheminée
- 66 Mamut
- 68 Nina Yaku
- 69 Trattoria del Monasterio
- 70 Le Zig-Zag
- 71 La Terraza
- 72 El Colibri
- 73 Café del Monasterio
- 74 Picantería La Palomino
- 75 Tenanpa

Où prendre le petit déjeuner ? Où s'offrir un bon gâteau ?

- 61 La Canasta
- 76 Cusco Coffee Company
- 77 Capriccio Gourmet

Où boire un verre ? Où sortir ?

- 70 Frog's et Split
- 71 La Terraza
- 72 Café Istanbul
- 78 Mercado
- 81 Pura Fruta
- 82 Split Bistro
- 83 Déjà Vu, Chillout, Zero, Terrasse, Retro, Forum…
- 84 Cafe y Vino
- 86 Farren's

Achats

- 90 Carrasco

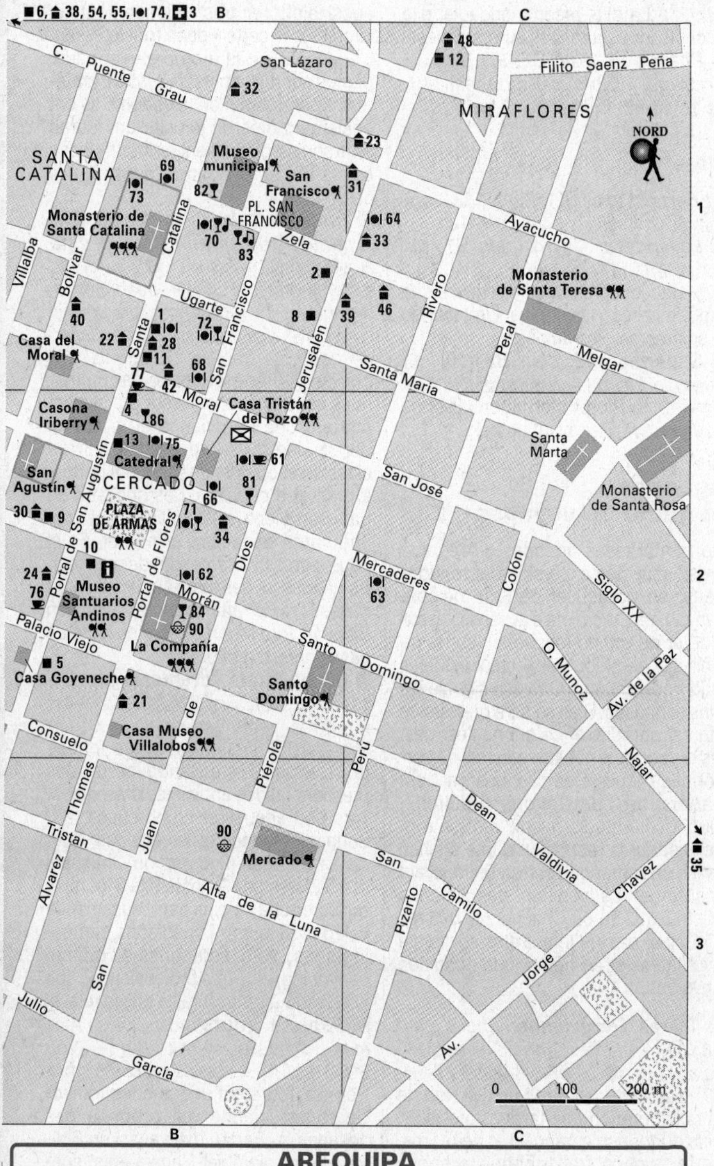
6, 38, 54, 55, 74, 3
B
C
NORD
1
2
3
35
SANTA CATALINA
MIRAFLORES
CERCADO
C. Puente Grau
San Lázaro
Filito Saenz Peña
Ayacucho
Zela
Ugarte
Santa Maria
Melgar
Moral
San José
Mercaderes
Siglo XX
Santo Domingo
Morán
Palacio Viejo
Consuelo
Tristan
Alta de la Luna
San Camilo
Dean Valdivia
Chavez
Av. de la Paz
O. Munoz
Najar
Jorge
Av.
García
Julio
Villalba
Bolívar
Santa Catalina
San Francisco
Jerusalén
Rivero
Peral
Colón
Portal de San Augustín
Portal de Flores
Dios
Piérola
Perú
Pizarro
Thomas
Alvarez
Juan de
San
Museo municipal
San Francisco
PL. SAN FRANCISCO
Monasterio de Santa Catalina
Monasterio de Santa Teresa
Casa del Moral
Casona Iriberry
Casa Tristán del Pozo
Catedral
San Agustín
PLAZA DE ARMAS
Museo Santuarios Andinos
La Compañía
Casa Goyeneche
Santo Domingo
Casa Museo Villalobos
Mercado
Santa Marta
Monasterio de Santa Rosa
0
100
200 m

AREQUIPA

24h/24). La plus recommandable, elle accepte les assurances européennes.
■ ***Pharmacie*** *(plan B2,* ***9****)* **:** ***Boticas Arcángel,*** *puente Bolognesi 113. ☎ 28-28-88. Tlj 7h-23h.*

Divers

✉ ***Serpost*** *(plan B2)* **:** *Moral 118. Lun-sam 8h-20h, dim et j. fériés 9h-13h.*
■ ***Lavandería Cayro*** *(plan B1,* ***8****)* **:** *Jerusalén 311. Lun-sam 8h-13h, 15h-20h.* Beaucoup d'autres laveries, à des prix similaires, dans la rue. Linge rendu le soir même. Prix au poids.
■ ***Supermarché*** *(plan B2,* ***10****)* **:** ***El Super,*** *portal de la Municipalidad 130. Tlj 9h-21h.* Plutôt bien approvisionné pour se ravitailler avant un trek.

Agences et guide de voyages

De nombreuses agences d'Arequipa organisent des excursions et randonnées, en particulier dans le célèbre *canyon del Colca,* mais aussi de l'escalade et du rafting (qui se fait sur le río Chili à la demi-journée, ou sur le Majes la journée entière). On vous signale les plus sérieuses. Bien se faire préciser ce qui est compris et ce qui ne l'est pas, les durées et le nombre minimal de personnes requis. Des prix bas cachent parfois des prestations réduites... Quoi qu'il en soit, mieux vaut se renseigner sur la réputation d'une agence avant de signer un contrat. Enfin, avant d'entamer l'ascension des volcans Misti (5 822 m) ou Chachani (6 075 m), n'oubliez pas qu'il faut être acclimaté à l'altitude et en très bonne condition physique.

■ ***Terres Péruviennes*** *(hors plan par A1)* **:** *Quinta Leoncio Prado 19, Yanahuara. ☎ 27-57-04. 📱 959-37-08-29. • terresperuviennes.com •* Née de la collaboration étroite de professionnels du tourisme français et péruviens, cette agence francophone propose circuits, séjours et treks réalisés dans un esprit de tourisme respectueux : culture, nature, découverte, aventure, en individuel ou en groupe... En réalisant vos rêves, mais dans le souci du développement durable, ils peuvent aussi élaborer très efficacement un circuit « à la carte » dans tout le Pérou. L'agence n'a pas à proprement parler pignon sur rue : contactez-les de préférence par courriel ou téléphone. Ils ont également créé un joli site qui fournit en français d'excellentes informations sur le Pérou : *• voyage-tourisme-au-perou.com •*
■ ***Tradición Colca*** *(hors plan par C1)* **:** *Argentina 108, urb. Fecia, distrito Bustamante y Rivero. ☎ 42-49-26. • tradicioncolca.com • lacaballeriza.org • Pour s'y rendre, prendre un taxi (env 7 NS). Voir aussi plus loin « Cañon del río Colca. Yanque. Où dormir ? Où manger ? ».* Agence tenue par Emmanuel, excellent connaisseur du canyon, marié à une Péruvienne et vivant ici depuis une quinzaine d'années. Treks classiques ou hors des sentiers battus, à pied et *a caballo...* Les chevaux de pas péruviens qu'il utilise sont très endurants et faciles à monter. Et si vous avez une âme de découvreur, demandez lui des infos sur la vallée du Majes (site de rafting réputé), avec son *Sitio del Toro Muerto* (pour les lecteurs passionnés d'archéologie).
■ ***Carlos Zárate Adventures*** *(plan B1,* ***11****)* **:** *Santa Catalina 204. ☎ 20-24-61. • zarateadventures.com • Tlj sf dim 9h-18h30 (13h sam).* Agence fondée par Carlos Zárate Sandoval, un des premiers guides andinistes d'Arequipa. Très bon accueil et nombreuses randonnées guidées et ascensions, dont celles du Misti (2 jours), du Chachani (2 à 3 jours), de l'Ampato (2 à 3 jours) et du Coropuna, le plus haut, culminant à 6 425 m (3 jours). Expéditions archéologiques, VTT, écotourisme, rafting, canyoning, etc. Très professionnel, son fils Carlos Zárate Flores a pris la relève.
■ ***Paprika Tours*** **:** *urb. Los Alamos E-1, Vallecito. ☎ 78-48-13 ou 60-01-39. • paprikatours.com •* Paprika Tours est une agence franco-belgo-péruvienne qui propose des voyages au Pérou, mais aussi en Bolivie et en Colombie. L'agence est spécialisée dans les circuits individuels sur mesure et propose des départs à date fixe en petits groupes de 12 personnes maxi. Son implantation sur place, avec des responsables francophones à Lima, Arequipa, Puno, Cuzco, La Paz

et Bogotá, lui permet une excellente connaissance du terrain et des tarifs avantageux. La réservation des circuits se fait à l'avance par Internet ; l'agence ne fait pas de vente sur place.

■ ***Giardino Tours*** *(plan C1,* ***12****)* **:** *Jerusalén 604A. ☎ 20-01-00. • giardino tours.com • Tlj 8h-20h.* Un tour-opérateur sérieux, affilié à l'hôtel *Casa de Mi Abuela,* qui propose, entre autres, une excursion de 2 jours au canyon del Colca.

■ ***Cevitur*** *(plan B2,* ***13****)* **:** *Santa Catalina 110. ☎ 22-09-15. • cevitur.com • Tlj 8h-20h (12h dim).* Spécialisé dans le tourisme d'aventure : trekkings dans les canyons del Colca et de Cotahuasi, ascensions de l'Ampato, du Misti et du Chachani (avec descente du volcan à VTT depuis 5 000 m), rafting dans la rivière Chili, escalade, randos à cheval, etc. Également des visites guidées dans Arequipa et les environs.

■ ***Guide francophone Fernando Velasquez :*** *av. Tacna y Arica 119D. 📱 959-94-41-33. • hostalparisarequipa.com • Résa à l'avance très conseillée.* Anthropologue, Fernando a été étudiant au musée de l'Homme à Paris, il en est revenu spécialiste des tissus anciens. Nous vous recommandons ce guide sérieux, francophone et francophile, aussi à l'aise sur le terrain que dans les bouquins. Il est doué d'une culture encyclopédique doublée d'une curiosité insatiable ! Il vous fera découvrir, notamment, le site de Maucallacta, les pétroglyphes de Toro Muerto, la vallée des Volcans, etc. Circuit également depuis Lima, avec la visite des grands sites archéologiques. Fernando tient aussi le *Paris Hostal Boutique* (voir « Où dormir ? »).

■ ***Rent N Go :*** *av. el Derby 55, Edificio Cronos, Torre 1 Of. 733, Lima 33. ☎ (01)-716-27-90 (à Lima, tlj 9h-21h30). • rentngo.pe •* Une agence tenue par des Français. Intéressantes formules « assurance comprise ». Possibilité de prendre ou laisser son véhicule sans supplément à Lima, Arequipa et Cuzco. Véhicules bien entretenus et prestation de qualité.

Où dormir ?

Résa indispensable en juillet-août et notamment autour du 15 août, jour de fête.

De bon marché à prix modérés (moins de 90 NS / env 27 €)

Dans le centre

🏠 ***Los Andes B & B*** *(plan B2,* ***24****)* **:** *La Merced 123. ☎ 33-00-15. • losandesarequipa.com • Doubles sans ou avec sdb 65-85 NS, petit déj inclus.* 💻 📶 Il règne une bonne ambiance d'auberge de jeunesse dans cet hôtel central aux chambres assez grandes, hautes de plafond, lumineuses, modernes et bien tenues – avec parquet, déco sobre, bonne literie, couvertures aux motifs andins, électricité et eau chaude solaires. Celles avec bains partagés s'alignent sur les toits ; elles sont très correctes pour le prix, mais il peut y faire chaud. Les parties communes – cuisine, salon DVD, terrasse avec pergola – sont elles aussi super propres. Une adresse plébiscitée par les routards pour sa situation, son très bon rapport qualité-prix et la qualité des infos qu'on peut y glaner.

🏠 ***Hostal Santa Catalina*** *(plan B1,* ***32****)* **:** *Santa Catalina 500. ☎ 22-17-66. • hostalsantacatalinaperu.com • Membre du réseau* Hostelling International. *Doubles sans ou avec sdb 40-60 NS.* 💻 📶 Un repaire de routards à l'accueil très chaleureux. Le cadre est simple, mais relativement propre. Les chambres (certaines avec TV), donnent pour la plupart sur la jolie cour intérieure colorée, garnie de plantes et de chaises, bien au calme. Douches chaudes et sanitaires communs toujours *limpios.* Possibilité de laver son linge (payant) sur la grande terrasse avec vue sur la ville. Salon et cuisine commune. Une très bonne adresse.

🏠 ***Hospedaje El Caminante Class*** *(plan B1,* ***22****)* **:** *av. Santa Catalina 207A. ☎ 20-34-44. • elcaminanteclass.*

com • Dortoir avec sdb 20 NS/pers ; doubles sans ou avec sdb 45-60 NS sans petit déj. Joli petit hôtel à deux pas de la plaza de Armas et du couvent de Santa Catalina. En plus de pratiquer des prix peu élevés, il dispose de pièces bien aménagées, toutes d'une grande propreté, aux murs peints dans les tons verts. Les doubles les plus chères ont salle de bains et TV câblée. Celles donnant sur la rue sont bruyantes. Mobilier moderne en bois clair. Terrasse avec vue panoramique sur le toit.

Inka Roots (plan B1, **22**) **:** *av. Santa Catalina 213. ☎ 28-77-97. • inkarootshostel@hotmail.com • Lit en dortoir 25 NS ; doubles sans ou avec sdb env 50-75 NS, petit déj inclus.* Propose, sur 2 étages, des chambres bien tenues, pas très grandes, mais calmes et plutôt plaisantes avec leur parquet, leurs lampes en papier et avec TV câblée pour les plus chères. De la très grande terrasse, on domine le monastère de Santa Catalina d'un côté, la cathédrale de l'autre. Une bonne adresse.

Posada del Virrey (plan C1, **23**) **:** *Puente Grau 103. ☎ 22-40-50. • laposadadelvirrey@hotmail.com • Dortoir 20 NS/pers ; double avec sdb 50 NS ; petit déj en sus.* Cette jolie *posada* fait partie des moins chères d'Arequipa et offre un excellent rapport qualité-prix. Les propriétaires sont vraiment accueillants, l'endroit est charmant et bien entretenu. Très mignon patio, terrasse avec barbecue et vue sur le Misti. Pas de lits superposés, donc pas trop de monde dans les dortoirs. La chambre n° 7 a carrément un petit balcon et une chouette vue sur le volcan. Eau chaude avec chauffage solaire 24h/24, mais plutôt tiède. Kitchenette à disposition. Ils organisent aussi des tours. Bref, un coin de paradis pour routards.

Samana Wasi (plan C1, **23**) **:** *Puente Grau 105. ☎ 21-32-34. Double avec sdb 60 NS ; petit déj inclus.* Derrière de hauts murs orangés, un grand et joli portail en bois et un jardinet paisible, une agréable maison d'hôtes. Le salon des proprios fait office d'accueil et le patio à l'arrière donne accès aux chambres, dans une aile moderne de 2 étages. Rien d'immense ni de très chic, mais les chambres sont largement vitrées et profitent toutes d'une vue sur l'horizon volcanique (plus on grimpe, mieux c'est).

Posada Misti (plan B2, **21**) **:** *Alvarez Thomas 204A. ☎ 33-04-36. • posadamistihouse.com • Dortoir (6-9 lits) 20 NS/pers ; doubles sans ou avec sdb 40-60 NS ; petit déj inclus en cas de résa sur le site.* Cette adresse familiale propose un bon rapport qualité-prix-emplacement. La plaza de Armas n'est qu'à 200 m, tout est simple et bien propre et les douches sont chaudes. Pour la petite différence de prix, on préfère les chambres avec bains privés, à l'étage (mais pas côté rue, car c'est un peu bruyant). Celles du rez-de-chaussée sont vraiment petites et dotées de lits superposés. Cuisine à dispo, terrasse pour buller avec vue sur les volcans et, surtout, un excellent accueil. Propose aussi des excursions.

Posada del Cacique (plan C1, **33**) **:** *Jerusalén 404. ☎ 20-21-70. • posadadelcacique@yahoo.es • Petits dortoirs 20 NS/pers ; double avec sdb 50 NS.* Ne vous fiez pas aux couloirs un peu tristounets et à l'ambiance désordonnée : les chambres, joliment arrangées, sont avantageuses pour leur faible prix. Meubles anciens et parquets patinés par le temps, couvertures tissées aux motifs andins et des salles de bains nickel. Que demander de plus ? Mini-cour intérieure au fond et un escalier en colimaçon montant à une terrasse pour une vue magnifique sur les volcans. Cuisine à dispo. Accueil familial et conseils précieux du truculent « cacique » des lieux.

Posada del Kuraka (plan B-C1, **31**) **:** *Puente Grau 110. ☎ 23-12-37. • laposadadelkuraka@gmail.com • Double 55 NS sans petit déj.* Petite *posada* familiale très propre, où la modestie de l'hébergement est vite compensée par les trésors de gentillesse de vos hôtes. Les chambres donnent en majorité sur les couloirs, mais toutes ont leur salle de bains privative. Terrasse au mobilier un peu déglingué, mais la vue y est superbe.

Hostal Bolívar (plan B1, **40**) **:** *Bolívar 202. ☎ 20-02-80. • hostalbolivar.com • Double 90 NS, petit déj inclus.*

Transfert gratuit depuis l'aéroport ou le terminal de bus. La transformation récente de la calle Bolívar en rue piétonne a été une bénédiction pour cet hôtel installé dans une vieille maison coloniale. Les chambres, bien propres, avec salle de bains et TV câblée, sont réparties autour d'un petit patio que précède une grille ouvragée. En voir plusieurs, certaines possédant un beau mobilier, d'autres au rez-de-chaussée étant sombres. Cuisine à dispo.

En dehors du centre

Hostal Premier *(hors plan par A3,* ***27****) : av. Quiroz 100 (juste au sud de la ville coloniale).* ☎ *22-78-21.* • *hostalpremier.com* • *Adhérent de* Hostelling International. *Double avec sdb 70 NS.* Bloc rectangulaire moderne, dont l'absence de charme est un peu adoucie, à l'intérieur, par les nombreuses plantes vertes et la terrasse avec vue sur le Misti. Petites chambres correctes. Bar et cafétéria. Cuisine à dispo. Excellent accueil par des personnes joviales et compétentes.

Prix moyens (90-130 NS / env 27-39 €)

Dans le centre

Casa de Avila *(plan A3,* ***26****) : av. San Martín 116, Vallecito.* ☎ *21-31-77.* • *casadeavila.com* • *spanish schoolarequipa.com* • *Doubles 100-140 NS, petit déj inclus ; réduc de 20 % env pour les élèves de l'école d'espagnol.* Légèrement excentrée, cette adresse est néanmoins recommandée pour ses belles chambres très bien tenues, la plupart agréablement disposées tout autour d'un grand carré de gazon planté de parasols. Les plus plaisantes, avec parquet, sont celles du bâtiment du fond. Certains ne font qu'y dormir, d'autres viennent y prendre des cours d'espagnol. La maison propose des formules à la carte, en cours privés, à raison de 4h durant 5 jours consécutifs, pour env 140 NS. 3 niveaux : débutant, moyen et confirmé. Agréable cafétéria pour le petit déj et salle de jeux (ping-pong, baby-foot...).

Los Balcones de Moral y Santa Catalina *(plan B1,* ***42****) : Moral 217.* ☎ *20-12-91.* • *balconeshotel.com* • *Double 130 NS, petit déj inclus.* Bienvenue dans cet hôtel haut en couleurs ! Jaune, vert, bleu, rouge animent les murs, les escaliers, les portes et les dessus de lits. On profite depuis la majeure partie des chambres d'une vue sur les blancs clochers de la cathédrale... les cloches s'activant seulement le dimanche. Pour le reste, l'accueil, le confort, la propreté, tous les feux sont au vert ! Une adresse qui donnera des couleurs à votre séjour *arequipeño*.

Uspalay *(plan B2,* ***34****) : Mercaderes 142.* ☎ *21-18-91.* • *uspalay.com* • *Double 110 NS, petit déj inclus.* Petite pension située à 50 m de la place d'Armes. Certes, le bruit de cette rue commerçante et animée gênera les routards au sommeil sensible, mais on n'a rien sans rien ! Sinon, préférer les chambres à l'arrière. Toutes de qualité identique et de taille honorable, impeccablement entretenues, ornées de couleurs et tableaux pimpants. Bon accueil de Claudia et Elliot, un couple franco-péruvien. En prime, une belle terrasse avec parasols.

En dehors du centre

Chez Julie *(hors plan par C3,* ***35****) : urb. Los Naranjos J-2, paralela av. Dolores.* ☎ *42-40-10.* • *chezjulieauperou@yahoo.com* • *À 10 mn en taxi (env 6 NS) au sud-est du centre. Compter 50 NS/pers, petit déj compris. Repas du soir sur résa 15 NS/pers.* Débarquée adolescente, en Bretagne, Julie a gardé de son premier contact avec la France une francophilie à toute épreuve... Installée dans une maison de la banlieue résidentielle avec sa mère, elle propose 8 chambres avec salle de bains qui n'ont rien d'exceptionnel, à la différence de votre hôtesse, au sourire généreux et à la bonne humeur communicative – surtout lorsqu'il s'agit de parler de cuisine ou de préparer le meilleur *pisco sour* ! Julie peut organiser des voyages complets ou réserver certaines prestations pour vous avant votre arrivée. Elle ira vous chercher à l'aéroport ou à la gare routière, vous guidera en ville et vous conseillera les bonnes adresses de son quartier.

Casa de Tin-tín *(hors plan par A3,* **37***)* **:** *urb. San Isidro F-1, Vallecito. ☎ 28-47-00. • hoteltintin.com • À 5 mn en taxi du centre ou 25 mn à pied. Doubles 130-140 NS, copieux petit déj inclus.* Dans un quartier résidentiel verdoyant, au pied d'un grand pont métallique construit par Eiffel. La haie est taillée sur le modèle de la tête du petit reporter. Cette véritable maison d'hôtes est tenue par la francophone Anita, qui se mettra en quatre pour vous rendre le séjour agréable. Chambres à l'effigie des personnages de Hergé, équipées de douche/w-c très bien aménagés, calmes et agréables, particulièrement ensoleillées, certaines avec un petit balcon. Notre préférée (la plus chère !) sur le toit, possède un coin sauna et une terrasse. On y sert le petit déj et le dîner (à la demande). Blanchisserie. Excellente adresse qui fait l'unanimité et dont on parle partout dans le pays comme d'une référence !

Posada Nueva España *(hors plan par A-B1,* **38***)* **:** *Antiquilla 106, Yanahuara. ☎ 25-29-41. • nuespana.com • Double 150 NS.* Petit hôtel propre et très calme tenu par un sympathique couple francophone. Chambres colorées avec salle de douche/w-c (eau chaude à l'énergie solaire), grandes et disposées autour d'un patio. Petit déj servi dans le jardin, blanchisserie. On y dispense aussi des cours d'espagnol. Cuisine à dispo. Transfert gratuit depuis l'aéroport ou la gare routière. Bonne adresse et bon accueil.

AREQUIPA

De chic à plus chic (à partir de 130 NS / env 39 €)

Dans le centre

La Casa de Melgar *(plan C1,* **46***)* **:** *Melgar 108. ☎ 22-24-59. • lacasademelgar.com • Doubles avec sdb 170-250 NS, petit déj inclus. Sur résa, transfert possible de/vers l'aéroport.* Cet hôtel de charme occupe une maison coloniale, ancienne résidence épiscopale, bâtie en murs de *sillar,* cette pierre volcanique blanche typique d'Arequipa. Les chambres, spacieuses et bien équipées, toutes avec salle de bains, occupent l'étage et les maisonnettes réparties au long de patios successifs aménagés avec beaucoup de goût. Plafonds voûtés en brique, mobilier colonial, décoration soignée avec des céramiques régionales, des tissus, de vieux coffres... tout cela est très réussi. Les *superior,* plus grandes, ont un lit *king size.* Quelques-unes sont un peu moins réussies ou plus sombres. Fourchette de prix assez large selon la situation, le type de confort et la saison. Grand jardin au fond. Bon accueil.

Hotel Santa Rosa *(plan B1,* **28***)* **:** *Santa Catalina 206. ☎ 21-29-81. • hotelsantarosa-aqp.com • Doubles avec sdb 170-200 NS, petit déj inclus.* Stratégiquement niché à mi-distance des deux joyaux d'Arequipa – le couvent de Santa Catalina et la place d'Armes –, dans une vieille bâtisse coloniale : portail chic, cour pavée, salon avec piano et belle salle à manger au plafond vouté en brique. Quelques chambres à l'étage occupent la partie ancienne : beaucoup d'âme, mais les rumeurs de la rue vous accompagnent jusque dans le lit... Les autres sont réparties dans 2 bâtiments modernes à l'arrière, tout confort, face à une grande pelouse. Service très pro. Une des meilleures adresses de cette catégorie.

Hostal La Casa de Mi Abuela *(plan C1,* **48***)* **:** *Jerusalén 606. ☎ 24-12-06. • lacasademiabuela.com • Doubles 120-165 NS, junior-suites 210 NS, petit déj inclus.* Un haut mur et 2 portails précèdent l'accueil... de quoi se sentir en sécurité dans ce quartier déjà tranquille ! Une fois ces obstacles franchis, une véritable oasis s'offre à vous, avec un grand jardin à la pelouse bien agréable où il fait bon lire au soleil, dans un hamac, une chaise longue, une balancelle, ou bien piquer une tête dans la piscine... Les chambres se répartissent dans la maison d'origine et dans d'autres, rachetées au fil du temps, formant une sorte de hameau. De taille variable, elles sont dans l'ensemble fort bien tenues. Les moins chères sont vraiment petites, mais permettent de profiter du lieu à moindres frais. Les *junior suites* ont une baignoire, un frigobar et, à l'étage, un agréable balcon.

L'ensemble est calme et a beaucoup de charme. Resto sur place avec piano-bar *(tlj 10h-22h en hte saison).*

La Casa de Margott *(plan B-C1, **39**) : Jerusalén 304. ☎ 22-95-17. • lacasademargott.com • Doubles 100-120 NS selon saison, petit déj compris.* Un bien joli petit hôtel, installé dans une maison traditionnelle à la façade jaune safran, qui enserre un patio où trône un beau palmier. Les chambres, réparties sur plusieurs niveaux, au gré d'un dédale d'escaliers et de terrassons, sont à la fois accueillantes, impeccables et bien équipées. On préfère toutefois celles aux murs de *sillar* plutôt que de brique, moins riantes. L'une d'elles, sous une voûte en pierre, a beaucoup de classe. Terrasse et jacuzzi.

En dehors du centre

Paris Hostal Boutique *(hors plan par A3, **25**) : av. Tacna y Arica 119D, au sud du centre dans la rue qui prolonge Alvarez Thomas (15 mn à pied de la pl. d'Armes). ☎ 22-48-53. 959-94-41-33. • hostalparisarequipa.com • Résa conseillée. Doubles avec ou sans sdb 30-60 $, petit déj en sus (10 NS/pers).* Dans une maison du début du XXe s construite dans un style anglais, un petit hôtel de quelques chambres confortables, toutes de style différent. Une maison bien vivante, au charme désuet, un peu poussiéreuse aussi, mais chaleureuse. Salon, bar et accès à la bibliothèque du propriétaire, guide péruvien érudit et passionnant. Une bonne adresse.

Bien plus chic (plus de 250 NS / env 75 €)

Dans le centre

Los Tambos *(plan B2, **30**) : c/ Puente Bolognesi 129. ☎ 60-09-00. • lostambos.com.pe • Double 250 NS (résa à l'avance), sinon 280 NS, petit déj inclus. Transfert gratuit en taxi de l'aéroport ou de la gare routière à partir de 2 nuits réservées.* L'hôtel, à 50 m à peine de la plaza de Armas, propose des chambres modernes, spacieuses, décorées avec goût et dotées de lits *king size.* TV écran plasma et double vitrage garantissant le calme, malgré la situation centrale. Le personnel est ultra-serviable et de bon conseil. On prend le petit déj sur la terrasse supérieure, avec vue sur le Misti.

En dehors du centre

La Maison d'Élise *(hors plan par A-B1, **54**) : av. Bolognesi 104, Yanahuara. ☎ 25-61-85. Juste après avoir passé le pont Grau, prendre la 1re à droite ; c'est tt de suite à gauche. Le centre est à 10 mn. Double 380 NS, petit déj (léger) inclus.* À l'arrière d'un chic bâtiment contemporain, au calme, presque un minivillage de vacances avec de petites constructions sur différents niveaux, coquettes et agréables, entourant une petite piscine. Chambres spacieuses et plutôt confortables. Vaste salon-bar avec canapés. Service de restauration. Une bonne adresse.

La Posada del Puente *(hors plan par A-B1, **55**) : av. Bolognesi 101. ☎ 25-31-32. • laposadadelpuente.com • Situé juste de l'autre côté du pont Grau, à droite, en contrebas de la rue, au bord de la rivière. Doubles 320-430 NS.* Environnement agréable, vue sur les sommets enneigés, la ville et la rivière. Les chambres, occupant des bungalows en dur et de petits bâtiments donnant sur les jardins où gazouillent des oiseaux, disposent de la TV câblée et d'un minibar. Piscine et tennis juste à côté, gratuits pour les résidents. Resto chic (et cher). Du centre, prendre un taxi la nuit.

Où manger ?

Il y en a pour tous les goûts à Arequipa : des *pollerías* de la rue Santo Domingo (poulet au huitième, au quart, au demi ou même entier) aux restos plus touristiques du centre historique, en passant par les *picanterías* (restos traditionnels) établies à Yanahuara, où s'aventurent peu de touristes.

De bon marché à prix moyens (moins de 25 NS / env 7,50 €)

|●| La Canasta (plan B2, **61**) **:** *Jerusalén 115. ☎ 20-40-25. Tlj sf dim 8h30-20h.* Même si vous n'aviez pas faim, on vous conseillerait d'entrer dans la cour de cette vieille bâtisse coloniale à la façade rouge et blanc pour y jeter un coup d'œil. Au fond, quelques tables précèdent un salon de thé à la péruvienne où l'on sert d'excellents gâteaux et sandwichs de pain de mie. Et aussi : bonne baguette, croissants, pains aux olives, *empanadas* et *antojitos,* la spécialité de la maison, des petits gâteaux typiques d'Arequipa.

|●| La Empanadita (plan B2, **62**) **:** *General Morán 121. ☎ 25-43-60. Tlj 7h-14h, 15h-22h.* Beaucoup de monde pour s'envoyer 1 ou 2 *empanadas* le midi. À 6 NS l'unité, on n'est pas ruiné, et le choix est vaste (6 ou 7 sortes) si l'on arrive tôt. Rapide, pratique et d'un bon rapport qualité-prix. Le soir, en revanche, il reste un peu *nada...*

|●| Tenanpa (plan B2, **75**) **:** *pasaje Catedral 108. ☎ 20-00-13. Tlj 12h-21h. Menu (midi et soir) 15 NS.* Dans la rue piétonne à l'arrière de la cathédrale, un petit snack mexicain qui n'a l'air de rien, mais qui mitonne quelques savoureuses spécialités nationales *(huevos rancheros, tacos, fajitas, tamales)* servies généreusement, le tout pour deux fois rien. En *happy hours,* 2 *pisco sour* pour le prix d'un.

|●| Mamut (plan B2, **66**) **:** *Mercaderes 111.* Pas de mammouth-burger, comme l'enseigne pourrait le suggérer, mais une *sanguchería* de qualité, où votre commande est préparée... à la commande, justement. On ne vous expliquera pas pourquoi les Péruviens ont rebaptisé les sandwichs *sánguches,* car on n'en sait rien, on se contentera de les manger, en taille *grande* ou *chico.* Le *jamón ahumado* (jambon fumé) est un vrai régal.

|●| Chifa Mandarin (plan C2, **63**) **:** *Mercaderes 310. ☎ 28-19-88. Tlj 12h30-22h30 (22h dim et j. fériés). CB acceptées.* Une mention spéciale pour ce chinois très clean qui passe de la musique latino. Déco moderne. *Combos* pas chers et carte de 100 plats à prix doux et aux portions généreuses. Le canard à l'ananas a particulièrement la cote. Service soigné, presque stylé. Les intrépides qui ne détestent pas l'*Inca Cola* en profiteront pour goûter au *Kola Escosesa,* au goût de cerise. Attention, on n'a pas dit que c'était bon, c'est juste une curiosité !

|●| Antojitos de Arequipa (plan B2, **62**) **:** *General Morán 125A. ☎ 28-25-99. Tlj 6h-23h. Menu 11 NS.* Une cafétéria améliorée qui peut justifier une halte pour son menu du midi très abordable. Sinon, sandwichs, salades, petits plats à prix plus élevés. Service rapide.

De prix moyens à chic (15-40 NS / env 4,50-12 €)

|●| El Colibri (plan B1, **72**) **:** *San Francisco 221. ☎ 23-51-60. Tlj 8h-minuit (23h dim). Petit déj à partir de 8,50 NS. Menus 15-26 NS. CB refusées.* La salle, haute de plafond, ornée de fresques et semée de chaises hautes à dossier étroit, évoque une chapelle coloniale. Beaucoup de fidèles viennent y déguster une bonne cuisine andine où figurent en majesté le quinoa et l'alpaga (grillé, en filet, aux figues, au coco...). Truite en *ceviche* et *cuyes.* Les viandes sont parfaitement cuites, voire saignantes pour ceux qui le demandent (une rareté !). Le tout est bien présenté et très copieux. En prime, agréable terrasse sur les toits pour le déjeuner. Et le service est au diapason.

|●| Crepísimo (plan B1, **1**) **:** *Santa Catalina 208. ☎ 20-66-20. Dans la cour de l'Alliance française. Tlj 8h-minuit. Menu déj 25-30 NS ; crêpes env 15 NS.* Si vous n'êtes pas trop aventurier, voilà ce qu'il vous faut : plus d'une cinquantaine de crêpes salées différentes (et autant de sucrées). La pâte est préparée à partir de *cañihua,* une céréale d'altitude sans gluten. On hésite entre les valeurs sûres, façon jambon-fromage, ou, dans un registre plus inventif, les galettes à l'alpaga, à la truite du lac Titicaca ou à la crème de quinoa. Un bon resto pour caler les petites faims dans un cadre serein avec quelques tables en verre sous les parasols, installées dans la cour intérieure gavée de soleil. En bonus, un « mirador » pour contempler les toits et le monastère tout proche.

|●| ***Nina Yaku*** *(plan B1-2,* ***68****)* **:** *San Francisco 211. ☎ 28-14-32. Tlj sf dim 12h-22h.* Elle est élégante, cette salle veillée par une mezzanine, avec ses murs de *sillar* encadrant un bar arrondi et des chaises tendues de tissu. En dépit du décor un peu austère, nous avons fait ici l'un de nos meilleurs repas. La cuisine novo-andine est copieuse et bien tournée, les légumes sont croustillants comme il faut, les *ceviches* fraîchissimes. Tout cela vous sera servi dans des assiettes aux formes variées, histoire de vous faire causer. Préparations à la commande, alors soyez un peu patient.

|●| ***La Cheminée*** *(plan C1,* ***64****)* **:** *Jerusalén 402. ☎ 22-67-61. Tlj 12h-22h. Menus 11-26 NS ; plats 20-28 NS. CB acceptées.* Dans une jolie cour pavée de galets et de pierres, une poignée de tables nappées de couleurs vives, disposées autour d'un puits. Un *floripondio* y a pris racine (ses jolies fleurs ont des vertus hallucinogènes...). Bons petits plats maison à consommer sans modération. Le « salé » est clairement péruvien : *crema andina, alpaca alla plancha, recoto relleno,* etc. ; le « sucré » résolument bleu-blanc-rouge : mini crèmes brûlées, fondant au chocolat... Au fait, la cheminée est à l'intérieur... pour les jours de frimas.

|●| ***La Terraza*** *(plan B2,* ***71****)* **:** *portal de Flores 102, pl. de Armas. ☎ 28-17-87.* La plus haute terrasse donnant sur les monuments, illuminés le soir. Chaises en plastique, parasols en paille, ce n'est pas la grande classe, mais on l'oublie très vite. Malgré un côté touristique, on y mange étonnamment bien, de bons petit plats locaux un peu revisités : alpaga au risotto de quinoa, poulet en croûte de sésame... La vue imprenable fait le reste ! Et on peut se contenter d'y boire un coup.

Plus chic (plus de 40 NS / env 12 €)

|●| ***Le Zig-Zag*** *(plan B1,* ***70****)* **:** *Zela 210. ☎ 20-60-20. Tlj 12h-minuit.* Tenu par un couple germano-helvétique, ce resto plébiscité de toutes parts a installé ses fourneaux dans une ancienne demeure coloniale, aux 2 niveaux reliés par un escalier dessiné par la société de Gustave Eiffel. La cuisine mixe les traditions alpines et andines. Voilà pourquoi vous trouverez à la carte une fondue mi-fromage suisse, mi-fromage péruvien, aromatisée au *pisco* ! La vraie spécialité, cependant, ce sont les pierrades : bœuf, agneau, alpaga, écrevisses, saumon ou thon... tout grillé *a la plancha.* Pour éviter de vous tacher, on vous apportera un beau bavoir en papier ! Le service est agréable et efficace, la carte des vins est impressionnante, bref tout est parfait.

|●| ***Trattoria del Monasterio*** *(plan B1,* ***69****)* **:** *Santa Catalina 309. ☎ 20-40-62. Tlj sf dim soir 12h-15h, 19h-23h.* Enclavé dans le mur extérieur du monastère, ce restaurant italien chic mais pas guindé est un bon plan pour un dîner intime. 3 petites salles en enfilade, murs chaulés de blanc et ornés de peintures modernes. On y propose les grands classiques italiens que sont les *bruschette,* risottos, lasagnes, raviolis ou osso buco, mais aussi des plats mâtinés de touches fusion, comme ces médaillons de porc accompagnés de raviolis sauce citrouille. Bonne sélection de vins et desserts confondants. Service attentionné.

Dans le quartier de Yanahuara *(hors plan par A-B1)*

Un quartier couru pour ses *picanterías* typiques. Pour s'y rendre, taxi ou bus vert direction Yanahuara, à prendre dans la calle Puente Grau. Demander à descendre au niveau de la calle Misti, tout de suite de l'autre côté du pont.

Plus chic (plus de 40 NS / env 12 €)

|●| ***Picantería La Palomino*** *(hors plan par A-B1,* ***74****)* **:** *Misti 400. ☎ 25-36-75 ou 23-93. Tlj 11h30-17h30.* Il y a en fait 2 *Palomino* attenants, l'ancien et le nouveau. Peu importe, au fond, car on

y mange la même cuisine tout au feu de bois, excellente et servie en portions gargantuesques. Le plat fétiche de la maison, c'est le *chupe de camarones*, un bol empli de magnifiques écrevisses nageant dans un bouillon de riz et de légumes. Bavoir de rigueur ! Les Péruviens, qui viennent en famille, entre amis ou entre relations de travail, pour s'en mettre plein la panse, adorent. Toutes les salles, les moindres recoins, la grande terrasse couverte à l'étage ne désemplissent pas. Attention, certains plats ne sont disponibles que le mercredi et/ou le dimanche. D'autres *picanterías* bon marché sur la calle Misti.

Où prendre un petit déjeuner ? Où s'offrir un bon gâteau ?

À ***La Canasta*** (voir « Où manger ? » ; *plan B2,* ***61***) de préférence, ou, éventuellement, dans les restos au 1er étage des arcades de la plaza de Armas. Service un peu lent, petit déj très standard, mais vous êtes là pour la vue.

Capriccio Gourmet *(plan B1-2,* ***77****) : Santa Catalina 120. ☎ 21-25-49. Tlj 8h-22h.* Le meilleur pâtissier de la ville ? Le voici. Au milieu d'un assortiment de plus de 45 douceurs, essayez donc le très bon *suspiro a léa limeña* (« soupir de Lima »), une crème un peu épaisse, très sucrée, au lait concentré, nappée d'une meringue au vin. Autres classiques : le *crocante de chirimoya*, le *capricho al sauco* (myrtille) ou le *tres leches*. Soupes, salades et sandwichs pour les plus grosses faims. À déguster dans une agréable salle voûtée, ornée de peintures murales.

Cusco Coffee Company *(plan B2,* ***76****) : La Merced 135, angle Palacio Viejo. Lun-sam 7h30-22h, dim 10h-19h.* Sur fond de musique californienne et décor de murs colorés, bardés d'affiches et de tirages de Kadinsky, on y sirote cappuccino, café au caramel ou moka, hélas servis dans des gobelets en carton. C'est le *coffee-shop* par excellence, avec des canapés confortables au fond de la salle pour prendre tout son temps. Un petit creux ? Choisissez parmi les tartes (excellente au citron), gâteaux ou sandwichs.

Où boire un verre ? Où sortir ?

Les soirs de week-end, le passage de la cathédrale et le coin des calles San Francisco et Zela *(plan B1)* s'animent incroyablement. Nombreux patios dans lesquels se mêlent musique et bavardages. On boit, on chante, on danse, on trinque. L'envie est forte de se lancer dans une joyeuse tournée des bars...

Cafés et bars

Pura Fruta *(plan B2,* ***81****) : Mercaderes 131. ☎ 23-18-49. Tlj 8h-22h (minuit ven-dim).* Cadre moderne de fast-food amélioré, aux murs colorés tapissés de photos de fruits. Le ton est donné : ici, c'est 100 % *jugos, smoothies* et salades de fruits. La limonade maison est très bonne aussi.

Café Istanbul *(plan B1,* ***72****) : San Francisco 231A. ☎ 20-38-62.* Le cadre, chaleureux, tient de la cave voûtée revisitée, avec ses murs en *sillar* entre lesquels s'est ajoutée une mezzanine métallique. De la vodka noire (au jus de cerise) à l'incontournable *mojito* framboise, les cocktails émoustillent les papilles (intéressante *happy hour* en soirée), tandis que la musique *lounge* adoucit les tympans. Sandwichs et jus frais.

La Terraza *(plan B2,* ***71****) : portal de Flores 102, pl. de Armas. ☎ 28-17-87.* Lieu stratégique que cette terrasse pour prendre un verre face aux monuments joliment éclairés le soir. On peut aussi y manger (voir plus haut « Où manger ? »).

Cafe y Vino *(plan B2,* ***84****) : Morán, claustros de la Compañia, 1er étage. ☎ 28-33-71. Tlj 11h-22h30 (20h dim).* Bar à vins au-dessus du cloître de l'église de la Compañia. La vue sur

AREQUIPA

les dômes et toits en pierre du sanctuaire est plus qu'agréable. À l'intérieur, petite salle décorée de photos. Côté boisson, c'est l'occasion de boire des crus argentins, chiliens, péruviens et autres vins doux comme les aiment les Sud-Américains. Également des cocktails bien dosés. On peut aussi grignoter un petit quelque chose histoire de garder le cap !

Pubs et bars musicaux

Farren's *(plan B2,* ***86****)* **:** *pasaje Catedral 107. ☎ 23-84-65. Tlj 9h-minuit.* Dans la petite rue passant derrière la cathédrale, un pub irlandais revu et corrigé, à l'ambiance survoltée, qui se cristallise autour du billard. Petite salle voûtée avec mezzanine. La musique, très pop et très forte, n'effraie ni les jeunes couples venus roucouler ni les minettes sortant entre copines. Pour pratiquer le *pub crawl,* il y a l'*Inkari,* à 30 m.

Frog's et Split *(plan B1,* ***70****)* **:** *Zela 202 et 216.* Ces 2 bars animés sont très fréquentés par la jeunesse locale. Le *Frog's* a une déco de bambou plus marine qu'andine et un grand palmier planté dans sa cour intérieure. Des groupes viennent souvent s'y produire. Quant au bien nommé *Split,* il se partage entre une salle voûtée et un *Lounge* à l'étage. Musique assez forte et locaux qui chantent gaiement en refrain.

Split Bistro *(plan B1,* ***82****)* **:** *Zela 207. ☎ 20-12-68. Tlj sf dim 18h-1h (2h jeu-sam).* Café-*lounge* branché avec 2 salles aux murs de pierres apparentes, canapés cosy et musique électro à un niveau sonore élevé.

Boîtes

Déjà Vu *(plan B1,* ***83****)* **:** *San Francisco 319B. Tlj 18h-2h.* Qui ne connaît pas le *Déjà Vu* à Arequipa ? Toujours plein à craquer quand minuit sonne. Beaucoup de gringos harponnés par les *brincheras,* ces filles (faciles) qui espèrent se faire payer des coups à boire, ou plus... On s'amuse bien à observer ce petit manège, sans altérer la bonne ambiance qui en fait une étape incontournable de la nuit aréquipénienne. Musique tendance électro.

Le centre névralgique de la fiesta se situe juste à côté, dans cet immense espace du nº 317 regroupant le ***Chill out,*** le ***Zero,*** pour une partie de billard plutôt cool, et les bars-boîtes ***Terrasse*** (tout en haut), ***Retro*** (pour les nostalgiques) et ***Forum*** (très années 1980)... Il se peut qu'on vous réclame un droit d'entrée (5-6 NS).

Achats

Carrasco *(plan B3,* ***90****)* **:** *Pierola (face au marché), ou claustros de la Compañia, au rdc. Tlj 10h-14h, 16h-20h.* Un magasin de chapeaux fondé en 1929, qui propose de beaux panamas.

AREQUIPA

À voir

Le cercado (centre historique)

Arequipa est une ville se prêtant merveilleusement à la marche. Très conseillé de refaire le parcours de nuit, pour l'atmosphère. À noter : l'ensemble des sites et les musées sont fermés le 15 août.

Plaza de Armas *(plan B2)* **:** bien qu'elle ne date que du XIXe s, c'est l'une des plus jolies du pays avec sa couronne d'arcades sur deux étages. Elle fait penser aux plus séduisantes *plazas* d'Espagne avec palmiers, fontaine et pigeons. Si l'on se cale du côté sud (devant l'office de tourisme), on voit émerger le volcan Chachani de derrière la cathédrale. Depuis une terrasse de café, aux balcons des arcades, il est agréable d'assister à la sortie de la messe. De petits groupes se répandent alors sur les bords de la fontaine de bronze surmontée du *Tuturutu*, le génie protecteur de la ville, à l'ombre des majestueux palmiers. La place est souvent le lieu de manifestations politiques ; la région, truffée de mines, connaît une activité syndicale intense. Le dimanche matin, ces défilés militants alternent avec ceux des écoles, voire des enfants de troupe... Mélange (d)étonnant !

***Catedral** (plan B2) : pl. de Armas. Tlj 7h-10h, 17h-19h. Visite possible slt entre les messes.* Imposante et massive, plus large que haute, et surmontée de campaniles pointus, elle a été, au fil de son histoire, la victime de plusieurs tremblements de terre et incendies, le dernier en 1844. En 1868, elle a été reconstruite dans un style néo-Renaissance d'influence française (paraît-il !). Une curiosité à relever : la façade qui borde la place sur 108 m n'est en fait qu'un « décor », puisque c'est le flanc de l'église ! Entrée par la nef latérale et découverte d'un intérieur meringué au décor éclectique assez chargé. Noter la représentation de Satan, que le prêtre écrase du haut de sa chaire. Possibilité de visiter le *musée de la cathédrale (visite guidée slt, lun-sam 10h-17h, 10 NS),* qui abrite quelques éléments du trésor et des objets précieux.

***La Compañía** (plan B2) : à l'angle de General Morán et Alvarez Thomas. Tlj 9h (11h30 sam)-13h, 15h-19h ; dim 9h-13h, 17h-20h. Accès à la chapelle San Ignacio 5 NS.*
Cette église jésuite de la fin du XVIIe s possède une façade baroque splendide rappelant celle de la cathédrale de Puno par sa richesse d'ornementation et son coup de ciseau : le *sillar* a ici été sculpté de façon magistrale et offre au regard une profusion de détails représentatifs du métissage préconisé par les jésuites, qui n'hésitaient pas à inclure des figures de la mythologie inca dans l'iconographie traditionnelle chrétienne. Ainsi les pumas, serpents et oiseaux amazoniens côtoient-ils les anges emplumés. Côté calle Alvarez Thomas, le portail latéral représente *Saint Jacques triomphant des Maures* – reconnaissables à leurs turbans.
Dans l'église même, immense *retable* de bois sculpté doré du XVIIIe s, influencé par l'école de Cuzco. À gauche, un *Saint Jacques* rapporté d'Espagne ; à droite, un *Saint Sébastien* du XVIe s. Le clou de la visite est la ***chapelle San Ignacio*** : l'intérieur de sa coupole polychrome est couvert d'une décoration exubérante et naïve de perroquets et de fleurs multicolores, souvenir du temps où les missionnaires de la Compañía évangélisèrent la selva. Aux quatre angles, les évangélistes. Vous remarquerez aussi le cadre très original des fonts baptismaux, avec des jambes se terminant par une tête !

***Claustros de la Compañía** (plan B2) : on y accède gratuitement depuis l'église (côté sacristie) ou au 110 de la rue General Morán.* Les deux cloîtres ont été superbement restaurés et abritent aujourd'hui des boutiques d'artisanat et de produits locaux. Les piliers du premier patio (côté General Morán) présentent une ébouriffante profusion d'entrelacs, motifs floraux et grappes de fruits. N'hésitez pas à monter à la galerie de l'étage pour prendre un verre et profiter du cadre enchanteur.

***Iglesia de Santo Domingo** (plan B2) : Santo Domingo, angle Rivero. Lun-sam 6h45-12h (9h sam), 15h-19h45 ; dim 5h30-13h.* Elle fut complètement démolie par un tremblement de terre et reconstruite ; de l'ancien édifice du XVIIe s ne subsistent qu'une tour et un élégant portail sculpté.

***Casa Museo José Villalobos** (plan B2) : Alvarez Thomas 206. • casamuseovillalobos.com • Lun-sam 9h30-17h. Visite (guidée – en espagnol – obligatoire ; 1h) : 20 NS.* Très belle demeure bourgeoise bâtie en 1928, suivant des techniques antisismiques alors novatrices et efficaces, puisque deux tremblements de terre n'en ont pas eu raison ! Ancienne propriété de José Villalobos, premier maire socialiste du Pérou, surnommé le médecin des pauvres. Elle abrite une riche collection de meubles et objets d'art accumulée par cette famille toujours maîtresse des lieux : très belle harpe Hérard, représentation de Venise par Benvenutti, cadres de l'école de Chelsea (les seuls autres exemplaires sont au palais de Buckingham), assiettes décorées par Goya, très beau *Diane et Cupidon* du Titien... Table de salle à manger superbement dressée comme en attente d'un repas de gala, magnifique bibliothèque. On se laisse guider dans cet univers luxueux de tapisseries anciennes, murs lambrissés, lustres en mica, porcelaine de Sèvres, vases Ming, etc.

Museo Santuarios Andinos *(plan B2)* **:** *La Merced 110. ☎ 21-50-13. • ucsm.edu.pe/santury • Tlj 9h-18h (15h dim). Entrée : 20 NS ; réduc. Visites guidées (1h) obligatoires assurées en espagnol ou en anglais (parfois en français) par des étudiants volontaires de l'université catholique (pourboire apprécié). La visite débute par un film de 20 mn, en plusieurs langues.*

C'est dans ce musée (le plus visité d'Arequipa) que l'on peut voir la célèbre *momie Juanita,* émouvante « princesse des glaces ». Une mission a permis de la dégager et de fouiller le site de son immolation, révélant divers objets : petit sac empli de feuilles de coca, récipients à *chicha* (bière de maïs), lamas en argent, figurines couvertes de tissu.

Juanita est la mieux conservée des 18 momies incas découvertes à ce jour sur les hauts sommets andins. Pourquoi de tels sacrifices ? Sans doute les Incas espéraient-ils conjurer les catastrophes naturelles en s'attirant la bienveillance des *apus* (divinités des montagnes). De petits temples et des autels circulaires étaient construits pour ces cérémonies. La momification, pour sa part, est naturelle : c'est le froid de haute altitude qui l'a favorisée.

On suppose que Juanita a été tuée d'un coup de massue sur la tempe droite. On lui avait fait ingurgiter auparavant des feuilles de coca et pas mal de *chicha,* sans doute pour l'étourdir. Les riches étoffes qui l'enveloppaient ont été patiemment dégagées et sont exposées au musée, à côté de différentes offrandes. Sa cape est rouge (symbole de la noblesse), blanc (symbole de la divinité), avec trois bandes – comme le drapeau du Pérou. Quant à Juanita, elle est conservée dans un caisson transparent, par - 20 °C. Triste fin, si vous voulez notre avis.

LA BLANCHE-NEIGE DE L'AMPATO

En 1995, une éruption volcanique fit fondre la calotte glaciaire du volcan Ampato. Après cinq siècles et demi de sommeil, Juanita, une jeune fille momifiée de 14 ans, retrouvait la lumière du jour. Elle fut découverte par hasard par le guide aréquipénien Miguel Zárate et l'archéoloque américain Johan Reinhard.

Les plus beaux édifices, palais et hôtels particuliers de style colonial ont souvent été investis par des banques ou des sièges sociaux d'entreprises. Il en est ainsi de la belle ***casa Goyeneche*** *(plan B2 ; La Merced 205 ; ☎ 21-22-51 ; lun-ven 9h15-13h, 14h-16h45 ; entrée libre mais visite guidée – en espagnol – obligatoire),* où la banque de réserve du Pérou a posé ses planches à billets. Ce palais du XVIIIe s fut longtemps propriété de l'archevêque d'Arequipa. On y visite une jolie petite exposition de céramiques précolombiennes, représentatives de toutes les grandes cultures péruviennes, et une salle de peinture religieuse – avec une étonnante *Trinité* aux trois christs, histoire de bien faire comprendre le dogme aux indigènes...

Calle Mercaderes *(plan B2)* **:** cette artère piétonne s'étire depuis l'angle nord-est de la plaza de Armas. On y croise plusieurs édifices monumentaux des années 1940-1950, au style « néo-aréquipénien », comme le *Banco Internacional del Perú* (au n° 217) et le *théâtre municipal* (n° 239). Même punition pour le *Banco de Crédito* au n° 101 de la calle General Morán.

Ne pas rater, au n° 108 de la calle San Francisco, le splendide portail ouvragé de la ***casa Tristán del Pozo*** *(plan B2),* de style baroque *mestizo.* Construite

AREQUIPA

en 1738, occupée par des cousins et cousines de Flora Tristan, la demeure abrite aujourd'hui la banque *BBVA*. On peut y entrer dans la journée. La première cour révèle un beau décor sculpté et de superbes portes et fenêtres anciennes en bois ciselé. En face débute le romantique (surtout la nuit) *pasaje de la Catedral*.

Casona Iriberry *(plan B2)* **:** *Santa Catalina 101 ou San Agustín 115 (entrée secondaire). Lun-ven 8h30-20h30 pour les expos. GRATUIT.* Elle abrite l'université nationale de San Agustín, avec le centre culturel Cháves de la Rosa. Joli patio et expos de peinture. Si vous passez par là... faites une petite incursion sur les toits.

Iglesia de San Agustín *(plan B2)* **:** *San Agustín et Sucre. Lun-sam 8h-12h ; dim 8h-13h, 17h-19h.* Malgré les séismes, elle conserve une magnifique façade sculptée, véritable retable de pierre. L'intérieur, néoclassique, n'a guère d'intérêt.

Casa del Moral *(plan B1)* **:** *Moral 318. Tlj sf dim 9h-17h. Entrée : 10 NS. Guide en français sur demande.* Pour ceux qui ont du temps. Derrière la belle façade sculptée du XVIIIe s, vous découvrirez une demeure restée comme à l'époque coloniale. Bel ensemble de mobilier ancien, section de peinture et intéressantes cartes anciennes d'Amsterdam. Ne manquez pas de monter sur le toit pour profiter du panorama sur les volcans.

Santa Catalina

Monasterio de Santa Catalina *(plan B1)* **:** *Santa Catalina 301. ☎ 60-82-82. Tlj 9h-18h (dernier billet à 17h). Nocturnes mar et jeu jusqu'à 20h. Entrée : 35 NS. Pas donné, mais ça les vaut ! Plan-guide du monastère remis à l'entrée en français. Compter 2h pour la visite. Guides disponibles, parlant le français 5 NS/pers (20 NS mini) ; conseillés pour saisir l'incroyable histoire de ce monastère. Sinon, panneaux explicatifs en français.*

UNE PRISON DORÉE

Des cellules du monastère portent les noms de leurs riches propriétaires, filles de la haute noblesse coloniale. Elles comprenaient une chambre à coucher, une cuisine particulière, un salon, une salle pour les ablutions et même de quoi loger... la servante ! Mais en 1870, le pape mit fin aux cellules de luxe et enjoignit les sœurs à la vie communautaire. Finis les privilèges, tout le monde au dortoir !

Cet immense couvent dominicain, véritable ville dans la ville avec ses ruelles, ses placettes, ses cellules privatives et ses nombreux cloîtres, a été fondé en 1579 par une riche veuve. Durant quatre siècles, quelque 170 nonnes et leurs 300 servantes y vécurent à l'abri de tous les regards et interventions extérieures. Les religieuses, cadettes issues des grandes familles d'ascendance espagnole, devaient verser une dot conséquente au moment de prononcer leurs vœux. En contrepartie, elles étaient autorisées à avoir jusqu'à quatre servantes ou esclaves, à organiser des (chastes) réceptions et à vivre (presque) comme dans le grand monde... Elles avaient en outre le droit de revendre leurs cellules ! Aujourd'hui, seule une toute petite partie du couvent abrite encore une trentaine de religieuses, âgées de 18 à 90 ans. Depuis la visite du pape Jean-Paul II en 1985, elles ont le droit de parler et de sortir.

La visite du vaste complexe, à l'apparence extérieure fortifiée, débute par ***les parloirs,*** aux grilles doubles. Les nonnes avaient droit à 1h de conversation par mois avec leur famille, sous l'œil attentif d'une surveillante... On traverse d'abord le ***patio du Silence,*** au fond duquel se dissimule l'élégant ***cloître des Novices,*** orné de fresques contant les litanies. Une cellule y est fidèlement reconstituée.

Puis un passage discret, à droite du patio, débouche sur le sublissime ***cloître des Orangers,*** entièrement peint d'un bleu profond, intense, marin, rappelant le bleu Majorelle des jardins marrakchis. Il s'entoure de ***cellules*** comptant chacune sa cuisine à ciel ouvert, son cabinet d'aisance et un salon (plus ou moins grand selon le rang nobiliaire de la nonne). Les servantes (on pourrait parler d'esclaves !) logeaient au-dessus, dans des conditions très difficiles. On voit également dans cette partie une salle réservée aux veillées funèbres, ornée des portraits de religieuses importantes. Aux murs, des fresques symbolisent les différentes phases de l'âme en état de péché jusqu'à l'état de grâce final (quel parcours du combattant !). À gauche, la rue Málaga – une longue courette plutôt – mène à l'ancienne ***infirmerie*** *(sala Zurbarán),* transformée en salle d'exposition. On y croise un *Saint Michel* attribué à Zurbarán, d'autres peintures, des vêtements religieux, ainsi que de riches meubles, tissus et porcelaines, témoignant du faste autorisé en ces lieux. Repassant par le cloître des Orangers, on poursuit par la ***salle des hosties*** (devinez ce qu'on y fabriquait) : notez un intéressant filtre composé d'un immense mortier en pierre poreuse qui suinte une eau purifiée pour fabriquer les hosties. Un insolite ***quartier d'habitation*** aux maisons basses ocre-rouge, couvertes de tuiles patinées. Elles abritent d'autres cellules. De véritables rues se dessinent, portant des noms de villes espagnoles. Tout au fond, voilà un lavoir en plein air avec de grandes demi-jarres pour laver et évacuer l'eau. Suivent les immenses ***cuisines communes,*** assombries par des siècles de fumée et, ***place Zocodober,*** une fontaine et les « ***bains-douches*** » des sœurs, où elles se lavaient l'une après l'autre. Au-dessus, une terrasse offre une belle vue panoramique sur le monastère et l'horizon volcanique. On termine par le ***réfectoire,*** ouvrant sur le ***cloître Majeur,*** le plus grand de tous, fleuri, orné de fresques contant la vie du Christ et de la Vierge. Là se dresse ***l'église*** avec de tout petits confessionnaux enchâssés dans le mur (la pénitente dans le cloître, le confesseur dans l'église). L'ancien dortoir, lui, a été transformé en pinacothèque. Nombreuses toiles du XVIe au XVIIIe s de l'école de Cuzco et objets liturgiques. Bref, une visite à ne vraiment pas manquer !

|●| Au fond à gauche du quartier d'habitation, l'adorable ***Café del Monasterio*** *(plan B1,* ***73****),* accessible uniquement aux visiteurs du monastère, invite à une halte avec ses fauteuils moelleux encadrant un petit carré de gazon. Flotte sur les plats un parfum d'absolu... Salades « de la joie », « de la magnanimité », « du labeur » ou « de la persévérance » !

★ ***Iglesia de San Francisco*** *(plan B1)* **:** *Zela et San Francisco. Tlj 7h-9h (13h dim), 17h-20h.* Façade du XVIe s d'une sobre élégance, en pierre de *sillar,* rehaussée de briques. Comme seul décor, quatre silhouettes en bas-relief de saints accompagnés de la Vierge Marie. Impressionnant autel en argent. Tout le coin dégage une atmosphère terriblement romantique la nuit. Petit musée liturgique *(tlj sf dim 9h-12h, 16h (15h sam)-18h).*

★ ***Museo municipal*** *(plan B1)* **:** *pl. San Francisco 407. Lun-ven 8h-17h ou 18h selon saison. Entrée : 2 NS.* Ce petit musée local ne devrait, en principe, pas faire partie de vos priorités. Ses salles encadrant une cour centrale évoquent pêle-mêle divers épisodes de l'histoire de la ville, de l'époque précolombienne (poteries) à l'émancipation de l'Amérique du Sud. Remarquez tout de même la cape en plumes *huari* vieille de 1 000 ans.

Un peu à l'écart du centre

★★ ***Monasterio de Santa Teresa – Museo de Arte Virreinal*** *(plan C1)* **:** *Melgar 303. ☎ 28-11-88. Tlj 9h-17h (13h dim). Entrée : 10 NS, avec visite guidée obligatoire (certains guides parlent le français).*

Alter ego de Santa Catalina, au nord-est du centre, ce couvent de carmélites fondé il y a près de trois siècles vit encore au rythme des 21 nonnes qui l'habitent – mais que vous ne verrez pas. On visite les anciennes chapelles entourant le principal des quatre cloîtres, partiellement transformées en musée. L'occasion de mieux comprendre certains aspects de cette vie recluse.

Parmi les pièces exposées les plus étonnantes, mentionnons une crèche pliable et transportable peuplée de nombreuses chimères, qui se ferme comme une malle (!), et un incroyable ostensoir orné d'émeraudes, de topazes et de... 2 000 perles ! Toutes ces pierres précieuses ont été collectées grâce à la dot des religieuses. On entre ensuite dans la salle capitulaire, aux splendides fresques datant de l'origine du couvent, au XVIIIe s. Étonnamment, elles ne représentent que des motifs floraux et des scènes profanes de la vie quotidienne... On y voit même un homme à trois pieds se faire une pédicure (sens caché ?) ! Les peintures des scènes de l'Ancien Testament sont de l'école de Cuzco.
La chapelle suivante (le chœur inférieur) est fermée tous les jours à 12h depuis la fondation du couvent, lorsque les nonnes célèbrent l'angélus. On peut alors les entendre depuis l'église contiguë. Une grille sur le côté leur permet d'assister à la messe célébrée par le prêtre, à 7h. En sortant de l'église, à l'étage, le chœur supérieur abrite des peintures représentant les étapes de la vie de Marie. La pièce suivante, longue et étroite, servait jadis aux nonnes à communiquer avec leurs proches. Les grilles ont maintenant été transformées en vitrines où sont exposés d'anciens objets usuels. Avant de sortir, on peut se promener dans les galeries extérieures, aux jolies voûtes.

Monasterio de la Recoleta *(plan A1)* **:** *Recoleta 117. ☎ 27-09-66. Rue située en bordure du río, mais de l'autre côté du puente Grau. Tlj sf dim 9h-12h, 15h-17h. Entrée : 10 NS ; réduc.*
Imposant monastère construit par les franciscains en 1648. Il abrite un petit musée, souvent ignoré des touristes, et c'est dommage. La visite, qui n'est pas trop longue, présente un certain nombre d'objets dignes d'intérêt.
- *Section d'art précolombien :* masques, objets domestiques, poteries *chavín, chancay* et *nazca,* momies, tissus anciens, beaux objets des cultures huari et mochica. Armoires à textiles de Chancay (800-1300 apr. J.-C.). Certes, tout cela apparaît un peu désordonné et poussiéreux, mais c'est assez intéressant dans le détail.
- Après le cloître, curieuse petite *section amazonienne* avec des bestioles empaillées. Oiseaux tropicaux, tatou, fourmiliers, paresseux et, pour les amoureux des petites bêtes, divers insectes, araignées et papillons. Vêtements, parures de fête, bijoux, artisanat, arcs et flèches, instruments de musique, deux tambours de communication d'une portée de 30 km.
- *Section d'art religieux :* meubles peints. Cloître datant de 1648 (cellule avec fouet de pénitence). Petite pinacothèque.
- *Section de jouets :* toutes sortes de jouets depuis l'époque préhispanique.
- Allez aussi jeter un œil à la superbe *bibliothèque,* qui sent bon les vieux bouquins. Il y en a 30 000, le plus ancien de 1496.

Museo de Arqueológia de la universidad catolica Santa Maria *(plan A2)* **:** *Cruz Verde 303. ☎ 22-10-83. Lun-ven 8h-17h (théoriquement). GRATUIT.* Petit musée méconnu qui abrite quelques objets dignes d'intérêt, notamment des momies du désert, venant du site d'Acari (région d'Arequipa), antérieures à la civilisation inca. Elles sont bien conservées en raison de la sécheresse.

Mercado *(plan B3)* **:** *entre les rues Piérola et Perú. Tlj sf dim 6h-18h.* Coloré et animé, un marché où l'on peut découvrir de nombreuses variétés de pommes de terre (au Pérou, il en existe près de 4 000 !), des étals de viande, de fromages, d'amulettes et d'herbes médicinales, de fruits en pyramides (avec des stands vendant des jus), des fleurs, et quelques gargotes pour se restaurer le midi. Dans un coin, lapins et *cuys* en attente de barbecue. N'hésitez pas à demander une *Especial* (mixture de fruits, bière noire et œufs), ou un jus de grenouille si vous avez des problèmes respiratoires !

Manifestations

- ***Foire d'artisanat :*** *1re sem d'août, pl. San Francisco.* Large choix d'objets à marchander. Petit droit d'entrée.

– ***Fête d'Arequipa :*** *août.* Lors du défilé du 15 août, les chars sont sponsorisés. La veille, le 14, feux d'artifice, danseurs, musiciens, alcool, ambiance et fête dans tous les quartiers.

DANS LES ENVIRONS PROCHES D'AREQUIPA

★ ***Yanahuara*** *(hors plan par A1) : à 2 km au nord-ouest du centre. Pour y aller, bus vert n° 152 sur la c/ Puente Grau.* Un des quartiers résidentiels les plus agréables de la ville. Pas méconnu de ceux qui fréquentent déjà ses petits restos typiques *(picanterías).* Belle église en lave blanche avec une place bordée de palmiers. Du ***mirador***, vue superbe sur les trois volcans et la ville. Petit jardin avec terrasse et magasins de produits typiques.

★ ***Cayma*** *(hors plan par A1) : à 3 km au nord-ouest au-delà de Yanahuara. Taxi ou combi depuis le puente Grau (indication « Cayma »).* Le quartier, appelé le « balcon d'Arequipa », domine toute la ville. La place, avec son église de 1730, est considérée comme un joyau architectural, peut-être l'une des plus belles églises de l'art religieux colonial. Balade très agréable dans les ruelles.

★ Le dimanche, quand tout est fermé, faites un tour dans la bourgade de ***Tingo*** (par le bus marqué « Tingo Hunter ») pour y déguster des brochettes *(anticuchos),* des beignets et des épis de maïs avec du fromage. Piscine olympique moderne. Promenade en bateau et baignade possibles au *balneario.*

★ ***Mirador de Sachaca :*** *à 3 km au sud-ouest de la ville. Accès : 1 NS.* Du haut des 20 m de la tour, on jouit d'une vue saisissante sur Arequipa et les montagnes environnantes.

★★ ***Sabandia :*** *petit village à 10 km à l'est d'Arequipa. Bus av. Independencia.* Jolies cultures en terrasses, point de vue formidable, charmante petite place et église, moulin et resto sympa dans le bourg. Pour le moulin *(accès payant),* chemin à droite à l'entrée du village.

I●I ***El Lago*** propose une cuisine typique et internationale de bonne qualité. Buffet imposant le dimanche midi. Bateau, piscine, chevaux, etc.

★ ***Mansión del Fundador :*** *à 9 km au sud-ouest d'Arequipa, dans le village de **Huasacache.** • lamansiondelfundador.com • Tlj 9h-17h. Entrée : 15 NS.* Ce fut la propriété de Manuel de Carbajal, fondateur d'Arequipa (1540). Belle maison de style colonial. Jardins et vue sur la campagne.

➢ ***Ascension du Misti*** *(5 825 m) :* le sommet de ce superbe volcan qui surplombe Arequipa projette sa forme pyramidale sur la ville au lever du jour. Son nom veut dire « El Señor », référence à sa qualité d'*apu* (montagne sacrée) révéré par les peuples anciens. On y a d'ailleurs découvert plusieurs momies en 1998. Guide d'autant plus obligatoire que des agressions ont été signalées. L'ascension, à réserver aux vrais sportifs acclimatés à l'altitude, s'organise en 2 jours. On grimpe tout d'abord en jeep. Nuit très courte et très froide vers 4 600 m, sous la tente (fournie, mais pas le sac de couchage). On se lève le lendemain vers 2h du matin pour entamer la montée finale, arrivant 5 à 7h plus tard au sommet – si l'on y arrive... Descente en 3 à 4h. L'escalade est préférable de mai à début septembre, période la plus dégagée. Contactez un tour-opérateur spécialisé comme *Carlos Zárate Adventures (• zarateadventures.com •).*

➢ ***Ascension du Chachani*** *(6 075 m) :* un peu plus costaud que le Misti, car il faut tout un équipement de haute montagne ; 2 jours impératifs. Départ tôt d'Arequipa en 4x4, arrivée à la mi-journée vers 5 000 m. Marche vers le campement de base (à 5 300 m), en 2h environ. À 3h le lendemain, *mate de coca* et 5 à 6h de marche pour le sommet. Retour en 3h30.

CAÑON DEL RÍO COLCA

Ciselé par l'érosion au cœur des montagnes, à 180 km au nord-ouest d'Arequipa, le Colca s'étire sur une centaine de kilomètres, et sa vallée est considérée comme le deuxième canyon le plus profond au monde (3 400 m), après celui de Cotahuasi (3 535 m). Deux fois plus profond que le Grand Canyon du Colorado, il est néanmoins moins impressionnant et ressemble un peu plus à une vallée qu'à une gorge. Il est aussi beaucoup plus peuplé : une quinzaine de villages occupent ses flancs et ses entrailles. Des milliers de terrasses agricoles *(andenes)* s'étagent harmonieusement comme une mosaïque de verdure, jusque dans les sites les plus sauvages et les plus escarpés. Cet aménagement époustouflant est le résultat du travail inlassable et du génie bâtisseur des Indiens colluhuas – une civilisation de 1 000 ans antérieure à celle des Incas ! – qui y ont construit un réseau d'astucieuses canalisations destinées à capter l'eau de fonte des neiges éternelles pour irriguer les vergers et les champs de maïs, de quinoa, de blé ou d'orge. Dans le ciel, à certaines heures, on peut admirer le vol majestueux du condor, l'oiseau sacré des Andes.

Devant tant de grandeur et de beauté, Mario Vargas Llosa n'a pu que lui donner le nom de « Vallée des Merveilles ». Resté à l'écart des routes touristiques jusqu'à il y a 40 ans, ce *Shangri-La* accueille de plus en plus de monde, mais rassurez-vous, les visiteurs n'y restent que peu de temps, et c'est tant mieux. Au contraire des gens pressés, on vous encourage à y consacrer plusieurs jours dans un environnement idyllique.

UN PEU D'HISTOIRE

Tous les villages du canyon ont été bâtis par les conquérants espagnols. Et cela pour quatre raisons : contrôler les Indiens, les convertir plus facilement au catholicisme, les contraindre à payer des impôts et bénéficier de main-d'œuvre pour le travail dans les mines. Vers 1530, le frère de Francisco Pizarro, *Gonzalo Pizarro* (1502-1548), reçut cette immense région en *encomienda,* un domaine colonial personnel qu'il exploitait à sa convenance (Indiens inclus). Au XVIIe s, suite à une réforme agraire ordonnée par le vice-roi Toledo, l'agriculture commença à décliner. Mais de nos jours, les terrasses servent toujours aux paysans de la vallée.

Infos utiles

– ***Boleto turístico :*** ● *colcaperu.gob.pe* ● La communauté des villages de la vallée a instauré un droit d'accès au cañon del Colca de 70 NS (plutôt chérot, on doit le regretter). Cet argent est sensé financer routes et développement touristique. On achète le *boleto* au poste de contrôle situé à l'entrée de Chivay. S'il n'y a personne, il est aussi vendu au bureau *Autocolca* de la plaza de Armas (n° 104), qui fait office de tourisme, ainsi qu'à un autre poste situé sur la route de Cabanaconde – les véhicules y sont arrêtés pour le contrôle du billet. Contrairement à ce qui peut parfois être dit, ce *boleto* est obligatoire. Il est valide 7 jours.

– Ne pensez pas visiter le canyon dans la journée depuis Arequipa. Le seul trajet en bus jusqu'à Cabanaconde prend déjà 6h ! Prévoir au moins 2 jours et 1 nuit sur place. Et si vous voulez descendre dans le canyon, 3 jours et 2 nuits seront nécessaires.

– La meilleure saison pour visiter le canyon est de janvier à mai. Pendant l'été péruvien, les terrasses cultivées et les arbres en fleurs couvrent les montagnes de couleurs chatoyantes, composant un camaïeu de vert et d'ocre absolument merveilleux. C'est la saison des pluies, mais il fait beau la majeure partie de la journée, et les averses sont ponctuelles.

Arriver – Quitter

En bus

➢ ***Arequipa :*** départ du terminal terrestre. On y trouve un bureau de tourisme (☎ 43-07-86). Les bus partent soit en pleine nuit, soit en milieu de journée ; retours surtout dans la matinée. Certains ne desservent que ***Chivay*** (à 155 km d'Arequipa), mais certains poursuivent jusqu'à ***Cabanaconde*** (astuce : pour cette partie du trajet, préférez les sièges du côté droit pour profiter des paysages), via Yanque sur une route partiellement asphaltée. Ils marquent généralement un arrêt plus ou moins prolongé (jusqu'à 1-2h) à Chivay. La compagnie *Reyna* (☎ 53-10-14) est la plus sûre, avec 4 bus/j. pour Chivay. *Turismo Milagros* (☎ 53-11-15) assure 3 bus/j., dont 2 partent d'Arequipa de nuit. 3 bus en tout continuent vers Cabanaconde. Il y a également *Transportes Colca* et *Rey Latino,* mais leurs départs sont moins fréquents et ils ne desservent que Chivay. Dans tous les cas, essayez de prendre vos billets la veille. Compter 3-4h de voyage jusqu'à Chivay et 5-6h jusqu'à Cabanaconde. Tarif : env 35 NS.

➢ ***Cuzco :*** 3 bus/sem au départ de Chivay avec *4M Express* (☎ 45-22-96 ; ● *4m-express.com* ●). Départ à 7h de Chivay (lun, mer, ven) comme de Cuzco (mar, jeu, sam). Trajet : 65 $, incluant un guide et une petite restauration. C'est la seule option en direct, sinon il faut transiter par Puno.

➢ ***Puno :*** tlj à 13h au départ de Chivay (sur la place d'armes) avec *4M Express* (☎ 45-22-96 ; ● *4m-express.com* ●). Départ de Puno à 6h30. Trajet : 50 $. C'est 2 fois plus cher que le trajet Arequipa-Puno, mais c'est bien pratique pour ne pas revenir sur ses pas ! En chemin, le bus fait des arrêts (express) au col de Patapampa, à Patahuasi, Pampa Cañahuas et au grand lac d'altitude de Lagunillas. Une autre compagnie propose des prestations proches à celles de 4M, *Sillustani Express* (📱 951-02-47-59 ; ● *turismosillustani.com* ●). Tarifs intéressants. Solution moins coûteuse : à Chivay, prendre n'importe quel bus en direction d'Arequipa (env 5 NS), le quitter à Pampa Cañahuas (jonction avec la grand route reliant Arequipa à Puno) et prendre un bus ou un minivan vers Puno (20 NS) pour 4h de route. Peu d'attente à redouter.

➢ ***Dans la vallée :*** outre les compagnies susmentionnées, qui relient Chivay à Cabanaconde (soit 10 bus/j.), on peut grimper à bord de l'un des *colectivos* qui desservent tous les villages de la région, jusque sur la rive nord. À Chivay, ils partent du marché. En route, on traverse quelques petits villages comme *Yanque, Achoma*, *Maca* (belle église) et *Pinchollo.* Sinon, on peut louer les services d'un taxi pour sillonner le canyon, une formule qui a l'avantage d'être plus économique qu'avec une agence et de s'arrêter le temps qu'il faut pour apercevoir les condors.

Excursions avec une agence

La solution la plus sûre et la plus facile. On peut certes explorer le canyon de façon autonome, sur des sentiers généralement pas ou mal indiqués. En haute saison on est rarement seul, il suffit de suivre de loin un groupe encadré. La plupart des agences d'Arequipa organisent des excursions de 2 ou 3 jours, voire davantage. Évitez les plus courtes, au rythme insoutenable. Même celle de 2 jours, avec descente dans le canyon, est ardue. On quitte Arequipa vers 3h du mat en bus affrété, arrêt à la Cruz del Condor, arrivée vers 9-10h à Cabanaconde et descente dans le canyon dans la foulée. On remonte le lendemain en partant avant l'aube. On rejoint Arequipa le soir, le plus souvent avec une escale aux thermes de Chivay... Ouf ! Non, vraiment, si vous n'avez que 2 jours,

mieux vaut ne pas descendre et se contenter de la Cruz del Condor et des thermes de Chivay.

La quasi-totalité des treks font passer la nuit à l'oasis de *Sangalle,* au fond du canyon, où des bains thermaux sont alimentés par des sources naturelles d'eau chaude. Idéal après une journée de rando ! Cela dit, on conseille plutôt de passer la nuit chez l'habitant dans un des villages du versant nord du canyon, plus

CAÑON DEL COLCA ET VALLE DE LOS VOLCANES

« authentiques » que Sangalle – les plus typiques sont *Tapay* et, mieux encore, *Fure* avec sa belle cascade. Les villageois sont organisés pour recevoir les touristes (prendre toutefois un sac de couchage). Si vous prenez un tour collectif, précisez bien la répartition des chambres si vous ne voulez pas vous retrouver avec d'autres passagers. Pensez en outre à emporter des provisions pour compléter les repas souvent frugaux !

■ ***Tradición Colca :*** *Argentina 108, urb. Fecia, distrito Bustamente y Rivero, à Arequipa.* ☎ *42-49-26.* 📱 *957-92-55-66.* ● *tradicioncolca.com* ● *lacaballeriza.org* ● Agence dirigée par Emmanuel, un Français installé au Pérou depuis près de 2 décennies, et son épouse péruvienne. Ils proposent des excursions de 2 à 4 jours dans le cañon del Colca (randonnées notamment). Accueillants et sérieux. Ils possèdent leur propre *lodge* à Yanque, le *Tradición Colca,* que nous vous recommandons sans hésiter...

La route entre Arequipa et le cañon del Colca

La route (150 km jusqu'à Chivay) est en parfait état. Elle grimpe d'abord en direction de Puno, jusqu'à rejoindre une pampa désertique de haute altitude, où l'on peut apercevoir des troupeaux de lamas, d'alpagas et de vigognes *(vicuñas)* vivant dans des paysages d'une grande austérité. Les volcans se découpent dans la clarté du ciel bleu. À *Sumbay Alto,* passé la bifurcation pour le canyon del Colca, deux *comedores* et des *baños* sont à la disposition des voyageurs. Si vous disposez de votre propre véhicule, peu après Viscachani, il est possible de rejoindre Chivay en faisant un détour par Callali et Sibayo par une très belle piste (fléchage « Cusco ») qui part sur la droite, mais seulement accessible aux 4x4. Possibilité de loger en gîte à Sibayo. Ensuite, route asphaltée vers Chivay via Tuti.

Revenons à la route principale, empruntée par les bus : elle franchit le col de *Patapampa* (4 910 m), où sont dressées de nombreuses *apachetas,* des amoncellements de pierres destinées aux *apus,* les divinités de la montagne. De là, on aperçoit le volcan Sabancaya (5 976 m) qui entra en éruption en 1995 et qui provoqua la fonte des glaces de l'Ampato, où se cachait la momie Juanita. À cette altitude, ne vous étonnez pas si vous ressentez un léger vertige en faisant halte pour jeter un coup d'œil aux marchandises et souvenirs étalés sur le bord de la route. C'est normal, on est vraiment très haut. Si vous vous sentez mal, descendez le plus vite possible vers la vallée.

Le canyon del Colca proprement dit commence après le village de Chivay.

Il y a 14 villages dans la vallée. Les excursions s'arrêtent en général pour en voir deux ou trois sur la route, comme *Yanque* et *Maca.* Passé Cabanaconde, une piste continue dans la vallée sur 160 km et rejoint la Panaméricaine plus au sud. Une route en cours d'aménagement entre Huambo et la vallée des Volcans devrait simplifier à terme cet accès.

CHIVAY *(IND. TÉL. : 054)*

Amarrée à l'orée du cañon del Colca, à près de 3 650 m d'altitude, cette bourgade commerçante occupe une vallée entourée de hautes montagnes. Le village n'est pas d'un charme fou, mais c'est un point de départ classique pour partir à la découverte du cañon del Colca. Au marché et sur la plaza de Armas, vous verrez des femmes habillées de manière traditionnelle et très particulière avec des vêtements magnifiquement brodés et des chapeaux à large bord dans le même style. Tout autour du marché, une série de statues de personnages de carnaval.

LEQUEL EST LE PLUS LONG ?

La rivalité divise depuis plus d'un siècle. Lequel, du Nil ou de l'Amazone, est le plus long fleuve du monde ? Jusqu'à présent, le titre revenait au Nil. Mais des scientifiques de l'Institut de géographie du Brésil affirment avoir identifié la véritable source de l'Amazone au volcan Mismi (5 597 m), situé à une quinzaine de kilomètres au nord de Chivay. Là naîtrait le río Apurímac, affluent de l'Ucayali, qui forme l'Amazone en se joignant au río Marañón.

Adresses et infos utiles

ℹ ***Autocolca :*** *pl. de Armas 104.* ☎ *53-11-43.* ● *colcaperu.gob.pe* ● *Lun-ven 8h-12h, 15h-19h ; sam 8h-11h.* On y achète le *boleto turístico.* Excellentes infos sur le canyon et la ville, bon accueil.

■ ***Policía de Turismo :*** *pl. de Armas, à côté d'Autocolca.*

@ ***Internet :*** plusieurs cybercafés en ville.

■ ***Change et banque :*** *Banco de la Nación,* plaza de Armas. Change possible aussi dans plusieurs magasins, les seuls à accepter les euros. Distributeurs (*Visa* slt) sur Salaverry, à côté du marché.

■ ***Pharmacies :*** il y en a plusieurs sur la plaza de Armas.

Marché quotidien à gauche de l'église. C'est de là que partent les *colectivos* pour les villages voisins.

■ ***Stations-service :*** il y en a 2 sur l'av. 22 de Agosto.

Où dormir ? Où manger ? Où boire un verre ?

Bon marché (moins de 50 NS / env 15 €)

Hostal Cesar's : *Leticia 209.* ☎ *53-12-10.* *958-41-92-91. La 1re rue à droite après l'arcade à l'entrée de la rue Siglo XX. Double env 35 NS.* Sans doute le meilleur rapport qualité-prix de Chivay. Petites chambres bien tenues, toutes avec salle de bains (eau chaude) et moquette. TV et chauffage disponibles, avec supplément. Propre et sympa.

Hospedaje Colca River : *Zarumilla.* ☎ *53-11-72.* ● *colcariver@hotmail.com* ● *À côté du marché. Double 40 NS, sans ou avec chauffage.* Des chambres plutôt propres avec salle de bains (eau chaude) dans un ensemble assez plaisant, mais hyper simple. Évitez celles du fond, presque aveugles.

Sumac Wasi : *Sucre 509.* ☎ *48-00-07.* ● *sumacwasiso@hotmail.com* ● *À 5 blocs de la pl. de Armas. Double 40 NS. Buffet 20 NS.* Difficile de trouver mieux à ce prix. Cet hôtel-resto familial, peint en rouge, propose des chambres bien entretenues, aux couleurs chaudes, avec un petit jardin à l'arrière. Toutes disposent de leur salle de bains avec eau chaude et chauffage. Terrasse.

De prix modérés à chic (50-90 NS / env 15-28 €)

La Pascana : *Siglo XX 106.* ☎ *53-10-01.* ● *hostal-lapascana.com* ● *À l'angle de pl. de Armas en diagonale de l'église. Double 70 NS, petit déj inclus. Menu 7 NS ; plats 13-20 NS.* Très central et pas dispendieux. Situées dans un bâtiment moderne de 3 étages communiquant avec un jardin, les chambres, propres mais à la moquette fanée, sont bien aménagées et toutes avec douche (eau chaude) et w-c. Location de VTT. Organise des sorties de pêche et de rafting. Fait aussi resto (midi et soir), avec notamment un menu local bon marché.

Los Portales : *Arequipa 603.* ☎ *53-11-01 ou 64. En arrivant à Chivay, à droite au niveau de la station* Petro Peru, *l'hôtel se trouve juste derrière. Double 75 NS, petit déj inclus.* Chambres propres et bien tenues avec salle de bains et radiateur (en supplément), de la simple à la quadruple. Literie orange flashy. Fait aussi resto avec un buffet très valable le midi. Il existe un *Portales II* à 3 *cuadras* de là.

Qollawasi : *José Calvez 101, sur la plaza de Armas.* *979-21-47-97. Menus (midi et soir) 15-20 NS.* Les petites salles jumelles orange vif de ce resto populaire se sont parées de tissus indiens bigarrés et d'un poil pour l'hiver (quand il fonctionne, on finit la soirée fumé comme un hareng !) Une excellente façon de goûter de très bons petits plats andins. La crème au quinoa y excelle et l'alpaga laisse sa tonsure au vestiaire pour s'enivrer de sauce au vin, se fruiter de myrtilles, s'ailler, « s'enchampignonner »... et parfois se faire cordon bleu, comme le chef. Pour couronner le tout, une petite carte de desserts.

Qhapaq Nan' : *Morro de Arica, angle Pierola. ☎ 53-12-83. Ouv le midi slt. Buffet 20 NS.* Grande maison à côté du stade. Le meilleur buffet de la ville à prix doux, avec, selon les jours, *ceviche,* soupes, viandes diverses (alpaga, et même du *cuy*), légumes locaux, *rocoto relleno* (piment farci), etc.

Picanteria de mi Tierra : *pl. de Armas (à l'opposé de l'église). 975-68-75-62. Plats 28-32 NS. CB acceptées.* Cette immense salle possède bien des vertus. Tout d'abord, elle est sous-dimensionnée pour les groupes (chouette !). Ensuite, elle tape dans le registre d'une décoration traditionnelle, avec mur en grosses pierres, plafond en natte et nappes colorées. Enfin, une large baie en encorbellement offre une belle vue sur la place d'Armes, l'église et les montagnes. Mais ce n'est pas tout... le reste est dans l'assiette, généreuse, savoureuse, servie avec le sourire : les grands classiques de la cuisine péruvienne, mais aussi des déclinaisons végétariennes et pas mal de bio au programme. Et comme l'adresse ne manque pas de ressort, vous pourrez finir la soirée au **Mc Elroy Pub** attenant, autour de bonnes mousses locales et autres cocktails pas mauvais !

Très chic (plus de 100 $ / env 75 €)

Casa Andina Hotel : *Huayna Cápac. ☎ 53-10-20. • casa-andina.com • Double 335 NS, petit déj inclus. (dans les espaces communs).* Les chambres charmantes et nickel occupent d'agréables bungalows en pierre de lave serrés au milieu d'un jardin. Bon confort avec chauffage d'appoint sur demande, sans cela, on se caille vraiment dans la salle de bains en hiver... Le soir, possibilité de se restaurer au buffet, agrémenté d'un spectacle folklorique. En bonus, massages, petit observatoire astronomique et cheminée bien agréable dans le *lounge.* Beaucoup de groupes.

El Refugio : *à 3 km du centre du village, par la rte de Yanque ; puis à droite sur 1,5 km de piste. ☎ 83-80-32. 958-52-15-77. • refugiohotel colca.com • Double 140 $, suites 210-220 $, petit déj inclus. Menu 55 NS.* Étiré sur le flanc de la *barranca,* au creux d'un canyon, juste au confluent d'un rio et du Colca, ce complexe chic et récent, tout rose, abrite des chambres et bungalows spacieux, de très bon confort. Tous ont une vue sur le *río,* de même que le restaurant (très bon) et le bar. Pour le prix, vous profiterez de bains thermaux *privados...* Attention en revanche si vous sortez le soir : la piste qui y mène est cabossée et les taxis refusent souvent d'aller jusqu'au bout. Ajoutez à cela un long escalier à descendre et vous comprendrez pourquoi il vaut mieux emporter une torche. Possibilité de treks, balades à cheval, pêche... Repos assuré.

À voir. À faire

Iglesia Martín Muñoz : *pl. de Armas.* Sa déco indienne est typique : belle chapelle à gauche en entrant, avec un retable polychrome ; autels tout au long de la nef unique et fresques colorées composant comme un décor de théâtre avec une multitude de statues de *santos* habillés comme des princes et des princesses. Barbie – non, pardon, Marie – est en rose bonbon, Joseph en bleu ciel.

Fuentes y piscina termal de la « Calera » : *à 4 km du village (taxi ou env 40 mn à pied) en amont de la rivière. Tlj 9h-20h (horaires différents selon piscine). Entrée : 15 NS, incluant la visite d'un petit musée ethnologique.* Eau propre sulfureuse et très chaude. La baignade dans ces eaux à 38 °C venues du fond de la terre détend agréablement, mais au-delà de 30 mn on se transforme en homard thermidor. On peut profiter d'une des six piscines et jouir de la belle vue sur les gorges et les terrasses. Ne pas oublier son maillot de bain, sa serviette et son canard en plastique.

COPORAQUE

Village traditionnel au début de la vallée que l'on peut rejoindre à pied depuis Chivay (en 1h30) ou à VTT par la rive nord de la rivière. Église coloniale à deux tours, la plus ancienne de la vallée, place d'Armes alignant de beaux portails en pierre et panorama bucolique de verdoyantes cultures en terrasses.

Où dormir ? Où manger ?

Casa Vivencial Las Flores : *c/ Huascar. 959-05-45-13 ou 958-68-96-80. • familiachocolatecoporaque@hotmail.com • Double 60 NS. Repas 10-15 NS.* La maison de la famille Chocolate est flanquée d'un mignon jardinet fleuri. Chambres simples avec salle de bains commune. Cuisine andine avec produits locaux. Également un programme complet comprenant le logement réparti dans plusieurs familles, les 3 repas et diverses activités : pêche à la truite, promenades guidées, danses folkloriques, etc. (*Infos à l'association Pumachiri : 945-83-17-16 ; • pumachiricoporaque@hotmail.com • Compter 45 $/pers/j.*) Une façon de découvrir la vallée, mais souvent beaucoup de groupes en pleine saison.

La Casa de Mamayacchi : *Jerusalén 606. ☎ 24-12-06 (résas à Arequipa) ; ☎ 53-10-04 (à Coporaque). • lacasademamayacchi.com • Double env 70 $, petit déj inclus.* Hôtel joliment signalé par une fontaine en galets. Le bâtiment déroule ensuite ses murs en pierre et toits de chaume. Chambres spacieuses avec mobilier en bois et chauffage, certaines avec vue sur le canyon. Le panorama est magnifique depuis la grande terrasse. Resto dans une agréable paillote autour d'un bon buffet – ce qui tombe bien, car il n'y pas grand choix pour manger dans le coin. *Lounge* avec cheminée et jeux de société pour meubler les soirées. Service en costume traditionnel. Cet hôtel est une émanation de la très bonne adresse *La Casa de las Abuelas* à Arequipa. C'est là que vous logerez si vous faites une excursion avec leur agence *Giardino Tours*.

YANQUE

Au creux d'un magnifique paysage de montagnes, à 8 km à l'ouest de Chivay sur la route de Cabanaconde, Yanque fut, après la conquête espagnole, le premier village construit dans la vallée. L'hébergement y est meilleur qu'à Chivay.

Pour profiter du splendide environnement, mieux vaut être motorisé. On y visite le site archéologique d'***Uyo Uyo*** (à 1 km ; entrée 5 NS), ancienne capitale pré-inca de l'ethnie Collahua. Yanque conserve sa culture et ses traditions locales, et abrite l'une des plus élégantes **églises franciscaines** des Andes. Sans oublier, sur la plaza de Armas, un intéressant ***musée archéologique.*** Près du pont en fer, des ***aguas calientes*** pour se baigner dans trois piscines bien chaudes. Installations très propres. Elles sont davantage fréquentées par les locaux que celles de Chivay.

Où dormir ? Où manger ?

Bon marché

Casa Bella Flor : *Cusco 303. ☎ 77-45-05. 959-29-23-15. • casabellaflor.com • Maison basse à 30 m de l'angle nord-ouest de la plaza. Doubles avec ou sans sdb 50-60 NS. Petit déj 8 NS. Repas sur résa 15 NS.* Bon choix pour les petits budgets à Yanque. Les chambres entourent un joli petit patio fleuri et arboré, qui a donné son nom à l'endroit. Elles sont joliment décorées sur des tonalités de terre chaudes. Pas de chauffage d'appoint mais cheminée dans la salle commune. Accueil adorable et discret de la part de Natalia et Ilde qui cultivent en journée. C'est avec leurs produits qu'ils préparent de très bons repas. Un coup de cœur.

De prix moyens à chic

🏠 🍴 ***Tradición Colca Lodge & Spa :*** *av. Colca 119, à gauche sur la route allant de Chivay à Cabanaconde. ☎ 42-49-26 (à Arequipa). 📱 959-35-71-17 ou 959-01-35-43. • tradicioncolca.com • Dortoir dès 55 NS/pers ; double 170 NS ; quadruple avec mezzanine 240 NS ; petit déj, sauna, jacuzzi et rando à Uyo Uyo inclus. Menu 37 NS.* 💻 Notre adresse préférée dans la vallée. Un *lodge* tenu par Emmanuel, un Français marié à Carélia, une sympathique Péruvienne. L'ensemble est composé de pavillons en adobe et en pierre, bien inscrits dans le paysage. Chambres tout confort et chauffées, à la déco murale réalisée par des artistes locaux. Draps polaires pour les nuits froides. À noter, les quelques lits en dortoir pour les petits budgets (résa impérative). Spa avec sauna et jacuzzi, et salle de massages (50 NS les 30 mn), bien appréciables après les balades. Le restaurant dispose d'une terrasse avec vue sur les montagnes. Grande salle à manger avec cheminée centrale, billard et baby-foot. Possibilité d'utiliser le barbecue du resto le midi. En outre, Emmanuel connaît la région comme sa poche et dirige une petite agence qui organise un tas d'activités, à pied, à cheval ou en voiture (bureau à Arequipa, voir « Adresses et infos utiles. Agences et guide de voyages »). Sur place également, un observatoire d'astronomie et un petit planétarium permettant (sur résa) d'observer les étoiles et le système solaire avec un guide spécialisé, dans un cadre privilégié.

Plus chic

🏠 🍴 ***Killawasi Lodge :*** *c/ Caravelli 408. ☎ 69-10-72. • killawasilodge.com • Double env 95 $, petit déj inclus. Plats 15-40 NS.* En bordure du village, à 3 blocs de la *plaza central,* vers la rivière, une petite structure moderne, sur 2 niveaux. 12 chambres avec belles salles de bains et AC, à la déco sobre mais élégante. Balcon de bois et vue sur la montagne, jardin avec hamacs. Literie confortable. En bonus, un resto à la cuisine plutôt bien tournée. Accueil pro et prévenant de Guillermo, le maître des lieux.

Coup de folie !

🏠 🍴 ***Colca Lodge :*** *Fundo Puye à Yanque ☎ 20-25-87 ou 28-21-77 (à Arequipa). • colca-lodge.com • Sur la rive nord, mais accès conseillé depuis Yanque : passer le pont au niveau des Aguas Calientes, 1 km après le pont metallique tourner à droite sur 2 km de piste (fléché). Double 225 $, petit déj inclus. 💻 📶 (au bar slt).* Dans le genre chic et charme. Au fond de la vallée del Colca, un hôtel situé sur un versant calme et ensoleillé parmi les herbes jaunes, les eucalyptus et les cactus. Au milieu d'un grand parc, des bâtiments de pierre couverts de chaume avec chambres standard et suites (2 fois plus chères) à la déco sobre, mais toutes confortables. Les lamas viennent dire bonjour à la fenêtre. Vue superbe sur la rivière Colca qui coule au pied de l'hôtel. On peut se baigner dans les bains thermaux (eau sulfureuse à 34-37 °C) en plein air, le long de la rivière, et profiter du spa. Fait aussi resto (buffet) et propose des balades à cheval. Un endroit merveilleux !

À voir

Museo de Yanque : *pl. de Armas. Tlj 9h-18h30. Entrée : 5 NS.* Ce petit musée récent expose différents aspects de l'histoire et de la culture locales : maquettes des églises de la vallée, pièces archéologiques (copie de la momie Juanita de l'Ampato), agriculture, tissus, costumes, vestiges de l'époque inca, faune et petit jardin botanique avec les plantes natives de la vallée. Explications en anglais.

Balade au départ de Yanque

➢ ***Randonnée vers la forteresse de Chimpa :*** *prévoir une demi-journée. Compter 58 $/pers avec chauffeur-guide (voir* Tradición Colca *cité plus haut) ou 150 NS* *la course en taxi pour rejoindre le départ de la randonnée.*

Quoique située sur la rive nord de la vallée, cette randonnée s'effectue plus aisément depuis Yanque. Elle mène au plus beau belvédère de la vallée, pour profiter d'une impressionnante vue sur le canyon del Colca. De Yanque, la piste en terre traverse la rivière Colca, puis les villages d'Ichupampa, Lari et Madrigal, tous parés de magnifiques églises. Après Madrigal, la route s'enfonce dans une gorge. Sur la gauche, des tombeaux pré-incas creusés à mi-hauteur des falaises. Les corps momifiés étaient enfermés dans ces minuscules grottes avec offrandes et victuailles.

LES ROCHERS SCULPTÉS

Pour favoriser l'irrigation des terrasses qui épousent les flancs des montagnes, les Indiens des civilisations pré-incas s'aidaient de maquettes très précises, taillées sur des rochers et reproduisant la forme des montagnes, l'écoulement des rivières et l'emplacement des canaux. Ils pouvaient ainsi déterminer la répartition de l'eau entre les parcelles cultivées et indiquer aux agriculteurs quand ils en recevraient leur part. On peut voir ces maquettes en randonnant dans le canyon del Colca.

Madrigal s'est développé grâce aux mines d'or, d'argent et de cuivre, où les conquistadores ont longtemps exploité la main-d'œuvre locale. La randonnée démarre après, depuis une sorte de petit terrain plat au pied de la rivière. Traverser le petit pont, prendre le chemin vers la gauche, puis monter à droite en suivant le panneau « Chimpa ». L'ascension dure 2h environ et autant pour la descente. En chemin : une fenêtre naturelle creusée dans la roche, une splendide peinture rupestre, une maquette inca des cultures en terrasses, sculptée sur un rocher. Parfois, des condors se laissent flotter sur les courants d'air chaud, jusqu'aux parois de la montagne. Fabuleux ! Du sommet, point de vue exceptionnel sur le canyon d'un côté et sur la vallée de l'autre. Le sommet enneigé au loin est celui du Hualca Hualca (6 025 m) ; ses neiges alimentent en eau tous les villages de la rive sud du canyon.

Un peu d'histoire naturelle : le cheval de « pas péruvien »

Le cheval péruvien actuel descend de ceux importés par les Espagnols au XVIe s. Issu de plusieurs races européennes et arabes, il a été élevé sélectivement pour l'amble. Il s'est modifié au fil des générations pour créer une nouvelle race aux caractéristiques uniques au monde. Du fait de son isolement depuis plus de 400 ans, cette variété équine est l'une des races les plus pures au monde. Ce qui la distingue est une démarche latérale spéciale appelée *llano de paso* qui consiste en une allure harmonieuse et rythmée avec un mouvement doux et agréable. Résultat, une équitation sans secousses, particulièrement indiquée pour ceux qui n'ont jamais enfourché une selle de leur vie. C'est donc le moment d'en profiter.

Contactez les agences francophones, *Tradicíon Colca* (cité plus haut), mais aussi, *Pérou Exclusif,* qui propose plusieurs formules allant de la balade de 3-4h à la randonnée équestre de 2 à 9 jours avec hébergement et accompagnateur hispanique *(infos et résas à Arequipa : calle 28 de Julio, 220, Paucaparta. (051) 974-21-14-40 ; • perou-voyages.com •).*

LES MIRADORS DE CRUZ DEL CÓNDOR ET DE TAPAY

Sur la route, s'arrêter quelques minutes pour admirer la blancheur immaculée de l'église baroque de Maca, bien restaurée après un tremblement de terre en 1991. La « Croix du Condor », à 50 km de Chivay, est le point de vue le plus célèbre du canyon. Tous les bus d'agences s'y arrêtent pour observer de très près le vol majestueux des condors. Ceux-ci apprécient particulièrement les thermiques (courants d'air chaud) qui circulent à cet endroit le matin (vers 8h30-9h30) et en fin d'après-midi (vers 17h-18h) surtout de décembre à mars. Plus d'une dizaine de condors peuvent voler en même temps, rémiges déployées, glissant doucement dans les airs, sans jamais battre des ailes, ou presque. On reconnaît le condor royal à son anneau de plumes blanches autour du cou. Sachez cependant qu'il vous faudra parfois vous armer de patience pour en apercevoir un... Tout est question de chance. À défaut de condor, vous pourrez admirer le ballet des colibris... mais ce n'est pas la même envergure ! Couvrez-vous, car, le matin, il fait froid à cet endroit et, si vous avez des jumelles, c'est le moment de les sortir. Tous les bus se rendant à Cabanaconde passent devant la Cruz del Cóndor ; aucun souci pour vous y faire déposer.

Une alternative intéressante consiste à ignorer ce site très fréquenté pour se rendre au ***mirador de Tapay,*** 4 km plus loin, le long de la même route en direction de Cabanaconde. Descendre une vingtaine de mètres vers un petit plateau qui surplombe le canyon. Lieu resté plus sauvage, sans vendeurs. Demander au bus de s'y arrêter, et attendre le suivant pour repartir. Ou terminer à pied jusqu'à Cabanaconde (à 5 km) par le sentier.

EL CÓNDOR PASA... EN BOUCLE !

Qui n'a pas en tête la musique de la célébrissime chanson de Simon & Garfunkel ? Elle était déjà la chanson péruvienne la plus célèbre (composée dès 1913) lorsqu'elle fut présentée à Paris par le groupe Los Incas en 1960, avant d'être reprise par Marie Laforêt, puis par le duo américain en 1970 avec des paroles différentes mais sur la même mélodie. Au Pérou, elle a été élevée au rang de Patrimoine culturel de la nation en 2004.

CABANACONDE

Surplombant le canyon del Colca, à 3 287 m d'altitude, ce village de 3 000 habitants est situé à 56 km à l'ouest de Chivay. Compter 2h de route au départ du terminal terrestre. Le village possède une jolie église coloniale (1784) et il y fait un peu moins froid la nuit qu'à Chivay ou Yanque. Il y règne une certaine atmosphère nonchalante. C'est d'ici que partent les principaux sentiers de randonnée vers le fond du canyon.

Grande foire agricole en juin, avec des animations locales, et fête du village très colorée le 18 juillet, avec musique, danses, corridas, feux d'artifice, fanfares, force bière et *calentitas* (le « vin chaud » local, fait de thé au citron et de *pisco*).

– ***Attention :*** pas de distributeur d'argent à Cabanaconde. Prenez donc vos précautions à Chivay.

Où dormir ? Où manger ?

Bon marché

🏠 🍽 ***Pachamama Home :*** *San Pedro 209, à deux cuadras de la pl. de Armas. ☎ 76-72-77. 📱 959-31-63-22. • pachamamahome.com • Dortoir (4-6 lits) 20 NS/pers ; doubles 45-55 NS selon confort ; avec ou sans petit déj.* Cette AJ est tenue par le sympathique Mirco et sa famille. Des voyageurs de tous horizons se retrouvent ici, autour du petit patio très coloré et décoré comme un rêve hallucinatoire. On choisit entre dortoir ou chambres privées bien tenues, avec ou sans salle de bains privée. Certaines, utilisées en haute saison, se trouvent dans un bâtiment attenant. Cadre simple mais chaleureux, avec de jolies touches de déco andine. Le soir, on se laisse séduire par une bonne pizza au feu de bois et un bon cocktail dans le resto-bar très convivial ! Location de VTT, consigne à bagages. Une excellente escale.

Valle del Fuego - La Casa de Santiago : *de la pl. de Armas, prendre la rue face à l'église, c'est 2 cuadras plus loin. Résas à Arequipa : ☎ 66-89-10. 959-61-12-41 ou 958-96-23-69. • valledelfuego.com • lacasadesantiago.com • Doubles 30-40 NS. Menu 12 NS ; plats 18-22 NS.* Cette petite adresse familiale est gérée (parfois à distance) par l'accueillant Pablo, sa femme et son fils Edwin, un guide parlant bien le français, qui pourra vous mener au fond du canyon. La grande salle de resto aux murs en pierre, avec son four à pizza, propose une cuisine copieuse au coin de la cheminée. Côté hébergement, ça se passe 20 m plus loin. Chambres très bien tenues, avec leur propre salle de bains (eau chaude) ; toutes ont un joli plafond en roseaux. Petit jardin au calme avec des chaises. La famille possède un autre hôtel dans le canyon, l'***Oasis Paraíso,*** où se trouve une piscine accessible aux hôtes de la Casa de Santiago en randonnée. Vélos à louer, balades à cheval, escalade et excursions en 4x4.

Villa Pastor : *pl. de Armas. 986-76-63-11. • villapastorcolca.com • Double 30 NS avec petit déj. CB refusées.* Bar-resto, simple et coloré proposant steaks d'alpaga, poulet grillé (surtout, évitez pâtes et pizzas !) et ambiance musicale tous les soirs. C'est également une alternative correcte pour dormir si les précédents sont pleins.

Chic

Hotel Kuntur Wassi : *Cruz Blanca. ☎ 23-31-20. • arequipacolca.com • Doubles 50-60 $, suites 77-110 $. CB acceptées (+ 6 %). (payant).* Perché sur les hauts du village, le seul hôtel chic de Cabanaconde s'amarre au flanc d'une collinette, tel un château médiéval. Ses 30 chambres aux murs de moellons et à la literie douillette, occupent 2 bâtiments, côté village, avec des allées en escaliers bordées d'une profusion de fleurs ; ou plus haut sur la colline, façon mirador – avec une suite (la n° 29) perchée tout en haut, en nid d'aigle, offrant une vue à 360° sur la montagne et les champs ! Les suites, charmantes, sont d'ailleurs toutes rondes et aux toits de bois. Beaucoup ont des salles de bains en pierre, et on trouve même des peignoirs dans la penderie. À défaut de suite, préférer les chambres avec vue sur le village. Bar aux baies vitrées panoramiques et fauteuils moelleux ; resto. Piscine et spa.

Balades et randonnées depuis Cabanaconde

– ***Avertissement :*** les randonnées dans le canyon sont difficiles et nécessitent une bonne forme physique. Pas idéal pour ceux qui viennent d'arriver au Pérou et manquent encore un peu de souffle. Mieux vaut prendre le temps de s'acclimater et être un minimum sportif. Ceux qui n'ont plus de jus pour remonter peuvent louer les services d'un *arriero* (muletier). La mule est un animal de bât, contentez-vous de marcher à ses côtés. Chaque année, des randonneurs épuisés ou qui se prennent pour Zorro grimpent sur une mule... et tout ce beau monde bascule dans le ravin.

– Les randonnées de 2 ou 3 jours que nous indiquons sont des boucles et peuvent donc se faire dans les deux sens. On peut se passer de guide et d'agence sur ces itinéraires, sauf si l'on recherche des explications sur la faune et la flore du canyon. Se munir d'une boussole et d'une montre, pour suivre les temps que nous indiquons. Bien d'autres variantes existent.

– Avant d'entreprendre la randonnée, se renseigner sur la météo. Évitez de marcher aux heures les plus chaudes, surtout à la remontée, et ne négligez pas les réserves d'eau potable.

➢ ***Balade courte :*** quitter la pl. de Armas dos à l'église et tourner à gauche à la première rue (fléché ensuite). On atteint en 10 mn le ***gran mirador de Achachiwa,***

l'un des plus beaux points de vue sur le canyon. Vue étonnante sur une bonne partie de la randonnée que nous vous proposons plus loin. Une bonne manière de reconnaître le parcours de visu. Au fond, l'oasis de Sangalle composée de plusieurs hôtels en dehors desquels il n'y a rien à voir.
Autre option : la visite des ruines incas de ***Kallimarca,*** à environ 1h de marche au-dessus du village. Le départ du sentier est indiqué lorsqu'on quitte Cabanaconde en direction de Huambo.

➢ ***Aller-retour dans la journée jusqu'au fond du canyon :*** déconseillé à tous ceux qui ne sont pas des spécialistes de l'Iron Man ! Le parcours se décompose ainsi : 3h de descente de Cabanaconde jusqu'au fond de la vallée, à Sangalle. Votre hôtel ou les villageois se feront un plaisir de vous indiquer le point de départ du chemin. Les locaux surnomment le lieu « l'oasis » en raison de son microclimat et de l'abondance des fruits. On y trouve une piscine thermale aménagée à côté du río Colca. Elle est remplie chaque jour, généralement vers 10h (prévoyez votre maillot) ; sinon, allez à la deuxième piscine, plus sympa. On peut manger et acheter de l'eau à Sangalle, cher évidemment. Après 2h sur place, on remonte : 4 à 5h de grimpette jusqu'à Cabanaconde. Cette balade peut s'effectuer sans guide (emportez de l'eau et un chapeau, ça cogne !), mais ne pas sous-estimer les exigences de cette rando en termes de forme physique.

➢ ***Randonnée de 2 jours :*** l'occasion d'observer condors (avec de la chance), renards *andinos,* lamas, vigognes, et peut-être des *guanacos,* la quatrième branche de la famille des lamas. La balade commence de la même manière, avec la descente vers l'oasis de Sangalle, au fond du canyon. La plupart des agences y font dormir leurs clients. Nous, on vous conseillerait plutôt de traverser la rivière et de remonter jusqu'à Malata, sur la rive nord, à 2h de marche. C'est un village désert, genre Far West, où la plaza de Armas est dominée par une église très mignonne. Victoria y a installé un petit musée dans sa maison. Au programme : présentation de la vie paysanne de la région et un verre de la boisson locale (!). Continuer vers l'est encore 20 à 30 mn jusqu'au village de Cosñinhua, puis 1h à 1h30 jusqu'à Tapay, un autre lieu d'observation des condors, mais bien moins fréquenté. On vous conseille de dormir dans l'un de ces deux villages. Les habitants y proposent des chambres (compter environ 15-20 NS pour la nuit et 10 NS pour dîner). Le lendemain, départ tôt le matin vers San Juan de Chuccho, à 1h à l'est de Tapay. On peut y déjeuner. On poursuit la descente vers le *río* (35 mn environ), que l'on traverse avant d'entamer la dure remontée vers Cabanaconde (environ 4h de grimpette sévère). Si l'on est parti tôt, arrivée vers le milieu d'après-midi à Cabanaconde, totalement épuisé... Repos bien mérité. Emportez eau et sac à viande. Le chemin vers Tapay n'est pas évident à trouver, mais le reste de la route est assez reconnaissable. En cas de doute, demandez, on croise pas mal de monde.

➢ ***Randonnées de 3 jours et plus :*** de Cabanaconde, on peut rejoindre Llahuar, le plus occidental des villages du canyon, en 4 à 5h de marche. On y trouve un refuge rudimentaire (cabanes en bambou et toit de paille), ainsi que des piscines thermales plus authentiques qu'à Sangalle, avec deux bassins pour se baigner en regardant les étoiles... Magique ! L'entrée est chère (20 NS), mais ça les vaut. De là, on rejoint Llatica puis Fure (2 758 m), attachant, car éloigné des grandes routes de randonnée. Au-dessus de Fure, il ne faut pas manquer les chutes de Huaruro, sur la rivière du même nom. Nouvelle journée vers Paclla, Malata puis Tapay, en longeant la rive nord de la rivière. Ou descente vers l'oasis de Sangalle. Le lendemain, il ne reste plus qu'à remonter à Cabanaconde. Ceux qui veulent aller plus vite peuvent faire une unique étape Llahuar-Tapay (7 à 8h sans passer par Fure ni par les chutes).

➢ Le canyon del Colca est aussi une excellente base pour des treks au long cours et des ascensions : la vallée est cernée par certains des plus hauts et des plus beaux sommets péruviens. On peut rejoindre la vallée des Volcans à pied en 5 jours environ. Évoquons aussi cette « simple » balade de 2 jours aller-retour vers la ***laguna Mucurca,*** où se regroupent plein de flamants roses. Le site est inaccessible plusieurs mois de l'année.

PUNO

125 000 hab. IND. TÉL. : 051

▸ Pour le plan de Puno, se reporter au cahier couleur.

Située en amphithéâtre sur la rive ouest du lac Titicaca, à 3 800 m d'altitude, au pied d'un cirque de montagnes pelées, Puno est une grosse ville dynamique sans beaucoup de charme. C'est toutefois le passage obligé pour visiter les îles flottantes. L'animation bat son plein autour de la plaza de Armas et sur la jirón Lima voisine, artère piétonne très vivante le soir. C'est là que se regroupent la plupart des boutiques, restos touristiques et bars. Puno est aussi le port d'embarquement pour l'île de Taquile et la dernière étape importante avant la Bolivie. Tout autour, l'Altiplano, aride et pauvre, s'étend à perte de vue. Les nuits y sont fraîches, parfois glaciales, avec un ciel fantastiquement étoilé durant l'hiver. La visite de la ville ne devant pas dépasser la demi-journée, réservez dès votre arrivée votre excursion vers les îles du lac.

Arriver – Quitter

En avion

✈ ***Aeropuerto Inco Manco Cápac :*** *à 5 km de **Juliaca** (à 1h de route au nord de Puno). ☎ 32-89-74 ou 29-05.* Guichet *I-Perú* ouvert à l'arrivée des vols. Nul besoin de s'éterniser dans cette ville hideuse et polluée. Pour rejoindre Puno, le plus simple, est de contacter *Rossy Tour (jr. Tacna 308 ; ☎ 36-67-09 ; trajet 1h ; compter 15 NS)* qui assure des transferts en bus directs selon les horaires des vols. C'est bien plus fastidieux en *colectivos* (il faut changer à Juliaca) pour une économie de bout de chandelle. Sinon, un taxi devrait vous coûter 70-80 NS (100 NS si vous visitez au passage le site de Sillustani (voir plus loin « Dans les environs de Puno »).

■ ***Lan Perú*** *(plan couleur B1-2, **1**) : jr. Tacna 299, angle Melgar. ☎ 0801-112-33. • lan.com • Lun-ven 8h30-19h ; sam 10h-16h.* Assure 2 vols directs/j. pour Lima, 1 autre via Cuzco (le mat) et 1 dernier via Arequipa (l'ap-m).

■ ***Avianca-Taca*** *(plan couleur B2, **10**) : angle Tacna/Melgar • avianca.com •* Assure 1 vol direct/j. avec Lima, le mat.

En train de/vers Cuzco

Le train de Cuzco à Puno traverse lentement l'Altiplano dans un paysage aussi désolé que majestueux, avec au loin les montagnes. Depuis que la ligne a été rachetée par *Perurail,* filiale de l'entreprise *Orient-Express,* le coût du trajet est hélas devenu très excessif. Pour un aller simple à bord de l'*Andean Explorer,* il vous en coûtera entre 161 $ et... 453 $, contre moins de 15 $ en bus (qui, de surcroit, suit presque le même trajet, avec les mêmes paysages !) À ce tarif exorbitant, vous serez chouchoutés : repas de qualité, boissons, musique *in vivo* et même un *fashion show...*

■ ***Perurail*** *(plan couleur B1) : av. La Torre 224. ☎ 36-91-79 ou 35-34-88. • perurail.com • Lun-ven 7h-12h, 15h-18h ; sam 7h-15h.* On peut acheter son billet en ligne, à l'avance. Réserver si possible une place côté fenêtre à droite, pour mieux profiter du paysage. De Cuzco à Puno, le train circule les lun, mer, ven et sam nov-mars, et ven également avr-oct. Départ à 8h dans les 2 sens, arrivée vers 18h.

En bus

Au Pérou

🚌 ***Terminal terrestre*** *(hors plan couleur par B2) : jr. Primero de Mayo 703,* *au sud-est du centre, près du lac. ☎ 35-30-17. En taxi : env 5 NS.* Sur place : distributeur de billets, *locutorios,* pharmacie, mini-épiceries, consigne pas chère (6h30-21h). Taxe passager : 1 NS.

Les grandes compagnies sont représentées : *Cruz del Sur (☎ 35-35-42), Flores (☎ 36-67-34), Julsa (☎ 36-40-80), San Martín (☎ 98-36-93), Transzela (☎ 35-38-22), 4M Express (☎ 36-48-87)...*

➢ ***Arequipa :*** env 5-6h de bonne route asphaltée, via Juliaca. Liaisons très fréquentes avec **Julsa,** 1 bus ttes les heures 8h-23h ; **Flores,** 4 bus/j. 7h-20h15 ; **Cruz del Sur,** 1 bus/j. à 15h ; *Civa,* 1 bus/j. à 12h30. Également avec **4M Express, Señor de los Milagros...**

➢ ***Cuzco :*** mieux vaut faire le voyage de jour, car on traverse de beaux paysages. Env 6-8h de trajet avec **Transzela,** 2 bus/j. à 8h15 et 22h ; **Cruz del Sur,** 1 bus/j. à 22h ; **San Martín,** 8 bus/j. ; **Huayruro,** 2 bus/j. à 8h et 21h30.

– Les compagnies ***Inka Express*** *(plan couleur B2,* **3***), jr. Tacna 346. ☎ 36-56-54. • inkaexpress.com.pe •* et ***Wonder Perú,*** *jr. Tacna 344. ☎ 35-33-88. • wonderperuexpedition.com •* proposent le trajet vers Cuzco, agrémenté d'arrêts touristiques. Départ 7h15-7h30, arrivée vers 17h. Tarif : env 45 $. On visite (brièvement) le musée de Pucará, le col de la Raya, le site de Raqchi et l'église d'Andahuaylillas, avec guide parlant anglais et parfois français. Les repas du midi sont inclus, mais pas les billets d'accès aux sites (env 15 NS/site). Une formule plus chère que le bus standard mais qui permet de visiter des lieux pas toujours faciles d'accès.

➢ ***Chivay :*** 5h30 de trajet. Avec **4M Express,** 1 départ/j. à 6h30. Cher, mais bien pratique pour visiter le canyon de Colca sans avoir à passer 2 fois à Arequipa.

➢ ***Tacna :*** de Tacna, le Chili est à portée de main. Plusieurs compagnies desservent cette ligne : ***San Martín,*** 9 bus/j. ; ***Flores,*** 1 bus/j. à 20h30 ; ***Terra Bus Lines*** *(☎ 35-18-82),* départ vers 20h ; et ***Sagitario*** *(☎ 91-56-31),* départ vers 21h.

➢ ***Lima :*** avec changement à Arequipa, compter 21-24h de trajet ! Avec *Flores,* 1 bus/j. à 14h ; *Cruz del Sur,* 1 bus/j. à 21h ; *Julsa,* 1 bus/j. à 14h30.

Vers la Bolivie

Il existe 2 routes pour se rendre à La Paz : l'une directe par Desaguadero (6h min), l'autre par Copacabana, sur la rive orientale du Titicaca. Si l'on passe par là, rejoindre La Paz est plus long (8h), car les compagnies marquent un arrêt de 2h à Copacabana. Le passage de la frontière (ouv 8h-18h) à Yunguyo se fait à pied, puis on remonte dans le même bus. Alternativement, si l'on ne va qu'à Copacabana, on peut prendre un bus local au terminal interprovincial de Puno pour Yunguyo (5 NS), un *combi* ou une moto-taxi jusqu'à la frontière, puis enfin un autre *combi* pour rejoindre Copacabana.

➢ ***La Paz*** *(8h de route)* ***via Copacabana*** *(3h de route)* **:** ttes les compagnies empruntant cet itinéraire, **Colectur** *(Tacna 221 ; ☎ 35-23-02),* **Panamericano** *(Tacna 245 ; ☎ 35-40-01 ; • turismopanamericano.com •),* **Titicaca Bolivia** et **Tour Perú** *(Tacna 285 ; ☎ 36-55-17)* assurent ttes 2-3 bus/j. vers 6h, 7h30 et 14h. Compter 20 NS pour Copacabana et 30 NS pour La Paz. Certaines compagnies comme *Colectur* passent vous prendre à votre hôtel pour vous emmener au terminal de bus. Achetez le billet directement aux compagnies, les agences touristiques margent beaucoup sur cette prestation.

■ ***Transturín :*** *• transturin.com • Infos et billets auprès des agences de voyages.* Pour nos lecteurs les plus à l'aise. Départ en bus de Puno vers 6h30 pour Copacabana. Arrêt de 30 mn pour visiter la cathédrale. Catamaran pour l'île du Soleil avec déjeuner à bord. Visite de l'île (courte donc frustrante !), avec balade sur une réplique kitsch de bateau en *totora,* puis débarquement à Chua. Fin du voyage en bus pour La Paz (1h30), où l'on arrive vers 19h30. Compter env 200 $.

Adresses utiles

Infos touristiques

I-Perú (plan couleur A2) **:** *jr. Lima, à l'orée de la pl. de Armas. ☎ 574-80-00 (24h/24). • peru.travel • Tlj 9h-18h (13h dim).* Très accueillants et vraiment compétents. Vous aideront en cas de problème avec une agence indélicate.

Poste et télécommunications

✉ **Serpost** (plan couleur B2) **:** *jr. Moquegua 269. Lun-sam 8h-20h.* Fait poste restante.

@ ■ **Points Internet et téléphone** (plan couleur A1) **:** très nombreux *locutorios* et accès Internet sur la jirón Lambayeque (cuadras 2 et 3). La plupart restent ouvert au moins jusqu'à 21h.

Banque

■ **Interbank** (plan couleur A2, **4**) **:** *jr. Lima 423-425. Lun-ven 9h-13h, 16h-18h15 ; sam 9h15-12h30.* Il y en a d'autres, mais celle-ci change les chèques de voyage.

Santé, urgences

■ **Policía turística** (plan couleur A2) **:** *jr. Deustua 538 (pl. de Armas). ☎ 35-23-03. Permanence 24h/24.*

Medicentro Tourist's Health Clinic (plan couleur A-B1, **2**) **:** *Moquegua 191. ☎ 36-59-09. Centre ouv lun-sam 9h-21h. Urgences 24h/24 appel préalable 📱 951-62-09-37.* Français et anglais parlés. Très compétents et attentifs. Peuvent vous rendre visite à l'hôtel.

■ **Rp Pharma** (plan couleur A1, **7**) **:** *pl. Parque Pino, pharmacie ouv 24h/24. Une autre à l'angle de jr. Puno et jr. Moquegua (plan couleur B2, **7**).*

Représentations consulaires

■ **Consulat de Bolivie** (plan couleur A1, **5**) **:** *jr. Arequipa 136. ☎ 35-12-51. Lun-ven 8h-16h.*

■ **Migración** (plan couleur A2, **6**) **:** *jr. Ayacucho 280. ☎ 35-71-03. Lun-ven 8h-16h15.* Vous devrez vous y rendre avant de passer en Bolivie si vous avez perdu votre récépissé blanc remis par l'immigration à l'entrée dans le pays.

Agences de voyages

■ **All Ways Travel** (plan couleur B1-2, **1**) **:** *jr. Tacna 287. ☎ 35-55-52. Également jr. Deustua 576, dans la casa del Corregidor (1er étage ; plan couleur A2, **1**). ☎ 35-39-79. • titicacaperu.com • Demander Victor ou Eliana, qui sont polyglottes.* Propose tous types d'excursions, notamment sur le lac Titicaca, à Sillustani, en kayak, etc. Ici, on tente de promouvoir un tourisme culturel (vie quotidienne avec la population) qui participe du développement économique des communautés locales. On choisit entre les *classic tours* et les *non-touristy tours.* Par exemple, pour Taquile en 2 jours : environ 35 $, hors hébergement et repas à payer sur place aux communautés (déj env 20 NS ; hébergement en ½ pens env 30 NS).

■ **Titicaca Leon Tours Travel** (plan couleur A2, **8**) **:** *jr. Ayacucho 152. ☎ 35-27-71. • perutiticaca.com • Tlj sf dim 8h30-13h, 5h-21h.* Agence de tourisme culturel et expérimental qui s'emploie à mettre en contact les touristes et les populations des îles. Attentifs à endiguer les effets d'un tourisme peu respectueux, ils organisent l'hébergement à Taquile, Amantani et les excursions d'un jour sur les îles flottantes d'Uros. Plusieurs formules combinées. Un bon moyen de découvrir la vie quotidienne, les coutumes, la musique et la danse, les costumes et l'artisanat de ces populations. Prix tout compris.

■ **Cusi Expeditions** (plan couleur B1, **9**) **:** *jr. Teodoro Valcárcel 164. ☎ 20-57-46. • cusitravel@hotmail.com • Tlj 7h-13h, 15h-20h.* Des excursions de 1 à 3 jours sur le lac. Une bonne agence pour son accueil fort sympathique, et qui a de bonnes relations avec les familles des îles du lac.

Divers

■ **Lavanderia Lago Sagrado** (plan couleur A1, **11**) **:** *Lima 356A. Tlj*

8h-21h. Prix au kilo.

■ ***Supermercado Negolatina*** *(plan couleur B1,* ***12****) : angle de Tacna et Ugarte. Tlj 7h-21h.*

Où dormir ?

Attention : en période de festivités (*Candelaria* de mi-janvier à mi-février), le prix des hébergements peut carrément tripler !

Dans le centre

De bon marché à prix modérés (moins de 90 NS / env 27 €)

■ ***Duque Inn*** *(hors plan couleur par A2,* ***20****) : jr. Ayaviri 152, quartier d'Orkapata. ☎ 20-50-14. • duque_inn1@hotmail.com • Des abords de la cathédrale, remonter Huancane jusqu'en haut, puis la c/ Cusco à gauche, et ensuite la 3e à gauche. Double 50 NS ; petit déj 5 NS.* Ça grimpe sec depuis la plaza de Armas, mais vous serez récompensé de vos efforts par une chambre correcte (sans plus) pour une bouchée de pain ! Le sympathique proprio est un archéologue passionné par les *chullpas*... Si le courant passe, il pourrait même vous guider à très bon prix sur les sites. Ensemble de bric et de broc, eau chaude aléatoire, chambres encombrées. À vous de choisir entre celles avec salle de bains partagée (mais une superbe vue pour deux d'entre elles) ou, pour le même prix, celles avec salle de bains mais sans vue. Pas de chauffage, mais des couvertures en rab sur demande. Cuisine à dispo et machine pour laver son linge sur le toit. Excellents conseils et bonne ambiance.

■ ***Tayka Hostel*** *(plan couleur A2,* ***22****) : jr. Ayacucho 515. ☎ 35-14-27. • taykahostel.com • Compter 30 NS/pers en dortoir ; doubles avec douche 60-70 NS ; petit déj inclus.* Un bon rapport prix-situation, quasiment en plein centre à proximité de l'animation. Chambres peintes de couleurs vives, chauffage (en chambre seulement et sur demande). Plus une ribambelle de services : cuisine, bar, jeux de société, billard, bagagerie, laverie, cours d'espagnol, bref, pas de quoi s'ennuyer.

■ ***Hostal Joya del Titikaka*** *(plan couleur A2,* ***32****) : jr. Arequipa 522. ☎ 35-18-23. • joyadeltitikaka.com • Double 100 NS, petit déj inclus.* Hôtel aux parties communes un peu vieillottes mais doté de chambres impeccables et lumineuses, avec mobilier en pin, TV câblée et chauffage. Celles donnant sur l'arrière sont plus calmes. Petit déj au 5e étage avec une jolie vue sur la ville. Ronald, le propriétaire, peut vous conseiller sur vos visites. *Deposito* pour les bagages. Service de blanchisserie.

■ ***Hostal El Manzano*** *(hors plan couleur par B2,* ***21****) : av. El Puerto 449. ☎ 36-46-97. • elmanzanohouse titicaca.com • Depuis le terminal, prendre à droite l'av. Bolivar, puis à gauche juste après le chemin de fer. Dortoir 25 NS/pers ; doubles sans ou avec sdb 50-60 NS ; petit déj inclus.* L'adresse est un poil excentrée, mais elle est en fait bien située, à mi-chemin de la plaza de Armas et du port, et à 500 m du terminal de bus. Ne vous attardez pas sur la façade fatiguée. Derrière s'ouvre un petit patio verdoyant, calme et agréable, entouré par des chambres simples mais propres, avec ou sans bains (roses !). Eau chaude garantie. Petit déj à la cafét' attenante. Petite cuisine à dispo au 1er étage. Accueil familial.

Prix moyens (90-130 NS / env 27-39 €)

■ ***Residencial Cricarlet*** *(plan couleur A1,* ***26****) : jr. Santiago Giraldo 160. ☎ 35-40-85. • residencialcricarlet@hotmail.com • Doubles 85-95 NS, petit déj continental inclus.* Cette adresse s'est imposée grâce au bouche à oreille sur Internet. C'est une véritable maison d'hôtes comme on en voit peu au Pérou, tenue par les adorables Isaac

LE SUD DU PÉROU

et Laetitia (réflexologue et masseuse), un couple péruvien vivant au rez-de-chaussée de la maison et donc toujours là pour accueillir les visiteurs. Chambres simples et toutes propres, avec parquet, salles de bains nickel et un vrai effort de déco : lavabos design, teintes ocre aux murs, vives et chaleureuses. Grande pièce sous verrière pour le petit déj. Ils travaillent avec une femme guide, originaire d'Amantani pour des excursions sur le Titicaca – mieux vaut les contacter à l'avance. Beaucoup de clients français.

San-Antonio Suites *(plan couleur A2,* ***29****) : jr. Arequipa 840. ☎ 35-17-67. • sanantoniosuitespuno.com • Double env 100 NS, petit déj inclus.* À 2 blocs de la plaza de Armas, un hôtel récent à la façade orangée peu discrète. D'ailleurs, l'orange est la couleur dominante qui préside à la déco intérieure. De la simple à la triple, les chambres bénéficient d'un équipement complet : moquette, chauffage, bains privés, TV câblée, sèche-cheveux. Le petit déj-buffet est bien garni, et l'hôtel dispose d'une consigne à bagages et d'un service de laverie. Bon rapport prix-confort et accueil souriant.

Kusillo's Posada *(hors plan couleur par B2,* ***27****) : jr. Federico More 162. ☎ 36-45-79. • kusillosposada@yahoo.es • Par Moquegua, à 1 cuadra au sud de Carabaya. Double 120 NS ; petit déj inclus.* Une petite affaire familiale, gentille et accueillante comme tout. Une poignée de chambres vraiment pas ruineuses. Elles sont proprettes et agréables à vivre, avec leurs lits au cadre métallique et des murs aux tons doux. Déco foisonnante dans la grande pièce à vivre du rez-de-chaussée.

Posada Don Giorgio *(plan couleur A1,* ***30****) : jr. Tarapacá 238. ☎ 36-36-48. • posadadongiorgio.com • Double 110 NS, petit déj inclus.* Les chambres, plutôt cosy, occupent plusieurs étages autour d'un charmant patio intérieur couvert qui rappelle une cour andalouse avec ses fenêtres en demi-lune et ses quelques vitraux colorés. Quelques divans, un jeu d'échecs invitent à y laisser glisser le temps. Bon confort, avec TV câblée, salles de bains impeccables et moquette. Toutefois, certaines chambres au centre du bâtiment sont pour ainsi dire aveugles.

Hotel Pukara *(plan couleur A1-2,* ***31****) : jr. Libertad 328. ☎ 36-84-48. • pukaradeltiticaca.com • Double 120 NS, petit déj américain inclus.* Petit hôtel dirigé par Sonia, qui s'est chargée de cette incroyable déco. Résultat : des chambres et une atmosphère très personnalisées, des couleurs vives qui dégagent une bonne humeur communicative. Chambres un peu étroites mais très bien équipées, avec bains, double vitrage, TV câblée et radiateur à huile. Propreté parfois aléatoire. Agréable salon de lecture et oxygène à disposition ! Accueil très chaleureux.

Residencial Wary Nayra *(plan couleur A1,* ***33****) : jr. Tarapacá 108. ☎ 36-37-26. • warynayra.com • Doubles 25-35 $ selon saison, petit déj inclus.* Quel drôle d'hôtel ! Planqué dans une rue triste et un poil excentrée, il présente en premier... une piscine face à l'étroite porte d'entrée. Derrière, il y a un sauna (ouvert, comme la piscine, de juin à août seulement) et, au-dessus, la réception et les chambres, empilées les unes sur les autres. Elles ne sont pas grandes, mais agréables, aux murs colorés, avec des touches de déco originale et de grandes pommes de douche. Ajoutez à cela des coins salons chaleureux, un bar décoré de masques de carnaval, un petit déj servi dans une grande salle lumineuse au 4e étage et un excellent accueil. Une des meilleures affaires de la ville.

De chic à plus chic (plus de 130 NS / env 39 €)

Hotel Casona Colón Inn *(plan couleur B1-2,* ***35****) : jr. Tacna 290. ☎ 35-14-32 ou 70-90. • coloninn.com • Double 180 NS, suite 285 NS ; petit déj inclus.* Ce charmant hôtel au parfum colonial, serré autour d'un mini-patio fleuri où trône un angelot un peu kitsch, a été joliment décoré en style rétro. Les chambres sont plus ou moins grandes, plus ou moins lumineuses (plus celles du 2e étage que celles du 1er donnant sur le patio), mais toutes offrent un très bon confort. Excellent service, propreté irréprochable, petit déj copieux. Salon de lecture. Bar et restaurant.

Hotel Hacienda *(plan couleur A2, **36**) : jr. Deustua 297. ☎ 35-61-09. • hhp.com.pe • Double 270 NS (réduc sur Internet).* Voilà un 3-étoiles qui mérite vraiment son classement, ça change... Pas une personnalité irrésistible, mais un petit chic de bon aloi avec de grandes chambres agréables et douillettes, en plein centre. Salles de bains elles aussi spacieuses (avec baignoire), chauffage et TV câblée. Joli patio avec fontaine.

Très chic (plus de 300 NS / env 90 €)

Royal Inn Hotel *(plan couleur A2, **37**) : jr. Ayacucho 438. ☎ 36-45-74 ou 58-22. • royalinnhoteles.com/puno • Double 310 NS, suite bien plus chère, petit déj inclus.* Le plus chic des hôtels du centre tente de se singulariser par sa rampe d'escalier Art nouveau en... fibre de verre ! En outre, les chambres sont dotées d'un niveau de confort inégalé en ville (frigo, 2 radiateurs, peignoirs, sèche-cheveux...). Les suites ont même un poêle à bois qui fonctionne et une grande salle de bains vitrée avec jacuzzi donnant sur la chambre. Pour ceux qui en ont marre de l'eau tiède... Bar et resto. Peut-être pas royal, mais au moins princier.

À proximité et sur le lac

À 4 km au nord-est du port, par l'av. Sesquicentenario (taxi 10 NS depuis le centre-ville), un quartier excentré et calme, qui s' étend le long du lac. Rien à voir avec le centre-ville *muy agitado...*

Très chic (de 130 à 200 NS / env 39-60 €)

Yavari B & B *(hors plan couleur par B1, **38**) : bateau-musée amarré face à l'hôtel* Posadas del Inca (qu'il faut traverser pour y accéder). *☎ 36-93-29. • yavari.org • Compter 150 NS/pers, visite du bateau incluse ; chambre du capitaine (1 pers slt) 190 NS.* Dormir dans un musée flottant ? Eh oui, c'est possible ! On se serre dans l'une des 3 étroites cabines alignées à tri et à bâ... bord de cette canonnière victorienne aux beaux bois patinés. Dans chacune, 2 couchettes superposées (avec bien peu d'espace pour celle du bas). Douche à l'italienne et w-c partagés, super propres. Au réveil : le bois qui craque, le pont bien ciré, les poules d'eau qui pépient et la brise fraîche du lac. Assez onéreux, mais vraiment original.

Très chic (plus de 300 NS / env 90 €)

Eco Inn Hotel *(hors plan couleur par B1, **34**) : av. Chulluni, le long du lac au nord de la ville. ☎ 36-55-25. • ecoinnhotels.com • Doubles 300-390 NS, petit déj inclus.* Construction moderne articulée sur 2 ailes. Grandes chambres lumineuses au sobre design à la scandinave, parquets stratifiés, boiseries claires, lits *king size,* matelas chauffant, et avec une petite vue latérale vers le lac. Mais l'ensemble est plutôt austère, avec des couloirs qui n'en finissent pas. Salle de resto face aux étables des alpagas. Baie vitrée panoramique et observatoire astronomique.

Casa Andina *(hors plan couleur par B1, **39**) : av. Sesquicentenario 1970. ☎ 36-39-92. • casa-andina.com • Doubles 615-675 NS selon vue ; suite 700 NS, petit déj inclus. Réduc sur Internet.* Le train de Cuzco s'arrête spécialement pour cet hôtel classieux, installé sur les bords du Titicaca, avec tout le confort et les services de ce type d'établissement. Bateau privé pour naviguer sur le lac. Les chambres avec vue plein cadre sur le lac (balcon) sont un peu plus chères, mais superbes ! Elles sont même équipées de distributeurs d'oxygène, pour ceux qui auraient des difficultés respiratoires. Large terrasse ensoleillée pour mieux profiter du paysage. Le resto (voir la rubrique « Où manger ? ») s'entoure de baies vitrées. Un bien bel endroit pour ceux qui en ont les moyens.

Où manger ?

Le lac Titicaca fournit sept sortes de poissons, mais deux sont véritablement à l'honneur sur les tables de la ville : la truite *(trucha)* et la perche *(pejerrey)*. Autres spécialités : le poulet à la *pachamanquera* (sauce aux herbes), le *timpo* (viande d'agneau), la soupe de quinoa, le *chicharrón de chancho...* Attention, on mange tôt, difficile d'être servi après 21h.

Bon marché (moins de 15 NS / env 4,50 €)

|●| ***El Rancho*** (plan couleur B1, **45**) : *Oquendo 202. ☎ 35-66-66. Tlj 15h-23h. Compter 7-20 NS selon portion.* Une concentration de poulets à faire pâlir le 36, quai des Orfèvres ! Ces diables déplumés font bronzette par paquets de 5 sur d'énormes broches à l'entrée du resto, avant de se poser dans votre assiette pour une poignée de soles, servis en huitième, quart, demi-portion... ou entier (hardi !). Salade et frites en guise d'accompagnement. Et, sous les néons aveuglants de ces deux vastes salles, sur de grandes tables en formica et bancs de bois, ça y va à pleins doigts et à pleines dents, en se poilant en famille devant les jeux télévisés qui braillent... Une adresse qui a la (co)côte !

|●| ***Sabores Puneños*** (plan couleur B1, **42**) : *Tacna 255. Tlj 7h-23h. Brochette 3 NS, plats 12-18 NS.* Une fois passé le nuage de fumée à l'entrée (le barbecue est dressé là), deux petites salles en contrebas alignent des tables nappées à l'indienne, une télé (évidemment) et un service qui court et sue autant que les excellentes brochettes de cœur, de chorizo ou autres viandes. Il y a aussi tout ce que la *parilla* peut faire griller : truites, *lomo de bife, pollo*. Bon et pas cher.

|●| ***Chifa Shangaï*** (plan couleur B1, **40**) : *jr. Arbulú 169. Plats env 10-18 NS.* Un resto chinois avec de vrais Chinois en train de faire sauter les légumes dans les woks ! Une bonne adresse pour se mêler aux *Puneños* et manger très copieusement à petits prix. Soupe obligatoire avant chaque plat. Salle fonctionnelle avec TV allumée en permanence. Et quelle activité... Ça débite là-dedans !

De prix moyens à chic (15-40 NS / env 4,50-12 €)

|●| ***Suri*** (plan couleur A2, **41**) : *jr. Grau 404. 📱 951-84-83-81. Tlj sf sam 8h-21h. Menus 15-25 NS ; plats 10-24 NS.* Les employés des bureaux s'agglutinent à l'heure du déjeuner dans ces 2 petites salles, au rez-de-chaussée ou à l'étage. Pas un touriste, rien que des locaux venus manger un plat complet pour quelques *soles* de moins qu'ailleurs. Et également de copieux menus, avec *pisco sour* en prime...

|●| ***Restaurant Internacional*** (plan couleur B2, **43**) : *jr. Libertad 161. ☎ 36-43-17. Tlj 8h30-21h30.* Les Péruviens viennent ici sacrifier les viandes au culte de la *parrilla.* Oubliez la décoration, le rez-de-chaussée n'est d'ailleurs pas très engageant, et l'étage ne renie pas les années *Twist again à Moscou*. Buffet de crudités. Alpaga à toutes les sauces. Spécialité des 3 viandes accompagnées de riz ou de fruits. Quelques plats de tripaille pour les amateurs et mini-carte de mets chinois. Portions généreuses qu'on a du mal à terminer. Service empressé.

|●| ***La Choza de Oscar*** (plan couleur A1-2, **44**) : *jr. Libertad 340. ☎ 35-11-99. Tlj 11h-22h. Plats 25-35 NS (plus cher pour les crustacés).* La maison accueille de nombreuses familles péruviennes au déjeuner. Le week-end, c'est carrément la cohue. Dans la pièce du fond, les poulets rôtissent dans la cheminée géante, fumante et rougeoyante. Ça tourne autour de la broche, ça débite, ça dévore à pleines dents. Dans la 1re salle, on sert des plats à la carte plus travaillés, plutôt réussis (quoique sans génie). Le soir, danseurs, chanteurs et musiciens débarquent pour un *cena show* de 19h30 à 21h. Bien kitsch, mais ils ont l'air de beaucoup s'amuser, et les

Péruviens dans la salle reprennent en chœur les airs endiablés.

Plus chic (plus de 40 NS / env 12 €)

Incabar *(plan couleur A1,* ***11****) : jr. Lima 348. ☎ 36-80-31. Tlj 10h-22h. Plats env 30 NS.* Voilà une belle adresse où les couleurs s'étalent sur les murs comme dans l'assiette. Dans une ambiance un peu *lounge*, on déguste une cuisine de première fraîcheur avec des ingrédients de très bonne qualité, joliment présentés. L'alpaga dans sa sauce au vin blanc et petites bananes caramélisées nous a beaucoup plu, tout comme la truite aux saveurs asiatiques. Bons plats de pâtes également. Coin canapé sympa. Une adresse incontournable.

Casa Andina *(hors plan couleur par B1,* ***39****) : av. Sesquicentenario 1970. ☎ 36-39-92. Taxi 10 NS depuis le centre. Tlj. Plats 35-50 NS.* Indéniablement l'adresse gastronomique de la ville, dans l'hôtel très chic du même nom (voir « Où dormir à proximité et sur le lac ? »). Les produits y sont cuisinés avec attention, et les recettes sont vraiment plus originales qu'ailleurs : le poulet côtoie les raviolis, la truite se met en croûte et l'alpaga en civet. La présentation n'est pas en reste. Service stylé, avec en prime une vue dégagée sur le lac. C'est loin du centre, mais le trajet en vaut la peine.

Où prendre un petit déjeuner ? Où boire un café ?

Rico's Pan *(plan couleur A-B2,* ***51****) : jr. Moquegua 326. ☎ 35-41-76. Tlj 6h (14h dim)-21h.* Café, boulangerie, pâtisserie, dans une grande salle aux effluves de pain frais avec des comptoirs débordants d'alléchantes choses sucrées. Un petit coup de cœur pour la tarte au citron et pour les cakes aux fruits exotiques. On y sert aussi des soupes et des hamburgers. Personnel souriant.

Casa del Corregidor *(plan couleur A2,* ***1****) : jr. Deustua 576. ☎ 35-19-21. Tlj sf dim 9h-21h.* On aime beaucoup cette courette plantée d'un grand cactus, planquée à l'arrière d'une maison coloniale (XVIIe s) qui donne sur la plaza de Armas. Le lieu est géré par une coopérative de café dont on peut acheter les produits sur place. Possibilité de consulter des journaux et des magazines, et de piocher dans la bibliothèque. *Playlist* très agréable en fond sonore. Ceux qui ont un petit creux s'offriront des *piquitos*, un sandwich ou une tarte, un peu chers toutefois.

Mojsa *(plan couleur A2,* ***53****) : jr. Lima 635, 1er étage. ☎ 36-31-82. Tlj 10h30-22h.* Au-delà de petites pâtisseries, rien ne vous oblige à manger ici... On vous conseille ce lieu plutôt pour boire un verre sur l'une des 2 tables minuscules perchées en équilibre sur le balcon de poche, face à la plaza de Armas et à la cathédrale. Cadre sympa et bon accueil.

Tulipan's *(plan couleur A1-2,* ***54****) : jr. Lima 394, angle Libertad, au fond d'une petite galerie commerciale. ☎ 35-17-96. Tlj 11h-21h.* Des chaises en bois dans une agréable cour ensoleillée pavée de galets noirs et blancs et une petite salle discrète serrée autour du four à pizzas. Onctueux cappuccinos et jus d'orange frais pour faire une pause. La cuisine est plutôt réussie aussi, mais les prix sont élevés et les portions légères pour le Pérou.

Où boire un verre ? Où sortir ?

Positive *(plan couleur A1,* ***60****) : jr. Lima 381. Tlj 16h-2h.* Un endroit qu'on adopte rapidement. L'adéquation entre la déco et la bande-son est parfaite. Au plafond des drapeaux, aux murs des messages, beaucoup de photos et des objets hétéroclites créant un patchwork attachant. À l'oreille, une bonne musique pop-reggae-rock, très *eighties* et *nineties*, un peu forte pour discuter.

Clientèle, dans la trentaine, étrangers pour la plupart. Quelques trucs à grignoter en cas de petite faim.

Kamizaraky Pub *(plan couleur A2, **61**) : jr. Grau 148. Ouv 17h-3h.* On aurait dû l'appeler le *Negative*. Non parce qu'il nous déplaît, mais parce que c'est un peu le yin du yang, le pendant du *Positive*... Place aux filles dans la salle (ça drague), à Michael Jackson et aux Red Hot Chili Peppers, saupoudrés d'un zeste de hard rock très lourd (type Rammstein), mais pas trop fort quand même. Dans le fond, estrade conviviale avec de petites tables et des coussinets pour siroter son *pisco* en refaisant le monde. Jeux d'échecs, cartes et jeux. Petite mezzanine pour prendre de la hauteur (et profiter de la fumée du four à pizza !). En prime des petits plats pas chers, à l'instar des boissons. D'autres bars dans la même rue.

À voir

Catedral *(plan couleur A2) : pl. de Armas. Lun-sam 7h-11h, 15h-18h (dim, pour la messe surtout).* Avec le lever du soleil sur le lac, voici le seul beau monument de Puno ! Construite au XVIIIe s, elle arbore une remarquable façade en pierre rouge sculptée, mêlant styles baroque et Renaissance mâtinés d'importants apports indiens. Un chef-d'œuvre ! Amusez-vous à repérer les symboles indigènes comme la représentation du Soleil et de la Lune, les sirènes jouant du *charango*, le guerrier ailé et les diables qui se cachent dans les coins. Les portails latéraux ne sont pas mal non plus. En revanche, l'intérieur est froid, très sobre.

Casa del Corregidor *(plan couleur A2) : Deustua 576.* Construite vers 1700 par le prêtre Silvestre de Valdés, cette maison servit longtemps de résidence au juge, gouverneur et collecteur des impôts de Puno. C'est aujourd'hui une des demeures anciennes les mieux conservées de la ville (beaucoup sont délabrées et mal entretenues). Elle abrite l'agence *All Ways*, un très agréable café et un magasin d'artisanat équitable *K'Antu* (mais cher).

Museo Carlos Dreyer *(plan couleur A2) : jr. Conde de Lemos 289, à droite de la cathédrale. Tlj sf dim 9h-19h. Entrée : 15 NS avec guide ; réduc. Explications en espagnol et en anglais.* Peintre d'origine allemande, Carlos Dreyer vécut plus de 30 ans à Puno, constituant au fil du temps la base de cette collection précolombienne et coloniale. Vous découvrirez des poteries noires chimús, des statues, stèles et statuettes pukaras (certaines superbes) et surtout, à l'étage, une salle consacrée aux rites mortuaires. En point d'orgue : le trésor de Sillustani, composé de centaines de fines plaques d'or martelé, bracelets et pectoraux – bijoux ayant accompagné les défunts dans l'au-delà. Âmes sensibles, outre les crânes déformés et trépanés, ne contournez pas la *chullpa* reconstituée : elle abrite trois authentiques momies assez gores... Dans les autres salles : peinture, mobilier, armes, objets en argent de l'époque coloniale, art religieux (beau christ en ivoire).

Balcón del Conde de Lemos *(plan couleur A2) : jr. Deustua 630, angle Conde de Lemos. Ne se visite pas.* Sans doute bâtie en 1668 pour le vice-roi, la maison conserve son beau balcon de bois.

Mercado central *(plan couleur B1) :* la halle est laide, mais le marché est assez vivant avec ses vendeurs de fruits et légumes, de pain, de fromage, d'œufs de caille, de pommes de terre et de céréales. À l'entrée, côté jirón Arbulú, un autel où brûlent des cierges. À l'étage, le bazar, l'électronique, des stands et des *juguerías* pour se désaltérer à bon compte.

Mercado artesanal *(hors plan couleur par B2) : au bout de l'av. Titicaca, au bord du lac, juste avt l'embarcadère. Tlj 8h-18h.* Certains disent qu'on trouve ici la plus belle laine d'alpaga d'Amérique. Il y a beaucoup de faux mais, en cherchant un peu, vous dégoterez de bien jolies choses. Encore moins cher vers 17h, quand les vendeurs commencent à avoir un peu froid.

Le bateau Yavari *(hors plan couleur par B1) :* *bateau-musée amarré face à l'hôtel Posadas del Inca, à 3 km au nord-est du port.* ☎ *36-93-29.* • *yavari.org* • *Visite guidée tlj 8h30-17h. Donation : min 20 NS ; l'argent récolté sert à la restauration du navire.* Cette canonnière fut construite en 1861 à Birmingham en Angleterre puis démontée et transportée en pièces détachées (210 tonnes !) à Puno – par bateau, via le cap Horn, jusqu'au port d'Arica (encore péruvien à cette époque), puis en train à Tacna et enfin à dos de mule à travers les Andes, soit 6 années de voyage ! En l'absence de chemin de fer, elle servait de transport de passagers et de barge pour acheminer des matières premières. À la fin du XIXe s, ses machines marchaient... à la crotte de lama séchée. Il en fallait tellement qu'il fallut rallonger le *Yavari* de 10 m pour pouvoir entreposer ce combustible inhabituel. C'est le dernier vapeur à coque d'acier riveté existant. Après avoir constaté que l'épave de fer n'avait pas été trop érodée par des eaux douces du lac, une Britannique, Meriel Larken, a racheté le *Yavari* en 1967 et l'a fait entièrement restaurer. En admirant ses cuivres rutilants, on visite le salon, la salle des machines, le pont supérieur avec poste de pilotage, et les quelques cabines, où l'on peut même passer la nuit (voir « Où dormir à proximité et sur le lac ?»).

Fêtes

– **Fêtes de la Virgen Maria de la Candelaria :** *de mi-janv à mi-fév.* Cette fête religieuse syncrétique est classée au patrimoine national péruvien. Messes, processions avec un point d'orgue le 2 février. Attention cependant : tout est fermé le lendemain ! La procession de la Vierge s'accompagne de musique et de danses.
– ***5-6 novembre* :** célébration de l'arrivée des fondateurs de la lignée des Incas, Manco Cápac et Mama Ocllo avec danses, sacrifice d'un alpaga et un immense défilé de plusieurs heures dans la ville.

DANS LES ENVIRONS DE PUNO

Au nord

Sillustani : *à 35 km au nord-ouest de Puno et 15 km de la route menant à Juliaca.*
➢ **Accès :** *en bus ou colectivo vers Juliaca depuis le terminal interprovincial – descendre à la bifurcation, puis colectivo jusqu'au site (3 NS), ttes les 15 mn env en journée. Les agences de tourisme affrètent aussi des minibus ; env 30 NS/pers. En taxi, compter 60 NS avec le temps d'attente sur place (sachant qu'on peut visiter le site en route vers l'aéroport).* Au long de la route, admirables paysages pastoraux au gré d'une campagne où paissent lamas et moutons, fermes chapeautées de chaumes, beaux portiques d'accès voûtés et un réseau de murets qui courent à l'infini.
➢ **Site :** *ouv tlj 5h30-17h30. Entrée : 10 NS. Si vous pouvez « accrocher » un groupe, la visite avec un guide se révèle passionnante.* Un lieu empreint d'une grande sérénité, sur une presqu'île accidentée cernée par les eaux bleues du magnifique lac d'Umayo, à 4 000 m d'altitude. La vue depuis le sommet est somptueuse. Ce lieu spectaculaire, sur lequel souffle le vent froid de l'Altiplano, a attiré très tôt l'attention des hommes. À l'époque pré-inca, les dignitaires Collas, ancêtres des Aymaras, qui régnèrent sur les hautes terres de 1200 à 1440 environ, y étaient inhumés, au plus près du ciel, dans des *chullpas* (tours funéraires) en pierre. Les Incas leur emboîtèrent le pas et dressèrent leurs propres *chullpas*, plus hautes (jusqu'à 12 m), plus belles, aux pierres polies parfaitement agencées. On en compte en tout une cinquantaine sur le site. Les tours recevaient entre 3 et 12 corps chacune, sans doute membres d'une même famille, momifiés et placés en position fœtale, face à une unique entrée tournée à l'est. C'est de là, chaque matin, que renaissait le soleil – et, avec lui, les morts à la vie.

Un chemin fléché mène aux plus grandes tours en ruine dominant le lac d'Umayo. La sensation de grandeur est envahissante, face aux falaises s'abîmant dans les eaux bleutées, sur lesquelles glissent souvent des barques de pêcheurs, en bois ou en *totora* (roseaux). Quelques *chullpas*, ont des animaux gravés dans la pierre, dont vous aurez noté l'admirable agencement, à l'image de la bien nommée « tombe au lézard » *(tumba del Lagarto)*, qui domine l'entrée du site.

Peninsula de Capa Chica : *à 60 km au nord-est de Puno, à 3 819 m. Fréquents* colectivos *pour Capa Chica à l'angle de Lampa et Costanera (sur l'av. du bord de lac, à 500 m au nord de l'embarcadère) ; trajet 1h30. De Capa Chica, autres colectivos, en sem slt, menant en 20 mn à Llachón et Santa Maria ; sinon, taxi 15-20 NS.* Cette péninsule vient enfoncer sa langue de terre dans les eaux du lac Titicaca. Au-delà de Capa Chica, le paysage devient saisissant de beauté, et le lieu a su préserver une belle authenticité... Admirer les *monteras* (chapeaux traditionnels des femmes). On y trouve assez facilement des logements chez l'habitant (chambres généralement propres, quoique souvent rustiques), qui assurent tous le couvert (matin, midi et soir). Et si vous êtes en mal de navigation et d'îles lointaines, sachez qu'on est à quelques encablures des îles d'Amantani et de Taquile, joignables en bateau privatisé (pas de *lanchas colectivas*) : les habitants pourront arranger la chose pour vous.

Valentin Quispe B&B : *Muelle Coreta, Llachón. 82-13-92. • llachon.com • Depuis la route principale, descendre sur 100 m la ruelle qui descend vers le lac (muelle Coreta). Chambre 65 NS/pers en pension complète.* Franchement, chapeau ! D'abord pour le sourire et la gentillesse de la maîtresse de séant, Lucila. Et puis pour ses chambres décorées de couleurs chatoyantes et sa cuisine, simplement bonne. Une adresse très simple mais qu'on aime vraiment. En prime, on peut y louer des kayaks ou faire affréter une *lancha* pour les îles.

Au sud

Ichu : *à 12 km au sud de Puno, prendre la piste à droite sur 3 km.* Petite communauté connue pour sa fête de Saint-Pierre et Saint-Paul, les 28 et 29 juin : danses, *pisco*, corridas et *borrachos*. Tous les habitants de la région s'y retrouvent.

Chucuito : *à 18 km au sud-est de Puno.* Village de pêcheurs qui fut la capitale des Lupaqa. Vestiges des périodes pré-inca, inca et coloniale, très belle vue sur le lac. Église ouverte le week-end seulement et, sur la plaza de Armas, son curieux cadran solaire datant de 1831. Le 2e dimanche d'octobre, *fête de la Virgen del Rosario* : messe, procession, corridas, danses, pendant 2 jours. À la sortie du bourg, des deux côtés de la route, têtes monumentales des deux fondateurs de la dynastie inca. On peut voir un curieux temple de la fertilité avec quelques phallus. Pour se loger, le *Taypikala Hotel & Spa (☎ 79-22-52 ; • taypikala.com • ; double 320 NS)* est pittoresque avec sa curieuse façade aux allures de parois de grotte.

En continuant plus au sud, on atteint 15 km plus loin le village d'***Acora,*** qui présente le seul intérêt d'une foire aux bestiaux hebdomadaire, le dimanche. Au-delà, la route continue tout schuss vers la Bolivie. Se reporter à Juli, en fin de chapitre.

LE LAC TITICACA

Histoires extraordinaires et légendes ancestrales hantent les rives du lac. La mythologie inca y situe l'origine de la civilisation. Viracocha, le dieu créateur, y fit émerger la Lune, le Soleil et les étoiles, et Manco Cápac, descendant du dieu Soleil, sorti des eaux du lac avec sa sœur Mama Oello, dirigea sa tribu

vers le nord et fonda Cuzco, future capitale de l'Empire.
En langue aymara, *titikaka* signifie « rocher du puma » en référence à un rocher de l'île du Soleil. Situé à 3 810 m d'altitude, le Titicaca (prononciation plus proche de « Titirara », avec un « k » très guttural) est le plus haut lac navigable du monde. Il mesure au maximum 200 km de long, pour environ 8 400 km² (soit 15 fois le lac Léman !) – partagés à 55 % par le Pérou et 45 % par la Bolivie. On imagine difficilement qu'il faille au moins une journée pour traverser le lac en bateau, pourtant, les montagnes qui semblent proches sont en fait à 20 ou 30 km... Profond de 275 m vers la isla Suasi, le plan d'eau n'atteint guère que les 15 à 18 m à l'ouest, là où s'amarrent les îles Uros. Et, pour en finir avec cette panoplie de chiffres, précisons que sa température moyenne est de 9 °C. Toujours envie de baignade ?
D'un point de vue géologique, le Titicaca, situé au centre de l'Altiplano, est le vestige d'une immense lagune portée en altitude par l'émergence des Andes. Le salar d'Uyuni, en Bolivie, paysage merveilleux et plus grand désert de sel du monde, est un autre de ces vestiges. Lui s'est évaporé ; le Titicaca, plus profond, a subsisté. L'altitude précise du lac varie (3 809 à 3 812 m) en fonction des conditions climatiques.

DE VASES COMMUNICANTS... EN VASE CLOS

Pas moins de 25 torrents et rivières alimentent le lac Titicaca... Un unique río en sort, le Desaguadero. L'évaporation est telle à cette altitude que 93 % des eaux des rivières et précipitations se volatilisent !

La luminosité est exceptionnelle, ses eaux froides se parent d'un bleu profond, réfléchissant le ciel de l'Altiplano. D'avril à juin, le climat est agréable, c'est la meilleure période pour apprécier le lac. Plus venteux en juillet-août, et humide de décembre à mars, à la saison des pluies. *El Niño* frappe régulièrement la région, faisant monter considérablement le niveau des eaux.

LE TRÉSOR ENGLOUTI DES INCAS

Une légende andine raconte qu'une partie du trésor des Incas dormirait au fond du lac Titicaca. Quand Francisco Pizarro captura l'empereur Atahualpa en 1532 à Cajamarca, dans le nord du Pérou, il lui promit la vie sauve en échange d'une colossale rançon en or et en argent. Celle-ci devait remplir la pièce où l'Inca était prisonnier : 70 m³ ! Atahualpa donna des ordres pour que les richesses soient acheminées des quatre coins de l'empire. Sur le lac Titicaca, une navette de barques convoya des kilos d'or et d'argent, entre la rive est et la rive ouest. La rançon était presque totalement payée lorsque, le 29 août 1533, les mariniers apprirent l'exécution d'Atahualpa par les Espagnols. De colère, ils auraient jeté leur chargement dans les eaux du lac... La légende s'est depuis transmise oralement, mais aucun écrit ne l'atteste. Captivé par cette histoire, le commandant Cousteau effectua des fouilles au cours des années 1970. Il ne trouva rien d'autre que des poteries. Il est vrai que le célèbre océanographe se contenta d'explorer la partie orientale du lac, autour des îles del Sol et de la Luna, côté bolivien. D'autres expéditions ont été mises sur pied depuis : l'une conduite par le *National Geographic* en 1988, sans résultat, puis une autre, italienne, en l'an 2000, qui a identifié les ruines d'un vaste temple, d'une terrasse et d'un mur *tiahuanaco* près de Copacabana. De quoi titiller l'imaginaire de tous les amateurs de légendes évoquant une mystérieuse cité engloutie, du nom de Wanaku...

Comment visiter le site ?

Il y a trois principaux sites à visiter côté péruvien : les îles flottantes *Uros*, les îles *Amantani* et *Taquile*. Pour tout voir, on vous conseille d'y consacrer

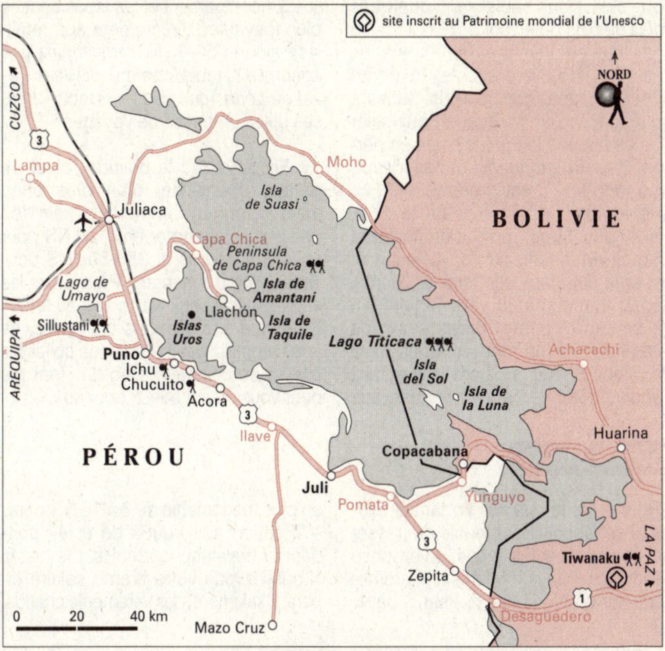

LE LAC TITICACA

au minimum 2 jours, et plutôt 3 que 2. Vous pouvez vous y rendre seul par les bateaux collectifs partant du port de Puno, ou en vous adressant à l'une des nombreuses agences proposant des excursions. Et pour finir, on peut aussi apprécier le lac et sa vie sans aller sur les îles en privilégiant la visite de la péninsule de ***Capa Chica*** (voir au-dessus).

➢ ***En bateaux collectifs*** *(colectivos)* **:** ils partent du port de Puno, à l'extrémité de l'av. Titicaca. Inutile de céder aux sollicitations des rabatteurs, il est très simple d'acheter soi-même son billet aux guichets. Les compagnies sont gérées de concert par les communautés insulaires. L'accès à chacune des îles coûte 5 NS (8 NS pour Taquile), payables en plus du ticket de bateau.

– ***Îles Uros :*** départs 6h-16h30 dès qu'il y a assez de monde (appel au micro), mais il faut parfois attendre pas mal après 9h. Dernier retour un peu avt 18h. Compter 10 NS l'A/R. La traversée prend env 25 mn et on reste 2h sur place.

– ***Taquile :*** départ unique à 7h45 pour 25 NS, retour vers 14h30 de Taquile, arrivée vers 17h30 à Puno. Ce qui laisse à peine 3h sur l'île si l'on veut revenir le jour même.

– ***Amantani et Taquile :*** circuit de 2 j. avec nuit à Amantani, 30 NS pour la boucle en bateau, 50 NS en sus pour l'hébergement et les repas. Avec cette option, on passe un après-midi à Amantani et la matinée suivante à Taquile. Les bateaux n'offrent guère de confort et une délicieuse odeur de carburant envahit souvent l'air. Ils sont équipés de gilets de sauvetage que les bateliers doivent théoriquement faire revêtir aux occupants... Il arrive que certains bateaux vétustes tombent en panne... Patience !

➢ ***Avec une agence :*** avantages, vous bénéficierez des commentaires du guide et d'un bateau généralement plus rapide et un peu plus confortable.

Tout cela pour seulement quelques *soles* de plus qu'en solo.
– Le tour en 1 j. va à Taquile via les îles Uros (45 mn d'escale) et coûte 40-45 NS, repas non compris. Sachant qu'il faut 3h par traversée pour relier l'île, ça fait une longue journée en perspective... frustrante diront beaucoup.
– Le tour en 2 j. est préférable si l'on a le temps. Départ vers 8h le 1er j., visite des Uros, puis continuation jusqu'à Amantani, où l'on déjeune et passe la nuit dans une famille. Le 2e j., départ le matin à 8h vers Taquile (1h de bateau), visite et repas avant de rentrer à Puno en milieu d'après-midi. Prix : env 85 NS, incluant le transfert depuis l'hôtel, le bateau, l'entrée aux îles. L'hébergement et les repas sont en plus (payables directement aux familles), ajouter 50-60 NS. Privilégiez une agence équitable, comme *All Ways Travel* ou *Leon Tours* (voir « Puno. Adresses utiles. Agences de voyages »).

➢ ***En privado :*** le *privado,* c'est un bateau chartérisé, bien plus cher, mais disponible immédiatement (ou presque...). Compter env 100 NS pour un A/R aux Uros et 350-500 NS pour Taquile et/ou Amantani. Pour éviter les embrouilles, mieux vaut payer au retour. Et, même si c'est vous qui payez, ne vous étonnez pas si l'on vous colle des clients de *colectivo* à bord... Tant pis pour vous et tant mieux pour eux.

Infos utiles

– Pour la visite des îles flottantes seules, il est absolument inutile de passer par une agence. Sur place, on propose généralement aux touristes une promenade sur un bateau en roseau, à payer en plus, négociable de 3 à 10 NS/pers.
– Attention aux coups de soleil pendant la traversée (surtout sur le nez !). N'oubliez pas votre crème solaire et, paradoxalement, des vêtements chauds.

Où dormir sur le lac Titicaca ?

Sur les îles Taquile et Amantani : *chambres env 30-40 NS/pers en pens complète.* Que ce soit aux îles Uros, à Amantani ou à Taquile, le logement des touristes est géré de manière collective, sur un système rotatif : chacun son tour et tout le monde au même prix, quelles que soient les conditions de confort. Quand vous arrivez dans les îles, on vous indique chez qui vous allez loger.
Attention, les nuits peuvent être très froides. Les frileux qui ne se contenteraient pas des quatre ou cinq couvertures généralement fournies prévoiront un duvet. Sac à viande également bienvenu, les conditions de couchage étant parfois très rudimentaires. Et n'oubliez pas votre lampe torche ! Cette formule permet de dépasser la première impression souvent négative en raison du très grand nombre de touristes, excursionnistes d'un jour. Prenez suffisamment de liquidités, pas de distributeurs sur les îles.
On loge dans les familles, dans des pièces séparées, sur des matelas à même le sol ou surélevés sur une paillasse. Les maisons sont équipées de toilettes, mais pas de salles de bains. Pas d'électricité non plus, mais les bougies sont fournies. On mange une cuisine familiale très correcte. On ne vous conseille pas forcément de dormir aux Uros, car vous risquez de vous y sentir vite coincé.
À Taquile, quelques habitations (style gîte de groupe) ont été construites à l'entrée du village. C'est moins typique que chez l'habitant mais plus confortable.

Isla de Suasi : *au nord du lac Titicaca, face à la bourgade de Cambria, à 4h30 de navigation de Puno en bateau charter, en passant par Los Uros et Taquile (2h30 en direct au retour), compter 300 NS A/R. • casa-andina.com • Double env 300 NS.* Seule île privée du lac Titicaca, ce petit paradis andin abrite un unique hôtel de luxe de la chaîne *Casa Andina,* où les Robinson fortunés se retirent le temps d'oublier la fureur du

LE SUD DU PÉROU

monde. Resto gastronomique, sauna à l'eucalyptus, massages, balades à pied ou en canoë, balcons pour regarder le soleil disparaître doucement à l'horizon, tout ici est fait pour se déconnecter du temps compté. Cerise sur le gâteau, la gestion est aussi durable que possible (avec électricité solaire).

LES ÎLES FLOTTANTES

Elles sont communément appelées les ***îles Uros,*** en référence au peuple qui y vivait jusqu'à la moitié du XXe s. Quelque 2 500 personnes résident aujourd'hui sur 63 îles constituées d'une couche compacte de roseaux *(totora)* de 3 m d'épaisseur. Étrange impression lorsqu'on met le pied sur ces radeaux spongieux, ancrés à des poteaux d'eucalyptus pour éviter qu'ils ne dérivent avec les vents ! La marche se fait plus lente, ouatée, précautionneuse pour tout dire... Une île flottante a une durée de vie d'environ 50 à 60 ans. Le roseau, qui occupe une place très importante dans la vie des Uros, sert aussi à fabriquer les maisonnettes, les meubles et les barques. Il protège les îles contre les vagues de tempête. La partie blanche à l'extrémité des roseaux est comestible – on vous proposera sans doute d'y goûter. Les insulaires subsistent modestement grâce à la pêche, à la production de canards et d'œufs, vendus sur les marchés, et désormais grâce au tourisme (vente de souvenirs et d'objets artisanaux). Ils boivent l'eau du lac (filtrée) et s'éclairent, soit à la bougie, soit à l'aide de panneaux solaires. Quelques bâtiments en tôle ont été offerts par des sectes adventistes ou par les mormons à ceux qui ont accepté de se convertir... La majorité des Uros reste néanmoins catholique. Sur place, vous croiserez davantage d'enfants et de femmes que d'hommes : ils pêchent, ou travaillent à Puno comme employés, chauffeurs de taxi ou pilotes de bateau.
Très particulières, les îles flottantes n'ont pas manqué d'attirer un nombre croissant de visiteurs. Aujourd'hui, c'est un peu Disneyland. De nouvelles îles poussent chaque année et tout a l'air neuf... surtout ces drôles d'embarcations de roseaux à tête de dragon conçues pour balader les groupes. Comme pour le logement, les touristes sont répartis communautairement, par rotation. Que l'on arrive en *colectivo* ou par agence, on ne sait donc jamais sur quelle île on abordera. Petite ou grande, joliment arrangée ou non, avec un mirador ou sans... Le rituel est immuable. À chaque arrivée, une bienvenue chantée, suivie par une présentation de l'histoire locale et des coutumes. Puis on dévoile les stands de souvenirs... On enchaîne pour 5 NS par la promenade facultative en barque de *totora,* puis il est temps de repartir après un repas de truite du lac (très fine). Malgré la commercialisation à outrance, le mode de vie des habitants reste tout de même intéressant à voir.

Un peu d'histoire

À l'origine, les îles Uros se trouvaient plutôt côté bolivien, près de Tiwanaku. Le peuple Uros s'y installa pour échapper aux Incas, rivaux bien plus puissants. La baisse du niveau de l'eau dans le lac suite à plusieurs sécheresses entraîna un déplacement des bancs de poissons dont ils se nourrissaient, les obligeant à migrer vers l'ouest. De proche en proche ils arrivèrent près de la péninsule de Capa Chica. Leur amarrage à 5 km de Puno est très récent : c'est l'ancien président Fujimori qui les incita à faire ce dernier voyage afin de s'ouvrir au tourisme. Les habitants des îles sont désormais tous de langue aymara.

TRAÇABILITÉ...

Les embarcations traditionnelles de roseaux des Uros ont inspiré à l'explorateur norvégien Thor Heyerdahl la construction du célèbre Kon-Tiki. Il partit de Callao (port de Lima) en 1947 pour une traversée de l'océan Pacifique d'est en ouest, pour démontrer que les peuples d'Amérique du Sud avaient la capacité de naviguer jusqu'aux îles du Pacifique – et auraient donc peuplé l'Océanie. L'expérience ethnologique s'acheva 101 jours plus tard sur un récif d'un atoll des Tuamotu, mais sa théorie reste toujours controversée.

ISLA DE AMANTANI

À 4h de navigation de Puno, l'île d'Amantani est l'étape privilégiée pour passer la nuit sur le lac Titicaca. Bien moins fréquentée que sa voisine Taquile et plus sauvage, Amantani mérite le voyage ! Car ses paysages sont merveilleux. Et puis, attendre le coucher de soleil à près de 4 000 m d'altitude en haut de l'île sur l'un des deux temples est un moment unique que nul ne pourra bouder. Il arrive même qu'au mois d'août une chute de neige vienne recouvrir l'île d'un manteau blanc éphémère, la nature rappelant soudain sa magnifique et capricieuse présence. Ne pas manquer d'ailleurs la *feria artesanal* qui a lieu du 8 au 15 août et rassemble toutes les communautés de l'île.
Un cérémonial bien réglé accompagne chaque touriste dans sa visite d'Amantani. Dès l'arrivée sur l'île, on est pris en charge par la famille chez qui l'on dort. Suit une petite randonnée vers les ruines des deux temples dominant l'île (ça grimpe gentiment pendant 1h), consacrés à la Pachamama (Terre-Mère) et à la Pachatata (Terre-Père). La vue est splendide sur le lac. Pas grand-chose d'autre à voir. Les familles vous ramèneront à la lueur d'une lampe torche. Après le dîner, tout le village se retrouve pour une gentille représentation en costume traditionnel, avec orchestre, musique traditionnelle et danse. Les îles du lac ont toutes su préserver des traditions et des codes, notamment vestimentaires. Ici par exemple, la couleur des jupes des femmes détermine l'appartenance à l'une des neuf communautés de l'île.
Les agences ont l'obligation d'emmener les touristes dans des communautés bien précises, pour que toutes reçoivent équitablement les visiteurs. Et ça tourne sans arrêt. Les familles se doivent de bien accueillir leurs hôtes car sinon, couic ! on leur coupe les vivres, plus de touristes pendant quelque temps ! L'argent (repas et hébergement) est dorénavant versé par les touristes directement aux familles qui demeurent pauvres malgré tout ; vous les soutiendrez en apportant quelques provisions ou un petit luxe (du shampoing par exemple). Mais rassurez-vous, ils vous proposeront aussi d'acheter leur artisanat, ce qu'il est parfois difficile de refuser...

ISLA DE TAQUILE

À environ 3h de bateau à l'est de Puno. L'île, qui évoque un peu une baleine vue de côté, fait environ 7 km dans sa plus grande longueur et abrite 3 000 habitants. Ses paysages secs ont quelque chose de la dureté méditerranéenne avec leurs murets et leurs sentiers de pierre entrecoupés de marches. Ça monte et ça descend et c'est parfois fatigant, en raison de l'altitude. Les chaumières d'antan ont pour beaucoup cédé la place à des bâtisses en dur, pisé, brique ou parpaings, aux toits de tôle. Mais dans les champs en terrasses, piqués de bosquets d'eucalyptus, des troupeaux de moutons attendent encore en silence. Et le mode de vie des Taquileños n'a pas trop changé.
Les habitants de l'île vivent de façon communautaire. Ainsi, les récoltes sont-elles réparties selon les besoins de chacun. On cultive par rotation, essentiellement des haricots, des patates et du maïs, souvent sur des terrasses étagées. Après trois années de culture, une parcelle est laissée en jachère et nourrit les moutons. Pour que les richesses continuent d'être réparties équitablement, la coopérative a un rôle majeur. L'essor important du tourisme est à cet égard une menace. En été, il y a d'ailleurs tellement de monde que l'on marche à la queue leu leu sur les sentiers balisés... En tout cas, ne croyez pas que Taquile vive totalement hors du temps. Les habitants ont même accès à Internet !

Infos utiles

– ***Arrivée au débarcadère de Taquile :*** du quai où accoste le *colectivo*, il faut faire 2 km à pied (de 30 à 45 mn) et grimper 532 marches pour atteindre le *pueblo* perché au sommet. Pour adoucir l'effort, la plupart des bateaux des agences débarquent sur le versant opposé. La montée se fait alors par un sentier facile. Après la visite de l'île, on reprend le bateau au fameux port de l'Ouest. En descendant, ça passe mieux. Mais attention quand même : certaines marches sont hautes et casse-gueule quand il pleut.

– Les agences ne proposent en général qu'un passage de quelques heures sur l'île. Nous, on vous encourage à y rester une nuit pour apprécier vraiment le mode de vie des habitants et leur hospitalité. Prendre au moins le temps de goûter la bonne truite pêchée dans le lac et la balade à pied autour de l'île.
– Il est mal vu de marchander sur l'île.
– ***Sollicitations :*** ne pas céder aux demandes de bonbons ou de *propina* des enfants. S'ils rapportent à la maison plus d'argent que leurs parents qui travaillent, l'équilibre social et les traditions en pâtissent.
– ***Photos :*** sur l'île de Taquile, tarif syndical de 1 NS par photo à payer à l'intéressé.

Où manger ?

Une vingtaine de restos essaiment l'île. Ouverts alternativement, pour ne pas faire de jaloux, ils proposent un menu unique à base de soupe, truite *(trucha)* ou perche *(pejerrey)*, grillées ou à la mode de l'île, *panqueques* à la banane et *mate de coca.*

|●| Sur la place principale, l'***Inca Taquile*** et le ***Kuntur Wasi*** ; à l'extérieur du *pueblo*, le ***Kantuta*** ou ***Los Amigos*** sont incontestablement les meilleurs. Compter 20 NS pour un menu.
|●| Le restaurant communal ***Santiago*** se trouve sur la place principale, à côté de l'église. Repas 10-15 NS.

La visite

★★ L'île est devenue très touristique. En juillet et août, lorsqu'une centaine d'étrangers se retrouvent sur la place du village ou dans les restos alentour, il y a une pression touristique disproportionnée par rapport à la taille du village.
– ***Museo :*** *à l'extérieur du village.* Sur deux étages, il présente des métiers à tisser la laine et les techniques de travail des habitants. Les méthodes taquileñas ont été classées chef-d'œuvre du Patrimoine mondial immatériel par l'Unesco.
– ***Balade à pied :*** le matin, vous rencontrerez bien peu de touristes. Merveilleux moment quand, vers 5h30, le soleil jaillit du lac comme une boule de feu. En journée, si vous voulez échapper aux effets grégaires, éloignez-vous de la plaza de Armas.

Fêtes et coutumes

– Le dimanche est l'occasion d'une intéressante pratique. Vers 13h, après la messe, une bonne partie des habitants de l'île se réunit sur la plaza de Armas. Le « maire » et tous ses « conseillers » annoncent en place publique les décisions, les projets, les litiges...
– Ici, pas de poignée de main : pour se saluer, on échange une poignée de feuilles de coca. D'ailleurs, la dot d'une femme est une quantité plus ou moins importante de ce précieux végétal.
– Le 3 mai, ***fête de la Sainte-Croix.***
– Vers le 15 mai, grande ***fête rurale de Saint-Isidore.*** Tous les habitants sont en costume de fête.
– Le 24 juin, la ***Saint-Jean*** est également fêtée.
– Le 25 juillet et pendant une dizaine de jours, la ***fête de Saint-Jacques et des Moissons*** est un vrai spectacle : danses, rituels, messes, foire artisanale... le tout bien arrosé !

L'HABIT FAIT LE MOINE

Ici, le vêtement en dit long sur le statut matrimonial. Un bonnet rouge, pas touche à l'homme marié, mais s'il est blanc, courez-y, c'est un célibataire. Les maires des « villages » ont droit à un chapeau de feutre noir sur leur bonnet. La femme mariée est aussi en noir. Et la vie de couple dans tout ça ? Hommes et femmes vivent 2 ou 3 ans ensemble avant le mariage, afin d'être sûrs de s'entendre. Après les noces, en revanche, plus le droit à l'erreur : le divorce est interdit ! Sacré symbole, cette ceinture portée par les hommes, tissée à partir des cheveux de leur épouse... Un vrai fil à la patte, en somme.

JULI

7 300 hab. IND. TÉL. : 051

Entre Puno (80 km) et Copacabana (50 km), cette bourgade sans grand charme est surtout notable pour son admirable chapelet d'églises et son grand marché typique. Au marché et tout autour de la plaza de Armas, de petits stands où l'on s'assoit sur des bancs pour dévorer du poulet grillé accompagné de maïs. Une curiosité : la foire aux bestiaux du mercredi, avec ses alpagas et autres lamas négociés, après inspection des dents, par des personnages hauts en couleur...

➢ Liaisons en *colectivos* depuis Puno. Départ à 8 cuadras au sud du terminal des bus. Env 6 NS.

À voir

Ce village possède pas moins de quatre églises (nommées ici *templos*) ! C'est dû en partie au fait que créoles, métis et Indiens assistaient à la messe dans des lieux différents. De plus, dominicains et jésuites se faisaient concurrence pour revendiquer le maximum de fidèles.

– ***Templo San Pedro :*** *pl. de Armas. Tlj sf ap-m mar, ven et sam 7h-12h, 14h-16h. Accès libre.* Belle façade sculptée et tour baroque de 1565 réalisée par les dominicains et modifiée plus tard par les jésuites. À l'intérieur, riche ornementation. Grand retable, mélange original de bois sculpté d'or et d'argent. Plusieurs autels baroques dans la nef. Noter la finesse des tableaux du chemin de croix (dans le style de Watteau).

– ***Templo de San Juan de Letrán :*** *en bas de la c/ San Juan qui descend au nord-ouest de la pl. de Armas. Ouv tlj sf lun 8h-17h. Entrée : 8 NS.* Construit par les dominicains en 1570, mais remanié par les jésuites. Sa façade rustique contraste avec le portail latéral très ouvragé de motifs végétaux. À l'intérieur, belles fresques et près de 20 toiles illustrant la vie de Saint-Jean-Baptiste et Sainte-Thérèse, somptueusement encadrées, de l'école de Cuzco et une de Bernardo Vitti (Italien du XVIIe s), son précurseur. Les baies se distinguent par des embrasures richement sculptées, soit dans la pierre, soit dans le bois et abondamment dorées. Plafond en eucalyptus.

– ***Templo Santa Cruz :*** *à 100 m de San Juan, au pied de la colline.* Construit par les jésuites en 1583. Voir le monogramme jésuite de la façade dans un soleil inca, mais intérieur en ruine. Très ancien cimetière.

– ***Templo de la Virgen de la Asunción :*** *à 200 m à l'est de la pl. de Armas, en haut de la c/ Cusco. Ouv tlj sf lun 8h-17h. Entrée : 8 NS.* Construit par les jésuites en 1568. Son campanile a été endommagé par la foudre. Intérieur surtout intéressant pour ses toiles de l'école de Cuzco.

Pour Copacabana et Tiwanaku, voir le chapitre « La Bolivie ».

LA CÔTE ENTRE AREQUIPA ET LIMA

NAZCA

env 30 000 hab. IND. TÉL. : 056

C'est dans ce territoire de pampa aride, l'une des zones les plus sèches au monde, que le savant américain Paul Kosok découvrit en 1939, à partir d'un petit avion, d'étranges figures – déjà relevées en 1927 par un Péruvien, Toribio Mejia Xesope, mais que personne n'avait encore étudiées. Ces motifs

gigantesques, tracés à même le désert, probablement entre le premier millénaire av. J.-C. et l'an 900 de notre ère par la civilisation « Nazca » (mais sans doute aussi Paracas et Wari), représentent tantôt des dessins géométriques, tantôt des figures animales, anthropoïdes ou végétales, tantôt enfin de simples lignes, longues parfois de plusieurs kilomètres, partant et se croisant dans tous les sens... La signification de toutes ces formes reste un mystère, même si les théories abondent. En attendant, elles font partie du Patrimoine mondial de l'Unesco depuis 1994, et attirent chaque année des dizaines de milliers de visiteurs curieux de pouvoir les observer du ciel, à bord de petits avions.

BEAUCOUP DE THÉORIES, PEU DE CERTITUDES

Les lignes, d'une profondeur de 10 à 30 cm, ont été tracées par un simple déplacement des cailloux qui couvrent le sol désertique de Nazca, et sont donc fragiles. Si elles sont si bien conservées, c'est grâce aux caractéristiques géologiques et climatologiques exceptionnelles de cette région, marquée par une absence quasi totale de précipitations, de vents et de sable. Certaines de ces figures franchissent les ravins ou escaladent des collines sans que leurs formes ou la rectitude de leurs lignes en soient affectées. Sur 500 km², on a dénombré une centaine de figures animales, anthropoïdes ou de plantes, dont le célèbre colibri qui fait 96 m de long, un chien de 51 m, un singe de 110 m, une araignée de 46 m, un condor de 136 m et un oiseau-serpent de... 300 m. C'est la mathématicienne allemande Maria Reiche (voir « Personnages » dans « Pérou : hommes, culture, environnement »), venue au Pérou en 1932 (pour y rester jusqu'à sa mort en 1998), qui a le plus étudié les formes de Nazca. Pour elle, elles constituaient surtout un calendrier astronomique : certaines lignes sont dans l'axe du soleil couchant au moment des solstices et des équinoxes, tandis que certaines formes animales figureraient des constellations, comme le singe la Grande Ourse, ou l'araignée la constellation d'Orion. Autre hypothèse de Maria Reiche : les lignes seraient comme une carte du réseau des veines hydrauliques souterraines, information cruciale pour les anciens occupants de cette région où ne tombent guère plus de 30 mm de pluie par an...

RESPECTEZ LES LIGNES

D'après Robert Charroux, qu'aucune théorie n'effrayait, les lignes de Nazca seraient l'œuvre d'extraterrestres. Cette hypothèse donna des idées à de nombreux farfelus qui se mirent à sillonner le secteur dans tous les sens et, même, à chevaucher les tracés avec toutes sortes d'engins. Aujourd'hui, sachez que si vous vous faites prendre à brouiller ces lignes, vous risquez 5 ans de prison !

Mais bien d'autres idées – certaines tout à fait plausibles – ont été avancées, notamment que les lignes et figures servaient au culte de divinités liées à l'eau, en constituant par exemple des lieux ou parcours de cérémonies. Les figures zoomorphes auraient eu aussi pour but, par leur taille, pouvant ainsi être vues du ciel, d'attirer l'attention des dieux célestes, par exemple sur la nécessité de faire pleuvoir... Ou encore que les lignes servaient à préparer les fils destinés à la confection d'étoffes mortuaires (lesquelles sont faites avec des fils d'un seul tenant)... Plus osée, la théorie selon laquelle les lignes seraient des pistes d'atterrissage pour extra-terrestres (voir encadré). En bref, les spéculations vont bon train, et ce qui pourrait y mettre fin n'est, semble-t-il, pas près de voir le jour !

Arriver – Quitter

En bus

Toutes les compagnies se trouvent dans le même secteur, près du rond-point d'entrée de la ville *(plan A2)*.

➢ ***Ica :*** 2h de trajet (env 200 km). Nombreux bus avec *Cueva* (☎ 52-25-26), *Flores* (☎ 52-12-54), *Cruz del Sur*

(☎ 52-37-13) ou *Perú Bus*. Dunes superbes. Également des *colectivos*.

➢ ***Pisco :*** 3h de route. Peu de liaisons directes, mieux vaut prendre un bus pour Ica et, de là, un autre pour Pisco (nombreux départs, voir « Arriver – Quitter » à Ica).

➢ ***Lima :*** 6-7h de trajet (450 km). 4 bus/j. (11h30-16h30) avec *Cruz del Sur*, 2 départs (mat et soir) avec *Flores* (meilleur marché mais moins confortable) et 5 (de nuit) avec *Tepsa* (☎ 52-15-15 ; • tepsa.com.pe •).

➢ ***Arequipa :*** 9h de trajet sur une bonne route asphaltée à travers le désert (570 km). 2 bus/j. (14h45 et 22h) avec *Oltursa* (☎ 52-22-65), autant avec *Flores* (départs dans l'ap-m), et 1 avec *Cruz del Sur*, *Tepsa* et *Cial* (☎ 52-39-60), en soirée.

➢ ***Cuzco :*** env 12h (env 690 km). 1 bus/j. (de nuit) avec *Tepsa*, *Cruz del Sur* et *Flores*.

➢ ***Paracas :*** 3h30 de trajet. 4 bus/j. avec *Cruz del Sur*.

Adresses utiles

División de Turismo y Cultura *(plan B1) : c/ Tacna 381, à côté de la Croix-Rouge, sur la plaza de Armas. 966-11-12-97. Lun-sam 8h-12h, 14h-20h ; dim 8h-12h.* Pour des informations générales (plan de la ville et environs). Également un petit kiosque d'infos à l'angle de Bolognesi et Lima.

✉ ***Correos*** *(plan A-B2) : c/ del Castillo, entre Bolognesi et Callao. Lun-ven 9h-17h30, sam 8h-15h30.*

@ ***Internet :*** nombreux cybercafés dans le centre, notamment sur Bolognesi et Lima.

Banques, change *(plan B2,* ***1****) :* distributeurs automatiques au *Banco de Crédito*, jr. Lima 496 ou, tout à côté, *Banco de la Unión* et *Crediscotia*. Des changeurs de rue, postés proches des banques, notamment à l'angle de Grau et Lima, changent les euros.

Hospital *(plan A-B1,* ***2****) : jr. Callao s/n. ☎ 52-20-10 ou 25-86 (urgences).* Hôpital public.

Où dormir ?

Attention aux racoleurs du terminal de bus, qui vous dirigent vers leurs hôtels et non vers celui que vous souhaitiez.

De bon marché à prix modérés (moins de 90 NS / env 28 €)

Hostal Posada Guadalupe *(plan A1-2,* ***10****) : San Martín 225. ☎ 52-22-49. • hostalguadalupe@hotmail.com • Doubles 45-55 NS.* Chambres sans fioritures, avec salle de bains commune ou privée, autour d'un jardin. Vieillot, mais très calme et accueil charmant de Ronald. Peut vous réserver le survol des lignes.

Hostal Nazca *(plan B2,* ***11****) : c/ Lima 438. ☎ 52-20-85. 994-55-27-62 • marionazca@hotmail.com • Doubles 25-45 NS.* Central. Les chambres avec sanitaires à partager (très bon marché) ne sont vraiment pas extraordinaires mais les plus récentes, face à un petit jardin à l'arrière, sont assez fraîches et confortables (TV, salle de bains). Une des plus anciennes adresses de Nazca.

El Picaflor *(plan B2,* ***12****) : c/ Lima 416. ☎ 52-21-96. 989-85-51-73. Double env 50 NS.* Un petit hôtel assez central proposant des chambres colorées, avec TV et salle de bains privée. Très correct pour le prix, quoique assez bruyant. Point de vente épicerie à l'entrée.

Hostal Camiluz *(plan B1,* ***16****) : av. Maria Reiche 304. ☎ 52-38-71. • hostalcamiluznasca.com • Double avec sdb 90 NS, petit déj et transfert depuis le bus inclus.* Bienvenue chez Fernando, un ancien pharmacien qui propose une quinzaine de chambres spacieuses et propres, réparties autour d'un jardinet. Vieillot mais calme. Petit déj copieux avec confiture maison. Possibilité d'excursion pour

NAZCA

Adresses utiles

1 Banques, distributeurs automatiques
2 Hospital

Où dormir ?

10 Hostal Posada Guadalupe
11 Hotel Nazca
12 El Picaflor
16 Hostal Camiluz
17 Hotel Oro Viejo
18 Don Agucho Hostal
19 Hotel Alegría

Où manger ?

30 Rico Pollo
31 Los Angeles
32 Estación Plaza
33 La Taberna
34 El Portón
35 La Encantada

voir le cimetière de Chauchilla et la fabrique familiale de céramiques. Peut aussi vous réserver le survol des lignes de Nazca. Cuisine à dispo. On se sent ici comme à la maison !

Chic (130-200 NS / env 39-60 €)

Hotel Oro Viejo *(plan A1-2, 17)* : *jr. Callao 483.* ☎ *52-33-32 ou 11-12.* • *hoteloroviejo.net* • *Double env 170 NS, petit déj-buffet inclus.* Voilà un hôtel plein de charme qui sait tenir ses prix. Chambres fraîches, confortables et arrangées avec goût, autour d'un beau jardin avec parasols et transats. Sans oublier la piscine, à la forme originale, flanquée d'un bar exotique, les petites terrasses à droite et à gauche et les coins salon cosy. Service de laverie, coffre-fort, infos touristiques et assistance médicale. Accueil souriant, une belle adresse !

■ ***Don Agucho Hostal*** *(plan B2,* ***18****) : av. Los Maestros 100.* ☎ *52-20-48* ▯ *993-45-88-11. ● hoteldonagucho.com.pe ● Légèrement excentré, en descendant la jr. Arica depuis la pl. de Armas, juste après le pont de la Tierras Blancas River. Double 190 NS, petit déj inclus.* Une véritable adresse de charme se niche entre ces hauts murs blancs. Les chambres sont agréables et bien tenues, avec TV, frigo et salle de bains, le tout disposé autour d'un jardin planté de cactus avec une piscine au milieu. Une vraie oasis de calme.

■ ***Hotel Alegría*** *(plan A2,* ***19****) : jr. Lima 166.* ☎ *52-27-02.* ▯ *956-64-06-19. ● hotelalegria.net ● Double env 200 NS (230 NS avec AC).* Hôtel moderne sur 3 niveaux, l'un des plus fréquentés par les touristes individuels. Les chambres les moins chères, sans salle de bains, sont très simples et un peu sombres, mais les autres sont mieux situées et nettement plus confortables. Vaste terrasse couverte à l'arrière, pour prendre le petit déj, et piscine. Travaille avec la compagnie *Alas Peruanas* pour le survol des lignes.

Où manger ?

De prix moyens à chic (moins de 40 NS / env 12 €)

|●| ***Rico Pollo*** *(plan A2,* ***30****) : c/ Lima 190.* ☎ *52-11-51. Tlj 10h-1h. Plats env 18-30 NS.* Deux grandes salles avec une rôtissoire à l'entrée. Au menu, de bonnes grillades de viande et de poulet, servies en grosses quantités et à petits prix (*chicha morada* comprise). Une formule qui attire pas mal de monde.

|●| ***Los Angeles*** *(plan B2,* ***31****) : av. Bolognesi 266.* ▯ *956-34-51-51. Menus 14-18 NS, servis midi et soir sf dim ; plats 20-35 NS.* Grand choix de plats à la carte, notamment de bonnes soupes et de succulents *ceviches*, bien relevés, ou la spécialité, le *corvina a la Chorillana*. La patronne Liliana, très sympa, parle le français. Elle consacre une partie des revenus du resto à aider les enfants pauvres. Possibilité d'excursions moins conventionnelles que les autres, avec survol des lignes certes, mais aussi visite de Chauchilla et déjeuner dans un village traditionnel. Cadre gentillet.

|●| ***La Taberna*** *(plan B2,* ***33****) : jr. Lima 321.* ☎ *52-38-03. Menus 9-19 NS ; plats 15-25 NS.* L'un des plus anciens restos de la ville. Une spécialité, le *pescado a la Macha*, sinon rien de renversant dans les assiettes mais le cadre est sympa : si vous aimez écrire sur les murs, on vous prêtera un stylo pour que vous laissiez un message.

Plus chic (plus de 40 NS / env 12 €)

|●| ***El Portón*** *(plan B2,* ***34****) : esq. Morsesky 120 y Lima.* ☎ *52-34-90. Plats env 25-50 NS.* L'un des restos les plus animés de la ville. Pas mal de groupes s'y arrêtent, mais au moins ça crée de l'ambiance et, en plus, on est sûr que les produits sont frais ! Cour intérieure plantée d'énormes cactus, terrasse à l'étage. Dans l'assiette, une savoureuse et copieuse cuisine locale et italienne, axée sur les fruits de mer. Souvent des groupes de musique andine le soir.

|●| ***La Encantada*** *(plan B2,* ***35****) : jr. Bolognesi 282.* ☎ *52-42-16. Tlj 8h-23h. Plats env 25-45 NS.* L'un des meilleurs restos de la ville. Cadre très contemporain et reposant, avec une agréable mezzanine donnant sur la rue. Un peu de tout à la carte, notamment des poissons et fruits de mer, de la *corvina* sauce langoustine à l'omelette aux crevettes mais aussi des plats internationaux. Service courtois. N'hésitez pas !

|●| ***Estación Plaza*** *(plan B2,* ***32****) : pl. de Armas, angle c/ Bolognesi et Arica.* ☎ *52-44-63. Ouv 12h-minuit. Plats env 25-50 NS.* Situation centrale pour ce resto sur 2 étages avec terrasses, tables en bois et plafond en rotin. À la carte, surtout des viandes (poulet à l'ail, cordon-bleu, grillades diverses...), bien servies.

À voir

🕵 ***Planetario*** *(plan A2)* **:** *dans le jardin de l'*Hotel Nazca Lines. *Séance à 18h en français, 19h en anglais et 20h15 en espagnol (en principe). Entrée (min 3 pers, à payer à la réception de l'hôtel) : 20 NS; ½ tarif pour les étudiants.* Une présentation très bien faite, et très didactique, des lignes de Nazca, à travers un montage vidéo projeté sur la voûte d'un petit planétarium, avec explications et commentaires sur les différentes théories. Une excellente intro, en somme, de ce que vous allez voir le lendemain ! Vous aurez peut-être droit aussi à une petite observation du ciel au télescope, avant ou après la séance, à la recherche de certaines planètes, comme Saturne. Impressionnant ! C'est dans cet hôtel que Maria Reiche a habité gracieusement pendant 25 ans, jusqu'à la fin de ses jours, en compensation de son énorme travail sur les lignes de Nazca.

🕵🕵 ***Museo Antonini*** *(hors plan par B2)* **:** *av. de la Cultura 600.* ☎ *52-34-44. À 5 cuadras de la pl. de Armas. Tlj 9h-19h. Entrée : 15 NS. Fiches en français disponibles à l'entrée.* Un musée certes un peu cher, mais qui illustre avec brio la civilisation nazca, au travers de panneaux explicatifs et d'une grande variété d'objets trouvés sur le site de *Cahuachi* : poteries, textiles à motifs zoomorphes, crânes... Deux curiosités : des flûtes de Pan en terre cuite et un pot en peau de citrouille. Dans le jardin, on peut admirer les lignes en modèle réduit, des reconstitutions de tombes et d'un aqueduc de Bisambra. Petite boutique.

Le survol des lignes de Nazca

C'est évidemment ce qui attire tout le monde dans le coin ! La seule façon de bien voir les lignes est de faire un tour en avion au-dessus du désert. Il existe aussi un petit mirador (droit d'accès : 2 NS), au bord de la Panaméricaine, à environ 25 km au nord de la ville (km 424), mais ce qu'il permet d'apprécier est vraiment limité (juste trois figures, et encore, on les voit assez mal). Bref, optez pour le coucou. La veille, on vous conseille de visiter le *Planetario* (cf. « À voir »), histoire d'en comprendre un peu mieux la portée.

Le vol

L'aérodrome est situé à 4 km au sud de la ville. Il y a deux secteurs de lignes : celles de Nazca proprement dites, et celles de Palpa, un peu plus loin. La plupart des vols se limitent au premier secteur et durent 30 mn. Coût du billet : 80 à 100 $ (en fonction de la période, la saison basse étant de fin mars à mi-juillet). Si vous souhaitez voir les deux secteurs, le vol dure 1h et coûte le double. Le transport entre votre hôtel et la piste est toujours compris. Une taxe de 25 NS vous sera réclamée à l'aérodrome. Les départs se font entre 6h et 16h et les avions, des Cessna de divers modèles pouvant prendre de 4 à 12 passagers, volent à faible altitude à la vitesse d'environ 200 km/h.

– ***Avertissements :*** ces avions (surtout les tout petits !) procurent des sensations similaires aux montagnes russes (notamment quand ils virent d'un côté ou de l'autre), ne mangez rien avant ou vous pourriez le regretter... Savoir aussi que les vols partent rarement à l'heure prévue, surtout pendant l'hiver péruvien (de juin à août), où une brume pernicieuse empêche quelquefois de décoller avant 9h ou 10h... Les billets s'achètent dans les agences de Nazca ou directement auprès des compagnies. Surtout ne vous laissez pas avoir par ceux qui, dans la rue, se prétendent agents d'une compagnie. Ils toucheront une solide commission sur votre dos. En général, il est possible de partir le lendemain de l'achat du billet, mais, en haute saison, il peut être plus prudent de réserver son billet à l'avance, sur Internet par exemple.

À l'aéroport, la concurrence est rude, une dizaine de compagnies se partagent le gâteau. On peut aussi décoller d'Ica pour survoler Palpa et découvrir 3 signes supplémentaires (1h45 de vol). Voici quelques compagnies fiables :

■ ***Aeroparacas :*** *c/ Lima 169. ☎ 63-12-27. 956-69-83-32. Résas à Lima : ☎ 440-20-69. • aeroparacas.com •*
■ ***Alas Peruanas :*** *c/ Lima 168. ☎ 52-24-97 956-64-06-19. • alas peruanas.com •*
■ ***Travelair :*** *à l'aéroport. ☎ 752-11-82. 955-97-96-37. • travelairperu.com.pe •*
■ ***Aerodiana :*** *à l'aéroport. 967-78-53-19* ou *résas à Lima : ☎ 447-68-24, 444-30-75 ou 447-64-36. • aerodiana.com.pe •*
■ ***Air Majoro :*** *à l'aéroport. 945-14-12-52. • airmajoro.com •*

DANS LES ENVIRONS DE NAZCA

Cementerio de Chauchilla : *à 20 km au sud de Nazca par la Panaméricaine puis 7 km par une piste de sable sur la gauche, au milieu de nulle part. Tlj 6h-17h. Entrée : 8 NS.* Un cimetière pré-inca jadis assez vaste, mais qui a été beaucoup pillé et dont on ne peut plus voir, aujourd'hui, qu'une douzaine de tombes en partie restaurées et protégées du soleil par des bâches. Il fut visité pour la première fois par un archéologue allemand, Max Hülle, en 1901. Les tombes sont creusées dans le sol avec de grandes briques en terre cuite et contiennent des momies nazca, wari et icachincha, certaines pourvues d'une chevelure de 2 m de long (signe de haut rang social), avec leurs lambeaux de tissus anciens, fragments de poterie, cordelettes funéraires, etc. Assez impressionnant. Également un petit musée à l'extérieur du site.
– La plupart des agences de Nazca proposent une excursion au cimetière de Chauchilla combinée à la visite d'ateliers de poterie et d'orpaillage, situés dans un quartier de Nazca (env 3h). Reste à voir si cela vaut le coup car on paye souvent cher (env 50 NS/pers, sans le droit d'entrée au cimetière !) une prestation sans grande valeur ajoutée...

Canales et acueducto de Cantalloc : *à quelques km au sud de Nazca, sur la route de Cuzco. Pour y aller en taxi, compter 35 NS A/R (avec l'attente). Tlj 7h-17h. Entrée : 10 NS.* Un aqueduc en partie souterrain (comme il en existe beaucoup d'autres dans la région, la pluie étant rare à Nazca), jalonné de « puits » en spirale qui permettent d'accéder à l'eau. Intérêt un peu limité. Le ticket permet néanmoins de visiter aussi le *sitio arqueológico de Paredones,* ruines incas situées au tout début de la route de Cuzco (et donc avant l'aqueduc, venant de Nazca) et *El Telar* un grand géoglyphe situé 1 km plus loin.

En continuant vers Cuzco, km 9, on peut voir, sur la droite, le ***cerro Blanco,*** une « dune » de sable culminant à plus de 2 000 m !

Cahuachi : *à 9 km au sud de Nazca par la Panaméricaine, puis, sur la droite, 16 km de piste.* C'est le site d'où proviennent la plupart des pièces du musée Antonini de Nazca. Il s'agissait d'un centre cérémoniel, que les archéologues ont récemment nettoyé et mis en valeur, après plus de 30 ans de fouilles ! On peut y voir une quarantaine de terrasses et de pyramides en adobe.

VOUS AVEZ DIT BIZARRE ?!

Sur l'une des photos du musée, on peut voir que Maria Reiche n'avait que quatre doigts à la main gauche. L'Allemande dut se faire amputer d'un majeur à cause d'une infection, peu de temps après son arrivée au Pérou en 1932. Ce qui est curieux, c'est que l'une des mains du « singe » mais aussi l'une de celles des « mains », deux figures tracées dans le désert, ne comptent également que quatre doigts. Drôle de coïncidence pour celle qui se considérait comme la « princesse » de Nazca !

LE SUD DU PÉROU

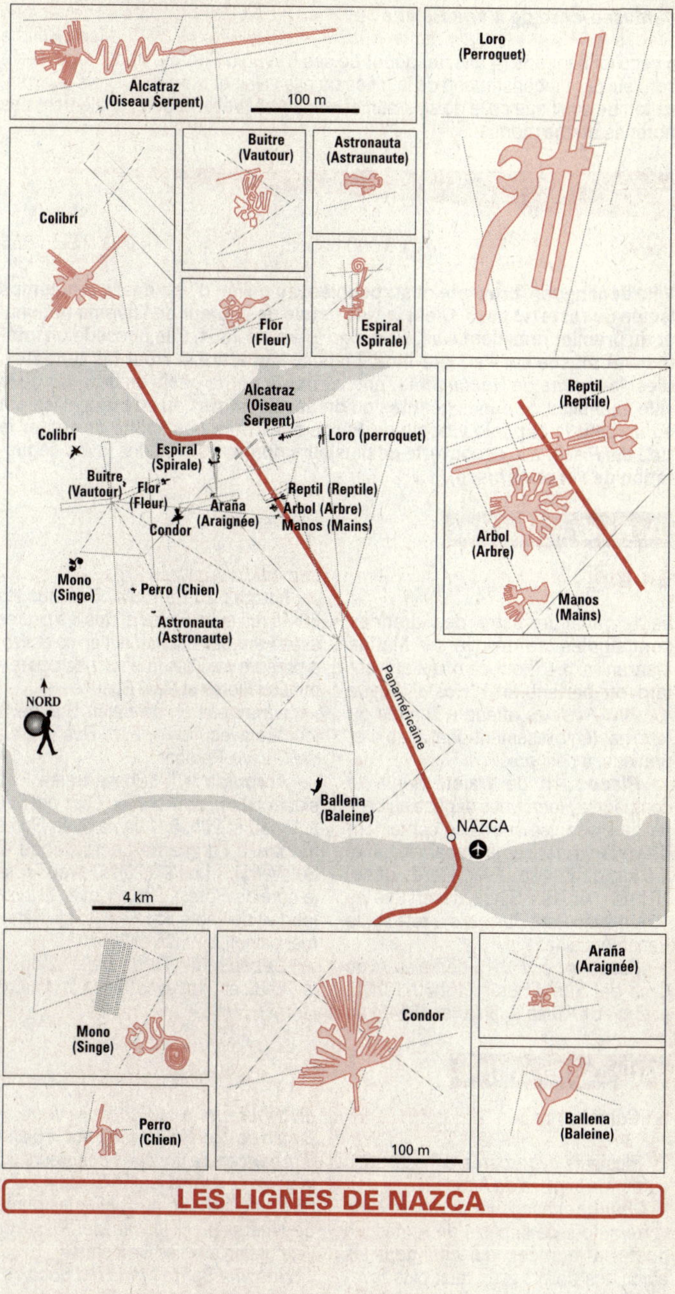

LES LIGNES DE NAZCA

Museo-casa de Maria Reiche : *à 28 km au nord sur la route d'Ica (les bus allant à Ica s'y arrêtent sur demande). Tlj 8h-18h. Entrée : 5 NS.* Maria Reiche a vécu ici pendant 14 ans, au début de ses travaux. Photos, documents liés à son œuvre et reconstitution de la pièce où elle vivait et travaillait. Dans le jardin, sa tombe ainsi que celle de sa sœur, et son *combi* Volkswagen ; également des poteries et une momie.

ICA

220 000 hab. IND. TÉL. : 056

Ville déglinguée, bruyante et surpeuplée, au milieu d'une oasis, longtemps isolée du reste du pays. C'est la ville natale de l'auteur de l'hymne national et du premier président civil, Domingo Elias, en 1854. Elle possède un intéressant musée sur l'art pré-inca. Mais ce qui attire surtout les touristes, c'est la *laguna de Huacachina,* une véritable petite oasis en bordure de la ville, au milieu de dunes géantes qu'on dévale en surf ou en buggy ! Ica est également la capitale viticole du Pérou et offre la possibilité de visiter la *ruta del Pisco,* à la découverte de plusieurs domaines viticoles (avec dégustation de vin et de *pisco*).

Arriver – Quitter

En bus

Le terminal terrestre des grandes compagnies se trouve av. Matias Manzanilla 164. Pour ceux qui arrivent tard ou partent tôt, l'*Hostal Soyuz* (☎ 22-47-43) les attend à l'entrée du terminal (établissement confortable et pratique, à petit prix).

➢ ***Pisco :*** 1h de trajet. Seule la compagnie *Flores* vous dépose au centre de Pisco, les autres se contentent de vous laisser sur la Panaméricaine, à 5 km de la ville. Avec *Flores* donc, 10 bus/j., 6h-19h. Sinon, départ ttes les 10 mn avec *Perú Bus* qui s'arrête sur la Panaméricaine.

➢ ***Paracas :*** env 1h15 de trajet. Avec *Cruz del Sur,* 4 bus/j. (13h30-18h30) et 2 avec *Oltursa* (à 8h30 et 18h45) au terminal, c/ Abayaca 974.

➢ ***Nazca :*** 2h de route. Bus ttes les 30-45 mn avec *Flores* et ttes les heures avec *Perú Bus.* Également en *colectivo,* à prendre av. Elias (à deux pas des terminaux *Flores* et *Perú Bus*).

➢ ***Lima :*** env 5h de trajet. Bus tte la journée avec *Flores, Perú Bus* et *Cruz del Sur,* via Paracas.

➢ ***Arequipa :*** 11-12h de trajet. Plusieurs bus/j., dont 2 avec *Cruz del Sur,* à 18h30 et 20h30, 1 *cama* avec *Flores* (départ à l'angle de Lambayeque et Salaverry), 1 bus/j. à 20h30 avec *Tepsa* (à côté de *Flores*). 2 bus/j. avec *Oltursa* (départ de l'hôtel *Ica Real,* sur la Panaméricaine), à 12h15 et 20h30.

➢ ***Cuzco :*** 16-17h de trajet. 2 bus/j. (à 18h30 et 21h) avec *Tepsa* (à côté de *Flores*).

Adresses utiles

✉ ***Correos :*** *c/ San Martín 521. Lun-ven 8h-20h, sam 8h-19h.*

@ Plusieurs ***cybercafés*** dans les rues autour de la plaza de Armas.

■ ***Change :*** changeurs de rue en veste verte autour de la plaza de Armas (en poste la journée), qui changent les euros, les dollars à un taux plus favorable que les banques. Également des ***distributeurs*** à la *Scotia Bank* ou au *Banco de Crédito,* toutes 2 sur la place.

■ ***Agences de voyages :*** plusieurs sur la plaza de Armas (côté *Municipalidad*). Pour une virée en buggy sur les dunes de Huacachina, la *ruta del Pisco* ou l'excursion aux îles Ballestas.

✚ ***Hospital Santa Maria del Socorro :*** *Castrovirreyna 759.* ☎ *23-31-12.*

Où dormir ?

Pas mal d'hôtels dans le centre, la plupart assez bruyants. (klaxons de jour comme de nuit). En fait, on vous conseille plutôt de passer la nuit à Huacachina (voir plus loin) même si, en raison du nombre élevé de fêtards, le calme n'y est pas toujours garanti !

Prix modérés (moins de 90 NS / env 28 €)

■ ***Hospedaje Anthony :*** *c/ Castrovirreyna 327. ☎ 22-70-229-62-36. Double env 70 NS.* La plupart des chambres, avec salle de bains et TV câblée, sont intérieures et donc plutôt calmes. Assez basique néanmoins (pas d'eau chaude) mais propre, et les prix sont vraiment très serrés.

■ ***Hostal El Dorado :*** *c/ Lima 251. ☎ 21-50-15. Réception à l'étage. Doubles 60-70 NS.* Petit hôtel abritant une vingtaine de chambres assez sympas et bien tenues, avec TV, salle de bains et même quelques touches de couleur sur les murs. Plutôt calme là encore.

Chic (130-200 NS / env 39-60 €)

■ ***Hotel Sol de Ica :*** *c/ Lima 265. ☎ 23-61-68. • hotelsoldeica.com • Double 180 NS, petit déj-buffet inclus.* Chouette hôtel s'organisant autour d'un jardin garni de bougainvillées et de gigantesques jarres, avec une piscine au milieu. Les chambres, à la déco un peu rustique, sont agréables et confortables. En choisir une donnant sur le jardin, plus calme. Bar, resto et sauna (accès gratuit). Nombreux services. Un bon rapport qualité-prix.

■ ***El Carmelo :*** *sur la Panaméricaine, km 301. ☎ 23-21-91. • elcarmelohotelhacienda.com • Double env 160 NS.* Situation pas terrible, au bord de la Panaméricaine (qu'on entend), mais le lieu est original : une vaste hacienda dans le style Far West, avec plein de poteries et de boiseries. Chambres confortables, en voir toutefois plusieurs car elles sont toutes assez différentes. Bar, resto et piscine.

Plus chic (plus de 200 NS / env 60 €)

■ |●| ***Villa Jazmin :*** *Los Girasoles Mz. C-1, lote 7, res. La Angostura. ☎ 25-81-79. • villajazmin.net • Au nord de la ville, dans un quartier résidentiel chic. Double env 85 $, mais réduc fréquentes, notamment sur Internet. Petit déj-buffet compris.* Tenu par un Belge de Gand très accueillant. Un vrai havre de tranquillité en bordure des dunes, dans une structure éclatante de blancheur et pleine de charme. Les chambres sont fraîches et agréablement décorées, avec TV écran plat, salle de bains impeccable et literie digne d'un 5-étoiles ! Celles à l'étage donnent sur les dunes. On peut aussi se prélasser sur un transat au bord de la piscine, flanquée d'un mignon petit bar. Et, le soir, goûter à de bons plats typiques de la région au resto. Excursions possibles, notamment en buggy dans le désert. Un vrai lieu de vacances, en somme, et notre petit coup de cœur dans la région !

Où manger ?

De prix moyens à chic (moins de 40 NS / env 12 €)

|●| ***Restaurant Plaza 125 :*** *c/ Lima 525. ☎ 21-18-16. Sur la pl. de Armas. Tlj 7h-minuit. Menu du jour 14 NS ; plats 17-35 NS.* Salle à la déco passe-partout où l'on vous propose un menu du jour à bon prix. À la carte, n'hésitez pas à commander une demi-*parrillada* pour 2. Assiettes copieuses. On peut aussi y prendre le petit déj.

Anita : *jr. Libertad 133-137. ☎ 21-85-82. Sur la pl. de Armas. Tlj 8h-23h.* Grande variété de plats pour toutes les bourses. C'est l'occasion de goûter à l'*aji de gallina,* une succulente spécialité péruvienne. Cadre propret avec serveurs en nœuds pap'. Également des jus, soupes, cappuccino...

El Otro Peñoncito : *Bolívar 255. ☎ 23-39-21. Tlj midi et soir jusqu'à 22h. Plats 25-35 NS.* Petite galerie d'art et salle lambrissée. La carte est suffisamment variée pour tous les types d'appétit. Le proprio est aussi l'un des meilleurs barmen du Pérou : essayez son *pisco sour* (il en est fier !).

À voir

Museo regional : *av. Ayabaca, au sud de la ville (5 NS en taxi). ☎ 23-28-81. Lun-ven 8h-19h, w-e et j. fériés 8h30-18h30. Entrée : 7,50 NS ; réduc étudiants.* Belle collection de poteries des cultures paracas, nazca, wari et icachinca. Une autre section porte sur la « bio-anthropologie », avec d'impressionnantes momies et des crânes déformés ou trépanés, pas très beaux à voir. Également une partie consacrée aux techniques de tissage. Explications en anglais.

Manifestation

– **Festival internacional de la Vendimia :** *pdt 1 sem en mars.* Nombreuses manifestations autour du vin, avec défilés de cavaliers, danses et processions. Attention, les prix des hôtels s'envolent !

DANS LES ENVIRONS D'ICA

El Catador (Le Sommelier) **:** *fundo Tres Esquinas, Subtanjalla. ☎ 40-34-27 ou 32-95. Prendre la Panaméricaine vers Lima sur env 6 km puis à droite vers Tacama ; c'est 1,5 km plus loin. Colectivos sur la c/ Loreto à Ica. En taxi, compter 10 NS depuis Ica. Tlj 9h-21h. Visite gratuite (possible en anglais) suivie d'une dégustation.* Un domaine viticole datant de 1856, devenu un vrai centre commercial avec ses boutiques d'artisanat, ses restaurants, son musée. Méthode de fabrication très traditionnelle puisqu'on y effectue encore, entre fin février et début mars, le pressage du raisin avec les pieds (vous pouvez même y participer !). On peut voir une presse de 150 ans, des jarres en terre cuite pour faire fermenter le vin, des bassins, etc. Il faut 4 l de vin pour en faire un de *pisco.* Ensuite, on entre dans la salle de dégustation où l'on goûte successivement le *perfecto amor* (un vin de couleur ambre), le *borgoña,* un *pisco* citron au miel et une crème de *pisco.* Délicieux ! À côté, vente de *pisco* de la marque *Tres Generaciones* (la meilleure selon nous), un peu moins cher que dans les magasins, ainsi que du chocolat maison.

On peut aussi déjeuner sur place, aux restos **La Casa d'El Catador** *(plat env 30-40 NS),* ou au restaurant champêtre **La Olla de Juanita.** Tables en terrasse. Un condor juché sur un tonneau vous invite à déguster la spécialité de la maison : le poulet au vin. Travaillent surtout avec les groupes ; téléphoner pour réserver.

Bodegas Vista Alegre : *camino a la Tinguiña, km 2, au nord-est d'Ica. ☎ 23-29-19 ou 248-67-57. • vistaalegre.com.pe • Colectivo de la pl. de Armas ou taxi (10 NS). Visites guidées lun-ven 8h-13h, 14h-16h30 ; sam 8h-13h. Entrée : 5 NS.* Depuis 1857, les frères Picasso (rien à voir avec l'artiste !) cultivent des cépages venus de France, d'Espagne et d'Italie. Production industrielle de vins rouges, rosés, blancs et de *pisco.* Visite de 40 mn suivie d'une dégustation. Boutique sur place.

LAGUNA DE HUACACHINA

À 4-5 km au sud-ouest d'Ica, une vraie petite oasis autour d'un petit lac (aux eaux assez polluées) dans un désert miniature. En taxi depuis Ica, compter 10 mn et env 8-10 NS. Véritables dunes comme au Sahara. C'est si spécial (et incongru dans cette partie du monde !) qu'on en retrouve la photo au verso des billets de 50 *soles*. Possibilité de faire un tour en buggy sur les dunes et comme celles-ci sont franchement hautes, ça donne parfois des sueurs froides ! On peut aussi simplement surfer sur le sable. En gros, on loue une planche (dans n'importe quel *hostal*) et on grimpe tout en haut d'une des dunes pour se laisser glisser jusqu'en bas. Bon, après deux ou trois remontées, quand vous serez bien enduit de sueur et de sable, vous devriez logiquement en avoir ras le bol... Mais ça vaut quand même le coup d'essayer ! D'autant que la vue, une fois en haut, est assez incroyable.

Où dormir ? Où manger ?

Plus sympa de dormir ici qu'à Ica mais on vous prévient, le lieu est devenu un repaire de *backpackers* venus faire la fête !

De bon marché à prix modérés

Banana's Adventure : *au bord du lac, vers le fond. ☎ 23-71-29. Formule nuit en dortoir de 4 lits + excursion en buggy (2h) 65 NS/pers. Formule en double avec sdb privée 100 NS/pers. Plat env 20 NS.* Un jardin planté de bananiers où pendent des hamacs, des petites cabanes en bois pour les dortoirs et un petit bâtiment récent à l'arrière. Sanitaires bien tenus. Il y a même une piscine et un bar, sous toit de feuilles. Sans oublier le resto. Ambiance décontract' très courue des routards de tous horizons.

Desert Nights : *au bord du lac. ☎ 22-84-58. • desertadventure.net • Lit en dortoir 25-40 NS.* AJ membre de *Hostelling International* proposant 4 dortoirs de 8 lits avec coffres individuels et bons matelas. Bonne tenue générale et, en prime, une terrasse-resto donnant sur le lac où il fait bon prendre le petit déj ou un café. Organise des tours en buggy.

Hostel Sand & Lake : *au bord du lac. ☎ 23-20-48 • sandandlake.com • Lit en dortoir 40 NS/pers ; double 120 NS ; petit déj compris.* Chambres bien équipées (sanitaires neufs et bons matelas), presque coquettes, ainsi que 2 petits dortoirs. Agréable terrasse donnant sur le lac, et petite cour intérieure. Piscine. Organise des excursions.

Restaurant Moroni : *au bord du lac, à côté de l'AJ Desert Nights. 976-81-44-32. Tlj 8h-22h. Plats 15-25 NS.* Pas d'enseigne, mais on le reconnaît à sa terrasse s'avançant sur le lac, l'une des plus anciennes de Huacachina. C'est d'ailleurs surtout pour la terrasse qu'on signale ce resto, la cuisine, sans être mauvaise, étant assez banale. Bon accueil de Marco.

Chic

Hostería Suiza : *le long de la dune, à 50 m du lac. ☎ 23-87-62. • hosteriasuiza.com.pe • Doubles à partir de 195 NS avec petit déj.* Maison de style colonial meublée avec goût, comme à la grande époque. On se sent tout de suite chez soi. Service très personnalisé et chambres confortables, certaines, plus chères, avec vue sur la piscine ou sur le lac. Petit déjeuner américain, pris dans une salle plaisante. Une excellente adresse.

El Huacachinero : *av. Perotti, à deux pas du lac. ☎ 21-74-35. • elhuacachinero.com • Double env 140 NS, petit déj inclus. Plat env 30 NS.* L'une des rares adresses à ne pas donner sur le lac, mais la qualité du lieu compense cette lac(-)une ! Chambres sur 2 niveaux autour d'une piscine, de belle taille, avec sanitaires nickel et très bons matelas. Un bon rapport qualité-prix. Accès direct à la dune, mais pas du meilleur côté. Fait aussi resto.

À faire

➢ ***Tour en buggy dans les dunes :*** c'est l'activité phare du coin... Plusieurs agences sur place la proposent, notamment *Desert Adventures,* dans l'AJ *Desert Nights* (voir « Où dormir ? »). Elle dure 2h et revient à environ 50 NS + 4 NS d'accès à la dune par personne. Un conseil : faites-la vers 16h, pour assister au coucher du soleil dans le désert (mais emportez un pull, car ça se rafraîchit vite). Le tour, en énorme buggy de 10 personnes, inclut aussi plusieurs descentes de dunes en surf (la planche est fournie), histoire de compléter le lot de sensations !

PISCO

env 62 000 hab. IND. TÉL. : 056

Pisco était auparavant la ville où il fallait dormir pour faire, le lendemain, l'excursion aux îles Ballestas. Mais depuis le séisme ravageur de 2007, qui a détruit une grande partie de la ville (notamment les maisons coloniales !), l'activité hôtelière s'est quelque peu déplacée vers Paracas, le village où l'on embarque pour les îles, à 15 km de là. On peut cependant toujours séjourner à Pisco, la vie ici continue, et le centre compte même quelques petits hôtels très sympas. Toutefois de 8h à 16h, par période, la ville peut être sans électricité.

Pisco a donné son nom à la boisson nationale. Ce fut à l'origine du vin fait avec des cépages des îles Canaries ; depuis, la région produit son propre vin à partir de plants sélectionnés ; quant au *pisco,* il est réalisé par distillation. C'est aussi du *Club Social Pisco* que San Martín entreprit son mouvement libérateur de la nation, en 1820.

Arriver – Quitter

À l'exception de certains bus de la compagnie *Flores,* les bus longues distances s'arrêtent sur la Panaméricaine, à 5 km de Pisco. De là, il faut prendre un taxi (8 NS) ou un *colectivo* (2,50 NS) pour rejoindre la ville.

➢ ***Lima :*** 3h30-4h de trajet. Très nombreux bus avec *Perú Bus-Soyuz* (☎ (01) 205-23-70) et *Flores* (☎ 53-27-91). Arrêt sur la Panaméricaine.

➢ ***Ica :*** départs fréquents avec *Perú Bus.* Également 8 bus/j. avec *Flores,* ceux-ci partant du centre-ville de Pisco. Env 1h de trajet.

➢ ***Nazca :*** prendre un bus pour Ica et, de là, un autre pour Nazca (voir « Arriver – Quitter » à Ica).

➢ ***Arequipa :*** 12h de route. 2 bus/j. avec *Ormeño* (☎ 53-27-64).

➢ ***Cuzco :*** env 18h de trajet. Avec *Flores* (de la Panaméricaine), 2 départs/j.

➢ ***Ayacucho :*** 6h de route. Avec *Molina* (☎ 54-32-96), 3 bus/j. (fin de mat et ap-m). Également avec *Palomino.*

➢ ***Huancavelica :*** 10h de route. 2 départs/j. avec *Oro Pesa.*

➢ ***San Andrés et Paracas :*** minibus et *colectivos* du centre de Pisco (près du marché), à prendre à 3 blocs au sud de jr. Callao, par Puno, ou, à partir de 18h, sur la pl. de Armas. En taxi, compter 15 NS pour San Andrés et 25 NS pour Paracas.

Adresses utiles

✉ ***Correos :*** *jr. Callao 358. Lun-ven 9h-18h, sam 8h-16h.*

@ ***Internet :*** plusieurs adresses sur San Martín et Callao.

■ ***Change :*** ***Interbank,*** *à l'angle de Comercio et San Martín, sur la pl. de Armas. Lun-ven 9h-18h, sam 9h-12h.* Taux correct. Également des

distributeurs sur la plaza de Armas.
Clínica FamiSalud : *c/ Progreso 211, presque sur la pl. de Armas. ☎ 53-44-43.* Clinique privée.

Où dormir ?

Tous les hôtels de la ville peuvent vous organiser une excursion aux îles Ballestas.

Prix modérés (moins de 90 NS / env 27 €)

Hostal San Isidro : *c/ San Clemente 103. ☎ 53-64-71. • sanisidrohostal.com • À 3 cuadras de la pl. de Armas, près du cimetière. Double avec sdb 75 NS. Parking.* Très fréquenté par les routards, c'est l'un des endroits les plus sympas de la ville. Ensemble coloré et pimpant proposant des chambres coquettes et fraîches avec belle salle de bains, TV câblée et coffre-fort. Café gratuit, cuisine commune et machine à laver. Grand billard, baby-foot, ping-pong et, surtout, une piscine plus bleue que bleue. Le patron est multilingues et parle le français.

Hostal Tambo Colorado : *av. Bolognesi 159. ☎ 53-13-79. • hostaltambocolorado.com • Double avec sdb et TV 70 NS.* Construction relativement récente à 50 m de la plaza de Armas. Une vingtaine de chambres plaisantes et très propres, avec des petits cadres aux murs pour la déco. La proprio réserve un très bon accueil. *Pisco sour* de bienvenue, garage, laverie et cuisine à dispo.

Posada Hispana : *av. Bolognesi 236. ☎ 53-63-63. • posadahispana.com • Double avec sdb et TV 90 NS, petit déj inclus.* Tenu par un Espagnol. Très propre et plein de charme avec une déco fourmillant de détails insolites. Très jolies chambres (quelques-unes avec mezzanine), avec de l'art paracas aux murs et tout le confort de base. C'est aussi un bon resto avec un cadre tout aussi charmant et de la musique andine certains soirs. Seul vrai bémol : cela peut être parfois bruyant.

Où manger ?

De prix moyens à chic (15-40 NS et plus / env 4,50-12 €)

Posada Hispana : *voir « Où dormir ? ».* On cite l'hôtel mais le resto est aussi sympa, avec un menu bon marché le midi.

El Viñedo : *av. San Martin 408. ☎ 53-55-84. Tlj 8h-18h. Menus env 15-25 NS.* Petit resto agréable et sans prétention, où manger de bons plats et poissons et fruits de mer (spécialité de *ceviches*) à petits prix.

La Catedral : *c/ San Juan de Dios 108. ☎ 53-56-11. Tlj midi et soir. Menu midi 16 NS ; plats env 25-35 NS.* Sur la plaza de Armas, l'un des plus recommandables de la ville. Bon menu pas cher le midi, beaucoup de choix à la carte, notamment la paella de fruits de mer ou le *piqueo marino*. Salle aux murs de brique ornés de figures de Nazca.

As de Oro : *av. San Martín 472. ☎ 53-16-93. Tlj sf lun 12h-minuit. Happy hours 16h-19h. Plats 20-80 NS (très copieux).* Autre resto en vogue, au cadre chic. Il y a même une terrasse avec piscine à l'arrière. Si vous ne savez que prendre (vaste carte !), essayez la *parihuela* (soupe de poisson et fruits de mer), vous ne le regretterez pas !

DANS LES ENVIRONS DE PISCO

Tambo Colorado : *une route en direction de Humay/Ayacucho mène en 48 km au site (belle route asphaltée). De Pisco, on peut y aller en colectivo ou en minibus* *depuis le marché (à 3 blocs au sud de jr. Callao), faire l'excursion avec une agence (plus cher) ou encore prendre un taxi (max 4 pers) pour env 100 NS A/R. Tlj 9h-17h. Entrée : 8 NS.* Important poste de ravitaillement inca, qui servait aussi de centre de contrôle des populations conquises et du passage entre la côte et la sierra. C'est le mieux conservé de toute la côte sud, avec ses murs d'adobe peints en rouge (d'où le nom « colorado »). Petit musée avec les pièces retrouvées sur le site, ce dernier étant assez vaste mais, comme d'habitude, dénué d'explications.

PARACAS ET LES ÎLES BALLESTAS

C'est d'ici que partent les bateaux pour les îles Ballestas, véritable sanctuaire d'oiseaux marins (pélicans notamment) et de lions de mer. Une très belle balade de 2h, que l'on effectue le matin vers 8h (après, la mer est souvent très agitée). Conséquence du tremblement de terre de 2007, dont Pisco a beaucoup souffert, c'est ici que logent la plupart des touristes avant de partir le lendemain en excursion, d'autant que le village compte désormais des hôtels à tous les prix et une belle brochette de restos. Enfin, Paracas est la porte d'entrée vers la réserve du même nom, une visite d'ailleurs souvent couplée à celle des îles.

« SOS MÉDECIN »

Dans les tombes de Paracas, on a mis au jour des « instruments chirurgicaux » et surtout des crânes présentant des cicatrices, qui indiquent clairement que les patients survécurent à la trépanation... Les Incas pratiquèrent également des interventions sur le cerveau, mais beaucoup plus tard.

Arriver – Quitter

➢ ***Lima :*** *Cruz del Sur (bureau situé env 1 km avt d'arriver à Paracas, sur la route principale ; ☎ 53-66-36)* propose 4 liaisons/j., directes (14h30-19h30). Également 2 bus/j. avec *Oltursa (bureau dans le village, à côté de l'hôtel Refugio del Pirata),* à 9h50 et 20h.

➢ ***Ica et Nazca :*** 5 bus/j. avec *Cruz del Sur* (7h-17h30). Également 1 bus/j. avec *Oltursa* à 11h.

➢ ***Arequipa :*** départ à 11h avec *Oltursa.*

➢ ***De Pisco,*** minibus ou *colectivos* depuis le marché central (voir cette ville, plus haut). En taxi, compter 15-20 NS.

Où dormir ?

Les hôtels que nous vous indiquons sont dans le centre du village, proches les uns des autres. Réservation vivement conseillée de juin à août.

De bon marché à prix modéré (moins de 90 NS / env 15 €)

☗ ***Paracas Backpackers' House :*** *av. Los Libertadores s/n. ☎ 63-56-23. • paracasbackpackershouse.com.pe • En face de l'Hostal Santa Maria. Dortoir 18-20 NS/pers ; doubles avec ou sans sdb 45-80 NS.* Petites chambres ou dortoirs (de 4 à 8 lits) le long d'un couloir à ciel ouvert, dans des cabanons contigus en lattes de bois. C'est certes mal isolé mais nickel. De plus, accueil charmant de Lidia et d'Alberto, qui parle l'anglais. Sanitaires communs et serviette fournie. Petite cuisine à dispo, et même un petit espace détente avec chaises en toile et hamac.

☗ ***Hostal El Amigo :*** *sur la*

LE SUD DU PÉROU

place centrale, à deux pas du port. ☎ 54-50-42. • hostalel amigo@hotmail.com • Double env 60 NS. Un hôtel familial dont les chambres, avec sanitaires privés (eau chaude), s'ordonnent autour d'une cour en puits. Déco un peu dépassée mais grande propreté. Accueil chaleureux. Terrasse sur le toit.

Prix moyens (90-130 NS / env 27-39 €)

Hostal Santa Maria : *av. Paracas s/n, sur la place centrale. ☎ 54-50-45. • hostalsantamaria paracas.com • Double 120 NS, petit déj inclus.* Petit hôtel coquet aux chambres pimpantes et très claires, à prix honnête pour la qualité. On peut aussi choisir l'annexe, tout aussi bien, à 50 m. Accueil enjoué de Jorge, qui parle le français.

Refugio del Pirata : *av. Paracas 6. ☎ 54-50-54. • refugiodelpirata. com • Double env 140 NS, petit déj inclus.* Belle façade ocre avec des rambardes en rondins. Chambres plaisantes et bien nettes, avec sanitaires, TV et, en prime, de jolies tentures. Mais le plus agréable, c'est la terrasse en bambou, parfait pour le petit déj ou un *pisco sour* en soirée. Annexe importante de l'autre côté de la route.

Plus chic (plus de 250 NS / env 75 €)

Paracas compte plusieurs hôtels chic, certains très chic même. Ils sont regroupés dans le même secteur, un peu à l'écart du village, vers le sud.

Posada del Emancipador : *à env 800 m au sud du village. ☎ 53-28-18. Compter 280 NS pour 2, petit déj inclus.* L'un des plus abordables du coin. Ensemble de petits bâtiments blancs à balcons en bois, un peu genre « club de station balnéaire ». Petite piscine, bar, resto, etc. Accueille beaucoup de groupes, comme la plupart des hôtels de ce secteur.

Où manger ?

Tout le long du *malecón* (promenade en bord de mer), plein de petits restos qui proposent poissons et fruits de mer dont de délicieuses coquilles Saint-Jacques gratinées.

Juan Pablo : *face au port. 946-054-488. Tlj midi et soir. Plat env 35 NS.* Des restos du *malecón*, c'est celui qui attire le plus de monde et a le moins besoin de racoler. Tables en terrasse, face à l'océan, ou en salle. Cuisine correcte, servie prestement.

El Chorito : *av. Paracas. ☎ 54-50-45. Plats 30-50 NS.* Même proprio que l'*Hostal Santa Maria* (voir « Où dormir ? »), situé à côté. Un peu plus cher que les autres, mais c'est l'un des plus recommandables du village pour son bon *ceviche* et ses plats de poisson et fruits de mer, comme les coquilles Saint-Jacques gratinées ou l'*arroz con mariscos.*

À voir. À faire

Les deux excursions suivantes peuvent se grouper : départ à 8h pour les îles, 11h pour la réserve. Retour à 15h. Départs supplémentaires en saison. Attention : excursions annulées en cas de mauvais temps.

➢ **Excursion aux îles Ballestas :** *départ tlj. Prendre son billet la veille dans l'une des nombreuses agences de Paracas (possible aussi auprès des hôtels de Pisco), comme* Paracas Overland, *une agence ancienne et sérieuse située face au port (☎ 53-38-55 ou 990-33-65-31 ; • paracasoverland.com.pe •). Prix raisonnable : 35 NS/pers pour les îles ou 50 NS/pers pour les 2 excursions (+ droit d'embarquement 2 NS + 5 NS de droit d'entrée + 10 NS pour la réserve). L'excursion dure 2h (1h30 A/R et tour des îles en 30 mn). Prévoir un pull et une veste imperméable, surtout en juil-août.* Les îles Ballestas sont peuplées de *lobos de mar* (lions de

mer), de fous blancs, de cormorans, pélicans et autres producteurs de guano. Au début de l'extraction intensive de ce précieux fertilisant, à partir de 1870, la couche de guano mesurait plusieurs mètres d'épaisseur (jusqu'à 30 m sur la *isla de Chincha* !). Aujourd'hui, on en extrait environ 2 000 t tous les 5 à 7 ans car l'île est protégée (d'ailleurs on n'y aborde pas, mais on n'en a pas envie non plus !). Spectacle superbe de ces milliers d'oiseaux accrochés aux falaises. On trouve aussi une espèce de palmipède en voie de disparition, le pingouin de Humboldt, qui ne mesure guère plus de 60 cm.
Avant d'arriver à l'île, on voit la figure d'un candélabre tracée sur une colline, à la façon des lignes de Nazca. Son origine n'est pas du tout claire, bien qu'on pense qu'il serait assez récent (genre XIXe s) car, contrairement aux lignes de Nazca, il n'est pas représenté dans l'artisanat ancien. Pour le reste, s'agit-il d'une représentation de la Croix du Sud destinée à orienter les navigateurs ? D'un symbole franc-maçon voulu par San Martín ? D'une figure de cactus (plante que les anciens peuples vénéraient pour ses propriétés hallucinogènes) ? Le mystère demeure.

➢ ***Excursion dans la réserve nationale de Paracas :*** *au sud du village de Paracas. Là encore, on y va plutôt avec une agence qui fournit guide et véhicule (20 NS/pers si visite non groupée avec les îles + 10 NS de droit d'entrée pour la réserve). Compter 3-4h d'excursion.* Une réserve désertique de 335 000 ha (terre et mer), classée depuis 1975, avec de superbes plages (pas vraiment pour la baignade) et bords de mer abrupts aux teintes jaune-brun-ocre. Vous y verrez peut-être, avec des jumelles, les flamants tricolores, ceux-là mêmes qui, dit-on, auraient inspiré San Martín pour les couleurs du drapeau péruvien... Au début du tour, on visite le centre d'interprétation de la réserve, sur la géologie et la faune locales. Vous y apprendrez par exemple que, chez les lions de mer, le mâle se prive de manger chaque année entre janvier et mars, période de fertilité des femelles, pour ne pas se faire piquer son harem par un autre et attaque parfois les petits qui peuvent devenir de futurs concurrents ! Puis on monte sur l'un ou l'autre mirador naturel (beaux points de vue sur la réserve), avant de mettre le cap sur *Lagunillas,* petit port de pêche réputé pour ses bons restos de poisson (comme le *Tia Fela* pour son bon accueil et le *Tia Pily* pour ses tables donnant directement sur la lagune). L'occasion de se faire un succulent *ceviche* !

LE NORD

Cap au nord, à l'assaut de la magnifique cordillera Blanca ! Il n'y a pas que le Sud péruvien qui abrite des sommets et volcans élevés, la région de la cordillère Blanche autour de Huaraz et Caraz est aussi un spot très couru des amateurs de randonnée et treks en haute montagne ! Avec le Huascarán qui culmine à plus de 6 700 m, le superbe parc national du même nom, classé par l'Unesco, attire les alpinistes chevronnés, et les marcheurs moins aguerris qui trouvent ici de nombreuses possibilités de rando, dans un paysage de montagne tropicale. En poursuivant la route sur la côte nord, on aborde un littoral assez sauvage et désertique, qui s'étend jusqu'à l'Équateur. L'occasion de faire étape à Trujillo, oasis de fraîcheur avec à ses portes les sites archéologiques de Chan Chan

et des *huacas del Sol y de la Luna,* vestiges de la civilisation moche (IIe-VIIIe s). Ou encore à Cajamarca, jolie ville coloniale entourée de collines verdoyantes, qui peut être un point de départ pour visiter Kuelap, fantastique citadelle construite sur une crête à plus de 3 000 m. Quant aux surfeurs et amateurs de grosses vagues, ils pourront s'en donner à cœur joie le long de la côte Pacifique, notamment sur les plages de Huanchaco ou à Puerto Pizzaro !

LA CORDILLERA BLANCA (CORDILLÈRE BLANCHE)

La plus belle cordillère du monde ? Allez savoir... Une chose est sûre : elle est bien la plus haute chaîne de montagnes tropicale de la planète. Les possibilités de treks y sont nombreuses, et il y en a pour tous les niveaux, de la balade tranquille à l'escalade de murs de roche et de glace. Cependant, avant de partir vous enivrer de ces superbes paysages, où les pics rivalisent d'élégance et de grâce, renseignez-vous bien sur la difficulté de ce que vous comptez entreprendre et ne sous-estimez pas l'altitude.

PARQUE NACIONAL HUASCARÁN

Les villes de Huaraz, Yungay et Caraz sont à l'entrée du *parque nacional Huascarán,* l'un des joyaux du Pérou, inscrit au Patrimoine mondial par l'Unesco. Les alpinistes les plus chevronnés sont venus ici côtoyer les sommets de plus de 6 000 m. L'un des plus beaux est le Huascarán lui-même, qui domine la vallée à 6 768 m, puis le Huandoy avec ses 6 395 m. Un peu moins haute, mais tout aussi réputée pour sa beauté, la montagne Alpamayo, en forme de diamant, culmine à 5 947 m.

UN SOMMET DANS LES ÉTOILES...

Les montagnes du parc Huascarán sont si belles que la Paramount a choisi l'une d'entre elles pour son logo : le sommet couronné d'étoiles qui apparaît au début de chaque film produit par la firme cinématographique serait celui de la montagne Artesonraju, que vous verrez si vous faites le populaire trek de Santa Cruz.

C'est aussi dans cette région qu'on trouve l'une des plus curieuses plantes de la cordillère des Andes, la *puya Raimondi,* qui peut atteindre 3 m de haut et fleurit une seule fois dans sa vie.

– ***Droit d'accès au parc :*** si votre chemin passe par le parc Huascarán, vous devrez régler le *boleto turístico,* un droit d'accès de 10 NS/pers pour 1 j., 20 NS pour 3 j. ou 65 NS pour 21 j. (avec droit de camper pour ce dernier ticket). Le ticket s'achète au bureau de la Sernanp (cf. « Adresses utiles » à Huaraz) ou directement aux postes de contrôles des entrées du parc. Si, d'aventure, le poste de contrôle est désert, le règlement du droit d'accès pourra se faire ultérieurement (sans majoration) à un autre point de passage. Bien demander le billet avec la durée de validité, il y a parfois quelques petites escroqueries !

TREKKING DANS LA CORDILLERA BLANCA

C'est généralement pour cela qu'on vient dans la région. Les possibilités sont multiples, sur une durée de 1 à 15 jours. Si Huaraz reste le point de départ de la majorité des randonneurs (la ville offre le meilleur choix d'agences, de matériel, et il est beaucoup plus facile de s'y approvisionner), Yungay et Caraz sont aussi de bonnes bases, car plus proches du départ de beaucoup de randos, notamment le fameux trek de Santa Cruz).

Infos utiles

Randonner seul ou avec une agence ? Avec ou sans guide ? Avec ou sans mule ? Les habitants de la région, vous diront toujours qu'il est plus prudent de prendre un guide et quasiment indispensable de louer des mules pour le transport de matériel. Dans la pratique, un trek comme celui de Santa Cruz est tellement fréquenté que le guide ne s'impose pas, bien qu'il soit en principe obligatoire d'après le règlement de l'office du parc national, peu respecté. Pour des treks moins balisés, cela dépend de votre aptitude à lire une carte, une boussole, de votre connaissance de la montagne...

Quant aux mules et au muletier *(arriero)*, tout dépend de votre condition physique et de votre habitude à randonner avec votre « maison sur le dos » (pour un trek de 3 ou 4 jours comme celui de Santa Cruz, vous porterez au moins 10 à 13 kg sur les épaules. La plus grande difficulté des treks dans la cordillère Blanche est la conjugaison de dénivelées parfois rudes avec une altitude qui coupe le souffle et rend pénible toute montée. Et c'est bien sûr pire quand vous êtes chargé.

Les muletiers se trouvent aisément, et sans arrangement préalable, dans les villages d'où partent les treks les plus communs, à savoir Vaquería, Colcabamba (un peu plus loin) ou Cashapampa. Compter environ 30-40 NS/j. pour le muletier et 15-20 NS/j. par mule. À ce prix-là, vous devez le plus souvent ajouter une tente (certains muletiers n'en ayant pas) et prendre en charge ses repas.

Attention, un muletier n'est pas un guide et, s'il peut vous aider à vous orienter, en général, il marche au rythme de ses mules, bien plus ingambes que vous en montée, mais pas en descente !

Passer par une agence vous délestera de « quelques » dollars, mais aussi des soucis de logistique (achat de nourriture, matériel de camping, etc.) et de la question des transports pour accéder aux sentiers. Pour une rando organisée par une agence sérieuse, compter environ 125 NS/j. et par personne, tout compris (sauf le sac de couchage).

Et, attention, à Huaraz, tout le monde vend des treks (hôtels, restos...) en sous-traitant ensuite à des agences plus ou moins sérieuses. Pour vous éviter les pépins (en économisant cinq sols et demi !), nous conseillons plus loin de vrais et bons professionnels (voir « Adresses utiles » à Huaraz).

Matériel – Préparatifs

- Le site ● *besthike.com/southamerica/central_andes.html* ● donne de bons conseils autour des randos dans la cordillera Blanca.
- Ceux qui disposent déjà d'un matériel de camping complet n'auront, en gros, qu'à se procurer de la nourriture (de préférence pas trop périssable) en quantité suffisante avant de partir. Pour plus d'infos sur le matériel conseillé, lire, dans les « Généralités Pérou, Bolivie », au début de ce guide, la rubrique « Trekking – Randonnées ».
- Que vous randonniez ou pas depuis Huaraz, une étape dans cette ville est vivement conseillée pour faire vos emplettes (entre le marché et les supermarchés, c'est là que vous aurez le meilleur choix), ainsi que pour louer ou acheter du matériel. À Yungay, peu de commerces. Et si vous partez de Caraz, une seule bonne agence y loue du matériel, en revanche vous n'aurez que le marché pour faire vos courses, le matin.
- L'eau des rivières devant absolument être purifiée avant d'être bue, il est indispensable de se munir de *Micropur* (et d'un nombre suffisant de gourdes ou bouteilles pour tenir une

LA CORDILLÈRE NORD DU PÉROU (CORDILLERA BLANCA)

journée). Toutefois, si vous optez pour le voyage avec un muletier, autant acheter l'eau potable nécessaire dès le départ (l'idéal est de prendre des bidons de 5 l).

– Pour préparer votre trek, procurez-vous l'*Alpenvereinskarte,* au 1/100 000 (deux cartes couvrent la cordillera Blanca), en vente dans de nombreux endroits, dont la *casa de Guías* à Huaraz et *Pony Expeditions* à Caraz. Chère (85 NS) mais indispensable. On en trouve des photocopies, bien moins onéreuses, mais illégales (la carte a un copyright).

– À Huaraz, vous trouverez des livres, magazines ou autres infos sur les treks dans les cafés que nous référençons plus loin. Ces endroits, comme la plupart de nos adresses à Huaraz, sont de véritables « repaires » de randonneurs, et donc des lieux parfaits pour se renseigner ou échanger des infos.

Sécurité et autres petites recommandations

– Avant de partir en trek, afin qu'on sache où vous êtes s'il devait vous arriver un pépin, on vous conseille de laisser votre itinéraire (avec les dates)

à la *casa de Guías* à Huaraz ou à votre hôtel (soit dit en passant, les hébergements de cette région acceptent en général sans difficulté de garder vos affaires quand vous partez randonner plusieurs jours).
- Certaines zones sont plus ou moins sûres (pour les touristes comme pour leurs accompagnateurs, d'ailleurs). Avant de partir, n'hésitez pas à vous renseigner auprès des professionnels (*casa de Guías,* offices de tourisme, agences) pour connaître les endroits éventuellement craignos. On recommande en général une certaine vigilance quand vous plantez la tente dans des sites à proximité d'habitations ou de villages (ne rien laisser traîner, dormir avec tout le matériel enfermé dans la tente, éviter d'exposer ses provisions au regard). Les enfants (et les plus grands) viendront immanquablement traîner à proximité de votre tente en quémandant (parfois avec beaucoup d'insistance) des chocolats, des caramels, des médicaments pour les anciens. Bien sûr, vous pouvez être généreux vers la fin de votre périple, avec vos provisions excédentaires qui seront utiles aux familles. Mais donner aux enfants n'est pas la plus sage solution.

Le trek de Santa Cruz

À l'origine, ce trek reliait les ***lagunas de Llanganuco,*** situées à l'est de Yungay, à ***Cashapampa,*** village situé à 30 km au nord de Caraz. Mais aujourd'hui, beaucoup de randonneurs débutent la rando à ***Vaquería,*** 36 km au delà des lagunas de Llanganuco.
Le trek dure en moyenne 3 à 4 jours. Il se parcourt indifféremment dans un sens ou dans l'autre, mais l'ascension est plus dure et plus longue. Outre le problème de l'altitude, pas de difficulté particulière pour qui sait marcher et ne rechigne pas à l'effort !

Accès au point de départ des sentiers

➢ ***De Huaraz :*** rejoindre Yungay (voir la rubrique « Arriver – Quitter » à Huaraz), d'où partent les *colectivos* pour Vaquería, ou alors Caraz, si vous voulez commencer par Cashapampa. Il faut soit quitter Huaraz dès potron-minet (5h30 !), pour attraper à Yungay ou Caraz un *colectivo* partant le matin seulement pour les points de départ des treks. Sinon, il faut arriver la veille au soir à Yungay ou Caraz.
➢ ***De Yungay à Vaquería (67 km) :*** un seul *colectivo* part vers 7h. Trajet : 3h ; 20 NS. À Yungay, on peut aussi héler un minibus d'une agence venant de Huaraz (négocier le prix au départ), mais le résultat est incertain…
➢ ***De Caraz à Cashapampa :*** deux *colectivos* partent de Caraz à 6h et 15h, à l'angle de l'av. Castilla et Jorge Chavez. Trajet : 1h ; 10 NS. Vous pouvez affréter à plusieurs un taxi privé pour env 80 NS.

Déroulement du trek

Cette rando permet d'apprécier en 3 ou 4 jours l'une des sections les plus spectaculaires de la cordillère Blanche, d'où sa popularité. En voici une petite description dans le sens Vaquería-Cashapampa, tel qu'il se fait en 4 jours (dans l'autre sens, lisez ces lignes dans un rétroviseur). Vous verrez des lacs, des rivières, des cascades et des torrents ; beaucoup d'oiseaux multicolores, des vallées, des chaumières ancestrales, des arbres sans écorce qui ne poussent qu'au-dessus de 3 000 m (les *quenuales*), le tout serti de glaciers et montagnes de plus de 6 000 m avec, en vedette, le Huascarán, point culminant du Pérou, à 6 768 m !
Enfin, ce trek étant devenu très populaire, gardez toujours un œil sur vos affaires, surtout lorsque vous dressez le bivouac.
➢ ***1er jour :*** montée jusqu'à Vaquería. De là, 3 km à pied vers Colcabamba. De Colcabamba, 2h de marche jusqu'à une aire de camping à 3 500 m où,

bizarrement, il peut y avoir des moustiques ! Les plus courageux marcheront 2-3h de plus pour atteindre Paria à 3 870 m. En chemin, vous croiserez peut-être des vigognes.

➢ ***2e jour :*** 3 à 4h de marche jusqu'au col de Punta Unión (4 750 m). Assez dur mais vues uniques sur le *Taulliraju.* Ensuite, descendre jusqu'à Taullipampa, un bon endroit où passer la nuit, notamment pour la vue sur les montagnes au lever du jour.

➢ ***3e jour :*** de Taullipampa, les randonneurs chevronnés pourront, en partant tôt, monter dans la *quebrada de Arhuaycocha,* pour voir l'*Alpamayo* (une des plus belles montagnes du monde, dit-on ! Mais les plus belles vues sont à partir de Jancarurish, de l'autre côté). Les autres prendront le chemin de Llamaccorral, plus bas dans la vallée de Santa Cruz, où ils bivouaqueront pour la 3e nuit. Attention, c'est par ici qu'il y a le plus d'insectes !

➢ ***4e jour :*** marche jusqu'à Cashapampa. Mieux vaut y arriver avant 12h, pour être sûr de trouver des *colectivos* qui rentrent sur Caraz. Sinon, il y a une ou deux *hospedajes* à Cashapampa (et même de quoi planter sa tente, chez Antonio Simangas).

Autres treks

➢ ***Le tour de l'Alpamayo :*** environ 10 jours. Une partie de ce trek prolonge celui de Santa Cruz, sur lequel on se sera mis en jambes et acclimaté à l'altitude. Donc, après avoir parcouru le chemin de Vaquería à Cashapampa, on continue vers Huacayan et on contourne l'Alpamayo par le nord, pour redescendre ensuite sur Colcabamba et Vaquería. Si vous manquez de temps, vous pouvez aussi raccourcir ce trek en partant de Huacayan (2-3h en taxi, à négocier au départ de Caraz, environ 100 NS) et, plutôt que de descendre vers Colcabamba, marcher jusqu'à Pomabamba où vous trouverez quelques hôtels. À Hualcayan, la communauté qui entretient le sentier vous demandera un droit de passage de 20 NS. De Pomabamba, des bus desservent Yungay et Huaraz (départ tous les jours, mais plutôt le matin).

Ce trek entre Huacayan et Pomabamba se fait en 6 ou 7 jours. Il est beaucoup plus physique que celui de Santa Cruz, chaque journée offrant de belles dénivelées et des cols de 4 600 à 4 900 m. Là encore, c'est l'altitude qui rend la marche plus difficile. Le trek se fait facilement sans guide pour qui connaît la montagne. Le muletier, en revanche, vous évitera de porter une lourde charge. On trouve normalement de l'eau (à purifier) aux différents sites de campement. Cet itinéraire traverse des paysages somptueux et les sentiers sont beaucoup moins fréquentés dès que l'on quitte la piste Vaquería-Cashapampa.

➢ ***Ishinca :*** trek de 2 jours à partir de Pashpa, situé à 25 km de Huaraz. Pas trop dur. De plus, il y a un refuge où l'on peut manger et dormir.

➢ ***Honda :*** trek de 3 jours ou plus dans la *quebrada Honda,* à environ 30 km à vol d'oiseau au nord de Huaraz.

➢ ***Ulta :*** trek de 2 jours ou plus au départ de Shilla (au nord de Carhuaz), à 45 km de Huaraz.

➢ ***La cordillère de Huayhuash :*** à 150 km au sud de Huaraz, dans le prolongement de la cordillère Blanche. Superbe ensemble de monts et de pics enneigés dominant des lacs endormis, d'une hauteur allant de 5 223 m, avec le *Diablo Mudo,* à 6 634 m, avec le Yerupajá. Moins fréquentée et plus sauvage que la cordillère Blanche, elle ne s'adresse qu'aux bons marcheurs, qu'une randonnée de 8 à 12 jours n'effraie pas. Attention, pas de droit d'entrée mais un droit de passage et de campement est demandé par les communautés locales (10 NS par-ci, 20 NS par-là... prévoir en tout environ 200 NS par personne, quand même !).

Le trek commence à Llamac, où l'on peut dormir et trouver des *arrieros* (muletiers). Apporter ses provisions depuis Huaraz pour toute la durée du trek (quoique la pêche dans les rivières soit ici autorisée, contrairement à la cordillère Blanche). Pour se rendre à Llamac, de Huaraz prendre un bus pour Chiquían (3h de route ; compter 25 NS ; départ à 5h sur l'avenida Bolognesi, entre 27 de Noviembre et Confraternidad ; *plan Huaraz, A2*) puis, de Chiquían, un *colectivo* pour Llamac (compter encore 1h30). Un autre bus part à 13h de Huaraz, mais peu pratique car il fait rater le *colectivo* pour Llamac et oblige à dormir à Chiquían pour prendre celui du lendemain. On peut aussi commencer le trek de Matacancha, encore plus près de la cordillère, mais là il n'y a pas d'*arrieros*.

HUARAZ

env 132 000 hab. IND. TÉL. : 043

Elle était belle, la Huaraz d'antan. Malheureusement, elle a été aplatie par un tremblement de terre en 1970. D'ailleurs, c'est toute la vallée (le callejón de Huaylas) qui fut ravagée : 70 000 morts en tout. La ville fut reconstruite à l'américaine, comme la plupart des villes du Pérou : rues larges tracées au cordeau, petits immeubles, de béton ou de briques, non revêtus, assez disgracieux... Bref, peu de charme, mais un dynamisme étonnant, une grande animation dans les rues et une population cosmopolite où se mêlent touristes, randonneurs, Indiens, archéologues...
Perchée à 3 090 m, Huaraz est le plus grand centre de départ des treks de toute la région. Avec le renouveau du tourisme, elle prend carrément l'air d'une Katmandou des Andes. La ville est coincée entre la cordillère Blanche et la cordillère Noire, imposantes et superbes. La première est hérissée de sommets enneigés toute l'année ; la seconde, moins élevée, conserve ses couleurs austères, d'où son nom. Ceux qui prévoient une expédition en montagne pourront louer leur matériel à Huaraz, où l'on trouve tout ce qu'il faut.

Arriver – Quitter

En bus

La plupart des grandes compagnies sont regroupées dans ou autour de la rue Bolívar, entre Morales et Raymondi (*plan B2*). Arrivées et départs des bus devant le bureau des compagnies, à l'exception de *Móvil Tours*.

■ ***Móvil Tours*** (*plan B2*) **:** *Bolívar 452.* ☎ *42-25-55.* • *moviltours.com.pe* • Il s'agit du bureau de vente et non du terminal (situé, lui, av. Confraternidad Internacional Oeste 451, en face de la c/ Carhuaz ; *hors plan par A1*).
■ ***Linea*** (*plan B2*) **:** *Bolívar 450.* ☎ *42-66-66.* • *linea.pe* •
■ ***Cruz del Sur*** (*plan B2*) **:** *Bolívar 491.* ☎ *42-87-26.* • *cruzdelsur.com.pe* •
■ ***Oltursa*** (*plan B2*) **:** *av. Raymondi 825.* ☎ *42-37-17.* • *oltursa.pe* •

➢ ***Villes du callejón (Monterrey, Yungay et Caraz) :*** liaisons fréquentes en minibus et *combis* tte la journée. À Huaraz, les *colectivos* partent au bout de l'av. Fitzcarrald, aux abords du pont près du río (*plan B1*). Trajet : env 1h jusqu'à Yungay, 1h30 pour Caraz. Pour Monterrey (terminus aux thermes), combi n°1 sur Raymondi au croisement avec la c/ San Martin (*plan B1-2*).
➢ ***Lima :*** env 8h de trajet. De nombreuses compagnies assurent cette liaison : jusqu'à 9 bus/j. avec *Móvil Tours,* 2 bus/j. avec *Cruz del Sur* et 3 bus/j.avec *Oltursa*.
➢ ***Chimbote et Trujillo, par la Panaméricaine :*** compter 9h de trajet pour Trujillo, 7h pour Chimbote. 4 départs/j. dont 2 bus slt continuent vers Trujillo avec *Móvil Tours* et *Linea*. Bus de nuit slt.

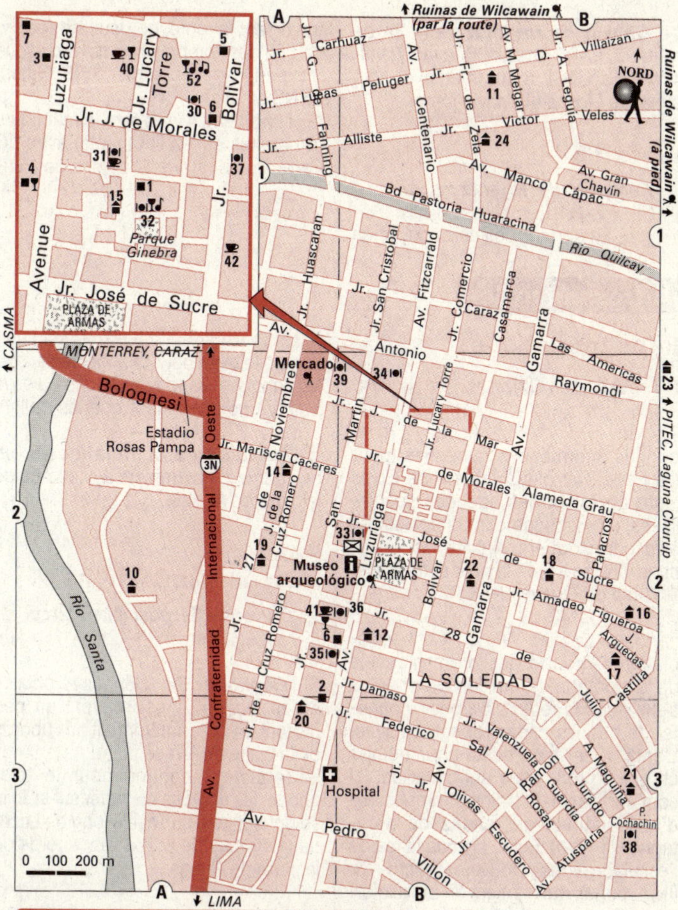

HUARAZ

Adresses utiles

- I-Perú
- Hospital
- 1 Casa de Guías
- 2 Sernanp
- 3 Quechuandes
- 4 Monttrek
- 5 Lavandería Liz
- 6 Supermercado Nova Plaza
- 7 Chavín Tours

Où dormir ?

- 10 Caroline Lodging
- 11 Jo's Place
- 12 Amelita Lodging
- 14 Hotel Galaxia
- 15 Hotel Alpa-K Montañero
- 16 Churup Guest House et Alojamiento Familiar Soledad
- 17 Olaza's
- 18 El Jacal
- 19 B & B My House
- 20 Hotel El Tumi
- 21 Casa Hotel
- 22 Grand Cesar's Hotel
- 23 San Sebastian Hotel
- 24 Hotel Colomba

Où manger ?

- 30 El Rinconcito Minero
- 31 Encuentro
- 32 Chilli Heaven et Casa de Guías Amma y Tequila
- 33 Bistro de los Andes
- 34 Crêperie Patrick
- 35 El Fogón
- 36 Pizza Bruno
- 37 Teo's
- 38 Le Chalet suisse
- 39 Polleria-Cebicheria Mary's

Où prendre un petit déj ? Où s'offrir un bon café ?

- 31 Encuentro
- 40 Café Andino
- 41 California Café
- 42 Tahuita's

Où boire un verre ? Où sortir ?

- 4 X-treme Bar
- 32 Café 13 Buhos
- 52 El Tambo

➢ ***Chavín de Huántar :*** env 3h de route. 8 bus/j., 4h-20h30, avec *Transportes Sandoval,* 3 bus (mat, midi, soir) avec *Rio Mosna* et *Chavín Imperial.*

En avion

✈ ***Aéroport de Huaraz :*** *à* ***Anta,*** *à 27 km au nord de la ville, sur la route de Yungai.* En sortant de l'aéroport, et en traversant la route, on peut attraper au vol l'un des nombreux *combi* de la ligne Yungai-Huaraz ; compter 3 NS. Sinon, 35 NS en taxi.

➢ ***Lima :*** env 4 vols/sem le mat (jours et horaires assez fluctuants) avec *LC Perú (agence dans le centre de Huaraz, av. Luzuriaga 904 ; ☎ 42-47-34. • lcperu.pe •).*

Adresses utiles

Infos touristiques

ℹ ***I -Perú*** *(plan B2) : pasaje Atusparia, pl. de Armas. ☎ 42-88-12. Lun-sam 9h-18h, dim 9h-13h.* Accueil pro et bonnes informations générales (pour les treks, voir plutôt la *casa de Guias* juste après, ou les agences spécialisées). Un kiosque d'infos également à la gare routière. À côté, av. Luzuriaga 724, se trouve la ***policía turística.***

■ ***Casa de Guías*** *(plan B2,* ***1****) : parque Ginebra. ☎ 42-18-11. • casadeguias.com.pe • Tlj 15h30-19h30.* Cette association regroupe des professionnels de la montagne. Outre les infos sur les treks dans la région, on peut y acheter de bonnes cartes topographiques. L'endroit est bien aussi pour trouver un guide : tous ceux qui travaillent ici sont certifiés par l'Union internationale d'associations de guides de montagne (UIAGM). Enfin, si vous faites de l'escalade, vous y trouverez le *libro rojo* (livre rouge), qui contient un tas d'informations précises laissées par d'autres alpinistes sur la façon d'aborder tel ou tel versant.

■ ***Sernanp*** *(plan A2-3,* ***2****) : Sal y Rosas 555. ☎ 42-20-86. • sernanp.gob.pe • Lun-ven 8h30-13h, 14h30-18h ; sam 8h30-12h.* C'est le bureau du *parque nacional Huascarán.* Peu d'infos, quelques planches d'informations et une maquette poussiéreuse du parc. On y vient principalement pour acheter un billet d'accès au parc (en vente toutefois sur place, aux points de passage).

Argent, change

■ ***Change :*** *casas de cambio dans le passage entre la pl. de Armas et jr. Julián Morales (plan B2).* C'est l'unique possibilité pour changer les euros, les banques (*Banco de Crédito* ou *de la Nación*) ne changeant que les dollars *(lun-ven 9h-18h, sam 9h-13h).*

■ ***Distributeurs automatiques :*** un peu partout, notamment aux abords de la plaza de Armas.

Poste, télécommunications

✉ ***Correos – Serpost*** *(plan B2) : pl. de Armas. Lun-ven 8h30-12h30, 15h-20h (17h sam).*

■ ***Téléphone :*** les téléphones publics et les *locutorios* se trouvent un peu partout en ville, notamment aux abords de la plaza de Armas.

@ ***Internet :*** comme pour le téléphone, les endroits où surfer sur la Toile se bousculent, surtout le long de Luzuriaga et José de Sucre, aux abords de la plaza de Armas.

Urgences

✚ ***Hospital regional de Huaraz*** *(plan A-B3) : av. Luzuriaga y barrio de Belén. ☎ 42-41-46.*

■ ***Pharmacies :*** très nombreuses sur Luzuriaga, entre Morales et de la Mar *(plan B2).*

Agences de voyages et de trekking, location de matériel

C'est à Huaraz que vous trouverez le plus d'adresses pour vous procurer tout le matériel nécessaire au trekking.

■ ***Quechuandes*** *(plan B2,* ***3****) : av. Luzuriaga 522 (à l'étage).*

943-38-61-47 (Marie, francophone). • *quechuandes.com* • *Tlj 9h-20h.* Notre agence préférée pour un trek bien organisé, d'un excellent rapport qualité-prix, encadré par une équipe sérieuse. Tenue par la Belge francophone Marie et son mari David, guide de haute montagne de haut niveau. Ils s'adaptent au budget de chacun en proposant un vaste choix d'excursions sur mesure. C'est aussi l'une des rares agences à proposer la *route Gran Chavín,* un superbe circuit peu visité. Ils louent également du bon matériel et disposent d'un mur d'escalade. Passionnés et disponibles, ils vous donneront plein de bons conseils. La meilleure option pour le Santa Cruz !

■ ***Monttrek*** *(plan B2,* ***4****)* **:** *av. Luzuriaga 646 (à l'étage).* ☎ *42-11-24.* • *monttrek.com.pe* • *Tlj 9h-13h, 16h-21h.* Depuis 1984, Pocho propose des treks, escalade (y compris pour débutants, grâce à un mur artificiel de 7 m), VTT, rafting, et même du parapente. Il loue aussi du matériel et organise les tours à Churup, Pastoruri, ainsi qu'au *bosque de Piedras,* dans la cordillère Noire. Les escaladeurs purs et durs auront accès (gratuitement) à une bourse d'échange sur les voies, qu'ils contribueront à leur tour à actualiser (un cercle très vertueux)... Tarifs assez attractifs.

■ ***Chavín Tours*** *(plan B2,* ***7****)* **:** *José de la Mar 590.* ☎ *22-23-10.* • *chavintours.com.pe* • *Tlj (sf dim en basse saison) 9h-14h, 15h-18h.* Agence recommandée pour les tours à la journée (laguna de Churup, laguna 69, Pastoruri, Chavín de Huátar...).

Divers

■ ***Lavandería Liz*** *(plan B2,* ***5****)* **:** *José de la Mar 674, à l'angle de Torre. Tlj sf dim 8h-20h.* Prix au kilo.

■ ***Supermercado Nova Plaza*** *(plan A-B2,* ***6****)* **:** *av. Luzuriaga 882. Tlj 7h-23h.* C'est un des endroits les mieux fournis pour faire le plein de victuailles avant de partir en excursion. *Autre adresse : jr. Julián de Morales (plan B2,* ***6****).*

Où dormir ?

Bien que la ville soit le point de départ de nombreux randonneurs et alpinistes, le logement y reste bon marché et les tarifs sont plutôt stables toute l'année, sauf pendant la Semaine sainte (à Pâques) et pour les fêtes nationales (fin juillet). À ces périodes, il est parfois difficile de trouver à se loger. Réserver à l'avance ! Notez que le quartier de La Soledad *(plan B2-3),* un poil à l'écart du centre, offre plusieurs belles adresses dans un environnement plus aéré, à prix très attractifs.

Bon marché (moins de 50 NS / env 15 €)

⌂ ***Caroline Lodging*** *(plan A2,* ***10****)* **:** *urb. Avitentel, Mz. D, Lote 1.* ☎ *42-25-88.* • *carolinelodging.com* • *Dortoir (4-7 lits) 15 NS/pers ; doubles sans ou avec sdb 35-50 NS ; petit déj inclus.* Grande maison proposant de petits dortoirs ou des chambres individuelles, dont certaines toutes neuves dans une annexe. Rien à redire pour le prix, c'est simple mais très propre. Eau chaude, agréable terrasse, cuisine à dispo, salle DVD, laverie... L'atmosphère y est vraiment conviviale, les proprios se faisant une joie d'accueillir les routards du monde entier... qui d'ailleurs ne se privent pas de débarquer en masse. Y a qu'à voir l'ambiance qui règne le matin dans la salle à manger où l'on prend le bon petit déj, tout en glanant des conseils sur les randos (ceci étant, rien n'oblige d'acheter ici ses excursions : reportez-vous à nos agences en ville). Une bonne adresse.

⌂ ***Jo's Place*** *(plan B1,* ***11****)* **:** *Daniel Villaizan 276, quartier Independencia.* ☎ *42-55-05.* • *josplacehuaraz@hotmail.com* • *Dortoir 15 NS/pers ; doubles sans ou avec sdb 35-45 NS.* Tenu par un couple anglo-péruvien qui propose des chambres de 2 ou 3 lits ainsi que deux petits dortoirs de 4-6 lits. Ensemble simple mais propre. Possibilité de laver son linge, cuisine, petit salon avec TV et cheminée à disposition des hôtes. La maison s'articule autour d'un jardin où il est, en outre, possible de camper pour 10 NS. Bonne ambiance mêlant randonneurs et babas cool du monde entier.

Hotel Galaxia (plan A2, **14**) : *Juan de la Cruz Romero 638.* ☎ *42-17-11.* • *galaxiahotel.com* • *Double 50 NS.* Hôtel calme et simple, tout carrelé, où les chambres s'organisent autour d'un étroit patio intérieur. Toutes avec salle de bains et TV câblée. Ce n'est pas le grand luxe, ni charmant, mais cela reste très correct pour le prix. Très bon accueil.

De prix modérés à prix moyens (50-130 NS / env 15-39 €)

Hotel Alpa-K Montañero (plan B2, **15**) : *parque Ginebra 30B.* ☎ *42-86-29.* • *hotel-huaraz.com* • *Doubles sans ou avec sdb 50-70 NS ; en hte saison (mai-fin oct) 70-100 NS ; petit déj en sus.* Idéalement situé sur la place piétonne la plus sympa de la ville, un micro-hôtel, impeccablement tenu par Bertrand, un Suisse francophone, et sa femme péruvienne. Les chambres, spacieuses et lumineuses, de bon confort, ont une âme montagnarde. Agréable terrasse ensoleillée sur le toit. *Alpa-K* est également un tour-opérateur sérieux proposant des circuits pour francophones sur toute la cordillère, et donc une mine d'infos pour votre séjour et vos treks.

Churup Guest House (plan B2, **16**) : *Amadeo Figueroa 1257, quartier de La Soledad.* ☎ *42-42-00.* • *churup.com* • *Selon saison, lit en dortoir env 28-35 NS ; doubles avec sdb 80-160 NS ; petit déj inclus.* Dans une charmante maison à la déco soignée, une quinzaine de chambres très douillettes. Pour les fauchés, il y a aussi 2 dortoirs impeccables, avec salle de bains commune. Laverie, cuisine à dispo et salons avec cheminée. Superbe espace commun sous le toit en pente, avec une grande baie vitrée donnant sur les sommets enneigés. La terrasse, juste au dessus, est carrément panoramique : ville et montagne en un seul battement de cils. Possibilité de cours d'espagnol. Une très bonne adresse.

Olaza's (plan B2, **17**) : *Julio Arguedas 1242, quartier de La Soledad.* ☎ *42-25-29.* • *olazas.com* • *Double 100 NS, petit déj inclus.* Les chambres de ce mini-hôtel s'organisent sur 3 étages, autour d'un large patio. D'ailleurs, les fenêtres donnent sur les coursives, pas vers l'extérieur. Pour jouir de la magnifique vue sur les montagnes alentour, on grimpe à la terrasse (les petits déj y sont servis) ou au salon commun bien agréable. Également une cuisine pour faire son frichti : le tout baigné de tons chauds et irréprochablement tenu.

Alojamiento Familiar Soledad (plan B2, **16**) : *Amadeo Figueroa 1267, quartier de La Soledad.* ☎ *42-11-96.* • *lodgingsoledad.com* • *Selon saison, doubles sans ou avec sdb 60-100 NS, petit déj inclus.* Dans une belle maison privée, chambres de 1 à 4 lits, dont une immense *matrimoniale* donnant sur un petit patio. Préférez d'ailleurs les chambres qui donnent sur ce patio, plus agréables. Salon et salle à manger avec cheminée, ainsi qu'une cuisine à disposition des hôtes. Le tout est bien tenu.

El Jacal (plan B2, **18**) : *José de Sucre 1044.* ☎ *42-46-12.* • *jacalhuaras.com* • *Double avec sdb et petit déj 60 NS.* Dans une maison moderne, des chambres toute simples et impeccables s'étagent le long de coursives fleuries. Certaines jouissent d'une jolie vue sur la cordillère. Bien belle terrasse sur le toit avec vue inénarrable ! Accueil familial chaleureux.

B & B My House (plan A2, **19**) : *av. 27 de Noviembre 773.* ☎ *42-33-75.* • *micasahuaraz.jimdo.com* • *Doubles avec sdb et petit déj 80-100 NS.* Cette mignonne petite maison blanche, très bien tenue, offre une vraie ambiance de logement chez l'habitant et des chambres simples, mais claires et plutôt coquettes. Certaines donnent sur l'intérieur, bémol vite gommé par un accueil tout sourire.

Amelita Lodging (plan B2, **12**) : *Gabino Uribe 633.* ☎ *42-11-15.*

• amelitalodging.com • Dortoir 35 NS/pers ; doubles sans ou avec sdb 100-130 NS. Un bâtiment labyrinthique fait d'ajouts successifs abrite des chambres et de petits dortoirs coquets. Pas de petit déj, mais une cuisine est à disposition. On vient ici aussi pour la position centrale du lieu, et on repart avec une belle tranche de gentillesse et de bonne humeur, celle d'Amelita. Pour ne rien gâcher, l'ensemble est calme et joliment tenu. On aime bien.

Chic (130-200 NS / env 39-60 €)

Hotel El Tumi *(plan A2-3, **20**) : jr. San Martín 1121. ☎ 42-17-58. • hoteleltumi.com • Double 210 NS, sans petit déj.* Un hôtel moderne de bon confort. Chambres spacieuses, lumineuses, avec moult boiseries (parquet et murs), TV écran plat, AC... Hall avec salons cossus, bar et spa. Bref, tout ce que l'on peut attendre d'un hôtel sérieux au standard international. Copieux petit déj. Une valeur sûre.

Grand Cesar's Hotel *(plan B2, **22**) : Larrea y Loredo 721. ☎ 42-22-27. • grandcesarshotel.com.pe • Doubles avec sdb 150-170 NS selon saison, petit déj (simple) inclus.* Une petite trentaine de chambres assez petites, confortables et réalisées dans des tons harmonieux, même si l'intérieur de l'hôtel est un brin triste. Petite cafétéria et salle de fitness. Belle vue sur la ville depuis la terrasse du dernier étage.

Casa Hotel *(plan B3, **21**) : jr. Alejandro Maguiña, quartier de La Soledad. ☎ 22-10-28. • casahotelhouse.com.pe • Double avec petit déj 140 NS.* D'abord, il y a la bâtisse, pomponnée avec ses fenêtres en encorbellement. Ensuite, un accueil efficace et discret. Et puis, il y a les chambres avec de grandes baies donnant pour certaines sur la cordillère. Enfin, tout en haut, on jouit d'une vue panoramique sur les sommets. Et là, on se dit que tout ça valait bien l'effort de grimper jusqu'à cette adresse excentrée.

Plus chic (plus de 200 NS / env 60 €)

San Sebastian Hotel *(hors plan par B2, **23**) : jr. Italia, parallèle à l'av. Raymondi. ☎ 42-69-60. • sansebastianhuaraz.com • Un peu excentré. Doubles 300-340 NS selon confort, vue et saison, petit déj inclus.* Incontestablement un des hôtels les plus confortables de la ville. Très belle maison ancienne aux petits salons cossus, ornés de sculptures, vitraux, meubles anciens. Depuis les terrasses, on jouit d'une vue d'exception sur la cordillère. Les chambres sont à l'image des lieux, spacieuses, feutrées, de grand confort, avec vue pour les plus chères. Un excellent rapport qualité-prix.

Hotel Colomba *(plan B1, **24**) : Francisco de Zela 210, quartier d'Independencia. ☎ 42-15-01. • huarazhotel.com • Un peu excentré. Doubles avec sdb 240-300 NS selon confort. CB acceptées.* Les chambres à l'ancienne, fort bien tenues et confortables occupent deux sortes de longères. Les supérieures, dans un second bâtiment, sont vraiment belles et spacieuses, avec baignoire-jacuzzi. Et l'ensemble a les doigts de pieds en éventail dans un long et joli jardin bien soigné avec plantes et fontaines. Un cadre calme à souhait où il fait bon flemmarder. Vous n'êtes d'ailleurs pas venus pour faire la fête, n'est-ce pas ? Les plus sportifs profiteront du mur d'escalade et de la salle de fitness.

Où manger ?

Huaraz ayant séduit pas mal de gringos, nombre d'adresses sont tenues par des étrangers, Français et Suisses notamment. Certains regretteront l'effet « ghetto » à touristes, on vous a donc également dégoté quelques adresses locales pur jus.

De bon marché à prix moyens (moins de 15-25 NS / env 4,50-7,50 €)

|●| ***El Rinconcito Minero*** *(plan B2, **30**)* **:** *Julián de Morales 757. ☎ 42-28-75. Tlj 7h-23h.* Petit resto très populaire sur une placette fleurie avec quelques tables en terrasse. Mais c'est dans les 2 salles colorées à la déco typique *criolla* que l'on se bouscule le midi. Copieux menus à prix serrés. Service efficace.

|●| ☕ ***Encuentro*** *(plan B2, **31**)* **:** *parque del Periodista. Tlj.* Sur une petite place vivante à deux pas de la rue principale, ce resto dégage une ambiance *lounge*. On s'y rassasie à toute heure de bons petits déj, pâtes, grosses salades et quelques plats internationaux ou régionaux. Les routards s'y croisent et sympathisent en terrasse. Le tout à prix très raisonnables pour une cuisine goûteuse et copieuse, faute d'être très originale.

|●| ***Casa de Guías Amma y Tequila*** *(plan B2, **32**)* **:** *parque Ginebra 28G. ☎ 58-70-92.* Sans doute la place la plus agréable de la ville, agrémentée d'arbres et immergée dans un lacis de ruelles piétonnes. On y sert des petits déj continentaux, américains ou locaux et des menus du jour pas dispendieux pour un sol. Mais aussi des pizzas, de la truite, des pâtes et des viandes. Le tout assez bien, servi dans un cadre montagnard saupoudré de papillons en céramique. C'est l'occasion d'y glaner des infos sur les treks.

|●| ***Bistro de los Andes*** *(plan B2, **33**)* **:** *av. Luzuriaga 702. ☎ 42-95-56. Entrée par José Sucre et salle au 1er étage. Tlj 10h-22h (fermé dim midi mai-août).* Grande salle décorée de photos de cinéma, avec vue panoramique sur la plaza de Armas et la cordillère blanche. Spécialités italo-thaïlandaises et quelques-unes andines (tout de même) : viandes, truites, soupes, salades ainsi que des plats végétariens et des pâtes. Une adresse appréciable pour son cadre et son calme.

|●| ***Teo's*** *(plan B2, **37**)* **:** *jr. Simón Bolivar 615B. 📱 943-94-24-10. Tlj 7h-23h.* Vous vouliez du local ? En voici en voilà ! Et du bon ! La salle ne paye pas de mine malgré de petits efforts de déco. Le service sans ambages garde un côté toujours affairé. Quant aux plats, ils ne ménagent pas leur peine pour couvrir un large spectre : de la truite, du *cuy*, du *lomo*, avec un cocorico pour le *caldo de gallina*. Et, accessoirement, ils sortent de la botte quelques pâtes et pizzas. On en sort repu.

|●| ***Polleria-Cebicheria Mary's*** *(plan A-B2, **39**)* **:** *San Martin 529. ☎ 42-70-31. Tlj 10h-22h.* On se bouscule dans cette grande salle souvent bondée d'autochtones. En guise de menu, *Paquita* demande à tue-tête à *Paquito* (faut passer par dessus la hi-fi à fond !) : « C'est quoi les plats aujourd'hui ? ». Et sous un ciel de tôles ondulées, on voit défiler un menu aussi unique que pantagruélique... pour une addition dérisoire. Chochottes, s'abstenir !

De chic à plus chic (25-40 NS et plus / env 4,50-12 €)

|●| ***Crêperie Patrick*** *(plan B2, **34**)* **:** *av. Luzuriaga 422. ☎ 42-60-37. Tlj 10h-23h (hors saison, slt le soir lun-sam).* Le patron (devinez d'où il vient) fait lui-même une bonne liqueur de coca, de la moutarde et une *granola* spéciale, très appréciée des randonneurs pour sa valeur nutritive. Le resto est un peu à l'image de cet esprit d'innovation : l'alpaga bourguignon ou en hamburger, le *cuy broaster*, le *ceviche* de canard, ou encore une grolle à la liqueur de coca flambée, qui fait bien rire ! Plus classiques, mais très éclectiques, des crêpes bretonnes (on s'en serait douté), de la choucroute maison, des fondues et raclettes. Définitivement une bonne adresse, accueillante et chaleureuse, qui réjouit son monde depuis près de 30 ans.

|●| ***El Fogón*** *(plan A-B2, **35**)* **:** *av. Luzuriaga 928. ☎ 42-12-67. Salle à l'étage. Tlj 12h-23h.* L'adresse incontournable pour les viandards ! Très fréquenté par les Péruviens, qui y viennent en famille, ce resto fait dans *la parrilla* de viande à faire cuire soi-même sur un petit

brasero. L'une de nos adresses préférées à Huaraz ! Mais on n'est pas les seuls, et le resto affiche vite complet.

Chilli Heaven *(plan B2, **32**)* **:** *parque Ginebra. ☎ 39-60-85. Tlj sf dim midi 9h30-22h30.* Et encore un bon petit resto dans ce coin grand comme un mouchoir de poche ! Une jolie façade en brique avec quelques tables en terrasse et une salle cosy avec loupiotes colorées. Ici, la spécialité, c'est le curry, façon thaïe ou à l'indienne. Quelques *fajitas* et *burritos* pour ceux qui n'aiment pas trop les plats relevés (ou qui partent en trek le lendemain tôt !).

Pizza Bruno *(plan A-B2, **36**)* **:** *av. Luzuriaga 834. ☎ 42-56-89. Tlj 17h-23h.* Accueil sympa, cadre un peu espagnol (carrelage, poutres et murs blancs). Pourtant, le patron est français. À la carte, pas grand-chose de typiquement péruvien, mais de bien bonnes pizzas, pâtes et viandes. Un peu chères cependant, mais les produits sont frais.

Le Chalet suisse *(plan B3, **38**)* **:** *Pedro Cochachin 357. ☎ 42-16-62.* C'est le resto de l'*Andino-Club Hotel,* l'un des plus chic de la ville. Cadre agréable sans plus, mais bonne cuisine : fondue savoyarde, truite meunière, canard à l'orange. Bonnes soupes aussi. Bien sûr, tout cela n'est pas donné.

Où prendre un petit déj ? Où s'offrir un bon café ?

Café Andino *(plan B2, **40**)* **:** *Lucar y Torre 530, au 2e étage. ☎ 42-12-03. Tlj sf lun 7h-22h (8h-20h hors saison).* Tenu par un couple américano-péruvien et toute leur équipe. Superbe café installé dans une grande salle avec mezzanine et coin cheminée. Il y fait bon venir s'y détendre à n'importe quelle heure de la journée, bouquiner (il y a une bibliothèque), préparer son voyage (il y a des cartes) ou jouer à un jeu tout en sirotant un thé à la mangue, un chocolat chaud bien brûlant ou un des nombreux cafés proposés, accompagné d'une part de gâteau. Petits déj, brunch. N'hésitez pas non plus à revenir le soir pour une bonne flambée dans la cheminée !

California Café *(plan A2, **41**)* **:** *28 de Julio 562. ☎ 42-83-54. Tlj 7h30-19h (14h dim).* Un autre café à l'ambiance routarde. On s'y retrouve autour d'un jus de fruits ou d'une boisson chaude : grand choix de thés (il y a même du *chai,* le thé indien au lait) et d'excellents cafés moulus sur place. Bon petit déj servi toute la journée. Pas mal de bouquins, jeux de société, guides et magazines de voyage ou de trek. C'est d'ailleurs un repaire de marcheurs et grimpeurs où glaner plein de bons conseils.

Tahuita's *(plan B2, **42**)* **:** *Bolivar 667. Tlj 7h-13h, 15h-22h ; dim 17h-22h slt.* Mine de rien, avec ses 4 modestes tables, cette petite pâtisserie est une excellente option pour faire une pause sucrée. *Postre de chocolata, tres leches* et autres douceurs... à éliminer le lendemain en rando !

Voir aussi **Encuentro** *(plan B2, **31**)*, décrit dans « Où manger ».

Où boire un verre ? Où sortir ?

Café 13 Buhos *(plan B2, **32**)* **:** *parque Ginebra. ☎ 42-98-81. Tlj jusqu'à minuit (voire 2h).* Une belle salle d'allure très contemporaine, avec canapés moelleux, divans et tables basses. En fait, l'adresse la plus branchée de Huaraz. On y boit des bières brassées par Lucho, le patron et conjoint d'Hélène, une Française expatriée. Goûter la *spéciale,* à la feuille de coca. Des concerts sont organisés certains soirs dans une seconde salle où l'on pourra se lâcher ! Quelques encas pour éponger. Notre *bar-lounge* et lieu de rendez-vous favori.

X-treme Bar *(plan B2, **4**)* **:** *av. Luzuriaga 646 (à l'étage). ☎ 42-31-50. Tlj 16h-4h.* Bon bar nocturne pour ceux qui n'arrivent pas à trouver le sommeil. On y sert des *shots* de coca et de costauds *orgasmos* ! Que l'on peut accompagner d'une appétissante pizza, histoire de mettre un peu de solide dans le liquide. Ceux qui s'ennuient pourront faire un baby-foot, jouer aux fléchettes ou travailler leurs prises sur le mur d'escalade à l'entrée.

🍸 ♫ ***El Tambo*** *(plan B2,* ***52****) :* *José de la Mar 776. ☎ 42-34-17. Tlj sf lun 18h-2h.* Une agréable discothèque-bar à la déco chaleureuse, avec un brin de fantaisie. Ambiance très bon enfant. Ceux qui grelottent de soif pourront enchaîner jusqu'à pas d'heure, dans les bars, pubs et discothèques qui fleurissent dans cette même rue. Mal de crâne garanti le lendemain matin !

À voir

★ ***Museo arqueológico*** *(plan B2) :* *av. Luzuriaga 762. ☎ 42-15-51. Mar-sam 8h30-17h15, dim 9h-14h. Entrée : 5 NS ; réduc.* Petit mais intéressant. On y trouve, sur trois étages, des vestiges des civilisations pré-incas de la région Ancash. Notamment, des *cabezas clavas* ainsi qu'une reproduction du monolithe *Lanzón* (sculptures sur pierre du site de Chavín). Une carte répertorie les 44 sites archéologiques de la région avec photos et quelques maquettes à l'appui, mais le clou du musée est le *parque lítico,* ou jardin des pierres, composé de 132 monolithes, considéré comme le plus grand du continent !

★ ***Mercado*** *(plan A1-2) :* *sur 27 de Noviembre. Tlj (mais préférer le w-e).* Un marché vivant et agréable. Les gens de la sierra viennent y vendre leurs produits et portent encore pour la plupart la tenue traditionnelle, surtout les femmes : jupe rouge, orange, jaune ou vert pomme, avec un chemisier tout aussi coloré. La tête est coiffée d'un feutre façon borsalino, tandis qu'un gilet de laine et un poncho protègent du froid et que des bas épais couvrent les jambes.

DANS LES ENVIRONS DE HUARAZ

★ ***Ruinas de Wilcawain :*** *à env 10 km au nord, sur une colline dominant Huaraz. Compter 2h30 pour y aller, en marchant tranquillement. Accès au site tlj sf lun 9h-17h. Tarif : 5 NS (valable également pour les ruines Ichic Wilcawain, situées à 10 mn à pied en continuant la piste sur 600 m ; c'est fléché).*

Ce site vaut plus comme une petite mise en jambes d'acclimatation à l'altitude que pour son intérêt archéologique. Pour s'y rendre à pied (l'agence *Monttrek* – voir plus haut « Adresses utiles » – donne un bon petit plan schématique de la zone), prendre l'av. Fitzcarrald *(plan B1)* vers le río Quilcay puis, juste après le pont, monter l'av. Manco Cápac sur la droite. On garde cette rue pendant 25 mn, avant de tourner à gauche vers le village de *Huanchac*. Continuer sur environ 7 km, en demandant régulièrement son chemin. En voiture, sortir de Huaraz par la nationale, en direction de Yungay, puis c'est fléché sur la droite. On peut aussi y aller en combi.

Le site est perché sur un mamelon verdoyant et se compose essentiellement d'une pyramide à plateforme, construite avec de gros blocs de pierre. Il appartient à la civilisation wari et daterait du Xe s. Allez jeter un œil aux galeries intérieures, dont les voûtes sont soutenues par de larges pierres.

– ***Important :*** il est fortement déconseillé de faire la randonnée entre Wilcawain et les sources chaudes de Monterrey, car il y a de très fréquentes agressions. Les 2 sites sont, eux, tout à fait sûrs.

★★ ***Laguna Churup :*** *à l'est de Huaraz ; compter 1 j. Accès au parc Huascarán payant (10 NS pour la journée).* On peut recourir à une agence ou partir seul, en prenant un minibus de Huaraz tôt le matin (vers 7h) à l'angle des avenues Gamarra et Las Americas (parallèle à l'avenida Raymondi, *plan B1*) jusqu'à Llupa (30 mn de trajet). De là, marche d'environ 1h30 jusqu'à Pitec, un lieu-dit (quelques maisons rondes de pierre et chaume) perché à 3 800 m d'où l'on jouit de vues fantastiques sur les environs. De Pitec, comptez encore 2h à 2h30 de marche pour rejoindre le lac, à 4 485 m. Un passage particulièrement difficile requiert une certaine prudence : une paroi rocheuse de 40 m de haut, avec un câble métallique en guise de main courante (la fin de l'ascension se faisant sans cette sécurité). On vous conseille de ne pas vous aventurer seul. Au bout du chemin, la récompense est là, car c'est l'un des plus beaux lacs de la cordillère. Faire bien attention pour la descente, surtout en saison des pluies quand la roche mouillée est très glissante.

Pastoruri : *peut-être l'excursion de 1 j. la plus populaire, à faire avec une agence (pas de transport public).* Le Pastoruri, un sommet qui culmine à 5 240 m, se situe à 70 km au sud-est de Huaraz. Du parking au pied du Pastoruri, belle balade en pente douce de 45 mn environ (possibilité de louer des chevaux). L'accès au sommet est interdit, même aux plus chevronnés. C'est en soi une destination intéressante et un bon trek d'acclimatation avant d'attaquer de plus gros morceaux. Pour ne rien gâcher, le parcours est parsemé d'agréables surprises, comme les *puyas Raimondi,* ces plantes aux fleurs géantes endémiques de la région, ainsi qu'un lac de sept couleurs (le *Pumapashimi*) et une source d'eau gazeuse.

- Possibilité de faire du ***rafting,*** de l'***escalade*** et du ***VTT,*** notamment avec les agences *Quechuandes* et *Monttrek* (voir plus haut « Adresses utiles. Agences de voyages et de trekking... »), spécialisées dans ce genre d'activités.

Monterrey : *à 7 km au nord de Huaraz. Combi n° 1 sur Raymondi au croisement avec la c/ San Martin. (plan Huaraz, B1-2). Ouv tlj 7h-16h30. Entrée : 4 NS.* On vient ici faire un petit plongeon sulfureux dans l'une des piscines d'eau chaude des thermes. Le week-end, les gens du coin s'y rendent en famille. Le village est sans fard, mais on peut y poser son sac, plus au calme qu'à Huaraz.

Hotel El Patio de Monterrey : *au début, à droite de la rue qui mène aux thermes. ☎ 42-49-65. • elpatio.com.pe • Double 230 NS, petit déj inclus. (réception).* Un véritable havre de paix. Les belles chambres tout confort sont dispatchées dans de petits bâtiments blancs de type colonial, dans de jolies courettes et jardins. Celles aux étages, mansardées, sont les plus spacieuses. Une adresse de charme vraiment soignée. Accueil à l'avenant.

El Ollón de Barro : *en bordure de la route principale, avt le* Patio de Monterrey. *☎ 42-33-64. Juin-août, tlj sf lun, à partir de 12h ; le reste de l'année, slt le w-e, le midi. Prix moyens.* Tenu par l'épouse de Patrick, le sympathique Français qui tient une crêperie à Huaraz. Cuisine *criolla* typique et soignée, *aji de gallina super especial, pachamanca* (sorte de barbecue andin) et en dessert, de fameux *picarones.* On déjeune dans le jardin de leur maison, au calme.

CHAVÍN DE HUÁNTAR

IND. TÉL. : 043

À environ 110 km de Huaraz, un des sites archéologiques les plus importants du nord du Pérou, inscrit au Patrimoine mondial par l'Unesco. Cette superbe excursion, à travers des paysages grandioses, vous prendra la journée. En route, vous longerez le lac noir de Querococha et franchirez un tunnel pour passer un col à 4 516 m, avant de redescendre vers Chavín, par une mauvaise piste en lacet. Si vous préférez passer la nuit au calme dans le joli petit village rural typique de Chavín, vous pourrez profiter des piscines d'eau soufrée situées à 2 km du centre et visiter le site archéologique avant ou après l'arrivée des groupes. Pour cette excursion, l'unique intérêt à notre avis de passer par une agence est d'avoir un guide pour visiter le site.

Arriver – Quitter

Si vous êtes véhiculé, attention, pas de fléchage à l'intersection avec la 3N, au niveau de Catac.

🚌 ***Terminal des bus :*** *av. Julio C. Tello (la rue qui part derrière l'église).*

➢ ***Huaraz :*** compter 3h de trajet. 9 bus/j., 4h-20h30, avec *Transportes Sandoval,* 2-3 avec *Rio Mosna* et *Chavín Imperial.* Des *combis* également.

➢ ***Lima :*** env 8-9h de trajet. En tout 7 départs/j. (1 le mat tôt, 1 le midi, les autres le soir) avec *El Solitario, Turismo Andino, Rosario* ou *Flor Móvil.*

Où dormir ?

Toutes les adresses se trouvent à proximité de la plaza de Armas.

Prix modérés (moins de 90 NS / env 27 €)

🏠 ***Hostal Chavín Turístico :*** *réception au restaurant Chavín Turístico, 17 de Enero 439. ☎ 45-40-51. • chavinturistico.hostrest@gmail.com • À 4 cuadras de la pl. de Armas, vers le site archéologique. Doubles avec sdb 80-90 NS, petit déj compris.* Dans une ruelle paisible, cet hôtel récent recèle une dizaine de chambres fonctionnelles, mais de bon confort, qui s'étagent autour d'un patio. Murs colorés, bon matelas, TV écran plat, salle de bains impeccable, certaines ont un balcon. Le petit déj est servi au resto du même nom, à deux pas.

🏠 ***Hotel et Hostal Chavín Arqueológico :*** *Inca Roca 141. ☎ 45-40-08 (hôtel) et 45-40-55 (hostal). • hotelchavin@yahoo.com • Situés dans la quadra à droite de l'église. Doubles sans ou avec sdb 40-70 NS.* Un grand hôtel à la façade recouverte de carrelage bleu et à deux pas, un petit *hostal* autour d'un patio. L'ensemble est tenu par une petite dame accueillante. Les chambres de l'hôtel sont convenables malgré une déco bien démodée, celles de l'*hostal,* organisées autour d'un patio, à petits prix, sont en revanche plus basiques.

Où manger ?

🍽 ***Cafetería Renato :*** *sur la pl. de Armas. Tlj sf dim 7h-21h. Bon marché.* Petit couloir sympathique donnant sur un jardinet, où l'on peut prendre un *mate,* un sandwich, un hamburger, une *milanesa* ou une truite. Les proprios sont fermiers et produisent leur fromage. Ils organisent aussi des « chevauchées » dans le coin.

🍽 ***Restaurant Buongiorno :*** *jr. 17 de Enero s/n. ☎ 45-41-12. À côté du site archéologique, après le pont. Tlj, le midi slt. Plats 16-30 NS.* Dans un jardin à la végétation folle, belles terrasses en paliers surplombant la rivière pour déguster une cuisine très locale *(cuy, trucha, chicharron, lomo, sopa...).* Un peu cher et touristique (les excursions s'y arrêtent), mais les plats sont de qualité et le cadre vraiment agréable.

À voir

🚶 ***Sitio arqueológico de Chavín :*** *à 5 mn à pied de la pl. de Armas. Tlj sf lun 9h-16h. Entrée : 10 NS ; réduc. Compter 30 NS (env 1h30) la visite avec un guide... quand il y en a un !*

Le site archéologique de Chavín est intéressant en ce qu'il recèle les vestiges les mieux conservés de la culture chavín, qui s'épanouit, grosso modo, de 1200 à 300 av. J.-C. Par ailleurs, il est l'un des plus anciens du continent. Imaginez : il précède de 2 000 ans l'ère Inca ! Sur fond de verts sommets, la visite débute par l'esplanade nord où se dresse l'énigmatique ***obelisco Tello,*** gravée de motifs géométriques alambiqués. On accède ensuite à la ***plaza mayor,*** joliment parée de dalles polies et dressées, où se tenaient cérémonies et festins. En contrehaut, l'imposant ***castillo*** constitue le corps principal du site. On y accède par la ***plaza menor,*** circulaire et dédiée aux cérémonies des seuls édiles de la communauté. Les entrailles de ce « château » sont un impressionnant jeu labyrinthique de boyaux souterrains, escaliers, puits d'aérations... on y a découvert le plus étonnant des vestiges de ce site, le ***lanzón.*** Un totem, haut de 5 m, surmonté d'une figure mêlant l'aigle, le jaguar et le serpent. Trois divinités vénérées dans la culture chavín. Sa mise en lumière au bout d'une sombre galerie est assez impressionnante. En sortant, sur le très bel appareillage des pierres du rempart, l'autre pièce majeure du site est une superbe ***cabeza clava.*** Une vingtaine de ces figures zoomorphes est exposée dans l'intéressant ***museo nacional Chavín,*** aux côtés d'autres pièces extraites du site.

Museo nacional Chávin : *du site, prendre jr. 17 de Enero jusqu'à la pl. de Armas, continuer au-delà dans le même axe sur 1,5 km. Tlj sf lun 9h-17h. Entrée libre.* Un très beau musée tout en sobriété, qui présente le site archéologique, son histoire ainsi que de très belles pièces mises au jour ici, dont le magnifique obélisque Tello, du nom du premier archéologue à avoir entrepris des fouilles sur le site dans les années 1920-1930. Superbe ensemble de *pututos* (des conques utilisées lors des cérémonies). Belle collection de céramiques, statues et une vingtaine de *cabezas clavas,* à l'origine incrustées dans les murs du Castillo. Le tout est bien mis en valeur par un éclairage bien pensé. Un complément indispensable à la visite du site.

YUNGAY

20 000 hab. — IND. TÉL. : 043

Cette petite ville, située à 2 535 m d'altitude, vit une partie de sa population disparaître en 1962 sous une avalanche... avant qu'un tremblement de terre, suivi d'une foudroyante coulée de neige, de boue et de caillasse ne la ravage complètement en 1970, emportant au passage près de 20 000 personnes (30 000 en tout dans la vallée !). À quelques centaines de mètres de ce village enseveli à jamais, la nouvelle Yungay a peu d'attrait, si ce n'est d'être bien située pour partir à l'assaut de la cordillère Blanche.

Où dormir ? Où manger ?

De bon marché à prix modérés

Hostal Gledel : *av. Arias Grazziani. ☎ 39-30-48. En bas de la pl. de Armas, prendre la rue principale à droite. Double avec sdb partagée 30 NS, petit déj 5-8 NS. Repas sur résa 20 NS.* Chambres simples, très propres et vraiment pas chères. Sanitaires impeccables avec eau chauffée au solaire. Cuisine, laverie et salon à dispo. Mais surtout, un accueil exceptionnel de la patronne, Rusula, qui prépare des petits déj fabuleux : pains en forme de croissants, yaourts et confiture maison. En option, jus de fruits, salade, tomate, œufs... Très copieux et servis également aux personnes qui ne dorment pas là. Ambiance très familiale. Une adresse qu'on vous recommande sans hésiter !

Hotel Rima-Rima : *jr. Miguel Grau 275, une cuadra au-dessus de la pl. de Armas. ☎ 39-32-57. • jrodriortiz@movistar.es • Doubles avec sdb 75-80 NS selon confort et saison,* *petit déj 12 NS.* Petit hôtel de bon confort, aux chambres colorées avec TV écran plat, couvertures bien chaudes et salle de bains nickel. Belle terrasse sur le toit. Accueil plein d'humour de Luiz, qui se fend de quelques mots en français.

Restaurante turístico Alpamayo : *à la sortie de la ville (500 m du centre), au bord de la route de Caraz à droite. ☎ 39-30-90. Tlj 12h-18h. Menu 8 NS ; plats env 15-35 NS.* Outre le copieux menu du midi (3 plats et dessert !), le resto propose une carte avec *tortilla de verduras, picante de cuy,* truite et quelques plats typiques. Agréables terrasse et jardin ombragés avec vue sur les montagnes.

À voir

Campo Santo : *à la sortie sud de la ville. Tlj 6h-18h. Accès : 2 NS.* Curieux destin que celui de cette cité, balayée en un instant par une coulée de boue, roche et glace entremêlées, venue de très haut dans la montagne. De l'ancienne ville il ne reste rien, car elle n'a jamais été dégagée de sa gangue. Quelques palmiers faméliques signalent ce qui fut la plaza de Armas. On pourra voir quelques panneaux explicatifs et photos de la ville avant et pendant la catastrophe. Le tout est dominé par un christ blanc au pied duquel gît un cimetière... épargné par la catastrophe, lui.

À LA VIE... À LA MORT

Lors de la coulée de boue de 1970, c'est au cimetière, perché sur la colline qui dominait l'ancien village, que les rares survivants ont trouvé le salut.

DANS LES ENVIRONS DE YUNGAY

➢ *Les 2 sites suivants se trouvent dans le parc Huascarán. Accès : 10 NS pour la journée.* À noter : cette belle excursion aux lagunes peut se faire aisément dans la journée au départ de Huaraz ou Caraz. Passer par une agence ou prendre tôt le matin un *combi* jusqu'à Yungay.

Lagunas de Llanganuco : *la 1re partie du périple se fait en véhicule. Depuis la rue principale, prendre l'axe qui monte au niveau du commissariat sur les hauteurs du village et continuer cette route sur 30 km. Sinon, colectivo (15 NS) à destination de Cebollapampa (départ le matin) ; attention, au retour les colectivos vers Yungay sont rares l'après-midi. En taxi (env 80 NS la journée) avec rendez-vous pour le retour, payez une fois la course terminée, pour être sûr qu'on « n'oublie » pas de venir vous rechercher !*

La piste carrossable traverse de beaux paysages rupestres (champs de maïs, fermettes en adobe, populations typiques) avant de franchir un superbe défilé encadré par d'impressionnantes falaises où ruissellent des cascades diaphanes. Puis on jouxte les très belles *lagunas de Llanganuco* (*Chinancocha* aux eaux turquoise et *Orconcocha* d'un bleu profond), surplombées par le majestueux glacier Huascarán en personne. On y observe des sarcelles à bec bleu (espèce endémique) et des bouquets de *quenuales* (ces très beaux arbres à troncs rouges qui établissent des records mondiaux d'altitude). Les non-véhiculés se feront déposer par le *colectivo* ou le taxi au bout de la laguna Orconcocha, pour revenir à pied (marche pépère de 4 km en légère descente, compter 1h) jusqu'au bout de la laguna Chinancocha. Là, un chemin piéton coupe sur 200 m une boucle de la piste carrossable à travers une forêt de *quenuales*. Et on reprend son transport motorisé ici...

Laguna 69 : *départ du sentier 2,5 km au-delà des lagunas de Llanganuco.* Depuis la piste principale, on atteint la *laguna 69* en 3h à 3h30 de marche. On

rejoint déjà un premier petit lac après 2h. Puis, ce sublime lac bleu turquoise situé à 4 550 m d'altitude, au pied du Chacraraju (6 112 m). Cette excursion est considérée comme un *must* dans la cordillère Blanche !
Au retour, les plus courageux pourront poursuivre la balade sur 6,5 km (1h30) pour reprendre leur taxi ou *colectivo* après la laguna *Chinancocha*.

CARAZ

12 000 hab. IND. TÉL. : 043

Une agréable bourgade qui fut en partie détruite par le séisme de 1970. Plutôt que de tout raser et reconstruire la ville de façon moderne et impersonnelle comme à Huaraz (à Yungay, les habitants n'ont pas eu le choix), on a choisi de conserver l'organisation de la cité et les rues étroites. Le résultat est plutôt sympathique, et les montagnes environnantes offrent un cadre superbe. La paisible Caraz constitue également un point de départ pour les treks dans la cordillère Blanche, même si l'offre de services (agences, matériel, provisions) y est nettement moins fournie qu'à Huaraz.
Quoi qu'il en soit, on ne peut que vous conseiller de faire étape à Caraz avant d'attaquer la traversée du sublime *cañon del Pato*.

Arriver – Quitter

Terminal terrestre *(plan B2)* **:** *carretera Central.* C'est de là que partent et arrivent les *colectivos* desservant les villes du Callejón (Huaraz, Yungay).
Presque ttes les compagnies de bus régionales ou nationales sont à deux pas de la pl. de Armas *(plan A1-2)* : **Huaraz Buss** *(jr. Cordova 818, ☎ 39-15-27),* **Turismo Rodriguez** *(jr. Daniel Villar 411, ☎ 63-56-31),* **Ancash** *(jr. Cordova 195, ☎ 39-11-26).*

■ ***Móvil Tours*** *(hors plan par B2)* **:** *pasaje José Olaya 104. ☎ 39-11-84. • moviltours.com.pe • Tt au bout de Raimondi, prendre à gauche sur la c/ 9 de Octubre, c'est après le square sur la droite.*

■ ***Yungay Express*** *(plan B2)* **:** *jr. Luzuriaga 387. ☎ 39-14-92.*

■ ***Z-Buss*** *(hors plan par A1)* **:** *Córdova 822. ☎ 39-10-50. • zbussperu.com •*

➢ ***Les villes du callejón (Yungay, Huaraz...) :*** minibus et *colectivos* tte la journée.

➢ ***Puyas Raimondi de Winchus :*** les bus se prennent sur Bolonesi, juste au-dessus du marché (*plan B1*) en direction de Pamparomás.

➢ ***Chimbote, par le cañon del Pato :*** env 6h de trajet. 1 bus/j. (le mat) avec *Yungay Express.*

➢ ***Trujillo, par la Panaméricaine :*** env 9h de trajet. 1 bus/j. (le soir) avec *Móvil Tours.*

➢ ***Lima :*** env 8-10h de trajet. 4 bus/j. avec *Móvil Tours* (1 le mat, 1 l'ap-m et 1 le soir), 3 avec *Ancash* (1 le mat et 2 le soir), 4 avec Z-Buss (2 le mat, 2 le soir), 1 avec *Turismo Rodriguez* (le soir) et *Huaraz Buss* (le soir).

Adresses utiles

ℹ ***Turismo*** *(plan A2)* **:** *pl. de Armas, sur le côté droit de la mairie. Tlj 7h45-13h, 14h30-17h.*

✉ ***Correos – Serpost*** *(plan A1)* **:** *San Martín 909. Tlj sf dim 8h-18h.*

■ @ ***Téléphone et Internet :*** *jr. Sucre 1101 (plan B2) et Daniel Villar 318 (plan A2). Tlj 8h-22h.*

■ ***Distributeurs automatiques :*** *au* **Banco de la Nación** *(plan B2,* **1***), jr. Raymondi 404, et au* **Banco de Crédito** *(plan A2,* **2***), Daniel Villar 217.*

Hospital general de Caraz *(plan B1)* **:** *av. Circunvalación. ☎ 39-19-29.*

Pony Expeditions *(plan B2,* **3***)* **:** *jr. Sucre 1266. ☎ 39-16-42. • ponyexpeditions.com • Lun-sam 8h-14h, 16h-21h ; dim 9h-13h, 17h-19h.* Une agence sérieuse et compétente. Location de matériel et de voitures, excursions d'une journée, treks de longue durée, VTT et support logistique en tout genre (il peut par exemple vous procurer un muletier fiable, même si vous ne partez pas avec l'un de ses guides). Alberto, le proprio, est une précieuse source d'infos (que vous passiez par lui ou non pour organiser votre trek). Vend aussi des photocopies de bonnes cartes en couleur.

Où dormir ?

Bon marché (moins de 50 NS / env 15 €)

Gran Hotel Cordillera Blanca *(plan B1,* **10***)* **:** *Grau 903. ☎ 39-12-31. • hotelcordillerablanca@hotmail.com • Double avec sdb 40 NS. (lobby)* La façade et la réception n'en donnent pas forcément l'impression, mais les chambres sont très bien tenues et riantes. Manifestement, les proprios apprécient la couleur, ce qui donne à cette bonne petite adresse une certaine personnalité. Préférer les chambres en étage car le resto de l'hôtel est bruyant.

Hostal Chavín *(plan A2,* **11***)* **:** *San Martín 1135. ☎ 39-18-44. • chavinhostal@hotmail.com • Double avec sdb env 50 NS.* Des chambres simples et assez spacieuses, plutôt fraîches et bien tenues malgré des dessus-de-lit un brin tristes. Certaines sont un peu sombres (l'apanage des maisons qui s'articulent autour d'un petit patio).

Los Pinos Lodge *(hors plan par A2,* **15***)* **:** *voir la rubrique « Chic ». Lit en dortoir à partir de 30 NS.* Un vrai bon plan pour les routards, avec 2 dortoirs de 4 lits avec kitchenette et salle de bains privée (eau chaude). Cette annexe se situe sur la même place que l'hôtel chic, à 30 m seulement. Chouette vue sur la cordillère.

De prix modérés à prix moyens (50-130 NS / env 15-39 €)

Grand Hostal Caraz Dulzura *(hors plan par A1,* **13***)* **:** *Sáenz Peña 212. ☎ 39-15-23. • hostalcarazdulzura.com • Double avec sdb env 70 NS, petit déj inclus.* La meilleure adresse de cette catégorie. Disposées sur 2 niveaux autour d'un patio, des chambres simples mais agréables et très propres (avec des placards de taille à accueillir vos affaires pour plusieurs semaines !). Accueil très sympathique.

Hostal La Alameda *(plan B1,* **14***)* **:** *av. Bazán Peralta 262. ☎ 39-11-77. • hotellaalameda.com • Dans la partie haute de la ville. Double avec sdb env 70 NS, petit déj en sus (10 NS/pers).* Disposées autour d'un vaste patio un peu vide, des chambres pas toujours très grandes mais généralement agréables. L'ensemble est bien tenu par deux sœurs qui réservent un accueil attentif à leurs hôtes. Également une cafétéria avec terrasse donnant sur les montagnes.

Hostal Perla de los Andes *(plan A2,* **12***)* **:** *Daniel Villar 179. ☎ 39-20-07. • huaraz.com/perladelosandes • Double avec sdb 60 NS.* Hôtel à la façade blanche et aux jolis balcons en fer forgé. Il a belle mine, mais cache des chambres à la déco beaucoup plus dépouillée. Certaines sont agréables, d'autres peu engageantes, en voir plusieurs pour trouver votre perle.

Chic (plus de 130 NS / env 39 €)

Los Pinos Lodge *(hors plan par A2,* **15***)* **:** *parque San Martín 103. ☎ 39-11-30. • info@lospinoslodge • Doubles avec sdb 160-170 NS, petit déj (chiche pour ce type d'adresse) inclus.* Dans l'une des rares demeures coloniales à avoir résisté au séisme de 1970. Chambres agréables et tranquilles.

LE NORD DU PÉROU

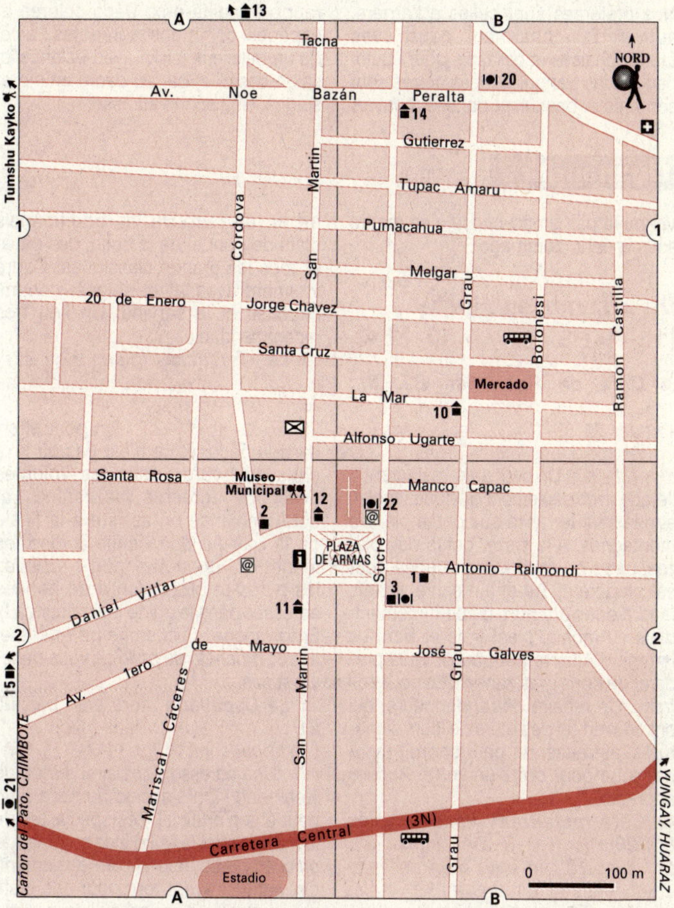

CARAZ

Adresses utiles

- Turismo
- 1 Banco de la Nación
- 2 Banco de Crédito
- 3 Pony Expeditions

Où dormir ?

- 10 Gran Hotel Cordillera Blanca
- 11 Hostal Chavín
- 12 Hostal Perla de los Andes
- 13 Grand Hostal Caraz Dulzura
- 14 Hostal La Alameda
- 15 Los Pinos Lodge

Où manger ?

- 3 Café de Rat
- 20 Café-restaurant Venezia
- 21 La Capullana
- 22 La Terrazza

Nos préférées sont celles à l'arrière, autour d'un charmant patio avec tables, chaises et parasols pour couler des heures tranquilles. Les autres sont sombres et basculent dans le mauvais rapport qualité-prix. Déco colorée et espaces communs agréables, ainsi qu'un délicieux jardin avec balancelle, salon cossu et bar au cadre intime et soigné. Une bonne adresse.

Où manger ?

Vraiment pas grand-chose à se mettre sous la dent, dommage.

De prix moyens à chic (15-40 NS / env 4,50-12 €)

|●| ***Café de Rat*** *(plan B2,* ***3****) : jr. Sucre 1266, presque sur la pl. de Armas. ☎ 39-16-42. Au-dessus de* Pony Expeditions *(même proprio). Tlj sf dim 18h-22h.* Un petit café-restaurant à l'étage avec seulement quelques tables et une mini-terrasse où contempler les montagnes. À la carte, petits déj, pizzas, pâtes ou encore des salades. Tout est préparé au fur et à mesure, il vous faudra donc attendre un petit moment, mais au moins, c'est frais et bon. La femme d'Alberto peut aussi vous préparer de bons gros sandwichs pour vos treks. Ce repaire de randonneurs, qui ont couvert un des murs de leurs signatures, est aussi un petit endroit sympathique pour boire un verre. Accueil adorable.

|●| ***Café-restaurant Venezia*** *(plan B1,* ***20****) : av. Noe Bazán Peralta 231. ☎ 78-48-13. Au bout d'un passage étroit, dans la ville haute. Tlj sf dim 12h-22h.* Si les portions sont plus européennes que péruviennes, les saveurs, elles, sont bien au rendez-vous. Au menu, on retrouve les traditionnels plats de viande, de la truite, des pâtes et tous les grands classiques. Cadre vraiment avenant et soigné, comme l'accueil et le service. Un lieu très recommandable.

|●| ***La Terrazza*** *(plan B2,* ***22****) : jr. Sucre 1107, quasiment sur la pl. de Armas (en remontant la rue). ☎ 30-12-26. Tlj sf sam 8h-22h.* Un petit effort dans la déco, et ce n'est pas du luxe dans ce bourg ; dans les volumes avec une agréable mezzanine ; et côté ambiance on assiste à la finale de la Star-Ac péruvienne à fond les manettes, chouette, non ? Oubliez les pâtes et pizzas (on a de bonnes adresses dans le guide Italie pour ça !). En revanche, *chicharone de trucha* et autres *brocheta de pollo* ne vous décevront pas.

|●| ***La Capullana*** *(hors plan par A2,* ***21****) : à 2,5 km en direction du nord, sur la gauche. ☎ 39-14-31. Tlj 10h-17h.* Une adresse populaire, surtout le week-end ! On s'assied au bord d'un petit étang artificiel. Les spécialités de la maison sont la truite et le *cuy*, mais le *chicharone* se défend bien également. On vient ici avant tout pour ces plats copieux et goûteux ce qu'il faut, dans un décor un brin kitschouille.

À voir

★★ ***Museo Municipal*** *(plan A2) : San Martin 1019. Mar-sam 9h-13h, 14h30-19h. GRATUIT.* C'est fou comme un simple musée municipal peut réserver de belles surprises. Celui-ci présente de très jolies pièces issues de fouilles archéologiques dans la région. Des ***yupanas*** (bouliers en pierre) qui permettaient aux comptables indiens de régler leurs comptes en famille... Une gamme d'instruments de musique en os, coquillages et autres pièces de bois, apporte une note pacifique face à un arsenal d'armes rustiques (on aime la finesse traîtreusement meurtrière de la banale petite fronde en paille). À voir également, des poteries ornées de motifs peints ou en bas-reliefs de toute beauté, dont une scène digne du Kâmasûtra sur une bouteille en terre cuite du IXe s. Mais, le clou du musée est indéniablement ***Ichik Nuna,*** une incroyable momie ! Du haut de ses 18,5 cm (vous avez bien lu !), elle est la plus petite du Pérou et possiblement au monde. Découverte en 1969 sur le site de Ramrash, cette dépouille du VIe ou VIIe s serait celle d'un bébé prématuré de 6-7 mois ou d'un enfant frappé de nanisme, certainement issu de la noblesse Huaylas. Son sexe n'ayant pu être déterminé, on dira qu'il s'agit peut-être d'un ange... En sortant du bâtiment, jetez un œil sur l'autre versant de la rue, à la jolie maison coloniale avec son arbre en bas relief.

Tumshu Kayko *(hors plan par A1) : à 2 km au nord de la pl. de Armas. Remonter San Martin, puis prendre la c/ 28 de Julio, passer le cours d'eau, c'est indiqué à gauche de la route 600 m plus loin. Accès libre.* Ceux qui veulent tuer le temps visiteront ce site archéologique qui n'offre guère d'intérêt, outre une belle vue sur la cordillère Noire. Il ne reste qu'un morceau du mur d'enceinte circulaire, à l'origine de 300 m de diamètre, supposé être un important centre politique, religieux et administratif d'époque chavín.

DANS LES ENVIRONS DE CARAZ

Laguna de Parón : *à 32 km au nord-est de Caraz. Excursion préférable avec une agence, le sentier n'étant pas indiqué. Voir Pony Expeditions dans « Adresses utiles » à Caraz. Pour 2 pers, compter 65 NS/pers, 50 NS/pers pour de plus grands groupes ; le chauffeur-guide parle espagnol et parfois anglais ou français (selon dispo), à préciser à la résa. Accès au site 5 NS.* Un lac de 3 km de long sur 700 m de large, cerné d'une douzaine de pics enneigés, à 4 140 m d'altitude. La route spectaculaire qui y conduit, s'enfonce dans un vertigineux canyon avec des à-pics de près de 1 000 m ! Puis on découvre le plus grand lac de la cordillère Blanche, placide face à un imposant cirque de montagnes. Son niveau varie selon l'utilisation de la centrale hydroélectrique du *cañon del Pato.* À la saison sèche, il peut baisser de 50 m.

Les puyas Raimondi - site de Churus : *à 45 km au sud-ouest de Caraz, sur la route de* **Pamparomas.** *Départs des colectivos jr. Bolognesi (plan B1), tlj à 7h et 8h (trajet : 2h ; tarif : 10 NS). De l'arrêt, il reste 2 km de marche. Attention, attraper un colectivo au retour est parfois hasardeux (45 km pour rejoindre Caraz à pied !). Taxi 120-150 NS (avec temps d'attente). Pour un prix équivalent, voire inférieur (selon taille du groupe), se renseigner aussi auprès de* Pony's Expeditions *qui propose une formule combinant véhicule et VTT.* L'étroite route, sinueuse en diable s'enfonce dans la cordillera Negra, réservant certaines sensations fortes. Juste en face, la cordillera Blanca forme un panorama somptueux. Entre 3 800 et 4 500 m d'altitude, on croise des « bois » de puyas Raimondi, ces fameuses plantes de la famille des ananas. Elles doivent leur nom au naturaliste italien Antonio Raimondi.

MONSTROPLANTE !

La puya Raimoindi vit entre 70 et 100 ans et meurt après son unique floraison (!). Et le résultat est spectaculaire. Leur inflorescence, la plus grande au monde, peut atteindre 11 m et contenir près de 8 000 fleurs... Une variété exceptionnelle considérée aujourd'hui en danger d'extinction.

Cañon del Pato : *en bus avec la compagnie Yungay-Express (cf. « Adresses utiles » à Caraz).* Vous pensiez avoir tout vu ? Être gavé de paysages incroyables ? Alors en route pour cette merveille géologique en guise de bouquet final. De loin, on voit bien que la cordillera Blanca semble vouloir fricoter avec la cordillera Negra... Elles se touchent du bout des lèvres et l'on se demande où va bien pouvoir passer la nationale 3 qui s'engage vers cet obstacle naturel. Alors débutent les gorges, patiemment creusées par le temps et les eaux limoneuses du rio Santa. Des gorges qui se font de plus en plus profondes, tandis que la route s'accroche comme elle peut aux parois abruptes. De tunnel en tunnel (35 en tout), les à-pics se font vertigineux. Les croisements deviennent impressionnants, sur cette piste pas très large qui ne rebute ni camions ni bus. Dans les deux sens, évidemment. Alors, il faut serrer de bien (trop) près le vide. On se rejoue le salaire de la peur... en surplombant parfois de 200 m le rio qui rigole bien tout au fond. Quant à la montagne, elle s'est parée de tous ses atours pour ce mariage de circonstance. Au plus étroit, les deux cordillères s'affleurent à tout au plus 2 m l'une de l'autre. Elles exhibent une palette de couleurs à faire baver un géologue, fondent parfois dans une crise de larmes de pierres qui dégoulinent sur des centaines de mètres des versants pentus. La noce dure près de 13 km, jusqu'à une dernière série d'épingles à cheveux qui vous fait tomber dans un semblant de vallée. Qu'on ait fait la traversée en véhicule individuel ou en bus, c'est alors seulement qu'on reprend son souffle pour continuer le périple vers d'autres aventures, plus au nord.

LA CÔTE NORD

TRUJILLO

env 850 000 hab. IND. TÉL. : 044

Trujillo fait l'effet d'une oasis sur cette côte désertique. Le centre colonial, avec ses balcons de bois, ses grilles de fer forgé et ses anciens palais, donne un très beau cachet à la cité. Son dynamisme économique se ressent dans l'aspect très vivant des rues étroites du centre, pleines de petits commerces florissants. Le doux climat tropical ne doit pas être étranger à tout cela. Ne pas manquer, en septembre, le *festival internacional de la Primavera,* pour célébrer l'arrivée du printemps, avec corso et reines de beauté... et si vous y passez fin janvier, vous pourrez assister au *concours national de Marinera,* fête populaire pour inaugurer la nouvelle année, avec concours de danses folkloriques de la région, pendant une semaine ! Et puis, aux portes de la ville, des sites archéologiques comme ceux de Chan Chan et les *huacas del Sol y de la Luna* justifient à eux seuls le détour par Trujillo. Quant à ceux qui préfèrent les ambiances babas cool surfeurs, ils iront poser leur sac au tout proche village maritime de Huanchaco.

– Attention, beaucoup de rues sont affublées de deux plaques : l'une avec le nom qui avait cours jadis, et l'autre avec celui d'aujourd'hui (au-dessus et écrit en plus petit !). De quoi s'y perdre un peu...

UN PEU D'HISTOIRE

Fondée par Diego de Almagro en 1534, puis officiellement par Francisco Pizarro l'année suivante, sur la route côtière qui menait à Lima, Trujillo était une ville prospère grâce, notamment, à la canne à sucre. C'était aussi un important centre religieux, et la ville est le berceau de la justice péruvienne. Elle prit même la relève de Lima à deux reprises, comme capitale du Pérou. De cette glorieuse époque, demeurent de beaux palais richement décorés. La ville joua un rôle important durant les combats pour l'indépendance. Au début du XXe s, c'est ici que l'APRA (l'Alliance populaire révolutionnaire américaine) avait implanté son quartier général. L'APRA, dont vous verrez de nombreux slogans bombés sur les murs, reste dans la mémoire populaire comme le martyr de la sanglante répression militaire de 1932. Suite à un soulèvement du groupe révolutionnaire, l'armée fusilla de 3 000 à 6 000 personnes, sans aucune forme de procès. Trujillo est aujourd'hui la troisième ville la plus peuplée du pays.

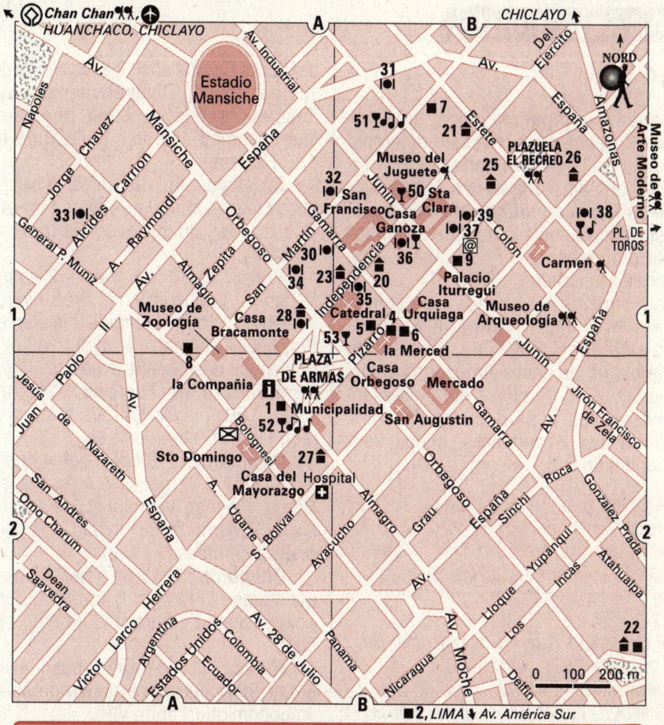

TRUJILLO

Adresses utiles

1 Lan Perú
2 Taca
4 PerúTogether
5 Casas de cambio
6 Banco de Crédito et HSBC
7 Alliance française
8 Flash Clean
9 Supermercado Metro
22 Casa de Clara

Où dormir ?

20 Hostal Colonial
21 El Mochilero
22 Family Guest House Casa de Clara
23 Hospedaje El Conde de Arce
25 Hotel Pullman
26 Gran Bolívar
27 Hotel Los Conquistadores
28 Hotel Libertador Trujillo

Où manger ?

28 Las Bóvedas
30 Café Amaretto
31 Sal y Pimienta
32 La Casona
33 Restaurant Doña Peta
34 El Rincon de Vallejo
35 El Celler de Cler
36 Casona Deza
37 Oviedo Café et Asturias
38 Chelsea Pub & Restaurant
39 Restaurante Romano

Où boire un verre ? Où sortir ?

36 Casona Deza
38 Chelsea Pub & Restaurant
50 Café-Museo chez Gérard
51 Canana
52 Tributo Bar et Insomnia
53 La Llave

Arriver – Quitter

En bus

Les compagnies sont généralement regroupées, mais en différents points de la ville, et certaines d'entre elles ont ainsi ***plusieurs terminaux selon les destinations desservies*** (il est donc toujours prudent de demander d'où partent les bus quand vous achetez les billets).
Les principales « zones de regroupement » des compagnies sont l'av. América Sur, l'av. Nicolás de Piérola et les calles Amazonas et del Ejército. Ces dernières sont aisément accessibles à pied du centre-ville. Quant aux 2 premières, mieux vaut prendre un taxi.

■ ***Linea*** *(plan A1)* **:** *à l'angle de San Martín et Obergoso. ☎ 24-51-81. • transporteslinea.com.pe • Il s'agit du bureau vendant les billets. Le terminal se trouve sur av. América Sur 2855. ☎ 25-89-94.*
■ ***Cruz del Sur*** (hors plan par B1) **:** *Amazonas 437. ☎ 26-18-01. • cruz delsur.com.pe •*
■ ***Móvil Tours*** (hors plan par B1) **:** *av. América Sur 3959, urb. La Merced Larco. ☎ 28-65-38. • moviltours.com.pe •*
■ ***Emtrafesa*** (hors plan par B1) **:** *av. Túpac Amaru 165, dans le prolongement d'Amazonas. ☎ 22-21-22. • emtrafesa.com •*
■ ***Via*** (hors plan par B1) **:** *av. del Ejército 282. ☎ 24-18-96.*
■ ***El Dorado*** (hors plan par A1) **:** *av. Nicolás de Piérola 1062. ☎ 29-17-78.*
■ ***Civa*** (hors plan par B1) **:** *av. del Ejército 285. ☎ 25-14-02. • civa.com.pe •*
■ ***Turismo Dias*** (hors plan par A1) **:** *av. Nicolás de Piérola 1079. ☎ 20-12-37. • turdias.com •*
■ ***Transportes Horna*** (hors plan par A1) **:** *av. Nicolás de Piérola 1207. ☎ 25-76-05.*

➢ ***Lima* :** env 8h de trajet. Plusieurs bus/j. avec *Linea*, mais slt 3 le mat et ts les autres le soir (un peu ttes les catégories de prix), 1 bus/j. avec *Móvil Tours* (le soir), 3 avec *Emtrafesa, Cruz del Sur* et *Civa* (le soir), 2 avec *Horna* (le soir également). D'autres compagnies desservent encore Lima plusieurs fois/j., comme *Via, Itsa Sur, Oltura* et *TRC Express*.
➢ ***Chiclayo* :** 4h de trajet. 8 bus/j. avec *Linea* (4 le mat et 4 dans l'ap-m). Bus ttes les 30 mn avec *Emtrafesa*, 6h-22h.
➢ ***Piura* :** 6h30 de trajet. 2 bus/j. (1 l'ap-m, l'autre le soir) avec *Linea*, 4 avec *El Dorado* (1 le midi, 3 le soir) et *Emtrafesa* (1 le mat, 1 le midi, 2 le soir). Également des départs avec *Itsa Norte*.
➢ ***Máncora et Tumbes* :** 11h de route. 2 bus/j. avec *Emtrafesa* (en soirée), 1 avec *El Dorado* (le soir).
➢ ***Cajamarca* :** 7-8h de trajet. 4 bus/j. avec *Linea* (1 le mat, 3 le soir), 5 avec *Horna* (1 le mat, 1 le midi et 3 le soir) et 2 avec *Turismo Dias* (1 le mat, 1 le soir) et avec *Emtrafesa* (le soir).
➢ ***Chimbote* :** 2h15 de trajet. 4 bus/j. avec *Linea* (1 le mat, 1 le midi et 2 le soir) et avec *Emtrafesa* (3 le mat, 1 le soir).
➢ ***Huaraz* :** 8h de trajet. 2 bus/j. avec *Móvil Tours* (le soir) et *Linea* (le soir ; 1 économique, l'autre VIP).
➢ ***Huanchaco* :** fréquents microbus depuis l'angle d'Independencia et España *(plan A2)* et bus de la ligne H à l'angle d'España et Muniz *(plan A1)*. Trajet 20 mn ; env 1,50 NS.

En avion

✈ ***Aéroport de Trujillo*** (hors plan par A1) **:** *à 13 km au nord-ouest du centre-ville, à proximité de Huanchaco. Compter 25 NS en taxi et 15 mn de trajet. Les bus de la ligne Trujillo-Huanchaco peuvent vous laisser sur la route, à 2 km de l'aéroport.*

■ ***Lan Perú*** (plan A2, **1**) **:** *Almagro 480. ☎ 22-14-69 et 20-18-59. • lan.com • Tlj sf dim 9h-19h (13h sam).*
■ ***Taca*** (hors plan par B2, **2**) **:** *centro commercial Real Plaza, av. Cesar Vallejo 1345. ☎ 511-511-8222. • taca.com • Tlj 10h-22h.*
➢ ***Lima* :** 4 vols/j. avec *Lan Perú* (1 le mat, 1 l'ap-m, 2 le soir) et 2 avec *Taca* (1 l'ap-m, 1 le soir). Env 1h10 de vol.

Adresses utiles

Infos touristiques

I-Perú (plan A2) **:** *Diego de Almagro 420, sur la pl. de Armas. ☎ 29-45-61. Lun-sam 9h-18h, dim 9h-13h. Également une antenne au site de la huaca de la Luna (tlj 9h-13h).* Bonnes infos sur la ville avec plan de Trujillo, liste des guides agréés et agenda culturel.

■ ***Perú-Together*** *(plan B1,* ***4****)* **:** *Pizarro 562. ☎ 22-14-21. • perutogethertravel.com •* Parmi les nombreuses agences de la rue Pizarro, celle-ci a quelques guides francophones. Propose les visites des sites archéologiques des alentours à prix raisonnables *(environ 35 NS pour Chan-Chan et les huacas del Sol y la Luna dans la même journée, 40 NS pour El Brujo...).* Pour moins de 3 personnes, il peut être intéressant de passer par une agence, dont l'offre de transfert ne coûte pas plus cher qu'un aller-retour en taxi, le guide en prime. Attention, l'accès aux sites est en sus.

■ Voir aussi la ***Casa de Clara*** *(plan B2,* ***22****)*, dont les proprios sont d'excellents guides officiels. Compter 30 NS pour 4h de visite (voire plus) en espagnol, en anglais ou en allemand, transport assuré dans une antique « coccinelle » !

Poste et télécommunications

✉ ***Correos – Serpost*** *(plan A2)* **:** *Bolognesi 410, à l'angle d'Independencia. Tlj sf dim 8h-20h.*

■ @ ***Téléphone et Internet*** **:** *un peu partout dans le centre, notamment à* ***Internet Web****, jr. Pizarro 721 (plan B1). Tlj 8h-20h.*

Argent, change

■ ***Change*** **:** pour les euros, seulement dans les ***casas de cambio*** dans la galerie marchande à la hauteur de jirón Pizarro 575 *(plan B1,* ***5*** *; la plupart ouv lun-sam 9h-20h).* Taux de change intéressant. Pour les dollars, aller au ***Banco de Crédito,*** Gamarra 562 *(plan B1,* ***6*** *; lun-jeu 9h-18h30, ven 9h-17h30, sam 9h-13h).* Voir également ***HSBC*** à côté.

■ ***Distributeurs automatiques*** **:** plusieurs sur la plaza de Armas, ainsi qu'au ***Banco de Crédito*** et ***HSBC*** *(plan B1,* ***6****).*

Santé

✚ ***Hospital Belén*** *(plan A-B2)* **:** *Bolívar 350. ☎ 24-52-81. Urgences : ☎ 24-57-48.*

✚ ***Clínica Peruano Americana*** *(hors plan par A2)* **:** *av. Mansiche 810. ☎ 22-24-93 ou 23-12-61.*

■ ***Pharmacies*** **:** *nombreuses dans le centre. L'****InkaFarma****, à l'angle de Bolívar et Gamarra (plan B1-2), est ouv 24h/24.*

Divers

■ ***Alliance française*** *(plan B1,* ***7****)* **:** *San Martín 858. ☎ 23-12-32. • trujillo.alianzafrancesa.org.pe • Lun-ven 8h30-13h, 15h-22h, et sam mat.* L'équipe, très accueillante, connaît bien la région dont elle fait activement la promotion. Organise régulièrement des manifestations culturelles : lectures de poésie, théâtre, fête de la Musique, etc. On y trouve livres et magazines en français, ainsi qu'une médiathèque pour voir des films français.

■ ***Flash Clean*** *(plan A1-2,* ***8****)* **:** *jr. Bolognesi 261. ☎ 34-56-49. Tlj sf dim 8h-13h, 14h-21h.* Tarif au poids.

■ ***Supermercado Metro*** *(plan B1,* ***9****)* **:** *Junín, à l'angle de Pizarro. Tlj 9h-23h (22h le dim).*

Où dormir ?

De bon marché à prix modérés (moins de 90 NS / env 27 €)

Difficile de trouver des hôtels centraux bon marché. Du coup, les routards à petits budgets vont plutôt dormir à Huanchaco où, pour le même prix, la qualité est meilleure, le calme en prime.

⌂ ***Hostal Colonial*** *(plan B1,* ***20****)* **:** *Independencia 618. ☎ 25-82-61. • hostalcolonial.com.pe • Lit en dortoir 25 NS ;*

double avec sdb 100 NS. 💻 📶 Charmante maison coloniale avec une succession de cours intérieures, où trônent une fontaine et un hippocampe géant en pierre, et bordées de plusieurs salons cossus pour se poser. Chambres petites mais agréables, peintes dans de jolis tons et avec mobilier en fer forgé. Également des dortoirs de 2-6 lits avec salles de bains communes dans une annexe mitoyenne autour d'un calme patio. On peut prendre son petit déj dans le café-resto du même proprio juste à côté. La meilleure adresse dans cette catégorie. En revanche, les vendredi et samedi soirs, évitez les chambres du fond : les « boum-boum » de la boîte de nuit située au sein même de l'hôtel (quelle drôle d'idée !) troubleraient votre sommeil...

🏠 ***El Mochilero** (plan B1, **21**) :* *Independencia 887. ☎ 29-78-42. Compter 20 NS/pers pour un lit en chambre, dortoir ou cabane, petit déj compris.* 💻 📶 Dans un quartier calme, mignonnette AJ avec quelques chambres, 2 dortoirs spacieux et d'originales cabanes surélevées en bambou posées dans la cour intérieure du fond. Petit snack dans une courette, cuisine à dispo dans un jardinet à l'arrière et laverie au poids. L'ensemble est d'une propreté acceptable malgré des sanitaires vieillots (eau chaude). Ambiance très routarde et bon accueil.

🏠 ***Family Guest House Casa de Clara** (plan B2, **22**) :* *Cahuide 495, urb. Santa María. ☎ 29-99-97 et 24-33-47. • hostal-casadeclara.com • Chambres avec ou sans sdb env 25-30 NS/pers, petit déj en sus (5-8 NS).* 💻 Un peu excentré mais dans un quartier agréable, face à un parc. Chambres convenables de 1 à 8 lits. Tenu par Michael White et son épouse péruvienne, Clara, tous 2 guides officiels sur les sites archéologiques des environs. Ambiance familiale. Ils font même « table d'hôtes » le soir sur résa et organisent sur demande des visites guidées. Cuisine à dispo.

🏠 ***Hospedaje El Conde de Arce** (plan A-B1, **23**) :* *Independencia 577. ☎ 29-51-17. Dortoir env 20 NS/pers ; doubles avec ou sans sdb env 50-60 NS.* 📶 Dans une cour attenante à un jardin dénudé, une poignée de chambres simples et un dortoir de 5 lits. Cuisine commune et salle TV avec canapés à dispo. L'ensemble est assez sommaire mais intéressant pour sa situation très centrale. Bon accueil.

Chic (130-200 NS / env 39-60 €)

🏠 ***Hotel Pullman** (plan B1, **25**) :* *Pizarro 879. ☎ 22-35-89. • pullman hoteltrujillo.com.pe • Double avec sdb 210 NS, petit déj et cocktail de bienvenue inclus.* 💻 📶 Cet hôtel 3 étoiles, entièrement refait, a gardé un hall à la déco un brin seventies. Les chambres (certaines un peu petites), de style contemporain, offrent un bon confort moderne et arborent d'agréables couleurs. Celles du 4e étage sont les plus lumineuses. Accueil très pro. Une adresse d'un bon rapport qualité-prix, au calme, dans la rue piétonne du centre-ville.

De plus chic à très chic (plus de 200 NS / env 60 €)

🏠 ***Hotel Los Conquistadores** (plan A-B2, **27**) :* *Almagro 586. ☎ 48-16-50. • losconquistadoreshotel.com • Double avec sdb 260 NS, petit déj inclus.* 💻 📶 Grand hôtel tout confort, de standing international. Déco contemporaine. Les chambres, de taille variable, sont meublées avec goût. Accueil très agréable et ensemble chic à souhait.

🏠 ***Gran Bolívar** (plan B1, **26**) :* *Bolívar 957. ☎ 22-20-90. • granbolivar hotel.net • Double avec sdb 245 NS, petit déj inclus.* 💻 📶 Dans une belle maison coloniale abritant une jolie courette avec fontaine, de beaux parquets, un petit bar et un Bolívar qui trône au-dessus de la réception. Chambres confortables situées dans un bâtiment moderne à l'arrière, au calme, autour d'un atrium sur 3 étages. Curieux – mais heureux – mélange d'ancien et de nouveau ! Une bonne adresse.

🏠 ***Hotel Libertador Trujillo** (plan A1, **28**) :* *Independencia 485. ☎ 23-27-41. • libertador.com.pe • Doubles env 150-180 $ selon confort, petit* *déj-buffet inclus. Réduc sur le site internet.* 💻 📶 Bel édifice colonial aménagé en hôtel de luxe aux chambres pas très grandes mais tout confort avec grand lit où s'enrouler dans la couette moelleuse. Jolie petite piscine dans un non moins joli patio verdoyant, sauna et resto proposant une cuisine de haute voltige (voir « Où manger ? » plus loin). La totale, quoi !

Où manger ?

De bon marché à prix moyens (moins de 25 NS / env 7,50 €)

🍴 ***Café Amaretto*** *(plan A-B1,* ***30****) : Gamarra 368. ☎ 22-14-51. Tlj sf dim. Le midi, menus copieux 9 NS en sem, 11 NS le w-e.* Joli café face à l'église San Francisco, fréquenté par une clientèle un peu huppée. Grand choix de bons sandwichs, salades et *piqueos,* mais aussi pas mal de douceurs. Café sous différentes formes : de l'*espresso* au café *amaretto.*

🍴 ***Sal y Pimienta*** *(plan B1,* ***31****) : Colón 201. Tlj jusqu'à 18h. Menus 6-11 NS.* Très populaire auprès des Trujillanos. Sorte de cantine où l'on sert tous les jours un plat traditionnel de bonne facture à prix mini. Propose aussi des repas à la carte.

🍴 ***Restaurant Doña Peta*** *(plan A1,* ***33****) : Daniel A. Carrión 354. ☎ 20-74-60. Tlj 10h-20h.* Une grande façade bleue et une vaste salle où s'activent des serveurs en nœud pap'. Resto typique pour déguster des plats régionaux *(cabrito, chicharrón de lenguado, picante de langosta...),* et même familiaux, comme le *cuy entero.*

🍴 ***La Casona*** *(plan A-B1,* ***32****) : jr. San Martin 677. ☎ 26-46-47. Tlj. Menus déj 6-8 NS, plats 12-20 NS.* Longue salle divisée en son centre par une voûte, aux murs jaune et orange, ornés de toiles du vieux Trujillo. Tables nappées et même « napperonnées »... L'entrée en matière de ce modeste resto de quartier séduit autant que sa carte où gambadent *cuy, cabrito, pato* (canard), *caldo de pollo* et bien d'autres spécialités du cru. C'est bon, bien servi et copieux, et les prix sont vraiment très sages. Les Trujillanos ne s'y trompent pas et s'y attablent nombreux face à la télé.

🍴 ***El Rincon de Vallejo*** *(plan A1,* ***34****) : jr. Orbegosa 311. ☎ 29-29-72. Tlj 8h-22h. Plat du jour 12 NS, sinon env 20 NS.* Au fond d'un atrium dont Trujillo a le secret, un resto au cadre chaleureux. Motifs or sur fond rouge, bois et fer forgé plantent le décor. On y déguste des plats bien d'ici. Le *caldo de gallina* trône sur la carte, aux côtés d'un avantageux plat du jour. Serveurs tirés à quatre épingles et prix tirés vers le bas.

De prix moyens à chic (15-40 NS / env 4,50-12 €)

🍴 ***Casona Deza*** *(plan B1,* ***36****) : Independencia 628. ☎ 47-47-56. Tlj 8h-22h (23h le w-e). Pâtes et pizzas 15-25 NS.* Une superbe demeure coloniale datée de 1735, un calme patio aux murs laissant deviner des vestiges de fresques d'époque, 2 salles hautes de plafond au mobilier rococo, grand lustre clinquant et des œuvres contemporaines en expo... Un site exceptionnel pour se rassasier d'une excellente pizza au feu de bois ou pour un apéro dînatoire dans une ambiance nonchalante. On adore !

🍴 ***Oviedo Café*** *(plan B1,* ***37****) : Pizarro 737. ☎ 22-33-05. Tlj 8h-minuit. Menu déj 9 NS.* Du petit déj au dîner, en passant par le déjeuner ou l'apéro, il n'y a pas d'heure pour manger ici ! La carte va du sandwich au plat copieux. Le resto voisin, l'***Asturias,*** propose la même carte aux mêmes prix (mais pas de menu), dans une salle bien aérée et très propre.

🍴 ***Chelsea Pub & Restaurant*** *(plan B1,* ***38****) : Estete 675. ☎ 25-70-32. Tlj.* Vaste établissement composé d'un bar à l'ambiance de pub, d'un resto avec patio et d'une grande salle de spectacle à l'arrière. On y vient aussi bien pour prendre l'apéro (délicieux cocktail

Noche Chelsea à accompagner de tapas bien servies) que pour dîner et, même, danser, du moins le samedi soir, lorsqu'il y a *peña* (voir « Où boire un verre ? Où sortir ? ») ! Longue carte variée proposant des plats originaux, plutôt fins et au dressage finement travaillé.

Restaurante Romano *(plan B1, **39**) : Pizarro 747. ☎ 24-42-07. Menu déj 18 NS.* On trouve de tout chez *Romano,* plats typiques, divers viandes et poissons, frais et goûteux. Il ne reste plus qu'à choisir ! En prime, service agréable et efficace. Une valeur sûre !

Plus chic (plus de 40 NS / env 12 €)

El Celler de Cler *(plan B1, **35**) : Independencia 588. ☎ 31-71-91. Plats 30-40 NS.* Vous rêviez d'un joli balcon pour inviter votre Juliette ou votre Roméo ? En voici un de très belle facture coloniale, jusqu'au bout des jalousies à colonnettes, en encorbellement sur un angle de rues. La salle ne manque pas de cachet non plus, pour déguster une cuisine *made in Peru,* inventive juste ce qu'il faut avec du sucré-salé, des sauces au vin, des plats flambés. Même les pâtes perdent leur accent italien pour se mettre à la mode d'ici. Savoureux à souhait et fort bien présenté. Le service aux petits oignons fera passer la note un peu salée et le prix rédhibitoire du vin. Une très belle adresse chic.

Las Bóvedas *(plan A1, **28**) : Independencia 485, dans l'Hotel Libertador. ☎ 23-27-41. Entrée env 30 NS, plats 40-60 NS.* Spécialités régionales et internationales réalisées avec brio. Salle voûtée, on s'en serait douté (*bóveda* = voûte). Le lundi, goûtez au *shambar,* la spécialité de la région, que l'on ne mange que ce jour-là (allez savoir pourquoi...) et qui posséderait des vertus relaxantes. Présentation et cadre soignés avec vue de la grande baie vitrée sur la piscine de l'hôtel et sa cascade glougloutante. Une bonne adresse.

Où boire un verre ? Où sortir ?

Casona Deza *(plan B1, **36**) : Independencia 630. ☎ 47-47-56. Tlj 8h-22h (23h w-e).* Ce lieu d'exception que l'on vous recommande pour un bon petit repas (voir « Où manger ? ») est également l'adresse idéale pour une pause à toute heure. Bon café et jus de fruits frais à accompagner d'un gâteau maison en journée ou en soirée pour un cocktail au shaker (et savoureux *pisco sour* !). L'accueil est aussi formidable que le cadre.

Café-Museo chez Gérard *(plan B1, **50**) : Independencia 701. ☎ 29-72-00. Tlj sf dim 17h-minuit.* Si vous cherchez un endroit avec du cachet et une vraie atmosphère, vous l'avez avec ce café appartenant au peintre Gerardo Chávez. Un beau comptoir avec de magnifiques vitrines, une vieille caisse enregistreuse et une machine à café qui ne dépare pas dans l'ensemble. Bref, l'endroit idéal pour boire le petit breuvage noir ou l'un des nombreux et bons cocktails proposés par la maison. Les salons sont aménagés en musée avec une salle dédiée au *Paris de la Belle Époque* et, à l'étage, croquignolet *musée du Jouet* (museo del Juguete ; cf. « À voir » plus loin).

La Llave *(plan B1, **53**) : Orbegoso 471. Tlj 8h-22h.* Un bar grand comme un confessionnal (le palais épiscopal est mitoyen), au décor très chaleureux. Tables montées sur des machines à coudre d'antan, clefs anciennes aux murs (on s'en serait douté) et un service tout en douceur. Pour un p'tit déj ou un verre, et même pour une petite restauration tendance bio, c'est la bonne option dans le coin.

Chelsea Pub & Restaurant *(plan B1, **38**) :* on vous le recommande dans la rubrique « Où manger ? », mais on peut aussi y venir pour boire un coup et même écouter de la musique le samedi soir, lorsqu'il y a à la fois piano-bar (au pub) et orchestre latino *in vivo* dans la grande salle à l'arrière !

Canana *(plan B1, **51**) : San Martín 791. Jeu-sam à partir de 21h. Live ven-sam.* Dans une grande maison

LE NORD DU PÉROU

à façade ocre, une vaste cour intérieure pleine de boiseries et doublée, à l'étage, d'un pub. C'est une institution à Trujillo, on s'y rassemble pour boire un verre, dîner, et surtout pour danser au rythme des concerts et spectacles de *marinera.* Très bonne ambiance.

Tributo Bar *(plan A2,* ***52****) : pl. de Armas, à l'angle de Pizarro et Almagro. Jeu-sam, à partir de 23h.* Petite salle sur 2 étages où circulent sans discontinuer les *jarras* de *Pilsen Trujillo.* Clientèle jeune et fêtarde, bonnes vibrations bruyantes et concerts certains soirs. Ceux qui trouvent le *dance-floor* trop petit fileront à la discothèque ***Insomnia,*** juste à côté.

À voir. À faire

Balade dans le centre-ville

Plaza de Armas *(plan A-B1-2)* **:** belle, aux larges proportions, entourée de demeures coloniales colorées, certaines avec des balcons et moucharabiehs d'origine andalou-musulmane. sur le même côté On notera la ***casa Bracamonte*** (Independencia 441) et l'***hôtel Libertador.*** À côté de la cathédrale, le ***palacio Arzobispal,*** au majestueux patio couvert d'azulejos, éclairé par de superbes bras de lumière (notez ceux qui encadrent l'entrée de la chapelle, au fond).

Catedral *(plan A-B1)* **:** *pl. de Armas. Tlj 7h-12h, 16h-21h.* Fondée par Pizarro, elle possède de beaux retables de l'époque coloniale et des peintures de l'école de Cuzco. Sur le parvis à droite, petit ***musée du diocèse*** *(lun-ven 9h-13h, 16h-19h et sam mat ; entrée 4 NS).* Intéressantes peintures murales au sous-sol et surprenants tableaux de saints décapités !

Municipalidad *(plan A-B1)* **:** *pl. de Armas. Tlj sf dim 7h-17h30 (13h sam). Visite guidée (gratuite) par des agents « badgés » qui sillonnent la place.* On voit de loin le bleu flashy de la façade de l'ancienne mairie du XVIe s, qui ne se visite pas. Direction le bâtiment attenant, contemporain. S'il a perdu son troisième étage lors du tremblement de terre de 1970, il a gardé tout son chic néo-classique. À l'intérieur, bel escalier monumental à balustres, mais surtout un imposant salon consistorial avec sa galerie de portraits de sommités locales (notez le plafond revêtu de cuir finement ouvragé). Depuis le balcon, jolie vue sur la place.

On pourra continuer la balade architecturale au gré des rues du vieux centre. Au nº 120 de l'avenida Orbegoso, ne pas manquer la ***casa Orbegoso,*** où vécut le maréchal du même nom, héros de l'indépendance (ne se visite pas).
Remonter ensuite la jirón Pizarro, la rue piétonne commerçante, où l'on croise les Trujillanos faisant le *paseo* à toute heure. Passer l'***iglesia de la Merced*** datant de 1636 (rarement ouverte) pour visiter, au nº 446, la ***casa Urquiaga (casa Calonge),*** de style néoclassique, qui fut la demeure d'une riche famille de banquier de 1802 à 1972. On pourra explorer les salles, salons et chambre clinquante ornés de mobilier et d'objets d'époque, répartis autour de trois patios. Une collection de monnaie, billets et médailles clôt la visite *(guidée slt, lun-ven 9h15-15h30, sam 10h-13h ; pourboire demandé).* En remontant encore Pizarro, la ***casa de la Emancipación,*** au nº 610, gérée par la fondation BBVA (une banque), qui abrite une salle d'exposition permanente d'art moderne et dans l'un de ses salons une maquette de la ville telle qu'elle était au XVIIe s *(visite lun-sam 9h-13h, 16h-20h ; entrée libre).* Au nº 688, le regard est naturellement attiré par le ***palacio Iturregui,*** palais grandiose à l'architecture équilibrée. Il s'agit aujourd'hui d'un club privé, mais on peut quand même le visiter *(lun-sam 8h-10h30 ; entrée 5 NS),* notamment pour admirer le patio avec ses riches galeries bordées de salons cossus.

Plazuela El Recreo *(plan B1)* **:** *au bout de Pizarro.* Une jolie placette où a été déplacée la fontaine de la plaza de Armas lorsqu'on y a mis la sculpture à la gloire de la liberté. Un peu plus loin, l'une des portes de la ville (qui marque une frontière avec des quartiers populaires) nous rappelle que Trujillo fut fondée par Diego Almagro en 1534. On aime bien l'ambiance tranquille de cette *plazuela* où les petits vieux se retrouvent pour bavarder.

Iglesia del Carmen *(plan B1)* **:** *Bolívar, angle avec Colón. Ne se visite pas.* Cette église de 1725, très endommagée par le tremblement de terre de 1970, mérite néanmoins un petit coup d'œil pour sa façade.

Museo de Arqueología, Antropología e Historia *(plan B1)* **:** *Junín 682, à l'angle d'Ayacucho. Lun-sam 9h-17h, dim et j. fériés 9h-13h. Entrée : 5 NS ; réduc.* Dans une magnifique maison coloniale restaurée, musée dédié à l'histoire précolombienne dans la région. L'aménagement des salles (sept en tout) est particulièrement réussi. La visite démarre avec la partie préhistorique (squelette vieux de 10 000 ans), puis continue avec des reproductions de fresques polychromiques du site *El Brujo,* puis sur la culture *moche* avec une belle maquette des *huacas del Sol y la Luna,* tel que devait être le site avec sa ville prospère entre ses deux temples, ainsi que des représentations de la vie courante de cette civilisation. Salles consacrées à la culture chimú. Les « tintinophiles » seront comblés, car on y voit une statuette semblable à celle dessinée par Hergé dans *L'Oreille cassée* ! Un musée à voir de préférence avant de visiter les différents sites autour de Trujillo.

Museo del Juguete *(plan B1)* **:** *Independencia 701. ☎ 20-81-81. Lun-sam 10h-18h (22h ven), dim 10h-13h. Entrée : 5 NS ; réduc.* Dans une demeure coloniale imposante, à la façade bleue, à l'étage de son *Café-museo,* ce petit musée du Jouet du peintre Gerardo Chávez, dont la fondation gère également le *Museo de Arte moderno* (voir plus loin), présente sa collection privée de 5 000 jouets du monde entier de l'époque précolombienne aux années 1950. Réparties sur quatre salles, des poupées en céramique de culture mochica (de 100 ans av. J.-C. à 800 ans apr. J.-C.) côtoient celles du siècle dernier, des locomotives *meccano* et trains électriques de 1916 à 1950, des tricycles... Tous les vendredis à 17h et 18h, départ d'un vieux tramway en bois pour une balade de 40 mn dans le centre-ville.

Revenir sur la plaza de Armas par Independencia. Au nº 630, on tombe sur la ***casa Ganoza Chopitea*** *(plan B1,* ***36****),* la plus représentative de la ville, tant au niveau architectural que d'un point de vue décoratif. Portail polychrome de style baroque couronné d'un linteau orné de deux lions, si bien qu'elle est connue aussi comme « la maison du portail aux lions ». Devenu l'élégant café *Casona Deza* (cf. « Où manger ? » et « Où boire un verre ? »), on pourra s'y poser sur ses antiques canapés de velours pour boire un verre bien mérité. Au sud de la place, à l'angle de Pizarro et de Bolognesi, au nº 314, les passionnés de demeures coloniales iront voir la façade de la ***casa del Mayorazgo*** *(plan A2),* dont les fenêtres sont protégées par de belles grilles de fer forgé du XVIIe s. C'est aujourd'hui le siège d'une banque.

Museo de Zoología *(plan A1-2)* **:** *San Martín 368. Lun-ven 9h-16h. Entrée : 2 NS.* Collection d'animaux naturalisés de la région (oiseaux, poissons, reptiles et camélidés). Voir l'énorme crabe-araignée, proche de la *centolla* de Patagonie.

LE NORD DU PÉROU

Dans les faubourgs

Museo de Arte moderno *(hors plan par B1)* **:** *carretera Industrial, au croisement d'av. Villareal. ☎ 21-56-68. • upao.edu.pe/museodeartemoderno • Excentré (prendre un taxi, env 6 NS). Tlj sf dim 9h-17h. Entrée : 10 NS ; réduc.* Le musée se targue d'être le premier musée d'Art moderne du Pérou... Si l'espace lui-même est plutôt beau (vaste et moderne, au cœur d'un ravissant jardin orné de sculptures), les expos temporaires d'artistes sud-américains contemporains, la collection personnelle et les œuvres de Gerardo Chávez, peintre prolifique et important originaire de Trujillo dont les toiles exhalent une vraie force, méritent vraiment la visite. Également une sculpture d'Alberto Giacometti et un tableau de Paul Klee (des œuvres mineures pour les deux).

DANS LES ENVIRONS DE TRUJILLO

Zona arqueológica de Chan Chan (hors plan par A1) : *à 5 km de Trujillo, sur la route de Huanchaco. Depuis Trujillo, taxi 15 NS. Sinon, microbus depuis l'angle d'Independencia et España (plan A2) ou bus de la ligne H à l'angle d'España et P. Muniz (plan A1) ; compter 20 mn et 1,50 NS. Les (micro)bus de la ligne Trujillo-Huanchaco vous déposent sur la route, à env 1,5 km de la citadelle Nik-An. Site ouv tlj 9h-16h30. Entrée : 10 NS ; réduc. Billet valable pour le musée en bordure de la Panaméricaine + les* huacas, La Esmeralda *et* Arco Iris. *Guide francophone : env 40-50 NS.*

Un peu d'histoire

Chan Chan est la capitale de la civilisation chimú, qui succéda à celle des Moches, et connut son apogée du XIIe au XVe s. On en sait peu sur cette civilisation qui ignorait l'écriture. En revanche, on connaît un peu mieux sa chute, due à la conquête inca à la fin du XVe s. Il semblerait que les Incas firent le siège de Chan Chan durant 10 ans, avant de soumettre les Chimús en les privant d'eau, peu avant l'arrivée des Espagnols qui, à leur tour, défirent les Incas.
La piste d'accès à la citadelle Nik-An est bordée par les ruines de la cité, sortes de châteaux de sable comme rongés par le temps et l'air de la mer. En tout, la cité s'étend sur 20 km² et comprend neuf citadelles bâties successivement par chacun des suzerains chimús. Chaque forteresse abrite un tertre funéraire dédié au roi et à sa suite. Chan Chan est la plus grande ville en adobe précolombienne des Amériques !

La citadelle Nik-An (Tschudi)

Cette « maison du centre » (Nik-An en chimú), est la seule enceinte à pouvoir être visitée. Pour découvrir les lieux, suivez le poisson... (pour plus de détail, un guide local peut s'avérer utile !). Au-delà d'une étroite entrée qui permettait de contrôler les allées et venues, on accède à la grande ***place des cérémonies*** et des sacrifices. Tout autour, une frise ornementale en bas relief (largement restaurée) représente des vagues et des loutres de mer qui, quand elles étaient présentes sur les plages, annonçaient la période de la pêche. Il est possible qu'on ait voué ici un culte à la Lune et à la Mer. À droite, on accède au ***passage des Oiseaux et des Poissons,*** formé par le mur extérieur de la place. Y sont dessinés sur 60 m des pélicans et une succession de lignes représentant les marées avec des poissons.
Plus loin, la ***salle des audiences,*** où se décidait la répartition des richesses produites. Noter, tout autour du petit temple, les représentations géométriques de pélicans stylisés avec une croix en guise d'yeux. Il s'agit de la Croix du Sud qui, à l'instar de l'étoile Polaire dans l'hémisphère nord, servait de repère aux pêcheurs. Sur certains soubassements, une représentation géométrique des vagues ressemble comme deux gouttes d'eau à la « grecque » de notre civilisation méditerranéenne.
Toujours plus loin, un ***étang*** où, tous les 28 jours, à la pleine lune, on procédait à des sacrifices, pour honorer le passage sur Terre (et dans les eaux du lac) de cet astre de la nuit divinisé !
La visite se termine par la ***tombe royale,*** où gît le *Señor Chimo,* gouverneur de la citadelle, qui régna de 1380 à 1420. Son tombeau est entouré de 44 tombes des membres de sa cour. Les enterrements étaient alors riches en couleur et menés en grande pompe... funèbre.

– **Musée du site de Chan Chan :** *situé sur la Panaméricaine, à environ 2 km de la citadelle Nik-An (mêmes horaires que le site, mais fermé le lun).* Une belle introduction (ou conclusion) à la visite de la citadelle Nik-An, dont on voit d'ailleurs ici une grande maquette, ainsi que des dioramas reproduisant les scènes du quotidien chez les Chimú et des objets retrouvés sur le site.

Huaca La Esmeralda : *à 3 km du centre de Trujillo, sur la route de Huanchaco, et à 2 km avt Chan Chan. Env 5 NS en taxi ou prendre le même bus que pour Chan Chan et descendre au quartier de Mansiche ; c'est à 300 m, en suivant la rue à droite de l'église. Tlj 9h-16h. Entrée incluse dans le billet combiné des autres sites (mais non en vente sur ce site).* Découverte en 1925, cette pyramide provient, pense-t-on, de la dernière période chimú. Construite en adobe sculpté, elle est entourée d'une enceinte. Sur certains côtés du sanctuaire, des bas-reliefs bien conservés subsistent, poissons et oiseaux surtout (principaux intérêts du lieu).

Huaca Arco Iris (ou El Dragón) : *sur la route de Chiclayo, à 4 km de Trujillo par la Panaméricaine, derrière le complexe sportif Arco Iris. Compter env 4-5 NS en taxi ou prendre les combis (blanc et jaune) à l'angle d'Independencia et de l'av. 28 de Julio. Ouv tlj 9h-16h. Entrée incluse dans le billet combiné des autres sites (en vente sur place).* Ce beau sanctuaire bien conservé, de forme pyramidale, possède des bas-reliefs sur lesquels apparaissent des danseurs de la pluie, en hommage à la fertilité. Au centre, on devine deux formes animales, l'une, bicéphale, masculine, l'autre féminine, en train de s'embrasser, avec un arc-en-ciel tout autour et des nuages au-delà, le tout figurant, de nouveau, le processus de fertilité. Possibilité de monter en haut de la pyramide.

Huacas del Sol y de la Luna : *à 8 km de Trujillo, vers le sud. Env 15 NS en taxi ou 1,5 NS avec les combis qui partent de l'óvalo Grau, au bout de l'av. Moche (plan B2). Combis bleus à bandes jaunes et toit blanc ou blanc, marron et jaune (ne pas se tromper !). Ouv tlj 9h-16h. Entrée : 10 NS, visite guidée (en espagnol, anglais ou français certains j.) comprise et obligatoire. Compter 1h.*

Deux *huacas* distantes de 500 m l'une de l'autre, appartenant à la civilisation moche (IIe-VIIIe s). On ne visite que la *huaca de la Luna,* la *huaca del Sol* n'ayant pas été, à ce jour, fouillée (on la confond d'ailleurs avec une colline naturelle). Un peu dommage, car c'est l'une des plus grandes pyramides du Pérou (340 m de long, 160 m de large et 45 m de haut), même si les Espagnols la détruisirent en partie en détournant le cours du fleuve Moche. Elle aurait surtout eu une fonction politico-administrative, alors que la *huaca de la Luna* servait de centre cérémoniel. Entre les deux s'étalait une zone urbaine, actuellement en cours de fouilles par une équipe d'archéologues.

– **Huaca de la Luna :** encadrée par les *cerro negro* et *blanco,* vaste temple en adobe sur cinq niveaux. De superbes bas-reliefs polychromes représentant des divinités anciennes, des figures géométriques et des animaux y ont été découverts et superbement restaurés. La figure la plus présente est celle de la divinité de la montagne, aussi connue sous le nom de l'Égorgeur. En effet, elle évoque la façon dont les Moches capturaient et sacrifiaient leurs ennemis : après les avoir attachés, ils leur tranchaient le cou au couteau pour s'abreuver de leur sang. En s'approchant, on remarque les milliers de briques qui composent l'édifice et, de loin, on aperçoit distinctement les différents étages qui le composent. Le temple se renouvelait suivant un calendrier cérémoniel précis, et un étage venait s'ajouter à la structure, enterrant ainsi le niveau inférieur. La *huaca de la Luna* fut un lieu religieux et funéraire important, comme en témoignent les tombes alentour.

– **Museo de Moche :** *à env 1 km du site. Tlj 9h-16h. Entrée : 3 NS. Photos interdites.* Ce musée récent est le complément indispensable à la visite du site. Il recèle dans ses bâtiments modernes le résultat des fouilles menées dans les tombes exhumées autour de la *huaca de la Luna* : une riche collection d'une centaine de poteries mochicas, finement reconstituées et savamment mises en valeur par un éclairage travaillé. Beaucoup de symbolisme autour de la représentation d'animaux (serpents à deux têtes, rapaces, crabes...) en perdra certains, mais les vidéos sur grands écrans sont assez explicites pour enrichir ses connaissances et approfondir sa compréhension des rites et coutumes de cette importante civilisation pré-inca.

Zona arqueológica d'El Brujo : *à 60 km au nord-ouest de Trujillo (compter env 1h15 de route). Pas facile d'accès, il faut changer de colectivo à Chocope, puis prendre une moto-taxi de Magdalena de Cao ; on vous conseille d'y aller avec une agence pour env 35 NS. Tlj 9h-17h. Entrée : 10 NS.*
À proximité du littoral, ce site majeur, récemment découvert, est composé de trois *huacas,* mais seule celle de Cao Viejo a été explorée et est visitable. Occupé par les Moche à partir du Ier s av. J.-C., le temple principal fut abandonné vers l'an 600. Comme la *huaca de la Luna,* il présente sept édifices superposés, construits tour à tour après la mort de chaque gouverneur. Il atteint une hauteur de 30 m pour une base de 120 m. Au milieu du temple, les fouilles, encore en cours, ont permis de mettre au jour une place cérémoniale, riche en peintures polychromes en relief. Les dessins représentent des prisonniers nus, des danseurs et un (devenu célèbre) guerrier *decapitador* brandissant la tête d'un prisonnier.
Après l'abandon des Moche, le temple ne perdit pas sa fonction cérémonielle. Les Lambayeque utilisèrent la place principale comme un cimetière. On a découvert de cette époque une grande quantité de momies enterrées en position fœtale. Enfin, à l'arrivée des Espagnols, des prêtres dominicains y construisirent une église chrétienne, dont les restes ont survécu au fil du temps.
Le clou de la visite est ***la dame de Cao,*** exposée au musée du site. Une impressionnante momie de femme dont le corps fait apparaître de mystérieux tatouages, inexpliqués jusqu'alors par les chercheurs. Peut-être une reine guerrière mochica d'il y a 1 500 ans...

HUANCHACO

IND. TÉL. : 044

Petite station balnéaire à une quinzaine de kilomètres de Trujillo, populaire auprès des habitants de la région et autres routards amateurs de surf et/ou de spots tranquilles. Certains apprécieront l'ambiance de plage un brin baba cool à l'australienne, d'autres trouveront que l'endroit, paresseusement étendu sur plusieurs kilomètres de plages de sable, manque singulièrement de charme et d'intérêt. Le village est connu pour ses *caballitos de totora,* frêles embarcations de roseaux, rappelant celles du lac Titicaca. Sauf qu'ici elles affrontent les vagues du Pacifique !

Arriver – Quitter

➢ ***Trujillo :*** minibus ttes les 5 mn entre les 2 villes. À Trujillo, à prendre à l'angle d'Independencia et av. 28 de Julio, ou encore à l'angle des av. España et del Ejército. À Huanchaco, arrêt sur la route côtière. Sinon, compter 20 NS en taxi.

➢ ***Lima :*** avec *TRC Express (av. La Rivera 752, face au poste de police ; ☎ 46-24-07),* 3-4 bus/j. (1 le midi ven et dim, 3 le soir tlj). Liaisons également pour ***Chiclayo*** et ***Huaraz.***

Où dormir ?

De bon marché à prix modérés (moins de 90 NS / env 27 €)

Hostal-camping Naylamp : *av. Víctor Larco 1420. ☎ 46-10-22. • hostalnaylamp.com • Presqu'au bout du front de mer. Camping 15 NS/pers avec sa tente, 18 NS/pers avec tente louée. Nuitée en dortoir 20 NS ; doubles avec sdb 60-75 NS selon étage.* Ici, on peut camper sur un mignon petit terrain ombragé et

LE NORD DU PÉROU

surélevé, face à la mer, dormir dans de petits dortoirs de 5-8 personnes bon marché et propres, ou séjourner dans des chambres parfaitement tenues et agréables. Les plus chères, au 1er étage, sont plus grandes et plus lumineuses et toutes bénéficient d'un charmant patio planté de cactées et d'arbres, avec hamacs ! Sanitaires très corrects. Garage privé, laverie, cuisine à dispo et un snack pour le petit déj (non inclus dans le prix), où l'on peut aussi grignoter sandwichs, pâtes et pizzas. Bonne atmosphère mêlant routards et surfeurs. Notre coup de cœur à Huanchaco !

Hospedaje El Boquerón : *Ricardo Plama 330. ☎ 46-19-68. • maznaran@hotmail.com • Passer la jetée, dans la rue après le resto Big Ben. Compter 10-15 NS/pers selon durée et confort.* Un *hospedaje* principalement fréquenté par des routards francophones, tenu par Maria-Eugenia qui a vécu une trentaine d'années en France. Ambiance chaleureuse, vraiment très *roots* ! Des chambres simples au joyeux désordre, peu de sanitaires et un micro-patio où l'on se retrouve pour discuter de tout et de rien entre djeun's. Pour les petits groupes, un studio un peu plus cher à partager sur le toit. Cuisine et machine à laver à dispo. Une adresse pour ceux qui recherchent la convivialité plus que le confort.

Hotel Sol de Huanchaco : *Robes 212. ☎ 46-16-17. • hotelsoldehuanchaco.com • Sur l'av. La Rivera, prendre Los Pinos puis 1re à gauche et à droite. Doubles 60-80 NS selon saison.* Un hôtel moderne, destiné à une clientèle familiale et calme. Chambres de bon confort, colorées, certaines avec balcon, d'autres plus sombres avec fenêtres intérieures, mais toutes avec un bon lit et des sanitaires pimpants. Un excellent rapport qualité-prix pour cette adresse sérieuse.

Cocos Beach : *av. Largo 1500. ☎ 46-10-23. • hostelcocosbeach.com • Au bout du front de mer. Dortoir 20 NS/pers. Doubles 65-100 NS selon saison.* N'allez pas imaginer cocotiers et cocktails au bord d'une piscine, le *Cocos Beach* est une pension sans prétention ! Chambres et petits dortoirs répartis dans un bâtiment donnant sur la plage. Pas de vue directe, mais une petite terrasse permet d'observer le vol bien sage des pélicans au ras de l'onde. Un peu excentré, mais résolument d'un bon rapport qualité-prix.

Prix moyens (90-130 NS / env 27-39 €)

Huanchaco Hostal : *av. Víctor Larco 185, sur la pl. de Armas. ☎ 46-12-72. • huanchacohostal.com • Double avec sdb env 120 NS.* Calme, impeccable et bien situé. Réception sympathique avec cheminée et escalier en colimaçon, chambres agréables. Également un patio intime avec petite piscine, billard, table de ping-pong et cafétéria. Excellent accueil et excellente adresse !

Hostal La Rivera : *av. La Rivera 410-412. ☎ 46-10-03. • lariverain@hotmail.com • Doubles avec sdb 80-120 NS selon vue et saison (petit déj inclus en hte saison).* Petit hôtel proposant des chambres bien tenues avec une superbe vue sur la mer. Pas de déco particulière et dessus-de-lit un brin tristounets, mais l'ensemble reste très correct. Charmant accueil.

De chic à plus chic (130-200 NS et plus / env 39-60 €)

Hotel Club Colonial : *av. La Rivera 514. ☎ 46-10-15. • colonial@hotmail.com • Doubles 150-200 NS selon vue et saison, petit déj inclus.* Un bâtiment récent, campé face à l'océan. Une dizaine de chambres spacieuses et confortables, toutes avec balcon. Une adresse cosy dont on apprécie également le resto (cf. « Où manger ? »).

Hostal Huankarute : *av. La Rivera 312. ☎ 46-17-05. • hostalhuankarute.com • Doubles env 195-210 NS selon confort, petit déj inclus ; également 3 chambres sans vue à 130 NS ; réduc jusqu'à 40 % hors saison.* Petit immeuble moderne derrière un haut mur peint avec une bien triste piscine dans le parking. Chambres plaisantes et bien finies, toutes personnalisées, et suites spacieuses avec baignoire et balcon donnant sur le large... L'ensemble peut convaincre si on arrive à dégoter un bon prix.

Où manger ?

Bon marché (moins de 15 NS / env 4,50 €)

Chocolate Café : *av. La Rivera 752, face à un petit jardin entre le front de mer et la pl. de Armas.* ☐ *62-69-73. Tlj sf mar 7h30-19h30.* Jolie bâtisse toute rose, genre maison de poupée, avec gros canapés et petits recoins. Idéal pour un bon petit déj (chocolat ou café) et à toute heure pour des salades bio, sandwichs, wraps et autres plats simples. Les gourmands feront un sort à de grosses parts de gâteaux maison. Tenu par Kelly, une sympathique Hollandaise.

De prix moyens à chic (15-40 NS / env 4,50-12 €)

Casa Tere : *av. Víctor Larco 132, sur la pl. de Armas.* ☎ *46-11-97. Tlj 19h-23h.* Une charmante façade blanche avec, à l'intérieur, une adorable petite salle rustique ne contenant que quelques tables. Cuisine italienne surtout, avec, pour spécialités, le *lomo a los tres quesos,* le *pescado a la florentina* ou *a la venecia.* Sinon, pâtes, pizzas et quelques snacks. Rien à redire, c'est bon et soigné. Et l'accueil est à l'avenant.

El Anzuelo : *av. Víctor Larco 730.* ☎ *46-11-57. Tlj 10h-2h.* Ici, poissons et fruits de mer le jour, grillades le soir. Le tout à prix vraiment raisonnables, avec des formules pour tous les budgets et dans une ambiance informelle. Agréables salles et quelques tables en terrasse, face à la plage.

Restaurant El Tramboyo : *jr. Unión 110, sur la petite place face à la jetée.* ☎ *63-65-43. Tlj midi et soir.* Une salle triste et froide et quelques tables sur le trottoir séparées du flux et reflux de l'océan par une petite placette. Sûr, on ne vient pas ici pour le décor ! Mais, *caramba y desolación,* dès qu'on plonge le nez dans l'assiette, on retrouve le sourire : excellent *picante de mariscos* le midi et *mariscos a la parrilla* le soir, avec un bon crabe bien plein qu'on s'empresse de vider, le tout à prix bien inférieurs à ceux du front de mer. Gestion familiale avec la mamie qui apporte son savoir-faire aux fourneaux.

Plus chic (plus de 40 NS / env 12 €)

Restaurant Club Colonial : *av. La Rivera 514.* ☎ *46-10-15. Tlj 12h-22h. Plats 30-40 NS.* L'un des meilleurs restos de cette station balnéaire. Belle terrasse, l'océan en toile de fond. La salle est arrangée avec beaucoup de goût : mobilier ancien, bar en boiserie, gros carrelage, vitrail et piano dans un coin. Ambiance plus cosy le soir et, surtout, bonne cuisine : *pescado en salsa de langostino, lomo fino Maître d'hôtel* et aussi *fettucine* ou *lasagne.*

Lucho del Mar : *av. Víctor Larco 750.* ☎ *46-12-16. Tlj sf lun 10h-16h. Plats 30-35 NS ; moins cher le midi.* Un peu plus cher que son voisin *El Anzuelo,* mais service costumé et belle terrasse orientée vers les flots. Cuisine typique principalement axée sur les produits de la mer et bons *ceviches.*

Restaurant Big Ben : *av. Víctor Larco 1184.* ☎ *46-13-78. Tlj 11h30-17h30 et le soir jeu-sam. Plats env 50 NS.* Maintes fois récompensée, la qualité de ce restaurant, le plus cher de Huanchaco, n'est plus à défendre. On déjeune en terrasse, face à la mer, dans un cadre élégant et très contemporain. Pour nos lecteurs tentés par un (petit) coup de folie.

Où boire un verre ?

🍷 ***Sabes Bar :*** *av. Víctor Larco 1220. Reconnaissable à son enseigne en forme de point d'interrogation. Ouv à partir de 19h.* Une maison pleine de recoins avec des canapés blancs, face à la mer, où règne une ambiance très relax. Bonne musique, vrais cafés et bon choix de cocktails. C'est sans doute aussi un des rares endroits du Pérou où l'on peut faire un billard face à la mer.

CAJAMARCA

env 150 000 hab. IND. TÉL. : 076

Jolie petite ville, entourée de collines verdoyantes et jouissant d'un climat agréable, située à 2 750 m d'altitude. Les rues sont bordées de maisons coloniales à balcons de bois et aux toits de tuiles plates. On dit de Cajamarca qu'elle est la ville la plus espagnole du Pérou. En tout cas, avec sa verdoyante plaza de Armas, elle constitue une halte agréable.

UN PEU D'HISTOIRE

En 1532, Atahualpa y fait étape pour une cure dans les eaux sulfureuses de la région, afin de soigner une blessure. Il campe aux abords de la ville avec toute sa cour et son armée de plus de 30 000 hommes, avant de reprendre la route pour Cuzco, en vue d'asseoir définitivement son pouvoir sur l'Empire inca. Pizarro, bien renseigné, le précède avec ses 183 guerriers, 27 chevaux et ses canons. Il s'installe dans la ville et attire par la ruse Atahualpa dans un guet-apens. Ce dernier, sûr de sa puissance et loin de se méfier des hommes de Pizarro, accepte une invitation à le rencontrer, ayant préalablement consigné ses troupes tout autour de la ville. Pizarro quant à lui a disposé ses troupes autour de l'actuelle plaza de Armas, cachées dans les maisons. Il tente alors le tout pour le tout. Aidé d'un canon placé sur une colline, il effraie les autochtones et capture Atahualpa, sur sa litière. C'est la débandade, les Espagnols, avec leurs armes à feu et leurs chevaux, font fuir toute la suite et l'armée de l'Inca, massacrant au passage quelques milliers d'entre eux. Ce « coup de maître » modifia en quelques heures le cours de l'histoire de l'Amérique du Sud.

Otage des Espagnols, Atahualpa propose alors de remplir la pièce où il est maintenu prisonnier une fois d'or et deux fois d'argent jusqu'à la hauteur de ses bras levés, en échange de sa liberté. Pizarro accepte. Tous les Indiens apportent des merveilles de bijoux de tout le pays. Le tout est fondu allègrement, mais Atahualpa n'est pas libéré pour autant. Il est jugé et condamné à mort (notamment pour inceste !) le 28 août 1533.

Les Espagnols réduisirent à néant toute trace de civilisation inca dans la ville. Il ne subsiste aujourd'hui que la chambre de la rançon *(El cuarto del Rescate)*, pièce où fut précisément emprisonné Atahualpa.

Arriver – Quitter

En bus

🚌 Les compagnies de bus sont situées sur et autour de l'av. Atahualpa *(hors plan par B2)*, à la sortie de la ville. Pour rejoindre cette avenue, à env 1,5 km de la plaza de Armas, remonter Amalia Puga, puis la grande av. Los Heroes. L'av. Atahualpa se trouve dans le prolongement.

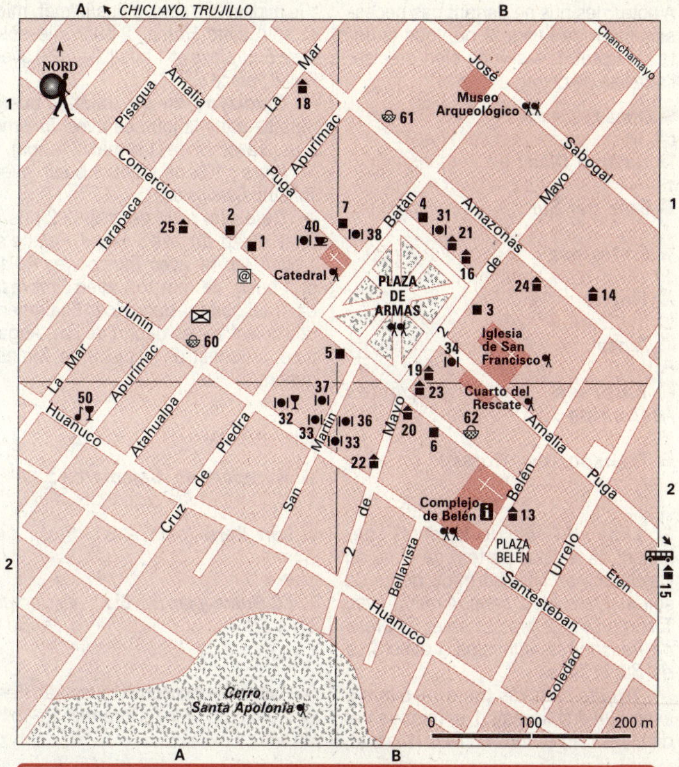

CAJAMARCA

Adresses utiles

- **1** Casas de cambio
- **2** Banco de Crédito
- **3** Interbank
- **4** Cumbe Mayo Tours
- **5** Lan Perú
- **6** LC Busre
- **7** Lavandería Dandy

Où dormir ?

- **13** Hospedaje Belén
- **14** Hospedaje Los Jazmines
- **15** Hostal Los Balcones de la Recoleta
- **16** Hostal Plaza
- **18** Hotel Prado
- **19** Hostal Casona del Inca
- **20** Hospedaje Posada Belén
- **21** Hostal Santa Apolonia
- **22** Hotel Cajamarca
- **23** Hotel Casa Blanca
- **24** Hotel Continental
- **25** Hotel El Portal del Marqués

Où manger ?

- **31** Restaurant Salas
- **32** Sanguchon Grill & Bar
- **33** El Marengo
- **34** Don Paco
- **36** La Vaca Loca
- **37** El Pez Loco

Où faire une pause sucrée ?

- **40** Café-bar Cascanuez

Où boire un verre ? Où sortir ?

- **32** Sanguchon Grill & Bar
- **50** La Rumba

Achats

- **60** Los Alpes
- **61** Mercado central
- **62** Mercado artesanío

À noter : les bus ne partant pas nécessairement de l'endroit où vous achetez le ticket, faites-vous bien préciser l'adresse de départ.

■ **Linea :** *av. Atahualpa 318.* ☎ *36-61-00.* • *transporteslinea.com.pe* •
■ **Turismo Dias :** *av. Atahualpa 307.* ☎ *34-43-22.* • *turdias.com* •
■ **Cruz del Sur :** *av. Atahualpa 600.* ☎ *36-20-24.* • *cruzdelsur.com.pe* •
■ **Emtrafesa :** *av. Atahualpa 299.* ☎ *36-96-63.* • *emtrafesa.com* •
■ **Horna :** *av. Atahualpa 313.* ☎ *36-32-18.* • *transporteshorna.pe* •
■ **Tepsa :** *angle de Sucre et Reyna Farje.* ☎ *36-33-06.* • *tepsa.com.pe* •
■ **Empresa de Transportes Atahualpa :** *av. Atahualpa 299.* ☎ *36-30-60.*
■ **Transportes Rojas :** *av. Atahualpa 405.* ☎ *34-05-48.*

➢ **Lima :** 14-16h de trajet. Globalement, ts les bus partent de Lima ou Cajamarca en fin d'ap-m ou début de soirée. Dans les 2 sens, 4 bus/j. avec *Turismo Dias,* 2 avec *Linea* et *Empresa de Transportes Atahualpa,* 1 avec *Cruz del Sur* et *Tepsa.*
➢ **Trujillo :** 6h de trajet. 4-5 bus/j. avec *Linea* (1 le mat, 1 le midi ven et dim, 3 le soir) et *Turismo Dias* (1 le mat, 1 le midi et 2 le soir), 3 bus/j. (mat, midi et soir) avec *Horna,* 2 bus/j. (le soir) avec *Emtrafesa* et 1 bus/j. (le midi) avec *Royal Palace's.*
➢ **Chiclayo :** 6h de trajet. 4 bus/j. répartis dans la journée avec *Turismo Dias,* 3 avec *Linea* (1 le mat, 2 le soir).
➢ **Piura :** 10h de trajet. 1 bus/j. avec *Turismo Dias* (le soir).
➢ **Celendín :** 4h de trajet. 2 bus/j. (mat et ap-m) avec *Royal Palace's,* 1 bus/j. (ap-m) avec *Transportes Rojas* et 1 bus/j. (le mat tôt) avec *Empresa de Transportes Atahualpa.* Également des *colectivos* au départ de l'av. Angamos, à l'ouest de la plaza de Armas, cuadra 11.

En avion

✈ **Aéroport de Cajamarca :** *à env 4 km au sud-ouest du centre-ville.*

■ **Lan Perú** *(plan A-B1,* **5***) : jr. del Comercio 832.* ☎ *36-74-41.* • *lanperu.com* • *Lun-ven 9h-19h, sam 9h-13h.*
■ **LC Busre** *(plan B2,* **6***) : jr. del Comercio 1024.* ☎ *36-31-15.* • *lcperu.pe* • *Lun-sam 8h30-18h30, dim 9h-14h.*

➢ **Lima :** 2-3 liaisons/j. avec *Lan Perú* et 2 avec *LC Perú.* Compter 1h-1h15 de vol.

Adresses utiles

🛈 **Dirección de turismo** *(plan B2) : Belén 631 ; dans le complejo Belén.* ☎ *36-29-03. Lun-sam 8h-13h, 14h30-17h.* Plein d'infos sur la région, horaires des bus et carte de la ville (payante). Très efficace.
✉ **Correos - Serpost** *(plan A1) : Apurímac 626. Lun-ven 8h-20h, sam 8h-18h30.*
■ @ **Téléphone et Internet :** *nombreuses possibilités dans les rues tt autour de la plaza de Armas, dont le spacieux* **@tajo** *(plan A1), jr. del Comercio 76. Tlj 8h30-22h.*
■ **Banco de Crédito** *(plan A1,* **2***) : del Comercio 679. Lun-ven 9h-18h30, sam 9h-13h.* Change les chèques de voyage.
■ **Distributeurs :** *à l'***Interbank** *(plan B1,* **3***), sur la pl. de Armas, et au* **Banco de Crédito** *(plan A1,* **2***), del Comercio 679.*
■ **Change :** pour les euros à l'*Interbank* et au *Banco de Crédito*, mais il y a également plusieurs ***casas de cambio*** *(plan A1,* **1***)* à l'angle d'Apurímac et de Comercio, en face du *Banco de Crédito (ouv grosso modo lun-sam 9h-13h30, 15h-20h ; certaines ouv dim).*
✚ **Hospital regional de Cajamarca :** *av. Larry Jhonson, s/n, barrio de Mollepampa.* ☎ *59-90-30 et 59-90-36 (urgences).*
■ **Cumbe Mayo Tours** *(plan B1,* **4***) : Amalia Puga 635, pl. de Armas.* ☎ *36-29-38. Tlj 8h-22h.* Trois guides très sympathiques : Luz, qui parle un peu le français, Marcelino et surtout Manuel, qui connaît parfaitement sa région et guide les touristes dans le

coin depuis plus de 25 ans. Prix normaux. Ils peuvent aussi vous donner de bonnes infos, y compris pratiques, sur toutes les excursions à faire, dont celles autour de Kuelap.

■ ***Lavandería Dandy*** *(plan A-B1,* ***7****) : Amalia Puga 545. Tlj sf dim 8h-20h.* Prix au poids (bon marché).

Où dormir ?

En général, pas de problème pour se loger, sauf vers le 28 juillet, lors de la grande fête de la Nation, et pendant le carnaval, fin février.

De bon marché à prix modérés (moins de 90 NS / env 27 €)

☗ ***Hospedaje Belén*** *(plan B2,* ***13****) : Belén 642. ☎ 31-25-15. Double env 25 NS.* Dans une calme rue piétonne, l'une des plus agréables de la ville, des chambres simples mais propres, qui s'étagent autour d'un calme patio. Lit correct avec matelas et draps propres, et sanitaires communs nickel, avec eau chaude. Tenu par une jeune fille soigneuse, c'est incontestablement la meilleure adresse pour les petits budgets, comparée aux hébergements qui dans cette gamme de prix sont sales, bruyants et vétustes.

☗ ***Hospedaje Los Jazmines*** *(plan B1,* ***14****) : Amazonas 775. ☎ 36-18-12. • hospedajelosjazmines.com.pe • Doubles sans ou avec sdb env 60-80 NS.* Demeure traditionnelle avec jardin intérieur soigné et délicieusement fleuri, sur lequel donnent les chambres. Les n°s 6, 7, 8 ou 9, avec des boiseries partout, sont particulièrement agréables. Vue sur les collines qui encerclent la ville. Juste en bas, un salon de thé et une agréable terrasse où prendre son petit déj (un peu cher toutefois).

☗ ***Hostal Plaza*** *(plan B1,* ***16****) : pl. de Armas 669. ☎ 36-20-58. Dortoir 15 NS/pers ; doubles sans ou avec sdb env 50-60 NS. Réduc dès la 2e nuit.* Un vieux grand hôtel avec un balcon intérieur en bois et des chambres soignées, à la déco assez délirante pour la plupart (avec de grosses fleurs en plastique, des tas de nounours et d'objets hétéroclites). La jeune et dynamique gérante s'est lâchée ! Pour les petits budgets, de bons dortoirs de 5 lits avec sanitaires impeccables. Une adresse on ne peut plus centrale, au rapport qualité-prix-accueil excellent.

☗ ***Hotel Prado*** *(plan A1,* ***18****) : La Mar 582. ☎ 34-47-72. • hotelpradocajamarca.com • Doubles sans ou avec sdb env 35-70 NS.* Un hôtel qui cache bien son jeu avec sa façade en crépi tout gris pas franchement avenante. Les chambres, en revanche, sont presque pimpantes et tout à fait propres. Elles s'organisent autour d'un patio sous verrière. Et comme il y en a plus de 50, c'est sûrement ici que vous trouverez votre bonheur si tout est complet ailleurs. Accueil gentil comme tout.

Prix moyens (90-130 NS / env 27-39 €)

☗ ***Hostal Santa Apolonia*** *(plan B1,* ***21****) : Amalia Puga 649, sur la pl. de Armas. ☎ 36-72-07. • hostalsantapolonia@hotmail.com • Double avec sdb env 110 NS.* Petit patio avec verrière de couleur. Notez, dans la réception, la reproduction miniature de la grotte de Santa Apolonia. Propose de petites chambres assez plaisantes, qui en tout cas manifestent un effort au niveau de la déco. La plupart sont intérieures et donc calmes. Une adresse sérieuse mais à l'accueil un peu froid.

☗ ***Hospedaje Posada Belén*** *(plan B2,* ***20****) : jr. del Comercio 1008. ☎ 36-10-05 ou 34-06-81. • posadabelen@hotmail.com • Doubles avec sdb env 90-110 NS.* Un établissement sans prétention abritant des chambres bien nettes, certes un peu exiguës mais avec tout le confort et des lits fermes. Celles accessibles par la coursive extérieure sont les plus lumineuses.

☗ ***Hostal Los Balcones de la Recoleta*** *(hors plan par B2,* ***15****) : Amalia Puga 1050. ☎ 36-44-46. • luchi92000@*

hotmail.com ● *À peine excentré. Double avec sdb env 90 NS.* Cadre typique de Cajamarca, la maison est d'ailleurs considérée comme patrimoine architectural de la ville. Autour d'un calme petit jardin intérieur fleuri, des chambres un peu rustiques, qui auraient bien besoin d'être aérées. Personnel sympa. Le patron, Víctor, a ouvert un resto que l'on évitera gentiment.

Chic (130-200 NS / env 39-60 €)

Hotel Cajamarca (plan B2, **22**) : *2 de Mayo 311.* ☎ *36-25-32.* ● *hotelcajamarca@gmail.com* ● *Double 180 NS, petit déj inclus.* Dans une demeure espagnole restaurée, avec patio et balcons de bois, sur lesquels donnent les chambres. Celles-ci, équipées de lits confortables, sont simples et bien tenues. D'autres, de style rustique ou romantique, autour d'un 2e petit patio sont encore plus calmes. Le resto, *Los Faroles,* est lui aussi tout à fait recommandable (voir « Où manger ? »). Accueil très pro.

Hostal Casona del Inca (plan B1, **19**) : *2 de Mayo 458, pl. de Armas.* ☎ *36-75-24.* ● *casonadelincaperu.com* ● *Doubles env 130-150 NS, petit déj inclus.* Dans une vieille *casona* joliment restaurée où le sol, irrégulier, craque encore sous chaque pas. Les chambres sont agréablement rustiques (mais quel dommage, ces vieilles moquettes !), avec des poutres et du mobilier en vieux bois. Celles qui donnent sur la place sont assez bruyantes, préférer celles sur le patio intérieur, sous verrière. Agence de voyages sérieuse dans le hall, avec quelques guides francophones.

Hotel Casa Blanca (plan B1-2, **23**) : *2 de Mayo 446, sur la pl. de Armas.* ☎ *36-21-41. Double env 140 NS, petit déj inclus.* Hôtel bien tenu. Dans une très belle maison avec des boiseries qui lui confèrent un côté rustique agréable. Les chambres, plutôt simples mais spacieuses, donnent sur un patio intérieur avec fontaine, certaines ont été refaites récemment, tandis que d'autres sont vieillissantes. Essayer d'en voir plusieurs. Bon accueil.

Plus chic (plus de 200 NS / env 60 €)

Hotel El Portal del Marqués (plan A1, **25**) : *del Comercio 644.* ☎ *36-84-64.* ● *portaldelmarques.com* ● *Double env 200 NS, petit déj inclus.* Un endroit que l'on vous recommande vivement. Déjà, le lobby, garni de fauteuils moelleux, fait bonne impression. Et cela ne se dément pas au niveau des chambres, fraîches et pimpantes, autour d'un patio plein de verdure (évitez toutefois celles côté rue, bruyantes). Bon petit déj dans une salle colorée, bar agréable et salle DVD grand écran pour le soir. Accueil à l'image du reste.

Hotel Continental (plan B1, **24**) : *Amazonas 760.* ☎ *36-27-58 ou 40-77.* ● *hotelescontinental.com.pe* ● *Double 210 NS.* L'un des hôtels les plus luxueux de la ville, mais pas le plus charmant. L'ensemble est irréprochable mais un peu sombre et anonyme. Autour d'un vaste patio sous verrière, des chambres à la moquette épaisse, certaines avec baignoire balnéo, qui conviendront à ceux qui recherchent avant tout le confort standard des hôtels chic et leurs services.

Où manger ?

De bon marché à prix moyens (moins de 25 NS / env 7,50 €)

Tout le long de la calle Amazonas, des vendeurs se succèdent, proposant *anticuchos* (brochettes d'abats), *humitas,* fromage, pain, etc.

Restaurant Salas (plan B1, **31**) : *Amalia Puga 637, sur la pl. de Armas.* ☎ *36-28-67. Tlj jusqu'à 22h30. Menu déj 12 NS.* Un des plus vieux restos de la ville. Atmosphère chaleureuse de cantine, grande salle où s'affairent une demi-douzaine de garçons en nœud pap'. À la carte, des plats simples et copieux à tous les prix, de l'*estofado de gallina* au *picante de cuy* en passant par la *trucha frita con puré*, les *papas a la huancayna* et autres spécialités régionales. Une bonne adresse.

Sanguchon Grill & Bar (plan A2, **32**) : *Junín, cuadra 11. Tlj sf dim 18h-23h (minuit ven-sam).* Sandwicherie sympa avec un grill à l'entrée et une petite salle sur la droite, derrière un panneau de verre. Pour un sandwich donc, plutôt à la viande (chaude) avec des crudités, mais il y a toute une liste. On peut aussi y boire un verre. Presque une atmosphère de pré-fiesta.

El Marengo (plan A2 et A-B2, **33**) : *Junín 1201 et San Martín 323. ☎ 36-80-45. Tlj à partir de 19h.* Spécialité de pizzas au feu de bois. On aura le choix entre la petite salle intime avec des tables et bancs en bois sur Junín ou la grande salle festive dans le nouveau resto sur San Martín. Deux restos en un, qui ne désemplissent pas !

Don Paco (plan B1, **34**) : *Amalia Puga 726. ☎ 36-26-55. Tlj sf lun. Plats env 10-30 NS.* Un vrai coup de cœur pour ce resto proposant un vaste choix de plats, pour tous budgets, dans un cadre chaleureux. *Cuy glaseado*, risotto aux champignons, magret de canard, *hamburguesas* et *pastas*... On vous recommande particulièrement les *ravioles de ricota*, l'occasion de goûter aux délicieux fromages locaux, spécialités de Cajamarca. Bon choix de vins chiliens à prix raisonnables. Service un peu long, mais tout est préparé à la demande.

La Vaca Loca (plan B2, **36**) : *San Martín 320. ☎ 36-82-30. Tlj sf lun 18h-23h.* Ne pas se laisser décourager par le nom (« la vache folle »), il s'agit d'un petit resto sans prétention servant une honnête cuisine italienne et des pizzas sagement tarifées. Cadre sympa, tout coloré, et bon accueil.

Chic (25-40 NS / env 7,50-12 €)

El Pez Loco (plan A2, **37**) : *San Martín 333. ☎ 36-15-57. Tlj sf dim soir.* Voici « le poisson fou » ! Spécialités de poisson et de fruits de mer, vous l'aviez deviné, proposés à toutes les sauces. C'est bon et copieux, à un prix très raisonnable. Excellents *ceviche* et avocat farci aux fruits de mer, mais aussi des plats de viande pour les irréductibles carnivores. Une adresse un brin élégante qui marche fort.

Où faire une pause sucrée ?

Café-bar Cascanuez (plan A1, **40**) : *Amalia Puga 554. ☎ 36-60-89. Tlj 5h-21h.* Joli salon de thé aux murs colorés et à la déco cosy. On vient y savourer un morceau de tarte aux pommes aux noix de pécan ou une part de gâteau au chocolat, avec un vrai café. Également des plats salés pour la pause déjeuner, notamment un bon hamburger (!). Clientèle un peu bourgeoise.

Où boire un verre ? Où sortir ?

La Rumba (plan A2, **50**) : *Apurímac 519. Ouv en fin de sem slt, pas avt 21h.* Dans la rue des universités et des écoles, une boîte de nuit et *peña* fréquentée par la jeunesse de Cajamarca.

Voir aussi le ***Sanguchon Grill & Bar*** *(plan A2, **32**)*, décrit plus haut dans « Où manger ? ».

Achats

Los Alpes (plan A1, **60**) : *Junín 965. Lun-sam 8h-22h, dim 9h-21h.* Parce qu'il faut absolument manger du fromage à Cajamarca ! Grand choix de fromages faits maison. Goûtez au fromage fumé et aux délicieux petits gâteaux *briceletes de queso*. On y trouve aussi du *manjar*, cette sorte de confiture de lait nature ou aromatisée.

Mercado central *(plan B1, **61**) : Amazonas 511.* Pour faire des achats, bien sûr, mais aussi pour prendre un petit bain de vie locale le matin, à l'heure où les locaux viennent y avaler leur petit déjeuner. Dans la rue Amazonas, autour du marché, vous trouverez aussi de nombreuses boutiques vendant des fromages et autres produits laitiers.

Mercado artesanío *(plan B2, **62**) : jr. del Comercio 1029. Tlj 9h-20h.* Dans une petite cour, plusieurs boutiques classiques de souvenirs et, plus intéressants, quelques vendeurs d'artisanat.

À voir

Plaza de Armas *(plan A-B1-2)* **:** c'est ici qu'eut lieu le choc des cultures espagnole et inca, en 1532, et qu'Atahualpa fut exécuté par strangulation en 1533. Jolie fontaine coloniale taillée dans un seul bloc de pierre. D'un côté s'élève la cathédrale, de l'autre l'église *San Francisco.*

Catedral *(plan A1)* **:** *pl. de Armas, pardi !* Il fallut 250 ans pour la construire (elle ne fut achevée qu'en 1960 !)... sans doute parce que la vice-royauté espagnole n'exigeait pas d'impôt tant que l'église n'était pas terminée. D'ailleurs, le clocher n'est toujours pas construit. Façade de style plateresque, un peu surchargée. Elle fut réalisée notamment avec des pierres de palais incas d'origine volcanique. Ils ne respectaient donc rien, ces gens-là !

Iglesia de San Francisco *(plan B1)* **:** *pl. de Armas.* Là encore, façade très ouvragée, hésitant entre le classique et le baroque. Le résultat est intéressant. Belle chaire de bois sculpté à l'intérieur. Par le bras gauche du transept, on accède à une chapelle possédant une très belle voûte en pierre sculptée.

Cuarto del Rescate *(chambre de la rançon ; plan B1-2)* **:** *Amalia Puga 750. Mar-sam 9h-13h, 15h-18h ; dim 9h-13h. Entrée : 5 NS (ticket combiné avec l'église du complejo de Belén et les Musées archéologiques et ethnographiques).* C'est l'un des rares vestiges incas de la ville, récemment restauré. Rien ne prouve que c'est dans cette même pièce que fut amassée la rançon d'Atahualpa pour sa libération qui, rappelons-le, offrit l'équivalent d'une fois d'or et deux fois d'argent, jusqu'à la hauteur de ses bras levés... Des peintures à l'entrée rappellent sa capture et son emprisonnement.

Complejo de Belén *(plan B2)* **:** *Belén, sur une petite place. Tlj sf dim ap-m et lun 9h-13h, 15h-18h. Entrée : 5 NS (billet commun avec les 2 musées voisins et el Cuarto del Rescate).*
Venez-y surtout pour l'église qui présente une belle façade ouvragée, là encore de style plateresque. La plus jolie de la ville. Elle fut terminée au milieu du XVIIIe s. Les portes et la chaire (style rococo) sont aussi magnifiquement travaillées. Noter les atlantes de la coupole, angelots en jupe plissée et polychromes qui semblent faire les cornes aux fidèles. Dans le complexe même, expos temporaires (entrée libre). De l'autre côté de la rue Junín, un ancien hôpital accueille deux petits musées archéologiques et ethnographiques *(mar-sam 9h-13h, 15h-18h, dim slt le mat ; entrée 5 NS – même billet que l'église du complejo de Belén et el Cuarto del Rescate).* Les niches, où sont exposées des poteries et céramiques d'un peu toutes les cultures pré-incas du Pérou, étaient les « chambres » des malades. Au fond de la salle se trouvait l'autel, où le curé donnait l'absolution. Impressionnante momie d'un bébé dans une urne funéraire en forme de vase. Les salles ethnographiques, au fond à gauche, proposent une petite collection d'artisanat, de masques et des instruments de musique.

Museo arqueológico *(plan B1)* **:** *Batán 289. Lun-ven 8h-14h30. Entrée gratuite, mais donation bienvenue.* Installé au rez-de-chaussée d'une maison ancienne, c'est le Musée archéologique de l'université de Cajamarca. À peine trois pièces, l'ensemble fait un peu fourre-tout mais la collection vaut le coup d'œil. Pas mal de poteries bien sûr, issues de différentes parties du Pérou pré-inca jusqu'à l'époque coloniale, mais aussi des objets en bois, en métal, des textiles et des pierres, le tout abondamment ouvragé. Voir aussi les momies d'enfants de 1 an et de 7 ans, terrifiantes ! Demander que l'on vous ouvre le placard cachant aux regards les plus prudes la douzaine de belles céramiques érotiques *moches* (prononcer « motché » !).

Cerro de Santa Apolonia : *accès : 1 NS.* Petite colline dominant la plaza de Armas, où Pizarro fit installer un canon avant la capture d'Atahualpa. Au sommet, le trône de l'Inca, avec un serpent taillé dans la pierre. Très jolie vue sur la ville.

Fêtes et manifestations

- **Carnaval :** *fin fév ou début mars, pdt 4 j.* Le plus délirant du Pérou. Il se déroule au stade *San Ramón,* et non sur la plaza de Armas.
- **Fiesta de las Cruzes de Porcón :** *mars ou avr.* Fête religieuse importante pour célébrer la Semaine sainte.
- **Corpus Christi :** *mai ou juin.* On vient des villages voisins avec de beaux costumes et des groupes de musiciens.
- **28 juillet :** grande fête de la Nation. Difficile de trouver une chambre en ville !

DANS LES ENVIRONS DE CAJAMARCA

Les agences de la plaza de Armas proposent des excursions d'une demi-journée dans ces différents lieux, généralement accompagnées d'un guide. Préférez toutefois les petits groupes pour éviter l'ambiance « troupeau ».

Cumbe Mayo : *à 20 km à l'ouest de Cajamarca. Pas de bus ni de colectivo. En taxi, env 60 NS ou 30 NS/pers avec une agence pour une sortie à la ½ journée. Compter 1h de route dans un superbe paysage. Site ouv tlj 9h-17h. Entrée : 5 NS.* Un très beau site naturel à environ 3 300 m d'altitude (une laine polaire est donc bienvenue dès que le soleil s'éclipse ou quand le vent se lève !). On vous incite à y apporter un pique-nique et à flâner là quelques heures. À l'entrée, un petit musée où vous trouverez un plan du site, des photos et quelques explications géologiques. Ensuite, vous n'avez plus qu'à suivre le sentier (parcours d'environ 2 km) qui vous amène jusqu'à un bel aqueduc taillé dans la roche avec beaucoup d'ingéniosité et qui daterait de 1500 av. J.-C. À l'origine, il descendait jusqu'à Cajamarca. Retour à Cajamarca possible à pied par un chemin contournant le magnifique et très photogénique *cerro Castillo* (compter env 3h).

Baños del Inca : *à 6 km du centre, c'est la principale attraction de Cajamarca. Combis ts les 5 mn sur José Sabogal, à l'angle avec Batán (plan B1), tlj 5h-20h (dernier ticket à 19h). Entrée : 2-6 NS selon formule choisie, 10-20 NS pour le sauna ou un massage.* Atahualpa y soignait déjà une blessure à la suite de la guerre contre son frère. C'est d'ailleurs là qu'il se trouvait avant d'aller à la rencontre de Pizarro. Les vestiges incas ont disparu, mais l'endroit est bien agréable pour se relaxer. Bains individuels ou piscine. Il y a même un sauna et des possibilités de massage. L'eau thermale est chaude et jaillit naturellement de la terre. En outre, on peut y loger, et bien (voir ci-après). Les gens du coin s'y rendent en famille, comme on irait à la piscine (pour un bain de foule et une longue attente, rien de tel que le dimanche !). Petit musée gratuit sur place présentant les curiosités touristiques de la région.

Baños del Inca : *dans le complexe thermal. ☎ 34-83-85. • ctbinca.com.pe • Double en bungalow 150 NS.* Dans un coin du parc verdoyant, 8 bungalows très confortables et spacieux, à la déco soignée avec salon et salle de bains alimentée en eau thermale. Demander l'un des 4 dont les baies vitrées donnent directement sur les bassins. Resto sur place.

Laguna Seca : *av. Manco Cápac 1098. ☎ 58-43-00. • lagunaseca.com.pe • Doubles à partir de 470 NS, petit déj inclus. Transfert aéroport gratuit.* À la sortie nord du village de Baños del Inca, un luxueux complexe hôtelier dans la verdure. À l'entrée, des chevaux (que l'on peut louer) et des alpagas (juste à regarder !) et, un peu partout, des bassins et des canaux d'eau thermale. Une quarantaine de bungalows très bien équipés, avec bon gros lit *king size,* AC et salle de bains spacieuse dotée d'une grande baignoire qu'on peut remplir d'eau thermale. Pour les fortunés désireux de faire une cure thermale dans leur chambre ! Outre les 2 belles piscines, l'établissement dispose aussi d'un spa (dont les non-résidents peuvent profiter), d'un restaurant et d'une cafétéria.

Ventanillas de Otuzco : *à 8 km au nord-est de la ville. Pour s'y rendre, prendre un combi av. Los Heroes, face à l'église La Recoleta, dans le prolongement de l'av. Amalia Purga. Compter 1 NS et 30 mn de trajet. Site ouv tlj 8h30-17h45. Entrée : 5 NS.* Il s'agit d'une nécropole rupestre précolombienne de la période Cajamarca, soit entre 600 et 1200 apr. J.-C. Des centaines de trous servant de sarcophages sont creusés dans la roche, ressemblant à de petites fenêtres, d'où le nom de *ventanillas.* Une attraction très touristique qui mérite malgré tout le détour. Des *combis* font la liaison avec les *baños del Inca.* Nombreux restos *campestres* sur place.

Ventanillas de Combe Mayo : *à 28 km au nord-est de la ville, compter 1h15 de route. Pas de bus ni de colectivo. Y aller en taxi, compter 80-90 NS ; sinon une agence comme* Combe Mayo Tours *propose une excursion à la ½ journée pour 180 NS pour 3 pers avec arrêts aux Ventanillas de Otuzco et dans le cañon.* Bien plus importantes et moins touristiques que celles d'Otuzco, ces nécropoles dispersées sur une majestueuse falaise rocheuse sont impressionnantes et bien préservées. La visite vaut également pour les paysages grandioses à traverser : petite route longeant une rivière dans une vallée encaissée, passages vertigineux à flanc de collines, campagne environnante superbe, surnommée « la Suisse péruvienne »...

Granja Porcón : *à env 30 km au nord-est de la ville, compter 45 mn de route. Pas de bus ni de colectivo. Y aller avec une agence comme* Combe Mayo Tours *qui propose une excursion à la ½ journée pour 25 NS/pers. En taxi, compter 50-70 NS avec temps d'attente. Tlj 7h-17h. Entrée : 5 NS.* Au cœur de l'une des plus vastes forêts de pins du pays, une coopérative agricole, doublée d'une ferme communautaire, où vivent sur près de 11 000 ha plus de 1 000 personnes ! Vivant en totale autarcie, parlant principalement le quechua, les habitants produisent et vendent leur riche production (fromage, tissage, mobilier en pin, champignons, truites, légumes...). L'accueil, dénué du côté mercantile souvent excessif dans ce type de lieu, est chaleureux et ouvert à un bon échange culturel. On ne manquera pas de visiter le riche zoo, installé sur une colline, où une grande variété d'animaux semblent s'épanouir (pumas, singes, renards, autruches, ours, lions, ainsi que de nombreux rapaces et perroquets). Possibilité de louer des chevaux pour une balade. Une belle réussite d'agrotourisme équitable ! En revanche, la présence de trop nombreux panneaux citant des passages de la Bible pourra en exaspérer certains.

Granja Porcón : *sur une colline, légèrement en retrait. ☎ (076) 36-56-31. • granjaporcon.org.pe • Doubles 110-120 NS, petit déj compris.* Dans de calmes bungalows face à une prairie où paît un élevage de vigognes, des chambres simples mais impeccables, avec salle de bains privative et petite salle à partager avec cheminée. Idéal pour une retraite au calme, en pleine nature. Le petit déj est servi dans un bel espace sous verrière offrant une vue superbe. Pour les repas, 2 restos communautaires proposent, à petits prix, une convaincante cuisine locale, bien saine (*cuys,* truites, *ceviche* de champignons...).

Kuntur Wasi (maison du Cóndor) : *site archéologique à env 115 km au nord-ouest de Cajamarca. Pour y aller, prendre un combi ou un minibus pour le village de San Pablo (compter 1h30 de trajet et 10 NS), puis prendre une moto-taxi pour Kuntur Wasi, situé à 4 km. Possibilité également de passer par Chilete, mais le trajet est plus long et nécessite un changement de combi à Chilete. Des agences proposent l'excursion à la journée pour env 400 NS (150 $!) pour un groupe de 5 pers. Tlj sf lun 9h-17h. Entrée : site 5 NS, musée 4 NS.* Perché au sommet d'une colline à 2 300 m d'altitude, le site, certainement de culture chavín, est daté de 1100 à 50 av. J.-C. Il se compose d'une place circulaire qui servait de centre cérémonial, encadrée par trois monolithes sculptés et surplombée d'une plateforme recelant cinq tombes de 1,50 m de diamètre creusées dans la roche. Intéressant musée (entrée en sus), où sont exposés sur trois niveaux des céramiques, une maquette du site et, dans la salle du trésor, un grand nombre de bijoux en or (couronnes, boucles d'oreilles, pendentifs, colliers pectoraux...) découverts récemment dans les nécropoles par une équipe japonaise. Dans les environs proches, d'autres sites, de moindre importance, attendent patiemment d'être fouillés...

KUELAP

Particulièrement difficile d'accès, c'est l'un des plus beaux et des plus mystérieux sites archéologiques des Andes. Récompense garantie, donc, pour ceux qui auront fait l'effort d'arriver jusqu'ici ! Toutefois, un grand projet de télécabine est prévu pour 2016 et devrait permettre aux visiteurs d'accéder à ce haut lieu historique en seulement 20 mn, contre 1h30 de marche aujourd'hui. Après un trajet de 3 km en bus au départ du district de Tingo Nuevo et de 20 mn en télécabine, les visiteurs atteindront le Parador de La Malca, où débuteront les visites de la forteresse.

Arriver – Quitter

De Cajamarca

Outre les agences de Cajamarca qui proposent des excursions personnalisées de 3-4 j. très onéreuses (750 $ pour 2 pers, sans l'hébergement !), le plus simple est de prendre le bus de la compagnie *Virgen del Carmen (av. Atahualpa 333 ; ☎ 076-27-84-57)* qui part vers 4h30 du mat (bien vérifier l'horaire, susceptible de changement) pour Chachapoyas et de descendre à ***Tingo.*** Compter tout de même 10h de route pour env 300 km ! Le paysage, jalonné de précipices et de cactus géants, est magnifique, surtout au niveau de la vallée *del Marañón,* après Celendín, où l'on peut voir d'un côté la cordillère Centrale et, de l'autre, la cordillère Occidentale.

Une autre solution consiste à prendre ce même bus et descendre à ***Leymebamba,*** à 50 km avant Tingo. On pourra sur place visiter le superbe *museo de Momias* (regroupant plus de 300 momies !), dormir dans l'un des 3 *hospedajes* et repartir le lendemain matin par bus ou *combi* pour Tingo.

Enfin, ceux qui ont un peu de temps pourront couper le trajet en deux et prendre le bus pour le village de ***Celendín*** (à 4h de route, lire la rubrique « Arriver – Quitter » à Cajamarca) et prendre le bus quotidien du lendemain matin.

De Tingo, compter 4h de marche pour atteindre Kuelap (voir plus bas les détails).

De Chiclayo

Les compagnies de bus *Móvil Tours, Trans Service Kuelap* et *Civa* proposent chacune un départ en soirée pour ***Chachapoyas.*** La route est désormais presque entièrement asphaltée, ce qui ramène à 9h la durée du trajet. Après

avoir quitté le désert côtier, on franchit le col de l'*Abra de Porculla* (2 140 m), puis on redescend dans des vallées verdoyantes pour traverser le Marañón, affluent de l'Amazone, près de Jaén, avant d'arriver à Chachapoyas, loin de tout.
De Chachapoyas, où les possibilités de loger et manger ne manquent pas, prendre un *combi* pour ***Tingo,*** le village d'où part le chemin vers Kuelap. Malheureusement, ceux-ci ne partent guère avant 12h, car il s'agit de véhicules ramenant chez eux les paysans de la région venus à Chachapoyas le matin pour écouler leurs marchandises... ce qui reporte la visite des ruines au jour suivant, vu qu'il faut encore marcher 4h de Tingo à Kuelap. Sinon, de nombreuses agences proposent l'excursion dans la journée, au départ de Chachapoyas.

Où dormir ? Où manger dans les environs ?

À Tingo

🏠 🍽 ***Hospedaje León*** et ***hostal Tingo,*** sommaires mais pas chers du tout *(env 20-25 NS/pers, avec douche commune)*, ou à 5 km, ***hostal El Chillo,*** un complexe plus confortable de bungalows à environ 120 NS pour 2, où l'on peut aussi manger (et plutôt bien). Il y a également le ***restaurant Kuelap,*** plus ancien. Si vous voulez aller à cheval jusqu'aux ruines, c'est à ce resto qu'il faut se renseigner. Enfin, sur le site même, on trouvera une bonne petite auberge pour déjeuner.

À Leymebamba

🏠 🍽 Plusieurs logements à prix modérés, dont l'***hospedaje Laguna de los Cóndores*** *(jr. Amazonas 320, à proximité de la pl. de Armas ; ☎ 041-79-79-08 ; • loscondoreshostal.com •)* et l'***hotel La Casona*** *(Amazonas 223 ; ☎ 041-83-01-06 ; • casonadeleymebamba.com •)*. Font également resto et agence de voyages.

À Celendín

🏠 Possibilité de loger à prix modérés à l'***hostal Celendín*** *(pl. de Armas ; ☎ 076-55-50-41)*, à l'***hostal Turistas*** *(José Galvez 507 ; ☎ 076-55-50-47 ; • hostalturistas.com •)*, ou encore à l'***hotel Imperial*** *(jr. 2 de Mayo 568 ; ☎ 076-55-54-92)*.

Comment y aller depuis Tingo María ?

➢ ***En voiture :*** encore faut-il en trouver une. De plus, le trajet n'est pas si court (compter 1h30-2h) car le chemin fait tout un détour, par le village de *María*.
➢ On vous conseille plutôt d'y aller ***à pied,*** par le chemin, bien marqué (pas nécessaire de prendre un guide), qui part de Tingo, plus de 1 000 m en contrebas des ruines. Compter environ 4h pour l'aller, 2-3h pour le retour (ça descend !). Tâchez de partir tôt si vous voulez rentrer avant la nuit. On peut aussi dormir près des ruines, chez des particuliers, qui offrent aussi le couvert. Simplissime mais pas cher. Se renseigner auprès des habitants ou de la personne qui vend les tickets à l'entrée des ruines. Attention, la nuit, il y fait froid : on est à 3 025 m. On repart le lendemain matin. Le lever du soleil sur la forteresse dominant la vallée est un must !
➢ ***À cheval :*** si, si, c'est possible aussi. Se renseigner au resto *Kuelap.*

Les ruines

Accès tlj 8h-18h. Entrée : 20 NS.
Perché à plus de 3 000 m, sur une crête de montagne, Kuelap, une citadelle de près de 600 m de long sur un peu plus de 100 m de large, est non seulement l'un des plus beaux sites archéologiques des Andes, mais aussi l'une des plus importantes

constructions précolombiennes en pierre du continent. C'est bien simple, pour l'édifier, on dit qu'il fallut trois fois plus de pierres que pour la grande pyramide de Khéops. Le site date du Xe s et fut découvert en 1843 par un juge de Chachapoyas, avant d'être étudié par les archéologues français, Bordelier et Langlois, dans les années 1930. On entre dans la cité par une étroite porte de 15 m de haut, qui obligeait à emprunter une série de couloirs entre deux murailles avant de pénétrer dans la citadelle, histoire d'en décourager l'assaut. La muraille extérieure atteint par endroits plus de 20 m de haut. L'intérieur du complexe renferme deux autres murailles moins hautes que la première, abritant elles-mêmes des vestiges d'habitat, de palais et de temples recouverts de végétation. Sur quelques murs apparaissent encore des frises en pierre. Une tour d'observation domine l'ensemble... et la région.

CHICLAYO

env 500 000 hab. IND. TÉL. : 074

Grande ville moderne et très active, où l'on peut chiner des herbes médicinales. En fait, pas grand-chose à y faire, l'intérêt de la ville se trouve surtout dans ses environs, qui comprennent plusieurs sites et musées parmi les plus intéressants du pays. À 11 km de là, par exemple, le village de *Lambayeque* possède l'excellent *museo Tumbas Reales de Sipán,* qui abrite les trésors d'une des plus grandes découvertes archéologiques du Pérou de ces 50 dernières années.

Arriver – Quitter

En bus

Les *colectivos* et *combis* pour les villes ou sites aux alentours de Chiclayo comme Sipán, Ferreñafe, bosque de Pomac et Zaña partent du ***terminal terrestre Epsel,*** situé sur l'av. Nicolás de Piérola, à l'angle de l'av. Oriente *(hors plan par B1).*

Les grandes compagnies nationales se trouvent généralement sur et autour de l'***av. Bolognesi*** *(plan A-B2).*

■ ***Linea :*** *av. Bolognesi 638. ☎ 23-34-97. ● transporteslinea.com.pe ●*
■ ***Emtrafesa :*** *av. Balta 110. ☎ 22-55-38. ● emtrafesa.com ●*
■ ***Empresa de Transportes Chiclayo :*** *José Leonardo Ortiz 10. ☎ 22-36-32. ● transporteschiclayo.com ● Excentré, prendre un taxi.*
■ ***Móvil Tours :*** *av. Bolognesi 149. ☎ 27-19-40. ● moviltours.com.pe ●*
■ ***Cruz del Sur :*** *av. Bolognesi 888. ☎ 22-11-81. ● cruzdelsur.com.pe ●*
■ ***Oltursa :*** *Vicente de la Vega 101. ☎ 23-62-44. ● oltursa.com.pe ●*
■ ***Tepsa :*** *av. Bolognesi 504. ☎ 23-69-81. ● tepsa.com.pe ●*
■ ***Civa :*** *av. Bolognesi 714. ☎ 22-34-34. ● civa.com.pe ●*
■ ***Flores :*** *av. Bolognesi 155. ☎ 22-85-81. ● floreshnos.net ●*
■ ***Turismo Dias :*** *Cuglievan 190. ☎ 23-35-38. ● turdias.com ●*

➢ ***Lima :*** 12h de trajet. Excepté 1 liaison le mat avec *Cruz del Sur* et *Flores,* ts les autres bus partent en soirée. 4 bus/j. avec *Cruz del Sur, Oltursa* et *Flores,* 3 avec *Tepsa* et *Civa* et 2 avec *Emtrafesa* et *Móvil Tours.* Également 1 départ/j. avec *Linea, Turismo Dias* et *Transportes Chiclayo.*
➢ ***Trujillo :*** 3h30 de trajet. 6 bus/j. avec *Linea,* 6h-19h. Bus ttes les 30 mn avec *Emtrafesa,* 3h30-21h50, et 2 bus/j. avec *Oltursa* (1 l'ap-m et 1 de nuit).
➢ ***Piura :*** env 3h30 de trajet. 1 bus ttes les heures, 5h-20h, avec *Linea* et *Empresa de Transportes Chiclayo.* Également 1 bus/j. (l'ap-m) avec *Emtrafesa* et *Oltursa.*
➢ ***Tumbes :*** 8h de trajet. 2 bus/j. avec *Empresa de Transportes Chiclayo* (1 le mat et 1 le soir), 2 avec *Emtrafesa* (le mat) et 1 bus de nuit avec *Oltursa.*
➢ ***Cajamarca :*** env 6h de trajet. 4 bus/j. répartis dans la journée avec

Linea et *Turismo Dias.* 1 bus de nuit avec *Empresa de Transportes Chiclayo.*

En avion

✈ ***Aéroport de Chiclayo*** *(hors plan par B2) : à 3 km à l'est du centre-ville.* Compter 8 NS en taxi pour la plaza de Armas, 25 NS pour rejoindre Lambayeque ou Pimentel (tarifs officiels affichés).

■ ***Lan Perú*** *(plan B2, **4**) : Izaga 770. ☎ 0801-112-34. ● lan.com ● Lun-ven 9h-19h, sam 9h-13h.*

➢ ***Lima :*** 3 vols/j. avec *Lan Perú,* répartis dans la journée. Compter 1h10-1h30 de vol.

Adresses utiles

Infos touristiques

ℹ ***I-Perú*** *(plan B2) : c/ 7 de Enero 579. ☎ 20-57-03. Lun-sam 9h-18h, dim 9h-13h.* Comme bien souvent avec les bureaux *I-Perú,* bon accueil et plein d'infos pratiques (horaires des bus, liste des hébergements, des agences de voyages...).

■ ***Policía turística*** *(plan B1, **1**) : Sáenz Peña 830. ☎ 23-51-81. Ouv 24h/24.*

Argent, change

■ ***Change :*** pour les euros (en espèces), nombreux changeurs de rue, notamment plaza de Armas, à l'angle de José Balta Sur, ainsi que devant le ***Banco de Crédito*** *(av. Balta Sur 630 ; plan B2, **2** ; tlj 8h-13h, 14h-21h),* qui change aussi les dollars, y compris en *traveller's.* Ne choisir bien sûr que ceux qui ont un gilet et une carte d'identification.

■ ***Distributeurs :*** au *Banco de Crédito (plan B2, **2**),* avenida Balta Sur 630, et, un peu plus loin, à l'angle de Balta et Izaga.

Poste, télécommunications

✉ ***Correos – Serpost*** *(plan A1) : Elías Aguirre 140. Lun-sam 9h-20h.*

■ ***Téléphone :*** téléphones publics et *locutorios* un peu partout dans le centre.

@ ***Internet : Ciber Café Internet,*** *Izaga 716 (plan B2). Un autre **centre Internet,** av. Balta 1222 (plan B1). Tlj.*

Divers

■ ***Moche Tours*** *(plan B1-2, **3**) : 7 de Enero 638. ☎ 22-46-37. ● mochetourschiclayo.com.pe ● Tlj 8h-20h (11h dim).* Agence sérieuse proposant les tours classiques autour de Chiclayo. Certains guides parlent le français (sur résa).

■ ***Pharmacies :*** plusieurs sur l'avenida José Balta Norte et sur Izaga.

■ ***Supermercado Metro*** *(plan A1, **5**) : au croisement de L. Gonzáles et Aguirre. Tlj 9h-23h.*

Où dormir ?

De bon marché à prix modérés (moins de 90 NS / env 27 €)

⌂ ***Hotel Real*** *(plan A1-2, **11**) : Elías Aguirre 338. ☎ 23-78-29. Réception à l'étage. Doubles avec sdb (sans ou avec eau chaude) env 40-50 NS.* Chambres au confort rudimentaire dans un hôtel un peu démodé mais propre. Quelques-unes à l'arrière sont plus calmes et ont été rénovées. Un des plus acceptables dans cette gamme de prix. Accueil familial et agréable.

⌂ ***Hotel Santa Catalina – Muchik Hostel*** *(plan B1, **10**) : Vicente de la Vega 1127. ☎ 27-21-19. ● info@muchikhostel.com ● Dortoir 25 NS/pers ; doubles avec sdb 60-65 NS.* Petit hôtel sans charme particulier mais calme et très bien tenu par un accueillant couple d'âge mûr. Comme souvent, certaines chambres n'ont pas de fenêtre sur l'extérieur mais donnent sur un petit puits de lumière, en revanche les matelas sont très corrects. Impeccable dortoir de 6 lits pour les *backpackers.* Certainement notre meilleure adresse dans cette gamme de prix.

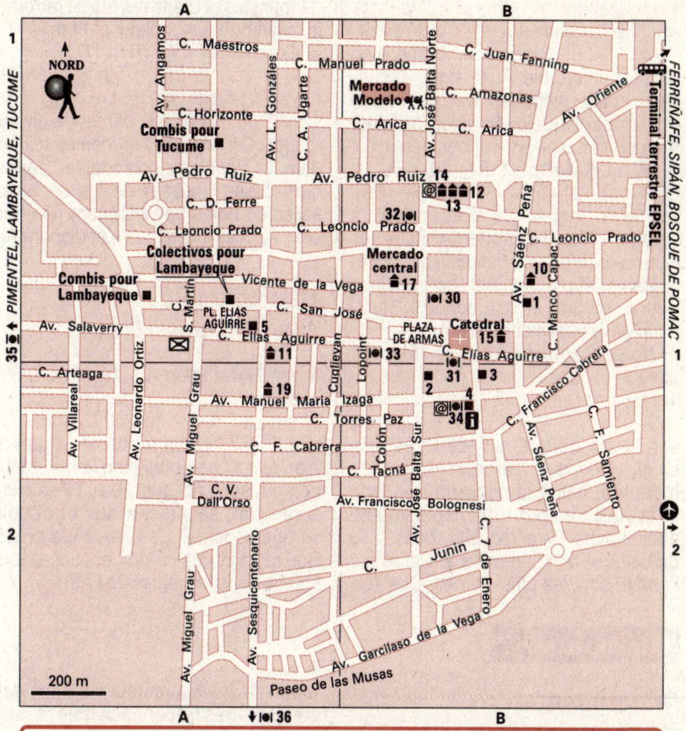

CHICLAYO

■ **Adresses utiles**

1 Policía turística
2 Banco de Crédito
3 Moche Tours
4 Lan Perú
5 Supermercado Metro

Où dormir ?

10 Hotel Santa Catalina – Muchik Hostel
11 Hotel Real
12 Hotel Paraíso
13 Hotel Esmeralda
14 Hotel Kalu
15 Hotel Central
17 Eras Hotel
19 Inti Hotel

Où manger ?

30 Cevicherías John et Caribe
31 American
32 El Rancho
33 Restaurant Mi Tía
34 La Parra
35 Fiesta
36 El Huaralino

Hotel Esmeralda *(plan B1, **13**)* **:** *Pedro Ruiz 1046. ☎ 22-16-11. • hotel_esmeralda@hotmail.es • Réception à l'étage. Double avec sdb 70 NS.* Un établissement simple aux chambres bien nettes, mais éviter celles côté rue. Accueil agréable. Un bon rapport qualité-prix.

Prix moyens (90-130 NS / env 27-39 €)

Dans cette gamme de prix, le petit déj est inclus.

Hotel Paraíso *(plan B1, **12**)* **:** *Pedro Ruiz 1064. ☎ 22-81-61 ou 22-20-70.*

● *hotelesparaiso.com.pe* ● *Doubles avec sdb env 130-160 NS selon confort.* Globalement très bien tenu et confortable. Au 6e étage (ascenseur), belles chambres avec petit salon et clim pour quelques *soles* de plus. Atmosphère plaisante et bon accueil.

Hotel Kalu (plan B1, **14**) : *Pedro Ruiz 1038.* ☎ *22-87-67. Double avec sdb env 120 NS.* Réception (à l'étage) un poil clinquante, mais les chambres, bien que petites, sont plutôt agréables et propres. Bel effort de déco pour la plupart et bon accueil. Beaucoup de groupes cependant.

Hotel Central (plan B1, **15**) : *San José 976.* ☎ *58-08-81.* ● *chiclayo-hotelcentral.com* ● *Doubles avec sdb env 120-130 NS.* Comme son nom l'indique, un hôtel très bien situé, derrière la cathédrale. Façade moderne, hall à la déco un brin inca et accueil très pro. Chambres impeccables avec TV écran plat, belle salle de bains et bon lit moelleux. Celles sur l'arrière sont les plus calmes. Clientèle de touristes et d'affaires qui se retrouve le matin pour un copieux petit déj.

Eras Hotel (plan B1, **17**) : *Vicente de la Vega 851.* ☎ *23-63-33.* ● *erashotel.com* ● *Double avec sdb 120 NS.* Réception garnie de divans rouges. On retrouve les mêmes teintes dans les chambres, confortables, agréables et bien tenues, même si certaines salles de bains ne vieillissent pas très bien. Accueil très aimable et disponible.

Très chic (plus de 250 NS / env 75 €)

Inti Hotel (plan A2, **19**) : *Luis Gonzáles 622.* ☎ *23-59-31.* ● *intihotel.com.pe* ● *Double env 260 NS, petit déj inclus.* Hôtel moderne et agréable. Belles chambres bien finies et tout confort, avec AC, frigo-bar, TV satellite écran plat, sèche-cheveux et double vitrage. Cocktail de bienvenue offert. Bon rapport qualité-prix et accueil tout sourire dans les règles de l'art.

Où manger ?

De bon marché à prix moyens (moins de 25 NS / env 7,50 €)

Cevicherías John et Caribe (plan B1, **30**) : *José Balta Norte, angle Vicente de la Vega. Tlj 8h-15h.* Idéal pour le midi : 2 restos mitoyens avec chacun une salle ouverte sur la rue, on y sert un riz aux fruits de mer ou un *cabrito* aux haricots pour quelques *soles*. Il y a même des *ceviches* d'une grande fraîcheur à tout petit prix. Ne pas manquer de déguster celui aux *conchas negras* (grosses palourdes noires), préparé à la demande devant vous ! Beaucoup de passage, évidemment.

American (plan B1-2, **31**) : *Elías Aguirre 824.* ☎ *20-93-81. Tlj 8h-2h.* Quelques banquettes jaunes en demi-cercle autour des tables. Un vieux de la vieille à Chiclayo. La carte est variée, mais, le midi, mieux vaut prendre le menu du jour, très économique.

El Rancho (plan B1, **32**) : *José Balta Norte 1115.* ☎ *27-36-87. Tlj 7h30-minuit.* Un restaurant populaire sur 2 étages reconnaissable à son enseigne de poulet qui, d'un mouvement d'aile, invite les passants à entrer. On y mange du poulet bien sûr (quart, demi, entier), mais aussi de la viande *a la parrilla* et des plats, plutôt bien préparés, genre *pescado a la plancha* et *cabrito combinado*. Service prévenant.

Restaurant Mi Tía (plan B1-2, **33**) : *Elías Aguirre 662, sur la pl. de Armas. Tlj jusqu'à minuit (16h dim).* Sorte de cantine péruvienne, où l'on sert une cuisine copieuse à prix raisonnables. Bon service. Propose aussi des petits déj.

Chic (25-40 NS / env 7,50-12 €)

La Parra (plan B2, **34**) : *Izaga 752.* ☎ *22-74-71. Tlj 12h30-0h30.* Cuisine essentiellement à base de grillades, servies dans 2 salles agréables aux murs blancs ornés de quelques tableaux. Bons plats généreusement servis et excellent accueil. Notre resto préféré à Chiclayo !

Beaucoup plus chic (plus de 70 NS / env 21 €)

Fiesta (hors plan par A1, **35**) : *av. Salaverry 1820. ☎ 20-19-70. À env 3 km à l'ouest du centre sur la route de Pimentel ; prendre un taxi. Tlj midi et soir jusqu'à 22h (17h dim).* *Fiesta* est le restaurant gourmet de Chiclayo : cuisine fine (mais bonnes portions), présentation et service impeccables dans un cadre très contemporain. Parmi les plats, des options purement régionales comme l'*espesado*, l'*arroz con pato* (un délice), ou encore la *causa chiclayana.* Cher, certes, mais une belle occasion de tester le meilleur de la cuisine péruvienne.

El Huaralino (hors plan par A2, **36**) : *La Libertad 155, urb. Santa Victoria. ☎ 27-03-30. Dans le prolongement de l'av. Sesquicentenario, prendre à droite au rond-point, mais mieux vaut s'y rendre en taxi. Tlj midi et soir jusqu'à 23h (17h dim).* Avec sa façade discrète, on a l'impression d'arriver dans un pavillon privé ! D'ailleurs, il faut sonner pour entrer. Même style que *Fiesta.* Cuisine péruvienne savamment préparée et présentée. Goûtez notamment la *tortilla de raya.*

À voir

Mercado Modelo (plan B1) : *sur av. Balta Norte et Arica.* Le grand marché de la ville où se presse une foule bigarrée, surtout le dimanche. La grande attraction de ce bazar, l'un des plus intéressants du Pérou, ce sont les stands des *brujos,* où l'on trouve toutes sortes de plantes médicinales, os d'animaux, etc., utilisés par les chamans lors des cérémonies de guérison. Il est d'ailleurs possible d'assister à des séances de chamanisme à Túcume (infos à l'hôtel *Los Horcones* ; voir plus loin).

Plaza de Armas (plan B1) : au cœur de la ville, une petite place verdoyante très agréable. Elle accueille la cathédrale, bâtie en 1869.

Plazuela Elías Aguirre (plan A1) : *à 6 pâtés de maisons de la place principale après le carrefour de l'av. L. Gonzáles.* On peut y admirer une statue d'Elías Aguirre, héros de Chiclayo, œuvre du sculpteur péruvien David Lozano.

Paseo de las Musas (plan A-B1-2) : une « coulée verte » pleine de statues de style grec où se baladent et se rencontrent les habitants de Chiclayo.

DANS LES ENVIRONS DE CHICLAYO

LAMBAYEQUE

À une douzaine de kilomètres de Chiclayo, sur la route de Piura, une petite ville calme, au style vaguement colonial, bien différente de la bruyante et trépidante Chiclayo. Et comme elle est un passage obligé pour tout visiteur dans la région, en vertu de son superbe musée, l'un des plus intéressants du pays, on aura plaisir à y faire étape pour une nuit, malgré le choix réduit d'hébergement.

➢ Pour y aller, prendre un *colectivo* sur la calle San José, entre l'avenida Luis Gonzáles et la calle San Martín. Environ 15 mn de trajet. Il y a aussi des *combis,* toujours sur San José, à l'angle de Leonardo Ortiz.

Où dormir ? Où manger ?

Hostal Libertad : *av. Bolívar 570. ☎ 28-35-61. • hostallibertad.com • À deux pas de la pl. de Armas. Doubles avec sdb env 60-80 NS selon saison.* Hôtel en forme de gros cube orange proposant des chambres sans charme mais vraiment nettes. Bar, resto et possibilité de petit déj servi dans une salle pas bien joyeuse. Bon accueil.

Hotel Real Sipán : *av. Huamachuco 664. ☎ 28-39-67. En face du Museo nacional Arqueológico y Etnográfico Brüning. Double avec sdb env 60 NS.* Derrière une façade en verre fumé, un lieu un peu triste et froid. Chambres simples et propres pour 1 à 4 personnes, desservies par un étrange couloir qui ondule (promis, le *pisco sour*, on l'a bu après !). Accueil cordial.

Hostería San Roque : *2 de Mayo 437. ☎ 28-28-60. • hosteriasanroque.com • Double avec sdb env 190 NS, petit déj compris.* Dans une belle demeure coloniale du XVIIIe s, des chambres spacieuses et confortables, distribuées autour de 3 calmes patios verdoyants. Toutes sont hautes de plafond avec parquet et mobilier ancien, 2 d'entre elles possèdent une grande terrasse surplombant une belle piscine (nos préférées). Une adresse de charme tenue par la sémillante Piedad, historienne et juriste. Elle a également restauré impeccablement une trentaine de jolies chambres, de style plus monacal, dans l'ancien couvent Santa Lucia du XIXe s, dans une rue parallèle.

El Cántaro : *2 de Mayo 180. ☎ 28-21-96. Tlj 9h-17h. Plats env 15-20 NS.* Cuisine *criolla* (poulet au vin, omelette aux crevettes, *cuy frito, tacú-tacú*) servie dans une salle en briquette rouge sous un toit de paille et sur fond de musique typique. Dommage que ce ne soit ouvert que le midi.

El Pacifico : *av. Huamachuco 970. ☎ 28-31-35. À l'entrée de la ville quand on vient de Chiclayo. Prix moyens.* Sur 2 niveaux d'une demeure coloniale, un excellent resto de poisson et fruits de mer qui régale locaux et touristes depuis de nombreuses années. Grand choix de *ceviches*.

À voir

De la plaza de Armas, en empruntant la calle 2 de Mayo, à l'angle de la calle San Martín, on peut admirer un des plus grands **balcons coloniaux** du Pérou (pas très bien conservé, malheureusement). C'est de là que fut proclamée, la première fois, l'indépendance du Pérou, le 27 décembre 1820.

Museo Tumbas Reales de Sipán : *Juan Pablo Vizcardo et Guzmán. • museotumbasrealessipan.pe • Tlj sf lun 9h-17h. Entrée : 10 NS. Panneaux explicatifs en espagnol slt ; possibilité de visite guidée en français (30 NS). Photos interdites (laisser sac et tél portable à l'entrée).* Ouvert depuis une dizaine d'années, dans une structure imposante représentant une pyramide *moche*, ce superbe musée contient les inestimables richesses trouvées en 1987 dans les tombes de la *huaca Rajada*, à 35 km au sud-est de Chiclayo. Il s'agissait de la plus grande découverte archéologique faite au Pérou depuis au moins 50 ans ! D'ailleurs, son histoire mérite d'être contée.

En 1987 donc, après que la police eut mis la main sur des objets volés, dont des têtes en or d'une grande valeur, Walter Alva, l'actuel directeur du musée, se mit à soupçonner que quelque chose de plus grand gisait dans la région, avant de s'orienter, guidé par son flair, vers la pyramide de Sipán. Avec divers appuis financiers, dont ceux d'un fabricant de pâtes et d'un brasseur (et plus tard du *National Geographic*), il put entreprendre des fouilles approfondies du site... lorsqu'un jour, bingo ! *El Señor de Sipán* était là, intact, depuis 1 750 ans, avec plus de 1 000 objets parmi les plus fins de l'art mochica. Les pièces permirent, entre

SANG-FROID

Le seigneur de Sipán était un sanguinaire : avec son couteau en or, il extirpait le cœur de ses adversaires vaincus pour le presser au-dessus d'une coupe et en boire le sang. À sa mort, il fut enterré avec sa famille et sa suite. On imagine leur réticence à l'idée de faire le long voyage avec lui...

autres, de déduire que les Moches échangeaient des marchandises avec l'Équateur et le Chili, quelque 2 000 km plus au sud. Puis l'on découvrit d'autres tombes, dont celles du *Sacerdote* (le grand prêtre) et du *Viejo Señor,* l'aîné du premier... d'environ 150 ans.

La finesse et la beauté des pièces découvertes dans les tombes sont à couper le souffle. D'autant qu'elles sont superbement mises en valeur.

La visite commence au dernier étage. Belle présentation de la culture mochica à l'époque des seigneurs de Sipán (ne pas manquer la vidéo de 7 mn, très bien faite). Superbe céramique représentant les différentes classes d'individus dans la société d'alors, sections sur la métallurgie, l'architecture, puis une reconstitution de Sipán, qui donne une bonne idée de ce qu'était la cité avant que la civilisation mochica ne se déplace vers *Pampa Grande,* un peu au nord. Viennent ensuite d'autres magnifiques représentations des dieux, de la religion et des différentes étapes de la vie, en céramique également, avant de passer au 2e étage. Là, section sur la découverte des tombes et les travaux effectués à Sipán, suivie d'une riche sélection de pièces issues des fouilles, toutes mieux exposées les unes que les autres, comme cet étendard de cuivre doré figurant une divinité, ou les ornements faciaux, couronne comprise (avec des mains tendues, à l'adresse du peuple), du *Señor.*

On arrive ensuite, au 1er étage, au squelette et à la reconstitution de la tombe du *Sacerdote* avant l'apothéose, que toute la visite nous prépare à découvrir : les restes du *Señor de Sipán*, entouré de sa famille et de ses richesses. Puis, tout à la fin, une mise en scène animée et musicale du *Señor* et de sa cour, en cire, comme revenus à la vie pour un concert final. Les jardins sont dédiés à la culture mochica avec espace pour les spectacles, champs cultivés, village artisanal avec fabrication et vente de produits 100 % moches (si l'on peut se permettre !) et surtout un laboratoire sous verrière pour observer le travail méticuleux des scientifiques.

DANS LES ENVIRONS DE CHICLAYO

★ **Pimentel :** *petite station balnéaire à env 14 km au sud-ouest de Chiclayo. Pour y aller, départ des combis (très fréquents) au même endroit que ceux pour Layambeque (plan A1) ; compter 20 mn de trajet.* Jolie plage, mais assez ventée, d'où l'on peut observer la pêche traditionnelle encore pratiquée avec les *caballitos de totora,* barques en roseau tressé qui datent de l'époque des Moche. Le week-end, surtout de janvier à mars, on s'y retrouve en famille. Beaucoup plus calme le reste du temps on pourra faire le *paseo* sur le *muelle* (longue jetée de plus de 100 m). Les amateurs de grandes plages aux dunes à perte de vue, pourront pousser jusqu'à ***Puerto Etén,*** sorte de village fantôme assez authentique, à 24 km plus au sud, accessible par la route côtière après Santa Rosa et Monsefú (liaisons fréquentes en *colectivo* ou excursions proposées par agence). Immense jetée, là encore, mais baignade dangereuse (eau froide et mer très agitée). Quelques vieilles locos rouillent sur des rails oubliés en souvenir d'une époque plus radieuse.

Hostal Garuda : *José Quiñones 109, à **Pimentel.** ☎ 78-73-71. 945-87-93-10. Dans la 1re rue parallèle au front de mer, à proximité de la jetée. Résa conseillée. Doubles avec sdb env 40-60 NS.* Dans une vieille maison dotée d'un certain cachet, des chambres simples et bien tenues, avec salles de bains correctes. Les plus agréables s'étagent autour d'un patio à l'arrière. Une jolie petite adresse à l'accueil chaleureux.

★★ **Museo nacional de Sicán :** *à **Ferreñafe,** petite ville à 18 km au nord-est de Chiclayo. Le musée est situé à la sortie de la ville, en direction du bosque de Pomac. Départ des bus pour Ferreñafe au terminal terrestre Epsel de Chiclayo (hors plan par B1). Tlj sf lun 9h-17h. Entrée : 8 NS ; réduc.* Encore un beau musée (tout en espagnol), démontrant un réel souci pédagogique. Comme son nom l'indique, il est dédié à la civilisation de Sicán, qui fleurit non loin de là, au *bosque de Pomac* (voir plus bas), du VIIIe au XIVe s. Toutes les pièces exposées proviennent des fouilles effectuées dans deux des 20 pyramides (au moins) que compte ledit *bosque,* et sont d'une richesse surprenante, en particulier le contenu des tombes (reconstituées dans le musée) de deux gouverneurs qui régnèrent autour de l'an 1000. Surtout, ne pas rater le *gran tocado ceremonial,* un magnifique masque de cérémonie orné de 80 plumes d'or. Reconstitution d'un atelier de poterie également, avec explications de la technique utilisée à l'époque, et intéressante section sur le travail des archéologues et la restauration des objets. En revanche, ceux qui ont visité le passionnant *Museo Tumbas Reales de Sipán* trouveront que celui-ci fait un peu redondance.

Santuario histórico Bosque de Pómac : *à 32 km au nord-est de Chiclayo (1h de route) ; départ des bus du terminal terrestre* Epsel *(hors plan par B1). GRATUIT. Guide sur place.* Un sanctuaire de 6 000 ha truffé de *huacas* où s'épanouit la culture de Sicán, du VIIIe au XIVe s. On y recense une bonne vingtaine de pyramides en tout, mais seules deux d'entre elles ont été explorées : la *huaca La Ventana* et la *huaca del Oro,* d'où proviennent tous les objets exposés au musée *Sicán* de Ferreñafe (voir plus haut). L'entrée principale est à environ 14 km après Ferreñafe (arrêt du bus juste devant). On trouvera un petit centre d'interprétation (ouvert de 8h30 à 17h30), qui possède une maquette et des explications sur le site. Un parcours balisé traverse le sanctuaire. La visite se fait en voiture, en moto-taxi (compter 20 NS pour 1h) ou à pied (balade de 5h pour parcourir l'ensemble de la réserve). Riche faune et flore (arbre millénaire), ferme biologique, et possibilité de grimper au mirador du *cerro Salinas,* pour une vue d'ensemble sur la forêt sèche et ses pyramides.
Possibilité de rallier Túcume en moto-taxi, par la sortie ouest, au village d'Illimo, puis par la *Transandina* sur environ 7 km.

Túcume : *à env 30 km au nord de Chiclayo. Pour y aller,* combis *sur Bolívar, entre Pedro Ruiz et Horizonte. Au village de Túcume, prendre une moto-taxi pour rallier l'entrée du site à 2 km. Tlj 8h-17h. Entrée : 8 NS ; réduc.* Ce centre politico-religieux Sicán tardif est constitué de 26 constructions pyramidales. Celles-ci sont peu mises en valeur, mais un itinéraire pédestre balisé conduit notamment au mirador du *cerro purgatorio* dominant la *huaca Larga.* Cette dernière, pleine d'esplanades cérémoniales, n'est autre que la plus vaste construction en adobe d'Amérique du Sud (700 m x 280 m et 30 m de haut !). On y a trouvé la tombe d'un homme de haut rang, enterré, comme d'habitude, avec toutes ses femmes. Superbe vue sur l'ensemble de ce qui fut, à son époque, la plus grande cité du Lambayeque, conquise plus tard par les Chimús, puis par les Incas. Petit musée à l'entrée du site.
Túcume est aussi réputée pour ses plantes médicinales, les guérisseurs qui les emploient et les cérémonies chamaniques. Si vous voulez assister à une de ces séances, c'est ici qu'il faut se renseigner. On trouve d'ailleurs un petit musée de *brujería* (sorcellerie) un peu plus loin sur la piste, à 2 km après l'hôtel *Los Horcones.*

Los Horcones : *avt d'arriver au site, prendre la piste qui part sur la gauche (fléché) ; l'hôtel est sur le côté droit.* *951-83-17-05.* • *loshorconesdetucume.com* • *Double env 120 $, petit déj compris.* Un peu cher, mais il s'agit d'un charmant endroit, plein d'authenticité, construit par un architecte de Lima et les habitants de la région. Chambres bien fraîches, avec de jolis sanitaires, dans des maisons en adobe autour d'un vaste jardin avec piscine et jeux d'enfants. On peut aussi y manger (sur résa la veille). En outre, c'est le lieu idéal si l'on souhaite assister à une *mesada,* démonstration d'une cure chamanique, qui a lieu la nuit le mardi et le vendredi (sur résa également).

Huaca Rajada y museo de sitio Sipán : *à 35 km au sud-est de Chiclayo. Pour y aller, minibus ttes les heures du terminal terrestre Epsel (hors plan par B1). Env 50 mn de trajet (3 NS). Tlj 9h-17h. Entrée : 8 NS.* C'est ici que se trouvent les tombes des seigneurs de Sipán. Leur contenu a été transféré au musée *Tumbas Reales* de Lambayeque (voir plus haut) et dans le musée, également très bien fait, situé après le site. Belle reconstitution, à s'y méprendre, de l'intérieur des *tumbas* telles qu'elles étaient au moment de leur découverte en 1987. Le temple et le palais (dans la petite montagne en face des tombes) sont en cours de fouilles. Petit complexe artisanal et resto sur place.

Zaña : *à 45 km au sud-est de Chiclayo ; départ des bus du terminal terrestre Epsel.* L'histoire de cette cité est intéressante. Fondée par les Espagnols, elle devint très vite un carrefour commercial, s'enrichissant d'églises (il y en eut jusqu'à 18 !) et de couvents. Malheureusement, cette prospérité attira le pirate anglais Davis, qui pilla Zaña en 1686. Sept ans après, sir Francis Drake remit le couvert pour prendre le bétail, laissant la ville exsangue. Enfin, une crue du fleuve Zaña, en 1720, porta le coup de grâce à la cité. On peut y voir aujourd'hui de nombreuses ruines de couvents et d'églises, ainsi qu'un petit ***museo afro-peruano*** *(tlj sf dim ap-m et lun 9h-12h30, 15h-17h ; entrée 5 NS)* qui retrace l'histoire du commerce triangulaire avec l'arrivée des esclaves africains au Pérou. Une salle est dédiée à leur intégration, avec une collection d'instruments de musique afro-péruvienne.

PIURA

env 250 000 hab. IND. TÉL. : 073

Piura fait partie des premières villes fondées par les Espagnols. Aujourd'hui industrielle et peu touristique, la ville ne séduit pas particulièrement.
Dans les environs, le petit village de Catacaos, spécialisé dans le travail de l'or et de l'argent et dans la confection des *panamás* (traditionnellement fabriqués en Équateur), peut mériter le déplacement.

Arriver – Quitter

En bus

La plupart des compagnies se situent sur l'av. Sánchez Cerro *(plan A1)*.

■ ***El Dorado :*** *av. Sánchez Cerro 1119. ☎ 32-58-75. • transporteseldoradopiura.com •*
■ ***Ittsa :*** *av. Sánchez Cerro 1142. ☎ 33-39-82. • ittsabus.com.pe •*
■ ***Linea :*** *av. Sánchez Cerro 1215. ☎ 30-38-94. • transporteslinea.com.pe •*
■ ***Empresa de Transportes Chiclayo :*** *av. Sánchez Cerro 1121. ☎ 30-84-55. • transporteschiclayo.com •*
■ ***Cruz del Sur :*** *av. Circunvalación 160. ☎ 33-70-94. • cruzdelsur.com.pe •*
■ ***Oltursa :*** *av. Bolognesi 801. ☎ 32-66-66. • oltursa.com.pe •*
■ ***CIFA :*** *av. Bolognesi 817. ☎ 32-41-44. • cifainternacional.com •*
■ ***Civa :*** *av. Tacna et Ramon Castilla, prolong. Sánchez Cerro, terminal Geshica. ☎ 34-54-51. • excluciva.com.pe •*

➢ ***Tumbes, via Máncora :*** 6h30 de trajet. Env 10 bus/j. avec *El Dorado,* 6h30-2h15 depuis Piura et 3h-0h30 depuis Tumbes.
➢ ***Chiclayo :*** 3h de trajet. 1 bus ttes les heures env avec *Linea,* 5h-20h ; ttes les heures avec *Empresa de Transportes Chiclayo,* 5h30-20h de Piura et 5h-20h30 de Chiclayo.
➢ ***Trujillo :*** 6h de trajet. 2 bus/j. avec *Linea* (à 13h30 et 23h), 2 avec *El Dorado* (à 13h et minuit), 4 avec *Ittsa* (à 9h, 13h30, 23h15 et 23h30) et 1 avec *Oltursa* (à 23h15).
➢ ***Lima :*** min 15h de route. Plusieurs bus avec *Oltursa, Cruz del Sur* (en soirée de Lima, en fin d'ap-m de Piura),

Tepsa et *Ittsa* (fin d'ap-m).
➢ ***Guayaquil*** *(Équateur)* **:** env 10h de route. 4 bus/j. avec *CIFA* (bus classiques vers 9h30 et 12h et bus couchettes à 18h et 22h30). 3 bus/sem avec *Civa* (lun, mer et ven, en fin d'ap-m).

En avion

■ ***Lan Perú*** *(plan B2,* ***1****)* **:** *av. Libertad 875.* ☎ *0801-112-34 ou 30-57-27.* ● *lan.com.pe* ● 4-6 vols/j. de/vers Lima.

Adresses utiles

ℹ ***I-Perú*** *(plan B2)* **:** *Ayacucho 377, pl. de Armas.* ☎ *32-02-49. Lun-sam 9h-18h, dim 9h-13h.* Bonnes infos pratiques sur Piura et sa région.
✉ ***Correos – Serpost*** *(plan B2)* **:** *sur la pl. de Armas, à l'angle de Libertad et Ayacucho. Lun-ven 8h20-19h50, sam 8h-17h.*
■ @ ***Téléphone et Internet*** **:** un peu partout dans le centre, notamment aux abords de la plaza de Armas et du *Centro cívico (plan B2).*
■ ***Argent, change*** **:** pour changer des euros, plusieurs ***casas de cambio*** *(plan B2,* ***2*** *; pour la plupart, tlj sf dim 8h30-14h, 15h-19h).* Possibilité également d'aller au ***Banco de Crédito*** *(av. Grau 460 ; plan B2,* ***3****),* qui dispose aussi d'un distributeur.
■ ***Pharmacies*** **:** nombreuses sur l'avenida Grau *(plan A-B2).*
■ ***Alliance française*** *(plan B1,* ***4****)* **:** *Libertad 279.* ☎ *31-09-36.* Dans une belle maison coloniale.
■ ***Lavandería Lavas Dry Cleaners*** *(plan B1,* ***5****)* **:** *Cusco 560. Autre adresse av. Grau 859. Tlj sf dim 9h-21h30.*
■ ***Supermercado Maxi Bodega*** *(plan B1,* ***6****)* **:** *à l'angle de l'av. Sánchez Cerro et de jr. Arequipa. Tlj 8h-22h30.*

Où dormir ?

De bon marché à prix modérés (moins de 50 NS / env 15 €)

⌂ ***Hospedaje California*** *(plan A2,* ***11****)* **:** *Junín Norte 835.* ☎ *32-87-89. Double env 50 NS.* Petit établissement sur 2 niveaux, avec des terrasses à rambardes garnies de sièges. Chambres revêtues de carrelage, sans salle de bains à l'étage et avec au rez-de-chaussée, simples, claires et très propres. Un bon choix dans cette catégorie.
⌂ ***Hospedaje Moon Night*** *(plan A2,* ***12****)* **:** *Junín Norte 899.* ☎ *33-61-74. Au coin de la rue. Doubles sans ou avec sdb env 40-50 NS.* Dans un petit bâtiment tout en hauteur, chambres bien tenues avec de bons lits, donnant sur un escalier en colimaçon... Vraiment rien à redire pour le prix !

Prix moyens (moins de 130 NS / env 39 €)

⌂ ***Hostal Piura*** *(plan A1,* ***13****)* **:** *av. Loreto 350.* ☎ *30-32-80 ou 60-75.* ● *hostalpiura.com* ● *Doubles avec ou sans AC env 110-130 NS.* Une bonne adresse disposant de chambres propres et plutôt coquettes. Bon accueil.
⌂ ***Hostal Las Arenas*** *(plan A2,* ***14****)* **:** *av. Loreto 945.* ☎ *30-55-54.* ● *hotellasarenas.com.pe* ● *Doubles avec sdb 110-130 NS avec ou sans AC, petit déj inclus.* 💻 Dans une agréable maison à colonnades avec patio et petite piscine, un hôtel vraiment accueillant. Certaines chambres sont un peu moins lumineuses que les autres, mais l'ensemble reste de bon niveau, quoique un peu vieillot. Petit resto au bord de la piscine.

Chic (jusqu'à 200 NS / env 60 €)

⌂ ***Hostal San Jorge*** *(plan A2,* ***15****)* **:** *av. Loreto 960.* ☎ *32-75-14. Doubles avec ou sans AC env 120-150 NS.* 💻 📶 L'ensemble a été restauré, les chambres sont propres, plutôt agréables et assez spacieuses. Assez bruyant toutefois.
⌂ ***Hotel Esmeralda*** *(plan B1,* ***16****)* **:** *av. Loreto 235.* ☎ *33-12-05.* ● *hotelesmeralda.com.pe* ● *Double avec sdb*

LE NORD DU PÉROU

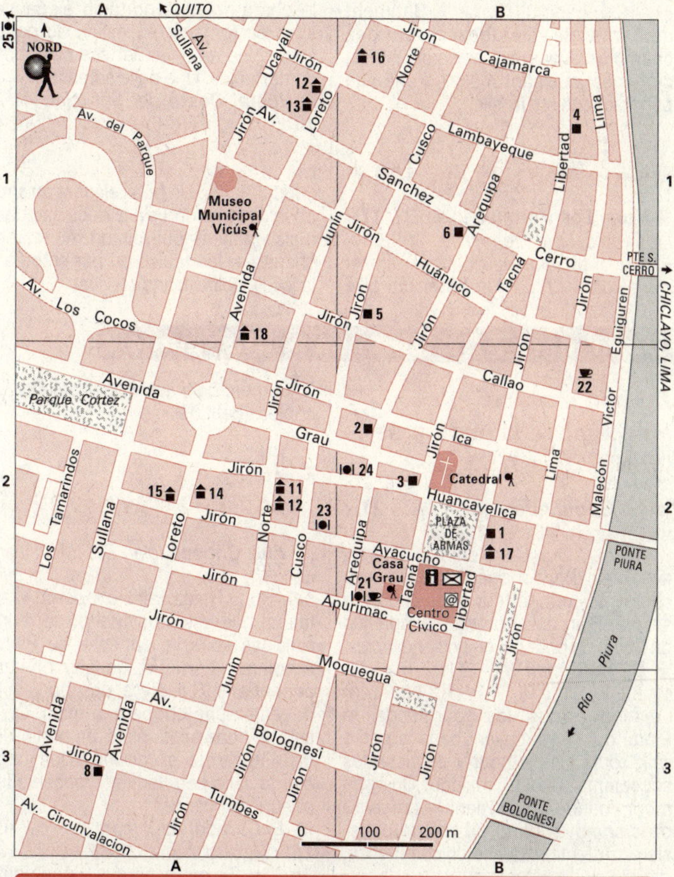

PIURA

Adresses utiles

1 Lan Perú
2 Casas de cambio
3 Banco de Crédito
4 Alliance française
5 Lavandería Lavas Dry Cleaners
6 Supermercado Maxi Bodega
8 *Colectivos* pour Catacaos

Où dormir ?

11 Hospedaje California
12 Hospedaje Moon Night
13 Hostal Piura
14 Hostal Las Arenas
15 Hostal San Jorge
16 Hotel Esmeralda
17 Hotel Los Portales
18 Hostal Costa del Sol

Où manger ? Où faire une pause sucrée ?

21 Ganímedes
22 D'Pauli
23 Snack-bar Romano
24 Alex Chopps
25 El Caracol Azul

et AC env 200 NS. 💻 📶 Bâtiment moderne de 5 étages, avec des chambres avenantes et confortables, certaines jouissant même d'une vue panoramique sur la ville.

Très chic (plus de 400 NS / env 120 €)

🏠 ***Hotel Los Portales*** *(plan B2,* ***17****) : Libertad 875, pl. de Armas.* ☎ *32-11-61.* • *losportaleshoteles.com* • *Double avec sdb 440 NS.* Un hôtel qui allie le charme à une certaine élégance, avec sa fontaine au milieu du patio, sa piscine au milieu et ses chambres confortables. Une belle adresse.

🏠 ***Hostal Costa del Sol*** *(plan A1-2,* ***18****) : av. Loreto 649.* ☎ *30-28-64.* • *costadelsolperu.com* • *Double 400 NS ; suite avec jacuzzi 600 NS.* 💻 📶 Un hôtel élégant qui propose des chambres à la déco standard mais vraiment tout confort. Au rez-de-chaussée, les tables du bar entourent la jolie piscine. Bons services.

Où manger ? Où faire une pause sucrée ?

De bon marché à prix moyens (moins de 25 NS / env 7,50 €)

🍽 ☕ ***Ganímedes*** *(plan B2,* ***21****) : jr. Apurimac 468.* ☎ *33-26-98. Tlj 7h30 (11h dim)-22h.* « Un retour à la nature » avec plein d'options végétariennes pas chères du tout, le tout dans un décor simple. Bien aussi pour un simple jus de fruits, un petit déj ou un sandwich.

☕ ***D'Pauli*** *(plan B2,* ***22****) : Lima 541.* ☎ *32-22-10. Tlj 9h-14h, 16h-22h.* Le rendez-vous des gourmands de Piura, qui se retrouvent dans la petite salle toute simple pour y déguster les succulents gâteaux maison. On vous recommande notamment le *crocante de chirimoya,* garni de crème pâtissière... Attention, quand on commence, difficile de s'arrêter !

🍽 ***Snack-bar Romano*** *(plan A2,* ***23****) : jr. Ayacucho 580.* ☎ *32-33-99. Tlj sf dim. Menu (midi et soir) env 10 NS.* Salle avec ventilos ouverte sur la rue piétonne. Une ambiance de cantine mais une cuisine fraîche et goûteuse. Un bon plan à toute heure de la journée, bien aussi pour prendre un copieux petit déj.

Chic (jusqu'à 40 NS / env 12 €)

🍽 ***Alex Chopps*** *(plan B2,* ***24****) : Huancavelica 528.* ☎ *33-25-68. Tlj sf dim 11h-3h.* « Restaurant-*chopería* », en fait un bar-resto convivial où se réunit tous les soirs la jeunesse de Piura. Ambiance garantie, un peu bruyant cependant. S'il n'y a pas de place, patientez une chope à la main. On y sert de bons petits plats, en particulier de fruits de mer et *ceviches*. Dommage que la salle peu ventilée conserve les odeurs de cuisine.

🍽 ***El Caracol Azul*** *(hors plan par A1,* ***25****) : urb. Chira.* ☎ *35-06-77. Tlj 9h-18h.* Ce resto, situé sur une petite place au calme, propose de savoureuses spécialités de poissons et de fruits de mer. Goûtez la *langosta al Caracol Azul,* l'un des plats les plus prisés. On vous conseille aussi la *orgía al Caracol Azul* ou le *ceviche al Caracol Azul...* Un régal !

À voir

⭐ ***Catedral*** *(plan B2) : pl. de Armas.* Style néo-renaissance. Fondée en 1588, elle renferme un retable en cèdre de la Vierge Fátima, d'environ trois siècles et demi.

⭐ ***Casa Grau*** *(plan B2) : Tacna 662. Lun-ven 8h-12h, 13h-18h ; w-e 8h-11h30. Gratuit.* C'est la maison natale de Miguel Grau, un amiral péruvien devenu héros national pour ses hauts faits d'armes dans la guerre du Pacifique, qui opposa le Pérou au Chili dans la seconde moitié du XIXe s. On peut notamment y voir une maquette du *Monitor Huáscar,* le navire de guerre qu'il commanda.

Museo municipal Vicús *(plan A1) : à l'angle de Huánuco et Sullana. Lun-ven 9h-17h, w-e 9h-13h (sala de oro fermée dim). Entrée libre sf pour la sala de oro (4 NS).* Dans un vilain bâtiment en ciment brut, plusieurs salles sur la géologie, l'écosystème et la culture de la région. Belle collection de céramiques.

DANS LES ENVIRONS DE PIURA

Catacaos : *à 12 km au sud de Piura, 15 mn de trajet. Départ du colectivo sur l'av. Loreto, à l'intersection de Tumbes (plan A3,* ***8****).* Petit village typique réputé pour ses *filigranas,* bijoux en or et en argent particulièrement fins, et pour son artisanat de paille, comme les *panamás* (chapeaux). Si vous êtes à proximité, il serait dommage de ne pas le visiter, même si, comme bien souvent, les objets de pacotilles *made in China* tendent à remplacer l'artisanat local dans les échoppes. Toutes les boutiques sont concentrées autour de la plaza de Armas, notamment dans le petit marché de l'artisanat sur le côté gauche de la cathédrale. Ne pas oublier de faire un tour sur l'immense marché populaire. Les *picanterías,* restos typiques, sont également réputées.

TUMBES

env 80 000 hab. IND. TÉL. : 072

Petite ville sans particularité, si ce n'est son climat équatorial et ses plages de sable doré, un peu plus au sud. C'est aussi le seul endroit au Pérou où le courant froid de Humboldt ne longe pas la côte. Du coup, on peut s'y baigner. C'est aussi là (enfin, 30 km plus au nord) qu'on passe en Équateur. On est donc parfois obligé d'y dormir. Mais si vous pouvez l'éviter, ce n'est pas plus mal. On peut toutefois apprécier l'ambiance festive et animée le soir en fin de semaine, sur le paseo de los Libertadores et la plaza de Armas.

Arriver – Quitter

En bus et *colectivo*

La plupart des compagnies se trouvent sur l'av. Tumbes. Tous les bus de classe économique qui vont vers Lima s'arrêtent à Piura, Chiclayo, Trujillo et Chimbote.

- **El Dorado :** *av. Tacna 351. ☎ 52-34-80. • transporteseldorado.com.pe •*
- **Empresa de Transportes Chiclayo :** *av. Tumbes 570. ☎ 52-52-60. • transporteschiclayo.com •*
- **Flores :** *24 de Julio 514. ☎ 52-22-72. • floreshnos.net •*
- **Oltursa :** *av. Tumbes 948. ☎ 52-65-24. • oltursa.pe •*
- **Ormeño :** *av. Tumbes 1187. ☎ 52-28-94. • grupo-ormeno.com.pe •*
- **Cruz del Sur :** *av. Tumbes 319. ☎ 52-62-00. • cruzdelsur.com.pe •*
- **Tepsa :** *av. Tumbes 781. ☎ 52-24-28. • tepsa.com.pe •*
- **CIFA Internacional :** *av. Tumbes 958. ☎ 52-50-26. • cifainternacional.com •*

➢ **Punta Sal et Máncora :** prendre un des *combis* ou *colectivos* qui vont à Piura, sur l'av. Piura, à l'angle de Tacna ou de Tumbes. Trajets avec *Tepsa* (à 16h), *Transportes Chiclayo* (à 14h30) et *Cruz del Sur* (à 15h30).

➢ **Piura :** 4h30 de trajet. Env 10 bus/j. avec *Tepsa, Oltura, Transportes Chiclayo, Cruz del Sur* et *El Dorado* (6h30-minuit de Piura, 3h-0h45 de Tumbes). Sinon, il y a aussi les *combis* et *colectivos* qui attendent sur l'av. Piura, à l'angle de Tacna ou de Tumbes.

➢ **Chiclayo :** 8h de trajet. Avec *Empresa de Transportes Chiclayo* (à

14h30 et 21h de Tumbes, le soir de Chiclayo) et avec *El Dorado* (à 19h30 et 22h).

➢ **Trujillo :** 11h de trajet. Avec *Oltursa* (à 20h), *Ormeño* (à 18h) et *El Dorado* (à 21h30 et 22h30).

➢ **Lima :** 18-20h de trajet. Plusieurs départs avec *Flores* (à 11h, 13h30, 15h30, 16h30 et 18h30), *Ormeño* (à 18h), *Cruz del Sur* (à 15h) et *Tepsa* (vers 15h).

➢ **Guayaquil** *(Équateur)* **:** 6h de trajet. 8 bus/j. avec *CIFA Internacional* et 1 avec *Ormeño* (à 12h). Pas cher et vraiment pratique car s'arrête aux bureaux d'immigration de la frontière pour permettre aux voyageurs d'effectuer les formalités. De loin la meilleure solution pour aller en Équateur !

En avion

✈ **Aéroport :** *à une dizaine de km du centre, sur la Panaméricaine en allant vers l'Équateur.*

➢ **Piura et Lima :** *2-4 vol/j. avec Lan Perú (agence en ville : jr. Bolognesi 250).*

Adresses utiles

ℹ **I-Peru :** *malecón III Milenio.* ☎ *57-48-00. Lun-sam 9h-18h, dim 9h-13h.* Infos et brochures sur Tumbes et la région.

✉ **Correos – Serpost :** *San Martín 208, paseo de la Concordia. Tlj sf dim 8h-20h.*

■ @ **Téléphone et Internet :** plusieurs possibilités sur la plaza de Armas, paseo de los Libertadores et calle Grau.

■ **Change : Cambios internacionales,** *paseo de los Libertadores, entre les c/ Grau et Piura. Tlj 8h30-13h, 15h30-19h.*

■ **Distributeurs :** au **Banco de Crédito,** paseo de los Libertadores, à côté du bureau de change, et sur la plaza de Armas.

■ **Consulat d'Équateur :** *Bolívar 129, sur la pl. de Armas.* ☎ *52-59-49. Bureau au 3e étage. Lun-ven 9h-13h.*

Où dormir ?

De bon marché à prix modérés (moins de 50-90 NS / env 15-27 €)

▲ **Hospedaje Italia :** *Grau 733.* ☎ *52-33-96.* Chambres proprettes, avec salle de bains et bons matelas. Éviter celles côté rue, un peu bruyantes. Accueil sympathique. Une bonne affaire !

▲ **Hostal Chicho :** *av. Tumbes 327.* ☎ *52-22-82. Réception au 1er étage.* La plupart des chambres, sommaires mais assez confortables (salle de bains, ventilateur), donnent sur une rue perpendiculaire à l'avenida Tumbes et ne sont donc pas trop bruyantes.

▲ **Hospedaje Lourdes :** *Mayor Bodero 118.* ☎ *52-29-66.* Chambres calmes et ventilées, avec salle de bains et TV. Il y a même un petit effort sur la déco. Petite cafétéria au 3e étage.

De chic à très chic (130-200 NS et plus / env 39-60 €)

▲ **Casa César :** *Huáscar 311.* ☎ *52-28-83. • casacesartumbes.com • Doubles avec sdb env 130-150 NS. Possibilité de transfert depuis l'aéroport.* Dans cet hôtel moderne, les chambres, toutes avec salle de bains, sont dotées d'un certain confort (TV câblée, clim, bons lits). Une bonne adresse, bien proprette et au calme.

▲ **Hostal Costa del Sol Ramada :** *San Martín 275, paseo de la Concordia.* ☎ *52-39-91. • costadelsolperu.com • Double env 240 NS, petit déj-buffet inclus.* Bien situé. Chambres confortables, agréables et bien finies, mais évitez celles donnant sur la place, trop bruyantes. Jolie piscine entourée de palmiers. Bon resto (voir « Où manger ? »). Nombreux services : salle de sport, laverie, parking, transfert aéroport, etc.

Où manger ?

De bon marché à prix moyens (moins de 25 NS / env 7,50 €)

|●| ***Restaurant Pepe :*** *av. Tumbes 348, entre les c/ Piura et Abad Puell. Tlj 7h-20h.* On y sert tous les classiques : *arroz chaufa, tallarín saltado, asado de res, ceviche...* Oh ! ce n'est pas de la grande cuisine, mais, pour le prix, il n'y a vraiment pas de quoi faire la grimace.

|●| ***Los Gustitos :*** *pl. de Armas.* Bonne cuisine de la mer. Installez-vous à l'une des tables donnant sur la place et commandez le *chupe de pescado,* vous ne le regretterez pas. Menu économique le midi.

Plus chic (plus de 40 NS / env 12 €)

|●| ***Restaurant de l'hostal Costa del Sol Ramada :*** *San Martín 275, paseo de la Concordia.* ☎ *52-39-91.* Dans une agréable salle ou autour de la piscine, cuisine fine et savoureuse à prix corrects. Probablement le meilleur resto de la ville.

À voir

Sur la plaza de Armas, le ***monument*** commandé par l'un des maires de Tumbes est censé figurer le choc des cultures indienne et européenne, la rencontre des deux mondes au XVIe s. À voir également de nuit, illuminé.

Tout au bout de la calle Mariscal Castilla, la statue ***El Beso,*** dédiée à l'amour... Vous comprendrez pourquoi.

Enfin, s'il vous reste du temps, allez jeter un coup d'œil à l'***Ascension du Christ,*** une autre réalisation audacieuse, au bout du paseo de la Concordia.

LES PLAGES DES ENVIRONS DE TUMBES

PUERTO PIZARRO

À environ 15 km au nord de Tumbes, ce petit village respire la nonchalance et la tranquillité. Les maisons sont en paille, en bois et quelques-unes en dur. Quelques pêcheurs, notamment de crabes, peuplent la mangrove *(manglares).* Le matin, ne pas rater le retour des bateaux et la vente des poissons sur la grève. Si vous levez les yeux, vous verrez tournoyer de jolis oiseaux (pélicans, aigrettes et frégates). Pour les voir encore mieux, le mieux est de se rendre dans la mangrove, au lieu dit *Isla de Aves* vers 17h, lorsque tous ces volatiles retrouvent leur arbre pour passer la nuit. Mais on vient ici avant tout pour voir les mangroves ou pour se rendre à l'*isla del Amor,* au large du village, où l'on peut manger du poisson, se reposer dans des hamacs et se baigner dans une eau propre. Il y a aussi un élevage de crocos, accessible en bateau. Pour faire une balade ou vous rendre à ces différents endroits, on vous conseille de négocier avec les pêcheurs, cela vous coûtera moins cher qu'avec la compagnie de transport *Turmán,* qui possède des bateaux à moteur pour touristes. En outre, éviter la saison des pluies, de janvier à avril.

➢ Pour s'y rendre, prendre un *colectivo* depuis l'avenida Francisco Navarrete, ou jirón Huáscar, entre Piura et Feijoo.

ZORRITOS *(IND. TÉL. : 072)*

Hormis sa grande plage de sable doré qui s'étale sur des kilomètres, cette ville située à 30 km au sud de Tumbes n'a pas grand intérêt. Il s'agit plutôt d'une ville étape où l'on trouve une belle adresse de charme.

Casa Grillo & Tres Puntas Eco Hostel : *av. Los Pinos 543, km 1235, Punta Camaron. ☎ 79-48-30. • casagrillo.net • Double env 60 NS ; nuitée à partir de 20 NS/pers, camping 10-15 NS/pers.* L'endroit rêvé pour les amateurs d'un retour aux sources ! *Cabañas* en matériaux primaires, face à la plage, dans un cadre idyllique. Elles possèdent chacune leur petite terrasse où pend un hamac, idéal pour le farniente. Petit resto où l'on peut manger de la langouste.

Mango de Costa Azul : *Faustino Piaggio 115 (dans le centre). ☎ 54-41-35. • costaazulperu.com • Double env 290 NS et suites 390-420 NS, petit déj-buffet inclus. Possibilité de pens complète.* Petit hôtel très chic et agréable en bord de mer, où l'on a tout de suite l'impression d'être en vacances. Certaines chambres donnent sur la plage, avec hamacs et cocotiers ! Piscine, resto, etc.

PUNTA SAL

À env 80 km au sud de Tumbes, petite station balnéaire à l'écart de la Panaméricaine, sur la route entre Zorritos et Máncora. Fréquentée de décembre à mars surtout, par les Péruviens en vacances. Très belle plage avec une étendue de sable blanc sur 3 km. Ici, pas de surf au programme, donc farniente et bronzette.

Prix moyens

Hotel El Bucanero : *Punta Sal Grande 104. ☎ 54-01-18. • elbucaneropuntasal.com • Double avec balcon ou terrasse env 120-160 NS.* Un hôtel charmant, situé à 50 m de la mer, avec une quinzaine de chambres ventilées et calmes réparties autour d'une agréable petite piscine, le tout dans un jardin fleuri bien entretenu. Bon restaurant avec produits de la mer. Bar. Une bonne adresse.

Hospedaje-restaurant Hua Punta Sal : *sur la plage Punta Sal Grande. ☎ 54-00-43. • hua-puntasal.com • Doubles 120-140 NS en basse saison (avec ou sans eau chaude), 100 NS de plus en hte saison.* Toutes les chambres sont avec vue sur la mer ou sur le jardinet, dans une maison toute jaune couverte par un toit de chaume. Restaurant en terrasse les pieds dans l'eau, avec au menu des produits de la mer et des pizzas. Ambiance familiale.

MÁNCORA *(IND. TÉL. : 073)*

Encore plus au sud, à une centaine de kilomètres de Tumbes. Toutes les compagnies de bus desservant Tumbes, les villes principales d'Équateur ou le Sud s'arrêtent à Máncora. C'est une station balnéaire ensoleillée, où aiment se prélasser les touristes péruviens et étrangers. Longue et belle plage qui se développe de plus en plus, mais qui a su garder un certain charme. Dans une ambiance décontractée, les sportifs viennent ici pour faire du surf ou du *kitesurf.* Du coup, on y trouve pas mal d'hébergements (et, bien sûr, des restos). Sur place, possibilité de louer des planches de surf et de prendre des cours. La plage est belle et sans danger, les vagues agréables, et ici l'eau est tempérée.
On trouve une banque et plusieurs distributeurs au centre du village, et des cybercafés tout le long de la rue principale. Infos pratiques et actualisées sur le site *• vivamancora.com •*

Casa Palmero : *en venant de Tumbes, un peu avt le pont et la sortie de la ville, prendre le à droite après le panneau indiquant l'hospedaje Sol y Mar ; tourner ensuite à gauche. ☎ 25-85-38. Doubles avec sdb env 45-55 $ selon confort.* L'établissement ne donne pas directement sur la mer, mais vous y trouverez, dans un jardinet verdoyant et fleuri, un bouquet de chambres agréables, sur 2 niveaux, sous toit de chaume et très bien tenues. Toutes ont l'eau chaude et un ventilateur. Les plus chères ont même un frigo.

|●| Parmi tous les restos de la rue principale et de la plage, il y en a 2 qui se distinguent : ***Las Cañitas*** (devant l'*hospedaje Sol y Mar*) sur la petite plage, les pieds dans l'eau, et ***Sol Brillante*** (devant le *malecón*). Bons *ceviches* et autres plats de poisson. Vin au verre et excellent *pisco sour.* Belle terrasse au 1er étage pour les 2, avec vue imprenable.

PASSAGE DE LA FRONTIÈRE PÉROU-ÉQUATEUR

Si vous allez à Guayaquil, le plus simple est de prendre un bus de la compagnie *CIFA Internacional* depuis Tumbes. Durée du trajet : 6h. Départs à 6h, 8h, 10h, 12h, 14h et 15h. Coût : anv 25 NS. Les bus s'arrêtent au poste-frontière péruvien d'*Aguas Verdes* et à celui de *Huaquillas* côté équatorien, pour permettre aux passagers de faire tamponner leur passeport. Autre solution, prendre un *colectivo* pour *Aguas Verdes* ; départs à l'angle du paseo de los Libertadores et d'Abad Puell *(plan B1)*.
Pour les plus courageux, la solution la plus économique est de prendre un minibus qui cherche à compléter ses passagers (compter 2 NS) sur l'avenida Tumbes, puis de se faire arrêter 2 km avant la ville, pour remplir les formalités de sortie du Pérou. Après, il faut prendre une moto-taxi pour traverser la ville (compter 2 NS), car le minibus n'attend pas. Franchir ensuite la ligne de démarcation à pied puis prendre un taxi équatorien, de l'autre côté du pont, côté *Huaquillas* (compter 3 $) pour aller au tout nouveau poste de douane, à 5 km de la ville. De là, avec de la chance, vous retrouverez un bus *CIFA* qui vous mènera à Machala ou à Guayaquil. Sinon, retour au centre de Huaquillas pour trouver une compagnie de bus équatorienne. Si vous n'avez pas envie de revenir en arrière, des taxis peuvent vous emmener à Machala moyennant 25 $.
Au centre de *Huaquillas,* il y a des bus locaux qui partent vers plusieurs villes d'Équateur, notamment Cuenca, Loja, Zaruma et Machala.
Attention, s'il vous reste des *soles,* tâchez de les changer à Tumbes (bureau de change cité plus haut dans « Adresses utiles »), au moins vous serez certain de ne pas vous faire avoir.
Dernière remarque : ne vous laissez pas non plus intimider par ces individus parfois postés devant les postes-frontière (tant péruvien qu'équatorien) qui, sous prétexte de leur faciliter les formalités, tentent d'extorquer de l'argent aux voyageurs. Ne payez rien, sous aucun prétexte !

L'AMAZONIE (LA SELVA)

Changement de décor. Rien ne rapproche les Andes de l'Amazonie – la selva (la forêt) comme on l'appelle ici – si ce n'est ces fleuves, descendus des cimes pour venir étreindre la jungle en d'interminables méandres. Un monde bruissant de mille sons, un poumon de la terre que l'on rêverait vierge, qui l'est encore beaucoup, même si l'homme s'y est taillé une place à coups de machette puis de bulldozer. Si, quelque part, on ne sait pas vraiment

où évoluent encore des tribus coupées de toute civilisation, ici vit surtout une population métissée, qui a su s'accommoder d'une forêt qui ne se laisse guère dompter, y faire émerger des villes confuses prisonnières de la touffeur tropicale. Peu de routes, dans la selva ce sont d'abord les fleuves qui servent d'axes de communication. Des rafiots de tôle charrient les marchandises, les pêcheurs glissent le long des berges boueuses sur leurs frêles *peque-peques.* De décembre à avril, les rivières gonflent sous les pluies diluviennes, poussant par endroits les maisons à se jucher sur de fragiles pilotis.

– ***Conseils santé :*** l'Amazonie est située en zone tropicale. Avant de s'y rendre, prévoir un traitement préventif contre le paludisme, s'équiper de répulsifs anti-moustiques efficaces (pour la peau et les vêtements) et se faire vacciner contre la fièvre jaune. Lire aussi la rubrique « Santé » dans les « Généralités Pérou, Bolivie ».

AU NORD

Au départ de Lima, la selva se laisse approcher à petits pas. C'est qu'il faut dévaler les montagnes pour, à mesure que baisse l'altitude, voir le paysage se transformer. Déjà, la rudesse des environs de Huánuco paraît bien loin lorsqu'on pénètre entre les monts couverts de jungle de Tingo María, dissimulant des trésors naturels comme échappés d'un paradis perdu. Puis vient le bout du goudron, et ses ports alanguis, Pucallpa, ou Yurimaguas (du côté de Tarapoto). De là, seuls les fleuves permettent de poursuivre le voyage, jusqu'à atteindre Iquitos, grande ville singulière, isolée au milieu de la forêt, à quelques heures de navigation du Brésil et de la Colombie. Il fallait bien tous les soubresauts de l'Histoire pour imaginer tracer ici des frontières, au cœur de l'enfer vert. Bien sûr, on peut rejoindre Iquitos en avion pour, de là, partir en excursion au milieu de la forêt. Mais qui a du temps devant lui ne devrait pas faire l'économie de cette rencontre progressive avec la selva.

HUÁNUCO

env 120 000 hab. IND. TÉL. : 062

Établie à 1 900 m d'altitude, entourée de montagnes et bordée par le río Huallaga, cette petite ville fondée en 1539 peut constituer une étape agréable avant ou après la traversée des Andes. En toute modestie, elle revendique le meilleur climat du Pérou, et même du monde… À vous de juger. Pour l'anecdote hippie, sachez que Huánuco a vu naître Daniel Alomia Robles, le compositeur du tube *El Condor pasa,* repris par Simon et Garfunkel. Quant aux ruines de Kotosh, situées à 4 km de la ville, elles ont beau être les plus anciennes découvertes au Pérou, elles sont absolument sans intérêt. D'autant que l'original de la pièce majeure qui y fut exhumée, un moulage de mains croisées, a été transféré à Lima.

Arriver – Quitter

En bus et *colectivo*

➢ ***Ligne Lima-Pucallpa (via Tingo María) :*** Huánuco est à peu près à mi-chemin entre Lima et Pucallpa. Plusieurs compagnies de bus assurent un départ quotidien pour chacune des 2 villes. Compter env 8h et 40 NS

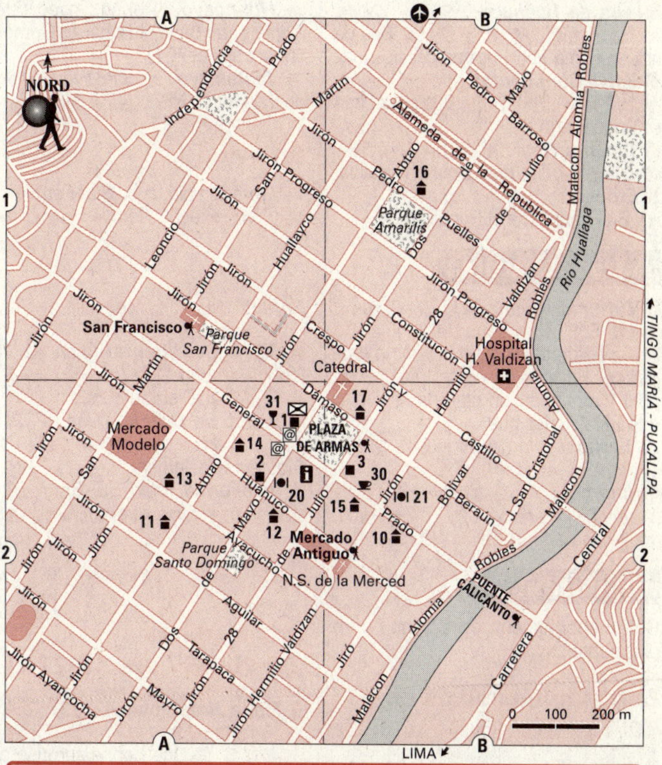

HUÁNUCO

Adresses utiles	15 Khon Wa
1 BBVA Continental	16 Hotel Garú
2 Banco de Crédito	17 Gran Hotel Huánuco
3 InkaFarma	**Où manger ?**
Où dormir ?	20 La Charapita
10 Hospedaje Astria	21 El Banquete
11 Hostal Trejo	**Où prendre un café ? Où boire un verre ?**
12 Gran Hostal Confort	30 La Casa del Cafesito
13 Finha Hotel	31 La Hacienda
14 Hostal Tours	

pour Lima, 6h et 25 NS pour Pucallpa. On peut descendre en route à Tingo María (2h30, env 10 NS), ville que l'on peut aussi rejoindre en *colectivo* (départs tte la journée du jr. General Prado, cuadra 10 ; *plan A1*). Certaines compagnies de bus ne vont pas plus loin que Tingo María.

■ ***GM Internacional :*** *jr. 28 de Julio 535.* ☎ *51-97-70.* ● *gminternacional.com.pe* ● Dessert Lima et Tingo María.

■ **León de Huánuco :** *malecón Daniel Alomis Robles 821.* ☎ *51-29-96.* Bus de nuit pour Lima. Pour Pucallpa, départ le mat.
■ **Bahia Continental :** *jr. Hermilio Valdizán 718.* ☎ *51-99-99.* Bus pour Lima et Tingo María.
■ **Turismo Real :** *jr. 28 de Julio 580.* ☎ *51-80-22.* Bus pour Lima et Pucallpa.
■ **Etposa :** *jr. Castillo 800.* ☎ *51-29-03.* Bus pour Lima et Pucallpa.

➢ **Huancayo :** 1 bus/j., avec *Bahia Continental* (voir plus haut). Compter 8h de trajet et 40 NS.
➢ **Tantamayo :** en *colectivo*. Env 6-8h de trajet et 40 NS.

En avion

➢ **Lima :** 1 vol/j. avec *Star Perú* (● *starperu.com* ●) et *LC Perú* (● *lcperu.pe* ●).

Adresses utiles

ℹ **Turismo** (plan A2) **:** *jr. General Pardo 718, sur la pl. de Armas. Tlj 8h-22h.* Bureau géré par la ***policía turística.*** En plus de porter plainte, on peut y récupérer un plan de la ville et des infos sur les bus.
✉ **Serpost** (plan A2) **:** *jr. 2 de Mayo, sur la pl. de Armas. Tlj sf dim 8h-20h.*
@ **Internet :** *plusieurs cybercafés dans le centre, notamment jr. 2 de Mayo, à deux pas de la pl. de Armas (plan A2). Un autre sur la place, côté jr. Genral Prado (plan A2).*
■ **BBVA Continental** (plan A2, **1**) **:** *jr. 2 de Mayo 1137. Lun-ven 9h-18h, sam 9h-13h.* Distributeurs.
■ **Banco de Crédito** (plan A2, **2**) **:** *à l'angle de Huánuco et 2 de Mayo.* Distributeurs également.
■ **InkaFarma** (plan B2, **3**) **:** *jr. 28 de Julio, sur la pl. de Armas. Tlj 7h-minuit.*

Où dormir ?

Côté hébergement, on a connu offre plus riante...

Bon marché (moins de 50 NS / env 15 €)

▲ **Hospedaje Astria** (plan B2, **10**) **:** *jr. General Prado 984.* ☎ *51-90-98. Double env 20 NS.* Tenue par une vieille dame adorable, une grande pension à l'ancienne, installée dans une belle bâtisse coloniale décatie. Nombreuses chambres à l'austérité monacale, distribuées autour d'un patio et de longues coursives d'un bleu délavé. Douches communes, façon camping municipal. Vraiment sommaire, mais au moins ça a de la gueule.
▲ **Hostal Trejo** (plan A2, **11**) **:** *jr. Abtao 525.* ☎ *51-13-36. Doubles avec ou sans sdb 20-30 NS.* Basique, mais propre et calme. TV, eau chaude.
▲ **Gran Hostal Confort** (plan A2, **12**) **:** *Huánuco 736.* ☎ *51-49-57. Double env 45 NS.* 💻 Immeuble assez récent à la façade carrelée de céramiques bleues. Chambres propres et bien meublées avec TV, placard, et une bonne literie. Une bonne adresse.

Prix modérés (50-90 NS / env 15-27 €)

▲ **Finha Hotel** (plan A2, **13**) **:** *jr. Ayacucho 545.* 📱 *999-10-34-55. Doubles 60-80 NS.* 📶 Une bonne surprise que ce petit hôtel presque design, proposant des chambres fringantes et bien équipées (eau chaude, frigo), dotées de drôles de salles d'eau aux carreaux rouges et noirs. Un bon plan, et un bon accueil.
▲ **Hostal Tours** (plan A2, **14**) **:** *jr. Abtao 796.* ☎ *51-94-44. Doubles 60-80 NS.* 📶 Chambres avec salle de bains, modernes, propres et confortables : eau chaude 24h/24, TV, hi-fi, minibar, lit *king size* dans les plus chères. Pour la touche déco, des photos de pin-up... Éviter les chambres donnant sur la rue.

Prix moyens (90-130 NS / env 27-39 €)

▲ **Khon Wa** (plan B2, **15**) **:** *jr. General Prado 820.* ☎ *51-27-75. Doubles 110-130 NS, petit déj inclus.* 📶 À un jet de pierre de la plaza de Armas, un hôtel récent proposant des chambres pas bien grandes mais modernes et confortables (minibar), la plupart donnant sur les couloirs. Grand jacuzzi dans les plus chères. Les plus sympas, au 6e étage (ascenseur), profitent de la vue sur les montagnes.

Hotel Garú *(plan B1, **16**) : jr. Pedro Puelles 465 (parque Amarillis). ☎ 51-30-96. Double 120 NS, petit déj inclus. CB acceptées.* Un établissement honnête, installé au calme à 5 mn à pied de la plaza de Armas, face à un sympathique parc alignant terrains de sports et jeux pour les gosses. Chambres et sanitaires propres, avec eau chaude toute la journée.

Plus chic (plus de 200 NS / env 60 €)

Grand Hotel Huánuco *(plan B2, **17**) : jr. Dámaso Beraún 775, sur la pl. de Armas. ☎ 51-24-10. • grandhotelhuanuco.com • Double env 220 NS et suite 250 NS, petit déj inclus. CB acceptées.* Élégante bâtisse de style colonial, organisée autour d'un beau patio carrelé. Les chambres sont plus banales, et même un peu surévaluées, dommage. Piscine, jacuzzi, salle de billard, etc. Également un resto, assez chic mais encore abordable le midi (menu à 25 NS environ).

Où manger ?

De bon marché à prix moyens (moins de 25 NS / env 7,50 €)

La Charapita *(plan A2, **20**) : jr. 2 de Mayo 1044. ☎ 51-71-69. Tlj 12h-15h, 19h-minuit. Plats 8-15 NS.* Modeste resto populaire concoctant pour pas cher des spécialités de la selva et autres poissons fumés. De quoi se mettre en bouche avant la descente vers la forêt, même si les *tacacho con cecina* (banane plantain pilée, accompagnée de viande de porc) et *juane* (boule de riz fourrée cuite dans une feuille de *bijao*) de la maison sont plus bourratifs que goûteux... Salle plutôt agréable en tout cas, ornée de lances, parures et peaux.

El Banquete *(plan B2, **21**) : jr. Bolívar 308. ☎ 52-50-49. Tlj 12h-23h. Menu midi 15 NS ; plat env 20 NS.* Une fontaine, du vert, du blanc, des parasols (en intérieur !)... Le cadre est frais, la cuisine aussi. La carte reste courte, pour mieux réussir ses classiques *criollos* volontiers carnassiers (*lomo saltado*, etc.), secondés par quelques spécialités italiennes (osso buco, *fettucine* maison), voire japonisantes. Joli menu le midi, assez original. Service un rien chic. Une bonne petite adresse.

Pas mal de ***petits restos*** pas chers et assez sympas sur la cuadra 6 du jirón Beraún *(plan A1)* et la cuadra 8 du jirón General Prado *(plan B2)*.

Où prendre un café ? Où boire un verre ?

La Casa del Cafesito *(plan B2, **30**) : jr. General Prado 839. Tlj 6h-13h, 16h-20h.* Minuscule échoppe où l'on vient, posé sur un rondin de bois, siroter un bon café bio, cultivé par une coopérative de paysans du haut Huallaga. Paquets à vendre pour moins de 10 NS.

La Hacienda *(plan A2, **31**) : jr. General Prado 681. Ouv à partir de 19h.* Une petite taverne tout en bois, doublée d'une mezzanine. On s'y agrippe par grappes autour de tables rondes, avec juste ce qu'il faut de lumière pour voir le fond de son verre ou des yeux de son voisin.

Quelques ***bars*** également sur la Alameda de la República *(plan B1)*, à 10 mn à pied du centre. Un des coins où ça bouge le week-end.

À voir

Plaza de Armas *(plan A-B2)* : agréable, avec ses ficus centenaires. Voir le petit bassin de granit construit en 1845. Ici, on se rappellera l'exécution des héros huánuqueños par les Espagnols. Côté jirón Beraún se dresse la *cathédrale,* de facture contemporaine et franchement vilaine. On croirait un terminal d'aéroport...

Puente Calicanto *(plan B2)* **:** construit au XIXe s sur la rivière Huallaga, ce pont piéton long de 60 m est constitué de « *piedras de canto rodado* », assemblées avec un mélange de chaux, sable et blancs d'œufs (véridique) ! Une légende raconte que la ville de Huánuco disparaîtra quand se réveillera l'énorme serpent à deux têtes qui se trouve enroulé à la base du pont.

En flânant dans le petit centre-ville, coup d'œil à quelques modestes églises coloniales dispersées ci et là, dont la plus remarquable est sans doute ***San Francisco,*** datant du XVIe s, et posée sur une mignonne placette (jirón Beraún cuadra 5, *plan A1*). Belle façade encadrée de deux clochers. À l'intérieur, massif retable doré. À voir également, le ***vieux marché central*** *(mercado antiguo),* colonial lui aussi, avec ses échoppes peinturlurées en bleu (jirón 28 de Julio, angle Huánuco ; *plan A-B2*).

TINGO MARÍA

env 70 000 hab. IND. TÉL. : 062

Bourgade champignon poussiéreuse et populaire, Tingo María a poussé à 650 m d'altitude, au pied des montagnes luxuriantes et tarabiscotées de la *selva alta,* le long d'un fleuve, le río Huallaga, à qui le chaotique urbanisme local a choisi de tourner le dos. Ce n'est pas pour le charme de la ville que l'on fait étape ici, mais pour son environnement enchanteur, à commencer par le parc naturel qui porte son nom, étendu sur près de 5 000 ha. S'il y a moins de moustiques, s'il fait moins chaud qu'à Iquitos ou Pucallpa, tout à Tingo María rappelle l'Amazonie et sa végétation exubérante, le relief en plus. Il suffit de s'éloigner de quelques kilomètres dans les vallées encaissées pour profiter, seul ou presque, d'une profusion de cascades, lagunes, grottes et *ríos,* ou pour se lancer sur l'une des multiples pistes s'enfonçant vers des villages taillés dans la forêt. Les possibilités d'excursions sont presque inépuisables, et pour la plupart accessibles pour seulement quelques *soles* en moto-taxi.

Arriver – Quitter

En bus et *colectivo*

La route pour Pucallpa, presque entièrement asphaltée, emprunte sur la première partie du trajet le superbe *boquerón del Padre Abad,* un immense canyon luxuriant aux parois de 1 500 m de haut.

➢ ***Lima, Huánuco, Pucallpa et Tarapoto :*** pour venir de Lima, Huánuco ou Pucallpa, on peut prendre n'importe quel bus reliant ces villes, et descendre à Tingo María. Pour repartir en revanche, bus directs pour Lima seulement, avec *GM Internacional (av. Raymondi 740 ; ☎ 56-18-95 ; • gminternacional.com.pe •).* 3 bus/j. Compter env 12h de trajet et 75-90 NS.
– Pour rejoindre Pucallpa, Huánuco ou Tarapoto, prendre un *colectivo.* Départ de la cuadra 1 de l'av. Raymondi. Compter env 2h30 et 20 NS pour Huánuco, 4h30 et 40 NS pour Pucallpa, 6h et 80-120 NS pour Tarapoto.

En avion

➢ ***Lima :*** 1 vol/j. avec *LC Perú (• lcperu.pe •).*

Orientation

Impossible de se perdre : la ville n'est pas grande et s'étire toute en longueur sur six avenues parallèles, coincées entre la montagne et le río Huallaga.

On trouve banques, services divers et terminaux de bus et *colectivos* sur l'avenida Raymondi, la plus proche de la rivière. Hôtels bon marché sur la suivante, Tito Jaime. Bars de nuit, poste et office de tourisme sur la troisième, Alameda de Perú. Les trois dernières sont plus résidentielles.

Adresses utiles

Office de tourisme : *Alameda de Perú, sur la pl. de Armas. Lun-ven 8h-13h, 14h30-17h.* Plan de la ville et des environs, infos sur les excursions. Dispose d'une liste des agences agréées par la municipalité.

Serpost : *Alameda de Perú, sur la pl. de Armas.*

@ Plusieurs **cybercafés** en bas de l'avenue Raymondi (cuadra 1), au niveau du virage. **Laveries** dans le même coin.

Nombreuses **banques** avec distributeurs (*Visa* et *MasterCard*) sur l'avenue Raymondi, notamment la *BBVA Continental,* au n° 543.

InkaFarma : *av. Raymondi 285. Tlj 7h-minuit.*

Hospital : *av. Ucayali 114. ☎ 56-20-18 ou 19.*

Où dormir ?

L'hébergement est le point noir de Tingo María. Peu – voire pas – d'*hostal* à la fois pas cher et sympa. Il faudra s'en accommoder... ou casser sa tirelire.

Bon marché (moins de 50 NS / env 15 €)

Hostal Mario's : *Jose Prato 313 (entre Tito Jaime et Alameda de Perú). ☎ 56-13-26. Double 40 NS.* Un bon plan que ce petit *hostal* pimpant, proposant des chambres proprettes et même un rien coquettes, avec de la couleur, de grands miroirs, la télé et des salles d'eau bien carrelées.

Hotel Internacional : *av. Raymondi 232. ☎ 56-30-35 Double 50 NS.* Chambres banales mais bien tenues, avec salle d'eau, frigo et ventilo.

Nombreux *hostales* pas chers, à la propreté rarement exemplaire, sur l'avenida Tito Jaime, entre les calles Jose Prato et Monzon. On peut tenter, par exemple, l'***Hotel Royal,*** au nom un rien usurpé *(Tito Jaime 214 ; ☎ 56-21-66 ; double 35 NS).* Chambres avec salle d'eau, étouffantes et peu reluisantes, mais réparties autour d'une grande cour débordant de plantes tropicales. Terrasse informelle sur le toit, où faire sa lessive.

Prix moyens (90-130 NS / env 27-39 €)

Green Paradise : *av. Raymondi 689. ☎ 062-40-68-18. 992-62-01-71 ou 988-99-44-41. • greenparadisehotel.com • Double env 90 NS, petit déj inclus.* Hôtel moderne au carrelage clinquant, alignant sur plusieurs niveaux des chambres nickel et de bon confort (eau chaude, TV câblée), agrémentées de touches de déco ethnique. Agréable terrasse à mi-hauteur, donnant sur les montagnes... et la cour de service. Spa.

Villa Jennifer : *km 3,4, Monterrico. ☎ 79-47-14. • villajennifer.com • Double 130 NS, petit déj inclus. Plat au resto 20 NS.* Ce beau *lodge* créé par un Danois est enfoui en pleine nature à 4 km de la ville, de l'autre côté du Huallaga. Le domaine, luxuriant, s'étend sur 10 ha, dans lesquels sont disséminées les bâtisses abritant la vingtaine de chambres, simples mais fraîches et confortables. Partout, de petites terrasses pour s'isoler, et puis des caïmans et des tortues pour faire causette, un jacuzzi, un bon resto et 2 piscines pour prendre le frais. Plusieurs sentiers s'enfoncent dans la jungle, l'un d'eux menant à un mirador. Et quand la nuit tombe, la *Villa Jennifer* est livrée aux étoiles et aux bruits de la forêt... Possibilité de profiter des lieux sans y dormir, en prenant un repas au resto.

Chic (130-200 NS / env 39-60 €)

Hotel Madera Verde : *av. Universitaria s/n, à la sortie de Tingo María direction Lima. ☎ 56-27-74. • maderaverdehotel.com.pe • Doubles 130-170 NS selon saison, petit déj inclus. CB acceptées.* À l'écart de la ville, un agréable complexe touristique et familial, avec piscine (toboggan) et plus de 5 ha de verdure peuplés d'oiseaux, papillons exotiques, singes, etc. Logées dans de longues bâtisses de bois, les chambres, simples mais confortables (eau chaude, TV), avec parquet en bois et brasseur d'air, exhalent un charme tropical suranné. Également des bungalows pour 5 personnes. Resto. Bon accueil.

Où manger ? Où boire un verre ?

De ***petits kiosques*** carrelés avec terrasse sur le trottoir sont postés à chaque cuadra de l'avenida Raymondi, de quoi avaler un petit plat pas cher à toute heure. Comme d'hab', on peut aussi prendre l'*almuerzo* dans les ***gargotes du marché couvert*** (cuadra 1 de Tito Jaime), où l'on pointe du doigt le plat de son choix parmi ceux exposés derrière les vitrines. Également une allée de stands de jus de fruits et pâtisseries.

El Carbón : *av. Raymondi 435. ☎ 56-42-55. Tlj 11h-1h. Plat env 20 NS.* Immense resto oscillant entre la cantine et le saloon, et proposant une interminable carte de viandes et poissons grillés au barbecue. Également des *combos* à partager à plusieurs. Tout au fond, sympathique véranda donnant sur la rivière. Musique *en vivo* les samedi et dimanche.

De Tinto y Madero : *Alameda de Perú 391. ☎ 56-30-12. Tlj 12h-minuit. Plat env 20 NS.* Bonnes viandes servies dans une salle quelconque dominant la Alameda. Une adresse réputée en ville.

Une foule de ***bars, karaokés et boîtes de nuit*** rivalisent de décibels autour de la Alameda de Perú, en remontant de la plaza de Armas.

À voir

Jardín botánico : *av. Enrique Pimentel, dans le prolongement sud de l'av. Raymondi. Lun-ven 7h-14h45. Entrée gratuite.* Plantes et fleurs les plus caractéristiques de la région, avec notamment de superbes orchidées. Plus de 1 500 variétés.

Bella Durmiente : une montagne autour de Tingo María, dont la forme rappelle étrangement la silhouette d'une femme endormie. Panorama sur la montagne et le village depuis le ***cerro San Cristóbal,*** avec sa croix au sommet.

DANS LES ENVIRONS DE TINGO MARÍA

On peut rejoindre la plupart des sites des environs très facilement en moto-taxi – plutôt des triporteurs en réalité – pour une poignée de *soles.* Chaque site est desservi par une coopérative spécifique de moto-taxi qui détient, en quelque sorte, le monopole de la destination. Indiquer votre destination à n'importe quel moto-taxi, il vous emmènera au terminal de départ de la coopérative concernée. On peut aussi passer par une agence, mais c'est évidemment beaucoup plus cher : compter 40-60 NS par personne et par jour selon l'excursion. Seule une demi-douzaine d'agences sont agréées par la municipalité ; liste à l'office de tourisme.

Cueva de las Lechuzas : *à 8 km de la ville, sur la route de Monzon, dans le parc naturel. Trajet aller en moto-taxi 2 NS (coopérative sur la cuadra 1 de Raymondi). Entrée : 5 NS.* Une grotte comme surgie d'un cauchemar, tant la pénombre et

les cris aigus des oiseaux y créent une atmosphère inquiétante. Émergeant du cœur de la forêt, cette profonde cavité aux parois d'un vert luisant est peuplée de quelques chouettes qui lui ont donné son nom *(lechuza)*, et surtout d'une colonie de *guacharos*, oiseaux nocturnes cousins de l'engoulevent, endémiques à la zone néotropicale. On peut s'y enfoncer sur près de 400 m, en circulant sur des passerelles en bois. S'équiper éventuellement d'une lampe torche pour éclairer le chemin (pas indispensable). Interdiction en revanche d'éclairer les parois.
Dehors, au pied de la grotte, coule une petite rivière, s'échappant de sous la montagne. On peut y tremper les pieds, voire s'y baigner pour les plus courageux. L'eau est propre, mais pas bien claire... Le chemin passant en contrebas de la cavité mène à un village, après une bonne heure de marche le long d'une rivière. Enfin, un peu avant l'entrée du site, de l'autre côté de la route et du pont direction Tingo María, petite piscine d'eau fraîche et sulfureuse ***(aguas sulfurosas),*** avec terrain de volley et bar-resto *(entrée : 2 NS).*

Cueva de las Pavas : *à env 10 km au sud de Tingo María, sur la route de Huánuco. Trajet aller en moto-taxi 3 NS (coopérative « Cueva de las Pavas », av. Tito Jaime, cuadra 2). Accès gratuit.* Pas vraiment une grotte, plutôt de petites gorges bordées d'une promenade aménagée, et parcourues par un *río* sautillant, formant de nombreuses vasques naturelles très prisées pour la baignade. Charmant, dommage que les berges soient jonchées d'emballages plastiques. Sympathique bar sur pilotis à l'entrée du site. En poursuivant le chemin qui s'enfonce dans les montagnes, on atteint, en environ 40 mn, un petit village et, un peu après celui-ci, un autre torrent, la ***cueva de las Virgenes,*** dégringolant dans la jungle (repérer le panneau rouillé indiquant le sentier, en haut d'une côte). En été, il est à sec. Puis la piste continue, qui sait vers quoi...

El Velo de las Ninfas : *à env 15 km au sud de Tingo María, sur la route de Huánuco. Compter env 4-5 NS aller en moto-taxi (coopérative « Las Ninfas »). Accès libre.* Déjà, en 10 mn à peine de marche, on atteint des cascades dégringolant dans la jungle, formant des piscines naturelles où se baigner au milieu des papillons. Mais il faut grimper dur une petite demi-heure de plus pour atteindre un petit miracle, « le voile des nymphes ». Jaillissant d'une longue échancrure, une étroite chute dévale les rochers au milieu d'arbres gigantesques et majestueux, de parois de roches dévorées par toutes les nuances de vert. Au pied de la cascade niche un bassin, tout rond. Et le soleil tente, comme il peut, de se frayer un passage, jouant avec les feuillages. Magique ! Pour plus d'aventure, les agences de Tingo María proposent d'escalader les chutes façon canyoning, avec cordes et baudrier.

Laguna Los Milagros : *à 23 km au nord de Tingo María, sur la route d'Aucayacu (et Tarapoto). Prendre un taxi collectif de la coopérative « Los Angeles », sur la Alameda de Perú. Compter 6 NS aller ; s'arranger avec le chauffeur pour le retour.* Petite lagune paisible isolée au pied de collines bosselées, et bordée de paillotes où prendre l'*almuerzo.* On peut faire un tour de bateau sur le lac, pêcher, voire se baigner pour ceux que l'eau un peu marécageuse ne rebute pas. Pas mal pour buller une journée dans un hamac. Un peu de monde le week-end.

El Velo de la Novia : *sur la route de Pucallpa, à env 95 km (1h30) de Tingo María, et 170 km (3h) de Pucallpa. Franchement galère d'y aller et d'en revenir dans la même journée si l'on n'est pas motorisé. Le plus simple est d'y faire étape sur la route de Pucallpa, ou de passer par une agence de Tingo María (env 60 NS/pers l'excursion). Pour y aller par ses propres moyens, prendre un taxi collectif pour Aguaytía et se faire déposer en chemin à la cascade. Pour le retour, moto-taxi jusqu'au village de Padre Abad (env 20 mn, 3 NS), puis taxi collectif jusqu'à Aguaytía (encore 20 mn et 2 NS). De là, taxi collectif pour Tingo María (env 20 NS) ou Pucallpa (25 NS). Tlj 7h-18h. Entrée : 5 NS.* Une superbe cascade, nichée dans un renfoncement d'impressionnantes gorges ruisselantes de verdure – le *boquerón del Padre Abad.* On peut se baigner au pied des chutes, dans une profonde vasque naturelle aux eaux limpides, génial ! On atteint le site par un pont suspendu (autrefois, on traversait les gorges dans une cage accrochée à un câble !), puis par une promenade longeant les falaises. Resto-bar sur place. Un vrai petit coin de paradis, dont le défaut est son éloignement.

On peut choisir de passer la nuit à Aguaytía, à l'***hospedaje Harry*** *(av. Simon Bolívar 367. ☎ 061-50-82-39. • hospedajeharry.com • Doubles 35-45 NS).*

À voir encore, les ***cataratas de San Miguel,*** chutes qui s'atteignent après 1h de marche en forêt (prendre un guide ; départ du sentier à environ 20 km au sud de Tingo María, sur la route de Huánuco), celles de ***Gloria Pata,*** dans le parc naturel (accès libre), qu'on rejoint en 25 mn de balade, après avoir traversé un pont suspendu jeté au-dessus du río Huallaga (départ à environ 12 km au sud, sur la route de Huánuco)... et bien d'autres encore !

PUCALLPA

200 000 hab. IND. TÉL. : 061

Pucallpa, « terre rouge » en quechua, c'est le bout du goudron, la dernière ville d'Amazonie qu'une route relie au reste du pays. De quoi faire de cette grosse bourgade construite sur les rives de l'Ucayali un port fluvial majeur, dont le centre-ville s'apparente à un gigantesque souk, tant il déborde de marchandises, chinoises pour la plupart. Pas de zone portuaire à proprement parler. À la manière des compagnies de bus, celles de transport fluvial disposent chacune de leur propre embarcadère, d'où l'on charge les cargaisons à dos d'homme. Des embarcadères répartis sur des kilomètres le long de la berge et qui se déplacent en fonction des variations du niveau de l'eau. Pas grand-chose à faire dans le coin, on pousse avant tout jusqu'à Pucallpa pour embarquer dans l'un des bateaux en partance pour Iquitos. Le soir, les habitants se retrouvent sur le *malecón,* le long du fleuve, flânant entre petits manèges et vendeurs ambulants.

LES SHIPIBO

Le département d'Ucayali est la zone de peuplement traditionnel des indiens Shipibo, un des plus importants peuples natifs du Pérou, dont la population totaliserait, selon les sources, 25 000 à 40 000 individus. Ces derniers vivent éparpillés dans environ 150 communautés, principalement autour de Pucallpa et de la lagune de Yarinacocha (lire plus bas « Dans les environs de Pucallpa »). Les femmes shipibo réalisent de superbes tissages et céramiques, ornés de points et figures géométriques, dont l'ordonnancement traduit la cosmogonie shipibo. Des pièces souvent uniques, au prix élevé (et justifié).

Arriver – Quitter

En avion

➢ ***Lima :*** 2-4 vols/j. avec *Lan (• lan.com •),* 1-2 vols/j. avec *Star Perú (• starperu.com •)* et 1 vol/j. avec *Peruvian Airlines (• peruvianairlines.pe •).*

➢ ***Iquitos :*** 1 vol/j. avec *Peruvian Airlines* et *Star Perú.*

En bus et *colectivo*

➢ ***Lima et Huancayo (via Tingo María et Huánuco) :*** tous les bus pour Lima et Huancayo partent du km 4 de la route Lima-Pucallpa (*hors plan par A-B1* ; prendre un moto-taxi). Prévoir env 18h de trajet pour l'une ou l'autre de ces 2 villes (22h en bus *commercial,* qui s'arrête partout). Compter env 50 NS en *commercial,* 80-90 NS en *cama,* et 120 NS en *VIP* (un seul arrêt, repas à bord). Plusieurs départs/j. Les bus *commercial* marquent l'arrêt à Tingo María (env 4h30 et 15 NS) et Huánuco (env 6h et 25 NS). Pour Tingo María, on peut aussi

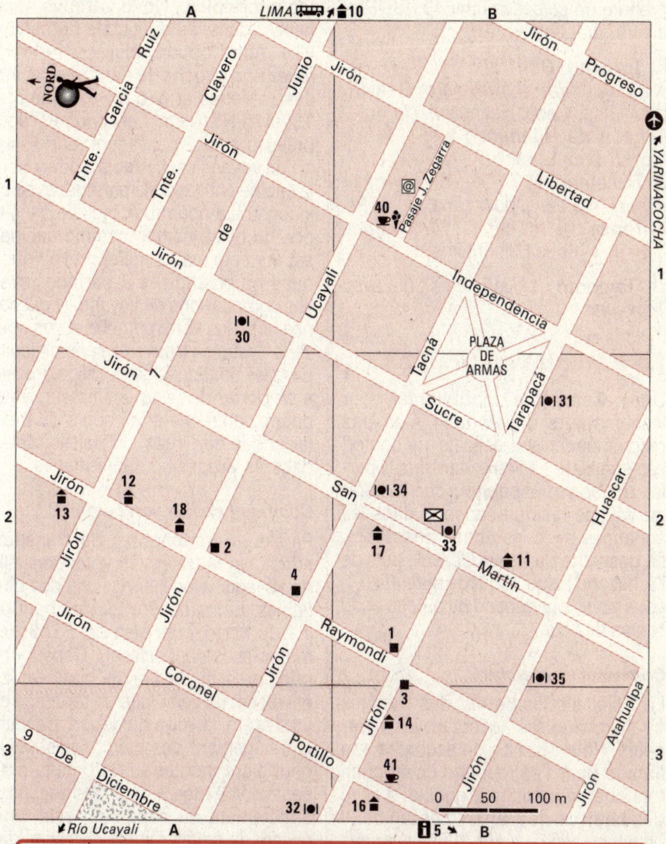

PUCALLPA

Adresses utiles

- Terminal des bus pour Lima et Huancayo
- **1** Banco de Crédito et Casa de cambio Don Pepe
- **2** BBVA Continental
- **3** Laser Viajes y Turismo
- **4** InkaFarma
- **5** Embarcadère Henry

Où dormir ?

- **10** Hospedaje Polanco II
- **11** Hospedaje Richard
- **12** Hospedaje Barbtur
- **13** Hospedaje Tariri
- **14** Hospedaje El Virrey
- **16** Hotel America
- **17** Hotel Rio
- **18** Gran Hotel Mercedes

Où manger ?

- **30** Gargotes
- **31** Restaurant vegetariano El Paraíso
- **32** Kitty
- **33** Valentina's Pizzeria
- **34** Parrilladas El Braserito
- **35** Restaurant El Golf

Où s'offrir une glace ou une pâtisserie ?

- **40** C'est si Bon
- **41** Panadería Renzo

prendre un *colectivo* (env 40 NS). Plusieurs compagnies :

■ ***Turismo Central :*** ☎ 57-12-88. • turismocentral.com.pe • 2 bus/j. pour Lima, 1 pour Huancayo.
■ ***León de Huánuco :*** ☎ 57-24-11. 1 bus/j. pour Lima.
■ ***Transmar :*** ☎ 57-97-78 • transmar.com.pe • 5 bus/j. pour Lima.
■ ***Tepsa :*** 📱 961-53-47-00. • tepsa.com.pe • 1 bus/j. pour Lima.

➢ ***Tarapoto :*** 1 bus/j., vers 20h, avec *Transmar*.

En bateau vers Iquitos

Une expérience inoubliable pour les amateurs d'aventure ! À ne pas recommander aux délicats : le confort est spartiate ! Mieux vaut aussi parler un brin d'espagnol, car l'intérêt du voyage réside beaucoup dans les échanges avec les autres passagers. La descente du fleuve Ucayali, puis de l'Amazone jusqu'à Iquitos dure 4 à 5 j., voire plus. Tout dépend du bateau et du niveau de l'eau.

Comment ça marche ?

Le trajet s'effectue sur des bateaux de marchandises acceptant les voyageurs. Pour 100 NS, on accroche son ***hamac*** dans l'entrepont d'un rafiot en tôle chargé jusqu'à la gueule, à côté des hamacs des autres passagers. Il peut y en avoir jusqu'à 200 suspendus côte à côte, collé serré. Préférer un hamac en toile, ceux en corde sont inconfortables. On en trouve facilement dans les boutiques du centre-ville. Autre option, plus confortable, ***louer une couchette*** dans une cabine, avec toilettes et w-c privés. Compter 150-180 NS/pers. Les cabines sont prévues pour 2 passagers (parfois 4) ; si l'on voyage seul, il faudra payer pour la cabine entière ou la partager avec un inconnu. La nourriture, incluse dans le prix du billet (hamac comme cabine), est correcte mais simple, prévoir quelques gourmandises à partager avec vos compagnons de voyage. N'oubliez pas non plus votre gamelle et vos couverts ; vous en trouverez sans difficulté dans les boutiques de Pucallpa. Penser à emporter de l'eau également. Vous pourrez en racheter au cours du trajet (ainsi que des fruits, du poisson frit...) dans les villages bordant le fleuve.

Comment choisir son bateau ?

Plusieurs compagnies de transport effectuent le trajet. On vous conseille de voyager avec *Henry*, l'une des plus fiables. Embarcadère tout au bout de jr. 2 de Mayo (*hors plan par B3,* **5** ; les motos-taxis connaissent). Départ – en principe – tlj en fin de matinée. Le mieux est de venir faire un repérage en fin d'ap-m, la veille du départ, pendant le chargement des marchandises. On peut alors monter sur le bateau pour se faire une idée. Posez vos questions directement au capitaine, cela vous évitera de devoir faire la moyenne des infos contradictoires que l'on ne manquera pas de vous fournir.

Adresses et infos utiles

On se déplace en ville en ***moto-taxi,*** des motos tirant une banquette à l'arrière, un peu comme un rickshaw. Compter 2-3 NS la course.

ℹ ***Turismo*** (*hors plan par B3*) **:** jr. 2 de Mayo 111. Lun-ven 8h-13h, 14h-16h45. Efficace.
@ ***Internet*** (*plan B1*) **:** plusieurs cybercafés dans le pasaje Zegarra, une ruelle piétonne qui s'échappe du jirón Independencia, à deux pas de la plaza de Armas.
■ ***Banco de Crédito*** (*plan B2,* **1**) **:** jr. Raymondi 414. ☎ 57-51-07. Lun-ven 9h-18h, sam 9h-13h. Distributeurs (*Visa* et *MasterCard*).
■ ***BBVA Continental*** (*plan A2,* **2**) **:** angle Raymondi et Ucayali. Distributeurs (*Visa* et *MasterCard*).
■ ***Casa de cambio Don Pepe*** (*plan B2,* **1**) **:** jr. Raymondi 442. Lun-ven 8h30-18h. Change euros et dollars.
■ ***InkaFarma*** (*plan A2,* **4**) **:** angle Tacna et Raymondi. Tlj 7h-minuit.
✚ ***Hospital regional :*** jr. A. Cauper 285. ☎ 57-52-11.
■ ***Laser Viajes y Turismo*** (*plan B2-3,* **3**) **:** jr. Raymondi 399, à l'angle de

Tarapacá. ☎ *57-11-20.* • *laserviajes.pe* • *Lun-ven 9h-19h, sam 9h-14h.* Agence de voyages sérieuse et de confiance. Différents programmes suivant votre budget et le temps dont vous disposez. Expéditions de 3-4 jours dans la selva avec nuit en bivouac (compter 250 NS/j. par personne). Également des excursions à la journée, vers Aguaytía notamment (cher). Vend aussi des billets d'avion. Correspondant *Western Union*.

Où dormir ?

Bon marché (moins de 50 NS / env 15 €)

Hospedaje Barbtur (plan A2, **12**) : *jr. Raymondi 670.* ☎ *57-25-32. Doubles sans ou avec sdb 30-40 NS.* Un hôtel tout en longueur, aux corridors tapissés de fresques criardes évoquant la jungle. Chambres bien tenues avec TV et brasseur d'air, la plupart donnant sur les couloirs. Le meilleur rapport qualité-prix de la ville.

Hospedaje Polanco II (hors plan par A-B1, **10**) : *jr. Requena 124.* ☎ *59-19-94. Double 30 NS.* Dans une ruelle paisible à 5 mn à pied de la plaza de Armas, des chambres basiques mais vraiment nickel, avec bon matelas, ventilo, TV, salle de bains, et même la petite serviette et le savon qui vont avec. Un bon plan pour dormir pas cher.

Hospedaje Tariri (plan A2, **13**) : *jr. Raymondi 733.* ☎ *59-10-28. Doubles 25-40 NS.* Immense *hostal* à la façade psychédélique, alignant sur 2 niveaux des chambres rudimentaires, distribuées le long de larges couloirs façon vestiaires de piscine. Toutes ont une salle de bains et un mini ventilo antédiluvien ; les plus chères ont la télé. En dépannage.

Hospedaje Richard (plan B2, **11**) : *jr. San Martín 350.* ☎ *57-64-77. Double 50 NS.* Dans une bâtisse sans grâce, des chambres propres avec salle de bains, TV et brasseur d'air. Comme d'hab', la plupart donnent sur le couloir.

De prix modérés à prix moyens (50-130 NS / env 15-39 €)

Hospedaje El Virrey (plan B3, **14**) : *jr. Tarapacá 945.* ☎ *57-56-11. Doubles 70-120 NS selon confort (clim ou ventilo) et période, petit déj et transfert de l'aéroport inclus.* L'hôtel se veut romantique et l'annonce dès la réception, avec sa grande fresque de Roméo et Juliette affichée sur le mur du fond. Chambres bien tenues et confortables, avec douche chaude, clim ou brasseur d'air et TV câblée. Sympathique piscine à l'arrière. Resto.

Hotel America (plan B3, **16**) : *jr. Coronel Portillo 357.* ☎ *57-59-89.* • *hotelamericapucallpa.com* • *Doubles 60-120 NS selon confort, petit déj inclus.* Si l'établissement a dû connaître des jours meilleurs, son aspect désormais décati, ses lambris, ses plantes tropicales semées le long des couloirs lui confèrent finalement un petit rien de charme. Chambres assez basiques tout de même, avec clim ou brasseur d'air.

Chic (130-200 NS / env 39-60 €)

Hotel Rio (plan B2, **17**) : *jr. San Martín 475.* ☎ *57-12-80.* • *riohotelcasino.com.pe* • *Doubles 150-170 NS, petit déj et transfert de l'aéroport inclus.* Dans un grand immeuble assez vilain, des chambres contemporaines sobres et tout confort (bonne literie, clim, minibar). Resto sur le toit-terrasse avec vue sur l'Ucayali. Casino au rez-de-chaussée. Spa.

Gran Hotel Mercedes (plan A2, **18**) : *jr. Raymondi 610.* ☎ *57-51-20.* • *granhotelmercedes.com* • *Double 150 NS, petit déj inclus.* Un bel hôtel, au charme désuet. Chambres impeccables, avec clim et minibar. Piscine avec cascade au milieu d'un jardin luxuriant. Resto sur place.

Où manger ?

Pas grand-chose à se mettre sous la dent à Pucallpa. On peut aussi, pour plus de charme, aller manger un poisson grillé dans l'un des petits restos sur pilotis de la ***laguna de Yarinacocha,*** à 7 km du centre (compter 20 mn et 6-7 NS en moto-taxi ; lire plus bas « Dans les environs de Pucallpa »).

De bon marché à prix moyens (jusqu'à 25 NS / env 7,50 €)

|●| Sur le jirón Sucre, entre les jirón 7 de Junio et Ucayali *(plan A1, **30**)*, un petit passage couvert bien carrelé aligne une poignée de ***gargotes*** avec des tables en plastique, où manger le midi pour trois fois rien un petit plat simple, genre *milanesa de pollo* ou *doncella* (un poisson de rivière). Populaire et convivial.

|●| ***Restaurant vegetariano El Paraíso*** *(plan B2, **31**)* **:** *jr. Tarapacá, sur la pl. de Armas.* ☎ *69-32-78. Tlj sf sam 7h-15h, 18h-21h. Petits déj et menus 6-10 NS.* Un petit havre de paix que ce resto végétarien propret, isolé, au calme au fond d'un long corridor ouvert sur une courette. Plusieurs choix de petits déj et 2 menus du jour, frais et goûteux. Pas de plats à la carte, seulement des sandwichs, yaourts maison, jus et salades de fruits.

|●| ***Kitty*** *(plan A3, **32**)* **:** *jr. Tarapacá 1062.* ☎ *57-47-64. Tlj 7h-22h. Plats 15-25 NS.* L'une des valeurs sûres de Pucallpa. Oh ! on n'y vient pas pour le cadre, une immense salle nue, dont le seul avantage est de multiplier les brasseurs d'air, mais pour la carte, mêlant spécialités de la selva et classiques *criollos*. Bonne option pour les affamés, le *juane* maison (boule de riz cuite dans une feuille de *bijao*), fourré au poulet et aux œufs durs, et servi avec des bananes frites, ça va de soi. C'est honnête, copieux, de quoi faire affluer les gens du quartier à midi, dans une ambiance de brasserie à la péruvienne. Plus calme le soir.

|●| ***Valentina's Pizzeria*** *(plan B2, **33**)* **:** *jr. San Martín 400.* ☎ *57-16-59. Tlj 15h-23h30. Pizzas individuelles 10-15 NS, « super familiales » 35-45 NS.* Postée à l'angle de 2 rues, une petite pizzeria ouverte aux quatre vents, proposant un vaste choix de pizzas bien charnues. Quelques tables pour manger sur place. Familial.

|●| ***Parrilladas El Braserito*** *(plan B2, **34**)* **:** *jr. San Martín 498.* ☎ *57-14-43. Tlj sf dim 11h30-16h, 18h-23h. Plats 20-30 NS.* Spécialité de grillades de viande de la région, servies par des garçons en nœud pap' dans une salle plutôt cossue, boisée et bien ventilée. Pour changer, on peut tester le *venado* (entre le chevreuil et le cerf). Copieux.

Chic (25-40 NS / env 7,50-12 €)

|●| ***Restaurant El Golf*** *(plan B2-3, **35**)* **:** *jr. Huáscar 545.* ☎ *57-46-32. Tlj sf lun 10h-17h. Plats 30-35 NS.* Spécialité de fruits de mer fraîchement débarqués de Lima. Salle climatisée tout en lambris, genre fond de cale.

Où s'offrir une glace ou une pâtisserie ?

C'est si Bon *(plan B1, **40**)* **:** *jr. Independencia 560. Tlj 8h-23h.* Grande cafét' bariolée prolongée de quelques tables dispersées à l'ombre, sur le trottoir. Le repaire des locaux pour engloutir une glace plantureuse ou une pâtisserie bien charnue, à arroser d'un jus de fruit.

Panadería Renzo *(plan B3, **41**)* **:** *jr. Coronel Portillo 352. Tlj 6h-22h.* Large choix de pains et pâtisseries traditionnels, entassés derrière des vitrines. Également des *empanadas* et des pizzas. Quelques tables sur le trottoir pour croquer tout ça avec un café. Pas mal aussi pour faire le plein avant de prendre le bateau.

DANS LES ENVIRONS DE PUCALLPA

Laguna de Yarinacocha : *à 7 km au nord-est de Pucallpa. Compter 20 mn de trajet et 6-7 NS en moto-taxi.* Bordé par la petite ville du même nom, ce grand lac, ancien méandre de l'Ucayali, fut créé par le détournement du fleuve. L'été, de décembre à avril, lorsque les eaux sont hautes, l'Ucayali et la lagune font leur jonction, et une partie de Yarinacocha se retrouve alors immergée, obligeant les habitants à circuler en barque entre les maisons sur pilotis. Animation sympathique sur les berges, du côté du petit embarcadère de *Puerto Callao,* par où transitent les marchandises à destination des villages alentour. En s'éloignant vers la droite, on rejoint plein de petits restos, où grignoter un poisson grillé sur des terrasses au toit de palme dominant la lagune, quand elles ne sont pas carrément posées dessus. À l'embarcadère, des petits bateaux privés proposent des *paseo* sur le lac. Programme à la carte, à négocier avec le batelier (compter 25-30 NS/h la location du bateau ; embarque jusqu'à 12 personnes ; se grouper). Pour une excursion de 1h à 2h, on peut aller visiter la « *jungla* » – une ferme de serpents et autres bébêtes de la selva –, s'enfoncer dans un petit canal pénétrant dans la forêt, pêcher, faire une courte balade dans la jungle, ou encore accoster dans les villages shipibo de San Francisco et Once de Agosto, où les habitants vendent aux visiteurs leur artisanat. Autre option, rejoindre un *recreo,* avec piscine et resto, pour passer la journée à buller.

TARAPOTO

env 120 000 hab. IND. TÉL. : 042

Perdue aux portes de la selva, tout au bout de la route reliant l'Amazonie à Chiclayo et à la côte pacifique, Tarapato est une petite ville commerçante, brouillonne et animée, étendue dans des collines boisées, au pied des derniers contreforts andins. Si la chaleur est déjà tropicale, si la végétation se fait plus dense, Tarapoto ce n'est pas encore l'Amazonie. Plutôt un avant-goût, plus accessible, pour une approche en douceur de la forêt. Pas grand-chose à faire à Tarapoto même, si ce n'est flâner sous les cocotiers de la plaza Mayor et profiter des bonnes adresses que recèle la ville. Quelques jolies escapades en revanche dans les environs, à la découverte de joyaux naturels, cascades et lagunes, et du village de Lamas, où vit une communauté indigène. En 2h de route, on peut ensuite relier Yurimaguas, d'où prendre le bateau pour Iquitos.

Arriver – Quitter

En avion

De l'aéroport *(hors plan par A2),* compter 6 NS en moto-taxi pour rejoindre le centre.

➢ **Lima :** 1 vol/j. avec *Lan* (● *lan.com* ●), 1-2 vols/j. avec *Star Perú* (● *starperu.com* ●) et 2 vols/j. avec *Peruvian Airlines* (● *peruvianairlines.pe* ●).

➢ **Iquitos :** 1 vol/j. avec *Star Perú.*

➢ **Pucallpa :** 1 vol/j. avec *Star Perú.*

En bus et *colectivo*

➢ **Chiclayo (via Moyobamba) :** les compagnies sont rassemblées sur l'av. Salaverry, cuadra 8 *(hors plan par A2,* **1**), à 10 mn du centre en moto-taxi (env 3 NS). Avec *Movil Tours* (☎ *52-91-93* ; ● *moviltours.com.pe* ●), départs tlj à 16h et 16h30 pour Chiclayo. Compter 14h de trajet et 65-85 NS selon confort. Pour Moyobamba, 5 départs/j. Compter 2h et

15 NS. Également 2 bus/j. pour **Lima,** mais le trajet est très long (env 30h). Billet : 135-165 NS.

➢ ***Pucallpa :*** 1 bus/j. avec *Transmar* (☎ *53-23-92* ; ● *transmar.com.pe* ●).

➢ ***Yurimaguas :*** compter 20 NS/pers pour 2h de route et 12 NS avec la compagnie *Gilmer* pour 2h30 de trajet. Les *colectivos* partent de la carretera Marginal Sur *(hors plan par B2,* ***2****)*, à 10 mn de moto-taxi du centre (3 NS). Si vous réservez la veille, le transporteur pourra venir vous chercher à votre hôtel. On trouve quelques *hostales* à Yurimaguas. En principe, les ***bateaux pour Iquitos*** partent tlj sf dim vers midi *(rens : ☎ 35-12-70)*. Compter env 3 j. de navigation (lire aussi « Arriver – Quitter » à Iquitos).

➢ ***Tingo María :*** en taxi collectif (demander à une moto-taxi de vous déposer au terminal de départ, tous connaissent). Compter 80-120 NS pour 6h de route.

Adresses et infos utiles

On se déplace en ville en moto-taxi, des motos tirant une banquette à l'arrière, un peu comme un rickshaw. Compter 2-3 NS la course.

✉ ***Serpost*** *(hors plan par A1)* **:** *jr. San Martín 482. Lun-sam 8h-20h.*

@ ***Internet :*** plusieurs cybercafés dans le centre, notamment jirón San Pablo de la Cruz, à côté de l'hôtel *La Patarascha (plan B1).*

■ ***Policía*** *(plan B1,* ***3****)* **:** *angle Rioja et Ramirez Hurtado. ☎ 52-21-41.*

■ ***BBVA Continental*** *(plan A1,* ***4****)* **:** *jr. Martinez de Compañon, sur la pl. Mayor. Lun-ven 9h-18h, sam 9h-13h.* Change dollars et euros. Distributeurs (*Visa* et *MasterCard*). Plusieurs autres banques autour de la place, et des changeurs de rue côté jirón San Martín.

■ ***InkaFarma*** *(plan A1,* ***5****)* **:** *jr. San Martín, sur la pl. Mayor. Tlj 7h-minuit.*

✚ ***Hospital II*** *(hors plan par A1)* **:** *jr. Angel Delgado s/n. ☎ 52-20-71.*

■ ***Lavandería*** *(plan A1,* ***6****)* **:** *jr. Grau 233. Tlj 7h30-20h. Env 5 NS/kg.*

■ ***Supermarché La Innaculada*** *(plan A1,* ***7****)* **:** *jr. Martinez de Compañon, face à la pl. Mayor.*

■ ***LAN*** *(plan A1,* ***4****)* **:** *jr. Martinez de Compañon, sur la pl. Mayor. Lun-ven 9h-19h, sam 9h-14h.*

Où dormir ?

De bon marché à prix modérés (moins de 90 NS / env 27 €)

🏠 3 *hostales* pas chers, spartiates et bruyants, sont alignés au coude à coude sur le jirón Grau, entre Alegría de Morey et Manuela Morey *(plan A1)*. On peut essayer par exemple l'***Hospedaje Las Palmeras, jr. Miguel Grau*** au n° 229 *(☎ 52-54-75 ; double 35 NS, avec sdb et ventilo).*

🏠 ***Hospedaje Misti*** *(hors plan par A1,* ***10****)* **:** *jr. Leoncio Prado 341. ☎ 52-24-39. Double 45 NS.* Installé dans une rue plutôt calme, à 5 mn à pied de la plaza Mayor, cet *hostal* basique aligne sa vingtaine de chambres avec salle de bains, le long d'une étroite cour-jardin hérissée d'arbres et plantes tropicales. Simple mais bien tenu, et le cadre est agréable. Accueil vraiment sympa.

🏠 ***Hostal San Diego*** *(plan B2,* ***11****)* **:** *jr. Moyobamba 267. ☎ 53-16-08. Doubles 50-60 NS.* Dans un petit immeuble récemment rafraîchi. Chambres éclairées au néon, clean et assez grandes, avec salle de bains (eau froide), ventilo et télé. La plupart donnent sur les couloirs. Préférer celles sur l'arrière, plus calmes.

🏠 ***Alojamiento El Mirador*** *(hors plan par B1,* ***12****)* **:** *jr. San Pablo de la Cruz 517. ☎ 52-21-77. 📱 942-94-93-14. ● elmiradortarapoto.com ● Double 80 NS ; 150 NS avec clim. Petit déj en sus.* 📶 Tenue par une vieille dame très aimable, cette pension à l'ancienne, toute blanche, s'est isolée au calme,

L'AMAZONIE

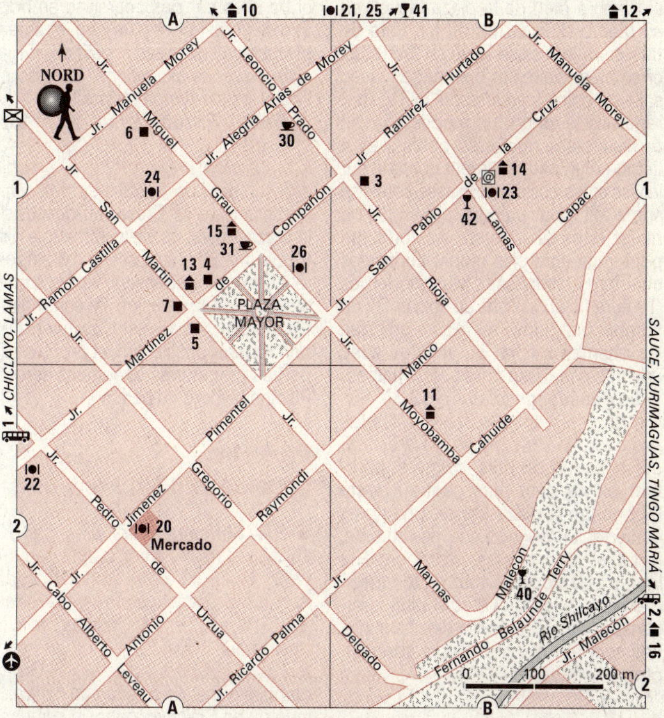

TARAPOTO

Adresses utiles

1 Bus pour Chiclayo
2 *Colectivos* pour Yurimaguas et Sauce
3 Police
4 BBVA Continental et LAN
5 InkaFarma
6 Lavandería
7 Supermarché La Innaculada

Où dormir ?

10 Hospedaje Misti
11 Hostal San Diego
12 Alojamiento El Mirador
13 La Posada Inn
14 La Patarashca
15 Boca Raton
16 Río Shilcayo

Où manger ?

20 Gargotes du mercado central
21 Parrilladas El Bijao
22 La Canga
23 La Patarashca et Café Suchiche
24 Café D'Mundo
25 La Collpa
26 Doña Zully

Où s'offrir une pâtisserie ou un bon chocolat ?

30 La Maison du Pain
31 Exotic Chocolatier

Où boire un verre ?

40 Kiosques du malecón La Paz
41 Mucura Bar
42 Mono Rojo, Montañito et Stonewasi

à 10 mn à pied de la plaza Mayor, en surplomb d'un vallon où les toits de tôle se noient dans la végétation. Les chambres, claires et bien nettes, avec salle de bains (eau chaude) et TV, sont réparties le long d'un modeste jardin où batifolent quelques poules, et à l'étage d'un petit bâtiment donnant sur la ville et les collines. Terrasse couverte sur le toit, pour prendre le petit déj ou buller dans un hamac. Au fond, un petit immeuble plus récent abrite des chambres climatisées plus modernes (TV écran plat...). Dans un coin enfin, un humble bungalow, au même prix que les chambres (clim ou ventilo), avec une petite terrasse privée et un hamac.

La Posada Inn *(plan A1, **13**) : jr. San Martín 146. ☎ 52-22-34. Doubles avec ventilo ou clim 60-80 NS, petit déj inclus.* Un hôtel calme et pourtant on ne peut plus central, posté tout contre la plaza Mayor. Chambres confortables (bonne literie, eau chaude, frigo) et bien tenues, distribuées le long d'une courette tout en longueur. Préférez celles de l'étage, plus lumineuses que celles du rez-de-chaussée, vraiment étouffantes. Resto attenant, propre et pas cher.

Prix moyens (90-130 NS /env 27-39 €)

La Patarashca *(plan B1, **14**) : jr. San Pablo de la Cruz 362. ☎ 52-75-54. • lapatarshca.com • Double avec sdb 105 NS (150 NS avec clim), petit déj inclus.* Un vrai petit bout de jungle en pleine ville que ce grand jardin tropical semé de hamacs, de coin et recoins pour se poser. Autour, sur 2 niveaux, s'organisent les chambres, assez décaties mais encore honnêtes, reliées entre elles par des coursives en bois. Excellent resto (lire plus loin), et agréable café où l'on prend le petit déj. Organise aussi des excursions. Sans doute l'hôtel le plus sympa de la ville.

Boca Raton *(plan A1, **15**) : jr. Grau 151. ☎ 53-12-26 ou 43. • bocaratontarapoto.com • Double 130 NS, petit déj et transfert de l'aéroport inclus.* Dressé au-dessus de la plaza Mayor, ce vilain immeuble distribue ses 80 chambres sur 6 étages, reliés par un ascenseur vitré. Modernes, confortables (clim, TV écran plat), les piaules se révèlent au final d'un bon rapport qualité-prix et profitent de parties communes largement aérées. Piscine au bord du parking.

Plus chic (plus de 200 NS / env 60 €)

Río Shilcayo *(hors plan par B2, **16**) : pasaje Las Flores, banda de Shilcayo. ☎ 52-22-25. • dmhoteles.pe • À 20 mn à pied ou 5 mn en moto-taxi (env 3 NS) du centre. Doubles ou bungalows 300-330 NS, petit déj et transfert de l'aéroport inclus.* Grand complexe, installé à l'écart du centre, le long du río Shilcayo, dans un immense parc luxuriant sagement entretenu et creusé d'une belle piscine en forme de haricot. Les chambres tout confort (clim) logent dans de longues bâtisses ou dans des bungalows en brique, avec petite terrasse et hamac (2 chambres par unité). Également des bungalows-suites. Resto. Environnement on ne peut plus paisible, à peine perturbé par le bruissement de la nature et le caquètement de quelques oies vagabondant en liberté. Organise aussi des excursions.

Où manger ?

Bon marché (moins de 15 NS / env 4,50 €)

Le midi, on peut manger pour une poignée de *soles* dans les ***gargotes du petit mercado central*** (jirón Pimentel ; *plan A2, **20***), de modestes halles en tôle aux charpentes faites de troncs d'arbre.

Parrilladas El Bijao *(hors plan par B1, **21**) : jr. Alegría de Morey 416, à 5 mn à pied de la pl. Mayor. ☎ 52-43-57. Tlj sf dim 6h30-22h. Plats 10-15 NS.* Sympathique petit grill familial aux airs de paillote, campé tout contre un joli parc municipal. On s'installe sur des chaises en plastique, sous un toit de bambous, au pied de murs tartinés en jaune. Au menu, du poulet, du porc et du poisson braisés ou cuits à l'étouffé dans des feuilles de *bijao,* et préparés à la demande sur un brasero et une table de cuisine posés juste là, dans un coin de la salle ouverte aux quatre vents. En accompagnement, de la banane, sous toutes ses formes. Très simple, très bon.

La Canga (plan A2, **22**) **:** *jr. Martinez de Compañon 309. ☎ 52-04-00. Tlj 12h-2h. Plats 12-15 NS ; poulet entier avec frites env 40 NS.* L'inévitable rôtisserie fast-food, où les poulets passent à la broche par douzaines avant de finir dans votre assiette, accompagnés de grosses portions de frites. Également des viandes et poissons grillés, le tout à dévorer dans une grande salle proprette type cafét', ouverte sur le fracas de la rue. Efficace.

Prix moyens (15-25 NS / env 4,50-7,50 €)

La Patarashca (plan B1, **23**) **:** *jr. Lamas 261. ☎ 52-88-10. Tlj jusqu'à 23h. Plats env 20 NS.* Adossé à l'un des hôtels les plus sympas de la ville, un resto lui aussi hautement recommandable. Attablé à l'étage, sous une grande paillote en bambou, on se régale d'une goûteuse cuisine de la selva, exquise et surprenante. La carte balaie tous les classiques de la forêt (dont la *patarashca* bien sûr, du poisson de rivière farci et cuit au gril dans une feuille de *bijao*), alors autant prendre des risques, on est rarement déçu. Excellent *juane* sauce arachide notamment (boule de riz fourrée puis cuite à l'eau bouillante, enveloppée elle aussi dans une feuille de *bijao*). Portions ultra copieuses, rien de tel qu'un jus de *maracuyá* pour faire glisser tout ça ! Au rez-de-chaussée, le ***Café Suchiche,*** appartenant au même établissement, sert le midi un menu à moins de 10 *soles*. Jus et pâtisseries le reste de la journée.

Café D'Mundo (plan A1, **24**) **:** *jr. Alegría de Morey 157. ☎ 52-49-18. Tlj 18h30-minuit. Pizzas individuelles 15-18 NS, familiales 25-40 NS ; pâtes 20-25 NS.* Resto soigné mais vraiment abordable, créé par un Italien à qui l'on doit aussi l'incongru château kitscho-médiéval du village de Lamas (lire plus loin « Dans les environs de Tarapoto »). On y croque à la lueur des bougies de bonnes pizzas relevées au basilic et à l'huile d'olive, confortablement installé dans un patio intime qui s'est choisi pour plafond le ciel étoilé. Pour un peu, on en oublierait le tintamarre des motos-taxis... Éviter d'ailleurs la 1re terrasse, au bord de la rue, vraiment bruyante. Sert des pâtes également.

Chic (25-40 NS / env 7,50-12 €)

La Collpa (hors plan par B1, **25**) **:** *av. Circunvalación 164. ☎ 53-20-09. Tt au bout du jr. Alegría de Morey, à 10 mn à pied de la pl. Mayor. Tlj 11h-22h. Plats 20-40 NS.* On vient d'abord pour la vue, superbe, depuis cette terrasse suspendue face aux collines touffues, en surplomb d'un vallon grignoté par la forêt. Et au-dessus planent les rapaces, majestueux. Puis on repique le nez dans l'assiette, garnie d'un large choix de plats *criollos* ou de la selva, honnêtes et copieux à défaut d'être savoureux. Le soir, on perd le panorama pour gagner en intimité.

Doña Zully (plan A1, **26**) **:** *sur la pl. Mayor. ☎ 53-06-70. Tlj jusqu'à 23h. Plats 25-40 NS.* L'une des bonnes tables de la ville, servant une fine cuisine amazonienne et de belles viandes tendrement grillées au feu de bois. On s'attable, au choix, dans l'une des 2 salles donnant sur la place ou dans le patio plus intime, à l'arrière. Atmosphère chic, service stylé.

Où s'offrir une pâtisserie ou un bon chocolat ?

La Maison du Pain (plan A1, **30**) **:** *jr. Leoncio Prado (angle Alegría de Morey). Tlj 6h30-21h (fermé 13h-15h30 le w-e).* Accolée à un resto, une boulangerie-pâtisserie « française » où piocher croissants, brownies, petits pains...

☕ ***Exotic Chocolatier*** *(plan A1,* ***31****) : sur la pl. Mayor. ☎ 52-62-39. Tlj sf dim 9h-13h, 15h-21h. Env 2 NS le chocolat.* Délicieux bonbons artisanaux au goût fort en cacao, confectionnés avec des fèves cultivées dans la région. Également des tablettes.

Où boire un verre ? Où sortir ?

🍷 ***Les kiosques du malecón La Paz*** *(plan B2,* ***40****) : au bout du jr. Maynas.* Modeste paire de kiosques bigarrés, installés à l'écart de l'agitation, sur une petite corniche surplombant la ville basse et la forêt. Sympa pour boire un coup à l'ombre des arbres en fin de journée.

🍷 ***Mucura Bar*** *(hors plan par B1,* ***41****) : Alegría de Morey 420. Tlj 15h-minuit. Env 4 NS le shot.* Entre le troquet et le cabinet d'apothicaire, voilà un drôle de rade, minuscule, tenu tout sourire par le sympathique Cesar, qui confectionne des alcools à base de macération d'herbes de la forêt. À l'en croire, dans les boutanches étiquetées rangées derrière le comptoir, il y a de quoi soigner tous les petits maux du corps. En tout cas, pris dans un petit verre à liqueur avec une cuillère de miel artisanal, ça chauffe par où ça passe. Pas sûr que votre généraliste cautionne ce genre de remède. Cesar produit même son vin maison – paraît qu'il faut en boire un verre par jour, non ?

🍷 La nuit, de 18h à 3h, ça se tire la bourre à qui poussera les watts le plus fort entre le ***Mono Rojo, Montañito*** et ***Stonewasi,*** 3 bars postés à l'angle des rues Lamas et San Pablo de la Cruz *(plan B1,* ***42****).* Même programme d'un zinc à l'autre : grandes terrasses, cocktails et musique à la mode. Il n'y a que les couleurs qui changent. Plus de monde le week-end.

♫ Pour guincher, direction les quelques ***boîtes de nuit*** alignées à la sortie de la ville direction Chiclayo, dans le quartier de Morales *(hors plan par A2).* Prendre un moto-taxi.

DANS LES ENVIRONS DE TARAPOTO

On peut rejoindre la plupart des sites décrits ci-dessous en utilisant les transports locaux. On peut aussi passer par une agence, nombreuses en ville, notamment jirón Alegría de Morey, entre Grau et Leoncio Prado. Toutes proposent peu ou prou les mêmes excursions, aux mêmes tarifs.

👁👁 ***Lamas :*** *à env 25 km à l'est de Tarapoto. Compter 5 NS et 45 mn de trajet en taxi collectif. Départ du « Terminal terrestre a Lamas », jr. Alfonso Ugarte, cuadra 11. Possibilité de suivre une excursion d'une ½ journée avec les agences de Tarapoto (env 30 NS). À Lamas, petit office de tourisme sur la pl. de Armas. On peut y récupérer un plan de la ville.*

Étagée au frais au sommet d'une colline dominant les crêtes alentour, vivant principalement de la culture du cacao, cette petite ville coquette fondée en 1656 est l'une des plus anciennes cités de la forêt péruvienne. Y vit encore une communauté native de langue quechua, les Waykus, installés en contrebas du centre. Plus rudimentaire que le reste de la ville, leur paisible quartier en brique de terre baigne dans une sympathique atmosphère villageoise, notamment autour de la mignonne place centrale encadrée de gargotes. Venir plutôt l'après-midi, le matin les habitants sont aux champs. Si vous passez dans le coin entre le 20 et le 31 août, vous pourrez assister à la fête annuelle de la communauté, *Santa Rosa Raymi.* Pour rejoindre le quartier wayku depuis le centre de Lamas, prendre un moto-taxi ou descendre les escaliers depuis le *castillo* ou le mirador (lire plus loin).

Dans le centre de Lamas, calle San Martín, petit ***musée ethnographique*** *(tlj*

9h-13h, 14h-18h ; entrée 2,5 NS) qui évoque les traditions des Indiens Chankas (lointains ancêtres des Waykus, intégrés de force dans l'Empire inca) à travers quelques modestes dioramas. Également des insectes naturalisés, des serpents dans du formol (qu'ils y restent !) et autres squelettes d'animaux de la selva. Bref, rien d'incontournable. Deux *cuadras* plus haut se dresse un ***castillo*** pseudo médiéval pour le moins farfelu, comme échappé de Disneyland *(tlj 9h-18h30 ; entrée 5 NS).* Un délire baroquo-kitsch bâti par un Italien en 2006. Tour et tourelles en pierre de taille, faux vitraux, fanions, fresques médiévales en toc... Tout y est, avec quand même quelques accrocs historiques, comme cette tête de cheval géante plongeant dans une piscine. Beau point de vue du haut des tours, mais qui ne vaut pas celui du ***mirador,*** au sommet de la ville (ça grimpe sec). Superbe panorama sur Lamas, les montagnes dégueulant de verdure et Tarapoto. De là, un escalier mène à travers champs vers le quartier wayku. Pour ceux qui voudraient prolonger le séjour, on trouve quelques *hostales* en ville.

★ ***Catarata de Ahuashiyacu :*** *à env 15 km au nord de Tarapoto, sur la route de Yurimaguas. Pour y aller, faire du stop, ou tour d'une ½ journée avec une agence (env 30 NS), souvent couplé avec la visite de Lamas l'ap-m. Entrée : 3 NS.* Belle chute d'eau plongeant de 40 m entre des rocs verdoyants. Pour rejoindre le site, agréable petit sentier (environ 10 mn de marche) ponctué de passerelles enjambant le torrent. On peut passer derrière les chutes, et même se baigner, mais faut pas être frileux ! Quelques autres *cataratas* dans les environs, notamment celles de ***Huacamaillo,*** à 25 km de Tarapoto, qu'on atteint après 1h30 de marche (compter dans les 60 NS l'excursion avec une agence).

★★ ***Sauce et la laguna Azul :*** *à env 50 km au sud de Tarapoto. Prendre un colectivo depuis la carretera Marginal Sur (hors plan par B2, **2**). Compter 15 NS pour 1h30 de trajet. Autre possibilité, un tour d'une journée avec une agence (env 80 NS).* Perdu au milieu des montagnes, un petit bout du monde paisible et bucolique, où les touristes ne se bousculent pas. Déjà, s'y rendre est une petite aventure. Après environ 40 km de route goudronnée, on oblique pour traverser le Huallaga sur un bac brinquebalant jouant avec le courant (fonctionne jusqu'à 19h). Un radeau plutôt, fait de grosses planches de bois fixées sur de vieilles barques en métal. Une mauvaise piste caillouteuse grimpe ensuite en lacets dans les montagnes pendant près de 45 mn, jusqu'à déboucher sur la *laguna Azul,* un immense lac étendu au creux d'un plateau cerclé de collines, où alternent forêts et parcelles cultivées. Sur une rive se serre *Sauce,* petit bourg aux ruelles de terre battue engourdi par la chaleur tropicale, bruissant des sons de la forêt, des chants des coqs, des rythmes latinos que crachotent les transistors. On peut se baigner dans le lac (un peu vaseux), faire un tour en barque à moteur (environ 60 NS pour 2h) ou même du ski nautique. On peut aussi y traîner quelques jours, loin du fracas du monde.

La Cabana del Lago : *prendre à droite en arrivant sur la pl. de Armas de Sauce. 987-65-76-72 ou 965-61-37-80. Double 60 NS (négociable).* Au bord du lac, enfouies dans un grand jardin tropical, de longues bâtisses aux toits de feuilles tressées abritant des chambres basiques mais propres, avec salle de bains. Autour, plus de hamacs que d'habitants, pendus jusque sur le ponton s'enfonçant dans la lagune. Fait aussi resto, dans une paillote, et propose des tours en bateau. Accueil sympa, en famille.

★ ***Moyobamba :*** *à env 115 km de Tarapoto sur la route de Chiclayo. Prendre un bus ou un taxi collectif (lire plus haut « Arriver – Quitter »).* Surnommée la « ville des orchidées », Moyobamba est la modeste capitale du département de San Martín. En plus des fameuses fleurs, la cité est connue pour ses sources chaudes.

IQUITOS

env 370 000 hab. IND. TÉL. : 065

Iquitos : le nom fait déjà rêver. À 3 200 km de l'embouchure de l'Amazone, cette grande ville a la particularité de n'être reliée au reste du monde que par voie aérienne et fluviale. Toutes les marchandises arrivent par bateau, de quoi rendre les prix (un peu) plus chers qu'ailleurs. Mais qu'importe. Située à la jonction des fleuves Nanay et Itaya, à 120 m au-dessus du niveau de la mer, Iquitos, c'est le rendez-vous avec l'Amazonie.

Empêtrées dans la torpeur tropicale, les bâtisses coloniales décaties dominent les bicoques sur pilotis plantées dans le fleuve, qui trace, au loin, son sillon poisseux dans la masse verte. Partout s'infiltre la végétation, et dès que la rumeur de la ville s'apaise, celle de la forêt prend le relais. Contrairement à Manaus, au Brésil, Iquitos a gardé une dimension humaine. Malgré le tintamarre des motos-taxis qui sillonnent la ville à toute heure, on vit au rythme de l'Amazone, très lentement la plupart du temps... Le soir, on sort les chaises dans la rue pour palabrer à la fraîche.

La ville constitue aussi un point de départ pour une expédition dans la forêt. Les agences sont nombreuses et il serait dommage de passer par Iquitos sans consacrer au moins trois journées à la selva. Au programme, treks dans la jungle, pêche, baignade, et nuits dans des *lodges* confortables éparpillés dans la forêt, à plusieurs dizaines de kilomètres de la ville, le long des *ríos.* Pour ceux que des conditions plus spartiates n'effraient pas, le must est d'explorer la réserve naturelle de Pacaya Samiria, à 300 km au sud d'Iquitos. Pas de *lodges* de ce côté-ci, seulement des campements sommaires ou des nuits en bivouac. Toutefois, quelle que soit l'option choisie, une excursion en forêt coûte assez cher, et le tourisme étant une petite industrie dans la région, les visites dans les villages boas ou jivaros des environs perdent forcément en spontanéité ! Les habitants n'y revêtent leur costume traditionnel que pour un show folklorique à destination des touristes avec, à la clé, petite démonstration de tir à la sarbacane et vente d'artisanat...

Un des grands moments de la ville d'Iquitos est la 3e semaine de juin. Pour la *Saint-Jean* (San Juan), tous les habitants des environs se retrouvent pour une grande fête religieuse et musicale. Elle a lieu à 4 km d'Iquitos, dans le village de *San Juan de Miraflores.* Si vous visitez Iquitos à cette époque de l'année, réservez votre hôtel à l'avance. Par ailleurs, tous les ans du 15 au 20 juillet, le Pérou, la Colombie et le Brésil célèbrent la *fête de la Confraternité* : des délégations de musiciens, danseurs, artisans et cuisiniers de chaque pays se rendent à la triple frontière pour une grande fête culturelle, sans doute le bon moment pour embarquer depuis Iquitos jusqu'à Leticia.

TRANSMUTATION !

Les habitants d'Iquitos prétendent que l'aguaje est un fruit de femme et que si un homme le consomme, il verra bientôt ses hanches et sa poitrine s'arrondir...

UN PEU D'HISTOIRE

Fondée à la fin du XVIIIe s par une mission jésuite, Iquitos ne commence à se développer qu'à partir de 1880 avec l'arrivée de nombreux aventuriers attirés par la version moderne d'Eldorado : le caoutchouc. S'il enrichit les gros exploitants, les Indiens de la région pâtissent sévèrement de cette exploitation pour laquelle ils sont utilisés comme main-d'œuvre corvéable à merci. Brésiliens, Chinois, Européens représentent alors 10 % de la population de la ville, qui s'orne à cette époque de belles maisons seigneuriales couvertes de tuiles espagnoles, d'azulejos portugais et de balcons en fer forgé.

Iquitos se dote alors de l'éclairage électrique et d'un tram. L'emblème de cette époque de splendeur demeure la maison de Fer (casa de Fierro), dessinée par Eiffel et transportée pièce par pièce à Iquitos. La ville connaît une expansion soutenue et devient la vitrine de l'Amazonie, de ses richesses et de son avenir... jusqu'en 1912, date de l'effondrement du commerce du caoutchouc amazonien dû à l'exportation illégale de graines de caoutchouc en Malaisie. Par la suite, Iquitos devient le centre neurologique d'une zone frontière en permanence exclue du débat national du fait de son isolement géographique. Il en résulte des sentiments collectifs contradictoires, qui vont d'une grande ferveur patriotique à un autonomisme déclaré. Depuis 1970, date des premières explorations pétrolières, l'avenir d'Iquitos semble reposer sur l'or noir mais le développement économique actuel n'atteint pas les records du début du XXe s. Aujourd'hui, la société amazonienne du Pérou doit trouver le chemin du véritable eldorado : la biodiversité, d'où émergera le seul développement durable et partagé possible.

FITZCARRALD, LE FILS DU SOLEIL

Aventurier mythique, baron du caoutchouc, Carlos Fitzcarrald découvrit en 1893, en pleine Amazonie, un bras de terre d'une dizaine de kilomètres et d'une centaine de mètres de dénivelée, reliant deux ríos. Aidé par des centaines d'Indiens qu'il tenait sous son emprise, il fit traverser en 2 mois cet isthme à son bateau, gagnant un temps précieux pour le transport de sa marchandise, tout en évitant les douanes brésiliennes. La découverte fit sensation mais Fitzcarrald n'en profita pas longtemps. Celui que les Indiens prenaient pour le fils du Soleil mourut dans un naufrage 4 ans plus tard, alors qu'il faisait route vers ce bras de terre qui porte toujours son nom.

Arriver – Quitter

En avion

Si votre temps est compté, l'avion est la seule solution pour rejoindre Iquitos, qui est desservie par les compagnies *Star Perú, Lan* et *Peruvian Airlines.*

■ ***Star Perú*** *(plan B2,* ***5****)* **:** *Napo 260. ☎ 23-62-08. • starperu.com • À côté du El Dorado Plaza Hotel. Lun-ven 8h30-18h30, sam 8h30-17h, dim et j. fériés 9h-12h.*

■ ***LAN*** *(plan B2,* ***6****)* **:** *Próspero 232. ☎ 0801-112-34. • lan.com • Lun-ven 9h-18h30, sam 9h-14h.*

■ ***Peruvian Airlines*** *(plan B2,* ***7****)* **:** *Próspero 215. ☎ 23-26-73 ou 10-74. • peruvian.pe • Lun-ven 9h-19h, sam 9h-17h, dim et j. fériés 9h-12h.*

✈ ***Aeropuerto Coronel FAP Francisco Secada*** *(hors plan par A3)* **:** *à env 7 km du centre-ville. Se rejoint aisément à moto-taxi (env 10 NS) ou, si vous êtes très chargé, en taxi (env 20 NS). Enfin, les bus qui traversent la ville du nord au sud passent ts par l'aéroport (trajet 1-1,50 NS). Pour rejoindre le centre, en prendre un indiquant « Arica » ou « Nanay ».* Sur place, petit kiosque d'infos touristiques et bureau de poste.

➢ ***Lima :*** 5 vols/j. dans les 2 sens avec *LAN* ; 3 vols/j. avec *Peruvian Airlines.* Avec *Star Perú*, vols avec escale. Durée : 1h45. Prix A/R : env 135-200 $.

➢ ***Pucallpa:*** 1 vol/j. dans les 2 sens avec *Star Perú* et *Peruvian Airlines.* Durée : 1h.

➢ ***Tarapoto :*** 1 vol/j. dans les 2 sens avec *Star Perú.* Durée : 1h.

Par la route et par voie fluviale

Depuis/vers Lima

Pour ceux qui ont le temps et qui voudraient regagner Lima par Pucallpa comme la plupart des Péruviens, voir, plus haut, le paragraphe « Arriver – Quitter » à Pucallpa et faire la route en sens inverse. Attention, ce voyage est assez éprouvant si vous le faites d'une seule traite. En revanche, si vous vous arrêtez 1 ou 2 j. à chaque étape, vous apprécierez pratiquement tous les étages écologiques du Pérou, tout en découvrant de nombreux sites intéressants.

➢ Bus entre ***Lima*** et Pucallpa (18h en tout) en passant par ***La Oroya*** (5h de trajet), ***Huánuco*** (plus 7h), ***Tingo María*** (plus 2h) et enfin ***Pucallpa*** (plus 4h). De là, on emprunte un bateau pour descendre le río Ucayali qui se jette dans l'Amazone, non loin d'Iquitos. Prévoir un hamac (ou possibilité de dormir en cabine, mais plus cher), un produit antimoustiques, de quoi grignoter (les repas sont inclus, mais prévoir du rab'), de l'eau... et de la patience. Au total, compter 4-5 j. de navigation. Les temps de trajet en bateau sont aléatoires, tout dépend du niveau des eaux, du bateau emprunté...

– ***Depuis Iquitos,*** départ en bateau tlj sf dim en principe à 17h (heure aléatoire) de Port Henry (av. La Marina ; *hors plan par B1*), avec les bateaux *Henry* ou *Tuki* (☎ 26-39-48). Prix : env 100 NS/pers en hamac, 150 NS en cabine (en général 2 couchettes par cabine, parfois 4 ; si vous êtes seul, il faudra payer pour la cabine entière ou la partager avec un inconnu). Si vous optez pour le hamac, arriver au moins 3h avt le départ.

– Pour les fréquences ***depuis Pucallpa,*** lire plus haut le chapitre consacré à cette ville.

Depuis/vers le nord du Pérou

Lire également plus haut « Arriver – Quitter » à Tarapoto. Prendre le bus depuis Chiclayo ou Chachapoyas jusqu'à Tarapoto, puis prendre un taxi collectif jusqu'à ***Yurimaguas*** d'où partent les bateaux pour Iquitos. Compter env 3 j. de navigation par les fleuves Huallaga et Marañon. De Yurimaguas, les bateaux partent en principe tlj sf dim à midi (☎ 042-35-12-70). D'Iquitos, les bateaux partent en principe tlj sf dim vers 18h, de l'embarcadère Puerto Masusa (accès par av. La Marina ; *hors plan par B1*), avec notamment la compagnie *Eduardo* (☎ 25-02-28 ou 04-40). Mêmes tarifs (hamac ou cabine) que pour Pucallpa.

Quitter Iquitos pour les pays voisins

Avant toute chose, si vous devez quitter le Pérou pour la Colombie ou le Brésil, il n'est pas inutile d'aller faire un tour au consulat de ces pays à Iquitos pour s'informer des formalités d'entrée

■ Adresses utiles

- **ℹ** I-Perú
- **1** Téléphone Gaby.com
- **2** DHL et Western Union
- **3** Alliance française
- **4** Consulat du Brésil
- **5** Star Perú
- **6** LAN
- **7** Peruvian Airlines
- **8** Dawn on the Amazón & Cruises et laverie
- **9** Latitud Sur
- **10** BBVA Continental
- **11** Bureau de change
- **12** Banco de Crédito
- **13** Consulat de Colombie
- **14** InkaFarma
- **15** Lavandería Express

Où dormir ?

- **20** Hobo Hide Out
- **21** Hostal Maravilla Amazónica
- **22** Hospedaje Chuya Chuya
- **23** Green Track Hostel
- **24** Hospedaje La Pascana
- **25** Hotel La Casona
- **26** Hostal La Casona et Hotel Marañón
- **27** Flying Dog
- **28** Hospedaje Caoba
- **29** Hospedaje Florentina
- **30** Hotel Perú
- **31** Hotel Copoazu
- **32** Hotel Europa
- **33** Amazon Apart Hotel
- **34** La Casa Fitzcarraldo
- **35** Casa Morey
- **36** Victoria Regia Hotel

Où manger ?

- **50** The Huasai
- **51** El Sitio
- **52** El Zorrito
- **53** Blanquita
- **54** Amazon Bistro
- **55** Pollería et Gran Chifa Long Fung
- **56** Al Carbón
- **57** Karma Café et Restaurante Fitzcarraldo
- **58** El Mesón
- **59** Gran Maloca

Où boire un verre ? Où sortir ?

- **8** Dawn on the Amazón
- **54** Amazon Bistro
- **57** Arandu Rock Bar
- **70** Mushmuquí
- **71** El Pardo
- **72** Nikoro et Kaametza
- **73** Noa Nightclub

IQUITOS

et des documents nécessaires (visa ou non, vaccins obligatoires) qu'il vous faudra produire à la frontière colombienne ou brésilienne. ***Le tampon de sortie du territoire péruvien est obligatoire*** ; il s'obtient à Santa Rosa, situé juste en face de Leticia (bureau ouv 24h/24 ; toquer si c'est fermé). Les bateaux y font escale, mais avertissez quand même le capitaine que vous devez faire tamponner votre passeport.

➢ ***Vers le Brésil et la Colombie :*** la

plupart des bateaux en partance d'Iquitos vont jusqu'à Santa Rosa, où vous trouverez des *peque-peques* (petits bateaux à moteur) qui vous conduiront en env 10 mn jusqu'à Leticia.

– ***Les bateaux lents*** mettent 3-4 j. pour rejoindre Santa Rosa. Ils partent en principe vers 18h tlj sf dim. Quand il manque des passagers, le départ est repoussé au lendemain. Munissez-vous d'un hamac en toile, d'une crème antimoustiques efficace, d'eau et de snacks, de livres et de boules Quies ! Départ de *Puerto Pesquero (av. La Marina ; hors plan par B1 ; ☎ 25-04-40)*. Plusieurs bateaux : *Gran Loretana, Gran Diego, Jorge Raúl,* etc. Compter 80 NS en hamac et 130 NS en cabine. De Santa Rosa pour Iquitos, départ en principe tlj sf dim vers midi.

– ***Les bateaux rapides*** partent de l'*embarcadère El Huequito (av. La Marina ; hors plan par B1)*. Le voyage dure env 10-12h et coûte min 200 NS, repas inclus. Départs d'Iquitos tlj sf lun à 18h (retour de Santa Rosa à 15h30). 2 compagnies : *Transtur (à Iquitos, bureau av. Raimondi 384 ; plan B1 ; ☎ 22-13-56)* assure les liaisons des mar, jeu et sam ; *Golfinho (av. Raimondi 378 ; plan B1 ; ☎ 22-51-18)* celles des mer, ven et dim.

– Ceux qui veulent poursuivre vers ***Manaus*** (Brésil) en bateau traverseront le fleuve depuis Santa Rosa, sur une sorte de ferry, pour rejoindre Tabatinga (Brésil), d'où ils prendront un bateau qui fera route vers Manaus. Vous pouvez aussi vous rendre rapidement de Leticia à Tabatinga, les 2 villes, très proches l'une de l'autre, sont juste séparées par une route.

– Ceux qui se dirigent vers la Colombie iront de Santa Rosa à ***Leticia*** (Colombie). Liaisons aériennes avec Bogotá.

➢ ***Vers l'Équateur :*** départs beaucoup moins fréquents que pour la Colombie et le Brésil, mais quelques bateaux font la liaison avec Pantoja, à la frontière de l'Équateur. Seulement 1 à 2 départs/mois, qui peuvent être reportés si le bateau n'est pas assez rempli. Départ de *Puerto Pesquero (av. La Marina ; hors plan par B1 ; ☎ 25-04-40)*. Durée du voyage : env 7 j. depuis Iquitos, et 5 j. depuis Pantoja. Compter 100 NS/pers en hamac. Arrivé à Pantoja, bateau-bus pour Roca Fuerte ou Coca, en Équateur.

Transports

Le principal moyen de transport à Iquitos est le ***moto-taxi,*** un genre de rickshaw à moteur, avec banquette à l'arrière. Ils seraient plus de 50 000 à parcourir la ville, contre un petit millier de voitures... Inutile donc de préciser qu'on en trouve très facilement ! Pratique et bon marché (mais bruyant !). Compter 2-3 NS la course en ville. On peut aussi les louer à l'heure, pour environ 10 NS.

Également des ***bus*** en bois, pittoresques et hors d'âge. Ils n'ont même plus de fenêtres, une clim naturelle en somme ! Tous les bus traversent la ville du nord au sud, en passant par l'avenida Arica dans le centre, Belén et l'aéroport. Côté sud, certains poussent jusqu'au parc de Quistococha (lire plus loin « Dans les environs d'Iquitos »). Côté nord, ils remontent l'avenida La Marina puis obliquent, selon leur terminus, vers l'un ou l'autre embarcadère. Certains se rendent au port de Bellavista Nanay (le n° 49 par exemple). Le trajet et son terminus sont inscrits sur le côté du bus. Pour monter, faire signe au chauffeur. Pour descendre, crier « baja ». Trajet 1-1,50 NS selon la distance.

Adresses utiles

Infos touristiques

ℹ ***I-Perú*** *(plan B2) : Napo 161. ☎ 23-61-44. Lun-sam 9h-18h, dim 9h-13h.* Une équipe compétente qui prend le temps de vous indiquer ce qu'il y a à voir et comment y accéder. Pourra aussi vous renseigner sur les liaisons en bateau au départ d'Iquitos.

Banques, change

■ ***BBVA Continental*** *(plan B2, **10**) : Sargento Lores 171. ☎ 23-54-21.*

Lun-ven 9h-18h, sam 9h-13h. Change euros et dollars. Distributeurs. Également un ***bureau de change*** dans la même rue, à l'angle de Próspero *(plan B2, **11** ; lun-sam 8h-20h).*

■ Nombreux ***guichets automatiques*** acceptant les cartes *Visa, MasterCard* et *American Express* : ***Banco de Crédito*** *(plan B2, **12**), à l'angle de Próspero et Putumayo (sur la pl. de Armas)* ; ***Interbank*** *(plan B2), Próspero 330* ; et ***Scotiabank*** *(plan B2), Próspero 278-282.*

Télécommunications

✉ ***Correos – Serpost*** *(plan B2)* **:** *Arica 402. Lun-ven 8h-13h, 15h-17h30 ; sam 8h-15h30.*

■ ***Téléphone Gaby.com*** *(plan B2, **1**)* **:** *Napo, cuadra 3. Tlj jusqu'à 21h30.* Appels nationaux et internationaux.

@ ***Internet*** *(plan B2)* **:** les cybercafés sont concentrés sur la rue Morona, entre Arica et Prosperó. La connexion est très lente, ne comptez pas charger ici vos vidéos de voyage...

■ ***DHL et Western Union*** *(plan B2, **2**)* **:** *Próspero 272. Lun-ven 9h-13h, 14h-18h30 ; sam 9h-13h.*

Représentations consulaires

■ ***Alliance française*** *(plan B1, **3**)* **:** *Fitzcarraldo, angle Tavara.* ☎ *60-0-11. Fermé le w-e.* Le directeur de l'alliance est aussi consul honoraire de France.

■ ***Consulat du Brésil*** *(plan B2, **4**)* **:** *Sargento Lores 363.* ☎ *23-51-51 ou 53. Fax : 23-51-47.*

■ ***Consulat de Colombie*** *(plan B2, **13**)* **:** *Calvo de Araujo 431.* ☎ *23-14-61.* • *iquitos.consulado.gov.co* • *Lun-ven 8h-14h.*

■ ***Consulat du Venezuela*** **:** *Calvo de Araujo 461.*

Santé

■ ***InkaFarma*** *(plan B2, **14**)* **:** *Prosperó 387. Tlj 7h-minuit.*

✚ ***Hospital César Garayar García*** **:** *c/ Cornejo Portugal 1710.* ☎ *26-37-49.*

✚ ***Clínica Ana Stahl*** **:** *av. La Marina 285, Casilla.* ☎ *25-25-35 (25-25-18 pour les urgences).* La meilleure clinique de la ville, tenue par des adventistes. Plus cher (la consultation en urgence coûte environ 50 NS), mais beaucoup moins d'attente.

Divers

■ ***Laveries*** **:** *c/ Nauta 117 (plan B2, **8**), lun-sam 8h-19h ; ou **Lavandería Express**, c/ Ricardo Palma 451 (plan A2, **15**), lun-sam 8h-20h30. Slt 2 parmi d'autres... Env 3 NS/kg.*

Où dormir ?

Les hôtels et restaurants sont sensiblement plus chers que dans le reste du pays. À partir de la catégorie « Chic », les rabais sont fréquents à certaines périodes et peuvent atteindre 50 %. Négociez donc à l'avance, par fax ou sur Internet ! Dans les petits hôtels, ne refusez pas forcément les chambres sombres, elles sont souvent plus fraîches.

Bon marché (moins de 50 NS / env 15 €)

🏠 ***Hobo Hideout*** *(plan B2, **20**)* **:** *Putumayo 437.* ☎ *23-40-99. Lit en dortoir 15-18 NS ; doubles 30-50 NS.* Installée dans une grosse maison familiale, une sympathique petite AJ privée, bien propre et plutôt confortable, avec cuisine commune au rez-de-chaussée veillée par un ara et une peau d'ours ! Dans les étages, toute une gamme de chambres plus ou moins chères selon la qualité du matelas, avec salle de bains commune ou privée. Également un dortoir climatisé de 6 lits superposés. À l'arrière, au-dessus d'une minuscule courette, s'entassent de drôles de bungalows en bois, abritant 3 chambres doubles et un dortoir plus rustique (4 lits). Accueil bonhomme, vraiment sympa.

🏠 ***Hostal Maravilla Amazónica*** *(plan B3, **21**)* **:** *c/ Saenz 1.* ☎ *23-17-32. Lit en dortoir 15 NS ; doubles 30-50 NS selon vue.* Rudimentaire mais propre, cet *hostal* vaut surtout pour son emplacement dominant le quartier de Bélen, au bout d'une ruelle défoncée snobée par les motos-taxis. Les chambres les plus agréables profitent de la vue sur les maisons sur pilotis et sur la selva. Pour les autres, ce sera vue sur le couloir (idem pour le dortoir de 6 lits), tout de même décoré de quelques objets d'artisanat. Salle de bains, moustiquaire aux fenêtres et brasseur d'air dans toutes les piaules. Accueil viril.

Hospedaje Chuya Chuya *(plan A1, **22**) : Tiniente Pinglo 156-160. ☎ 50-01-49. • chuya.chuya.iquitos@gmail.com • Situé au niveau du cuadra 9 des c/ Pevas ou Napo. Double avec sdb env 35 NS.* Égarée dans un quartier peu touristique et populaire, cette petite adresse propose 5 chambres mignonnettes et bien nettes, réparties dans 2 maisons mitoyennes. Salle de bains pour chacune, brasseur d'air, bonne literie, et du bois et de la couleur pour égayer un ensemble par ailleurs un peu sombre. Cuisine à dispo, ainsi qu'un coin pour laver son linge. Accueil charmant enfin. Un plan idéal pour les longs séjours.

Dans cette catégorie, voir aussi les dortoirs des hôtels ***Flying Dog*** et ***Green Track*** ci-dessous.

De prix modérés à prix moyens (50-130 NS / env 15-39 €)

Green Track Hostel *(plan A2, **23**) : Ricardo Palma 540. ☎ 60-08-05. • greentrack-travel.com • Lit en dortoir 25-30 NS (ventilo ou clim) ; doubles 50-60 NS ; petit déj inclus.* Derrière une façade peu engageante se dissimule cette agréable AJ privée, paisible et très bien tenue. Seulement 3 dortoirs, dont 2 d'à peine 4 lits, et un 3e plus grand et plus bruyant donnant sur la rue. Une poignée de chambres doubles également, proprettes, avec salle d'eau privée ou à partager. Au fond, après le patio du petit déj, une cuisine commune. Un bon plan, cosy et tranquille, et pourtant situé en plein cœur d'un quartier populaire et animé, fourmillant de petits restos pas chers. La maison dispose également d'un *lodge* dans la selva, esseulé à 400 km d'Iquitos dans une petite réserve privée (lire plus loin « Où dormir dans la selva ? *Reserva Tapiche Ohara* »). Accueil zen du couple brésilo-américain maître des lieux.

Hospedaje La Pascana *(plan B1-2, **24**) : Pevas 133. ☎ 23-55-81. • pascana.com • Double avec sdb et ventilo env 65 NS.* Chambres disposées autour d'un jardinet agréable, à la manière d'un petit motel. Il n'y a pas d'eau chaude, la déco n'est plus de toute première jeunesse, mais c'est propre et l'atmosphère est familiale. Salon TV et bibliothèque à dispo. L'agence de voyages de l'hôtel propose également des excursions dans la réserve de Pacaya Samiria, avec hébergement dans des communautés indigènes (5 jours minimum ; 50 $ par personne et par jour).

Hotel La Casona *(plan B1-2, **25**) : Fitzcarraldo 147. ☎ 23-43-94. • hotellacasonaiquitos.com.pe • Résa conseillée. Doubles sans ou avec AC env 90-105 NS, petit déj en sus.* Dans une grande maison particulière joyeuse et colorée, des chambres coquettes, spacieuses et bien ventilées, avec salle de bains. Cuisine à dispo et tout plein de charmants coins salon pour se poser, dont un vaste patio où il fait bon papoter avec Fabiola, la patronne, toujours prête à aider ses hôtes. Une de nos adresses préférées à Iquitos. Juste en face, l'***hostal La Casona*** *(☎ 22-32-83 ; plan B2, **26**)* appartient à la même proprio, et propose dans un lieu plus étriqué des chambres plus simples mais bien arrangées, à prix un poil plus doux (60-70 NS).

Flying Dog *(plan B2-3, **27**) : malecón Tarapaca 592. ☎ 22-37-55. • flyingdogperu.com • Lit en dortoir 25 NS ; doubles 90-105 NS (ventilo ou clim).* Grosse AJ privée, installée pas loin du quartier de Bélen, sur le *malecón*. Plusieurs dortoirs ventilés de 6 bons lits superposés, organisés autour d'un grand patio avec cuisine et bar. Également des doubles avec salle de bains privée, vastes et confortables, dotées d'une bonne literie là aussi. La plus sympa donne sur le fleuve. Beaucoup de passage, de quoi faire des rencontres. Accueil pro.

Hospedaje Caoba *(hors plan par A3, **28**) : 9 de Diciembre 979.*

☎ *50-83-19.* 📱 *965-84-51-37.* • *hospedajecaoba.com* • *À 20 mn à pied de la pl. de Armas. Doubles 50-60 NS ; petit déj en sus.* Un petit hôtel fringant de 10 chambres, certes un peu excentré, mais un tel rapport qualité-prix vaut bien quelques *soles* de moto-taxi. Chambres modernes, claires, confortables, avec clim, minibar et salle de bains, pour un prix qui ne donnerait souvent droit au centre-ville qu'à des néons blafards et des murs décrépits. Petit déj au choix, sur commande et en supplément, livré depuis un resto voisin. Excellent accueil.

Hospedaje Florentina (plan B2, **29**) : *Huallaga 212.* ☎ *23-35-91.* • *hospedajeflorentina.com* • *Résa conseillée. Doubles avec sdb 85-95 NS (brasseur d'air ou clim) ; petit déj en sus.* Coup de cœur pour cette petite adresse calme et charmante. Un long couloir carrelé, agrémenté de plantes vertes, dessert des chambres simples et bien nettes, avec volets à claies. Au bout, joli patio où couler des heures tranquilles.

Hotel Perú (plan B2, **30**) : *Próspero 318.* ☎ *23-15-31.* 📱 *965-99-19-22.* • *hotel-del-peru@hotmail.com* • *Doubles 70-90 NS (ventilo ou clim).* Chambres toutes carrelées, climatisées à l'étage et ventilées au rez-de-chaussée, distribuées le long d'un corridor conférant à l'établissement un certain cachet. On les croirait meublées chez une enseigne au « juste prix », mais l'ensemble, simple et avenant, dégage une fraîcheur et une netteté appréciables.

Hotel Copoazu (plan B3, **31**) : *Próspero 644.* ☎ *23-24-06. Double avec sdb env 120 NS, petit déj inclus.* Hôtel clinquant et tout confort (clim, minibar, lits *king size*). Et s'il vous reste des *soles* à claquer, casino au rez-de-chaussée ! Accueil charmant.

Chic (130-200 NS / env 39-60 €)

À partir de cette catégorie, le petit déj et le transfert pour l'aéroport sont généralement inclus.

Hotel Marañón (plan B2, **26**) : *Nauta 289 (à l'angle de Fitzcarraldo).* ☎ *24-26-73.* • *hotelmaranon.com* • *Doubles avec sdb et clim 130-150 NS.* Le plus de l'établissement, c'est son confort. Les chambres ne sont pas grandes mais bien équipées (clim, lit *king size,* minibar, bonne douche). La n° 408 (pour 4 personnes) donne même sur le fleuve. Côté déco en revanche, on a connu mieux : c'est vieillot dans les chambres, et aussi chaleureux qu'une clinique dans les couloirs. Piscine.

Hotel Europa (plan B2, **32**) : *Próspero 494.* ☎ *23-11-23.* • *europahoteliquitos.net* • *Double env 150 NS.* Chambres agréables, propres, claires et spacieuses avec clim et minibar. Certaines profitent d'un coin salon pour le même prix (les n°s 204 et 304 notamment). Celles sur la rue jouissent d'une jolie vue... mais subissent toutes les pétarades des motos-taxis qui passent juste en dessous ! Ascenseur.

Amazon Appart Hotel (plan A3, **33**) : *Aguirre 1151.* ☎ *26-62-62.* • *amazonaparthotel.com* • *Double 180 NS, petit déj inclus.* Posté contre le marché de Bélen, cet hôtel moderne propose des chambres contemporaines tout confort et lumineuses (grandes baies vitrées), dans des tons olive et chocolat. Petite piscine entre 2 étages. Resto et bar.

La Casa Fitzcarraldo (hors plan par B1, **34**) : *av. La Marina 2153.* ☎ *60-11-38 ou 39.* • *lacasafitzcarraldo.com* • *Double 180 NS, bon petit déj inclus. Également un studio et un appart pour 5 pers (500 NS).* Assez excentrée (à 10 mn en moto-taxi de la plaza de Armas), une adresse atypique, plus proche de la maison d'hôtes que de l'hôtel, plus décontractée que chic. Une maison historique aussi, ou plutôt cinématographique, puisqu'elle servit de camp de base dans les années 1970-1980 pour la production des films *Fitzcarraldo* et *Aguirre ou la colère de Dieu* de Werner Herzog, et qu'elle est aujourd'hui gérée par Walter Saxer, producteur suisse de nombreux films du cinéaste allemand, revenu s'installer ici sur ses vieux jours. Il y a aménagé 9 chambres au charme suranné, avec frigo et brasseur d'air, dont l'une logeait Herzog et l'autre Klaus Kinski. Pas le grand luxe, mais toutes sont vastes, agréables, imprégnées d'une atmosphère indolente. Derrière, enfouie dans la végétation, une belle piscine, encadrée de cabanes au toit de feuilles tressées grimpant les unes sur les autres, la plus haute juchée au sommet d'un grand arbre, comme chez Robinson. Partout, des hamacs. La journée (9h-18h), la piscine devient *recreo,* c'est-à-dire s'ouvre aux personnes extérieures contre un petit droit d'entrée (8 NS). Un peu de monde du coup, surtout le week-end, venu profiter des lieux et de la bonne sélection musicale dans une ambiance bon enfant. Resto.

Plus chic (plus de 200 NS / env 60 €)

Casa Morey *(plan B1,* ***35****) : av. Raymondi, angle Loreto. ☎ 23-19-13. • casamorey.com • Double 265 NS, petit déj inclus.* Dressé face au fleuve, le long d'une promenade piétonne, un bâtiment classé de 1913 aux superbes façades couvertes d'azulejos. Y logent seulement 13 chambres, tout confort et au cachet d'époque, donnant pour les plus belles d'entre elles – les *matrimoniales* – directement sur le fleuve, que l'on contemple par d'immenses fenêtres. Les *dobles* regardent quant à elles le patio intérieur, creusé d'une piscine.

Victoria Regia Hotel *(plan B2,* ***36****) : Ricardo Palma 252. ☎ 23-19-83. • victoriaregiahotel.com • Double env 90 $, petit déj inclus. Ajouter 10 % de taxe. CB Visa acceptées.* Chambres cossues et boisées, distribuées sur plusieurs étages autour d'une piscine. Différents niveaux de confort, de la double standard à la suite de luxe avec salon et jacuzzi. Resto. Agence sur place proposant des excursions dans la selva, un peu stéréotypées et plus chères que la moyenne.

Où manger ?

Profitez de votre séjour à Iquitos pour faire une cure de vitamines et goûter différents jus de fruits, vous en trouverez une ribambelle au marché de Belén. Le fruit le plus populaire du coin est l'*aguaje* ; il ressemble à une petite pomme de pin de couleur rouge foncé. Les Iquiteños le consomment surtout en *refresco* ou avec une pincée de sel. Vous trouverez des vendeurs d'*aguaje* à tous les coins de rue. Si vous allez en forêt, on vous proposera peut-être du *masato* (lire la rubrique « Boissons » dans « Pérou. Hommes, culture, environnement »). La préparation n'est pas très appétissante, mais, contre toute attente, très bonne ; c'est d'ailleurs la boisson favorite des Indiens. Dans un autre genre, on peut aussi tester la bière locale, l'*Amazonica,* disponible également dans une étrange version *menta,* soit une sorte de menthe à l'eau avec un arrière-goût de bière...

De bon marché à prix moyens (jusqu'à 25 NS / env 7,50 €)

L'embarcadère de *Bellavista Nanay (hors plan par B1)* aligne une foule de stands servant pour quelques *soles* seulement d'excellents poissons cuits dans des feuilles de bananier. Le midi, dans le quartier de la *plaza 28 de Julio (plan A3),* de nombreux petits restos servent des menus à moins de 10 soles, notamment à l'angle des rues Ricardo Palma et Huallaga. Le soir enfin, deux petites roulottes s'installent face à l'hôtel *Casa Morey (plan B1,* ***35****)* et servent pour trois fois rien hamburgers et *pollo* à dévorer sur des tables en plastique, au bord d'une allée piétonne.

The Huasai *(plan B2,* ***50****) : Fitzcarraldo 131. ☎ 24-22-22. Tlj sf sam, slt le midi (jusqu'à 16h). Menu du jour env 13 NS.* Petit resto populaire à la décoration agréable et à l'accueil charmant, ventilé par des brasseurs d'air. On y sert un bon petit menu, frais, varié et inventif. N'arrivez pas trop tard, les Iquiteños viennent ici en nombre.

El Sitio *(plan B2,* ***51****) : angle Sargento Lores et Huallaga. Mar-sam, le soir slt, 19h30-23h. Brochettes 4-5 NS l'unité.* Petite adresse familiale et populaire, idéale pour un casse-croûte sympa et pas cher avant d'entamer la soirée. Au menu, de bonnes petites brochettes, qu'on choisit dès l'entrée en pointant dans les plats, avant de les envoyer griller sur le brasero posé sur le trottoir. Carrés de poulet, de saucisse ou de fromage alternent avec des morceaux d'ananas, de courgettes, de tomate ou de brocoli. Et l'on avale le tout, accompagné de quelques crudités, juché sur un tabouret en plastique dans une minuscule salle inondée par le vacarme de la circulation.

El Zorrito (plan A2, **52**) : *Fanning 355. ☎ 23-36-62. Tlj 18h-minuit. Plats 10-15 NS.* Grande cantoche prolongée de quelques tables jetées sur le trottoir, le long de l'avenue. Spécialités de poisson cuit à la braise (le *sabalo* et la *palometa* sont des musts), mais aussi de *cecina de chancho con yuca* (viande de porc fumée servie avec du manioc), d'*anticucho* (brochettes de cœur de bœuf), de poulet braisé et de *juane* (boule de riz fourrée, cuite à l'eau bouillante enveloppée dans une feuille de *bijao*). Service rapide et sympathique. Très populaire, n'arrivez pas trop tard si vous voulez trouver une table libre !

Blanquita (plan A3, **53**) : *Bolognesi, 1181. ☎ 26-60-15. Tlj sf dim, le soir slt, 17h-minuit.* Si vous n'y prenez garde, ce petit resto populaire deviendra vite votre cantine. On mange dehors, à côté du barbecue. Mention spéciale pour la *cecina* (viande de porc fumée à la braise), le *juan de chonta* (cœur de palmier) et le *yuca rellena* (manioc farci).

Amazon Bistro (plan B2, **54**) : *malecón Tarapaca 268. ☎ 60-07-85. Tlj 6h-minuit. Menu le midi 18 NS ; plats 15-40 NS.* Un bistro belge, rétro et élégant, égaré dans la torpeur d'Iquitos. Le lieu, une bâtisse coloniale alanguie sur le paisible *malecón,* semble tout droit importé du vieux continent, avec ses faïences, ses miroirs, ses chaises en fer forgé et ses boiseries lustrées. Quant à la carte, on y pioche croque-monsieur, hamburger, carbonade flamande, jambon-beurre (pain maison) ou encore vol-au-vent. Et pour le dessert, choux à la crème et éclair au chocolat... Une vraie madeleine de Proust ! Pas étonnant qu'on y croise beaucoup d'étrangers, mais pas que. Agréable aussi pour boire un verre, en feuilletant un *Spirou*. En revanche, pour siroter une Chimay, faudra casser la tirelire ! Petite terrasse. Excellent accueil.

Pollería et Gran Chifa Long Fung (plan A2-3, **55**) : *pl. 28 de Julio. ☎ 23-36-49. Tlj 12h-14h30, 19h-minuit. Plats env 20 NS.* Un des chinois les plus prisés de la ville, installé dans une immense salle carrelée et ventilée. Les travailleurs y viennent le midi, le soir c'est beaucoup plus calme. Carte tellement variée que l'on a du mal à choisir. Les assiettes sont énormes, en général un plat suffit pour 2.

Al Carbón (plan B1-2, **56**) : *Condamine 115. ☎ 22-32-92. Ouv le soir slt, 18h-1h30. Plat env 20 NS.* Assortiment de viandes au barbecue, servies avec de la salade, des pommes de terre sautées et des sauces maison dans une grande salle ventilée plutôt élégante. Mention spéciale pour les brochettes de *lomo* (viande de bœuf). Également quelques plats de poisson.

Karma Café (plan B2, **57**) : *Napo 138, cuadra 1. ☎ 60-05-76. Tlj sf lun 12h30-0h30 (3h ven-sam). Plats 15-25 NS.* Petite adresse new age, tenue par Joss, un jeune Français. À la carte, surtout du bio, des jus de fruits 100 % naturels, des currys thaïs, à apprécier affalé dans des canapés, l'œil distrait par les tableaux psychédéliques de peintres locaux proposés à la vente. Même un menu élaboré spécialement pour qui suit un régime ayahuasca, sans graisse, ni sel... Très sain tout ça. Mais que ceux qu'une diète effraie se rassurent, on peut aussi opter pour un gros sandwich, un burger, des tapas de tapenade, et terminer par un rhum arrangé ! Jeux de société pour tuer le temps. Concert une fois par semaine.

Chic (25-40 NS / env 7,50-12 €)

El Mesón (plan B2, **58**) : *malecón Maldonado 153. ☎ 23-18-57. Tlj 11h-23h. Menu midi 20 NS ; plats 25-30 NS.* Petit resto touristique et convivial, dans un cadre simple et agréable. *Ceviches* et *mariscos,* bien sûr, mais aussi plats régionaux copieux, dont l'alligator et la tortue (au curry ou au gingembre ?). Terrasse sur le *malecón*, sympa pour profiter de l'animation du soir.

Restaurante Fitzcarraldo (plan B2, **57**) : *Napo 100, à l'angle du malecón. ☎ 23-65-36. Tlj 12h-minuit. Plat env 30 NS.* Installé dans l'ancienne maison d'Antonio Vaca Diez, l'associé de Fitzcarraldo, ce resto sert une bonne cuisine *criolla* (nombreuses viandes et poissons), ainsi que quelques pizzas. Côté boissons, mention spéciale pour leur délicieuse *limonada* ! Agréable terrasse enfin, idéale en soirée pour contempler l'animation sur le *malecón* et le superbe coucher de soleil sur le fleuve.

Gran Maloca *(plan B2,* ***59****) : Sargento Lores 170. ☎ 23-31-26. Menu du jour le midi 20 NS ; à la carte, plat env 40 NS. Salle climatisée.* Ce resto à l'atmosphère rétro chic et feutrée offre une des meilleures cuisines de la ville. D'ailleurs, c'est là que les notables du coin se retrouvent le midi. Une mention spéciale pour le café, du *caracolillo*, préparé avec une minutie d'orfèvre, à la saveur légèrement acidulée. En guise de digestif, le *ron naval* d'Iquitos, distillé par la maison, fera très bien l'affaire.

Où boire un verre ? Où sortir ?

Après Lima et Cuzco, Iquitos est sans doute la ville du Pérou à la vie nocturne la plus animée. Bien sûr, du lundi au jeudi, c'est plus calme, d'autant qu'en semaine les bars du district d'Iquitos – le centre-ville – n'ont que la permission de minuit (3h le week-end). Ce n'est pas le cas de ceux installés dans les districts voisins de Bélen, au sud, et de Pulchana, au nord, qui recueillent alors les fêtards frustrés. C'est ce qu'on appelle dans le coin la « loi carotte »... Le vendredi, la fête commence... tard. Les Iquiteños prennent leur temps avant d'aller guincher, l'ambiance ne monte pas avant au moins minuit. En attendant, autant faire comme tout le monde, et aller grossir les rangs des badauds flânant sur le *malecón*, qui prend alors des airs de kermesse.

Arandu Rock Bar (plan B2, **57**) : *sur le* malecón, *à côté du resto* Fitzcarraldo. *☎ 24-34-34. Tlj 16h-2h (3h ven-sam).* Bar à la mode décoré avec soin. On y écoute toutes sortes de musiques suivant les demandes des clients. Essayez le *7 raices sour*, un cocktail à base d'écorces d'arbres marinées dans de l'alcool de canne à sucre. Sympathique terrasse sur le *malecón*.

Mushmuqui *(plan B1,* ***70****) : Raymondi 382. Tlj 17h-minuit (2h ven-sam).* Petit bar branché tout en longueur, sur 2 niveaux, où l'on se serre autour de tables en bois pour siroter des liqueurs à base de plantes de la forêt. Ça change de la bière et du *pisco*... et ça ne coûte presque rien !

Dawn on the Amazón *(plan B2,* ***8****) : malecón Tarapacá 185. ☎ 23-49-21. Tlj sf dim 7h30-22h.* Le Q.G. des touristes anglophones. On y vient surtout pour récolter quelques bonnes infos auprès de Bill, installé ici depuis de nombreuses années. Propose également des croisières sur le fleuve et des *cabins* dans la jungle (lire plus loin).

Amazon Bistro (plan B2, **54**) : *lire plus haut « Où manger ? ».* Terrasse sympa sur une portion tranquille du *malecón*, pour siroter un verre – ou un café – à toute heure de la journée.

El Pardo *(hors plan par A2,* ***71****) : Mariscal Cáceres, angle Alzamora. Jeu-sam 22h-4h ; dim 17h-2h. Entrée gratuite.* Le spot incontournable des nuits d'Iquitos. Un immense hangar en partie à ciel ouvert, où se pressent jusqu'à 2 000 fêtards venus se trémousser sur des rythmes de salsa et *cumbia*, joués en live par un orchestre relayé par d'énormes enceintes. Pour se réhydrater, de la bière, que de la bière. Inutile de venir avant au moins minuit, la foule arrive doucement.

Nikoro et Kaametza *(plan B1-2,* ***72****) : tt au bout de Pevas. Tlj à partir de 20h, et sans limite...* C'est dans ce recoin isolé que se retrouvent les rastas locaux et autres noceurs plutôt margeo d'Iquitos et d'ailleurs. En haut, *Nikoro*, une grande terrasse brinquebalante juchée sur pilotis. À ses pieds, *Kaametza*, un bouge branlant posé sur le fleuve, qu'on rejoint par une passerelle de bric et de broc. Du rhum, du whisky, et de la zik jusqu'à pas d'heure ; puisque *Kaametza* flotte sur le fleuve, elle n'est pas soumise aux restrictions d'horaires du centre-ville ! Théoriquement, on peut aussi y loger, dans des dortoirs plus que sommaires, doublés de sanitaires pas franchement recommandables...

Noa Nightclub *(plan B1, 73)* **:** *Pevas, angle Fitzcarraldo.* La discothèque branchée d'Iquitos. Rock & pop en anglais puis, vers 4h, le rythme de la selva prend le relais avec de la musique brésilienne ou celles de groupes locaux.

À voir. À faire

Mercado de Belén *(plan A-B3)* **:** *au sud du centre, en longeant le fleuve. Le meilleur moment pour visiter le marché est 8h-11h (quand tt le monde est là).*
Belén est à la fois le quartier d'habitation le plus pauvre d'Iquitos et un marché fascinant, un des plus vivants de l'Amazone. Et si vous avez un peu de temps à passer à Iquitos, voilà de quoi vous occuper quelques heures !
Ceux qui connaissent le marché de Manaus se sentiront en famille. Le quartier est composé de deux parties, la haute et la basse. La limite entre les deux est créée par la montée des eaux. La ***partie haute*** prend la forme d'un immense marché encombré et populaire, typique des pays du sud, où s'entassent des myriades de marchandises organisées par spécialités. On trouve ici du manioc, des épices, de beaux fruits, du poisson, de la viande de tortue, entre mille autres produits exotiques. Des hommes roulent à toute vitesse des centaines de *mapachos,* des cigarettes de tabac brun dont l'épaisse fumée est censée éloigner les moustiques. Ne manquez pas le passage Paquita où se trouvent les échoppes de plantes médicinales. Au sommet de la colline s'étend la rue des poissonniers, envahie par les vautours en début d'après-midi, quand les marchands replient leurs étals. La ***partie basse,*** plus pauvre, presque un bidonville en réalité, mêle quartier d'habitation et marché plus informel. Les produits neufs importés de Chine cèdent la place à des marchandises de seconde main, à des chaussures recousues et recirées pour faire comme si. Les Indiens viennent de loin écouler leurs régimes de bananes. Des vieilles femmes vendent quelques légumes, assises, impassibles, du matin au soir.
Dans la partie basse, si vous venez en hiver ou en été, le spectacle sera tout à fait différent. L'hiver, un des bras de l'Amazone noie sous les eaux tous les rez-de-chaussée des maisons. D'autres habitations sont construites sur pilotis ou sur des radeaux. Elles montent et descendent au gré des humeurs du fleuve, retenues par des cordages. Les gens se déplacent et font leur marché sur des canoës ou des barques de bois. On vous proposera sans doute de faire un tour en bateau, il ne vous en coûtera que quelques *soles* et vous découvrirez Belén sous un angle différent. L'été, de juin à septembre, le quartier est beaucoup moins charmant : le *río* à sec laisse apparaître ses tonnes d'immondices et des travées boueuses où les habitants improvisent des toilettes avec quatre panneaux de tôle. Les maisons-radeaux, certaines à moitié effondrées, sont alors vautrées dans la boue, l'odeur du poisson se mêle à celle des ordures, l'eau des rigoles se teinte d'une couleur indéfinissable et Belén devient vraiment insalubre. On pourra alors se contenter d'une courte balade dans la partie « nord » du quartier, en contrebas du malecón Tarapaca, exclusivement résidentielle et un peu moins misérable.

Casa de Fierro *(plan B2)* **:** *pl. de Armas, à l'angle de Putamayo.* Maison dessinée par Gustave Eiffel. La *casa de Fierro* fut achetée lors de l'exposition internationale de Paris en 1889 par un magnat du caoutchouc qui la fit venir de France en bateau et remonter pièce par pièce. Inhabitable à cause de la chaleur qu'emmagasine le fer, elle abrite aujourd'hui des boutiques.

Malecón Tarapaca *(plan B2)* **:** jolie balade loin du tintamarre des motos-taxis, un œil sur les façades coloniales colorées et décaties couvertes d'azulejos, l'autre sur les maisons sur pilotis en contrebas, et sur les champs, le fleuve et, par-delà, la selva. L'extrémité nord du *malecón*, entièrement piétonne, est envahie de badauds le week-end en fin de journée, flânant au gré des spectacles de rue, un cornet de glace à la main (plusieurs glaciers à deux pas, calle Napo).

– ⚘ ***Recreo La Casa Fitzcarraldo*** *(hors plan par B1, **34** ; lire plus haut « Où dormir ? Chic ») : av. La Marina 2153 (env 3 NS et 10 mn en moto-taxi). Tlj 9h-18h. Entrée : 8 NS.* À l'arrière d'un petit hôtel, une belle piscine ouverte aux personnes extérieures et encadrée de cabanes de Robinson où pendent des hamacs. Bar et resto. Ambiance bon enfant, et bonne musique.

DANS LES ENVIRONS D'IQUITOS

Playas de Santa Clara et Santo Tomas *(hors plan par A3) : à 12 km d'Iquitos, sur le río Nanay. Bus (1 NS) ou moto-taxi. Pour Santa Clara, il faut ensuite prendre un bateau pour traverser la rivière (1,50 NS).* Plages de sable blanc où l'on vient se baigner en famille le week-end. Vous pourrez y louer des bateaux à moteur ou des canoës pour quelques *soles*. On vient plutôt à Santa Clara en période de basses eaux, et à Santo Tomas lorsqu'elles sont hautes.

Centro de Rescate Amazónico *(CREA ; hors plan par A3) : à env 12 km d'Iquitos sur la route de Nauta. Pour y aller, prendre un moto-taxi (10-15 NS pour 30 mn de trajet) ou un bus (les nos 49 et 56 par exemple ; 1,50 NS) à l'angle de Arica et Putumayo (plan B2). 965-83-46-85. • centroderescateamazonico.com • Tlj 9h (12h lun)-15h. Entrée : 3 NS, visite guidée (obligatoire) de 20 mn incluse.* Cette organisation à but non lucratif, soutenue par l'*Instituto de Investigación de la Amazónia Peruana* et par l'aquarium de Dallas, recueille, soigne, puis relâche dans la nature des mammifères « fluviaux » de la selva, principalement des *manatís* (lamantins en français). Le CREA développe également des programmes de sensibilisation auprès des écoles et des communautés. La visite du centre et de ses bassins est assurée par des volontaires. On peut toucher et nourrir les *manatís*.

Parque de Quistococha *(hors plan par A3) : à 13 km d'Iquitos sur la route de Nauta. Pour y aller, prendre un moto-taxi (10-15 NS pour 30 mn de trajet) ou un bus (les nos 49 et 56 par exemple, 1,50 NS), à l'angle de Arica et Putumayo (plan B2). Tlj 7h-17h. Entrée : 9 NS.* Ce parc plaisant, enfoui dans la végétation, est le lieu de promenade des Iquiteños, qui viennent le week-end pique-niquer, jouer au volley-ball et se baigner dans le lac bordé d'une plage de sable blanc. En semaine, c'est plus calme. Possibilité de louer une petite barque ou une embarcation à pédales pour aller nager dans un coin tranquille, à la lisière de la jungle. Le parc abrite également un zoo un peu miteux, aux cages étroites et misérables. On peut cependant y voir des animaux que l'on a peu de chance d'apercevoir dans la selva : jaguar, singes, pumas, dauphin, et même un *païche*, poisson géant menacé d'extinction, retenu dans un minuscule bassin. Franchement, tant qu'à voir des animaux en captivité, mieux vaut se rendre à Pilpintuwasi (lire ci-dessous), où ils sont bien mieux traités.

|●| Pour manger, quelques paillotes sous les cocotiers, au bord de la plage (plats 15-20 NS). On trouve sinon à l'entrée du parc plusieurs gargotes proposant pour pas cher des spécialités locales, notamment des brochettes de *suri*, un gros ver pas appétissant mais savoureux.

Pilpintuwasi *: sur le río Nanay, tt près du sympathique village de Padre Cocha, au nord-ouest d'Iquitos. ☎ 23-26-65. • amazonanimalorphanage.org • Env 20 mn en bateau collectif jusqu'à Padre Cocha (3 NS/pers) depuis le port de Bellavista-Nanay (hors plan par B1 ; prendre un moto-taxi ou un bus indiquant « Nanay ») ; prévoir un peu d'attente, le bateau part quand il est plein. Dernier retour vers 17h. De Padre Cocha, compter 15-20 mn de marche. Possibilité aussi de*

prendre un bateau privé qui vous amènera directement à Pilpintuwasi ; course à négocier (env 15 NS le bateau, 10 NS pour Padre Cocha). Tlj sf lun 9h-16h. Entrée : 5 $. Visite guidée obligatoire (ttes les heures, en anglais ou espagnol). Durée : env 1h.
Géré par une Autrichienne, accueillant des volontaires du monde entier, cet élevage de papillons noyé dans la forêt s'est donné pour objectif de maintenir la population de lépidoptères dans cette zone, en favorisant leur développement. Parmi les 2 000 espèces de papillons que compte l'Amazonie, une dizaine seulement batifole ici dans une grande volière. Une seconde, plus petite, sert de « pouponnière » ; la moitié des papillons qui y éclosent sont relâchés dans la nature.
Le lieu sert aussi de refuge à divers animaux menacés, récupérés pour la plupart malades après avoir été capturés par des braconniers pour être vendus comme animaux de compagnie. Une demi-douzaine de ouakaris rouges – des singes à la face écarlate, en voie d'extinction – vagabondent ainsi en liberté, mais la plupart des autres animaux sont enfermés dans des cages. Certains parce qu'ils ont toujours vécu en captivité. D'autres, comme les capucins, parce qu'ils avaient auparavant été dressés à piquer les portefeuilles ! Quant aux coatis, ils mangeaient les chenilles des papillons... À voir encore, une femelle ocelot, des marmousets pygmées – les plus petits singes du monde –, des aras colorés, et même un jaguar adulte pesant quelque 100 kg, qui fut déposé bébé dans une boîte devant l'entrée du centre.

***Isla de los Monos** (l'île des Singes) : à 30 km d'Iquitos, sur le fleuve Amazone. ☎ 23-55-29. • laisladelosmonosperu.com • Pour y aller, prendre un bateau collectif du Puerto Productores (hors plan par B1 ; prendre un moto-taxi) jusqu'à varadero de Mazán (14 NS ; 40 mn), puis un bateau privé pour l'île (env 5-10 NS aller ; 20 mn). Possibilité également de louer les services d'un bateau privé depuis le port de Bellavista-Nanay (hors plan par B1 ; moto-taxi ou bus indiquant « Nanay »). Compter alors 200-250 NS A/R pour 4-8 pers en bateau rapide (45 mn), et env 150 NS en peque-peque (1h30). Se grouper. Tlj 8h-16h. Entrée : 20 NS.*
Isolée au milieu de l'Amazone, cette île abrite une quarantaine de singes d'une douzaine d'espèces différentes, vagabondant en liberté. Un refuge fondé par Gilberto Guerra, qui accueille également des volontaires. On peut aussi y voir – et entendre – des oiseaux de la selva.

Expéditions dans la selva

La meilleure raison de venir à Iquitos est de partir quelques jours en excursion dans la forêt amazonienne. Impossible de lister tout ce que vous y découvrirez. L'Amazonie péruvienne diffère totalement du reste du pays : la faune, la flore, les gens, leur mode de vie, leur accent chantant, la cuisine, l'architecture traditionnelle, tout est source d'étonnement. Déjà, dès la sortie du port d'Iquitos, là où le río Itaya rejoint l'Amazone (les eaux ont des couleurs différentes), on croise des dauphins roses, des dauphins gris... Ensuite, la moindre balade de 2h aux alentours de votre *lodge* sera un véritable cours de botanique médicinale. Vous aurez vite découvert une centaine d'espèces... sur les 25 000 que compte l'Amazonie.

LA BOISSON DE LA JUNGLE

En Amazonie, on consomme du masato, *une boisson fermentée à base de yuca (manioc). Pour le préparer, de vieilles paysannes mastiquent des boules de manioc afin que les enzymes de la salive transforment le liquide en alcool. Traditionnel et surprenant.*

De nombreuses agences organisent des tours, avec programme préétabli mais souple, et hébergement dans un *lodge* au cœur de la forêt. Une telle excursion, souvent magique, exige de lui consacrer du temps : on part en général pour ***minimum 3 jours,*** et jusqu'à une semaine ou plus. Et mieux vaut ne pas réserver un vol dans la foulée, le bateau de l'agence peut tomber en rade sur le chemin du retour.

Combien ça coûte ?

Les expéditions dans la selva coûtent cher. Il faut payer le guide bien sûr, le transport, mais aussi faire acheminer jusqu'au *lodge* toutes les denrées nécessaires au séjour. La plupart du temps, on se joint à un groupe. Les prix sont dégressifs selon le nombre de participants. L'un des points négociables est d'avoir un guide perso, sans supplément. En moyenne, ***comptez minimum 100 $ par jour tout compris.*** Et gardez à l'esprit qu'un tarif inférieur est rarement garant de prestations de qualité...
Pour payer moins cher, on peut partir avec un guide indépendant. Expéditions plus aventureuses, avec nuit en bivouac ou dans des campements rudimentaires. Compter dans ce cas environ 150 NS par jour. L'expérience pourra alors être inoubliable comme cauchemardesque, tout dépendra des compétences réelles de votre guide et là, c'est la loterie...
Enfin, vous pouvez aussi vous rendre dans certains villages de la selva par vos propres moyens : voir plus loin « Visite des villages de l'Amazone autour d'Iquitos ».

Quel est le programme type ?

Le programme type pour 2 nuits et prétendument 3 jours (en fait, 52h environ, trajet aller-retour vers le *lodge* inclus) est souvent peu ou prou le même d'une agence à l'autre. On visite de petits zoos et des communautés indiennes, avec initiation au tir à la sarbacane (vous verrez, ce n'est pas si facile...) et vente d'artisanat (petites sarbacanes décoratives, jolis masques style « art primitif » fabriqués dans des calebasses, colliers élaborés avec des plumes d'oiseaux colorées, des écailles de poisson, des graines, des dents de piranhas). Certaines agences qui se veulent moins « touristiques » zappent cette étape folklorique. Puis viennent les excursions dans la forêt proprement dite. Sur terre, avec promenade à pied de jour (plantes médicinales, arbres, fleurs, tarentules, etc.) et de nuit (le grand frisson...). Et sur l'eau, avec balade de jour en canoë pour voir les oiseaux, les dauphins roses et gris, les nénuphars géants (*Victoria regia,* la plus grande fleur au monde) et pour pêcher le piranha (mieux vaut avoir un bon coup de poignet, ils ont l'art d'arracher l'appât sans mordre à l'hameçon), puis balade de nuit pour voir les alligators. N'hésitez pas à prendre des canoës sans moteur, car moins vous faites de bruit, plus vous avez de chances d'observer des oiseaux, des iguanes ou des paresseux.

Comment choisir son agence ?

Les bureaux des agences se trouvent pour la plupart dans les rues Putamayo et Pevas, entre la plaza de Armas et le malecón Taracapá *(plan B2)*. Il est difficile de conseiller une agence plutôt qu'une autre, la réussite d'une expédition étant souvent liée à l'expérience et aux connaissances de votre guide. Et cela, vous ne le saurez que sur place. Mais vous pouvez quand même demander son nom, son lieu de naissance (Iquitos ou la selva, c'est mieux que Lima avec un diplôme universitaire trilingue...), son âge et le nombre d'années d'expérience qu'il a comme guide dans la selva.
Autre information importante, la localisation géographique du *lodge.* Iquitos est une grande ville. Pour espérer voir la vie sauvage, il faut donc s'éloigner de la pollution, du bruit, des lumières... Bien sûr, plus le *lodge* est loin, plus le prix sera cher, il faut bien payer le pétrole pour s'y rendre ! Si vous recherchez des contacts plus authentiques avec les communautés indigènes et une nature plus préservée, il faudra parcourir minimum 100 à 150 km, le must étant la proximité de la réserve nationale Pacaya Samiria, à 300 km, voire les expéditions dans la réserve elle-même (lire plus bas). Bien sûr, ce sera plus cher, et les prestations seront parfois moins confortables, mais vous bénéficierez d'un meilleur accueil et vous verrez plus d'animaux. Tout dépend de votre condition physique, de vos craintes personnelles et aussi de vos moyens financiers.
Pour bien choisir votre agence, voici quelques conseils élémentaires :

- prenez votre temps ;
- comparez les programmes et les prix ;
- n'acceptez pas d'emblée les propositions que les taxis et rabatteurs vous font dès l'aéroport ;
- identifiez la position du *lodge* proposé avec une carte ;
- faites-vous décrire le détail du parcours et des activités. Cela vous permettra de savoir si votre interlocuteur connaît lui-même la forêt ou si ses qualités sont avant tout commerciales ;
- suivez votre feeling !
- Internet peut permettre de négocier à distance et de réserver (mais le côté feeling sera plus difficile !), donc éventuellement de gagner une journée à Iquitos ; si vous arrivez par le vol du matin, ils passeront vous prendre à l'aéroport. Mais Internet ne permet pas les rabais de dernière minute, sur place.

Nous vous avons sélectionné quelques *lodges* (lire plus bas « Où dormir dans la selva ? ») en principe de qualité, mais on n'est pas à l'abri de mauvaises surprises...

Comment s'équiper ?

L'agence se charge du ravitaillement (eau et nourriture). À vous de prévoir une lampe de poche (qui servira, entre autres, à repérer, la nuit, les yeux rouges des crocos...), une paire de bottes (on en trouve au marché de Belén, sinon certaines agences en prêtent ou en louent), des vêtements légers (idéalement, imprégnés d'antimoustiques) qui vous couvrent les jambes et les bras, un poncho, un chapeau, un puissant antimoustiques (indispensable), des chaussures légères pour les excursions en bateau. Veillez à ne prendre avec vous qu'un petit sac avec le strict nécessaire ; vous pourrez laisser le reste de vos bagages à l'agence (l'espace dans les bateaux est réduit). Avoir sa propre paire de jumelles peut être utile. Au *lodge,* les chambres sont la plupart du temps éclairées par des lampes à pétrole. En général, un groupe électrogène alimente la salle à manger à l'heure du repas du soir, profitez-en pour demander si vous pouvez recharger les batteries de votre appareil photo.

Enfin, si vous voulez savoir comment vivaient vraiment les Indiens d'Amazonie, il y a une lecture indispensable : *Tristes Tropiques* de Claude Lévi-Strauss (1955).

Comment visiter la réserve de Pacaya Samiria ?

La biodiversité de cette réserve naturelle étendue sur 2 080 000 ha (soit 1,5 % du territoire péruvien !) est exceptionnelle. À la richesse de la faune s'ajoutent près de 1 000 espèces de plantes sauvages et 60 de plantes cultivées par les 94 communautés qui y habitent (environ 42 000 personnes) et les 109 communautés (50 000 personnes) qui vivent de la pêche, de la cueillette, de la chasse et d'une agriculture de subsistance dans la zone d'amortissement autour de Pacaya Samiria. Pour protéger cet environnement, l'entrée de la réserve est très contrôlée et l'on ne peut visiter que certaines zones, sélectionnées en fonction des paysages, de la faune, de la flore et de la population. Seuls quelques guides et agences sont autorisés à y amener des visiteurs (liste à l'office de tourisme). Il faut par ailleurs payer un droit d'entrée (variable selon le nombre de jours passés sur place ; l'agence s'en acquitte pour ses clients). L'expédition (3 jours minimum) coûte

LE PIRANHA EST UN TROUILLARD

Ce poisson carnivore est d'abord un charognard : il nettoie les fleuves. Plutôt mauviette, il ne se déplace qu'en bande pour mieux affronter ses prédateurs. Malgré ses dents acérées, il n'attaque pratiquement jamais l'homme, sauf s'il décèle du sang.

au final aussi cher que dans un *lodge* classique mais pour des conditions plus spartiates : nuit en bivouac (hamac et moustiquaire) ou dans des campements rudimentaires.
On peut aussi explorer la réserve depuis **Lagunas,** dans la région de Tarapoto (agences à Yurimaguas, à 2h de route de Tarapoto).

Où dormir dans la selva ?

De 30 à 80 km d'Iquitos

Jungle Cabin Retreat : *à Iquitos, rens à Dawn on the Amazon Tours, malecón Tarapacá 185 (plan B2, **8**). ☎ 22-37-30. • dawnontheamazon.com* • Une bonne alternative pour ceux qui n'ont que peu de temps à consacrer à la forêt, puisqu'on peut ne passer qu'une nuit sur le site. L'auberge est située en bordure de la réserve Allpahuayo Mishana, à 50 km en voiture d'Iquitos, puis 30 mn de marche en forêt. Les cabines, rudimentaires, donnent sur un lac magnifique où vous pourrez faire du canoë, observer les oiseaux, pêcher et vous baigner en toute tranquillité.

Allpahuayo Mishana Bed & Trees : *à Iquitos, rens Ricardo Palma 120 ou Raymondi 254 (plan B1). ☎ 53-29-52. 965-35-65-99. • allpahuayomishana.net* • Installée dans la réserve de Allpahuayo Mishana, créée en 2004 à une trentaine de kilomètres au sud d'Iquitos (1h en bus), cette petite structure écoresponsable montée par un jeune couple italo-péruvien travaille en collaboration avec une quarantaine de communautés des environs, notamment pour développer la fabrication de miel artisanal. Programme à la carte, avec visite de différents villages, baignade et balades en forêt. Hébergement dans des bungalows tout simples, ouverts sur la selva. Pas cher, un bon plan pour les petits budgets.

Amazón Lodge & Safaris : *à Iquitos, rens av. La Marina 592A (hors plan par B1). ☎ 25-10-78. • amazonlodgesafaris.com* • Situé sur la rivière Yanayacu, à 80 km d'Iquitos, ce grand *lodge,* le plus ancien d'Iquitos, est tenu par Jorge Lache, un monsieur chaleureux et plein d'humour, et sa fille Elvira. Leurs 40 ans d'expérience en font des hôtes exceptionnels qui feront tout pour vous faire partager leur passion de la jungle.

Cumaceba Lodge Expeditions : *à Iquitos, rens Putumayo 188 (plan B2). ☎ 23-22-29. • cumaceba.com* • 3 *lodges,* à 35, 80 et 180 km d'Iquitos. Circuit très complet et programme écrit, détaillé par journée, avec tous les incontournables (pêche, observation des oiseaux...). On peut partir sur seulement 2 jours.

Refugio Altiplano : *à Iquitos, rens Raymondi 323 (plan B2). ☎ 22-20-01. • refugioaltiplano.org • À 35 km au sud d'Iquitos, sur les rives du fleuve Tamshiyacu. Pour s'y rendre, trajet en bateau rapide env 1h30.* C'est une adresse spécifiquement tournée vers le chamanisme. Programme moins précis que les précédents. Demander Scott Petersen, le patron.

À plus de 100 km d'Iquitos

Les auberges plus éloignées d'Iquitos sont plus chères, notamment à cause du prix de l'essence pour le bateau.

Carrusel Tapira Amazón Adventure : *à Iquitos, rens Pevas 167 (plan B1). ☎ 23-17-23. 965-31-30-97. • amazontapira.com* • L'aventure va jusqu'au programme de 6 jours avec journée d'apprentissage de survie dans la jungle, comment se diriger, boire et manger... Camp plus spartiate qu'un *lodge,* genre paillote basse avec matelas et moustiquaire, douches communes. Très tranquille. Accueil familial. Propose également des expéditions dans la réserve de Pacaya Samiria.

Muyuna Amazón Lodge y Expeditions : *à Iquitos, rens Putumayo 163 (plan B2). ☎ 24-28-58. • muyuna.com* • Affaire familiale montée par un couple enthousiaste, Percy et Analia, qui ont ouvert ce *lodge* situé dans une zone sauvage sur la rivière Yanayacu, à 140 km d'Iquitos (3h de bateau rapide), près du *parque nacional*

Pacaya Samiria. Ils ne versent pas de commissions aux rabatteurs, snobent les shows folkloriques et privilégient les relations durables avec le village de San Juan, d'où provient la majorité de leur personnel. L'approche est écolo jusque dans la construction du *lodge,* les ordures sont ramenées à Iquitos au lieu d'être jetées dans la rivière. Séjours de 3 à 6 jours, avec possibilité d'inclure une nuit en bivouac dans la forêt. Certains guides parlent l'anglais. Liaison radio permanente entre le *lodge* et le bureau d'Iquitos. L'endroit n'est pas donné, certes, mais il offre une prestation de qualité, et on aime l'esprit du lieu.

Reserva Tapiche Ohara : *à Iquitos, rens au Green Track Hostel (plan A2,* ***23****).* ☎ *60-08-05.* • *greentrack-jungle.com* • Petite réserve privée de 1 500 ha de forêt primaire, esseulée à 400 km au sud d'Iquitos par l'Amazone, l'Ucayali puis la rivière Tapiche. Un isolement synonyme de pas mal de vie sauvage (oiseaux notamment). Séjours de 4-5 jours minimum, axés sur la découverte de la jungle en profondeur, aiguillé par des guides locaux. Le site n'accueille pas plus de 5 visiteurs à la fois, le top quoi ! Hébergement dans un *lodge* en bois, avec chambres privées mais salle de bains commune.

Pacaya Samiria Amazón Lodge : *à Iquitos, rens av. Grau 352 (plan B1).* ☎ *22-77-51.* • *pacayasamiria.com.pe* • *Charmant petit lodge situé à l'entrée de la réserve Pacaya Samiria, sur les rives du río Marañon, à 190 km au sud d'Iquitos (1h30 de voiture jusqu'à Nauta puis 1h30 de bateau).* Un *lodge* luxueux, dispersant ses bungalows en bois, avec terrasse et salle de bains particulière décorée d'azulejos, dans 200 ha de forêt primaire privée. Excursions dans la réserve Pacaya Samiria, mais aussi au village de Grau, situé à l'union des fleuves Ucayali et Marañon. Guides hispanophones ou anglophones. Massages, spa.

Amazón Explorama Lodges : *à Iquitos, rens av. La Marina 340 (hors plan par B1).* ☎ *25-25-30.* • *explorama.com* • Une grosse machine qui fait référence à Iquitos, et leur réputation n'est pas volée. Les guides (certains anglophones) connaissent très bien la selva, tout est vraiment bien organisé. *Explorama* propose 4 *lodges* situés à des distances différentes d'Iquitos : le *Ceiba Tops,* à 40 km au nord de la ville, le plus luxueux (piscine, jacuzzi, salle de bains avec eau chaude) d'où l'on peut faire de belles promenades dans la forêt et admirer un magnifique *ceiba* de plus de 450 ans ; l'*Explorama Lodge,* à 80 km au sud d'Iquitos, plus rustique ; l'*Explornapo Lodge,* à 160 km de la ville, sur le río Napo (douches et toilettes communes), d'où l'on accède à 14 ponts suspendus à la cime des arbres pour observer les oiseaux (vraiment spectaculaire) ; et l'*Acts,* un campement situé à proximité des ponts suspendus où séjournent les scientifiques qui viennent étudier la faune et la flore du coin. Programmes souples permettant de séjourner dans un *lodge* différent chaque soir.

Croisière sur l'Amazone

Dawn on the Amazón & Cruises *(plan B2,* ***8****) : malecón Tarapacá 185.* ☎ *22-37-30.* • *dawnontheamazon.com* • *Bureau fermé dim. Excursion 1 jour env 75 $; croisière env 200 $/j.* Bill Grimes a 3 bateaux. Les 2 premiers, les plus petits, permettent de faire des excursions d'une journée dans les alentours d'Iquitos. Le 3e est destiné aux croisières allant de 2 jours à 2 semaines. Il est superbe : en bois sculpté, décoré de peintures de Francisco Grippa, avec 4 cabines toutes différentes, une cuisine, un bar, une salle à manger panoramique, une petite plateforme à l'arrière pour piquer une tête dans la rivière... le luxe et du charme en plus. Bien sûr, les croisières ne sont pas données mais les conditions sont idéales pour apprécier l'incroyable biodiversité de la forêt amazonienne, d'autant que Bill est autorisé par le bureau du parc à pénétrer 2 fois plus loin dans la réserve Pacaya Samiria que les autres opérateurs d'Iquitos.

■ **Latitud Sur** *(plan B1, 9)* : *jr. Callao 637. ☎ 965-62-81-01. • latitudsur.org • Compter env 170 $/j.* Pour ceux qui souhaitent voyager autrement, qui ont le temps (et l'argent), cette ONG fondée par des Français, propose, entre autres, des voyages dans la réserve Pacaya Samiria sur son bateau traditionnel en bois, le *Selva Viva* (12 passagers seulement), des séjours humanitaires, ou encore des « itinéraires » chamaniques. Il ne s'agit pas d'une agence de voyages, mais d'une association à but non lucratif tenue par des acteurs profondément engagés dans le tourisme solidaire et éthique, travaillant en étroite collaboration avec les communautés locales et dans leur profond respect. Les séjours proposés durent de 3 à 10 jours, et les dates ne sont pas fixes, un périple avec eux s'organise donc en amont.

Visite des villages de l'Amazone autour d'Iquitos

Pour ceux qui répugnent à se retrouver en groupe organisé, une balade le long du fleuve est toujours possible par ses propres moyens.

AMAZONIE ?

Quand les Espagnols remontèrent le fleuve au XVIe s, ils furent attaqués par des femmes très combatives. Il n'en fallut pas plus pour leur faire penser aux Amazones de la mythologie grecque. Le nom est resté pour dénommer le fleuve et la région qu'il traverse.

➢ ***Vers le village de Tamshiyacu*** **:** départ de *Puerto Productores* et *Puerto turístico El Huequito,* tous deux sur l'avenida La Marina *(hors plan par B1)*, le matin vers 8h ou 9h. Environ 3h sur un bateau-bus pour rejoindre le petit village (10-15 NS par personne). Au retour, départ vers 15h, arrivée à Iquitos vers 18h. Un petit hôtel permet aussi de passer la nuit dans le village et de repartir le lendemain.

➢ ***Vers le village d'Indiana ou le village de Mazán*** **:** cette fois, on descend l'Amazone. D'Iquitos, prendre un bateau rapide pour Indiana au *Puerto Productores* (avenida La Marina ; *hors plan par B1*). Départs tôt le matin et jusqu'à 15h. Durée du trajet : environ 45 mn (environ 15 NS). D'Indiana, moto-taxi jusqu'à Mazán (environ 15 mn ; 3 NS). Retour en fin d'après-midi. Il n'y a pas d'hôtels dans ces villages, mais toujours la possibilité de dormir chez l'habitant.

➢ Ceux qui veulent prolonger l'aventure peuvent emprunter tous les jours des bateaux-bus qui descendent l'Amazone en s'arrêtant dans tous les villages jusqu'à la frontière colombienne.

AU SUD

Si Iquitos reste, au Pérou, LA ville de référence pour une expédition en forêt, le développement de Puerto Maldonado et de ses infrastructures touristiques (à prix attractifs), et surtout, sa proximité avec Cuzco (35 mn en avion), font que beaucoup de touristes viennent ici faire l'expérience de l'Amazonie...

PUERTO MALDONADO

37 000 hab. IND. TÉL. : 082

Puerto Maldonado, c'est le rendez-vous avec la forêt tropicale et le monde des chercheurs d'or. À la différence des villes d'Amazonie du Nord, elle a un

visage plus rustique et son climat est assez suffocant (beaucoup de moustiques !)... Mais c'est aussi une ville en plein essor grâce aux voyageurs venus explorer la forêt. Les ríos Tambopata et Madre de Dios convergent ici et offrent la possibilité de belles navigations fluviales. Les agences sont nombreuses, et il serait dommage de passer par Puerto Maldonado sans consacrer au moins 3 jours à une excursion en forêt. On vit ici au rythme lent des deux principales rivières amazoniennes : *Madre de Dios* et *Tambopata.*

Arriver – Quitter

En bus

Se reporter plus haut à la rubrique « Arriver – Quitter » à Cuzco.

En avion

Pour accéder à l'aéroport *(hors plan par A1 ; ☎ 57-15-31)*, vous serez obligé de prendre une moto-taxi. Faites attention, quand vous discutez le prix, que la taxe d'entrée à l'aéroport soit incluse, sinon le chauffeur vous la réclamera en plus.

➢ ***Lima, via Cuzco :*** 4 vols/j., avec *Lan Perú (agence à Puerto Maldonado : Velarde 503 ; ☎ 57-36-77)*. Compter tout de même 200-380 $ A/R.

Adresses utiles

🛈 ***Ministerio de Comercio, Industria y Turismo*** *(plan B2) : av. Fitzcarrald 252. ☎ 57-14-13 ou 11-64. Fermé le w-e.* Il existe également un point d'information à l'aéroport.

✉ ***Correos*** *(plan B2) : av. León Velarde 675. ☎ 57-10-88. Lun-sam 8h-19h, dim 8h-15h.*

■ ***Banco de la Nación*** *(plan B1,* ***1****) : D. Alcides Carrión s/n. ☎ 57-10-01.* Possibilité d'y changer dollars et chèques de voyage. Distributeur pour carte *Visa.*

✚ ***Hospital Santa Rosa*** *(plan B2) : jr. Cajamarca 171. ☎ 57-10-19.*

Où dormir ?

Prix modérés (moins de 90 NS / env 27 €)

⌂ ***Hospedaje El Astro*** *(plan B2,* ***13****) : av. León Velarde 617. ☎ 57-21-28.* 💻 La petite salle de réception avec un grand dessin du Machu Picchu donne directement sur la rue. Un des hôtels les moins chers.

⌂ ***Wilson*** *(plan B2,* ***14****) : jr. Gonzales Prada 355. ☎ 57-28-38.* Le hall d'entrée est décoré de paysages de montagne, ce qui est assez original en Amazonie (!). Chambres rudimentaires, avec ou sans salle de bains. L'ensemble est sûr et propre.

Prix moyens (90-130 NS / env 27-39 €)

⌂ ***Cabaña Quinta*** *(plan B1,* ***15****) : jr. Cusco 535. ☎ 57-10-45. • hotelcabanaquinta.com • Petit déj-buffet inclus.* 💻 📶 Hôtel familial bien tenu. Chambres impeccables avec AC et TV câblée. Les moins chères disposent seulement d'un ventilo. Personnel sympathique. Bon resto avec petite terrasse sur le jardin. Petite piscine.

Chic (75 $ et plus / env 55 €)

⌂ ***Hotel Don Carlos*** *(plan B2,* ***16****) : av. León Velarde 1271. ☎ 57-10-29. • hotelesdoncarlos.com • Double env 75 $, petit déj et transfert depuis l'aéroport inclus.* Vue sur la rivière Tambopata. Chambres avec ou sans AC. Un peu loin du centre, mais propre et confortable. Grande piscine et resto sur place.

⌂ ***Wasai Maldonado Lodge*** *(plan B1,* ***17****) : jr. Billingurst et pl. Grau.*

☎ *57-22-90.* • *wasai.com* • *Double env 70$, petit déj continental inclus.* À 1 bloc de la plaza de Armas, un hôtel composé de bungalows en bambou. Service impeccable, chambres agréables avec vue sur le río Madre de Dios. Le matin, de votre lit, la vue du lever de soleil est superbe. Eau chaude, TV. Quelques-unes avec baignoire, rarissime. Resto, piscine, location de vélos et motos, excursions, etc. Une bonne adresse. Possède également un *lodge* situé sur la rivière Tambopata.

Où manger ?

De prix moyens à plus chic (15-40 NS / env 4,50-12 €)

Cevichería El Tigre (plan A-B2, **20**) : *jr. Tacna 456, près du marché (prendre une moto-taxi).* ☎ *57-22-86. Tlj sf lun 7h-15h.* Décor et musique typiques des restos du quartier, un grand dessin représentant un tigre prêt à bondir orne le mur. Pour les amateurs de *ceviche* et *chicharrones*, très populaire.

El Califa (plan A1, **21**) : *jr. Piura 266.* ☎ *57-11-19. Tlj sf dim.* Resto typique avec une jolie terrasse. On vous recommande le *ceviche de doncella*, puis un *picuro* (un rongeur d'Amazonie !) *al horno con ensalada*.

El Majas (plan A1, **22**) : *av. Tambopata, 4ᵉ cuadra.* ☎ *57-31-48. Tlj midi et soir jusqu'à 23h.* Décor tout simple. Accueil très sympa. Bonne cuisine. Propose des spécialités régionales (son *cecina de venado* est populaire). Bon rapport qualité-prix.

Wasai (plan B1, **17**) : *jr. Billingurst et pl. Grau.* ☎ *57-22-90. À 1 bloc de la pl. de Armas.* Très bonne cuisine dans un cadre très agréable. Voir aussi plus haut « Où dormir ? ».

Excursions en forêt

Aux portes de l'Amazonie, Puerto Maldonado est le point de départ de nombreuses excursions. Bien s'informer avant de choisir un guide ; certains n'ont pas la compétence requise ou proposent des tarifs très attractifs avant de facturer un tas de suppléments imaginaires. Sachez toutefois que l'accès à la réserve nationale Tambopata et à plusieurs sites de la région est payant et rarement inclus dans les forfaits des *lodges*. Ces derniers en revanche assurent généralement le transport, l'hébergement, la pension complète et diverses activités et excursions guidées.

Où séjourner ?

En remontant la rivière Tambopata

Posada Amazonas : *à 45 mn de bateau.* ☎ *231-92-51.* • *perunature.com* • *Séjour en pens complète à partir de 432 $ la double ; min 2 nuits.* Un complexe luxueux mais construit dans un souci de respect de l'environnement. Une trentaine de chambres joliment décorées, avec salle de bains privative (eau chaude), moustiquaire et coin salon. L'ensemble est relié par des passerelles en bois. Resto-bar, terrasse avec hamacs.

Tambopata Eco Lodge : *río Tambopata, à 80 km. Bureau à Puerto Maldonado : jr. Gonzales Prada 269.* ☎ *57-13-97 ou (084) 24-56-95 (à Cuzco).* • *tambopatalodge.com* • *Forfait 3 j. + 2 nuits en chambre double en pens complète à partir de 400 $.* Au cœur de la réserve, au bord de la rivière Tambopata. Chambres spacieuses et assez confortables, dans de petites huttes typiques. Confort assez rustique. Comme dans tous les

PUERTO MALDONADO

Adresses utiles

1 Banco de la Nación

Où dormir ?

13 Hospedaje El Astro
14 Wilson
15 Cabaña Quinta
16 Hotel Don Carlos
17 Wasai Maldonado Lodge

Où manger ?

17 Wasai
20 Cevichería El Tigre
21 El Califa
22 El Majas

lodges, le séjour inclut diverses excursions et la pension complète.

Wasaí Tambopata Lodge : *à 120 km de Puerto Maldonado par la rivière. • wasai.com • Forfait 2 j. + 1 nuit en pens complète à partir de 250 $; nuitée avec petit déj (et transfert) à partir de 80 $.* Au cœur de la réserve nationale Tambopata (accès en sus : environ 12 $), un *lodge* avec tout le confort. Une quinzaine de bungalows pour 2 à 3 personnes. Nombreuses activités sur place et excursions guidées. Même propriétaire et mêmes coordonnées que le *Wasaí Puerto Maldonado Lodge* (voir plus haut). Un bon rapport qualité-prix.

Explorer's Inn : *au cœur de la réserve nationale Tambopata, à 60 km. Bureau à Puerto Maldonado : av. Fitzcarrald 136. ☎ 57-20-78. Contact à Lima : ☎ (01) 447-88-88. • explorer sinn.com • Séjour en pens complète à partir de 460 $ en chambre double ; min 2 nuits.* C'est le *lodge* le plus ancien, créé en 1975. Il accepte avec plaisir de recevoir des stagiaires biologistes. Confort rustique, chambres sommaires et éclairage à la bougie, mais bonne ambiance à la Robinson Crusoé. On prend les repas dans la salle commune, avec les guides et les étudiants.

En descendant la rivière Madre de Dios

Corto Maltés Amazonía Lodge : *jr. Billingurst 229, à 10 km. ☎ 57-38-31. • cortomaltes-amazonia.com • Forfait 2 j. + 1 nuit à partir de 190 $.* Lodge tenu par des Français. Environnement superbe avec jardin tropical très soigné et piscine. Une trentaine de bungalows confortables, très propres et spacieux avec salle de bains et terrasse, vue sur le río Madre de Dios. Ambiance sympa et service de qualité, très bonne cuisine, bar, billard, etc. En prime, nombreuses et belles balades instructives en forêt avec d'excellents guides natifs.

Inkaterra Reserva Amazónica : *à 15 km. Bureau à Lima : Andalucía 174. ☎ 610-04-00. • inkaterra.com/en/reserva-amazonica • Séjour 2 nuits min en pens complète à partir de 545 $, excursions comprises.* Ensemble luxueux installé dans une superbe réserve privée de 10 000 ha, proche de l'épave du *Fitzcarraldo* échoué sur le río Madre de Dios. Bungalows superbement décorés de matériaux naturels, avec salle d'eau, hamac, lampes à pétrole et moustiquaires. Nombreuses expéditions dans la selva. Excellents guides natifs et francophones. Resto de grande qualité, spa, salon-bar... Bref, le must !

BOLIVIE LES COUPS DE CŒUR DU ROUTARD

• Sous les pavés, **La Paz** ! Battre l'asphalte où convergent toutes les manifestations populaires, explorer les nombreux **marchés** animés, puis grimper à **El Alto,** à plus de 4 000 m, pour découvrir cette ville construite à flanc de montagne et au pied des nuages ! .... p. 458

• Mettre ses pas dans ceux des Incas lors d'un **trek dans la cordillère Royale** .... p. 465

• Pour les andinistes et les grimpeurs en bonne condition physique, tenter l'ascension du célèbre **Huayna Potosí,** qui culmine à plus de 6 000 m !.... p. 468

• En fin de semaine, à **Copacabana, au bord du lac Titicaca,** assister – incrédule – à la cérémonie du baptême des voitures, puis se hisser jusqu'au sommet du *Calvario* où se perpétuent les rites ancestraux des guérisseurs aymaras .... p. 474

• Courir le long des crêtes de l'**Isla del Sol, sur le lac Titicaca,** et embrasser d'un regard ses baies, la cordillère Royale et ce lac si grand que l'on croirait la mer.. p. 481

• Marcher sur les pas de Tintin dans le **temple du Soleil, à Tiwanaku** ..... p. 486

• Foncer (mais pas trop) à VTT sur les lacets de terre de la fameuse **« route de la Mort »,** 1 000 m au-dessus du vide, à travers la fantastique forêt des nuages des Yungas. Une descente pour amateurs de sensations fortes ! .... p. 469

• Arpenter le **parc Sajama** entourant le plus haut volcan de Bolivie et profiter de ses vues grandioses .... p. 497

• Se confronter à l'histoire coloniale et à la violence du travail dans les mines à **Potosí,** la ville de plus de 100 000 habitants la plus haute du monde. Dans le centre historique, on découvre notamment la plus grande *casa de Moneda* d'Amérique du Sud .... p. 499

• S'en mettre plein la vue en explorant **l'immensité blanche du désert du Salar de Uyuni,** avant d'aller dormir dans un **hôtel de sel** au pied d'un volcan... Des paysages lunaires de toute beauté, que l'on peut sillonner en 4x4 (avec guide et chauffeur) jusqu'au **Sud-Lípez** .... p. 521, 524, 526

• Flâner dans la douce ville coloniale de **Sucre,** bijou – presque intact – de l'art baroque, d'un blanc immaculé. Et le dimanche, se rendre au célèbre **marché de Tarabuco** .... p. 529, 548

• Relier à pied les **villages jalq'a,** réputés pour la beauté de leurs tissus, jusqu'à atteindre le superbe **cratère de Maragua** .... p. 544, 548

• Parcourir les sentiers de randonnées du superbe **parc national Torotoro,** dans la région de Cochabamba, ou ceux du **parc Amboró,** qui abrite une faune et une flore très riches .... p. 567, 583

• Visiter les **missions jésuites de la région de Chiquitos,** qui nous ramènent à l'époque coloniale .... p. 592

• S'immerger dans la forêt tropicale du **parc national de Madidi,** dans l'espoir d'y croiser le jaguar. Plus loin, dans la **pampa,** titiller les piranhas de sa canne à pêche et observer les caïmans immobiles, les anacondas géants et les capibaras, ces hamsters gros comme des moutons .... p. 623, 624

• **Découvrir les plantes médicinales et les coutumes des villages** tacanas ou chimanes de la selva .... p. 624

BOLIVIE UTILE

Pour la carte de la Bolivie, se reporter au cahier couleur.

ABC DE LA BOLIVIE

- *Capitale :* Sucre est la capitale constitutionnelle. La Paz est la capitale administrative et le siège du gouvernement.
- *Superficie :* 1 098 580 km² (soit 2 fois la France).
- *Population :* environ 10 461 000 habitants.
- *Densité :* 9,4 hab./km².
- *Espérance de vie :* 65 ans pour les hommes, 71 ans pour les femmes.
- *Âge moyen :* 23 ans.
- *Langues officielles :* espagnol (castillan) et, depuis 2009, toutes les langues des nations et des peuples indigènes (pas moins de 37, dont le quechua, l'aymara et le guaraní).
- *Monnaie :* boliviano (Bs).
- *Régime :* République parlementaire. Divisé en 9 départements, le pays est aussi appelé État plurinational de Bolivie.
- *Chef de l'État :* Evo Morales, réélu pour un 3e mandat en octobre 2014 avec près de 61 % de suffrages.
- *PIB par habitant :* 5 200 $.
- *Taux d'alphabétisation :* environ 91 %.
- *Point le plus élevé :* le Nevado Sajama, à 6 542 m d'altitude.

AVANT LE DÉPART

Adresses utiles

En France

■ ***Ambassade et consulat de Bolivie :*** *12, av. du Président-Kennedy, 75116 Paris.* ☎ *01-42-24-93-44.* • *embolivia.paris@wanadoo.fr* • Pas de documentation touristique.

– ***Consulat honoraire de Marseille :*** *Le Négresko 2, 14, rue Négresko, 13008.* ☎ *04-91-22-67-70.* • *colivian marsella@orange.fr* •

– ***Consulat honoraire de Bordeaux :*** *12, pl. de la Bourse, 33076.* ☎ *05-56-79-50-00.*

En Belgique

■ ***Ambassade et consulat honoraire de Bolivie :*** *av. Louise, 176, boîte 6, Bruxelles 1050.* ☎ *02-627-00-10.* • *info@embajadadebolivia.eu* •

En Suisse

■ S'adresser à l'ambassade et à la représentation consulaire de Bolivie ***en Allemagne*** : *Wichmannstrasse 6, D-10787 Berlin.* ☎ *(+ 00-49) 30-26-39-150.* • *bolivia.de* •

Au Canada

■ ***Ambassade de Bolivie :*** *130 Albert St, suite 416, Ottawa (Ontario) K1P 5G4.* ☎ *(613) 236-5730.* • *embo liviacanada.com* •

– ***Consulat honoraire de Montréal :*** *44 Sunshine Dr, Dollard-des-Ormeaux, Montréal H9B 1G5.* ☎ *(514) 421-0033.*

– ***Consulat honoraire de Québec :*** *1700 bd Laurier, Sillery, Québec G1S 1M4.* ☎ *(418) 688-3063.*

Formalités

- ***Passeport*** valide encore 6 mois après la date de retour.
- La Bolivie n'exige ***pas de visa*** pour les touristes français, belges, suisses et canadiens, pour un séjour de 90 jours maximum. Mais ATTENTION, cela peut être remis en cause à tout moment. ***Se renseigner impérativement auprès du consulat avant le départ.***
- En arrivant dans le pays, le douanier appose un cachet d'entrée sur votre passeport. En général, la ligne « admitido hasta » est laissée en blanc, ce qui équivaut à une autorisation de séjour de 90 jours. Parfois, il se peut que l'on ne vous accorde que 30 jours. Si vous envisagez de rester plus que ces 30 jours, vous pouvez, par précaution, le préciser au douanier – il est en effet désormais difficile, voire impossible, d'obtenir une extension. Dans tous les cas, ***ne perdez pas la fiche*** que vous remet le douanier, elle vous sera réclamée à la sortie du pays.
- ***Un étranger ne peut entrer plus de trois fois par an en Bolivie pour un total de 90 jours de séjour.*** Lorsqu'ils arrivent par voie terrestre, les voyageurs doivent se présenter spontanément au poste de douane et demander l'apposition du cachet sur leur passeport. Dans le cas contraire, impossible de quitter le pays sans avoir fait régulariser la situation et s'être acquitté d'une amende de 20 Bs par jour de dépassement. En pratique, chaque poste-frontière fait un peu comme il l'entend... Certains vous accordent directement et systématiquement 90 jours, même si vous avez déjà passé quelque temps en Bolivie dans l'année.
- Au départ de Bolivie, les passagers des vols internationaux doivent payer une ***taxe aéroportuaire*** de 174 Bs (25 $) par personne (non incluse dans le prix du billet). Les vols nationaux sont taxés de 15 Bs.
- ***Permis de conduire international :*** théoriquement indispensable pour louer une voiture ou même une mobylette, il est en fait peu demandé dans la pratique.
- ***Assurances voyages :*** voir dans « Généralités Pérou, Bolivie » la rubrique « Avant le départ » où figure notre liste d'assurances voyages.
- ***Carte internationale d'étudiant (carte ISIC) :*** se reporter au chapitre « Généralités Pérou, Bolivie ».
- ***Pensez à scanner passeport, carte de paiement, billets d'avion et vouchers d'hôtel.*** Ensuite, adressez-les-vous par mail, en pièces jointes. En cas de perte ou vol, rien de plus facile que de les récupérer dans un cybercafé. Les démarches administratives en seront nettement accélérées. Et tâchez de ne pas transférer tous ces documents sur une clé USB, car si quelqu'un de mal intentionné tombait dessus, il aurait toutes les infos à disposition...

ARGENT, BANQUES, CHANGE

La monnaie nationale est le *boliviano,* indiqué par l'abréviation Bs, parfois encore appelé *peso* (son ancien nom). Il existe des pièces de 10, 20 et 50 centavos (peu utilisées), 1, 2 et 5 bolivianos, ainsi que des billets de 10, 20, 50, 100 et 200 bolivianos. Attention aux vieux billets recollés qu'on vous refilera parfois : ils sont valables, mais à condition que le numéro de série soit le même à droite et à gauche du billet (CQFD).
- Fin 2014, 1 € valait environ 9,30 Bs ; 1 $ environ 7 Bs. Dans l'ensemble du guide, nous avons appliqué un taux de conversion de 1 € = 8,80 Bs, qui correspond à ce qu'il vous en coûtera réellement, frais de banque et/ou de change inclus.
- Aucun problème pour ***changer des dollars,*** voire des ***euros,*** soit dans les banques, soit dans les *casas de cambio* (bureaux de change), qu'on trouve un peu partout. Dans les zones moins touristiques, l'euro reste un peu plus difficile à changer

et bénéficie donc souvent de moins bons taux (jusqu'à - 10 %). On peut parfois changer dans la rue aussi, à un taux proche du taux officiel, ou encore dans de nombreux hôtels (là, c'est moins bien). De plus, la plupart des hôtels moyen et haut de gamme et agences de voyages acceptent les dollars pour paiement de leurs prestations.
Petite précision, beaucoup de *casas de cambio* sont ouvertes tous les jours alors que les *banques,* elles, ne sont généralement ouvertes que du lundi au vendredi de 8h-9h à 12h-13h et de 14h-15h à 17h-18h, ainsi que le samedi matin.
– Les ***chèques de voyage*** ne s'échangent que dans certains bureaux de change et de rares banques, généralement au prix d'une commission qui peut être plus ou moins importante. Moins pratique que le cash, donc.

Cartes de paiement

Ne comptez pas trop sur les ***cartes bancaires*** pour payer vos dépenses courantes, vous ne pourrez les utiliser que dans certains hôtels, restaurants ou boutiques chic des grandes villes, ainsi que certaines agences de voyages/tour-opérateurs. En revanche, vous trouverez dans la plupart des villes des ***distributeurs automatiques de billets*** *(cajeros automáticos)* acceptant les cartes *Visa, MasterCard* et *Cirrus.* ATTENTION : la machine délivre d'abord les billets et ne rend la carte de paiement qu'ensuite. Certains voyageurs distraits récupèrent l'argent et oublient leur carte dans le distributeur...
En cas de perte ou de vol, appeler les numéros d'urgence pour faire opposition : ☎ *(00-33) 1-41-85-85-85* pour la carte *Visa* ; ☎ *(00-33) 1-45-16-65-65* pour la *MasterCard.*
Voir aussi la rubrique « Avant le départ » dans les « Généralités Pérou, Bolivie ».

ARTISANAT, ACHATS

La Bolivie possède un artisanat particulièrement riche. Vous trouverez dans le quartier de la rue Sagárnaga à La Paz et dans les boutiques de Santa Cruz un large échantillon de ce qui se fait de mieux dans le pays – une fois fait le tri, évidemment, avec les inévitables attrape-gogos. Certaines des plus belles pièces ne se trouvent toutefois que sur leur lieu de production.
Le marchandage se pratique sur les marchés. Le sésame, c'est *rebájame casero/casera* (*casero* étant le terme utilisé pour désigner le vendeur). Sachez cependant que les prix boliviens restent parmi les plus bas d'Amérique latine et que l'artisanat vendu au Pérou (assez semblable pour la partie andine) est le plus souvent fabriqué en Bolivie, à moindres frais.
– ***Alpaga :*** on trouve quantité de beaux pulls, ponchos, écharpes, bonnets et autres gants, d'une grande douceur. Les producteurs sont nombreux, la concurrence exacerbée : profitez-en pour négocier. Pour les Boliviens, l'achat d'un pull ou d'un châle est un luxe, mais aussi un investissement puisqu'il habillera quatre générations au minimum !
– ***Angora :*** pour aller dans le Salar et le Lípez, vous aurez besoin de sous-vêtements thermiques en *angora sport.* C'est évidemment une laine haut de gamme, mais, vu les prix intéressants, on vous conseille d'en acheter même si vous n'allez pas au Salar.
– ***Antiquités :*** elles sont interdites d'export sauf autorisation

POMPON GIRLS !

Les cholas arborent de belles tresses jointes par un pompon (tullma en quechua). Il est fabriqué en laine d'alpaga, de vigogne ou de lama et teint le plus souvent en noir. Mais on trouve aujourd'hui des pompons de couleur vive qui varient selon les régions : rouge orangé à Cochabamba, ou avec plusieurs petits pompons colorés autour du lac Titicaca. Certaines femmes trichent et rajoutent même des tresses postiches... que l'on peut acheter sur le marché !

expresse du ministère de la Culture. Il faut dire, et c'est tant mieux, que les Boliviens deviennent des champions de la défense culturelle. Le touriste se contentera des excellentes copies de tableaux de maîtres et de céramiques de Tiwanaku qu'on trouve partout à La Paz, Cochabamba et Santa Cruz.

– ***Art baroque :*** outre la peinture baroque mentionnée ci-dessus, des pièces taillées en bois de facture extraordinaire (détails des missions jésuites) vous sont proposées par les artistes qui ont restauré San Javier, Concepción et Santa Ana.

– ***Bijoux en argent :*** paradoxalement, Potosí n'offre pas un grand choix. Vous les trouverez surtout à La Paz. D'ailleurs, regardez les superbes pendentifs en argent ou en or avec des perles que portent les riches *cholitas* de La Paz, signe extérieur de richesse. On les trouve au marché aux bijoux de la plaza de los Héroes. Parfois aussi de belles chaînes en or ou en argent avec des motifs de Tiwanaku, mais beaucoup plus chères.

– ***Bois :*** des pièces taillées représentent des Indiens aymaras et quechuas. Également d'étonnants jeux d'échecs en bois précieux de l'Amazonie et de jolis colliers en graines.

– ***Chapeaux et bonnets :*** on trouve les très british chapeaux melon des *cholitas* de La Paz ou les très beaux chapeaux *Charcas Glorieta* de Sucre fort classe. Quant aux bonnets, on a le choix entre le *ll'uchu* aymara, plus simple mais qui couvre toute la tête, et sa version quechua, plus belle mais qui reste au-dessus du front. De toute façon, il y a peu de chance que vous le mettiez en rentrant !

– ***Cuir :*** à La Paz, on trouve de très beaux sacs à dos, des blousons et aussi des vêtements qui iraient très bien à Uma Thurman.

– ***Diables et autres masques :*** la Bolivie possède une panoplie de masques digne de ses danses, d'une variété sans limites. En commençant par le célèbre masque de Bacchus de la *casa de la Moneda* à Potosí (fait par un Français, Eugène Mullon !), parlons des masques de la *diablada d'Oruro,* de ceux des *morenos* (les esclaves noirs venus travailler dans les mines de Potosí), ou encore des masques des danseurs de l'Amazonie, d'un rouge vif. Le terrible *Jach'a Tata Dansante* (le grand seigneur qui danse) vert et rouge était porté justement pour danser jusqu'à la mort dans les communautés de l'Altiplano... Vous les trouverez sur la calle La Paz à Oruro et à La Paz. En Amazonie, on vous proposera aussi d'impressionnantes coiffes en plumes, comme celles confectionnées pour la danse des Macheteros.

LE BOMBÍN, BORSALINO BOLIVIEN

Créé pour les paysans britanniques vers 1890, le chapeau melon fut introduit en Bolivie par les ingénieurs des chemins de fer anglais dans les années 1920. Il fut tout de suite adopté par les femmes aymaras et quechuas ! Au fil du temps, il est devenu plus petit, et on lui a attribué le nom de borsalino, en référence à l'usine italienne qui le fabriquait. Aujourd'hui très répandu dans le pays, le bombín est un accessoire classique des cholas boliviennes. Il varie de couleur et de forme d'une région à l'autre.

– ***Figurines en céramique :*** les fameux *dioremas* sont des miniatures de personnages typiques boliviens. Ça a la taille d'un Schtroumpf mais ce sont des *cholitas,* des musiciens ou des lamas. Ça fera plaisir à vos p'tits cousins. Vous les trouverez à... La Paz.

– ***Instruments de musique :*** il y en a tellement qu'on a préféré en faire une rubrique à part (voir plus loin dans « Bolivie : hommes, culture, environnement »).

– ***Vannerie :*** en Amazonie, vous trouverez un joli choix de sacs en fibres de *jipijapa* et autres chapeaux.

BUDGET

La Bolivie est un pays très bon marché, où l'on peut voyager sans se ruiner et même, de temps à autre, s'offrir de petits luxes sans pour autant plomber le

budget. En excluant tout ce que l'on peut acheter, ainsi que les différentes excursions, on peut tout à fait, déplacements en bus compris, vivre avec 15-20 € par jour !
Sachez toutefois que le prix des produits varie assez largement en fonction de la demande touristique, du degré de développement de l'endroit et de l'éloignement des centres de production. Ainsi, Santa Cruz de la Sierra, les villages du Beni et du Pando, ou encore Uyuni, loin de tout, affichent des prix jusqu'à 30 à 40 % plus élevés que ceux des vallées ou de la région andine.
Voici quelques fourchettes de prix pour vous aider à établir votre budget.

Hôtels

Les prix que nous vous indiquons sont ceux d'une chambre double. Si vous voyagez seul, enlevez 30 à 50 %. En arrivant, faites-vous bien préciser le prix de la chambre entière, et non le prix par personne.
- ***Très bon marché :*** moins de 80 Bs (environ 9 €).
- ***Bon marché :*** de 80 à 140 Bs (environ 9 à 16 €).
- ***Prix moyens :*** de 140 à 220 Bs (environ 16 à 25 €).
- ***Chic :*** de 220 à 350 Bs, ou environ 31 à 50 $ (environ 25 à 40 €).
- ***Plus chic :*** plus de 350 Bs ou environ 50 $ (environ 40 €). Uniquement dans les grandes villes ou les endroits très touristiques, comme Sucre ou Uyuni.

Restos

Ici, les prix indiqués sont ceux d'un plat à la carte (souvent assez copieux pour pouvoir se passer d'autre chose). À noter que, le midi, beaucoup de restos proposent aussi un *almuerzo* (entrée – le plus souvent une soupe –, plat et parfois dessert, voire boisson) très bon marché (en général pour 10-15 Bs).
- ***Bon marché :*** moins de 30 Bs (environ 3,50 €).
- ***Prix moyens :*** de 30 à 50 Bs (environ 3,50 à 5,50 €).
- ***Plus chic :*** 50 Bs (environ 5,50 €) et plus. Uniquement dans les villes et les lieux touristiques.

Excursions

Rappelez-vous que certaines excursions (salar d'Uyuni, parcs amazoniens et du Pantanal, ascensions de montagne, etc.) requièrent de passer par une agence spécialisée. Prévoir de 200 Bs par jour (Salar et Sud-Lípez, Rurrenabaque) à plus de 500 $ pour une virée d'une semaine en pension complète dans les parcs du centre et de l'Amazonie. À Madidi, par exemple, ne comptez pas sur un service de qualité en dessous de 450 Bs par jour.

CLIMAT

Le climat varie très largement en fonction des espaces géographiques et de leur altitude.
– L'***Altiplano,*** au-dessus de 3 000 m, est marqué par une saison sèche qui s'étend grosso modo d'avril-mai à octobre-novembre. C'est le meilleur moment pour visiter la région. En juillet et en août, au cœur de l'hiver austral, il peut faire très froid la nuit, surtout si le vent se lève. Les grands sommets andins, la laguna Verde voient alors le mercure descendre à - 20 °C, - 30 °C. À La Paz, il peut geler, Sucre se perd dans le brouillard et la neige bloque parfois le Salar et le Sud-Lípez. Il est essentiel, à cette période, de prévoir des sous-vêtements thermiques et de bons coupe-vent. Dans la journée, heureusement, le thermomètre a vite fait de remonter (15 à 20 °C). À cette période, les pluies sont rarissimes : la plupart du temps, le ciel reste

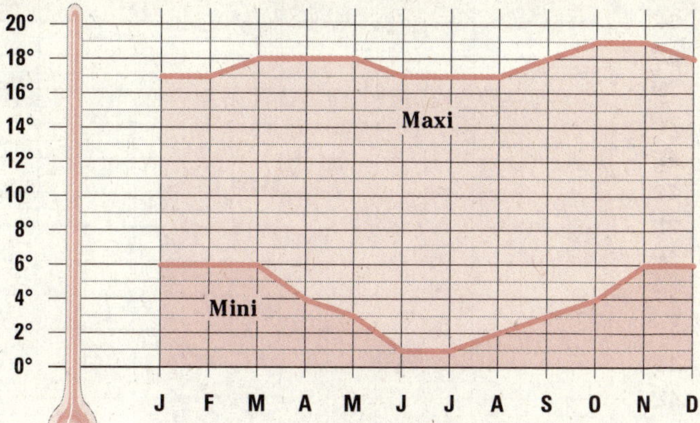

Moyenne des températures atmosphériques

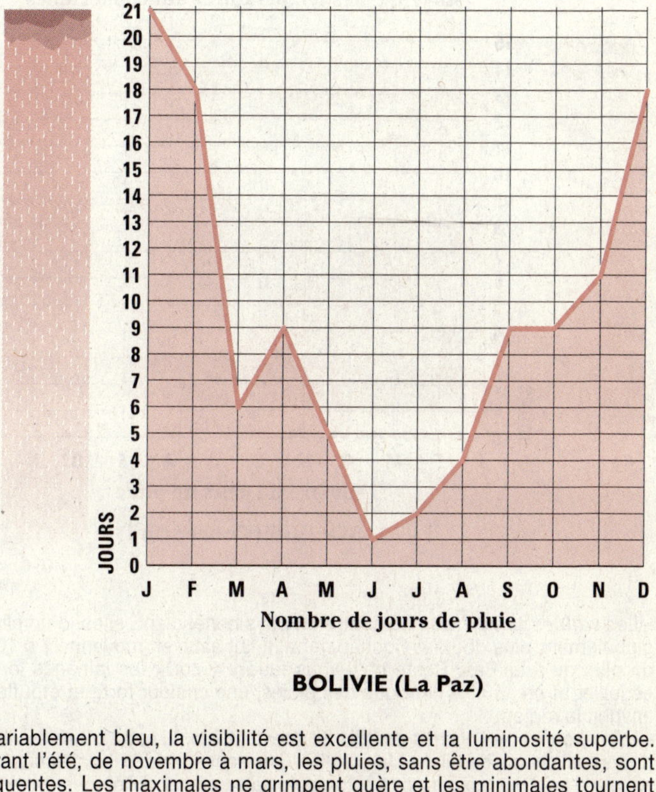

Nombre de jours de pluie

BOLIVIE (La Paz)

invariablement bleu, la visibilité est excellente et la luminosité superbe. Durant l'été, de novembre à mars, les pluies, sans être abondantes, sont fréquentes. Les maximales ne grimpent guère et les minimales tournent autour de 6 °C.

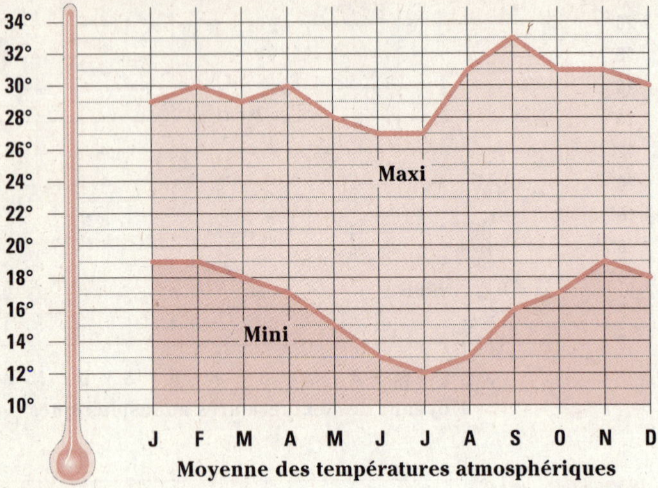

Moyenne des températures atmosphériques

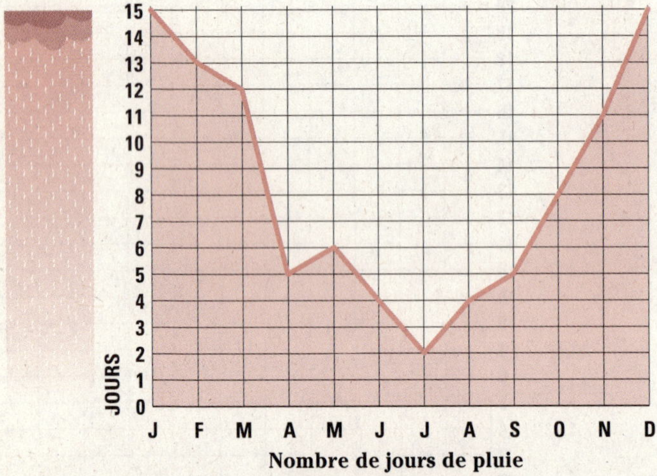

Nombre de jours de pluie

BOLIVIE (Concepción)

– Les ***vallées tempérées*** du centre du pays bénéficient, elles, d'un climat globalement plus doux. À Cochabamba, il fait ainsi en moyenne 7 à 10 °C de plus qu'à La Paz. Reste qu'il vous faudra y sortir les lainages le soir en juillet et en août. À l'époque des pluies, une chaleur forte et étouffante envahit la région.

– L'***Amazonie*** et les ***plaines de l'Est*** (*El Oriente,* 67 % du pays) connaissent des hivers souvent torrides (il peut faire 35-37 °C en août à Trinidad !), entrecoupés de coups de froid dus aux *surazos* (vents glacés patagoniens), qui obligent carrément à sortir le pull d'alpaga sous les cocotiers ! Au mois d'août, la région peut être

recouverte d'une fumée dense *(chaqueo),* résultat des cultures sur brûlis. Selon les experts, cette pratique, associée à l'effet de serre, modifie le cycle des pluies en Bolivie. En été, il pleut beaucoup. Vraiment beaucoup. En Amazonie, les routes et les pistes sont régulièrement coupées et impraticables ; il n'est pas rare, alors, que les vols soient annulés.
Vous l'aurez constaté, il n'est pas facile de prévoir le meilleur habillement. Préparez-vous à tous les types de situation : du maillot de bain... à la doudoune. Pour la haute altitude et les sorties sur le Salar, on peut louer (ou acheter) du matériel sur place, pas toujours d'excellente qualité. Les vêtements de laine sont bon marché, mais côté chaussures, sachez que vous trouverez difficilement des pointures supérieures au 42 !

DANGERS ET ENQUIQUINEMENTS

La Bolivie est un pays raisonnablement sûr. Entendez par là que la démocratie y est désormais bien établie, que les vols ne sont pas trop fréquents et les agressions nettement moins fréquentes qu'au Pérou voisin – même si l'on constate depuis quelques années une augmentation de la petite délinquance.

Excursions

La Bolivie est un pays apprécié des amateurs de grands espaces. C'est justement parce qu'il est très facile de s'isoler dans des étendues infinies ou des forêts vierges qu'il faut être prudent, car les secours en cas d'accident sont loin d'être garantis. La première recommandation est élémentaire : il ne faut pas partir seul. Faites appel aux services d'une agence de tourisme établie et assurez-vous autant que possible de son sérieux (équipement, compétence du guide...).
La montagne mérite une attention toute particulière : les trekkings des chemins des Incas (dans les Yungas), à plus forte raison l'andinisme, nécessitent un minimum d'expérience, un bon état physique, une adaptation à l'altitude (à plus de 3 000 m) d'au moins une semaine et bien évidemment un bon équipement. Ne sous-estimez pas les sommets boliviens et rappelez-vous que la saison sèche (de mai à octobre) est la seule recommandée si vous partez pour la première fois. Le *Club alpin français* peut vous renseigner. Partir en forêt nécessite également de prendre des précautions, détaillées dans le chapitre « Trekking – Randonnées » des « Généralités Pérou, Bolivie » et le chapitre « Parque nacional Amboró ».

Arnaques

Les arnaques et combines diverses se sont, hélas, développées. Pour éviter de vraies galères, il suffit cependant de suivre quelques règles élémentaires de vigilance, en particulier à Copacabana, La Paz, aux frontières avec le Pérou et le Brésil et lors des grandes manifestations (carnaval d'Oruro...).
Attention aux vols à la tire dans les cybercafés, les bus, les gares routières et ferroviaires. Ne laissez personne porter votre ***sac,*** même en arrivant à l'hôtel. Il arrive qu'un petit malin attende devant l'établissement et se précipite vers vous pour porter vos affaires en prétendant faire partie du personnel de l'hôtel, lequel personnel croit que c'est votre chauffeur de taxi... Et hop, adieu la sacoche avec l'appareil photo ! Bon, évidemment, on peut faire confiance au groom en livrée dans les hôtels de luxe... Par ailleurs, laissez toujours votre ***passeport*** à l'hôtel. Sachez au passage que le passeport d'urgence délivré en remplacement par le consulat n'est pas accepté pour le transit aux États-Unis.
En ville, optez toujours pour un ***radio-taxi*** (ceux avec le numéro de téléphone sur le toit, semblables aux taxis français), plus sûr que les taxis sauvages. Et

méfiez-vous, lorsqu'un bus ou minibus tombe (prétendument) en panne, si un taxi surgit bien opportunément... il y a souvent anguille sous roche et parfois des complices pour vous détrousser à quelques rues de là.
À La Paz plus qu'ailleurs, gare aux faux agents d'*Interpol* et ***faux policiers*** en civil qui, sous prétexte de sécurité nationale (sic !), vous demandent papiers et certificats de vaccination, puis fouillent vos sacs et vos poches. Toujours leur demander de vous présenter leur carte et ne pas hésiter à faire appel à un policier en uniforme. Ne suivez jamais un policier en civil dans un véhicule banalisé. L'uniforme, rien que l'uniforme !
Enfin, dans un autre registre, les routards qui souhaiteraient glaner quelques *bolivianos* en faisant, par exemple, des spectacles de rue, se souviendront qu'ici, cette activité est considérée comme un travail, et que votre visa touristique vous interdit de travailler. Vous risquez l'expulsion.

Instabilité socio-économique

De temps à autre, des *bloqueos* (blocages routiers), *paros indefinidos* (arrêts de travail) et autres *huelgas* (grèves) paralysent une ville, une route, voire une région entière du pays. Ces dernières années, la pratique a eu tendance à s'étendre, particulièrement pendant les périodes électorales, au point même d'avoir des conséquences gênantes sur le tourisme. Pendant 2 ou 3 jours, voire plus, toute l'activité économique de la région concernée peut se trouver suspendue. Ces mouvements sociaux sont souvent annoncés à l'avance, ce qui vous permettra, si vous êtes informé à temps, de prendre vos dispositions. Si jamais vous vous trouvez coincé, il vous faudra simplement prendre votre mal en patience ou votre courage à deux mains pour rejoindre à pied bus ou taxis bloqués à quelques kilomètres des entrées des villes, ou essayer d'attraper un avion (les déplacements aériens sont souvent épargnés).
À noter aussi : la région du Chapare (Cochabamba) est en passe de devenir un foyer permanent de violence entre les *cocaleros* et les forces armées, en raison des plantations excédentaires de coca. Santa Cruz et Tarija abritent parallèlement les mouvements les plus revendicatifs en matière d'autonomie.

DÉCALAGE HORAIRE

1h de plus qu'au Pérou : lorsqu'il est 12h en France, il est 7h en Bolivie en hiver et 6h en été.

FÊTES ET JOURS FÉRIÉS

Le ***carnaval*** a lieu tous les ans pendant 3 semaines autour du Mardi gras. Défilés et danses se succèdent alors à travers tout le pays. Arrangez-vous pour être à Oruro le jour de l'ouverture, ça vaut vraiment le détour. Qui dit carnaval dit aussi jours fériés (toute l'activité du pays n'est pas paralysée pour autant), organisez donc votre programme en conséquence. Pour plus de détails sur le carnaval, lire nos informations dans le chapitre « Oruro ».
D'innombrables fêtes animent aussi jusqu'aux villages les plus reculés. Tout est prétexte à processions, défilés et fanfares, et le calendrier dispose d'inépuisables ressources en termes de commémorations, hommages et autres anniversaires. Encore mieux : toute fête nécessite ses répétitions. C'est ainsi que la fête nationale du 6 août débute en réalité dès le 1er ou le 2 !
– *1er janvier :* Jour de l'an.

– *23 janvier : feria Alacitas* à La Paz. Fête du dieu de l'Abondance *E'keko* ; on achète des miniatures qui représentent les biens matériels que l'on souhaite avoir tout au long de l'année.
– *2 février :* fête de la Chandeleur (de la *Virgen de la Candelaria*), surtout à Copacabana.
– *Du Vendredi au Mardi gras :* carnaval dans tout le pays, notamment à Oruro (incontournable), Santa Cruz et La Paz. Le mercredi des Cendres, jour du début du Carême, les fidèles tracent une croix avec des cendres sur leur front en signe de pénitence.
– *10 février :* fête des Mineurs à Oruro et Potosí.
– *Dimanche le plus proche du 12 mars :* le *Pujllay,* à Tarabuco.
– *19 mars :* fête de la Saint-Joseph.
– *23 mars :* fête de la Mer.
– *15 avril :* fête de Tarija.
– *Semana Santa (Pâques) :* très importante, comme dans toute l'Amérique latine, elle voit se succéder messes, processions et bénédictions. Tout commence par le dimanche des Rameaux : on tresse des croix en palmes avant de les brûler le soir (les cendres sont conservées pour le mercredi des Cendres de l'année suivante). Du soir du Jeudi saint, après la messe, au soir du Vendredi saint, tous les débits d'alcool ferment. Le samedi, la messe *(Vigilia)* voit s'allumer mille et une bougies ; certains y brûlent cinq grains de blé, en souvenir des cinq blessures de Jésus. C'est un bon moment pour visiter les missions jésuites de l'Oriente, mais attention à la cohue dans les transports et les hôtels !
– *Avril-mai (des années paires) :* festival de musique Renaissance et baroque américaine « Misiones de Chiquitos ». À Santa Cruz, Beni et dans les missions.
– *1er mai :* fête du Travail.
– *3 mai :* fête de la Sainte-Croix.
– *13 mai :* fête de Saint-Antoine de Padoue.
– *25 mai :* fête de Sucre (défilé militaire et discours).
– Fête du *Gran Poder* à La Paz. Date fixée 3 ou 4 mois avant sa célébration. Défilant dans une ambiance de carnaval, fanfares, danseurs (traditionnels ou non), personnages costumés s'emparent des rues de la ville.
– *21 juin :* fête du Solstice dans les ruines de Tiwanaku.
– *23 et 24 juin :* fête de la Saint-Jean. Certains vols intérieurs sont parfois annulés, car les fumées dégagées par les feux sont si intenses qu'elles obscurcissent le ciel bolivien !
– *29 juin :* fête de la Saint-Pierre et de la Saint-Paul.
– *16 juillet :* fête de La Paz (défilé militaire).
– *25 juillet :* fête de la Saint-Jacques.
– *Dernier w-e de juillet :* l'université de La Paz célèbre le folklore bolivien. Défilés et danses en costume des étudiants, des abords de la plaza de los Héroes à la plaza Tejada Sorzano.
– *5 et 6 août :* fête de la Vierge à Copacabana. Des automobilistes débarquent de tout le pays et du Pérou voisin pour faire bénir leur véhicule avant d'aller consulter les *yamanis* (guérisseurs traditionnels) au sommet du *Calvario.*
– *6 août :* fête nationale de la Bolivie. Dans chaque ville se déroule un interminable « défilé civique ». Toutes les corporations, du cadastre aux ambulanciers, défilent sous leur bannière, au son des fanfares scolaires et sous les applaudissements des officiels.
– *15 août : Urkupiña,* à Cochabamba. Dionysiaque, mais beaucoup de monde. La Bolivie est paralysée comme pendant le carnaval. Attention pour les déplacements intérieurs !
– *16 août :* pour la Saint-Roch, on fête les Chiens (notamment à Sucre et Potosí), décorés de rubans et de papiers métallisés !
– *17 août :* jour du Drapeau national.

– *24 août :* fête de la San Bartolomé, appelée aussi *Ch'utillos* dans le village de La Puerta (à 10 km de Potosí), suivie d'énormes festivités le week-end suivant à Potosí. Notre fête préférée après le carnaval d'Oruro, elle dure 3 jours. Au programme : des danses du Nord-Potosí, dont un *tinku* version soft ! À ne pas manquer.
– *Du 5 au 13 septembre :* fête de la Nativité à La Paz (cathédrale San Francisco).
– *Début septembre : fête de la Virgen de la Candelaria* à Sucre le week-end suivant le 8 septembre, et répétitions (sans costumes) le week-end précédent.
– *8 septembre :* fête de Rosasani à Copacabana.
– *14 septembre :* fête de Cochabamba.
– *24 septembre :* fête de Santa Cruz.
– *1er octobre :* fête du Rosaire à La Paz.
– *20 octobre :* fête de La Paz.
– *2 novembre :* fête des Morts.
– *10 novembre :* fête de Potosí.
– *18 novembre :* fête du département du Beni.
– *8 décembre :* fête de l'Immaculée Conception.
– *25 décembre :* Noël.
En plus des fêtes, pendant le mois d'octobre se tient à Sucre et à Potosí le *festival latino-américain de la Culture.*
Signalons enfin l'existence de journées appelées *paros cívicos* (chômages civiques), pendant lesquelles rien ne fonctionne. Il est par exemple interdit de circuler en voiture.

HÉBERGEMENT

Comme partout, en Bolivie, il existe des hôtels pour tous les budgets. La seule différence, c'est qu'ici on peut trouver un lit pour le prix d'une assiette de pâtes (et parfois moins !).
Les moins chers des hébergements, souvent désignés sous le nom d'***alojamientos*** ou ***hospedajes,*** n'offrent que le strict nécessaire : matelas usé parfois bien inconfortable, oreiller plat comme une limande, mobilier vieillot, voire déglingué, draps fins et souvent troués, sanitaires communs. Pour ces cas de figure, mieux vaut prévoir de dormir dans son duvet sur le lit, ou dans son sac à viande. Emportez aussi une paire de tongs ou de sandales en plastique pour aller et venir jusqu'à la salle de bains – parfois située en dehors du bâtiment dans les villages. La propreté peut être excellente ou terrifiante, c'est selon ! En tout cas, une chose est sûre : le petit déj n'est jamais inclus.
Un cran au-dessus, les ***residenciales*** et ***hostales*** offrent un peu plus de confort. D'un lieu à l'autre, d'un proprio à l'autre, l'*hostal* peut aussi bien désigner une pension vraiment cheap qu'un petit hôtel coquet. Là aussi, le chauffage reste du domaine du rêve : pour ne pas crever de froid durant l'hiver austral, il ne vous restera qu'à vous blottir l'un(e) contre l'autre ou à vous noyer sous trois lourdes couvertures... Lorsque, miracle, le chauffage est disponible, il est payant et limité à quelques heures ; certains appareils au gaz ne sont d'ailleurs pas conseillés au-delà de 2-3h d'usage. Quelques hôtels règlent le problème en vendant, louant ou prêtant (plus rare) des bouillottes ! Dans les zones tropicales, l'AC n'est généralement pas compris.
Dans la plupart des hôtels bon marché, c'est une douche électrique qui se charge de vous procurer un filet d'eau chaude. Au choix, la température ou la pression... Voire ni l'un ni l'autre ! Souvent, des fils électriques dépassent de la pomme ; parfois, on se prend une châtaigne en ouvrant les robinets... Le wifi est annoncé presque partout, mais ne marche pas toujours – ou alors juste à la réception et à vitesse petit V. Pour le reste, n'hésitez pas à discuter des prix si vous restez au moins 2-3 jours et n'oubliez pas de demander si le petit déj est inclus.

Dans certaines villes importantes, comme Sucre, mais aussi La Paz, Cochabamba et Santa Cruz, on trouve désormais quelques hôtels de charme, à prix tout à fait raisonnables. Ils allient un certain confort (eau chaude abondante, parfois le chauffage) à des petits efforts de décoration (ailleurs inexistants). Souvent, ils occupent d'anciens édifices coloniaux. Reste encore à mentionner les incontournables grands hôtels avec marbre, minibar, piscine et hôtesses élégantes à l'accueil ; on en trouve à La Paz, Cochabamba et surtout Santa Cruz.
Dans tous les cas de figure, une *habitación doble* possède seulement des lits jumeaux. Pour avoir une chambre avec un lit double, il faut demander une *matrimonial* – certaines pensions très bon marché et certains petits hôtels n'en disposent pas.
Pour une échelle de prix, voir plus haut la rubrique « Budget ».

LIVRES DE ROUTE

Les livres disponibles en France sur l'histoire ancienne de la Bolivie concentrent leur analyse sur les Incas. On oublie toujours que cette civilisation, certes spectaculaire, ne représente que deux, voire trois siècles dans l'histoire précolombienne du continent. Sur la colonisation, on trouve beaucoup d'ouvrages, notamment ceux d'Eduardo Galeano, traduits de l'espagnol, ou les travaux de Nathan Wachtel, le spécialiste mondial des Indiens urus. Son ouvrage *La Vision des vaincus,* publié en 1971, est toujours d'actualité. Quant à Potosí et ses mines, il n'existe pour l'instant que des morceaux épars dans certains ouvrages, ce qui est pour le moins bizarre étant donné son rôle dans le développement de l'économie mondiale.

– ***Voyage en Bolivie,*** de Francesco Pezzetti (Aux Sources du Maicá, 2006, 100 p. illustrées). Les pérégrinations andines d'un jeune auteur et illustrateur qui signe son premier carnet de voyage. On lui emboîte le pas pour découvrir, à travers textes, photos et croquis, cette intrigante Bolivie qui fait le grand écart entre Amazonie et Altiplano. Une expérience personnelle où transparaît la fascination de l'auteur pour ces croyances ancestrales qui unissent tout un peuple.
– ***La Route de l'argent,*** d'Accarette (éd. Utz, 1999). À travers le journal de ce marchand d'origine basque, écrit au XVIIe s, on découvre la structure des flux économiques générés par Potosí.
– ***Les Chemins du baroque dans le Nouveau Monde,*** d'Alain Pacquier (Fayard, « Les Chemins de la musique », 1996). Ouvrage consacré à l'histoire de l'art baroque en Bolivie, plus particulièrement la musique.
– ***Si on me donne la parole,*** de Domitila Chungara (La Découverte, 1990). Le livre de cette femme de mineur est un témoignage émouvant sur les « gueules noires » de Bolivie. Domitila entama une grève de la faim avec d'autres épouses de mineurs, réussissant à faire tomber le dictateur Hugo Banzer (1971-1978).
– ***Nous, les oubliés de l'Altiplano,*** de Pedro Condori (L'Harmattan, 1996). Françoise Estival, une enseignante française, part s'installer quelque temps en Bolivie et parvient petit à petit à gagner la confiance de Pedro Condori, un paysan de la communauté de Pisaquiri, jusqu'à devenir la confidente de ses peurs et de ses espoirs. Comment la vie s'organise entre un nécessaire petit boulot à la ville et le travail des champs, comment les responsabilités sont réparties au sein de la communauté. Autant d'explications données à Françoise Estival, mais qui ne masquent pas le fond du sujet : les angoisses du narrateur, partagé entre la lutte d'un peuple contre un système qui les ignore et la résignation face à une extinction inévitable.
– ***Journal de Bolivie,*** d'Ernesto Che Guevara (éd. Mille et une nuits, 2008). Le journal personnel du légendaire héros révolutionnaire relate, jour par jour et jusqu'à la veille de sa mort, les activités de son combat en Bolivie. Fidel Castro y a écrit une introduction.

POSTE

La poste s'appelle *ECOBOL (Empresa de Correos de Bolivia).* Les services se sont améliorés dans les grandes villes. Pour se faire adresser du courrier (pas d'objets de valeur !) : nom du destinataire, puis *correo central,* nom de la ville, Bolivie. Il faudra alors demander au guichet de chercher par la première lettre de votre nom. Le prix du timbre vers l'Europe est de 9 Bs. Compter 6 jours en moyenne dans le sens France-Bolivie, jusqu'à 1 mois pour envoyer vos belles cartes postales du Salar (à mettre de préférence sous enveloppe). L'envoi de colis vers la France est assez sûr (environ 20 jours). « Recommandé » se dit *certificado.*

SITES INTERNET

- ***routard.com*** • Rejoignez la plus grande communauté francophone de voyageurs ! Échangez avec les routarnautes : forums, photos, avis d'hôtels. Retrouvez aussi toutes les informations actualisées pour choisir et préparer vos voyages : plus de 200 fiches pays, une centaine de dossiers pratiques et un magazine en ligne pour découvrir tous les secrets de votre destination. Enfin, comparez les offres pour organiser et réserver votre voyage au meilleur prix.
- ***boliviaentusmanos.com*** • Un site générique très utile comportant de nombreuses infos touristiques sur toutes les régions du pays, adresses d'hôtels et restos, agenda culturel, horaires des vols, trains et bus, annuaire (en espagnol).
- ***boliviaturismo.com.bo*** • Guide de voyage présentant les différentes régions boliviennes (en espagnol).
- ***bolivianthoughts.com*** • Un intéressant site anglophone présentant mille et un points de vue sur la vie en Bolivie, la société, l'histoire, l'économie, les droits des indigènes, etc.
- ***bolivianexpress.org*** • Un site participatif, en anglais, où chacun poste ses articles sur le pays. Infos culturelles, carnets de voyage, nature, cuisine, société, etc.
- ***bolivia.com*** • Portail avec les nouvelles du jour (en espagnol).
- ***eldiario.net*** • Quotidien de La Paz (en espagnol).
- ***eldia.com.bo*** • Quotidien de Santa Cruz (en espagnol).

Tous les journaux du pays comme *La Prensa, La Jornada, La Razón, Hoybolivia,* etc., sont également en ligne.

- ***bolivianisima.com*** • Site spécialisé sur la musique et les danses traditionnelles. On y trouve aussi les dates des grandes fêtes et du carnaval (en espagnol).
- ***boleadora.com*** • Possibilité d'écouter les morceaux de son choix parmi cette collection de musiques andines (en anglais et espagnol).
- ***boliviamall.com*** • Un grand supermarché en ligne de produits typiques : pulls en alpaga, artisanat, articles religieux, instruments de musique, etc. (en français). Assez cher.

TÉLÉPHONE – TÉLÉCOMMUNICATIONS

Téléphone

Communications internationales

– ***Bolivie → France :*** 00-33 + numéro du correspondant (à neuf chiffres, sans le 0 initial). Le mieux est de se rendre dans les *Centros de Llamadas* ou *Entel* des villes principales possédant des cabines avec décompte du prix de la communication. On peut aussi y acheter une carte téléphonique *prépagada,* à gratter (à partir de 12 Bs) ou utiliser un code transmis automatiquement par le commerçant. On trouve aussi des téléphones à carte dans la rue, les aéroports, la poste et certains

hôtels. PCV pour la France possible. Certains opérateurs proposent également des promos ponctuelles intéressantes. Se renseigner.
– ***France → Bolivie :*** 00-591, puis indicatif de la ville et numéro du correspondant.

Communications interurbaines

– Sur place, pour appeler d'une ville bolivienne à l'autre, composer le 0, puis le code de la ville suivi du numéro de téléphone à sept chiffres. Pour appeler un mobile, composer également le 0, puis le numéro de votre correspondant.
– ***Renseignements téléphoniques locaux :*** ☎ *104.*

Le réseau Entel

La compagnie nationale dispose de centres de communication avec cabines publiques et Internet dans chaque ville et bourgade de Bolivie (à prix très raisonnables). Vous pouvez aussi y envoyer ou recevoir des fax. Il suffit d'indiquer le prénom et le nom de la personne, *c/o Entel Cabina Pública* (ou le numéro de téléphone de l'hôtel bolivien où vous logez en ville), puis d'aller réclamer votre message avec une pièce d'identité.
Néanmoins, pour passer vos appels, *Viva* et *Tigo* concurrencent le réseau *Entel*. Dans les grandes villes, leurs tarifs sont souvent beaucoup plus attractifs.

Téléphone portable

Voir la rubrique « Téléphone portable » dans « Pérou utile ».

Accès Internet

Très répandu en Bolivie. Dans une ville, il est toujours possible de se connecter, chez *Entel* ou dans un cybercafé. Dans tous les cas, les prix sont à peu près identiques : environ 2-4 Bs/h. Bon, le débit n'est pas très élevé en général... Beaucoup d'*hostales* et d'hôtels disposent du wifi, mais il ne marche souvent pas très bien, ou alors seulement à la réception.

TRANSPORTS

Le point le plus épineux de tout voyage dans l'autre pays des cactus ! Même si le réseau se développe, le *ripio* (pistes) reste plus fréquent que l'asphalte dès que l'on quitte les grands axes. Si vous le pouvez, préférez la saison sèche pour circuler : à contrario, les pluies rendent les routes très glissantes et certaines pistes impraticables. Au final, armez-vous de patience et concoctez-vous un itinéraire ménageant à la fois votre budget et vos reins...

L'avion

Relativement bon marché et bien pratique, l'avion permet un sacré gain de temps par rapport au bus. Exemple : La Paz-Rurrenabaque : 45 mn de vol contre 18h de route ! Faites vos comptes. Reste qu'il serait dommage de ne pas prendre aussi le bus, partie intégrante de l'expérience du voyage en Bolivie... Et puis, ainsi, on se rend mieux compte des changements de paysages entre Altiplano et terres basses.
– La plupart des vols internationaux faisant escale à Santa Cruz *(Viru-Viru)* avant de rejoindre La Paz *(El Alto),* on vous conseille plutôt de commencer par là, histoire de vous acclimater en douceur à l'altitude. En effet, Santa Cruz n'est qu'à 500 m. De là, on rejoint facilement Cochabamba, à 2 500 m (via Samaipata, à 1 650 m), puis Sucre à 2 700 m, et enfin, l'Altiplano, avec La Paz, le Salar, Potosí... qui oscillent entre 3 500 et 4 000 m.

Les différentes compagnies

Quatre compagnies se partagent actuellement le marché intérieur. La ***TAM*** (*Transporte Aéreo Militar*, à ne pas confondre avec la TAM brésilienne) dépend de l'armée bolivienne : chargée de garantir la continuité du territoire national, elle dessert près d'une trentaine d'aéroports à travers le pays, certains tout petits. Ses vols ne sont pas très fréquents, mais ils sont bon marché. ***Amaszonas*** et ***BoA*** *(Boliviana de Aviación)* sont basées à La Paz, ***Aerocon*** à Trinidad.
BoA assure des vols fréquents entre les principales villes du pays, parmi les moins chers de tous. *Amaszonas* dessert à la fois l'Amazonie (surtout Rurrenabaque), Uyuni, quelques grandes villes, ainsi que Cuzco et Arequipa au Pérou. *Aerocon* couvre un peu tout le territoire avec une prédilection pour les coins reculés d'Amazonie (Trinidad, Riberalta, Cobija, Guayaramerín) et le Pantanal (Puerto Suárez). *Amaszonas* et *Aerocon* utilisent majoritairement des petits avions de 19 places – les vols peuvent donc être vite complets, surtout depuis Rurre. Conclusion : ***réservez à l'avance en haute saison.***
Sachez, pour finir, que les retards sont assez fréquents et les annulations possibles en cas de fortes pluies (Amazonie) ou de brouillard (Sucre). Inutile d'arriver à l'aéroport plus de 1h avant pour les vols intérieurs et 2h pour les vols internationaux.

Le train

Le réseau ferré bolivien marche plutôt bien, mais il est réduit à peau de chagrin. ***Ferroviaria Andina*** (● *fca.com.bo* ●) dessert l'itinéraire Oruro-Uyuni-Tupiza 4 fois par semaine avec les trains *Expreso del Sur* (le plus rapide) et *Wara-Wara,* ainsi que la ligne Uyuni-Avaroa (frontière chilienne) 2 fois par semaine. Ajoutons 2 lignes locales dans la haute vallée de Cochabamba et une autre entre Sucre et Potosí (3 trains par semaine). Plus à l'est, ***Ferroviaria Oriental*** (● *fo.com.bo* ●) relie Santa Cruz à Yacuiba (frontière avec l'Argentine) et à Quijarro (frontière brésilienne). Cette dernière ligne s'est vu affublée du surnom charmant de « train de la mort » – non parce qu'elle est dangereuse, mais en souvenir des nombreux ouvriers morts durant sa construction.
Globalement lents et souvent encombrés, les trains sont d'assez bonne qualité et peuvent être préférables au bus. Détail comique (pour peu qu'il n'y ait pas de couac) : toutes ces lignes n'ont qu'une seule voie ! Raison pour laquelle, sans doute, il n'y a, dans chaque sens, que quelques départs par semaine.
Les tarifs sont à peu près équivalents à ceux du bus... si vous voyagez en 2ᵉ ou 3ᵉ classe. Sur certaines liaisons, il est donc plus intéressant de prendre le train (moins d'aléas, plus de confort).
Sur l'*Expreso del Sur* et le *Wara-Wara* (Oruro-Uyuni-Tupiza), on choisit entre les classes *ejecutivo, salón* et *popular.* La première peut se réserver un mois à l'avance, la seconde une semaine avant, la troisième seulement la veille, dans n'importe quel guichet de la compagnie (pas encore sur Internet). Sur les lignes Santa Cruz-Yacuiba et Santa Cruz-Quijarro, service *Ferrobus* avec *cama* et semi-*cama* (pas vraiment des couchettes, mais des sièges inclinables très confortables) et repas à bord.
– ***Avertissement :*** pour la 3ᵉ classe, les billets sont vendus à la gare seulement, la veille ou le jour même du départ. Les guichets ouvrent vers 7-8h selon les gares, mais la queue se forme dès l'aube. Il vous faudra donc vous armer de beaucoup de patience ou bien passer par une agence de voyages qui peut réserver au préalable moyennant une commission. Sur les trajets très demandés, les revendeurs des fausses agences font leur apparition... Pour les départs de nuit (Uyuni), les guichets ouvrent 1h avant.
Attention, il peut faire froid dans les trains de l'Altiplano, surtout en juillet et août ! Prévoir impérativement un duvet ou une couverture, sous peine d'arriver tel un glaçon à destination.

Distances entre les villes (en km)	LA PAZ	Oruro	Cochabamba	Potosí	Sucre	Tarija	Santa Cruz	Trinidad	Coroico	Uyuni
LA PAZ		229	453	540	704	915	925	600	92	761
Oruro	229		224	311	475	686	701	824	316	532
Cochabamba	453	224		535	373	910	470	1 030	560	756
Potosí	540	311	535		164	375	1 012	1 140	632	221
Sucre	704	475	373	164		539	610	1 204	796	385
Tarija	915	686	910	375	539		1 389	1 579	1 007	600
Santa Cruz	925	701	470	1 012	610	1 389		559	1 021	1 223
Trinidad	600	824	1 030	1 140	1 204	1 579	559		502	1 361
Coroico	92	316	560	632	796	1 007	1 021	502		853
Uyuni	761	532	756	221	385	600	1 223	1 361	853	

Le bus

▲ **BUSBUD.COM**
• busbud.com •
Busbud est un service en ligne et sur mobile qui permet de rechercher, comparer et réserver des billets de bus à travers le monde. Pour obtenir une réduction exclusive sur votre trajet, rendez-vous sur • busbud.com • ou sur l'application mobile Busbud et tapez le code promo « ROUTARD2015 » lors de votre commande (code à usage unique).

Les bus sont nombreux et bon marché, à défaut d'être particulièrement rapides et sûrs ! Les gros titres font régulièrement état d'accidents dus au mauvais état de certains véhicules ou des routes, aux intempéries, au manque d'attention des chauffeurs, à leur état de fatigue ou... d'ébriété. Les pannes ne sont pas rares non plus. Autant certaines compagnies disposent de bus récents et confortables (avec AC, chauffage et toilettes à bord), autant d'autres roulent-elles dans des quasi-épaves !
Renseignez-vous bien sur les *flotas* les plus modernes et sûres du lieu. Nous ne les signalons qu'à titre indicatif, conscients de l'usure très rapide des véhicules sur des pistes impitoyables. D'ailleurs, les rachats sont courants et les changements de nom aussi (sans compter les compagnies qui portent presque le même nom). Essayez, si possible, de jeter un coup d'œil au bus avant de payer votre place... Cela vous évitera, peut-être, de vous retrouver immobilisé au milieu de l'Altiplano en pleine nuit.
Outre les pannes, les imprévus sont multiples : barrages « citoyens » imprévus, grèves, travaux, changements d'horaires, etc. Pendant la saison des pluies, certaines liaisons (surtout dans les parties basses du pays) sont rendues très difficiles (voire carrément impossibles) à cause des inondations. On a vu des bus mettre une semaine pour relier Rurrenabaque à Guayaramerín ! Bref, si les bus partent généralement à l'heure, les horaires d'arrivée sont bien aléatoires... Gardez votre calme et, surtout, prévoyez très large si vous avez un avion à prendre !
- En règle générale, sur les ***longs trajets,*** les départs des différentes compagnies sont groupés en fin d'après-midi ou le soir, et le voyage se fait de nuit pour arriver au matin.
- La concurrence est si rude que les vendeurs de chaque compagnie se ruent aux abords du terminal pour vous vendre un billet dans le prétendu prochain bus prêt à partir. Mais en fait, une ou deux autres *flotas* risquent de partir avant... Ouvrez l'œil, ne vous précipitez pas et ***comparez les horaires.***
- Les ***tarifs*** sont pour la plupart réglementés et affichés dans les gares routières. Les compagnies appliquent donc toutes peu ou prou les mêmes, alors qu'elles n'offrent pas toutes le même niveau de confort ni de sécurité. Les prix dépendent aussi naturellement de la classe de réservation. Tout en bas de l'échelle, les bus « standard » auront vite fait de vous user les reins sur les longs trajets. Pour espérer dormir un peu, mieux vaut privilégier les « semi-*cama* » ou « *cama* », ces derniers étant pourvus de sièges fortement inclinables. On parle aussi parfois de *semi-leito* et *leito,* comme au Brésil. Attention, ils sont en général deux fois plus chers que les bus ordinaires, mais, selon le temps de trajet, l'investissement peut en valoir la peine. Il existe même quelques bus « *suite* » avec couchettes intégrales.
- Toutes les compagnies vous diront que leurs véhicules sont ***chauffés*** pendant les trajets de nuit. On vous laissera le soin de vérifier ce qu'il en est... tout en vous recommandant de sortir votre beau poncho en alpaga pour les voyages nocturnes !
- Avant le départ, dans tous les terminaux, une ***taxe*** de 1,50 à 3 Bs est imposée pour accéder aux quais.

Les *micros* et minibus

Il convient de différencier le bus du *micro* et du minibus *(combi).* Là où le premier dispose d'une cinquantaine de places, le second (pas si micro que ça) n'en a généralement qu'une grosse trentaine et le troisième une quinzaine (mais en poussant un peu...). Les *micros,* souvent vieillots et poussifs, circulent surtout en ville et sur les courtes distances. Les minibus, en revanche, offrent une option intéressante sur les trajets de longueur intermédiaire (quelques heures). Ils se révèlent généralement plus rapides – mais pas forcément plus sûrs. Étant donné l'espace intérieur réduit, les bagages voyagent toujours sur le toit, sanglés par une corde. Généralement, on les couvre avec un plastique pour les protéger de la poussière et de la pluie, mais, après un long trajet par les pistes, vous risquez fortement de récupérer vos affaires teintées d'ocre rouge. Autrement dit, gardez vos sacs siglés pour le prochain Saint-Trop'-Portofino ! Les plantes, animaux, objets fragiles sont, eux, chargés à l'intérieur... l'habitacle est donc vite encombré. Ajoutez à cela les fenêtres qui ne ferment plus et les pneus usés par les pierres affûtées des *caminos de ripio...* l'aventure, quoi ! Bref, le minibus ce n'est pas le grand confort mais le moyen de transport idéal pour rencontrer les locaux. Assis les uns sur les autres, on discute plus facilement...

Le camion

Encore moins cher que les autres moyens de transport, le camion prend généralement le relais là où les bus s'arrêtent. C'est sûrement la façon la plus typique, mais aussi la plus inconfortable et la plus lente de voyager ! En montagne, les camions ne dépassent souvent pas les 20, voire 10 km/h...

Le stop

C'est un peu comme les chasse-neige en Afrique, le stop gratuit, en Bolivie, on ne connaît pas tellement ! En revanche, le système du stop avec participation aux frais est assez courant. Vérifiez bien les circuits (et les altitudes !) que vous aurez à emprunter, sinon, coups de soleil et bonne crève en perspective...

La location de voitures

À moins de vouloir se limiter aux seules routes asphaltées (soit environ 1 500 km), un véhicule tout-terrain est absolument indispensable pour explorer le pays. Pour vous donner une idée, on peut louer un petit 4x4 sans chauffeur à partir de 50-60 $ par jour, hors assurances, avec 100 km inclus. Pour un plus gros 4x4, voire un très gros 4x4, multipliez ces prix par deux ou trois. Les seules compagnies internationales représentées en Bolivie sont *Avis* (La Paz), *Budget* (La Paz et Santa Cruz) et *Hertz* (Santa Cruz), mais on trouve aussi des loueurs locaux sérieux (comme *Barbol* à La Paz). Certaines agences permettent de louer le véhicule à La Paz et de le rendre à Santa Cruz, Cochabamba (ou inversement), voire un autre endroit, moyennant un supplément. Dans tous les cas, il faut avoir plus de 25 ans pour conduire soi-même.
Soyons clairs : mieux vaut avoir l'expérience de la conduite dans les pays en voie de développement. Nombre de Boliviens achètent leur permis sans jamais le passer et les modes de conduite locaux sont assez offensifs... Du style : pousse-toi de là que je m'y mette et priorité au plus gros !
Cela étant dit, les difficultés majeures tiennent surtout à l'orientation. Les panneaux sont rarissimes et les cartes routières assez sommaires. Sortir de La Paz la première fois tient de la course d'orientation (pas de location de GPS ici, sauf chez *Petita*)... et tout cela en côte, pressé par une circulation intense. Là où la location devient risquée, c'est au Salar et dans le Sud-Lípez. Essayez donc de vous repérer sur 12 500 km² de blanc... Là, un chauffeur expérimenté est indispensable. En revanche, aucun souci pour emprunter la route de la Mort si vous êtes habitué au 4x4. En saison sèche (soyons raisonnables), les aventuriers se laisseront volontiers happer par la route de l'Amazonie.

– ***Important :*** au volant, prenez garde à tout ce qui pourrait croiser votre route au détour d'un virage ou d'une côte, tels chiens, ânes, moutons, piétons, vaches et autres lamas, sans oublier les bus à contresens ou les camions en rade en pleine montée !
Gardez une conduite très prudente en toutes circonstances et tâchez de rester zen si un policier vous arrête pour une infraction plus ou moins imaginaire... Restez ferme – mais courtois – et il devrait vous laisser repartir.
N'oubliez pas de faire le plein dès que vous le pouvez : les stations-service sont assez éparses et pas toujours approvisionnées. Dans certains secteurs (Amazonie), on peut en être réduit à acheter le gazole au litre, en bouteille...
Petit détail exotique, sur les routes descendant de l'Altiplano vers les terres basses, le sens de la conduite s'inverse : on ne roule plus à droite, mais à gauche, comme en Angleterre. Une précaution destinée à limiter le nombre d'accidents, paraît-il !

■ ***Auto Escape :*** *☎ 0892-46-46-10 (0,34 €/mn). • autoescape.com • Vous trouverez également les services d'*Auto Escape *sur • routard.com •* Auto Escape *offre 5 % de remise sur la location de voiture aux lecteurs du* Routard *pour toute réservation par Internet avec le code de réduction « GDR15 ». Résa à l'avance conseillée.* L'agence *Auto Escape* réserve auprès des loueurs de véhicules de gros volumes d'affaires, ce qui garantit des tarifs très compétitifs.

■ ***BSP Auto :*** *☎ 01-43-46-20-74 (tlj 9h-21h30). • bsp-auto.com •* Les prix proposés sont attractifs et comprennent le kilométrage illimité et les assurances. *BSP Auto* vous propose exclusivement les grandes compagnies de location sur place, vous assurant un très bon niveau de services. Les plus : vous ne payez votre location que 5 jours avant le départ + réduction spéciale aux lecteurs de ce guide avec le code « routard ».

■ Vous trouverez les coordonnées de plusieurs compagnies de location dans la rubrique « Infos et adresses utiles » du chapitre consacré à La Paz. Sinon, vous pouvez contacter : ***Avis,*** *☎ 0820-050-505 ou 0821-230-760 (0,12 €/mn), • avis.fr • ;* ***Hertz,*** *☎ 0825-030-040 (0,15 €/mn), • hertz.fr •*

Le bateau

On le signale plus qu'on le conseille : des barges circulent sur les rivières Beni et Mamoré en direction du nord de l'Amazonie. Le voyage peut être long, d'une durée incertaine et l'expérience se révéler dangereuse pour diverses raisons que vous imaginerez très bien (état des rafiots, trafics, etc.).
En revanche, il peut être bien sympa d'envisager de descendre le río Beni depuis Guanay en traversant le parc national de Madidi. Plusieurs agences proposent ce service. Consultez nos informations dans la section consacrée à Rurrenabaque.

Les passages de frontière

***Bien conserver la* tarjeta,** papier (carte de tourisme) tamponné que l'on vous remet à l'arrivée en Bolivie. Ce document vous sera réclamé à la sortie. En cas de perte, une amende de 300 Bs vous sera réclamée.
– *Avertissement :* que vous entriez en Bolivie par le Brésil ou le Pérou, plusieurs lecteurs nous ont signalé des abus de la part de douaniers trop zélés, qui s'intéressent plus à vos devises qu'à vos bagages, sous prétexte de « contrôle des stupéfiants ». Sans compter ceux qui vous demanderont 10 à 20 Bs pour mettre le tampon sous peine de vous laisser poireauter jusqu'à ce que vous perdiez patience... Dans ce cas-là, expliquez que vous connaissez la loi, refusez poliment et attendez quelques instants que la situation se désamorce. Méfiez-vous aussi des petits malins qui – en échange d'un billet – vous proposent de s'arranger avec le policier pour vous faire doubler une file d'attente trop longue.
– Par ailleurs, bien se rappeler qu'il y a des changements de fuseau horaire entre le Pérou et la Bolivie (- 1h au Pérou) et entre la Bolivie et l'Argentine (+ 1h). C'est important car les frontières ont des horaires de fermeture. Elles ouvrent à 8h (heure bolivienne) et ferment vers 17h30 (heure péruvienne !).

BOLIVIE HOMMES, CULTURE, ENVIRONNEMENT

La Bolivie, saturée de vie, de couleurs, de fêtes, de paysages grandioses aux ciels d'une rare pureté, c'est vraiment l'Amérique latine telle qu'on se l'imagine.
C'est d'abord l'inépuisable trésor de Potosí, qui finançait les *entradas,* les expéditions en Amazonie à la recherche de l'Eldorado mythique. Quand on pense musique andine, ce sont toujours les airs de la Bolivie qui nous chatouillent les oreilles ; même la racoleuse *Lambada* est venue de là-haut.
C'est aussi d'ici que Parmentier rapporta à Louis XVI la *papa,* la fameuse pomme de terre. Et puis il y eut Bolívar, Patiño le roi de l'étain, Che Guevara, et avant eux les missions jésuites, les Incas et les Tiwanakus... Tous furent la source d'inspiration de maintes aventures, dont celles du célèbre reporter imaginé par Hergé.
La Bolivie a nourri nos rêves d'enfant ! Les grands espaces humides du Pantanal ou la géométrie étale du salar d'Uyuni ; le gigantisme du Titicaca, source d'innombrables blagues d'écoliers ; les sommets somptueux de la cordillère Royale ou les cathédrales volcaniques du parc Amboró ; la ville coloniale de Sucre et ses églises baroques. Et puis les ponchos, les lamas, les bonnets multicolores... La Bolivie, c'est aussi un peuple, des peuples plutôt. Indiens quechuas et aymaras, métis, descendants d'esclaves... La Bolivie est Amazonie et Andes, nature et culture à la fois. Mais elle vit au rythme de l'Amérique latine bien réelle d'aujourd'hui, écartelée entre un art de vivre ancestral et les pressions du grand marché mondial. Frissons révolutionnaires et tentations spéculatives s'y défient ouvertement.

GROS LOT

L'expression « Ce n'est pas le Pérou ! » fait directement référence aux mines d'argent de Potosí, le gisement le plus fabuleux de tous les temps – qui, à l'époque coloniale, appartenait à la vice-royauté du Pérou. Cervantès, dans Don Quichotte, *écrivait « Ça vaut Potosí », expression longtemps utilisée outre-Pyrénées pour évoquer cette fabuleuse richesse. En France, on disait autrefois « Riche comme Potosí » (comme Crésus, quoi !)...*

BOISSONS

– L'***eau*** n'est pas potable partout en Bolivie. Même dans les régions qui bénéficient d'un réseau d'adduction (généralement les grandes villes), le service n'est pas assuré en continu. Privilégiez l'eau en bouteille. Des eaux minérales bon marché sont disponibles pratiquement partout.
– Les Boliviens prennent une boisson chaude, sucrée et épaisse à base de maïs violet, de cannelle et de clou de girofle pour le petit déj : ça s'appelle l'***api*** et c'est vraiment énergétique et brûlant ! Il est souvent vendu avec des *buñelos* (sorte de beignets à pâte sucrée) ou avec de gros beignets soufflés au fromage. Autre

boisson chaude prisée le matin, le ***jugo de quinoa,*** mélange de lait, de quinoa et de jus de pomme... absolument délicieux et très vitaminé. Le café matinal est toujours au lait ; autrement, la ***tintura*** (concentré de café) est vraiment trop carabinée pour la boire en version petit noir. Le ***mate de coca*** vous sera proposé un peu partout, surtout comme boisson de bienvenue, lorsque vous arriverez dans les hauteurs. Ce n'est pas désagréable à boire et, plus qu'un effet tonique, il s'avère très apaisant et digestif. Si vous aimez ce goût, n'hésitez pas à essayer le ***trimate,*** composé de coca, camomille et anis.

– À Tarija, ne manquez pas de goûter à l'***aloja,*** une boisson sucrée à base de céréales (blé, maïs ou quinoa). Vous pourrez la déguster sur le marché principal et aux alentours du cimetière.

– Au rayon des ***boissons gazeuses,*** les curieux essaieront la ***Papaya Salvietti,*** très rafraîchissante, mais avec un petit goût de gélatine liquide pas terrible... On dit chez les Boliviens que le minimum, quand on est fauché, c'est *una marraqueta, un plátano y una Papaya* (du pain, une banane et une Salvietti). Vous pourrez aussi goûter le populaire ***Coka Quina*** (préparé à base d'extraits de feuilles de coca et de quinine) et le fameux ***Coca Colla.*** Notez bien le double « l ». Cette boisson gazeuse a la couleur du célèbre *Coca-Cola,* un packaging et un nom similaires. Mais le mot *Colla* fait ici référence aux peuples indigènes de l'Altiplano et ce soda bolivien revendique ouvertement son usage d'extraits de feuilles de coca – là où la firme américaine s'évertue à affirmer le contraire. Son lancement en 2010, soutenu par les autorités boliviennes, a naturellement fait polémique. En juillet 2012, pour faire bonne mesure, le ministre des Affaires étrangères, David Choquehuanca, ajouta que, le 21 décembre 2012, date de la fin du calendrier maya, « [...] devait marquer la fin du capitalisme et le début de la culture de la vie, [...] la fin du *Coca-Cola* et le début du *Mocochinche* » (une boisson à la pêche) ! Une déclaration certes loufoque, mais qui souligne une forme bien réelle de résistance culturelle à l'un des symboles du consumérisme américain.

– La ***chicha*** bolivienne (*ak'a* en quechua) est meilleure que sa version péruvienne. Confectionnée à base de maïs et de fruits, elle est particulièrement réputée dans le département de Cochabamba, à Punata, dans le Valle Alto (*mercado* tous les mardis). Là, servie pure, avec du clou de girofle ou, plus raffiné, avec du sorbet à la cannelle (on parle alors de *garapiña*), la *chicha* est la boisson alcoolisée la plus originale et séduisante de Bolivie. N'en déplaise à nos amis belges, la *chicha* est une vraie *Mort Subite,* donc attention aux excès. Seule exception : à Santa Cruz, elle est souvent non alcoolisée.

– Côté ***bières,*** la ***Paceña*** de La Paz est une excellente *pilsener* (l'entreprise a été fondée par un immigré allemand). La ***Taquiña*** de Cochabamba, la ***Huari*** d'Oruro et la ***Potosina*** (de devinez où) ne doivent pas non plus être négligées. Au bout du compte, on boit beaucoup plus de bière que de *chicha.*

– Pour ce qui est des ***vins,*** les amateurs se rendront directement dans la région de Tarija, pour une tournée, avec dégustation, des exploitations locales. Nos favoris sont les *Concepción* et les *Kohlberg,* que vous pourrez trouver dans les supermarchés, les *friales* (épiciers) et les bons restaurants de Bolivie. Ne vous attendez pas à des merveilles, mais ça se boit.

– À Santa Cruz, laissez-vous tenter par le ***culipi,*** l'alcool de canne à sucre. Pour ceux qui préfèrent les boissons non alcoolisées, goûtez le ***somo,*** une boisson fraîche et délicieuse à base de maïs.

– Pour finir, la cerise sur le gâteau, c'est le ***singani,*** le *pisco* bolivien. À déguster sous forme de cocktail : *chuflay* (*singani* + *ginger ale* ou *Sprite* + citron), *pisco sour* comme à Lima, *yungueñito* avec du jus d'orange (mais le vrai de vrai se prend avec de l'alcool *caiman* ou *guabira,* 96°...) ou, le top du top, le *cocktail de tumbo,* un fruit tropical des Yungas.

– ***Petite mise en garde :*** les Boliviens font la fête « à la Bacchus ». Gare alors à l'alcool ! Donc, si vous êtes invité et à moins d'être incivil, prenez vos précautions. *¡ Salud ! Y seco !* (« santé et cul sec ! »)

CINÉMA

Malgré une petite moyenne de quatre productions par an, le cinéma bolivien gagne régulièrement des prix aux quatre coins du monde. Cela lui permet de compenser les faibles moyens financiers disponibles dans ce pays pour la culture.
Il y eut Jorge Sanjinés, devenu célèbre par ***Le Sang du condor,*** qui raconte l'arrivée des *Peace Corps* américains venus stériliser les femmes de l'Altiplano (ce fut grâce au film qu'on découvrit ce scandale), ou Antonio Eguino qui signa ***Chuquiago,*** le chassé-croisé des existences des différentes strates sociales de La Paz. Plus récemment, Juan Carlos Valdívia a sorti son étonnant ***Jonas et la Baleine rose,*** alors que ***Question de foi,*** un vrai road-movie, a remporté un prix au Festival international de Biarritz en 1995. On peut voir que ce cinéma, aux moyens réduits, connaît depuis la fin des années 1990 un nouvel essor et s'ouvre à de nouveaux genres. Ainsi, à une majorité de films historiques ou sociaux (sur l'immigration ou les femmes ; en 2009 ***Amazonas*** de María Galindo ou ***Un día más*** de L. de la Torre et S. Estrada) viennent désormais s'ajouter des comédies, des œuvres populaires (la trilogie ***Rojo, Amarillo, Verde*** de Bellot, Bastani et Boulocq, 2009) ou des films à suspense (***La Maldición de Rocha*** de Roberto Carreño Borja, 2009). Il y a une vraie « nouvelle vague » de cinéastes boliviens, qui résulte directement d'une nouvelle demande.
Quelques grosses productions internationales ont également été tournées en Bolivie. Ainsi, ***También la lluvia*** (2010) du Mexicain Icíar Bollaín (avec Gael García Bernal) s'essaie avec justesse à faire entrer en résonance colonisation d'hier et néocolonialisme d'aujourd'hui, guerres indiennes contre les conquistadores et luttes sociales indigènes. Le western ***Blackthorn*** de Mateo Gil (2011) offre quant à lui un superbe diaporama des paysages boliviens : le salar d'Uyuni, Potosí et son cerro Rico, l'Altiplano, le Huayna Potosí, les Yungas, Tupiza... Butch Cassidy, dont on ne sait pas assez qu'il aurait fini sa cavale en Bolivie, y joue même du *charango,* y mâche de la coca et y affronte non pas des Apaches mais des Aymaras.
En ce qui concerne les salles, on en compte une quinzaine sur l'ensemble du territoire, réparties dans les seules grandes villes. La tendance est, de plus, aux grands multiplexes (*Cine Center* est la principale chaîne nationale, créée en 2004). Mais les films d'auteur sont toujours diffusés à la cinémathèque de La Paz, dans les maisons de la culture et les alliances françaises, et à l'Institut de coopération espagnole à Santa Cruz.
Par ailleurs, l'année 2012 a été marquée par le décès du réalisateur Jorge Ruiz, patriarche du cinéma bolivien et pionnier du « documentaire indigéniste ». Une figure de l'histoire du documentaire en Amérique latine. Son film le plus célèbre, ***Vuelve Sebastiana*** (1953), relatait la vie d'une jeune indigène au sein de sa communauté.

CUISINE

La cuisine bolivienne n'est pas particulièrement variée ni intéressante, mais elle est extrêmement copieuse et a le mérite de décliner sous de nombreuses formes les ingrédients dont elle dispose – à commencer, bien sûr, par la patate ! Dans l'assiette, on retrouve aussi riz, pâtes, céréales andines, œufs, poulet, viande des camélidés, bovins et ovins qui arpentent l'Altiplano, et poissons d'eau douce (truite du Titicaca, *pacu* et *surubí* des rivières des terres chaudes). La cuisine n'est pas non plus particulièrement relevée, mais une sauce piquante est souvent servie dans un petit bol à côté des plats. Précisons aussi que le pain est souvent excellent, en particulier à La Paz.
C'est dans les restaurants populaires, comme ceux des marchés, que vous trouverez la nourriture la plus « typique » et la moins chère. Le choix y est en général

extrêmement limité (une spécialité, ou le plat du jour) et l'hygiène pas toujours assurée. Ceux qui ont le ventre fragile feront attention... Les « vrais » restaurants ne sont fréquentés que par les Boliviens aisés et les touristes. Rassurez-vous, ils restent très abordables, même les « chic » ! Vous y trouverez des plats régionaux, mais aussi des pâtes, des pizzas et, souvent, une cuisine internationale sans grande imagination... Quoi qu'il en soit, la plupart proposent un *almuerzo* le midi : menu complet et peu cher.

LE CLOWN RONALD FAIT LA GUEULE !

En 2002, Mac Donald's *a définitivement quitté la Bolivie. La chaîne de fast-foods a tout essayé : incorporer à ses menus la* llajawa, *la fameuse sauce piquante, diffuser des chansons traditionnelles andines... Rien n'y a fait, les Boliviens sont restés hermétiques à la drague yankee : ils préfèrent les plats mijotés traditionnels ! On se réjouirait si les huit magasins de la chaîne n'avaient pas été repris par* Burger King...

Petit topo (non exhaustif) de la cuisine bolivienne et de ses composants :

– ***Les pommes de terre :*** omniprésentes, elles forment la base de l'alimentation des peuples andins. On en décompterait environ 300 espèces. Certains avancent même le chiffre de 1 400 variétés différentes ! Quoi qu'il en soit, la *papa* (et non *patata*) est cultivée ici depuis 6000 av. J.-C. Parmentier l'introduisit en France au XVIIIe s et sauva, grâce à cela, plus d'une fois l'Europe de la famine. À ne pas rater, *el ají de papalisa* (plat à base de pommes de terre, de viande et d'oignons) que l'on prépare à Cochabamba, ou le *chuño,* appelé aussi *moraya* ou *tunta,* spécialité des Andes centrales, produit issu de la déshydratation de pommes de terre (jusqu'à la lyophilisation) par un cycle d'expositions au soleil et au gel (faut aimer...). Cet ancestral féculent est en passe de devenir un ingrédient vedette de la nouvelle cuisine andine.

– ***Les céréales des Andes :*** on rencontre en particulier le quinoa, délicieux en soupe (aux légumes) ou avec du lait, même si on le trouve aussi sous forme de pain et de pâtes. Il occupait une place centrale dans l'alimentation inca. On trouve aussi la proche *cañahua,* moins répandue, le *millmi* (amarante) et le *tarwi* (graines de lupin des Andes).

Côté ***viandes,*** le bœuf et le poulet prédominent. Méfiez-vous de la viande de porc (voir la rubrique « Santé » dans les « Généralités Pérou, Bolivie »). Sinon, tous les restos servent les incontournables ***milanese*** de *pollo* ou de lama – de la viande panée – et le steak grillé sud-américain, le ***churrasco.***

– ***Sajta de pollo :*** poulet frit puis mijoté avec oignons, ail et cumin ; servi avec des pommes de terre.

– ***Ají de lengua :*** langue de bœuf + piments.

– ***Anticuchos :*** brochettes de cœur de bœuf + piments.

– ***Fricassé :*** porc + maïs.

– ***Chicharrones :*** morceaux de porc grillés. On en trouve partout sur les marchés.

– ***Parrillada :*** morceaux de viande et abats (tripes, steak, cœur, rognons, etc.) grillés au feu de bois. On apporte la *parrillada* sur de petits barbecues portatifs et ça finit de cuire à table.

– ***Pacumuto :*** brochettes de viande.

– ***Pique macho :*** mélange de viande, saucisses en dés, frites froides, oignons et autres légumes, avec un œuf sur le dessus. Le top est le *pique macho* de *surubí* (poisson) à Cochabamba.

– ***Empanada** (ou **salteña**) **:*** spécialité venue du nord de l'Argentine. C'est une sorte de chausson au poulet, à la viande et aux oignons ou au fromage, excellent quand il est chaud. Accompagne souvent le petit déj ou sert d'en-cas dans la matinée.

– Les ***soupes** (sopas),* appréciables en altitude, sont excellentes et peu chères. Goûtez le ***chairo*** à La Paz. À Potosí, testez la ***k'arapulca,*** une soupe très consistante dans laquelle on plonge une pierre chaude pour la maintenir à température.

– Enfin, comme les desserts ne sont pas le fort du pays, vous en profiterez pour goûter aux délicieux ***fruits,*** qu'on trouve partout en abondance : mangues, oranges, papayes... Ils font aussi de délicieux jus sur les marchés. Sinon, côté sucreries, les Boliviens sont fanas de gélatine et de pâtisseries aux couleurs improbables et débordantes de crème.

DROITS DE L'HOMME

Un pays relativement apaisé et stable, une économie florissante, des droits sociaux en hausse : autant de facteurs qui expliquent sûrement l'extraordinaire popularité du président Evo Morales, réélu en octobre 2014 pour un troisième mandat. La nationalisation des compagnies pétrolières et gazières, et la politique de redistribution équitable menée grâce à cette manne financière, a permis au premier président d'origine indigène de devenir l'un des fers de lance de la gauche latino-américaine. Voire, à plus grande échelle, du mouvement altermondialiste, avec une admiration qui frise parfois l'idolâtrie. Mais bien que le président Evo Morales se soit officiellement fait le champion de la cause du peuple et des minorités ethniques, le gouvernement œuvre parfois en sous-main à contrario de ces idéaux. Le cas du projet routier dans la vaste réserve Isiboro Securé (TIPNIS), qui bénéficie théoriquement d'une protection intégrale, illustre un double langage difficile à accepter pour ses habitants. Les opposants au projet ont subi en septembre 2011 une répression massive et violente lors d'une manifestation pacifique et, trois ans plus tard, aucun responsable policier n'a encore été inquiété. Mais le projet a depuis été annulé. De la même manière, des violences ont éclaté entre police et communautés à Mallku Khota (département de Potosí) au sujet de l'exploitation d'une mine par une compagnie canadienne. Pour mettre fin au sujet, celle-ci a finalement été nationalisée. Autre point litigieux du bilan d'Evo Morales, en juillet 2014, la loi a autorisé l'abaissement de l'âge du travail des enfants à 10 ans, « à la condition que cette activité ne nuise pas à leur droit à l'éducation et qu'elle ne soit pas dangereuse »... Il n'en reste pas moins que d'importants programmes ont été mis en place, qui ont largement contribué à améliorer la situation des populations indigènes (accès à la santé, aux soins et à l'éducation) et l'adoption de la nouvelle Constitution les a investis d'un rôle central au sein de la société. En avril 2014, une manifestation inédite de sous-officiers de l'armée bolivienne, essentiellement d'origine indienne, a eu lieu pour protester contre les discriminations auxquelles ils devaient faire face. En guise de réponse, 700 d'entre eux ont été limogés après la manifestation. Par ailleurs, les lenteurs des procédures visant à indemniser les victimes des anciens régimes militaires préoccupent toujours les organisations de défense des droits de l'Homme. Les ONG se préoccupent également de la persistance des lynchages depuis que la justice communautaire a été officiellement reconnue en décembre 2010. La vengeance populaire est parfois bien expéditive et ne s'embarrasse ni de procès, ni même de preuves. Enfin, les organisations de défense de la liberté de la presse dénoncent les atteintes à la liberté d'expression de journaux opposants, avec notamment de nombreux procès (lire plus loin « Médias – Liberté de la presse »).

■ ***Fédération internationale des Droits de l'homme :*** *17, passage de la Main-d'Or, 75011 Paris. ☎ 01-43-55-25-18. • fidh.org • Ⓜ Ledru-Rollin.*

■ ***Amnesty International :*** *76, bd de la Villette, 75940 Paris Cedex 19. ☎ 01-53-38-65-65. • amnesty.fr • Ⓜ Belleville ou Colonel-Fabien.*

N'oublions pas qu'en France aussi les organisations de défense des Droits de l'homme continuent de se battre contre les discriminations, le racisme et en faveur des plus démunis.

ÉCONOMIE

Depuis les années 1970, l'économie du pays a basculé des Andes vers les plaines de l'Est. La Paz a cédé sa place de capitale économique à la très prospère ville de Santa Cruz, qui s'est développée au rythme de 15 % par an grâce à l'agriculture, au gaz naturel, à l'industrie légère et aux services. Après la « décennie perdue » des années 1980 (l'expression s'applique à toute l'Amérique latine), la Bolivie s'engagea avec le président Gonzalo Sanchez de Lozada dans une voie libérale et recueillit 1 milliard de dollars d'investissements en se soumettant au FMI. Résultat : malgré le développement d'une toute nouvelle classe moyenne à Santa Cruz et à Tarija notamment, la fracture sociale s'est révélée plus criante que jamais, entre les Andes paysannes et les plaines de l'est enrichies par le commerce des hydrocarbures. La révolte éclata en 2003, portant 3 ans plus tard un indigène socialiste au pouvoir, Evo Morales, et son « gouvernement des mouvements sociaux ».

Du libéralisme au socialisme

Élu, le nouveau président renationalise certains secteurs, partiellement ou intégralement (électricité, hydrocarbures, télécommunications, aéroports, etc.), travaille à la redistribution des terres et met en place des programmes sociaux (accès à l'éducation par le versement de bons aux familles qui envoient leurs enfants à l'école, allocation aux personnes de plus de 60 ans...). L'objectif du nouveau pouvoir est d'asseoir la richesse du pays sur ses ressources géologiques, de développer sa propre filière industrielle pour exporter non plus de simples matières premières, mais des produits manufacturés à plus forte valeur ajoutée et de redistribuer (enfin) cette nouvelle richesse à l'ensemble du pays. Amusant paradoxe, le FMI se découvre à son tour socialiste, soulignant la bonne gestion économique du pays, et félicitant même la politique sociale du gouvernement d'Evo Morales. Le PIB double entre 2005 et 2012, et la croissance devrait encore atteindre 5 % en 2013 – mais l'envol du prix des matières premières est pour beaucoup dans ces heureux résultats.
Sur le terrain, le pari d'Evo est loin d'être gagné. Certains reprochent au gouvernement Morales un dogmatisme qui manque de pragmatisme. La situation économique et sociale évolue très lentement. Il reste encore à la Bolivie bien du chemin à parcourir pour retrouver sa place parmi les 20 pays les plus riches du monde, qu'elle occupait au moment de son indépendance en 1825. Elle pointe aujourd'hui en 108e position de l'indice du développement humain... S'il a lui aussi plus que doublé depuis 2005, le salaire mensuel minimum n'est encore que d'environ 135 €. Il a néanmoins augmenté de 10 à 15 % par an et même de 20 % en 2013 ! Malgré cela, même si le gouvernement Morales a réussi à résorber un peu la misère, 50 % de la population bolivienne (celle qui n'est pas salariée) vit toujours sous le seuil de pauvreté (moins de 2 $ par jour) et 1 personne sur 8 dispose même de moins de 1,25 $ par jour.

Le travail des enfants

Selon les estimations, on considère en général que 700 000 à 850 000 enfants et adolescents travaillent en Bolivie – soit le tiers de leur classe d'âge. Et l'âge légal du travail a été abaissé en juillet 2014 à 10 ans, « à condition que cette activité ne nuise pas au droit et à l'éducation de l'enfant et qu'elle ne soit pas dangereuse »...

Les mines

L'histoire économique de la Bolivie est depuis toujours étroitement liée à ses ressources géologiques, en commençant par les mines de Potosí, d'où l'on continue à extraire argent, zinc et étain. Tout au long du XXe s, ce dernier a représenté la principale richesse du pays. Mais la chute des cours, en 1985, a tout remis en cause et forcé la Comibol (entreprise d'État) à licencier en masse, laissant la place à des petites coopératives et des sociétés privées.

Depuis, le secteur s'est non seulement remis, mais il a connu un essor important. Toutefois, Evo Morales entend bien appliquer aux *minerías* du pays la même réforme qu'aux hydrocarbures, à savoir une nationalisation progressive. Les compagnies étrangères (qui assurent pour l'heure plus de la moitié de l'exportation des minerais boliviens) deviendraient des « prestataires » de l'État, qui récupérerait 55 % des profits réalisés sur son territoire.
En juin 2012, la mine d'étain de Colquiri, propriété du groupe suisse Glencore, a été saisie « avec effet immédiat ». En juillet, la Bolivie a rompu son contrat avec l'indien Jindal, qui devait exploiter le gisement de fer du Mutun. Début août, la mine d'indium du Canadien South American Silver a été réquisitionnée. Mais selon l'économiste Julio Alvarado, « on occupe ces entreprises étrangères, on présente ces occupations comme des nationalisations, mais la plupart du temps le conflit se résout par un achat d'actions afin que l'État détienne 51 % du capital ».
Ces opérations rendues possibles par le cours élevé des matières premières n'ont pas encore fait leur preuve. On peut craindre, en outre, une hausse des tensions entre la Comibol, entreprise publique bolivienne, et les puissantes coopératives privées de mineurs.

Les hydrocarbures

Avec l'épuisement progressif des mines, ce sont désormais les hydrocarbures qui tirent l'économie bolivienne. Le pays détient la plus grande réserve de gaz naturel du continent, après le Venezuela, ressource essentielle aux économies de ses voisins chilien, argentin et surtout brésilien (desservis par l'un des plus longs pipelines du monde, construit en 1999). Gaz et pétrole représentent 43 % des produits exportés, devant l'argent (12 %), le zinc (10 %), l'étain et le soja (7 %). Dans les années 1990, de nombreux mégaprojets gaziers et pétroliers ont été développés dans le cadre des politiques d'ajustement imposées par la Banque mondiale et le FMI. Mais en 2006, sous le gouvernement d'Evo Morales, l'État a pris le contrôle de 51 % du capital de tous les exploitants présents sur son territoire. De nouveaux contrats ont été signés : les compagnies gazières et pétrolières (dont Petrobras, Total, Repsol, Shell...), qui touchaient 80 % des bénéfices et l'État bolivien 20 %, ont été contraintes d'accepter un renversement radical de la situation : de 70 à 80 % des bénéfices reviennent désormais au pays, le reste à l'exploitant étranger.

Le lithium, nouvel eldorado ?

Le nouvel espoir de l'économie bolivienne réside dans ses réserves de lithium. Sous le salar d'Uyuni, la Bolivie possèderait plus du tiers des réserves mondiales de ce métal mou aussi léger que l'oxygène, qui entre notamment dans la fabrication des téléphones et ordinateurs portables et des batteries des voitures électriques. Autant dire que le marché est porteur, et les appétits aiguisés... En 2008, le gouvernement d'Evo Morales a autorisé l'exploitation de ce gigantesque gisement en faisant miroiter aux Boliviens un nouvel eldorado. Pourtant, le projet n'en est qu'à ses balbutiements. Les obstacles sont nombreux. Le Salar est un espace protégé. Les infrastructures indispensables à une mise en exploitation (routes, usines...) ne sont toujours pas sorties de terre. La Bolivie manque de compétences techniques pour extraire et traiter le lithium, mais le gouvernement rechigne à nouer des partenariats avec des firmes étrangères, échaudé par des siècles de pillage de ses ressources. Il cherche donc à garder la main sur l'industrialisation du lithium, en développant une vraie filière nationale. L'État a ainsi annoncé en 2014 un investissement de 900 millions de dollars pour la production de carbonate de lithium, de lithium métallique, puis de batteries au lithium. Reste qu'un partenariat technologique avec une firme étrangère sera tout de même nécessaire.

L'agriculture

Si elle occupe encore le tiers des Boliviens, l'agriculture ne représente que 13,6 % du PIB du pays. Elle reste souvent vivrière, malgré une culture intensive du soja, et le développement d'une petite filière d'exportation de quinoa, céréale à la mode sur les étals bio des pays occidentaux. Le paysage agricole bolivien a néanmoins radicalement changé ces dernières années. Jusqu'en 2006, 7 % des Boliviens possédaient encore 87 % des terres cultivables. Depuis, le gouvernement Morales s'est attelé à redistribuer les terres improductives ou illégalement acquises à des milliers de paysans.

ENVIRONNEMENT

La Bolivie regorge d'espaces naturels uniques. Mais c'est aussi un pays où l'on exploite les minéraux à grande échelle, depuis des siècles. Les activités minières, dont le pays est dépendant économiquement, engendrent la dispersion de métaux lourds toxiques dans l'air, comme dans l'eau. Les populations semblent ne pas percevoir encore les risques sanitaires auxquels elles sont exposées, et l'impact écologique est souvent sous-estimé.

Néanmoins, le président Morales semble avoir pris conscience de l'urgence des problèmes écologiques. Après l'échec du sommet de Copenhague sur le changement climatique (2009), 130 pays se sont réunis à La Paz à son initiative, en avril 2010, afin de préparer le sommet mondial sur le climat de Cancún, la même année. Si celui-ci a marqué un nouvel échec des négociations sur le climat, Evo Morales s'y est fait le porte-parole de la « justice climatique », un concept alliant question écologique et question sociale. Il accuse ainsi le capitalisme d'être la cause du changement climatique et, s'inspirant de la philosophie andine, affirme qu'« il n'y a que deux solutions : soit le capitalisme meurt, soit la Terre-Mère trépasse ». Fort de cette conviction, il demande aux Nations unies de reconnaître les droits de la Terre-Mère (ou *Pachamama*), comme la Bolivie l'a fait à l'échelle nationale. Une loi y garantit désormais 11 nouveaux droits respectueux de l'environnement, tel le droit à ne pas être pollué. Pourtant, sur le terrain, le président peine parfois à mettre ses belles idées en pratique. Certes, le pouvoir entend « utiliser la technologie et l'industrie pour produire des richesses [...] tout en préservant la structure fondamentale de l'environnement », mais cette équation n'est pas simple à résoudre. L'exploitation du lithium au salar d'Uyuni par exemple, qu'Evo Morales appelle de ses vœux, s'annonce déjà polluante pour le fleuve voisin. Et on ne vous reparle même pas de la construction de cette route très controversée dans la réserve Isiboro Securé, bénéficiant d'une protection « intégrale »...

GÉOGRAPHIE

« La Bolivie est la synthèse de l'Univers. » Ainsi l'affirmait le voyageur naturaliste Alcide d'Orbigny dans son ouvrage *Voyage dans l'Amérique méridionale* (1830), après avoir parcouru le chemin de l'Inca de Takési. Altiplano, vallées centrales et Amazonie dessinent une rare diversité qui contribue largement au charme du pays. De la *puya raimondi* du parc Comanche aux orchidées du parc Amboró, en passant par les cactus géants du salar d'Uyuni et les arbres géants d'Amazonie, la biodiversité est assez incroyable.

La Bolivie couvre deux fois la superficie de la France et elle est divisée en cinq régions bien distinctes :

L'Altiplano

Ce haut plateau (au-dessus de 3 000 m), qui n'occupe en fait que 14 % de la Bolivie (eh oui ! il est temps de revoir les clichés), est un peu le Tibet de l'Amérique latine. Il s'entoure de deux chaînes montagneuses. À l'est, la cordillère Royale : 500 km de long, 30 km de large et quelque 300 pics à plus de 5 000 m ! Les plus beaux : l'Illampú, le Huayna Potosí et l'Illimani (qui domine La Paz). À l'ouest, la cordillère Occidentale et ses sommets volcaniques : le Sajama (plus de 6 500 m), les Payachatas et le Licancabur (ce beau volcan dressé derrière la laguna Verde). C'est également sur l'Altiplano qu'on trouve les grands lacs boliviens : le lac Titicaca, et les lacs Poopó et Uru-Uru au sud d'Oruro. Des grands déserts aussi : les salars d'Uyuni et de Coipasa, et celui du Sud-Lípez parsemé de *lagunas*.

Les Yungas

Cette zone de transition, où les Andes dévalent vers l'Amazonie, court tout au long de la façade orientale de la chaîne. Si vous prenez l'avion vers Rurrenabaque ou Trinidad, demandez une place côté fenêtre pour admirer cette transition brutale des sommets enneigés au vert sauvage. Riches d'une végétation abondante, les Yungas (« vallée chaude » en quechua) approvisionnent les villes en produits exotiques. Les pentes supérieures sont couvertes par la forêt des nuages, constamment abreuvée par pluies, nuées et brouillards. En perdant de l'altitude, elles se muent en forêts tropicales humides.

Les vallées

Comprises entre 1 500 et 2 500 m d'altitude, les vallées se caractérisent par un climat doux et une végétation verdoyante. Leurs terres fertiles en font le grenier de la Bolivie. Favorisée par de bonnes conditions climatiques, cette partie du pays permet la culture non seulement du blé ou du maïs, mais aussi du raisin, avec lequel on produit du vin et le fameux *singani (¡ salud !)*.

Le Chaco

Voici une région qui a marqué douloureusement l'histoire de la Bolivie (guerre du Chaco dans les années 1930). Riche en pétrole, cette zone sèche et plate, prélude aux pampas plus australes, s'étend sur le coin sud-est de l'Oriente, aux confins du Paraguay. On pourrait la décrire comme une sorte de savane largement boisée. Du fait de sa faible densité en population, on y trouve un échantillon de variétés rares de faune et de flore.

L'Oriente

Contrairement à l'image que l'on se fait souvent de la Bolivie, cette région de plaines basses et torrides, couvertes d'une végétation luxuriante, occupe 67 % de sa superficie. Elle constitue aujourd'hui le principal espoir économique du pays (Santa Cruz est devenue la locomotive de la croissance bolivienne). L'Amazonie (au nord) et le Pantanal (à l'est) se trouvent là, sillonnés de larges rivières rattachées au bassin de l'Amazone. La première se singularise par un couvert végétal encore très important, alternant avec des zones d'élevage, comme vers Santa Rosa del Yacuma, San Ignacio de Moxos et Trinidad. Le Pantanal désigne une immense zone de prairies et savanes inondables qui s'étend principalement au Brésil voisin.

Parcs nationaux

On compte une soixantaine de zones protégées et 22 parcs nationaux en Bolivie, couvrant quelque 180 000 km² – soit 1/6e du territoire. Montagnes culminant à 6 000 m survolées par les condors, déserts de sel, volcans, forêt tropicale hantée par les toucans et les aras, immenses marécages peuplés de caïmans... Avec 66 des 112 écosystèmes mondiaux, la Bolivie se place parmi les huit pays possédant la plus grande biodiversité au monde ! Attention, peu d'endroits sont ici balisés ou surveillés par des gardes. Ne vous y aventurez pas sans guide et n'hésitez pas à avoir recours aux services d'une agence.

Andes

– ***Parque Condoriri :*** au sein de la cordillère Royale, ce parc est couronné par la montagne en forme de condor qui domine la région. Au programme : lacs, plantes de haute montagne, glaciers... Passer par une agence et, si vous voulez vous balader autour de la *laguna Tuni,* ne pas oublier de retirer une autorisation auprès de *Aguas del Illimani* (à La Paz, calle Battallón Colorados, edificio El Condor), la compagnie des eaux de La Paz.

– ***Parque Comanche :*** située au sud du lac Titicaca, cette réserve de l'Altiplano abrite les carrières éponymes. On peut y voir la *puya raimondi,* ce cactus géant qui ne pousse qu'ici et à Huaraz, au Pérou. La *puya raimondi* ne fleurit qu'au bout d'un siècle d'existence : elle se couvre alors d'une centaine de milliers de petites fleurs blanches avant de s'éteindre définitivement. Si vous voyez une fleur, c'est votre jour de chance...

– ***Parque nacional Sajama :*** situé sur la route La Paz-Arica, il est le plus accessible de tous et peut-être le moins visité, donc très agréable. Il est désormais possible de s'y rendre en louant un 4x4 ou même une voiture classique à La Paz.

– ***Parque nacional Eduardo Avaroa :*** il s'étend autour de la laguna Colorada. Inutile de vous dire que la réputation de l'endroit n'est plus à faire. Il fait froid, mais le Sud-Lípez abrite les paysages les plus surréalistes des Amériques !

– ***Parque Torotoro :*** difficile d'accès, mais les grottes, les cascades et les paysages valent l'effort. Sans doute l'un des plus beaux parcs de Bolivie, non loin de Cochabamba.

El Oriente

On distingue 4 écosystèmes principaux dans cette région : le Chaco, les plaines, l'Amazonie et le Pantanal, le plus grand marais du monde.

– ***Parque Amboró :*** le plus facile d'accès à partir de Santa Cruz. Un véritable bijou, de plus en plus couru. La variété d'écosystèmes en fait l'un des plus beaux et des plus complets du continent, tant en ce qui concerne la faune que la flore.

– ***Parque nacional Madidi :*** c'est la vedette des parcs amazoniens. On y accède aisément en bateau depuis Rurrenabaque, en remontant le río Beni, pour découvrir ses cathédrales vertes, sa faune, et les communautés indiennes qui y habitent. À 3h de route (hors parc), la zone de Santa Rosa del Yacuma s'entoure, elle, de pampas très riches en faune.

– ***Parque Noel Kempff Mercado :*** au nord-est de Santa Cruz. Accessible en avion *Cessna* ou après une vingtaine d'heures de 4x4 en saison sèche ! La région fut découverte par l'explorateur anglais Fawcett quand il traça (tout seul !) la frontière entre la Bolivie, le Pérou et le Brésil. L'endroit (plateau de Caparuch) inspira le célèbre roman *Le Continent perdu* de A. C. Doyle.

HISTOIRE

L'odyssée de la *papa*

Lorsque les Tiwanakotas édifièrent leurs temples imposants près de La Paz, en bordure du lac Titicaca, cela faisait quelques milliers d'années que les civilisations successives de la région avaient apprivoisé la culture de la pomme de terre. La nourriture des peuples andins a été fondée sur le tubercule. Il est possible que ceux qui ont bâti la porte du Soleil soient les mêmes que ceux qui ont créé les centaines de variétés de pommes de terre qui existent en Bolivie et au Pérou. D'autant plus que cette civilisation avait inventé un processus de déshydratation pour conserver les *papas*. À l'arrivée des conquistadores, la pomme de terre fut tout d'abord considérée comme une plante « païenne ». La venue d'Antoine Augustin Parmentier changea bien des choses. L'agronome comprit combien ce tubercule pouvait être important pour régler le problème des disettes dont souffrait alors l'Europe. Il rapporta ainsi en France le seul trésor du haut Pérou qui ne brillait point !

Potosí : 8e merveille du monde ?

Impossible d'évoquer le pillage des Amériques sans parler de Potosí. Quand les Espagnols s'installent dans l'Empire inca, le Pérou n'est plus le pays de cocagne tant rêvé, les gisements d'or et d'argent s'étant vite épuisés. C'est dans le *haut Pérou* (la Bolivie) que les Espagnols vont toucher le gros lot. En 1545, ils découvrent le cerro Rico, une montagne culminant à 4 700 m qui deviendra le plus grand gisement d'argent de l'histoire de l'humanité ! À ses pieds naît la ville de Potosí où s'écriront les pages les plus importantes de la conquête espagnole dans les Amériques.

Les mines commencent à être exploitées dès 1546, suivant une adaptation maison du système de la *mita* inca. Alors que les fils du Soleil étaient censés travailler pendant 2 ou 3 ans pour l'Inca (une sorte d'impôt royal), les Espagnols organisent de gigantesques transferts de population en provenance des communautés quechuas et aymaras des vallées et de l'Altiplano. Les paysans sont reconvertis de force en mineurs et des millions d'entre eux meurent d'épuisement dans les galeries. Si la plupart sont des esclaves, certains, libres, travaillent moyennant un paiement en nature. D'autres sont autorisés à exploiter les filons qu'ils ont découverts ou à les mettre en location, à condition de verser le *quint* à la Couronne. On fait aussi venir des esclaves d'Afrique. Le commerce triangulaire bat son plein, une flopée de bateaux de toutes les nations mercantilistes de l'Europe fait la navette entre les trois continents.

Toute l'économie de la région s'organise autour de Potosí. Buenos Aires et Lima- El Callao se développent comme villes-ports destinées à réguler le flux d'argent et de marchandises. Potosí devient au XVIIIe s la plus grande ville d'Amérique avec 160 000 habitants. Au début du XIXe s, c'est encore de Potosí que provient plus de la moitié de la production mondiale d'argent.

L'argent des mines fait la grandeur de l'Espagne, de ses fabuleux palais et surtout de la ville de Séville où se trouve la *casa de la Contratación* qui gère cette valse d'argent, d'hommes et de marchandises. Il causera sa chute aussi : le pays dépense sans compter, puis s'endette auprès des voisins du nord de l'Europe, qui l'approvisionnent en produits manufacturés.

Bolívar et Bolivie (1825-1828)

Simón Bolívar (né à Caracas en 1783) se forme en France, s'y nourrit de l'idéal révolutionnaire de 1789 et du rêve napoléonien d'unification européenne – qu'il rêve de transposer à l'Amérique latine. La « république de Bolívar » (renommée peu après Bolivie), centrée sur Potosí et ses mines d'argent, est au cœur de son plan. Il lui dédie son plus bel ouvrage : la Constitution de 1826, restée jusqu'à aujourd'hui lettre morte. Les intérêts de la nouvelle bourgeoisie locale ont raison des rêves du *Libertador*. L'unification continentale ne se réalise pas, Bolívar ne reste qu'un an en Bolivie et laisse à Sucre, son bras droit, vénézuélien lui aussi, un territoire grand comme six fois la France.

BOLÍVAR, MILITAIRE ÉCLAIRÉ

L'homme qui offrit l'indépendance à la moitié de l'Amérique du Sud était pétri par les idées des philosophes des Lumières qui initièrent la Révolution française. Napoléon – qui l'épatait – et lui avaient un ennemi commun : l'Espagne. Bolívar assista même à son sacre à Paris, en 1804.

L'argent, toujours l'argent... (1828-1899)

Après le départ de Sucre (1828), le pays est incapable de réhabiliter les mines de Potosí. La Bolivie n'a plus accès au mercure espagnol pour purifier le minerai. Exsangue après la guerre d'Indépendance, elle ferme ses frontières et essaie de protéger son industrie textile naissante à La Paz et à Cochabamba. De grands propriétaires terriens remplacent les *encomenderos* (commissionnaires) espagnols, instaurant un système de servage appelé *ponguaje*. Ces *terratenientes* prennent le contrôle du pays et, petit à petit, des mines d'argent.

Vers 1850, cette nouvelle classe dominante se consolide. Le pays s'ouvre aux investisseurs étrangers. Les coûts du mercure baissent et les innovations technologiques permettent de relancer l'exploitation de l'argent de façon rentable. Dans les années 1860, Anglais et Chiliens avancent leurs pions dans la région. En 1870, ils découvrent dans le département bolivien de l'Atacama des gisements de salpêtre, de cuivre et d'or. En 1879, le Chili envahit les côtes boliviennes, prend l'Atacama et écrase la coalition Pérou-Bolivie. La Bolivie perd son littoral, qu'elle pleure encore aujourd'hui. Le gouvernement Morales a d'ailleurs porté plainte en avril 2013 devant la Cour internationale de justice de La Haye, exigeant du Chili qu'il rétrocède à la Bolivie son accès à la mer...

> **PRIVÉE DE PLAGE !**
>
> *La Bolivie a perdu son accès à la mer lors de la guerre du Pacifique livrée contre le Chili en 1879. Même si les relations diplomatiques restent rompues, des négociations secrètes perdurent pour essayer de rétablir cet accès maritime en échange de gaz bolivien. La marine bolivienne, basée sur le lac Titicaca, possède toutefois 70 navires... qui se consacrent surtout à la chasse aux trafiquants de drogue.*

À la fin du XIXe s, l'étalon-argent est remplacé par l'étalon-or. Les prix du minerai s'effondrent, frappant de plein fouet la Bolivie. La répercussion politique ne tarde pas et le pouvoir politique passe de Sucre à La Paz. C'est à ce moment qu'un inconnu du nom de Simón Patiño entre en scène. Il a découvert d'énormes gisements d'étain dans une mine qui lui a été cédée au titre de créances. Il ne sait pas encore qu'il est en train de devenir le Latino-Américain le plus puissant de tous les temps...

HISTOIRE CONTEMPORAINE

De Citizen Kane à Potemkine (1900-1952)

« Citizen Patiño » entre dans la cour des grands en 1924. Cette année-là, il crée *Patiño Mines and Entreprises,* dont le siège se trouve dans l'État du Delaware aux États-Unis (un petit paradis fiscal) et dont le capital atteint 6 millions de livres sterling. De là, et jusqu'à la révolution de 1952, sa fortune ne cessera de grossir aux dépens de la république de Bolívar... En 1929, lorsque le krach boursier de Wall Street fait subir au capitalisme son épreuve de force, Patiño, avec une astuce de Sioux, profite de l'opportunité pour créer le *Comité international de l'étain,* un trust qui doit limiter les fluctuations de la production et du prix du minerai – qui sert alors à fabriquer toutes les boîtes de conserve en Occident. Patiño Kane contrôle à cette époque 10 % de la production mondiale d'étain, des fonderies d'étain en Angleterre, un paquet d'actions de la *General Motors,* des mines en Indonésie, des hôtels au Mexique... En 1948, le magazine *Fortune* le classe parmi les 10 hommes les plus riches du monde.

Parallèlement, les *terratenientes* vivent les derniers jours d'un féodalisme prolongé artificiellement au milieu d'un capitalisme très avancé. La révolte gronde... Le 9 avril 1952, alors que personne n'y croyait plus, c'est la révolution... Mais le *Movimiento nacionalista revolucionario* de Paz Estenssoro, Hernán Siles Zuazo et Juan Lechin ne fait les choses qu'à moitié : une demi-réforme agraire (on distribue quelques terres aux paysans sans les former) et surtout une demi-nationalisation des mines. Patiño Junior (Antenor de son prénom) continue de contrôler l'étain bolivien.

Dictature et réformes libérales (1970-1996)

Dans les années 1960 et 1970, la Bolivie vit sous le joug des dictateurs. Banzer, de 1971 à 1978, puis García Meza, de 1980 à 1981, dirigent des régimes corrompus, responsables de nombreuses morts et disparitions. En 1982, la démocratie est de retour, mais l'ardoise laissée par les militaires est lourde : 4 milliards de dollars de dette extérieure, une inflation non maîtrisée et, surtout, un pays où les trafiquants de cocaïne ont pu développer leurs activités grâce à la connivence du pouvoir. Le social-démocrate Siles Zuazo a du mal à définir une politique appropriée. C'est l'époque de la crise mexicaine, et l'économie du continent est au plus bas. En 1985, le taux d'inflation atteint 23 000 % par an ! Le nouveau président, Victor Paz Estenssoro, appelle un *Harvard-boy* au secours : Jeffrey Sachs applique en Bolivie un plan d'ajustement radical, avec à la clé des licenciements massifs et la fermeture pure et simple des mines d'État : 30 000 mineurs sont virés du jour au lendemain. Le modèle néolibéral n'apporte ni la croissance tant promise ni les investisseurs étrangers espérés. La Bolivie survit alors surtout grâce à la drogue. En 1989, Paz Zamora, dont le parti de gauche avait été formé pour combattre la dictature de Banzer, n'hésite pas à s'allier avec son ancien ennemi, qui lui enseigne ses techniques de gestion très personnelles... Les scandales se succèdent, l'argent public est gaspillé, l'endettement s'accroît.

INSTABILITÉ POLITIQUE

En l'espace de 157 ans, depuis son indépendance en 1825 jusqu'à la restauration du gouvernement civil en 1982, la Bolivie a connu 193 coups d'État, ce qui lui confère le statut incontesté de pays le plus instable de la planète.

L'année 1993 marque un tournant. Primo, parce que Gonzalo Sánchez de Lozada, président nouvellement élu, désigne au poste de vice-président Victor Hugo Cárdenas, fils de paysans aymaras du lac Titicaca ! Un fait sans précédent. Secundo, parce que la croissance arrive *por fin,* ainsi que les investissements. Après 18 ans de démocratie, la Bolivie devient l'un des pays les plus prometteurs du continent. En dépit d'un état d'urgence déclaré en 1995, Gonzalo Sánchez de Lozada, très bon gestionnaire, s'avère le plus dynamique des présidents de la Bolivie du XXe s : l'économie est plus saine, plus diversifiée qu'auparavant, elle participe au marché commun du cône sud *(Mercosur)* et compte désormais sur un système monétaire assaini, qui a coûté socialement cher... au groupe des 10 familles qui l'ont toujours contrôlé. Pour la première fois dans l'histoire de la Bolivie, des puissants sont allés en prison. Restent cependant des ombres au tableau : le problème récurrent de la drogue, la santé et l'éducation qui n'évoluent guère.

Le retour du « dictateur »

En août 1997, le général Banzer, appuyé par une coalition hétéroclite de quatre partis, accède finalement à la présidence (après cinq tentatives malheureuses). Les Boliviens sont-ils frappés d'amnésie en redonnant le pouvoir à l'ancien dictateur qui, de 1971 à 1978, a terrorisé la population, favorisé la corruption de l'État et fait entrer le tristement célèbre Klaus Barbie dans ses services spéciaux ?

Après un an de pouvoir, le gouvernement Banzer et sa coalition lancent leur « plan opérationnel ». Il prévoit, entre autres, de lutter contre la pauvreté en attribuant des crédits aux petites entreprises et entérine « l'option zéro », l'éradication forcée des cultures de coca pour sortir la Bolivie des circuits de la drogue. Mais, malade, Banzer démissionne le 6 août 2001, jour de la Fête nationale, à l'âge de 75 ans. Son vice-président, Jorge Quiroga, le remplace jusqu'à l'élection d'août 2002, remportée à nouveau par Gonzalo Sánchez de Lozada.
La popularité de ce dernier est de courte durée. L'annonce d'une réduction du budget de l'État et l'instauration d'un impôt sur les salaires des fonctionnaires provoquent une première vague de manifestations. Le gouvernement démissionne. Puis un projet d'exportation de gaz naturel par une compagnie privée met le feu aux poudres : la population indigène n'accepte plus le pillage de ses ressources. Le pays tout entier se mobilise. Après une violente répression des émeutes, Gonzalo Sánchez de Lozada démissionne le 17 octobre 2003. Il est remplacé par Carlos Mesa.

La révolution Morales ?

Evo Morales, premier indigène (aymara) élu président, porte en lui l'espoir d'émancipation de nombreux Sud-Américains à l'égard des grandes nations occidentales et de leurs firmes qui, depuis les premiers coups de pioche dans les mines de Potosí, ont toujours pillé leurs richesses. Socialiste, Evo comme on l'appelle ici, rejoint l'Alliance bolivarienne pour les peuples de notre Amérique (Alba), aux côtés, entre autres, de Cuba, du Venezuela d'Hugo Chávez, de l'Équateur de Rafael Correa et du Nicaragua de Daniel Ortega. Il proclame son gouvernement « gouvernement des mouvements sociaux », entend redistribuer les terres et les richesses, reconnaître les droits des indigènes, nationalise les hydrocarbures et l'électricité, met en place des programmes sociaux. L'intégration des populations indiennes dans l'administration n'est pas (trop) contestée, mais la redistribution des richesses au profit des plus pauvres passe beaucoup moins bien. Plus encore, l'ancien leader des *cocaleros* (cultivateurs de feuilles de coca) doit affronter l'opposition des provinces prospères, réunies dans le Croissant de lune (*la Media Luna* ; la moitié est du pays).
Soutenu par les États-Unis, le Croissant milite pour une autonomie renforcée des régions, mais derrière la revendication politique, c'est évidemment l'argent du pétrole et du gaz qui est en jeu. En 2008, ces quatre provinces organisent des référendums. Résultat : une écrasante majorité de la population locale se prononce pour l'autonomie. Référendums illégaux, répond le gouvernement d'Evo Morales qui contre-attaque : le 10 août, il convoque les électeurs à un vote révocatoire national en forme de plébiscite. Le « Revocatorio » rassemble 68 % en faveur du président. La situation reste pourtant tendue. La CIA (qui, héritage de la Guerre froide, jouissait d'un bureau au sein même du palais présidentiel bolivien !), la DEA (le service antidrogue américain) puis l'ambassadeur américain sont expulsés,

COCA (RDIER)

Le président bolivien Evo Morales ne cesse de vanter les mérites de l'arbuste dont les feuilles sont consommées traditionnellement dans son pays. La Constitution bolivienne de 2009 a institué la coca comme « patrimoine culturel, ressource naturelle renouvelable de la biodiversité bolivienne et facteur de la cohésion sociale ». Mais, en plus des 12 000 ha réservés à la consommation traditionnelle de la coca, la Bolivie compterait plus de 18 000 ha destinés directement à la production de cocaïne, faisant du pays le 3e exportateur mondial de cette drogue... On comprend l'inquiétude de l'OICS (Organisation internationale de contrôle des stupéfiants)...

accusés d'attiser le séparatisme. Curieusement, la situation s'apaise. Cerise sur le gâteau : la nouvelle Constitution présentée par le gouvernement est plébiscitée en janvier 2009 par 60 % des votants. Elle stipule que les ressources naturelles sont la propriété du peuple bolivien, que l'État en assure l'exploitation et la commercialisation. Elle donne « une place prépondérante aux communautés indigènes, à la justice sociale et au rôle de l'État », elle érige aussi la feuille de coca au rang de « patrimoine culturel ». En décembre 2009, Morales est réélu à la tête du pays avec plus de 60 % des suffrages (78,5 % à La Paz !).

Des lendemains qui déchantent

Alors, Evo, héros de la Bolivie ? Pas si simple. Bien sûr, les avancées sont énormes, à commencer par la première : un indigène à la tête de l'État. Les Amérindiens ont enfin retrouvé leur dignité. Mais il y a loin des discours aux actes. La propagande révolutionnaire couvre les murs de La Paz, Evo promet beaucoup, mais les choses avancent peu, ou en tout cas à petits pas. La réforme agraire n'a pas totalement abouti, l'eldorado du lithium n'est encore qu'un mirage et il reste tant à faire avant que la Bolivie ne se dote des infrastructures, des routes, des hôpitaux, des écoles qui lui manquent. Comme tous les pouvoirs, celui d'Evo s'use, certains de ses plus fidèles soutiens se détournent, déçus de trop de promesses qu'ils ne voient pas se concrétiser. Fonctionnaires et ouvriers réclament des hausses des salaires : elles sont accordées (au moins 10 % par an !) mais coûtent cher. La corruption, le clientélisme gangrènent toujours le pays, grèves et *bloqueos* se multiplient. Le « gouvernement des mouvements sociaux » est désormais de l'autre côté du bâton...

En décembre 2010, Evo essuie sa première grande défaite politique. Alors qu'il annonce (le lendemain de Noël !) une hausse de 80 % du prix du carburant, le pays tout entier s'embrase. Evo doit reculer. Dans les cortèges de manifestants, des pancartes proclament « Evo, ennemi des pauvres »... L'année suivante, une grève générale fait rage, en soutien aux manifestants indiens opposés à la construction d'une route traversant la réserve amazonienne Isiboro Securé. Certains craignent aujourd'hui une dérive autoritaire du président. Ainsi, alors que la nouvelle Constitution qu'il a fait voter l'interdit, Evo évoque publiquement son désir de se présenter à un troisième mandat, arguant que son premier mandat ne compte pas, puisqu'il l'a effectué sous l'ancien régime constitutionnel...

Même si Morales reste un champion de la cause autochtone avec une popularité qui ne se dément pas (environ 60 % d'opinion favorable), l'opposition demeure vive. La Bolivie reste un pays déchiré entre la majorité indienne (pauvre) et la minorité blanche ou *mestizo* (riche). Les autonomies régionales ont accentué les divergences, en particulier entre la riche région de Media Luna, à l'est, et la Bolivie andine, à l'ouest, plus pauvre, d'origine aymara et quechua. Les menaces séparatistes des provinces riches sont toujours présentes et il semble difficile de concilier les intérêts des « Q'aras », l'élite blanche longtemps au pouvoir, et ceux des indigènes.

Chronologie

- ***500-1200 :*** expansion progressive de la civilisation de Tiwanaku, qui atteint son apogée au IXe s.
- ***1438-1532 :*** domination des Incas.
- ***1544 :*** découverte du cerro Rico (la colline Riche) à Potosí. Conquête du Haut-Pérou par les Espagnols.
- ***1555 :*** Potosí est décrétée ville impériale par Charles Quint.
- ***XVIe-XVIIIe s :*** mise en place de la *mita,* le travail obligatoire dans les mines.
- ***Mi-XVIIIe s :*** déclin de l'exploitation des mines d'argent.
- ***1781 :*** immense révolte indienne. Siège de La Paz par Túpac Katari.

– ***1809 :*** appel à la révolte de Pedro Domingo Murillo, un métis s'inspirant des idéaux de la Révolution française. Rébellion écrasée, Murillo exécuté, mais premier pas vers l'indépendance de l'Amérique latine !

– ***1810-1820 :*** guérilla rurale contre les troupes espagnoles. Des dizaines de « républiques » (zones libérées) voient le jour dans le Haut-Pérou. C'est à cette époque et à cet endroit que naît le mot « guérilla ».

– ***1824 :*** victoire décisive du maréchal Sucre à Ayacucho.

– ***1825 :*** création de la république de Bolívar (ex-Haut-Pérou).

– ***1879-1883 :*** guerre du Pacifique. Pour continuer à exploiter tranquillement le salpêtre et le guano du littoral bolivien, l'Angleterre encourage les visées expansionnistes du Chili. La coalition Pérou-Bolivie est battue par le Chili. La Bolivie perd définitivement son accès à la mer.

– ***1901 :*** guerre de l'Acre avec le Brésil. À l'origine du conflit, une société anglo-américaine qui voulait contrôler l'exploitation du caoutchouc. La Bolivie perd encore une grande partie de son territoire, dont la partie occidentale du Mato Grosso.

– ***Début du XXe s :*** l'exploitation de l'étain remplace en importance celle de l'argent. Simón Patiño devient le nouveau « roi » de Bolivie grâce à cette manne.

– ***1903 :*** guerre avec le Brésil ; la Bolivie perd un territoire en Amazonie, dans la région d'Acre.

– ***1932-1935 :*** guerre du Chaco avec le Paraguay, déclenchée à la suite de rumeurs infondées sur la découverte de pétrole dans cette région broussailleuse et humide. Le pays, qui aspire à un débouché maritime vers l'Atlantique via un port sur le fleuve Paraguay, déplore au final d'énormes pertes humaines et est amputé d'une grande partie de son territoire (plus de 200 000 km²). L'arrêt des combats est suivi en 1938 d'un traité de paix, qui ne sera ratifié que... 74 ans plus tard.

MASSACRE POUR DES MARÉCAGES

En 1932, le conflit du Chaco – qui provoqua la mort de 100 000 combattants – opposa en sous-main le cartel américain des « Sept sœurs », soutenant la Bolivie, aux compagnies pétrolières britanniques soutenant le Paraguay. Il servit de banc d'essai pour une guerre en préparation : la guerre d'Espagne. Hergé s'en inspira pour planter le décor des aventures de Tintin dans L'Oreille cassée.

– ***1937 :*** nationalisation de la *Standard Oil*.

– ***1946 :*** en novembre, congrès des mineurs à Pulacayo. Élaboration d'une thèse politique, base de la révolution de 1952. Le pouvoir politique de Patiño, roi de l'étain, commence à être ébranlé.

– ***1952-1953 :*** révolution ouvrière et paysanne, récupérée par le Mouvement nationaliste révolutionnaire (MNR) de Paz Estenssoro. Instauration du suffrage universel, nationalisation des mines, création de la COB (Centrale ouvrière bolivienne) et début d'une réforme agraire.

– ***1964 :*** coup d'État militaire du général Barrientos.

– ***1967 :*** exécution d'Ernesto « Che » Guevara, qui tentait l'implantation d'un *foco* (foyer de guérilla) dans le sud du pays.

– ***1971 :*** création d'une « Assemblée du peuple », courte période de pouvoir de la gauche. Coup d'État du général Hugo Banzer, qui procède à une nouvelle privatisation des hydrocarbures.

– ***1978 :*** une grève de la faim déclenchée par deux femmes de mineurs, Aurora Villaroel et Domitila Chungara, met fin à la dictature.

– ***1979 :*** première élection d'une femme à la présidence de la République, Lidia G. Tejada. L'année suivante, nouveau coup d'État sanglant mené par le général Meza.

– ***1981 :*** destitution du président Luis García Meza, accusé de trafic de drogue et de crime.

– ***1982 :*** retour à la démocratie. Le gouvernement de gauche d'Hernán Siles Zuazo tient 3 ans, avant d'éclater en raison de ses divisions internes.
– ***1985 :*** Paz Estenssoro, dirigeant du MNR et leader historique de la révolution de 1952, revient pour la 4e fois au pouvoir. Mise en place d'un modèle libéral.
– ***1986 :*** marche des mineurs sur La Paz stoppée par l'armée.
– ***1989 :*** élection à la présidence de Jaime Paz Zamora et mise en place d'un gouvernement de coalition.
– ***1993 :*** élection de Gonzalo Sánchez de Lozada et de Victor Hugo Cárdenas, premier vice-président amérindien du continent.
– ***1994 :*** marche des *cocaleros* en direction de La Paz. Le gouvernement reconnaît l'échec du « développement alternatif ».
– ***1995 :*** violentes manifestations. État d'urgence pendant 6 mois.
– ***1997 :*** en août, élection à la présidence du général Hugo Banzer Suárez, déjà au pouvoir de 1971 à 1978 – ses opposants continuent de l'appeler « le dictateur ».
– ***1998 :*** tremblement de terre en mai, qui raye de la carte les villes de Mizque et Totora.
– ***2000 :*** des troubles agitent Cochabamba à la suite de la volonté du gouvernement de privatiser la distribution d'eau. La loi martiale est décrétée.
– ***2001 :*** le président Banzer, gravement malade, démissionne en août, et laisse la place au vice-président Jorge Quiroga jusqu'à la prochaine élection présidentielle.
– ***2002-2003 :*** déjà président de la Bolivie de 1993 à 1997, Gonzalo Sánchez de Lozada est réélu grâce à une alliance avec son rival de toujours, Jaime Paz Zamora. Il ne reste finalement qu'un an au pouvoir, laissant la place à Carlos Mesa, son vice-président. Celui-ci fait face à de vives tensions dans le pays sur la question de l'acheminement du gaz naturel via le Chili.
– ***2005 :*** Evo Morales est élu à la présidence avec 54 % des suffrages dès le premier tour. Premier Amérindien à accéder à ce poste, il s'engage à mettre en place immédiatement sa « révolution démocratique ». En point d'orgue : nationalisation des hydrocarbures, dépénalisation de la feuille de coca, redistribution des terres, reconnaissance des cultures amérindiennes et établissement d'une nouvelle Constitution.
– ***2006 :*** le nouveau président nationalise comme annoncé les hydrocarbures, mais il veut encore aller plus loin en nationalisant aussi les mines d'étain, ce qui provoque, début octobre, de violents affrontements entre les mineurs devenus quasiment indépendants et ceux qui sont salariés, aux conditions de vie plus difficiles.
– ***2007 :*** la Bolivie est membre, avec six autres États d'Amérique du Sud, de la toute nouvelle Banque du Sud, dont le but est de se démarquer du FMI. L'Assemblée constituante élabore une nouvelle Constitution (en l'absence de la droite).
– ***2008 :*** quatre régions de la Media Luna, Santa Cruz, Beni, Cochabamba et Tarija, organisent des référendums non constitutionnels pour légitimer leurs revendications d'autonomie. En août, le « Revocatorio » apporte un plébiscite personnel à Evo Morales, mais renforce également les troubles qui font une vingtaine de morts.
– ***2009 :*** le référendum de janvier dote les Boliviens d'une nouvelle Constitution. Autre bon point : les recettes fiscales de l'État bolivien n'ont jamais été aussi élevées, grâce aux ressources naturelles (pétrole, gaz) et à la politique de nationalisation.
– ***Octobre 2009 :*** sommet de l'*ALBA*, l'*Alianza bolivariana para los pueblos de nuestra América*, qui regroupe neuf pays « progressistes » dont la Bolivie, le Venezuela, Cuba, l'Équateur et le Nicaragua.
– ***6 décembre 2009 :*** élections présidentielles et législatives en Bolivie. Le président sortant Evo Morales est réélu dès le premier tour (pour 5 ans) avec plus de 63 % des suffrages.
– ***Avril 2010 :*** le MAS – parti d'Evo Morales – remporte six régions sur neuf lors des élections régionales, mais deux des trois régions les plus prospères sont conquises par la droite. Le pays organise la « Conférence mondiale des peuples sur le changement climatique et sur les droits de notre Terre-Mère ».

– ***Septembre 2010 :*** le président évoque publiquement son désir de solliciter un troisième mandat, alors que la nouvelle Constitution n'en prévoit que deux.
– ***Décembre 2010 :*** l'annonce par le gouvernement d'une hausse de 80 % du prix du carburant embrase le pays. Le projet est retiré.
– ***Avril 2011 :*** des mouvements de grèves paralysent plusieurs villes du pays et contraignent le gouvernement à augmenter les salaires des enseignants, de la police, de l'armée et du personnel de santé, ainsi que les pensions de retraite.
– ***Août-septembre 2011 :*** des centaines d'Indiens d'Amazonie entament une marche de 600 km vers la capitale, en protestation contre le projet de construction d'une route à travers le parc naturel Isiboro Securé. Ils sont victimes d'une violente répression policière le 25 septembre, entraînant de vives réactions dans le pays (mais ils gagnent néanmoins La Paz le 18 octobre).
– ***Décembre 2011 :*** à la suite de ces incidents, Morales organise un « sommet social » qui réunit les acteurs de la société civile et de la vie économique et politique du pays. Une feuille de route est établie visant à améliorer le « bien-être économique » de la population pour les 3 ans à venir.
– ***2 août 2012 :*** le gouvernement reconnaît 36 langues et le droit des communautés indigènes de recevoir un enseignement dans leur langue maternelle. Celles-ci ne sont pas officielles partout dans le pays, mais dans la région où elles sont parlées.
– ***Mars 2013 :*** des Boliviens armés roulant dans un véhicule diplomatique américain sont arrêtés à Trinidad, ravivant les tensions entre La Paz et Washington.
– ***Avril 2013 :*** la Bolivie traduit le Chili devant la Cour internationale de justice de La Haye dans l'espoir de récupérer l'accès à l'océan perdu lors de la guerre du Pacifique, au XIXe s.
– ***Juillet 2013 :*** l'affaire Snowden déchaîne les passions. Le président Morales, en visite en Europe, se voit refuser le survol des espaces aériens français, italiens, espagnol et portugais, de peur qu'il n'ait à son bord l'ancien employé de la NSA, recherché par les États-Unis pour espionnage.

MÉDIAS

Votre TV en français : TV5MONDE partout avec vous

TV5MONDE est reçue partout dans le monde par câble, satellite et sur IPTV. Dépaysement assuré aux pays de la francophonie avec du cinéma, du divertissement, du sport, des informations internationales et du documentaire.
En voyage ou au retour, restez connecté ! Le site internet • *tv5monde.com* • et son application iPhone, sa déclinaison mobile *(• m.tv5monde.com •)*, offrent de nombreux services pratiques pour préparer son séjour, le vivre intensément et le prolonger à travers des blogs et des visites multimédia.
Demandez à votre hôtel le canal de diffusion de TV5MONDE et n'hésitez pas à faire part de vos remarques sur le site• *tv5monde.com/contact* •

Euronews

Restez connectés à l'actualité internationale à tout moment de la journée via Euronews TV, les applications mobiles Euronews disponibles sur IOS, Androïd, Windows Phone, Blackberry et • *euronews.com* • 450 journalistes, de 30 nationalités différentes, parcourent le monde pour vous informer en temps réel, 24h/24 et en 13 langues !
Euronews, la chaîne d'information la plus regardée en Europe, est accessible dans les hôtels, à bord des plus grandes compagnies aériennes, dans les gares et aéroports internationaux.

Presse, télévision, radio

La presse écrite quotidienne compte une vingtaine de titres, qui font généralement la part belle à l'actualité locale. Parmi les principaux, citons *La Razón* et *El Diário*, basés à La Paz, *Los Tiempos* à Cochabamba, ou encore *El Deber* à Santa Cruz. Ces grandes publications ont aussi leurs versions en ligne. Pour ceux qui ne maîtrisent pas l'espagnol, il existe un quotidien anglophone, le *Bolivian Times*, mais il n'est pas très facile à trouver. Il est parfois possible de dégoter la presse française ou étrangère (souvent un peu en décalé) dans les grandes villes.

Deux grandes chaînes hertziennes se partagent l'espace télévisuel : *ATB* (publique) et *Bolivisión* (privée). *Red Uno* et *Red PAT* sont des chaînes secondaires généralistes. Quelques grandes radios nationales occupent l'essentiel des ondes, *Radio Fides, Radio Estrella, Radio Panamericana* et *Red Patria Nueva*.

À l'échelle régionale, les médias communautaires, en plein essor depuis l'accession au pouvoir d'Evo Morales, leur font souvent concurrence.

Liberté de la presse

La presse subit et participe en même temps à la polarisation entre partisans et adversaires du gouvernement. Cette situation tendue pour les journalistes a été confirmée par des déclarations d'Evo Morales qui affirmait le 17 juin 2014 le peu de confiance qu'il accordait à la presse indépendante, estimant qu'elle était liée à des intérêts privés.

L'État bolivien a engagé plusieurs procès contre des médias, dont le quotidien *Página Siete* et l'agence *Fides* pour diffamation et calomnie. La justice bolivienne a cependant annulé en juillet 2014 une condamnation à deux ans et demi de prison pour le journaliste Rogelio Peláez. Il était accusé de calomnie pour avoir révélé une affaire de détournement de fonds publics dans son journal *Larga Vista*.

En réponse aux propos racistes et discriminatoires véhiculés contre sa personne et plusieurs ministres autochtones par certains médias d'opposition, le président Morales a fait promulguer, en octobre 2010, la loi 045 qui prévoit des sanctions économiques et des suspensions de licence pour les médias qui « autoriseraient ou publieraient des idées racistes et discriminatoires ». Cette législation reste polémique, en raison de certaines ambiguïtés contenues dans sa formulation et le sujet demeure hautement sensible compte tenu des divisions politiques du pays.

La loi sur les télécommunications, adoptée en juillet 2011, prévoit une répartition des fréquences audiovisuelles selon la règle des trois tiers : un pour les médias publics, un pour les médias privés et un pour les médias communautaires. Ce nouveau cadre de régulation, qui pourrait aider à promouvoir le pluralisme, se heurte cependant à l'hostilité d'une presse très majoritairement privée et commerciale, proche des milieux d'opposition.

En outre, plusieurs meurtres de journalistes restent toujours impunis dans le pays, comme ceux de Verónica et Victor Hugo Peñasco Layme en 2012.

Ce texte a été réalisé en collaboration avec ***Reporters sans frontières.*** Pour plus d'informations sur les atteintes aux libertés de la presse, n'hésitez pas à contacter :

■ ***Reporters sans frontières :*** *47, rue Vivienne, 75002 Paris. ☎ 01-44-83-84-84. • rsf.org • Ⓜ Richelieu-Drouot, Grands-Boulevards ou Bourse.*

MUSIQUE

Instruments traditionnels

Pour les amoureux de la musique andine, la Bolivie demeure le berceau du ***charango,*** de la ***kena*** et de la ***zampoña.*** Le *charango,* de la région de Potosí, est l'adaptation andine de la guitare italienne des orchestres baroques. Avec un son aigu et gai, il se décline en une dizaine de tailles différentes suivant l'octave que l'on veut jouer. C'est, avec la *kena,* l'instrument le plus populaire en Bolivie. On peut trouver des *charangos* honorables dans les boutiques ou sur les marchés. Sinon, s'adresser à un luthier (il y en a surtout à La Paz, Cochabamba, Sucre et Potosí). Préférez les *charangos* en bois, les caisses de résonance en carapace de tatou étant moins sonores, plus fragiles, et, de toute façon, laissez vivre en paix ces petites bêtes ! Les instruments à vent (la *kena* est la flûte droite à encoche, la *zampoña* la flûte de Pan andine, la *tarka* un gros flageolet de bois aux sonorités rauques) se trouvent un peu partout. Cependant, ils ne sont que la pointe de l'iceberg (ou, ici, de la cordillère !). Les instruments à vent de la Bolivie andine n'ont pas encore fait l'objet d'un inventaire exhaustif. À la louche, on dénombre peut-être un demi-millier de variétés différentes ! Là encore, soyez prudent quant au choix si vous êtes prêt à vous offrir un bel instrument (se méfier en particulier des galeries artisanales de La Paz qui proposent des *zampoñas « de concierto »* et des *kenas « profesionales »*... à des prix largement surévalués).

En Amazonie

Dans cette région, la musique se révèle complètement différente. Peut-être aurez-vous la chance d'assister à un défilé de *macheteros* à San Ignacio de Moxos ou Trinidad, ou d'entendre la voix rauque des *bajones,* ces énormes flûtes de Pan que l'on porte à deux (qui remplaçaient les orgues à l'époque des missions jésuites pour l'interprétation de la musique baroque), ou encore de participer aux *Gigantes Cabezudos.* Dans les villes, les rythmes les plus prisés sont le carnaval, le *taquirari* et la *chovena.*

L'origine du baroque

« Un dieu mystérieux et étrange visite la forêt. C'est un dieu silencieux, aux bras ouverts », voilà ce qu'écrit Ricardo Jaimes Freyre, écrivain bolivien, dans son livre *Castalia Barbara,* à propos de Martin Schmid. Ce missionnaire jésuite suisse, arrivé en Amérique en 1729, se rend à Potosí pour faire construire un orgue. Oui, un orgue, qu'il compte transporter dans les *terrae incognitae* des forêts tropicales de la Real Audiencia de Charcas !

Là, tel un personnage d'opéra, il donne vie à l'un des plus brillants chapitres de l'histoire coloniale de la Bolivie. Une utopie de « bois, de foi et de hautbois » pourrait-on dire... Dans les enclaves religieuses (on les appelle « réductions »), gérées en autarcie et en toute liberté, Schmid bâtit de superbes églises en bois avec l'aide des Chiquitanos, les habitants de la région, et implante la musique baroque. Schmid assiste à la naissance, à la gloire et à la fin des missions jésuites de Bolivie lorsque les rois du Portugal et d'Espagne décident l'expulsion de la Compagnie en 1767.

DES FOUS DE MUSIQUE BAROQUE EN FORÊT TROPICALE

Pendant les instants de farniente qui n'étaient pas consacrés à la prière ou au jeu de la sarina *(l'ancêtre du football, que les hommes pratiquaient avec des ballons en hévéa), les Chiquitanos se faisaient luthiers, interprètes et même compositeurs de musiques sacrées ou d'opéras !*

Surprise : la musique baroque a miraculeusement survécu grâce au travail patient des descendants des Chiquitanos, qui ont recopié les originaux des partitions jusqu'à ce que, dans les années 1970, les archives de Concepción, la plus grande des missions, soient enfin découvertes par des chercheurs argentins. Aujourd'hui, les habitants de la région, fiers de cet héritage, ont retrouvé la voie du baroque.

Une école de musique et un orchestre se sont montés à San Ignacio de Moxos – ce dernier effectue des tournées dans le monde entier ! La Bolivie est certainement le seul pays au monde où l'art baroque continue à vivre.

Musiques contemporaines

La musique contemporaine bolivienne a commencé à se former dans les tranchées de la guerre du Chaco. Suivant un long et tortueux chemin, elle a finalement atteint une certaine reconnaissance dans les années 1990, grâce au travail de groupes comme Los K'jarkas, Musica de Maestros et les inoubliables Los Jairas. Leurs membres forment la « crème de la crème » des musiciens boliviens : Yayo Joffré, Gilbert Favre, Alfredo Dominguez, Ernesto Cavour et Fernando Jimenez, parmi les plus éminents. Vous aurez la possibilité d'entendre cette musique typiquement bolivienne lors des fêtes, dans la rue, sur les marchés, à la radio et, bien sûr, dans les *peñas,* ces restaurants où des artistes se succèdent pour jouer de la musique traditionnelle et des compositions personnelles. Attention, ces *peñas* sont devenues des repaires à touristes, où l'on paie parfois un peu cher (il y a un droit d'entrée) une interprétation plus ou moins réussie.
Vous trouverez des disques un peu partout en ville, en particulier dans les quartiers populaires. N'hésitez pas à fouiner. Peut-être dénicherez-vous alors quelques titres de *saya,* cette musique afro-bolivienne mêlant rythmes africains (tambours) et instruments de l'Altiplano. Croyez-le ou non, c'est ici, dans un village noir des Yungas, qu'est née la lambada. Sacré parcours !

PERSONNAGES

– ***Juana Azurduy de Padilla*** *(1780-1862)* **:** née à Toroca (Chuquisaca). Le libérateur Bolívar la considérait comme l'héroïne absolue de la guerre d'Indépendance de l'Amérique latine. Il dit même en la rencontrant : « Les gens font une erreur. Ce pays ne doit pas s'appeler Bolivie. Il doit s'appeler Azurduy. » Elle dirigea avec son époux Manuel Ascensio les armées des Indiens boliviens et des généraux argentins contre les Espagnols de 1809 à 1816. Son bras droit n'était autre que Juan Huallparrimachi, le plus grand poète en langue quechua. Les légendaires aventures guerrières de Juana devinrent une source de motivation pour les armées libératrices de Simón Bolívar et Antonio José de Sucre, les pères fondateurs de la Bolivie. Malgré cela, son histoire a sombré rapidement dans l'oubli. Une fois la Bolivie libérée des Espagnols, « la fleur du Haut-Pérou », comme l'appelait Mercedes Sosa, finit sa vie dans la pauvreté, oubliée par la République, alors que Bolívar et Sucre lui avaient accordé une pension à vie. Elle mourut le 25 mai 1862, jour de commémoration du premier soulèvement contre l'Espagne à Sucre.
– ***Simón I. Patiño*** *(1862-1947)* **:** né à Santivañez (Cochabamba). En 1945, juste après la Seconde Guerre mondiale, Patiño devient le huitième homme le plus riche du monde grâce à ses mines d'étain. Il doit sa fortune à un coup de chance. Simple employé à Potosí vers 1890, Patiño récupère en échange d'une créance une mine plus ou moins abandonnée. Il s'aperçoit qu'elle est riche en étain, minerai essentiel de la seconde révolution industrielle. Dix ans après, il réalise un coup de maître boursier à la Edmond Dantès. Alors que la majeure partie des mines boliviennes est passée sous contrôle chilien en 1879 (invasion de la côte bolivienne), Patiño rachète la totalité de ces gisements en une journée. De 1910 à 1920, l'essor du commerce mondial de l'étain permet à la Bolivie andine de se doter de routes, de centrales électriques, de tramways. Et, dans les années 1930, de financer l'armée bolivienne lors de la désastreuse guerre du Chaco. Patiño devient un capitaliste international : il rachète l'immense fonderie Williams Harvey and Co. à Liverpool, développe la balbutiante industrie du tourisme au Mexique, investit en Malaisie... Mais, dès les années 1940, ses mineurs fondent les plus

grands syndicats d'Amérique latine, ainsi que le Parti ouvrier révolutionnaire : la révolution se prépare... En 1952, les mines du « roi de l'étain » sont nationalisées. Grand capitaine d'industrie, Patiño fut aussi le fondateur du *Banco Mercantil*, la plus importante banque de Bolivie.

– ***Adela Zamudio*** *(1854-1928)* **:** féministe et révolutionnaire née à Cochabamba, Adela Zamudio est considérée comme la Simone de Beauvoir de la région. Écrivain et poète, elle fut l'une des artistes les plus reconnues d'Amérique latine. De tendance néoromantique, elle publia plusieurs nouvelles dont *Nuit de fête* et *L'Inondation*. Elle protesta contre la discrimination que subissent les femmes dans son poème *Il faut naître homme*.

– ***Gladys Moreno*** *(1933-2005)* **:** née à Santa Cruz, elle reste jusqu'à aujourd'hui la plus belle voix féminine de Bolivie avec Luzmila Carpio. Elle interpréta les chansons du compositeur d'Oruro Gilberto Rojas, en particulier le *Viva Santa Cruz*. Dans les années 1960, elle enregistra au Brésil la plupart de ses grands succès. Le boléro *Para decir te quiero* reste l'une de ses plus belles chansons avec le *taquirari Las Palmeras*.

– ***Ernesto Cavour*** *(né en 1940)* **:** le plus grand musicien bolivien ! Cavour est connu mondialement comme le maître du *charango*, cet instrument à cordes originaire de Bolivie, adapté au XVIIe s de la *viola de gamba* italienne. C'est en grande partie grâce à Cavour et à son groupe de musique andine *Los Jairas* (1960-1971) que le monde connaît aujourd'hui la *zampoña* (flûte de Pan), la *kena* et bien évidemment le *charango*. Aujourd'hui le « Maestro » poursuit son pèlerinage musical de par le monde. Il a fondé le *musée des Instruments musicaux de la Bolivie* à La Paz. Vous pouvez vous aussi devenir un maître du *charango* grâce à la méthode de son site ● *ernestocavour.com* ●

– ***Evo Morales Ayma*** *(né en 1959)* **:** issu du hameau d'Isllavi (Orinoca), à Oruro. Élevé dans un des villages les plus pauvres de la Bolivie, il aide ses parents en gardant les lamas et suit des cours à l'école rurale. Il suit ses parents pour la récolte de la canne à sucre dans le Nord argentin, tout en poursuivant ses études jusqu'à la première. Le phénomène « El Niño » du début des années 1980 le pousse à quitter son village. Il s'installe à Oruro où il devient boulanger, avant de rejoindre le Chaparé vers les années 1985 avec les milliers de mineurs licenciés des mines d'étain de la Comibol. Là, il fait connaissance avec le vieux militant trotskiste Filemon Escobar, lui aussi expulsé des mines. Il devient dirigeant des *cocaleros* (le syndicat des cultivateurs de coca) à 26 ans, puis leader de l'opposition bolivienne en 2001. Deuxième aux élections présidentielles en 2002 à la tête du Mouvement vers le socialisme (MAS), sa carrière politique décolle. Le 18 décembre 2005, il remporte les élections présidentielles avec 53,7 % des voix et devient le premier « indigène » à être élu au suffrage universel en Amérique latine. Il nationalise le gaz et le pétrole boliviens, puis lance réforme agraire et programmes sociaux. Il est reconduit au pouvoir pour un 3e mandat aux élections d'octobre 2014 avec environ 60 % des suffrages. Le président brésilien Lula l'a surnommé « le Mandela d'Amérique latine ».

POPULATION

Plus que le Pérou, la Bolivie est le pays qui, en Amérique du Sud, compte la plus grande proportion d'Indiens dans sa population. Environ 55 % des presque 10,5 millions de Boliviens sont Quechuas ou Aymaras, vivant dans la partie andine et les vallées. Cependant, on vous précise tout de suite que le terme *Indio* en Bolivie possède une connotation raciste. On se définit plutôt ici comme « indigène ». La révolution de 1952, qui a aboli l'esclavage et donné des droits aux indigènes, a permis aux ethnies boliviennes de s'organiser politiquement pour faire face à la minorité de Blancs et de métis qui contrôlait le pays. Quatre décennies plus tard, de 1993 à 1997, la Bolivie est la première nation du continent à avoir eu un vice-président amérindien (Victor Hugo Cárdenas, fils de paysans aymaras du lac Titicaca), puis en 2005, carrément, un président (Evo Morales). Tant bien que mal, le processus entamé en 1952 avec la réforme agraire, le suffrage universel et l'enseignement obligatoire a permis cette lente révolution sociale.

Aux côtés des Aymaras (25 %) et des Quechuas (30 %), l'« État plurinational de Bolivie » est surtout peuplé de Blancs (15 %) et de métis (30 %). À cela s'ajoutent des Guaranís, une minorité allemande influente, des tribus amazoniennes, des mennonites, des immigrants japonais, des sikhs, des Noirs descendants d'esclaves dans les Yungas... Cette diversité est aussi enrichissante que fragilisante pour un pays pauvre comme la Bolivie. D'ailleurs, c'est davantage lors des confrontations économiques et politiques que surgit la question des origines. En attendant, tout le monde s'accorde pour rendre hommage au plus vieux des Boliviens : Carmelo Flores Laura, habitant près du lac Titicaca, serait, à 123 ans, le doyen de l'humanité. Mais s'il est bien certain d'avoir participé à la guerre du Chaco, il n'a jamais eu de certificat de naissance pour le prouver...

JUSTICE COMMUNAUTAIRE

Depuis 2010, face à un délit mineur, les « indigènes » peuvent choisir d'appliquer leur justice communautaire plutôt que la justice d'État. Cette justice collective – toute la communauté participe aux débats, le verdict se décide au consensus – s'appuie sur trois principes : ne vole pas, ne mens pas, ne sois pas fainéant. Son but : réintégrer le fautif dans la communauté et éviter ainsi les divisions. La peine se résume le plus souvent à effectuer quelques travaux d'intérêt général. Cependant, si le délit est jugé trop grave, le coupable est banni de la communauté.

SITES INSCRITS AU PATRIMOINE MONDIAL DE L'UNESCO

Organisation des Nations Unies pour l'éducation, la science et la culture

En coopération avec le centre du patrimoine mondial de l'UNESCO

Pour figurer sur la liste du Patrimoine mondial, les sites doivent avoir une valeur universelle exceptionnelle et satisfaire à au moins un des 10 critères de sélection. La protection, la gestion, l'authenticité et l'intégrité des biens sont également des considérations importantes.

Le patrimoine est l'héritage du passé dont nous profitons aujourd'hui et que nous transmettons aux générations à venir. Nos patrimoines culturel et naturel sont deux sources irremplaçables de vie et d'inspiration. Ces sites appartiennent à tous les peuples du monde, sans tenir compte du territoire sur lequel ils sont situés. Pour plus d'informations : • *whc.unesco.org* •

Voici les sites traités dans ce guide : la ville de Potosí (classée en 1987), les missions jésuites de Chiquitos (1990), la ville historique de Sucre (1991), le fort de Samaipata (1998), le parc national Noel Kempff Mercado (2000), Tiwanaku (2000).

SPORTS ET LOISIRS

Football

Le foot est sans doute le meilleur moyen de lancer une conversation avec les Boliviens. L'académie de football *Tahuichi tonne,* basée à Santa Cruz, le Basque Xavier Azkargorta et l'équipe nationale font partie de l'histoire contemporaine de la Bolivie. Au moment du tournant économique et politique de 1993, la Bolivie a retrouvé sa fierté grâce aux gamins pauvres sauvés des rues de

Santa Cruz, formés par un ambitieux programme de réinsertion sociale, et qui devinrent les piliers de l'équipe nationale.
En 2007, la Bolivie a engagé une bataille contre la FIFA qui, pour des raisons d'équité et de santé des joueurs, souhaitait interdire les matchs au-dessus de 2 500 m d'altitude. Evo Morales, soutenu par la Communauté des nations andines (CAN), a réussi à faire annuler cette décision qui aurait retiré à la Bolivie le droit d'organiser des rencontres à La Paz. Mais les critiques vont bon train, surtout de la part des grands pays du foot de la région comme le Brésil ou l'Argentine. Et l'écrasante victoire bolivienne contre l'Argentine (6-1), lors des matchs de qualification pour la Coupe du monde 2010, n'a fait que raviver la polémique... Cavaler derrière un ballon à 4 000 m d'altitude, ça donne un certain avantage à l'équipe locale ! Malgré cela, le niveau du football bolivien reste assez faible et ne lui a pas permis de se qualifier... Déjà, Jacques Chirac avait défendu la Bolivie pour qu'elle puisse jouer à La Paz les éliminatoires de la Coupe du monde 1998. Pour le remercier, les Boliviens l'ont décoré de la médaille la plus honorifique du pays. Son nom, « le Condor des Andes », avait inévitablement fait cancaner *Le Canard enchaîné...*
En avril 2012, la fondation *Real Madrid* a signé avec le gouvernement bolivien un accord pour la création de bourses et d'écoles de football à La Paz et à Santa Cruz. Attention, futurs talents ?

Trekking

Avec l'Himalaya, la cordillère des Andes est l'autre paradis des trekkeurs de haute montagne. La région des alentours de La Paz offre un potentiel exceptionnel pour les amoureux des grands sommets (Huayna Potosí, Illimani, Sajama), comme pour ceux qui apprécient les longues marches – en particulier sur les sentiers incas descendant vers les Yungas. Les infrastructures étant encore peu développées et le terrain inconnu, la plupart des randonnées et des ascensions s'organisent par l'intermédiaire d'une agence ou, à minima, d'un guide. Pour plus d'infos et des adresses d'agences ou de guides spécialisés, reportez-vous aux rubriques « Trekking dans la cordillère Royale » du chapitre consacré à La Paz ou « Trekking – Randonnées » dans les « Généralités Pérou, Bolivie ». Et avant le départ, consultez • *trekmag.com* •

Et autres...

En dehors du « roi football », de nombreuses possibilités s'offrent au routard sportif. La ***planche à voile*** sur le lac Titicaca (à condition d'avoir une bonne combinaison), le ***vélo*** dans le vélodrome le plus haut du monde à La Paz, le ***VTT*** sur la « route de la Mort » (voir à La Paz), la ***randonnée à pied ou à cheval*** un peu partout dans les neuf départements du pays, ou encore le ***golf*** à Santa Cruz ou à La Paz.
Côté jeux, on peut citer une version équivalente du poker à cinq dés, le *cachos.* On pratique également le jeu du *sapo* qui consiste à lancer des jetons dans la bouche d'un crapaud en étain, et le « jeu des jeux », celui que vous ne pratiquerez pas : le *tinku,* ce combat rituel du nord de Potosí qui ferait sans doute fuir Mike Tyson...

LA BOLIVIE

ALTIPLANO, ANDES

Altiplano. Le mot seul fait rêver, invoque des paysages éternels et glacés de plateaux arides et austères, veillés par les phares cristallins des sommets andins. Un parallèle, déjà, se dessine avec le mythique Himalaya. Ne dit-on pas, d'ailleurs, que la Bolivie est « le Tibet des Andes » ?

Marchant dans les pas des conquistadores et des routards des années 1970, les voyageurs en quête de grands espaces et de mysticismes anciens affluent pour sentir vibrer encore le pouls des grands empires précolombiens. Le temps semble parfois ne pas avoir de prise ici. D'une saison à l'autre, les activités des hommes, les marchés se figent dans l'esthétique d'un quotidien éternellement recommencé, tout juste ponctué de fêtes enivrées et enivrantes, comme autant d'exutoires, de jalons sur le cours de la vie.

Laissez-vous charmer par le monde fabuleux des Andes, de la cordillère Royale qui trône, majestueuse, sur la Bolivie. Rêvez au bleu lapis-lazuli du lac Titicaca, berceau des civilisations tiwanaku et inca. Survolez l'écrasante blancheur du salar d'Uyuni. Écoutez les mélodies millénaires jaillir des flûtes de Pan, les notes étranges du *quenacho,* la force explosive de la *tarka.* Voyagez dans le temps en contemplant la porte du Soleil de Tiwanaku, symbole de la connaissance des peuples anciens. Inspirez, expirez, respirez cet air vivifiant et raréfié qui fait d'une simple marche toute une aventure. L'Altiplano s'offre enfin à vous.

LA PAZ

env 2 300 000 hab. (avec El Alto) IND. TÉL. : 2

▸ Pour les plans de La Paz, se reporter au cahier couleur.

La Paz ! La Paix des cimes des Andes, au plus près du ciel. Voici la capitale la plus haute du monde, étagée de 3 200 à 4 000 m dans un immense canyon aride, entourée d'une centaine de pics de plus de 5 000 m et dominée par la majestueuse silhouette enneigée du mont Illimani. La Paz (*Chuquiago Marka* en langue aymara) possède l'un des cadres naturels les plus incroyables du monde. Impossible de rester insensible à la vue de cette agglomération surréaliste, agrippée aux nuages, si différente des autres capitales latino-américaines. Ici, tout marche à l'envers, ou presque. On a les pieds sur terre mais la tête dans les étoiles, rien de mieux pour se sentir sur une autre planète ! La Paz est l'une des seules villes au monde où il faut monter pour descendre dans les bas quartiers – en d'autres termes, où les riches, au lieu de se réfugier en haut de la ville, résident tout en bas (et les pauvres tout en haut). C'est le résultat, bien sûr, des conditions climatiques (800 m de dénivelée en haute montagne, ça compte !). Voilà une ville qui monte, qui descend, qui monte encore... et autant de points de vue spectaculaires jaillissant au hasard d'un croisement. Autant de démarrages en côte aussi et de nuages noirs lâchés par des tacots essoufflés.

La belle cité du début du XXe s, très hispanique, a fait place à l'un des chaos urbains les plus bariolés, bruyants et mouvementés qui soient, rythmé par une circulation infernale et enguirlandé de grappes de maisons en parpaing qui rongent tous les flancs montagneux. Les vieilles bâtisses coloniales aux façades défraîchies, cachant parfois encore de superbes patios à arcades blasonnés, sont désormais égarées au pied des buildings disgracieux. La Paz a toutefois su garder une atmosphère étrange, comme une sorte de point de ralliement de voyageurs au long cours et d'aventuriers en tout genre. Sans doute parce qu'elle est le point de départ de nombreuses randonnées dans les alentours, notamment dans la cordillère Royale.

Attention, beaucoup de choses sont fermées le dimanche, donc préparez vos excursions au plus tard le samedi.

IL DESCEND DE LA MONTAGNE

C'est au cœur de l'Altiplano, à Laja, quelques kilomètres avant l'actuelle El Alto, que le capitaine Mendoza fonda originellement La Paz en 1548. Des conquistadores y avaient bâti une église, qui lui parut un bon point de départ pour édifier une nouvelle cité relais, à mi-chemin entre Cuzco et Sucre. Il ne lui fallut cependant pas longtemps pour changer d'avis : 3 jours. Continuant sa route, il découvrit la vallée de l'actuelle La Paz, ses ríos et son climat bien plus clément, qui voyait prospérer la patate. Alors il refonda là la ville qu'il venait à peine de créer.

Arrivée à l'aéroport

✈ ***Aeropuerto internacional El Alto*** *(hors plan couleur par B1)* **:** *à env 10 km du centre-ville.* ☎ *215-73-00.* 4 000 m d'altitude, 4 000 m de piste : *El Alto* est le seul aéroport 4x4 du monde ! À une telle altitude, l'oxygène se fait rare et la portance est donc moindre, la piste doit s'allonger pour que l'avion ait le temps de freiner et de décoller. L'arrivée à La Paz est d'ailleurs spectaculaire pour ceux qui arrivent de l'est : peu avant d'atterrir, l'avion survole de près les sommets de la cordillère Royale.

■ Si vous n'êtes pas encore acclimaté à l'altitude et que vous souffrez du *soroche*, un ***cabinet médical*** *(consultorio médico)* se trouve en face du tapis de livraison des bagages des vols internationaux. Un peu d'oxygène, un *mate de coca* bien chaud (voire une petite pilule) et hop, ça repart !

■ Passé la porte, vous trouverez une ***casa de cambio*** *(lun-sam 3h-12h, 17h30-1h ; dim 3h-12h slt)* aux taux acceptables (commission fixe de 15 Bs pour les transactions de moins de 300 $ ou 2 % au-delà). Juste à côté, un petit ***bureau d'infos touristiques*** généralement ouvert aux heures d'arrivée des vols. Les ***distributeurs automatiques*** de billets sont, eux, situés au bout du hall des départs, 100 m plus bas. Vous trouverez aussi un *Punto Entel* pour l'accès à ***Internet,*** un guichet de ***poste*** et, à l'extrémité du terminal (côté arrivée des vols nationaux), une ***consigne*** ouverte 24h/24 (25 Bs/j.). Si vous avez un petit creux, il y a un *Subway* à l'étage (sandwichs 20-25 Bs), qui offre 20 mn d'Internet gratuites.

■ Seules 2 compagnies de ***location de voitures*** ont un guichet à l'aéroport, ouverts seulement sur réservation : *Budget* (*789-316-31 ; ● budget.bo ●*) et *Barbol Rent a Car* (*☎ 282-06-75 ou 721-071-03 ; ● barbolsrl.com ●*). Si vous êtes pressé, adressez-vous à *Barbol* : les voitures de *Budget* sont stockées au centre-ville, celles de *Barbol* à côté de l'aéroport.

Ceux qui sont en transit trouveront, à l'étage, un hôtel-capsules, le ***Onkel Inn,*** s'ils veulent éviter de descendre en ville pour remonter à l'aube (*☎ 282-94-34 ; ● barbolsrl.com ● ; compter 50 Bs/h jusqu'à 3h, puis tarifs dégressifs – max 350 Bs).*

Pour rejoindre le centre-ville (400 m plus bas que l'aéroport)

Prendre un minibus à la sortie de l'aéroport. Départs ttes les 15 mn, 6h20-21h20 (6h10-21h30 dans le sens retour). Prévoir 4 Bs. Durée du trajet : env 30 mn. En taxi, compter env 60-70 Bs pour le centre-ville ou Sopocachi selon l'heure (25 Bs/pers en taxi collectif), 80-100 Bs selon la distance pour la Zona Sur.

Topographie de la ville

– ***En arrivant de l'aéroport :*** l'autoroute descend en décrivant des virages et des boucles jusqu'au centre de La Paz (plaza San Francisco). C'est comme si l'on descendait dans la gueule d'un dragon urbain, enfoui au cœur d'un amphithéâtre de rocaille. Du haut vers le bas, après l'autoroute, l'artère principale s'appelle successivement : avenida Montes, avenida Mariscal Santa Cruz, avenida 16 de Julio (El Prado), avenida Villazón et avenida 6 de Agosto (quartier de Sopocachi).

– ***El Alto :*** au-dessus de la ville, sur l'Altiplano, à plus de 4 000 m (même altitude que Potosí !). Battue par des vents glacials, cette banlieue n'en finit pas de s'étendre. Elle compte déjà environ 1,2 million d'habitants, ce qui en fait la troisième ville la plus peuplée du pays. Tout en brique, à mi-chemin entre la ville-champignon et le terrain vague, cette cité labyrinthique abrite une population majoritairement indienne, souvent pauvre. On la traverse en venant de l'aéroport ou du lac Titicaca. Elle est désormais reliée au centre de La Paz par le nouveau téléphérique ouvert en juin 2014.

– ***Le centre historique*** *(zoom couleur)* **:** il occupe les 2 collines situées de part et d'autre de la plaza San Francisco (et de l'avenida Montes) avec, à l'ouest le très vieux ***quartier indien,*** axé sur la très touristique calle Sagárnaga (sacrée pente !), et à l'est le petit ***quartier colonial historique*** (avec le Parlement). S'y concentrent la plupart des hôtels, le long de rues pavées aux façades coloniales défraîchies. Respirez bien et montez doucement !

– ***Sopocachi*** *(plan couleur C-D3)* **:** quartier résidentiel et commercial où alternent des rues bordées de maisons un peu chic, d'immeubles et de tours. Nombreux sièges sociaux, restos et bars plus huppés que dans le centre historique, notamment sur les avenues 20 de Octubre et 6 de Agosto. C'est le Q.G. des expats occidentaux !

– ***Les quartiers riches (Zona Sur*** *; hors plan couleur par D3)* **:** 800 m plus bas que El Alto, ***Obrajes*** et ***Calacoto*** sont les nouveaux quartiers chic de La Paz. Tours, béton, centres commerciaux et quartiers résidentiels jouissent d'un climat plus clément ! ***San Miguel*** est apprécié le week-end pour ses cafés avec terrasse, glaciers et restos. Rare sont les voyageurs qui ont une raison de s'y rendre (prendre l'un des *trufis* – minibus – qui desservent la ligne

directe plaza San Francisco-Calacoto).
– ***Conseil :*** méfiez-vous des distances sur les plans de la ville. Il en faudrait un topographique pour montrer les dénivelées ! 200 m à parcourir sur une pente à 35° prend quatre fois plus de temps que sur du plat ! Cela dit, la taille du centre de La Paz reste très raisonnable, et l'on peut descendre du centre historique à Sopocachi en 30-40 mn de marche.

Transports à La Paz

La nuit, si vous sortez un peu loin de votre hôtel, il est plus sûr de rentrer en taxi.

➢ ***Les bus :*** souvent bondés, ils sont de deux types. Les *microbuses* colorés n'ont en fait rien de « micro », puisqu'ils disposent d'une trentaine de places ; ils coûtent 1-1,80 Bs selon la distance. Les *minibuses,* plus petits, plus rapides, sont aussi un poil plus « chers » (1,50-2,40 Bs pour un trajet court/long). Les directions sont annoncées à la criée et affichées sur le pare-brise. Une fois que l'on a en tête la géographie de la ville, c'est de loin le moyen de transport le plus pratique, typique et économique. Ces bus sillonnent toute la ville et s'arrêtent à la demande, même pas besoin de chercher une station. Prévoir de la monnaie. Pour descendre, criez simplement : « Bajo » !

➢ ***Les taxis :*** très pratiques, très nombreux et bon marché. Les *trufis,* qu'on reconnaît aux banderilles qu'ils arborent à l'avant du capot, ont un itinéraire préétabli, en principe affiché sur le pare-brise, et coûtent 1,50-3 Bs par personne selon la distance parcourue. Viennent ensuite les *taxis ordinaires,* qui coûtent environ 4 Bs par personne pour une course dans le centre-ville mais qui, eux, vont où vous voulez. Ils peuvent prendre d'autres passagers en chemin, du moins si ceux-ci vont dans la même direction. Il est écrit « taxi » sur leur portière. Des cas de racket étant régulièrement rapportés, on vous conseille plutôt les *radio-taxis* (semblables aux taxis français, on les repère au numéro de téléphone affiché sur le toit), qui vont aussi où vous voulez, mais qui ne prennent pas d'autres passagers. Bien sûr, ils sont plus chers (8-12 Bs ; dans le centre et le sud), mais comme c'est pour toute la voiture, cela revient au même prix que le taxi ordinaire si vous êtes 2, et moins cher à partir de 3 ou 4 personnes. Bon, dans la pratique, on vous demandera plus souvent 10-15 Bs... Bien s'assurer du prix de la course avant de monter.

➢ ***Le téléphérique :*** petite révolution dans les transports de la capitale, le réseau de téléphérique urbain le plus long et le plus haut du monde a été inauguré le 1er juin 2014 entre La Paz et El Alto. S'étendant entre 3 200 et 4 000 mètres d'altitude, cette ligne permet de relier la capitale à la ville voisine en moins de 10 mn, contre 30 mn minimum en transport en commun. Il fonctionne 17 heures par jour, 360 jours par an, et son accès coûte 3 Bs. Alors n'hésitez pas à l'emprunter pour jouir d'une vue spectaculaire sur la ville !

Adresses et infos utiles

Infos touristiques

ℹ ***Turismo*** *(zoom couleur C2,* ***1****) : c/ Colombia, à l'angle de l'av. 16 de Julio.* ☎ *220-49-47.* ● *turismo lapaz.com* ● *Lun-ven 8h30-19h, w-e et j. fériés 9h-13h. Également pl. del Estudiante (plan couleur C2,* ***2****).* ☎ *237-10-44. Lun-ven 8h30-12h, 14h30-19h.* Accueil très attentif et serviable. Doc sur tout le pays et même des infos pour gagner le Pérou ou le Chili. Prenez-y le plan gratuit et l'agenda culturel du mois.
– Autres *puntos de información turística* situés au terminal de bus *(plan couleur B1 ; tlj 6h-22h)* ; à côté du cimetière plaza Catari *(plan couleur A1 ; lun-ven 9h-17h)* et avenida Pérez Velasco, sous la passerelle qui mène au mercado Lanza, à l'orée de la plaza de los Héroes *(zoom couleur B-C1 ; lun-ven 8h30-12h, 14h30-19h).*

Compagnies aériennes

■ ***TAM*** *(zoom couleur B1,* ***8****) : av. Montes 734, esq. Serrano. ☎ 268-11-11 ou 12. • tam.bo • Lun-ven 8h30-18h30, sam 9h-12h.*

■ ***Amaszonas*** *(plan couleur D2,* ***9****) : av. Saavedra 1649, Miraflores. ☎ 222-08-48 ou 901-10-55-00. • amaszonas.com • Lun-ven 8h-19h30.*

■ ***BoA*** *(zoom couleur C2,* ***21****) : av. Camacho 1413 (entrée sur Loayza). ☎ 211-79-93 (répond rarement) ou 901-10-50-10 (résas). • boa.bo • Lun-ven 8h30-18h30, sam 9h-12h.*

■ ***Aerocon*** *(plan couleur D3,* ***22****) : av. Arce 2809, esq. Cordero, edif. Guanabara. ☎ 215-00-93 ou 901-10-52-52* (Infoline). *• aerocon.bo • Lun-ven 8h30-12h30, 14h30-18h30 ; sam 8h30-12h30. Également av. Saavedra 1645. ☎ 211-02-03.*

■ ***Sky Airline :*** *c/ Gabriel Rene Moreno, bloque B-18, San Miguel (Zona Sur). ☎ 211-04-40. • skyairline.cl •*

■ ***Taca :*** *c/ Juan Capriles 1246, Manzano F, San Miguel (Zona Sur). ☎ 215-82-22, 277-47-40 ou 0800-10-82-22 (n° gratuit). • taca.com • Lun-ven 9h-18h30, sam 9h-13h.*

■ ***American Airlines :*** *c/ Gabriel Rene Moreno, esq. 1295, galeria Telleria (local 203), San Miguel (Zona Sur). ☎ 235-13-60 ou 800-10-02-29. • aa.com • Lun-ven 9h-18h30, sam 9h-13h.*

Location de véhicules

■ ***Budget*** *(plan couleur C3,* ***23****) : c/ Fernando Guachalla 639 (Sopocachi). ☎ 241-87-68. • budget.bo • Petits véhicules tout-terrain en bon état à partir de 49 $/j., hors assurances.* Possède aussi une agence dans la Zona Sur et une autre à Santa Cruz.

■ ***Barbol Rent a Car :*** *c/ Héroes del Km 7, n° 777, face à l'aéroport. ☎ 282-06-75. 📱 721-071-03. • barbolsrl.com • Ouv 24h/24 (sur résa). Bons véhicules tout-terrain à partir de 58 $/j., hors assurances.* Possède aussi une agence à Santa Cruz et permet des *drop off* dans d'autres villes.

■ ***Imbex Rent a Car :*** *c/ 11 n° 7896 (Calacoto). ☎ 212-10-10 ou 12. • imbex.com • Véhicules tout-terrain à partir de 65 $/j., assurances incluses.* Possède aussi une agence à Santa Cruz. Chauffeurs avec supplément.

■ ***Petita Rent a Car*** *(plan couleur B3) : c/ Valentin Abecia 2031, Sopocachi Alto (entre Landaeta et Jaime Zudañez). ☎ 242-03-29. 📱 772-264-81. • rentacarpetita.com • Tlj sf sam ap-m et dim.* Tenue par 2 Suisses francophones, cette agence est spécialisée dans la location de 4x4 préparés et équipés pour les aventuriers (à partir de 210 $/j., tarifs dégressifs). Ajouter 75 $/j. pour un chauffeur (40 $ si vous prenez ses frais à votre charge).

Représentations diplomatiques

Un bon nombre d'ambassades sont situées en direction, voire au-delà, de la Zona Sur (donc, hors plan).

■ ***Consulat et ambassade de France :*** *av. Hernando Siles 5390, esq. c/ 8 de Obrajes. ☎ 214-99-00. Urgences (24h/24) : 📱 775-931-58. • ambafrance-bo.org • Lun-ven 8h-12h.*

■ ***Alliance française*** *(plan couleur C-D3,* ***26****) : c/ Fernando Guachalla 399, esq. 20 de Octubre, à Sopocachi. ☎ 242-50-05 ou 50-04. • afbolivia.org • Médiathèque : lun-jeu 9h-13h, 15h-20h ; ven 15h-19h ; sam 9h-12h.* Grande médiathèque avec expositions, films français (TV avec écouteurs en accès libre), journaux...

■ ***Consulat et ambassade de Belgique :*** *c/ 9 n° 6, Achumani. ☎ 277-14-30. • diplomatie.be/lapazfr • Lun-ven 9h-13h, sur rdv.*

■ ***Ambassade de Suisse :*** *c/ 13 n° 455, esq. 14 de Septiembre, Obrajes. ☎ 275-12-25. • eda.admin.ch/lapaz • Lun-ven 9h-12h.*

■ ***Consulat du Canada*** *(plan couleur C3,* ***5****) : c/ Victor Sanjinés 2678, edif. Barcelona (2ᵉ étage), pl. España. ☎ 241-51-41. • lapaz@international.gc.ca • Lun-jeu 8h30-17h, ven 8h30-14h.*

■ ***Consulat et ambassade du Brésil*** *(plan couleur D3,* ***7****) : av. Arce, esq. Rosendo Gutiérrez, edif. Multicentro, torre B. ☎ 216-64-00. • brasil.org.bo • Lun-ven 9h-13h, 15h-18h.*

■ ***Consulat général du Chili :*** *c/ 14 nº 8024 (Calacoto). ☎ 279-73-31 ou 41. • chileabroad.gov.cl/la-paz/ • Lun-ven 8h30-12h45.*

■ ***Ambassade d'Argentine*** *(plan couleur C3,* ***17****) : Aspiazu 497, esq. Sanchez Lima. (Sopocachi). ☎ 241-77-37. • ebolv@cancilleria.gov.ar • Lun-ven 8h30-16h30.*

■ ***Ambassade d'Équateur :*** *c/ 14 nº 8136 (Calacoto). ☎ 211-58-69 ou 214-77-53. • cancilleria.gob.ec/bolivia • Lun-ven 9h-17h. Consulat c/ 10 nº 8054, à Calacoto. ☎ 278-44-22. • eecubolivia@mmrree.gob.ec • Lun-ven 9h-12h30.*

■ ***Ambassade du Pérou*** *(plan couleur C3,* ***18****) : c/ F. Guachalla 300. ☎ 244-12-50. • epebol@acelerate.com • Lun-ven 9h30-13h30, 15h30-18h30.*

Agences de voyages

La Paz est un bon point de départ pour tout circuit dans le pays (raison pour laquelle il y a tant d'agences !). Pour le salar d'Uyuni et le Sud-Lípez, cela dit, on conseille plutôt de passer par une agence locale (moins chère et connaissant mieux le terrain). Pour les randonnées et les ascensions dans la cordillère Royale, voir plus loin la rubrique qui leur est consacrée dans les environs de La Paz (« Trekking dans la cordillère Royale »).

Pratiquement toutes les agences s'alignent le long de la calle Sagárnaga et dans les rues adjacentes. La plupart sont fermées le dimanche. Il n'y a que l'embarras du choix, pour des prestations et des tarifs à peu près équivalents. Sélection difficile, vu la fréquence des changements de nom, d'adresse ou de propriétaire. On peut néanmoins vous recommander :

■ ***Fremen Tours – Bolivia Andes & Amazonia*** *(plan couleur C-D3,* ***16****) : av. 20 de Octubre 2396 (et Belisario Salinas), edif. María Haydee (10e étage). ☎ 242-12-58 ou 291-14-20. • andes-amazonia.com • Lun-ven 9h-12h, 14h-18h ; sam 9h-12h.* Tenu par Michel Livet et sa femme Claudia, cette agence est spécialisée dans « l'ethno-écotourisme » – à savoir des circuits personnalisés respectueux de l'environnement et qui profitent directement aux communautés locales. Des Andes à l'Amazonie, *Fremen* propose un grand choix d'activités en partenariat avec des prestataires locaux et guides francophones, triés sur le volet. À pied, en pirogue ou en 4x4, sur les chemins du baroque ou à travers les déserts de sel, aux antipodes du tout-venant... Également un service de billetterie aérienne et des combinés avec les pays voisins (Pérou, Chili, Argentine).

■ ***Thaki Bolivia*** *(plan couleur C3,* ***25****) : c/ Chaco 738, edif. Color, dpt 4A (Sopocachi). ☎ 241-72-38. Depuis la France : ☎ 09-77-21-51-60 (prix d'un appel local ; lun-ven 15h-19h, 20h-23h). • thaki-bolivia.com •* L'agence a été créée par deux Français amoureux du pays, qui ont tissé au fil du temps un réseau de contacts précieux et fiables. Andiniste passionnée, Anne ouvre régulièrement des voies nouvelles en compagnie de guides boliviens ! *Thaki* est ainsi spécialisé dans les randonnées, treks et ascensions hors des sentiers battus. Mais la maison élabore également des circuits cousus main, en privé et à la carte, de l'Altiplano à l'Amazonie en passant par le Salar. Son vrai plus : proposer des activités qui permettent d'appréhender le pays plus en profondeur (balades inédites, rencontres avec des artistes, artisans et communautés).

■ ***Turisbus*** *(zoom couleur B1,* ***24****) : av. Illampú 704. ☎ 245-13-41. • turisbus.com • Dans l'hôtel* Residencial Rosario *(voir « Où dormir ? »). Lun-sam 9h-12h, 15h-20h.* Cette grosse agence propose des circuits « culture » et/ou « nature » dans toute la Bolivie et jusqu'au Pérou, ainsi que des excursions à la journée vers Tiwanaku, Coroico par la route de la Mort et le lac Titicaca. Départs garantis à partir de 2 personnes. Bonne réputation, mais les tarifs sont plus élevés que d'autres.

■ ***Terra Andina Bolivia*** *(plan couleur C3,* ***38****) : av. Ecuador 2682 (Sopocachi). ☎ 241-99-32. Depuis la France : ☎ 09-70-40-73-36 (prix d'un appel local ; lun-ven 15h-19h, 20h30-0h30). • voyage-bolivie.com •* Cette agence de tourisme d'aventure francophone basée à La Paz depuis 15 ans propose des circuits personnalisés partout en Bolivie : séjours découverte, expéditions en 4x4 sur l'Altiplano, tourisme communautaire, treks dans la cordillère Royale, et même andinisme. Elle possède des antennes dans de nombreux pays sud-américains.

■ ***La Paz on Foot :*** *prolong. Posnanski 400, Miraflores. ☎ 224-83-50. 📱 715-439-18. • lapazonfoot.com • Lun-ven 9h-18h.* Fondée par deux Allemands, cette agence propose notamment des visites guidées pédestres de La Paz, par exemple depuis El Alto jusqu'au centre en passant par les hauteurs aux maisons perchées et le marché Buenos Aires. Le ton est informel et, au-delà des visites touristiques, la conversation s'ouvre à la politique, à l'économie, au quotidien des Boliviens. Autres options : de courtes randos dans la vallée de La Paz, au lac Titicaca, dans les Yungas (visite d'une ferme de coca), ou plus longues dans les parcs nationaux de Sajama et d'Apolobamba, séjours dans certaines communautés, etc.

Argent, change

■ ***Change :*** banques et bureaux de change parsèment la ville. Vous pourrez y changer tous les dollars de la terre et, de plus en plus fréquemment, des euros. À la banque, les démarches sont plus longues. Quelques agents « sauvages » également autour de Sagárnaga, désormais acquis à l'euro.

■ Vous trouverez des ***distributeurs automatiques*** partout en ville, notamment sur l'avenida Camacho *(zoom couleur C2)*, sur la Sagárnaga *(zoom couleur B2)*, en face de l'office de tourisme de la plaza del Estudiante *(plan couleur C2)*, ou encore à Sopocachi, en particulier autour de la plaza Abaroa *(plan couleur D3)*.

Poste, télécommunications

✉ ***Correos*** *(zoom couleur C2) : av. Mariscal Santa Cruz 1228. Lun-ven 8h-20h, sam 8h-18h, dim 9h-16h.* Cartes postales et géographiques au fond à droite, juste en face de la poste restante. Pour envoyer un paquet à l'étranger, vous pouvez vous adresser au choix aux guichets du sous-sol (compter environ 350 Bs pour 3 kg pour la France) ou à ceux d'*EMS* (Chronopost), au 1er étage (400 Bs pour 2 kg). Ne fermez pas votre envoi (le contenu doit être inspecté) et amenez votre passeport (voire une ou deux photocopies).

■ @ ***Téléphone et Internet :*** *partout en ville. Ils sont en général ouv tlj 9h-22h. Les communications internationales ne sont vraiment pas chères. Pour Internet, compter 2-4 Bs/h.* On peut, dans certains cybercafés, graver ses photos sur un CD.

@ ***Ichuri*** *(zoom couleur B-C1,* ***15****) : av. Mariscal Santa Cruz, à l'angle de Sagárnaga, dans la galería La República. Lun-sam 9h-21h.* Une dizaine d'ordis offrant une connexion assez rapide. Juste de l'autre côté de l'avenue, un *Punto Entel* avec Internet et cabines téléphoniques (appels internationaux).

@ ***Internet*** *(plan couleur C-D3,* ***16****) : av. 20 de Octubre 2396 (edif. María Haydee). Lun-ven 8h30-19h30, sam 9h-12h.* Connexion rapide et tarifs bas.

Secours, urgences

■ ***Policía turística*** *(plan couleur D2,* ***6****) : à gauche de la pl. Tejada Sorzano (Stadium), en regardant le stade de foot. ☎ 222-50-16 ou 800-10-40-81 (n° gratuit). Tlj 8h-12h, 14h30-18h.*

✚ ***Hospital de Clínicas*** *(plan couleur D3) : av. Saavedra 2245 (Miraflores). ☎ 224-62-75 ou 222-91-80.*

✚ ***Clínica Alemana*** *(plan couleur D3,* ***19****) : av. 6 de Agosto 2821. ☎ 243-21-55, 243-36-76 ou 243-25-21.* Clinique privée (urgences 24h/24). Médecins parlant l'anglais.

■ ***Pharmacies ouvertes 24h/24 :***
– ***Farmacorp*** *(plan couleur C2,* ***94****) : av. 16 de Julio 1620. ☎ 231-13-11 ou 279-52-52.* Livre à domicile.
– ***Farmandrug*** *(zoom couleur C1,* ***20****) : av. Mariscal Santa Cruz, quasiment sur la pl. de los Héroes, en face de la c/ Sagárnaga et de l'église San Francisco. Lun-sam 9h-22h.*

Où dormir ?

Près du terminal de bus

On vous les indique surtout si votre bus débarque au milieu de la nuit (ce qui est tout de même assez fréquent !).

Bon marché (80-140 Bs / env 9-16 €)

Residencial Uruguay *(plan couleur B1, **51**) : av. Uruguay 470. ☎ 228-51-43. Juste en contrebas du terminal des bus, avt Montes. Simples dès 60 Bs ; double 100 Bs.* Drôle d'hôtel ! Escaliers et portes en partie inachevés partent dans toutes les directions au fur et à mesure des agrandissements... Les chambres, atteintes au terme d'une bonne volée de marches, présentent l'un des meilleurs rapports qualité-prix du quartier – surtout pour ceux qui voyagent seuls et veulent une douche bien à eux. Le sommier est un peu fatigué et certaines peintures s'écaillent, mais c'est propre, avec salle de bains privée, TV et ouvert 24h/24... c'est déjà pas mal !

Prix moyens (140-220 Bs / env 16-25 €)

Hostal Bellavista Inn *(plan couleur B1, **52**) : c/ Vicente Eguino 442. ☎ 228-66-91. Juste en dessous de la gare routière, face à l'école militaire navale. Doubles sans ou avec sdb env 140-200 Bs.* Un cran au-dessus des autres hôtels du coin, le *Bellavista* dispose de chambres de bon confort, bien propres, avec lits récents et TV écran plat géante. L'accueil est excellent.

Dans le centre historique

Très bon marché (moins de 80 Bs / env 9 €)

Ne vous attendez pas à des miracles dans cette catégorie... À ce prix, on partage systématiquement les sanitaires et les lits sont généralement (très) peu confortables.

Hostal Señorial *(zoom couleur C1, **53**) : c/ Yanacocha 540. ☎ 240-60-42. Double 80 Bs.* Avec son parquet et ses plafonds hauts ornés de moulures, cette pension aurait presque un peu de caractère. Certes, le bâtiment est pas mal usé et les chambres sont basiques – et parfois très sombres –, mais elles sont plutôt propres, avec des lits raisonnablement confortables. Demandez en une avec fenêtre sur l'arrière, comme la n° 30, plus calme. Sanitaires communs nickel, grande cuisine à dispo. Accueil efficace et gentil.

Hostal Cactus *(zoom couleur B1, **54**) : c/ Jimenez 818. ☎ 245-14-21. Doubles 60-70 Bs. « Hospedaje económico centrico »* : la devise de la maison résume bien ses principaux avantages ! Ajoutez à cela un accueil gentil et une cuisine sur le toit. Pour le reste, les chambres, plutôt propres mais très sombres (sans fenêtre), donnent sur un couloir pas bien agréable. Cela reste un honnête rapport qualité-prix.

De bon marché à prix moyens (80-220 Bs / env 9-25 €)

Bacoo Hostel *(zoom couleur C1, **59**) : c/ Alto de la Alianza 693. ☎ 228-06-79. • bacoohostel.com • Dortoirs 40-70 Bs/pers selon nombre de lits (2-20) ; doubles env 140-160 Bs ; petit déj inclus.* Juste en contrebas du quartier colonial, voilà une grosse auberge de jeunesse prisée des fêtards (bruyante, donc), où l'on parle plus l'anglais que l'espagnol. Préférer les dortoirs aux chambres privées, froides et basiques pour le prix. Les matelas sont moelleux, les sanitaires sont bien tenus, l'accueil est sympa, à l'égal de la grande terrasse-jardin avec hamacs. Bar-resto avec billard et ping-pong. Barbecue le dimanche.

Loki Hostel *(zoom couleur B1 **61**) : av. América 120, plaza Alonso de Mendoza. ☎ 245-73-00. • lokihostel.com • Résa conseillée. Dortoir (4-10 lits) env 45-60 Bs/pers ; double*

160 Bs ; petit déj inclus. Un ancien hôtel baroque reconverti en une grande auberge de jeunesse festive. Dortoirs mixtes ou féminins, propres, confortables, tous avec sanitaires privés. Également 2 chambres privatives. Mais le must, c'est le *Sky Bar,* un bar-resto-billard sur le toit, au 7e étage, avec vue imprenable sur La Paz ! Soirées à thème tous les soirs. Un point de chute très couru des jeunes routards anglophones, où l'on ne se couche pas tôt ! L'ensemble reste bien tenu, l'eau chaude est garantie et l'accueil est très convivial.

Wild Rover Backpackers *(zoom couleur C2,* ***62****) : c/ Comercio 1476. ☎ 211-69-03. • wildroverhostels.com • Réception 24h/24. Dortoir (4-16 lits) env 45-70 Bs/pers ; doubles 170-190 Bs ; petit déj inclus.* Jamais 2 sans 3. Revoilà une auberge de jeunesse très *english spoken,* calée dans une grande bâtisse rénovée en jaune soleil. Les lits sont confortables, les salles d'eau sont propres, mais l'essentiel tournerait plutôt autour du grand café façon pub, réputé pour sa grosse ambiance (demandez un dortoir qui en soit éloigné !)... Organise des soirées tous les jours, avec DJ le week-end, et des excursions avec sa propre agence de voyages. Comme dans les 2 autres AJ citées précédemment, chaque *guest* a droit à son petit bracelet, histoire de montrer patte blanche.

The Adventure Brew Hostel *(plan couleur B1,* ***63****) : av. Montes 533 et 503. ☎ 246-16-14 ou 291-58-96. • theadventurebrewhostel.com • Dortoirs (4-12 lits) env 50-80 Bs/pers ; doubles et triples 160-240 Bs ; petit déj inclus (avec « panqueques »).* Et jamais 3 sans 4 ! Situé 300 m en contrebas de la gare des bus, le long de la grande avenida Montes, cet *hostal* un peu moins fêtard que les autres regroupe 2 immeubles fonctionnels voisins. Au no 733, les dortoirs, bien calmes, à l'arrière, sont mieux servis que les chambres donnant sur l'avenue. Au programme : cuisine, laverie, animations, dîners à thème et, top du top, un bar à bières (*home-made,* s'il vous plaît !) qui domine la ville. Bon accueil.

Prix moyens (140-220 Bs / env 16-25 €)

Hotel Nuevo Sol *(zoom couleur B2,* ***64****) : c/ Linares 1011, esq. Juan XXIII. ☎ 290-09-33. • nuevosolhotel.com • Double 200 Bs, petit déj inclus.* Voici un hôtel sans génie, mais bien situé et d'un bon rapport qualité-prix. Les dessus-de-lit à fleurs ne seront pas forcément à votre goût, mais la plupart des chambres, parquetées, sont spacieuses (sinon, demandez-en une autre), lumineuses et propres, avec des lits confortables. Petit déj-buffet (pas copieux mais produits frais) et excellent accueil.

Arthy's *(zoom couleur B-C1,* ***65****) : av. Montes 693. ☎ 228-14-39. • arthyshouse@gmail.com • artyshouse.tripod.com • Double 180 Bs.* Si l'on s'en tenait aux seuls faits, nous ne vous recommanderions pas cette adresse : 90 Bs par personne pour une chambre avec douches communes, sans petit déj, c'est cher ! Oui mais, voilà, Arthy's est un peu un cas à part. Ceux qui débarquent tout juste apprécient d'y apprivoiser la ville à leur rythme, dans un cadre joliment arrangé qui rappelle les auberges privées nord-américaines. Les 10 chambres sont bien propres et raisonnablement calmes, l'accueil est tout sourire, la cuisine et la salle commune avec DVD en prêt ont de nombreux adeptes, et on peut même emprunter un sèche-cheveux ou une bouillotte ! *Nice quiet vibe,* comme on dit au nord !

Hostal República *(zoom couleur C2,* ***66****) : c/ Comercio 1455, esq. Bueno. ☎ 220-27-42 ou 34-48. • hostalrepublica.com • Doubles sans ou avec sdb env 180-280 Bs.* Cette maison coloniale de 1904 fut habitée par le président bolivien José Manuel Pando. Les chambres, un peu sommaires et fatiguées pour le prix, s'ordonnent autour de 2 patios et d'un jardin doté de quelques chaises longues. À choisir, on préfère les 2 beaux appartements pour 4 à 6 personnes, avec kitchenette. Chauffage possible en supplément ou bouillotte en vente ! Agence de voyages en face et café (ouvert matin et soir seulement).

Chic (220-350 Bs / env 25-40 €)

Hospedaje Cruz de los Andes *(zoom couleur B1, **68**) : c/ Aroma 216. ☎ 245-14-01. • cruzdelosandes@hotmail.com • Double env 220 Bs, petit déj inclus.* Un poil retiré de l'animation du quartier indien, cet hôtel se distingue par ses murs et ses portes peints de scènes illustrant la vie en Bolivie. Appartenant aux mêmes proprios que le *Sol Andino* et l'*Estrella Andina* (voir ci-après), il offre encore un meilleur rapport qualité-prix, avec des chambres parquetées et colorées très bien tenues et des douches bien chaudes. Chauffage possible en supplément. Billard. Personnel très accueillant.

Sol Andino *(zoom couleur B1, **69**) : c/ Aroma 6 (et Illampú). ☎ 245-73-59. • solandinohostal@gmail.com • Double 280 Bs, petit déj copieux inclus.* À deux pas du précédent (mais sur une rue plus passante) et appartenant aux mêmes proprios, le *Sol Andino* propose le même type de chambres spacieuses, propres et confortables (bons lits), enluminées de scènes villageoises. Chauffage possible en supplément. Bon petit déj et personnel serviable.

Hostal Estrella Andina *(zoom couleur B1, **69**) : av. Illampú 716. ☎ 245-64-21. • juapame_2000@hotmail.com • Double env 320 Bs, petit déj-buffet inclus. Également des triples et quadruples.* Et de 3 ! Appartenant aux mêmes proprios que le *Cruz de los Andes* et le *Sol Andino* voisins, cette « étoile andine » se lâche encore plus côté peintures de scènes boliviennes. Elles recouvrent tous les couloirs, les portes et les murs des chambres ! Kitsch en diable ! Chambres plus chères que les 2 précédents sans vraie raison, si ce n'est que les étages supérieurs bénéficient de plusieurs terrasses. Service de laverie. Très bon accueil.

Hostal Naira *(zoom couleur B1-2, **70**) : c/ Sagárnaga 161. ☎ 235-56-45. • hostalnaira.com • Double env 375 Bs, bon petit déj-buffet inclus.* Idéalement située sur le côté de l'église San Francisco, cette vieille demeure restaurée avec soin répartit ses chambres autour de 2 patios intérieurs couverts. Elles sont un peu sombres, mais plutôt agréables, avec des douches bien chaudes et des lits confortables. Manque juste le chauffage ! Au rez-de-chaussée, un agréable café-resto, le *Banais* (voir « Où manger ? »).

Très chic (550-840 Bs / env 62-95 €)

Hotel Rosario *(zoom couleur B1, **24**) : c/ Illampú 704. ☎ 245-16-58. • hotelrosario.com • Doubles env 590-660 Bs, petit déj inclus.* Têtes de lit brodées, toiles rappelant la Bolivie sans trop envahir les lieux, parquet, superbes salles de bains, cet hôtel ne manque pas de charme ni de conforts terrestres. Chauffage inclus, TV écran plat, dock iPod, baignoire, sèche-cheveux... La plupart des chambres s'organisent autour d'une cour intérieure, mais quelques-unes donnent sur la rue (passante). On compte aussi un petit salon commun avec des infusions *(mate)* gratuites et de la littérature sur la culture bolivienne, une petite boutique artisanale et un super café au 3e, avec Internet (gratuit là encore) et une belle vue sur toute la ville ! N'oublions pas, bien sûr, le resto du 1er *(Tambo Colonial)*, décrit plus loin dans « Où manger ? ». Un excellent choix à tous points de vue.

La Casona *(zoom couleur C1-2, **71**) : av. Mariscal Santa Cruz 938. ☎ 290-05-05. • lacasonahotelboutique.com • Double env 730 Bs, petit déj (moyen) et chauffage inclus ; suite avec cuisine 1 040 Bs.* Situé à l'orée de la calle Sagárnaga, cet hôtel de luxe occupe un ancien bâtiment colonial du XVIIe s superbement restauré. Il semble avoir été bâti à la même époque que le couvent San Francisco voisin (peut-être pour son architecte). Les fontaines qui glougloutent dans les parties communes aux vieux sols en pierre font écho à des chambres aux parquets en bois laqué, douillettes mais dénuées de patine. Accueil pro.

Hotel Boutique El Consulado (*plan couleur C2,* ***72***) **:** *c/ Bravo 299, esq. Tiwanaku. ☎ 211-77-06. • hotelelconsulado.com • Double 100 $, suite 120 $, petit déj inclus.* Situé dans une rue calme, ce petit hôtel de charme de 7 chambres occupe la villa de l'ancien consulat du Panamá, perdue au pied des immeubles modernes. Le lieu, comme on peut l'imaginer, ne manque pas de caractère avec ses meubles à l'ancienne, ses hauts plafonds, ses parquets bien cirés et ses larges fenêtres. Toutes les chambres sont spacieuses, celles sur l'arrière donnent sur le jardin, bordé d'une agréable véranda où prendre son petit déj. L'adresse fait aussi restaurant, petite galerie et boutique d'artisanat.

Dans le quartier de Sopocachi

Chic (220-350 Bs / env 25-40 €)

Rendezvous (*plan couleur D3,* ***73***) **:** *pasaje Sargento Carranza 461. ☎ 291-24-59. 730-883-09. Un peu excentré : plus facile en taxi (10 Bs). Doubles 35-45 $, petit déj inclus.* Zach est américain et sa femme est bolivienne. Dans cette maison neuve des hauteurs de Sopocachi, ils ont aménagé un petit hôtel douillet aux airs de *B & B* et un restaurant cossu très apprécié de la bourgeoisie paceña. Côté chambres, pas mal d'espace, un joli mobilier en bois, des tapis, des dessus-de-lit colorés, bref un cadre cosy, impeccablement tenu et calme. Les moins chères ont une salle de bains partagée ou privée, mais située dans le couloir. Petit plus : Zach, qui a travaillé à Avignon, parle bien le français.

Hermanos Manchego (*plan couleur D3,* ***74***) **:** *c/ Hermanos Manchego 2551. ☎ 243-52-04. 715-544-52. • casahermanosmanchego.com • Double 350 Bs, petit déj inclus.* C'est une sorte de *B & B* très privatif, installé dans une grande maison d'une rue résidentielle. Marta vous y accueillera avec gentillesse, avant de vous conduire jusqu'aux chambres, d'un très bon confort (chauffage, TV écran plat câblée, couette). Notre préférée : la n° 1, au rez-de-chaussée, avec sa paroi vitrée donnant sur la courette. Cuisine commune.

Très chic (420-560 Bs / env 48-64 €)

La Loge (*plan couleur C3,* ***75***) **:** *pasaje Medinacelli 2234 (débute face au 2223 de l'av. 20 de Octubre). ☎ 242-35-61. • lacomedie-lapaz.com • En plein cœur de Sopocachi, presque en face de l'Alliance française. Apparts 520 Bs pour 2, 580 Bs pour 3, petit déj et service de laverie inclus.* Au-dessus de son excellent restaurant, le patron de *La Comédie* (lire plus loin « Où manger ? ») a aménagé 4 superbes appartements au confort optimal, pouvant loger de 1 à 4 personnes. Au menu : cuisine tout équipée derrière son bar de brique, chambre séparée, belle salle d'eau, chauffage, salon avec canapé convertible, TV, lecteur DVD (en prêt), et même un ordinateur relié à Internet... Le top, élégant en plus. On y resterait des semaines (certains le font !). Le matin, le pain frais attend votre réveil accroché à la poignée (le reste est dans le frigo).

À la Maison (*chez Ludovic ; plan couleur C3,* ***76***) **:** *pasaje Munoz Cornejo 15. ☎ 241-37-04. • alamaisonlapaz.com • Sur les hauteurs de Sopocachi, à 300 m de la pl. España. Apparts 420-560 Bs pour 2 selon taille, petit déj inclus.* Dans une paisible impasse, sur une colline dominant le quartier résidentiel de Sopocachi, Ludovic, un cuisinier français jovial et communicatif, a aménagé avec goût 8 vastes appartements (40-120 m^2) décorés d'œuvres d'art, flanqués d'un salon et d'un coin cuisine. Le matin, un employé pend à la poignée pain frais, jus d'orange pressé et confitures maison. Bref, voilà une bonne adresse pour qui compte s'attarder dans la capitale.

Encore plus chic (env 1 300 Bs / env 150 €)

Stannum (*plan couleur D3,* ***27***) **:** *av. Arce 2631. ☎ 214-83-93.*

• *stannumhotels.com • Au 12e étage de la torre Multicine. Double 185 $, petit déj inclus. Parking gratuit.* Voici un autre visage de l'Amérique latine : un hôtel assez design perché au 12e étage d'une tour moderne, offrant une vue spectaculaire sur la ville depuis ses chambres aux parois vitrées (un peu vertigineux !). Le confort adopte ici des normes internationales, avec mobilier contemporain, lits *king size* avec couette douillette, douche pluie, minibar, grande TV écran plat, etc. Petit déj servi dans l'élégant *lounge*-bar. Et si vous vous ennuyez, le cinéma multiplexe est juste sous vos pieds !

Où manger ?

Bien que les restaurants s'améliorent, La Paz n'est pas une capitale gastronomique. C'est dans le quartier de Sopocachi *(plan couleur C-D3),* plus huppé, que vous trouverez le meilleur choix – plus cher, naturellement. Beaucoup d'établissements sont fermés le dimanche.

Dans le centre historique

Bon marché (moins de 30 Bs / env 3,50 €)

Derrière la poste (calle Rodriguez et Murillo ; *zoom couleur C2*), plusieurs petits restos péruviens proposent des *ceviches* à base de poissons locaux (du Titicaca).

|●| ***Mí Casa*** *(zoom couleur B2,* ***82****) : c/ Viluyo 318. Tlj 8h-12h, 15h-19h.* Pas de quoi se ruiner : les *salteñas,* fraîches sorties du four, sont vendues 3 Bs l'unité. Au choix : *pollo* (poulet), *carne* (bœuf) ou *fricasse,* à grignoter avec des petits piments. Beaucoup d'habitués. Attention, les *salteñas* ne sont vendues que le matin ; le soir, il n'y a que du pain.

|●| ***Paceña La Salteña*** *(zoom couleur C2,* ***83****) : c/ Loayza 233. ☎ 220-23-47. Tlj 8h15-14h.* C'est une mini-chaîne locale qui a décidé de faire de la *salteña* le burger bolivien : un snack pas cher (5 Bs ici) à manger sur le pouce, dans un cadre propre et moderne. Bourré d'employés de bureau à midi.

|●| ***Tierra Sana*** *(zoom couleur B-C2,* ***84****) : c/ Tarija 213. ☎ 212-01-01. Tlj 8h-23h. Plats 26-30 Bs.* La petite salle proprette et colorée est accueillante, et les restos végétariens sont assez rares pour être signalés ! Couscous et légumes mijotés cohabitent ici avec de bons sandwichs au pain complet. On peut aussi venir y prendre le petit déj. Accueil gentil.

|●| ***Marttini's Pizza*** *(zoom couleur B1,* ***85****) : c/ Illampú 738. 725-721-26. Tlj sf dim 14h-22h. Pizzas individuelles et pâtes 20-25 Bs ; familiales env 40-75 Bs.* Les prix se tiennent, les pizzas – à pâte fine – sont vraiment bonnes et la petite salle, simple et proprette, est réchauffée par la chaleur du four. Bref, tout pour plaire. D'ailleurs, de nombreux clients satisfaits ont laissé des messages dédicacés sur des serviettes ! On peut commander par téléphone et emporter sa pizza. Excellent rapport qualité-prix.

Prix moyens (30-50 Bs / env 3,50-5,50 €)

|●| ***Sabor Cubano*** *(zoom couleur B2,* ***87****) : c/ Sagárnaga 357. ☎ 245-17-97. Tlj sf dim 12h-minuit. Sandwichs 20-25 Bs ; plats 30-50 Bs ; menu lun-ven midi 25 Bs.* Drapeau, carte de l'île, vieilles affiches posées de guingois sur des murs graffités, bande-son, rhums, bières et mojitos... pas de doute : à part Fidel Castro, il ne manque rien pour affirmer que vous êtes en territoire *cubano.* Côté cuisine, il en va de même : excellente *ropa vieja* (filaments de bœuf et oignons), roulé de porc farci au bacon et pruneaux transportent en des latitudes plus caraïbes. C'est bon, copieux et servi rapidement. Bref, on en redemande.

|●| ***La Cueva*** *(zoom couleur B2,* ***88****) : c/ Tarija 210B. ☎ 214-71-15. Tlj 11h30-23h. Plats 35-50 Bs.* De la musique, quelques tables et bancs en

bois, des fresques, des têtes de mort et de la tequila : le décor mexicain est planté. Tacos, *burritos, quesadillas...* on vous laisse le choix et sinon, la *tabla* pour 2 (110 Bs) permet de goûter un peu à tout. Bon, ce n'est pas super authentique, mais c'est bon et ça cale un creux.

De prix moyens à plus chic (30-50 Bs et plus / env 3,50-5,50 €)

|●| ***Banais*** *(zoom couleur B1-2,* ***70****) : c/ Sagárnaga 161. ☎ 235-56-45. Sur le flanc de l'église San Francisco. Tlj 7h-22h. Petits déj 16-30 Bs (dont un buffet à volonté) ; sandwichs et salades env 15-30 Bs ; plats 40-45 Bs, sf viande argentine à 80 Bs.* C'est le restaurant de l'*Hostal Naira.* Chaleureux avec ses murs rouge bordeaux à la déco ethnique très réussie, il s'étend à l'arrière dans un patio colonial couleur amande orné de plantes – où, le soir, vacille la flamme des bougies. Le cadre est reposant et la cuisine, internationale, est bonne. On peut aussi y prendre de bons petits déj (buffet ou à la carte). Bon rapport qualité-prix.

|●| ***Sol y Luna*** *(zoom couleur B-C2,* ***89****) : angle Murillo et Cochabamba. ☎ 211-53-23. Tlj 9h-minuit (1h le w-e). Salades et sandwichs 22-46 Bs ; plats 28-65 Bs.* Une adresse à tout faire et à tout manger. La carte saute allègrement du Moyen-Orient à la France, en passant par l'Indonésie et les Pays-Bas – le proprio est hollandais. Rien d'extraordinaire, mais le cadre est agréable avec ses 3 salles chaleureuses, tamisées, où narguer l'hiver confortablement calé derrière des baies vitrées. Et pour ceux qui ne veulent plus décoller, un billard, des bouquins à acheter ou à échanger... Un lieu convivial, qui n'a rien de bolivien, mais où se presse tout le reste de la planète. Et pour animer les soirées : musique techno-dance, salsa en live les mardi et jeudi (à partir de 21h) et matchs sur grand écran.

|●| ***Pan de Oro*** *(zoom couleur C1,* ***90****) : c/ Sanjinés 451. ☎ 240-95-54. Tlj 8h-22h. Sandwichs et salades env 25-30 Bs ; plats env 70 Bs.* Vaste choix de spécialités boliviennes, soupes, salades, sandwichs... à croquer dans une élégante cour coloniale couverte, baignée de soleil, entre arcades et pierres de taille. Vins nationaux servis au verre. Le midi, l'*almuerzo,* copieux, s'attire les faveurs des gens du quartier. Excellent service.

|●| ***The Colonial Pot*** *(zoom couleur B2,* ***91****) : c/ Linares 906. 765-253-38. Dans le même édifice que le musée de la Coca. Tlj 12h-22h30. Menu 40 Bs servi midi et soir ; plats 30-70 Bs.* On vous le conseille surtout pour le menu, bénéficiant d'un très vaste choix : 8 soupes, 15 plats principaux et 6 desserts ! Pas de la grande cuisine, mais c'est honnête et varié. On s'assied au choix dans une salle entièrement décorée de panneaux de bois ciselés, ou dans une autre au style *ranchero* (mobilier en bois solide, roue de chariot, volets intérieurs façon *estancia,* etc.), relevée de nombreuses plantes vertes.

|●| ***Angelo Colonial*** *(zoom couleur B2,* ***91****) : c/ Linares 922. ☎ 236-01-99. À côté du musée de la Coca. Tlj 8h-23h.* L'escalier grimpe sur le flanc d'une cour à galerie jusqu'à la salle du resto, encombrée de meubles anciens, chandeliers, miroirs, vieux tableaux, armes, tissus traditionnels et autres bibelots évoquant une boutique d'antiquaire-brocanteur. L'atmosphère, mi-rustique mi-romantique (bougies le soir), est agréable, mais les lieux gagneraient à être un peu rafraîchis. La cuisine, sans être géniale, tient la route. Succursale au n° 1066 de l'avenida Mariscal Santa Cruz *(plan couleur C2 ; ☎ 212-49-79).*

|●| ***Tambo Colonial*** *(zoom couleur B1,* ***24****) : c/ Illampú 704. ☎ 245-16-58. Ouv 18h-22h.* Parmi les meilleurs restos de la ville, proposant une belle cuisine bolivienne revisitée, superbement présentée et servie avec style. Essayez le steak de lama aux airelles, la truite aux amandes tout droit pêchée du lac Titicaca et, en dessert, la mousse au chocolat avec son sorbet à la menthe...

Autour de la plaza del Estudiante

De bon marché à prix moyens (moins de 50 Bs / env 5,50 €)

Les escaliers qui montent du Prado (avenida 16 de Julio) vers le Coliseo Cerrado (calle Otero de la Vega ; *plan couleur C2*) sont investis tous les matins par des vendeurs de *salteñas*. Pratique pour une pause vers 11h !

🍽 ***Namas Te*** *(plan couleur B2,* ***93****) : c/ Zoilo Flores 1334.* ☎ *248-14-01. Tlj sf dim 8h30-19h (16h sam). Menu midi 20 Bs.* On aime bien cette toute petite salle colorée séparée des cuisines par un rideau de bambous. Taboulé de quinoa, *tucumanas (empanadas) de verduras* (dès 5 Bs), curry de *frijoles* (haricots noirs)... ce mini-resto concocte de bons petits plats végétaliens (avec un « l ») à tout petit prix. Les jus frais sont excellents et le menu, copieux, change tous les jours. Réservez ou venez tôt : souvent, dès 13h, tout est parti !

🍽 ***Alexander Coffee*** *(plan couleur C2,* ***94****) : av. 16 de Julio 1832.* ☎ *231-27-90. Tlj 6h-23h.* À proximité de l'office de tourisme, ce sympathique et grand café-snack moderne sert de bonnes salades, des sandwichs et quelques spécialités mexicaines. Parfait pour une gaufre au petit déj, pour manger sur le pouce en traversant le quartier ou pour découvrir le café bolivien (des Yungas), à déguster avec une bonne pâtisserie. Plusieurs succursales en ville, dont Potosí 1091, à l'angle de Socabaya *(zoom couleur C1)*, et avenida 20 de Octubre 2463, à Sopocachi *(plan couleur C3)*.

Dans le quartier de Sopocachi

Le quartier, plus huppé, est fréquenté par les classes aisées et les expatriés. Évidemment, les prix sont plus élevés.

De bon marché à prix moyens (moins de 50 Bs / env 5,50 €)

🍽 ***Paceña La Salteña*** *(plan couleur C-D3,* ***96****) : av. 20 de Octubre, entre Rosendo Gutiérrez et Salinas.* ☎ *241-99-36. Tlj 8h15-14h.* C'est le même que nous vous indiquons dans le centre historique. Au menu : *salteñas, salteñas* et *salteñas,* au poulet, bœuf ou légumes, sans oublier les *salteñas de hoja* (feuilletées), servies dans une salle moderne impeccable.

🍽 ***Vinapho*** *(plan couleur C3,* ***97****) : c/ Sánchez Lima 2326, edif. Valentina.* 📱 *697-031-48 ou 777-241-93. Menus lun-sam 27-31 Bs ; plats 27-40 Bs.* Envie de changer de la truite et du lama ? Vous trouverez ici les meilleurs nems de Bolivie et de bons *pho* (soupes) qui vous transporteront sous d'autres latitudes. Un peu gras, un peu lent, mais bon et pas bien cher.

Plus chic (à partir de 50 Bs / env 5,50 €)

🍽 ***La Comédie*** *(plan couleur C3,* ***75****) : pasaje Medinacelli 2234 (à hauteur du 2223 de l'av. 20 de Octubre).* ☎ *242-35-61. Tlj sf sam et dim midi 12h-15h, 19h30-23h. Résa conseillée. Plats 60-80 Bs. CB acceptées.* Une adresse incontournable de La Paz, mariant avec brio saveurs françaises et boliviennes. À la carte : viandes variées, poissons accompagnés de produits locaux, tartiflette et plateau de fromages, délicieuses crème brûlée et mousse au chocolat, belle carte des vins et alcools... Le tout dans un cadre chic et chaleureux, où aiment à se retrouver familles huppées et expatriés. On peut aussi y loger (voir « Où dormir ? *La Loge* »).

🍽 ***Swissfondue*** *(plan couleur D3,* ***98****) : av. 20 de Octubre 2355.* ☎ *242-43-05.* 📱 *701-202-64. Lun-ven 12h-15h30, 18h-22h30 ; sam, le soir slt.* Nos amis helvètes et tous les amateurs de fromage se feront un devoir de venir déguster la fondue de Jean-Claude, un Fribourgeois qui a quitté ses montagnes enneigées pour l'air raréfié de La Paz. Elle se décline aussi en versions viande, fruits de mer et... chocolat. Le cadre papillonne entre cossu et chaleureux.

🍽 ***Pronto Dalicatessen*** *(plan couleur C-D3,* ***99****) : c/ Jauregui 2248, entre les av. 20 de Octubre et 6 de Agosto.*

☎ 244-13-69. Tlj sf dim 18h30-23h. Salade env 40 Bs ; plats 58-92 Bs. Poursuivons notre quête de restaurants aux goûts européens... Et si l'on voguait vers l'Italie, maintenant ? La spécialité *de la casa,* ce sont les pâtes (maison, justement) et les plats en sauce revus et corrigés sur des notes latinos. Un exemple vaut mieux que cent mots : que diriez-vous d'un *saltimbocca* de lama ? Sinon, il y a aussi de belles salades-repas pour ne pas se ruiner. Côté cadre, on choisit entre 2 salles, l'une autour d'un poêle à bois, l'autre plongée dans l'univers de Dalí. Le service est stylé, mais le cadre en sous-sol ne plaît pas toujours.

Churrasqueria El Arriero *(plan couleur D3,* ***100****) : av. 6 de Agosto 2535. ☎ 243-50-60. Tlj 12h-23h. Plats 65-85 Bs.* C'est le restaurant de la *Casa Argentina*. Autant dire que l'on y vient avant tout pour la viande, très bonne, déclinée en *asado de tira, bife de lomo* et autre *lechón* (porcelet) *a la parrilla...* Ceux qui ont un estomac sans fond ou qui viennent en groupe se mesureront à la pièce maîtresse : un steak de 1,2 kg (pour 4 personnes) ! Belle cave des vins. Salle en sous-sol et service assez formel.

La Guinguette *(plan couleur C3,* ***26****) : c/ Fernando Guachalla, angle 20 de Octubre. 725-605-71. Sous l'Alliance française. Tlj sf dim 9h-23h. Plats 42-70 Bs.* Ce resto-bar-bistrot affirme son style bien français à travers ses pubs pour le Picon ou le pastis, et le confit de canard servi une fois par semaine. Pour le reste, depuis la reprise par un patron bolivien, la carte s'est ouverte à l'international. Carte des alcools et digeos longue comme le bras.

Brasargent Rodizio *(plan couleur C3,* ***101****) : c/ Fernando Guachalla 703. ☎ 242-29-98. Attention, la rue qui y mène est pentue. Tlj sf lun, sam soir et dim soir 12h-15h et 19h-22h. Menu unique 65 Bs (70 Bs dim midi, le buffet est alors plus varié).* La montagne vous creuse l'appétit ? Ici, dans un cadre bon chic bon genre, vous pourrez, pour un forfait unique, vous bâfrer en piochant à volonté sur un buffet alignant 12 sortes de viandes, 12 salades et 10 desserts... Contrairement aux apparences, digestifs et apéros ne sont pas offerts (faut bien vivre).

Où prendre un petit déjeuner ? Où boire un café ou un chocolat ?

Dans le centre historique

Café del Mundo *(zoom couleur B2,* ***67****) : c/ Sagárnaga 324. ☎ 231-08-93. Tlj sf dim 8h-19h (17h sam). Petits déj 12-32 Bs ; petits plats 29-35 Bs.* S'il ne fallait citer qu'une seule adresse pour aider à s'éveiller de bonne humeur, ce serait forcément celle-ci. Stratégiquement installé en plein Sagárnaga, ce mini-café avec mezzanine riquiqui (baissez la tête !) propose un vaste choix d'œufs sous toutes leurs formes, pancakes, gaufres et jus frais servis toute la journée. Pour plus tard : sandwichs, burgers, pâtes et salades. Rien de compliqué, mais tout pour plaire aux routards du monde entier qui fréquentent assidûment l'endroit.

Café Illampú *(zoom couleur B2,* ***81****) : c/ Linares 940, 1er étage. ☎ 297-15-43. Tlj 8h-20h (16h dim). Petits déj 22-38 Bs.* Si vous n'êtes pas pressé (insistons bien sur ce point), vous apprécierez les tartes du jour, yaourt maison au miel, jus frais vendu au demi-litre et autre müesli suisse, servis dans une salle haute de plafond, avec chandelier et moulures. Le boss, helvète, réside à Sorata, où il a ouvert un autre café du même nom. À midi, on trouve aussi sandwichs, *röstis* (si, si !), *spätzli,* et même une *quiche... Lorène* ! Service timide.

Café La Terraza *(plan couleur C2,* ***110****) : av. 16 de Julio 1615. ☎ 231-07-01. Tlj 7h30-23h.* Occupant une chaleureuse et élégante maison haute de plafond, ce *coffee-shop* à l'américaine sert petits déj, plats du monde et, plus intéressant, de bons cafés avec pâtisseries du jour lorsque la pause s'impose. Contrairement à ce qu'indique le nom, pas de terrasse. Pour grignoter en plein air, direction la succursale de Sopocachi *(plan couleur D3, **113**)*, pour un bon chocolat chaud et le meilleur wifi du quartier.

☕ ***Café Berlin*** *(zoom couleur C2, **111**) : c/ Mercado 1377. ☎ 220-06-96. Lun-ven 7h30-22h. Menu (12h-15h) 26 Bs.* Vous passez dans le quartier ? Offrez-vous une tranche de *pie de limon* et de vie dans ce local enfumé, où se retrouvent les hommes après le travail, un œil sur le match à la télé. La maison propose une trentaine de sortes de cafés (souvent un peu trop riches !), alcoolisés ou non, à siroter en parcourant la presse. Sert aussi des petits déj, des glaces et l'*almuerzo.*

☕ ***Caffé Pierrot's*** *(zoom couleur C1, **112**) : c/ Potosí 909. ☎ 240-70-70. Lun-ven 9h-21h.* Minuscule, c'est un peu le rancard des cadres sup', qui viennent y feuilleter la presse autour d'une pâtisserie et d'un cappuccino au Cointreau – et bien d'autres alcools. À essayer aussi : le *submarino,* un chocolat dur (sans périscope) plongé dans du lait chaud.

☕ Citons encore l'***Alexander Coffee*** *(plan couleur C2, **94**),* ***Tierra Sana*** *(zoom couleur B-C2, **84**)* et ***Banais*** *(zoom couleur B1-2, **70**),* décrits plus haut dans « Où manger ? ».

Où boire un verre ? Où sortir ?

Nuitards, attention : à la sortie d'un bar ou d'une discothèque, mieux vaut prendre un taxi.

Pour connaître les événements culturels, consultez la presse et guettez les affiches, notamment les nombreux spectacles qu'organisent la *Casa de la Cultura* (plaza Pérez Velasco), le *Teatro municipal* et l'*Espacio cultural alternativo El Bunker (av. Uruguay 491 ; ☎ 211-08-48).* Nombreux concerts en juillet-août et pour les fêtes de fin d'année.

Dans le centre historique

🍷 ♪ ***Bocaisapo Coca Arte y Cultura*** *(zoom couleur C1, **120**) : c/ Indaburo 654. Dans le quartier colonial. Mar-sam, à partir de 20h théoriquement (21h-22h plus souvent). Entrée libre.* Le bar-café artistique et bohème de La Paz, placé sous le signe de la mythologie andine, au décor « andino-grunge », avec feuilles de coca à mâcher à volonté ! Soirée *peña* le vendredi soir, où vous pourrez jouer ou chanter avec des musiciens boliviens de la pointure du charanguiste Cavour. Le samedi, ce sont plutôt des groupes d'autres horizons sud-américains qui débarquent. Parfois aussi de la poésie, et même des séances de *k'oa* (offrandes à la Pachamama) ! À ne pas rater.

🍷 ***Oliver's Pub, Grub & Club*** *(zoom couleur B-C2, **89**) : c/ Murillo 1014. ☎ 212-07-64. Tlj 8h-1h (ou plus tard).* Un des lieux favoris des jeunes voyageurs au cœur du quartier touristique. Ambiance très british (The Cure en bande-son), sports sur écran géant, billard, *fish & chips, bangers & mash, draught ales* et même du cidre Stringbow ! Un coin accueillant pour passer la soirée... loin de La Paz.

🍷 ♪ ***La Luna*** *(zoom couleur C2, **121**) : c/ Oruro 197, angle Murillo. ☎ 233-55-23. Tlj 18h-3h ; happy hour 18h30-19h30.* L'un des plus anciens bars de La Paz, saucissonné en plusieurs petites salles plutôt intimes. Bonne ambiance à partir de 22-23h, quand débarquent les musiciens (le week-end) et que le *singani*-coca commence à faire son effet...

🍷 Voir aussi ***Sol y Luna*** dans « Où manger ? ».

À Sopocachi

🍷 ***Diesel Nacional*** *(plan couleur C-D3, **122**) : av. 20 de Octubre 2271. ☎ 242-34-77. Tlj sf dim, à partir de 19h.* Les rails et le bric-à-brac du ferrailleur annoncent la couleur. Passé la porte tournante métallique, on pénètre dans un décor industriel post-apocalyptique des plus soigné, entre poutres en fer, moteur d'avion et sièges montés sur ressorts...

Au milieu s'affairent des serveurs en bleu de travail... orange. Le patron, cinéaste à ses heures perdues, n'hésite pas, parfois, à changer la déco en fonction de l'actualité ! Surtout, ne ratez pas les... toilettes. Bonnes tapas à picorer.

Shamrock Irish Pub *(plan couleur D3,* ***123****)* **:** *av. 20 de Octubre 2453 (sur la pl. Avaroa). ☎ 243-22-96. Lun-sam à partir de 18h, parfois aussi le dim.* Un endroit bien chaleureux, bercé tantôt par du vrai folk irlandais, tantôt par des classiques du jazz et des crooners ricains. On s'y réchauffe au coin du vieux poêle, sur des banquettes orange, une Guinness à la main à moins que l'on ne préfère tester une Salar (bière de quinoa).

Thelonious Jazz Bar *(plan couleur C3,* ***124****)* **:** *av. 20 de Octubre 2172. ☎ 242-44-05. Mar-sam 21h-4h. Concerts en général 23h-2h, parfois à partir du jeu slt. Droit d'entrée : 20-30 Bs.* Inattendu : une cave de jazz à La Paz ! On y écoute aussi bien du jazz live que des groupes boliviens plus traditionnels. Beaucoup de monde, entassé dans une petite salle chaleureuse, précédée d'instruments et de photos de jazzmen.

Mamá Diablo *(plan couleur D3,* ***125****)* **:** *av. 6 de Agosto 2604. ☎ 243-46-71. Jeu-sam, à partir de 22h. Entrée payante.* En fin de semaine, la jeunesse dorée de La Paz se donne rendez-vous dans cette maison surélevée pour des concerts de *cumbia* et *metacumbia* bon enfant. Certains se déhanchent sur la piste de danse improvisée, tandis que d'autres sirotent un verre dans l'ombre.

Mongo's *(plan couleur D3,* ***126****)* **:** *c/ Hermanos Manchego 2444. ☎ 244-07-14.* Resto de jour (abstenez-vous), *bar de noche* au coin de la cheminée et boîte de nuit passé minuit (voire 1h), le *Mongo's* est un classique des soirées *paceñas* et l'un des plus fréquentés par les routards internationaux – peut-être parce que quelques jeunes et jolies Boliviennes y traînent aussi parmi la foule... Si la piste de danse n'est pas trop envahie, on s'y déhanche sur de la musique latina et internationale (tendance Top 40).

Peñas

La *peña* était autrefois un lieu où se rencontraient les étudiants et les intellectuels. On y buvait de l'alcool (ça, ça n'a pas changé) et, à tour de rôle, on improvisait une danse ou une chanson folklorique. Aujourd'hui, les *peñas* sont des restaurants pour touristes, quoi qu'en disent les agences de voyages. Vous y mangerez plus ou moins bien, au rythme de chants et danses plus ou moins traditionnels. En un mot, vous paierez parfois un peu cher une interprétation moyenne de *El Condor Pasa* !

Marka Tambo *(zoom couleur C1,* ***130****)* **:** *c/ Jaén 710. ☎ 228-00-41. Dans le quartier colonial, en face du musée des Instruments de musique justement. Concerts jeu-sam. Ici, le spectacle ne démarre pas avt 22h.* C'est don Pepe Murillo, chanteur et guitariste, que l'on vient écouter ici avant tout – et quelques invités de prestige. Bonne ambiance.

Peña Huari *(zoom couleur B2,* ***60****)* **:** *c/ Sagárnaga 339, dans la galería Sagárnaga. ☎ 231-62-25. En plein quartier touristique. Tlj à partir de 20h. Compter 105 Bs pour le droit d'entrée et 70-160 Bs le plat, accompagné d'un buffet de hors-d'œuvre.* La plus chère de La Paz, mais probablement celle où l'on mange le mieux (15 choix de viande de lama) ! Fresques typiques aux murs. Côté musique, c'est un peu pépère...

Achats

Instruments de musique

Il y a les nombreuses boutiques des calles Sagárnaga et Linares (elles se valent à peu près toutes) et les luthiers professionnels ; évidemment, les prix ne sont pas les mêmes... Pour acheter des disques, petits disquaires dans les galeries de la calle Sagárnaga et les rues tout autour, évidemment spécialisés dans la musique bolivienne.

Clarken Orosco (zoom couleur B2, **132**) : *c/ Sagárnaga 271, au 1er étage, à gauche.* • *clarckenorosco.com* • *Ferme à la mi-journée.* Atelier réputé de luthiers, où l'on se passe la main de père en fils. Clarcken Orosco est aussi un musicien connu, spécialiste du *charango*.

Walata (zoom couleur B1, **133**) : *c/ José Linares 855. Ouv 9h-20h.* Fabrication artisanale d'excellente qualité, notamment de *kenas, charangos, zampoñas* (flûtes de Pan) et flûtes traversières.

Tissus, artisanat

Inca Pallay (zoom couleur B2, **135**) : *c/ José Linares 958, 1er étage.* ☎ *231-17-47.* • *incapallay.org* • *Entrée par la boutique* Comart Tukuypaj, *puis accès par un escalier au fond. Lun-ven 10h-18h, sam 10h-13h.* Émanation d'une association de commerce équitable regroupant quelque 400 tisserandes de la région de Sucre, cette boutique discrète vend exclusivement des pièces de qualité, sans intermédiaire. Les plus grandes peuvent demander jusqu'à 3 mois de travail ! Tentures, ceintures, écharpes, pochettes, il y en a à tous les prix. On choisit entre les splendides tissages jalq'a, semés de personnages imaginaires et de chimères issus du monde onirique (tons plutôt sombres) et les pièces tarabucas, aux couleurs franches, davantage tournées vers les scènes quotidiennes et les formes géométriques.

– À noter : pour les ***achats de bijoux en argent,*** préférer La Paz à Potosí, où il y a très peu de boutiques.

À voir

Attention, ***beaucoup de musées sont fermés le dimanche après-midi et le lundi.*** Prix d'entrée souvent très modique.

Vues panoramiques de La Paz : outre le point de vue qui s'offre sur la ville en descendant de l'aéroport ou en empruntant le téléphérique, le plus connu est celui qui se découvre du ***mirador Killi Killi*** *(plan couleur C-D1),* situé dans le quartier de Villa Pabón, à 4 km du centre. Pour s'y rendre : *micros* 22, P ou W (verts) de la calle Potosí ou, plus simple, prendre un taxi. Y aller de préférence tôt le matin, pour ne pas dire au lever du soleil. Courageux ou marcheurs invétérés, ça peut se faire aussi à pied en une petite heure.
Joli point de vue également depuis le ***parque Montículo*** *(plan couleur C-D3),* sur les hauteurs du quartier de Sopocachi. On y accède par un beau portail baroque du XVIIIe s. Le sommet est occupé par un petit parc boisé planté de grands cyprès et eucalyptus, où les amoureux sont nombreux à se retrouver. Panorama sur le bas de la ville et les montagnes environnantes, notamment l'Illimani. Le samedi après-midi, les couples de jeunes mariés se succèdent sur le mirador pour immortaliser le grand jour.

Dans le centre historique

Éminemment touristiques, les abords de la calle Sagárnaga conservent un peu de leur ambiance des temps passés, avec leurs gros pavés glissants dans la pente et, de loin en loin, des groupes de maisons aux toits de tuiles patinées, abritant encore de pittoresques boutiques. Le soir, d'ailleurs, le quartier prend souvent d'étranges teintes et formes expressionnistes.

Iglesia de San Francisco (zoom couleur B1) : *pl. San Francisco. Tlj 7h-12h, et à partir de 18h ou 19h.*
Aux marges du vieux quartier indien, le plus bel édifice colonial de La Paz est malheureusement enveloppé par les nuages de gaz d'échappement des voitures vrombissant sur l'avenue Mariscal Santa Cruz – où passait jadis la rivière Choqueyapu...

UNE DESTINÉE EN PLOMB

Sur la place de l'église San Francisco, les diseurs de bonne aventure lisent l'avenir d'une manière insolite. Ils font chauffer du plomb dans une poêle ou une casserole, puis versent le métal en fusion dans un bac d'eau froide. Le bloc durcit et prend une forme tarabiscotée, que les « voyants » interprètent pour prédire l'avenir de leurs clients.

Construite entre 1744 et 1784, à l'emplacement même du site où les Espagnols fondèrent La Paz, cette belle église affiche une remarquable façade baroque qui révèle largement les influences indigènes (ce qu'on appelle le style « végétal »). On y reconnaît des anges, des sirènes, des lions et des représentations de la Pachamama (au-dessus du portail, de part et d'autre de la statue de saint François). En haut à gauche, c'est un mâcheur de coca qui est représenté !
L'intérieur, relativement austère – si ce n'est pour les très beaux ornements de pierre végétaux de la coupole –, contraste avec la richesse du maître-autel et des autels latéraux, croulant sous les dorures, les angelots et les fleurs. Dans la nef, la chaire en bois sculpté doré fait écho aux piédestaux des saints, du même acabit. Le mysticisme du lieu est palpable. Si vous avez de la chance, vous assisterez à une cérémonie, invariablement colorée. Mariages et baptêmes ont le plus souvent lieu le samedi matin.
L'ambiance de la place est aussi intéressante. Tout au long de la journée et jusque tard dans la soirée, la foule s'y presse. En période électorale, les meetings rivalisent à coups de décibels. C'est là, aussi, devant l'église, que convergent toutes les manifestations, qu'éclatent les échauffourées ou que les grévistes de la faim plantent leur maigre campement. Plein de gamins aussi, des *cholitas* qui attendent on ne sait trop quoi, et une kyrielle de charlatans qui animent en permanence le cœur de la ville.

Centro cultural y museo San Francisco (zoom couleur B1) **:** *tlj sf dim 9h-18h. • museosanfranciscobolivia.com • Entrée : 20 Bs, visite guidée incluse.* La visite donne l'occasion de parcourir deux des anciens cloîtres (le troisième est occupé par une école), de découvrir des œuvres religieuses, des vestiges de fresques et une vieille bodega aux jarres vénérables. Le plus intéressant vient à la fin, quand on accède au cœur supérieur de l'église, puis à son clocher (par un escalier-boyau). Au passage : un très grand ostensoir baroque en argent doré incrusté de pierres précieuses, des vêtements et objets liturgiques.

Museo Tambo Quirquincho *(zoom couleur B1)* **:** *Evaristo Valle 175, contre la pl. Alonso de Mendoza. ☎ 239-09-69. Mar-ven 9h-12h30, 14h30-19h ; w-e 9h-13h. Entrée : 8 Bs.* Ce beau bâtiment colonial reconverti en musée, ancien *tambo* (sorte de caravansérail), accueille exclusivement des expositions temporaires de peinture et d'art. On y jettera surtout un coup d'œil pour son architecture.

Le vieux quartier colonial *(zoom couleur C1)* **:** il n'en subsiste plus grand-chose. Certes la *calle Jaén* (où se trouvent 5 petits musées) a été superbement restaurée. Mais cette ruelle pavée de galets, bordée de maisons basses aux façades colorées, est à peu près la seule, avec une paire de rues voisines, à conserver encore une architecture homogène. Partout ailleurs, nombre de maisons coloniales éparses menacent de s'effondrer ; d'autres ont déjà cédé la place à des édifices sans charme.

Museos Costumbrista, del Litoral boliviano, de los Metales preciosos y casa de Murillo *(zoom couleur C1,* ***140****)* **:** *c/ Jaén. ☎ 228-07-58. Mar-ven 9h30-12h30, 14h30-19h ; w-e 9h-13h. Le ticket d'entrée (10 Bs) s'achète au musée Costumbrista et est valable pour les 3 autres. Compter 1h en tt pour la visite.*
Quasiment attenants les uns aux autres, ces musées se visitent dans la foulée. Judicieusement complémentaires, ils offrent une vision globale de l'histoire et du folklore de la Bolivie.

Museo Costumbrista

Installé dans une demeure coloniale, ce musée se consacre à l'histoire bolivienne. Photos, maquettes, meubles, costumes et dioramas représentant des scènes historiques déterminantes comme la grande bataille d'Ingavi (1841) ou la guerre du Chaco, des modes de transport, la vie quotidienne... S'ajoutent quelques masques, une salle consacrée à la *chola paceña* (la femme indigène de La Paz) et, à l'entrée, le carrosse (français) du président Gamboa (début XXe s).

Museo del Litoral boliviano

Ici, on se rend compte à quel point, pour les Boliviens, la perte d'un accès à la mer (suite à la défaite de la guerre du Pacifique contre les Chiliens, en 1879-1983) demeure une plaie béante. Vieilles cartes, costumes, drapeaux, armes, photos, documents divers retracent cette page sombre de l'histoire du pays. D'une certaine façon, pourtant, cet enclavement a détourné la Bolivie de l'immigration européenne à la fin du XIXe s, préservant son caractère andin – fait relativement unique sur le continent. Reste qu'aujourd'hui encore les Boliviens, leur chef d'État en tête, espèrent toujours que leur voisin leur rétrocèdera un accès à la mer. En attendant, tous les 23 mars, le pays célèbre le *día del Mar* (« Journée de la mer »).

Museo de Metales preciosos (musée des Métaux précieux)

C'est indéniablement le plus intéressant des quatre musées. À l'étage, on peut voir la reproduction d'un four de fondeur et un ensemble d'objets anciens : *tumis* (couteaux cérémoniels), plaques décoratives, diadèmes et figures votives en argent. Mieux encore, la *salle de l'Or,* protégée par de grosses portes blindées, expose toute une collection d'objets précolombiens en or : pipes en pierre incrustées de métal précieux, statuettes votives, diadèmes et plaques décoratives... L'essentiel provient du trésor de San Sebastián (Tiwanaku).

Casa de Murillo

Cette élégante demeure coloniale rénovée accueille des expositions temporaires et des salles consacrées au héros national Pedro Domingo Murillo. On voit en particulier la *salle de la Conspiration* où, en 1809, Murillo et ses amis se réunirent pour ce qui devint la première tentative de secouer le joug espagnol. Peintures et mobilier d'époque évoquent cette prestigieuse page d'histoire, avec un fac-similé de la proclamation de Murillo du 16 juillet 1809 et des tableaux montrant son exécution par pendaison, ainsi que des allégories de la libération.

Museo de Instrumentos musicales (zoom couleur C1, **141**) **:** *c/ Jaén 711. ☎ 240-81-77. Tlj 9h30-13h, 14h30-18h30. Entrée : 5 Bs.* Un musée privé à ne pas rater. Son créateur et propriétaire, Ernesto Cavour Aramayo, est un spécialiste du *charango* et ex-membre du groupe *Los Jairas.* Il expose autour du patio de cette vieille demeure coloniale une collection riche, ludique et insolite : instruments précolombiens (ocarinas, flûtes érotiques en pierre), guitares et *charangos* bien sûr – avec leur caisse de résonance en carapace de tortue ou de tatou –, maracas, percussions, saxos andins en bois, flûtes de Pan gigantesques... et même des harpes-tatous et des crécelles-tatous (certaines avec les poils !). Noter aussi cette étonnante flûte confectionnée à partir de plumes de condor.

Une salle est dédiée aux instruments européens utilisés dans le folklore bolivien, une autre aux instruments du monde, une aux guitares d'Amérique latine (rez-de-chaussée) et, enfin, une dernière à la carrière d'Ernesto. Si, à force de regarder, la guitare vous démange, vous pourrez vous essayer à faire sonner tout un tas d'instruments rigolos, comme le xylophone en bouteilles de verre ou le piano-harpe.

Centro de artes Mamani (zoom couleur C1, **142**) **:** *Indaburo 710, au bout de la c/ Jaén. ☎ 290-62-94. • mamani.com • Tlj 9h-13h, 15h-19h. Entrée libre. ☎ 227-969-08.* Mamani Mamani est l'un des peintres boliviens contemporains les plus appréciés. Ce fils de berger, berger lui-même, s'est imprégné du sens des couleurs de sa grand-mère tisserande pour restituer les paysages et les scènes du quotidien bolivien dans une explosion de couleurs. On lui reprocha assez, à ses débuts, d'être trop coloré ! Désormais, ses toiles ornent les salons de personnalités locales et étrangères. C'est sa galerie que l'on visite ici.

Museo nacional de Etnografía y Folklore (zoom couleur C1) : c/ Ingavi 916, esq. Sanjinés. ☎ 240-86-40. • musef.org.bo • Lun-ven 9h-12h30, 15h-19h ; sam 9h-16h30 ; dim 9h-12h30. Entrée : 20 Bs. Droit photos : 20 Bs (film 40 Bs). Billet combiné avec le museo San Francisco et le museo nacional del Arte : 40 Bs (valable 15 j.).

Bâti vers 1730, le palais des marquis de Villaverde abrite un très intéressant musée témoignant de la richesse des traditions boliviennes, pour la plupart toujours bien vivantes. De structure coloniale, le bâtiment est construit autour de deux cours, dont la principale offre une façade magnifiquement sculptée.

– Au 1er étage, *salle des Textiles* qui présente l'art du tissu à travers les traditions de 27 ethnies andines ; certaines pièces (chimú) sont fort anciennes. Suit la *salle des Masques,* plongée dans la pénombre, dévoilant une soixantaine de masques en bois, cuir, carton, fibres animales... On pénètre ensuite dans la splendide *salle des Plumes (Arte Plumario)* pour découvrir une collection impressionnante de lances, flèches, parures, larges ceintures de danseurs et grands *suris* (sortes de « parasols »), tous décorés ou composés de plumes. Magnifique ! Perroquets, aras, toucans, nandous, flamants rouges et même colibris ont fourni la matière première. Enfin, on termine par la *salle des Céramiques,* bien faite, qui montre, au travers notamment de vidéos, les différentes techniques de cet art ancestral. Poteries précolombiennes, coloniales et modernes sont présentées.

– Au 2e étage, un parcours chronologique retrace l'histoire de la région, des premiers peuplements à l'élection d'Evo Morales, à l'aide de maquettes, objets, dessins... Un cours d'histoire en accéléré, organisé en petits chapitres.

– Ajoutons, au sous-sol, une collection numismatique.

À l'angle d'Ingavi et Yanacocha *(zoom couleur C1),* voir la remarquable façade de l'***iglesia Santo Domingo*** (1760). Typique du style baroque « métis », elle est richement ornée de motifs floraux, grappes de raisin et perroquets.

Plaza Murillo *(zoom couleur C1) :* autour de cette grande place envahie par les pigeons se dressent le *palacio de Gobierno* (palais présidentiel), le *palacio legislativo* (Congrès) et la *catedral.* Le triumvirat du pouvoir est donc au complet. Il manque l'argent, mais la Banque centrale est juste derrière. La cathédrale, de style néoclassique, présente peu d'intérêt, à part la belle chaire en marbre sculpté de 1608 et le petit musée d'Art sacré. Sur le côté, on peut voir le tombeau du maréchal Santa Cruz, veillé par des gardes en uniforme rouge. Juste en face, une plaque, fidèle aux traditions politiques sud-américaines, indique le lampadaire (classé Monument national !) auquel fut pendu, en 1946, le président Villarroel. Au milieu de la place, la proclamation de Murillo est reproduite en grand pour que les enfants des écoles puissent venir patriotiquement la recopier. Jusqu'en 1825, les Indiens n'avaient pas le droit d'aller dans ce quartier de la ville et, jusqu'à l'élection d'Evo Morales en 2005, ils n'osaient toujours pas traverser la place.

HORLOGE INVERSÉE

La grosse horloge du Parlement bolivien, sur la plaza Murillo, tourne désormais dans l'autre sens. Cet acte symbolique a pour but de renier les pratiques imposées par le Nord aux états du Sud. En effet, dans l'hémisphère Sud, les cadrans solaires tournent en sens inverse. Pour le Président Evo Morales, il s'agit de redonner son identité au peuple bolivien !

Museo nacional del Arte (zoom couleur C1) : pl. Murillo, à l'angle de Socabaya et Comercio. ☎ 240-86-00. • mna.org.bo • Mar-ven 9h30-12h30, 15h-19h ; sam 10h-17h30 ; dim 10h-13h30. Entrée : 20 Bs ; possibilité de billet combiné avec le museo nacional de Etnografía y Folklore et le museo San Francisco.

C'est, avant toute chose, un très bel édifice colonial – comme il en reste peu dans la capitale bolivienne. Bâti en 1775 dans un style baroque andin, ce palais est flanqué d'une splendide cour à arcades sculptées, fermée par un très élégant portail intérieur. C'était, jadis, la résidence du maire de La Paz.
– *Au 1er étage (planta baja)* : des peintures des XVIe-XVIIe s des écoles flamande et italienne précèdent une galerie consacrée aux anges célestes (notez les archanges arquebusiers !), puis d'étonnantes représentations de la Trinité incarnée par trois Jésus. Les vierges, elles, sont identifiées à la Pachamama – remarquez, là encore, la forme triangulaire de la robe. Beaucoup de ces œuvres coloniales, fidèles au style de l'école de Cuzco, sont relevées d'or.
– *Au 2e étage (planta alta)* : on commence par un retable avec, à côté, de superbes portes de sacristie sculptées d'un Jésus pressant le raisin – symbole de son sacrifice. Suit une salle consacrée à la peinture républicaine (début de l'indépendance) – l'occasion, inattendue, de découvrir un très beau portrait du maréchal Santa Cruz et de son épouse par Boudin (1865). Suivent des toiles et sculptures contemporaines du symboliste Arturo Borda (1883-1953), de l'indigéniste Cecilio Guzmán de Rojas (1899-1950), réaliste et tranché, des œuvres de Marina Núñez del Prado (1908-1995), considérée comme la plus importante sculptrice bolivienne du XXe s, etc. Expos temporaires d'excellente qualité. Pour les hispanisants qui prolongeraient leur séjour : conférences sur l'histoire de l'art.

Museo de la Coca *(zoom couleur B2,* ***91****)* **:** *c/ Linares 906. ☎ 231-19-98. ● cocamuseum.com ● Tlj sf dim 10h-18h, sf parfois vers midi. Entrée : 13 Bs.* Ce musée de poche, fait un peu de bric et de broc, nous apprend plein de choses sur la coca, son histoire, ses propriétés, ses usages, la fabrication de la cocaïne et la guerre de la coca déclenchée par l'ONU en 1950. Un petit café doté de quelques bouquins est installé à l'étage : on peut y goûter gâteaux et cookies à la coca, chocolat à la coca, cocktails à la coca et *mate de coca*, bien sûr !

COCARICO !

Concocté par un Corse en 1863, le vin Mariani, à base de coca, connut un succès phénoménal jusqu'à son interdiction en 1910. Il faut dire que, même s'il fut adoubé par le pape Léon XIII pour ses effets bénéfiques, le Red Bull de l'époque contenait tout de même 6 mg de cocaïne... Un pharmacien américain, Pemberton, s'inspira de la recette, en y ajoutant de la noix de kola du Ghana, puis en y supprimant l'alcool, pour cause de prohibition. Ainsi naquit en 1885 le Coca-Cola, qui ne contient aujourd'hui plus de cocaïne... mais – paraît-il – toujours des feuilles de coca, pour le goût !

En allant vers Sopocachi

Museo de Arte contemporáneo Plaza *(plan couleur C2)* **:** *av. 16 de Julio 1698. ☎ 233-59-05. Tlj 9h-21h. Entrée : 15 Bs ; droit de photos : 20 Bs.* Proche de la plaza del Estudiante, ce musée-galerie se consacre aux richesses de l'art contemporain bolivien, avec des expos-ventes temporaires au rez-de-chaussée et au 2e étage, et une expo permanente au 1er. Déjà, la maison qui l'abrite vaut le coup d'œil, avec son lourd escalier en bronze doré et sa verrière conçue par la compagnie Eiffel, sous laquelle trône la *Reine des Prés* du sculpteur français Auguste Moreau. À côté, un ensemble de sculptures en plâtre de German Plaza évoque le départ des enfants de la maison à l'aube de l'âge adulte. Dans les salles latérales, on croise tour à tour artistes boliviens et américains. Parmi ceux-ci, citons le *réalisme magique* de Juan Carlos Achata, les toiles cubistes d'Alberto Medina, alias « *El Picasso andino* », les beaux bronzes de femmes de Richard Hallier, et les travaux très variés mais toujours colorés de Mamani Mamani. Le Che fait aussi l'objet de nombreux portraits.

Aux alentours du stade

Jardín botánico *(hors plan couleur par D2)* **:** *c/ Lucas Jaimes, entre Diaz Romero et Villalobos. À l'est de la ville, à côté de la fac. Tlj 8h-16h. Accès : 1 Bs.* Juste pour se mettre un peu au calme, dans cette ville où les espaces verts ne sont pas légion. On surplombe le quartier de Miraflores, à flanc de colline. Une pause agréable.

À faire

– ***Les luchas de cholitas* :** chaque dimanche, de 16h à 19h, le stade de La Ceja, à ***El Alto,*** accueille des spectacles de lutte (sans vraie violence, comme le catch) auxquels participent des femmes (en tresses et jupe plissée traditionnelle !). Affublées de sobriquets peu engageants, les « méchantes » y affrontent les « gentilles » dans un délire de cris, de jets de coca et de coups surprise ! Un vrai théâtre de l'Altiplano, d'un kitsch abouti, rappelant la *lucha libre* mexicaine en version nettement plus amateur. Entrée : 50 Bs pour les étrangers. Des agences vendent le tour à environ 80 Bs avec le transport. On peut contacter par exemple *Cholitas Wrestling,* Gral Gonzalez 1314 et Almirante Grau, à San Pedro *(☎ 249-01-60 ou 📱 772-945-90 ; • cholitaswrestling.com • ; vente des billets lun-ven 15h-19h, sam 9h-17h30 ; dim 10h-14h).* Le tour comprend des places au 1er rang, un guide anglophone, des snacks et une séance photo avec les *cholitas* à la fin !

– ***Assister à un match de foot* :** *au stade Hernando Siles (plan couleur D2). Billets env 80-120 Bs.* Même si l'on n'est pas fan de foot, voilà une bonne occasion de se glisser dans la peau d'un Bolivien !

Marchés

Ce n'est pas un scoop, La Paz est une ville particulièrement riche en marchés. Le *Tambo,* marché de produits agricoles en provenance des Yungas, est historiquement l'une des raisons de l'existence de La Paz, carrefour des flux commerciaux entre l'Altiplano et les Yungas, entre Sucre, Potosí et Cuzco.
Voici quelques-uns des marchés les plus intéressants, mais, bien sûr, la liste n'est pas exhaustive.

– **Calles Sagárnaga et Linares** *(zoom couleur B1-2)* **:** connues pour leurs boutiques d'artisanat, ce sont deux des rues les plus animées de La Paz – et, en tout cas, les plus arpentées par les touristes. En plus des boutiques institutionnalisées, vous y trouverez quelques vendeurs de rue proposant de beaux ponchos anciens, *mantas,* etc. Bien entendu, pensez à négocier. Dans les boutiques, marchandage plus difficile.

– **Mercado de las brujas** *(marché des sorcières ; zoom couleur B1)* **:** *autour des carrefours des c/ Santa Cruz, Illampú, Linares et Jiménez.* Là, sur quelques étals de rue, pas de fruits ni d'artisanat, mais des poudres, des herbes, des pierres magiques, des potions mystérieuses, des grenouilles, des insectes séchés et toutes sortes de bizarreries vendues pour soigner les maux les plus divers. Sans oublier les incontournables fœtus de lama séchés... On enterre aujourd'hui encore un fœtus sous chaque nouvelle construction, tout comme, au lieu de pendre une crémaillère, on sacrifie un petit lama blanc afin de répandre son sang autour de la nouvelle maison (gloups !). Avec un peu d'attention, vous pourrez aussi apercevoir quelques *yatiris.* Ils soignent les malades et lisent l'avenir. Coiffés d'un bonnet andin ou d'un chapeau mou, ils portent une besace à deux poches dans laquelle ils entreposent les feuilles de coca. Ce n'est pas la peine de leur demander de lire votre avenir : « *No digo la suerte a los gringos* » (« Je ne prédis pas l'avenir aux étrangers »). En revanche, vous croiserez peut-être des bourgeoises de La Paz venues consulter un *kallawaya*, une sorte de *yatiri* plus cher car il traite aussi les malédictions ! Originaires de la région du parc d'Apolobamba, les *kallawayas* étaient déjà attachés à la cour de l'Inca pour leur savoir médicinal ; celui-ci a été déclaré Patrimoine immatériel de l'humanité par l'Unesco.

– ***Mercado Buenos Aires*** *(plan couleur B1)* **:** *marché de rue s'étendant de l'orée de la pl. de los Héroes jusqu'à l'av. Buenos Aires (avec ses spécialités par rue).* Extraordinairement vivant et coloré, c'est un vrai souk à la bolivienne. Des centaines de marchands *cholos* y vendent mille et une choses. Au plus bas, vers Murillo et Figueroa, les coiffeurs alignés en rang d'oignon font écho aux stands vendant chaussures, papeterie, produits de beauté et de toilette *(zoom couleur B1)*. Dans la calle Graneros, on trouve surtout vêtements, sacs, costumes et lunettes de soleil, ainsi que des *mantas* et lainages vers l'angle de Linares. Dans le même secteur, le *Mercado Negro* regorge de marchandises volées, ou tout au moins de contrebande. Cela dit, ce n'est pas fort apparent car noyé dans la masse. Voir aussi, si vous avez le cœur bien accroché, la calle Nunaypata (la rue de la viande). Et pousser, enfin, tout en haut jusqu'au cimetière, pour son animation et ses décorations baroques ou naïves.

Fêtes et manifestations

Un grand nombre de festivités ont lieu à La Paz tout au long de l'année. Pour les dates et infos détaillées, se reporter au chapitre « Bolivie utile », rubrique « Fêtes et jours fériés ».

DANS LES ENVIRONS DE LA PAZ

Excursions à partir de La Paz

➢ ***Valle de la Luna :*** *à 12 km au sud-est du centre. Prendre le minibus nº 231, 253, 273, 351 ou 379 (indiqué « Mallasa »), c/ Murillo ou México (zoom couleur B-C2), ou le micro jaune nº 43 qui passe c/ Murillo et pl. del Estudiante (celui-ci peut, à la demande, vous déposer juste devant le site). Attention, assez rares le mat. Compter 1h de trajet. Du terminus, marcher 2 km pour arriver à la vallée. L'idéal : affréter un taxi pour l'aller et le retour, qui vous attendra le temps de la visite (compter 100-120 Bs). Autre option : les visites organisées par* La Paz City Tour, *partant tlj à 10h30 et 13h30 depuis la pl. Isabel la Catolica (plan couleur D3).* ☎ *231-17-47.* • *lapazcitytour.net* • *Compter 60 Bs. Durée : 1h30 (mais on ne reste que 10-20 mn sur place). Entrée du site seul : 15 Bs. Compter env 45 mn de visite.*

> **LA SAUCISSE DE FRANCFORT... À LA PAZ**
>
> *En quittant La Paz par son quartier chic, la Zona Sur, on croise des maisons somptueuses, payées pour certaines par le trésor de guerre nazi. On compte même ici un* barrio *(quartier)* alemán, *mais, rassurez-vous, ceux-là ont débarqué juste après 1914-1918. On leur doit, entre autres, les « succulentes » saucisses Stege et la bière Paceña.*

En chemin, on traverse d'abord la Zona Sur, le quartier chic de La Paz, avant de longer le río Choqueyapu, le plus important de la ville. Lui qui inspire poètes et chanteurs paraît bien modeste en saison sèche. Pourtant, ses crues sont violentes. Juste avant la vallée s'étend sur la droite le quartier fermé d'Aranjuez, où vivent, en toute opulence, politiciens, diplomates et, dit-on, une poignée de narcotrafiquants.

Enfin, coincé au creux d'une cuvette, le *valle de la Luna* est un canyon dont les eaux ont érodé la roche très friable en centaines de cheminées de fée et pitons filiformes. Une curiosité géologique, aujourd'hui aménagée pour la promenade. En toile de fond de cette forêt minérale ocre clair se détachent les montagnes rougeoyantes, où s'entraînent les randonneurs avant le départ pour leur grand trek. Nombreux points de vue. On peut demander au taxi de pousser jusqu'aux villages d'Achocalla et de Valencia ; les paysages sont impressionnants.

➢ ***Muela del Diablo*** *(la molaire du Diable)* **:** s'élevant dans le prolongement de la vallée de la Lune, ce pic aurait la forme d'une molaire à l'envers. Nous on y verrait plutôt une canine à l'endroit, mais bon, on n'est pas dentistes ! Quoi qu'il en soit, la *muela del Diablo* s'escalade (voies équipées) et l'on jouit du sommet d'un superbe panorama sur La Paz.

Trekking dans la cordillère Royale

Avec la proximité de la cordillère Royale, cette barrière de 200 km hérissée de pics qui sépare l'Altiplano de l'Amazonie, La Paz est extraordinairement bien placée pour concurrencer Katmandou. Parmi les principaux sommets : le *Huayna Potosí*, réputé plus accessible que les autres (mais quand même...), le *Condoriri*, la montagne en forme de condor, très prisée des andinistes, le *Mururata*, et, pour finir en beauté, le symbole de La Paz, *el j'acha tata Illimani*, le seigneur des Andes, qu'on peut apercevoir de Puno, au Pérou, à 250 km de là ! On compte aussi de nombreux chemins précolombiens tracés par les ingénieurs de Tiwanaku, dont 4 praticables et même mieux conservés qu'au Pérou. Ces chemins vous mèneront aux Yungas, par-delà les pics. Repos dans la moiteur après 3 ou 4 jours de trekking descendant. Dans tous les cas, si vous avez quelques jours à perdre avant une ascension, n'allez pas les passer en Amazonie : il faut rester acclimaté à l'altitude.

COMME NEIGE AU SOLEIL...

Le glacier Chacaltaya, vieux de 18 000 ans, a commencé à fondre dans les années 1980 et a aujourd'hui totalement disparu. Alarmant quand on sait que, 15 ans auparavant, il constituait la piste de ski la plus haute du monde... Le réchauffement climatique est bel et bien là.

Infos et adresses utiles

Les treks peuvent se faire de façon plus ou moins indépendante ou par l'intermédiaire d'une agence qui prendra en charge la logistique. C'est évidemment plus cher, mais au moins vous serez guidé (ce qui est vivement conseillé pour certains chemins) et n'aurez pas à vous soucier d'emporter tente, eau et vivres. Pour les ascensions en montagne, il vous faudra de toute façon recourir à leurs services. Dans tous les cas, vérifiez attentivement le matériel avant de partir. Et puis RAPPELEZ-VOUS nos sempiternelles mises en garde sur l'acclimatation préalable nécessaire (7 à 10 jours à La Paz ou dans les Andes). Ne sous-estimez pas non plus les dangers liés à l'altitude, au froid, ni la difficulté des treks, qui nécessitent une bonne condition physique. Voici quelques (bonnes) adresses :

Agences

■ ***Andes Expediciones Guarachi*** *(zoom couleur C2,* ***29****)* **:** *av. Camacho 1377, edif. Saenz, 3ᵉ étage, local 314.* ☎ *231-96-55.* ● *andesexpediciones.com* ● Tenu par Bernardo Guarachi, un peu le pape local de l'ascension en haute montagne. Il a

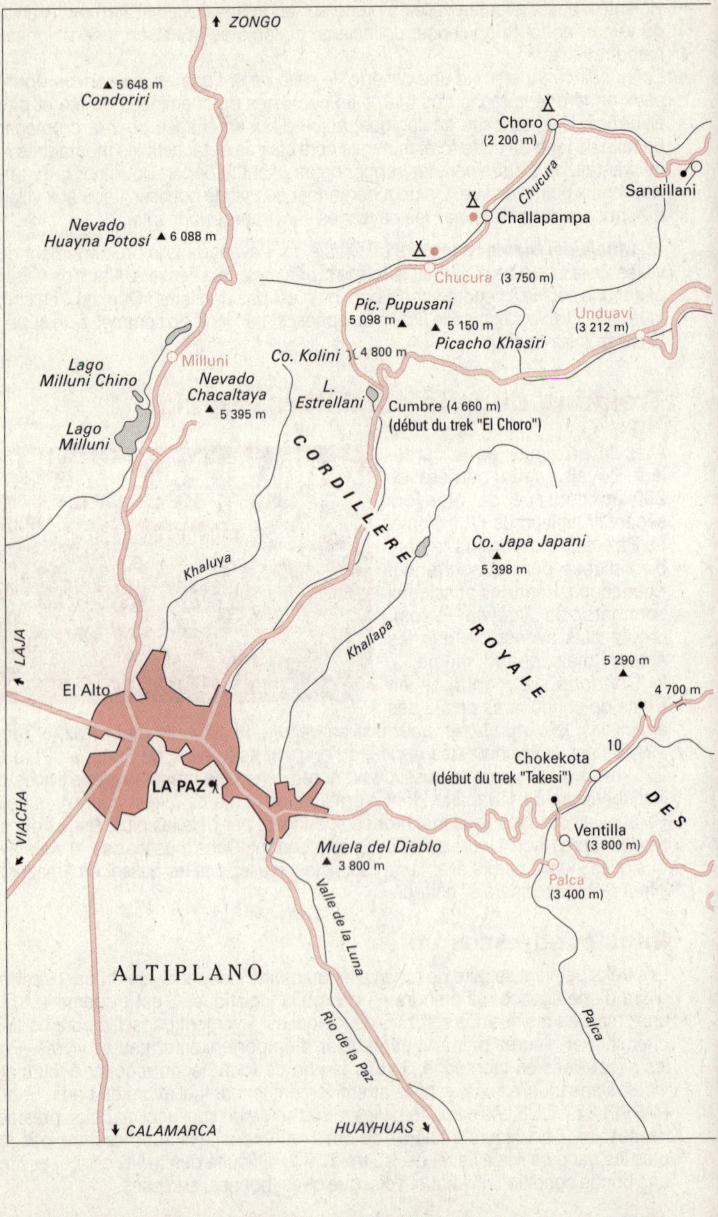

gravi l'Everest, le mont McKinley (réputé très difficile) et l'Illimani un nombre incalculable de fois ! Il dirige aussi une école d'escalade dans l'Alto.

Bref, si c'est avec lui que vous partez, vous serez entre de bonnes mains ! Pas le moins cher, cela dit.

■ ***Travel Tracks*** *(zoom couleur B2,*

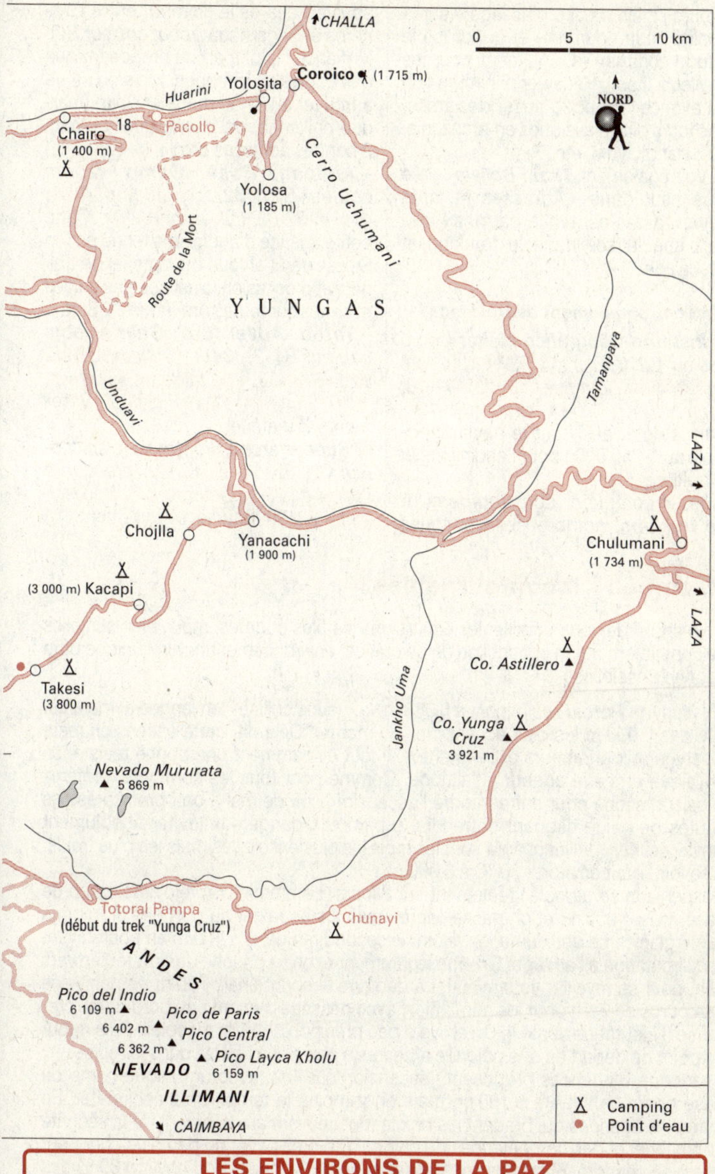

LES ENVIRONS DE LA PAZ

31) : *c/ Sagárnaga 366 et 213. Également Linares 1011, à côté de l'hôtel* Nuevo Sol *(zoom couleur B2,* **64**). ☎ *200-45-13.* 📱 *725-897-89.*

• *travel-tracks.com* • *Tlj 10h30 (11h sam-dim)-19h.* Voici une autre agence sérieuse pour vous attaquer au Huayna Potosí (700 Bs sur 2 jours, 1 000 Bs sur

3 jours), mais un peu plus légère sur la qualité de la nourriture et qui utilise le refuge commun (supplément pour les meilleurs lits...). Réserver minimum 48h à l'avance. Propose aussi des treks, des tours plus classiques en Amazonie, au Salar d'Uyuni, etc.

■ Voir également ***Thaki Bolivia,*** citée plus haut dans « Adresses et infos utiles » à La Paz, tenue par des Français spécialisés dans le trekking et l'escalade.

Matériel, équipement de trekking

■ ***Instítuto Geográfico Militar*** *(zoom couleur C2,* ***33****) : c/ Juan XXIII 100, edif. Murillo, final Rodriguez. ☎ 237-01-18. • igmbolivia.gob.bo • Lun-ven 9h-16h.* Cartes détaillées (tout le pays disponible au 1/250 000e) pour l'andinisme et le trekking.

■ Pour compléter son ***équipement de trekking,*** nombreuses boutiques spécialisées calle Illampú, entre Graneros et Sagárnaga *(zoom couleur B2).* Méfiance : la plupart ne proposent que des copies de marques. Mais on arrive à trouver aussi du matériel *Doite* (marque chilienne) de bonne qualité. Voici 2 bonnes adresses pro :

– ***Andean Base Camp*** *(zoom couleur B2,* ***32****) : c/ Illampú 863. ☎ 246-37-82. Lun-sam 9h-19h.* Cette petite agence d'andinisme tenue par un Suisse vend et loue du matériel de trek neuf et d'occasion, ainsi que des guides et cartes sur toute l'Amérique du Sud.

– ***Tatoo Adventure Gear*** *(zoom couleur B1-2,* ***34****) : c/ Illampú 828. ☎ 245-12-65. • bo.tatoo.ws • Lun-ven 10h-19h, sam 10h30-17h30.* Vêtements et matériel.

■ ***Supermarché Hipermaxi*** *(plan couleur C3,* ***35****) : c/ Gutiérrez, presque à l'angle de 20 de Octubre, à Sopocachi. Tlj 7h-22h30.* Pour le ravitaillement.

Quelques « incontournables »

On a choisi de vous détailler les excursions les plus courues, mais, bien sûr, elles ne constituent qu'un échantillon de ce que cet environnement naturel unique offre comme possibilités...

➢ ***Huayna Potosí :*** culminant à 6 088 m, la « jeune colline » en langue aymara est l'un des 6 000 m les plus accessibles au monde. Cela dit, cette ascension reste réservée aux grimpeurs expérimentés. Il faut évidemment une bonne résistance physique et s'être adapté à l'altitude. Comme pour tous les sommets, préférez la saison sèche pour entreprendre l'ascension, soit de mai à octobre. Après, les chutes de neige risquent de rendre le parcours dangereux (éviter absolument janvier-février). Juillet et août sont les mois les plus ensoleillés mais les plus froids. À savoir : il fait environ - 30 °C à 6 000 m.

L'ascension se déroule idéalement sur 3 jours. Le premier, on rejoint le camp de base, vers 4 900 m, et on passe l'après-midi à s'entraîner au port des crampons sur le glacier. Le deuxième, on rejoint le second refuge, à 5 400 m en poursuivant l'acclimatation à l'altitude. On dîne légèrement et on se couche dans la foulée vers 19h, pour se réveiller vers minuit. Là démarre le sprint final : 700 m de dénivelée parcourus en 6-7h pour les non-initiés, avec passage d'un mur au bord d'une crevasse (l'instant de vérité !). On arrive à peu près pour le lever du soleil. Puis retour au point de départ en une poignée d'heures à peine et à La Paz dans la foulée.

Beaucoup d'agences proposent l'ascension sur 48h, avec un unique camp de base commun situé à 5 100 m, mais on a moins le temps de s'acclimater. En outre, les agences qui bradent les prix le font souvent au détriment de la sécurité du matériel et des compétences du guide... Préférez payer un peu plus cher pour être bien encadré. Et si vous vous posez la question, sachez qu'environ 80 % des candidats arrivent au sommet !

➢ ***Le chemin des Incas de Takesi :*** différent et plus court que celui du Machu Picchu, il ne manque pas d'intérêt non plus. Compter 2 ou 3 jours de superbe balade jusqu'à *Chojlla,* pour laquelle il vaut toutefois mieux être guidé. Possibilité aussi de continuer sur les Yungas (Chulumani). Attention, ce n'est pas une promenade de santé : il faut être en très bonne forme physique, disposer d'un bon équipement, emporter de quoi se nourrir (sauf bien sûr si vous passez par une agence) et, de préférence, une tente.

➢ ***Le chemin des Incas del Choro :*** traversant le parc national de Cotapata pendant 2,5 jours, cet itinéraire un peu plus ardu part du col de la Cumbre (4 660 m) et descend graduellement jusqu'à Chairo (1 240 m), près de Coroico, dans les Yungas (voir le chapitre suivant), passant de l'Altiplano à la forêt des nuages, puis aux tropiques. L'itinéraire, long de 57 km, alterne longues descentes et remontées et emprunte pour une bonne partie un ancien chemin pavé précolombien.
Dans les minuscules hameaux semés sur le sentier del Choro, on trouve des mini-épiceries avec pain et boissons, mais ne comptez pas trop dessus. On peut s'adresser à des agences de La Paz, au bureau des guides de Coroico, ou contracter les services de guides et porteurs (avec lamas) dans les premiers hameaux rencontrés sur le chemin.

➢ ***Condoriri-laguna Chiar Khota :*** une superbe rando d'une journée le long de la cordillère Royale, dans la région des lacs Tuni et Chiar Khota (4 700 m), à 2h de route de La Paz. Magnifiques paysages de sommets enneigés et de lacs perdus en altitude. Pour bon marcheur, mais sans difficulté particulière à condition d'être acclimaté à l'altitude. Pour les trekkeurs expérimentés, des variantes plus longues et techniques comme l'ascension du Condoriri (5 648 m), ainsi nommé car sa forme évoque un condor aux ailes déployées, ou du Pequeño Alpamayo (5 425 m).

Randonnées à VTT

Puisqu'on est tout en haut, il n'y a plus qu'à descendre. Et quelle descente ! Classique d'entre les classiques, les agences vous embarquent sur la ***« route de la Mort »***, l'ancienne piste qui relie La Paz à Coroico. On grimpe d'abord en minibus jusqu'au col de la Cumbre (4 660 m), à 23 km de La Paz, VTT sur le toit, avant d'attaquer, dans un froid assez prenant, une première descente sur la nouvelle route goudronnée. On suit ainsi le macadam sur une trentaine de kilomètres, avec, selon les agences, quelques passages en minibus quand ça remonte. Peu à peu, les vallées pelées et les névés de l'Altiplano cèdent la place à une végétation plus profuse et tempérée. Enfin, au km 54, on plonge vraiment sur la route de la Mort : la piste, caillouteuse et tortueuse, évolue à flanc de précipice, au cœur de la fantastique forêt des nuages des Yungas. Arrivée 32 km et 2-3h plus tard à Yolosa, après avoir dévalé 3 500 m de dénivelée depuis le matin... Sensations garanties !
Pour ce circuit, compter la journée, entre le trajet aller-retour en van, la petite formation avant le départ et une bonne douche – voire un plouf dans une piscine – à l'arrivée. Certains guides, pressés d'en finir, foncent sans tenir compte de leurs clients. Ne vous laissez pas influencer, allez tranquillement à votre rythme et profitez du paysage, vous n'êtes pas là pour mettre votre vie en danger... Les incidents et les accidents ne sont pas si rares, surtout s'il pleut (glissant) – d'où l'importance d'avoir un bon matériel. L'agence est obligée de vous attendre et ne repartira pas sans vous !
Précisons que vous ne serez pas seul : chaque jour, des dizaines – des centaines parfois – de VTTistes dévalent la route plus ou moins en même temps. La plupart rentrent à La Paz, mais certains s'arrangent pour continuer sur Coroico, tout près de Yolosa (demandez à l'agence).
Dans tous les cas, l'accès à la route de la Mort coûte 25 Bs en plus.

➢ Autre alternative pour les amateurs de voyage sur deux-roues, rejoindre l'Amazonie et ***Rurrenabaque*** à vélo (2 jours de descente sur pistes), puis en bateau (3 jours) via le parc Madidi ! L'agence *Andean Epics* organise théoriquement un départ chaque lundi matin de La Paz (ou mardi matin de Sorata). Environ 4-5 h de vélo ou bateau par jour, le reste du temps étant consacré à des activités de découverte (courtes balades et randos).

■ ***Andean Epics Ride Co*** *(zoom couleur B2, **81**) : c/ Linares 940, 1er étage ; bureau attenant au Café Illampú (partagé avec Climbing South America). ☎ 231-38-49. 📱 772-196-34. • andeanepics.com • Fonctionne d'avr à mi-déc.* Bon encadrement, matériel dernier cri et petits groupes. Outre les trips vers Rurrenabaque, organise aussi toutes sortes de sessions (y compris *freeride*) pour les amateurs confirmés et des sorties à VTT et à moto autour de La Paz, dans la cordillère Royale et jusqu'à Sorata.

■ ***Evolution Ride Spirit*** *(zoom couleur B1, **36**) : c/ Graneros 147A, et Murillo. ☎ 237-83-45. • expediroad66@aol.com • Tlj 9h-12h30, 14h-19h.* Tenue par un jeune Français, Mike, cette agence spécialisée sur la « route de la Mort » utilise exclusivement des VTT de descente haut de gamme double suspension (marque *Giant*) ; idem pour le reste du matos, vérifié chaque jour. Un gage de sécurité, mais forcément un poil plus cher (compter 600 Bs environ).

■ ***Xtreme Down Hill*** *(zoom couleur B2, **30**) : c/ Sagárnaga 392. ☎ 231-33-10. 📱 772-327-91. • xtremedownhill.com • Tlj 9h30-19h. Pour la « route de la Mort », compter 400-500 Bs selon VTT choisi (simple ou double suspension), transfert, équipement, petit déj au départ, déjeuner, douche et plouf dans la piscine à l'arrivée compris. Départ à 7h30, retour vers 19h30.* Bon matos (VTT à freins hydrauliques, casque, combi intégrale...) et, pour les souvenirs, T-shirts et DVD de votre descente offerts à l'arrivée ! Réserver au plus tard vers 18h la veille. En haute saison, les groupes peuvent atteindre une trentaine de personnes.

■ ***Barro Biking*** *(zoom couleur B1-2, **37**) : c/ Sagárnaga 288, galería Las Brutas, local 20. ☎ 231-55-26. • barrobiking@gmail.com • Tlj 9h-19h.* Mêmes prestations et tarifs que le précédent, avec 10 % de réduction à partir de 2-3 personnes. Groupes en général plus petits, et les guides ne poussent pas à la roue...

QUITTER LA PAZ

En bus

🚌 ***Gare routière principale*** *(terminal de buses ; plan couleur B1, **10**) : pl. Antofagasta. À 800 m env au nord de la pl. de los Heroes. Compter 15 mn à pied, 10 Bs en taxi, ou prendre un minibus indiquant « Terminal ». C'est d'ici que partent la plupart des bus. Pour s'assurer des horaires (et encore, leurs infos ne sont pas toujours à jour !) : ☎ 228-58-58 ou 228-60-61 ; ou consulter • boliviaentusmanos.com/terminal •* Sur place, chaque compagnie dispose d'un comptoir où sont affichés ses destinations et (souvent) ses horaires. Plus simple pour une vue d'ensemble : le bureau d'infos à l'entrée donne tous les tarifs en vigueur et distribue un dépliant regroupant tous les horaires de départ pour chaque destination et chaque compagnie. Nous vous indiquons ci-dessous les prix des bus des moins chers (siège non inclinable) aux plus chers (siège inclinable et w-c). En saison, il vaut mieux réserver la veille ou l'avant-veille. Sinon, côté services, vous trouverez tout ce qu'il faut sur place : la gare routière est une vraie petite ville ! Cafés et restos dans le grand hall, distributeurs, *Punto Entel* (téléphone et Internet), police, douches, pharmacie, consignes, stands divers et variés... Et n'oublions pas le guichet de change planqué à l'entrée à droite ; euros acceptés à un taux correct (1 à 2 % de moins qu'en ville)

Pour info, la compagnie *Panamericana* a très mauvaise réputation.

Liaisons nationales

➢ ***Cochabamba :*** 7h de trajet. Départs ttes les 30 mn au moins, 6h-23h, avec notamment *6 de Agosto (☎ 228-18-81), El Dorado (☎ 228-16-72), Bolivar (☎ 228-19-73)* et *Trans Copacabana I (☎ 228-21-35).* Compter 45-90 Bs. Beau trajet où l'on passe des Andes aux vallées du centre du pays.

➢ ***Oruro :*** départs ttes les 30 mn au

moins, 4h30-21h30, notamment avec *6 de Agosto, Aroma* (☎ 228-18-94), *Urus* (☎ 228-55-56), *Fenix* (☎ 228-18-87), *Atlas* (☎ 228-48-99), etc. Compter 25-60 Bs et 3h30 de trajet... en théorie ! La route est dans un état désastreux au point que les passagers sont parfois priés de descendre pour la remblayer et permettre le passage du bus. Les retards importants sont donc monnaie courante.

➢ ***Potosí :*** 10h de trajet. Départs 18h-21h30 avec notamment *El Dorado* et *Illimani* (☎ 228-20-25). Compter 55-110 Bs.

➢ ***Sucre :*** 13h de trajet. Départs 18h30-20h avec *Illimani, Trans Copacabana I* et *Flota Copacabana* (☎ 228-15-96), ainsi qu'un bus de jour à 9h30 avec *Expreso Mopar* (☎ 228-21-54). Compter 70-135 Bs. Les bus passent par Potosí.

➢ ***Uyuni :*** env 13h30 (via Oruro). Bus tlj à 15h30 avec *16 de Julio* (☎ 228-17-85) et à 17h30 avec *Panasur* (☎ 228-17-08). Compter 90-170 Bs. Attention, la route – pas complètement asphaltée – peut être impraticable l'été (notre hiver) en raison des pluies. À la sortie de la gare, en descendant à droite du terminal, av. Uruguay 102, edif. Paola (bureau 6), la compagnie *Todo Turismo* (☎ 211-94-18 ; ● todoturismo.bo ●) propose d'excellents cars, très rapides et chauffés, pour un prix en revanche plus élevé. Repas et wifi à bord. Compter env 230 Bs.

➢ ***Villazón** (frontière argentine)* **:** min 20h de trajet. 6 bus/j., 12h-19h30, avec notamment *Illimani* et *Expreso Tupiza* (☎ 228-21-53). Halte possible à **Tupiza.** Compter 115-200 Bs.

➢ ***Tarija :*** 22h de trajet. Départ vers 16h30 avec *Expreso del Sur* (☎ 228-19-21) et plusieurs autres à 17h, dont *Expreso Tarija* (☎ 228-20-09) et *San Lorenzo* (☎ 228-22-92). Compter 115-215 Bs.

➢ ***Santa Cruz :*** 17h de trajet. Départs 16h30-21h30, avec notamment *El Dorado, Trans Copacabana I, Bolivar, Jumbo Bolivia* (☎ 228-18-32) et *Flota Copacabana.* Compter 95-180 Bs.

➢ ***Copacabana :*** 3h30-4h de trajet. Départs vers 8h-8h30 avec *6 de Junio* (☎ 228-08-92) et *Nuevo Continente* (☎ 228-51-91). Pour plus de fréquences, se rendre à la pl. Tomas Catari *(plan couleur A1, **11**)*, près du cimetière. C'est de là que partent la plupart des minibus pour Copacabana (voir ci-dessous).

Liaisons internationales

Les guichets des compagnies internationales sont regroupés au fond du terminal.

➢ ***Puno et Cuzco** (Pérou)* **:** tlj vers 8h avec *Litoral* (☎ 228-19-20) et vers 8h30 avec *Nuevo Continente* (☎ 228-51-91), *6 de Junio* (☎ 228-08-92) et *Trans Milton* (☎ 228-63-49) ; également vers 15h30 avec *Ormeño Bolivia* (☎ 228-11-41). Compter 100-180 Bs. Trajet : 4h30 jusqu'à Puno et 11h jusqu'à Cuzco. Certaines agences de voyages proposent aussi un transfert à Cuzco avec visite de l'Isla del Sol au passage ; dans ce cas, comptez env 450 Bs.

➢ ***Lima** (Pérou)* **:** après Puno et Cuzco, *Litoral, Nuevo Continente* et *Ormeño Bolivia* (voir ci-dessus) continuent jusqu'à Lima. Compter 400-480 Bs et 28h de route.

➢ ***Arica et Iquique** (Chili)* **:** env 7 bus/j., 6h-13h, avec entre autres *Salvador* (☎ 228-22-85), *Tran Cali* (📱 775-200-60), *Chilebus* (☎ 228-21-68) et *Litoral.* Bonne nouvelle : la route est asphaltée. Compter 8h de trajet et env 120 Bs. Le bus traverse successivement les parcs de Sajama (Bolivie) et Lauca (Chili), aux merveilleux paysages. Possibilité de descendre en route, mais pas à moins de 10 km du village de Sajama (et pas de transports publics entre l'endroit où vous dépose le bus et le village).

➢ ***Buenos Aires** (Argentine)* **:** 60h (!) de trajet. Départ tlj à 19h avec *Almirante Brown* (📱 712-570-11) et à 20h avec *Ormeño Bolivia* (☎ 228-11-41). Billet : 100 $.

➢ ***Foz do Iguaçu** (Brésil) **et Asunción** (Paraguay)* **:** départ tlj à 20h avec *Almirante Brown.*

➢ ***Curitiba, São Paulo et Rio de Janeiro** (Brésil)* **:** départ à 20h avec *Almirante Brown.*

➢ ***Caracas** (Venezuela), **Bogota** (Colombie) **et Quito** (Équateur)* **:** départ à 15h30 avec *Ormeño Internacional.*

Bus et minibus pour Copacabana et Tiwanaku *(plan couleur A1,* ***11****)* ***:*** *départs près du cimetière, à l'ouest du centre, sur les hauteurs de la ville. Compter 20 Bs en taxi, ou prendre un minibus indiquant « Cementerio ».* Les fréquences sont indicatives : en fait, on part quand le minibus est plein !

➢ ***Copacabana :*** 3h30-4h de trajet. Billet : 15-20 Bs. Les bus attendent sur la pl. Tomas Catari (face au cimetière). Env 1 départ ttes les heures, 6h-17h avec *Manco Kapac (☎ 245-90-45),* 5h-18h avec *6 de Junio (☎ 228-08-92)* et 8h-16h avec *Transtur 2 de Febrero (☎ 245-30-35).* Attention, sam, les bus sont complets (résa impérative la veille). Route magnifique ; peu avant d'arriver, on franchit un bras du Titicaca sur des bacs de fortune, rigolo !

➢ ***Tiwanaku :*** env 1h30 de trajet. Billet : compter 25 Bs l'A/R. Départs ttes les 30 mn à 1h env, 6h30-16h avec la *Cooperativa Tiwanaku (☎ 245-32-73),* située c/ Aliaga 678 (la rue qui descend de la pl. Catari, du côté opposé au cimetière). Mêmes fréquences avec *Trans Autolíneas Ingavi (☎ 238-14-84),* 5h-18h, depuis Eyzaguirre 584 (parallèle à Aliaga) et Asín. Et encore avec *Trans Turs San Felipe de Corpa (📱 735-571-38),* 5h30-16h, depuis Eyzaguirre 1315 et Aliaga. Sachez en outre que tous les minibus à destination de Desaguadero (frontière péruvienne) passent par Tiwanaku ; on peut donc aussi les prendre, voire les reprendre à Tiwanaku pour rejoindre le Pérou dans la foulée.

Minibus pour Sorata *(plan couleur A1,* ***14****)* ***:*** *départs c/ Bustillo 615 et 685, entre Babia et Eyzaguirre, avec* Unificada *(☎ 238-16-93) et* Perla del Illampú *(☎ 238-05-48).* Compter 3h30-4h de trajet. Billet : 17 Bs. Départ ttes les heures env, 5h-17h30 (ou plutôt lorsque le minibus est plein). Le vendredi, tâchez de réserver à l'avance car les bus sont pris d'assaut.

Bus et minibus pour Coroico, les Yungas et l'Amazonie *(hors plan couleur par D1,* ***12****)* ***:*** *départs du quartier Villa Fatima, au nord-est du centre. Compter env 20 Bs pour vous y rendre en taxi du centre-ville. Nombreux minibus ou micros tte la journée.*

➢ ***Coroico :*** départs ttes les heures, 7h-17h, de la c/ Yanacachi, avec *Turbus Totaí (☎ 221-65-92), Yungueña (☎ 221-35-13)* et *Palmeras (☎ 21-94-42).* Compter env 2h et 30 Bs en voiture de 7 places, 2h30-3h et 20 Bs en minibus de 14 places. On ne passe plus par la « route de la Mort » !

➢ ***Guanay :*** 9h de route. Billet : 35 Bs. Départ vers 9h avec *Trans Bolívia (☎ 221-04-69),* c/ Virgen del Carmen, à l'angle de l'av. de Las Americas (un peu plus haut sur l'avenue que les autres compagnies). Également 1 bus/j. avec 3-4 autres compagnies du secteur, dont *Trans Caranavi (Las Américas 472 ; ☎ 226-06-07),* et *Palmeras (Las Américas 489 ; ☎ 221-94-42).*

➢ ***Rurrenabaque :*** 18h-21h de trajet, voire plus, et beaucoup de sueurs froides en chemin, le bus longeant les ravins sur une partie du parcours ! À choisir, le retour (en montée) est un peu moins stressant... Départs quotidiens vers 11h ou 11h30 avec *Turbus Totaí (Las Américas 411 ; ☎ 226-04-45), Trans Totaí (c/ Virgen del Carmen 1357 ; ☎ 221-03-92), Flota Yungueña (Las Américas 344 ; ☎ 221-23-44)* et encore 3-4 bus/sem avec *Vaca Diez (Virgen del Carmen 1372 ; ☎ 221-71-88 ou 226-11-51).* Billet : 80-100 Bs. Si vous voulez rejoindre l'Amazonie brésilienne, la plupart des compagnies continuent vers ***Riberalta*** et/ou ***Guayaramerín.*** Compter env 220 Bs et au moins 1,5 j. de voyage, si ce n'est 3 en saison des pluies...

En train

Si l'on excepte un itinéraire touristique épisodique (voir ci-dessous), il n'y a plus de train à La Paz ! Seules les lignes Oruro-Uyuni-Tupiza et Uyuni-Avaróa (frontière chilienne) fonctionnent encore – ainsi que des automotrices reliant Sucre à Potosí et Cochabamba à sa haute vallée. On peut toutefois s'informer des derniers horaires et réserver son billet (pour la 1re classe 1 mois avant, la 2e classe 7 jours avant, la 3e classe la veille seulement) à La Paz :

■ ***FCA – Empresa Ferroviaria Andina*** *(plan couleur C3,* ***13****)* ***:***

c/ Sanchez Lima 2199. ☎ 241-97-70 ou 241-65-45. • fca.com.bo • Billetterie ouv lun-ven 8h-12h, 14h30-17h30.

➢ ***Tiwanaku :*** le 2ᵉ dim du mois, un train touristique relie El Alto à Tiwanaku, puis Guaqui, sur le bord du lac Titicaca (un peu avt Desaguadero et la frontière péruvienne). Il reste en gare 2h à Tiwanaku (le temps de visiter), puis 2h30 à Guaqui, et s'en retourne ensuite directement à El Alto. Départ d'El Alto c/ nº 8, à côté du régiment Ingavi.

En avion

✈ ***Aéroport de La Paz :*** *voir aussi « Arrivée à l'aéroport » en tête du chapitre consacré à La Paz. Pour s'y rendre, minibus très fréquents (6h10-21h30) qui passent par la pl. Isabel la Católica, la pl. del Estudiante et la pl. de los Héroes (mieux vaut les prendre pl. Isabel la Católica, sinon ils sont généralement complets et ne s'arrêtent pas). Compter env 30 mn de trajet et 4 Bs. En taxi, compter 60-70 Bs depuis le centre ou Sopocachi, env 80-100 Bs depuis la Zona Sur.*

Lignes intérieures

– On rappelle que *BoA* relie les principales villes, tandis que *TAM, Aerocon* et *Amaszonas* (petits avions de 19 passagers !) desservent les coins plus reculés, notamment de l'Amazonie. *TAM,* compagnie attachée à l'armée bolivienne, assure la desserte de près d'une trentaine de localités, petites et grandes (souvent avec juste 1 ou 2 vols/sem). Pour connaître leurs coordonnées, voir la rubrique « Adresses et infos utiles ». Arriver à l'aéroport au moins 1h à l'avance. Les vols indiqués ci-dessous sont des vols directs ; il existe d'autres options, par exemple avec *Aerocon* avec changement à Trinidad.

➢ ***Cochabamba :*** 5 vols/j. avec *BoA*, 3-4 avec *TAM* (sf sam), 2 avec *Amaszonas* (1 seul le sam).

➢ ***Santa Cruz :*** 7 vols/j. avec *BoA*, 3-5 avec *Amaszonas* et 1-2 avec *TAM* (sf sam).

➢ ***Sucre :*** 3 vols/j. avec *BoA*, 2 avec *Amaszonas* (1 seul le sam) et 1 avec *TAM* (sf sam).

➢ ***Uyuni :*** 2 vols/j. avec *Amaszonas* (1 seul le w-e) ; 2 vols/sem (lun et ven) avec *TAM*.

➢ ***Tarija :*** 3 vols/j. avec *BoA*, 1 avec *Amaszonas* ; également 2 vols/sem avec *TAM*, les mar et dim.

➢ ***Rurrenabaque :*** 5-6 vols/j. avec *Amaszonas*, 1 avec *TAM* (sf sam).

➢ ***Trinidad :*** 5 vols/j. avec *Aerocon* ; 2 vols/sem (lun et ven) avec *TAM*.

Vols internationaux

Pour les coordonnées des compagnies aériennes, voir la rubrique « Adresses et infos utiles ». Arriver à l'aéroport au moins 2h à l'avance.

➢ ***Cuzco :*** tlj sf sam avec *Amaszonas*.

➢ ***Arequipa :*** lun-mer et ven avec *Amaszonas*.

➢ ***Lima :*** tlj avec *LAN* et *Taca*.

➢ ***Arica, Iquique, Santiago (Chili) :*** tlj ou presque avec *Sky Airline*.

LE LAC TITICACA

Il s'étale sur environ 8 400 km², baigne le Pérou et la Bolivie, plonge au plus profond jusqu'à 280 m… Le lac Titicaca est si grand qu'on croirait la mer. Tout y est : les mouettes, les plages, le bruit du ressac. Les îles aussi, l'isla del Sol en particulier, où l'on se plaît à vagabonder de baie en baie. Pourtant, la mer, la vraie, ondule 3 812 m plus bas, et ce ne sont pas les cheminées des paquebots qui pointent à l'horizon, mais les volcans de la cordillère Royale.

UN LAC, DEUX LACS, DEUX PAYS

Même si la plus grande moitié du Titicaca se trouve au Pérou, la Bolivie, avec ses 3 780 km², en possède tout de même 45 %, ce qui n'est pas rien ! Principale

agglomération littorale bolivienne, Copacabana s'ancre à l'est, sur une immense presqu'île reliée au Pérou voisin. Pour rejoindre la petite ville depuis La Paz, il faut traverser le détroit de Tiquina (profond de 280 m), qui marque le seul point de communication entre le grand Titicaca à l'ouest (Chucuito) et le petit Titicaca à l'est (Ingavi).
Depuis quelques années, les archéologues ne cessent de questionner le lien du lac avec la grande cité de Tiwanaku – ancrée à 12 km au sud-est. Il semble désormais établi que ses périodes d'essor ou de repli ont coïncidé avec des changements climatiques qui ont affecté la superficie du plan d'eau. Certains archéologues émettent l'hypothèse de ports engloutis ; d'autres, plus fantasques, imaginent que le Titicaca aurait jadis pu baigner de ses eaux les portes de Tiwanaku. En fait, c'est l'inverse qui semble se démontrer : début 2013, une équipe belgo-bolivienne a localisé 6 sites archéologiques immergés, dont des terrasses agricoles, des vestiges d'habitations et une canalisation en pierre de taille de 4 m de large. L'exploration ne fait que commencer et la campagne se poursuivra jusqu'en 2016.

COPACABANA *(env 6 000 hab. ; IND. TÉL. : 2)*

Posée à 3 840 m d'altitude sur les berges du lac Titicaca, Copacabana est une bourgade très vivante, où se croisent paysans venus de toute la région, touristes en maraude et pèlerins. Déjà connu comme centre cérémoniel sous l'Empire inca, le lieu a conservé son aura sacrée : on y vénère désormais Notre-Dame de Copacabana, sainte patronne de la Bolivie, installée en sa grande basilique blanche. Pour la petite histoire, si une plage de Rio porte le même nom, c'est à la suite d'une promesse faite à la Vierge locale par un moine bénédictin en perdition au large des côtes du Brésil.
À certaines périodes de l'année, les fidèles débarquent de tout le pays et plus encore du Pérou pour lui rendre hommage, au gré de cérémonies syncrétiques mêlant profane et sacré, christianisme et coutumes anciennes. Après le baptême des voitures devant le sanctuaire (amusant !), ils filent sur le bord du lac pour consulter les mannes anciennes...
Aujourd'hui, babas cool et routards au long cours fréquentent Copacabana en nombre ; ce sont même souvent eux qui vendent de l'artisanat... C'est ici qu'on largue les amarres pour l'isla del Sol.

Arriver – Quitter

En bus

Tous les bus s'arrêtent et partent de la pl. Sucre *(plan A1)*. Nombreuses agences autour.
➢ ***La Paz :*** compter 3h30 de trajet sur une bonne route goudronnée, avec passage du bac à Tiquina. Bus et voitures grimpent sur des barges en bois de fortune, propulsées par de poussifs petits moteurs... Avec les compagnies *6 de Junio (☎ 228-08-92), Manco Kapak (☎ 245-90-45)* et *2 de Febrero (☎ 245-30-35)*, bus quasiment ttes les heures, 7h-19h (6h-17h depuis La Paz).
➢ ***Puno** (Pérou) **:*** env 3h de trajet. Le plus simple est de prendre un bus direct par l'intermédiaire de l'une des nombreuses agences de l'av. 6 de Agosto ou de la pl. Sucre. Elles pratiquent ttes les mêmes tarifs (env 30 Bs). Départs tlj aux alentours de 9h, 13h30 et 18h30. Autre possibilité, mais plus fastidieuse, le minibus jusqu'à Kasani (village frontière bolivien), ttes les 30 mn env, 7h-18h (15 mn de trajet), passage de la frontière à pied, puis minibus ou tricycle à moteur jusqu'à Yunguyo et, enfin, minibus jusqu'à Puno (ouf !). Attention, la frontière ferme vers 19h (soit 18h au Pérou) !
– De Puno, correspondances pour ***Cuzco, Arequipa*** et ***Lima.*** On peut acheter son billet dès Copacabana.
➢ ***Tiwanaku :*** env 4h de trajet. Soit on s'y rend en repassant à La Paz, soit en

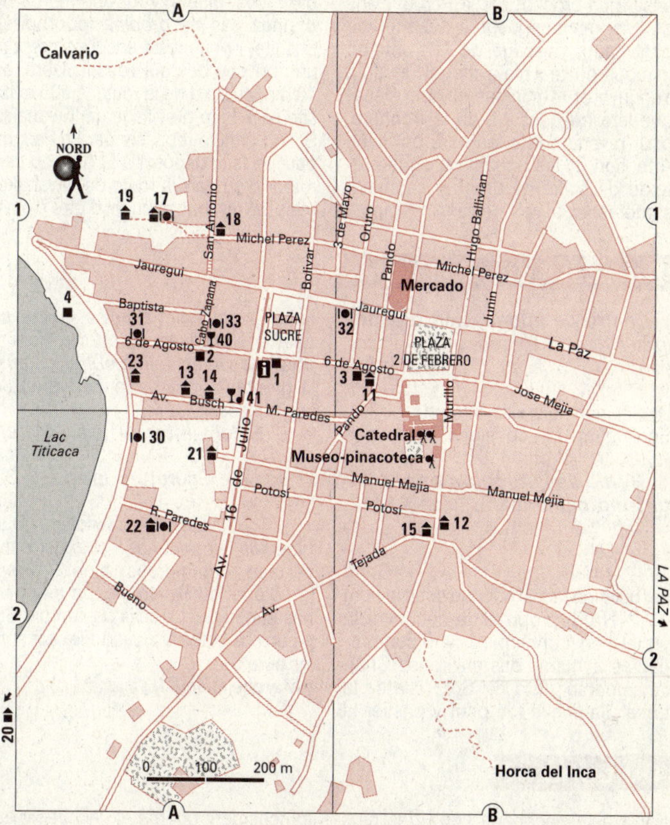

COPACABANA

■ **Adresses utiles**

1 Red de Asociaciones de turismo comunitario
@ 2 Entel – Internet
3 Banque Ecofuturo
4 Guichet et embarcadère pour les îles

Où dormir ?

11 Hostal Sol y Luna
12 Hostal Emperador
13 Hostal Paraíso
14 Alojamiento Kotha Kahuaña
15 Hostal Sonia
17 Hostal La Cúpula
18 Hotel Utama
19 Las Olas
20 Ecolodge Copacabana
21 Hotel Gloria
22 Hotel Rosario del Lago
23 Hotel Estelar del Titicaca

Où manger ?

17 Restaurant La Cúpula
22 Kota Kahuaña
30 Kioscos
31 La Orilla
32 Sujna Wasi
33 Café Bistrot

Où boire un verre ? Où sortir ?

40 Nemos Bar
41 Waykys

faisant un crochet par le Pérou. Dans ce cas, minibus jusqu'à Kasani (voir plus haut), passage de la frontière, minibus ou tricycle à moteur jusqu'à Yunguyo et re-minibus jusqu'à Desaguadero (re-passage de la frontière, pour revenir sur le territoire bolivien). Attention, si les douaniers, sous prétexte de trafic de drogue, semblent s'intéresser à vos devises, comptez bien vos billets vous-même et ne donnez pas de *propina* (pourboire). Ensuite, il vous reste encore à prendre un nouveau bus qui vous laissera, en 40 mn, au bord de la route, à 500 m du site et à 1 km du village de Tiwanaku. Si l'on préfère repasser par La Paz, on peut se faire déposer à El Alto, au carrefour d'où part la route de Tiwanaku, mais les minibus risquent d'être pleins.

Adresses et infos utiles

Centro de información turística *(plan A1)* **:** *pl. Sucre, angle 6 de Agosto et 16 de Julio, face à l'*Hostal Colonial*. En principe, lun-sam 8h-14h, 16h-19h.* Doc et plan de la ville, infos sur les îles. Également une consigne à bagages *(lun-sam 8h-19h).*

■ ***Red de Asociaciones de turismo comunitario*** *(plan A1,* ***1****)* **:** *av. 6 de Agosto, sur la pl. Sucre. 772-990-88. • titicacaturismo.com • Lun-sam 8h-19h, dim 8h-14h.* Cette association (aussi connue sous le nom d'APTHAPI) propose de découvrir la vie et l'environnement de 5 communautés aymaras des environs : Challapampa sur l'isla del Sol, l'isla de la Luna, Sampaya (on peut y passer la nuit), Santa Ana et Sahuiña, où l'on se balade en radeau de *totoras* (joncs) pour observer *Telmatobius culeus,* la grenouille géante (endémique) du lac Titicaca.

■ @ ***Entel – Internet*** *(plan A1,* ***2****)* **:** *av. 6 de Agosto. Tlj 8h30-23h.*

■ ***Banque Ecofuturo*** *(plan B1,* ***3****)* **:** *av. 6 de Agosto. Lun-sam 8h30-12h, 13h30-17h.* Change les dollars. Distributeur. On peut aussi changer dans certains commerces, à la *Prodem* (à côté) et au *Banco Fie,* un peu plus bas sur la rue. La *casa de cambio Sol y Luna,* à côté du *Banco Fie,* accepte les euros.

– ***Marché*** *(plan B1)* **:** *tlj, mais surtout le w-e.*

Où dormir ?

Il y a à Copacabana l'une des plus grandes concentrations d'hébergements de Bolivie ! Mais attention, pendant la fête de la Vierge, aux alentours des 5 et 6 août, il n'est pas si évident de se loger... Les tarifs augmentent alors considérablement, surtout dans les petits hôtels. Précisons enfin qu'aucun établissement en dehors de la catégorie « Très chic » n'a de chauffage.

Très bon marché (moins de 80 Bs / env 9 €)

On trouve bon nombre d'hébergements très bon marché dans les rues Pando et 6 de Agosto (environ 30 Bs par personne) mais, à de rares exceptions près (voir plus loin), ils sont franchement pourris et l'accueil y est rarement avenant.

Hostal Emperador *(plan B2,* ***12****)* **:** *c/ Murillo 235. ☎ 862-20-83. Compter 25-35 Bs/pers avec sdb partagée ou privée.* Dans le genre basique, c'est plutôt un bon choix : derrière une façade austère, les chambres s'organisent sur 2 étages autour d'une courette tranquille. Elles sont propres mais très simples : un lit sur le vieux parquet et basta ! Quelques-unes ont une salle de bains (douche électrique plus ou moins chaude, sans bac, au-dessus des w-c). Possibilité de faire sa lessive. Accueil gentil.

Alojamiento Kotha Kahuaña *(plan A1,* ***14****)* **:** *av. Busch 15. ☎ 862-20-22. Double avec sdb privée 70 Bs.* Les chambres, très simples et d'une propreté acceptable (sans plus), sont disposées autour d'une petite cour où trônent une fontaine et un portique en bas-relief kitscho-tiwanacuense ! Possibilité de cuisiner et de faire laver son linge. Accueil sympathique.

Bon marché (80-140 Bs / env 9-16 €)

Hostal Sol y Luna (plan B1, **11**) : *c/ Pando, près de l'angle de 6 de Agosto. 758-550-67 ou 796-600-16. Compter env 50 Bs/pers.* Central, propre et pas cher : ce petit hôtel familial fait mentir la règle qui voudrait que le choix dans le secteur soit des plus médiocre. Passé l'escalier sombre aux lumières glauques, on découvre des petites chambres très bien tenues, avec une salle de bains impeccable et même une petite TV écran plat dans certaines. Une super option dans cette catégorie.

Hostal Sonia (plan B2, **15**) : *c/ Murillo 256, derrière la cathédrale, presque en face de l'*Hostal Emperador*. 719-684-41. Doubles avec ou sans sdb 80-100 Bs. Garage.* Ensemble rénové et bien tenu. Les chambres sont très propres et avec une salle de bains qui ressemble à quelque chose, pour une fois. Sonia et sa famille sont accueillants, et l'on accède à une cuisine équipée et une terrasse en partie couverte sur le toit, avec belle vue sur tout le village et le lac (on peut y faire sa lessive). Une bonne adresse.

Hostal Paraíso (plan A1, **13**) : *av. Busch, entre 16 de Julio et le lac. ☎ 862-26-79. 791-648-27. Doubles env 120-150 Bs (plus cher le w-e), petit déj inclus. Parking fermé (gratuit).* Parmi les « gros » hôtels de Copacabana, celui-ci offre un bon rapport qualité-prix. Les chambres, assez confortables, plutôt lumineuses et spacieuses, ont de bons matelas et la TV. Bon, les lumières de la salle de bains (douche électrique) sont glauques et le wifi ne marche guère qu'à la réception... Mais l'accueil est gentil.

Prix moyens (140-220 Bs / env 16-25 €)

Hotel Utama (plan A1, **18**) : *c/ Michel Pérez, à l'angle de San Antonio. ☎ 862-20-13. • utamahotel.com • Double env 210 Bs, copieux petit déj inclus.* Cette grande bâtisse en brique baignant dans une lumière orangée n'a guère de charme, mais des chambres bien équipées (salle de bains et TV), réparties autour d'un patio couvert. Les plus lumineuses donnent sur le lac. *Mate,* eau potable et fruits gratuits toute la journée. Accueil gentil. Au bout du compte, ça fait pas mal de bons points. On a même droit à quelques heures de chauffage (18h-22h). Reste une douche à l'eau chaude parfois capricieuse.

Hotel Estelar del Titicaca (plan A1, **23**) : *av. Costanera, angle Busch. ☎ 862-20-20. 772-050-13. • titicacabolivia.com • Doubles 160-240 Bs selon j. et période.* Appartenant au même groupe que le *Colonial del Lago*, cet hôtel s'amarre face au Titicaca. Il dispose de belles chambres au mobilier en bois clair avec TV, mini-balcon et chauffage sur demande, présentant un assez bon rapport qualité-prix. Signalons toutefois des odeurs d'égouts dans certaines – problème récurrent à Copacabana, surtout aux abords du lac.

Chic (220-350 Bs / env 25-40 €)

Las Olas (plan A1, **19**) : *c/ Michel Perez (final). ☎ 862-21-12. 725-086-68. • hostallasolas.com • Sur les hauteurs : prendre le chemin qui part face à l'*Hostal Utama *et le suivre jusqu'au bout. Résa conseillée. Doubles 44-52 $; triples et quadruples 56-68 $.* Quel caractère ! Semés sur des terrasses tranquilles au flanc d'une colline dominant le lac, les 7 bungalows bénéficient d'un superbe panorama. Très originaux, tous différents, ils mêlent pierre et bois de manière très organique, avec des plantes vertes jusque dans la salle de bains, un ou deux hamacs devant, des fleurs autour, une kitchenette avec évier en bois, une mezzanine (ou non), une cheminée... On croirait presque des cabanes dans les arbres pour Robinsons de luxe. On adore ! Chauffage et eau bien chaude. Seul inconvénient : la grimpette pour rentrer le soir. Notre adresse coup de cœur à Copacabana.

Hostal La Cúpula *(plan A1, **17**) : c/ Michel Pérez 1-3. ☎ 862-20-29. 📱 670-884-64. • hotelcupula.com • Sur les hauteurs du village, juste avt Las Olas (voir plus haut). Résa conseillée. Doubles sans ou avec sdb 28-37 $; suites env 40-55 $, la plus chère avec cuisine et jacuzzi.* Perché au bout d'un petit sentier, cet hôtel tranquille offre une jolie vue sur le Titicaca. Bien arrangées, ses chambres sont agréables et très soignées, avec parquet, mobilier et lits en bambou, sans oublier chauffage (dans toutes) et cheminée (dans certaines). La n° 11, un peu plus chère, à laquelle on accède par une trappe (échelle), dispose d'une véranda avec hamac. Au rez-de-chaussée, chouette petit salon avec guides de voyage à dispo, films, livres à échanger, cartes... Tout ça à prix raisonnable, sans petit déj, mais avec cuisine et resto (voir « Où manger ? »).

Ecolodge Copacabana *(hors plan par A2, **20**) : à 15-20 mn à pied du village, en longeant la plage (taxi : 15 Bs). ☎ 862-25-00. 📱 670-066-88. • ecocopacabana.com • Double env 320 Bs, copieux petit déj inclus.* En léger retrait du lac, au bout de la baie, dissimulé derrière un rideau d'arbres, ce petit ensemble de maisonnettes en pierre et toit de chaume n'est perturbé que par le bruit du ressac. Les 8 *cabañas* sont assez spacieuses, claires, presque douillettes, avec mobilier et parquet en bois ; elles donnent sur le lac. Les plus grandes accueillent 4-5 personnes et disposent d'une cuisine. Dommage que les douches solaires soient un peu capricieuses et que l'on soit si loin de tout (pas pratique pour aller dîner le soir). Fait resto (cher) sur commande.

Plus chic (à partir de 350 Bs / env 40 €)

Hotel Gloria *(plan A2, **21**) : av. 16 de Julio. ☎ 240-70-70. • hotelgloria.com.bo • Double 450 Bs, petit déj-buffet inclus. CB acceptées. Parking gratuit.* Occupant un bâtiment des années 1930, cet ancien hôtel d'État s'ouvre sur un salon panoramique donnant sur le lac et sur un jardin où gambadent les 2 alpagas de la maison... Les chambres, de 2 à... 9 personnes, sont spacieuses et lumineuses, avec couette et chauffage ; la moitié avec une vue imprenable. Le mobilier commence toutefois à dater un peu. Grande salle à manger au rez-de-chaussée pour le petit déj ou le dîner et salle de jeux à l'étage prolongée par une terrasse, avec table de ping-pong, billard, baby-foot, etc.

Hotel Rosario del Lago *(plan A2, **22**) : c/ Rigoberto Paredes. ☎ 862-21-41. • hotelrosario.com/lago • Resto 12h-14h30, 18h30-22h. Double 695 Bs en hte saison, petit déj-buffet inclus. CB acceptées. Parking privé.* L'hôtel de luxe de la ville, avec une déco ethnique soignée et des chambres vastes, tout confort (TV écran plat, station iPod), claires, calmes et bien arrangées. Elles ont toutes vue sur le lac. Même la salle d'eau est vitrée... pour prendre son bain l'œil sur le Titicaca ! Multiples services. Possède, en outre, un très bon resto, le *Kota Kahuaña,* servant l'incontournable truite (grillée ou fumée), mais aussi steak de lama au quinoa et bonnes salades.

Où manger ?

Que vous fréquentiez les *comedores* du ***mercado*** *(plan B1),* les kiosques alignés sur le front de lac ou les restos touristiques regroupés au bas de l'avenida 6 de Agosto, la truite est de tous les repas ! Entre les premiers et les seconds, le prix passe du simple au double pour une qualité quasi identique. D'ailleurs, la plupart des restos ont des menus très semblables...

Si vous prenez le bateau pour les îles, sachez que la plupart des restos proposent, pour 30-40 Bs, des *box lunch* comme on les appelle ici (des paniers pique-nique) avec sandwich, barre de céréales, petit yaourt (ou non) et boisson.

Bon marché (moins de 30 Bs / env 3,50 €)

Kioscos (*plan A2,* ***30***) **:** *av. Costanera, entre Busch et Paredes. Compter 20 Bs la truite.* Au bord de la plage, les *kioscos* à *trucha* s'alignent comme à la parade, tous conçus sur le même moule : un toit en tôle, quelques tables en plastique à l'avant et la cuisine à l'arrière. Typique et bon en général. Reste à faire avec les odeurs d'égouts et de gaz d'échappement...

Prix moyens (30-50 Bs / env 2,50-4 €)

La Orilla (*plan A1,* ***31***) **:** *av. 6 de Agosto, entre la pl. Sucre et la plage. 862-22-67. Tlj sf dim 16h-22h30. Plats 25-40 Bs.* On s'installe dans l'une des 2 petites salles, la jaune avec cheminée et filets de pêche au plafond à l'entrée, ou la bleue à la déco ethnique et masques aux murs à l'arrière. Le patron bolivien, qui a visiblement habité aux États-Unis, gère son business efficacement, prend les commandes en anglais et passe en boucle un bon fond de musique jazzy ou de vieux airs de rock. Carte internationale mêlant plats locaux, pâtes, curry de poisson à la noix de coco, *nachos,* falafels et steaks au poivre d'un bon rapport qualité-prix. Le service, en revanche, est lent.

Sujna Wasi (*plan A-B1,* ***32***) **:** *c/ Jáuregui 127. 862-20-91. Tlj jusqu'à 22h. Menu végétarien le midi 30 Bs ; plats 25-45 Bs.* On apprécie, en journée, la cour pavée ensoleillée et fleurie, où sommeillent un vieux puits et de grosses tables en pierre. Le soir, lorsque la fraîcheur tombe, on se réfugie près de la cheminée, dans une salle à la déco andine, pour profiter de plats copieux et variés (grandes salades, pizzas et tous les classiques de la cuisine bolivienne). Là encore, mieux vaut être patient.

De prix moyens à chic (jusqu'à 80 Bs / env 9 €)

Café Bistrot (*plan A1,* ***33***) **:** *c/ Zapana, près de l'angle de 6 de Agosto (1er étage, entrée discrète). 715-183-10. Petits déj 20-40 Bs ; plats 20-60 Bs.* On est accueilli par Fatima, une ancienne guide de tourisme qui connaît la région comme sa poche (bons conseils) et parle parfaitement le français et l'anglais. La salle, vitrée, est un peu égayée par des objets de déco ethnique et des tables et chaises colorées, façon classe maternelle. Sur le côté, de vieilles armoires rassemblent mille et un bibelots et objets anciens, dont de jolies poteries précolombiennes. Dans l'assiette : une bonne cuisine un peu plus recherchée que d'habitude, façon truite en papillote aux petits légumes. Les viandes nous ont moins convaincus. Nombreux choix pour les végétariens.

Restaurant La Cúpula (*plan A1,* ***17***) **:** *même adresse que l'hôtel (voir « Où dormir ? »). 862-20-29. Tlj sf mar midi 7h30-15h, 18h-21h30. Petits déj 25-35 Bs ; salades et plats végétariens 25-40 Bs ; autres plats env 35-75 Bs.* À défaut d'y dormir, on peut y manger. La cuisine est elle aussi de qualité et servie dans un cadre plus que soigné, avec une petite terrasse intérieure le midi, ou une salle avec vue panoramique sur le lac. Au menu : crêpes aux légumes, *pejerrey* à la bière et divers types de fondues, au fromage, au bœuf, à la truite... En saison, réservez le soir.

Voir aussi le ***Kota Kahuaña*** *(plan A2,* ***22****)*, bon resto de l'hôtel *Rosario del Lago* ; voir « Où dormir ? »).

Où boire un verre ? Où sortir ?

Selon la période de l'année et le jour de la semaine, vous trouverez plus ou moins d'animation le long de l'avenida 6 de Agosto et, l'après-midi, au bord du lac, où quelques cafés étendent leurs terrasses – et leurs transats – dans la poussière.

Nemos Bar (*plan A1,* ***40***) **:** *av. 6 de Agosto, entre la pl. Sucre et le lac. En principe, tlj 17h-minuit.* L'endroit où venir prendre *una copa* (un verre) à Copa ! Bon, c'est un vrai repaire de gringos, mais l'ambiance y est

ALTIPLANO, ANDES

généralement chaleureuse et les patrons gentils. Une trentaine de cocktails et plusieurs sortes de vins sur fond de musique latina (parfois *en vivo*).

🍷 ♩ ***Waykys** (plan A1, **41**) :* *av. 16 de Julio, à l'angle de Busch.* 📱 *765-250-95. Tlj sf dim 20h-2h.* La clientèle est équilibrée : 50 % bolivienne, 50 % gringo. Fléchettes et billard occupent les soirées calmes, en attendant les concerts (rock, salsa, reggae, *cumbia*) de fin de semaine ou les projections de films. Ambiance tendance alternatif mondialiste. Belle carte de cocktails.

À voir. À faire

👍👍 ***Catedral** (plan B2) :* haut lieu du christianisme andin, cette cathédrale est l'un des bijoux de l'architecture baroque bolivienne. Immense, d'un blanc immaculé, elle est coiffée de plusieurs coupoles et toits recouverts de faïences (azulejos). Dans son chœur, est exposée la *Virgen de la Candelaria,* dont on change les vêtements tous les 3 mois. Fruit du syncrétisme entre croyances locales et christianisme, celle-ci est l'œuvre d'un sculpteur indien, Francisco Yupanqui, qui, à l'origine, représenta la Vierge sous la forme d'une *ñusta,* une princesse inca. Vous ne pouvez pas la louper, elle trône au centre du grand maître-autel débordant de dorures. Le reste du sanctuaire est nettement plus sobre. Pèlerinage gigantesque le 5 août.

– Sur le parvis aux décorations de galets et à la sortie, pittoresques marchands de bondieuseries et vendeurs d'eau bénite. Si vous venez avec votre bouteille, l'eau est gratuite !

👍 À 30 m, dans la rue Murillo, on accède au ***Museo-pinacoteca Tito Yupanqui*** *(w-e 9h-11h slt ; droit d'entrée symbolique),* retraçant la vie de la Vierge. On y voit des accessoires de messe en argent et en or finement ouvragés, des tableaux de saints et les couronnes en argent qui ont reposé sur la tête de la Vierge (notez aussi l'embarcation traditionnelle du lac). Également une collection de billets de banque d'Amérique latine. Quelques toiles de l'école de Potosí aussi, et un arbre généalogique assez impressionnant de l'ordre des Franciscains. Dans la dernière pièce, la garde-robe de la Vierge regroupe les tenues dont elle a été ou sera parée. Grâce à la générosité des pèlerins, elle a actuellement de quoi se changer quatre fois par an jusqu'en 2025 !

➢ Ne ratez pas le ***baptême des voitures*** *(bendición de movilidades),* qui a lieu tous les jours (mais surtout le week-end), devant la cathédrale : surréaliste ! Au moment des grandes fêtes mariales, des centaines, voire des milliers de bus, tacots, camions, Mercedes rutilantes et autres motos (police incluse) se pressent, la plupart venant du Pérou voisin. Les véhicules, décorés de banderilles, guirlandes en papier crépon et chapeaux (oui, oui, un chapeau sur une bagnole), attendent le passage du curé, des séminaristes et de leur seau d'eau bénite, qui arrosent copieusement jusqu'à l'habitacle. Puis, sous l'œil de sa famille, le chauffeur baptise son capot à la bière, jette des confettis, fait exploser des pétards, dans une atmosphère aussi fervente que festive. Ensuite, la petite troupe grimpe sur le *Calvario,* avant d'aller passer une soirée bien arrosée sur la plage – sans omettre d'y consulter *yatiris* et *kallawayas,* ces guérisseurs traditionnels en qui près de 80 % des Boliviens font confiance.

Le 5 août, ce baptême des moteurs attire jusqu'à 50 000 véhicules ! Ils sont encore des centaines dans les jours qui suivent. On vous laisse imaginer les embouteillages...

➢ ***Calvario** (plan A1) :* officiellement baptisée du nom de Cerro San Cristóbal, cette colline en pain de sucre dominant la ville offre un panorama exceptionnel sur le Titicaca, surtout au coucher du soleil. Mais la vue se mérite ! Véritable calvaire oui, cette grimpette s'effectue en une quarantaine de minutes bien éprouvantes, à près de 4 000 m. On y afflue le week-end, qu'importe son âge, en jetant au passage un caillou sur chaque station du chemin de croix (14 en tout), en se contorsionnant pour passer sous certains rochers aux vertus dites sacrées.

Le sommet prend des airs de temple au grand air, avec ses tables cérémonielles, sa chapelle, ses rituels d'inspiration mi-andine, mi-chrétienne, ses *curadores* (guérisseurs) et ses marchands. Le sol est couvert de cire et de confettis, l'air chargé de fumée d'encens, du tintement des clochettes, des litanies des guérisseurs qui, perchés au-dessus du vide, baptisent leurs ouailles à la bière. Fascinant.

À VOS SOUHAITS !

Au sommet du Calvario, site sacré s'il en est, des tas de stands vendent des maquettes de maisons, de boutiques, de garages et de voitures (différentes tailles pour différentes ambitions) – autant de manifestations de prières bien matérialistes. Il y en a pour tous les goûts. L'aspirant médecin pourra même choisir entre cabinet dentaire, ophtalmo, gynéco, dermato, etc.

Prévoir une lampe de poche pour le crépuscule (moment privilégié). En revanche, s'il y a peu de monde, éviter de monter le soir, des cas d'agressions ont été rapportés.

➢ À mi-chemin de l'ascension, un sentier part à droite vers le ***Cerro Santa Bárbara,*** colline « femelle » répondant au « mâle » *Calvario*. Beaucoup moins fréquenté, on y trouve d'autres *yatiris,* qui conduisent en août des cérémonies en hommage à la Pachamama, dont les *ch'allas* – actes de réciprocité honorant la Terre-Mère en l'espoir de retours bien matériels.

➢ ***Horca del Inca*** *(plan B2)* **:** cette colline située du côté opposé au *Calvario* offre aussi un beau point de vue sur le lac. Compter là encore environ 40 mn de marche. Accès payant : 10 Bs. Ce mont fut sans doute un observatoire astronomique du temps des Incas. Aujourd'hui, il est affublé d'antennes TV.

La plage *(plan A1-2)* **:** on ne se baigne pas à Copacabana. En revanche, on peut y louer une embarcation à pédales (en forme de cygne ou de tête de Donald !) ou un canoë pour faire un tour sur le lac. Quant à la plage en elle-même, c'est un véritable dépotoir.

Fêtes et manifestations

– ***Fiesta de la Virgen de la Candelaria :*** 2 fév.
– ***Défilé folklorique de Paceños :*** début avr. En l'honneur du Señor de la Cruz.
– ***Fiesta de San Pedro y San Pablo*** *(fête de Saint-Pierre et Saint-Paul)* **:** 29 juin. Aux abords d'une chapelle, à 1 km du village, cette fête réunit les Indiens dans leurs plus beaux costumes traditionnels. Danses fantastiques rappelant la *Conquista* espagnole. Bien qu'imbibés de *chicha* et de coca, les participants font la fête jusqu'au coucher du soleil !
– ***Día de la Virgen*** *(Jour de la Vierge)* **:** 5-6 août. Avec, en prime, la célébration du jour de la Patrie. Beaucoup de monde, défilés, fanfares (et, du coup, hôtels plus chers !).

ISLA DEL SOL (IND. TÉL. : 2)

Amarrée au nord de la presqu'île de Copacabana, cette île paisible, pelée, est sculptée par les cultures en terrasses et baignée par les eaux d'un bleu profond du Titicaca. Selon la légende, c'est ici que seraient nés le fils et la fille du Soleil, fondateurs de Cuzco. Cette affiliation mythologique en fait un lieu très fréquenté, particulièrement en janvier-février. Du sentier qui parcourt les crêtes, on embrasse tout à la fois la vue sur la cordillère Royale, le lac si grand et les criques bordées de plages de sable blanc ou de roselières.

On peut s'y rendre pour la journée de Copacabana, prendre le bateau du matin jusqu'au nord, rejoindre les ruines incas, suivre le sentier des Crêtes (4h de marche en tout) puis rentrer l'après-midi par le bateau du sud. Mais on vous conseille plutôt de passer au moins une nuit sur place, pour prendre le temps de profiter des lieux, de flâner dans les criques désertes, en observant la vie des villages. Une nuit sur place, c'est aussi la possibilité de faire le tour complet de l'île, en revenant par le sentier littoral. Et, aussi, d'assister au coucher et au lever du soleil...

Comment y aller ?

– Les ***bateaux réguliers*** (3 compagnies) desservent l'île tlj depuis le port de Copacabana *(plan A1, **4**)*. Qu'ils gagnent le nord (Challapampa) ou le sud (Yumani), ils partent à 8h30 et 13h30 (vérifiez quand même, ça change). On peut prendre son billet sur place au dernier moment. Compter 20 Bs et 1h30 de traversée pour le sud, 25 Bs et 2h pour le nord. Retours tlj à 8h30, 10h30, 15h30 et 16h du sud ; à 8h30, 10h30 et 13h30 du nord. Billets aller-retour : 45 Bs.

– On peut aussi passer par une ***agence*** ; elles sont nombreuses à Copacabana, sur l'av 6 de Agosto et autour de la pl. Sucre, mais ça ne sert pas à grand-chose : vous embarquerez sur les mêmes bateaux.

– Si vous êtes nombreux, il est possible de ***chartériser*** un bateau : compter environ 700-800 Bs pour le nord (jusqu'à 10 pers) et 900 Bs en incluant un arrêt à l'isla de la Luna. Il est alors possible de se faire débarquer à Chinkana, au pied des ruines.

– On peut éventuellement rejoindre l'île du Soleil de ***Yampupata,*** située juste de l'autre côté d'un petit détroit, en s'y rendant en taxi (ou, pourquoi pas, à vélo) et, de là, traverser en barque ou bateau à moteur. Mais comme il est peu probable que vous soyez nombreux, il faudra sans doute payer pour tout le bateau (env 200 Bs).

– ***Prévoir*** crème et lunettes solaires (la réverbération est intense), chapeau, de quoi vous couvrir (il fait frais sur le lac), eau et argent liquide (aucune banque ni distributeur sur l'île, bien sûr). Sur place, on trouve quelques épiceries et de nombreux restos. Sinon, ravitaillez-vous avant le départ ou emportez un *box lunch,* proposé par une bonne partie des restos de Copacabana.

Où dormir ? Où manger ? Où boire un verre ?

C'est à Yumani, perché au sud de l'île, que l'on trouve le plus d'hébergements. L'écart de prix y est important entre les chambres avec salle de bains (catégorie « Prix moyens ») ou sans (« Très bon marché »). Une raison à cela : le village n'a pas l'eau courante. Chaque hôtelier doit donc faire des allers-retours fréquents jusqu'au lac avec ses mules pour s'approvisionner. Conclusion : soyez sympa, fermez le robinet ! Les sanitaires communs sont souvent à l'extérieur : frisquet le soir... On trouve aussi pas mal de logements au nord, moins chers pour les chambres avec douche, mais plus rustiques. Beaucoup de monde en janvier-février : tout étant plein, certains campent alors sur la plage de Challapampa. Enfin, si vous sortez le soir, prévoyez une lampe de poche !

À Yumani (sud)

Le village, escarpé, s'agrippe à flanc de colline, avec ses ruelles empierrées et poussiéreuses, ses *tiendas,* stands de souvenirs et pizzerias. Il a sacrément grandi ces dernières années. Du port, il faut grimper 20-30 mn pour y arriver... Toutes les indications sont données en fonction d'une arrivée au port.

Bon marché

■ ●I ***Inca Pacha :*** *à 20 m à gauche de la « rue » principale, un peu au-dessus de l'église (fléché).* ☎ *249-20-43.*

☎ *725-200-09.* • *hihostels.com* • *Compter 30 Bs/pers.* Affiliée à *Hostelling International,* cette AJ tenue par une dame adorable propose des petits dortoirs (2-3 personnes), propres, avec lits superposés. La plupart ont une salle de bains attenante, mais il en coûte beaucoup plus cher de l'utiliser que les sanitaires communs (eau tiède)... Pour ceux qui ont la flemme de ressortir après une journée de crapahutage sur l'île, la proprio prépare tous les repas sur demande (menu délicieux à 25 Bs). Sinon, on peut utiliser la cuisine moyennant une participation aux frais de gaz. Fait également mini-épicerie et fournit des infos sur les randonnées.

Inti Wayra : *passée l'église, à la hauteur de la* Casa de la Luna, *prendre le chemin qui monte tt droit (fléché).* ☎ *719-420-15. Compter 60-100 Bs sans ou avec sdb ; petit déj* (panqueques) *15-20 Bs.* Ce n'est pas le grand luxe, certaines peintures pèlent un peu, la propreté pourrait être améliorée, mais la plupart des chambres disposent d'une fort belle vue sur le Titicaca et la cordillère Royale en toile de fond. En plus, celles avec douche sont moins chères qu'ailleurs. Fait aussi resto, mais il n'y a souvent que des spaghettis...

De bon marché à prix moyens

Tawri : *peu avt l'*Inti Wayra *(voir plus haut), sur la gauche.* ☎ *735-271-94 ou 732-807-76. Compter 120-180 Bs sans ou avec sdb, petit déj inclus.* Nolberto et Yola, un couple adorable, ont aménagé contre leur maison 11 chambres toutes simples et colorées (dont 4 avec douche privée). Celles pour 3 ou 4 personnes partagent une salle d'eau extérieure tout à fait correcte. L'ensemble est récent et profite d'une belle vue sur la petite église noyée sous les arbres en contrebas – et sur le lac bien sûr. Le matin, petit déj copieux ; le midi ou le soir, on s'arrange avec Yola pour composer le menu à son goût. Quant à Nolberto, il vous proposera sans doute d'aller faire un tour à l'isla de la Luna sur son bateau *(200 Bs A/R).*

Jacha Inti : *au port.* ☎ *715-151-80. Compter 30-50 Bs/pers avec sdb partagée (eau froide) ; doubles avec douche 140-160 Bs. Petit déj (frugal) 10 Bs.* C'est un peu cher pour un confort plutôt rudimentaire, mais le *Jacha Inti* a un avantage (de taille) : il permet de passer la nuit au niveau du lac, avant d'attaquer la montée le lendemain (pratique aussi si l'on repart par le 1er bateau) !

Hostería Las Islas : *dans la « rue » principale, à droite, peu après l'église.* ☎ *719-390-47 ou 719-989-17. Compter 60-160 Bs sans ou avec sdb privée ; petit déj inclus pour les plus chères. Bon menu à 35 Bs.* Les chambres et les lits ne sont plus de première fraîcheur, mais la grande terrasse est agréable pour prendre le petit déj en profitant de la vue sur le Titicaca. S'il fait frisquet, direction la salle de resto, agrémentée d'une cheminée.

Restaurant Lago Titicaca : *en surplomb du lac, à la sortie nord du village en direction du sentier des crêtes. Plats 20-35 Bs ; sandwichs 6-12 Bs.* Des nombreux restos alignés sur la rue, celui-ci occupe l'une des plus belles positions, avec sa salle vitrée arrondie prolongée par une mini-terrasse. Les plats sont copieux et pas très chers, les jus frais et non coupés d'eau.

De prix moyens à plus chic

Casa de la Luna : *un peu au-dessus de l'église.* ☎ *719-080-40 ou 725-019-64. Double 200 Bs, petit déj inclus.* Parmi les plus récents de l'île, ce petit hôtel pimpant dispose de 5 chambres étonnamment bien arrangées et propres pour l'endroit, avec parquet, couette et grande salle de bains (eau chaude). En bonus : un resto avec une superbe petite terrasse pour boire une bière au coucher du soleil, en regardant passer les ânes.

Palla Khasa Ecological Hotel : *à la sortie de Yumani, à 10 mn à pied par le sentier des Crêtes.* ☎ *732-115-85 ou 712-276-16.* • *pallakhasa@gmail.com* • *Doubles 40-50 $. Menu env 40 Bs, midi et soir.* Isolé dans sa superbe, ce petit *lodge* bon enfant dispose de 7 chambres avec salle de bains dans un petit bâtiment bas et de plusieurs beaux bungalows en pierre ronds aux toits de chaume, spacieux, avec baies vitrées, vaste salle d'eau et cheminée à bois. Pas de chauffage, mais on peut acheter une bouillotte à l'accueil ! Le restaurant *Kala Uta* bénéficie des mêmes superbes panoramas sur le lac et sert de bonnes spécialités locales. Jolie salle rustique avec poêle, peaux de mouton, murs en pierre et tables en rondins de bois, Et s'il fait bon, direction la jolie terrasse-jardin. Si vous appelez à l'avance, un âne sera envoyé pour charger vos bagages au port.

Restaurant Las Velas : *sur les hauteurs de Yumani (fléché). 712-356-16. Plats 40-50 Bs ; pizzas 40-90 Bs selon taille.* Isolée au sommet d'une crête dominant le lac Titicaca, cette cabane cachée par les grands eucalyptus semble sortir d'un conte de Perrault. Les routards aiment s'y retrouver à l'heure où le soleil se couche pour profiter du spectacle une bière à la main, en terrasse. Lorsque le froid se fait trop intense, ils refluent dans la petite salle chaleureuse, uniquement éclairée à la bougie, pour y déguster une truite en papillote très réussie ou une pizza. Parfois, il y a aussi du *pejerrey* ou du filet mignon.

À Challapampa (nord)

Ce modeste village occupe un isthme étroit bordé de part et d'autre par une belle plage de sable clair, où déambulent ânes, vaches et cochons. On peut y camper.

De bon marché à prix moyens

Hostal Chakana : *face au débarcadère. 670-624-00. • chakanatraveltours@hotmail.com • Compter 20-30 Bs/pers avec sdb partagée, 90-100 Bs la double avec douche.* On choisit entre le petit bâtiment moderne de 2 étages situé derrière les *baños* publics et la maison aux murs turquoise posée à 50 m de là (côté gauche en débarquant). Le 1er abrite des chambres simples mais propres, avec salle de bains privée, balcon et dessus-de-lit un poil kitsch (chiens, marguerites, etc.). La seconde, moins chère, dispose de petites chambres revêtues de parquet, un peu plus anciennes, qui partagent des sanitaires communs. Les 2 bâtiments (sans panneau !) ont une vue sur le Titicaca.

Hostal Cultural : *dos au lac, prendre la rue qui part à gauche des baños (en direction de la 2e plage). 719-002-72. Selon saison, compter 25-30 Bs/pers avec sdb commune, 80-120 Bs avec douche.* L'*Hostal Cultural* travaille en coopération avec le réseau de tourisme communautaire local (voir « Adresses et infos utiles » à Copacabana). Mieux fini que ses voisins, il abrite 7 petites chambres – la plus agréable, à l'étage, avec parquet et dessus-de-lit coloré. S'il y a plein de monde, la queue s'allonge vite devant la douche.

Hostal Qalauta : *en descendant du bateau, longer le front du lac vers la droite. 740-493-26. Doubles sans ou avec sdb 60-100 Bs.* Le bâtiment en brique est à peine fini et les rambardes manquent encore. L'avantage, c'est que les chambres (parquet, lits corrects) sont récentes. Le frère du proprio organise des cérémonies traditionnelles aux ruines de Chinkana.

Willka Uta : *presque en face de l'embarcadère. Menu 25 Bs.* La salle ne bénéficie pas d'une aussi jolie vue que les voisins, mais on y mange plutôt mieux et le service est (nettement) plus rapide. Le menu avec soupe au quinoa et truite (grillée, au citron, etc.) est d'un bon rapport qualité-prix.

Lago Titicaca : *face à l'embarcadère. Plats 20-30 Bs.* On apprécie surtout ses 2 petites tables posées à l'extérieur de la salle vitrée, face au lac... Au menu : truite bien sûr, quelques sandwichs et omelettes, du *pollo,* des petits déj aussi, mais il vous faudra être patient !

À voir. À faire

Si l'on vient de Copacabana juste pour la journée, mieux vaut prendre le premier bateau pour Challapampa, au nord, et rejoindre Yumani, au sud, en passant par

Chinkana et le sentier des crêtes ; on a ainsi le temps d'attraper le dernier bateau de retour, vers 16h. Si l'on dort sur l'île, bien d'autres options sont possibles : effectuer la balade dans le sens inverse, ou même faire une boucle complète en empruntant le sentier des crêtes dans un sens et le sentier littoral dans l'autre, ce qui permet de voir de près la vie des villages. C'est possible en une seule journée, mais plutôt crevant ; mieux vaut, à notre sens, prendre son temps et envisager cet itinéraire sur 2 jours.

Museo Isla del Sol : *à Challapampa. Ouv aux heures d'arrivée des bateaux. Entrée : 10 Bs.* Ce mini-musée communautaire expose quelques poteries tiwanakus qui ne viennent pas forcément toutes de l'île, deux-trois amulettes en forme de lama et alpaga et des têtes de brûleurs d'encens.

Ruinas de Chinkana : *à env 45 mn de marche de Challapampa, près de la pointe nord de l'île. Entrée : 10 Bs. Billet du Museo valable pour Chinkana.* Le sentier, partant de la plage ouest du village, longe le littoral tout en s'élevant vers les hauteurs, offrant de beaux points de vue sur le Titicaca et la cordillère Royale en toile de fond. Passé les derniers champs, on rejoint un maigre ensemble de vestiges incas : d'abord, face à une table sacrificielle, le rocher sacré de Titikala où – si l'on en croit les mythes – naquit le dieu créateur Viracocha ; puis, en contrebas, les ruines de Chinkana (ou *Palacio del Inca*), un dédale de murets de pierres sèches épousant des terrasses à flanc de colline. Il s'agissait sans doute d'un complexe comprenant greniers et *acllahuasi,* un sanctuaire des vierges du Soleil – ayant pour tâche de servir les prêtres du temple du Soleil – aujourd'hui disparu. L'astre se lève et se couche exactement dans l'axe du site.
Pousser ensuite jusqu'au promontoire au bout de l'île pour un point de vue grandiose. De là, les plus pressés pourront rebrousser chemin au pas de course pour attraper le bateau de 13h30 à Challapampa.

➢ **Le sentier des crêtes :** on l'appelle aussi modestement « Route sacrée de l'éternité du Soleil » *(Ruta sagrada de la eternidad del Sol)...* De Chinkana, ce chemin pierreux d'environ 7 km traverse l'île de part en part par les hauteurs, offrant une succession de panoramas imprenables sur le lac Titicaca et la cordillère, avec, entre autres, l'Illampú, qui culmine à 6 368 m. Ce sentier inca est un chemin à péage (l'argent est réinvesti dans les communautés traversées) ; prévoir de la monnaie et conserver les tickets, on peut vous les réclamer n'importe quand.
En venant du nord, premier péage à mi-parcours, au-dessus du village de Challa (15 Bs), second en arrivant à Yumani (5 Bs). Pas besoin de guide ; même si rien n'est balisé, il est difficile de se perdre. De Chinkana, compter 2 bonnes heures de marche pour rallier Yumani, où les arbres contrastent avec l'aridité ambiante. De là, il ne reste plus qu'à descendre le grand escalier inca pour arriver au port sud.

Ruinas de Pilkokaina : *à l'extrémité sud de l'île ; accès par un sentier facile depuis Yumani.* Bâti sur une terrasse juste au-dessus du lac, cet ancien palais inca a conservé tout son étage inférieur, avec ses portes trapézoïdales typiques. La balade pour s'y rendre offre, là encore, de beaux points de vue sur le Titicaca et la cordillère Royale qui se détache au-delà.

ISLA DE LA LUNA

Plus petite (2,8 km de long pour 800 m de large), plus pauvre, l'île de la Lune est longtemps restée en marge du tourisme local. Elle commence à s'y éveiller timidement. On peut y séjourner en s'adressant au réseau de tourisme communautaire (voir « Adresses et infos utiles » à Copacabana) ou y faire escale le temps de visiter son *acllahuasi,* le temple des vierges du Soleil, largement restauré.

➢ De Copacabana, *Titicaca Tours* (à l'embarcadère) propose un départ quotidien vers l'île à 8h30, avec 1h30 passée sur place et continuation vers Yumani (arrivée vers 13h). Compter 35 Bs l'aller. On peut aussi rejoindre l'île depuis Yumani avec une agence (env 80 Bs par personne).

LES ÎLES FLOTTANTES

Ce sont trois petites îles où l'on met le pied à terre à peine 40 mn, le temps d'avaler une truite fraîchement pêchée ! Bon, on mange aussi de la truite à Copacabana, et elles viennent du même lac... Compter 80-100 Bs l'excursion, à organiser avec l'un des mariniers du port qui n'hésitera pas à vous accoster.

TIWANAKU (TIAHUANACO)

IND. TÉL. : 2

Symbole de la civilisation de Tiwanaku (ou Tiahuanaco), qui précéda les Incas, les ruines sont situées à 72 km de La Paz. L'ensemble est inscrit au Patrimoine mondial par l'Unesco. Si vous venez en bus de Puno, vous pourrez les apercevoir sur votre gauche. Mais un arrêt s'impose car le site recèle bien des mystères... À commencer par la célèbre *porte du Soleil* (que l'on ne peut approcher de trop près, car entourée d'une petite barrière), l'extraordinaire rectitude des murs du temple de Kalasasaya, le temple semi-souterrain et les statues.

Pour les routards amateurs de BD, relisez *Tintin et le Temple du Soleil,* qui y fait de multiples références (si, si !) : toutes les icônes et tous les symboles prétendument incas de la bande dessinée viennent d'ici.

Visitez aussi le village, juste à côté, avec sa place et surtout son église. La coupole abrite l'une des plus belles fresques de la Bolivie baroque.

THÉÂTRE DU SOLEIL

C'est ici, le 21 juin qu'a lieu la fête du Solstice, une des plus importantes et des plus belles fêtes de Bolivie. Elle marque l'arrivée de l'hiver et la fin de l'année agricole. La Pachamama va pouvoir se reposer jusqu'en août, mois des premières pluies. Pour s'attirer les bonnes grâces du dieu Willikia (qui commande à la terre, à l'eau et à l'air), on fait des offrandes de friandises (au petit matin) et on sacrifie des lamas.

UN PEU D'HISTOIRE

Il est établi que Tiwanaku connut son âge d'or du VIIIe au XIIe s, au terme d'un long processus évolutif de plus de 2 000 ans. Le site que vous verrez était la capitale d'un empire théocratique aymara, qui s'étendait au-delà du lac Titicaca après avoir fusionné avec l'Empire wari au Pérou. C'était aussi un centre culturel. Ses habitants, qui savaient traiter les métaux, avaient de fines connaissances en mathématiques, en astronomie et, surtout, en ingénierie hydraulique et en agronomie. Il est bien possible que ce soit à eux et non aux Incas que l'on doive les célèbres chemins précolombiens autour de La Paz, car ils avaient développé tout un savoir pratique. Tant et si bien, d'ailleurs, que leurs techniques agricoles, les *suka kollos,* sont aujourd'hui considérées comme une alternative crédible aux techniques actuelles très peu productives.

Arriver – Quitter

➢ ***La Paz :*** env 1h30 de trajet. De La Paz, bus et minibus ttes les 30 mn à 1h (en fait, quand c'est plein), 5h-18h, avec *Trans Autolíneas Ingavi,* depuis

Eyzaguirre 584 (parallèle à Aliaga) et Asín. Mêmes fréquences avec *Trans Turs San Felipe de Corpa,* 5h30-16h, depuis Eyzaguirre 1315 et Aliaga. Compter 25 Bs aller, 40 Bs aller-retour. Sachez, en outre, que tous les minibus à destination de Desaguadero (frontière péruvienne) passent par Tiwanaku. Pour le retour à La Paz, minibus sur la place du village de Tiwanaku, près de l'église. Mêmes fréquences. Le dernier part vers 18h. Après, il ne vous restera plus que le taxi... ou l'hôtel !

Où dormir ? Où manger ?

Il est conseillé (et facile) de faire l'excursion dans la journée, d'autant que l'hébergement pour une nuit a peu d'intérêt ici.

Hotel Akapana : *av. Manco Kápac 20, angle c/ del Alambrado.* ☎ *289-51-04.* • *hotelakapana.com* • *Double avec sdb 150 Bs, petit déj inclus.* Un hôtel récent tout confort, à proximité du site. L'extérieur n'est pas franchement engageant mais les chambres sont modernes et le service assez pro. Cafétéria.

Également des *alojamientos,* mais très basiques, dans le village.

La Cabaña del Puma : *à côté des musées, face à l'ancienne gare ferroviaire.* ☎ *289-85-41. Ouv 8h-19h. Sandwich copieux env 20 Bs ; menu 40 Bs.* Une bonne adresse dans un cadre agréable. Outre les snacks et le menu du jour, quelques plats à la carte comme la soupe de quinoa, la truite ou l'asado (rôti) de lama.

À voir

Visite tlj 9h-17h (achat de billets 8h30-16h30). Tarif : 80 Bs ; billet donnant accès également au site de Pumapunku. Pour une visite guidée (utile), s'adresser à l'association des guides, à côté de la billetterie (env 100-120 Bs pr un guide anglophone).

Les musées : soyons clairs, il n'y pas grand-chose à y voir et, en plus, les installations sont dans un état déplorable... L'ancien *Museo ceramico* présente une momie et une collection de poteries, sculptures, crânes déformés ou trépanés de la culture de Tiwanaku, découverts lors de fouilles effectuées dans la région. Apportez votre torche : le lieu est souvent sujet à des coupures d'électricité ! Vient ensuite le nouveau *Museo litico* qui, lui, expose surtout une collection lapidaire. Panneaux explicatifs en anglais. En vedette, le *Bennett* se trouvait jadis devant le stade de foot de La Paz ! En dépit de son faciès d'homme (ou d'extraterrestre, difficile à dire), il s'agit bel et bien d'une représentation de la Pachamama, comme l'atteste le calendrier agricole inscrit sur son flanc. D'autres statues, colonnes et blocs de pierre ornés de frises ou de bas-reliefs dans la cour.

Le site : il se compose de plusieurs parties mais la plus importante est formée par le **Kalasasaya,** un espace presque carré d'à peu près 125 m de côté, délimité par des murs de pierre d'une rectitude parfaite. Son nom, d'ailleurs, signifie « pierres dressées » en aymara. Ce qui est

LES MURS ONT DES OREILLES...

Voilà une petite expérience assez rigolote à tenter à deux dans le temple de Kalasasaya. Le premier colle son oreille contre l'un des trous du mur situé en face de la porte du Soleil (presque à hauteur du Ponce), tandis que le second se place de l'autre côté du mur, à 20 ou 30 m de distance, et parle dou-ce-ment. Surpris, celui qui écoute entendra tout ce que son acolyte lui dira...

sûr, c'est qu'il représente le plan céleste. Au centre, le monolithe *Ponce* figure une personnalité de très haut rang, comme en témoignent le sceptre et la coupe qu'il tient. À une autre extrémité, *el Fraile* (le prêtre) et, en face, la *porte du Soleil,* avec ses dessins représentant des hommes-condors ou des divinités. C'est l'un des bijoux de l'art précolombien.
Derrière le Kalasasaya se trouve le ***temple semi-souterrain.*** Enfoui à 2 m de profondeur, il contient 172 têtes anthropomorphes de roche volcanique. Contrairement au *Kalasasaya*, cet endroit représente le monde souterrain, où reposent les morts et les êtres à venir. Notez le système d'évacuation des eaux et la légère inclinaison du sol. C'est ici que l'on a découvert le fameux *Bennett.*
Enfin, l'***Akapana*** est la colline qui s'élève à côté du *Kalasasaya* et du temple semi-souterrain. Il s'agit d'une ancienne pyramide, que l'érosion et les pillages ont rendu totalement méconnaissable.
– Accès également au site de ***Pumapunku,*** moins fréquenté et distant d'environ 300 m du site principal. On peut y voir clairement l'utilisation du bronze pour sceller deux pierres entre elles.

SORATA

IND. TÉL. : 2

À 150 km au nord-ouest de La Paz, après 3h30 d'une route aux paysages d'une incroyable diversité, on atteint la vallée de Sorata. Voilà l'un des plus beaux villages des Andes boliviennes, posé à 2 700 m d'altitude au pied de l'imposant Illampú (6 362 m). En plus de refaire le plein d'oxygène, on vient ici pour profiter des nombreuses possibilités de randonnées, à pied, à vélo ou à cheval.

Arriver – Quitter

➢ De ***La Paz,*** minibus ttes les heures, 5h-17h30, depuis la c/ Bustillo, entre Babia et Eyzaguirre, près du cimetière, avec *Unificada* et *Perla del Illampú*.
➢ ***Copacabana :*** minibus pour La Paz ttes les heures de la place principale. Demander au chauffeur de vous arrêter à la sortie de Huarina, sur la route principale, puis attraper un bus pour Tiquina et Copacabana (souvent pleins).

Où dormir ? Où manger ?

Bon marché

☗ ***Residencial Sorata :*** *sur la place principale, c/ 2 s/n. ☎ 213-66-72. 📱 719-163-41. Doubles sans ou avec sdb env 80-120 Bs avec petit déj.* Belle demeure coloniale au charme suranné. Le bâtiment principal, imposant, dispose de chambres spacieuses, simples, agréables. La partie récente abrite de petits bungalows éparpillés à l'arrière, dans un méandre de cours et de petits jardins. L'ensemble n'est pas désagréable, malgré des odeurs de renfermé et de moisi parfois prégnantes.

☗ ***Hostal Las Piedras :*** *villa Elisa, c/ 2 s/n. 📱 719-163-41. • laspiedrashostal.lobopages.com • Pas loin du village, en passant par le raccourci qui mène à la grotte de San Pedro (près du terrain de foot). Doubles avec ou sans sdb env 120-180 Bs.* Un hébergement charmant, situé dans une maison moderne et très soignée, à la propreté germanique. Trois des 9 chambres ont une salle de bains privée. Elles sont simples mais confortables (duvet sur les lits), souvent avec une jolie vue. Propose aussi bons petits déj et snacks.

|●| ***Café Illampú :*** *en direction de la grotte de San Pedro, près de l'hôtel* Altaï. *Tlj sf mar.* Fondé par un boulanger suisse tombé amoureux de l'Illampú, le café propose un bon assortiment de muesli, yaourts et pain maison (cuit au feu de bois), sandwichs et autres pâtisseries.

De chic à plus chic

Altaï Oasis : *à env 30 mn à pied de la place, en direction de la grotte de San Pedro, puis chemin sur la gauche (sentier escarpé et mal indiqué) ; en taxi, env 30-40 Bs. ☎ 213-38-95. 715-198-56. • altaioasis.com • Env 200-450 Bs selon type de chambre.* Sorte d'*éco-lodge* à l'écart du village, dans un domaine de 3 ha avec vue saisissante sur l'Illampú. Plusieurs possibilités de logement : dans de petits bâtiments aux chambres simples et agréables, surtout celles avec salle de bains ; dans de chouettes petites *cabañas* (pour 3-4 personnes) ; ou au camping, un peu plus bas, près d'une rivière, dans un environnement très attrayant. On peut prendre son petit déj ou son repas sur une très jolie terrasse en bois, afin de profiter de la vue ; le resto est ouvert à tous, mais les prix sont vraiment élevés. Superbe jardin, où gambadent des animaux blessés, soignés par le proprio. Piscine, nombreux services. Reste que l'on est assez coincé si l'on n'est pas motorisé.

Randonnées à pied et à VTT

Le choix de randonnées ne manque pas. Elles vont de quelques heures à 12 jours ! La plupart nécessitent un guide et, de toute façon, du matériel de camping. Pour cela, renseignez-vous auprès de l'***Asociación de guías turísticas y porteadores*** *(c/ Sucre 302, face au* Residencial Sorata *; ☎ 213-66-98 ; • guiasorata.com • ; compter min 300 Bs/j. pour un guide – avec ou sans mule – pour 2-3 pers, équipement et nourriture non compris ; le porteur est à payer en plus, autour de 200 Bs).* Attention, vérifiez BIEN le matériel que vous louez avant de partir (qualité moyenne) et n'hésitez pas à discuter un peu les prix. Pour plus de sécurité, amenez votre propre matériel ou achetez-le à La Paz.

➢ ***Gruta de San Pedro :*** à 12 km du village. Compter 2h30 de marche. Vaut plus pour la balade que pour le lac lui-même, mais quelle balade ! On vous conseille cependant de faire l'aller ou le retour en véhicule (nombreux taxis sur la place de Sorata).

➢ ***Laguna Chillata :*** magnifique randonnée de 8h (5h pour y aller, 3h pour revenir), qu'il est plus prudent de faire avec un guide car il y a pas mal de chemins mais aucune indication. Objectif : un petit lac perdu à 4 200 m d'altitude, entre Sorata et l'impressionnant sommet de l'Illampú, plus de 2 000 m plus haut ! On peut aussi y camper, afin d'assister au lever du jour dans cet endroit grandiose.

➢ ***Laguna Glaciar :*** au pied d'un glacier et toujours plus près du sommet de l'Illampú mais, là, il faut prévoir 3 jours et vraiment être en bonne forme physique.

➢ Enfin, pour les plus aventureux, possibilité de rallier ***Rurrenabaque*** en 4 jours, à VTT d'abord par la vieille route qui mène à Coroico, puis en bateau (8h), le long des berges bourdonnantes de la forêt amazonienne, par le parc de Madidi. Se renseigner auprès de *Andean Epics*, sur la place principale *(772-196-34 ; • andeanepics.com •).* Départ en général le mardi matin. Cette agence propose aussi des randonnées et des ascensions de 2 à 6 jours.

COROICO

env 4 500 hab. IND. TÉL. : 2

Coroico se perche sur une colline, à 1 750 m d'altitude, à seulement 2h de La Paz. À mi-chemin entre les Andes et l'Amazonie, elle bénéficie d'un climat chaud et humide, mais d'un air plus rafraîchissant.

Il n'y a pas si longtemps, tous les véhicules devaient s'y rendre par la « route de la Mort », ainsi nommée à cause du nombre terrible de camions, bus et jeeps qui plongeaient chaque année dans les ravins. Officiellement, c'était même la route la plus dangereuse du monde ! Une nouvelle voie d'accès, plus large, bitumée, moins vertigineuse, a été aménagée et absorbe désormais l'essentiel du trafic. Tant mieux : le trajet par l'ancienne route est du coup beaucoup moins risqué. D'ailleurs, on peut maintenant l'emprunter dans les deux sens à toute heure du jour, ce qui n'était pas le cas auparavant.
Depuis quelques années, la « route de la Mort » est devenue le terrain de jeu favori des VTTistes (voir en fin du chapitre La Paz « Randonnées à VTT »). En saison, ils peuvent être des centaines en une matinée ! La descente emprunte un chemin de terre permettant tout juste aux véhicules de se croiser, avec des virages en épingle à cheveux et des précipices de 1 000 m ! L'itinéraire est aussi spectaculaire par les paysages qu'il traverse : on est en pleine forêt des nuages, qui tapisse les falaises de son exubérance noyée dans les brumes et la pluie (fréquente, vous vous en doutez). Partout, des fleurs, des cascades qui dévalent des pentes, s'ébrouent jusque sur la chaussée... En 3h de temps, on gèle d'abord totalement pour finir par transpirer à grosses gouttes. On peut ainsi assister à la spectaculaire transformation du paysage, des moraines aux palmiers et bananiers.
Sans mériter une halte prolongée, Coroico peut faire une escale appréciable sur la route de l'Amazonie. La vie s'y écoule à un rythme ralenti, les soirées y sont plutôt douces et les paysages luxuriants, veillés par la cordillère Royale, invitent à quelques belles randonnées.

LES AFRICAINS DES ANDES

Saviez-vous que la *lambada,* le plus grand succès musico-marketing de la fin des années 1980, est née ici, dans les Yungas ? Si, si ! À l'origine de cette histoire, des esclaves africains amenés pour travailler dans les mines d'argent de Potosí à la suite de la fameuse *controverse de Valladolid* (1550-1551), au cours de laquelle l'Église reconnut officiellement l'existence d'une âme chez les Indiens. Comme ce n'était pas encore le cas pour les Noirs, on en fit venir en masse pour qu'ils aillent trimer dans l'enfer des mines... avec les Indiens d'ailleurs, qui n'entendirent finalement jamais parler de Fray Bartolomé de Las Casas et de son noble combat pour que cesse l'exploitation. Toujours est-il que les survivants de cette population noire s'installèrent dans les Yungas, où ils ne furent vraiment libres qu'après la réforme agraire d'août 1953.
Ici, ils se sont imprégnés de la culture andine, dans les villages de Coripata, Mururata et, surtout, de Tocaña, en adoptant par exemple le chapeau melon des femmes de La Paz. Ils cultivent même la feuille de coca et le café.
Réciproquement, l'influence des Afro-Andins sur la culture bolivienne est forte : la *saya,* l'un des rythmes les plus intenses de la musique bolivienne, est née ici. Après avoir bien failli disparaître à jamais, elle inspira en 1981 le groupe de musique bolivienne *Los K'jarkas* pour une de leurs chansons *(Llorando se fue),* plagiée par des Français pour en faire la *lambada.* D'autres danses sont également issues de cette culture « afro-andine », comme celle des *caporales* qui a pris la place de la *diablada* en tant que danse nationale de la Bolivie.

Arriver – Quitter

En bus

🚌 ***Terminal :*** *av. Monsignor Tomas Manning, en face du terrain de foot, en contrebas de la ville.* ☎ *213-90-68.* Les compagnies y sont toutes représentées. À votre arrivée, faites-vous déposer à l'entrée de Coroico, cela vous évitera de grimper 4 escaliers bien raides pour atteindre la pl. Garcia

Lanza ! Si vous faites un A/R La Paz-Coroico dans la journée, mieux vaut, par mesure de précaution, acheter votre billet de retour pour La Paz en arrivant à Coroico. Tous les bus empruntent maintenant la nouvelle route (92 km), plus rapide (2h).

➢ ***La Paz :*** départs ttes les heures env (en fait, quand c'est plein), 6h30-18h avec *Minibus Yungueña (☎ 289-55-11)*, ou *Turbus Totai (☎ 289-55-73 ou 📱 670-306-02)*. Tarif : 20-30 Bs.

➢ ***Rurrenabaque :*** on prend d'abord un *colectivo* rapide de 7 places jusqu'à *Caravani* (env ttes les heures, 8h-17h, en fait lorsqu'il est plein), puis on saute dans un grand bus qui vient de La Paz – ils passent vers 14h-15h (on a bien dit « vers »). S'adresser à *Gentileza (📱 681-765-83)*. Autre option : même processus, mais via *Yolosita*, juste au pied de Coroico. Compter env 100 Bs. Trajet : 15-18h. Soyez prévenu, la route vers Caranavi est vertigineuse !

À vélo

Amateurs de sueurs froides, en selle ! De La Paz, on vous conduit au col de la Cumbre, vous descendez la « route de la Mort » sur votre beau VTT et, arrivé au bout de vos peines, vous retournez en véhicule à La Paz ou rejoignez Coroico. Pour plus d'infos, voir la rubrique « Dans les environs de La Paz. Randonnées à VTT ».

ALTIPLANO, ANDES

Adresses et infos utiles

ℹ ***Dirección de turismo y culturas :*** *au 2ᵉ étage du terminal de bus. ☎ 289-55-14. 📱 730-636-96. En principe, tlj 8h-12h, 14h-18h.* Plan de la ville et renseignements sur les balades.

ℹ ***Asociación de guías de turismo Coroico :*** *pl. Garcia Lanza. 📱 730-698-88. Tlj 8h-19h30.* Organise des excursions, treks, descentes à VTT ou rafting dans les environs, sans oublier canyoning, parapente, zipline, etc. (de 3h à 5 jours). Départs garantis à partir de 4 personnes (8 maximum).

✉ ***Correos :*** *c/ F. Guachalla. Mar-ven 8h30-12h, 14h30-18h ; w-e 9h-12h.*

■ @ ***Entel :*** *sur la place. Tlj 9h-21h30.* Téléphone et Internet. Également 2 ou 3 centres Internet autour de la plaza Garcia Lanza.

■ ***Argent, change :*** pas de distributeur automatique acceptant les cartes étrangères à Coroico. On peut toutefois retirer de l'argent moyennant une commission *(cash advance)* sur la place, à la *Prodem (mar-ven 8h30-12h, 14h30-18h ; w-e 8h-15h)* ou au *Banco Fie (lun-ven 8h30-12h, 14h30-18h ; sam 8h30-12h)*. Change les dollars à un taux peu favorable.

Où dormir ?

À Coroico, pas mal d'hôtels et de restos sont tenus par des Européens. Et, comme l'activité la plus pratiquée ici, c'est le farniente, il y a l'embarras du choix !

Bon marché (max 80 Bs / env 9 €)

■ ***Hostal Mol-en :*** *c/ Héroes del Chaco. 📱 732-396-87. Compter 35-40 Bs/pers sans ou avec sdb.* Les chambres pour 2 personnes partagent systématiquement les sanitaires, à l'exception de celle de l'étage avec terrasse (la mieux) ; elles sont simples, mais bien propres. Celles avec douche sont envahies par 5 ou 6 lits : venez en famille (nombreuse) ! Accueil gentil.

■ ***Hostal Para Ti :*** *c/ Tomas Manning. 📱 740-243-45. • hostalparati.coroico@hotmail.com • À 100 m du terminal de bus, sans avoir à monter les marches vers la place centrale : pratique si l'on arrive tard. Compter 40 Bs/pers ; petit déj négociable.* On aime bien ce petit hôtel tout simple aux quelques chambres lumineuses et propres, occupant une maisonnette offrant de jolies *vistas panoramicas*. Deux chambres partagent une salle de bains, les autres ont leur propre douche. L'eau est chaude, l'accueil sympathique, et il y a même une piscine dans le jardin !

Voir aussi l'***Hostal Sol y Luna***, plus loin, pour ses options les moins chères (dont le camping).

De prix moyens à chic (140-350 Bs / env 16-40 €)

Hotel Bella Vista : *c/ Héroes del Chaco 7. ☎ 213-60-59. 762-002-47. • coroicohotelbellavista@hotmail.com • À 120 m de la place. À partir de 70 Bs/pers la double sans sdb, jusqu'à 260 Bs pour 2 avec sdb privée et vue ; petit déj inclus.* L'hôtel est charmant avec ses chambres aux tons harmonieux garnies de ferronneries et équipées, pour les plus chères, d'une baie vitrée donnant sur la vallée. Elles s'organisent autour d'un petit patio doté d'une fontaine (à sec). Deux d'entre elles ont une mezzanine et peuvent accueillir 4 à 6 personnes. On vous laisse découvrir la salle de petit déj, ravissante. Un bon rapport qualité-prix.

Hostal Kory : *plazuela Julio Z. Cuenca. ☎ 243-12-34. 715-640-50. Doubles sans ou avec sdb 140-240 Bs.* Juste en contrebas de la plaza, cette grande bâtisse orientée vers la vallée dispose de chambres propres et plutôt bien tenues, malgré des traces d'humidité dans certaines. Celles avec salle de bains sont plus récentes (et avec TV). Nos préférées donnent sur la grande terrasse supérieure panoramique. Grande salle de resto (pas mal), bar et piscine. Bon accueil.

Hostal Sol y Luna : *sur les hauteurs, à env 30 mn à pied de Coroico (2 km). 715-616-26 ou 730-714-62. • solyluna-bolivia.com • Prendre la direction de l'*Hotel Esmeralda*, ensuite c'est fléché. En taxi, compter 20-25 Bs. Camping 40 Bs/pers ; lit en dortoir 60 Bs/pers ; doubles 120-360 Bs ; réduc à partir de la 3e nuit.* Vu la distance et la popularité du lieu, mieux vaut téléphoner avant pour s'assurer qu'il y a de la place ! Fondé par une Allemande, Sigrid (qui parle bien le français), le domaine occupe presque 7 ha de forêt où prospèrent bananiers, caféiers et fougères arborescentes géantes. Un vrai petit paradis, où nichent les *oropendolas* – de gros oiseaux jaune et noir qui bâtissent des nids pendouillant à la manière des tisserins. Dans ce fouillis végétal se dispersent 7 bungalows très privatifs (2-7 personnes), en bambou, bois, adobe ou dur, la plupart avec baies vitrées et cuisine. Certains ont une douche intérieure, d'autres, extérieure (en hiver, ça caille). Ceux qui préfèrent le confort de la maison commune y trouveront 2 appartements avec cuisine plus modernes, 3 chambres avec salle de bains et 4 avec sanitaires partagés – l'une d'elles fait même office de dortoir. On peut aussi camper sur un petit terre-plein gazonné dans la forêt, avec douche et w-c sur place. Ajoutez à cela 2 piscines, des hamacs et même un bain d'eau chaude sous les arbres, pour un moment de détente. Bref, chacun y trouvera chaussure à son pied ! Le resto sert des petits déj copieux et toutes sortes de plats, végétariens ou non (sandwichs, soupes, viandes, etc.).

Où dormir dans les environs ?

La Senda Verde : *près de* ***Yolosa,*** *à env 10 km de Coroico. 747-228-25 ou 671-955-03. • sendaverde.com • Taxi depuis Coroico env 30 Bs. En bus ou voiture, accès depuis la branche reliant la route de Caranavi à Yolosa. Attention, pas d'enfants de moins de 10 ans. Compter 130-180 Bs/pers selon type d'hébergement, petit déj inclus. Buffet 60 Bs le midi, 45 Bs le soir.* Envie de voir de près atèles, capucins, singes hurleurs, saïmiris, coatis et ours à lunettes ? Ce refuge de faune noyé dans la forêt, entre deux rivières, accueille des volontaires, des enfants des écoles du coin et propose aux voyageurs de loger sur place, dans des bungalows pour 2 personnes avec sanitaires partagés, des *eco huts* en bois (jusqu'à 5 personnes) avec mezzanine et douche ou... dans une vraie belle cabane dans les arbres (duvet en prêt si vous n'avez pas le vôtre). Les hébergements sont éloignés de la zone où se trouvent les animaux, que l'on visite le lendemain matin suivant son arrivée... mais il est fréquent que les singes s'invitent sur les terrasses et balcons des hébergements ! Le resto propose une nourriture correcte (buffet de pâtes fraîches) et bio, et la piscine apporte sa note de fraîcheur. En milieu de journée, de nombreux VTTistes débarquant de la « route de la Mort » en profitent... Après leur départ, le lieu retrouve sa sérénité.

Où prendre un petit déj ? Où manger ? Où boire un verre ?

Autant certains hôtels ont du charme, autant question cuisine, on reste sur sa faim. Vous trouverez plusieurs petits restos et pizzerias autour de la place, mais rien de folichon. Côté vie nocturne, les jeunes se retrouvent le week-end en début de soirée sur la place, qui connaît alors une belle animation. Les jeunes voyageurs, eux, filent plutôt chez *Carla's*.

De bon marché à prix moyens (jusqu'à 50 Bs / env 5,50 €)

Villa Bonita : *à 10 mn à pied de la place, passé l'*Hotel Bella Vista*. 719-182-98. Mer-dim 8h30-17h ou 18h. Petit déj autour de 20 Bs.* Une sympathique famille helvético-bolivienne vous accueille dans sa grande maison et son jardin pour un bon petit déj, des *panqueques* ou un excellent plat végétarien à petit prix. Tout est fait maison, du pain à la confiture en passant par les glaces, sans colorants ni saveurs artificielles. Terrasse et belle vue sur la vallée. Un petit havre de paix à ne pas manquer. On peut y prendre des cours de yoga et y dormir (bungalows rustiques).

Back-Stube Konditorei : *à l'angle sud-ouest de la place, en face de l'*Hostal Kory*. 720-756-20. Mer-ven 9h30-14h30, 18h30-22h ; sam 9h30-22h30 ; dim 9h30-20h30. Petits déj 17-32 Bs ; plats 31-43 Bs.* Une adresse qui vaut surtout pour la vue depuis sa terrasse et le caractère particulièrement copieux de ses plats. Cuisine à base de pâtes, de viandes et de pâtisseries d'outre-Rhin. Bon café également.

Carla's Garden Pub : *pasaje Adalid Linares, en descendant les marches depuis le* Back-Stube Konditorei*. ☎ 289-55-76. 720-756-20. Ouv à partir de 14h30.* Lorsque le soleil décline – ou même avant –, on dévale les marches jusqu'à ce jardin clos où picorent les poules, pour descendre une *Paceña* en compagnie des routards de passage, se balancer dans un hamac ou faire un bon vieux Monopoly. On peut aussi grignoter un morceau sur fond de musique cool... Idéal pour laisser le temps filer.

Voir aussi le restaurant de l'***Hostal Sol y Luna,*** décrit plus haut dans « Où dormir ? ».

De prix moyens à plus chic (40-60 Bs / env 4,50-7 €)

El Cafetal : *sur la droite, juste avt l'hôpital, à env 10-15 mn à pied de la plaza. 719-339-79.* Tenu par des Français fort peu causants mais indéniablement professionnels côté cuisines, voici certainement le meilleur resto de Coroico. On s'installe sous une paillote avec belle vue sur les montagnes (frisquet les soirs d'hiver austral) pour déguster une bonne truite au beurre noir, une soupe à l'oignon gratinée, un goulasch de lama ou, spécialité de la maison, un excellent soufflé – si le patron veut bien s'y coller... Crêpes salées et sucrées. Inutile de vous aventurer du côté des chambres, fatiguées.

À voir. À faire à Coroico et dans les environs

➢ ***Balades à pied dans les environs :*** si la vue est dégagée, vous pouvez grimper à la petite chapelle du ***Calvario,*** à 15-20 mn en prenant la rue qui part à gauche de l'église. Beau panorama sur la vallée verdoyante. Plus loin, à environ 2h de marche, se trouvent ***Las Tres Cascadas,*** chutes d'eau perdues dans une épaisse végétation, où l'on peut se baigner. La balade est très populaire, mais plutôt conseillée en compagnie d'un guide (voir « Adresses et infos utiles »), en raison de quelques agressions survenues ces dernières années... Il en va de même pour l'ascension de l'***Uchumachi*** (2 548 m) par un chemin qui traverse des bois pleins de fougères – également depuis le *Calvario.* Accessibles en taxi (ou en 2h environ à pied, sans risque), par Miraflores, les ***pozas del Vagante*** sont des bassins naturels dans lesquels on peut se baigner. Le chemin pour y descendre traverse des plantations de café, bananes et oranges. En bas, plein de papillons. On peut poursuivre son exploration en remontant un peu le cours d'eau (en saison sèche) ou rejoindre en aval les ***chutes du río Negro*** ; le sentier longe la rivière. Au-delà, on atteint Santa Barbara, d'où on peut prendre un minibus pour retourner à Coroico. Si vous voulez remonter directement des *pozas,* sachez que la pente est sévère : mieux vaut réserver un taxi à l'avance ou y aller avec un guide (dans ce cas, le retour se fait aussi en voiture). Compter environ 300 Bs pour les *Tres Cascadas* et les *pozas,* 350 Bs avec la cascade du río Negro. Pour un taxi, contactez *Uchumachi (📱 732-438-38)* et négociez ferme.

➢ Les amateurs de ***randonnée*** peuvent envisager de rejoindre Coroico à pied par le *camino precolombino del Choro.* Voir nos informations dans le chapitre consacré à La Paz « Dans les environs... Trekking dans la cordillère Royale ».

– ***Zipline :*** *à Yolosa. ☎ 231-38-49. • ziplinebolivia.com • Tlj 9h-11h, 13h-17h. Compter env 260 Bs.* Un Néo-Zélandais (des pros en la matière) et un Bolivien se sont associés pour installer ces trois longues tyroliennes dessinant un parcours de 1 555 m. Si les sensations de la « route de la Mort » ne vous ont pas suffi, vous pourrez y filer à 85 km/h le long des câbles d'acier ! Attention, atterrissages un peu brutaux... mais on peut aussi freiner si ça va trop vite. Si vous logez dans le coin, mieux vaut venir le matin, avant que ne débarquent les VTTistes du jour ; de nombreux tour-opérateurs VTT (comme *Barro Biking*) proposent de réserver le zipline en même temps.

– ***Rafting :*** se renseigner auprès de l'*Asociación de guías de turismo Coroico* (voir « Adresses et infos utiles »). La meilleure période s'étend entre novembre et mars-avril. En saison sèche, on flotte sur la rivière plus qu'on ne dévale les flots.

➢ ***Excursion à Tocaña :*** ce village d'environ 150 habitants est exclusivement habité par des descendants d'esclaves africains. Lieu de naissance de la musique *saya,* il est réputé pour ses fêtes, particulièrement celle du 15 août. On peut s'y rendre à pied en 2h-2h30 (aller) : on descend d'abord dans la vallée, vers la route La Paz-Caranavi, pour remonter ensuite fortement sur le versant opposé (direction Suapi, puis sentier presque tout de suite à gauche). Demander le plan détaillé de l'itinéraire à l'office de tourisme. Autres options : le taxi (environ 150 Bs aller-retour, temps d'attente compris). Sinon, trajet en camionnette le samedi (vers 12-13h) depuis la calle Héroes del Chaco. Pour le retour, suivre la suite de l'itinéraire en boucle proposé par l'office de tourisme, ou redescendre jusqu'à la route Caranavi-La Paz, où l'on peut essayer d'arrêter un véhicule allant à Yolosa. De Yolosa, prendre un bus pour Coroico. Sinon, le bureau des guides de Coroico propose une excursion (environ 5h) à pied, en voiture, ou combinée, avec visite d'une plantation de coca et le franchissement d'un pont suspendu.

ORURO

240 000 hab. IND. TÉL. : 2

Ville minière de l'Altiplano à dominante aymara. Construite pour loger les mineurs d'étain, elle présente architecturalement fort peu d'intérêt. Rues tristes où s'engouffre un vent froid. Oruro connut son âge d'or (d'argent pour être exact !) à l'époque des mines. Aujourd'hui, seul son extraordinaire carnaval de février lui donne, chaque année, d'éclatantes couleurs. En dehors de cette période, il y a fort à parier que vous ne passerez à Oruro que pour y prendre un train ou un bus.

Arriver – Quitter

Pour les liaisons vers Oruro, reportez-vous à la rubrique « Arriver – Quitter » de votre ville de départ.

En bus

Terminal : *av. Villaroel et Bakovic, à 15 mn à pied au nord-est du centre.* ☎ *527-95-35.* Consigne à bagages.

➢ ***La Paz :*** 3h30 de trajet sur une route asphaltée. Tlj 4h-22h.

➢ ***Potosí :*** 6h de route asphaltée. Départs vers 9h, 15h30, 17h, 21h et 23h avec *San Miguel* ; vers 12h30, 13h30, 16h30 et 23h avec *Flota Challapata* ; vers 11h30 et 20h avec *Bustillo.*

➢ ***Cochabamba :*** 4h30 de route asphaltée. Départs ttes les 30 mn env, 4h30-23h.

➢ ***Uyuni :*** 8h de trajet. Départs 20h-21h avec *Trans 11 de Junio, Belgrano* et *Trans 16 de Julio.* Le bus chauffé de la compagnie *Todo Turismo* *(c/ Rodriguez 134 ;* ☎ *511-18-89),* en provenance de La Paz, prend également des voyageurs lors de son passage vers minuit. Se renseigner à l'avance et possibilité de réserver son billet de leur bureau de La Paz.

➢ ***Tarija :*** env 20h de trajet. 1 départ/j., vers 20h30, avec *Expresso Tarija.*

➢ ***Sajama :*** 4h30 de trajet. Prendre un bus pour La Paz et descendre à mi-chemin, à Patacamaya. Là (devant la pension *Capitol*), minibus pour le village de Sajama, tlj vers 12h. Ne le ratez pas, c'est le seul de la journée !

➢ ***Llallagua :*** 8 départs 6h30-8h30, avec *Flota Minera Llallagua.* Compter 3h de trajet. Possibilité d'A/R dans la journée pour la visite des mines d'étain.

En train

Gare ferroviaire : *dans le centre.* ☎ *527-46-05.* • *fca.com.bo* • Vous y trouverez une consigne *(guarda equipaje)* à l'entrée *(ouv 7h-19h).* Se renseigner avt pour connaître les horaires et réserver le matin même. Vous pouvez aussi, si vous voyagez en classe *ejecutiva,* réserver votre billet à La Paz (voir la rubrique « Quitter La Paz »), avant de prendre le bus pour Oruro. Les tarifs ne sont guère plus élevés que ceux des bus.

➢ ***Uyuni, Tupiza et Villazón*** *(frontière argentine)* **:** départs mar et ven à 15h30 avec l'*Expresso del Sur.* Arrivée à Uyuni vers 22h40, à Tupiza à 4h10 et à Villazón vers 7h. Avec le *Wara-Wara,* départs dim et mer à 19h. Arrivée à Uyuni vers 2h50 (en pleine nuit !), à Tupiza à 8h30 et à Villazón vers 12h.

Adresses utiles

Turismo : *c/ Bolívar, sur la pl. 10 de Febrero, au 2e étage d'un bâtiment ocre.* ☎ *525-01-44.* • *oruro.gob.bo* • *Lun-ven 8h30-12h, 14h30-19h.*

Correos : *c/ Presidente Montes 1456, à un bloc de la pl. 10 de Febrero. Lun-ven 8h-20h, sam 8h-18h, dim 9h-12h.*

Banco Bisa : *pl. 10 de Febrero 749. Lun-ven 9h-16h, sam 10h-13h.* Change sans commission. Également **Prodem** *(c/ Plata 6153),* et quelques **distributeurs** autour de la place et dans le centre.

Où dormir ?

Pas mal de petits hôtels près du terminal et de la gare ferroviaire, mais, question entretien et accueil, ça laisse à désirer...

De bon marché à prix moyens (80-220 Bs / env 9-25 €)

Hotel Bernal : *c/ Brasil 701, en face du terminal de bus. ☎ 527-94-68.* Pas beaucoup de caractère mais les chambres, avec ou sans salle de bains, sont d'un bon rapport qualité-prix. Pratique si vous avez un bus à prendre.

Gran Hotel Bolívia : *c/ Rodriguez 131, entre 6 de Agosto et V. Galvarro. ☎ 524-10-47. • granhotelbolivia.com • À 400 m du terminal de bus. Doubles env 80-120 Bs, petit déj inclus.* *Gran Hotel,* mouais, mouais... Chambres propres avec TV, douches chaudes, réparties sur 3 étages autour d'un petit patio.

Hotel Repostero : *c/ Sucre 370. ☎ 525-80-02.* Dans une belle demeure. Chambres avec salle de bains, moquette au sol ou parquet. Demandez quand même à en voir plusieurs, et préférez celles à l'étage pour la luminosité.

Chic (plus de 220 Bs / env 25 €)

Gran Sucre Hotel : *c/ Sucre 510, à l'angle de 6 de Octubre. ☎ 527-68-00 ou 63-20. • hotelsucreoruro@hotmail.com • Double env 300 Bs.* Un bon cran au-dessus de ce qui se fait aux alentours. Une soixantaine de chambres plus ou moins spacieuses, toutes claires et au calme. Bon accueil. Salle style Belle Époque où prendre le petit déj. Une bonne adresse dans cette catégorie.

Où manger ?

Bon marché (moins de 30 Bs / env 3,50 €)

Mercado *(marché)* **:** le matin, goûtez l'*api* local avec des gâteaux ou des *llauchas* (sortes d'*empanadas*). Le midi, des *picantes* et des assiettes à base d'agneau (parfois difficiles à digérer en altitude). Préférez toutefois, pour des raisons d'hygiène, le *mercado Fermín López* (à quelques blocs de la plaza 10 de Febrero) au *mercado Campero* (près de la gare ferroviaire).

La Casona : *face à la poste, c/ Presidente Montes 1465. Tlj 8h-minuit.* Excellentes *salteñas* (les meilleures de la ville !) et pizzas à gogo dans une salle soignée et agréable. Pas beaucoup de places toutefois.

Prix moyens (30-50 Bs / env 3,50-5,50 €)

Las Retamas : *c/ Murguia 930, à l'angle de Washington. ☎ 525-23-75. Tlj 9h-23h.* Dans une demeure familiale, un des restos huppés de la ville, quoique à portée de bourse de n'importe quel gringo. Très fréquenté par les familles aisées d'Oruro, surtout le midi, pour l'*almuerzo* (30 Bs ; venir avant 13h !). Rien à redire, c'est varié, bon et soigné. Bonne carte des vins.

Nayjama : *c/ Pagador 1880, angle Aldana. ☎ 527-76-99. Tlj 11h-21h.* Dans une rue qui démarre en face de la gare ferroviaire, un restaurant entièrement rénové, sur 2 niveaux d'un petit immeuble. On y déguste la *cocina* de doña Bassy, réputée à Oruro. Goûtez à l'*Intendente,* plat de viande pour 2, assurément imaginé par Pantagruel lors de son passage au carnaval ! Une bonne adresse.

À voir

Santuario de la Virgen del Socavón : *au bout d'Adolfo Mier, sur les hauteurs de la ville.* Grande église blanche édifiée au XIXe s sur les ruines d'une chapelle, reliée à une ancienne galerie minière reconvertie en petit *musée.* Ne pas manquer les deux sanctuaires à *El Tío,* le diable qui hante les mines, encore honoré aujourd'hui par les mineurs, couvert de cierges et de présents *(visites guidées ttes les 45 mn, tlj 9h-18h15, dim à partir de 12h).* Dans le bâtiment adjacent, au 2e étage, vous trouverez aussi un *musée d'Art sacré et de Folklore (billet pour les 2 musées : 10 Bs).* Mélange de pièces archéologiques, de tableaux religieux et de très beaux masques de la *diablada.* Enfin, allez jeter un coup d'œil au *monument au Mineur révolutionnaire,* dominant la ville devant l'église.

S'il vous reste 1h avant le départ de votre train, vous pouvez encore aller faire un tour à la ***calle La Paz,*** où vous verrez travailler les artisans qui brodent les costumes et taillent les masques du carnaval de l'année à venir.

Le carnaval

Le carnaval, et sa fameuse *danse de la Diablada,* se déroule la semaine qui précède le mercredi des Cendres (en février-mars selon l'année). Point d'orgue le week-end. Fête catholique, fête dédiée au *Tío,* le dieu de la Mine, ou bien fête en l'honneur de la Pachamama ? Probablement un peu des trois.
Les places sont payantes : de 100 à 500 Bs en fonction de l'emplacement. Savoir aussi qu'il faut réserver son hôtel au moins 2 semaines à l'avance et que les prix des chambres triplent, voire quadruplent. Le samedi, les diables, avec à leur tête la *China Supay* (la diablesse), défilent dans leurs magnifiques costumes, qui représentent souvent plusieurs mois de salaire ! Les masques sont superbement élaborés, souvent terrifiants. Songez qu'il s'en promène plusieurs centaines en ville. Il y a aussi les *caporales,* danses d'influence africaine, ainsi que la *morenada,* avec ses masques représentant les Noirs des Yungas ou certains personnages à la mode qu'on caricature à souhait. Les groupes autochtones arrivent toujours vers la fin. Si vous avez survécu à l'ensoleillement, aux bombes à eau, aux bombes à peinture en tout genre, pistolets projetant de la mousse (attention aux appareils photo !) et à la fatigue, c'est l'un des moments forts de la culture bolivienne. Ensuite, l'action se déplace vers les fêtes des *comparsas,* les groupes de danseurs, où tout peut arriver...
Le lendemain de l'entrée du carnaval, superbe animation dans *el Alba,* il fait froid mais l'ambiance est très chaude. On est sur l'une des collines de la ville, et toutes les bandas du carnaval sont réunies pour jouer... avant de remettre ça quelques heures plus tard, lorsque les danseurs refont le parcours de 6 km, sans les masques. Vous aurez ainsi assisté à la plus grande fête de cette partie de l'Amérique latine. D'autant que ce n'est pas fini : le dimanche toujours, victoire de l'archange saint Michel. Toute la ville s'éclate. Pendant plusieurs jours, ce ne sont que défilés de danseurs et chanteurs dans tous les quartiers. Bien entendu, alcool et *chicha* coulent à flots et permettent de tenir toutes les nuits... On le redit, c'est l'une des plus grandes fêtes d'Amérique du Sud. Allez, *salud* et bon carnaval !

PARQUE NACIONAL SAJAMA

IND. TÉL. : 2

Premier parc national créé en Bolivie, en 1945, il s'étend autour de la masse imposante du volcan Sajama, le plus haut sommet du pays (6 540 m). On dirait presque le logo de la *Paramount* ! Sur ses flancs, la plus haute forêt du monde (5 000 m d'altitude), constituée d'arbres de *queñua.* Des lamas et des alpagas un peu partout, des troupeaux de vigognes et parfois quelques condors.

Entre paysages grandioses aux couleurs surréalistes, églises baroques des XVIe-XVIIe s parsemées ici et là et petits villages du bout du monde, Sajama est le lieu rêvé pour s'isoler. Seuls quelques passionnés de trekking et d'alpinisme viennent troubler la quiétude du parc. Un vrai bijou pour ceux qui considèrent qu'il y a désormais trop de monde au Salar et dans le Sud-Lípez. Depuis 1996, ce joyau est devenu facile d'accès et la route asphaltée entre Patacamaya et Sajama est sans doute la plus belle de Bolivie.

Comment y aller ?

Tout dépend de ce que vous voulez faire. Pour une balade de 1-2 j. au pied de la montagne, vous pouvez vous y rendre en bus ordinaire (voir plus loin) ou, mieux (pour pouvoir bouger sur place), en louant un 4x4. En revanche, si vous désirez partir à l'assaut du sommet, alors il vaut mieux passer par une agence. Quoi qu'il en soit, prévoir des vêtements thermiques et un sac de couchage isolant car il fait très froid (jusqu'à - 15 °C la nuit en juil-août).

➢ ***En bus :*** le mieux est de prendre le bus d'Oruro depuis la gare routière de La Paz et de descendre à mi-chemin, à Patacamaya. Là, minibus pour le village de Sajama, tlj vers 12h. Ne le ratez pas, c'est le seul de la journée ! Compter 2h de trajet de La Paz à Patacamaya et 2h30 de Patacamaya jusqu'au village de Sajama. Pour le retour, même combine, le minibus partant de Sajama vers 6h30. À Patacamaya, nombreux bus pour La Paz et Oruro. À noter que des camions passent plusieurs fois/j. par les villages cités, dans les 2 sens, mais mieux vaut alors s'armer de patience.

➢ ***En passant par une agence :*** plus sûr, moins fatigant, mais plus cher aussi. Il est possible, en principe, de trouver un guide et de louer du matériel au village de Sajama, mais, si vous voulez vous hisser jusqu'au sommet du volcan (un must), on conseille plutôt de recourir aux services d'une agence. Au moins, vous serez assuré d'avoir un guide et du bon matériel. *Terra Andina Bolivia,* que nous conseillons dans les « Adresses et infos utiles » à La Paz, est spécialisée dans ce type d'expédition. Compter 4 j. en tout au départ de La Paz.

Où dormir ? Où manger ?

Le village de Sajama abrite quelques *alojamientos* assez rudimentaires, mais propres, notamment à côté du poste de garde. On trouve aussi quelques épiceries sommaires dans le village, mais les légumes et fruits sont des denrées rares. Pensez à faire des provisions.
Si vous voulez vous éloigner encore plus de toute vie humaine, le village de ***Tomarapi*** dispose d'une très bonne auberge :

☗ |●| ***Albergue ecoturístico Tomarapi :*** *à 12 km au nord du village de Sajama par la piste. ☎ 241-47-53 (à La Paz). Compter 320 Bs/pers en pens complète (panier pique-nique le midi).* Un véritable havre de paix ! En prime, le produit de l'auberge profite à toute la communauté aymara de Tomarapi. Les familles du village se relaient tous les mois pour l'intendance du lieu. Très bon accueil et mine d'informations. Dans un petit ensemble de lotissements typiques. Chambres spacieuses avec salle de bains et eau chaude... à certaines heures ! Salle à manger conviviale avec coin cheminée plus qu'agréable.

À voir. À faire

➢ ***Le chemin d'accès au parc :*** *entre Patacamaya et le village de Sajama.* Ne ratez pas les *chullpars,* tombeaux précolombiens à 1h de Patacamaya. Tout au long du chemin, vues superbes sur l'Altiplano avec des rivières et des terrains façonnés par l'érosion où paissent les troupeaux de lamas.

Sajama : allez d'abord, en arrivant, vous acquitter du droit d'entrée (40 Bs) pour le parc de Sajama au refuge des gardes du parc. Ce même refuge oriente les alpinistes qui s'aventurent jusqu'ici (possibilité d'y louer les services d'un guide mais pas de matériel sur place ; on conseille plutôt de passer par une agence). Belle église avec le décor fantastique des volcans Payachatas (pics jumeaux), qui marquent la frontière avec le Chili. Quelques « boutiques » d'alimentation, des bergers, une école, voilà tout. En outre, plusieurs volcans culminant à plus de 6 000 m entourent le parc : le Sajama (6 548 m), le Parinacota (6 348 m) et le Pomerape (6 282 m). Leur ascension s'adresse aux alpinistes/grimpeurs expérimentés.

➢ ***Les geysers :*** *à env 10 km du village par la piste qui va vers les volcans Payachatas. GRATUIT.* Un peu difficiles d'accès sans véhicule approprié.

➢ ***Les eaux thermales :*** *du village, compter env 2h de marche. Suivre la piste vers le nord, c'est à 5 km sur la gauche. Ensuite, du parking, marcher 1 km en suivant les ruisseaux jusqu'au seul baraquement visible. Accès : 30 Bs.* N'hésitez pas à faire trempette dans ces eaux à plus de 35 °C. Cadre superbe et calme absolu.

Laguna Huaña Khota : *à env 15 km sur la piste qui va vers le nord.* Cette lagune abrite des flamants roses. Couleurs magnifiques au coucher du soleil.

Iglesia de Curahuara de Carangas : surnommée la « Sixtine de l'Altiplano », elle date de 1610. Superbe campanile, chercher le curé pour la visite. Là encore, pas facile d'y arriver si l'on n'est pas motorisé. Voir aussi une autre belle église en pierre sur le flanc de la colline.

POTOSÍ

145 000 hab. IND. TÉL. : 02

Inscrite au Patrimoine mondial de l'Unesco, la cité coloniale de Potosí est établie à 4 090 m d'altitude, ce qui en fait la ville de plus de 100 000 habitants la plus haute du monde (même Lhassa, au Tibet, est battue !). Dominée par la masse laborieuse de la mine du cerro Rico, elle s'étend sur une colline que chevauchent des ruelles parfois pavées, bordées de maisons basses à encorbellement, aux façades colorées, et révèle, au hasard des coins de rue, de superbes points de vue. Potosí fut une ville où la richesse de certains faisait partie du quotidien ; le mot « baroque » y a alors pris toute sa splendeur. L'expression la plus forte en est le portail de l'église de San Lorenzo, ce qui ne dispense pas, bien sûr, d'une visite de San Martín, Santa Teresa ou de la *casa de la Moneda.* Le centre historique de Potosí abrite une étonnante concentration d'églises coloniales, délicatement mises en valeur par ce ciel d'altitude qui éclaire les façades parfois richement ornementées.

Mais le visage qu'elle révèle aussi au voyageur est celui d'un des plus pathétiques témoignages de l'histoire humaine. Grisaille, chantiers et tristes quartiers ouvriers ceinturent cette ville historique, symbole du pillage des ressources par la colonisation, qui fut au cœur de l'enrichissement de l'Espagne coloniale. La mine de Potosí, le cerro Rico (« colline riche »), est encore en activité aujourd'hui et ne tarit pas de ressources, car si les filons d'argent se font plus rares, l'étain, le fer et le zinc abondent. Près de 6 000 hommes triment encore dans les entrailles de cette mine gargantuesque qui reste une des – rares – sources de revenus pour les gens de la région...

En juillet-août, malgré un soleil insolent, la ville subit les rigueurs de l'hiver austral (alors que, dans les mines, on frôle parfois les 35 °C !). Attendez-vous donc à passer vos journées à enfiler et à enlever vos couches de vêtements.

UN PEU D'HISTOIRE

Huallpa, un Indien de l'Altiplano, se doutait-il de ce qu'il allait déclencher lorsque, vers 1545, il révéla l'existence du *Sumaj Orcko* à Potosí ? Sumaj Orcko (la « plus belle montagne » en quechua) se révéla être une mine si fabuleuse que Charles Quint, dix ans plus tard, éleva Potosí au rang de ville impériale (la seule d'Amérique latine à posséder cette distinction) et lui donna pour devise « Je suis la riche Potosí, le trésor du monde, la reine des montagnes et la convoitise des rois »... En toute simplicité ! Exploitée pendant trois siècles par les Espagnols, il y eut jusqu'à 10 000 galeries creusées dans la mine et plusieurs milliers d'entrées.

ET LA LUMIÈRE FUT

Selon la légende, c'est en cherchant un lama égaré dans une grotte que Huallpa, un Indien de l'Altiplano, découvrit les richesses minérales du cerro Rico. Frigorifié, il alluma un feu qui fit briller sur les parois de la grotte des reflets d'argent... La version historique est moins romantique : Huallpa était tout simplement calé en géologie !

La première découverte de cet important patrimoine ne remonterait cependant pas à Huallpa, mais au tout début du XVIe s : on connaissait déjà son existence au temps de l'Inca Huayna Cápac. Les hommes de l'Inca ne l'auraient alors pas exploité, une voix étrange les ayant mis en garde : « Ceci n'est pas pour vous. Ces richesses, Dieu les réserve à ceux qui viennent de plus loin »...

Au milieu du XVIIe s, avec 165 000 habitants (plus que maintenant !), Potosí était aussi importante que Paris et Londres. La ville se couvrit de superbes édifices coloniaux et d'églises. Dans *Don Quichotte,* Cervantès fait d'ailleurs dire à son héros « *Vale un Potosí* » (« Vaut un Potosí »), expression signifiant alors quelque chose d'inestimable.

Des historiens (notamment Fernand Braudel et le physiocrate Quesnay, qui élabora la première théorie de l'inflation en étudiant le lien entre la production d'argent à Potosí et l'inflation en Europe) assurent que le flux d'argent des mines de Potosí vers l'Europe fut l'une des conditions du développement du capitalisme (tout comme le commerce triangulaire). L'Espagne s'endetta et gaspilla tellement l'argent de Potosí (et dans une moindre mesure celui extrait au Mexique) que les vrais bénéficiaires furent les banques des pays du nord de l'Europe, de France entre autres. On appelle ce processus la « formation primitive du capital » ; une injection de liquidités qu'on a du mal à imaginer : l'équivalent de 50 milliards de dollars du XVIe au XIXe s ! Vu la taille de l'économie européenne à cette époque, ça équivaut largement à plusieurs plans Marshall, et à autant de richesses définitivement perdues pour la Bolivie.

Inimaginable aussi, le génocide de 8 millions d'Indiens aymaras, quechuas, ainsi que d'esclaves venus d'Afrique par le biais du commerce triangulaire... Les colons leur imposaient la *mita,* le travail forcé par alternance dans les mines, dans des conditions épouvantables. Chaque année, plusieurs dizaines de milliers d'entre eux mouraient d'épuisement ou empoisonnés par les vapeurs du mercure qui servait au traitement de l'argent. Sans compter les maladies propagées par les Espagnols eux-mêmes. Comme nourriture, les Indiens n'avaient que des feuilles de coca à mâcher... que leur vendaient les mêmes colons ! L'exploitation du travailleur indien était ainsi poussée à son paroxysme. Car, si les conquistadores – et les religieux qui les accompagnaient – diabolisèrent d'abord la coca, ils reconnurent vite ses vertus énergétiques et rendirent donc sa consommation obligatoire, contrôlant au passage son commerce. Et il fallait en mastiquer pour pouvoir endurer 48h

de travail forcé ! Ainsi, les esclaves achetaient à leurs maîtres la drogue leur permettant de supporter l'esclavage...
Cependant, dès le début du XIXe s, les filons d'argent commencèrent à s'épuiser. Et comme on en découvrit aussi ailleurs (Pérou, Mexique), Potosí tomba rapidement en désuétude, au point de ne plus compter, en 1825, que 9 000 habitants ! La découverte et l'exploitation de l'étain (le « métal du diable ») ont relancé quelque peu l'économie de la ville, avant qu'elle ne retombe de nouveau ces dernières années, l'exploitation des gisements ne se révélant plus assez rentable. Aujourd'hui pourtant, on trime – et l'on meurt – toujours dans les mines de Potosí. Lire plus bas le chapitre « La visite des mines ».

Arriver – Quitter

En bus

Terminal *(hors plan par A1)* **:** *av. Magisterio, au nord-ouest de la ville, dans le quartier de Las Lecherias. ☎ 624-33-61. À 20 mn du centre en taxi (env 7-10 Bs) ou env 40 mn en minibus (lignes F, I, J, K et 150).* Vaste et moderne, toutes les compagnies y sont représentées. **Attention** cependant : pour Uyuni, départs et arrivées à l'ancien terminal (lire plus loin). Nombreux services : resto, poste, consignes... Les tarifs varient selon les compagnies et le confort, du moins cher avec siège non inclinable, au plus cher avec siège inclinable et w-c. Pour le départ, prévoir une « taxe » d'accès au quai de 2,50 Bs. Enfin, sachez que la compagnie *Panamericana* a très mauvaise réputation.

➢ ***Sucre* :** env 3h30 de route asphaltée. Nombreux départs de Potosí, 6h30-19h. Mêmes horaires depuis Sucre. Correspondance à Sucre pour ***Santa Cruz.***

➢ ***Oruro* :** 5h de route asphaltée. Nombreux départs de Potosí, 7h-22h30. Idem dans l'autre sens.

➢ ***La Paz* :** 10h de trajet. Plusieurs départs groupés en fin de journée et soirée (17h-20h). Préférer les bus *cama,* plus chers mais au moins vous aurez une chance de dormir. Mêmes horaires au départ de La Paz.

➢ ***Tupiza et Villazón* :** compter respectivement 8-10h et 10-12h de trajet. Départs de Potosí à 7h, 8h et 19h30 ; dans le sens Tupiza-Potosí, 2 départs tlj vers 10h et 4 départs min 20h-21h. De Villazón, départs à 8h et 18h.

➢ ***Tarija* :** 10-12h de trajet. Départ de Potosí à 16h, 17h et 19h ; départ de Tarija à 16h.

➢ ***Cochabamba* :** 9h de trajet. Départs à 19h, 19h30. Mêmes horaires au retour.

➢ ***Buenos Aires*** *(Argentine)* **:** 1 à 2 départs/j., vers 20h.

➢ ***Uyuni* :** contrairement aux autres destinations, ***départ de l'ancien terminal,*** av. Antofagasta, env 800 m plus bas que la pl. del Estudiante, sur la route du nouveau terminal *(hors plan par A1).* Prendre un minibus indiquant « *Ex-Terminal* » (les nos 10 et 70 notamment). Plusieurs compagnies assurent la liaison. Départs à 11h, 12h et 18h30. Compter env 4h de trajet sur route bitumée.

En taxi

➢ ***Sucre* :** les compagnies *Infinito del Sur (☎ 624-50-40)* et *Presidente (☎ 624-34-77)* font la navette Potosí-Sucre à la demande. Il y en a d'autres, mais celles-ci sont les plus fiables. Tarif : env 180 Bs sur la base de 4 passagers. Avantage sur le bus : le parcours se fait de porte à porte dans des véhicules à peu près neufs.

Adresses utiles

Infos touristiques

Infotur *(plan B2)* **:** *c/ Ayacucho s/n. ☎ 623-10-21. En face du colegio Santa Rosa, au rdc de la Torre de la Compañía de Jesús. Lun-ven 8h30-12h, 14h-18h.* Infos générales, plan de la ville et documentation.

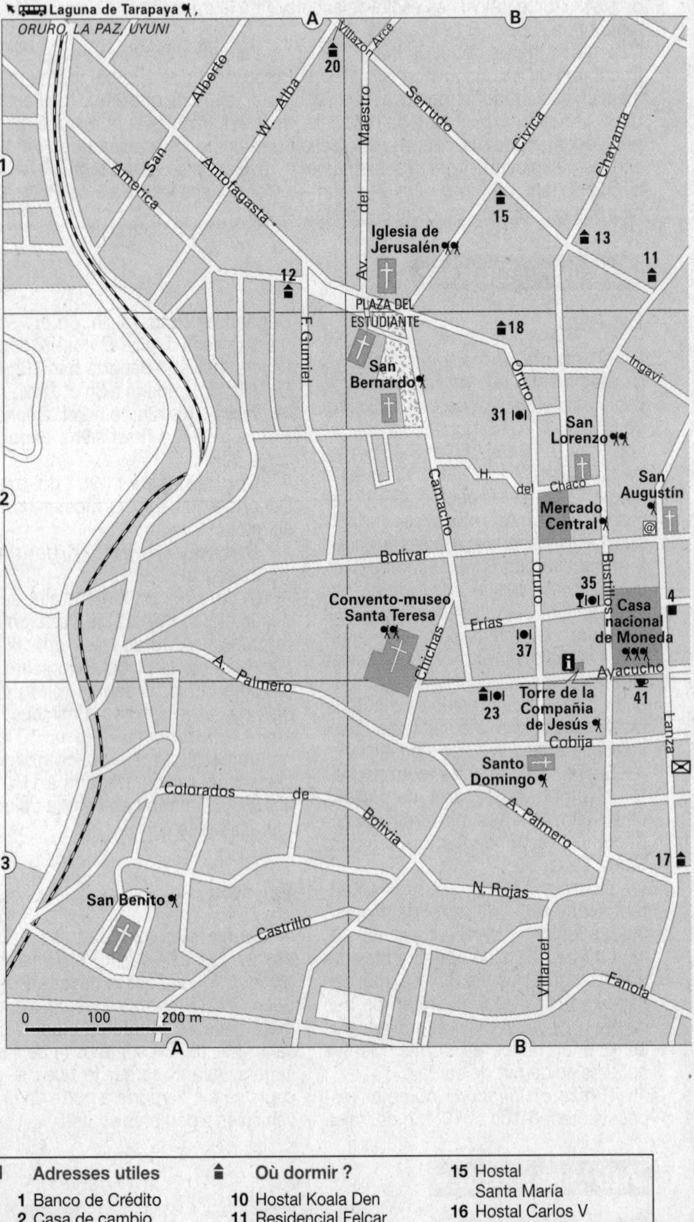

■ **Adresses utiles**

1 Banco de Crédito
2 Casa de cambio Fernández
3 Supermarché Supersur
4 Lavandería
5 Cinéma

Où dormir ?

10 Hostal Koala Den
11 Residencial Felcar
12 Residencial Sumaj
13 Alojamiento Copacabana
14 Hostal Compañía de Jesús
15 Hostal Santa María
16 Hostal Carlos V
17 Hostal El Turista
18 Jerusalem Hotel
19 Hostal Cerro Rico Velasco
20 Hotel Cima Argentum

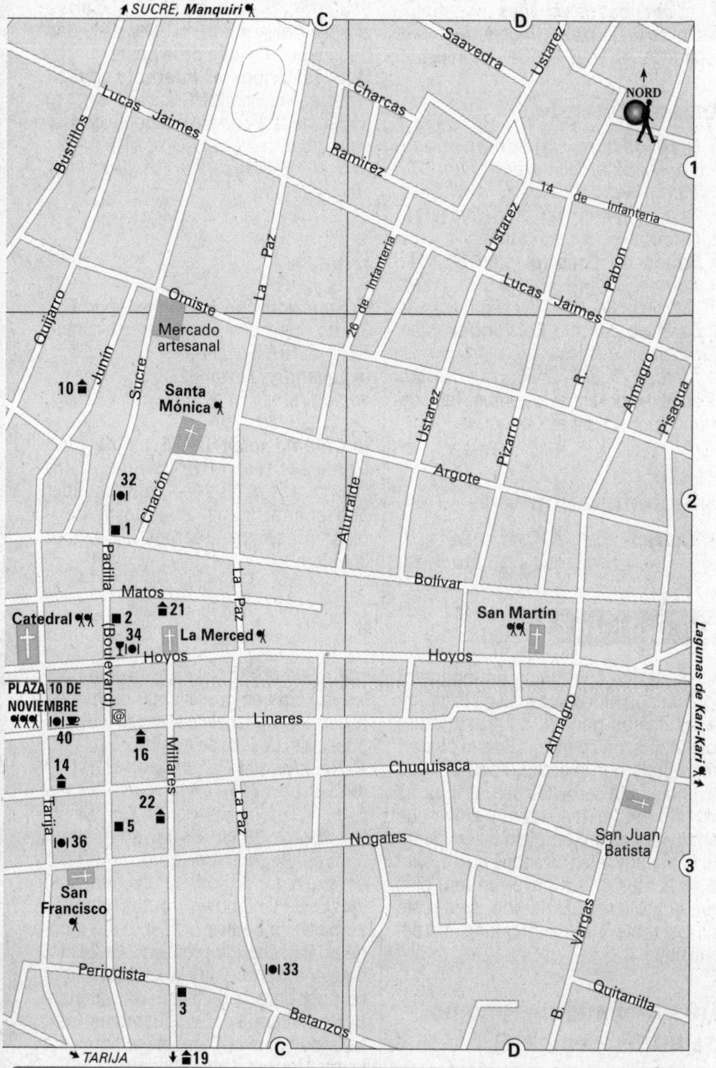

POTOSÍ

21 Hostal Patrimonio	**32** Phisqa Warmis	**Où boire un verre ? Où prendre un petit déj ou un snack ?**
22 Hotel Gran Libertador	**33** Museo-restaurante San Marcos	**34** 4.060 Café-pub
23 Hotel Santa Teresa	**34** 4.060 Café-pub	**35** La Casona
Où manger ?	**35** La Casona	**40** Café La Plata
23 Rosicler	**36** El Empedradillo	**41** Koala Café
31 Manzana Mágica	**37** El Fogón	

■ Les ***agences de voyages*** privées aux alentours de la plaza 10 de Noviembre pourront aussi vous donner des infos.

Argent, change

■ ***Distributeurs automatiques :*** *plusieurs sur le Boulevard (plan C2), notamment proches de la place ; un autre à l'angle de Tarija et Bolívar et, enfin, à côté du* Banco de Crédito.

■ ***Banco de Crédito*** *(plan C2, **1**) : c/ Bolívar, angle Sucre. Lun-ven 9h-18h, sam 9h-13h.*

■ ***Casa de cambio Fernández*** *(plan C2, **2**) : sur le Boulevard, entre Hoyos et Matos. Tlj 9h-12h30, 14h-18h30.* Change les dollars et les euros. Taux de change équivalent aux banques.

Poste et télécommunications

✉ ***Correos*** *(plan B-C3) : c/ Lanza 3, angle Chuquisaca. Lun-ven 8h30-19h30, w-e 8h30-12h.* Cartes postales de la ville et du Salar dans des boutiques à l'entrée de la poste.

■ @ ***Téléphone et Internet :*** *centres* Entel *et* Viva *partout dans le centre, notamment à l'angle du Boulevard et de la c/ Linares (plan C3) et à l'angle de Bolívar et Quijarro (plan B2). La plupart ouv tlj 8h-22h.*

Divers

■ ***Supermarché Supersur*** *(plan C3, **3**) : à l'angle de Periodista et Millares. Tlj 8h-22h. CB acceptées.*

■ ***Lavandería*** *(plan B2, **4**) : c/ Quijarro, angle Matos. Tlj sf dim 9h30-12h30, 14h30-20h30.*

■ ***Cinéma*** *(plan C3, **5**) :* ***Multiciné Universal,*** *sur le Boulevard, entre Chuquisaca et Nogales.* Pour occuper une soirée. Films américains doublés en espagnol, écrans 3D et tout le toutim.

Où dormir ?

À Potosí, les conditions de logement sont un peu rudes (à cause de l'altitude et du niveau général d'infrastructure touristique, pas génial). Dans la plupart des hôtels bon marché, l'eau chaude ne coule qu'à certaines heures (pas les plus froides, justement) et il arrive que les tuyaux gèlent en plein hiver. Quant au chauffage, n'en attendez guère, sauf si vous êtes prêt à payer un peu plus que la moyenne. Mais bon, cela reste supportable... surtout quand on est prévenu !

Très bon marché (moins de 80 Bs / env 9 €)

🏠 ***Hostal Koala Den*** *(plan C2, **10**) : c/ Junín 56. ☎ 622-64-67. • papaimila@hotmail.com • Dortoir à partir de 50 Bs/pers ; double avec sdb privée 150 Bs ; (bon) petit déj inclus.* 💻 📶 Malgré ce que laisse croire la minuscule façade grenadine, tout ici est coloré, fonctionnel et vaste. Ordonnés autour de la cour, dortoirs et chambres sont corrects (le chauffage fonctionne le soir). Le tout est taillé sur mesure pour les routards en provenance du monde entier, échangeant infos, livres... Laverie, possibilité de faire sa cuisine.

🏠 ***Residencial Felcar*** *(plan B1, **11**) : av. Serrudo 345, angle Bustillos ; à 5 mn à pied du centre. ☎ 622-49-66. Compter 30 Bs/pers avec sdb commune, petit déj en sus ; 80 Bs/pers avec sdb privée et petit déj inclus.* 💻 Chambres toutes simples autour d'un couloir et d'un patio lumineux. Eau chaude promise 24h/24. TV, cafétéria, service de blanchisserie, tout ça pour un prix dérisoire, on ne criera pas au scandale. Les chambres avec salle de bains ont un bow-window sur la rue. Correct dans l'ensemble.

🏠 ***Residencial Sumaj*** *(plan A1, **12**) : c/ F. Gumiel 12. ☎ 622-33-36. À deux pas de la pl. del Estudiante. Compter 40 Bs/pers. Réduc avec la carte* FUAJ. *Pas de petit déj.* S'affiche comme l'auberge de jeunesse du coin, en réalité autoproclamée. L'adresse est très populaire auprès des routards pour son accueil et son ambiance relax. Chambres petites, sans sanitaires, disposées autour d'un atrium bordélique. On se croirait sur un bateau à la dérive, avec le vieux parquet qui craque... Marrant, mais assez bruyant, et le confort reste sommaire. Il y a quand même l'eau chaude toute la journée. Et une cuisine (rudimentaire) à dispo.

Alojamiento Copacabana *(plan B1,* ***13****) : av. Serrudo 319, angle Chayanta ; à 5 mn à pied du centre. ☎ 622-27-12. Tt près du* Residencial Felcar. *Compter 25-40 Bs/pers avec sdb commune ou privée. Garage.* L'une des adresses les moins chères de la ville. C'est moins rigolo que le *Sumaj*, mais assez bien tenu. Les chambres se limitent à 4 murs et des lits. Pour les matelas, on n'est pas très sûr... Sanitaires communs sommaires, mais praticables, avec douche électrique. Possibilité de laver son linge. Très basique, mais correct pour le prix et sûr.

Bon marché (80-140 Bs / env 9-16 €)

Hostal Compañía de Jesús *(plan C3,* ***14****) : c/ Chuquisaca 445. ☎ 622-31-73. • hostalcompania.galeon.com • Doubles env 110-140 Bs, petit déj (basique) inclus.* En plein centre, dans un ancien couvent de carmélites à façade bleue, des chambres... monacales, avec ou sans salle de bains privative. Celles-ci sont par ailleurs sommaires (pas de bac de douche), mais eau chaude 24h/24. Les multiples couvertures qui recouvrent chaque lit devraient suffire à vous réchauffer. L'ensemble reste correct pour le prix.

Hostal Santa María *(plan B1,* ***15****) : av. Serrudo 244 ; à 5 mn à pied du centre. ☎ 622-32-55. Double 140 Bs. Pas de petit déj.* Chambres rudimentaires, aveugles mais propres, avec salle de bains (douche électrique), moquette, matelas à ressorts et TV. Pas de chauffage. Ambiance pension de famille assurée par Marcelina, ex-instit, et ses enfants.

Prix moyens (140-220 Bs / env 16-25 €)

Hostal Carlos V *(plan C3,* ***16****) : c/ Linares 42. ☎ 623-10-10. • frontdesk@hostalcarlosv.com • En plein centre. Doubles env 160-200 Bs selon confort, avec ou sans sdb privée, petit déj inclus.* Les chambres s'organisent sur plusieurs niveaux, autour d'une cour intérieure semée de réverbères garnis de lierre et qui sent bon l'eucalyptus. Simples mais pimpantes, elles partagent les *baños* et sont dotées de lits bien douillets. Eau chaude 24h/24. 2 chambres, les plus chères (« mini-suite » et « suite »), disposent d'une salle de bains privative et sont chauffées. Charmante mezzanine donnant sur la cour pour prendre le petit déj. Service de blanchisserie, cuisine, salon, TV, change de dollars et infos sur les excursions. Accueil très sympa.

Hotel El Turista *(plan B3,* ***17****) : c/ Lanza 19. ☎ 622-24-92. • hoteleltu rista10nov@hotmail.com • À 2 cuadras de la pl. 10 de Noviembre. Double env 220 Bs, petit déj inclus.* Le grand hall d'entrée tendance années 1980 (!) mène à un patio distribuant des chambres plutôt agréables, avec parquet, TV, salle de bains et bons matelas. Une dizaine d'entre elles donnent sur le cerro Rico, les privilégier. Salles de bains très basiques mais propres, et eau chaude en principe tout le temps. Mention spéciale pour la « suite matrimoniale », avec balcon privatif et belle vue sur le *cerro*. Accueil avenant. Un bon rapport qualité-prix.

Chic (220-350 Bs / env 25-39 €)

Jerusalem Hotel *(plan B2,* ***18****) : c/ Oruro 143. ☎ 622-46-33. • hotelje rusalen.es.tl • Double 250 Bs, petit déj inclus.* Au bord d'une rue pas très riante, un hôtel qui l'est beaucoup plus. On pousse une porte vitrée, et c'est comme pénétrer dans un village miniature, conçu le long d'une cour couverte d'une verrière, au centre de laquelle trônent une fontaine et de profonds canapés. Autour, les chambres, certes un peu petites, sont confortables et chauffées, avec TV et salle d'eau privée. L'ensemble est coloré et assez agréable, l'accueil est sympathique. Une bonne petite adresse, simple et bien tenue.

🏠 ***Hostal Cerro Rico Velasco*** *(hors plan par C3,* ***19****) : c/ Ramos 123, zona San Pedro. ☎ 622-35-39. • hostalcerrorico@hotmail.com • Doubles env 250-270 Bs, petit déj inclus.* Proche de la mine, un hôtel moderne aux chambres d'un bon confort, malgré une déco vieillotte et une moquette pas très engageante... Chacune arbore une fresque représentant Potosí. Toutes sont équipées de salle de bains, TV, chauffage et frigo. Quelques-unes (les n°s 15, 16 et 26 notamment) donnent sur la ville ou le *cerro.* Bon rapport qualité-prix et très bon accueil.

🏠 ***Hotel Cima Argentum*** *(plan A1,* ***20****) : av. Villazón 239. ☎ 622-95-38. • hca-potosi.com • Double env 350 Bs, petit déj inclus.* Un bâtiment moderne à une dizaine de minutes à pied du centre historique. Pas un charme fou, mais des chambres correctes et bien chauffées, à défaut d'être claires ou spacieuses... Salle de bains privée avec eau chaude 24h/24, frigo et TV. Les chambres sont agencées autour d'un patio, demander à en voir plusieurs. Quelques appartements également pour les familles. Petit déj simple, mais correct avec œufs et jus de fruits frais. Bon accueil.

Encore plus chic (plus de 350 Bs / env 39 €)

🏠 ***Hostal Patrimonio*** *(plan C2,* ***21****) : c/ Matos 62. ☎ 622-26-59. • hostalpatrimonio.com • Doubles env 420-460 Bs, petit déj (simple) inclus. CB acceptées.* À deux pas du Boulevard, un hôtel moderne aux chambres confortables, à défaut d'être gaies, réparties autour d'une cour. Celles côté rue sont plus petites mais avec fenêtre, donc plus agréables. Celles donnant sur le patio manquent de lumière... Belles salles d'eau, chauffage en continu, TV, etc. Nickel. En prime, un sauna pour se détendre en fin de journée.

🏠 ***Hotel Gran Libertador*** *(plan C3,* ***22****) : c/ Millares 58. ☎ 622-78-77. • hotelgranlibertador.com • Double 370 Bs, petit déj inclus.* Hôtel moderne avec chauffage. Là encore, chambres plutôt classiques et confortables, mais à la déco tristounette et vieillotte. Salles de bains très correctes (assez rare pour le signaler !). Depuis les étages et la terrasse, jolie vue sur la ville et l'église San Francisco. Un hôtel basique, mais bien tenu.

🏠 ***Hotel Santa Teresa*** *(plan B3,* ***23****) : c/ Ayacucho 43. ☎ 622-52-70 ou 623-00-92. • hotelsantateresa.com.bo • Double env 380 Bs, petit déj inclus.* Dans une belle demeure coloniale rénovée, un hôtel de bon confort (TV, chauffage...) aux chambres encore une fois un peu tristes et petites. Bon accueil, pro et souriant, et bon resto (lire plus loin « Où manger ? »).

Où manger ?

Attention, la plupart des restaurants terminent leur service de bonne heure, le midi comme le soir. Goûtez à la spécialité du coin : la *k'arapulca,* une soupe épaisse à la farine de maïs, que l'on mange le matin et dans laquelle on immerge traditionnellement (mais cela se perd) une pierre bouillante pour que le liquide ne refroidisse pas !

Très bon marché (moins de 15 Bs / env 2,50 €)

🍴 ***Comedor Popular*** *(plan B2) : c/ Bustillos et Bolívar. Au 1er étage (et quelques marches en plus) du mercado central, à 20 m à gauche de l'entrée principale. Ouv en principe jusqu'à 20h.* Petites gargotes prodiguant dans la journée des plats à base de viande, riz, pâtes et bien sûr pommes de terre. Peut-être pas pour les estomacs les plus fragiles, mais c'est tout de même propre et, surtout, vraiment pas cher. En bas, goûtez les *tawas-tawas, chambergos* et autres gâteaux avec un *api con tojorí* bien brûlant !

🍴 Sur le Boulevard *(plan C2-3),* divers ***snacks*** pour s'envoyer un burger, une *chuleta* ou du *pollo* grillé.

De bon marché à prix moyens (jusqu'à 40 Bs / env 4,50 €)

Manzana Mágica (plan B2, **31**) : *c/ Oruro 239. 718-363-12. Tlj sf dim 8h30-14h30, 18h-22h. Almuerzo env 20 Bs.* Excellente petite adresse strictement végétarienne. Parfait pour prendre un bon petit déj (jus de fruits et pain frais, œufs, muesli...) ou le menu du midi, imbattable, avec salade, soupe, plat et dessert d'une grande fraîcheur. Le soir à la carte, copieux *veggie burger* avec de grosses *papas fritas* ou curry de légumes, par exemple. Rançon du succès, l'endroit, minuscule, est vite plein.

Phisqa Warmis (plan C2, **32**) : *c/ Sucre 55. ☎ 622-50-67. Ouv 16h-minuit (2h le w-e). Almuerzo 25 Bs ; carte env 20-40 Bs.* Certainement une des adresses les plus agréables pour manger à Potosí ! Cadre très soigné, plusieurs salles aux murs et chaises colorés, joli patio extérieur dans les tons bleu et jaune. Quelques jolis tableaux et une vaisselle tout aussi colorée, bref, le lieu a du charme. Côté cuisine, rien de bien original mais des petits plats honnêtes et servis copieusement, du petit déj au dîner. Bonne formule le midi avec soupe, buffet de salades, plat et dessert. On y sert aussi un vrai *espresso*. Dans un autre registre, concerts le vendredi soir... Ambiance très conviviale ces soirs-là !

Museo-restaurante San Marcos (plan C3, **33**) : *c/ La Paz 1565. ☎ 622-67-17. Tlj sf dim soir 12h-15h, 18h30-22h30. Almuerzo 25 Bs ; plats env 20-35 Bs.* Proche du cerro Rico, ce resto est établi dans une ancienne usine de traitement des minerais. Belle roue à aubes à l'extérieur et pas mal de machines et outils anciens dans la grande salle haute de plafond. Un cadre original pour s'offrir un bon déjeuner avec soupe, buffet de salades, 2 plats au choix et dessert. Le soir, à la carte, les classiques plats de viande (lama, poulet, porc...), pâtes et même de la truite. Service discret et gentil. Une bonne petite adresse à l'écart du circuit touristique.

De prix moyens à plus chic (30-50 Bs et plus / 3,50-5,50 €)

4.060 Café-pub (plan C2, **34**) : *c/ Hoyos 1. ☎ 622-26-23. Juste en face de l'*Hostal Colonial*. Ouv 16h-minuit (2h le w-e).* *4.060,* c'est tout simplement l'altitude du resto ! Déco moderne et colorée, ambiance souvent animée, l'endroit idéal pour boire un verre ou grignoter un morceau en soirée. Belle carte variée, du mexicain à l'italien. Et autant de choix derrière le bar. Une bonne adresse.

La Casona (plan B2, **35**) : *c/ Frias 41. ☎ 622-29-54. Tlj sf dim 18h-0h30 env.* Un pub-resto au cadre chaleureux, tables en bois, parquet, bougies, mur couvert de petits mots des clients... Sympa pour prendre un verre en bonne compagnie : vin et cocktails (*caïpi, mojito, margharita,* etc.) à prix raisonnables, ces derniers servis aussi en carafe pour les groupes d'amis. Et pour maintenir le cap, des petits plats plutôt bien tournés : brochettes de viande, truite, pâtes, sandwichs... L'atmosphère y est conviviale et l'accueil au diapason. Une bonne escale pour passer la soirée à Potosí.

El Empedradillo (plan C3, **36**) : *c/ Tarija 43. ☎ 622-81-30. Tlj midi et soir. Almuerzo env 30 Bs.* Arches de galets, lustres en fer forgé, parquet ciré faisant écho au plafond de bois... Le cadre est raffiné, la cuisine se veut au diapason, et elle ne s'en sort pas trop mal. La carte reste plutôt sage, mais les plats sont bons et bien présentés. On peut aussi y goûter la fameuse soupe *k'arapulca* où trempe une pierre bouillante.

Rosicler (plan B3, **23**) : *c/ Ayacucho 43. ☎ 622-52-70. Ouv midi et soir. Almuerzo 35 Bs ; carte env 50-60 Bs.* Le restaurant de l'hôtel *Santa Teresa* (lire plus haut « Où dormir ? ») a planté son décor dans la cour de cette superbe demeure coloniale. Bonne cuisine et portions ultra-copieuses. Le menu du déjeuner (servi jusqu'à 14h) offre un excellent rapport qualité-prix.

El Fogón (plan B2, **37**) : *c/ Oruro, angle Frías. ☎ 622-49-69. Tlj 12h-23h*

(22h dim). Un resto qui a pas mal d'allure. Cadre clair et agréable, pas mal de boiseries et une déco dans les tons bleus, jaunes et ocre. En contrebas, une vaste salle sous verrière, à l'atmosphère beaucoup plus populaire. À la carte – interminable –, soupes, viandes, volaille, truites de Copacabana, et même des fruits de mer du Chili ou d'Argentine. Cuisine inégale, mais portions généreuses. Préférer les grillades ou les soupes, assez réussies. Service efficace.

Où boire un verre ? Où prendre un petit déj ou un snack ?

Le soir en fin de semaine, les jeunes se retrouvent autour de la bien nommée plaza del Estudiante *(plan B1-2)* et sur le « Boulevard » piéton (la calle Padilla ; *plan C2-3*).

Café La Plata *(plan C3, **40**) : pl. 10 de Noviembre, angle Tarija. ☎ 622-60-85. Tlj sf dim 10h (13h30 lun)-23h.* Grand café colonial au parquet ciré, dont les hautes fenêtres donnent sur la place. Bien à toute heure. Pour un en-cas, un déjeuner ou un dîner léger : sandwichs, pizzas, salades, crêpes, etc. Pour une pause goûter : cafés variés et savoureux chocolats chauds (hmm, le *chocolate La Plata* à la cannelle et à la vanille...) et un excellent gâteau au chocolat. L'adresse est très touristique, certes, mais garde un vrai cachet et une atmosphère cosy. En outre, le service est agréable et efficace.

Koala Café *(plan B2-3, **41**) : c/ Ayacucho 5, face à la Casa de la Moneda. ☎ 622-80-50. Tlj 8h-21h.* À l'étage, une poignée de tables en bois se serrent dans une minuscule salle colorée au parquet craquant. Musique et nappes andines. Encore une volée d'escaliers et l'on atteint une autre salle, tout aussi étriquée, flanquée de quelques ordis pour surfer sur la Toile, et d'une coursive ouverte sur la rue. Disons le tout net, la cuisine est assez médiocre, pour un prix élevé... Reste que l'endroit est agréable et offre une étape sympa si l'on se contente de prendre un petit déj (frais et copieux, pour 30 Bs), un snack ou un café.

Voir aussi plus haut dans « Où manger ? » le **4.060 Café-pub** *(plan C2, **34**)* et **La Casona** *(plan B2, **35**)*.

Achats d'instruments de musique

L'apport de Potosí à la musique, c'est le *charango,* cette petite guitare dont la caisse de résonance était souvent un *quirquincho* – un tatou des Andes (c'est désormais interdit). Il s'agit en fait d'une adaptation bolivienne des violes de gambe italiennes qui furent apportées ici au XVIIe s. Le *charango* se décline en une dizaine de formes différentes. Les rythmes les plus populaires sont la *tonada* et le *tinku,* interprétés par des voix féminines suraiguës (ou masculines très rauques) et accompagnés par un *charango* à cordes métalliques, accordé d'une façon très particulière (dite *del Diablo*).

Mercado artesanal *(plan C1-2) : ouv lun-ven.* Pas beaucoup de stands, mais on peut parfois y voir René Bonifaz, qui fabrique et vend *charangos,* mandolines et guitares.

Arnaud Gérard *(plan D1) : c/ Lidio Ustarez 540B, et pl. Tomas Frías. ☎ 622-66-54. 718-109-94. Au fond du corridor derrière la grille, tt droit en venant de Lidio Ustares.* Arnaud a quitté sa Belgique natale il y a plus de 20 ans pour venir s'installer en Bolivie dont il interprétait déjà la musique. Il est professeur de physique à l'université de Potosí, donne des cours de musique et fabrique des instruments introuvables dans le commerce, comme les *julas-julas,* flûtes de Pan qui accompagnent les *tinkus* (voir plus loin « Fêtes et traditions »), en respectant les techniques que lui ont enseignées les musiciens du *campo* et en y apportant tout son savoir de physicien. Studio d'acoustique permettant des travaux de recherche sur la musique andine. N'hésitez pas à lui rendre visite. Avis aussi aux amateurs, il vend ses flûtes d'excellente qualité acoustique à 200 Bs maxi. C'est d'ailleurs le fournisseur de beaucoup de groupes locaux.

À voir. À faire

Pour la visite de tous ces bâtiments coloniaux, on vous recommande (chaudement) de prendre un vêtement chaud. C'est fou ce que ces gros murs de pierre savent garder le frais !

Casa nacional de Moneda (plan B2) **:** *c/ Ayacucho, entre Quijarro et Bustillos. ☎ 622-27-77. Mar-sam 9h-12h30, 14h-18h30. Entrée : 40 Bs. Visite guidée obligatoire (env 2h). En principe, il y en a en français 4 fois/j. Droit photos : 20 Bs.* Édifiée au XVIIIe s, la Casa de la Moneda est le plus grand et le plus important bâtiment civil colonial des Amériques ! C'est ici que l'on frappa la monnaie jusqu'en 1869, sur d'antiques matrices mues par des esclaves d'abord, par des chevaux ensuite. De 1869 à 1909, ce sont des machines à vapeur qui effectuèrent le travail. Tout est encore en place aujourd'hui, ce qui rend la visite particulièrement intéressante. Depuis 1930, cette maison est aussi et surtout un grand et riche musée. Petit aperçu de ce qu'on y trouve.
- Dans la pinacothèque (l'ancien salon colonial), quelques toiles intéressantes comme cette *Vierge de la Chandeleur* dans son cadre doré et peinte comme une miniature. Salle consacrée à Melchior Perez de Holguín, peintre potosino (mais ses plus belles peintures sont au musée national d'Art à La Paz). Dans la dernière salle, deux œuvres curieuses. D'abord une *Vierge* dont la robe représente le cerro Rico. Ce tableau symbolise la trinité de l'histoire bolivienne : les mines, la religion et la Pachamama. Puis un *San Francisco* de Holguín, qui laisse apparaître une autre œuvre en dessous.
- Dans un entrepôt immense aux charpentes et plancher d'origine, expo numismatique (dont la première pièce de la République bolivienne). Impressionnants engrenages en bois et machinerie des presses qui frappaient la monnaie. Voir la curieuse pièce de monnaie de Melgarejo, avec 11 départements, l'un étant celui du littoral perdu dans la guerre du Pacifique contre le Chili, l'autre tout simplement Tarata, petite bourgade de Cochabamba où Melgarejo est né, et qui était devenue capitale de la Bolivie à l'époque !
- *Sections archéologique et minéralogique :* curieux parchemin utilisé par les missionnaires pour l'enseignement religieux des Indiens. Ne ratez pas l'étonnante chronologie, fort peu darwinienne, de l'histoire du monde (qui commence donc avec Adam et Ève). Petite *section d'histoire contemporaine* aussi, avec les souvenirs des guerres désastreuses que mena la Bolivie, occasionnant la perte des deux tiers de son territoire (Chaco, Acre, etc.).
- Riche *section de meubles coloniaux,* notamment un superbe secrétaire incrusté d'ivoire, une table de jeu marquetée et une collection d'antiques machines à écrire.
- *Section d'argenterie :* avec l'argent qui est passé par ici, on ne s'est pas contenté, vous pensez bien, de ne faire que des piécettes de monnaie ! On l'utilisa aussi pour façonner toutes sortes d'objets liturgiques (croix, encensoirs), domestiques (vaisselle) et décoratifs.
- *Section d'art moderne et contemporain :* estampes et eaux-fortes. Il s'agit d'œuvres des XIXe et XXe s, de peintres de Potosí ou boliviens tels que Jorge de la Reza, Genaro Ibáñez ou David Crespo. Voir aussi le remarquable *Autoportrait* de Cecilio Guzmán de Rojas (1918), un indigéniste qui a beaucoup milité pour une reconnaissance de la « nation clandestine », les Aymaras.

Convento-museo Santa Teresa (plan B2-3) **:** *c/ Chichas, angle Ayacucho (billetterie située 50 m plus haut). ☎ 622-38-47. • museosantateresa.blogspot.*

com • Lun-sam (sf mar mat) 9h-12h30, 15h-18h ; dim 15h-18h. Entrée : 21 Bs. Visite guidée obligatoire (2h). Droit photos : 10 Bs.
Si vous le pouvez, venez en fin d'après-midi, le jour déclinant donne une belle couleur au patio, où se trouve le plus vieux pommier de Bolivie (environ 350 ans !). L'édifice a été entièrement restauré. Il s'agit d'un couvent de l'ordre des Carmélites construit de 1685 à 1692. Aujourd'hui, il accueille encore une dizaine de sœurs, libres et volontaires. Autrefois, en revanche, les filles entraient au couvent à l'âge de 15 ans et n'en sortaient plus de leur vivant, une règle qui ne fut supprimée qu'en 1972... Seuls les nobles et les plus riches familles espagnoles pouvaient envoyer leur fille – la seconde uniquement – dans cette prison dorée. Et pour cause : la dot des nouvelles venues s'élèverait aujourd'hui à quelque 6 000 $! Ainsi, l'endroit est somptueux, car décoré des tableaux des meilleurs peintres baroques de l'époque, fournis par ceux qui ne pouvaient payer la totalité de la dot en espèces sonnantes et trébuchantes. À l'époque, ces œuvres n'étaient pas exposées mais gardées sous clé, les sœurs ayant fait vœu de pauvreté. Elles devaient donc travailler pour subvenir à leurs besoins (confection d'hosties, de pâtisseries...), aidées en cela par les deux domestiques qu'on emprisonnait à vie avec chaque nouvelle entrante. Les sœurs d'aujourd'hui fabriquent toujours des hosties, et ce pour toute la région.
Entre les lieux de vie des sœurs et les œuvres d'art religieux, la visite est très riche. En voici un rapide coup d'œil.
– Passé le premier patio, on rejoint l'église. Plafond mudéjar, un chœur et de la feuille d'or en veux-tu, en voilà. Les sœurs assistaient à la messe dans une salle attenante, derrière un lourd rideau les séparant du regard des autres fidèles. Elles recevaient la communion par une petite fenêtre qui ne laissait voir que leur bouche. Sous leurs pieds étaient enterrées leurs aînées, le corps couvert de chaux vive pour laisser la place aux suivantes...
– Autour du deuxième patio, on peut imaginer la taille d'une cellule en déambulant dans les salles (une cellule entre l'espace de deux arcades). Les lits n'avaient pas de matelas, les filles dormaient à même le bois.
– Dans la salle à manger, un crâne humain dominait les repas, pour rappeler aux sœurs qu'elles ne sont que poussière. Celles-ci pouvaient converser pendant 1h après chaque repas... à condition de faire autre chose en même temps (ouvrages, etc.). La pièce est décorée de tableaux représentant la passion du Christ. Notez que dans la représentation du Golgotha, c'est un conquistador espagnol qui pique le cœur de Jésus... vous voyez le symbolisme ? En fait, dans les peintures de cette salle, tous les bourreaux du Christ sont des Espagnols !
– Enfin, le parloir, qui résume à lui seul l'austérité de la vie des carmélites : les interlocuteurs pouvaient s'entendre, mais pas se voir ; et la visite familiale se déroulait sous l'œil (ou plutôt l'oreille) attentif d'une autre sœur.

★★★ **Plaza 10 de Noviembre** *(plan B-C2-3)* **:** arborée, elle est bordée d'élégants édifices religieux et coloniaux dont la municipalité *(cabildo),* le Trésor royal *(Caja Reales),* des demeures de riches propriétaires de mines, le théâtre Belén et, surtout, la cathédrale.

★★ **Catedral** *(plan B-C2)* **:** *lun-ven 10h-12h, 16h-18h ; sam 10h-12h. Entrée : 15 Bs, droit photos inclus.* Construite au début du XIXe s sur les ruines d'une première église qui s'était effondrée à cause de la pluie, elle a bénéficié d'une restauration réalisée à l'aide de pigments naturels du *cerro.* C'est l'un des plus beaux exemples d'architecture néoclassique en Bolivie. On y trouve tout de même un autel néogothique et, sur les colonnes à l'intérieur, quelques éléments baroques. À voir encore : les confessionnaux escamotables, le baptistère rehaussé de peintures du XVIIe s, la crypte où reposent des nobles espagnols qui ont œuvré pour Potosí et, à l'étage, l'orgue qui fonctionnait autrefois à la vapeur.
La visite se termine tout en haut, à côté des grosses cloches, pour la vue panoramique superbe sur la ville.

➢ ***Balade dans les rues Quijarro, Hoyos et alentour*** *(plan B-C1-2)* **:** restaurées à l'identique, comme en 1700. Les couleurs chatoyantes ont été obtenues à partir de pigments provenant du cerro Rico. Belles façades. Ne pas manquer non plus celle de la *casa de Rocha* (calle Chuquisaca 732), au portail baroque.

🔍🔍 ***Iglesia de San Lorenzo*** *(plan B2)* **:** *se dresse en face du mercado central, c/ Bustillos.* Le bâtiment présente l'une des plus fascinantes façades qui soient. Style indigène d'une exubérance totale, proposant un joyeux mélange d'éléments appartenant aux cultes indigène et catholique, avec même des joueurs de *charango.* L'intérieur est accessible aux heures de messe.

🔍 Sur Ayacucho, on peut grimper dans le clocher de la ***Torre de la Compañía de Jesús*** *(plan B2 ; lun-ven 8h-12h, 14h-18h ; 10 Bs),* édifiée par les jésuites au début du XVIIIe s. Elle abrite l'office de tourisme au rez-de-chaussée.

🔍 Sur Nogales, entre Padilla et Tarija, l'***iglesia de San Francisco*** *(plan C3)* présente une belle porte, des doubles colonnes torsadées et une tour carrée massive. Petit *musée de Peinture et d'Art sacré* à l'intérieur *(tlj sf sam ap-m et dim 9h-12h, 14h30-18h ; 15 Bs),* abritant, entre autres, 25 tableaux sur la vie de saint François d'Assise. L'église, elle, est ouverte aux heures de messe. En revanche, possibilité de visiter la crypte et, comme pour la *Compañía de Jesús,* de monter dans le clocher pour admirer les toits de Potosí.

🔍🔍 ***Iglesia de Jerusalén*** *(plan B1)* **:** *sur la pl. del Estudiante. Visite lun-ven 9h-12h, 15h-19h ; sam 9h-12h. Messe dominicale à 11h.* Superbe petite église baroque, toute de jaune vêtue. L'église actuelle fut construite au tout début du XVIIIe s, à l'emplacement d'une chapelle. Portail sculpté et plafond d'époque. Le retable de bois doré à la feuille d'or est caractéristique du baroque métissé. Les tableaux couvrent la quasi-totalité des murs, le reste de leur surface étant recouvert de fresques à peine restaurées. Parmi ces scènes, représentation de Jérusalem, un franciscain qui tient le Christ dans ses bras, lui montrant la manière dont il va mourir, ces mêmes franciscains qui demandent au pape l'autorisation de répandre leur ordre à travers le monde, ou encore Jésus accomplissant des miracles.

🔍 En face, l'***iglesia de San Bernardo*** *(plan B2)* présente une jolie façade avec campanile et portail sculpté.

🔍 Ne manquez pas non plus la façade de l'***iglesia de San Augustín*** *(plan B2),* de style baroque métissé, qui mélange habilement divers éléments de culte indiens. En cherchant bien, vous y trouverez un soleil et une lune (de part et d'autre du portail).

🔍🔍 ***Iglesia de San Martín*** *(plan D2)* **:** *c/ Hoyos, en haut de la ville. Visite en principe tlj 10h-12h, 15h-18h. Petit droit d'entrée.* L'église fut construite en 1592, dernière d'une série de 14 églises destinées aux Indiens. Chaque église devait accueillir un groupe ethnique en particulier. Extérieur Renaissance, intérieur baroque métis. Autel lumineux recouvert d'or. Dans la sacristie, une scène représentant saint Michel terrassant le dragon et, à côté, la Vierge de Copacabana. Les perles qui parsèment sa robe proviennent du lac Titicaca. Les fresques du chœur ont été peintes par des Indiens, sur commande des Espagnols. Elles reproduisent des tableaux déjà existants. Aucune peinture n'est donc signée. Côté nef, les personnages illustreraient les Pères de l'Église (apôtres, saints et papes).

🔍 Et, pour ceux qui en voudraient encore, il reste les églises ***Santo Domingo*** *(plan B3),* ***San Benito*** *(plan A3),* ***Santa Mónica*** *(plan C2)* et le couvent de ***La Merced*** *(plan C2),* pour ne citer que ceux-là... Quand on vous disait que Potosí est la ville où le baroque prend toute son ampleur !

🔍 ***Mercado central*** *(plan B2)* **:** bruissant et bourdonnant. On y trouve quelques boutiques vendant vieux bibelots, bijoux anciens, etc.

La visite des mines

En guise de préambule

Les mines de Potosí sont toujours exploitées, dans des conditions qui n'ont que peu évolué depuis le XIXe s. On y trime... et on y fait du tourisme. Si la visite est passionnante, difficile aussi, il nous semble nécessaire de se questionner sur la pertinence d'aller jouer au mineur 2h durant, quand des hommes y laissent encore leur santé, voire leur vie. Vivre *Germinal* en direct est devenu une activité touristique très prisée, mais largement discutable ; les agences se multiplient, les groupes de visiteurs se succèdent dans les conduits... et les mineurs, qui sont la principale attraction, n'y gagnent pas grand-chose, si ce n'est rien. Les agences ne versent généralement qu'une faible cotisation par touriste (moins de 10 Bs) à la coopérative minière visitée... Alors, explorer la mine ou pas, à vous de juger.

La mine aujourd'hui

Bien que complètement taraudé, mille fois plus troué que le gruyère le plus aéré, le cerro Rico continue d'être exploité. Aujourd'hui, on y dénombre environ 200 mines, d'une profondeur maximale de 450 m (soit 17 niveaux). Cependant, les mines ne sont plus ce qu'elles étaient. Le coût d'extraction de l'étain revenant pratiquement à deux ou trois fois le cours mondial, la *Comibol* (organisme d'État) a massivement licencié. L'État a cependant encouragé les mineurs à continuer à y travailler en s'organisant en coopératives privées. Mais le rendement étant toujours aussi faible, le mineur de coopérative s'exploite lui-même !
Si les hommes continuent à descendre, c'est qu'un mineur gagne en moyenne entre 1 200 et 2 500 Bs par mois, quand le salaire minimum est de 800 Bs, qu'un prof, un employé de banque, ne touche pas plus de 1 500 Bs. Le pourcentage de son gain que le mineur paie à la coopérative - 30 % tout de même - lui assure uniquement son emplacement (le droit d'exploiter son filon). Il est responsable de sa production. Il travaille quand il le veut, parfois 24h d'affilée, on parle alors de *doble.* Mais son revenu dépend aussi de la qualité de son filon, des minerais qui s'y trouvent (au mieux, de l'argent ou de l'étain, au pire du zinc) et de la dureté de la roche. De ce salaire, il doit soustraire l'achat de son matériel (vêtements, bottes, casque, lampe, outils, etc.) et de la dynamite utilisée pour faire sauter les veines de minerai.
En général, les mineurs travaillent en petites équipes, en famille le plus souvent. L'espérance de vie ne dépasse pas les 45-50 ans. Outre les - rares - accidents dus aux explosions, les mineurs meurent pour la plupart de silicose, une maladie pulmonaire contractée dans les galeries chargées en poussières nocives.
Aujourd'hui, les coopératives font travailler environ 6 000 mineurs, pas plus. Quelques entreprises emploient aussi des mineurs salariés. Ils gagnent moins qu'en coopérative, mais leur salaire est fixe.

Quelques agences

Nous vous donnons plus bas quelques adresses d'agences. N'hésitez pas non plus à interroger d'autres voyageurs qui reviennent d'un tour.

■ ***Big Deal Tours*** *(plan B1-2)* **:** *c/ Bustillos 1092, à l'angle d'Ayacucho ; juste à côté de la Casa de la Moneda. ☎ 623-04-78. 📱 718-355-16. • bigdealtours.blogspot.fr • Tlj jusqu'à 20h. 2 tours/j., de 4h à 5h (en anglais et en espagnol). Compter 150 Bs/pers (20 Bs de plus pour le repas) ; négociable.* Une agence sérieuse et pour le moins compétente, puisqu'elle regroupe des anciens mineurs reconvertis en guides et organisés en coopérative. Drôles et enthousiastes, ils sont surtout passionnants, c'est de leur vie qu'il est question. Tous ont commencé gamins à bosser dans la mine. Bon équipement et petits groupes.

■ ***Sin Fronteras*** *(plan B2) : Ayacucho 15, face à la Casa de la Moneda.* ☎ *622-40-58.* 📱 *724-289-35.* • *frontpoi@entelnet.bo* • Tours par petits groupes et bonnes explications.

■ ***Marco Polo Tours*** *(plan B2) : c/ Bustillos 1036, entre Frías et Bolívar.* ☎ *623-13-85.* • *potosimarcopolo.com* • Willy est un ancien mineur et connaît très bien l'endroit. C'est un excellent guide qui maîtrise l'anglais et se débrouille en français.

Petit coup de pouce

Avant d'entrer dans le cerro Rico, vous passerez par le marché des mineurs, où il est d'usage d'acheter des feuilles de coca et du soda aussi, les rafraîchissements étant les bienvenus... autant de « cadeaux » que l'on distribue au fur et à mesure aux travailleurs que l'on croise dans les galeries. Autre idée, des stylos ou cahiers pour leurs enfants. Il est normal de consacrer à ces petits cadeaux une vingtaine de bolivianos... À vous de voir. Signalons aussi que le dispensaire de la mine est très pauvre et que, donc, médicaments et articles de premiers soins seront fort bien accueillis.

La visite

Elle se fait par l'intermédiaire d'une agence et dure de 2 à 5h en tt selon l'agence. 2 tours/j., vers 8h-9h et dans l'ap-m vers 13h-14h. Tarif : env 80 Bs/pers. Important : éviter la visite le dim ; la mine ne fonctionne pas « officiellement », donc les pompes d'aération non plus ! Peu de travailleurs également pdt les fêtes et les jours qui les suivent (carnaval, 6, 24 et dernier w-e d'août, Toussaint...).

– ***Avertissement :*** la visite de la mine exige une condition physique correcte et de laisser ses angoisses au vestiaire. On la déconseille catégoriquement aux claustrophobes. Le tour dans les galeries proprement dites dure bien 2h, assez éprouvantes physiquement. On rampe dans de longs tunnels étroits, on se faufile dans des trous, on marche courbé entre des étais parfois effondrés, des flaques d'eau mélangées de produits toxiques, des déchets... tout en prenant garde à la circulation des wagonnets qui pourraient vous entailler les pieds ! On grimpe des échelles raides, boueuses, qui ne tiennent parfois que par un clou... Bref, ce n'est pas de la tarte, sans compter la difficulté à respirer, entre l'altitude, le confinement et l'air chargé de poussières, salpêtre, amiante, carbure de calcium, particules diverses... Enfin, même si de l'air est acheminé par des tuyaux d'aération au centre de la mine, pour faire fonctionner les machines et rendre la température un peu plus humaine, elle peut parfois avoisiner les 50 °C ! En fonction de la mine que vous visiterez, il pourra faire chaud, chaud et froid, ou froid seulement, bref, renseignez-vous auprès de l'agence avant de partir, pour savoir comment vous vêtir. Dans tous les cas, mettre de vieilles fringues, même si vous recevrez bottes et combinaison pour la descente, ainsi qu'un casque et une lampe. Prévoir aussi un foulard ou acheter un masque en papier au marché des mineurs avant d'entamer la visite.

À LA SANTÉ DU DIABLE !

Chaque secteur de la mine abrite une statue d'El Tío, une déité diabolisée par les Espagnols mais protectrice des mineurs, et par extension patron officieux de la ville de Potosí. Les mineurs offrent au Tío feuilles de coca, alcool, cigarettes, et boivent en son honneur une lampée d'alcool à 97°, presque pur, pour que la divinité leur octroie un minerai pur lui aussi. Et comme les rituels sont toujours doublés, hop, une autre lampée, le tout par plus de 30 °C !

Après – ou avant – la mine, passage par l'***usine de séparation des minerais,*** un processus réalisé à l'aide de produits chimiques. L'eau utilisée est ensuite traitée. Jugée impropre à la consommation humaine, elle sert tout de même à arroser les terres agricoles... S'il vous reste de la force, vous pouvez redescendre à pied à travers les quartiers populaires ; la balade est sympa.

Fêtes

– ***Tinku :*** *chaque année, le 3 mai. Tinku* signifie « la rencontre » en quechua. Une tradition des paysans du nord de Potosí, unique en son genre. Les membres de deux communautés s'affrontent violemment dans un grand champ, à coups de poing, de pied et de pierres ! En principe interdits par les autorités, les *tinku* n'ont rien d'un jeu : coiffés de la *montera,* ce casque de cuir qui ressemble à celui des conquistadores, les adversaires se mesurent à force égale, individu contre individu mais tous les coups sont permis, et l'acharnement est tel que, parfois, la mort s'ensuit... C'est une tradition qui remonte aux Incas. Le but serait, en faisant couler l'hémoglobine, voire en ôtant la vie, de s'attirer les faveurs de la Pachamama (toujours les récoltes !). Avant et même au cours de la bataille, les participants ingurgitent d'énormes quantités de *chicha,* qui surchauffe les esprits. Quand c'est fini, tout le monde rentre chez soi en dansant comme si de rien n'était...

– ***Fiesta del Espíritu :*** *1er août.* Les mineurs tuent des lamas pour offrir leur sang à la Pachamama. On badigeonne les parois de la mine du sang des lamas pour implorer la protection des dieux et assurer la rentabilité de la mine. Là encore, âmes sensibles, s'abstenir !

– ***Fête de San Bartolomé :*** *24 août, à La Puerta, village à 10 km de Potosí, au pied du cerro Tapina.* Les habitants de la région viennent honorer San Bartolomé, devant la grotte de la quebrada de Puerta Mayu. Les festivités continuent le dernier week-end d'août. Appelée aussi *fiesta de los Ch'utillos* (nom donné aux danseurs de cette fête). Danses et costumes d'une grande richesse. Le vendredi, préparation et répétitions des bals folkloriques, qui s'exécutent le lendemain (samedi) dans les rues de Potosí. Mais c'est le dimanche que l'animation bat son plein, avec les grandes danses de divers pays d'Amérique latine !

DANS LES ENVIRONS DE POTOSÍ

Toutes les agences locales proposent ces excursions, de la demi-journée à plusieurs jours.

Laguna de Tarapaya (*hors plan par A1*) **:** *à env 25 km. Se rendre en minibus (marqué « Ex-Terminal ») jusqu'au mercado Chuquimia, sur l'av. qui mène à la gare routière. De là partent des minibus passant par la* laguna *(ttes les 30 mn env). Compter 4 Bs et env 20 mn de trajet. Le chauffeur pourra vous dire où descendre ; la* laguna *n'est pas loin de l'arrêt (15 mn à pied par une piste). Pour le retour, faire signe à un minibus sur la route. Accès : 10 Bs.* Posé sur un plateau, encadré de montagnes vertigineuses aux interminables dégradés d'ocre et de vert, ce lac, parfaitement circulaire, offre des eaux chaudes (environ 30 °C), propice à la baignade (pour peu qu'il n'y ait pas de tourbillon). Et faire la planche à 4 000 m, ça le fait ! On surnomme le lieu *el ojo del Inca* (« l'œil de l'Inca ») car Huayna Cápac, empereur inca qui souffrait d'une maladie de peau, venait jusqu'ici (de Cuzco) pour tenter de soulager son mal. Le dimanche, on vient y barboter en famille et laver son linge dans les ruisseaux qui s'en échappent. Les arbustes alentour se convertissent alors en étendoirs... et les abords de la lagune en dépotoirs. Plus en hauteur, le site du ***ojo del Inca*** (« œil de l'Inca ») est beaucoup mieux préservé.

Lagunas de Kari-Kari (*hors plan par D3*) **:** *une superbe balade à pied de 1-2 j. autour d'un ensemble de petits lacs artificiels situés à l'est de la ville. S'adresser à l'une des agences qu'on vous recommande plus haut (compter env 160 Bs/j. par pers). On passe la nuit sous une tente ou dans une cabane de berger (ou, plutôt, de llamero) à 4 500 m (confort très rudimentaire). Après une ascension à 5 600 m, la balade se termine par une baignade en eau thermale à 38 °C, très agréable après 2 j. en montagne.* Ces lagunes furent pour la plupart creusées par des dizaines de milliers d'Indiens, dans le cadre de la *mita* (travail forcé). Il s'agissait pour les Espagnols de concentrer dans des réservoirs la force hydraulique servant à faire fonctionner la machinerie des mines et du traitement du minerai. Beaucoup d'Indiens succombèrent aux effroyables conditions de travail. La plus célèbre lagune est celle de *San Ildefonso* : en 1625, son barrage de retenue se rompit et la moitié de Potosí fut noyée sous les eaux. On peut encore voir d'anciens engins d'extraction *(ingenios de molienda)*. Avec de la chance, on peut aussi y croiser aigles, condors, chinchillas, etc.

Manquiri *(hors plan par C1)* **:** *à env 30 km de Potosí, sur la route de Sucre.* Belle église baroque immaculée au milieu d'une vallée de rochers rouges. Fin mai - début juin a lieu la *fiesta del Señor de Manquiri* (se renseigner sur les dates à Potosí), pèlerinage de fidèles venus de Potosí faire bénir leurs voitures et des maisons miniatures, conçues à l'image de celles qu'ils voudraient posséder.

UYUNI

5 000 hab. IND. TÉL. : 2

Perdue à 3 656 m d'altitude, Uyuni ressemble à un point de non-retour. Les cinéastes Jarmush ou Kaurismaki feraient un tour par ici, sûr qu'ils planteraient leur caméra au milieu de cette ville apocalyptique ! Sans rien changer au décor : les locomotives rouillées du cimetière ferroviaire, les sacs plastique pris dans les frêles arbustes, les longues rues plates et rectilignes qui fuient vers nulle part... Quoi d'autre encore ? Une caserne grise qui ne contrôle que le désert, quelques cochons qui vagabondent au milieu des déchets, et le froid sibérien qui s'abat dès la tombée du jour, vers 18h... Une ville de western, revue en version polaire, balayée par un vent glacial.

Ses habitants, en majorité indigènes, mènent ici une vie rude. Ils se distraient les jeudi et dimanche, jours de grands marchés. Travailleurs du sel, mineurs et paysans de la région viennent alors rêver devant les marchandises arrivant du Chili officiellement ou par contrebande (téléviseurs et divers appareils électriques ou électroniques).

Pourquoi faire étape ici alors ? Parce qu'Uyuni est le point de départ d'un périple à travers des sites parmi les plus extraordinaires d'Amérique du Sud : le salar d'Uyuni et la région du Sud-Lípez. Beaucoup de familles profitent ainsi de la manne touristique en démultipliant les agences qui organisent des excursions. Le touriste, lui, patiente dans cette sorte d'Ushuaia salé, tout en faisant son enquête sur l'agence sérieuse qui le fera partir le lendemain, sans trop grever le budget. Car, dans cette ville perdue au milieu de nulle part, tout est plus cher qu'ailleurs...

Arriver – Quitter

Si vous venez de Potosí, tâchez de prendre un bus de jour, la route est superbe et cela évite d'arriver en pleine nuit, par - 10 °C (en juillet et août), et d'avoir ainsi à réveiller l'hôtelier (même s'ils ont l'habitude, la plupart des trains partent et arrivent dans la nuit...). De plus, en prenant le bus de Potosí en fin de matinée, vous arrivez à Uyuni dans l'après-midi, ce qui vous laisse le temps de réserver - ou de confirmer - votre excursion au Salar ou dans le Sud-Lípez du lendemain (les agences de voyages ne ferment pas avant 20-21h).

En bus

Terminal *(plan A2)* **:** *av. Arce.* Ttes les compagnies ont leur bureau dans cette rue. Attention, leurs noms se ressemblent.

➢ ***Potosí :*** env 4h30 de trajet. Belle route asphaltée et superbes paysages. Départs groupés vers 10h et 18h30-19h. Mêmes horaires dans les 2 sens. Avec *Quijarro, Diana Tours* (☎ 693-28-53), *Turismo 11 de Julio* (☎ 693-21-36) et *Emperador.*

– À Potosí, correspondance pour **Sucre** (compter 3h de plus) et **Tarija** (avec *Trans Emperador* ; compter en tout 15-16h de trajet).

➢ ***Oruro et La Paz :*** compter 8-11h de voyage jusqu'à La Paz, avec un arrêt à Oruro. Départ d'Uyuni vers 19h30-20h avec *16 de Julio* (☎ 693-21-36), *Panasur, Trans Omar* (☎ 693-25-53) et *Belgrano.* Départs de La Paz à 15h et d'Oruro à 21h.

L'opérateur *Todo Turismo* (agence à Uyuni : c/ Cabrera, entre Bolívar et Arce ; ☎ 693-33-37) propose un service quotidien de bus tout confort qui part de La Paz à 21h (arrivée à Oruro à minuit, à Uyuni à 7h30) et d'Uyuni à 20h (arrivée à Oruro à 2h30, à La Paz à 7h30). Repas à bord inclus.

➢ ***Tupiza :*** 7-8h de route. Départs tlj vers 6h et 20h avec *Autotransportes Tupiza.* Correspondance pour **Tarija.** Pour ce trajet on vous recommande le train. C'est moins cher, plus confortable, et plus sûr.

➢ ***Avaroa et Calama*** *(Chili)* **:** départs dim, lun, mer et jeu à 4h, avec *Trans 11 de Julio* (☎ 693-21-36). Compter 5h de route jusqu'à Avaroa (la frontière) ; 9-10h jusqu'à Calama (changement de bus). Bien faire tamponner le passeport à Uyuni avant le départ. Là aussi, le train revient moins cher.

En train

Estación central *(plan B2-3)* **:** *☎ 693-21-53. Guichet ouv lun-ven 9h-12h, 14h30-18h ; sam 9h-11h ; dim 11h-12h ; la nuit également, 1h avt le départ des trains.* Prix et horaires sont affichés dans la gare. Les billets s'achètent la veille ; seule possibilité de résa anticipée pour la classe *ejecutivo.* 2 types de train, l'*Expreso del Sur* et le *Wara-Wara,* le 1er étant un peu plus cher. 3 classes : *popular* (disponible seulement sur le *Wara-Wara*), *salón* (sièges inclinables, vidéo) et *ejecutivo* (sièges plus confortables et pivotants, chauffage, couvertures, vidéo, vente de snacks et boissons...). La différence de prix entre les classes *popular* et *salón* étant infime, on vous conseille vivement d'opter pour plus de confort... Par ailleurs, un 3e train dessert uniquement la frontière chilienne.

➢ ***Oruro :*** dans le sens Oruro-Uyuni, départs mar et ven à 15h30 (arrivée vers 22h20) avec l'*Expreso del Sur* ; mer et dim à 19h (arrivée vers 2h20) avec le *Wara-Wara.* Dans le sens Uyuni-Oruro, départs mer et sam à 0h05 (arrivée vers 7h) avec l'*Expreso del Sur* ; lun et jeu à 1h45 (arrivée vers 9h10) avec le *Wara-Wara.*

➢ ***Tupiza et Villazón*** *(frontière argentine)* **:** en direction d'Uyuni, départs mer et sam à 15h de Villazón et 18h25 de Tupiza avec l'*Expreso del Sur* (arrivée vers 23h50) ; lun et jeu à 15h de Villazón et 19h de Tupiza avec le *Wara-Wara* (arrivée vers 1h15). Dans le sens contraire, départs d'Uyuni mar et ven à 22h40 avec l'*Expreso del Sur* (arrivée vers 4h à Tupiza et vers 7h à Villazón) ; lun et jeu à 2h50 avec le *Wara-Wara* (arrivée vers 8h30 à Tupiza et vers 12h à Villazón). Le train passe par la bourgade d'Atocha.

➢ ***Avaroa*** *(frontière chilienne)* **:** liaison Uyuni-Avaroa lun à 3h30 et Avaroa-Uyuni jeu à 12h (bien se couvrir, il fait très froid dans le train !). Compter 4h30 de voyage. On traverse la frontière à pied d'Avaroa à Ollagüe (la frontière côté Chili). De là, prendre un minibus pour Calama puis bus fréquents pour San Pedro de Atacama.

En avion

✈ Le minuscule ***aéroport d'Uyuni*** est situé juste à la sortie de la ville. Un bus attend les voyageurs à la descente de l'avion.

➢ ***La Paz :*** liaisons mar, jeu et dim mat avec *Amaszonas* (1h de vol direct) ; lun et ven avec *TAM* (via **Sucre** ; départ le mat de La Paz, retour vers 13h).

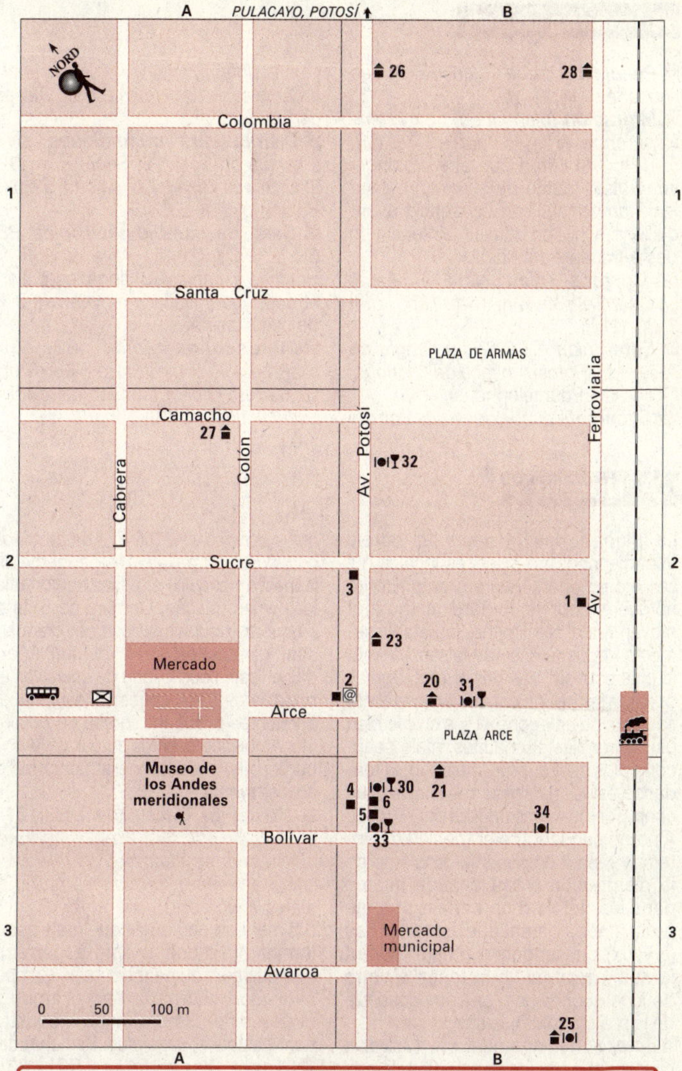

UYUNI

■ **Adresses utiles**

1 Migración
2 Entel
3 Distributeur automatique BNB
4 Distributeur automatique Banco Bisa
5 Casa de cambio Vieli
6 Amaszonas

Où dormir ?

20 Piedra Blanca
21 Hostal El Cactu
23 Kory Wasy
25 Hotel Toñito
26 Jardines de Uyuni
27 Tambo Aymara
28 La Petite Porte

Où manger ? Où boire un verre ?

25 Minuteman Pizza
30 Extrem'Fun Pub
31 Pizzerias Arcoiris et Italia
32 La Loco
33 Sal Negra
34 Kactus Restaurant

Adresses utiles

■ **Policía turística** (plan B2) **:** *sous l'horloge de la pl. Arce.*
■ **Migración** (plan B2, **1**) **:** *av. Ferroviara, entre Arce et Sucre. Tlj sf dim 9h-12h, 14h-18h.* Pour faire prolonger votre visa. Inutile de s'y rendre pour faire tamponner son passeport avant d'aller au Chili, on trouve maintenant un poste-frontière sur place.
✉ **Correos** (plan A2) **:** *av. Arce. Lun-sam 8h30-12h, 14h-19h ; dim 8h30-12h.*
■ **Entel** (plan A-B2, **2**) **:** *à l'angle de Arce et de Potosí, en face de l'horloge. Tlj 8h-22h.* Pour téléphoner.
@ **Cybercafés :** *quelques-uns dans le centre, notamment av. Potosí, à l'angle de Arce et pl. Arce (plan B2, **2**). Ouv en général 9h-22h.*
■ **Distributeurs automatiques : BNB** *à l'angle de Potosí et Sucre (plan B2, **3**) et* **Banco Bisa** *à l'angle de Potosí et Bolívar (plan A-B3, **4**).*
■ **Casa de cambio Vieli** (plan B3, **5**) **:** *av. Potosí, entre Arce et Bolívar. Horaires variables.* Change les dollars et aussi les *traveller's* moyennant 3 % de commission.
■ **Amaszonas** (plan B3, **6**) **:** *av. Potosí 9, sous l'*Extrem'Fun Pub*.* ☎ *693-33-33.* • *amaszonas.com* • *Lun-ven 9h-13h, 15h-19h.*

Où dormir ?

La plupart des *hostales* et hôtels appartiennent aux agences locales qui servent en priorité leurs clients. L'offre hôtelière pour le routard au budget moyen reste très limitée, les établissements « bon marché » se faisant rares et le plus souvent très basiques... Depuis quelque temps, on construit des établissements de catégorie « Plus chic », bien plus agréables et chauffés, mais beaucoup plus cher aussi. Côté déco, la tendance est à l'hacienda mexicaine... un choix pour le moins original par - 10 °C ! À noter, pendant l'hiver (de juin à septembre), peut se poser le problème de la distribution d'eau chaude (même dans les hôtels d'un certain prix) au petit matin, parce que les *cañerías* (tuyaux) ont tendance à geler durant la nuit... Bref, si vous tenez à votre douche quotidienne, on vous conseille de la prendre plutôt le soir.
À noter : l'hébergement étant ici plus cher qu'ailleurs, les fourchettes de prix ont été revues à la hausse.

De très bon marché à prix moyens (moins de 80-220 Bs / env 9-25 €)

Piedra Blanca (plan B2, **20**) **:** *pl. Arce 27.* ☎ *222-32-74.* • *piedrablanca_hostal@hotmail.com* • *Dortoir 55-70 Bs/pers ; doubles env 160-210 Bs avec sdb commune ou privée.* Une auberge de jeunesse tranquille et assez confortable, idéalement placée. Dortoirs de 6 lits et chambres doubles au parquet craquant sont dispatchés au 1er étage, autour d'une vaste cour, le long de coursives en bois. Salles d'eau correctes (eau chaude à volonté), chauffage, draps en polaire, etc. Ambiance bohème autour de la cour bordélique, mais bonne atmosphère et accueil sympa.
Hostal El Cactu (plan B3, **21**) **:** *pl. Arce 46.* ☎ *693-20-32. Compter 40 Bs/pers en chambre double avec sdb commune ; quelques matrimoniales avec sdb privée à 160 Bs.* Un bâtiment un peu déglingué mais assez lumineux, d'une propreté correcte quoique géré au petit bonheur. Ça peut avoir son charme... Les chambres, revêtues de parquet ou de moquette, sont basiques, sans plus. Eau chaude.
Kory Wasy (plan B2, **23**) **:** *av. Potosí 304.* ☎ *693-26-70.* • *kory_wasy@hotmail.com* • *Compter 65 Bs/pers.* Petit immeuble bancal de 2 étages, à la déco en bois. Chambres simples, pas immenses, plutôt sombres et vieillottes. Salle d'eau privée miniature ; on se douche sur les w-c, mais en compensation, on vous promet de l'eau chaude ! Ultra-basique, mais accueil très gentil et ambiance familiale.

Plus chic (350-550 Bs / env 39-63 €)

Hotel Toñito (plan B3, **25**) : *av. Ferroviaria 60, à côté de la caserne. ☎ 693-31-86. • bolivianexpeditions.com • Doubles 350 Bs avec douche électrique, 400 Bs avec douche solaire et chauffage, petit déj inclus. CB acceptées.* C'est l'hôtel de l'agence *Toñito Tours*. Chambres plus ou moins bien arrangées, avec grand lit et salle de bains privée. Elles s'articulent sur 2 niveaux autour d'un sympathique patio chauffé. Laverie et consigne. Resto italien sur place (voir « Où manger ? »). Ensemble fonctionnel et accueil pro.

Jardines de Uyuni (plan B1, **26**) : *av. Potosí 113. ☎ 693-30-89 ou 29-89. • jardinesdeuyuni.com • Double env 550 Bs, petit déj-buffet inclus. CB acceptées.* Appartient à l'agence *Hidalgo Tours* de Potosí, qui tient aussi le *Palacio de Sal* à Colchani. L'hôtel est organisé autour d'une allée colorée, pavée et couverte, semée de bancs, grandes jarres et fauteuils pour se relaxer. Coin salon autour d'une cheminée. Un cadre agréable qui fait la part belle aux matériaux et objets traditionnels. Chambres un peu sombres, mais bien équipées et arrangées (bonne literie, chauffage, douche efficace). Bref, un établissement chaleureux... et Dieu sait si c'est important dans ces contrées !

Très chic (à partir de 90 $ / env 65 €)

Tambo Aymara (plan A2, **27**) : *c/ Camacho, à l'angle de Colón. ☎ 693-22-27. • tamboaymara.com • Doubles env 60-90 $ selon confort et saison, petit déj inclus.* Dans un très beau bâtiment traditionnel du style hacienda, avec grande cour intérieure. Les chambres, vastes et propres, sont réparties autour. Décorées simplement dans les tons ocre, avec salle de bains privée et eau chaude. L'ensemble a du charme, tout comme la jolie salle de petit déj, qui mériterait toutefois d'être chauffée le matin... Cela reste une adresse très confortable, à prix raisonnables.

La Petite Porte (plan B1, **28**) : *av. Ferroviaria, entre Loa et Colombia. 738-859-60. • hotel-lapetiteporte-uyuni.com • Double env 95 $, petit déj inclus. CB refusées, mais possibilité de paiement par Internet.* L'adresse de charme par excellence, qui détonne presque dans ce no man's land ! Tenue par Christophe, un Français aux petits soins avec ses hôtes. Grande et belle cour couverte d'une verrière, où sont distribuées les chambres. Beaucoup de lumière et d'espace, des matériaux naturels et des couleurs harmonieuses. Joli parquet en bois d'Amazonie, meubles d'artisans, literie tip-top et salle de bains à l'italienne, sans oublier la TV avec une centaine de films dispo en DVD et une prise USB pour écouter sa musique. Et le chauffage radiant pour couronner le tout, un vrai luxe ici ! Dans le genre ethnico-chic, c'est très réussi. D'autant que l'atmosphère reste très conviviale, et l'accueil à l'image des lieux, discret et chaleureux. En prime, très bon petit déj à la carte, servi à volonté.

Où manger ? Où boire un verre ?

Pas un choix énorme. Les restos d'Uyuni ne brillent ni par la finesse de leur cuisine ni par l'originalité de leur décor. La plupart d'entre eux sont ouverts le matin (fermés le midi – eh oui, vous êtes censé être en excursion...) et à partir de 16h. Ils proposent *desayunos*, omelettes, hamburgers, crêpes *(panqueques)*, plats boliviens et toujours des pâtes et pizzas. La plaza Arce notamment aligne les pizzerias siamoises multifonctions, servant aussi « bien » le petit déj que la *cerveza*.

Bon marché (moins de 30 Bs / env 3,50 €)

Sur l'avenue Potosí, entre Santa Cruz et Sucre, une série de ***snacks*** *(plan B1-2)* font griller au barbecue, le soir sur le trottoir, *chuletas*, *pollo* et chorizo, servis avec des frites, du riz et un peu de salade. On y sert aussi de la soupe. À consommer avec les Boliviens dans les salles attenantes, autour de toiles cirées. Quelques roulottes également, pour un en-cas chaud à emporter.

Le midi, on peut s'attabler aux *comedores* du ***mercado municipal*** *(plan B3)* pour avaler une soupe ou un petit plat pas cher.

Prix moyens (30-50 Bs / env 3,50-5,50 €)

Minuteman Pizza *(plan B3,* ***25****) : av. Ferroviaria 60, entre Avaroa et Ayacucho. ☎ 693-31-86. C'est le resto de l'*Hotel Toñito. *Ouv pour le petit déj et le dîner slt. Pizza à partir de 60 Bs.* Cadre sympa, avec des tables colorées en bois, où l'on prolonge volontiers la soirée autour d'un verre. Spécialité de pizzas, plébiscitées par une clientèle 100 % étrangère. De fait, elles sont plutôt bonnes et bien garnies. Tenu par un pizzaiolo américain et sa femme bolivienne. Bons petits déj et cookies également, ça change des desserts régionaux !

Extrem'Fun Pub *(plan B3,* ***30****) : av. Potosí 9. Au 1er étage. Tlj jusqu'à 1h.* Ne vous mesurez pas au Salar que pour l'exploit sportif. Un autre défi unique vous attend, la dégustation de « sperme de lama » ! Cocktails inédits, musique à fond, discussions enfumées et rires contagieux... Comme on est loin du désert de sel ! Salle attenante au sol en sel (il n'y a qu'à piocher pour accompagner la tequila), où se tiennent de petits concerts certains soirs. Côté cuisine, on y sert aussi d'honnêtes plats de pub (pizzas, burgers, snacks, etc.), bien copieux. Pas mal de plats boliviens aussi, et des tapas pour garder le cap au fil des verres éclusés...

Pizzeria Arcoiris *(plan B2,* ***31****) : pl. Arce 27. ☎ 693-31-77. Ouv le soir.* Tables en bois noir, murs blancs, briques, déco insignifiante. Pizzas en versions *porción, personal, mediana* et *familiar,* spaghettis et soupes. Côté boissons, des bières boliviennes, du vin au verre, des cocktails. On s'y retrouve entre touristes, notamment pour son meilleur argument : le resto est chauffé ! Les pizzas du voisin ***Italia*** *(☎ 693-21-10)* sont tout aussi recommandables. Bonne discothèque rock. Terrasse. Et si ce coin de la place est à l'ombre, suffit d'aller en face, la carte sera la même... ou presque !

La Loco *(plan B2,* ***32****) : av. Potosí, angle Camacho. ☎ 693-31-05. Tlj sf dim 16h-2h (22h30 lun).* Une sorte de saloon au plafond tendu de tissus, avec tables et bancs en bois près d'un four-cheminée, et un bar vaguement en forme de loco. On peut manger, siroter un cocktail ou encore jouer aux fléchettes. Petite carte avec des touches françaises, notamment du steak de lama au roquefort, du poulet à la crème de champignons et des lasagnes végétariennes. Pas donné tout de même ! Pour un snack, préférez le cheeseburger.

Sal Negra *(plan B3,* ***33****) : av. Potosí, à l'angle de Bolívar, au 1er étage. Tlj 10h-22h.* Déco épurée, large baie vitrée, clips sur écrans plats... Un café très urbain pour les nostalgiques du branché-aseptisé. Bon, ce n'est pas New York non plus, mais le cappuccino est succulent, et ça réchauffe. On peut aussi y manger ou prendre son petit déj.

Kactus Restaurant *(plan B3,* ***34****) : c/ Bolívar 65. ☎ 242-68-64.* Almuerzo *25 Bs.* L'un des rares restos ouvert le midi. À la carte : *bisteck de lama, lomo a la pimienta, milanesa de pollo,* et puis des pâtes sous différentes formes. Le tout dans une salle vitrée un peu désuète. Une bonne adresse où manger bolivien.

À voir

Museo arqueológico y antropologíco de los Andes meridionales *(plan A2-3) : c/ Arce. Mar-ven 8h30-12h, 14h-18h ; w-e 9h-13h. Entrée : 3 Bs.* Un musée fort modeste et pourtant étonnant. Outre quelques silex, minéraux et céramiques, sont exposées quatre momies précolombiennes aux crânes déformés intentionnellement... de leur vivant, bien sûr ! Une charmante pratique qui permettait de différencier peuples, classes sociales, etc.

LE SALAR ET LE SUD-LÍPEZ

À 3 650 m d'altitude s'étend le Salar, immense désert de sel de 12 500 km², le plus grand du monde. Le « Ténéré blanc », diront les vieux routiers, l'équivalent de deux départements français. Sur 40 m d'épaisseur alternent couches de sel et de glaise. Horizon à l'infini, d'une planéité parfaite. Une ligne si droite qu'elle laisse apercevoir la courbe de notre planète. Dessus se perdent quelques îlots, hérissés de cactus de 10 à 12 m de haut. Parfois, une mince pellicule d'eau vient couvrir le sel, et les volcans alentour se reflètent alors en de somptueux effets miroirs.

Le Salar et le Sud-Lípez sont des destinations touristiques à la mode. C'est que l'on traverse ici parmi les plus beaux paysages des Andes. Les *lagunas Verde* et *Colorada,* des déserts à faire rêver Dalí... D'ailleurs, l'un d'eux porte son nom ! Attention toutefois, cette magie se mérite. C'est une vraie aventure que de dormir par - 25 °C dans des refuges à plus de 4 200 m ! Sans compter les pannes possibles au milieu de nulle part (le sel ronge les câbles des 4x4) et des conditions climatiques pas toujours prévisibles. D'où la nécessité de s'assurer du sérieux de l'agence à laquelle vous confiez votre périple. Guide-chauffeur-mécanicien compétent, eau et nourriture en quantité suffisante, et pneus de rechange. Et pas question de s'y aventurer tout seul en 4x4 ou à moto !

La plupart des tours partent d'Uyuni, mais ceux qui arrivent en Bolivie depuis la frontière argentine par Villazón considéreront la possibilité d'entreprendre l'excursion du Sud-Lípez au départ de Tupiza, et de continuer ensuite vers le Salar.

DU SEL AU LITHIUM...

Si l'on y croise quelques flamants roses, la région reste hostile, complètement enclavée. Qui sait pourtant que, dans cet enfer blanc, quelques centaines d'hommes piochent, creusent à longueur d'année pour dégager des briquettes de sel non iodé ? Au chargement, ils sont payés 6 Bs la tonne de sel. Ils triment la tête couverte d'un passe-montagne et de lunettes noires contre la réverbération intolérable du soleil, pieds et mains brûlés, rongés par le sel. Autour du désert, sur les contreforts des volcans encadrant cette mer d'un blanc sans fin, les pumas chassent les vigognes, et quelques villages vivotent de la culture du quinoa et de l'élevage de lamas.

Mais cette région pourrait être bientôt bouleversée. D'après des experts, sous la croûte de sel gît plus de la moitié des réserves de lithium du monde, ce métal alcalin d'un blanc argenté si précieux notamment aux batteries électriques. Le site est théoriquement protégé, mais le gouvernement actuel souhaite exploiter cet immense gisement. Ce ne sera pas pour tout de suite. Il lui faudra d'abord développer la technologie et les infrastructures nécessaires, acheminer là eau et électricité, construire des usines qui ne sont aujourd'hui encore que des projets sur le papier... et convaincre les populations locales des bénéfices qu'elles pourraient tirer de cette exploitation. Affaire à suivre...

Infos et adresses utiles

Quel tour choisir ? À quel prix ?

Toutes les agences proposent les mêmes tours, partent à la même heure (10h30) et suivent le même itinéraire. Du coup, sur chaque « spot », les 4x4 s'empilent. Dommage, car l'expérience du désert, c'est aussi celle de la solitude. Essayer de négocier un tour inversé, ou de faire, au moins, les premières étapes au retour, histoire d'avoir une courte longueur d'avance sur les suivants. Sachez aussi que, selon les conditions météo (chutes de neige et vents violents en hiver, inondations en été...), les circuits peuvent être modifiés, les agences zappant alors certaines zones pour raison de sécurité. On peut aussi se retrouver bloqué dans un refuge à cause de la neige ; ne prévoyez donc pas un retour en avion dans la foulée de l'excursion. Sans compter sur une panne au milieu du désert, dont le chauffeur-mécanicien assure la réparation, mais qui peut retarder considérablement le retour...

- ***Le « tour » traditionnel :*** il dure 3 ou 4 jours et 2 ou 3 nuits à travers le Salar et le Sud-Lípez. Les prix sont à peu près identiques dans toutes les agences : sur la base d'un 4x4 plein (6 passagers), compter, par personne, environ 450 Bs pour 2 jours, 750 Bs pour 3 jours et environ 1 000 Bs pour 4 jours. Il faut ensuite ajouter 30 Bs de droit d'entrée pour la *isla del Pescado* (sur le Salar) et 150 Bs pour la réserve Eduardo Avaroa, dans le Lípez.
- ***Visite du seul Salar :*** les agences proposent aussi des circuits de 1 ou 2 jours seulement au Salar, solution qui conviendra aux plus pressés. Compter 150-200 Bs par personne et par jour sur la base d'un 4x4 plein (6 passagers).
- ***Ascension d'un volcan :*** on peut inclure la grimpette d'un volcan dans le circuit. Plusieurs possibilités, notamment l'ascension du volcan de Tunupa (dans le cadre d'un tour de 2 jours au seul Salar), celle d'Uturunku (la piste monte jusqu'à 5 600 m, puis 400 m de dénivelée à pied) ou celle du Licancabur. Attention, pour ce dernier, vérifiez bien le matériel et le sérieux du guide ! De même, ne sous-estimez pas l'ascension (le sommet culmine à 5 916 m). Cette excursion s'adresse aux routards sportifs et en bonne condition physique.
- ***Circuit personnalisé :*** on peut établir un itinéraire personnalisé avec une agence. Attention, en dessous de 5 ou 6 passagers (chauffeur non compris), cela revient plus cher que les circuits organisés. En payant encore un peu plus, vous pourrez aussi emmener un cuistot, ce qui peut être judicieux car, à cette altitude, on a vite faim. Négociez tout avant le départ, et c'est mieux s'il y a une trace écrite.

Comment choisir son agence ?

Le plus simple est de choisir son agence directement à Uyuni, les grosses agences nationales sous-traitent de toute façon leurs excursions aux agences locales. On en compte plus de 60, entre les officielles et les pirates. Dans la réalité cependant, pas plus de 10 à 15 d'entre elles sont réellement fiables. Beaucoup réservent de mauvaises surprises (4x4 en piteux état, hébergements sommaires, chauffeurs alcoolisés...). Dans tous les cas, gardez à l'esprit qu'un prix bas est rarement garant d'une prestation de qualité.

Pour choisir votre agence, n'hésitez pas à questionner les routards de retour d'excursion, à jeter un œil sur le livre d'or de l'agence et à bien vous mettre d'accord sur le programme du tour, sur ce qui est compris ou non dans les tarifs, sur l'hébergement, la nourriture... Par ailleurs, si vous ne pigez rien à l'espagnol, assurez-vous avant de signer que le guide-chauffeur parle l'anglais ou le français.

La plupart des agences sont ouvertes tous les jours de 8h à 12h et de 14h à 20h, parfois 20h30. Réservez votre circuit la veille ; les tours sont vite pleins.

Comment s'équiper ?

Prévoir de bonnes lunettes de soleil, un anorak ou une parka, de bonnes chaussures et une crème solaire à indice élevé. Pour passer la nuit dans le Sud-Lípez, un collant de ski, si possible en polaire, ne sera pas superflu, de même qu'une cagoule (ou un bonnet péruvien). Surtout, veillez à avoir un sac de couchage conçu pour tenir chaud par - 10 °C. Si vous n'en avez pas, les agences en louent pour 5 $... à condition de ne pas être trop regardant sur la propreté. Si vous faites le voyage en été, allégez un peu côté pulls, mais pas trop ! Dans un autre genre, n'oubliez pas votre maillot de bain pour faire

LE SALAR ET LE SUD-LÍPEZ

trempette dans les sources chaudes.

– ***Important :*** n'oubliez pas non plus d'emporter du papier toilette, de l'eau minérale (certaines agences ne fournissent pas la boisson) et quelques provisions, car la faim et le froid tenaillent dur dans le désert andin !

Où séjourner autour du Salar ?

Les tours prévoient l'hébergement, en général plutôt sommaire. Vous pouvez aussi choisir de dormir dans un hôtel plus confortable (lire nos propositions ci-après), mais il faudra alors payer la différence.

– Théoriquement, il n'y a plus d'hôtel de sel ouvert sur le Salar même. Tous ont fermé, faute d'être équipés d'un système d'évacuation des eaux usées. Ce qui ne pose pas de problème en revanche, c'est de dormir dans un hôtel de sel au bord du Salar ; on en construit tout autour. Seul point noir (qui fait tache dans ce paradis blanc) : les prix. L'inflation court, vole, s'envole, et l'addition peut devenir carrément... salée ! Mais cela reste une expérience unique qui mérite de faire une petite folie.

– Nous avons sélectionné des établissements à ***Colchani*** (à 26 km d'Uyuni, en bordure du Salar), et au nord, de part et d'autre du superbe volcan Tunupa. Les localités de ***Tahua*** (120 km au nord-ouest d'Uyuni) et de ***Jirira*** (136 km au nord-est) ont l'avantage d'être plus abritées des vents glacés qu'Uyuni-ville. En revanche, à cause de l'isolement, le ravitaillement pose problème. Pensez donc à faire vos provisions !

– Sachez enfin qu'il est possible d'effectuer le circuit complet Salar-Sud-Lípez dans des conditions confortables, en logeant dans les ***hôtels de la chaîne Tayka,*** dont on mentionne celui situé à Tahua. Tous conçus selon des principes similaires : excellente literie (couverture en polaire, etc.), confort (chauffage, eau chaude solaire), architecture originale adaptée au site, emplacements superbes, respect de l'environnement et implication des communautés locales. Ils sont répartis de manière à couvrir l'ensemble de la région *(infos et résas sur • taykahoteles.com • ; env 120 $ la double avec sdb ; dîner – correct – 10 $/pers).*

À Colchani

Au bord du Salar, sur la route pour Uyuni, un bled de misère où une cinquantaine de familles vivotent de l'extraction du sel et du passage éclair des touristes.

⌂ |●| ***Cristal Samaña :*** *entre Colchani et le Salar. ☎ 693-33-23 (à Uyuni). 📱 704-425-85. • hotelcristalsamana.com.bo • Double 110 $ en ½ pens.* Un établissement de sel tout en rondeurs, aux chambres confortables et chauffées que l'on rejoint par des couloirs semés de drôles de sculptures, en sel bien sûr. Les parois des douches sont recouvertes de plastique ; eh oui, l'eau fait fondre les briques de sel ! Resto panoramique au sommet d'une tour, embrassant le désert blanc.

⌂ |●| ***Hotel Luna Salada :*** *à 4 km de Colchani, un peu en hauteur. ☎ (2) 277-08-85 (à La Paz). 📱 712-120-04. • lunasaladahotel.com.bo • Double 110 $, petit déj inclus. Repas ou box lunch env 10 $.* Petit hôtel de luxe à la déco très soignée. Chambres avec salle de bains, bonne literie et couettes en plumes d'oie et angora. Le must ! Elles donnent sur l'arrière, mais les salons qui courent tout le long profitent d'une superbe vue sur le Salar. Salle de resto panoramique, installée derrière une grande baie vitrée. Salle de jeux et pub. Un décor de rêve et une ambiance de film fantastique.

À Tahua

Village fantôme de cultivateurs de quinoa, où la silhouette des vieux enclos en terre pour lamas et brebis se découpe sur le fond ocre, argent et émeraude du volcan Tunupa. Notre coup de cœur dans le Salar.

⌂ |●| ***Mongo's :*** *dans le village. Résas à La Paz : ☎ (2) 240-07-14. Compter 30 $/pers, petit déj inclus. Repas env 40-50 Bs.* Au beau milieu d'une ferme familiale, un petit bijou de réhabilitation. En chipotant, on dirait : bienvenue à l'hôtel témoin, meublé par une grande chaîne de magasins suédois. Soit, mais les chambres confortables, le chauffage central, les salles de bains communes nickel, le petit déj copieux et l'addition très honnête font que l'on s'y sent bien.

⌂ |●| ***Hotel de Sal Tayka :*** *un peu en hauteur et en retrait du cœur du village. ☎ 693-35-43 (à Uyuni). 📱 720-200-69 ou 446-37. • taykahoteles.com • Double env 130 $ en hte saison, petit déj inclus. Repas 12 $.* Un superbe emplacement, du charme à revendre, un souci écolo (douches solaires, recyclage...) et, enfin, un hôtel qui profite un peu à la communauté : pas de doute, voici le meilleur point de chute du Salar. Chambres doubles spacieuses à la déco rustico-chic, certaines avec vue sur le Salar, d'autres sur le volcan. Salle de bains en ardoise, chauffage d'appoint, draps en polaire et édredons en plumes d'oie... Rien à redire côté confort. Les repas se prennent dans une belle rotonde soutenue par une cheminée centrale en grosses pierres. On compte 4 *Tayka* dans la région, tous gérés selon le même principe. Les employés sont embauchés dans le village et 1 $ par touriste est reversé à la communauté qui, au bout de 15 ans, devient propriétaire de l'établissement.

À Jirira

Ce petit village étendu à l'ombre du volcan Tunupa est situé à seulement 1h de 4x4 de Salinas, d'où l'on peut attraper un bus pour Oruro.

Posada Doña Lupe : *à l'entrée du village. ☎ 527-20-94 (à Oruro). 724-492-80 ou 715-698-37. Compter 30 Bs/pers avec* baño compartido, *80 Bs/pers avec sdb privée et 20 $/pers dans la partie hôtel de sel ; petit déj en sus.* Au commencement il y avait l'hospitalité, celle d'un couple de paysans qui ouvrit sa porte à Pierre Vernay, premier touriste du Salar, en quête d'un toit pour passer la nuit. Depuis, au fil des ans, doña Lupe et don Carlos ont agrandi leur petite *posada,* jusqu'à proposer désormais 70 lits répartis en modestes dortoirs de 3 lits, belles chambres doubles aux lits douillets et chambres chic dans une partie en sel. Il est bien loin le temps – il y a plus de 30 ans – où les hôtes couchaient à même le sol dans leur duvet. Pourtant, ils ont beau se dire vieux, le sourire des proprios n'a pas pris une ride, et l'on peut toujours faire soi-même sa popote dans la cuisine laissée à dispo. Resto sinon, en juillet-août seulement.

ALTIPLANO, ANDES

À voir. À faire

On passe beaucoup de temps en voiture, et certains chauffeurs sont des adeptes des arrêts minutés. Imposez votre rythme, pour prendre le temps de profiter, de photographier.

Aux alentours du Salar

Cementario de trenes : *à 1,6 km d'Uyuni.* La première étape de tous les tours. Sur fond de paysage désertique, des carcasses rouillées de locomotives à vapeur, qui transportaient le minerai vers le Chili et le Brésil dans les années 1930 et 1940. Une vision apocalyptique, façon *Mad Max*.

Colchani : *à 20 km d'Uyuni et 5 km du Salar, la dernière étape avt d'attaquer l'enfer blanc.* Un bled de misère vivotant pour et par le sel – il sert même à tracer les lignes du terrain de foot. Aux heures de pointe, l'afflux touristique y est presque indécent. Pour une poignée de bolivianos, on peut se faire expliquer le conditionnement du sel par un membre de la coopérative artisanale. Séché sur une plaque de fer sous laquelle brûle un feu nourri d'arbustes ramassés dans les montagnes, le sel est ensuite moulu en y ajoutant de l'iode, puis mis en sachet à la main. Un travail laborieux à peine rémunéré ; le sachet se vend 5 Bs. Sur place également, quelques stands d'artisanat et un petit musée (gratuit) présentant quelques sculptures en sel.

Le Salar

Du blanc, du blanc à perte de vue. On croirait marcher sur la neige d'une banquise sans fin, le sel craque de la même façon. Un paysage hallucinant d'où se détache, au loin, pour marquer l'horizon, l'ocre des montagnes. Par endroits, la croûte de sel se craquelle en plaques géométriques. À quelques kilomètres de Colchani, les forçats du sel érigent de petits monticules afin de faire sécher (partiellement) les cristaux, avant de les transporter vers le village dans d'antiques camions d'un autre siècle. Arrêt ensuite aux ***ojos de sal,*** de profondes résurgences d'où s'échappent en bulles le souffre des volcans. S'y baigner 1 ou 2h est paraît-il efficace pour lutter contre les rhumatismes. Ensuite, visite facultative de l'hôtel de sel *Playa Blanca*. Il est garni de quelques sculptures en sel.

Isla Inca Huasi : *ts les tours s'y arrêtent après 45 mn à filer à travers l'enfer blanc. Droit d'entrée : 30 Bs, servant à financer l'électricité des villages de Llica* *et Tahua.* Au milieu du grand rien, une île volcanique où viennent s'amarrer les 4x4 par dizaines. Elle est plantée de centaines de cactus qu'on voudrait caresser (ce serait idiot, on y laisserait les doigts...). Tables pour pique-niquer et bar-resto *(Mongo's)* servant hamburgers, sandwichs et un bon *almuerzo* (35 Bs). Petit musée derrière la boutique de souvenirs présentant les cérémonies traditionnelles. Courte balade sur la crête révélant d'incroyables points de vue.

Isla del Pescado : *à quelques km de la précédente. Ne se visite que dans le cadre d'un tour sur mesure. Accès payant : 15 Bs.* Tel un vaisseau fantôme sur cet océan irréel, hérissé lui aussi de gros *Piloes cereus selcianus* de 10 à 12 m de haut. On peut donc désormais ajouter cette île à la liste d'endroits chantés par Dutronc. Le Salar est semé de nombreuses autres îles désertes, que l'on pourra visiter dans le cadre d'une excursion à la carte.

Volcan Tunupa : *au nord. Excursion proposée dans le cadre d'un tour de 2 j. axé sur le Salar. Droit d'entrée : 40 Bs.* Sur ses contreforts courent lamas et vigognes. En grimpant, on passe d'abord le bonjour à une famille de momies, calées bien au chaud dans leur grotte. On peut ensuite se contenter de monter jusqu'au *Mirador* (2h aller-retour), offrant une belle vue sur le cratère aux teintes ocre et émeraude, et sur le Salar bien sûr. Pour grimper jusqu'au sommet, compter 5h30 aller-retour.

San Juan de Rosario : *au sud.* Après avoir traversé des champs de quinoa et s'être arrêté pour une courte balade à pied, on atteint ce petit village très agréable, encerclé de centaines de lamas. Belle église. Au cours d'un circuit de 4 jours, c'est souvent ici que l'on passe la première nuit, dans des *alojamientos* sommaires. Peut-être aurez-vous, malgré tout, droit à un peu d'eau chaude. En hiver, prévoyez vos sacs « sarcophages », il peut faire - 20 °C ou moins la nuit. Si vous faites un tour sur mesure, possibilité de séjour dans d'autres villages comme Atulcha (où se trouve un hôtel de sel) et San Pedro de Quemes (hôtel de pierre plutôt chic de la chaîne *Tayka* ; voir • *taykahoteles.com* •).

Le Sud-Lípez

À noter : la réglementation de la réserve nationale Eduardo Avaroa chargée de la protection du Sud-Lípez est devenue stricte, avec l'interdiction de sortir de la jeep dans certaines zones protégées. Votre chauffeur vous le signalera. Si vous ne respectez pas ces consignes, vous pouvez lui attirer de vrais ennuis, jusqu'à lui faire perdre sa licence. Les gardes surveillent les véhicules discrètement, à la jumelle, et les interceptent ensuite en moto.

On traverse d'abord le ***salar de Chiguana,*** avant de rejoindre le village « fantasma ». Il servait à l'entretien de la voie ferrée, mais a été abandonné depuis sa privatisation. Suivent ensuite les ***valles de la Luna*** (des lacs asséchés), et on arrive enfin aux premières ***lagunas*** : ***Cañapa, Hedionda*** (couleur variable selon l'orientation du soleil), ***Charcota, Honda*** et ***Ramaditas,*** où barbotent des flamants roses.

Desierto Siloli : plateaux rouges, marron, puis rien que des pierres gigantesques dignes de tableaux de Dalí. On peut grimper aux rochers près de celui qu'on nomme « l'arbre de pierre » *(árbol de piedra)*.

Laguna Colorada : *on entre dans la réserve de faune andine « Eduardo Avaroa » (4 300 m d'altitude en moyenne). Droit d'accès : 150 Bs.* Une lagune entourée de volcans, mythique, rouge comme le sang. Essayer d'arriver entre 12h et 16h, moment de la journée où les couleurs éclatent ! Les algues microscopiques, qui servent de nourriture aux flamants, réagissent à la lumière. Des flamants roses de James, qui marchent comme John Cleese dans certains sketchs des *Monthy Python* ! Irréel, mirifique. Faire attention en se promenant sur la partie blanche ; c'est toxique et on peut s'enfoncer ! Idem quand on saute par-dessus l'eau pour s'approcher de la lagune : les bords des ruisseaux sont boueux et glissants. La nuit, ça caille, jusqu'à - 30 °C en hiver ! Pour faire plus fort, allez en Sibérie... On loge dans des *alojamientos* rudimentaires, sans eau. Possibilité de loger par vos propres moyens à l'hôtel *Rustico Jardines de Mallku Cueva* de *Hidalgo Tours* (voir ● *salardeuyuni.net* ●).

Geysers Sol de Mañana : ils fonctionnent « demain dès l'aube, à l'heure où blanchit la campagne... » Bref, faut se lever tôt, avant les poules. Soyez prudent et ne gâchez pas le spectacle en marchant trop près des cratères comme certains... peu conscients, du reste, des risques de brûlures (ou de mort !), la température pouvant approcher les 200 °C.

Salar de Chalviri *(laguna Polques)* **:** halte pour le bain ; eaux à environ 37 °C, délicieuses (mais la piscine est un peu petite !), qui vous réveillent et vous réchauffent. Pendant le bain, on vous prépare le petit déj, éventuellement avec des œufs brouillés. C'est pour cela qu'il faut se lever à 5h, sinon, pas le temps d'en profiter !

Desierto Salvador Dalí : près du salar de Chalviri, hommage tout à fait justifié au peintre catalan. Entre la laguna Colorada et la laguna Verde, voici l'un des plus beaux déserts au monde. Élégantes coupes de pierre taillées par le vent, symphonie de couleurs chaudes, jardins japonais avec des pierres sphériques de plusieurs tonnes... Plus besoin d'aller sur Jupiter pour faire son odyssée de l'espace. Les paysages sont vraiment le fruit d'une rêverie cosmique...

Laguna Verde : la pointe de la Bolivie, le monde du bout du monde ! La laguna Verde est l'un des sites préférés des grands photographes, de *National Geographic* à la Nasa qui a immortalisé sa couleur unique depuis la navette spatiale. Toutefois, depuis plus d'un an sa légendaire couleur verte s'est ternie, vraisemblablement à cause de la prolifération d'algues... ce qui n'empêche pas d'y faire étape. Ici, on est à plus de 4 500 m ! On respire avec difficulté si l'on ne s'est pas suffisamment habitué à l'altitude auparavant, mais, avec le volcan Licancabur dans le fond, le paysage est sublime. Derrière, c'est le désert de l'Atacama et les côtes – chiliennes depuis 1879. Avec le tour de 4 jours et 3 nuits, vous y arriverez vers 10h. Possibilité, ensuite, de continuer vers l'Atacama, mais il aura fallu prévoir ça au préalable, avec votre agence. Pour la plupart d'entre vous cependant, demi-tour vers Uyuni où vous n'oublierez pas les cartes postales pour les copains. Vous passerez en principe la troisième nuit entre Quetena (vente d'artisanat) et Alota. Près de Quetena, possibilité de loger dans un hôtel chic de la chaîne *Tayka,* à Ojo de Perdiz. Bien évidemment, celui-ci n'est pas inclus dans les tours économiques, mais, si vous êtes en fonds et que vous voyagez par vos propres moyens... Un autre hôtel confortable à San Cristóbal appartient au même proprio que *Mongo's* (renseignements au barresto de l'île Inca Huasi). En chemin, le volcan Uturunco (6 008 m) peut s'escalader, mais son ascension est moins proposée que celle du Licancabur.

À partir de la laguna Verde, possibilité de poursuivre vers le Chili au sud ou Tupiza à l'est :

➢ ***Vers Tupiza :*** en passant par le Sud-Lípez, bifurcation à partir de la laguna Verde. Aucun problème à condition de faire la demande auprès de l'agence avant le départ. Pour bien en profiter, compter une journée de trajet en plus. Encore le plein de paysages fabuleux !

➢ ***Vers San Pedro de Atacama*** *(au Chili)* **:** même principe, il suffit d'en informer l'agence. L'avantage de cet itinéraire est que vous ne payez que 3 jours pour voir (presque) autant que si vous faisiez le circuit de 4 jours. Le bus de liaison entre la frontière chilienne et San Pedro de Atacama est compris dans votre forfait, et le tarif reste identique à un circuit normal. En revanche, il vous faudra régler une taxe de 15 Bs à la douane bolivienne pour sortir du pays, à moins de l'avoir payée à l'avance au poste de Migración à Uyuni. Pensez d'ailleurs à liquider vos *bolivianos* avant la frontière, au Chili vous ne pourrez pas les changer. Et ne pas oublier de faire tamponner son passeport à la *Migración* d'Uyuni.

Autres excursions possibles

Pulacayo

À 20 km d'Uyuni, sur la route de Potosí. Une vraie ville fantôme. Bon, il reste quand même une centaine de familles, mais l'histoire de cette mine est particulièrement édifiante. Un concentré des ombres et lumières de cette Bolivie magique. Au XIXe s, elle était la propriété de la compagnie huanchaca des Patriarches de l'argent (le métal). Quand les filons s'épuisèrent, elle tomba dans l'escarcelle d'un certain Patiño qui fit construire pour ses ingénieurs un terrain de golf ! C'est ici aussi que fut rédigée la célèbre « thèse de Pulacayo » en 1946, document de base de la révolution de 1952, menée par les mineurs et le leader trotskyste Guillermo Lora. Nationalisé en octobre de la même année, Pulacayo devint le centre de production de matériel de travail pour les mines de la Comibol, le puissant conglomérat d'État créé par le MNR, le parti qui prit le pouvoir après la révolution bolivienne. Aujourd'hui, quelques filons sont encore exploités, mais de façon rudimentaire, par une cinquantaine de mineurs. Sur place, pas grand-chose à voir, hormis un petit cimetière de trains. Les mines, elles, menacent de s'effondrer et ne se visitent donc pas. Petit kiosque touristique aux horaires aléatoires (il est tenu par des élèves du lycée ; ouvre donc plutôt l'après-midi, à la sortie des cours).

➢ Pour y aller, prendre les bus qui partent à 10h en direction de Potosí. Pour quitter Pulacayo, sur la route, bus pour Uyuni vers 16h, et pour Potosí vers 10h30 et 19h30.

Tomave

À 3h de route d'Uyuni. Excursion d'un jour possible avec certaines agences. Il s'agit d'un village ancien dont l'attraction principale est l'église de 1699, point de passage obligé pour les amoureux de la Bolivie baroque. Malheureusement, un cambriolage l'a privée d'une partie de sa richesse intérieure... Autre curiosité : les sources thermales, à 15 mn à pied du centre. Ceux qui s'y rendraient par leurs propres moyens trouveront de quoi se loger dans l'ancien quartier général de Narciso Campero, commandant de la « division errante » pendant la guerre du Pacifique.

FAIRE LA FÊTE OU MOURIR !

En 1879, Narciso Campero, alors chef militaire, commandait 3 000 hommes qui devaient se rendre à Calama pour combattre les Chiliens. Seul problème : le président d'alors, un certain Hilarión Daza, préféra que ces troupes restent sagement où elles étaient pour assister au carnaval. On connaît la suite : depuis, la Bolivie n'a plus d'accès à la mer.

LES VALLÉES

Los valles de Bolívia. L'art et la douceur de vivre sont les maîtres mots de cette région qui fait la transition entre l'Altiplano et l'Oriente. Au centre, la seigneuriale capitale du pays et de l'art baroque latino-américain : Sucre, mêlant orgueil espagnol et art indien. Sous les façades baroques et le trésor fabuleux de la Vierge de la Candelaria se dévoilent le génie créateur des tisserandes de Tarabuco et des villages

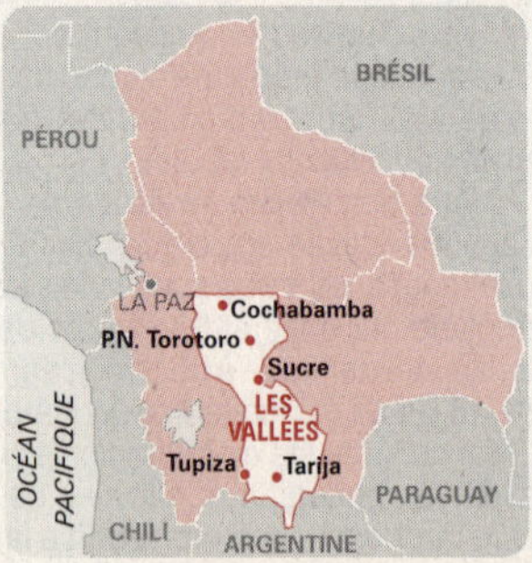

jalq'a, le pinceau magique de Melchor Pérez de Holguín, le *charango* du maestro Mauro Núñez. Plus au sud, la région de Tarija est aussi fameuse pour ses vignes, de mieux en mieux exploitées et produisant un vin d'altitude de qualité, commercialisé dans tout le pays. Et si l'on parle nourriture, vin, *singani,* bière, gourmandises et gastronomie, c'est dans cette région que se trouve la richesse culinaire de la Bolivie. Kjocha Pampa est ainsi la vallée de la *chicha.* Élaborée à base de maïs, cette boisson diabolique du valle Alto valut à la Bolivie de se voir à deux doigts d'être rayée de la carte, mais sauva le département de la ruine lorsque le cycle de l'argent toucha à sa fin... Sous l'égide argentée de Potosí, la Bolivie a vu naître un cœur aimant la bonne vie, la fête... D'ailleurs, Tarija cultive le raisin et produit un vin d'altitude depuis plusieurs siècles. Les vallées, ou la Bolivie d'Épicure...

SUCRE

307 000 hab. IND. TÉL. : 4

Capitale constitutionnelle du pays, fondée en 1538 pour abriter le siège de la *Real Audiencia* de Charcas. Eh oui ! ce n'est pas La Paz... qui n'en est pas moins la capitale administrative et le siège du gouvernement. Mais avec les tensions qui divisent le pays depuis l'élection d'Evo Morales, Sucre revendique plus que jamais ce rôle de capitale et concentre, avec Santa Cruz, l'opposition au gouvernement de gauche. La situation ravive également les antagonismes ethniques. Sucre est une ville de métis, les *chollas* en tenue traditionnelle y cèdent la place aux *chicas* à la mode européenne et, plus qu'ailleurs, les Indiens sont repoussés dans les quartiers extérieurs. Bon, que cet imbroglio politico-social ne vous empêche cependant pas d'investir cette délicieuse cité coloniale, bijou de l'art baroque d'Amérique latine, « ville repos » du tour de Bolivie. Ici, à 2 750 m, après les rigueurs de l'Altiplano ou la chaleur orientale, vous savourerez pendant la journée la douceur du climat.

Inscrite au Patrimoine mondial depuis 1991, Sucre n'a pas attendu la distinction de l'Unesco pour promulguer une loi mettant le centre-ville à l'abri des bétonneuses. Mais ce n'est pas pour autant une ville-musée. Plutôt une cité étudiante dynamique, une référence d'ailleurs pour l'enseignement du Droit, la ville abritant le siège de la Cour Suprême nationale et un nombre incroyable de cabinets de notaires et d'avocats ! En outre, la ville vit naître en 1624 la première université bolivienne, Saint-François-Xavier, où fut proclamée en 1825 l'indépendance de la Bolivie.

LA VILLE AUX QUATRE NOMS

La Cité blanche porte en réalité plusieurs noms, témoignages de son histoire mouvementée. À l'originelle Charcas succéda La Plata – « l'argent » – avant qu'elle ne soit renommée par son nom inca Chuquisaca sous la vice-royauté du Rio de la Plata... Après l'indépendance (1825), la ville fut définitivement baptisée Sucre.

Aux heures de pointe, les trottoirs peinent à contenir la foule, dans laquelle on se plaît à investir le marché coloré, à flâner de place en parc, le long de rues aux églises et édifices coloniaux immaculés, jusqu'à grimper sur les toits aux dernières heures du jour, pour admirer cette cité douce et élégante caressée par les rayons du soleil couchant.

Enfin, dans l'organisation du voyage, noter que le grand marché de Tarabuco, à 1h30 de route de Sucre, se déroule le dimanche.

Arriver – Quitter

En bus

Terminal des bus (hors plan par B1) : *av. Ostria Gutiérrez 52. ☎ 644-12-92. Kiosque d'infos tlj 6h30-19h. Les micros A ou nº 3 relient la gare routière au centre* (mercado central *ou c/ Junín). En taxi, compter 6-8 Bs.* La plupart des trajets étant assez longs, n'hésitez pas à vous renseigner auprès des différentes compagnies pour trouver celles qui proposent le maximum de confort (bus *cama* : sièges avec dossiers plus ou moins inclinables) à trajet et prix équivalents. Il est aussi préférable d'acheter son billet la veille. En partant, droit d'accès aux quais : 2,50 Bs.

➢ ***Potosí :*** env 15 bus/j., dans les 2 sens. Avec *Transtín Dilrey (☎ 642-42-33), Trans Emperador (☎ 645-39-09), Real Audiencia (☎ 643-78-59), Villa Imperial, Alfonso de Ibañez* et *Andes Bus (☎ 646-07-51).* Env 3h de trajet. Compter 15-35 Bs.

– Liaisons ***en taxi*** également ; voir la rubrique « Adresses utiles. Transports ». Le trajet est superbe et la route asphaltée en bon état.

➢ ***Uyuni :*** *6 de Octubre* fait la liaison Sucre-Potosí-Uyuni à 6h30 ; dans l'autre sens, départs à 10h et 19h d'Uyuni. Entre Potosí et Uyuni, piste bien entretenue alternant avec des portions goudronnées. Très belle route. Env 9h de

■ Adresses utiles

1 TAM
2 BoA
3 Condor Trekkers
4 Turismo Sucre
6 Change
7 Consulat honoraire de France
8 Migración
9 Alliance française
10 Supermercado SAS et cinéma
11 Lavandería Lavaya

Où dormir ?

7 Villa Francesa
20 The Beehive
21 La Dolce Vita
22 Pachamama Hostal
23 Casa de huéspedes Wasi Masi
24 Alojamiento Potosí
25 Kultur Berlin Hostal
26 Hostal La Escondida
27 La Selenita
28 Casa Verde B & B
29 Hostal Sucre
30 Casa Kolping Sucre
31 Hostal de Su Merced
32 Mi Pueblo « Samary » Hotel-Boutique
33 Hotel Villa Antigua
34 Parador Santa María La Real

Où manger ?

3 Condor Café
9 La Taverne
25 Kultur Berlin Café
40 Mercado central
41 El Germen
42 La Posada
43 Café-restaurant Florín
44 Nouvelle Cuisine
45 Los Balcones
46 El Huerto
47 Salamandra

Où prendre le petit déjeuner ? Où goûter ?

3 Condor Café
20 The Beehive
60 La Pâtisserie
61 Las Delicias

Où boire un verre ? Où sortir ?

25 Kultur Berlin Café
43 Café-restaurant Florín
70 Joy Ride Café
71 Bibliocafé – Biblioconcert
72 Café Gourmet Mirador

Achats

75 Chocolates Para Ti
76 Sombreros Sucre

À voir

80 Casa de la Libertad
81 Museo Dr Gutiérrez Valenzuela
82 Faculté de Droit
83 Iglesia San Miguel
84 Museo de Etnografía y Folklore
85 Iglesia de San Francisco
86 Museos universitarios – Charcas
87 Iglesia y convento San Felipe de Neri
88 Iglesia La Merced
89 Convento de Santa Clara
90 ASUR – Museo de Arte indígena et Convento y iglesia de la Recoleta

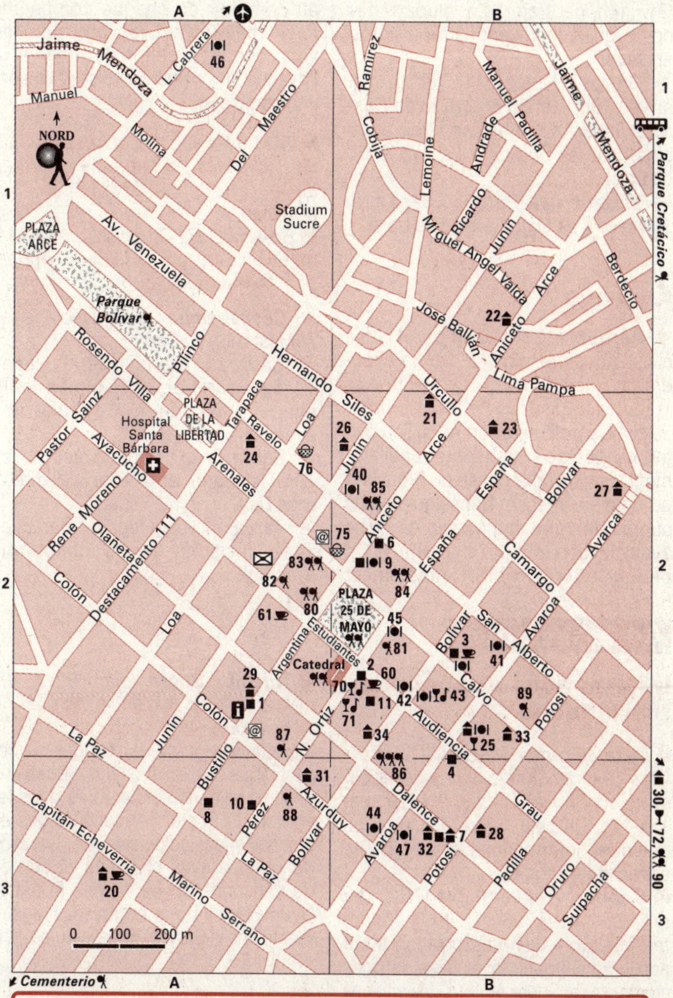

SUCRE

trajet avec le changement de bus à Potosí.

➢ ***Cochabamba :*** 6 bus/j. Départs groupés 18h30-19h-19h30, dans les 2 sens. Avec *Flota Copacabana* (☎ 645-54-09), *Transcopacabana* (☎ 645-36-78), *Trans Real Audiencia* et *Mopar*. Env 10-12h de trajet (de nuit).

➢ ***Santa Cruz :*** départs groupés à 16h30 et 17h-17h30, dans les 2 sens. Avec *Flota Copacabana, Illimani* (☎ 64-24-10) et *Mopar*. Env 12h de trajet.

➢ ***La Paz :*** 7 bus/j. Départs groupés 16h-18h30, dans les 2 sens. Avec *Flota Copacabana, Transcopacabana, 10 de Noviembre* (☎ 642-92-88) et *Illimani*.

Env 14h de trajet. La plupart des compagnies marquent l'arrêt à *Potosí* et *Oruro*.

➢ **Oruro** *(via Potosí)* **:** tlj à 18h30, (mar et ven 19h), 19h30 et 21h avec *Bustillo, Trans Azul* et *Illimani*. Voir aussi plus haut les bus pour La Paz. 9h30 de trajet.

➢ ***Villazón (via Potosí) :*** départs à 16h avec *6 de Octubre*. 15h de trajet.

En avion

✈ ***Aéroport*** *(hors plan par A1)* **:** *à 5 km du centre. ☎ 645-44-45. Prendre les micros nos 1, 7, D ou F depuis le mercado central. En taxi, compter 35 Bs.* Ce petit aéroport au milieu des montagnes doit suspendre régulièrement les vols pour cause de brouillard ou de pluie intense. Renseignez-vous auprès de votre compagnie aérienne avant le départ ou à l'aéroport. On peut acheter son billet directement au comptoir de chaque compagnie (ouv 1h30-2h avt le vol), mais on vous conseille plutôt de réserver à l'avance. Il y a peu de vols, et ils sont vite complets.

■ ***TAM*** *(plan A2,* ***1****)* **:** *c/ Bustillos 143. ☎ 646-09-44. • tam.bo • Lun-ven 8h30-12h30, 14h30-18h30, et sam mat.*

■ ***BoA*** *(plan B2,* ***2****)* **:** *c/ Audiencia 21. ☎ 646-66-00 ou 691-23-25. • boa.bo • Mêmes horaires.*

➢ ***Cochabamba :*** 1 vol direct/j. avec *TAM* (sf sam) ou *BoA*.

➢ ***La Paz :*** 1 vols direct/j. avec *TAM* (sf sam) et *BoA*, plus 1 vol/j. avec connexion à Cochabamba avec *BoA*.

➢ ***Santa Cruz :*** 1 vols direct/j. avec *TAM* (sf sam) et 2 vols/j. (1 direct) avec *BoA*.

➢ ***Tarija :*** 1 vol direct le mar avec *TAM* ; liaisons via Cochabamba avec *BoA*.

Adresses utiles

Informations et agences touristiques

ℹ ***Casa de turismo*** *(plan A2)* **:** *c/ Bustillos 131. ☎ 645-25-99. • casadeturismo.com.bo • Lun-sam 9h-21h, dim 15h-21h.* Un petit centre qui regroupe quelques informations et une petite agence touristique.

■ ***Condor Trekkers*** *(plan B2,* ***3****)* **:** *c/ Calvo 102. 📱 728-917-40. • condortrekkers.org •* Cette association à but non lucratif organise des treks dans les alentours de Sucre, autour des villages jalq'a et du cratère de Maragua, avec pour objectif d'en rencontrer les habitants. On part accompagné d'un guide bolivien et d'un volontaire occidental. Compter 7 à 8h de marche par jour et env 200 à 750 Bs par personne selon la durée du trek (de 1 à 4 jours), guide, nourriture, hébergement (tente ou *cabañas* communautaires) et entrées des sites inclus. Les bénéfices sont réinvestis dans des projets développés avec les villages du parcours. Propose aussi une visite guidée de Sucre).

■ ***Turismo Sucre*** *(plan B2-3,* ***4****)* **:** *c/ Avaroa, esq. Audiencia. ☎ 645-29-36 ou 646-03-49. • turismosucre.com •* Importante agence de voyages proposant billets d'avion et de bus, visites guidées en ville, nombreux tours dans les environs de Sucre : Tarabuco villages jalq'a, haciendas coloniales, etc. Location de voitures avec chauffeur et service de transports et guides vers Potosí et Uyuni. Excursions organisées également dans le Salar et le reste du pays.

Argent, change

■ ***Distributeurs automatiques :*** nombreux, entre autres sur et aux alentours de la plaza 25 de Mayo (*plan B2* ; angle España, la « Wall Street » de Sucre...).

■ ***Change*** *(plan B2,* ***6****)* **:** *chez* ***Oasis Tours****, av. Aniceto Arce 95. Tlj 8h30-18h30.* L'un des rares endroits à Sucre où l'on peut changer les chèques de voyage, avec une petite commission.

■ ***Western Union*** *(plan B2)* **:** *au* ***Banco Unión****, c/ Audiencia 76, à 50 m de la place.*

Poste et télécommunications

✉ ***Correos*** *(plan A2)* **:** *c/ Junín, angle Ayacucho. En face de l'administration de l'université. Lun-ven 8h-20h, sam 8h-18h, dim 9h-12h.*

@ ■ ***Internet et téléphone :*** nombreuses boutiques autour des facs, notamment face à l'office de tourisme *(plan A2)* et calle Arenales, entre Junín et Aniceto Arce *(plan A-B2).*

Urgences

■ ***Consulat honoraire de France*** *(plan B3,* ***7****)* **:** *c/ Dalence 383, casilla 116. ☎ 646-02-65. Lun-ven 12h-14h, 18h30-20h30.*

✚ **Hospital Santa Bárbara** *(plan A2)* **:** *c/ Ayacucho, angle René Moreno. ☎ 645-19-00. Normalement, soins gratuits, sinon compter env 10 Bs la consultation.* Dans un ancien couvent. Pour toute urgence.

■ ***Pharmacies 24h/24 :*** ***farmacía Copacabana,*** *pl. 25 de Mayo 42 (plan B2). ☎ 646-11-41. Succursale en face de l'hôpital.* ***Farmacía San Agustín,*** *Arenales 214 (plan A2).*

Transports

■ ***Bus urbains :*** le réseau est bien développé. On en trouve pour toutes les directions. Ils sont soit numérotés, soit « lettrés » de A à Z. Compter 1,60 Bs le trajet.

■ ***Radio-taxis :*** ***Supermovil,*** *☎ 645-22-22 ; ou* ***Glorieta,*** *☎ 643-30-00.* Compter 6-8 Bs pour une course dans le centre-ville et jusqu'à la gare routière.

■ ***Taxi Expreso :*** les compagnies *Infinito del Sur (☎ 642-22-77)* et *Presidente (☎ 645-45-35)* font la navette Sucre-Potosí à la demande. Il y en a d'autres, mais celles-ci sont les plus fiables. Compter 180 Bs le taxi (4 passagers). Avantage sur le bus : le parcours se fait de porte à porte en 2h environ, dans des véhicules à peu près neufs.

Divers

■ ***Migración*** *(plan A3,* ***8****)* **:** *Bustillos 284. ☎ 645-56-40 ou 36-47. Lun-ven 8h30-12h30, 14h30-18h30.*

■ ***Alliance française*** *(plan B2,* ***9****)* **:** *c/ Aniceto Arce 35. ☎ 645-35-99. À deux pas du Grand Hotel. Médiathèque : lun-ven 9h-12h, 15h-19h30.* Projection de films français tous les mercredis à 19h. Propose aussi des cours d'espagnol avec profs bilingues français-espagnol. Bon resto, *La Taverne* (voir « Où manger ? »).

■ ***Supermercado SAS*** *(plan A3,* ***10****)* **:** *c/ J. J. Pérez 331, entre Colón et La Paz. Tlj 8h-22h.* Distributeurs. Également un ***cinéma*** diffusant des blockbusters US doublés en espagnol. Programme distribué un peu partout.

■ ***Lavandería Lavaya*** *(plan B2,* ***11****)* **:** *c/ Audiencia 81. Lun-ven 8h30-12h30, 14h30-19h ; sam 9h-12h30, 16h-19h.* Service rapide. Fait aussi pressing. Une autre laverie calle Colón 167 *(lun-sam 8h30-13h, 14h-20h).*

Où dormir ?

Bon marché (moins de 140 Bs / env 16 €)

⌂ ***The Beehive*** *(plan A3,* ***20****)* **:** *c/ Echeverria 31. ☎ 676-333-46. 📱 761-111-17. • thebeehivesucre.com • Lit en dortoir 9 $; une double env 35 $; petit déj inclus. Membre du réseau Hostelling International ; réduc avec la carte.* Une AJ mais aussi un centre communautaire d'aide aux femmes de la région. Dans une belle maison spacieuse et lumineuse, avec un grand jardin à l'arrière agrémenté d'un hamac et de quelques transats. Une chambre double agréable et bien décorée, avec terrasse privée et possibilité de lit supplémentaire pour les familles. Aux 1er et 2e étages, 3 dortoirs de 6 à 10 lits, impeccables, avec beaucoup de lumière et un accès au balcon donnant sur le jardin. Cuisine à dispo, salon commun et, en prime, une super cafét' où sont servis les petits déj, frais et variés : fruits, céréales, pancakes, pain perdu, etc. Divers services (laverie, échange de livres, cours d'espagnol, etc.) et un dîner communautaire chaque dimanche !

La Dolce Vita (plan B1-2, **21**) : *c/ Urcullo 342. ☎ 691-20-14. • dolcevitasucre.com • Résa conseillée. Simples à partir de 60 Bs la nuit ; doubles env 110-170 Bs selon confort ; petit déj en sus. Séjour de 2 nuits min, réduc à partir de 5 nuits. Résa conseillée.* La bien nommée : interdit de se prendre la tête dans cette jolie pension familiale tenue par un couple franco-suisse très cool ! Chambres pour 2 à 4 personnes, impeccables, décorées de couleurs vives. Cuisine à dispo, salon TV, patio et terrasse pour lézarder... L'ensemble est super bien tenu et accueillant, il y a tout ce qu'il faut et s'il n'y a pas, on peut toujours s'arranger ! Une excellente adresse dans cette catégorie, où il règne une atmosphère très agréable.

Pachamama Hostal (plan B1, **22**) : *c/ Aniceto Arce 450, entre Ballivián et M. A. Valda. ☎ 645-36-73. • pachamama_hostal@hotmail.com • Dortoir env 45 Bs/pers ; doubles env 90-120 Bs.* Une adresse à la cool, installée dans une maison moderne d'un étage, calme, un poil excentrée. Toutes les chambres, disposées autour de la cour intérieure, sont équipées d'une salle de bains (douche électrique). Cuisine pour faire la tambouille, bout de pelouse garni de hamacs et d'une table de ping-pong. Ambiance *backpackers* en mode bohème. Accueil très sympa, pas de laverie ni de petit déj mais cela reste un excellent rapport qualité-prix.

Casa de huéspedes Wasi Masi (plan B2, **23**) : *c/ Urcullo 233, entre Aniceto Arce et España. ☎ 645-74-63. 703-215-07. • wasi-masi.com • Dortoir à partir de 50 Bs/pers ; double avec sdb privée env 140 Bs ; petit déj inclus. Séjour de 2 nuits min.* Dans une rue tranquille, des chambres tout confort ordonnées autour d'un coquet patio fleuri. Tenu par Roxana, on y trouve les services d'une AJ classique : salle TV, cuisine, laverie, échange de bouquins. Accueil chaleureux, bon petit déj. À signaler : respect strict du couvre-feu.

Alojamiento Potosí (plan A2, **24**) : *c/ Ravelo 262. ☎ 645-19-75. • castro@sucre.bo.net • À partir de 30 Bs/pers.* Établissement ordonné autour de 2 patios, dont un hérissé d'un gigantesque palmier. Ultra-sommaire mais propre. Les chambres côté cour n'ont pas de fenêtre. Côté rue, c'est plus respirable, mais plus bruyant aussi. Douches (tièdes) et sanitaires corrects, en nombre suffisant. Quelques *matrimoniales* avec salle de bains privée, un peu plus chères. Bonne petite *salteñería* en face, pour un petit déj tardif.

De bon marché à prix moyens (moins de 140-220 Bs / env 16-25 €)

Kultur Berlin Hostal (plan B2, **25**) : *c/ Avaroa 326. ☎ 646-68-54. • kulturberlin.com • Lit en dortoir 55 Bs ; double env 200 Bs ; petit déj inclus.* Les chambres sont situées à l'arrière du *Kultur Café Berlin,* autour d'une terrasse surplombant une jolie cour fleurie. 2 dortoirs de 6 lits et de jolies doubles avec parquet ciré, salle d'eau privée, meubles patinés et coin bureau garni de quelques bouquins. Eau chaude le soir, pas toujours le matin... Pas mal de charme dans l'ensemble. On profite de l'animation des lieux et du resto-bar avec soirées à thème, fréquenté par tous les *backpackers.* Ambiance très cool. En plus, l'accueil est charmant.

Hostal La Escondida (plan B2, **26**) : *c/ Junín 445. ☎ 643-57-92. 761-111-17 ou 141-44. • laescondidahostal.com • Lit en dortoir 60 Bs ; double env 200 Bs ; petit déj inclus.* Juste en face du marché, mais parfaitement au calme car les chambres sont en retrait de la rue, autour d'un patio intérieur. Bâtiment moderne fort bien tenu, murs blancs, sols carrelés et quelques plantes pour égayer le tout. Les chambres sont vraiment impeccables et agréables, avec salle de bains, TV câblée et bonne literie. Un seul dortoir de 6 lits, nickel aussi. Cuisine à dispo et quelques fauteuils dans le patio pour prendre le petit déj. Laverie. Accueil très aimable, disponible et souriant. Un excellent rapport qualité-prix.

Villa Francesa *(plan B3, **7**) : c/ Dalence 383. ☎ 643-31-40. • c_moris@hotmail.com • lavilla francesa.com • Doubles et studios env 100-160 Bs. Séjour de 2 nuits min. Pas de petit déj.* Bienvenue chez le consul honoraire de France ! Au moins, en cas de pépin, il n'y a qu'à demander... Rassurez-vous cependant, l'atmosphère n'a pas grand-chose à voir avec les réceptions de l'ambassadeur. Dans sa maison coloniale, Christophe a simplement aménagé une poignée de chambres-studios agréables avec cuisine intégrée, ainsi qu'un petit appart avec terrasse. 2 chambres communicantes (moins chères) partagent cuisine et salle de bains, pratique pour les familles. Tarifs dégressifs à partir d'une semaine, le consul penche d'ailleurs pour les longs séjours. Il tient aussi une agence de voyages, *Rutas de Bolivia*.

Chic (220-350 Bs / env 25-40 €)

La Selenita *(plan B2, **27**) : c/ José Mostajo 145. ☎ 645-65-94. 📱 728-599-93. • laselenita.com • Double env 310 Bs ; petits déj inclus.* Bon, ça grimpe un peu depuis la place centrale, mais arrivé là-haut, la vue est splendide ! Coup de cœur pour cette adresse tenue par un couple franco-belge charmant, dont la famille vit en Bolivie depuis plus de 20 ans. Seulement 4 *cabañas* dans un joli jardin soigné, avec potager et arbres fruitiers. Salles de bains nickel, déco simple et colorée faisant la part belle aux matériaux locaux. Agréables coin cuisine et salon-DVD à dispo. Petit déj avec fruits de saison et confitures maison. Le must, c'est la terrasse avec vue imprenable sur Sucre. Une maison où l'on se sent bien, à prix très raisonnables. Petite épicerie et laverie juste à côté.

Casa Verde B & B *(plan B3, **28**) : c/ Potosí 374. ☎ 645-82-91. 📱 703-146-11. • casaverdesucre.com • Double à partir de 35 $ (taxes incluses) ; supérieure env 45 $; petit déj inclus.* Un autre coup de cœur à Sucre ! Dans la vieille ville, une petite maison coloniale entièrement restaurée, avec petite cour intérieure et même une piscine couverte (oui !). Jolie façade et déco dans les tons blanc et vert, et pas moins de 8 chambres très agréables, tout confort et soigneusement décorées. La *superior* – en mezzanine – est particulièrement charmante. Belle salle en bois clair, très lumineuse, pour les petits déj, avec jus d'orange frais, yaourts, fruits, œufs, etc. Seules les salles de bains sont assez petites et basiques, mais cela reste une excellente adresse d'un rapport qualité-prix-charme imbattable !

Hostal Sucre *(plan A2, **29**) : c/ Bustillos 113. ☎ 645-14-11. • hostalsu cre.com.bo • Double env 250 Bs, petit déj (simple) inclus.* 💻 📶 Élégante maison coloniale, bâtie autour d'un beau patio à arcades tout fleuri, avec fontaine de rigueur. Chambres bien équipées, à la déco surannée façon vieille bourgeoise espagnole. Assez vieillottes, mais propres et confortables (douche chaude). Dans la salle de petit déj, on s'attend à croiser Don Diego de la Vega...

Plus chic (plus de 350 Bs / env 40 €)

Casa Kolping Sucre *(hors plan par B2-3, **30**) : pasaje Iturricha 265. ☎ 642-38-12. • sucre.bo@kolping.net • Sur les hauteurs de la ville, à côté de la Recoleta (compter 15 mn à pied, mais ça grimpe). Minibus C et n° 7 depuis le centre, ou taxi (env 8-10 Bs). Transfert gratuit de l'aéroport. Doubles 385-460 Bs selon confort et vue, petit déj-buffet inclus. Réduc à partir de 2 nuits. CB acceptées.* 💻 📶 Moderne, frais, organisé sur plusieurs niveaux ponctués de jardins, de terrasses... et d'une chapelle, ce grand complexe appartient à une institution religieuse latino-américaine ; les bénéfices sont réinvestis dans des œuvres sociales. Avant d'arrêter son choix, visiter plusieurs chambres pour se laisser tenter par la vue. Toutes sont équipées de salle de bains, eau chaude et coffre-fort. Salle de gym et resto panoramique (ouvert 7h-23h).

Hostal de Su Merced *(plan A3, **31**) : c/ Azurduy 16. ☎ 644-27-06 ou 51-50. • desumerced.com • Résa conseillée. Double env 495 Bs (réduc possible à partir de plusieurs nuits), petit déj inclus.* Restaurée avec beaucoup de goût, cette grande maison bourgeoise du XVIIIe s offre, depuis sa terrasse, l'une des plus belles vues de la ville, magique la nuit lorsque les lumières illuminent Sucre. Vaste et superbe patio fleuri. Autour, des chambres élégantes et tout confort (minibar, chauffage d'appoint...). Certaines s'ouvrent sur les cloches de l'église voisine, avec petit balcon privé... Celles donnant sur la rue sont un peu bruyantes. Salles de bains un brin vieillottes, mais l'ensemble a beaucoup de cachet. Très bon petit déj (jus de fruits frais, gâteaux maison, charcuterie et café filtre). Accueil pro.

SUCRE

Très chic (plus de 500 Bs / env 57 €)

Mi Pueblo « Samary » Hotel-Boutique *(plan B3, **32**) : c/ Dalence 349. ☎ 643-81-17. • samaryhotel.com • Double env 85 $ (réduc à partir de plusieurs nuits), petit déj inclus.* Authentique hôtel de charme établi dans un ancien bâtiment colonial, entièrement restauré. Chambres vastes, ultra-confortables, décorées de quelques objets artisanaux. Service à la hauteur du standing, salles de bains luxueuses (ou presque !). Excellent petit déj-buffet, copieux et varié (servi un peu tard toutefois, seulement à partir de 7h30). Resto sur place et petit bar traditionnel où déguster la *chicha*. Une adresse pas donnée, certes, mais d'un très bon rapport qualité-prix-charme.

Hotel Villa Antigua *(plan B2, **33**) : c/ Calvo 237. ☎ 644-34-37. • villaantiguahotel.com • Double env 83 $ (réduc à partir de 2 nuits), petit déj-buffet inclus.* Encore une belle adresse dans une maison coloniale restaurée, à 5 mn de la place principale. Vaste patio ombragé et colonnes rouge brique. Parties communes très agréables. Tout autour, de grandes chambres modernes et tout confort, aux parquet et meubles en bois exotique. L'ensemble est assez épuré, avec quelques touches colorées et de jolis objets ou tissus traditionnels. Le jardin à l'arrière, la vue depuis la terrasse sur le toit et le sauna – appréciable après une journée de balade à la fraîche – sont de vrais plus. Et l'accueil est charmant.

Parador Santa María La Real *(plan B2, **34**) : c/ Bolívar 625. ☎ 643-95-92 ou 93. • parador.com.bo • Double env 99 $, petit déj-buffet inclus.* Hôtel de luxe logé dans une belle demeure du XVIIIe s restaurée. Chambres réparties autour de 2 patios, où le bleu outremer des murs alterne avec les nuances de brique. Chambres cossues, décorées d'un élégant mobilier colonial. Superbe panorama sur la ville et la cathédrale depuis le toit-terrasse. Accueil pro et disponible.Là encore, une adresse qui a beaucoup de cachet.

Où manger ?

C'est l'occasion de goûter aux spécialités de la région : les *salteñas* (chaussons ou *empanadas* à la viande ou aux légumes ; on les mange surtout le matin), le *ckocko* (version bolivienne du coq au vin – ce dernier étant remplacé par la *chicha* –, le tout servi avec des pommes de terre et des pâtes), les *chorizos criollos* ou *chuquisaqueños* (saucisses servies dans les *choricerías*), le *chicharrón* (viande de porc cuite dans la *chicha*, servie

avec du maïs), les *picantes* (poulet, lapin ou langue avec du *locoto,* une sauce bien pimentée) et la *nogada de lengua* (langue de veau, sauce noix ou cacahuètes).
Bon à savoir : les *almuerzos* (menus complets) sont servis dans les restaurants de 12h à 14h, souvent bon marché en semaine et un peu plus cher le dimanche.

Bon marché (moins de 30 Bs / env 3,50 €)

Mercado central *(plan B2,* **40***) : c/ Ravelo.* Au rez-de-chaussée, sous l'escalier, on dévore pour 10 Bs de vrais sandwichs de chorizo *chuquisaqueño* ou de *jamón* chez les sœurs de *7 Lunares,* une échoppe ouverte presque en continu, où se retrouvent les noceurs au petit matin. On peut demander son sandwich sans piment. Dans les *comedores* du 1er étage, on s'attable devant des *picantes* et autres petits plats. S'adresse toutefois aux estomacs bien accrochés...

Condor Café *(plan B2,* **3***) : c/ Calvo 102, à l'angle de Bolívar. 734-333-92. Lun-sam 8h30-22h ; dim 12h-20h.* Le lieu abrite les bureaux de l'agence *Condor Trekkers* et les bénéfices du café sont investis dans des projets avec les communautés de la région. Cadre soigné, hauts plafonds, murs colorés et quelques tables en bois bien espacées. Super menu le midi avec de belles salades ou plats végétariens concoctés avec des produits frais. Mais aussi des sandwichs, *empanadas, tucumanas,* de savoureux jus de fruits, de bons petits déj et quelques douceurs maison. Un choix restreint mais une bonne petite cuisine fraîche, joliment présentée et servie avec le sourire. À ponctuer d'un véritable *espresso* !

El Germen *(plan B2,* **41***) : c/ San Alberto 231. Tlj sf dim 8h-22h.* Almuerzo *20 Bs.* Resto végétarien tenu par une Allemande proposant un bon menu au déjeuner. Produits frais bien préparés : soupes, hors-d'œuvre, beignets de légumes, gratin, *pastel de quinoa,* pâtes fraîches, pâtisseries, etc. Quelques plats de viande pour les irréductibles carnivores. Rien à redire, tout est goûteux et s'apprécie dans une petite salle voûtée à la déco gentiment bolivienne.

Kultur Berlin Café *(plan B2,* **25***) : c/ Avaroa 334. 642-45-21. Tlj sf dim 8h30-3h. Menu déj 20 Bs et carte.* Dans l'enceinte du centre culturel allemand. *Almuerzo* frais et copieux, à défaut d'être gastronomique. Quelques sandwichs, pizzas et plats boliviens servis à toute heure. De la vraie limonade, plein de bières au choix et des cocktails à prix honnêtes. Mais aussi du vrai café, ça vous changera ! Le tout servi dans un patio très agréable, ensoleillé et fleuri. Soirées à thème presque tous les soirs, c'est un des QG des jeunes routards à Sucre, très convivial.

Prix moyens (30-50 Bs / env 3,50-5,50 €)

La Posada *(plan B2,* **42***) : c/ Audiencia 92. 646-01-01. À deux pas de la place. Lun-sam 7h-22h30, dim 7h-15h.* Almuerzo *35 Bs.* Le cadre est joli : une élégante cour coloniale ouverte sur le ciel. On y déjeune à l'ombre des parasols, sur des tables en fer forgé. Pour une fois, l'*almuerzo* propose des *segundos* variés, on ne sera pas obligé de se farcir une énième *milanese de pollo* ! On peut même préférer à la soupe une salade. Menu spécial le dimanche, avec grillades. Service efficace et aimable. Et puis, surtout, c'est bon. Le soir, à la carte, les prix grimpent mais la qualité est constante.

Café-restaurant Florín *(plan B2,* **43***) : c/ Bolívar 567, à l'angle de Grau. 645-13-13. Tlj 7h30-2h (3h ven-sam, minuit dim).* Happy hour *21h30-22h30.* Resto-bar tenu par des Hollandais. Cuisine internationale (poulet tandoori, *pad thaï, tostadas mexicanas,* camembert frit, plateau de fromages...) et spécialités boliviennes. Également de copieux petits déj, le tout servi dans une salle tamisée et chaleureuse (voire surchauffée...) ou dans l'agréable patio ouvert. On pourra aussi s'y contenter d'un verre.

🍽 ***Nouvelle Cuisine*** *(plan B3, **44**) : c/ Avaroa, entre Azurduy et Dalence. ☎ 646-52-46. Tlj 12h-14h, 18h-23h. Plats 25-40 Bs.* Almuerzo *le midi, grillades slt le soir.* Voilà un nom bien pompeux pour un petit grill sympa et populaire, où l'on vient le soir dévorer de la bonne viande bien juteuse grillée au barbecue, avec grosses frites et buffet d'entrées inclus. Côté cadre, il y a le choix : la cour, l'œil sur le feu, ou la salle, chic et cheap, avec nappes blanches et chaises en plastique. Pour les rabat-joie, brochettes de légumes.

Plus chic (plus de 50 Bs / env 5,50 €)

🍽 ***La Taverne*** *(plan B2, **9**) : c/ Aniceto Arce 35. ☎ 645-57-19. Lun-sam 12h-23h, dim à partir 19h. Menu déj en sem 45 Bs ; plats env 60-65 Bs.* C'est le resto de l'Alliance française, installé dans une belle maison coloniale. Une vraie taverne de matelot, prolongée d'un patio orné d'une fresque qui s'amuse de la douce France. Bon menu avec les classiques plats du jour et, le soir, des plats plus raffinés, jusque dans la présentation : filet de bœuf farci sauce roquefort ou poivre, poulet au coulis de rose (!)... Belle carte des vins. Pas donné cependant, d'autant que la cuisine n'est pas toujours d'une grande finesse.

🍽 ***Los Balcones*** *(plan B2, **45**) : pl. 25 de Mayo 34, au 1er étage. ☎ 644-76-10. Tlj 12h-minuit. Menu du jour 45 Bs (55 Bs dim) ; plats env 50-60 Bs.* On y vient d'abord pour la vue, assis autour des quelques tables installées aux balcons, en surplomb de la place. Un observatoire idéal. Dans l'assiette, des plats à la carte dont le meilleur *pique a la macho* de Sucre, un menu du jour avec buffet de salades (servi aussi le soir), et même des fondues au fromage ou à la viande (sur commande).

🍽 ***El Huerto*** *(plan A1, **46**) : c/ Ladislao Cabrera 86. ☎ 645-15-38. Excentré, près du stade (prendre un taxi), mais mérite le détour. Tlj sf lun 12h-16h, plus mer-sam 19h-22h. Résa conseillée. Plats env 60-70 Bs.* Le resto gastronomique de Sucre, tenu par une danseuse de tango. Dans un verger croulant sous les fruits en saison (prunes, pêches, coings...) s'allongent 2 belles terrasses avec parasols, les pieds dans l'herbe. Aire de jeux pour les enfants. On y sert un copieux *almuerzo* de qualité (beau buffet de hors-d'œuvre), et une bonne sélection de viandes, poissons et volailles à la carte (même du magret). L'endroit idéal pour manger des plats *criollos* : *nogada de lengua* ou *ckocko de pollo*. Pain fait maison. Le soir (du mercredi au samedi seulement), on se replie à l'intérieur, autour de deux ambiances : *parrillada* au rez-de-chaussée, ou piano-bar à l'étage pour une cuisine plus raffinée. Une bonne adresse.

🍽 ***Salamandra*** *(plan B3, **47**) : c/ Avaroa 510. ☎ 645-65-74. Tlj sf dim 18h30-23h.* Box en bois verni et déco rustique au rez-de-chaussée (il ne manque que la cheminée...), salle plus chic à l'étage. Le patron, ex-consul du Pérou en Bolivie, ne s'est pas privé d'ajouter un balcon *limeño* (de Lima) sur la façade. À la carte, soupe, viande rouge, poulet, porc, poisson, fruits de mer (langoustines) et les éternelles pâtes végétariennes – ou non. À notre avis, les plats de poulet et de poisson sont les plus réussis. Cuisine assez élaborée et service soigné.

Où prendre le petit déjeuner ? Où goûter ?

☕ ***La Pâtisserie*** *(plan B2, **60**) : c/ Audiencia 17, à 30 m de la place. Tlj sf w-e 9h-20h30.* Française, évidemment ! Cannelés, tiramisù, quiche, fraisier, crème brûlée... se dégustent arrosés d'un inespéré *espresso*, dans une salle neutre en bord de rue.

☕ ***Las Delicias*** *(plan A2, **61**) : c/ Ayacucho 150. ☎ 644-25-02. Tlj sf dim 16h-20h.* Salon de thé-pâtisserie souvent bondé d'étudiants. Plein de gourmandises, comme le *sonso* (drôle de brochette au *yuca* et fromage), des gâteaux bien crémeux, ou des *empanadas de pollo* à la citrouille.

Pour un petit déj, un bon café ou une pause sucrée, voir aussi ***The Beehive*** *(plan A3,* ***20****),* décrit plus haut dans « Où dormir ? », ainsi que le ***Condor Café*** *(plan B2,* ***3****),* dans « Où manger ? ».

Où boire un verre ? Où sortir ?

Sucre a beau être une ville universitaire, ses nuits ne sont pas des plus agitées. Après 22h, c'est le syndrome Cendrillon... La plaza 25 de Mayo est le lieu de rendez-vous incontournable à la sortie des cours. Pas mal d'animation aussi dans les rues piétonnes du marché. Plein de cafés également dans la rue Nicolás Ortiz, entre la place et la rue Dalence.

Joy Ride Café *(plan B2,* ***70****) : c/ Ortiz 14. ☎ 642-55-44. Tlj 7h-2h. Happy hours à partir de 21h.* Le QG des gringos, un peu cool, un peu branché, souvent bondé ! Que ce soit pour le petit déj, des snacks pendant la journée, un verre, une pizza ou un steak le soir, l'adresse est toujours animée. À l'entrée, on traverse une salle tamisée pour rejoindre, en haut des marches, un patio chauffé aux allures tropicales. Bouffe très copieuse, mais franchement pas donnée ni fameuse. Préférer y venir pour une bière ou un cocktail (large choix), à éponger avec quelques en-cas ! Fait aussi bar musical avec concerts et *peñas* en fin de semaine. Films tous les soirs, dans l'espace *lounge* au dernier étage.

Bibliocafé – Biblioconcert *(plan B2,* ***71****) : c/ Nicolás Ortiz 42 et 50 ; à deux pas de la place principale. ☎ 644-75-74. Tlj 11h30 (19h dim)-2h.* 2 lieux côte à côte, avec chacun son ambiance. Au *Bibliocafé,* atmosphère tamisée, cadre chaleureux (vieilles photos, fond bois), café, thé, cappuccino, mais aussi *cuba libre, mojito,* etc. Le *Biblioconcert* se la joue plus pub et attire une clientèle jeune et étudiante essentiellement. Musique live tous les soirs. Possibilité de grignoter sandwichs, crêpes, pâtes, etc. Dommage toutefois, les prix sont, là encore, plus élevés que la moyenne.

On peut aussi se retrouver autour d'un verre entre gringos aux bars du ***Kultur Berlin Café*** *(plan B2,* ***25****)* et du ***Café-restaurant Florín*** *(plan B2,* ***43****),* décrits plus haut dans « Où manger ? ». Soirées à thème et petits concerts réguliers.

Café Gourmet Mirador *(hors plan par B2-3,* ***72****) : pl. de la Recoleta. ☎ 644-30-38. Juste en contrebas du mirador de la Recoleta.* Micros C et nº 7 du mercado central *(se faire arrêter à c/ Ichu Mocho angle Calvo, reste 100 m de grimpette), ou taxi direct jusqu'à la place (env 8 Bs). Tlj sf dim 9h30-19h30.* Un endroit à ne pas louper, un petit jardin perché en surplomb de la ville, idéal pour prendre un café, un bon jus de fruits frais ou une bière bien fraîche accompagnée d'un sandwich, une salade ou une tarte, sous les parasols de bambou. Magnifique vue plongeante sur Sucre.

Achats

Chocolates Para Ti *(plan A-B2,* ***75****) : c/ Arenales 9, à deux pas la place. ☎ 644-31-77. • chocolatesparati.net •* Les amateurs de chocolat ne manqueront pas cette boutique. Tout un choix de chocolats et de tablettes joliment décorées, notamment au miel et à la quinoa... Un régal ! Une autre boutique dans le centre, calle Audiencia 68 *(plan B2),* ainsi qu'à l'aéroport.

Sombreros Sucre *(plan A2,* ***76****) : à l'angle de Loa et Ravelo. ☎ 646-08-40. • sombrerossucre.com.bo • Lun-ven et sam mat 8h-12h, 14h-18h.* La fabrication de chapeaux de feutre est une tradition ancienne de Sucre. Dans cette boutique on trouve le style Stetson, la casquette d'hiver, ou encore le Peti Tero à environ 50 Bs ! Certains modèles se plient sans problème dans le sac à dos. 2 autres boutiques : au terminal de bus et à l'aéroport. Possibilité également de visiter la fabrique (large choix de chapeaux) et le petit musée attenant *(c/ Inca Garcilazo 134 ; 10 Bs/pers).*

À voir

Compter bien 3 à 4 jours pour visiter Sucre et ses environs.

Aux alentours de la plaza 25 de Mayo

Plaza 25 de Mayo *(plan A-B2)* **:** le cœur de la ville, lieu de tous les rendez-vous, où l'on vient voir et se faire voir, où on laisse filer le temps assis sur un banc. Un vaste square semé de fontaines et de jardinets, hérissé de hauts arbres et palmiers impériaux, encadré de somptueux édifices coloniaux tels la *casa de la Libertad,* la *catedral* et le grandiloquent *palacio de Gobierno,* qui abrite la préfecture. Au centre de la place trône une statue du maréchal Sucre.
À l'occasion des ***fêtes paroissiales,*** les habitants des villages de la région viennent rendre hommage à la Vierge de Guadalupe. Tout commence par un défilé joyeux autour de la place avant de se rendre à la cathédrale. Les paysannes *(cholas)* dansent en tête, vêtues de leurs plus beaux habits traditionnels, larges jupes colorées *(polleras)* tourbillonnant au son des *bandas* et chapeaux melon vissés sur la tête. Les occasions de pèlerinage sont nombreuses et régulièrement la place résonne du son des cuivres et des tambours.

Catedral *(plan A-B2)* **:** *pl. 25 de Mayo. Entrée par le musée situé c/ Ortiz 61. Horaires du Musée ecclésiastique : lun-ven 10h-12h, 15h-17h. Billet d'accès (20 Bs) commun au musée, à la cathédrale et à la chapelle.*
La cathédrale se visite exclusivement dans le cadre de la visite guidée du musée (horaires aléatoires) Sinon venir aux heures des messes, les jeudi et dimanche à 9h. Édifiée entre 1559 et 1712, ce qui explique l'évolution des styles (Renaissance, baroque, puis baroque bolivien). Superbe architecture extérieure. Tour massive ornée de balustrades et statues, une des fiertés du patrimoine bolivien. Intérieur moins séduisant. Autel en argent surmonté d'un baldaquin hyper chargé. Jeter un œil au superbe orgue.

– *Capilla Nuestra Señora de Guadalupe : sur le côté de la cathédrale, au n° 31 c/ Nicolás Ortiz (accès par le musée).* La chapelle abrite la Vierge de Guadalupe. En 1784, un joaillier ajouta une plaque d'argent qui sera ornée au fur et à mesure de perles (12 000 !), de diamants et autant de pierres semi-précieuses. On parle parfois de vendre ce trésor pour payer les dettes de la Bolivie !

DORMIR SUR SES LAURIERS !

Couverte d'or, d'émeraudes et de perles, la Vierge de Guadalupe fut un jour retrouvée nue. On se mit en état d'alerte... Le trésor avait disparu. Mais le curé découvrit vite que le voleur n'avait pas pris la fuite. Il dormait, caché sous l'un des bancs de la chapelle... en attendant le lever du jour. Il fut mis à l'ombre et le trésor retrouva sa place, de façon quasi miraculeuse.

Casa de la Libertad *(plan A2,* ***80****)* **:** *pl. 25 de Mayo 11 (côté c/ Aniceto Arce). ☎ 645-42-00 ou 26-90. • casadelalibertad.org.bo • Mar-sam et dim mat 9h-12h, 14h30-19h. Entrée : 15 Bs. Possibilité de visite guidée. Droit photos : 10 Bs.*
Un splendide palais colonial, ancien monastère de jésuites construit au début du XVIIe s, puis converti en annexe de l'université. C'est ici, dans la chapelle, que

se réunit en août 1825 l'assemblée qui proclama l'indépendance de la Bolivie. L'ancienne salle des examens de l'université fut ensuite le siège du Parlement de 1825 à 1898. Nombreux documents, souvenirs, objets liés à la lutte pour l'indépendance. Parmi les témoignages les plus importants : l'épée du maréchal Sucre à la bataille d'Ayacucho, le trophée de guerre de la bataille d'Ingavi (remportée par Ballivián en 1841), le drapeau de la guerre du Pacifique (qui flotta sur le littoral avant qu'il ne soit annexé par les Chiliens). Dans une vitrine, le premier drapeau argentin, etc.
Une salle est consacrée à l'héroïne nationale doña Juana Azurduy de Padilla. Pendant la guerre d'Indépendance, elle dirigea un bataillon. Dans deux salles à gauche de la cour, documents originaux du maréchal Sucre puis souvenirs et portraits des différents présidents de la République, et ils sont nombreux ! Tous n'ont pas gouverné suffisamment longtemps pour avoir droit à leur nom de rue... Au bout de la salle trône un gigantesque buste de Bolívar, pas franchement à son avantage. Au fond à droite de la cour : vieux ouvrages et armes anciennes.

Museo Dr Gutiérrez Valenzuela *(plan B2,* ***81****)* **:** *sur la place, du côté de la c/ Nicolás Ortiz, au 1er étage. ☎ 645-38-28. Lun-ven 9h-12h, 14h-18h ; sam 9h30-12h. Entrée : 8 Bs.* Un nabab a légué à la fac des meubles européens du XIXe s et des objets de décoration de l'époque républicaine, qui donnent une idée du mode de vie de la bourgeoisie *sucreña*.

Facultad de derecho de la universidad Mayor Real y Pontificia de San Francisco Javier de Chuquisaca *(UMRPSFJC (!) ; plan A2,* ***82****)* **:** *c/ Junín, entre Arenales et Estudiantes.* Une faculté de droit mythique en Amérique du Sud, la deuxième université la plus ancienne du continent, réputée aujourd'hui pour être un vivier d'idées contestatrices, radicales. Alors qu'hier s'y formait l'élite de la colonisation espagnole, lors de la visite du roi et de la reine d'Espagne en 1992, Leurs Majestés furent interdites de séjour par les étudiants... On peut pénétrer dans son immense cour coloniale encadrée d'arcades.

Juste derrière la faculté, Calle Arenales, l'***iglesia San Miguel*** *(plan A2,* ***83****)*, construite en 1621. Murs blancs, plafond mudéjar exquis et patio typique *(ouv pdt les messes slt).* Un peu plus loin, calle Junín, à l'angle d'Arenales, s'élève ***Santa Mónica,*** à la ravissante façade baroque d'une blancheur immaculée.

Museo de Etnografía y Folklore *(MUSEF ; plan B2,* ***84****)* **:** *c/ España 74, dans une belle maison coloniale, dépendance de la Banque nationale. ☎ 645-52-93. • musef.org.bo • Lun-sam mat 9h30-12h30, 14h30-18h30. Entrée : 15 Bs ; réduc.* Riches expos temporaires, doublées d'une impressionnante collection de masques rituels de tout le pays. Reproductions actuelles et pièces anciennes sont confectionnées en toile, bois, métal, plâtre... Mise en scène très réussie. Figures zoomorphes, divines ou hallucinées. Jetez un œil à l'*Achachila* (masque en cuir du grand-père) et aux différents Lucifer dont un ancien provenant d'Oruro qui porte trois animaux sur la tête en représentation des trois mondes. Tout au fond, un impressionnant *dansanti* de 9 kg ; le porteur du masque était censé danser pendant 3 jours sans s'arrêter puis mourir d'épuisement afin d'assurer une bonne récolte au village.

Iglesia de San Francisco *(plan B2,* ***85****)* **:** *c/ Ravelo, angle Arce. À côté du marché central. Messes à 7h, 7h30, 10h30, 17h et 19h.* Toujours du monde. Il faut dire que les messes du dimanche soir sont plutôt attractives, souvent accompagnées d'un groupe de rock avec batterie, synthétiseur et guitare électrique. *Yeah !* L'église fut édifiée en 1581. Remarquable plafond polychrome curieusement parsemé de pointes (influence maure). Retable en bois sculpté doré. Vieux confessionnal ciselé style *mestizo* (art métis indien). En 1809, la cloche se fêla à force de sonner la révolte contre le joug espagnol.

Ne pas manquer d'aller flâner juste à côté, dans le vaste ***mercado central*** aux mille couleurs. On peut casser la croûte dans un des kiosques au centre du marché.

Museos universitarios - Charcas *(plan B2-3,* ***86****) : c/ Bolívar 698. ☎ 645-61-00. Lun-ven 8h30-12h, 14h30-18h ; sam 9h30-12h. Entrée : 20 Bs. Visite possible en anglais.*
L'un des plus importants musées du pays, installé dans le *palacio del Gran Poder* (du XVIIe s) et divisé en quatre grandes parties. Au centre, beau patio et fontaine.
- Section d'***art contemporain bolivien.*** Voir notamment l'inquiétante *Inutíl Espera* de Rolando Chacarría et, s'inscrivant dans le courant contestataire de la peinture sud-américaine, les plus revendicatives *Lucha* de Maclovio, *Clamar de Justicia* de Renato Estrada et *Silicosis* de Huanka où les galeries du cerro Rico de Potosí figurent les poumons d'un mineur.
- ***Collection d'art colonial :*** incroyablement riche, elle occupe une quinzaine de grandes salles. Peintures religieuses, dont quelques-unes sur glace, portraits de la noblesse espagnole, secrétaires en marqueterie, meubles peints et sculptés, sculptures sur bois, orfèvrerie religieuse (belle urne en argent du XVIIe s), chapelles portatives en bois polychrome. Intéressante toile de 1758 montrant la « colline riche » de Potosí. À ne pas manquer non plus, dans la salle de l'argenterie, un impressionnant costume de danse en argent massif (12 kg tout de même, pas évident de tenter un entrechat avec ça sur le dos !).
- ***Section d'archéologie :*** résultat des fouilles dans la région. Poteries, silex, pétroglyphes des cultures huruquilla, yura, presto-puno, yampara, mojocaya, etc. Reproduction de peintures rupestres. Tout au fond, objets et bijoux en bronze, os et pierre (superbe collier en os), tissus anciens, momies (celle qui est en position fœtale est aussi célèbre que Lucy), collection de crânes incas déformés et trépanés, etc.
- ***Section ethnographique :*** entièrement rénovée, elle abrite instruments de musique, objets domestiques et artisanat indien, armes, jouets, coiffures tribales, vêtements en fibres végétales, masques, etc.

Iglesia y convento San Felipe de Neri *(plan A2-3,* ***87****) : c/ Nicolás Ortiz 165 (à l'angle de Colón, entrée par le collège Maria-Auxiliadora). ☎ 645-43-33. Tlj sf dim 14h30-18h. Entrée : 15 Bs. Visites guidées (1h) avec les étudiants de l'office de tourisme. Venir en fin de journée.* L'intérieur de l'église est d'un intérêt mineur. Ce qui accroche l'œil ici, et ne le lâche plus, c'est le splendide panorama sur la ville offert depuis les terrasses ondulées du couvent au sol de céramique. Dans le jour déclinant, le point de vue sur la forêt des toits et les blanches églises qui émergent est exceptionnel. À ne pas manquer !

UNE HISTOIRE DE FAMILLE

Dans les catacombes du couvent San Felipe de Neri est enterré un Pizarro. Dernier gouverneur espagnol de la Real Audencia de Charcas, ce descendant direct du sanguinaire conquistador Francisco Pizarro – le vainqueur de l'Empire inca – fut déposé par les indépendantistes.

En face de San Felipe, l'***iglesia La Merced*** *(plan A3,* ***88****) : c/ Pérez, angle Azurduy. Tlj sf dim 14h-17h30. Entrée : 10 Bs.* Construite entre 1581 et 1630. Il ne reste plus grand-chose d'origine, excepté le plafond mudéjar côté droit. Elle présente les travaux en feuilles dorées les plus impressionnants de la ville. Six retables, dont, au fond à gauche, l'un des plus anciens de Bolivie, datant de 1583. Également deux tableaux de Melchior Pérez Holguín. Demander à monter dans les tours : belle vue sur sa consœur San Felipe de Neri.

Convento de Santa Clara *(plan B2, **89**) : c/ Calvo 212 (accès par la c/ Avaroa 290). ☎ 645-22-95. En principe, tlj sf dim 14h-18h (17h30 sam). Entrée : 15 Bs.* Pour les amateurs d'art religieux colonial. Ce couvent, construit entre 1631 et 1636, est toujours habité par des sœurs – ce sont elles qui organisent la visite. Si la pièce maîtresse du lieu (un ostensoir de 1,5 m en or et argent) a été volée et détruite il y a une dizaine d'années, on y découvre tout de même un bel aperçu de tableaux de l'école de Charcas. Dans la première salle, la trilogie des Vierges, une pietà du XVIIe s, et surtout cette exceptionnelle *Passion du Christ* qui, comme tout tableau de l'école maniériste, vous suit du regard. Nombreuses sculptures aussi : belle Vierge de la Candelaria, un Enfant Jésus aux dents en nacre (!) et, exposé au rez-de-chaussée, un Archange Saint-Michel à l'épée de feu.
Dans l'église (à l'architecture baroque italianisante), jeter un œil à l'orgue du XVIIIe s, restauré. Des concerts attirent ici les meilleurs organistes du continent.

À la périphérie

Parque Bolívar *(plan A1)* : face au pompeux palais de justice s'étend ce long parc soigneusement entretenu et bordé de maisons coloniales. On s'y balade le dimanche en famille. Les enfants profitent du miniparc d'attractions installé en contrebas, pendant que les parents s'offrent une pause casse-croûte à l'un des petits kiosques. Pour prendre un peu de hauteur, on peut grimper au sommet d'une tour Eiffel miniature, érigée par la bourgeoisie *sucreña* avec l'argent des mines de Potosí.

Une centaine de mètres plus haut, la ***plaza de la Libertad*** *(plan A2)* joue les élégantes sous l'œil du grand théâtre Mariscal Sucre et d'un ancien couvent reconverti en hôpital.

ASUR – Museo de Arte indígena *(hors plan par B2-3, **90**) : pasaje Iturricha 314. ☎ 645-66-51. • asur.org.bo • Presque en face de la* Casa Kolping *(voir « Où dormir ? »). Lun-ven 9h-12h, 14h30-18h30 ; sam 9h30-12h, 14h-18h. Entrée : 25 Bs.*
Musée présentant l'histoire du textile dans la région de Sucre. Toutes les cultures y sont représentées (jalq'a, tarabuco et tinkipaya notamment) à travers leurs productions textiles. Le musée fait partie d'un programme de développement culturel qui a pour but la sauvegarde du savoir-faire des Indiens. Les plus beaux tissus y sont présentés. Également une salle consacrée aux instruments de musique traditionnelle et costumes de carnaval. Le programme *ASUR* s'est étendu à Potosí et 3 salles sont consacrées aux cultures calcha et tinkipaya. Sinon, boutique exposant de belles pièces dont le bénéfice est en partie versé aux artisans.

Convento y iglesia de la Recoleta *(hors plan par B2-3, **90**) : pl. Pedro Anzúrez. ☎ 645-19-87. Tt en haut des c/ Calvo, Grau et Dalence. Prendre le* micro C *ou n° 7 sur la c/ Ravelo (se faire arrêter c/ Ichu Mocho, à l'angle de Calvo, reste slt 100 m). À pied, compter env 20 mn depuis la pl. 25 de Mayo (ça grimpe !). En principe, ouv lun-ven 9h-11h30, 14h30-16h30 ; sam 15h-17h. Entrée : 15 Bs. Visite guidée (40 mn) obligatoire.*
Fondés en 1600 par les franciscains, le couvent et l'église dominent superbement la vallée. Quatre magnifiques cloîtres et patios fleuris s'y succèdent ; dans l'un des jardins, étonnant cèdre vieux de 1 400 ans (classé Monument historique). Selon une croyance populaire, si l'on fait trois fois le tour de l'arbre par la gauche, un mariage adviendra, par la droite, trois de vos vœux se réaliseront... bien choisir son camp !
Dans la *pinacothèque,* sculptures et peintures religieuses anonymes des XVIe et XVIIe s (notamment un tableau sur la vie de saint Antoine de Padoue construit comme une B.D., et une *Flagellation du Christ* de 1657), meubles en bois sculpté, chasubles, objets d'art, insolite collection de crucifix, monnaies anciennes,

quelques céramiques précolombiennes et armes indiennes. Parmi les curiosités, noter les étriers de chevaux en bois, et l'ancêtre du couteau suisse, tout en bois, avec cuillère et fourchette intégrées, et une Vierge sculptée en guise de croix suisse ! Certains objets furent rapportés par les Pères de leurs missions en Amazonie.
Dans le chœur des moines, perché en mezzanine en surplomb de l'église, belles stalles sculptées du XVIIe s. C'est ici que fut assassiné le général Pedro Blanco, alors président de la Bolivie, le 31 décembre 1828.
Du ***mirador,*** devant le couvent, on profite de l'un des plus beaux panoramas sur la ville. Sous les arcades, les amoureux s'échangeant des baisers... sucrés, bien entendu ! Juste en contrebas, le *café Gourmet Mirador* (voir « Où boire un verre ? Où sortir ? »), pour arroser la vue d'une bière bien fraîche.

Cementerio *(cimetière ; hors plan par A3)* **:** *au bout de Loa et Junín. Prendre le micro A ou petite course en taxi (4 Bs) ou encore une petite balade (15 mn du centre). Lun-ven 8h-11h30, 14h-17h30 ; w-e 8h-17h30.* Un des endroits préférés des étudiants pour réviser ou conter fleurette. Calme, ombragé, avec de beaux arbres et de petites allées tranquilles. Le dimanche après-midi, c'est l'un des lieux les plus fréquentés de la ville ! On y trouve les mausolées de différents présidents. À côté des imposants monuments funéraires des familles de notables, les tombes des moins aisés s'empilent en de véritables HLM pour l'au-delà...

LES VALLÉES

DANS LES ENVIRONS DE SUCRE

Parque Cretácico : *à 5 km du centre de Sucre, sur la route de Cochabamba (bus no 4 au départ du marché central, ou taxi, env 30 Bs A/R). Accès possible également par un sentier pédestre. Infos : ☎ 645-73-92. ● parquecretacicosucre.com ● Lun-ven 9h-17h, sam 10h-20h, dim et vac 10h-17h. Entrée : 30 Bs.* Découverte en 1994 dans l'usine de ciment, cette paroi date d'il y a 68 millions d'années et laisse entrevoir les empreintes que 150 espèces (dont 40 de dinosaures) y ont imprimées (c'était un lac avant le surgissement de la cordillère). Courant sur 2 km de long et 40 m de haut, elle constitue le deuxième plus grand site de ce type au monde. Le *Jurassic Park* de Bolivie en quelque sorte, qui plaira surtout aux gosses. Pour commencer la visite, un documentaire de la BBC (20 mn) digne de Spielberg. Ensuite, balade dans une sorte de parc où l'on a reproduit des dinosaures à leur taille réelle dans des postures menaçantes... La mise en scène est plus proche de Hollywood que du musée de paléontologie ! Depuis le mirador, on peut observer – avec des jumelles – la paroi et déceler les empreintes fossilisées de ces monstres préhistoriques.

LES VILLAGES JALQ'A

IND. TÉL. : 4

Si proches de Sucre (environ 45 km) et pourtant presque coupés du monde, les villages jalq'a sont nichés dans des vallées enclavées, au pied de l'imposante *cordillera de los Frailes,* une chaîne de montagnes replètes striées d'ocre et de verts, et dominée par l'étonnant cratère de Maragua. L'idéal est d'explorer cette région à pied. On la rejoint par une piste grimpant sur plus de 1 000 m au-dessus de Sucre. Certains de ces villages, ceux isolés au creux du cratère de Maragua, ne sont accessibles qu'en saison sèche. L'été, la rivière gonfle et l'on ne peut plus traverser à gué. Perdus au cœur de paysages arides et grandioses, ces minuscules bourgs manquent d'eau courante, d'électricité. Ils abritent une population rurale de langue quechua,

vivant des cultures du blé et du maïs, de l'élevage et, depuis peu, de la production ancestrale du tissage.

Leur savoir-faire unique dans l'art textile se perdait peu à peu. Des ethnologues boliviens et étrangers sont intervenus pour les aider à récupérer des pièces anciennes, à créer des ateliers où filer et teindre la laine, à s'équiper de métiers à tisser modernes. La population s'est alors mise à la tâche avec entrain, appuyée par l'ONG *ASUR*. Mais, très vite, les subventions qui devaient servir à améliorer les conditions de vie des Indiens ont commencé à se diluer dans un réseau d'intermédiaires mieux placés dans l'échelle sociale. Ainsi, toutes les belles promesses des ONG et des pouvoirs publics (moyens de transport, dispensaires...) n'ont jamais vu le jour.

UN VÊTEMENT CODÉ

Les aqsus, *formés de deux pièces cousues à hauteur de la ceinture, sont les vêtements pour lesquels les tisserandes déploient le plus de créativité. Elles marquent l'appartenance ethnique de leur propriétaire et sont peuplées de* khurus, *des animaux mythiques garde-fous de leur imaginaire comme les renards, lions, condors ou les chiens. Une sorte de carte d'identité !*

Comment y aller ?

Plusieurs excursions sont possibles dans la région, du tour à la journée en 4x4 au trek à pied de 4 jours. L'excursion au cratère de Maragua doit se faire pendant la saison sèche, la crue du fleuve empêchant sinon les traversées. Il est aussi recommandé d'avoir une bonne condition physique, car l'altitude peut être éprouvante. Et, bien sûr, ne pas oublier ses chaussures de marche ainsi que des vêtements imperméables et chauds (la nuit, ça peut descendre jusqu'à - 12 °C). Lire plus bas le descriptif des sites.

Y aller par ses propres moyens

S'y rendre par ses propres moyens est vraiment galère. Du centre de Sucre, accès en bus F, L ou n° 7 jusqu'au carrefour de Yurac-Yurac/parada Ravelo. De là partent des bus et camions pour Potolovers 10h-11h. Ils empruntent la route de Ravelo sur env 10 km, puis bifurquent à Punilla en direction de la *cordillera de los Frailes.* Compter 3h de trajet jusqu'à Potolo. Tous les bus passent par le sanctuaire de la Vierge de Chataquila (départ du chemin inca et de l'excursion vers les peintures rupestres de Incamachay) et par le village de Chaunaca (départ pour le cratère de Maragua).

Cependant, le plus dur n'est pas d'aller aux villages jalq'a, mais d'en revenir... En principe, un bus quitte Potolo le matin vers 10h, et repasse donc dans l'autre sens par Chaunaca et le sanctuaire de la Vierge de Chataquila vers 11h30. À part ça, rien, et ne comptez pas sur le stop, il y a très peu (voire pas) de trafic.

Enfin, il n'y a aucune desserte pour les villages situés à l'intérieur du cratère de Maragua. Pas de bus, peu de camions (au mieux un par jour, sans garantie...), les seuls véhicules que l'on croise sont les 4x4 des agences, et ils ne prennent personne en stop et pour cause, les touristes qui sont dedans ont payé pour le transport !

Sachez aussi que la plupart des chemins ne sont pas balisés. Pas facile de se repérer, notamment pour rejoindre le cratère de Maragua depuis Potolo. Enfin, pas de point de ravitaillement dans les parages, il faut donc faire ses provisions d'eau et de nourriture à Sucre.

Avec une agence

Vous l'aurez compris, le plus simple est de passer par une agence qui organisera votre transport et vous fournira un

guide si vous choisissez de faire un trek à pied (ce que l'on vous conseille). Voir les agences que nous recommandons plus haut dans le chapitre « Adresses utiles » de Sucre.
Les agences proposent l'A/R en 4x4 (compter 9h en tout et env 150-250 Bs/pers selon l'agence) ou bien des programmes rando incluant le guide, l'hébergement et les repas. Par personne, compter min 450 Bs pour 2 j., 550 Bs pour 3 j. et à partir de 750 Bs pour 4 j. Tarifs basés sur un minimum de 4 pers (groupez-vous). Pour effectuer un circuit complet incluant Chataquila, les peintures rupestres d'Incamachay puis la descente vers Chaunaca et Potolo (le chemin inca), la remontée vers le cratère de Maragua et enfin le retour à Sucre via Quila Quila, doivent compter 4-5 j. de marche.

Où dormir ?

On trouve de rustiques logements communautaires dans les villages de Chaunaca, Potolo, Maragua, Irupampa et Quila Quila (lire plus loin le descriptif de chaque village). Pratique, pas cher, mais ce n'est pas toujours évident de trouver dans le village la personne qui gère le lieu. Là encore, être accompagné d'un guide simplifie les démarches. Également une pension confortable à ***Chaunaca,*** à environ 45 km à l'ouest de Sucre :

Posada Samay Huasi *(plan Les villages jalq'a) : ☎ 645-29-35 ou 41-29. • 29avila@cotes.net.bo • Résa impérative par tél ou auprès d'une agence de Sucre (les proprios ne vivent pas sur place). Compter 35 $/pers en pens complète.* Petite pension posée dans un bouquet d'arbres, en surplomb de la rivière. Doubles ou familiales avec lits superposés, toutes avec salle de bains et eau chaude. Repas succulents. Une étape agréable au cours d'une rando. Loger là fera bien sûr grimper le prix de l'excursion.

Achats

Contrairement aux Tarabucos qui peuvent se rendre en ville pour vendre leurs créations (ils sont reliés à Sucre par une route asphaltée), les artisans jalq'a n'ont pas cette possibilité, en plus d'être frappés de certains interdits. Or, l'artisanat constitue, avec les récoltés, leur principale source de revenus. Désormais reconnus à leur juste valeur esthétique, mais aussi marchande, leurs magnifiques ***tissus*** en laine rouge et noir sur fond de coton blanc atteignent pour certains des prix astronomiques, et sont souvent destinés exclusivement à l'exportation. Business, quand tu nous tiens ! En tout cas, que tout cela ne vous empêche pas d'admirer ces tissages, véritables œuvres d'art.

À voir

Le mirador Sucre *(plan Les villages jalq'a) : au bord de la piste Punilla-Potolo, entre Punilla et le sanctuaire de la vierge de Chataquila. On s'y arrête avec les tours en 4x4.* Avant de se tourner vers la cordillère de los Frailes, dernier coup d'œil sur Sucre. Et quel coup d'œil ! Le panorama embrasse toute la ville, jusqu'au parque Cretácico.

Le chemin inca *(plan Les villages jalq'a) : départ au niveau du sanctuaire de la vierge de Chataquila (la « petite lune » en quechua), au bord de la piste Punilla-Potolo (compter env 1h30 de route depuis Sucre). Accès : 10 Bs, à payer en bas, à l'arrivée, à doña Rosita.* Descente vertigineuse en 2h de marche jusqu'à Chaunaca,

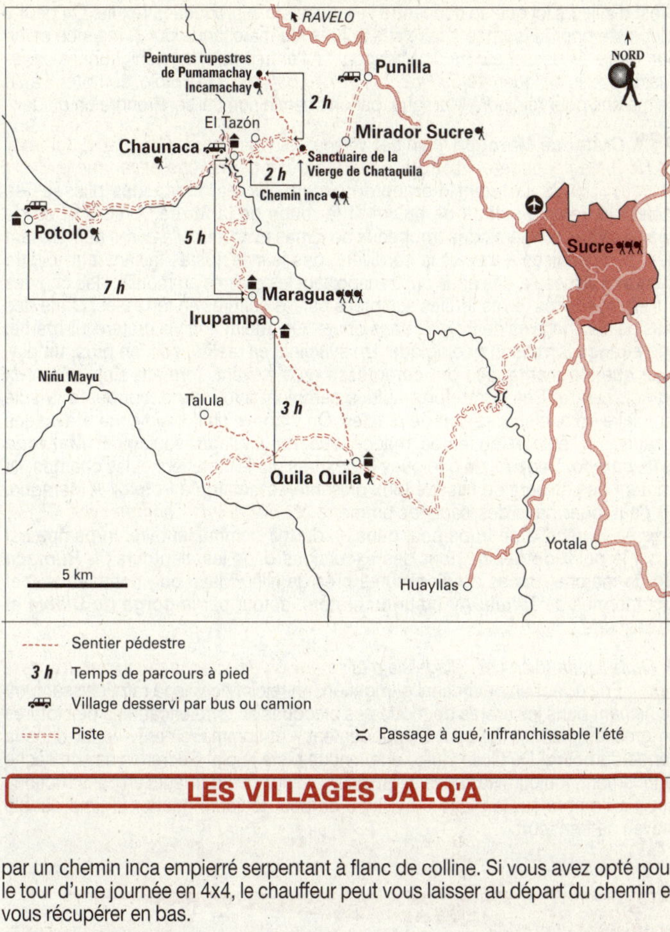

LES VILLAGES JALQ'A

par un chemin inca empierré serpentant à flanc de colline. Si vous avez opté pour le tour d'une journée en 4x4, le chauffeur peut vous laisser au départ du chemin et vous récupérer en bas.

Les peintures rupestres de Incamachay *(plan Les villages jalq'a)* **:** *départ du sentier au bord de la piste Punilla-Potolo, un peu après le sanctuaire. Accès : 10 Bs.* Un sentier balisé de 5 km (plus de 2h de descente) mène jusqu'à Incamachay, où, sur des pierres rougeâtres, d'anciennes peintures anthropomorphes et zoomorphes de culture sauces se mêlent aux graffitis des gamins. On peut aussi continuer jusqu'à Puma Machay, un site plus récent de culture huruquilla. En reprenant la piste qui descend vers Chaunaca, arrêt au ***mirador El Tazón*** (à 3 650 m de hauteur). Superbe panorama sur la cordillère de los Frailes et le cratère de Maragua.

Chaunaca *(plan Les villages jalq'a)* **:** *à env 40 km de Sucre au croisement des fleuves Potolo et Ravelo.* C'est au niveau de ce minuscule village que se séparent les pistes, l'une pour Potolo, l'autre pour Maragua. Une église, une école, quelques *cabañas* rudimentaires où loger, et une *posada* (lire plus haut « Où dormir ? »).

Potolo *(plan Les villages jalq'a)* **:** *à 20 km de Chaunaca et à 60 km de Sucre.* Au bout d'un canyon, calé au pied des montagnes au bord d'une vallée fertile, ce paisible bourg rural aux maisons de terre est le plus important village de la région.

C'est d'ailleurs ici que se concentre l'essentiel de la production textile. On peut y aller juste pour la journée y faire ses achats (ça marchande dur !), mais ce serait dommage de passer à côté de Maragua... À l'entrée du village, mignonnes *cabañas* rustiques où loger *(☎ 693-82-04 ; env 40 Bs/pers).* De Potolo, compter 6 à 7h de marche pour rejoindre Maragua, par un chemin non balisé. Prendre un guide.

Cráter de Maragua *(plan Les villages jalq'a)* **:** *depuis Chaunaca, compter 1h de piste secouée en 4x4 ou, à pied, env 5h de marche ascendante. Droit d'accès : 10 Bs.* Le point d'orgue du circuit. Sur les montagnes plissées se mêlent le vert du sulfate de cuivre et le rouge de la ferrite. Avec un peu de chance, vous croiserez des troupeaux de lamas avec leurs *llameros* acheminant des marchandises à travers la cordillère, des jeunes *ñustas* faisant leur toilette dans les ruisseaux, des ânes qui transportent les graines au moulin, des chèvres qui errent sur ces terres fertiles sculptées par les cultures en terrasses. L'une des plus belles enclaves de Bolivie, sans doute. On atteint enfin le cratère lui-même, une étrange formation géologique. Un synclinal en réalité, soit, en gros, un plateau que les montagnes ont compressé en s'élevant, formant ainsi un creux en son centre. Ses contreforts aplatis semblent avoir été découpés à la scie circulaire en une succession de pétales. On y trouve de l'obsidienne. Paysages lunaires, un lieu hors du temps, magnétique. Deux villages seulement, ***Maragua*** et ***Irupampa.*** Séparés de quelques kilomètres par le cimetière et les champs, ils abritent des ateliers de tissage (prix plus intéressants qu'à Potolo). À Maragua, on peut loger dans des *cabañas* en pierre *(☎ 644-53-41 ; compter env 75 Bs/pers en ½ pens)* et, à Irupampa, dans un dortoir communautaire. Irupampa est aussi le point de départ pour des excursions dans les alentours : à ***Humaca*** (3h de marche, traces de dinosaures près de Niñu Mayu ou « petit fleuve ») et aux thermes de ***Talula.*** Au cœur du cratère, détour par la ***gorge du Diable*** et sa cascade.

Quila Quila *(plan Les villages jalq'a)* **:** *à env 3h de marche du cratère (ça descend).* En suivant un petit canal d'irrigation, on rejoint ce village rafraîchissant, où se nichent dans les arbres de modestes bicoques en terre encadrées de clôtures en grosses pierres. On peut théoriquement – et sommairement – loger dans la *tienda* du bourg. De Quila Quila, une longue piste rejoint Sucre (en saison sèche uniquement, toujours ce fleuve à traverser ; un pont est d'ailleurs en construction). Assis à l'ombre sur la place du village, on peut toujours guetter un improbable moyen de transport...

TARABUCO

19 500 hab. IND. TÉL. : 4

Située à une soixantaine de kilomètres de Sucre, cette ville est célèbre dans toute la Bolivie pour son marché du dimanche qui se tient de 10h à 15h. Pour cette occasion, les Indiens yamparas et tarabucos affluent des environs par camions entiers ou à pied. On les repère à leurs chapeaux différents suivant les villages, et surtout à leurs superbes habits rouge et orange, ou violet et noir. Certains portent la *montera* en cuir noir qui rappelle les casques portés par les conquistadores espagnols. Le couvre-chef, ainsi que les habits des hommes, sont couverts de motifs guerriers. Jadis, les femmes portaient également la *montera,* qu'elles ont désormais troquée contre le *joq'ullu,* un chapeau en laine moins rigide, avec des perles de couleur couvrant le front pour les femmes mariées, ou porté de côté chez les célibataires. Côté chaussures, hommes, femmes et enfants portent essentiellement des sandales en pneu recyclé.

Les textiles tarabucos méritent que l'on s'y attarde : leurs motifs, tant abstraits que figuratifs, sont toujours enfermés dans des franges recréant ainsi un monde ordonné, structuré et symétrique. Pour les teintures, le bleu est extrait des roches, le rouge de la cochenille ou du *molle,* le jaune de deux plantes appelées *misuca* et *chiquita,* le marron de l'écorce d'un arbre nommé *quehuina.* Mais les produits chimiques ont aussi fait leur apparition...
Les tisserands tarabucos produisent des ponchos, des ceintures, des *awayos* (ces tissus carrés servant à transporter des aliments ou à porter un enfant), des *ch'uspas* (petits sacs où l'on range les feuilles de coca), ou encore des *ph'ullus,* ces couvertures à mettre sur un lit ou bien par terre. Pour le marchandage, sachez que les Tarabucos sont de redoutables négociateurs !
Certes très touristique, le marché reste pour autant vivant et coloré, et attire aujourd'hui encore plus d'Indiens que de visiteurs étrangers. Cependant, les produits artisanaux diffèrent peu de ceux proposés sur les marchés de Sucre ou d'ailleurs, et les prix sont identiques. Ne pas manquer le marché central avec ses fruits et légumes, et surtout le *mercado campesino* (calles Avaroa et Marzana) qui est de loin la partie la plus typique. L'animation ne se limite pas au carré marchand proprement dit. Elle s'étend dans toutes les rues adjacentes.

Comment y aller ?

Compter 1h30 de route asphaltée depuis Sucre. Pour s'y rendre : soit les « bus-touristes » qui passent vous chercher à votre hôtel, soit un bus à 8 Bs qui part de l'av. Jaime Mendoza (6h30-9h) dès qu'il est plein. L'agence du *Joy Ride* (voir « Où manger ? » à Sucre), organise aussi l'aller-retour pour env 35 Bs.

Adresse utile

🛈 ***Tourist information :*** *c/ 1ero de Mayo 3, au rdc du* Gobierno municipal. ☎ *693-60-73. Tlj sf ven-sam 8h30-12h, 14h-18h.* Efficace et serviable. Renseignements sur toutes les excursions et les fêtes locales.

Où manger ?

Bon marché (moins de 30 Bs / env 3,50 €)

On peut s'offrir un repas chaud sur le marché pour quelques *bolivianos,* sinon un *almuerzo* dans un des restos du village.

|●| ***Café Mallki :*** *à l'angle des c/ Sucre et Zudañez.* Almuerzo *30 Bs.* Un peu à l'écart de l'agitation. Sandwichs et boissons servis dans le patio. Venir tôt, car les groupes déboulent vers 12h30.

|●| ***Restaurant Pujllay :*** *c/ Murillo 190, après avoir passé la porte du musée Inca Pallay.* Almuerzo *30 Bs.* Énorme patio pouvant accueillir jusqu'à 150 personnes. Cuisine familiale. Bon accueil de Leslie et de ses jeunes *ayudantes.* Proposent des spectacles de danses *pujllay* le dimanche midi. Le petit « musée » (entrée gratuite) et la maison appartiennent à la communauté jalq'a. Une bonne adresse, quoique un peu excentrée et prisée par les groupes.

À faire

➢ Plusieurs ***randonnées*** partent de Tarabuco, notamment vers le village de tisserandes de Candelaria (26 km), les canyons d'Icla (à 13 km de Candelaria, fossiles), le village d'Uyuni (non, ce n'est pas le Salar mais un homonyme) où l'on trouve des peintures rupestres, jusqu'à arriver aux vallées entourant Soroma. Contacter les jeunes de l'office de tourisme ou les agences plus spécialisées. Hébergement chez l'habitant, confort sommaire.

Fête

– ***Pujllay :*** *le dim le plus proche du 12 mars.* Appelé à tort « carnaval de Tarabuco », l'événement commémore en réalité une bataille gagnée contre les Espagnols en 1816. En quechua, *pujllay* signifie « jeu ». Danses et célébrations honorent les victimes de la bataille. Tous les garçons ayant atteint l'âge de 15 ans y participent, portant le costume traditionnel : la *montera* sertie de fleurs, des clochettes aux chevilles et de lourdes sandales avec des éperons en fer pour rythmer les pas. Ils dansent autour d'un *pukara,* un autel monté sur un escalier en bois et décoré avec de la nourriture et des produits locaux. Profusion d'instruments de la région (comme le spectaculaire *tokoro* et le *pinkillo*).

TARIJA

env 130 000 hab. IND. TÉL. : 04

À 1 870 m d'altitude, proche de la frontière argentine, c'est la plus grande ville du Sud. Il y a peu de temps encore c'était une agréable cité coloniale au parfum d'Andalousie, entre les orangers et le Guadalquivir. Tranquille, presque endormie. Mais ne rêvons plus : un urbanisme peu respectueux de son héritage a effacé à coup de béton l'essentiel de son charme. Pour le visiteur étranger, elle offre un accès facile et rapide vers Tupiza puis le Sud-Lípez et le salar d'Uyuni. Tarija reste aussi l'une des voies d'accès lorsqu'on vient d'Argentine, que l'on peut toutefois contourner depuis que la route directe Villazón-Tupiza est goudronnée.
C'est la région viticole de la Bolivie. Le vin d'altitude produit en coopérative s'exporte désormais dans tout le pays. Côté activités, on peut citer la réserve biologique de Sama et, bien sûr, la tournée des *bodegas.*

Arriver – Quitter

En avion

✈ ***Aéroport :*** *☎ 664-31-55. À 15 mn du centre en taxi (compter 30 Bs). Sinon, les minibus s'en approchent (grand rond-point à la sortie ; prendre le microbus A vers le sud).*

■ ***TAM :*** *c/ La Madrid 471. ☎ 664-27-34. • tam.bo • Lun-ven 8h-12h, 14h30-18h ; sam 9h-12h.*
■ ***BoA :*** *c/ La Madrid 494, entre Santa Cruz et Junín. ☎ 611-27-87. • boa.bo.com •*

➢ ***Cochabamba :*** 2 vols/j., ttes compagnies confondues.
➢ ***La Paz :*** 1 vol/j. (sf mar et jeu) avec *TAM.*
➢ ***Santa Cruz :*** 1 vol/j. (sf mar et jeu) avec *TAM.*
➢ ***Sucre :*** 1 vol/j. (sf ven) avec *TAM.*

En bus

🚌 ***Terminal :*** *excentré, sur l'av. Las Américas. Prendre le micro S ou n° 1 pour le centre. Du centre vers la gare, micro n° 1 à prendre c/ Campero et micro S sur Virginio Lema. Bureau d'info ouv 6h30-11h30, 15h-21h. ☎ 663-65-08.*
Tarija constitue, avec Tupiza, l'autre grande ville du Sud bolivien où l'on

s'arrête en venant d'Argentine ou en y allant. Le point de passage le plus rapide et le mieux desservi depuis Tarija reste Bermejo (route goudronnée, 4h de trajet). De Bermejo, traversée vers Aguas Blancas et, de là, *colectivo* vers Orán, première ville argentine après la frontière.

➢ ***Bermejo :*** 4h de trajet. Env 5 départs/j., 7h30-22h.

– ***À noter :*** le trajet le plus rapide pour aller de Tarija à ***Salta*** (en Argentine) passe par Bermejo puis Oran, du côté argentin, à 20 mn en taxi collectif de la frontière. De Oran à Salta, compter 5h supplémentaires en bus argentin. Même solution recommandée pour aller à ***Buenos Aires*** : départs quotidiens depuis Oran.

➢ ***Tupiza :*** env 5h de voyage. Liaisons avec *Trans Juárez* (bus *semi-cama*) et *Diamante*. On vous conseille de faire le trajet de jour, pour profiter de la beauté des paysages. Pour ceux qui veulent rejoindre Uyuni depuis Tupiza, superbe trajet en perspective. Autrement, plus confortable, train 4 fois/sem reliant Tupiza à Uyuni et Oruro. Liaisons possibles également en taxi (à partir de 800 Bs) ou en véhicule privé 4x4, auprès d'une agence (à partir de 1 200 Bs).

➢ ***Villazón :*** env 3 départs/j., 2 le mat et 1 le soir. Départs groupés dans le sens Villazón-Tarija (prévoir une photocopie du passeport pour le visa bolivien). Compter ensuite min 6h de trajet jusqu'à ***Salta*** (Argentine).

➢ ***Potosí :*** 8-10h de voyage. Départs de Tarija à 16h30, de Potosí à 16h. Plusieurs compagnies assurent la liaison. De Potosí, correspondances vers Uyuni, Oruro et Sucre.

➢ ***La Paz, via Potosí et Oruro :*** env 22h de trajet. Départs en fin de journée avec plusieurs compagnies. Presque ttes proposent au moins un service *semi-cama*.

➢ ***Buenos Aires*** *(Argentine)* ***:*** bus direct mar, jeu et sam à 9h30 avec *Tran Americano*. Compter 30h de route ! En fait, il est préférable de passer d'abord par Bermejo (voir plus haut).

Adresses utiles

ℹ ***Turismo :*** *c/ Ingavi, angle General Trigo. ☎ 663-10-00. • tarija.bo • En plein centre. Lun-ven 8h30-12h30, 15h-19h.* Plan de la ville. Très accueillant et efficace.

✉ ***Correos :*** *c/ Sucre, angle Virginio Lema (à deux pas de la pl. Luis de Fuentes). Lun-ven 8h-19h, sam 8h-18h, dim 9h-12h.*

■ ***Entel :*** un peu partout dans le centre, notamment sur la place Luis de Fuentes (côté 15 de Abril), et le long de Sucre *(ouv tlj 8h-22h).*

@ ***Internet :*** là encore, le choix ne manque pas. Notamment l'agence *Entel* sur la place principale, qui dispose d'une quinzaine de PC.

■ ***Banques :*** plusieurs autour de la place Luis de Fuentes, notamment ***Banco Unión*** et ***Banco Mercantil*** *(lun-ven 9h-16h, sam 9h-12h).* Distributeurs automatiques également.

■ ***Change :*** nombreuses *casas de cambio* sur la calle Bolívar, entre D. Campos et Sucre. La banque *BISA*, sur la calle Sucre, change les euros et les chèques de voyage.

■ ***Migración :*** *c/ Ingavi 789. ☎ 664-35-94. Lun-ven 8h30-12h30, 14h30-17h30.*

■ ***Consulat argentin :*** *c/ Bolívar 696, angle Ballivián. ☎ 664-42-73. Lun-ven 8h30-12h.*

■ ***Supermercado Urkupiña :*** *c/ Sucre, angle Avaroa.* Le plus grand et le plus complet de Tarija. Produits argentins et brésiliens.

Où dormir ?

De prix moyens à chic (140-350 Bs / env 25-40 €)

🏠 ***Miraflores Hostal :*** *c/ Sucre 920, entre Domingo Paz et Bolívar. ☎ 664-33-55 ou 49-76. • leozurita@yahoo.com • Compter 60 Bs/pers en chambre sans sdb ; double avec sdb privée env 180 Bs ; petit déj inclus.* Le charme d'un beau patio ancien, en adobe, bien fleuri et où l'on a envie de traîner. Les chambres du bas étant sombres (fenêtre donnant sur un mur), choisir celles à l'étage, lumineuses. Confort simple, propre et literie correcte. Également 3 petits dortoirs avec salle de bains commune. Une adresse sympa.

Hostal Zeballos : *c/ Sucre 966, entre La Paz et Corrado. ☎ 664-20-68. Compter 60 Bs/pers en chambre sans sdb ; double avec sdb privée env 180 Bs ; petit déj (basique) inclus.* Bien situé, à deux pas du marché central. 2 petites cours intérieures avec, tout autour, des chambres simples et assez lumineuses. Pas le grand luxe, mais ensemble correct.

Hostal Carmen : *c/ Ingavi 784, entre Ramón Rojas et Ballivián. ☎ 664-33-72 et 664-43-41 ou 42. • hostalcarmentarija.com • Nuitée à partir de 100 Bs ; doubles env 230-330 Bs selon confort ; bon petit déj inclus.* Prix variant selon la taille des chambres, toutes avec salle de bains, TV et téléphone. Agréable lobby surplombé d'une verrière, où l'on peut consulter la presse du jour. Accueil sympathique. Tient aussi l'agence de voyages *VTB,* qui propose des circuits aux alentours et les services habituels (billets, location de voitures).

Hotel Victoria Plaza : *c/ Sucre, angle La Madrid. ☎ 664-26-00 et 27-00. • victoriaplazahoteltarija.com • Doubles env 350-480 Bs selon confort, petit déj inclus.* Face à la plaza Luis de Fuentes, un hôtel au charme désuet. Pas le grand luxe mais des chambres rénovées, spacieuses, bien tenues et tout confort : salle de bains (eau chaude et bonne pression !), téléphone, frigo et TV. Bon accueil.

Où manger ?

Bon marché (moins de 30 Bs / env 3,50 €)

Mercado central : *c/ Sucre, entre Bolívar et La Paz, à 2 blocs au nord de la place. Tlj 9h-19h.* Super ambiance. Tout au fond, un passage couvert où l'on sert des *sopaipillas* (excellentes petites crêpes frites) et des *bollos,* le pain local. Goûter aussi au *queso chaqueño,* fromage du Chaco. Pour le déjeuner, des spécialités locales pas chères : *saice, chancao* et autres *picantes de pollo* ou *sopa de mani.*

Prix moyens (30-50 Bs / env 3,50-5,50 €)

Café Mokka : *pl. Sucre. ☎ 665-05-05. Ouv 8h-minuit.* Le meilleur endroit pour le petit déj, avec un large choix de bons cafés. Carte fournie où l'on peut grignoter à tout moment de la journée sandwichs, plats internationaux et pizzas très correctes. Dans la salle toute simple, beaucoup de jeunes le soir. Seul regret : la musique électro, vraiment de trop. Optez pour la terrasse !

Taberna Gattopardo : *pl. Luis de Fuentes. ☎ 663-06-56. Tlj 8h30-1h ou 2h.* Le Grand café-resto-snack. En terrasse, c'est l'endroit idéal pour voir passer Tarija. À l'intérieur, plusieurs salles à la déco sud-américaine. C'est le rendez-vous des jeunes et de la classe moyenne. Carte très variée : hamburgers, pâtes, pizzas, plats mexicains, mais aussi, quoique plus chères, des fondues chinoise, suisse, bourguignonne, et même au chocolat ! Et ne partez pas sans avoir goûté la mousse au *dulce de leche...*

Où dormir ? Où manger dans les environs ?

La Pasarela : *à* **Coimata,** *à 10 km de Tarija. ☎ 666-13-33. • lapasarelahotel.com • Minibus pour Coimata depuis le mercado campesino sur la c/ Comercio. Doubles env 70-80 $ selon saison. Au resto, prix très raisonnables.* Dans une belle petite villa moderne noyée au cœur d'une plantation d'eucalyptus, bien au calme. L'ensemble du bâtiment est de très bon goût, avec des chambres fonctionnelles aux couleurs chaudes et des sanitaires impeccables. Jeux pour enfants, petite piscine. Côté restauration, on retrouve les classiques locaux, avec pas mal de viandes. Carte simple mais bonnes frites et bières belges (pays d'origine des proprios !). Excellente mousse au chocolat parfumée à l'orange. En été, superbe puits d'eau naturelle pour la baignade juste derrière l'hôtel.

Achats

Bodega y viñedo Vilte : *c/ 15 de Abril 530.* ☎ *663-54-91.* On peut déguster et acheter les vins locaux issus de la région viticole d'*El Valle de La Concepción*.

À voir

Casa Dorada : *c/ Ingavi, angle G. Trigo (en plein centre). • casadelaculturatarija.com • Lun-ven ; visites guidées (30 mn) à 9h, 10h, 11h, 15h, 16h et 17h. Tarif : 15 Bs.* Extérieur kitsch et tape-à-l'œil, dans un style éclectique, façade peinte en or et argent. À l'intérieur, un étonnant patio aux murs peints de fresques symbolistes. Dans les années 1900, c'était le grand magasin de Tarija, avec des marchandises arrivant directement de Paris, la famille Navajas étant alors propriétaire de Tarija tout entière ! Le rez-de-chaussée a été transformé en centre culturel et salle de spectacles.

On visite le 1er étage, où habitaient les propriétaires, dont les tapisseries et tentures sont restées en l'état. Mobilier d'origine également, mêlant les styles en vogue à la fin du XIXe s, jusqu'à l'Art nouveau. Exemple curieux d'une maison bourgeoise du Nouveau Monde, interprétant à sa manière le modèle européen qui fascinait à l'époque.

Catedral San Bernado : *au croisement des c/ Madrid et Campero.* Venir le soir lorsqu'elle est ouverte pour les trois retables du XVIIIe s, le plus beau étant celui du chœur. Noter sur la chaire et les retables latéraux des décorations à base de grappes de raisin, dont la culture aurait été introduite dans la région par les franciscains.

Museo nacional Paleontológico : *c/ G. Trigo 402, angle Virginio Lema (1 bloc au sud de la pl. Luis de Fuentes). Tlj sf dim 8h (9h sam)-12h, 15h-18h. GRATUIT.* Ce musée minuscule s'efforce de réhabiliter les mammifères géants qui peuplaient la région il y a quelques millions d'années, éclipsés par les célèbres dinosaures. Copies de fossiles de *mégathérium,* énorme paresseux de 6 m de haut, ou de *glyptodon,* tatou de 3 m de long. Au 1er étage, modeste collection de poteries anciennes et petite salle dédiée à la géologie.

Fêtes et manifestation

– **Le carnaval ;** *en 2015, du 14 au 17 fév ; en 2016, du 6 au 9 fév.* Les festivités se déplacent autour de la ville pendant 4 jours, permet de découvrir deux instruments de musique assez particuliers : la *caña,* long bambou creux renforcé par des lanières de cuir de bœuf, puis l'*erke,* trompe taillée dans une corne de vache et terminée par un petit morceau de bambou. Quant au violon *chapaco,* taillé dans le caroubier, il est surtout utilisé à Pâques et jusqu'au 1er septembre, quand commence l'époque de la *camacheña* (petite *quena*). Outre les mélodies rudimentaires du Chaco (airs de *caña* et *erke*), on peut entendre une musique traditionnelle dont les résonances sont quelque peu similaires aux rythmes argentins *(zamba, cueca, chacarera).*

– **Fiesta de San Roque :** *1er dim de sept.* C'est la grande fête de la ville, san Roque étant le saint patron de Tarija. Procession de pénitents encagoulés brandissant

des croix et agitant des fouets. Sous les masques, vous trouverez aussi bien des Indiens que des représentants des meilleures familles bourgeoises. Chaude ambiance avec plusieurs jours de festivités.
– ***Fiesta de la Virgen de Guadalupe :*** *1er dim d'oct. À* ***Entre Ríos,*** *à 110 km à l'est de Tarija.* Grande fête-combat. Les Chiriguanos et les Matacos, simulent une guerre en s'affrontant à cheval. Les groupes ennemis commémorent ainsi leur réconciliation, due à l'apparition de la Vierge.

DANS LES ENVIRONS DE TARIJA

Rien de spectaculaire autour de Tarija, surtout si l'on est passé par le salar d'Uyuni, le Sud-Lípez ou les environs de Tupiza.

Visite des domaines viticoles : les plus connus répondent aux doux noms de *Casa Real, Campos de Solana, Concepción* et *Kholberg.* Pas mauvais, ces vins ont d'unique le fait de provenir de cépages cultivés de 1 600 à... 2 850 m d'altitude ! La tournée dure une demi-journée et comprend bien sûr plusieurs dégustations. S'adresser aux mêmes agences que pour la cordillère de Sama. Visite de trois *bodegas* : env 120 Bs, transport, guide et dégustation inclus.

Lago San Jacinto : *à 16 km de la ville ; env 3 Bs en micro-taxi.* Si vous avez le temps, allez-y. C'est un très beau lac où l'on peut se balader en petit bateau *(3 Bs/pers).* Ambiance familiale le week-end. Pas mal de restos où goûter le poisson local. Goûtez aussi aux *chirriadas,* crêpes à la farine de maïs de type tortilla mexicaine.

Cañón de la Angostura : à 18 km sur la route de Padcaya, ce canyon étroit est l'un des sites emblématiques de la région de Tarija. La visite est courte : un point de vue spectaculaire depuis le pont qui traverse l'extrémité ouest du canyon. Au fond, une centaine de mètres plus bas, coule le río Camacho. Les excursions au canyon prévoient le plus souvent une visite des producteurs de vin, fiers de montrer leurs installations (industrielles).

Reserva biológica Cordillera de Sama : zone protégée de plus de 100 000 ha, à l'ouest de Tarija. À voir surtout pour ses lagunes qui, à 3 600 m d'altitude, abritent quelque 40 espèces d'oiseaux aquatiques, dont trois des six espèces de flamants qui existent dans le monde. À 25 km de Tarija, les *Balnearios naturales de Sama* offrent aussi la possibilité de se baigner dans un environnement superbe. Peut-être y apercevrez-vous aussi le cóndor ou le renard andin. Compter 1 à 2 jours d'excursion. À moins de disposer d'un véhicule, le mieux, pour s'y rendre, est de passer par une agence de Tarija, telles que *Viva Tours (c/ Bolívar 251, entre Sucre et D. Campos ; ☎ 663-83-25)* ou *VTB (c/ Ingavi 784 ; ☎ 664-43-41).*

TUPIZA

24 000 hab. IND. TÉL. : 2

Une bourgade tranquille, plantée à 2 950 m d'altitude au milieu d'un cirque de montagnes rouges. C'est le lieu idéal pour des balades à pied, à cheval ou pour quelques heures de méditation-contemplation au milieu d'un relief lunaire, de formations rocheuses fantastiques, ocre, sable, rouges, vertes... Des paysages de *quebradas* (gorges) et de canyons du Far West. On peut admirer la vue depuis le mirador de Tupiza, en particulier au lever du soleil, pour voir les montagnes rougir peu à peu.
Située sur l'axe ferroviaire Villazón-Uyuni-Oruro, Tupiza sert souvent d'escale aux voyageurs en provenance de la frontière argentine (La Quiaca-Villazón,

à 95 km au sud) et se dirigeant vers Uyuni (200 km au nord) ou bien vers le Sud-Lípez. D'ailleurs, de plus en plus de routards choisissent Tupiza comme point de départ de leur excursion Lípez plus salar d'Uyuni, préférant commencer par les lagunes puis remonter vers Uyuni avant de bifurquer soit vers Oruro-La Paz, soit vers Potosí-Sucre. Cela permet ainsi d'éviter en saison le flot de touristes, car on effectue l'itinéraire en sens inverse.
Pour ceux qui circulent en bus ou dans leur propre véhicule, la piste Uyuni-Tupiza et la route de Tupiza-Tarija traversent des paysages parmi les plus beaux et les plus variés que nous ayons vus en Bolivie. L'itinéraire Uyuni-Tupiza traverse sommets, steppes, déserts, gisements, canyons et même des vallées de cactus cierges. À mi-chemin, séquence frisson au moment d'emprunter le lit du fleuve à hauteur d'Atocha. D'ailleurs, il faut absolument y marquer une halte pour voir le cimetière des mineurs et la place centrale avec son Cessna en équilibre sur un poteau. Quant au tronçon Tupiza-Tarija, vous serez comblé par les vues panoramiques et en Technicolor des montagnes andines. Un véritable flash-back à l'époque où la terre s'est formée. Spectaculaire et magnifique !

Arriver – Quitter

En bus

Terminal : *av. Pedro Arraya. Non loin du centre.* Il est plus prudent d'acheter son billet à l'avance.

➢ ***Villazón :*** 2h de route asphaltée. Départs à 4h, 10h30, 14h et 19h. Taxis collectifs également devant le terminal. Mais d'autres bus qui font la liaison Potosí-Villazón marquent aussi l'arrêt à Tupiza à d'autres heures de la journée. De Villazón, après la traversée du poste-frontière à La Quiaca, bus pour les villes argentines de ***Salta*** et de ***San Salvador de Jujuy*** 6h30-12h, 14h-23h (prévoir une photocopie du passeport pour le visa bolivien).

➢ ***Tarija :*** liaisons avec *Trans Juárez* (bus semi-*cama*). Compter 5-6h de trajet.

➢ ***Uyuni :*** 7-8h de route. Départs tlj vers 10h et 18h. Mais préférez le train, qui offre un bien meilleur rapport confort-sécurité pour un prix semblable.

➢ ***Potosí :*** plusieurs départs quotidiens avec *Expreso Tupiza, Illimani,* etc. Certains de ces bus continuent vers La Paz. Env 5-6h de trajet sur une route bitumée.

➢ ***Sucre :*** 10h de trajet. Départ le soir.

➢ ***Cochabamba :*** 14h de trajet. 1 départ/j., en fin de journée, avec *Illimani.*

En train

Estación Central : ☎ *694-25-27 ou 29.* Les horaires pouvant varier, toujours se renseigner au préalable. À noter : durant la saison des pluies, les trains – comme les bus – peuvent avoir beaucoup de retard.

➢ ***Uyuni et Oruro :*** avec l'*Expreso del Sur,* départs d'Oruro mar et ven à 15h30 et d'Uyuni à 22h40 ; arrivée à Tupiza à 4h le lendemain. De Tupiza vers Uyuni et Oruro, avec l'*Expreso del Sur,* départs mer et sam à 18h25 ; arrivée à Uyuni à minuit et à Oruro à 7h le lendemain. Avec le *Wara-Wara,* départs d'Oruro dim et mer à 19h et d'Uyuni à 2h50 ; arrivée à Tupiza à 8h35. De Tupiza vers Uyuni et Oruro, départs lun et jeu à 19h ; arrivée à Uyuni à 1h15 et à Oruro à 9h10.

➢ ***Villazón :*** dans le sens Villazón-Tupiza, départs mer et sam à 15h30 avec l'*Expreso del Sur,* lun et jeu à la même heure avec le *Wara-Wara.* Dans le sens contraire, départs mar et ven à 4h10 avec l'*Expreso del Sur,* dim et mer à 9h avec le *Wara-Wara.* Compter 3h de trajet.

Adresses utiles

■ @ ***Entel :*** *c/ Chorolque, sur la pl. Independencia, et av. Santa Cruz, angle Avaroa. Tlj 7h-23h.* Ce dernier dispose aussi de connexions Internet.

■ **Banco FIE :** *sur la place. Lun-ven 9h-16h.*
■ **Distributeur de billets :** *à l'angle de 7 de Noviembre et Sucre.*
■ **Change :** plusieurs adresses calle Avaroa, notamment ***Latin America*** *(tlj 7h-12h, 14h-21h).* Change les pesos argentins, dollars et euros.

Où dormir ?

De prix moyens à chic (140-350 Bs / env 16-40 €)

Hotel Mitru : *av. Chichas 187.* ☎ *694-30-01.* • *hotelmitru.com* • *Doubles avec sdb env 35-50 $ selon confort, bon petit déj-buffet inclus. Également quelques suites env 65 $.* Le plus confortable de la ville. Vous y trouverez aussi l'agence de voyages *Tupiza Tours* (lire « À voir. À faire dans les environs »). Chambres de différents conforts, les plus récentes (un peu plus chères) sont garnies d'une fresque de Tupiza et de meubles en bois de cactus. Belles salles de bains. Piscine et salle de jeux (de société). Un bon rapport qualité-prix.

Anexo Mitru : *av. Avaora 129.* ☎ *694-30-02.* • *hotelmitru.com* • *Double avec sdb privée env 30 $, petit déj inclus.* Encore une bonne adresse tenue par l'agence *Tupiza Tours* ! Dans un bâtiment clair et agréable, rénové, une vingtaine de chambres de différent confort. Central, propre, confortable. Accès aux services de l'*Hotel Mitru*. Bref, un très bon rapport qualité-prix.

Où manger ? Où boire un verre ?

Calle Florida, plusieurs petites ***pizzerias*** clonées les unes sur les autres. Qualité similaire, cadre simple mais sympa, très prisé des routards. L'une de nos préférées, pour son ambiance familiale et ses portions plutôt généreuses : ***Que Pizza,*** au nº 272.

Italiana : *Chicha 171, esq. Florida. Tlj 11h-23h.* Malgré la qualité de la cuisine et du service qui laisse trop souvent à désirer, cela reste l'un des endroits les plus agréables pour sortir le soir. En particulier grâce au décor agréable et très chaleureux, il y règne une bonne ambiance.

DANS LES ENVIRONS DE TUPIZA

– ***Un conseil pour tout voir :*** passez par une agence qui vous proposera des circuits d'une demi-journée (environ 120 Bs) ou d'une journée (200 Bs), avec chauffeur, guide et panier-repas. Les excursions Nord et Sud sont intéressantes. Mais nous avons un petit faible pour le Sud (ne pas rater le canyon Titioyo).
Toutes les agences de Tupiza organisent des tours dans la région en jeep et proposent le triathlon qui combine vélo, cheval et 4x4. Pour le tour du Sud-Lípez et le salar d'Uyuni, voir le chapitre consacré à Uyuni. Leur particularité est d'avoir une équipe de deux personnes dans chaque voiture : un chauffeur-guide et une cuisinière (ce qui fait une place en moins !) et de limiter le nombre de passagers à quatre ou cinq. Le confort et la gastronomie y gagnent, le porte-monnaie y perd si l'on veut partager les frais à plusieurs. Les prestations varient cependant d'une agence à l'autre et peuvent se dégrader, jusqu'à mettre la sécurité des passagers en jeu. Nous avons sélectionné une agence qui a de bonnes références et est réputée pour son sérieux et le bon entretien des véhicules :

■ **Tupiza Tours :** *av. Chichas 187.* ☎ *694-30-03.* • *tupizatours.com* • Agence de l'hôtel *Mitru.* Certainement la plus inventive et la plus responsable, grâce à la personnalité de doña Fabiola, qui vous fera partager sa passion de la région. Avec son père, qui a fondé l'un des premiers hôtels de la ville et développé le tourisme local, ils ont mis au point les premiers le fameux

« triathlon » combinant cheval, vélo et 4x4. Présentation très claire sur les ascensions des volcans. Une adresse sûre, très pro, pleine d'idées nouvelles et pas plus chère que les autres. La référence locale. Possibilité de location de vélos également (environ 15 Bls/h, 100 Bs la journée).

➢ ***Quebrada Palala :*** *à 3 km au nord-ouest de Tupiza.* Sorte de millefeuille rouge renversé sur le côté. Des micros partent régulièrement de l'avenida Chichas au niveau de la fourche avec l'avenida Serrano. Passer la rivière, entrer par le portail à côté de la cimenterie puis suivre le chemin le long des formations rocheuses. Avec une jeep, vous irez bien plus loin que la *quebrada* rouge en suivant le canyon dans des paysages ocre évoquant des cités abandonnées. Le retour se fait normalement par le *río,* d'où part une très belle balade à pied de 30 mn environ.

➢ ***El Sillar :*** *même direction que pour la quebrada Palala, mais au lieu du chemin de droite, prendre celui de gauche en venant de Tupiza. À 17 km, donc voiture, taxi ou jeep obligatoire.* Avec une vue à 360°, le panorama est exceptionnel : montagnes rouges et vertes d'un côté, orgues de sable et pics ocre de l'autre. En passant par une agence, on approche le *Sillar* au plus près en 2-3h de marche (et autant au retour) au fond du canyon. La vue de ces formations est encore plus spectaculaire, car depuis la piste du Salar, on ne les voit que d'en haut. Quoi qu'il en soit, venir avant 16h, pour être sûr de voir le soleil décliner lentement.

➢ Côté sud de Tupiza, un circuit de 17 km environ pour voir la ***puerta del Diablo, el cañon del Inca, el cañon de Duende, El Angosto,*** la ***Torre,*** la ***quebrada Seca*** ou encore le ***valle de los Machos.***

➢ ***Le Salar et le Sud-Lípez :*** les agences proposent des excursions jusqu'à Uyuni au départ de Tupiza. Cela permet de découvrir des régions sauvages du Sud-Lípez et de rattraper le circuit classique, tout en évitant le flot de 4x4 parti de Uyuni. En 3 ou 4 jours et 2 ou 3 nuits, vous pourrez découvrir ***Palala, El Sillar, Nazarenito, San Antonio de Lípez, El Torreón, Chico, Quetena Grande, Kollpa Laguna, salar de Chalviri*** et ***laguna Verde.*** De là, on rejoint le circuit classique jusqu'à Uyuni, mais que l'on fera dans le sens inverse des caravanes de touristes. On peut aussi rejoindre San Pedro et le Chili en continuant la route à partir de la laguna Verde.

COCHABAMBA

env 650 000 hab. IND. TÉL. : 4

À 2 500 m d'altitude, c'est la troisième ville de Bolivie. Elle bénéficie d'un climat serein et d'une température très clémente, qui descend rarement en dessous de 20 °C en journée.
Pour le voyageur, Cochabamba est avant tout une ville-étape, d'où l'on part explorer les parcs de Carrasco et surtout de Torotoro. Contrairement à Sucre, ville de charme, de caractère et d'histoire par excellence, Cochabamba est d'abord une grande ville active et animée, sorte de capitale économique régionale, à mi-chemin entre la plaine et les sommets des Andes boliviennes, entre Santa Cruz et La Paz. Une politique d'urbanisation désastreuse l'a privée de ses belles rues au profit de constructions chaotiques en béton. C'est aussi à Cochabamba que se préparent bon nombre de spécialités culinaires. Elle est d'ailleurs réputée en Bolivie pour la qualité de sa cuisine.

Arriver – Quitter

En bus

Terminal de bus *(plan A4) : av. Ayacucho, entre la Cancha et la colina San Sebastián.* ☎ *423-46-00. Horaires et infos tlj 4h30-23h15.* Abrite un bureau d'infos touristiques, un bureau de la police touristique et un kiosque d'infos pour les bus. Distributeurs d'argent, poste et une consigne à bagages. Les guichets des compagnies se trouvent à l'intérieur ; à chaque fois, elles affichent leur destination. Pour avoir accès aux départs, il faut payer un droit d'entrée de 2,50 Bs. Nous vous indiquons plus bas les tarifs des bus les moins chers (sièges non inclinables) aux plus chers (sièges inclinables et w-c).

➢ ***La Paz :*** 7h de voyage. Départs env ttes les heures (selon nombre de passagers), 5h-23h. Compter 45-100 Bs. Compagnies *Cosmos, Bolívar, Expresso Cochabamba* et *Transcopacabana.*

➢ ***Santa Cruz :*** 10-12h de trajet. Départs ttes les 30 mn, 5h30-9h puis 16h-22h. Compter 65-110 Bs. Départs également av. 9 de Abril, angle Oquendo (bus bon marché : env 35 Bs), tout comme les *colectivos* (45 Bs), plus rapides.

➢ ***Sucre :*** 12h de trajet. Départs 20h-20h30. Compter 60-800 Bs. Belle route qui serpente sur des portions étroites (passages impressionnants).

➢ ***Potosí :*** compter 12h. Départs 19h30-22h30. Compter 60-85 Bs. Cies *Cosmos* et *Flota Copacabana.*

➢ ***Vallegrande :*** départs de av. República y 6 de Agosto. Tlj à 19h avec *Trans Carrasco.*

➢ ***Oruro :*** 4h de trajet. Ttes les 30 mn 5h-23h. Compter 25-40 Bs.

➢ ***Villa Tunari :*** départs av. Republica y Oquendo avec *Trans Carrasco, German Bush, Trans 14 de Septiembre* et *7 de Junio.* Tlj 5h-23h, dès que le *colectivo* est plein. Compter 15-30 Bs selon bus.

➢ ***Torotoro :*** 4h de trajet pour 138 km. Départs av. Republica y Barrientos, jeu-dim à 6h let lun-mer à 18h. Env 25 Bs.

En avion

✈ ***Aéroport Jorge Wilstermann*** *(hors plan par A4) : à env 5 km du centre. Infos : ☎ 459-18-20. Pour y aller, micro B depuis la poste ; autrement, taxi env 25 Bs.* Distributeurs automatiques, agences de location de voitures, cabines téléphoniques, internet *Entel,* restaurants, change, *Western Union* et distributeur automatique...

■ ***TAM :*** *c/ Hamiraya y Heroínas. ☎ 459-17-32 ou 910-10-55-10. • tam.bo •*

■ **Aerocon :** *pasaje Bolivar (Recoleta). • aerocon.bo •* Vols tlj pour Trinidad.

■ **BoA :** *c/ Jordán 202, à l'angle de Nataniel Aguirre. ☎ 414-10-73. • boa.bo •*

➢ ***La Paz :*** 6 vols/j.
➢ ***Santa Cruz :*** 7 vols/j.
➢ ***Sucre :*** env 1 vol/j.
➢ ***Tarija :*** 2 vol/j.
➢ ***Cobija :*** 1 vol/j.

■ **Adresses utiles**

- 1 Turismo
- 2 Centro de promoción y información turística virtual
- @ 3 Téléphone et Internet
- @ 4 Internet
- 5 Casa de cambio Amanda
- 6 Hospital Viedman
- 7 Farmacía San Elías

Où dormir ?

- 12 Residencial Familiar
- 13 Hostal Versalles
- 14 Hostal Elisa
- 15 Hostal Florida
- 16 Hostal Gala
- 17 City Hotel
- 18 Apart-hotel Regina
- 19 Hotel Aranjuez

Où manger ?

- 30 Mercado
- 31 La Bohemia Chuquisaqueña
- 32 Los Castores
- 33 Gopal
- 34 Sucremanta
- 35 Oasis de Dali
- 37 La Estancia et Casa de Campo
- 38 La Cantonata

Où boire un café ? Où s'offrir une bonne glace ?

- 40 Café de Paris
- 41 Edén Pastelería & Salon de Té
- 43 Dumbo

Où boire un verre ? Où sortir ?

- 35 Oasis de Dali
- 46 Los Fragmentos
- 48 Casablanca

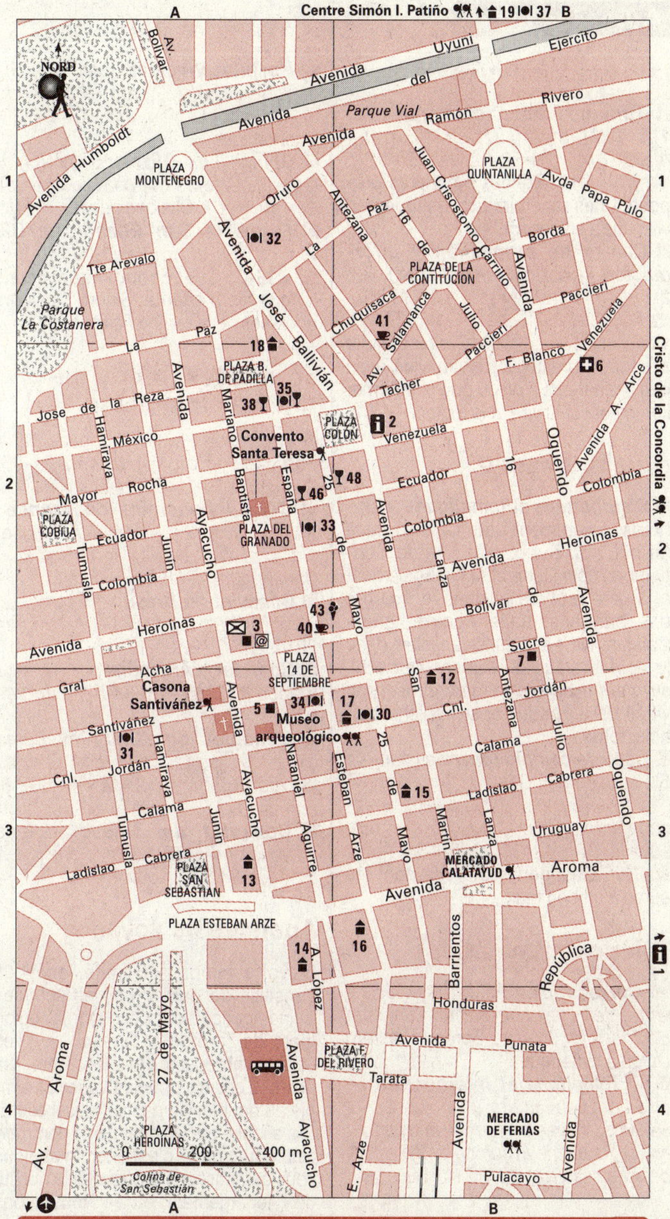

Centre Simón I. Patiño 19 37
A
B
1
2
3
4
NORD
Av. Bolívar
Avenida Humboldt
Avenida Uyuni
Avenida del Ejercito
Avenida Ramón Rivero
Parque Vial
PLAZA MONTENEGRO
PLAZA QUINTANILLA
Avda Papa Pulo
Oruro
Antezana
Paz
16 de Julio
Juan Crisostomo Carrillo
Borda
32
La Paz
Avenida José Ballivián
PLAZA DE LA CONTITUCION
Avenida
Tte Arevalo
Parque La Costanera
Chuquisaca
41
Av. Salamanca
Paccieri
Venezuela
F. Blanco
6
Avenida A. Arce
Cristo de la Concordia
18
PLAZA B. DE PADILLA
35
38
Tacher
Jose de la Reza
Avenida
Hamiraya
Mariano Baptista
México
PLAZA COLON
2
Venezuela
Convento Santa Teresa
48
46
España
25 de Mayo
Avenida
Ecuador
Oquendo
16
Colombia
Mayor Rocha
PLAZA COBIJA
Ecuador
Junin
Ayacucho
PLAZA DEL GRANADO
33
Colombia
Lanza
Avenida Heroínas
Tumusla
Colombia
43
40
3
Bolívar
Avenida Heroínas
PLAZA 14 DE SEPTIEMBRE
Sucre
7
Gral Acha
Casona Santiváñez
Avenida
5
34
17
30
San Martín
12
Jordán
Cnl.
Santiváñez
31
Jordán
Museo arqueológico
Hamiraya
Nataniel Aguirre
Esteban Arze
25 de Mayo
Antezana
Julio
Calama
Cnl.
15
Ladislao Cabrera
Oquendo
Calama
Ayacucho
Junin
Tumusla
Uruguay
Lanza
Ladislao
Cabrera
PLAZA SAN SEBASTIAN
13
MERCADO CALATAYUD
Aroma
Avenida
PLAZA ESTEBAN ARZE
16
14
A. López
Barrientos
República
1
Honduras
Avenida
Punata
Aroma
27 de Mayo
Avenida
PLAZA F. DEL RIVERO
Tarata
Avenida
MERCADO DE FERIAS
Avenida
PLAZA HEROINAS
0
200
400 m
Colina de San Sebastián
Av.
Ayacucho
E. Arze
Pulacayo

COCHABAMBA

Adresses utiles

Infos touristiques

■ ***Turismo*** *(hors plan par B3,* ***1****) : c/ Litoral (zona Laguna Alalay). ☎ 425-53-92. Tlj 8h-12h, 14h30-18h30.* Bonnes brochures proposant des itinéraires touristiques en ville, mais en espagnol.

■ ***Centro de promoción y información turística virtual*** *(plan B2,* ***2****) : pl. Colón, côté est av. San Martín. ☎ 466-22-77. Tlj 8h-12h, 14h-18h30.* ● *cochabamba.gov.bo* ● Carte de la ville et surtout bureau d'infos virtuelles, avec des ordinateurs à dispo pour s'informer librement sur la ville et la région.

Argent, change

■ ***Distributeurs automatiques :*** nombreux, notamment calle Calama, face au n° E145. Sur la plaza 14 de Septiembre, côté General Acha. Également à la gare routière et dans le quartier des banques, calle Aguirre, angle Calama. Ne pas hésiter à visiter dans le coin le siège du *Banco Mercantil,* avec ses escaliers en marbre rose, son vitrail Belle Époque et ses guichets en acier forgé.

■ ***Casa de cambio Amanda*** *(plan A3,* ***5****) : pasaje de la Catedral 340, derrière l'église ainsi que c/ Esteban Arze, pratiquement sur la pl. 14 de Septiembre. Lun-ven 8h-12h30, 14h-18h ; sam 9h-12h.* Change les devises dont les euros à un bon taux.

Télécommunications

✉ ***Correos*** *(plan A2) : c/ Ayacucho, angle Heroínas. Lun-ven 8h-20h, sam 8h-18h, dim 9h-12h.* Bureau *Western Union* à l'intérieur.

■ @ ***Téléphone et Internet : Entel,*** *pl. 14 de Septiembre (plan A2,* ***3****). Tlj 8h-20h. D'autres bureaux un peu partout en ville, et même à l'aéroport. Également des cabines* Viva, COTAS *et* AES.

Urgences

■ ***Policía turística :*** *pl. 14 de Septiembre. ☎ 450-38-80.*

✚ ***Hospital Viedman*** *(plan B2,* ***6****) : c/ Venezuela 1079, entre Oquendo et Germán Urquidi. ☎ 422-02-26.* Économique.

■ ***Clínica Los Olivos :*** *av. Melchior Perez de Olguín 175 (zona Hipodromo). ☎ 440-88-01.* Clinique privée.

■ ***Farmacia San Elías*** *(plan B2,* ***7****) : c/ Sucre, angle 16 de Julio. ☎ 425-35-21.* Économique, mais longue file d'attente. Sinon, plusieurs adresses de la chaîne *Farmacorp.*

Formalités, représentations diplomatiques

■ ***Migración :*** *av. J. Rodriguez entre Sanata y Potosi. ☎ 450-70-80. Lun-ven 8h30-12h30, 14h30-18h30.*

■ ***Consul honoraire de France :*** *Aimée Brun, à l'Alliance française, c/ La Paz 784, esq. Juan Crisostomo Carrillo. ☎ 452-58-31. Lun-ven.*

■ ***Consulat du Brésil :*** *c/ Potosi 568 y av. Portales. ☎ 411-70-84. Lun-ven 8h30-11h30, 14h30-17h30.*

■ ***Consulat d'Argentine :*** *c/ Federico Blanco 929. ☎ 425-58-59. Lun-ven 8h-13h.*

■ ***Consulat du Chili :*** *av. Santa Cruz 127, edif. Comercial Center, 12ᵉ étage, officine 2. ☎ 448-68-18. Lun-ven.*

■ ***Consulat de Suisse :*** *même adresse que celui du Chili, officine 3. ☎ 448-68-68. Lun-ven 8h-12h.*

Agences de voyages

Si votre temps est limité, on vous conseille de passer par les services d'une agence pour découvrir la région (parc de Torotoro, Carrasco...). Elles sont nombreuses dans le centre, les prix des circuits pouvant varier du simple au double. Ne pas se laisser toutefois séduire par les boniments commerciaux du type : « c'est cher, mais nous vous garantissons la sécurité, la qualité de l'hébergement, etc. ». Nous avons sélectionné 3 adresses partageant le même enthousiasme, pratiquant des tarifs raisonnables et avec une réputation de bons professionnels :

■ **Takuaral Tours** (plan A1) : *c/ Antezana 751, entre La Paz et Chuquisaca. ☎ 452-04-21. 📱 707-667-80. • boliviatakuaraltours.com* • Excursions et circuits dans la région, mais aussi le lac Titicaca, La Chiquitania, Samaipata ou le salar d'Uyuni.

■ **Bolivia Cultura** (plan A2) : *c/ Ecuador 342. ☎ 452-72-72. 📱 727-136-64. • boliviacultura.com • CB acceptées.* Nombreux itinéraires autour de Cochabamba, lac Titicaca, Torotoro et salar de Uyuni. Tous les services de résa de billets également, guides, etc.

■ **Villa Elvina** (hors plan par A1) : *c/ Juan de la Rosa 908. ☎ 424-26-36 📱 732-868-62. • villaelvina.com* • Une agence qui vous propose au départ de Cochabamba des circuits au parc de Torotoro avec chauffeur et guide (à prendre sur place), ainsi que le logement dans leur hôtel *Villa Elvina*. Bonnes prestations pour un bon rapport qualité-prix.

Divers

■ **Alliance française** (plan B1) : *c/ La Paz 784, esq. Juan Crisostomo Carrillo. ☎ 452-57-71. Lun-ven 9h-12h, 15h-19h30h, sam 9h-12h.* Cours d'espagnol personnalisés notamment, et séances de ciné lundi soir.

■ **Lavandería Lavaya** (plan B1) : *av. Salamanca 602. ☎ 422-51-06. Presque en face de la pâtisserie Edén. Tlj sf dim 8h30-12h30, 14h30-19h30* (Compter 20 Bs/kg) ou plus simplement dans tous les hôtels.

■ **Matériel de camping** : *The Spilling Llama c/ España 301. ☎ 452-21-47. • thespillingllama.com* • Tout le matériel de trek en location ou à la vente.

Où dormir ?

De bon marché à prix moyens (80-220 Bs / env 9-25 €)

Pour ceux qui veulent se loger vraiment pas cher, il existe de multiples *alojamientos* avenida Aroma *(plan B3)*. À vous de choisir le moins délabré (!). À noter : les hôtels *Florida* et *Gala* sont situés dans le « quartier rouge ». Éviter d'y déambuler à pied la nuit.

Residencial Familiar (plan B3, **12**) : *c/ Sucre 554. ☎ 422-79-88 • residencialfamiliar.com • À 3 cuadras de la place principale.* Dans une belle demeure façade ocre défraichie, chambres simples mais correctes (avec douches communes), réparties autour de 2 patios. Évitez celles du fond, plus sommaires. Sanitaires convenables. Accueil jovial.

Hostal Versalles (plan A3, **13**) : *av. Ayacucho 714, entre Aroma et Cabrera. ☎ 458-33-15-96. • hiversalles.com • À trois rues du terminal de bus. Réduc avec la carte des AJ.* Immeuble moderne sans charme extérieur. Non, ce n'est pas Versailles ! Passé l'accueil tristounet, on pénètre dans une cour beaucoup plus agréable. Les chambres pour 2 ou 3 personnes (avec douche-w-c, TV, téléphone) sont propres et d'un bon rapport qualité-prix. Salle de petit déj et cafétéria au dernier étage, sur les toits. Consigne à bagages.

Hostal Elisa (plan A3, **14**) : *c/ Agustín López 834. ☎ 425-44-06. • hostalelisa.com • À 2 rues du terminal de bus. Résa conseillée en juil-août.* Petit bâtiment moderne mais calme et plaisant, donnant sur une belle cour-jardin verdoyante et fleurie. Quelques tables y sont installées. Chambres avec ou sans salle de bains (ça va du simple au double niveau prix), les plus claires étant situées au 3e étage. Eau chaude en principe toute la journée.

Hostal Florida (plan B3, **15**) : *c/ 25 de Mayo 583, entre Cabrera et Calama. ☎ 425-79-11. • florida_hostal@hotmail.com* • Petite cour intérieure agréable sur laquelle donnent les chambres, avec salle de bains ou douches communes (eau chaude à toute heure). Les plus grandes sont au 1er étage. La patronne est charmante et saura vous conseiller sur la ville.

Hostal Gala (plan B3, **16**) : *c/ Esteban Arze 852. ☎ 425-20-54 ou 55. Pas très loin du terminal des bus. Petit déj inclus.* Chambres uniquement côté patio, avec salle de bains. Carrelage au sol. Peu de charme, mais propre et assez lumineux. Cafétéria. Un bon rapport qualité-prix.

City Hotel *(plan B3,* ***17****) : c/ Jordán 341. ☎ 422-29-93. • cityhotel.web.bo •* Hôtel moderne et central, aux chambres standard, avec salle de bains : même déco, même mobilier, même moquette. Très propre et calme. Jolie vue des étages supérieurs sur les toits. Le petit déj inclus est un peu chiche. Malgré tout, un bon rapport qualité-prix.

Chic (plus de 350 Bs / env 40 €)

Apart-hotel Regina *(plan A1-2,* ***18****) : c/ España 636, entre Reza et La Paz. ☎ 423-42-16. • hotelreginabolivia.com • Doubles 380 Bs, petit déj-buffet inclus. Parking.* Très central, mais à l'écart de l'agitation du grand boulevard voisin, près d'une petite place, cet hôtel moderne et bien tenu abrite des chambres propres et spacieuses, avec salle de bains, AC, TV câblée, etc. Un bon rapport qualité-prix. Accueil professionnel.

Hotel Aranjuez *(hors plan par B1,* ***19****) : av. Buenos Aires 563. ☎ 424-01-58. • aranjuezhotel.com • Un peu excentré dans un quartier pavillonnaire, à 100 m de Los Portales. Double 600 Bs ; suite 950 Bs ; petit déj inclus. Parking.* Chambres luxueuses, spacieuses et calmes, avec TV câblée, minibar, etc. Pas mal de cachet dans cette vaste maison aux parquets lustrés. Bar et resto *El Espero* sur place, dans une salle au charme ancien, ornée de lustres. Mais le mieux reste à nos yeux le petit déj servi dans le jardin fleuri, avec jolie petite piscine, et le salon pour bouquiner au coin du feu. Très bon accueil.

COCHABAMBA

Où manger ?

On mange bien à Cochabamba, mais on mange nettement mieux chez soi que dans les restaurants qui ne brillent pas par leur originalité. La spécialité locale : le *silpancho,* une fine escalope milanaise sur un lit de pommes de terre et de riz.

De bon marché à prix moyens (moins de 50 Bs / env 5,50 €)

Mercado *(plan B3,* ***30****) : c/ 25 de Mayo (et Jordán), dans le centre.* Notre cantine préférée ! D'un côté de la rue, on vend ; de l'autre, on mange ; et à l'entrée se trouvent les jus de fruits. Plein de petites cuisines alignées entre les éventaires de nourriture. Populaire, animé et propre.

La Bohemia Chuquisaqueña *(plan A3,* ***31****) : c/ Santiváñez 291. ☎ 458-51-81. Tlj 9h-14h. Almuerzo env 15 Bs.* Les plats, énormes saucisses et grillades, mijotent à l'entrée où se bousculent les convives. La plupart s'installent ensuite sur des tables en bois dans une agréable cour ombragée. Vraiment très convivial.

Los Castores *(plan A1,* ***32****) : av. Ballivián, angle Oruro. ☎ 425-95-85. Sur la promenade d'El Prado. Tlj 8h-14h. Compter env 5 Bs l'unité.* Une sorte de fast-food avec une déco soignée pour déguster les *salteñas* (chaussons fourrés) bien *picantes,* à la viande ou au poulet. Le tout dans une salle vitrée et climatisée ou en terrasse abritée du soleil.

Gopal *(plan A2,* ***33****) : c/ España 250, entre Ecuador et Colombia. ☎ 452-74-37. En plein centre. Tlj, le midi slt.* Ce resto indien végétarien de Cocha propose un buffet bon marché et abondant le midi (jusqu'à 15h). On vient plus pour le cadre extérieur (tables dans la cour-jardin, abritées par des parasols) que pour la cuisine. Autant de touristes que de Boliviens.

Sucremanta *(plan A3,* ***34****) : c/ Esteban Arze 340. ☎ 422-28-39. Tlj 9h-14h.* Dans une vieille maison coloniale toute blanche. Bonne cuisine proposant toutes les spécialités de Sucre *(salteñas, chorizos chuquisaqueños...)* préparées selon les recettes de grand-mère. D'autres adresses en ville, notamment c/ España 564, entre Reza et La Paz *(plan A1-2)*.

Oasis de Dali *(plan A2, **35**)* : *c/ España 428. ☎ 466-23-18. Tlj 12h-2h.* Un bar-resto musical, enfumé, bruyant, à la déco rustique et branchée à la fois. Haut-parleurs, bougies, graffitis et petite expo d'art sur les murs. C'est le rendez-vous des jeunes, pour manger des sandwichs, des pâtes, des plats d'Asie ou du Mexique. Bien aussi pour boire un cocktail (une trentaine) dans les 3 salles du lieu ainsi qu'en terrasse à l'étage. Avantage : il ferme tard !

Plus chic (plus de 50 Bs / env 5,50 €)

La Estancia *(hors plan par B1, **37**)* : *paseo del Boulevar (zone piétonne qui part de la pl. Recoleta), dans le quartier excentré mais branché de Cocha. ☎ 424-92-62. Tlj midi et soir.* Réputé pour ses grillades au feu de bois. Grand restaurant dans un cadre agréable. Excellent service. La meilleure viande argentine de Bolivie ! Accompagnée d'un buffet de crudités et de légumes variés et délicieux. Grand choix de vins.

Casa de Campo *(hors plan par B1, **37**)* : *paseo del Boulevar 618. ☎ 424-39-37.* 1er resto à droite en entrant dans le passage. Intérieur décoré façon ferme ancienne, avec une cour tranquille. Spécialités de viande, notamment le *lapping* (partie de la vache) accompagné de maïs et *picantes.* Les prix sont assez élevés mais les plats très copieux et fameux... on en a pour son argent ! Enfin messieurs, ne manquez pas de visiter les toilettes : urinoirs avec écrans de télévision !

La Cantonata *(plan A2, **38**)* : *c/ España 409 y Mayor Rocha. ☎ 425-92-22. Tlj midi et soir.* Un resto italien assez chic dans un cadre colonial intime, avec tableaux aux murs et bougie sur chaque table. Serveurs en habits. On y déguste de bonnes pizzas et plats de pâtes, mais aussi des fruits de mer bien préparés. Grand choix de vins. Une bonne adresse aux tarifs justifiés, véritable petite institution fréquentée par les habitants depuis 25 ans.

Où boire un café ? Où s'offrir une bonne glace ?

Café de Paris *(plan A2, **40**)* : *pl. 14 de Septiembre, esq. Bolívar y España. ☎ 450-35-61. Tlj 8h-22h.* Porte cochère en bois sculpté, jolie salle un peu rétro au chic suranné, musique et bar de caractère. C'est un bon lieu de rendez-vous, central et agréable. Véritable *espresso.* Crêpes, croque-monsieur/madame et croissants pour le petit déj.

Edén Pastelería & Salon de Té *(plan B1, **41**)* : *av. Salamanca 639. ☎ 422-37-25. Tlj sf dim 9h-13h, 14h30-20h30.* La pâtisserie-salon de thé (huppée !) la plus réputée de la ville, idéale pour faire des provisions de gâteaux et biscuits (également un peu de salé) pour vos pérégrinations en ville. Effectivement, c'est bon. On peut bien sûr s'y poser, histoire de boire quelque chose.

Dumbo *(plan A-B2, **43**)* : *av. Heroínas 354. Tlj jusqu'à minuit.* Le plus grand glacier de Bolivie, sur 4 niveaux ! 50 parfums, 70 spécialités (ce qui donne 3 500 possibilités différentes !). En plus des glaces, bon resto au 1er étage avec beaucoup de choix. Ambiance plus familiale aux étages supérieurs. Tout à côté, dans le passage, deux autres glaciers, *Crystal* et *Donal,* un peu moins usine que le précédent.

Où boire un verre ? Où sortir ?

Même si les goûts évoluent doucement, l'une des boissons favorites des habitants de la région reste encore la *chicha.* À la fin du XIXe s, il y avait à Cochabamba une *chichería* pour 60 habitants et 10 fois plus de patrons de *chicherías* que de médecins ! On les repère au petit chiffon blanc qui flotte devant la boutique (au Pérou, c'est un œillet ou un chiffon rouge). Ça a l'apparence du jus d'orange, mais ça n'en est pas. Son goût rappelle plutôt celui du cidre breton, et c'est fameux. Jadis, pour le fabriquer, les paysannes mastiquaient le maïs car la salive accélérait le processus de fermentation !

Nombreux bars dans le quartier autour de la calle España, entre Mayor Rocha et Colombia. Sinon, l'autre rendez-vous de la jeunesse dorée de Cochabamba est le boulevard piéton qui part de la plaza Recoleta. Restos, bars, boîtes... un p'tit côté Beverly Hills à la sauce latino !

Los Fragmentos *(plan A2,* ***46****) : c/ Ecuador 325, entre España et 25 de Mayo. Tlj sf dim, après 18h.* Grand café réparti en plusieurs salles, éclairées à la bougie, plus quelques tables dans une cour. Très chaleureux. Zizique rock, affiches du Che, et bons cocktails. Quelques en-cas à grignoter à l'heure de l'apéro.

Casablanca *(plan B2,* ***48****) : c/ 25 de Mayo 344. Tlj 9h-1h.* . L'un des cafés les plus animés autour de la plaza Colón. Maintes références au film. Clientèle jeune et bavarde dans un cadre chaleureux.

Oasis de Dali *(plan A2,* ***35****) : c/ España 428. Ouv 12h-2h.* Voir plus haut la rubrique « Où manger ? ».

COCHABAMBA

À voir

Attention : les autorités de Cochabamba recommandent aux voyageurs de ne pas se rendre sur la colline de San Sebastián suite à de multiples agressions. Évitez aussi de grimper jusqu'au Cristo de la Concordia au coucher du soleil.

Plaza 14 de Septiembre *(plan A2-3)* et ses abords immédiats : la seule place coloniale homogène de la ville avec ses arcades, sa préfecture, la cathédrale et l'église de la Compañía. Palmiers et animations lui donnent des allures de ville espagnole. L'intérieur de la *cathédrale (visite tlj 8h-12h)* est sobre, clair et très dépouillé. Représentation de la grotte de Lourdes et de l'apparition de la Vierge à Bernadette Soubirou.

Plus haut, voir aussi la ***plaza Colón*** *(plan A-B2),* avec un grand jardin. La *passeggiata* et l'animation sont au Prado (en haut de l'avenida Ballivián).

Museo arqueológico *(plan A3) : c/ Jordán 199, esq. Nataniel Aguirre. ☎ 425-00-10. Lun-ven 8h-18h, sam 8h30-14h30 ; horaires réduits à Noël et en janv. Entrée : 25 Bs, visite guidée (en espagnol ou en anglais) incluse à la demande entre 13h30-16h, mais les pourboires sont appréciés.*

Musée présentant des collections ethnographiques, archéologiques et paléontologiques. Essayez de venir pour une visite commentée (en anglais ou en espagnol, 13h30-16h horaires affichés à l'entrée). On vous recommande René, de mère quechua et de père aymara, mais prévenir à l'avance en téléphonant.

Dans la section archéologique, on découvre successivement : un des squelettes les plus anciens d'Amérique latine (1756 av. J.-C.) ; une représentation étrange de la déesse de la Terre, la *Pachamama,* avec un sein sur la tête pour alimenter un bébé dans son dos ; de jolies poteries polychromes de la culture omérèque (600 apr. J.-C.) ; puis les cultures

TRAITEMENT DE CHOC !

Les épileptiques ou toute autre personne atteinte d'un trouble du comportement subissaient une trépanation pour, dit-on, faire « sortir le mauvais esprit ». On perçait un trou dans le crâne, de préférence du bon côté du cerveau, et on le rebouchait avec des pierres (!), puis avec du métal fondu, ce qui limitait au moins les infections. On est surpris de constater que le trou était pratiqué dans la bonne partie du cerveau et qu'un bon nombre d'entre eux ont survécu !

tupuraya, yura, mojocoya. Plus loin, un enfant sacrifié entouré de ses jouets. Intéressante sélection sur la civilisation tiwanaku de Cochabamba. Chapeaux de prêtres et fœtus de lamas liés aux rites agraires. Crânes déformés (bandés pendant 3 ans après la naissance) et trépanés, les premiers pour cause de distinction sociale, les seconds dans un but curatif.

À l'angle d'Ayacucho et Santiváñez, l'***iglesia Santo Domingo*** *(plan A3)* présente quelque intérêt. Tout près se trouve la ***Casona Santiváñez,*** *☎ 425-80-30. Lun-ven 9h-12, 14h30-18h30. Accès libre. Jusqu'à la fin des travaux de rénovation (fin 2015).* Très belle demeure du XIXe s à la décoration raffinée. Autour d'un patio intérieur à arcades, elle abrite un petit musée d'Art contemporain et un musée du Patrimoine.

Convento Santa Teresa *(plan A2)* **:** *c/ Baptista, à l'angle avec Ecuador. Visites guidées le mat en espagnol, l'ap-m anglais (1h) lun-ven et sam mat à 9h, 10h, 11h, 14h30, 15h30 et 16h30. Tarif : 20 Bs ; photos : 25 Bs.* Couvent du XVIIIe s d'inspiration baroque, encore habité par 12 religieuses. On ne visite qu'un seul patio ainsi que les cellules des nonnes et les chapelles. Bonnes explications sur la vie de ces religieuses qui vivaient cloitrées. Quelques belles peintures, salle de réunion aux murs couverts de fresques d'inspiration végétale, petit placard pour les médicaments et fenêtres clôturées par des rideaux pour recevoir des visites ou échanger des aliments. L'histoire du lieu est d'ailleurs étonnante : le projet initial prévoyait une trace au sol en forme de fleur, surmontée d'une coupole. Une fois les murs édifiés, aucun architecte du Haut Pérou ne s'est senti capable d'assumer la construction d'une coupole aussi vaste. Alors, on décida de conserver en partie les murs d'origine et d'édifier au travers une deuxième église, plus classique : c'est l'édifice actuel, dont le contour s'entrelace avec les éléments du projet initial. Il est actuellement en rénovation pour plusieurs années.

Cristo de la Concordia *(hors plan par B2)* **:** *du centre (env du marché de la Cancha), prendre le micro E. Compter 10 Bs l'A/R par le téléphérique (fermé lun) et 2 Bs pour monter le dimanche les escaliers placés à l'intérieur du corps (encore 150 marches à gravir !).* ***Attention :*** *une pancarte signale qu'il est dangereux de monter à pied car des agressions ont été signalées aux abords des escaliers (en revanche, des policiers sont présents au bas du téléphérique).* Difficile de rater ce christ géant (de 34,20 m de haut) qui surplombe la ville de son étreinte protectrice. Quelques centimètres de plus que ses collègues de Rio ou de Lisbonne (sans compter les 2 840 m d'altitude !). Il ne manquait que ça pour montrer à quel point la religion catholique est forte en Bolivie. Vue superbe du sommet, après avoir gravi 1 350 marches ou, plus simple, en prenant le téléphérique à la fin de l'avenida Heroínas.

Centro Pedagógico y Cultural Simón I. Patiño *(hors plan par B1) Centro Pedagogico y Cultural Simon I Patino* **:** *av. Potosí 1450. ☎ 448-96-66. Prendre le microbus G de la c/ San Martín et descendre à l'av. América ; ou le nº 10, à prendre à l'angle d'Arze et Aroma. Horaires de visite restreints : mar-ven à 15h30, 16h30, 17h et 18h pour les visites en espagnol, à 16h et 17h pour celles en anglais et en français (15 Bs) ; sam à 9h30, 10h et 11h en espagnol, à 10h30 et 11h30 en français et anglais, dim en espagnol 11h en français et anglais 11h30. Sinon, visite libre et gratuite de la galerie d'art contemporain et des jardins mar-ven 15h-18h30 et sam-dim 19h-12h.*

Même si elle ne contient pas d'œuvres majeures, cette belle villa, conçue par un architecte français, est typique de la fin du XIXe s. Elle donne un aperçu du mode de vie des richissimes notables du Nouveau Monde. Quelques curiosités avec ces copies, plus ou moins adroites, inspirées des fresques du Vatican ou de l'Alhambra de Grenade. Songez que les meubles ont traversé les Andes à dos d'homme ou de mule.

Au rez-de-chaussée, la galerie d'art contemporain, et un jardin superbe pour finir la visite. L'ensemble vaut plus par la personnalité de son fondateur. Construit par Simón Patiño, le roi de l'étain, au début du XXe s. Rappelant une grande villa florentine, Los Portales ne fut jamais habité, sinon par De Gaulle lors de sa visite officielle en Bolivie en 1964. C'est désormais un lieu de concerts et autres événements culturels.

Marchés

🔭 ***Mercado Calatayud*** *(plan B3)* **:** *à l'intersection d'Aroma et de San Martín.* Le marché central organisé par spécialités (marché à la viande, aux légumes, herbes et piments, etc.) et ouvert tous les jours. *Comedor popular* avec petites cuisines et grandes tables.

🔭🔭 ***Mercado de Ferias*** *(La Cancha ; plan B4)* **:** *au sud, près de la gare, en continuant dans le prolongement de San Martín. Tlj, mais surtout mer et sam.* Probablement le plus grand marché bolivien. Coloré et animé, ça va de soi. Vraiment immense, des centaines de boutiques classées par types de produits, plus tous les paysans proposant leurs légumes, fringues ou babioles diverses, et les habituels bateleurs, bonimenteurs, animateurs de rue, etc. Ne pas rater l'allée des « offrandes » (fœtus de lama, oiseaux séchés...) qui se trouve dans une zone pittoresque appelée « La Pampa ». Pour des vêtements chauds traditionnels, voir la galerie artisanale, une des ruelles du marché couvert. Côté artisanat, pas mal d'instruments de musique, des *zampoñas* de qualité (moins chères qu'à La Paz), des *quenas* à accrocher au mur, des *charangos* d'une qualité variable, etc. Les instruments se trouvent dans la *zona San Antonio, galeria El Inca* ; grand choix d'artisanat également dans une galerie parallèle, juste à côté.

Fêtes et manifestations dans la région

– ***Santa Vera Cruz :*** *3 mai, à* ***valle Hermoso*** *(à 7 km).* Rituels des paysans. Grande fête après la messe, où tout est permis. Voilà le pourquoi de la fête : les femmes avec leurs maris y viennent pour demander un enfant au *tata.* Si tout se passe bien, le miracle se produira.

UN MÉLANGE FERTILE !

La fête de Santa Vera Cruz est l'occasion de prendre en main les problèmes de stérilité ! On recourt alors à une espèce d'« échangisme » socialement toléré qui, le temps d'une fête, permettrait à certains couples d'avoir un enfant. Inouï dans un pays catholique !

– ***Virgen de Copacabana :*** *7 août, à* ***Angostura*** *(à 16 km).* Fête religieuse.
– ***Virgen de la Urkupiña :*** *14-16 août, à* ***Quillacollo*** *(à 13 km à l'ouest).* C'est le centre de pèlerinage le plus important du pays. Super carnaval de plus en plus connu en dehors de la Bolivie. Attention, rigoureusement impossible de trouver à se loger si l'on arrive le jour de la fête. En principe, le 31 juillet, danses folkloriques toute la journée, prélude aux fêtes du 15 août.
– ***Virgen de Los Ángeles :*** *18 oct, à* ***Melga*** *(à 20 km).* Fête religieuse.
– ***San Severino :*** *dernier sam de nov, à* ***Tarata*** *(à 33 km).* Fête du seigneur de la Pluie. La fin de la saison sèche est célébrée dans plusieurs villes de Bolivie par une grande fête religieuse : une procession en l'honneur de san Severino, dont la statue est sortie en grande pompe. À Tarata, le saint n'est autorisé à revenir à l'intérieur de l'église qu'après avoir déclenché la première pluie... Cette pratique serait d'une fiabilité sans faille et, de mémoire de Cochabambino, on n'aurait jamais vu la statue passer la nuit à la belle étoile !
– ***San Andrés :*** *30 nov, à* ***Taquina*** *(à 8 km).* Danses folkloriques.

PARQUE NACIONAL TOROTORO

IND. TÉL. : 4

Avec ses paysages de western, ses plissements de terrain invraisemblables en forme d'arc de cercle (rappelant ceux du cratère de Maragua, près de Sucre), le parc national Torotoro est considéré comme l'un des joyaux de la Bolivie. Le sol est truffé de fossiles marins et de traces de dinosaures (en majorité des carnivores, il y en a tellement que l'on finit par se demander qui jouait à se faire dévorer !). D'une superficie de 16 500 ha, le parc est aussi l'un des derniers sanctuaires naturels des condors et du *paraba frente roja,* un perroquet aux couleurs merveilleuses, animal emblématique de la Bolivie et en voie de disparition. Un décor exceptionnel pour de multiples possibilités de trekking ou d'explorations spéléologiques. Toutefois, pour bien en profiter, nous vous conseillons de prévoir au moins deux nuits sur place.
On séjourne dans le village de Torotoro, à 2 700 m d'altitude. Avec son millier d'habitants pour la plupart indiens, ses maisons anciennes aux murs de terre et fondations en pierre, ce village endormi nous plonge dans la Bolivie profonde. Torotoro est aussi célèbre pour le talent de ses joueurs de *charango.* Avec un peu de chance, vous pourrez participer à l'une de leurs rencontres improvisées, le soir, dans un local du village.
– Quelques infos pratiques à glaner sur le site officiel : • *visitatorotoro.com* •

LES VALLÉES

Arriver – Quitter

En voiture

➢ Torotoro se situe dans la région administrative de Potosí, mais l'accès se fait ***depuis Cochabamba.*** Compter env 4h de route pour parcourir les 140 km, dont l'essentiel par une piste empierrée en lacet (paysages superbes). Un 4x4 est préférable. Quelques passages de gué un peu délicats.

En bus

➢ ***Cochabamba :*** 1 bus/j. pour Torotoro à 18h et 1 autre à 6h jeu-dim, retour assuré tlj à 6h (sf jeu à 18h et dim 15h). Min 4-5h de trajet. À Cochabamba, départ du bus sur l'av. República y av Barrientos. Compter 25 Bs.

Où dormir ? Où manger ?

De bon marché à prix moyens

🏠 |●| ***Alojamiento Charcas :*** *c/ Charcas.* ☎ *674-881-07. À 200 m de la place, dans la rue principale. Compter 30-40 Bs/pers.* Les chambres avec ou sans salle de bains sont réparties dans 3 petits bâtiments. Préférer le plus moderne. Eau chaude en principe toute la journée. Petit resto à l'entrée. Assez sommaire, mais très bon accueil.

🏠 |●| ***Hostal Urkupiña :*** *à l'angle de Charcas et Cochabamba.* ☎ *675-667-90. Double env 100 Bs.* Petit hôtel moderne doté d'une dizaine de chambres avec salle de bains, réparties autour d'un patio. Restaurant et bar avec *happy hour*. *Lunch box* à la demande.

|●| ***Come en Casa :*** *c/ Arteche y Charcas.* 📱 *727-209-78.* Un petit resto ne payant pas de mine, tenu par Griselda, proprio sympathique parlant français. Repas traditionnels, sandwichs, petit déj, etc. Également des *lunch box* pour les excursions à la demande.

De prix moyens à plus chic

⛺ 🏠 |●| ***Villa Etelvina :*** *à 800 m à l'extérieur du village, en remontant* *la rue principale.* ▯ *727-993.* • *villa etelvina.com* • *Camping 50 Bs/pers. Double avec sdb privée 300 Bs ; bungalow (4 pers) env 550 Bs ; petit déj inclus. Plat env 45 Bs.* Dans un grand jardin avec vue sur les montagnes, de grandes chambres agréables, lumineuses et confortables, réparties dans des bungalows avec salle de bains privée. Également une petite aire de camping avec sanitaires communs. Restaurant très correct. Diverses possibilités d'excursions, pouvant être réservées de Cochabamba, en 4x4, à VTT, à pied. Le soir, loin des lumières du village, le ciel austral est resplendissant. Notre adresse préférée.

Hotel El Molino : *à env 2 km du village.* ☎ *424-36-33.* ▯ *764-759-99.* • *elmolinotorotoro.com* • *Compter 120 Bs/pers avec petit déj.* Bâtiment moderne entouré d'un grand parc, en pleine campagne. Chambres confortables, récentes et impeccables. Vaste salon avec cheminée pour traîner au retour de balade. Petit bar et resto sur place (à la demande). L'ambiance y est toutefois un peu froide et c'est relativement excentré.

À voir. À faire

Infos utiles

– Avant de se lancer à la découverte des environs, il faut impérativement passer au ***bureau du parc*** (sur la place principale au rez-de-chaussée de l'hôtel *Tata Santiaguito*) pour s'acquitter du ***droit d'entrée*** au parc (30 Bs). Bien conserver le ticket car on pourra vous le demander au départ des balades, d'autant plus qu'il est valable pour plusieurs jours.
– Il est obligatoire de faire appel à un ***guide local*** (que vous trouverez à leur bureau, sur la place) pour arpenter les sentiers du parc. Compter 100 Bs la journée pour une balade à pied ou avec votre propre véhicule et 350 Bs avec un 4x4 (indispensable pour visiter certains sites). Pour ceux qui disposent de peu de temps, une bonne solution consiste à passer par une agence de Cochabamba, qui prend en charge l'ensemble des prestations.

Canyon de Torotoro - El Vergel : *c'est le site emblématique du parc ; une balade de 4-5h que l'on peut faire entièrement à pied (4 km).* Après le poste de garde, on passe par le lit d'un *río.* Comme un peu partout dans le parc, on y trouve de multiples traces de dinosaures avec quelques scènes prises sur le vif : un sauropode (herbivore géant) qui s'amusait à faire splash ! splash ! dans la boue, un carnivore courant sur la pointe de ses trois doigts, tellement pressé qu'il en dérape en voulant changer de direction. L'action écrite dans la pierre est parfaitement lisible. Plus loin, d'étonnants ponts de pierre traversent le *río.* Juste après, on accède au mirador récemment construit sur le canyon, spectaculaire, en arc de cercle transparent surplombant 300 m de vide. Puis on descend par un bon sentier de 700 marches, jusqu'au fond du canyon où se trouve *el vergel* (le « verger »), à la végétation tropicale luxuriante. Baignade possible (si le temps le permet) dans des piscines naturelles qui alternent avec des chutes d'eau. Ensuite, c'est la remontée (environ 30 mn). On retourne au village en longeant le bord du canyon. Au passage, on croise les traces d'un ankylosaurus, une sorte de tatou. Sur les parois opposées, on peut voir aussi l'entrée de la grotte de Chiflonqaqa (l'intérieur est un redoutable labyrinthe qui rejoindrait la grotte de Umajalanta), suivie de peintures rupestres, seules traces laissées par une civilisation inconnue.

Ciudad de Itas : *véhicule indispensable. Compter 6h A/R.* La piste, parfois vertigineuse, monte durant 2h en serpentant sur une vingtaine de kilomètres au travers d'immenses paysages d'une beauté exceptionnelle, jouant avec toutes les gammes de rouge et d'ocre. Après avoir traversé des formations rocheuses extravagantes, on arrive au départ du sentier à 3 600 m. Là, on quitte la voiture et, après une courte montée, on s'enfonce dans un petit canyon pour découvrir « la cité d'Itas » qui n'a de cité que le nom : il s'agit en fait d'un labyrinthe de cavités creusées par les vagues lorsque ces falaises étaient en bord de mer, au temps des dinosaures... Droit d'entrée : 5 Bs. La forme parfaite des voûtes et des ouvertures en ogive évoque des constructions gothiques. La balade à pied dure 2h environ. Avec un peu de chance, vous pourrez observer de près le vol des condors.

Grotte de Umajalanta : *un autre site emblématique de Torotoro, à une dizaine de km du village (être véhiculé).* Vaste grotte avec, comme il se doit, stalactites et stalagmites, parmi lesquelles « l'arbre de pierre » qui porte bien son nom. Au bout de la visite, des mares avec des poissons aveugles. Claustrophobes, s'abstenir : il faut franchir une chatière longue de 8 m et en forme de S. Prévoir une tenue adéquate, bonnes chaussures, pantalon et manches longues. Le casque et la lampe vous seront loués 7,50 Bs.

Las Siete Vueltas *(« les sept virages »)* **:** circuit à pied de 2-3h à travers d'incroyables gisements de fossiles marins. On passe derrière l'un des plissements de terrain en arc de cercle qui ponctuent les paysages de la région, ce qui revient à aller voir l'envers du décor ! Très belles perspectives sur les paysages de la vallée. On y croise souvent des paysans des environs qui se rendent au marché de Torotoro, avec leur sac de *papas* à la main et leur *charango* en bandoulière.

➢ D'autres possibilités d'excursions dans le parc, notamment à ***La Posa de la palombas*** (balade de 2h environ), à 45 mn en voiture de Torotoro sur la piste de Cochabamba, ou encore à la découverte de la ***citadelle inca de Llama ChaKi,*** des ruines perdues dans les montagnes, à 19 km du village *(compter une journée complète ou 2 j. avec camping sur place ; env 600 Bs pour un groupe de 1-6 pers).*

VILLA TUNARI

À 160 km de Cochabamba, 200 km de Buena Vista. Idéal pour tous ceux qui n'ont pas le temps d'aller plus loin en Amazonie. Région tropicale à 4h de bus de Cochabamba, sur la route de Santa Cruz (route nord). Situé dans la province du Chapare où la culture de coca est très importante, par conséquent, mieux vaut se renseigner sur les éventuelles tensions entre le gouvernement et les producteurs. Le village possède une infrastructure touristique développée puisqu'en été c'est le lieu de prédilection de beaucoup de Cochabambinos.

Comment y aller ?

➢ ***De Cochabamba :*** prendre les bus qui partent de l'av. 9 de Abril, angle Oquendo. Plusieurs départs 10h-18h30. Par exemple, avec les compagnies *7 de Junio (☎ 425-54-58), 2 de Febrero (☎ 455-32-36), Germán Busch (☎ 455-32-36)* ou encore *Carrasco (☎ 422-54-57)* et *14 de Septiembre (☎ 455-05-33).* À Villa Tunari, les bus et taxis collectifs arrivent/partent du centre ville, av. Integración et c/ Oruro.

Où dormir ? Où manger à Villa Tunari et dans les environs ?

De nombreux hôtels le long de la route principale, mais les prix passent de 60 à plus de 200 Bs la nuit sans catégorie intermédiaire.

Hotel Pedacito de Tropico : *sur la route principale, juste après le pont en venant de Cochabamba, en face de l'entrée pédestre du parque Machía.*

774-474-18. Compter env 160 Bs. Chambres doubles ou triples avec salle de bains. Elles sont basiques mais propres et relativement spacieuses. Piscine et petit chemin qui mène au fleuve. Fait aussi resto à la demande. Une bonne adresse.

Hotel de Selva El Puente : *en venant de Cochabamba, passer le pont « Gumucio Reyes » puis prendre à droite la route en terre, face a l'hôtel* Los Tucanes, *pendant 5 km. 717-425-96 • hoteletpuentere.com.bo • ☎ 458-00-85 (à Cochabamba). Compter 300 Bs.* En pleine forêt, endroit idéal pour admirer la faune et la flore. Le seul hôtel dans cette catégorie à l'écart de la route principale. Petites maisons de 4 chambres. Resto. Bons services et accueil très sympathique.

Où manger ?

Sur la route principale, plein de restos avec des plats de 25 à 30 Bs ainsi qu'une grande variété de poissons de rivière : surubí, sábalo, etc.

Mercado Central : *av. Integración, entre Chuquisaca et Tarija.* Des échoppes bien appétissantes avec notamment beaucoup de fruits.

Restaurant San Silvestre : *sur le bord de la route principale. Plat env 30-45 Bs.* Le bon resto de la ville. Grande salle avec masques sur les murs et *surubí* (poisson d'Amazonie) dans votre assiette, servi à toutes les sauces.

À voir

Parque ecoturístico Machía : *sur la route principale, après le pont, sur la gauche en venant du village. Tlj sf lun 9h30-16h. Entrée : 6 Bs. Emporter eau et répulsif antimoustiques.*
La visite dure de 1h30 à 3h en fonction des saisons. Très rapidement, on se retrouve nez à nez avec des singes (attention à vos poches et sacs), des perroquets, et peut-être même un puma... en laisse.
Si vous ne vous sentez pas à l'aise, prenez un guide *(50 Bs).* La balade comprend plusieurs circuits pédestres dans le parc (plan à l'entrée). Depuis les miradors, merveilleuse vue panoramique sur le río Espíritu Santo, la cordillère Orientale et les terres basses du Chapare. Découvrez aussi le travail de l'association *Comunidad Inti Wara Yassi,* qui essaie de réapprendre les lois de la jungle à des animaux ayant vécu en captivité (particuliers, cirque...). Pour les singes, la première étape, c'est la laisse. Ensuite, la liberté conditionnelle, avec retour « volontaire » pour se nourrir. Quant aux perroquets, ils attendent dans une volière que leurs ailes repoussent. Et c'est très long. Infos sur le site : • *intiwarayassi.org* •

L'ORIENTE

Fondée par les Espagnols en 1561 à un emplacement qui, croyaient-ils, les mènerait stratégiquement vers les mines d'or et d'argent, la région de Santa Cruz de la Sierra demeura longtemps une zone agricole fournissant le reste du pays en sucre, coton et riz. La ville connut un boom dans les années 1980-1990 avec la découverte des ressources en pétrole et gaz qui la propulsa comme capitale économique du pays. C'est une autre Bolivie (plus riche et plus enjouée à cause du climat), mais aussi l'une des seules villes d'Amérique

latine à avoir planifié sa croissance urbaine de façon harmonieuse. Et ce ne sont pas seulement les *barrios* de Santa Cruz qui rayonnent en anneaux autour du *Casco Viejo,* c'est tout l'Oriente qui se développe autour d'elle.
Et pour le routard ? C'est la porte d'entrée en Bolivie car tous les vols internationaux y passent, même ceux qui continuent ensuite vers La Paz. En outre, elle est bien reliée au reste du pays par le réseau routier, ainsi qu'à l'Argentine et au Brésil par le train. Peu exploré, le département de Santa Cruz possède deux des plus beaux parcs du continent : Amboró et Noel Kempff Mercado. Mais encore ? Les ruines de Samaipata au sud-est, le chapelet des magnifiques églises des missions qui s'égrènent vers le nord-est le long des routes poussiéreuses et l'accueil chaleureux des *Cambas.*
Dans cette région, les jésuites ont érigé, il y a deux siècles et demi, l'un des trésors les plus fabuleux de l'histoire de l'art baroque universel (dont l'inscription au Patrimoine mondial par l'Unesco en 1990 des sept églises restaurées par Hans Roth et le *Festival international de musique baroque américaine* sont aujourd'hui les vitrines dans le monde). Et 200 ans plus tard arrivait ici le plus célèbre de tous les fils des Amériques du XXe s : « Che » Guevara.

SANTA CRUZ DE LA SIERRA

1 600 000 hab. IND. TÉL. : 3

Capitale économique de Bolivie, fondée au XVIe s dans une plaine horizontale aux terres fertiles, Santa Cruz est actuellement la métropole la plus peuplée du pays. Considérée comme un modèle de planification urbaine des années 1960, la ville moderne a été construite en huit anneaux *(anillos)* successifs autour de la ville ancienne : le premier anneau (centre-ville) regroupe la plupart des hôtels, restaurants, banques et administrations. Du deuxième au septième anneau, on trouve les quartiers résidentiels. La gare *bimodal* (bus et train) se trouve un peu avant le troisième anneau. C'est neuf, c'est nouveau riche, c'est propre. Et surtout très vert, avec une profusion de flamboyants et de *toborochis,* ces curieux arbres de la région aux troncs ventripotents et couverts d'épines. C'est la locomotive de la Bolivie. Le modèle néolibéral a provoqué une migration massive des Andes vers « El Oriente », source de conflits régionalistes à cause de l'explosion démographique de Santa Cruz. La ville a beaucoup profité de l'exploitation du pétrole et du gaz, de l'agriculture et (un peu, il faut le dire) du trafic de la coca. Toutefois, les habitants (on les appelle les *Cambas*) seront fiers de vous faire partager leurs traditions, qui tranchent avec celles des vallées et hauts sommets. Santa Cruz n'a pas de monument grandiose ni de musée célèbre à offrir au visiteur. Cependant la vieille ville, appelée « El Casco Viejo » ne manque pas de charme, ni d'originalité avec sa place centrale, une des plus belles de Bolivie, surplombée par la façade en brique de

VIVE LA PARITÉ !

Selon une coutume transmise de père en fils, les hommes de Santa Cruz s'octroient depuis plusieurs générations une liberté totale un soir par semaine, pour célébrer le « vendredi des célibataires ». Les femmes, de leur côté, sont censées rester sagement à la maison et prier pour les péchés de leurs époux... Mais depuis quelques années, le « vendredi » se décline aussi bien au féminin qu'au masculin. Il suffit de circuler le soir sur l'avenida Monseñor Rivero pour comprendre que la réciprocité dans les couples est rétablie !

la cathédrale, ses maisons basses aux galeries couvertes courant le long des trottoirs, dont certaines ont conservé leurs piliers d'origine, en bois ou en brique.
De plus, c'est à partir de Santa Cruz que vous pourrez découvrir une autre Bolivie, non moins passionnante et belle : celle des missions jésuites de la Chiquitanía et les parcs nationaux Amboró et Noel Kempff Mercado. Même la gastronomie change, les plats épicés redeviennent doux et les *salteñas* sont concurrencées par les *cuñapés* (un mot guarani qui signifie « poitrine de jeune fille »). Les premières se dégustent exclusivement le matin, les autres à l'heure du goûter. À ne pas confondre ! On peut goûter à cet alcool de canne à sucre typique de la ville et sa région, le *culipi.* C'est aussi là et dans les environs que les amateurs découvriront une pierre très caractéristique de la région appelée *bolivianita,* à mi-chemin entre la citrine et l'améthyste.

CAMBAS ET MENNONITES DE L'ORIENTE

Joyeux, extravertis jusqu'à l'exubérance, les *Cambas* sont les gens qui peuplent l'Oriente, nés du métissage des Espagnols et des Indiens guaranis et chiquitanos. On les différencie des *Collas,* ou habitants de l'Altiplano, dont le caractère secret a été forgé par la rigueur de l'environnement. En dehors des *Cambas,* peut-être croiserez-vous des *mennonites* dans la ville ou en chemin vers les missions ; il s'agit des membres d'une secte anabaptiste fondée en Suisse au XVIe s, qui refusent toute autre autorité que celle de la Bible. La majeure partie de leur communauté vit aujourd'hui aux États-Unis, mais ils se sont également établis au Mexique, au Belize et au Paraguay, les autres pays qui assurent une rotation régulière entre les différentes communautés. Ils vivent entre eux, à l'est de Santa Cruz, principalement du produit de leur agriculture. Dans les marchés, ils tiennent en général les étals de fromage. Question look, ça louche du côté de *La Petite Maison dans la prairie* ! Voir aussi plus loin le paragraphe sur le *mercado Los Pozos,* dans la rubrique « À voir ».

Arriver – Quitter

En bus

Terminal bimodal bus et train *(hors plan par B2) : au bout de l'av. Brasil. ☎ 348-84-82. Prendre un taxi (env 15 Bs), sinon, du centre, micros nos 8, 12, 20 et 85. Tlj 6h-22h. Bureau d'infos bus et train ouv tlj 8h-12h, 14h-18h ; bureau de la Migración 8h-16h.* Distributeurs automatiques, bureau de change (euros acceptés), Internet, consigne à bagages. Il est conseillé d'acheter son billet à l'avance, au minimum la veille. Pour une arrivée tardive, nombreux petits *alojamientos* face au terminal, et l'hôtel *Suecia* avec piscine. De nombreuses compagnies y sont présentes ; départs groupés et horaires presque identiques, en fin d'après midi, pour chaque destination. Les plus importantes proposent un service de *coche-cama* (bus avec sièges plus ou moins inclinables et toilettes), plus rapide et confortable. Pas de panneaux d'affichage des départs de bus, ce qui ne simplifie pas les choses. Pour les trains, grand panneau des horaires affiché à côté des guichets *(boletería).*

➢ ***Cochabamba :*** env 8h de trajet. La plupart des compagnies en route pour Sucre ou La Paz s'y arrêtent. Nombreux départs tlj 7h-9h et 18h-22h. Mêmes horaires dans le sens Cochabamba-Santa Cruz.

➢ ***Sucre :*** 14-16h de trajet. Départs tlj 16h-17h dans les 2 sens ; plusieurs compagnies, dont *Copacabana* qui possède un bus-*cama* à 17h. Changement de bus pour Potosí. Certains bus qui partent le mat pour Cochabamba font aussi une extension à Sucre ; se renseigner, car souvent ils sont moins chers que les bus de l'ap-m.

➢ ***La Paz :*** 20h de route. Départs tlj ttes les 30mn entre 16h-20h30 (mêmes horaires dans l'autre sens).

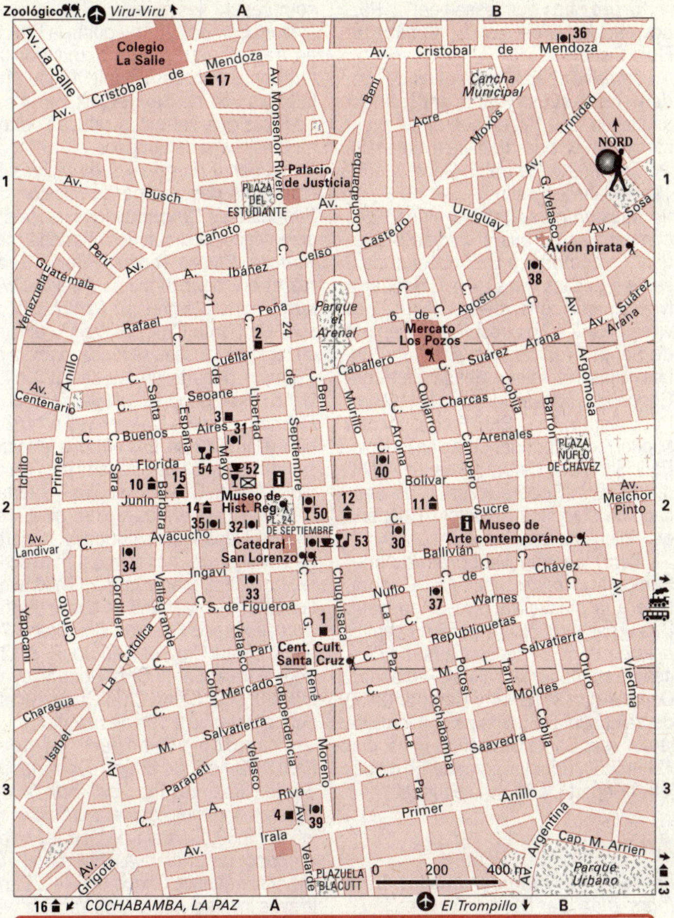

SANTA CRUZ DE LA SIERRA

Adresses utiles

1 Téléphone
2 Amboro Tours
3 Ruta Verde Tour Operator
4 Magri Turisme

Où dormir ?

10 Alojamiento Santa Bárbara I
11 Residencial Bolívar
12 Residencial Ikandire
13 Jodanga
14 Hotel Copacabana
15 Hotel Viru-Viru
16 Casa Patio

Où manger ?

30 Mercado Nuevo
31 Malinche Espacio Cultural
32 Club Social
33 Buffet Santa Ana
34 Vida y Salud
35 Dumbo's, Kivón et Picolo
36 La Casa del Camba
37 El Ajibe
38 Los Lomitos
39 Churrasqueria La Choza de Dorys
40 Bistro La Casona

Où grignoter ? Où boire un verre ? Où sortir ?

50 Irish Pub et Estación Rock
52 Victory Bar
53 Lorca Café
54 Duda Pop-pub

➢ ***Oruro :*** bus qui desservent La Paz, correspondance avec *Illimani* et *Flota Cisne.*

➢ ***Trinidad :*** départs tlj à partir de 19h, dans les 2 sens. Route entièrement asphaltée. Env 10h en bus-*cama* direct et min 12h en bus ordinaire avec arrêts.

➢ ***Tarija :*** 20h de trajet. Départs 15h-19h30 dans les 2 sens.

➢ ***Missions jésuites :*** la plupart des compagnies de bus et *micros* possèdent un comptoir à la *bimodal* et desservent ttes les villes de la Chiquitanía (voir la partie consacrée à chacune des villes pour les horaires). Leurs départs de Santa Cruz se font vers 18h-20h. Les villes les mieux desservies sont Concepción et San Ignacio de Velasco. Pour Santa Ana, San Rafael et San Miguel, correspondance à San Ignacio. Pour San José de Chiquitos (env 3h30 de trajet) et Roboré (mission de Santiago de Chiquitos, 2h de plus), départs quotidiens de la gare *bimodal.*

➢ ***Samaipata et Vallegrande :*** pour Samaipata, *micros* sur l'av. Grigotá, face à la plazuela Oruro (3e anneau). Bus urbains nos 65, 72 et 56 du centre, près de la pl. 24 de Septiembre ; descendre au monument à Max Fernández. Départs tlj à 9h et 14h. Compter 2h30 de trajet min. De Samaipata, *micros* de retour vers Santa Cruz 4h30-4h45, dim 12h-16h50. Pour Vallegrande (6h de trajet), 1 départ/j. à 8h de la *bimodal.*

En train

Terminal bimodal bus et train *(hors plan par B2) : même adresse que la gare routière.* ☎ *338-70-00 ou 73-00.* • *ferroviariaoriental.com* • Se renseigner en arrivant, car les horaires peuvent changer. Avt d'accéder aux quais, il faut s'acquitter d'un droit d'usage du terminal de 5 Bs.

Selon les trains, 4 catégories de wagons : *segunda, primera, Pullman* ou *Super-Pullman,* du plus économique au plus luxueux. Les 2 dernières classes ont un tarif tout à fait abordable et sont vraiment confortables (l'AC en prime, wagon-resto). Aussi des *Ferrobus,* encore plus confortables, de 2 catégories, *cama* et semi-*cama,* des wagons-lits avec couchettes et des carrosses avec des sièges fortement inclinables comprenant des repas.

– *Avertissement :* si l'on quitte la Bolivie en train, il vaut mieux demander un tampon de sortie (valable 10 jours) à la *Migración* de Santa Cruz, car il est possible que l'on vous refuse l'entrée au Brésil sans ce tampon.

➢ ***Quijarro*** *(frontière avec le Brésil)* **:** ces trains passent par la mission de ***San José de Chiquitos*** (possibilité d'y commencer le circuit des missions), par ***Roboré, Rivero Torres, Puerto Suárez*** et ont pour terminus ***Puerto Quijarro,*** porte d'entrée au Pantanal côté sud. De Santa Cruz, en train ordinaire ou *regional* (classes *segunda, primera* et *Pullman*), départs lun-jeu-sam à 11h45. Dans l'*Expreso Oriental* (classe *Super-Pullman*), départs lun-mer-ven à 14h30, billet aller 1270 Bs. En *Ferrobus* (classes *cama* et semi-*cama*), départs mar, jeu et dim à 18h30. Celui-ci est plus confortable et, en théorie, plus rapide : billet aller 257 Bs. Dans le sens contraire, départs de Quijarro lun-mer-sam à 11h avec le *regional* ; lun, mer et ven à 18h30 avec *Ferrobus* ; et mar, jeu et dim à 14h50 avec l'*Expreso Oriental.* Compter 5-7h entre Santa Cruz et San José, 8-12h pour le trajet Santa Cruz-Roboré, et au min 14h pour Santa Cruz-Quijarro (cela peut aller jusqu'à 19h de trajet).

➢ ***Yacuiba*** *(frontière argentine)* **:** 12-16h de trajet. Départs de Santa Cruz en *Tren del Sur mixto* (classes *segunda, primera* et *Pullman*), jeu à 15h30. Ce train dessert les villes d'*Abapó,* de *Charagua, Boyuibe* et *Villamontes* dans le *Chaco* bolivien. Dans le sens inverse, départs de Yacuiba ven à 17h (prévoir une photocopie du passeport pour le visa bolivien).

En avion

✈ ***2 aéroports*** desservent Santa Cruz : ***Viru-Viru*** *(☎ 181),* aéroport principal et international, à 12 km au nord de la ville, et ***El Trompillo,*** enclavé au sud de la ville au niveau du 1er anneau et réservé à quelques compagnies pour des vols domestiques. Viru-Viru est la plaque tournante du trafic aérien bolivien. Tous les vols internationaux y font escale, c'est dire son importance ! Vols *American Airlines, Copa Airlines, Boa, Lan Chile, Aerolineas Argentinas, TAM...*

Réseau international

■ **BoA :** *à l'aéroport Viru-Viru, et prolongación. Aroma 20, edif. Casanova of 7 (1er anneau) à côté du Palais de Justice. ☎ 312-13-43-83-4. • boa.bo •* Assure 5 vols directs/sem pour São Paulo, 4 vols directs/sem pour Buenos Aires et 3/sem avec escale à Cochabamba.

■ ***TAM :*** *à l'aéroport Viru-Viru, ou c/ Velasco 700, angle La Riva. ☎ 353-26-39. • tam.com.br •* 6 fois/sem pour Asunción avec correspondance pour Buenos Aires, São Paulo, Foz do Iguaçu et Montevideo.

■ ***American Airlines :*** *c/ Beni 167. ☎ 334-13-14. • aa.com • Lun-ven 9h-18h30, sam 9h-13h.* Vol tlj pour Miami.

■ ***Aerolineas Argentinas :*** *c/ Junin 22, edif. Banco de la Nación Argentina, sur la pl. 24 de Septiembre, 2e étage. ☎ 333-97-77. • aerolineas.com.ar •* Vol tlj pour Buenos Aires.

■ ***Copa Airlines :*** *à l'aéroport Viru-Viru, ou Sucre 47, à côté de la place principale. ☎ 332-22-22. • copaair.com •* Assure de nombreux vols vers les pays d'Amérique centrale, du Sud, des Caraïbes et du nord-est des États-Unis.

Réseau intérieur

Notamment avec *BoA* au départ de Viru-Viru pour la plupart des grandes villes. Les vols de *TAM* (transporteur militaire), d'*Amaszonas* et d'*Aerocon* partent de l'aéroport d'El Trompillo.

■ ***TAM*** *(Transporte Aéreo Militar)* ***:*** *à l'aéroport El Trompillo, ☎ 352-96-69 ; ou av. Montes 738, esq. José Maria Serrano. ☎ 337-59-24. • tam.bo •* Vols directs ou via Sucre pour Cochabamba (1-2 vols/j.), directs ou via Cochabamba pour La Paz, pour Sucre, et env 3 vols/sem vers Puerto Suárez.

■ ***Amaszonas :*** *à l'aéroport El Trompillo. ☎ 357-89-88. • amaszonas.com •* De Santa Cruz, vols pour Trinidad et correspondances vers le nord du pays (Riberalta, Guayaramerín, San Borja, etc.).

■ ***Aerocon :*** *à l'aéroport El Trompillo. ☎ 351-10-10. • aerocon.bo •* Vols pour Cobija, La Paz (2 vols/j. en sem, 1 le w-e), Trinidad (4 vols/j. en sem, 2 le w-e), Cochabamba (2 vols/j. en sem, 1 le w-e), Riberalta, Tarija (1 vol ts les soirs), San Borja et Guayaramerín.

Arrivée à l'aéroport

✈ Les vols internationaux sont centralisés à l'***aéroport de Viru-Viru*** *(hors plan par A2),* au nord de la ville *(rens : ☎ 181).* On y trouve un bureau de change et, au 1er étage, une dizaine de distributeurs automatiques. Location de voitures, *Entel,* snacks, consigne à bagages, etc.

➢ ***Pour se rendre dans le centre-ville :*** prendre les ***bus*** vert et blanc (les couleurs de Santa Cruz et d'*Oriente Petrolero,* l'équipe de foot la plus populaire de la ville), qui contournent le 1er anneau par l'ouest (av. Cañoto) depuis le palais de justice (grosse tour en verre) jusqu'à l'aéroport d'El Trompillo. De là, un autre bus pour le centre. Les bus sont stationnés à la sortie de la zone internationale. Ils fonctionnent 6h-20h. Compter 10 Bs le trajet.

– Un ***taxi*** vous coûtera env 60 Bs pour parcourir les 15 km qui vous séparent du centre-ville et de la gare ferroviaire et routière (pas de compteur, bien s'assurer du prix avt de monter).

– En revanche, aucun bus ne dessert la *bimodal* (gare bus + train) depuis l'aéroport. Pour la rejoindre depuis le centre ou l'aéroport El Trompillo, un taxi vous coûtera env 15 Bs.

Adresses utiles

Infos touristiques et télécommunications

ℹ ***Turismo*** *(plan A2)* ***:*** *centro de interpretación turístico y cultural, sur la pl. 24 de Septiembre petite porte à gauche du palais de la préfecture. ☎ 334-67-76. Lun-ven 8h-12h30, 14h30-18h.* À noter : on trouve à *Infotur*, situé à droite de l'entrée du *Museo* *de Arte Contemporáneo (plan B2)*, une documentation plus fournie et un plan de la ville très pratique. *Lun-ven 8h-12h, 15h-19h. ☎ 336-96-81.* Personnel très compétent.

✉ ***Correos*** *(plan A2)* **:** *c/ Junín 154. Lun-ven 8h-12h30, 14h30-19h30 ; sam 8h-12h.* Bureau *Western Union* à côté.

■ ***Téléphone*** *(Entel ; plan A2,* ***1****)* **:** *c/ Warnes, entre Chuquisaca et René Moreno. Ouv 7h30-23h.* On vous indique le bâtiment central, mais les téléboutiques avec cabines sont omniprésentes à l'intérieur du 1er anneau. Également des cabines à 2 *cuadras* de la place, calle Ayacucho 365 et 389, juste après l'église et sur le même trottoir ; 2 boutiques parmi les moins chères.

@ ***Points Internet* :** partout en ville, de même que les cabines téléphoniques. Question rapidité, ils se valent à peu près tous. Compter 3-5 Bs/h.

SANTA CRUZ

Banques, change

– Les dollars sont acceptés partout. Les euros plutôt dans les casas de cambio. Plusieurs banques et distributeurs automatiques autour ou à proximité immédiate de la plaza 24 de Septiembre *(Banco Unión, Banco Ganadero, BCP)* et bureaux de change au début de la calle Libertad. Également des agences bancaires et distributeurs automatiques sur l'avenida Monseñor Rivero, juste après le 1er anneau, ainsi qu'à la gare routière.

Transports

Pour les bus et trains partant de la gare *bimodal* ainsi que pour les vols nationaux et internationaux, voir plus haut « Arriver – Quitter ».

■ ***Radio-taxis* :** *☎ 332-26-66 ou 333-22-22. Compter 15 Bs à l'intérieur du 1er anneau et env 5 Bs/anneau supplémentaire, 250 Bs/j. pour le garder tte la journée (en ville, jusqu'au 4e anneau) et env 350 Bs pour partir tte une journée rayonner dans les env (Samaipata, Buenavista...).*

Urgences médicales

■ 2 chaînes de pharmacies à Santa Cruz : ***Farmacop,*** notamment près de la place centrale (à l'angle de Junín et 21 de Mayo) et ***Farmacia Hipermaxi.***

✚ ***Hospital municipal Francés* :** *av. Santos Dumont, urb. Paititi. ☎ 336-90-90 ou 351-85-12.* Très excentré, proche du 7e anneau, mais l'ambassade de France y tient un « attaché santé ».

✚ Dans le centre, la ***clínica Angel Foianini*** *(av. Irala 468 ; ☎ 336-22-11)* est une clinique privée de bonne réputation qui pratique des tarifs raisonnables.

Représentations diplomatiques, formalités

■ ***Consulat honoraire de France* :** *av. Marcelos Terceros 310 y av. San Martín, Radial 32 (3e anneau). ☎ 341-00-22. Lun-ven 8h30-12h, 15h-18h30.*

■ ***Consulat du Brésil* :** *av. Busch 330 (2e anneau). ☎ 334-44-00. Lun-ven 9h-15h.*

■ ***Consulat d'Argentine* :** *c/ Junín 22, edif. Banco de la Nación Argentina. ☎ 334-71-33. Lun-ven 8h30-13h.*

■ ***Consulat du Chili* :** *av. René Moreno 551, diagonal Cine Center, 1er étage. ☎ 335-89-57. Lun-ven 8h-13h.*

■ ***Consulat du Pérou* :** *c/ Villador Pinto 84, esq. Alejandro Ramirez (3e anneau). ☎ 341-90-92. Lun-ven 8h30-13h30.*

■ ***Consulat d'Équateur* :** *parque industrial, M2 P1-36 Empresa Eboil (5e anneau). ☎ 344-60-28. Lun-ven 9h-12h, 15h-18h.*

■ ***Migración* :** *av. Omar Chavez, esq. av. Ana Barba, edif. Azul. ☎ 351-95-76. Lun-ven 8h30-12h, 14h-18h.*

Agences de voyages

■ ***Amboro Tours*** *(plan A1-2,* ***2****)* **:** *c/ Libertad 417, 2e étage. ☎ 339-06-00. 📱 726-125-15. • amborotours.com •* Une adresse pour routards avec une équipe de terrain. Organise des tours classiques dans les environs (souvent moins chers que la concurrence) et d'autres sortant des sentiers battus, de 1 à 7 jours : trekking dans le parc Kaa-Iya, expédition autour de Cholchis, etc. Également des excursions dans le parc Noel Kempff ou le trajet en bateau depuis Trinidad sur la *Reina de Enin* (voir les chapitres consacrés).

■ ***Ruta Verde Tour Operator*** *(plan A2, **3**) : c/ 21 de Mayo 318. ☎ 339-64-70. 📱 708-498-71. • rutaverdebolivia.com •* Agence néerlandaise sérieuse et expérimentée. L'officine étant souvent fermée, il est conseillé de les contacter par internet. Excursions à la carte, notamment aux parcs Amboró et Kempff, séjours culturels dans les missions jésuites, expéditions en Amazonie, etc. Organise également des circuits dans la région d'Uyuni. Très pro.

■ ***Magri Turismo*** *(plan A3, **4**) : av. Velarde 49, entre La Riva et Irala. ☎ 334-56-59. • magriturismo.com •* Grosse agence où l'on parle l'anglais et un peu le français. Pour les excursions spécialisées dans les parcs, privilégier *Amboro Tours* ou *Ruta Verde.*

Culture, loisirs

■ ***Alliance française*** *(plan A2) : dans le centro cultural Franco Alemán, pl. 24 de Septiembre, entre Bolívar et Sucre. ☎ 332-99-06. Lun-ven 9h30-12h, 14h30-20h.* L'Alliance fonctionne en partenariat avec le *Goethe Institut.* Dans un beau bâtiment ancien, joliment restauré. Cafétéria tranquille donnant sur le patio. Accès libre à la bibliothèque (bon choix d'ouvrages en français et en allemand, quelques revues).

■ ***Casa de Cultura*** *(plan A2) : pl. 24 de Septiembre.* Théâtre, danse, ciné, expositions, concerts.

■ ***Cinema Palace*** *(plan A2) : c/ Libertad 137, sur la place centrale. ☎ 332-26-17.* Ciné moderne (écran géant, son dolby...) dans un bel immeuble ancien, entièrement rénové. Bon choix de films.

■ ***Centro Simón I. Patiño*** *(plan A2) : c/ Independencia, angle Suárez de Figueroa. ☎ 337-24-25.* Centre de conférences, projection de documentaires, expos et concerts.

■ ***AECID – Centre culturel de l'ambassade d'Espagne*** *(plan B2) : c/ Arenales 583. ☎ 335-13-11.* Centre de formation, bibliothèque, et surtout un très bon programme de cinéma (ciné-club le mardi à 20h).

– Le quotidien ***El Deber*** publie chaque vendredi un supplément sur les sorties du week-end, les restos, bars et boîtes. Sinon, tous les jours le programme culturel du soir.

Où dormir ?

Le logement à prix moyens ne court pas les rues de Santa Cruz. Il faut compter souvent 30 $ pour une chambre honnête mais sans plus.

Très bon marché (moins de 80 Bs / env 9 €)

Nombreux *alojamientos* autour du terminal *bimodal* si vous n'avez pas envie de marcher. Aussi autour du marché Los Pozos. Les prix seront plus bas, mais évidemment le confort s'en ressent.

🏠 ***Alojamiento Santa Bárbara I*** *(plan A2, **10**) : c/ Santa Bárbara 151. ☎ 332-18-17. • alojstabarbara@yahoo.com • Résa conseillée. Compter 40 Bs/pers, sans petit déj.* Autour de 2 patios intérieurs calmes, quelques chambres simples mais propres, avec salle de bains commune. Aucun charme, mais excellente ambiance entre routards de tous pays. Accueil sympathique et conseils sur les excursions à faire dans la région. Une bonne adresse dans cette catégorie.

De bon marché à prix moyens (80-220 Bs / env 16-25 €)

🏠 ***Residencial Bolívar*** *(plan B2, **11**) : c/ Sucre 131. ☎ 334-25-00. • contact@residencialbolivar.com • Presque sur la place principale. Sonner avt d'entrer. Résa conseillée. Lit en dortoir à partir de 90 Bs ; doubles sans ou avec sdb 130-270 Bs ; petit déj compris.* 📶 Une de nos adresses préférées, rendez-vous des routards. Dans une vieille maison coloniale, avec des chambres disposées autour de 2 patios fleuris. Superbe arbre *patuju* planté parmi les bananiers, tandis que deux toucans s'amusent à se balancer sur les hamacs (!). Chambres propres quoique un peu sombres, noyées dans la végétation luxuriante. Toutes avec ventilo et moustiquaire aux fenêtres. Il est conseillé de se faire confirmer sa résa la veille, car parfois surbooké...

Jodanga Backpacker's Hostel *(hors plan par B3,* ***13****) : c/ El Fuerte 1380, quartier Los Chóferes. ☎ 339-65-42. • jodanga.com • Avec sdb commune ou privée, 70-100 Bs/ pers en dortoir 6-10 lits, double env 210 Bs, petit déj inclus. CB acceptées.* À mi-chemin entre l'*hostal* et l'AJ, l'endroit est un peu excentré mais fort sympathique et dispose même d'une piscine. Service de blanchisserie, cuisine à dispo, salle de TV, billard, échange de livres... Propose aussi des cours d'espagnol.

De prix moyens à chic (moins de 220-350 Bs / env 25-40 €)

Residencial Ikandire *(plan B2,* ***12****) : c/ Sucre 51. ☎ 339-39-75. • residencialikandire.com • Doubles env 180-280 Bs, petit déj inclus.* Hyper central. Une quinzaine de chambres propres et bien tenues, réparties le long de petits patios. Salles de bains commune ou privée. Du calme, un peu de verdure, des chaises longues pour buller et une ambiance agréable. Bref, un bon rapport qualité-prix.

Hotel Copacabana *(plan A2,* ***14****) : c/ Junín 217. ☎ 336-27-70. • hotelcopacabana@hotmail.com • Nuitée à partir de 200 Bs/pers ; doubles env 300-340 Bs selon confort ; petit déj inclus. Dépend du réseau* Hostelling International *; réduc avec la carte.* Petit hôtel central et bien tenu, bien qu'un peu sombre. Chambres correctes avec ventilo ou AC, moquette défraîchie... Préférer celles situées au 3e étage, donnant sur le patio, elles sont plus claires et plus calmes. Fait aussi resto *(menu le midi 20 Bs).*

Hotel Viru-Viru *(plan A2,* ***15****) : c/ Junín 338. ☎ 333-52-98. • hotelviruviru.com • Double avec AC env 320 Bs.* Piscine et terrasse au milieu des fleurs. Chambres spacieuses, lumineuses et bien équipées. Toutes avec AC et très calmes (un vrai plus dans ce quartier). Bon petit déj. Cher et sans charme, mais c'est le seul hôtel central de cette catégorie offrant le confort escompté.

Très chic (plus de 600 Bs ou 80 $ / env 68 €)

Casa Patio *(hors plan par A3,* ***16****) : av. Ibérica, c/ 5, Las Palmas. ☎ 351-18-14. • casapatio-hotelboutique.com • À env 15 mn du centre, entre les 3e et 4e anneaux. À partir de 85 $ pour 2 pers, bon petit déj inclus (produits bio).* Enfin un hôtel de charme à Santa Cruz ! Dans une belle maison typique du quartier de Las Palmas, superbement décorée de meubles et objets anciens. Ici on joue la carte de l'intimité. Il n'y a que 7 chambres, toutes différentes, avec tout le confort (TV câblée écran plat, AC) et beaucoup de cachet. Petit patio-jardin joliment arrangé où l'on peut prendre les repas, ainsi que 2 terrasses. Bonne cave à vins en S/S On s'y sent vraiment bien. Accueil personnalisé par le couple de propriétaires, Nicole, francophone, et Manuel. Selon leur formule : on joue ici la carte de « l'élégance décontractée » ! Diverses activités à la demande : cours de yoga, cuisine, soirées dégustation...

SANTA CRUZ

Où manger ?

Santa Cruz ne cesse de s'agrandir et les endroits à la mode se déplacent de plus en plus vers les anneaux extérieurs. Pas mal de choix sur l'avenida Monseñor Rivero, à 10 mn à pied au nord de la place principale, et restos chic dans le quartier Equipetrol, plus excentré. À noter enfin, la plupart des cafés-bars mentionnés dans la rubrique « Où grignoter ? Où boire un verre ? Où sortir ? » proposent aussi une bonne cuisine, à prix raisonnables.

Bon marché (moins de 30 Bs / env 3,50 €)

|●| Dans les rues qui partent de la place principale *(plan A2)*, plusieurs petits restos proposent des menus à 15 Bs, avec soupe et plat principal, notamment ***El Redil,*** calle 24 de Septiembre, entre Charcas et Caballero.

|●| ***Mercado Nuevo*** *(plan B2,* ***30****) : c/ Sucre, angle Cochabamba. À 2 cuadras de la place centrale.* Rénové en 2012. Le midi, clientèle d'étudiants et d'employés travaillant dans le quartier. Superbes jus de fruits tropicaux, bien sucrés et à belle consonance guarani : *achachairú, guapurú, guapomó...* Sinon, mêmes échoppes que dans le reste de la Bolivie.

|●| ***Malinche Espacio Cultural*** *(plan A2,* ***31****) : c/ 21 de Mayo 218, angle Florida. ☎ 327-53-49. Tlj sf dim 11h-23h. Menu déj 20 Bs.* Au cœur de la vieille ville, dans un patio à galeries restauré, avec des colonnes d'un beau bleu Menu simple le midi ; le soir, on grignote des *enrollados.* C'est aussi un petit centre culturel : projection d'un film sud-américain le mercredi à 20h, concert le samedi à partir de 21h30, etc.

|●| ***Club Social*** *(plan A2,* ***32****) : c/ Libertad 21, pl. 24 de Septiembre, angle Ayacucho. ☎ 334-63-83. Ouv slt le midi. Menus 21 Bs en sem, 27 Bs le dim. ;* almuerzo *avec burger et soda (!) 19 Bs.* Dans une immense salle haute de plafond, au sein d'un édifice historique placé sous l'égide de la ville de Santa Cruz et de ses valeureux patriotes. Tables disposées autour d'un patio à arcades où se retrouvent familles et cols blancs pour un *almuerzo.* Bonne cuisine traditionnelle et service en nœud pap'.

|●| ***Buffet Santa Ana*** *(plan A2,* ***33****) : c/ Ingavi 164, entre Independencia et Velasco. Ouv slt le midi. Menu 25 Bs.* On paie à l'entrée, puis on s'installe dans le patio à l'ombre d'un ficus géant où l'on déguste – à volonté – un buffet très copieux, présenté sous une paillote. Bons plats de légumes et poulet. Boissons et desserts en plus. Une bonne adresse.

|●| ***Vida y Salud*** *(plan A2,* ***34****) : c/ Ayacucho 444. Ouv slt le midi.* Resto végétarien toujours plein. Petite boutique toute blanche offrant un buffet de crudités, soupes, plat, dessert... Portions copieuses. Petits pains aux céréales, bons comme des gâteaux.

|●| Pour ceux qui ont un petit creux à toute heure, et même le dimanche, le ***Dumbo's,*** le ***Kivón*** et le ***Picolo*** *(plan A2,* ***35****),* tous 3 voisins (calle Ayacucho, entre 21 de Mayo et España) offrent une grande variété de hamburgers et des plats plus légers (on a même vu des légumes vapeur). Pour se rattraper côté calories, glaces gigantesques et gâteaux crémeux et colorés. Et, pour finir, un *pisco sour* avec du *singani,* la grappa locale !

De prix moyens à plus chic (50-65 Bs et plus / env 5,50-7,50 €)

|●| ***La Casa del Camba*** *(plan B1,* ***36****) : av. Cristóbal de Mendoza 1365, 2e anneau, entre l'av. Alemana et Beni. ☎ 342-78-64. Prendre un taxi (env 15 Bs), sinon, du centre, micros nos 35 et 75. Tlj en continu, 11h30-0h30. Musique live ts les soirs en sem et le midi le w-e.* Une institution locale. Toujours beaucoup de monde et une ambiance familiale très sympa. Bonne et copieuse cuisine traditionnelle. Les plats sont souvent à partager. On recommande les *parrilladas* (à 115 Bs, suffisantes pour 4 pers), le *buffet típico* (115 Bs pour 2 pers) qui permet de goûter aux divers plats régionaux, la *punta de S,* superbe pièce de viande (105 Bs pour 2) ou, dans un registre plus exotique, le *chicharrón de lagarto* (queue de crocodile 59 Bs) ! Une autre adresse dans le quartier de Urubo.

|●| ***El Ajibe*** *(plan B2,* ***37****) : c/ Potosí, angle Nuflo de Chávez. ☎ 335-22-77. Menu déj 25 Bs ; carte env 45 Bs.* Un petit patio au centre d'une maison vénérable, entourant de ses galeries un puits antique, envahi de végétation tropicale. On se sent tellement bien dans ce décor conçu avec amour, où

tous les meubles sont anciens ! Sert de temps à autre de décor au tournage d'un film. Bonne cuisine traditionnelle, mais peu de choix : seulement quelques spécialités présentées par le patron. Le soir, douce musique locale qui contribue au charme des lieux.

Los Lomitos *(plan B1,* ***38****) : av. Uruguay 758. ☎ 332-86-96. Ouv midi et soir en continu, jusqu'à minuit.* Énorme salle rustique avec 5 grils où l'on trouve l'éventail de viandes et de grillades de Santa Cruz. Steak bolivien ou argentin, *matahambre* (tue-faim) et *pacumuto* bien servi. Pour les plus petites faims, *empanadas tucumanas* un poil piquantes. Aussi quelques poissons. Service attentionné. Très familial le week-end.

Churrasqueria La Choza de Dorys *(plan A3,* ***39****) : av. René Moreno 41, peu avt l'av. Irala. ☎ 332-51-84. Tlj sf lun service 12h-14h, 19h-0h30.* Belle hutte en pleine ville avec son toit de palmier local, le *jatata.* Pour les viandards uniquement, et venir à 2 ou 3 pour partager les portions (énormes) et l'addition. *Corte* à la manière argentine : des morceaux de choix comme le *bife de chorizo, punta de res* ou *cuadril.* Aussi du porc, du poulet et du canard.

Bistro La Casona *(plan B2,* ***40****) : c/ Arenales 222. ☎ 337-84-95. Tlj sf dim ; ouv en continu, jusqu'au dernier client.* Belle adresse à la déco rustique et cour très agréable. Tenu par Axel, un Allemand converti à la cuisine camba, à laquelle il ajoute des ingrédients 100 % germaniques, quoique produits localement. Une belle réussite. *Menu déj 25 Bs.* À la carte à des prix nettement supérieur : viande de porc à la moutarde sucrée, choucroute, charcuteries et fromages. Une cuisine plus élaborée qu'ailleurs, qui change des classiques boliviens. Bonne cave et pas mal de bières. Service jovial et attentionné. Jeudi soir concert live.

SANTA CRUZ

Où grignoter ? Où boire un verre ? Où sortir ?

Nombreux bars, boîtes et cafés-concerts – appelés *boliche* – reflètent le goût des Cambas pour sortir et faire la fête. Tout se concentre autour de quelques rues et avenues qui restent animées du matin jusque tard dans la nuit : autour de la *plaza* principale, dans le centre ancien, le long de l'avenida Monseñor Rivero et dans le quartier Equipetrol (plus excentré), autour de l'avenida San Martín et dans les rues adjacentes. De quoi passer une ou deux soirées endiablées à Santa Cruz !

Dans le centre ancien

Victory Bar *(plan A2,* ***52****) : c/ Junín, angle 21 de Mayo. Au 1er étage du centre commercial Casca Viejo.* Terrasse agréable et très prisée. C'est l'un des rendez-vous sociaux de la ville. On vient pour prendre un cappuccino glacé à l'heure du goûter, ou une *paceña* bien fraîche au moment de l'apéro, pour tempérer les parties de backgammon.

Irish Pub *et* ***Estación Rock*** *(plan A2,* ***50****) : pl. 24 de Septiembre.* Sur la place centrale, côte à côte, 2 lieux de rendez-vous nocturne des jeunes de 20 à 45 ans, qui viennent boire ou manger (plats à la carte, simples et bons). Bières, vins au verre, cocktails. Essayer d'avoir une des bonnes tables pour profiter de la vue sur la place.

Lorca Café *(plan A2,* ***53****) : c/ Sucre 8, esq. René Moreno. ☎ 334-05-62. Resto lun-sam 9h-0h30, dim à partir de 17h ; lounge-bar mer-sam 16h-3h.* Jolie cour traditionnelle où l'on peut faire une halte à toute heure de la journée. Cuisine « fusion » aux accents franco-arabes, salades variées, *picadas* (assiettes de tapas) ou *surubí a la plancha.* Belle carte des vins. Également des petits déj, sandwichs le midi et crêpes pour la pause goûter. Autre ambiance la nuit avec des concerts tous les soirs (de 20h30 à 1h30). Monter dans les salles du haut : surprenant décor de fresques et superbe vue du balcon sur la place. Divers événements culturels également.

Duda Pop-pub *(plan A2,* ***54****) : c/ Florida 228. ☎ 330-30-70. Ouv à partir* *de 21h30.* Le *boliche* à la mode, proche de la *plaza.* Dans une maison ancienne. Décor coloré et chaleureux à base d'objets insolites, photos et peintures aux murs. Un bar « *lindo, lindo* » comme dit le slogan ! Public alternatif de jeunes étudiants, bonne musique éclectique et ambiance très conviviale.

Autour de la *plaza 24 de Septiembre,* on peut prendre un verre ou manger un morceau au café situé dans ***La Pascana.*** C'est l'immeuble moderne qui défigure la place, mais la terrasse surélevée, avec vue sur la façade de la cathédrale, est très agréable le soir. Enfin, le café du ***Cinema Palace*** (voir les « Adresses utiles »), possède une belle terrasse surplombant la place (ouvert à partir de 17h).

Autour de l'avenida Monseñor Rivero

Délimitée au sud par le palacio de Justicia et au nord par la statue du Christ (El Cristo), c'est l'avenue à la mode pour sortir le soir, toujours très animée. C'est là aussi que finissent en apothéose les défilés du carnaval. Il y a foule tous les soirs, jusqu'à 2h du mat' le week-end.

Des 2 côtés de l'avenue, succession de ***bars et cafés-concerts,*** qui reflètent l'esprit libéral de la ville. De quoi grignoter ou manger un plat copieux à tous les prix également. En soirée, musique live dans plusieurs endroits, en particulier au 1er étage du ***Marea,*** à proximité de la boîte branchée le ***SET.***

Achats

Artecampo *(plan A3) : c/ Monseñor Salvatierra 407, angle Vallegrande. ☎ 334-18-43.* Grande variété d'objets originaux inspirés des cultures ethniques des environs et produits par une coopérative d'artisans de la région. Poteries, nappes brodées, sacs *ayoreos,* masques, tableaux naïfs... Prix fixes et assez élevés, mais en rapport avec la qualité. Voir également les boutiques sur la plaza 24 de Septiembre, pas trop chères et avec pas mal de choix.

Quelques boutiques autour de la ***plaza 24 de Septiembre*** et à côté, ***La Recova*** *(paseo Artesanal Unarcruz, c/ Libertad 153),* une allée avec une vingtaine de petits chalets aux toits de palmes vendant de l'artisanat. Ambiance de marché de Noël sous les tropiques, avec quelques petits restaurants en terrasse !

SANTA CRUZ

À voir

Dans le centre

Le centre ancien *(plan A2-3) :* balade agréable autour de la ***plaza 24 de Septiembre.*** Celle-ci est entourée de bâtiments anciens, notamment la cathédrale qui arbore une façade en brique (XIXe s). C'est le lieu de rendez-vous des *Cruzeños,* qui s'y retrouvent en famille ou entre amis. Tout un tas de cafés avec terrasses en étage pour profiter du spectacle de l'animation. Des petits groupes de musique camba se produisent sur la place chaque jeudi soir (à partir de 19h).
– Derrière la cathédrale, jeter un œil aussi à galerie d'art ***Manzana Uno*** *(tlj 9h-12h, 15h-20h ; accès libre),* qui présente les œuvres – de qualité – d'artistes boliviens. Dans le même esprit, la ***Casa de la Cultura*** (accès gratuit) expose photographies, peintures et sculptures. Concerts et spectacles y sont organisés régulièrement. Voir aussi le mur peint que l'on aperçoit sur le côté de la cathédrale, au début de la calle Independencia : l'histoire de Santa Cruz contée dans une explosion de couleurs, reflet de l'exubérance des Cambas. Un regard sur l'activité artistique contemporaine du pays. Sympa aussi de flâner dans les rues alentour (calles Sucre, Junín, etc.), le long des galeries couvertes, avec quelques belles maisons anciennes.

Museo de Arte sacro « Monseñor Carlos Geniche » *(plan A2)* **:** *dans la basílica Menor de la catedral San Lorenzo. Lun-ven 15h-18h. Entrée : 10 Bs. Possibilité de visite guidée en français sur demande.* Ce musée minuscule présente une exceptionnelle collection de plaques ornementales d'autel et de retables en argent massif, datant du début du XVIIIe s. Sculptées en bas-relief dans le style fleuri des missions jésuites, ces merveilles d'art métissé décoraient l'autel et les retables de la cathédrale initiale. Quelques très beaux crucifix auréolés de rayons d'argent. Dans l'entrée, des objets en bois *chiquitañas.* Ostensoirs, chasubles, pour beaucoup richement incrustés de pierres précieuses ou semi-précieuses, dont la célèbre *bolivianita,* un mélange d'améthyste et de citrine. À l'étage, à côté de deux peintures de l'école de Cuzco, est exposé le plus petit livre du monde.

Museo de Arte contemporáneo *(plan B2)* **:** *c/ Sucre, angle Potosí. ☎ 334-09-26. Lun-ven 9h-12h, 15h-20h ; w-e 15h-19h.* Installé dans l'ancienne maison des « trois paons », petit musée où l'on peut découvrir les œuvres d'artistes boliviens contemporains, connus pour leurs scènes de vie quotidienne à la campagne. Œuvres d'Hernanio Pedraza, Ricardo Jordán et Tito Kuramoto, ainsi qu'une sculpture de Juan Bustillo, une célébrité locale dont le travail, inspiré par l'imaginaire indien, a acquis une reconnaissance mondiale.

Centro cultural Santa Cruz *(plan A2)* **:** *c/ René Moreno 369. ☎ 335-69-41. Mar-ven 10h-12h, 17h-20h ; w-e 17h-20h.* Expos temporaires et surtout une salle consacrée aux œuvres du sculpteur Marcelo Callau, une autre célébrité de Santa Cruz. Travail sur de merveilleux bois tropicaux, bienmis en scène par un décor de sable. Constructions géométriques et œuvres sur le corps humain, qui ont choqué en leur temps l'Église et la bonne société locale...

Museo de Historia regional *(plan A2)* **:** *c/ Junín 141 ; en face de la poste. ☎ 336-55-33. Lun-ven 8h-12h, 15h-18h30.* Dans une belle maison ancienne avec patios. Un petit musée, certes un peu poussiéreux, qui mérite néanmoins que l'on s'y attarde quelques instants. Au rez-de-chaussée, petite exposition sur les missions jésuites avec un regard sur leur interférence avec la tradition indienne, le phénomène d'acculturation. À l'étage, quelques poteries et urnes funéraires préhispaniques Chané. À voir également, une quinzaine de peintures naïves illustrant l'histoire de Santa Cruz.

Un peu plus loin

Mercado Los Pozos *(plan B1-2)* **:** marché le plus pittoresque de la ville, mérite la visite. Il occupe tout un quartier avec plusieurs bâtiments, en débordant sur les ruelles adjacentes, près du *parque Arenal* et le long de la calle 6 de Agosto. Très animé le matin, c'est aussi le marché préféré des mennonites, qui le fréquentent en semaine. De nombreuses boutiques leur sont dédiées (certaines enseignes en allemand).

Un peu plus loin, au bout de la rue, on arrive sur le 1er anneau et on découvre l'***avión pirata*** *(plan B1),* un *Super-Constellation* transformé en monument urbain. Cet avion fait partie du folklore de la ville : chargé de produits de contrebande (ou de drogue), il a été contraint d'effectuer un atterrissage d'urgence alors qu'il survolait la région et a fini sa course à cet endroit, en bordure de la ville qui, à l'époque, était nettement moins étendue.

Zoológico municipal *(hors plan par A1)* **:** *au bout de c/ Libertad. Tlj 9h-18h. Entrée : 10 Bs ; réduc enfants moins de 11 ans.* Pas seulement réservé aux enfants. Situé dans un beau parc arboré, ce zoo est l'œuvre de Noel Kempff qui en a été le premier directeur. De récents travaux de rénovation lui ont redonné le lustre originel. Consacré à la faune bolivienne, on y trouve jaguars, pumas, *jucumaris* (ours de forêt), condors, crocodiles, reptiles. Laissez-vous séduire par les crotales, énormes, par la vipère à ressort ou, mieux encore, par les boas de plusieurs mètres ; cela vous permettra de les identifier si vous les croisez sur les sentiers ! D'immenses volières abritent une superbe colonie de perroquets, parmi lesquels les *parabas frente rojo,* en voie de disparition, reconnaissables à leur tache rouge sur le front. Ne pas rater, tranquillement installée au fond du parc, la famille de *capiguaras* (ou capybara), le plus grand rongeur du monde, qui abonde dans le Pantanal !

Fêtes et manifestations

– ***Las Magníficas :*** *en général, fin fév.* Concours de beauté annuel très réputé. Vous y verrez les plus belles filles de toute cette partie de l'Amérique du Sud. Un événement suivi par une grande partie de la population de Santa Cruz.
– ***Semaine sainte :*** pour l'occasion, aller à San Ignacio, San José, San Javier, Santa Ana, etc. (églises jésuites). Nombreuses processions.
– ***Festival de musique Renaissance et baroque américaine « Misiones de Chiquitos » :*** *organisé ttes les années paires, par l'association* Pro Arte y Cultura (APAC), *en avr-mai. Infos :* ☎ *333-22-87.* ● *festivalesapac.com* ● Des concerts sont organisés à Santa Cruz ainsi que dans les missions jésuites de Chiquitos, Guarayos et San Ignacio de Moxos dans le Beni. Les ensembles viennent de toute l'Amérique latine et d'Europe et font revivre le répertoire métis, directement influencé par la musique sacrée et notamment utilisée par les jésuites pour évangéliser les Indiens. Également des *master class,* expos de peinture et présentation de livres.
– ***Festival internacional de teatro « Santa Cruz de la Sierra » :*** *organisé ttes les années impaires par* Pro Arte y Cultura, *env 10 j. fin avr-début mai. Infos :* ☎ *333-22-87 ;* ● *festivalesapac.com* ● Nombreuses représentations de troupes théâtrales venues de tout le pays, d'Amérique du Sud et d'Europe. Spectacles de rue également. Très actif depuis la première édition en 1997 et programmation éclectique de qualité.
– ***ExpoCruz :*** *sept. Infos :* ☎ *353-35-35.* ● *fexpocruz.com.bo* ● C'est la grande foire internationale de Santa Cruz, qui a lieu chaque année et attire plus de 500 000 visiteurs.

PARQUE NACIONAL AMBORÓ

IND. TÉL. : 3

À une centaine de kilomètres à l'ouest de Santa Cruz, Amboró est l'endroit où finissent les Andes et où commencent les vallées de transition tropicales, les plaines du Chaco et le bassin amazonien. À des altitudes variant de 300 à 3 300 m environ, ce véritable trésor latino-américain possède plus de 400 000 ha vierges de pénétration humaine. Certes, les bords du parc Amboró ont déjà été malmenés par la présence de petits paysans en quête de terres cultivables, qui déforestent ou appauvrissent les sols pour leur propre survie. La tension fut si grande entre la classe paysanne et les défenseurs de l'environnement que le gouvernement a instauré en 1995 la création d'une zone tampon réservée aux différents « envahisseurs » (paysans, scientifiques, touristes...) tout autour du parc, baptisée de manière euphémique *área de uso múltiple.* Mais ne boudez pas votre plaisir, car d'innombrables merveilles vous attendent : ruisseaux d'eau pure, cascades, montagnes couvertes de forêt dense, l'étonnante fleur du *patujú* (aux couleurs du drapeau bolivien), 400 variétés d'orchidées, condors, perroquets multicolores (superbes *parabas*) et autres oiseaux rares...

Le parc abrite d'ailleurs le plus grand nombre d'espèces d'oiseaux recensées dans une zone protégée (plus de 800 !). On y observe aussi diverses espèces endémiques et 120 espèces de mammifères, dont la seule espèce d'ours d'Amérique latine (le *jucumarí* ou « ours à lunettes »), des singes, tapirs, fourmiliers, jaguars, etc., sans compter l'immense variété d'insectes et de plantes.
Ce trésor naturel se mérite et se conserve. Il est donc interdit d'explorer le parc sans guide ou agence agréée. Partez impérativement avec une agence et suivez les conseils de base pour les randonnées en forêt amazonienne. Sauf si vous avez fait la Légion étrangère, vous serez confronté à un environnement qui, sous-estimé, peut devenir hostile.

Infos utiles

– ***Accès :*** par deux jolis villages pittoresques, situés en lisière du parc et insérés dans des écosystèmes très différents, ***Samaipata*** au sud-ouest, où commence l'influence andine, et ***Buena Vista*** au nord-ouest, plus petit, où l'influence est amazonienne. Entre les deux, à 2-3h de route se trouve la ville de Santa Cruz. Les visites des deux zones (nord et sud) sont complémentaires, avec la découverte de paysages et d'ambiances totalement différents. Ajoutons que les environs de Samaipata sont plus faciles d'accès, alors que pour profiter des environs de Buena Vista, il faut partir en excursion dans la forêt pour 2-3 jours, mais ça vaut le coup. Enfin, en bordure du parc entre Santa Cruz et Samaipata, le site privé *El Refugio de los Volcanes* donne accès à des paysages de canyons spectaculaires et à des incursions à pied dans la selva.

– ***Argent, change :*** soyez prévoyant suivant votre destination ! Il n'y a pas de distributeur à Buena Vista. On trouve en revanche à Samaipata, deux banques dont une avec distributeur : *La Union c/ Campero* ou l'autre *Cooperativa La Merced, c/ Sucre,* à côté de *Residencial Rosario* avec un point Western Union, mais qui prélève une commission confortable pour tout retrait d'espèces.

– Les ***randonnées*** dans la forêt sont différentes de celles dans les Andes. La traversée du parc fait partie des mythes et légendes des randonneurs boliviens. Parmi les quelques rares audacieux qui auraient tenté cette aventure extrême, nécessitant plusieurs semaines de survie en autarcie dans la jungle, plus d'un n'en serait jamais ressorti. Mais ***en aucun cas il ne faut tenter d'y aller tout seul.***

Les ***conseils de base*** sont les suivants :

– proscrire short et bermuda. À la crème anti-insectes il faut ajouter des chemises à manches longues, pantalons et chaussures de marche. Les moustiques et *marihuís* abondent. Surtout les célèbres *polvorín* (littéralement « la poudrière »), très efficaces lorsqu'ils attaquent par centaines (!) et guère plus gros que le point final de cette phrase ;

– côté équipement, emportez des sacs en plastique pour garder tous vos biens (y compris une paire de chaussures de rechange) au sec, vraiment protégés ;

– en hiver, il peut faire vraiment très froid. Lorsque souffle sur la région le *suraso,* vent glacial venu du sud de l'Argentine, la température peut descendre la nuit jusqu'à 0 °C ;

– même accompagné d'un guide, faites attention où vous marchez et où vous posez la main.

EN LISIÈRE DU PARC

El Refugio Los Volcanes : *sur la route de Santa Cruz, à 14 km de Samaipata et 4 km de Bermejo. ☎ 768-80-80. • refugiovolcanes.net • Résa obligatoire. Un site privé que l'on visite à condition de loger sur place. Compter env 580 Bs/j. tt compris, hors transfert depuis Santa Cruz ou Samaipata.* Une sorte de *lodge* situé au fond d'une vallée entourée de falaises et de forêt tropicale, accessible en jeep par une piste taillée dans les parois de la montagne. Isolement garanti. Géré par le sympathique propriétaire, Albert Schwiening, qui parle l'espagnol, l'anglais et l'allemand. Nombreux sentiers pédestres au départ du *lodge* pour s'enfoncer dans des canyons de falaises rouges au cœur du parc et observer la flore et les oiseaux (condors, perroquets...). Un lieu connu des observateurs d'oiseaux qui y séjournent au moins 2 ou 3 nuits. Dispose de 6 chambres au confort et à la déco très soignés, salles de bains privées avec eau chaude garantie. Resto sur place de bonne facture (cuisine locale familiale).

SAMAIPATA (3 500 hab. ; IND. TÉL. : 3)

À 120 km au sud-ouest de Santa Cruz, par l'ancienne route de Cochabamba, Samaipata est un joli village de montagne paisible, à l'architecture traditionnelle, fondé par les Espagnols en 1623. Il attire de plus en plus de routards qui s'y attardent pour sa douceur de vivre, son climat agréable (à 1 600 m d'altitude) et surtout pour les superbes possibilités de trekking dans le parc Amboró. Sans oublier *El Fuerte*, mystérieux site préhispanique qui continue de fasciner et d'exercer son magnétisme... Certains y ont posé définitivement leur sac à dos, profitant de l'essor touristique. De petites communautés hippies se sont installées ici, vivant en harmonie avec la population. Par ailleurs, des sectes ésotériques tentent régulièrement de s'y implanter, avec plus ou moins de succès ! C'est aussi dans la région de Samaipata que l'on produit le vin réputé le meilleur du pays, un blanc sec qui a pour nom l'altitude de sa bodega, « 1750 ». Seul inconvénient (et pas des moindres), produit en petite quantité, ce vin est très, très difficile à trouver !

Comment y aller ?

À noter, en saison des pluies, la route peut être coupée par des éboulements.

➢ ***Santa Cruz :*** la solution la plus rapide consiste à prendre un *truffi* (taxi collectif) pour 50 Bs/pers. Départs fréquents à la station *Expreso Samaipata,* c/ Soliz de Holguín, à l'angle d'Omar Chávez. Le taxi part dès qu'il est plein ; compter 3h de trajet. Également des bus au départ du 3e anneau, plazuela Oruro. Moins cher (15 Bs), mais il ne faut pas être pressé. Pour le trajet Samaipata-Santa Cruz, liaisons avec la compagnie de taxis collectifs *Asociación de transportes El Fuerte (☎ 944-63-36),* installée sur la place, près du restaurant *Chakana.* Autre solution : descendre au croisement de la c/ Bolívar avec la route principale et attendre le passage d'un bus ou d'un taxi collectif.

Où dormir ?

Bon marché (moins de 140 Bs / env 16 €)

🏠 ***Hostel Siles :*** *c/ Campero, à 250 m de la place, face à Andoriña Hostal. ☎ 944-64-08. Doubles avec ou sans sdb env 70-100 Bs.* Un hôtel propre et assez récent. Petites chambres avec TV, frigo mais sans fenêtre vers l'extérieur, donnant sur un couloir tout en longueur. Petit patio et cuisine à disposition. Les points positifs : le prix (c'est l'un des moins chers de la ville) et l'ambiance ; on partage l'espace commun avec une sympathique famille bolivienne. Terrasse et petit mirador sur la ville.

🏠 ***Andoriña Hostal :*** *à 2 cuadras de la place principale. ☎ 944-63-33. • andorinasamaipata.com • Dortoir (3 lits) à partir de 40 Bs/pers ; doubles avec sdb commune ou privée 90-130 Bs selon confort.* Grand bâtiment assez moderne tout en recoins, autour d'un petit jardin bien soigné où l'on s'attarde volontiers au retour d'un trekking. Tenu par un couple néerlando-bolivien très accueillant. Chambres très agréables et joliment décorées à partir de matériaux naturels ; dortoirs impeccables, clairs et bien tenus. Bonne literie, salles de bains nickel (eau chaude). Les pièces communes sont aussi agréables (salon TV, cuisine à dispo, terrasses). Hamacs pour buller en profitant de la vue. En prime, excellent petit déj (inclus) avec fruits frais et confiture maison. Propose aussi diverses excursions. Une très bonne adresse.

☗ Plusieurs autres petits hôtels, notamment le ***Residencial Don Jorge*** *(c/ Bolívar 20 ; ☎ 944-60-86 ; double avec sdb 140 Bs)* ou l'***Alojamiento Paola,*** sur la place *(☎ 944-60-93 ; doubles avec sdb commune ou privée 80-130 Bs)*.

Prix moyens (jusqu'à 220 Bs / env 25 €)

☗ ***La Posada del Sol :*** *à 3 cuadras de la place, à l'écart du village dans le prolongement de la rue Arce. ☎ 944-63-66. 📱 721-106-28. Doubles 180-220 Bs avec sdb privée ; petit déj inclus.* Tenu par un couple boliviano-texan, qui assure un très bon accueil. Grand bâtiment blanc de style vaguement colonial, moderne et impeccable. Une dizaine de chambres spacieuses et confortables (bonne literie), réparties autour d'un grand jardin soigné.

Plus chic (plus de 350 Bs / env 40 €)

⛺ ☗ ***Finca La Víspera – Café Jardín :*** *un peu à l'écart du centre (env 20 mn de marche). ☎ 944-60-82. • lavispera.org • Aire de camping 40 Bs/pers. Doubles env 390-4200 Bs selon confort, petit déj inclus.* Une petite *finca* spécialisée dans la culture bio des herbes aromatiques et médicinales. Tenue par un couple de Néerlandais qui propose des places pour les campeurs et de belles chambres réparties dans plusieurs maisons. Accueil charmant des proprios qui tiennent également une cafétéria bien agréable pour prendre le petit déj, un bon snack (salades, sandwichs, soupes, etc.) ou faire une pause sucrée (tartes et desserts, chocolat chaud et thés variés). Le tout dans un cadre verdoyant très soigné.

Où manger ? Où boire un verre ?

Bon marché (moins de 30 Bs / env 3,50 €)

|●| Plusieurs petits restaurants autour de la *plaza*. La plupart n'ouvrent que le midi et proposent un menu du jour autour de 25 Bs.

Prix moyens (30-50 Bs / env 3,50-5,50 €)

|●| ***La Chakana :*** *sur la place. ☎ 944-61-46.* Très joli décor rustique et chaleureux, quelques tables en terrasse sous la galerie. Bonne musique. Spécialités de pâtes, snacks et quelques plats boliviens. La « salade du jardin » est très copieuse. Toujours du monde et une bonne ambiance.

|●| ***Tierra Libre :*** *c/ Sucre, à deux pas de la plaza. 📱 776-197-68. Tlj sf mar 12h-22h. Repas env 45-60 Bs.* Joli jardin et feu de cheminée en hiver. Cuisine internationale et bolivienne soignée, avec quelques plats végétariens. Produits frais et goûteux ; même le romarin est cueilli à la commande, dans le jardin ! Ne pas manquer la boutique d'artisanat *Ambar,* tenue par la gérante française, jouxtant le restaurant.

|●| ***Latina Café :*** *c/ Bolívar 3. ☎ 944-61-53.* Tenu par un Français, Sylvain, installé ici depuis plus de 10 ans. Son épouse concocte des plats boliviens *(pique macho...)* ou internationaux (poulet au curry...) de bonne facture, certes plus chers qu'ailleurs. Terrasse avec vue panoramique. À l'intérieur, ambiance chalet avec feu de cheminée. Bon accueil.

🍴🍸 ***La Luna Verde :*** *à 3 cuadras de la place, à l'écart du village, dans le prolongement de la c/ Arce. C'est le resto de l'hôtel* Posada del Sol *(voir plus haut). Menu déj 45 Bs.* Grandes baies vitrées dans la salle ou terrasse avec vue sur la montagne. Cuisine de bon aloi et ambiance agréable. Fait aussi bar avec *happy hours* de 16h à 19h.

🍴🍸 ***Café 1900 :*** *sur la place. ☎ 944-60-23. Ouv dès 8h pour le desayuno. Menu déj 30-40 Bs.* Dans le style 1900, comme son nom l'indique. Même proprio que le *Latina Café.*

🍸 ***La Bohème :*** *sur la place. Ouv à partir de 18h.* Un bar agréable à la déco moderne, tenu par un Australien. Surtout fréquenté en fin de semaine. Bonne musique.

À voir. À faire à Samaipata et dans les environs

El Fuerte *(fort de Samaipata) : accès au site (ouv 9h-16h30). De Samaipata, 3 km de route asphaltée puis 6,3 km de piste. En taxi depuis le centre (départs sur la place), compter 100 Bs, incluant 2h d'attente pour la visite du site. Accès : 50 Bs/ pers, ou 75 Bs/pers avec un guide à partir de 4 pers. Billet incluant la visite du petit Musée archéologique, dans le village, c/ Bolívar (ouv lun-ven 8h30-18h30, w-e jusqu'à 16h).*

NOUVEL AN INCA

Chaque année, lors du solstice d'hiver, dans la nuit du 20 au 21 juin, le site de Samaitapa célèbre le Nouvel An inca (Inti Raymi). *Cette cérémonie ancienne consiste à faire des prières et des offrandes aux astres. La fête dure toute la nuit jusqu'à l'aube. Quand le soleil sort des ténèbres, la foule exulte de joie : l'astre divin est de retour, et la vie peut continuer...*

L'immense rocher sculpté et les ruines avoisinantes de la forteresse inca de Samaipata sont inscrits au Patrimoine mondial de l'humanité de l'Unesco. Perché au sommet d'une montagne, c'est l'un des sites les plus étranges d'Amérique latine : un gigantesque bloc de grès, de 250 m de long et de 60 m de large, couvert de gravures zoomorphes ou à motifs géométriques ; et entaillé sur ses flancs de niches, certaines de la taille d'un être humain. Longtemps considéré comme une forteresse, ultime bastion inca face aux redoutables tribus amazoniennes, les fouilles récentes permettent une interprétation complémentaire : c'était avant tout, et ce dès le IVe s, un important centre religieux. Le site fut occupé par les Chane venus d'Amazonie, puis par les Guaranis du Paraguay, les Chiriguanos, et enfin par les Incas. Ils lui associent une capitale provinciale et, plus tard, un poste de défense contre les incursions des redoutables Chiriguanos depuis la région du Chaco. Site stratégique et reculé de l'empire, il était habité, on y donnait des fêtes, on sacrifiait aux dieux et notamment à la planète Vénus, on y adorait le puma andin et le jaguar. Abandonné au XVIe s après la chute de l'Empire, les conquistadores y installent un fort pour contenir à leur tour les attaques des tribus chiriguanos, d'où le nom d'*El Fuerte.* Le site est ensuite tombé dans l'oubli avant d'être redécouvert à la fin du XVIIe s par une équipe d'explorateurs dont le Français Aleide d'Orbigny, paléontologue et distingué routard avant la lettre.

La visite se fait à pied sur un sentier et des passerelles en bois. Elle dure environ 2h. Il est conseillé de prendre un guide local à partir du Musée archéologique en ville, mais on peut faire la randonnée seul. L'accès au rocher n'est pas autorisé et on doit se contenter de le surplomber depuis deux belvédères en bois. Essayer au passage de repérer les pumas, superbement stylisés dans des cartouches circulaires, ou encore les représentations de serpents (en zigzag) et de félins, incarnations du dieu Soleil. En fin de boucle, très belle vue sur les montagnes environnantes et la vallée. Superbe promenade, facile.

El Refugio : *à 2 km de la place, sur le chemin vers San Juan del Rosario. ☎ 944-61-59. 📱 726-512-78. Tlj 8h-18h. Entrée : 10 Bs ; réduc.* Un petit zoo tout simple tenu par une famille qui, avec peu de moyens, s'efforce de sauver des animaux blessés par des chasseurs ou abandonnés par leurs propriétaires (singes, perroquets, oiseaux, sangliers, renards...). Un moment à partager en famille, pour compléter la journée après la visite d'*El Fuerte*. Plusieurs animaux en semi-liberté, dont certains que l'on peut toucher comme les singes. Sous leurs airs de peluche, attention cependant aux canines bien aiguisées ! À ne tenter qu'en présence du personnel. Allez, on vous donne le secret : c'est lui et lui seul qui décide. En prime, possibilité de balades à cheval, boutique d'artisanat, aire de jeux pour les enfants.

➢ **Trekking dans le parc Amboró :** *la zone sud du parc est accessible à env 12 km de Samaipata.* C'est l'une des zones les plus élevées avec un paysage de forêt subtropicale baignée de la brume des nuages... Végétation très dense et flore d'une grande richesse, avec de nombreuses plantes épiphytes. Les agences proposent diverses variantes qui permettent d'explorer le parc, d'un à plusieurs jours de marche. Parmi la dizaine d'agences présentes à Samaipata, on vous mentionne deux adresses sérieuses :

■ **Tucandera Tours :** *c/ Bolívar, à deux pas de l'église. 📱 731-677-35 ou 763-394-35. • tucandera.tours@hotmail.com •* Une des agences les moins chères offrant des prestations d'excellente qualité. Fondée par un couple de biologistes boliviens, lui ayant étudié à Londres et à Nantes, elle à l'université de Cochabamba. Spécialisés en botanique, ils vous feront partager leur passion pour les merveilles de la flore et de la faune locales, jusqu'à changer votre regard sur la nature ! Comme partout, les prix sont dégressifs en fonction du nombre de participants (et les repas ne sont pas inclus) : pour une excursion d'une journée, compter 450 Bs pour une personne seule, 200 Bs à partir de 4-5 personnes. L'agence est aussi habilitée à vendre des séjours au *Refugio Los Volcanes* (voir plus haut « En lisière du parc »).

■ **Michael Blendiger Nature Tours :** *c/ Bolívar, en face du petit Musée archéologique. ☎ 944-62-27. • discoveringbolivia.com •* Agence très pro tenue par Michael, un Germano-Argentin passionné d'ornithologie. Excursions en 4x4 à la demi-journée, observation des oiseaux, treks de 1 à 8 jours dans le parc, etc. Propose aussi des circuits de qualité à la découverte des missions jésuites, dans le Pantanal et dans l'ensemble des parcs nationaux du pays.

➢ Parmi les ***treks*** à la journée, on peut citer ***la Yunga de Malrana,*** superbe excursion de 7h, dont 5h de marche en forêt archaïque, très dense, au milieu de fougères géantes pouvant atteindre 10 m de haut ! Les plus « jeunes » de ces espèces datent du Jurassique. Et lorsque la brume envahit les lieux, on s'attend à tout moment à tomber nez à nez avec un brontosaure ! Un voyage dans le temps à ne pas rater *(env 165-430 Bs, 1-4 pers).* Citons également ***Loma de cóndores*** et les ***cascades de la Pajcha*** *(env 185-520 Bs, 1-4 pers),* excursion assez physique de 7h de marche (dont 3h de grimpette) et 4h de piste aller-retour. L'accès au site se mérite mais on est récompensé par le spectacle (quasi assuré) de condors en vol, du haut d'une falaise qui surplombe un abreuvoir naturel. Marche à flanc de montagne offrant de très belles vues sur les premiers contreforts des Andes. La balade se termine par un bain au pied de la cascade *Pajcha*. Superbe excursion, à déconseiller toutefois à nos lecteurs sensibles au vertige. D'autres variantes un peu moins sportives. Citons encore l'excursion à la ***laguna volcanes*** *(env 150-430 Bs, 1-4 pers),* un beau lac entouré d'une flore très riche et fréquenté par de nombreuses espèces d'oiseaux, ou à la découverte d'une zone de ***cactus géants*** (à 1h30 en voiture), incluant la visite de peintures rupestres *(env 440-165 Bs, 1-4 pers).* À voir si vous ne passez pas par le salar d'Uyuni ou le Nord-Ouest argentin.

➢ ***Ruta del Che :*** *en voiture, à 65 km à l'ouest après Samaipata, au village de Mataral, tourner à gauche pour se rendre, 50 km plus loin, jusqu'au village de Vallegrande (trajet : 2h30), point de départ du « tour du souvenir ». Compter 4h en bus et 25 Bs ; en taxi, env 300 Bs.* C'est en Bolivie qu'Ernesto « Che » Guevara a mené ses derniers combats. Après avoir participé à la victoire contre le dictateur Batista à Cuba, celui qui a été nommé ministre de l'Économie par Fidel Castro choisit finalement de poursuivre la lutte révolutionnaire, d'abord au Congo, puis en Bolivie à partir du 3 novembre 1966. À la tête d'une petite troupe baptisée « Armée de libération de Bolivie » (ELB), le Che mène des opérations de guérilla dans la forêt bolivienne contre le régime du président Barrientos, soutenu par les États-Unis. L'objectif : reproduire en Bolivie le scénario cubain et, de là, insuffler une dynamique révolutionnaire à toute l'Amérique du Sud, pour que les peuples se libèrent de « l'impérialisme américain et de ses supplétifs locaux ». Mais l'expédition est un échec. Les guérilleros peinent à recruter et à convaincre les paysans boliviens, l'armée soutenue par la CIA déploie contre eux d'importantes forces militaires, le Parti communiste bolivien les lâche, l'asthme épuise le Che, les combats déciment ses maigres troupes... Ernesto Guevara est finalement capturé le 8 octobre 1967 à la quebrada del Churo, au sud de Santa Cruz. Blessé, retenu prisonnier dans l'école du village de La Higuera, il est abattu d'une rafale de mitraillette le lendemain, sur ordre de la CIA.
Aujourd'hui, quelques agences proposent même des ***circuits touristiques*** sur les pas du Che en Bolivie. À Vallegrande (2 100 m d'altitude), on visite le lavoir de *l'Hospital Señor de la Malta* où la dépouille du Che fut exposée, le musée sur la place centrale, au 1er étage qui retrace en photos le parcours du guérillero, ainsi qu'un petit musée archéologique au rez-de-chaussée.

|●| ***El Mirador :*** *sur les hauteurs, à **Vallegrande.** ☎ 942-23-41.* Almuerzo *20 Bs ; plats à la carte 30-60 Bs.* En terrasse, belle vue panoramique sur la ville et la vallée. Au menu, *trucha, chuletas, pico macho*, etc. Une bonne étape avant de se lancer sur la route du Che.

De là, on parcourt en voiture les 65 km (3h de mauvaises pistes) jusqu'au village de ***La Higuera*** où le *comandante* fut exécuté. Possibilité de rejoindre La Higuera en taxi de Samaipata *(jusqu'à 4 pers, compter 900 Bs l'A/R dans la journée, 1 100 Bs sur 2 j.).* À La Higuera, buste géant du martyr révolutionnaire et une poignée d'habitants s'improvisent conteurs pour vous décrire ses dernières heures contre quelques *bolivianos*.

⛺ 🏠 |●| ***La Casa del Telegrafista :*** *à **La Higuera.** Pas de tél, mais demander Juan ou Ode au ☎ 331-371-14. ● lacasadeltelegrafista.com ●* Possibilité de dormir (3 chambres et une aire de camping) et de manger bon marché. Une maison traditionnelle simple, joliment restaurée par un couple de Français, avec une galerie extérieure où pendent des hamacs.

🍸 Toujours à La Higuera, le bar ***Los Amigos,*** tenu par un Français (encore !), parfait pour prendre un verre en soirée.

De là, on marche 2 km à l'ouest vers Quebrada del Churo, le site où le Che fut capturé. On peut passer la nuit chez l'habitant (environ 30 Bs par personne) au village de *Pucará* (à 15 km au nord, trajet en taxi en 30 mn ; compter 100 Bs). Pour rentrer à Santa Cruz, au moins deux bus par jour depuis Vallegrande.

BUENA VISTA *(IND. TÉL. : 3)*

Joli petit village traditionnel, très bien préservé et à l'écart des circuits touristiques. Buena Vista est pourtant la porte d'entrée vers l'une des plus somptueuses forêts de la jungle amazonienne. Les paysages y sont totalement différents de ceux que l'on peut observer à partir de Samaipata. Ici, on est confronté à l'exubérance de la nature, au cœur de l'enfer vert. Le 26 novembre, le village sort de sa torpeur lors de la ***fiesta de los Santos Desposorios,*** qui attire les populations des environs autour d'une procession. Pour les gourmands, c'est là aussi que l'on trouve l'un des meilleurs chocolats du pays, que l'on achète sous forme de grosses billes (fête du chocolat fin janvier).

Comment y aller ?

➢ ***Santa Cruz :*** accès à une centaine de km au nord-ouest de Santa Cruz, par la nouvelle route de Cochabamba ; embranchement à gauche après Montero. Bus directs depuis le terminal de Santa Cruz env ttes les 2h ; compter 3h de trajet. Également des *truffis* avec *Transportas 10 de Febrero* *(☎ 932-20-36),* sur la place.

➢ ***Cochamba :*** les bus faisant la liaison quotidienne avec Santa Cruz marquent l'arrêt à Buena Vista à la demande.

Adresses utiles

ℹ ***Informaciones turísticas :*** *sur la place principale. ☎ 690-07-95. Lun-ven 8h-12h 14h-16h.* Bonne documentation sur la région et le parc Amboro. Nombreuses infos sur le site : *• buenavistabolivia.com •*

■ ***Fondo Fassil :*** *sur la place principale. Lun-ven 8h30-16h.* Change des dollars et service *Western Union.* Également un distributeur acceptant la *Visa.*

@ ***Internet :*** plusieurs points dans le village et au restaurant *La Cunumisita.*

Où dormir à Buena Vista et dans les environs ?

Bon marché (80-140 Bs / env 9-16 €)

🏠 ***La Casona :*** *av. Mariano Saucedo et Sevilla, sur la place. ☎ 932-20-83. Résa conseillée. Double 130 Bs.* Dans une maison ancienne joliment restaurée, tenue par la señora Delcy Antello, engagée dans la vie locale. Elle enseigne la danse traditionnelle aux enfants. Bon rapport qualité-prix. Notre adresse préférée.

🏠 ***Residencial Nadia-Celeste :*** *c/ Mariano Saucedo Sevilla 186, à 20 m de la place. ☎ 932-20-49. 📱 768-517-41. Double 100 Bs.* Petit hôtel familial, simple, tenu par une dame âgée très accueillante. Dans la journée, on partage le salon avec un des avocats du village qui a installé son cabinet à côté, sur un fond de télé collective !

De chic à plus chic (à partir de 300 Bs / env 34 €)

🏠 ***Buena Vista Hotel :*** *à 1,5 km du village, 5 mn en moto-taxi (10 Bs). ☎ 932-21-04. 📱 766-814-66. • buenavistahotel.com.bo • Doubles env 320-400 Bs, petit déj compris.* 📶 Le ton est donné dès l'entrée du parc, bordée par une allée de manguiers. Construction neuve sur 2 étages, ouverte sur le parque Amboró. Chambres tout confort avec kitchenette et AC. Grande piscine, terrasse face à la selva qui s'étend à perte de vue. Resto-bar sur place. Un endroit agréable et confortable, au milieu de la nature.

🏠 ***Hacienda El Cafetal :*** *à 6 km du village, 15 mn en moto-taxi (15 Bs). ☎ 935-20-67. 📱 737-289-11. • haciendaelcafetal.com • Double à partir de 300 Bs ; petit déj compris.* Un hôtel installé dans une ancienne hacienda de 300 ha, offrant de nombreuses possibilités d'activités. 4 bungalows familiaux confortables très vastes, avec 2 chambres et salon, 4 chambres doubles, tous avec salle de bains et frigo. Piscine. Une bonne adresse pour flâner et s'initier à la vie à la campagne. Accueil chaleureux du proprio. Fait aussi restaurant.

Où manger ? Où boire un verre ?

La Cunumisita : *sur la place. Tlj sf lun h9h-22h. Almuerzo 20 Bs.* Cuisine familiale traditionnelle, notamment des spécialités de poissons, servies dans un cadre sympathique et propret. Tables à l'extérieur. Très bon rapport qualité-prix. Bon accueil, musique d'ambiance Notre adresse préférée.

La Cantina Tex-Mex Bar : *sur la place. Tlj sf lun 12h-22h. Menu déj 30 Bs.* Cuisine de bonne facture, dans une ambiance agréable avec tables en terrasse.

Café Rogelia : *c/ 6 de Agosto, sur la place.* Dans un petit local tout simple où l'on peut goûter au café ou au chocolat local, tout en grignotant des *empañadas.* Clientèle d'habitués. Terrasse. On y sert aussi de copieux petits déj dès 7h du matin.

À voir. À faire à Buena Vista et dans les environs

Hacienda El Cafetal : *voir plus haut dans « Où dormir ? ». • haciendaelcafetal.com • Accès libre.* Cette superbe hacienda de 300 ha abrite la plus grande plantation de café de Bolivie. Sur place, initiation à la culture et au traitement des grains de café, dégustation et sentier de découverte (environ 1h) dans un paysage de *seraña,* avec vue sur le parc Amboró. Possibilités de balades à cheval, location de vélos, piscine. On peut aussi se contenter d'une promenade dans le jardin paysagé. Accueil chaleureux du propriétaire.

➢ **Trekking dans le parc Amboró :** il existe cinq entrées dans le parc à partir de Buena Vista. Les plus connues sont Mataracú et La Chonta. Pour ces deux sites, on a le choix entre dormir dans des *lodges* ou en camping. En cas de pluie toutefois, les accès se compliquent, voire sont impraticables.
Les principaux sentiers de randonnée partent des trois principaux campements nord : **Saguayo** (le plus proche, en traversant le fleuve Surutú) ; **Mataracú** (à 40 km de Buena Vista, après Yapacaní, traversée du fleuve Mataracú) et **La Chonta** (à 35 km de Buena Vista, traversée de trois fleuves). De nombreux sentiers permettent de s'enfoncer dans la forêt, notamment au départ de La Chonta, en lisière de la zone protégée, mais aussi autour du refuge de Villa Amboró, en particulier vers une très belle cascade.
Vous pouvez aussi organiser votre séjour depuis Santa Cruz, mais depuis Buena Vista, c'est au moins deux fois moins cher. À titre indicatif, (l'idéal étant de former un groupe de 4 personnes) l'excursion classique avec une agence au départ de Buena Vista coûte, par personne, 110-180 Bs pour 2 jours et 1 nuit, 150-250 Bs pour 3 jours et 2 nuits, 210-310 Bs pour 4 jours et 3 nuits en refuge – ou bien sous la tente, environ 30 % moins cher –, guide, repas, transports et hébergement inclus. Possibilité de séjours plus longs. *À noter :* si vous prévoyez de camper, bien vérifier l'état de la tente fournie par l'agence avant le départ, en particulier la moustiquaire... Bien relire aussi nos conseils dans le chapitre « Trekking – Randonnées » des « Généralités Pérou, Bolivie ».
Voici les coordonnées d'une agence sérieuse à Buena Vista :

■ **Amboró Travel & Adventure :** *c/ Selso Sandoval, à deux pas de la place.* 766-321-02 ou 716-006-91. *• amborotravel@hotmail.com •* Agence familiale dirigée par la señora Gabriela Gutierez. Expérience solide et tarifs compétitifs.

La Chonta : *pour les routards moins sportifs, qui veulent simplement découvrir l'ambiance de la forêt tropicale. À 1h de Buena Vista en 4x4. En cas de pluie, on s'arrête à un gué et on continue à cheval, en carriole ou même à pied (1h) ! Cette option existe aussi par temps sec et coûte moins cher.* Plusieurs balades à faire ici, assez faciles (le terrain y est moins accidenté qu'à Mataracú), pour s'immerger

L'ORIENTE

dans la forêt primaire. Ce lieu, connu pour sa grande biodiversité, est idéal pour découvrir les arbres spectaculaires de la région et observer les oiseaux de toutes sortes. Plusieurs hébergements possibles dans des cabanes rustiques tenues par la communauté locale. Prévoir au moins une ou deux nuits sur place.

Mataracú : *pour les routards un peu aventureux. À 2h de Buena Vista en 4x4 si le temps est sec ; plus long s'il pleut (traversée de plusieurs gués). En cas de très mauvais temps, les agences vous orienteront vers* La Chonta *(voir plus haut).*
C'est l'un des plus beaux sites de la région, dans une zone de relief appelée *seraña.* On y trouve quatre piscines naturelles où il fait bon se rafraîchir en saison. L'endroit est riche en animaux : singes, oiseaux en tout genre et même, avec un peu de chance, la possibilité de croiser un jaguar.
Deux belles balades (compter 2-3h) mènent à des cascades. La première, ***los Dinosaurios*** (camping possible sur place, si le nom ne vous effraye pas !) et la seconde ***los Vencejos,*** superbe, mais plus technique, le sentier suivant un canyon. On peut également visiter une grotte peuplée de chauves-souris (*los huacharos* en guaraní).
Plusieurs autres balades à faire, comme ***Los Cajones del río Yapacaní,*** qui permet de s'enfoncer au cœur de la forêt primaire. Et si l'on a du temps devant soi, on peut s'enfoncer plus profondément encore dans la nature, en se frayant un chemin à coups de machette. Il faut alors camper dans la jungle. Des miradors permettent de voir le paysage par-dessus les arbres. À faire avec une agence, évidemment (compter 1 800 Bs par personne pour 6 jours, tout compris).

L'idéal est de passer 2 ou 3 nuits sur place pour bien explorer la forêt. Plusieurs possibilités d'hébergements en camping ou en *lodges,* entre autres le ***Mataracú Tent Camp*** *(☎ 932-20-48),* à l'agencement original, enchâssé dans la nature environnante.

LES MISSIONS JÉSUITES DE CHIQUITOS

IND. TÉL. : 3

Inscrite au Patrimoine mondial par l'Unesco depuis 1990, la région des missions jésuites de Chiquitos (Chiquitanía), aux confins de la Bolivie et du Brésil, forme un monde culturel, esthétique et spirituel à part. Cette région pauvre et sauvage fut choisie aux XVIIe et XVIIIe s par les pères jésuites pour ériger les « républiques de Dieu », des utopies terrestres où tous les hommes s'aideraient et s'aimeraient malgré leurs différences de nature et d'origine, un idéal échappant au dogme du pape et à l'autorité du roi d'Espagne. Rien de tel que de revoir le film *Mission* de Roland Joffé, dans lequel cette histoire émouvante et douloureuse est très bien racontée.
Cette région s'appelle la Chiquitanía et constitue la partie la plus intéressante du département de Santa Cruz. Les années paires se déroule le festival de musique Renaissance et baroque américaine, dans plusieurs villes de la région (voir à Santa Cruz « Fêtes et manifestations »). Ceux qui connaissent l'État du Yucatán au Mexique trouveront des similitudes (paysages, habitudes culturelles...) entre les deux régions.
À partir de Santa Cruz, la capitale *del Oriente,* on peut organiser des circuits de 4 à 5 jours dans cette région surélevée, qui possède un écosystème de savane à mi-chemin entre la plaine et l'Amazonie.
De cette époque de spiritualité et d'évangélisation par les pères jésuites il reste un ensemble architectural unique dans les Amériques : des églises en bois et en pierre dont la restauration (financée par l'Allemagne, la Suisse et l'Espagne) fut aussi épique que la construction d'origine.
En outre, la Chiquitanía est une région qui, à elle seule, vaut le détour en raison de sa topographie et de la possibilité d'observer une faune assez riche

(surtout des oiseaux). Sauf en hiver (juillet-août) toutefois, car le climat est très sec.

UN PEU D'HISTOIRE

La région des missions de Chiquitos fut colonisée assez tardivement, c'est-à-dire au XVIIIe s. Les prêtres furent tous formés dans des séminaires à Tarija avant de venir évangéliser les Indiens chiquitanos, qui, par ailleurs, enduraient les attaques des *bandeirantes* portugais, les marchands d'esclaves en provenance du Brésil. Avant de fonder la première ville en territoire indien (la future Santa Cruz) en 1561, les Espagnols firent quatre incursions en territoire chiquitano. Le but de ces expéditions était de se frayer un chemin entre le Paraguay et le Pérou, mais surtout d'accéder à la *sierra de la Plata* et aux légendaires mines d'argent qu'ils imaginaient au nord-ouest d'Asunción. La cupidité des expéditionnaires redoubla lorsqu'ils rencontrèrent les Indiens xarayes colporteurs de deux autres récits fabuleux, celui d'Eldorado et des Amazones. La fondation de la Chiquitanía n'était guère l'objectif des colonisateurs, mais plutôt la recherche des pays d'or. Au passage, ils consolidaient leurs possessions en terre américaine en fondant des villages tout en se servant de la main-d'œuvre autochtone. Ainsi, le père ***José de Arce*** fonda la première *reducción* (unité de population) de San Francisco Javier en 1692. Suivie de celles de San Rafael, San Juan Bautista, Concepción, San Miguel, San Ignacio de Zamuco, San Ignacio de Chiquitos, Santiago, Santa Ana et Santo Corazón de Jesús. En 1767, année de l'expulsion des jésuites, il y avait près de 24 000 indigènes baptisés dans les 10 missions de Chiquitos sur une population locale totale estimée à 37 000 âmes. L'organisation des missions était confiée à trois prêtres qui géraient celles-ci de façon militaire. Ils établissaient une hiérarchie afin que chaque individu ait un rôle précis dans les tâches de production agricole et d'édification des églises et maisons. La formation impartie par les jésuites permit aux Chiquitanos de développer l'artisanat dans la taille du bois et la confection d'instruments de musique.

Les églises que vous verrez furent conçues par le prêtre suisse, musicien et architecte ***Martin Schmid*** de 1749 à 1767, date à laquelle les jésuites furent expulsés des Amériques en raison de l'entrave politique et idéologique que constituaient les missions pour la mise à sac de cette partie du continent. Le pape, le roi d'Espagne et le roi du Portugal mirent ainsi fin par un simple traité à 200 ans de travail qui, à la fin, avaient débouché sur la création d'un modèle social communautaire, presque utopique...

LE VIOLON MÈNE AU CIEL

Pourquoi le violon est-il aujourd'hui l'instrument préféré des habitants de la Chiquitanía ? Tout a commencé par la volonté des jésuites d'évangéliser les Indiens de la région. Pour leur prouver la beauté de la foi chrétienne et les convaincre que la musique est un chemin possible vers le ciel... ils apprirent le violon aux jeunes convertis. Depuis le XVIIIe s, l'art du violon européen a ainsi donné naissance à la musique baroque chiquitanienne, mélange subtil de classique et d'indianité.

ITINÉRAIRE CONSEILLÉ

Notre itinéraire décrit une ***boucle d'environ 1 100 km*** (rien que ça !) dans le sens contraire des aiguilles d'une montre. Il s'agit d'un circuit en train depuis Santa Cruz jusqu'à San José et, de là, en bus vers San Rafael (via Santa Ana ou San Miguel). Continuation vers San Ignacio, puis Concepción (piste). De Concepción (via San Javier), route asphaltée jusqu'à Santa Cruz. Toutes les explications sur l'histoire et la vie des jésuites sont données à San José et le musée de Concepción donne un bon aperçu des travaux réalisés dans les différentes missions pour clôturer le tour.

Des bus et des *micros* quotidiens relient toutes ces localités. Sachez néanmoins que les liaisons sont moins nombreuses entre San José et San Ignacio (via San Rafael, puis San Miguel ou Santa Ana) et entre Santa Ana et San Ignacio. Toutefois il est préférable de louer un petit 4x4 à Santa Cruz, afin de faire ce circuit en fonction de ses envies, car en dehors des églises, les villages ont souvent peu d'intérêt pour une étape d'une nuit.
Si vous disposez de peu de temps et que vous ne souhaitez pas vous lancer dans une visite exhaustive, un aller-retour à San Javier peut se faire dans la journée depuis Santa Cruz (bus local). Le mieux est tout de même d'y consacrer 2 jours (aller-retour) pour compléter la visite avec Concepción. Vous aurez déjà un bon aperçu des missions.

Comment y aller ?

En bus

➢ Au terminal *bimodal* de Santa Cruz et à l'angle de Suárez Arana et Barrón, près du marché *Los Pozos.* Voir à Santa Cruz « Arriver – Quitter ». Les bus s'arrêtent à proximité des places principales des villages dans les 2 sens. Route asphaltée slt entre Santa Cruz et Concepción, sinon de la piste moyennement entretenue. Les bus marquent des arrêts très brefs qui ne vous laisseront pas le temps d'aller voir les églises. Les missions de San Rafael, Santa Ana et San Miguel sont les plus proches entre elles, mais aussi les moins bien desservies. Pour chacune des localités, nous indiquons les fréquences des bus, sachant qu'elles peuvent être modifiées à tout moment... Pour cela, nous indiquons également des hébergements au cas où vos escales devraient se prolonger.

En train

➢ De la gare *bimodal* de Santa Cruz, prendre le train jusqu'à San José de Chiquitos qui continue vers Roboré et le Pantanal. Voir à Santa Cruz « Arriver – Quitter ». Ne pas oublier de se protéger avec un répulsif antimoustiques pendant le trajet.

Infos pratiques

– ***Meilleure saison :*** saison sèche de mai à septembre.
– ***Argent, change :*** en retirer de préférence à Santa Cruz. Sinon, banques *(Banco de Crédito)* à San Ignacio et *Banco Unión* à San José ainsi que deux *cooperativas* à Concepción qui changent des dollars.
– ***Hébergement et restauration :*** vous aurez plus de choix à Concepción et à San Ignacio de Velasco.
– ***Transports :*** San Ignacio de Velasco est le carrefour du réseau routier ; bus pour les missions les plus reculées, mais aussi pour San José de Chiquitos.

SAN JOSÉ DE CHIQUITOS (18 300 hab. ; IND. TÉL. : 3)

À 310 m d'altitude, dans la plaine, San José est une ancienne mission datant de 1698. C'est aujourd'hui une petite ville où l'on passe forcément en route vers la frontière brésilienne. À l'instar de San Ignacio, vous pourrez trouver ici des structures mieux équipées. Sinon, la région vit essentiellement du bétail, et tout le reste doit être apporté de Santa Cruz ou du Brésil. Vous verrez sans doute aussi des mennonites qui vivent sur les terres les plus riches de l'Oriente grâce à un accord léonin obtenu en 1958. *Los menonos,* comme on les appelle à Santa Cruz, approvisionnent la région en produits agricoles, notamment le fromage.

Arriver – Quitter

La route depuis Santa Cruz est asphaltée et donc plus rapide que le train.

En bus

La petite gare routière se trouve en face de la gare ferroviaire.

➢ ***De Santa Cruz vers San José de Chiquitos*** (6h de trajet, 289 km) ***et Roboré*** (ajouter 2h de route pour 116 km) **:** départs tlj avec *31 del Este Cotoca (micros), Expreso San Ignacio, Jenecherú* et *Flota Universal* de la gare *bimodal.* Départ le soir ; env 50 Bs.

➢ ***Dans le sens San José-Santa Cruz :*** départs plusieurs fois/j. Ces bus desservent également San Rafael, San Miguel et San Ignacio.

En taxi

➢ Des *truffis* (taxis partagés) assurent plusieurs départs/j. depuis la gare *bimodal* de **Santa Cruz** jusqu'à San José. Ils partent dès qu'ils sont pleins. Compter 70 Bs.

En train

➢ ***Santa Cruz :*** compter 6h30-7h de trajet selon le type de train. Avec *Expreso Oriental*, départ de Santa Cruz lun, mer et ven vers 14h30. Il y a aussi le *Ferrobus,* plus confortable (départ mar, jeu et dim) ou le train régional (lun, jeu et sam).

➢ ***Roboré et Quijarro*** *(frontière du Brésil)* **:** compter 3-5h de Roboré et 8-12h de Quijarro. De Roboré vers San José de Chiquitos, en train régional, départ lun-mer-sam en fin d'ap-m. Avec l'*Expreso Oriental,* départ mar, jeu et dim vers 21h. En *Ferrobus,* départ mar, jeu et dim à minuit.

Adresses utiles

Informaciones turísticas : *Alcadia municipal, c/ Velasco, esq. Linares ; à 50 m de la place principale. ☎ 972-20-84 ou 27.*

■ ***Banco Unión :*** *c/ Bolívar, sur la place principale. ☎ 972-21-04. Lun-ven 9h-17h30.* Change les dollars. Service *Western Union.* Également un distributeur acceptant la carte *Visa*.

@ ***Internet :*** plusieurs points en ville mais connexion assez défaillante. Connexion wifi à l'office de tourisme.

Où dormir ? Où manger ?

Bon marché

Hotel Turubo : *c/ Bolívar, sur la place, côté opposé à l'église. ☎ 972-20-37. 726-451-53. Compter 80-120 Bs selon confort, sans petit déj.* Bien situé et plutôt propre. Accueil agréable. Chambres le long d'un patio, avec ou sans salle d'eau, ventilo ou AC et TV. A côté, même type d'hôtel et prestations équivalentes à l'***Hotel El Patriarca.***

Hotel El Prado : *av. Cirunvación, dans le quartier Los Ángeles, près de l'ancienne station-service et de la tranca (péage) nord. Relativement excentré. ☎ 972-22-21. 681-201-21. Double env 110 Bs avec AC, TV et eau chaude, petit déj inclus.* Chambres propres sans plus, autour d'un patio.

Restaurant Sabor y Arte : *sur la place centrale, à l'angle sud-ouest. 721-016-66. Tlj sf dim, le soir slt, 19h-23h.* Le meilleur restaurant de la ville, tenu par le sympathique Pierre, un ancien forestier, et son épouse bolivienne. Une petite salle décorée de peintures d'artistes locaux, et quelques tables dehors. Cuisine savoureuse et mijotée, avec une spécialité maison : les raviolis à la coca, délicieux.

Pollo Mónica : *sur la place. Compter 10 Bs la portion, servie avec frites et riz.* Tables en terrasse ou dans la petite salle avec télé. Ultra simple et bon : rien que du poulet aux braises en version « économique ». En face, toujours sur la place, ***El Junte*** propose des plats traditionnels, hamburgers et autres snacks servis en terrasse, face à la mission.

Très chic

Hotel Villa Chiquitana : *c/ 9 de Abril, barrio Santa Maria. 731-558-03 et 773-378-66. • villachiquitana.com • À 15mn à pied de la pl. principale. Double env 500 Bs, petit déj inclus.* Authentique adresse de charme, tenue par Christel et Jérôme, un couple de Français. 12 chambres vraiment spacieuses (jusqu'à 4 personnes), toutes dotées de salle de bains, clim, TV et petit frigo. Chacune d'entre elles porte un nom en référence à la culture régionale : « Chiquitana », « Ayorreos », « Guarayos »... Initiative à saluer, les proprios ont choisi de construire leur hôtel en employant les ouvriers et artisans du coin, avec les matériaux de la région comme le bois (cèdre tropical, *cuchi* et *tajibo*), mais surtout la terre, avec des blocs de terre crue pour ses propriétés thermiques et écologiques. La déco utilise le *tocuyo,* coton traditionnel tissé, la sculpture sur bois, les peintures murales et sur tissus spécifiques de San José. Une réussite ! En prime, bon petit déj à base de produits maison (pain, yaourts, confitures). Et pour buller à l'ombre, grande terrasse et piscine au cœur d'un vaste jardin. Sans oublier d'autres services (resto-bar sur place, laverie, parking privé, etc.). Enfin, diverses possibilités d'excursions accompagnées pour explorer la région.

À voir

L'église : construite en pierre ouvragée, elle fut édifiée de 1747 à 1754. Elle est très belle avec sa façade d'inspiration baroque mudéjar andalou et surmontée d'un clocher rénové en 2003. Le travail du bois est considérable, en particulier sur les portes. Les fresques murales, découvertes récemment dans les bâtiments à droite de l'église, couvrent l'époque coloniale, du XVIIe au XIXe s. À certains endroits, elles se superposent et les restaurateurs, confrontés à des choix difficiles, ont pris le parti de dégager une surface limitée pour faire apparaître les plus anciennes. En outre, un musée dédié à l'art des Chiquitañas est en projet. Dans la cour à droite de l'église se trouve l'école de musique baroque. Avec un peu de chance (et en dehors des heures scolaires), on peut assister à une répétition. Bien entendu, la plus grande discrétion s'impose.

UNE PRISON DANS UNE ROULOTTE

En 2009, la police de San José a confisqué une roulotte en bois qui abritait une cellule de prisonnier, montée sur roues. Suite à une condamnation pour viols répétés dans la communauté mennonite, un homme y fut enfermé pendant des mois. À l'intérieur, rien qu'une cuvette de w-c et une bible... C'est la manière particulière des mennonites de faire leur propre justice interne, au mépris des lois nationales boliviennes...

À côté de l'église, dans l'ancien collège missionnaire, un ***musée*** *(tlj sf lun 9h-12h – dim 9h30-12h30 – 15h-18h ; entrée 20 Bs)* présente l'histoire de San José et permet l'accès aux superbes peintures murales (restaurées) datant de l'époque des jésuites.

À voir dans les environs

Chochis : *le site est au pied de l'immense monolithe qui surgit avt d'arriver à Roboré, en venant de San José. Impossible de le rater. En venant de San José, prendre à gauche, au panneau. Difficilement accessible en transport public.* Au pied du monolithe, une chapelle, conçue par Hans Roth, l'architecte à qui l'on doit la restauration des églises baroques. Un chef-d'œuvre d'architecture métissée moderne, dans laquelle les bois tropicaux jouent un rôle majeur. Immense portail couvert de sculptures sur le flanc gauche et à côté, sur les murs de la galerie, une série de tableaux en bas-relief décrivant les épisodes d'une inondation catastrophique, émouvante transcription en images d'un traumatisme collectif. À l'intérieur, nombreuses références à la culture indienne.

☗ ***Ecoalbergue de Chochis :*** *infos : ☎ 343-13-32. 📱 746-746-64. • probioma.org.bo/ecoturisme/chochis.htm* • Pour faire une jolie étape et profiter des lieux avec de belles balades alentour, une auberge écotouristique qui dispose d'un terrain de camping bon marché et de *cabañas* rustiques *(60 Bs/pers).*

SANTIAGO DE CHIQUITOS (IND. TÉL. : 3)

En direction de Roboré, une autre mission oubliée du monde, village typique au cœur de la réserve de Tucavaca, aux paysages fantastiques. Situé à 130 km à l'est de San José et à quelques kilomètres de la route menant à Puerto Suárez (en direction du Brésil), le village est en dehors de la boucle traditionnelle des missions. Mais si l'on passe par San José, l'endroit mérite le détour.

Arriver – Quitter

➢ ***En voiture :*** quelques km après Roboré (en venant de San José), prendre à gauche une route signalée (et récemment goudronnée), de 6 km env.

➢ ***En bus et taxi collectif :*** depuis San José, 2 bus/j. jusqu'à Roboré (départs à 7h50 et 14h env ; env 2h de trajet), puis taxi collectif. Depuis Santa Cruz, bus (ou train) direction Puerto Suárez ; descendre à Roboré, puis taxi.

➢ ***En train :*** les trains partent habituellement de Santa Cruz, vers 14h30, et arrivent à Roboré vers 1h du mat. Continuer ensuite en taxi, qu'il faut réserver à l'avance auprès de votre hôtel. Au retour, le train vers Santa Cruz passe à Roboré vers 21h et arrive à 7h30.

Où dormir ? Où manger ?

☗ |●| ***Hostal Gladysol :*** *à deux pas de la place. ☎ 352-05-31. 📱 726-785-26 ou 773-507-69. Résa conseillée. Dortoir 50 Bs/pers ou double avec sdb 150 Bs.* Petite maison simple mais propre. Atmosphère très agréable grâce à la personnalité de doña Gladys, chaleureuse professeur à la retraite. On est accueilli ici comme un ami. Sur demande, Gladys peut venir vous chercher à l'arrivée du bus ou du train à Roboré, même au milieu de la nuit.

☗ |●| ***Hotel Beula :*** *sur la place. ☎ 313-62-74. • hotel-beula@hotmail.com • Double 400 Bs, petit déj inclus.* Confort moderne. Chambres agréables avec clim et TV. Joli jardin et hamacs. Restaurant. Accueil agréable. Une bonne adresse.

À voir. À faire

La petite ***église*** du village (ouverte le soir et aux heures de messe), toute simple, est typique des Chiquitañas. Elle abrite une très belle statue baroque de Santiago (saint Jacques), datant de la fin du XVIIe s.

➢ ***Excursion au mirador :*** *après le contrôle policier, 4 km jusqu'à une petite chapelle d'où part un sentier (600 m) qui mène au Mirador. Essayer d'y aller pour le* *coucher du soleil (ne pas oublier dans ce cas une lampe de poche). Du panneau, à pied, compter 1h-1h30 A/R.* C'est l'attraction principale de Santiago. On grimpe à flanc de montagne par un petit sentier facile. En cours de chemin, on passe près de formations rocheuses étranges et d'une faille qui rappelle les aventures d'un certain *Indiana Jones.* Tout en haut, grimper au milieu des rochers jusqu'à la croix, cela en vaut la peine : on découvre un paysage de *mesas* (hauts plateaux tabulaires) et de falaises à perte de vue, surplombant la forêt primaire de Tucavaca qui s'étend jusqu'à l'horizon. Fabuleux.

➢ D'autres ***balades*** possibles au départ du village. Notamment dans la ***forêt de Tucavaca*** avec un guide local, à pied, à cheval ou en camionnette. Possibilité d'excursions de 2 jours ou plus (avec nuitée en tente) ; se renseigner sur place.

SAN RAFAEL *(IND. TÉL. : 3)*

À 3h de piste de San José de Chiquitos (environ 180 km), c'est la deuxième plus vieille mission chiquitaña, fondée en 1696. À l'inverse de celle de San José, l'église est beaucoup plus intéressante à l'intérieur. Construite de 1740 à 1748, elle fut restaurée par Hans Roth dans les années 1970. Le résultat est remarquable et respecte parfaitement la décoration originelle. Si l'église est fermée, allez dans la maison sur sa gauche et demandez à visiter.
Près de l'entrée, notez les fresques d'anges musiciens et l'aigle à deux têtes tout en haut. Belles sculptures sur bois, notamment sur la chaire : des têtes de chiens et de chevaux forment la rampe d'accès et des Indiens aux cheveux dressés sur la tête supportent la chaire (n'y voir aucune malice). Éclats de mica utilisés pour un effet de brillance. Également plus inattendu pour la religion catholique, de multiples petits miroirs sur l'autel.

Arriver – Quitter

Les bus arrivent et partent des rues environnantes de la place.
➢ ***San Miguel, Santa Ana, San Ignacio, Concepción et Santa Cruz :*** tlj avec plusieurs compagnies, dont *Flota Universal, Expreso San Ignacio* et *Jenecherú* (via San Miguel), *Trans Bolívia* (via Santa Ana).
➢ ***San José :*** avec *Flota Universal,* 2 bus/j. les mar, jeu et dim. Avec *Trans Carretón,* 1 bus/j. les lun, mer, ven et sam. Env 50 Bs.

SAN MIGUEL *(IND. TÉL. : 3)*

À 30 km de San Rafael. Fondée en 1721, l'église fut restaurée dans les années 1980. Énormes piliers (*horcones* en bois de *soto*) et arches sculptés. Faire le tour extérieur de l'église. Vous pourrez admirer les piliers massifs, les arches et chapiteaux sculptés, le tout garanti d'origine. Retour à l'intérieur, où un ciel avec un soleil orange flashy plane au-dessus de San Miguel et sa foudre, au milieu du retable tout en or. Remarquer les chariots pour la procession de la Semaine sainte, dont celui portant Jésus sur un âne.

Arriver – Quitter

➢ Mieux desservi que Santa Ana, car la piste mène plus facilement à San Ignacio. Plusieurs compagnies y marquent l'arrêt tlj : *31 del Este, Trans Bolívia, Jenecherú, Flota Universal* et *Expreso San Ignacio.* Départs groupés en direction de ***San Ignacio*** et ***Santa Cruz*** 2-3 fois/j., et vers ***San Rafael*** et ***San José*** 2 fois/j.
➢ Possibilité aussi de ***taxi*** commun pour env 15 Bs/pers.

Où dormir ? Où manger ?

Bien que ça ne présente pas grand intérêt, vous pouvez dormir à San Miguel, à l'***alojamiento Middagh,*** juste à 100 m de la place *(c/ Sucre ; 773-350-40).* Autour d'un patio, au calme, quelques doubles avec sdb partagée *(60 Bs).* Basique, propre, avec ventilo. Pour manger, si vous ne pouvez pas atteindre San Ignacio, ***Las Estrellas*** *(à 1 cuadra de la place, côté opposé à l'église)* dispense un *almuerzo* ou des plats corrects.

SAN IGNACIO DE VELASCO (30 000 hab. ; IND. TÉL. : 3)

À 180 km de Concepción (environ 3h de piste). Centre économique de la région, la ville est active, et une certaine effervescence (toute relative) nous sort de la torpeur des missions. À 1h de la frontière avec le Brésil, c'est aussi le lieu de tous les trafics, comme l'atteste un nombre important de voitures sans plaques d'immatriculation. San Ignacio fut longtemps une étape sur le trajet qui mène à la partie sud du parque Noel Kempff Mercado *(Los Ferrios).* Mais ce parc étant presque à l'abandon aujourd'hui, la ville de San Ignacio revêt peu d'intérêt pour le routard de passage. Construite en 1752, l'église du village fait partie de la première mission jésuite de Chiquitos, fondée en 1691. Suite à un incendie, elle a été reconstruite dans les années 1950 et coiffée d'un clocher en béton digne des meilleurs ouvrages de l'époque. Les restaurations se suivent afin de lui restituer son apparence baroque d'origine.

Arriver – Quitter

Plusieurs compagnies dispersées dans San Ignacio et principalement autour des deux marchés assurent les liaisons avec les villes principales.

➢ ***Santa Cruz*** (9-12h de trajet selon nombre d'arrêts) ***et Concepción*** (4h de trajet) **:** départs tlj à 7h, 11h30 et 18h30-21h. Avec *Jenecherú* (la plus fiable), *Trans Bolívia, Trans Gusmar, Expreso San Ignacio, 31 del Este* (cette dernière s'arrête à San Javier et San Ramón). Env 70 Bs (beaucoup plus cher en *truffis* : env 160 Bs).

➢ ***San Miguel* :** env 1h de trajet. Plusieurs départs tlj, le mat et en fin d'ap-m.

➢ ***San Rafael*** (1h30 de trajet) ***et Santa Ana*** (1h) **:** au moins 3-4 départs tlj avec *Flota Universal, Expreso San Ignacio* et *Jenecherú* (San Rafael). 2 départs/j. avec *Trans Bolívia* (Santa Ana).

➢ ***San José* :** min 4h30 de trajet. Dans le sens San Ignacio-San José avec *Flota Universal* lun, mer et ven-sam ; avec *Trans Bolívia* et *Expreso San Ignacio* mar, jeu et dim. De San José, départs tlj.

L'ORIENTE

Adresses utiles

***Turismo* :** *sur la place, à l'angle de Comercio et La Paz. ☎ 962-20-56. Lun-ven 8h-12h, 14h30-18h30.* Basique, mais personnel compétent. Plan de la ville très complet et pratique pour se repérer dans cette ville est très étendue.

Change* :** ***Banco Union, *c/ Libertad, sur la place. Lun-ven 8h-12h, 14h30-18h ; sam 8h-12h. Change des dollars slt,* service *Western Union.* Également un distributeur acceptant la carte *Visa.*

@ ***Téléphone et Internet* : Entel,** *sur la place centrale.*

Où dormir ?

Chic (220-350 Bs / env 25-40 €)

***Parador Santa Ana* :** *c/ Libertad, entre Cochabamba et Sucre, à 1 bloc et demi de la place centrale. ☎ 962-20-75. • paradorsantaana.blogspot.com • Double 210 Bs.* Chambres jolies et confortables avec douche/w-c et AC. Elles donnent sur le patio intérieur d'une ancienne maison coloniale restaurée avec soin.

Apart-hotel San Ignacio : *c/ 24 de Septiembre, angle Cochabamba. ☎ 962-21-57. • aparthotel-sanignacio.com • Double 280 Bs.* Chambres autour d'une cour de type colonial, spacieuses et bien tenues. Joli jardin avec piscine pour se rafraîchir. Bon accueil.

Hotel San Ignacio : *c/ Libertad, sur la place. ☎ 962-22-83. • hotelsanignacio@hotmail.com • Double env 300 Bs avec petit déj-buffet à prendre au jardin au fond, bien au calme.* Hôtel récent dans une maison traditionnelle qui a su garder le charme de la cour intérieure. Tout confort : AC, TV, minibar et cabine de douche. L'ensemble est charmant.

Où manger ?

Mercado : *à 4 rues de la place. Ouv de bon mat et jusqu'aux derniers départs des bus.* Jus, fruits frais, chips de platane (miam !) et *almuerzos* bon marché.

La Cocina de Llce-Club Social: *sur la place. ☎ 962-27-82. Ts les midi sf dim. Almuerzo* à petits prix prisé des locaux qui s'y régalent en famille.

Casa del Camba : *à l'angle de Santa Cruz et 24 de Septiembre, à 100 m de l'église. ☎ 962-22-96. Tlj sf dim soir. Plats env 20-30 Bs ; almuerzo 25 Bs.* Sous des arcades donnant sur une pelouse arborée. Rendez-vous des groupes et des familles qui apprécient la cuisine locale.

CONCEPCIÓN *(IND. TÉL. : 3)*

L'ORIENTE

À 300 km au nord-est de Santa Cruz (environ 5 de route), et 180 km de San Ignacio (environ 3h de mauvaise piste),

Cette petite ville abrite une magnifique église édifiée en 1753, restaurée dans les années 1980. La visiter plutôt dans l'après-midi pour un meilleur éclairage. L'ensemble est assez monumental, néanmoins, la restauration effectuée dans les années 1980 a été un peu abusive. À l'intérieur, retable aux couleurs « criardes » rouge et or. Un des tableaux montre le chemin à suivre pour les Indiens.
En sortant de l'église, jeter un coup d'œil à la forme de tour de guet du campanile peint en noir. Les habitants du village insisteront pour vous montrer l'atelier de bois du village... Normal, c'est l'une des sources d'emploi de Concepción. On peut aussi s'attarder au musée des Missions ou à celui d'ethnographie situé dans la *casa de España.* Voir encore le jardin des orchidées, à côté de l'hôtel *Chiquitos,* ou pousser jusqu'au barrage, à 1 km, pour piquer une tête les jours de grande chaleur.

Arriver – Quitter

Les bus arrivent et partent derrière la place principale, du côté du resto *Buen Gusto.*

➢ **Santa Cruz** (env 6h de trajet), **San Javier** (1h30) **et San Ramón** (2h30) **:** avec *Trans Guarayos,* 7 bus/j. pour Santa Cruz, 7h30-23h. Ils passent par San Javier.

➢ **San Ignacio :** avec *Auto Bus Jenecheru,* départ à 12h. Trajet : env 4h.

Adresses utiles

Turismo : *c/ Lucas Caballero, à 200 m de la place centrale, à côté du poste de police. ☎ 964-30-57. 760-425-28. Tlj 8h-12h, 14h-18h.* Tenu par des jeunes qui proposent leurs services comme guides. Visite de Concepción ou des communautés des alentours, en espagnol.

Change : *au* **Banco Union,** *sur la place. Lun-ven 8h30-12h30,*

14h30-18h30, et sam mat. Change de dollars seulement et distributeur.

■ @ ***Téléphone, Internet :*** *Entel* en face de la place, du côté du *Gran Hotel Concepción.*

Où dormir ?

Bon marché (moins de 140 Bs / env 16 €)

Hostal Casa España : *musée ethnographique des Cultures chiquitaña et ayorea, centre écotouristique, angle c/ 16 de Septiembre et Capobianco, à 1 cuadra de la place. ☎ 964-30-74. Compter 40 Bs/pers. Logement avec sdb à partir de 60 Bs/pers.* Un projet monté en coopération avec l'Espagne, pour promouvoir un tourisme « responsable ». Logement en dortoirs de 6 à 10 lits ou chambres doubles, avec sanitaires privés. Organise des excursions guidées dans les environs et des sorties ornithologiques. Endroit accueillant et convivial.

Hotel Colonial : *c/ Ñuflo de Chávez 7, à 30 m de la place. ☎ 964-30-50.* Chambres en enfilade le long du jardin. La plupart sont des *matrimoniales* avec 1 ou 2 lits supplémentaires. Têtes de lit ouvragées en bois sombre et ventilo au plafond. Petites salles de bains. Le point fort de cette adresse est le super petit déj-buffet servi dans une paillote au fond du jardin. Jus et salade de fruits frais, pâtisseries maison, *cuñapés,* œufs brouillés...

De chic à plus chic (220-350 Bs et plus / env 25-40 €)

Hostal Suites Don Miguel : *c/ Santiago Ortiz 220. ☎ 964-33-23. • hostalsuitesdonmiguel.com • À 2 rues de la place. Double 300 Bs, petit déj inclus. Garage.* Tout le confort dans ce petit hôtel style hacienda, au calme. Chambres avec salle de bains, TV, frigo et AC, donnant sur le grand jardin avec hamacs. Copieux petit déj. Accueil chaleureux.

Hotel Chiquitos : *av. Killian Final. ☎ 964-31-53. • hotel_chiquitos@hotmail.com • À env 10 rues de la place. Double env 370 Bs, petit déj-buffet inclus.* L'éloignement est certes son point faible ; les avantages étant son petit air de campagne, sa bonne tenue et l'amabilité du personnel. Chambres plaisantes avec TV, minibar et ventilo. Réveil assuré par des perroquets ! Joli jardin d'orchidées. Possibilité de déjeuner ou de dîner à prix raisonnables.

Gran Hotel Concepción : *c/ Aurelio Rocca lladó, à l'angle ouest de la place. ☎ 964-30-31. • grandhotelconcepcion.com.bo • Double tt équipée 400 Bs, petit déj-buffet inclus.* La reine d'Espagne y aurait logé. Chambres disposées autour des beaux jardins intérieurs avec des hamacs accrochés aux colonnes torsadées. Belle piscine.

Hotel El Escondido : *c/ Pando. ☎ 964-31-10. • hotelescondido1997@hotmail.com •* Ce petit hôtel de charme, excentré, se cache dans les pourtours verdoyants de la ville. Il est tenu par un couple franco-bolivien. André a fait la guerre d'Indochine et s'est retiré ici, avec sa jeune femme Esperanza, qui parle un peu le français. Les chambres, joliment arrangées (AC, TV, frigo), sont disposées autour d'une petite piscine-pataugeoire. Bon petit déj-buffet inclus. Sert aussi les repas en terrasse ou en salle. Bonne cuisine locale.

Où manger ?

El Buen Gusto : *sur la place. ☎ 964-31-17. Petit déj avec café et empanada de queso. Repas complet sous forme de buffet 30 Bs ; plus cher avec du vin.* Joli restaurant pour les familles, avec des tables installées dans le patio ou sous les arcades de cette vieille demeure coloniale patinée par le temps. Cuisine locale bien préparée, plats de viande, mais aussi

L'ORIENTE

végétariens. Vin au verre. Guadalupe Antelo, la charmante propriétaire, est très communicative et adore Paris !
|●| **Club social :** *sur la place, à côté du Gran Hotel Concepción. Ouv (en principe) midi et soir.* Tenu par un couple italo-bolivien. Bonnes pizzas. Ambiance familiale. Bon et très copieux. En prime, un billard. Idéal pour les longues soirées.

À voir

Museo misional : *sur la place. Lun-sam 8h-12h, 14h-18h ; dim 10h-14h. Entrée : 25 Bs, avec accès à l'église et son petit musée.* La maison natale du feu dictateur Hugo Banzer Suarez a été transformée en musée. Il est complémentaire à la visite de l'église et expose des statues et objets de culte antérieurs à sa rénovation. Cinq salles au total, les plus intéressantes présentant l'atelier de restauration avec des pièces du XVIIIe s sculptées en bois et dorées à la feuille, ou des images en plâtre importées d'Espagne au XIXe s pour orner les églises.

SAN JAVIER *(IND. TÉL. : 3)*

À 80 km de Concepción et 220 km au nord-est de Santa Cruz (environ 3h30 de route asphaltée – mais pleine de nids de poule !). La première église de style baroque y a été édifiée de 1749 à 1752.

Arriver – Quitter

➢ Compagnies de bus *31 del Este, 102 Trans Guarayos* et *20 de Enero* : de et vers **Santa Cruz,** départs ttes les 2h, 8h-17h. Compter env 4h de route. La plupart des bus en provenance de Santa Cruz continuent vers **Concepción** (1h30 de trajet) et **San Ignacio de Velasco** (là, c'est 4h de mauvaise piste en plus).

➢ Pour ceux qui veulent repartir directement vers **Trinidad,** les bus en provenance de Santa Cruz passent par San Ramón (à env 1h de San Javier) à partir de 18h et arrivent 7-8h après. À réfléchir, car San Ramón n'est pas forcément la ville idéale pour attendre et en plus, les bus sont souvent pleins.

Adresses utiles

■ **Casa de la Cultura :** *en face de la place, angle Miguel Hurtado et 24 de Diciembre. Lun-ven 8h-12h, 14h-18h.* C'est l'office de tourisme, doublé d'un petit Musée ethnographique. Infos sur les environs, les sources thermales d'Aguas Calientes, Aguas Tibias et Los Tumbos. Visites guidées.
■ **Change :** *cooperativa La Merced, sur la route de Concepción. Change les dollars. Lun-ven 9h-16h30, et sam mat.*
■ @ **Téléphone, Internet :** *chez COTAS, av. Santa Cruz, à l'entrée en venant de Santa Cruz. Tlj 9h-22h.*

Où dormir ? Où manger ?

De bon marché à prix moyens

Alojamiento Amé Tauná : *sur la place, du côté opposé à l'église. ☎ 963-50-18. Compter 40 Bs/pers avec sdb partagée ; double env 150 Bs avec sdb privée. Pas de petit déj.* Une quinzaine de chambres donnant sur d'agréables jardins. Propre, spacieux et bon accueil.
|●| **Restaurant Ganadero :** *sur la place. 799-040-85. Almuerzo 20-35 Bs.* Les tables sont disposées autour du patio central. Resto appartenant à l'association d'éleveurs de San Javier. Bons plats de viande.

La Pascana : *sur la place, juste à côté du Ganadero.* Petits déj et repas servis dans un petit patio. Bonne ambiance familiale.

Chic

Hotel Momoqui : *av. Santa Cruz, à 2,5 cuadras de la place, face à la station d'essence.* ☎ *963-51-21.* *799-015-14.* • *hotel_momoqui@hotmail.com* • *Double env 300 Bs, petit déj-buffet inclus.* C'est l'adresse « chic » du village. Un bâtiment moderne avec des chambres confortables (AC, TV, frigo et salle de bains privées) et piscine.

À voir

L'église : *accès 15 Bs (incluant le musée).* C'est le modèle de toutes les églises qui vont être construites ensuite dans la région, à l'exception de celle de San José. On notera une certaine influence du baroque germanique, due sans doute à la présence de nombreux jésuites de l'Europe centrale au XVIIIe s. Cela est particulièrement mis en évidence dans les dessins qui décorent l'entrée et les murs en plâtre. Les Chiquitanos ont apporté leur touche personnelle à l'ouvrage. D'où une synthèse de styles vraiment superbe.
Petit ***Museo misional*** juste à côté, mais moins complet que celui de Concepción.

Petite curiosité si vous avez un peu de temps, à 20 km de San Javier sur la route menant à Concepción, le *Buho Blanco* – ou ***mirador de las Piedras,*** une maison conçue dans un chaos de rochers géants par un artiste bolivien de renommée internationale, Bustillo. Courte balade parmi les roches auxquelles s'enlacent des arbres aux formes étranges, dans des étreintes impossibles.

MOTACÚ ET BIBOSI

Ce sont deux arbres qui vivent dans une symbiose fatale, le second étant un parasite qui finit par tuer le premier. Le motacú est un arbre de la famille des palmiers. Son compagnon, le bibosi, *l'enserre progressivement avec son écorce dans une débauche de draperies souvent spectaculaires, jusqu'à l'étouffer. Symbole des amours maléfiques,* Motacú *et* Bibosi *hantent les légendes de la région de San Javier, comme ils en ont envahi le paysage.*

L'ORIENTE

Fêtes et manifestations

– L'église accueille notamment des concerts lors du ***festival de musique Renaissance et baroque américaine*** (voir à Santa Cruz la rubrique « Fêtes et manifestations »).
– ***Cérémonie des Yarituses :*** *29 et 30 juin.* Dans l'église et autour, une importante cérémonie traditionnelle selon un rituel indien ancien. Masques, plumes et costumes pour célébrer *el Piyo,* l'autruche *(ñandu)* mythique qui protège sa tribu depuis une constellation du ciel de l'hémisphère sud.

PARQUE NACIONAL NOEL KEMPFF MERCADO

L'autre joyau vert de la province de Santa Cruz, séparé du Brésil par le fleuve Guaporé. Ce parc mythique s'étire sur 1,5 million d'hectares et a été inscrit au Patrimoine mondial par l'Unesco en 2000. Compte tenu des

distances et des difficultés d'accès, la visite de ce parc s'avère beaucoup plus onéreuse que celle d'Amboró. La nature y est préservée, avec des paysages grandioses, d'une beauté spectaculaire.
San Ignacio de Velasco, dans le cœur des missions jésuites, est la ville la plus proche du parc, depuis laquelle certaines agences organisent des départs par voie terrestre. Autrement, certaines agences de Santa Cruz proposent des départs en petits groupes. Aujourd'hui cependant, le parc est malheureusement dans un état de quasi-abandon. Conséquence d'une très mauvaise gestion, ce sublime parc national est devenu inaccessible au voyageur amateur de nature. Renseignez-vous sur les possibilités d'excursion avec une agence sérieuse, et si l'on vous confirme cette information, passez votre chemin !

LA MORT AUX TROUSSES...

Biologiste de réputation internationale, Noel Kempff Mercado était une figure emblématique de Santa Cruz. Il est mort en 1986 dans des circonstances dramatiques. Au retour d'une mission, il survolait avec son équipe une piste sommaire enfouie dans la forêt et, à la recherche d'une base pour la prochaine expédition, décida de se poser. La suite tourna au mauvais polar. Ils tombèrent sur une fabrique de drogue ! Le lieu de l'assassinat est situé au cœur du parc qui porte désormais son nom.

LE PANTANAL

Une incroyable réserve de vie sauvage aux frontières du Brésil. La plus grande surface marécageuse au monde, sans aucun doute une des plus belles réserves naturelles d'animaux du continent. C'est bien ici, dans le Pantanal, que vous pourrez observer facilement toucans, aras, ibis, mais aussi capybaras, caïmans et autres anacondas... Côté bolivien cependant, cette zone frontalière, difficilement accessible, a été au cours des dernières années abandonnée en grande partie aux narcotrafiquants et à la contrebande, activités nettement plus lucratives que le tourisme avec lequel elles entrent en conflit... La seule zone accessible aux routards passe par Puerto Suárez. Mais le mieux est de faire comme le conseillent nos amis boliviens... se rendre au Brésil, à Corumbá (à 30 mn de Puerto Suárez de l'autre côté de la frontière), pour s'adresser à une agence fiable. Explorer ce territoire implique nécessairement de louer les services d'une agence, qui inclut l'hébergement, la nourriture, les excursions à pied, à cheval, etc. D'une façon générale, un séjour dans le Pantanal coûte cher : c'est le prix à payer pour découvrir la région et préserver ce « sanctuaire écologique ».

Infos pratiques

➢ ***Pour y aller :*** quelques vols/sem de Santa Cruz jusqu'à Puerto Suárez (avec *TAM* notamment).

– La ***meilleure période*** pour se rendre dans le Pantanal court de mai à septembre, lorsque l'eau se retire et que les marais s'assèchent, avec une grande concentration d'oiseaux. Pendant la saison des pluies (particulièrement en janvier-février), il est plus difficile de se déplacer en raison des inondations, mais plusieurs pistes restent accessibles en 4x4.

– ***Important :*** prévoyez de vous faire vacciner contre la fièvre jaune. Le vaccin est obligatoire. Le traitement antipaludéen n'est pas préconisé, ni obligatoire (mais renseignez-vous auprès de l'institut Pasteur ou d'un autre institut spécialisé en médecine tropicale avant le voyage). Et si le paludisme ne sévit pas encore dans la région, les moustiques abondent et sont particulièrement voraces !

L'AMAZONIE

L'Amazonie bolivienne est vaste. Elle se compose principalement de deux provinces : l'immense Beni (environ 460 000 habitants), au nord-est, qui s'étire jusqu'au Pantanal brésilien, et le Pando, à l'extrémité nord (environ 85 000 habitants), où se trouvent quelques grandes villes situées totalement en dehors des circuits touristiques – Riberalta, Guayaramerín et Cobija, sur la frontière brésilienne, toutes desservies par avion et par bus (trajets interminables, surtout à la saison des pluies). Ajoutons la partie nord du département de La Paz, où se trouve l'essentiel du parc national Madidi. Ce dernier, le plus visité, s'étend dans une zone de transition entre Andes et Amazonie. Il est aisément accessible depuis la bourgade touristique de Rurrenabaque, située à 40 mn de vol de la capitale ou... 18h (au moins) d'un voyage en bus éprouvant et vertigineux. De très nombreux tour-opérateurs, de qualité variable, y proposent des excursions de 2-3 jours en forêt ou dans la pampa – deux milieux totalement différents. Plus à l'est, Trinidad, capitale du Beni, permet d'accéder à un territoire gorgé d'eau, où les *ríos* aux cours très changeants ont abandonné des centaines de bras morts. La zone est plus délicate à explorer et le tourisme nettement moins développé. On rejoint Trinidad depuis Santa Cruz (10h de bus) ou en avion (1h). Enfin, ce tour d'horizon ne saurait être complet sans mentionner l'extraordinaire parc national Noel Kempff Mercado, situé au nord-est de la province de Santa Cruz, contre le Brésil. Il est malheureusement dans un état de quasi-abandon. Dans tous les cas, prévoir pulls et vêtements de pluie : il ne fait pas toujours beau ni forcément chaud la nuit en Amazonie.

UN PEU D'HISTOIRE

Un archéologue américain, Kenneth Lee, a établi que, à dès l'an 1000 av. J.-C. jusqu'au XIIe s, le Beni était peuplé par une civilisation avancée, maîtrisant les techniques de contrôle des eaux et d'ingénierie hydraulique. On voit très bien, sur les photos satellite et aériennes, les vestiges de travaux gigantesques réalisés sur tout le centre du Beni (150 000 km^2 !) : canaux d'irrigation et de navigation, digues, terre-pleins et surtout 20 000 « îles » (collines) artificielles. Ces *lomas* (ou *camellones*), longues en moyenne de 600 m pour 20 m de large, étaient surélevées pour mettre villages, centres cérémoniels, cimetières et cultures à l'abri des inondations annuelles. Les plus hautes atteignaient 20 m. La *loma Suárez* en est un bon exemple, tout comme la *loma Alta* (musée) située à Casarabe, à 51 km de Trinidad par la route de Santa Cruz.

Ces travaux de titan permettaient de contrôler les eaux de crues en période humide et de créer des

UNE PLANTE PURIFIANTE

Entre autres savoirs ingénieux, les Moxos faisaient appel au taropé, une plante aquatique fabuleuse qui purifie l'eau et qui a été utilisée par la NASA pour son programme spatial. Plus connue sous le nom de jacinthe d'eau, elle était aussi utilisée pour fertiliser les champs des lomas.

réservoirs pour irriguer en période sèche – qui servaient également pour la pisciculture. Longtemps abandonné, le système des *lomas* est à nouveau promu depuis les grandes inondations de 2006-2007, avec le soutien d'ONG comme Oxfam. Une manière, aussi, de s'adapter aux changements climatiques annoncés...
En outre, ce système de *lomas*, auxquel l'*INAR* (Institut d'archéologie bolivien) s'intéresse sérieusement, implique un formidable besoin de main-d'œuvre. Ainsi, l'Amérique précolombienne aurait été bien plus peuplée que ce qu'avaient écrit les conquistadores. Cependant, au XIIIe s, un cycle de pluies très abondant anéantit les Moxos, à l'époque même où les terres incas devenaient plus productives. Les Moxos transmirent-ils aux Incas toutes les techniques agricoles qui constituèrent bientôt la base économique de leur empire ? Ou formèrent-ils la base même de cette nouvelle civilisation ? Le mystère demeure, mais les découvertes permettent d'envisager bien des théories passionnantes.

LES HABITANTS

Aujourd'hui, seuls quelques milliers d'Amérindiens vivent encore dans la forêt, complètement coupés de la « civilisation ». Leurs terres sont généralement convoitées par les compagnies pétrolières, les *madereros* (trafiquants de bois) et les constructeurs de routes.
Dans la forêt, vous ne rencontrerez probablement que des Indiens vivant regroupés en petits villages au bord des fleuves, où l'école alphabétise enfants et adultes. L'espagnol est devenu obligatoire, en plus de la langue locale et du quechua qui se parlait jusque-là. Mais civilisation et tradition se côtoient : les gamins de 4 ans traversent seuls les rivières debout dans leurs frêles embarcations, les femmes mâchonnent de la peau de banane et la recrachent dans un seau en plastique pour la fabrication de la *chicha de la selva,* nécessaire aux folles soirées. Les maisons, construites sur pilotis à cause des bestioles, abritent deux ou trois familles, qui partagent la cuisine au 1er étage, installée autour d'un foyer permanent.

Liaisons avec le Brésil

– Impératif pour entrer au Brésil : avoir son carnet de ***vaccination contre la fièvre jaune.*** N'oubliez pas de faire tamponner votre passeport à la frontière et changez votre argent côté bolivien !

➢ Des ***bus*** font la liaison en près de 2 j. La Paz-Guayaramerín (via Rurrenabaque), ville bolivienne à la frontière. On peut aussi rejoindre cette ville en bus depuis Trinidad (via Rurre). À la saison des pluies (janv-avr), le voyage a tendance à s'éterniser...

➢ Des ***liaisons aériennes*** permettent de rejoindre directement Guayaramerín, Riberalta et Cobija depuis Santa Cruz, La Paz et Trinidad avec *Aerocon, BoA* et *TAM.*

➢ On peut aussi descendre ***en bateau*** le río Beni depuis Puerto Linares, au pied des Yungas (bus depuis La Paz), ou le río Mamoré depuis Trinidad. Compter env 6-10 j. de voyage dans les 2 cas selon le niveau des eaux. Ce moyen de transport, qui n'est pas dénué de risques, est à réserver aux plus aventuriers.

TRINIDAD

env 80 000 hab. IND. TÉL. : 3

Fondée par les Jésuites, la capitale du Beni, où l'on rencontre la marine (d'eau douce) bolivienne, est une petite ville aux relents de Far West imprégnée de la torpeur des tropiques. Les hivers y sont parfois torrides (jusqu'à 37 °C au mois d'août), les rues accablées de soleil et les soirées vrombissantes, avec l'incessant manège des motos autour de la place Ballivián.

Le long des avenues et des rues bordées de profonds fossés, destinés à évacuer les eaux de la saison des pluies, des statues de gauchos et de bétail rappellent que Trinidad vit principalement de l'élevage (et du trafic de drogue, mais le sujet est plus épineux !). Dans les quartiers périphériques, on croise cochons, chevaux, poules en vadrouille, et même des caïmans qui, lorsque l'eau monte, viennent se sécher les écailles sur le goudron. Aucun doute : on se promène ici dans une autre Bolivie, plus chaude, plus humide, tropicale. En dehors des circuits touristiques, Trinidad s'ancre au cœur d'un territoire plat, spongieux, ponctué d'innombrables lacs et plans d'eau, visage d'une Amazonie constamment remodelée par les crues des grands fleuves Mamoré et Ibaré. Ces derniers restent les principales voies de pénétration de la région et permettent de découvrir un pays encore sauvage, à la faune riche (particulièrement en oiseaux). Mais le Beni, c'est aussi l'aura de la mystérieuse civilisation des Moxos, dont on peut découvrir quelques vestiges au passage.

Arriver – Quitter

En bus

Terminal de bus *(hors plan par B1) : c/ Rómulo Mendoza et av. Beni. À 8 cuadras à l'est de la place (env 1 km). Prendre un moto-taxi (3 Bs), ou un taxi (10 Bs).*

➢ ***Santa Cruz :*** env 7-10h de trajet (560 km goudronnés). Une quinzaine de compagnies assurent la liaison ! Presque ttes partent entre 18h (et surtout 20h) et 22h, ce qui permet d'arriver à l'aube. Seule *Transamerica* dispose d'un bus de jour (vers 9h30). *Trans Oruro* et *Trans Pomata* assurent le plus de départs. Billet dès 50 Bs en *normal* avec les compagnies les moins chères (et les moins confortables), env 80-120 Bs en semi-*cama* et *cama-leito* (et jusqu'à 150 Bs avec *Trans Renager* sur son bus *Suite* hebdomadaire).

- *Expreso Latino* (départ à 21h45) continue jusqu'à ***Cochabamba*** (15h de trajet en tt) et *Trans Cotoca* assure la correspondance à Santa Cruz (départs à 21h et 22h).

➢ ***Route du Nord-Ouest :*** situées au fond du terminal, les compagnies *Vaca Díez (📱 710-865-23), Primero de Mayo (☎ 462-42-46), Flota Yungueña (☎ 462-08-02)* et *Unificado Guayaramerín* desservent, dans l'ordre, ***San Ignacio de Moxos*** (2h30-4h), ***San Borja*** (7-8h) et ***Rurrenabaque*** (env 10-12h et 120 Bs), avec continuation jusqu'à ***Riberalta*** (env 18-24h) et ***Guayaramerín*** (20-30h). Ces heures de trajet s'appliquent à la saison sèche et tiennent compte du passage régulier (on entend, sans entraves) des 3 bacs sur le Mamoré. En saison des pluies, route défoncée la plupart du temps et passage de la *balsa* souvent coupé. Départs tlj entre 9h et 10h30. Pour l'extrême Nord, étant donné l'état des routes, au rapport fatigue-rapidité-prix, l'avion est le grand gagnant – d'autant que le trajet, très tape-cul, est plutôt monotone.

- Outre les bus, les ***micros*** de *Transportes Isiboro Sécure (📱 728-177-22),* juste en face du terminal, desservent ***San Ignacio, San Borja*** et ***Rurrenabaque.*** Ils partent 2-3 fois/j., dès 8-9h, lorsqu'ils sont pleins. Compter env 180 Bs et 8h de trajet.

- Sachez en outre que des ***bus locaux*** partent régulièrement pour ***San Ignacio de Moxos*** depuis le centre-ville, c/ Mamoré, entre les av. 18 de Noviembre et Santa Cruz *(plan A2).*

En avion

✈ ***Aeropuerto Jorge Henrich*** *(hors plan par A1) : à 2 km au nord-ouest du centre-ville. Taxi : 20 Bs.* Sur place, une antenne de l'office de tourisme *(tlj 8h30-18h, en principe),* un resto et c'est tout. Les différentes compagnies ont une agence en ville. Taxe d'aéroport à régler à l'embarquement : 11 Bs.

■ ***TAM*** *(plan A1,* ***5****) : av. Bolívar 42, entre Santa Cruz et 18 de Noviembre. ☎ 462-14-63 ou 08-55 (aéroport). Lun-ven 8h-12h, 14h30-18h ; sam 8h30-12h.*

■ ***Amaszonas*** *(plan A1,* ***6****) : c/ 18 de Noviembre 267. ☎ 462-24-26. • amaszonas.com • Lun-ven 8h30-12h30,*

15h-19h ; sam 8h30-12h30.

■ **Aerocon** (plan A2, **7**) **:** *angle 6 de Agosto et 18 de Noviembre. ☎ 462-44-42 ou 901-10-52-52 (nº gratuit). • aerocon.bo • Tlj sf sam ap-m et dim 9h30-12h30, 14h30-19h.*

➢ **Santa Cruz :** 5 vols/j. avec *Aerocon*, 1 avec *TAM*. Correspondance pour Sucre.
➢ **La Paz :** 5 vols/j. avec *Aerocon*, 1 avec *TAM*.
➢ **Cochabamba :** 2 vols/j. avec *Aerocon*, 1 avec *TAM*.
➢ **Rurrenabaque :** liaison lun, mer, ven et dim avec *Amaszonas*.
➢ **Guayaramerín** (via *Riberalta*) **:** 3 vols/j. avec *Aerocon*.
➢ **Cobija :** 1 vol/j. avec *Aerocon*.

En bateau

Les aventuriers sans peur ni reproche seront contents d'apprendre qu'il est possible de quitter Trinidad par le fleuve Mamoré – enfin, pas exactement Trinidad, mais plutôt Puerto Los Puentes, à env 15 km à l'ouest (liaison en *colectivo* env 10 Bs). Les barges circulent vers l'amont jusqu'à Puerto Villarroel, à 260 km au nord-est de Cochabamba (bus), ou vers l'aval en direction de Guayaramerín (env 6 j. de voyage en hautes eaux, 10 j. en période de basses eaux). Cela étant dit, ***on vous déconseille fortement d'utiliser ce mode de transport,*** qui peut vous attirer des ennuis sérieux : sachez que souvent l'alcool coule à flots à bord, que vous pouvez rester planté au milieu de nulle part sur un banc de sable pour une durée indéterminée et que les naufrages ne sont pas rares (état désastreux des bateaux, surcharge...). Sinon, prévoir a minima hamac, moustiquaire et répulsif, nourriture et eau (à acheter au marché).

Adresses utiles

Infos touristiques et télécommunications

🛈 ***Secretaria de desarrollo turístico*** (plan B2, **1**) **:** *c/ Joaquin de Sierra, entre Busch et La Paz, dans les bâtiments du gouvernement du Beni (pièce d'identité exigée à l'entrée). Lun-ven 8h-12h30, 14h30-18h.* Pas très utile de s'y déplacer, sauf pour récupérer quelques brochures sur papier glacé...

🛈 ***Centro de información turístico*** (plan B2, **2**) **:** *kiosque au coin de l'av. Busch et Cochabamba. Lun-ven 8h-12h30, 14h30-18h.*

✉ **Correos** (plan B1) **:** *av. Cipriano Barace 10, à l'orée de la pl. Ballivián. Lun-ven 8h-19h30, sam 8h-18h, dim 9h-12h.*

■ @ **Entel** (plan A1-2, **8**) **:** *c/ 6 de Agosto 92, presque à l'angle de 18 de Noviembre. Lun-sam 7h45-22h30.*

Argent, change

■ **BNB** (plan A-B1, **3**) **:** *sur la place. Lun-ven 9h-13h, 15h-18h ; sam 9h-13h.* Change dollars et euros (bon cours).

■ On trouve des ***distributeurs*** un peu partout au centre-ville, en particulier sur la place principale.

Transports, excursions

■ ***Taxis :*** *radio-taxi* ***German Busch,*** *☎ 462-00-08 (sur la place) ;* ***Radio móvil Mamoré,*** *☎ 462-16-35 ;* ***Oriente,*** *☎ 462-08-90 ou 15-00.*

■ ***Motos-taxis :*** Trinidad ne jure que par la moto-taxi ; c'est pratique, rapide et pas cher (mais sans casque). Il suffit de lever la main pour qu'ils s'arrêtent, n'importe où. Compter 3 Bs à l'intérieur du 1er anneau, gare routière incluse.

Où dormir ?

Les prix sont plus élevés que dans le reste de la Bolivie, pour autant le standing ne suit pas toujours... Cela est dû en partie au coût de l'air conditionné (pas disponible partout).

Très bon marché (moins de 80 Bs / env 9 €)

☗ ***Alojamiento 18 de Noviembre*** (plan A2, **20**) **:** *av. 6 de Agosto 135, entre Santa*

TRINIDAD

Adresses utiles

1 Secretaria de desarollo turístico
2 Centro de información turístico
3 BNB
5 TAM
6 Amaszonas
7 Aerocon
8 Entel et Paraíso Travel
9 Moxos Turismo
10 Las Palmas Tours
11 Ciddebeni

Où dormir ?

20 Alojamiento 18 de Noviembre
21 Hostal Gran Moxos
22 Hostal Ibáñez
23 Hostal Sirari
24 Hotel Campanario

Où manger ?

30 Mercado
31 Club Social
32 Erickita
33 La Casona
34 Churrasquería La Estancia
35 El Tábano
36 Pescadería Don Pedrito

Où s'offrir une glace ?

8 Heladería Nicole
33 Heladería Primavera

Achats

51 Casa Lourdes
52 Casa Bolivar
53 Centro artesanal Moxos

Cruz et 18 de Noviembre. ☎ 462-12-72. Compter 30-40 Bs/pers selon durée du séjour. L'hébergement le moins cher du centre. Ses chambres, basiques mais propres, avec ou sans salle de bains, entourent un grand patio avec hamacs.

Prix moyens (140-220 Bs / env 16-25 €)

Hostal Gran Moxos *(plan A1,* ***21****) : av. 6 de Agosto 146 et Santa Cruz. ☎ 462-87-77. 711-300-05. Doubles 140-180 Bs, sans ou avec AC, (mini) petit déj inclus.* Central, cet hôtel récent et bien tenu abrite des chambres propres, pas très grandes, offrant un bon rapport qualité-prix. La proprio n'hésitera pas à baisser le tarif si vous restez plus longtemps.

Hostal Ibáñez *(plan A1,* ***22****) : c/ Antonio Vaca Diez 88. ☎ 462-50-69. Double env 180 Bs.* À deux pas de la place, cet autre petit hôtel familial dispose de chambres fonctionnelles, avec ventilateur, très bien tenues. Préférer celles à l'étage, plus lumineuses. Un bon rapport qualité-prix, même si quelques peintures s'écaillent dans les salles de bains.

Hostal Sirari *(plan A1,* ***23****) : av. Santa Cruz 538. ☎ 462-44-72. • hsirari@hotmail.com • Double env 160 Bs.* Le bâtiment, assez récent, abrite une vingtaine de chambres donnant sur une cour envahie de plantes en pots. Elles sont très propres et plutôt agréables, à condition d'éviter celles donnant sur la rue et la n° 3, un peu étriquée. Accueil familial. Thé et café à disposition.

Plus chic (à partir de 500 Bs / env 50 €)

Hotel Campanario *(plan A2,* ***24****) : av. 6 de Agosto 80. ☎ 462-65-01 et 47-33. • hotel-campanario.com • Double env 500 Bs (négociable), petit déj américain inclus. CB acceptées.* Les 4 étoiles affichées n'en valent pas tant, mais le patio donne envie de s'attarder avec sa petite piscine, et la déco rend les chambres plus souriantes, même si elles commencent à dater un peu. Literie confortable. Préférer celles de l'étage, plus lumineuses, celles du bas donnant sur un mur.

Où manger ?

L'Oriente est une région de *ganaderos* (éleveurs). Vous y mangerez le *pacumuto,* des brochettes de viande marinée, servies avec riz au fromage et manioc frit. Consistant !

De bon marché à prix moyens (moins de 50 Bs / env 5,50 €)

Mercado *(plan A-B2,* ***30****) : c/ Joaquín de Sierra, entre La Paz et Mamoré.* Les stands du marché offrent de quoi composer un petit déj bon marché : café et *masitas* (petits gâteaux secs), sans oublier un grand choix de jus de fruits de saison. Le *guineo* n'est autre que le nom de la banane (préparée en milk-shake).

Club Social *(plan A1,* ***31****) : sur la pl. Ballivián. Tlj 9h-minuit (plus tôt si c'est calme). Menu déj (12h-14h) env 15 Bs.* On y vient surtout pour l'*almuerzo* bon marché, servi autour d'un immense patio central fermé à colonnes – les classiques du club social. Pour le reste, passez votre chemin : viande nerveuse, purée très moyenne... Orchestre (parfois très bruyant) le week-end.

Erickita *(plan A1,* ***32****) : c/ Antonio Vaca Díez, à deux pas de la place. ☎ 462-88-58. 709-623-68. Tlj midi et soir. Menu déj 15 Bs ; le soir, carte env 40 Bs.* On y sert les plats populaires de la cuisine brésilienne, à la carte ou sous forme de buffet (au poids). Le cadre n'est pas désagréable et l'accueil familial gentil.

De prix moyens à chic (25-50 Bs et plus / env 3-5,50 €)

La Casona *(plan B1,* ***33****) : pl. Ballivián 65-66. ☎ 462-24-37. Ouv midi et soir. Menu 15 Bs (12h-13h slt) ; plats à partir de 30 Bs.* La salle, ouverte sur la place, offre un poste stratégique pour observer le manège incessant des deux-roues et, à un tout autre rythme, les paresseux alanguis dans les arbres. Le midi, les tables sont prises d'assaut pour l'*almuerzo.* Le soir, c'est plus calme : les néons sont glauques et, à la carte, les prix s'envolent : *locro de pollo* (soupe de maïs au poulet), *pique macho,* pâtes et pizzas, etc.

Churrasquería La Estancia *(plan B2, **34**) : c/ Ibare 51. ☎ 462-00-22. Le soir, moto-taxi conseillée. Tlj sf mar 11h-15h, 19h-minuit. Plats 40-65 Bs ; pacumuto 120-180 Bs pour 2-3 pers, parrillada 195 Bs (pour 3 min !).* Vieux fusils, fresques régionalistes et objets de *vaqueros* (les cow-boys sud-américains) rappellent que l'on vient ici avant tout pour la viande du Beni, aussi bonne que copieusement servie. Grand classique : le *pacumuto* à partager à 2 ou 3... ou 4, et à accompagner d'une bouteille de vin Kohlberg. On s'installe sous des paillotes entourant une cour centrale. Beaucoup de familles aisées du secteur viennent ici profiter du service impeccable, des jeux pour enfants, de la salle de ciné (!) et de la piste de danse.

El Tábano *(plan A2, **35**) : c/ Melitón Villavicencio et Suárez. ☎ 462-40-97. 711-355-55. Un peu excentré, on peut y aller en moto-taxi. Tlj 11h-minuit (16h dim). Plats 45-60 Bs.* Prêt pour une incursion dans la selva ? Sous sa paillote aux tables en bois, le *Tábano* sert les meilleurs poissons de Trinidad, comme le *pacú* (d'élevage) ou le *surubí.* Mais avez-vous songé à planter vos crocs dans une queue de *lagarto* (caïman) ? Tous sont déclinés selon les mêmes recettes : *a la plancha,* à la diable, aux amandes sauvages, dans une sauce aigre au *copoazú* (fruit amazonien), en paella, ou même avec des spaghettis ! Pour rester dans le thème, commandez un pichet de cet excellent jus de *copoazú.* Sympa : les demi-plats pour ceux qui n'ont pas trop faim.

Pescadería Don Pedrito *(plan A2, **36**) : c/ Manuel Maraza, entre Martín Pascual et Batelón. ☎ 462-25-45. À env 1 km au sud du centre-ville ; y aller en moto-taxi. Tlj 10h-minuit. Plats env 50-60 Bs.* Un lieu à fréquenter lors du déjeuner, le soir les moustiques risqueraient de vous gâcher le repas ! Installé autour d'un patio verdoyant, on pioche parmi les 7 plats au menu : du poisson essentiellement, avec le *surubí* et le *blanquillo* frit, le *chicharrón de pacú* (friture un peu sèche), le *ceviche* et la *sopa de pescado,* sans oublier un intrus carné (côtes levées). Le tout, ultra-copieux, est idéal à partager.

Où s'offrir une glace ?

Heladería Primavera *(plan B1, **33**) : sur le flanc est de la plaza, à 20 m du resto* La Casona. *Tlj sf dim 8h30-23h.* On choisit parmi une douzaine de parfums de glaces artisanales *Roca* de Santa Cruz. Préférez la *dulce de leche* et la vanille. Deux petites tables sur la rue permettent de déguster sur place.

Heladería Nicole *(plan A1-2, **8**) : av. 6 de Agosto 82.* Ici, les glaces *Roca* sont vendues à la boule (un peu moins cher) ou... au kilo ! On peut aussi commander une coupe glacée, un jus de fruits frais ou une salade de fruits.

Achats

On déniche à Trinidad quelques boutiques rigolotes et poussiéreuses, vendant artisanat et objets traditionnels authentiques. Deux autres, plus classiques dans la forme, se trouvent au début de la calle Pedro de la Rocha *(plan A2),* avec pas mal d'objets en cuir de caïman, quelques jolis objets en *jipijapa* (vannerie), colliers de graines de la forêt, etc.

Casa Lourdes *(plan B1, **51**) : c/ Sucre, entre Cochabamba et 9 de Abril. Tlj sf dim 9h-12h, 14h-19h.* « *Articulos típicos y aceites medicinales* » dit l'enseigne. On y fera donc provision d'essences de plantes tropicales, en jetant un coup d'œil intéressé aux montages de plumes et un autre, effrayé, aux peaux d'ocelots et autres bébés croco empaillés... La boutique d'à côté, *Montura al Jinete*, vend des articles pour gauchos.

Casa Bolivar *(plan B1,* **52***)* **:** *c/ Cochabamba 109. Lun-sam 7h-21h, dim 7h-12h.* Même principe, des articles et produits médicinaux, dans une ambiance authentique. Au moment de la fête des Macheteros, les danseurs viennent y commander leurs parures de plumes.

Centro artesanal Moxos *(plan A2,* **53***)* **:** *c/ José Bopi, angle Santos Noco. 728-231-35 ou 768-652-81. Près du cimetière (y aller en moto-taxi). Tlj 8h-12h, 14h-19h.* De nombreuses familles du quartier, originaires des communautés amazoniennes, vivent de l'artisanat. Le centre communautaire expose leurs travaux, de belle qualité et vendus à des prix plutôt inférieurs à ceux du centre-ville : belles coiffes de plumes (difficiles à rapporter !), bijoux, vannerie, masques de danse, etc. Le choix est grand et on trouve même un atelier de sculpture sur bois dans la cour.

À voir

Plaza José Ballivián *(plan A-B1)* **:** c'est la place centrale de Trinidad, typique, à défaut d'être un chef-d'œuvre architectural. La cathédrale, néoclassique, ne vous laissera pas de souvenir impérissable. En revanche, ne ratez pas les *peresosos* (« paresseux »), qui évoluent (lentement) dans les arbres, au centre de l'esplanade. Les vendeurs de jus d'orange ou cireurs de rue *(lustrabotas)* sauront vous les indiquer. De fait, il vous faudra beaucoup de chance pour en voir dans la nature...

Museo etnoarcheológico Kenneth Lee *(hors plan par B1)* **:** *au nord du centre, sur la route de l'université (moins de 10 mn de la place centrale en moto-taxi ; env 5 Bs). ☎ 462-45-16. Lun-ven 8h-12h, 14h30-18h ; sam 9h-13h. Entrée : 10 Bs.* Les alligators qui peuplaient le petit jardin ont été retirés pour assurer la sécurité des nombreuses classes d'écoliers qui défilent ici, mais les étangs couverts de nénuphars géants *(Victoria amazonica)* demeurent. Le musée occupe un bâtiment circulaire inspiré des paillotes traditionnelles. On y trouve tout juste deux petites salles. La première, consacrée aux collections ethnologiques, expose costumes et coiffes de *Macheteros*, photos illustrant diverses coutumes des peuplades amazoniennes et quelques instruments de musique – dont une flûte de Pan géante en feuilles de bananier de 1,60 m de long ! La seconde salle, archéologique, conserve haches de pierre, poterie (assez fruste dans l'ensemble), bijoux, intéressantes figurines en céramique et masques cérémoniels en argile de la culture des Moxos. La plupart proviennent du site de fouille de la loma Mendoza, à environ 50 km au nord-est de Trinidad.

OISEAUX RARES

Chaque année à Pâques, à la Trinité, à la Fête-Dieu et à Noël, les spectaculaires coiffes de plumes ressortent. Rouge, bleu, jaune, elles prennent la forme d'un soleil ardent rayonnant autour de la tête des Macheteros, *symbole de la course quotidienne de l'astre tant vénéré. Vêtus d'une longue tunique blanche remontant à l'ère jésuite, les danseurs rendent hommage aux guerres anciennes – symbolisées par la machette de bois qu'ils tiennent à la main. On danse au son des grelots de cheville en graines sèches, des tambours, des flûtes et des fifres. Un spectacle à ne pas manquer !*

Museo Ictícola *(hors plan par B1)* **:** *av. Japón ; sur le campus de l'université, à env 2,5 km du centre. ☎ 462-17-05. Lun-ven 7h30-18h, sam 8h-12h. GRATUIT.* Plus de 400 poissons et bestioles aquatiques de la région baignent dans des bocaux remplis de formol. Parmi eux, un dauphin d'eau douce bolivien, un anaconda et un machin plein de dents répondant au doux nom d'*Hydrolicus armatus*

(« poisson d'eau douce vampire »). Un peu plus loin, quelques aquariums. Si on a du temps... Le campus abrite aussi un musée botanique, également gratuit.

DANS LES ENVIRONS DE TRINIDAD

Laguna Suárez : *à 5 km au sud-est de Trinidad. Y aller en moto-taxi (20 Bs A/R).* C'est un lac où les familles aiment bien se retrouver le week-end, particulièrement au resto *balneario El Paraíso* (l'équivalent pour les autochtones d'une guinguette du bord de Marne...). Toboggan, balançoire, cygne-pédalo et sono à fond (parfois même un groupe *en vivo*), on y va plus pour l'ambiance que pour la cuisine, très simple (quatre plats au choix, env 35-50 Bs). 1,5 km plus loin, le *balneario Tapacaré* tient plus de l'hôtel chic avec ses gentils bungalows en dur au bord de l'eau, sa piscine, son sauna et son resto les pieds dans les jacinthes d'eau.

Puerto Almacén et Puerto Varador : *à 7 et 11 km à l'ouest de Trinidad. Colectivos (5 Bs) de la compagnie 1ero de Mayo depuis le mercado Campesino, au sud du centre-ville (hors plan par A2).* Là encore, on y va plus pour percevoir une atmosphère que pour voir quoi que ce soit. Au bord du río Ibaré, Puerto Almacén s'anime surtout le soir lorsque la chaleur retombe. Barges et remorqueurs sont là, en attente, débarquant des milliers de bouteilles de boissons gazeuses ou chargeant des centaines de têtes de bétail... À 3 km de là, Puerto Varador est à sec depuis que le río Mamoré a changé de cours... Le week-end, les familles trinidadiennes se retrouvent sous la grande paillote de la *pescadería El Pantano* pour un *surubí* ou un *pacú frito* (env 40-50 Bs). Plus avant, Puerto Los Puentes est le principal port du coin sur le río Mamoré.

Excursions sur les ríos Ibaré et Mamoré

La ville de Trinidad est insérée dans un écosystème exceptionnellement riche et foisonnant, partiellement protégé par la réserve municipale Ibaré Mamoré.

En naviguant sur le grand río Mamoré et son affluent l'Ibaré (« fleuve des perroquets » en langue moxena), on découvre une végétation luxuriante de forêt semi-aquatique : palétuviers autour des lagunes, arbres atteints de gigantisme comme le *bibosi* aux fleurs jaunes ou le *mapou* au tronc bardé d'épines, superbes *tajibo* (*ipé* ou *tapacho*) recouverts de fleurs roses de mai à août, etc. La faune est riche, elle aussi. Tout le monde espère voir le *bufeo,* le célèbre dauphin d'eau douce endémique *(Inia boliviensis).* Facilement identifiable à sa peau rosée, il est réputé être le plus grand au monde, avec près de 2,50 m de long. En 2012, une loi voulue par Evo Morales en a fait un trésor national ! Espérons que cela lui permettra de survivre à la déforestation, à la construction de barrages et à la pollution des cours d'eau par le mercure...

LE PIRANHA POUR LES NULS

Un grand nombre d'entre eux sont herbivores. Ceux qui sont carnivores, certes voraces, ne s'attaquent généralement aux êtres vivants qu'en présence de sang – ils peuvent en détecter une seule goutte à 10 m de distance ! Heureusement, ils n'apprécient pas tellement la chair humaine, sauf s'ils ont vraiment faim...

Sinon, on voit assez facilement des caïmans, des singes, des capybaras (le plus gros rongeur du monde), des papillons et oiseaux à profusion, des perroquets verts *(loros)* ou multicolores *(parabas),* parfois des paresseux... sans oublier des nuages entiers de moustiques ! Une fête pour les amoureux de la nature.
Loin des sentiers battus et des circuits touristiques habituels, on mouille ou on campe le soir dans un coin perdu, pour des nuits bercées par le bruissement des

insectes. Les excursions prévoient des balades à pied dans la forêt, une occasion de côtoyer de près cette nature foisonnante. Au passage, on rencontre des descendants des Moxos, dont les huttes sont installées au bord de l'eau, dans un total isolement. Certains sont revenus avec succès au système des *lomas* antiques, qui leur évitent de voir leurs cultures et leur habitat détruits par les inondations.
Ces excursions fluviales se déclinent en deux versions : le mode « routard » en barque et camping, ou le mode « confort » à bord du bateau *La Reina de Enin.*

En barque et camping

Deux opérateurs, *Moxos Turismo* et *La Ruta del Bufeo,* organisent des excursions en petit bateau avec balades à pied. Le soir, on campe sur les bords des *ríos.* Sympa, même si le point de vue est au ras de l'eau et les incursions limitées à cause de la taille des barques. Un tour de 2 jours et 1 nuit est suffisant, surtout en saison des pluies, lorsque les moustiques pullulent...

■ ***Moxos Turismo*** *(plan A1,* ***9****) : av. 6 de Agosto 114. ☎ 462-11-41. 📱 711-301-22. • moxosibc@hotmail.com • Lun-ven 8h-12h, 15h-18h30 ; sam 8h30-12h.* Propose des balades à cheval, des sorties de pêche, des tours à San Ignacio de Moxos, des visites de communautés indigènes et, surtout, des excursions en petit bateau sur le río Ibare, alternant navigation et balades en forêt (nuitée(s) en camping). Départ garanti à partir de 2 personnes (réserver au moins la veille). Compter environ 1 100 Bs par personne pour 3 jours, transports, repas et matériel inclus. Également une option très chère pour aller voir le rare ara à gorge bleue, dans une réserve privée, à 110 km au nord. Paiement cash seulement. Bien se faire confirmer les prestations et les suppléments.

■ ***Las Palmas Tours*** *(plan A1,* ***10****) : av. 18 de Noviembre 222, entre Vaca Diez et 6 de Agosto. ☎ 462-03-28 ou 04-06. • laspalmastours@hotmail.com •* C'est le représentant de la *Ruta del Bufeo,* proposée par la compagnie *Ecoterra (📱 770-222-96 ; • ecoterra.srl@hotmail.com •).* Au programme : balade sur le río Ibare entre Puerto Ballivián et le confluent du Mamoré en quête des *bufeos* (dauphins roses endémiques). Compter environ 560 Bs par personne la journée et 850 Bs pour 2 jours et 1 nuit (min 2 personnes ; tarifs fortement dégressifs).

À bord de la Reina de Enin

Une allure invraisemblable, tout droit sortie d'un film d'aventures ! La concrétisation d'un rêve fou issu de la rencontre improbable entre un designer néerlandais et un Cochabambino, amoureux de ces paysages. Sur deux énormes flotteurs métalliques s'empilent trois étages de superstructures en bois, version amazonienne d'une sirène du Mississippi patinée par le temps, qui aurait perdu en chemin ses roues à aubes. À l'arrière, un filet entouré d'un rebord de bois : c'est la « piscine », où il fait bon barboter. Cabines en bois sympa, sans luxe inutile (on n'est pas là pour ça !), avec juste ce qu'il faut comme confort.
La *Reina de Enin* navigue depuis 25 ans dans l'immense labyrinthe de voies d'eau qui entoure le río Mamoré. Installé sur les chaises longues et hamacs, on se laisse fasciner par le paysage de forêt semi-aquatique qui défile lentement sous nos yeux. Du pont supérieur, à près de 15 m de haut, on bénéficie d'un point d'observation privilégié pour tutoyer les singes dans les arbres. Chaque demi-journée est l'occasion d'une sortie en barque et à pied. La *Reina* traîne en effet avec elle quelques embarcations, certaines très étroites permettant des incursions dans les arroyos. Régulièrement, la *Reina* est utilisée par des scientifiques (biologistes ou archéologues) pour des expéditions éloignées. Le bateau a une capacité de 14 cabines, mais il a suffisamment de recoins pour pouvoir, si on le souhaite, s'isoler. Possibilité également de séjourner en camping dans des communautés éloignées. Une superbe expérience pour les amoureux de nature.

■ ***Paraíso Travel*** *(plan A1-2, **8**) : av. 6 de Agosto 138. ☎ 462-06-92 ou 09-46. • paraiso@entelnet.bo • Lun-ven 8h-14h, 15h-18h30 ; sam 8h-13h.* L'agence vend les excursions sur la *Reina de Enin*. Au choix : à la journée (on le rejoint alors en petit bateau) ou avec nuitées à bord. Compter au moins 80 $ pour la journée (8h-18h), 300 $ pour 2 jours et 1 nuit et 450 $ pour 3 jours et 2 nuits. On peut généralement réserver jusque vers 17h la veille.

Plus loin

Territorio indígena parque nacional Isiboro Sécure *(TIPNIS)* **:** étendue sur 12 363 km^2, entre le versant oriental des Andes et la basse plaine amazonienne, la région est délimitée par les fleuves Isiboro et Sécure, tributaires du Mamoré. Cet immense pan de nature vierge, déclaré « intangible » par la loi, fait depuis plusieurs années l'objet de tractations et de controverses. Principal point de discorde, le gouvernement, soutenu par des intérêts financiers brésiliens, souhaiterait relier San Ignacio de Moxos à Villa Tunari, de façon à ouvrir le premier lien terrestre direct entre le Beni et la province de Cochabamba. Seul hic : la route passerait en plein milieu du parc... Une manifestation d'opposition des habitants du secteur a, une première fois, été violemment réprimée en septembre 2011 dans la localité de Chaparina. Début 2013, les autorités ont même, mine de rien, annoncé avoir recueilli l'assentiment de 55 des quelque 69 communautés moxeños, yurakarés, yukis et chimanes peuplant la zone – une affirmation dénoncée comme fallacieuse et manipulée par les principaux leaders régionaux opposés au projet.
Au-delà de la seule route, c'est bien d'exploitation des ressources qu'il s'agit, en particulier d'hydrocarbures (présents dans 27 % des sols) et de minerais. La bataille actuelle est telle que les institutions elles-mêmes sont suspectées de vouloir en tirer profit... Ainsi, Evo Morales soutient officiellement l'intangibilité de la zone, alors que le gouvernement a déjà alloué des concessions à un consortium dirigé par Petrobras et Total, ainsi qu'à d'autres compagnies sud-américaines...
En attendant que l'avenir se dessine, vous pouvez vous adresser au *Ciddebeni* à Trinidad *(c/ Carmelo Lopez, entre Felix Pinto Saucedo et Felix Sattori Romero ; plan B1, **11**)*, afin d'obtenir les informations sur d'éventuelles visites guidées dans le parc. On le rejoint en remontant les deux fleuves principaux, ou par petit avion. Au programme, un écosystème très diversifié, une flore riche en bois précieux (encore un objet de convoitise !) et 714 espèces d'animaux répertoriées.

San Ignacio de Moxos : *à 93 km à l'ouest de Trinidad (3-4h de bus).* Fondée en 1689 par les Jésuites, San Ignacio fut la première des missions à l'ouest du río Mamoré. La petite ville, tout entière vouée à l'élevage, garde encore le souvenir de leur passage à travers sa belle *église* restaurée (1750), précédée d'un grand auvent très tropical reposant sur de fortes colonnes de bois lisses. À l'intérieur, l'autel baroque, bleu et doré, répond aux toiles colorées illustrant des épisodes des Ancien et Nouveau Testaments.
Occupant l'ancienne sacristie, le *Museo de Mojos (mar-sam 8h30-12h, 14h30-18h ; entrée 20 Bs)* explore milieu naturel et histoire de la région, en s'attachant tout particulièrement à la civilisation des Moxos et à l'impact culturel des Jésuites (art missionnaire et *Archivo de música barroca* rappelant l'importance de la musique dans les missions). Une école de musique baroque fonctionne d'ailleurs à nouveau depuis 1994 ; ses élèves se sont produits jusqu'en Europe ! Quant aux artisans locaux, ils fabriquent toujours violons, violes et violoncelles. La *fête* patronale, dite *de l'Ichapekene* (31 juillet), a été déclarée Patrimoine immatériel de l'humanité par l'Unesco. On peut y assister à la célèbre danse des *Macheteros,* revêtus de leurs grandes coiffes de plumes.

Ambue Ari : *à env 300 km au sud-est de Trinidad, en direction de Santa Cruz. • intiwarayassi.org •* Fondée en 1992, l'association *Inti Wara Yassi* s'est donnée pour mission de sauver les animaux de la selva des trafiquants et des nombreuses

L'AMAZONIE

familles locales qui les gardent en captivité, dans des conditions souvent exécrables. Tout a commencé avec cinq singes dans le *parque Machía,* au nord de Cochabamba. Aujourd'hui, *Inti Wara Yassi* gère trois réserves, dont celle-ci – la plus grande avec 800 ha de forêt. Coatis, tapirs, oiseaux et singes y tiennent compagnie à une bonne vingtaine de félins. Les promenades quotidiennes en laisse des pumas et des jaguars ont d'ailleurs défrayé la chronique pour les risques qu'elles font encourir aux volontaires, qui débarquent du monde entier pour le privilège de les côtoyer... Ils sont en permanence entre 15 et 60 au centre, à s'occuper des animaux, des cages, à nettoyer, construire, gérer l'administratif, etc. Le fait que les animaux se voient affubler de noms et ne soient pas suffisamment préservés du contact humain peut toutefois faire douter de l'intérêt écologique de la démarche, mais c'est le cas de la plupart des refuges animaliers du pays.

RURRENABAQUE

6 200 hab. IND. TÉL. : 3

Située exactement à l'extrémité des Andes et à l'orée de l'Amazonie, Rurre, comme tout le monde dit ici, est une petite ville nonchalante, agréablement lovée dans une boucle du río Beni, au pied de montagnes recouvertes par la jungle. Très fréquentée par les visiteurs venus du monde entier, c'est la porte d'accès privilégiée à la partie amazonienne du parc Madidi, près de 19 000 km² de nature qui commencent dans les glaciers proches de La Paz pour terminer dans la selva.
Réputé abriter l'une des plus grandes biodiversités au monde, le parc a été fondé en 1995 après 30 ans de luttes acharnées, accompagnées de tentatives d'élimination des défenseurs du projet qui gênaient de puissants intérêts économiques... Dans le même élan, plusieurs peuples indigènes ont obtenu les droits qu'ils réclamaient sur leurs territoires. Une trentaine de communautés tacanas, macopas, chimanes et moseténs vivent plus ou moins isolées dans cette immensité verte.
Aujourd'hui, Madidi est un peu devenu la vitrine amazonienne de la Bolivie. D'innombrables agences, de qualité très variable, y proposent des excursions de 2 ou 3 jours en forêt. Sous la canopée, entre curares et sabliers recouverts d'épines – toxiques l'un et l'autre –, tecks (50 m au bas mot !), calophylles et autres acajous, on peut espérer croiser différentes espèces de singes, des perroquets, des tapirs parfois (pour le jaguar, ne rêvez pas). Au bord des cours d'eau, hantés par des dauphins roses, des caïmans et des tortues, les échassiers sont nombreux ; parfois, des capybaras (cabiais) y pointent aussi leur nez.
Ceux qui rêvent davantage de safari animalier que de promenades en forêt partiront à la découverte de la pampa, univers très différent évoquant la savane, où les animaux sont plus faciles à observer en terrain découvert. La meilleure période est évidemment la saison sèche.

Arriver – Quitter

En bus

🚌 ***Terminal*** *(hors plan par B1-2) : près de l'aéroport, à env 3 km du centre.*
– ***À noter :*** les trajets en bus vers Rurrenabaque sont longs et fastidieux. Pire, des accidents surviennent régulièrement, même avec les meilleures compagnies. Dans la mesure du possible, nous vous conseillons donc de prendre l'avion, d'autant qu'il existe des liaisons relativement bon marché.
➢ ***La Paz :*** env 18-21h de voyage.

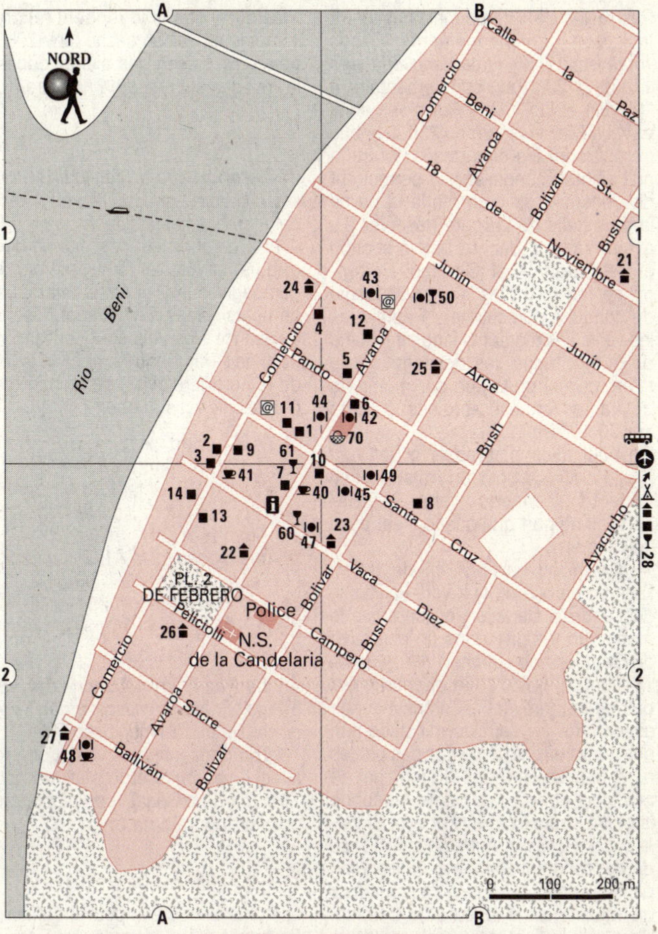

RURRENABAQUE

Adresses utiles

1 TAM
2 Amaszonas et Madidi Travel et Serere Ecolodge
3 Banco Unión
4 Banco Fie
5 PRODEM
7 Laverie
8 Piscine de l'Ambaibo Backpackers
9 Zipline, San Miguel de Bala Ecolodge et Berraco del Madidi
10 Lipiko Tours
11 Bala Tours
12 Mashaquipe Cultural Eco Tours
13 Chalalán Ecolodge
14 Madidi Jungle Ecolodge
28 Piscine du Mirador

Où dormir ?

21 Perla Andina
22 Hotel turístico Santa Ana
23 Hotel Rurrenabaque
24 Hostal Beni
25 Los Tucanes
26 Hotel Oriental
27 Hostal del Lobo
28 El Mirador

Où prendre le petit déjeuner ?

40 Panadería Paris
41 Café de la Jungla
48 Casa de Campo

Où manger ?

42 Mercado
43 El Tiluchi
44 La Bella Italia et El Trapiche
45 Pimienta e Canela
47 Paitití
48 Casa de Campo
49 Juliano
50 El Nomádico

Où boire un verre ?

28 El Mirador
50 El Nomádico
60 Jungle Bar Moskkito
61 Luna Lounge

Achats

70 Artesana La Cambita

Pas moins de 4 compagnies assurent la liaison quotidiennement : *Turbus Totaí* vers 10h30, *Flota Yungueña* vers 11h30 et 22h (bus supplémentaire à 19h dim et lun), *Trans Rurro* vers midi et *Vaca Díez* vers 22h ou 23h. Les bus de nuit sont les plus prisés ; outre la nuit d'hôtel économisée, ils permettent de découvrir au petit matin la partie la plus belle de la route (réserver 2 j. avt en saison). Sachez que la section entre Caranavi et Coroico, vertigineuse, fait froid dans le dos ! Une règle de conduite particulière s'y applique : les véhicules montants longent le flanc de la montagne, les descendants le ravin, ce qui provoque par moments de vastes chassés-croisés... Tarif : env 70-100 Bs.

On peut aussi s'adresser à *Ballivian* (📱 693-915-67) pour un trajet en taxi collectif (7 places ; env 200 Bs/pers) ; il ne part que quand il est plein (téléphonez).

➢ **Coroico :** env 15-18h de trajet. Prendre un bus de nuit vers La Paz et descendre à Caranavi, où on arrive le matin. On y saute dans un *colectivo* de *Gentilesa de Caranavi* (☎ 282-32-444) pour Coroico (2-3h de route). Les bus de jour arrivant à Caranavi le soir assez tard, on peut dormir dans l'un des nombreux *alojamientos* des petites rues, situées en retrait du terminal de bus, pour être plus au calme, autour de la pl. Villa Yara *(Norte y Paceno, El Viajero, Las Playas...)*. Autre option : au lieu de descendre à Caranavi, on poursuit par le bus de La Paz jusqu'au carrefour de Yolosita, situé au pied de Coroico, d'où 1 à 2 *trufis* ou *camionetas* montent vers Coroico chaque heure.

➢ **Trinidad (par San Borja et San Ignacio de Moxos) :** env 12h de trajet. Départ tlj à 22h ou 23h avec *Vaca Díez* et *Flota Yungueña*. *Trans Rurro* et *Ballivian* prennent env 180-200 Bs en taxi collectif.

➢ **Guayaramerín via Riberalta :** env 12-14h de trajet. Départ tlj vers 8h ou 9h avec *Vaca Díez* et *Flota Yungueña*. Route « escarres garanties », bon courage !

➢ **Cobija :** au nord-ouest du pays, à la frontière brésilienne, Cobija est la porte d'accès à l'Amazonie péruvienne (via Assis Brasil et Puerto Maldonado). Plusieurs bus s'y rendent chaque semaine en saison sèche (env 20h de trajet). En saison des pluies, oubliez : le voyage peut prendre 2, 3, voire 7 j. !

En avion

✈ **Aéroport** *(hors plan par B1-2) : à env 3 km au nord-est. Taxi ou minibus des compagnies aériennes env 10 Bs/pers.* L'aéroport est desservi en direct depuis La Paz et Trinidad par les compagnies *TAM* et *Amaszonas* à bord de petits avions. En juil-août, réservez à l'avance : les vols sont souvent surbookés ! Par beau temps, le survol de la cordillère avant de plonger vers l'Amazonie est superbe.

■ **TAM** *(plan A1,* **1***) : c/ Santa Cruz, entre Comercio et Avaroa. ☎ 892-23-98. • tam.bo • Lun-ven 8h-12h, 15h-18h ; sam 9h-12h, 15h-18h ; dim 10h-12h, 14h30-17h.*

■ **Amaszonas** *(plan A1,* **2***) : c/ Comercio, entre Santa Cruz et Vaca Díez. ☎ 892-24-72 ou 901-105-500. 📱 711-332-92. • amaszonas.com • Tlj 7h-19h.*

➢ **La Paz :** env 40 mn de vol ; 5-7 vols/j. avec *Amaszonas* et 1 vol/j. (sf sam et parfois mar) avec *TAM*.

➢ **Trinidad :** lun, mer, ven et dim mat avec *Amaszonas* et le mar mat avec *TAM* (par San Borja) ; correspondance possible pour **Santa Cruz.**

En bateau

Les plus aventureux peuvent rejoindre Rurrenabaque depuis La Paz ou Coroico avec l'agence *Deep Rainforest* (*• deep-rainforest.com •*). L'occasion de traverser les différentes strates végétales du parc de Madidi, de la forêt des nuages à la forêt basse tropicale. On rejoint le point d'embarquement à env 5h30 de route de Coroico et on enchaîne par 2 j. et demi de navigation en barque à moteur, avec des incursions en forêt au fur et à mesure du trajet. Compter env 1 600 Bs/pers.

Il existe une alternative pour les amateurs de VTT avec *Andean Epics* (*• andeanepics.com •*) : 2 j. de descente sur pistes depuis Sorata, puis 3 j. de bateau jusqu'à Rurre, via le parc

Madidi (là encore, avec des balades à la clef). Départ à priori lun mat de La Paz, mar mat de Sorata. L'itinéraire traverse de nombreux placers et bourgades d'orpailleurs (un placer, pour ceux qui ne sauraient pas, est un site où l'on recherche l'or).

Adresses utiles

- ***Turismo*** *(plan A2) : c/ Avaroa, angle Vaca Díez. Lun-ven 8h-12h30, 14h30-18h30 ; sam 9h-11h.* Quelques brochures publicitaires, un plan de la ville et c'est tout.
- @ ***Téléphone et Internet*** *(plan A1) :* ***Entel,*** *c/ Comercio, angle Santa Cruz. Tlj 7h-23h. Également* ***Puntonet*** *(plan B1), sur Arce, entre Avaroa et Comercio (mêmes horaires).* Les centres Internet sont nombreux dans le centre (souvent avec cabines).
- ***Distributeurs automatiques :*** celui de ***Banco Unión,*** à l'angle de Comercio et Vaca Díez *(plan A1-2,* ***3****)* prend uniquement la *Visa.* Celui de ***Banco Fie,*** sur Comercio et Arce *(plan A-B1,* ***4****),* accepte aussi la *MasterCard.*
- ***Change :*** les dollars peuvent être changés sans peine au ***Banco Unión*** *(plan A1-2,* ***3****)* ou à la ***PRODEM*** *(plan B1,* ***5****),* à l'angle d'Avaroa et Pando *(lun-ven et sam mat 8h-12h30, 15h-18h).* Pour les euros, c'est plus compliqué : on trouve un changeur à l'angle de Santa Cruz et Avaroa (dans une maison particulière), mais ses cours sont environ 10 % inférieurs à ceux de La Paz.
- ***Motos-taxis :*** elles vont partout en ville pour 3 Bs. Faites-leur simplement signe de la main. Il existe aussi quelques taxis voitures, rarement officiels.
- ***Laverie*** *(plan A2,* ***7****) : c/ Avaroa et Vaca Díez, à côté de l'office de tourisme. 711-455-52. Lun-sam 8h-12h, 14h-20h ; dim dépôt 18h-19h.* Accueil pro et sympathique.
- ***Piscines :*** à l'***Ambaibo Backpackers*** *(plan B2,* ***8*** ; c/ Santa Cruz, entre Bolívar et Busch), avec un beau bassin de 25 m en plein air, bien entretenu ; et ***Mirador*** *(hors plan par B1-2,* ***28****),* notre préférée, à 5 mn en moto-taxi. Compter 20-25 Bs.

Où dormir ?

Très bon marché (jusqu'à 90 Bs / env 10 €)

- ***Perla Andina*** *(plan B1,* ***21****) : c/ 18 de Noviembre, entre Guachalla et Busch. 728-357-92. Doubles avec ou sans douche env 30-40 Bs.* Difficile de faire moins cher ! Ce petit hôtel dispose de petites chambres basiques avec ventilo sur pied. Eau froide dans les douches (communes ou non). Demandez-en une plus lumineuse, comme les n°s 9 ou 10. Idéal pour les petits budgets.
- ***Hotel turístico Santa Ana*** *(plan A2,* ***22****) : c/ Avaroa, entre Vaca Díez et la place. ☎ 892-23-99. 712-827-51. Doubles 70-90 Bs sans ou avec sdb. Pas de petit déj.* On flirte avec la catégorie « Bon marché », mais il n'y a pas photo : le *Santa Ana* offre le meilleur rapport qualité-prix pour les petits budgets. Les chambres, simples mais propres (et en assez bon état), sont disposées autour d'une cour arborée avec des tables dispersées çà et là pour boire un verre, et une salle à hamacs.

Bon marché (80-140 Bs / env 9-16 €)

- ***Hotel Rurrenabaque*** *(plan B2,* ***23****) : c/ Vaca Díez, angle Bolívar. ☎ 892-24-81. 733-055-82. • hotelrurrenabaque@hotmail.com • Doubles 80-120 Bs avec ou sans sdb. Petit dej inclus.* On aime bien ce petit hôtel jaune et turquoise aux chambres très propres, avec ventilo et parquet bien ciré. Une margelle délimite pour une fois la douche (ça évite de patauger), la patronne est accueillante et le jardin n'est pas en reste avec ses hamacs pour la sieste et un joli restaurant attenant.

L'AMAZONIE

Hostal Beni *(plan A1,* ***24****) : c/ Comercio, angle Arce. ☎ 892-24-08. Doubles env 60-100 Bs avec ou sans sdb (200 Bs avec AC). Pas de petit déj, mais café en libre-service.* Parmi les rares grands hôtels (en taille) de Rurre, le *Beni* compte quelque 50 chambres, étirées sur tout un pâté de maisons. Plutôt petites et un poil ramassées, elles ont de belles salles de bains et l'eau chaude. Les nos 45 à 50 ont une jolie vue sur le fleuve et se trouvent un peu à l'écart. Bon accueil.

Los Tucanes *(plan B1,* ***25****) : c/ Arce et Bolívar. ☎ 892-20-34. 715-345-21 ou 23. • hotel-tucanes.com • Doubles avec ou sans sdb env 80-100 Bs, petit déj (léger) inclus.* L'adresse est appréciée des voyageurs anglo-saxons. Les chambres entourent une cour centrale où pendent quelques hamacs ; elles sont correctes pour le prix, mais pas bien lumineuses – et bruyantes côté rue. L'eau chaude est un peu caractérielle et le ménage pourrait être amélioré, en particulier dans les sanitaires communs. Billard (gratuit).

De bon marché à prix moyens (100-180 Bs / env 11-20 €)

Hotel Oriental *(plan A2,* ***26****) : pl. 2 de Febrero. ☎ 892-24-01. 733-070-23. • hotelorientalrurre@hotmail.com • Résa vivement conseillée. Double env 150 Bs, petit déj inclus.* Les chambres, simples mais bien tenues, sont disposées autour d'une belle cour plantée de quelques arbres fruitiers. Pas le grand standing, mais l'atmosphère est agréable avec les hamacs pour buller. Accueil familial. Une bonne adresse.

Hostal del Lobo *(plan A2,* ***27****) : c/ Comercio s/n (final). ☎ 892-29-14. 690-314-57. • dorit8@hotmail.com • Doubles avec sdb partagée env 120-140 Bs, avec ou sans petit déj ; doubles avec sdb et petit déj (buffet) 160-180 Bs.* Tenue par un Israélien, cette grosse auberge un peu excentrée est située au bord du río Beni, avec une belle vue de toutes les chambres sur le cours d'eau. Les gros lits en bois brut donnent un poil de caractère, mais tout le monde n'apprécie pas les « fenêtres » qui se résument à une couverture tendue sur une ouverture béante (moustiquaires pour chaque lit)... Du coup, on entend très bien les groupes de fêtards qui se retrouvent le soir autour du bar musical, du billard et de la piscine. Mais l'ambiance y est relax et l'adresse reste bien tenue.

De prix moyens à chic (jusqu'à 350 Bs / env 40 €)

El Mirador *(hors plan par B1-2,* ***28****) : prendre la direction de l'aéroport, puis le chemin qui monte vers la droite (fléché), un peu après la base militaire ; à 5 mn en moto-taxi (10 Bs) ou 20-30 mn à pied (env 2 km). ☎ 892-20-22. 711-234-58. • rurre.com • Camping 5 $/pers ; double à partir de 50 $ avec petit déj.* Posé sur les hauteurs, le bien nommé *Mirador* bénéficie d'une vue panoramique sur le *río* et les montagnes recouvertes par la forêt. On y trouve 5 bungalows superbes, un grand dortoir sur pilotis (3-4 lits), un petit camping où l'on peut planter sa tente, une piscine (accessible aux non-résidents) un petit resto-bar et même une zipline. Le propriétaire des lieux, Jürgen Steiger, un sympathique ingénieur zurichois des ponts et chaussées, a fini par poser son sac à dos ici après avoir bourlingué à travers le monde et semé des ponts un peu partout. Sa maison en forme d'ovni se dresse à distance, sur la colline voisine. Une adresse excentrée, certes, mais quelle vue fabuleuse et quel calme !

L'AMAZONIE

Où prendre le petit déjeuner ?

Panadería Paris *(plan A2,* ***40****) : c/ Avaroa, entre Santa Cruz et Vaca Díez. Tlj sf dim 6h-12h.* Cette mini boulangerie-pâtisserie est tenue par Thierry, un ancien chef cuistot français qui réussit le miracle quotidien de produire croissants, pains au chocolat et feuilletés divers, à accompagner d'un café, thé, chocolat chaud ou jus frais bon marché. Quelques tabourets à l'entrée.

☕ ***Café de la Jungla*** *(plan A2, **41**) : c/ Comercio, entre Santa Cruz et Vaca Díez. Tlj sf dim 8h-20h. Petits déj env 15-25 Bs ; salades et sandwichs 15-30 Bs.* Et si vous commenciez la journée par un plateau de fruits de saison au miel ? La vraie spécialité de la maison, ce sont les jus de fruits exotiques rares : *acerola, camaruro, achachairú, copoazú* (le meilleur à notre avis), *asaí* (couleur chocolat), *araza,* etc. Le choix est plus important entre décembre et février. Accueil vraiment sympa.

☕ Voir aussi dans « Où manger ? » la ***Casa de Campo*** *(plan A2, **48**).*

Où manger ?

Bon marché (moins de 30 Bs / env 3,50 €)

À midi, les restaurants de cette catégorie proposent presque tous un menu du jour à environ 15 Bs. Certains sont fermés le soir.

🍴 ***Mercado*** *(plan B1, **42**) : c/ Avaroa et Pando.* Dans ce petit marché couvert bien animé, vous trouverez jus de fruits, milk-shakes, *pan de molete* (sorte de brioche) et plats consistants le midi, au 1er étage.

🍴 ***El Tiluchi*** *(plan B1, **43**) : c/ Arce, entre Comercio et Avaroa. Tlj 18h-22h30 env. Plats env 15-25 Bs.* On y mange en famille, en regardant les Simpson ou une *telenovela* à la TV, sous une paillote ouverte sur la rue. Au menu : autant de plats que de tables (4) : *charque* (viande séchée), excellent *mojadito* (viande de bœuf effilée, riz, banane et œuf sur le plat), *churrasco* et *tripas rellenas* (pas besoin de traduction pour celles-ci...). Ni eau en bouteille ni Coca ici : juste de bons jus frais de saison ou de la bière !

🍴 ***La Bella Italia*** *(plan A-B1, **44**) : c/ Avaroa, entre Santa Cruz et Pando. Tlj sf mar 17h-21h30 env.* Si le bouche à oreille ne vous y a pas déjà mené, ne ratez pas cette petite pizzeria tenue par une jeune italienne fort sympathique. On choisit ses ingrédients, on les panache au besoin, ou l'on se contente d'une part à un prix défiant toute concurrence. La bière est, elle aussi, vendue à prix quasi coûtant. Une œuvre presque sociale !

🍴 ***Pimienta e Canela*** *(plan B2, **45**) : c/ Santa Cruz, entre Avaroa et Bolívar. Ouv le midi slt. Menu env 15 Bs.* Ce petit resto coloré, tenu par une gentille dame, est fréquenté par une cour assidue de locaux. Son menu, avec soupe (on se sert soi-même) et choix de 4-5 plats, est d'un bon rapport qualité-prix.

🍴 ***El Trapiche*** *(plan A-B1, **44**) : c/ Avaroa, presque à l'angle de Santa Cruz. Tlj 11h-22h.* Le *trapiche,* si vous vous posez la question, est un moulin à broyer la canne à sucre. Semblable au précédent, ce resto sous paillote d'une dizaine de tables attire de nombreux amateurs d'*almuerzo* du jour bon marché.

De prix moyens à plus chic (30-50 Bs et plus / env 3,50-5,50 €)

🍴 ***Paititi*** *(plan A2, **47**) : c/ Vaca Díez et Bolívar. 📱 678-091-88. Tlj 18h-22h env.* Païtiti, c'est le nom de cette cité perdue qui aurait servi de refuge aux derniers Incas après la chute de l'Empire. Installé sous une paillote, le resto, un peu chic avec ses déco de masques et de geckos en bois, sert une bonne cuisine mi-bolivienne mi-internationale. On choisit ainsi entre steak au poivre, salade au roquefort, *surubi, pollo* ou risotto. Service dans un très bon anglais, sympathique mais lent. À l'arrière, un jardin apporte une touche de verdure.

🍴 ***Casa de Campo*** *(plan A2, **48**) : c/ Comercio, angle Ballivian (face à l'Hostal del Lobo). À 2 cuadras de la plaza. 📱 719-933-36. Ouv 7h-15h env et à partir de 18h (selon affluence). Petits* *déj 30-35 Bs ; plats env 45-65 Bs.* Installé sous l'auvent accueillant d'une belle maison dominant un jardinet fleuri, avec tables et chaises en bois massif, cette « maison à la campagne » porte bien son nom. La proprio, exilée volontaire de La Paz, accueille les visiteurs d'un large sourire. Elle propose de bons gros petits déj (muesli, fruits, yaourt maison, etc.) et des plats originaux de sa conception, comme ce poulet au miel et gingembre. Salades et burgers bon marché aussi. Tout étant préparé à la commande, soyez un peu patient.

Juliano (plan B2, **49**) : *c/ Santa Cruz, entre Avaroa et Bolívar.* *739-200-88. Tlj 18h-22h. Plats 45-80 Bs ; salades 15-40 Bs.* Après avoir vécu en France et à Houston, Nasser a choisi la Bolivie pour poursuivre ses aventures culinaires. Ce sympathique Tunisien, secondé par son fils, mitonne une cuisine de qualité aux saveurs variées : poulet et poissons à toutes les sauces, bonnes viandes, spécialités aux accents français, italiens ou orientaux, salades fraîches, etc. Le tout est servi copieusement dans un cadre un peu chic, aux lumières tamisées.

El Nomádico (plan B1, **50**) : *c/ Avaroa, entre Arce et Junín.* *670-220-37. Happy hours 19h-21h. Plats env 50-75 Bs.* Prenez un patron australien d'origine indienne, son épouse bolivienne, saupoudrez de musique anglaise ou italienne, et choisissez parmi poissons du río Beni, *pique a lo macho,* steaks, *fish & chips,* poulet au curry, pâtes et bons jus de la forêt. La mondialisation incarnée ! Le tout est bon et copieux. Le lieu est un peu caché au fond d'une courette, au calme. Le soir, retransmissions sportives dans une ambiance cool.

Où boire un verre ?

Jungle Bar Moskkito (plan A2, **60**) : *c/ Vaca Díez, entre Bolívar et Avaroa.* ☎ *892-22-67.* Le *Moskkito* est l'un des endroits les plus populaires de Rurre pour l'apéro et les rencontres entre voyageurs. On y joue au billard sous la grande cabane en bambou, entre tables souches et sacs en toile de jute pendant du plafond, les oreilles bercées par la salsa et la *musica latina*. Fait aussi resto à la carte (environ 45 Bs), mais on y va plus pour l'ambiance que pour la qualité de la cuisine.

Luna Lounge (plan A1-2, **61**) : *c/ Avaroa, entre Santa Cruz et Vaca Díez.* ☎ *892-27-19. Happy hours 20h-22h.* Ici, on vous promet plutôt *the best tones of rock.* Le credo jure un peu avec la paillote, mais le *Luna* reste apprécié pour descendre une bière, manger une (bonne) pizza à pâte fine et commander un cocktail... enflammé. Billard aussi.

El Mirador (hors plan par B1-2, **28**) : *voir plus haut « Où dormir ? ».* On y sirote un milk-shake en faisant trempette dans la piscine (droit d'accès : 20 Bs), une *Paceña* bien fraîche ou un verre de vin en regardant le coucher du soleil sur le río. Également quelques plats : poulet, poisson et sandwichs.

Voir encore ***El Nomádico*** *(plan B1,* ***50****),* décrit plus haut dans « Où manger ? ».

Achats

Artesana La Cambita (plan B1, **70**) : *c/ Avaroa et Santa Cruz.* *715-784-93. Tlj sf dim 8h30-20h.* Tenue par Natsumi, une Japonaise installée à Rurre depuis plusieurs années, cette boutique offre un joli choix d'artisanat des ethnies de la selva bolivienne. Au menu : bijoux en graines, vêtements, vannerie, travail sur bois... Un peu cher, mais de qualité.

À voir. À faire à Rurre et dans les environs

Prenez le temps de vous poser à l'ombre des *tajibos* et des palmiers de la ***plaza.*** Les premiers se couvrent de fleurs roses tout au long de la saison sèche et les seconds sont colonisés par des nids de *tojos,* pendouillant comme ceux des tisserins. Chaque soir, au crépuscule, ils donnent un véritable concert. Le dimanche, allez faire

L'AMAZONIE

un tour au ***marché*** bordant le río, au niveau de la calle Santa Cruz. Les habitants des communautés forestières y vendent leurs récoltes et produits de la chasse (illégale).

Refugio Jaguareté : *à 15 km de Rurrenabaque. 715-044-49. • refugio-jaguarete-rurre.com • Accès très difficile à la saison des pluies (nov-avr). Visite 8h-13h30. Env 200 Bs/pers avec transfert depuis Rurre (min 2 pers) ; journée entière (8h-17h30) 350 Bs ; 2 j. avec nuit sur place et repas 650 Bs (bungalow-dortoir de 5 lits) ; tarifs dégressifs à partir de 3 pers. Résa possible en ville auprès de* Lipiko Tours *(plan A-B1-2,* ***10****).* Occupant un pan de forêt primaire de 433 ha, cette réserve privée a été fondée par un Bolivien et une Argentine largement investis dans le développement du tourisme durable. Ils se dédient ici à la réadaptation à la vie sauvage d'animaux, issus de trafics ou capturés par des familles de la région (un cas très fréquent). Jaguars, pumas, ocelots, fourmiliers, tapirs, daims, singes, paresseux, coatis, pécaris (cochons sauvages) et oiseaux divers y subissent quatre phases de réadaptation successives, la dernière consistant à retrouver leur liberté dans la proche réserve de Pilón Lajas. Les visites permettent généralement d'observer les animaux et de parcourir les sentiers thématiques à la découverte des plantes médicinales et de gigantesques *cachichiras* tricentenaires, aux énormes racines tabulaires.

➢ ***Zipline :*** *à 20 mn de bateau en amont sur le río Beni et 1h de marche. S'adresser à l'agence c/ Comercio, entre Santa Cruz et Vaca Díez (plan A1,* ***9****). ☎ 892-28-75. 740-492-53. • ziplinecanopy.bolivia@gmail.com • Excursion tlj 8h-12h ou 14h-18h : 260 Bs, transferts inclus.* La zipline, c'est une tyrolienne, en l'occurrence un parcours de plus de 1 200 m à travers la canopée, au gré de huit câbles et neuf plateformes. Il faut 1h pour rejoindre le départ depuis la berge de la rivière et 2h pour suivre l'itinéraire, aménagé à 30-40 m de hauteur. L'occasion de découvrir la forêt tropicale sous un autre angle !

➢ ***El Chocolatal Golf Eco-Resort :*** *à 12 km de Rurrenabaque en direction de Yacumo (Caranavi). ☎ 892-22-19. 730-178-05 ou 715-771-54. • chocolatalgolf.com • Entrée : 125-250 Bs (sur la base de 1 à 4 pers).* Un Allemand, un Anglais et un Bolivien un peu cinoques ont ouvert un golf écologique de 9 trous (18 prévus) en pleine jungle ! On peut aussi y faire des balades à cheval et observer les oiseaux au gré de 9 km de sentiers. Résas auprès de *Lipiko Tours*.

Excursions en forêt et dans la pampa

➢ ***La forêt*** s'étend aux portes mêmes de Rurrenabaque. Classiquement, on remonte le río Beni en bateau pour pénétrer dans le parc national Madidi (droit d'entrée : 125 Bs), à 2-3h en amont. Étendu sur près de 1,9 million d'hectares, celui-ci s'enorgueillit d'une biodiversité impressionnante : des zones les plus élevées (3 000 m) aux plus basses (200 m), on y répertorie pas moins de cinq écosystèmes différents, 156 espèces de mammifères, 867 d'oiseaux et 1 875 de plantes ! Au fil des promenades, on apprend beaucoup de choses sur la flore et les plantes médicinales. À un moment ou un autre, le guide vous invitera à boire à même les *uñas de gato* (« griffes de chat »), des lianes qui, une fois coupées, libèrent de grandes quantités d'eau pure... Les géants de la forêt se dressent, hiératiques, jusqu'à la canopée : tecks, arbres-cathédrales *(bibosi)*... Le ciel n'est plus qu'un souvenir et le sens de l'orientation en est tout faussé.
Côté faune, vous découvrirez avant tout le monde des lilliputiens : de féroces moustiques et fourmis guerrières, de grosses fourmis rouges dont plusieurs morsures peuvent donner de terribles fièvres. Dans le fouillis végétal, oiseaux et mammifères sont plus difficilement visibles. Les capucins passent en bande et disparaissent, les singes hurleurs hurlent comme il se doit, sans guère se montrer ; parfois un pécari ou un tapir se laisse entrevoir. Si vous le pouvez, choisissez un tour-opérateur qui propose de se rendre aux falaises de Caquiahuara, site privilégié pour observer les aras. L'observation étant plus aisée au lever et au coucher

du soleil, l'après-midi, on fait la sieste. En général, les programmes comprennent aussi la visite de l'une des communautés indigènes du parc – il y en a une trentaine, d'ethnies quechua, chama, maropa et chimane.

➢ ***La pampa*** se situe autour de Santa Rosa del Yacuma, à 3h de piste au nord-est de Rurrenabaque. Après, on rejoint en bateau l'un des campements, situés entre 30 mn et 3h de navigation. Accès à la zone protégée : 150 Bs. Dès l'embarquement, la rencontre commence. Caïmans immobiles, tortues, capybaras (cabiais) broutant sur les berges, dauphins roses, perroquets... La réserve des pampas del Yacuma est incontestablement l'endroit où aller pour voir la faune le plus facilement. On y croise aussi quelques espèces rares, comme le ara à gorge bleue et les singes titis *(lucachis).* On alterne entre promenades en barque, pêche au piranha, observation des caïmans de nuit et marches dans la pampa sous un soleil de plomb (apporter impérativement eau et chapeau). Moment fort de l'excursion : la chasse (photographique, rassurez-vous !) à l'anaconda.
Certains guides, sachez-le, ont pris la déplorable habitude de nourrir les animaux pour mieux les attirer. Et puis, beaucoup d'agences, parmi les moins chères, utilisent un seul campement partagé par tous, où la musique techno du bar a vite fait de chasser les rêves de faune sauvage... Sinon, privilégiez la saison sèche, de juin-juillet à octobre. La pluie peut être d'une violence rare et, dans ce cas, les animaux se cachent.

Sac à dos

N'oubliez pas produit antimoustiques (particulièrement nombreux en forêt), vêtements longs qui sèchent rapidement et couvrent les bras et les jambes (contre les piqûres), lampe torche, crème solaire, chapeau et lunettes de soleil, gourde ou bouteille(s) d'eau, bonnes chaussures, jumelles, pellicules/batteries de rechange (pas d'électricité) et papier toilette biodégradable. Confirmez bien auprès des agences ce que vous devez emporter et ce qui est inclus. Pour les séjours pampa, les bottes sont nécessaires : assurez-vous que vous aurez bien une paire à votre taille, ce n'est pas toujours le cas... Côté maladies, moustiques, tiques et tout ce qui pique abondent. Les autorités sanitaires recommandent un traitement préventif contre le paludisme. La dengue est aussi un réel problème, mais là, rien ne peut l'empêcher. Quelques cas de leishmaniose ont aussi été détectés. Il s'agit d'une infection cutanée (ayant aussi une forme viscérale) transmise par un moustique vivant près des fleuves tropicaux (baignade déconseillée dans les rivières). Une solution efficace : bien asperger ses vêtements de perméthrine. Bien sûr, vous demanderez conseil à votre médecin avant de partir. Pour d'autres conseils, reportez-vous aux chapitres « Santé » et « Trekking – Randonnées » des « Généralités Pérou, Bolivie ».

Agences spécialisées

Parmi la bonne vingtaine d'agences existantes, toutes ne sont pas sérieuses. Certaines sont même franchement déconseillées. Beaucoup font appel à un tas d'arguments plus ou moins fallacieux pour attirer le chaland : tourisme « éthique », nage avec les dauphins, promesse de voir certains animaux qui ne se laissent quasiment jamais observer, vente d'expériences chamaniques plus ou moins bidouillées, etc. La qualité des services et des repas, comme les tarifs, varient grandement.
La plupart des séjours durent 3 jours et 2 nuits ou 4 jours et 3 nuits, mais cela dépend de la distance à parcourir pour rejoindre le lieu d'hébergement (6h pour le *Chalalán Ecolodge* par exemple). Rien n'empêche de rester plus longtemps. La forêt amazonienne étant un lieu humide par définition, les installations se dégradent assez rapidement. La meilleure façon pour choisir une agence reste donc de se renseigner auprès de personnes qui viennent de faire le tour. Détails non négligeables à prendre en compte : la propreté des campements (certains sont assez délabrés), la promiscuité des dortoirs (toilettes parfois dans la nature sans aucun respect de l'environnement), le professionnalisme et les responsabilités du guide accompagnateur, et surtout le traitement des animaux (que l'on sache, les singes

savent se nourrir tout seuls, les arbres ont besoin d'une écorce pour se protéger et ni les anacondas ni les caïmans ne demandent à être dorlotés comme des bébés !). On vous proposera peut-être 3 jours dans la pampa pour 500 Bs, là où la plupart des agences sérieuses demandent au moins autant par jour. Le prix inclut généralement transport, logement, repas et guide ; les boissons et entrées aux réserves sont en sus. Il est inutile de payer un supplément pour un guide prétendument anglophone : ceux-ci ne parlent en général guère qu'espagnol... La taille des groupes varie aussi du tout au tout : certains assurent un départ dès 2 personnes, d'autres en regroupent un maximum. Bien sûr, plus on est nombreux, plus on peut demander une réduction. Nous avons retenu huit opérateurs différents, qui proposent pour la plupart des excursions en dehors des « campements battus » – certains gérés par les communautés elles-mêmes. Leurs tarifs varient en fonction du moyen de transport utilisé, de la distance et du type d'hébergement (camping, dortoirs, cabanes, etc.). Ils sont plus élevés que la moyenne, mais garantissent des prestations à priori sans mauvaise surprise. Pour connaître leurs programmes et prix précis, consultes leurs sites internet.

■ ***Lipiko Tours*** *(plan A-B1-2,* ***10****) : c/ Santa Cruz, entre Avaroa et Bolívar. ☎ 892-22-21. 📱 739-204-21. Depuis la France : ☎ 09-77-19-55-07 (prix d'un appel local). • lipiko.com • Tlj 8h-12h30, 15h-19h.* Cette agence francophone, certifiée en tourisme responsable et durable, propose des séjours exclusifs dans la pampa, au contact des *vaqueros* locaux, dans une *estancia* proche de Reyes (1h de route au nord-est de Rurre) en groupe de 6 personnes maximum. Une façon unique de découvrir à la fois leur quotidien, la faune et la flore, à cheval ou lors de randonnées pédestres. Comptez environ 1 700 Bs par personne (min 2 pers) pour 3 jours et 2 nuits. Autre option : un trekking itinérant dans le parc national de Madidi, également en groupe restreint (env 450 Bs/j.). Enfin, nombreuses activités possibles, à la journée ou la demi-journée : visite du refuge animalier de Jaguareté, zipline, etc.

■ ***Bala Tours*** *(plan A1,* ***11****) : av. Santa Cruz, entre Comercio et Avaroa. ☎ 892-25-27. 📱 711-220-53 ou 712-477-90. • balatours.com • Tlj 8h-19h (fermé 12h-16h le dim).* Créée il y a une vingtaine d'années, cette agence sérieuse tournée vers le tourisme responsable possède ses propres *ecolodges* de qualité, l'un à Tacuaral, dans le parc national de Madidi, l'autre dans la pampa (Caracoles), près de Santa Rosa del Yacuma. On y trouve dortoirs, chambres doubles avec sanitaires communs et *cabañas* avec salle de bains. Personnel local formé et responsable. Beaucoup d'autres agences font appel à ses services, alors autant venir à la source... Propose aussi une excursion à la journée à Madidi depuis Rurrenabaque, du rafting, des programmes combinés forêt et pampa ou axés sur les plantes médicinales et les rites chamaniques, sans oublier une intéressante liaison Guanay-Rurrenabaque en bateau via Madidi, pour ceux qui arriveraient de La Paz.

■ ***San Miguel del Bala Ecolodge*** *(plan A1,* ***9****) : c/ Comercio et Vaca Díez. ☎ 892-23-94. • sanmigueldelbala.com • Tlj 8h-12h, 14h30-18h30. Compter 80 $/j. (min 2 pers) ; journée seule 65 $.* Formé par les habitants du village de San Miguel de Bala, où vit une grosse trentaine de familles tacanas, ce tour-opérateur communautaire dispose de 2 *lodges* : l'un proche du village, à 45 mn en amont de Rurre par le río Beni (jolies *cabañas* en bois avec douche à l'eau froide), l'autre dans le parc national de Madidi, à Caquihuara (3 chambres avec sanitaires communs). L'aide des Nations unies et de diverses ONG a permis d'investir dans le solaire et le succès des tours de construire une école en dur. On peut juste venir pour la journée, apprendre à presser le jus de canne, fabriquer un toit en palmes tressées, découvrir plantes médicinales et techniques de chasse, ou encore explorer un étroit canyon. Seuls les programmes d'au moins 3 jours permettent de combiner les 2 *lodges* et, donc, d'explorer aussi la forêt du parc national. Bonne cuisine et bon accueil.

■ ***Mashaquipe Cultural Eco Tours*** *(plan B1,* ***12****) : c/ Avaroa, entre Arce et Pando. ☎ 892-27-04. • mashaquipeecotours.com.bo •* Géré par une communauté tacana, ce tour-opérateur certifié tourisme durable propose des séjours bien ficelés de 1 à 7 jours en forêt, avec des options *lodge* (agréables chambres et dortoirs avec électricité, sanitaires partagés) ou camping, rafting en *callapo* (radeau de rondins), visites culturelles, observation des aras et perroquets sur un site de nidification, etc. On peut aussi rallier Rurrenabaque par la rivière depuis Guanay (3 jours) et partir explorer la pampa – même si c'est un peu moins leur spécialité. Là, les chambres (1-3 personnes) du *lodge,* très agréable, ont toutes leur propre salle de bains. Les guides sont amicaux et connaissent parfaitement leur milieu.

■ ***Chalalán Ecolodge*** *(plan A2,* ***13****) : c/ Comercio, entre Vaca Díez et Campero. ☎ 892-24-19. • chalalan.com • Tlj 7h30-19h. Compter env 380-440 $/pers pour 3 j. et 2 nuits selon confort, 490-570 $ pour 4 j. et 3 nuits. Entrée du parc en sus : 95 Bs.* À 6h de bateau, l'un des plus éloignés des campements du parc national de Madidi, Chalalán est (bien) géré par la communauté tacana de San José de Uchupiamonas. Il est établi dans une zone de forêt particulièrement intacte, sur le bord du río Tuichi. On y loge dans des bungalows plutôt confortables aux toits de palmes, avec ou sans salle de bains privée. Le campement dispose d'électricité le soir (générateur). Le gros plus, c'est aussi la connaissance intime de la forêt des guides indiens et leur gentillesse. On peut aussi y aller en avionnette.

■ ***Madidi Jungle Ecolodge*** *(plan A2,* ***14****) : c/ Comercio, entre Vaca Díez et Campero. 📱 735-447-47 ou 712-826-97 (à La Paz). • madidijungle.com • Programmes 1-5 j., 110-450 $/pers.* Fondé par 4 familles tacanas de San José de Uchupiamonas, le *lodge* est situé à environ 3h de bateau de Rurre, sur le río Tuichi. Ses chambres sont en dur, recouvertes d'un toit de palmes, d'un excellent niveau de confort vu l'isolement du lieu (bons lits, draps nickel, douches communes...). Au programme : balades en forêt (15 km de sentiers) de jour comme de nuit, canotage, découverte des plantes médicinales, observation des aras sur un site de nidification, cours d'artisanat, etc. Les repas sont bons et copieux, les guides compétents. Le boss, Alejandro, est super efficace et toujours prêt à aider.

■ ***Berraco del Madidi*** *(plan A1,* ***9****) : c/ Comercio et Vaca Díez. ☎ 892-29-66. • berracodelmadidi.com • À 6h de bateau de Rurre, dans le parc national de Madidi. Compter 80 $/j. tt compris (min 3 j./2 nuits et 2 pers).* Plus éloigné que tous les autres, ce campement dépend lui aussi de San José de Uchupiamonas. Outre le cadre d'une virginité splendide, on apprécie les possibilités d'observer les pécaris depuis une plateforme, de faire du rafting sur la rivière Tuichi (supplément si le groupe est trop petit, sinon inclus) et de suivre un cours de survie au milieu amazonien ! On choisit entre les 3 *cabañas* (sanitaires communs, eau froide) et une tente installée sur une plateforme surélevée sous auvent.

■ ***Madidi Travel et Serere Ecologde*** *(plan A1,* ***2****) : c/ Comercio, entre Santa Cruz et Vaca Díez. ☎ 892-21-53 ou 231-83-13 (à La Paz). • madiditravel.com • Tlj 8h-12h, 16h-20h. Compter 600 Bs/j. par pers ; légèrement négociable selon nombre de j. et de participants. CB refusées.* La réserve privée de Serere (4 000 ha) n'est pas située dans le parc national (on ne paie donc pas l'entrée en plus), mais à environ 2h30 au nord de Rurre, en descendant le río Beni – les paysages sont donc ici plus plats. Elle a été fondée par l'une des pionnières du combat pour la protection de la nature dans la région, Rosa María Ruiz. On s'y installe dans des bungalows en bois sur pilotis individuels (avec douche froide), judicieusement séparés les uns des autres pour donner l'illusion de se trouver seul en forêt. Les principales installations, rustiques, sont à 5 mn de marche, au bord du lac San Fernando ; c'est là que l'on prend tous les repas. Au programme : balades diurnes et nocturnes en forêt et canotage sur l'un des 4 lacs de la réserve – l'occasion d'observer des caïmans et un grand nombre d'oiseaux, dont les *hoatzins (sereres).* En forêt on voit surtout des singes capucins, des singes-araignées et des saïmiris, parfois un tapir. En revanche, les cabiais sont rares (août-octobre seulement), les jaguars rarissimes et les dauphins roses présents seulement au moment des hautes eaux.

les ROUTARDS sur la FRANCE 2015-2016

(dates de parution sur • *routard.com* •)

Découpage de la FRANCE par le ROUTARD

Autres guides nationaux

- La Loire à Vélo (nouveauté)
- Les grands chefs du Routard
- Nos meilleurs campings en France
- Nos meilleures chambres d'hôtes en France
- Nos meilleurs hôtels et restos en France
- Nos meilleurs sites pour observer les oiseaux en France
- Tourisme responsable

Autres guides sur Paris

- Paris
- Paris à vélo
- Paris balades
- Restos et bistrots de Paris
- Le Routard des amoureux à Paris
- Week-ends autour de Paris

les ROUTARDS sur l'ÉTRANGER 2015-2016

(dates de parution sur • *routard.com* •)

Découpage de l'ESPAGNE par le ROUTARD

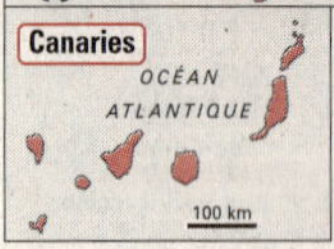

Découpage de l'ITALIE par le ROUTARD

Autres pays européens

- Allemagne
- Angleterre, Pays de Galles
- Autriche
- Belgique
- Budapest, Hongrie
- Crète
- Croatie
- Danemark, Suède
- Écosse
- Finlande
- Grèce continentale
- Îles grecques et Athènes
- Irlande
- Islande
- Madère (mai 2015)
- Malte
- Norvège
- Pologne
- Portugal
- République tchèque, Slovaquie
- Roumanie, Bulgarie
- Suisse

Villes européennes

- Amsterdam et ses environs
- Berlin
- Bruxelles
- Copenhague
- Dublin
- Lisbonne
- Londres
- Moscou
- Prague
- Saint-Pétersbourg
- Stockholm
- Vienne

les ROUTARDS sur l'ÉTRANGER 2015-2016

(dates de parution sur • *routard.com* •)

Découpage des ÉTATS-UNIS par le ROUTARD

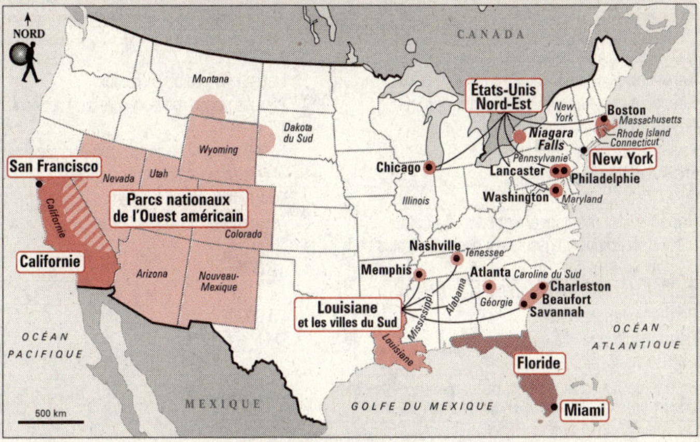

Autres pays d'Amérique

- Argentine
- Brésil
- Canada Ouest
- Chili et île de Pâques
- Équateur et les îles Galápagos
- Guatemala, Yucatán et Chiapas
- Mexique
- Montréal
- Pérou, Bolivie
- Québec, Ontario et Provinces maritimes

Asie

- Bali, Lombok
- Bangkok
- Birmanie (Myanmar)
- Cambodge, Laos
- Chine
- Hong-Kong, Macao, Canton
- Inde du Nord
- Inde du Sud
- Israël et Palestine
- Istanbul
- Jordanie
- Malaisie, Singapour
- Népal
- Shanghai
- Sri Lanka (Ceylan)
- Thaïlande
- Tokyo, Kyoto et environs
- Turquie
- Vietnam

Afrique

- Afrique de l'Ouest
- Afrique du Sud
- Égypte
- Kenya, Tanzanie et Zanzibar
- Maroc
- Marrakech
- Sénégal
- Tunisie

Îles Caraïbes et océan Indien

- Cuba
- Guadeloupe, Saint-Martin, Saint-Barth
- Île Maurice, Rodrigues
- Madagascar
- Martinique
- République dominicaine (Saint-Domingue)
- Réunion

Guides de conversation

- Allemand
- Anglais
- Arabe du Maghreb
- Arabe du Proche-Orient
- Chinois
- Croate
- Espagnol
- Grec
- Italien
- Japonais
- Portugais
- Russe
- G'palémo (conversation par l'image)

Le Routard Express

- Amsterdam (nouveauté)
- Barcelone
- Berlin
- Bruxelles (nouveauté)
- Florence (nouveauté)
- Istanbul (nouveauté)
- Lisbonne (nouveauté)
- Londres
- Madrid
- Marrakech (nouveauté)
- New York
- Prague
- Rome
- Venise

Nos 1200 coups de cœur

- France (nouveauté)
- Monde

INDEX GÉNÉRAL

A

B

C

D-E-F

G-H

I

J-K

M

N-O

P

Q

INDEX GÉNÉRAL

R

S

T

U

V

W

Y

Z

OÙ TROUVER LES CARTES ET LES PLANS ?

IMPORTANT : DERNIÈRE MINUTE

Sauf rare exception, le *Routard* bénéficie d'une parution annuelle à date fixe. Entre deux dates, des événements fortuits (formalités, taux de change, catastrophes naturelles, conditions d'accès aux sites, fermetures inopinées, etc.) peuvent intervenir et modifier vos projets de voyage. Pour éviter les déconvenues, nous vous recommandons de consulter la rubrique « Guide » par pays de notre site ● ***routard.com*** ● et plus particulièrement les dernières ***Actus voyageurs.***

Les **Routards** *parlent aux* **Routards**

Faites-nous part de vos expériences, de vos découvertes, de vos tuyaux. Indiquez-nous les renseignements périmés. Aidez-nous à remettre l'ouvrage à jour. Faites profiter les autres de vos adresses nouvelles, combines géniales... On adresse un exemplaire gratuit de la prochaine édition à ceux qui nous envoient les lettres les meilleures, pour la qualité et la pertinence des informations. Quelques conseils cependant :

– Envoyez-nous votre courrier le plus tôt possible afin que l'on puisse insérer vos tuyaux sur la prochaine édition.
– N'oubliez pas de préciser l'ouvrage que vous désirez recevoir.
– Vérifiez que vos remarques concernent l'édition en cours et notez les pages du guide concernées par vos observations.
– Quand vous indiquez des hôtels ou des restaurants, pensez à signaler leur adresse précise et, pour les grandes villes, les moyens de transport pour y aller. Si vous le pouvez, joignez la carte de visite de l'hôtel ou du resto décrit.
– N'écrivez si possible que d'un côté de la lettre (et non recto verso).
– Bien sûr, on s'arrache moins les yeux sur les lettres dactylographiées ou correctement écrites !

En tout état de cause, merci pour vos nombreuses lettres.

Les Routards parlent aux Routards :
122, rue du Moulin-des-Prés, 75013 Paris

e-mail : • ***guide@routard.com*** •
Internet : • ***routard.com*** •

Routard Assurance *2015*

Née du partenariat entre *AVI International* et le *Routard, Routard Assurance* est une assurance voyage complète qui offre toutes les prestations d'assistance indispensables à l'étranger : dépenses médicales, rapatriement médical, caution et défense pénale, responsabilité civile vie privée et bagages. Présent dans le monde entier, le plateau d'assistance d'*AVI International* donne accès à un vaste réseau de médecins et d'hôpitaux. Pas besoin d'avancer les frais d'hospitalisation ou de rapatriement. Numéro d'appel gratuit, disponible 24h/24. *AVI International* dispose par ailleurs d'une filiale aux États-Unis qui permet d'intervenir plus rapidement auprès des hôpitaux locaux. *AVI International* est un courtier reconnu qui gère lui-même ses dossiers et garantit une réponse rapide et simple. C'est aussi la filiale d'un groupe (SPB) présent à l'international. Pour toutes vos questions : ☎ 01-44-63-51-00 ou par mail • *routard@avi-international.com* • Conditions et souscription sur • *avi-international.com* •

Édité par Hachette Livre (43, quai de Grenelle, 75905 Paris Cedex 15, France)
Photocomposé par Jouve (45770 Saran, France)
Imprimé par Jouve 2 (Quai n° 2, 733, rue Saint-Léonard, BP 3, 53101 Mayenne Cedex, France)
Achevé d'imprimer le 23 février 2015
Collection n° 13 - Édition n° 01
37/8889/9
I.S.B.N. 978-2-01-002771-0
Dépôt légal : février 2015

PAPIER À BASE DE FIBRES CERTIFIÉES

hachette s'engage pour l'environnement en réduisant l'empreinte carbone de ses livres. Celle de cet exemplaire est de : 500 g éq. CO_2
Rendez-vous sur www.hachette-durable.fr